240.-

BB

Bücher des Betriebs-Beraters

Gliederung des Werkes

Band I

Entscheidungen aus den Jahren 1977–1980

Band II

Entscheidungen aus dem Jahre 1981

Band III

Entscheidungen aus dem Jahre 1982

Band IV

Entscheidungen aus dem Jahre 1983

Band V

Entscheidungen aus dem Jahre 1984

Band VI

Entscheidungen aus dem Jahre 1985

Entscheidungssammlung zum AGB-Gesetz (AGBE)

Band VI: Entscheidungen aus dem Jahre 1985
mit Gesamtregister der Bände I–VI

von

Professor Dr. Hermann-Josef Bunte

Hamburg

unter Mitarbeit von

Assessorin Ute Burchards

Hamburg

Verlag Recht und Wirtschaft GmbH
Heidelberg

Zitierweise: AGBE VI
Zitierbeispiel: OLG Hamm AGBE VI § 2 Nr. 2

CIP-Kurztitelaufnahme der Deutschen Bibliothek

Entscheidungssammlung zum AGB-Gesetz : (AGBE). – Heidelberg : Verlag Recht u. Wirtschaft GmbH

(Bücher des Betriebs-Beraters)
ISSN 0724-9675

Bd. 6. Entscheidungen aus dem Jahre 1985 : mit Gesamtreg. d. Bd. 1 – 6. – 1987.
ISBN 3-8005-6779-2

NE: AGBE

ISSN 0724-9675

ISBN 3-8005-6779-2

© 1987 Verlag Recht und Wirtschaft GmbH · Heidelberg
Das Werk einschließlich aller seiner Teile ist urheberrechtlich geschützt. Jede Verwertung außerhalb der engen Grenzen des Urheberrechtsgesetzes ist ohne Zustimmung des Verlages unzulässig und strafbar. Das gilt insbesondere für Vervielfältigungen, Bearbeitungen, Übersetzungen, Mikroverfilmungen und die Einspeicherung und Verarbeitung in elektronischen Systemen.

Satz: Lichtsatz Michael Glaese GmbH, 6944 Hemsbach

Offsetdruck: Druckerei Schmich KG, 6901 Dossenheim b. Heidelberg

Buchbinderische Verarbeitung: W. Fischer, 6900 Heidelberg

Printed in Germany

Vorwort

Der vorliegende Band VI der Entscheidungssammlung enthält 168 Entscheidungen zum AGB-Gesetz aus dem Jahre 1985, davon

    1 BVerfG-Entscheidung,
  56 BGH-Entscheidungen,
  60 OLG-Entscheidungen,
  43 LG-Entscheidungen und
    8 AG-Entscheidungen.

Diese Zahlen belegen, daß die Entscheidungsflut zum AGB-Gesetz keineswegs abgeflaut ist. Keineswegs sind aber nun alle durch das Gesetz neu aufgeworfenen Zweifelsfragen abgeklärt und gelöst. Schon aus diesem Grunde muß dem Gesetz ein längerer unveränderter Erfahrungszeitraum zugebilligt werden.

Das BVerfG hatte sich in seinem Beschluß vom 4. 6. 1985 (AGBE VI § 23 Nr. 1) mit der Frage der Verfassungsmäßigkeit des § 23 Abs. 2 Nr. 6 AGBG, soweit sich diese Vorschrift auf Versicherungsverträge bezieht und § 11 Nr. 12a AGBG für nicht anwendbar erklärt, zu befassen. Es hat die Auffassung des vorlegenden AG Bremen (AGBE V § 23 Nr. 4), die zur Prüfung gestellte Vorschrift sei verfassungswidrig, für offensichtlich unbegründet erklärt. Damit wurde auch inzidenter die Verfassungsmäßigkeit der §§ 9ff. AGBG festgestellt, in denen das BVerfG eine Einschränkung der Vertragsfreiheit sieht.

Das Schwergewicht der Entscheidungen lag auch im Jahre 1985 im Bereich der Generalklausel des § 9 AGBG. Dies findet seinen Ausdruck darin, daß von den 56 BGH-Entscheidungen 42 zu § 9 AGBG abgedruckt werden, weil die Entscheidungen hauptsächlich Probleme dieser Vorschrift entschieden.

Die Entscheidungspraxis zum AGB-Gesetz über 9 Jahre zu dokumentieren, war eine durchaus spannende und immer wieder mit Überraschungen und neuen Erkenntnissen versehene Aufgabe. Dem Verlag Recht und Wirtschaft gebührt großer Dank, das Werk in sein Verlagsprogramm aufgenommen zu haben. Herr Reinhold Trinkner hat durch seine Anregungen und seinen Einsatz für dieses Werk wesentlich zum Gelingen der Entscheidungssammlung beigetragen.

Dank gebührt Frau Assessorin Ute Burchards, die von Band I bis zum Band VI für das Werk in ständig steigendem Maß verantwortlich wurde. Sie hat das Manuskript vorbildlich betreut und die Register angefertigt. Hierbei wurde sie von Herrn Referendar Gunnar Germer zuverlässig unterstützt. Herr Germer, dem ich hier für zu danken habe, erstellte das Gesamtregister für die Bände I–VI.

Vorwort

Nach meinem Wechsel nach Hamburg hat Frau Rosemarie Lehmann-Scheerans in dankenswerter Weise das Schreiben des Manuskripts rasch und sorgfältig besorgt.

Hamburg, im April 1987 *Hermann-Josef Bunte*

Inhaltsverzeichnis

Gesetzesregister (nach §§, Gerichten und zeitlich geordnet) 11
Entscheidungsregister (nach Gerichten und zeitlich geordnet) 20
Verfahrensfortgang 26
Gesetzestext 31

Entscheidungen

Erster Abschnitt

Sachlich-rechtliche Vorschriften

1. Unterabschnitt

Allgemeine Vorschriften

§ 1   Begriffsbestimmung (Nrn. 1–7) 45
§ 2   Einbeziehung in den Vertrag (Nrn. 1–6) 57
§ 3   Überraschende Klauseln (Nrn. 1–11) 71
§ 4   Vorrang der Individualabrede (Nrn. 1–2) 75
§ 5   Unklarheitenregel (Nrn. 1–8) 76
§ 6   Rechtsfolgen bei Nichteinbeziehung und Unwirksamkeit (Nrn. 1–9) 84

2. Unterabschnitt

Unwirksame Klauseln

§ 8   Schranken der Inhaltskontrolle (Nrn. 1–7) 87
§ 9   Generalklausel 92

    Bankvertragsklauseln (Nrn. 1–32) 92
    Bauvertragsklauseln (Nrn. 33–47) 184
    Eigentumsvorbehaltsklauseln (Nrn. 48–49) 224
    Freizeichnungsklauseln (Nrn. 50–58) 230
    Gerichtsstandsklauseln (Nrn. 59–61) 245
    Gewährleistungsklauseln (Nrn. 62–67) 246
    Kündigungsklauseln (Nrn. 68–82) 259
    Maklervertragsklauseln (Nrn. 83–89) 283
    Miet- und Leasingvertragsklauseln (Nrn. 90–109) 301
    Preiserhöhungsklauseln (Nrn. 110–114) 361
    Reisevertragsklauseln (Nrn. 115–121) 385
    Schriftformklauseln (Nrn. 122–128) 410

Inhaltsverzeichnis

	Unangemessenheiten in einzelnen Vertragsverhältnissen (Nrn. 129–143)	414
	Verfall-, Verzugs- und Vorfälligkeitsklauseln (Nrn. 144–150)	458
	Vollmachtsklauseln (Nr. 151)	471
§ 10	Klauselverbote mit Wertungsmöglichkeit	474
	Nr. 1: Annahme- und Leistungsfrist (Nrn. 1–4)	474
	Nr. 2: Nachfrist (Nrn. 5–6)	483
	Nr. 3: Rücktrittsvorbehalt (Nr. 7)	485
	Nr. 4: Änderungsvorbehalt (Nrn. 9–12)	487
	Nr. 5: Fingierte Erklärungen (Nr. 13)	488
	Nr. 6: Fiktion des Zugangs (Nr. 14)	489
	Nr. 7: Abwicklung von Verträgen (Nrn. 15–17)	489
§ 11	Klauselverbote ohne Wertungsmöglichkeit	491
	Nr. 1: Kurzfristige Preiserhöhungen (Nrn. 1–3)	491
	Nr. 2: Leistungsverweigerungsrechte (Nrn. 4–6)	492
	Nr. 3: Aufrechnungsverbot (Nr. 7)	493
	Nr. 4: Mahnung, Fristsetzung (Nr. 8)	494
	Nr. 5a: Pauschalierung von Schadensersatzansprüchen (Nrn. 9–29)	495
	Nr. 5b: Pauschalierung von Schadensersatzansprüchen (Nrn. 30–34)	516
	Nr. 6: Vertragsstrafe (Nrn. 35–38)	523
	Nr. 7: Haftung bei grobem Verschulden (Nrn. 39–47)	524
	Nr. 8: Verzug, Unmöglichkeit (Nrn. 48–50)	535
	Nr. 10: Gewährleistung	536
	Nr. 10a: Ausschluß und Verweisung auf Dritte (Nrn. 51–53)	536
	Nr. 10b: Beschränkung auf Nachbesserung (Nrn. 54–56)	536
	Nr. 10c: Aufwendungen bei Nachbesserung (Nr. 57)	540
	Nr. 10d: Vorenthalten der Mangelbeseitigung (Nr. 58)	540
	Nr. 10e: Ausschlußfrist für Mängelanzeige (Nrn. 59–61)	541
	Nr. 10f: Verkürzung von Gewährleistungsfristen (Nrn. 62–64)	542
	Nr. 11: Haftung für zugesicherte Eigenschaften (Nr. 65)	546
	Nr. 12: Laufzeit bei Dauerschuldverhältnissen (Nrn. 66–67)	546
	Nr. 15: Beweislast (Nrn. 68–77)	547
	Nr. 16: Form von Anzeigen und Erklärungen (Nrn. 78–80)	551

Dritter Abschnitt
Verfahren

§ 13	Unterlassungs- und Widerrufsanspruch (Nrn. 1–8)	553
§ 15	Verfahren (Nrn. 1–3)	562

Vierter Abschnitt
Anwendungsbereich

§ 23	Sachlicher Anwendungsbereich (Nrn. 1–2)	563
§ 24	Persönlicher Anwendungsbereich (Nrn. 1–14)	571

Fünfter Abschnitt
Schluß- und Übergangsvorschriften

§ 28	Übergangsvorschrift (Nrn. 1–2)	576

Fundstellenregister 577

Gesamt-Sachregister für die Bände I–VI 588

Gesetzesregister

(nach §§ , Gerichten und zeitlich geordnet)

Paragraphen	Gerichte	Datum	Aktenzeichen
§ 1	1. BGH	20. 3. 85	IV a ZR 223/83
	2. BGH	12. 6. 85	IV a ZR 261/83
	3. BGH	3. 7. 85	IV a ZR 246/83
	4. OLG München	18. 4. 85	29 U 5076/84
	5. OLG Hamburg	31. 7. 85	5 U 133/84
	6. LG Hamburg	9. 8. 85	74 O 562/84
	7. AG Düsseldorf	26. 9. 85	47 C 86/85
§ 2	1. BGH	20. 3. 85	VIII ZR 327/83
	2. OLG Hamm	4. 2. 85	5 U 65/84
	3. OLG München	30. 4. 85	5 U 5056/84
	4. OLG Karlsruhe	18. 10. 85	3 ReMiet 1/85
	5. LG Braunschweig	19. 9. 85	7 S 60/85
	6. LG Karlsruhe	8. 11. 85	3 O 277/85
§ 3	1. BGH	13. 2. 85	VIII ZR 154/84
	2. BGH	14. 2. 85	IX ZR 76/84
	3. BGH	7. 11. 85	IX ZR 40/85
	4. BGH	12. 12. 85	III ZR 184/84
	5. OLG Hamm	24. 1. 85	4 U 384/83
	6. OLG Stuttgart	12. 2. 85	6 U 46/84
	7. OLG Frankfurt	21. 5. 85	5 U 206/84
	8. OLG Hamm	4. 10. 85	20 W 20/85
	9. LG Lübeck	19. 3. 85	14 S 307/84
	10. LG Frankfurt	6. 5. 85	2/24 S 319/84
	11. LG Hamburg	9. 8. 85	74 O 140/85
§ 4	1. BGH	10. 10. 85	I ZR 124/83
	2. OLG Köln	18. 9. 85	24 U 220/84
§ 5	1. BGH	12. 3. 85	VI ZR 182/83
	2. BGH	15. 5. 85	IV a ZR 258/83
	3. BGH	12. 6. 85	IV a ZR 261/83
	4. BGH	2. 10. 85	IV a ZR 184/83
	5. BGH	21. 11. 85	VII ZR 22/85
	6. BGH	19. 12. 85	VII ZR 267/84
	7. OLG Hamm	28. 6. 85	11 U 129/84
	8. OLG Hamm	12. 7. 85	20 U 205/85
§ 6	1. BGH	6. 2. 85	VIII ZR 61/84
	2. BGH	27. 2. 85	VIII ZR 85/84

Gesetzesregister

Paragraphen	Gerichte	Datum	Aktenzeichen
	3. BGH	24. 9. 85	VI ZR 4/84
	4. BGH	6. 11. 85	IV a ZR 96/84
	5. BGH	7. 11. 85	IX ZR 40/85
	6. BGH	21. 11. 85	VII ZR 22/85
	7. OLG Koblenz	15. 2. 85	2 U 1338/83
	8. OLG Stuttgart	3. 5. 85	2 U 230/84
	9. OLG Hamm	28. 6. 85	11 U 129/84
§ 8	1. BGH	16. 1. 85	VIII ZR 153/83
	2. BGH	6. 2. 85	VIII ZR 61/84
	3. BGH	19. 9. 85	III ZR 213/83
	4. BGH	19. 9. 85	III ZR 214/83
	5. BGH	7. 11. 85	IX ZR 40/85
	6. BGH	4. 12. 85	IV a ZR 75/84
	7. OLG Frankfurt	28. 11. 85	6 U 167/84
§ 9 – Bankver-tragsklauseln	1. BGH	14. 2. 85	IX ZR 76/84
	2. BGH	21. 2. 85	III ZR 207/83
	3. BGH	28. 2. 85	III ZR 223/83
	4. BGH	14. 3. 85	III ZR 186/83
	5. BGH	24. 6. 85	II ZR 277/84
	6. BGH	1. 7. 85	II ZR 155/84
	7. BGH	4. 7. 85	III ZR 144/84
	8. BGH	19. 9. 85	III ZR 213/83
	9. BGH	19. 9. 85	III ZR 214/83
	10. BGH	19. 9. 85	IX ZR 16/85
	11. BGH	26. 9. 85	III ZR 229/84
	12. BGH	7. 11. 85	IX ZR 40/84
	13. BGH	7. 11. 85	III ZR 128/84
	14. BGH	12. 12. 85	III ZR 184/84
	15. OLG Frankfurt	22. 1. 85	5 U 77/84
	16. OLG Stuttgart	12. 2. 85	6 U 46/84
	17. OLG Hamburg	15. 3. 85	11 U 4/85
	18. OLG Hamm	27. 3. 85	20 U 315/84
	19. OLG Düsseldorf	18. 4. 85	6 U 7/85
	20. OLG Hamm	26. 4. 85	20 U 361/84
	21. OLG Köln	20. 5. 85	8 U 10/84
	22. OLG Düsseldorf	29. 5. 85	9 U 16/85
	23. OLG Düsseldorf	13. 6. 85	6 U 208/84
	24. OLG Hamm	21. 6. 85	11 U 111/84
	25. OLG Düsseldorf	9. 7. 85	4 U 53/85
	26. OLG Frankfurt	24. 9. 85	5 U 240/83
	27. OLG Koblenz	7. 10. 85	5 W 366/85
	28. LG Dortmund	24. 1. 85	17 S 380/84

Gesetzesregister

Paragraphen	Gerichte	Datum	Aktenzeichen
	29. LG Frankfurt	19. 2. 85	2/13 O 319/84
	30. LG Köln	29. 3. 85	12 S 322/84
	31. LG Düsseldorf	8. 5. 85	12 O 163/85
	32. LG Essen	23. 7. 85	45 O 45/85
§ 9 – Bauvertragsklauseln	33. BGH	20. 3. 85	IV a ZR 223/83
	34. BGH	20. 5. 85	VII ZR 198/84
	35. BGH	26. 9. 85	VII ZR 50/84
	36. BGH	26. 9. 85	VII ZR 19/85
	37. BGH	21. 11. 85	VII ZR 22/85
	38. BGH	19. 12. 85	VII ZR 267/84
	39. OLG Düsseldorf	26. 2. 85	23 U 128/84
	40. OLG Frankfurt	7. 6. 85	6 U 148/84
	41. OLG Koblenz	20. 9. 85	2 U 758/84
	42. OLG Frankfurt	21. 11. 85	6 U 20/85
	43. LG München I	8. 1. 85	7 O 16131/84
	44. LG München I	14. 5. 85	7 O 3940/85
	45. LG Frankfurt	8. 10. 85	2/13 O 177/85
	46. LG München I	12. 11. 85	7 O 14566/85
	47. LG München I	10. 12. 85	7 O 14920/85
§ 9 – Eigentumsvorbehaltsklauseln	48. BGH	20. 3. 85	VIII ZR 342/83
	49. LG Koblenz	15. 1. 85	11 O 43/84
§ 9 – Freizeichnungsklauseln	50. BGH	19. 6. 85	VIII ZR 250/84
	51. BGH	10. 10. 85	I ZR 124/83
	52. BGH	17. 10. 85	I ZR 232/83
	53. OLG Karlsruhe	4. 10. 85	15 U 201/84
	54. OLG Frankfurt	28. 11. 85	6 U 167/84
	55. LG Frankfurt	21. 5. 85	2/13 O 21/85
	56. LG Essen	30. 5. 85	16 O 166/85
	57. LG Köln	19. 6. 85	26 O 409/84
	58. AG Nordhorn	29. 5. 85	3 C 368/85
§ 9 – Gerichtsstandsklauseln	59. OLG Koblenz	15. 2. 85	2 U 1338/83
	60. OLG Koblenz	8. 3. 85	2 U 1418/83
	61. LG Berlin	30. 10. 85	26 O 187/85
§ 9 – Gewährleistungsklauseln	62. BGH	15. 5. 85	VIII ZR 105/84
	63. BGH	3. 7. 85	VIII ZR 152/84
	64. OLG Düsseldorf	26. 2. 85	23 U 128/84
	65. LG München I	14. 5. 85	7 O 3705/85
	66. LG München I	14. 5. 85	7 O 3940/85
	67. LG Köln	19. 6. 85	26 O 409/84

Gesetzesregister

Paragraphen	Gerichte	Datum	Aktenzeichen
§ 9 – Kündigungsklauseln	68. BGH	28. 2. 85	IX ZR 92/84
	69. BGH	18. 12. 85	IV a ZR 81/84
	70. OLG Karlsruhe	21. 2. 85	4 U 207/83
	71. OLG Hamburg	8. 5. 85	5 U 183/83
	72. OLG Hamburg	28. 8. 85	5 U 135/84
	73. OLG Hamm	30. 9. 85	17 U 27/85
	74. LG München I	8. 1. 85	7 O 16131/84
	75. LG Frankfurt	15. 4. 85	2/24 S 262/84
	76. LG Düsseldorf	7. 8. 85	12 O 87/85
	77. LG Hamburg	16. 10. 85	17 S 277/84
	78. LG Berlin	30. 10. 85	25 O 187/85
	79. LG Düsseldorf	27. 11. 85	12 O 271/85
	80. AG Dülmen	6. 2. 85	3 C 485/84
	81. AG Leonberg	2. 8. 85	5 C 466/85
	82. AG Helmstedt	22. 10. 85	3 C 437/85
§ 9 – Maklervertragsklauseln	83. BGH	20. 3. 85	IV a ZR 223/83
	84. BGH	3. 7. 85	IV a ZR 246/84
	85. BGH	6. 11. 85	IV a ZR 96/84
	86. OLG Stuttgart	28. 6. 85	2 U 264/84
	87. OLG Hamburg	28. 8. 85	5 U 135/84
	88. LG Stuttgart	8. 3. 85	20 O 293/84
	89. AG Düsseldorf	26. 9. 85	47 C 86/85
§ 9 – Miet- und Leasingvertragsklauseln	90. BGH	12. 2. 85	X ZR 31/84
	91. BGH	13. 2. 85	VIII ZR 154/84
	92. BGH	27. 2. 85	VIII ZR 328/83
	93. BGH	24. 4. 85	VIII ZR 65/84
	94. BGH	19. 6. 85	VIII ZR 250/84
	95. BGH	3. 7. 85	VIII ZR 102/84
	96. BGH	9. 10. 85	VIII ZR 217/84
	97. OLG Hamm	24. 1. 85	4 U 384/83
	98. OLG Hamm	21. 2. 85	4 U 157/84
	99. OLG Frankfurt	14. 5. 85	5 U 210/84
	100. OLG Frankfurt	17. 9. 85	5 U 171/83
	101. OLG Köln	18. 9. 85	24 U 220/84
	102. OLG Hamm	22. 10. 85	7 U 52/85
	103. LG Frankfurt	28. 1. 85	2/24 S 103/84
	104. LG Frankfurt	5. 2. 85	2/13 O 303/84
	105. LG Limburg	20. 2. 85	3 S 321/84
	106. LG Lübeck	19. 3. 85	14 S 307/84
	107. LG Frankfurt	6. 5. 85	2/24 S 319/84
	108. LG Düsseldorf	8. 10. 85	24 S 56/85
	109. AG Berlin-Charlottenburg	2. 5. 85	11 C 84/85

Gesetzesregister

Paragraphen	Gerichte	Datum	Aktenzeichen
§ 9 – Preiserhöhungsklauseln	110. BGH 111. BGH 112. BGH 113. BGH 114. OLG Hamburg	16. 1. 85 6. 2. 85 20. 5. 85 29. 10. 85 8. 5. 85	VIII ZR 153/83 VIII ZR 61/84 VII ZR 198/84 X ZR 12/85 5 U 183/83
§ 9 – Reisevertragsklauseln	115. BGH 116. OLG Hamburg 117. OLG München 118. OLG Frankfurt 119. OLG Frankfurt 120. LG Frankfurt 121. LG Braunschweig	17. 1. 85 3. 4. 85 30. 4. 85 5. 6. 85 28. 11. 85 26. 2. 85 19. 9. 85	VII ZR 375/83 5 U 134/84 5 U 5056/84 19 U 257/83 6 U 167/84 2/13 O 351/84 7 S 60/85
§ 9 – Schriftformklauseln	122. BGH 123. OLG Koblenz 124. OLG Köln 125. LG Köln 126. LG Düsseldorf 127. LG Frankfurt 128. LG Stuttgart	19. 6. 85 15. 2. 85 18. 9. 85 13. 3. 85 27. 3. 85 20. 8. 85 31. 12. 85	VIII ZR 238/84 2 U 1338/83 24 U 220/84 26 O 342/84 12 O 706/84 2/13 O 275/85 20 O 345/85
§ 9 – Unangemessenheiten in einzelnen Vertragsverhältnissen	129. BGH 130. BGH 131. OLG Hamm 132. OLG Frankfurt 133. OLG Celle 134. OLG Celle 135. LG Dortmund 136. LG Düsseldorf 137. LG Frankfurt 138. LG Köln 139. LG Kiel 140. LG Offenburg 141. LG Berlin 142. LG Flensburg 143. LG Stuttgart	27. 2. 85 18. 12. 85 9. 1. 85 21. 5. 85 17. 7. 85 25. 7. 85 21. 3. 85 27. 3. 85 21. 5. 85 19. 6. 85 23. 7. 85 24. 9. 85 30. 10. 85 5. 12. 85 31. 12. 85	VIII ZR 85/84 VIII ZR 47/85 11 U 144/84 5 U 206/84 3 U 157/84 14 U 223/84 8 O 574/84 (Kart.) 12 O 706/84 2/13 O 21/85 26 O 409/84 6 O 177/85 3 O 388/85 26 O 187/85 2 O 316/85 20 O 345/85
§ 9 – Verfall-, Verzugs- und Vorfälligkeitsklauseln	144. BGH 145. BGH 146. BGH 147. BGH 148. BGH 149. BGH 150. LG Berlin	21. 2. 85 19. 6. 85 3. 7. 85 19. 9. 85 29. 10. 85 30. 10. 85 30. 10. 85	IX ZR 129/84 VIII ZR 238/84 VIII ZR 102/84 III ZR 213/83 X ZR 12/85 VIII ZR 251/84 26 O 187/85

Gesetzesregister

Paragraphen	Gerichte	Datum	Aktenzeichen
§ 9 –Vollmachtsklauseln	151. OLG Zweibrücken	6. 2. 85	4 U 68/84
§ 10 Nr. 1	1. OLG Koblenz 2. OLG Hamm 3. LG München I 4. LG Frankfurt	15. 2. 85 12. 7. 85 14. 5. 85 8. 10. 85	2 U 1338/83 20 U 205/85 7 O 3940/85 2/13 O 177/85
§ 10 Nr. 2	5. OLG Celle 6. LG Stuttgart	17. 7. 85 28. 2. 85	3 U 157/84 20 O 394/84
§ 10 Nr. 3	7. BGH 8. LG Frankfurt	3. 6. 85 8. 10. 85	VIII ZR 150/84 2/13 O 177/85
§ 10 Nr. 4	9. OLG Koblenz 10. LG Köln 11. LG Frankfurt 12. LG Düsseldorf	8. 3. 85 19. 6. 85 20. 8. 85 27. 11. 85	2 U 1418/83 26 O 409/84 2/13 O 275/85 12 O 271/85
§ 10 Nr. 5	13. OLG Hamburg	3. 4. 85	5 U 134/84
§ 10 Nr. 6	14. BGH	4. 7. 85	III ZR 144/84
§ 10 Nr. 7	15. OLG Karlsruhe 16. LG Frankfurt 17. LG Hamburg	21. 2. 85 5. 2. 85 9. 8. 85	4 U 207/83 2/13 O 303/84 74 O 140/85
§ 11 Nr. 1	1. BGH 2. OLG Zweibrücken 3. LG Dortmund	16. 1. 85 6. 2. 85 21. 3. 85	VIII ZR 153/85 4 U 68/84 8 O 574/84 (Kart.)
§ 11 Nr. 2	4. BGH 5. OLG Hamburg 6. OLG Frankfurt	19. 9. 85 3. 4. 85 28. 11. 85	III ZR 214/83 5 U 134/84 6 U 167/84
§ 11 Nr. 3	7. BGH	31. 10. 85	IX ZR 175/84
§ 11 Nr. 4	8. LG München I	8. 1. 85	7 O 16131/84
§ 11 Nr. 5a	9. BGH 10. BGH 11. BGH 12. OLG Düsseldorf	13. 2. 85 21. 2. 85 12. 12. 85 7. 2. 85	VIII ZR 154/84 III ZR 207/83 III ZR 184/84 6 U 161/84

Gesetzesregister

Paragraphen	Gerichte	Datum	Aktenzeichen
	13. OLG Karlsruhe	13. 2. 85	6 U 90/84
	14. OLG Hamburg	15. 3. 85	11 U 4/85
	15. OLG Frankfurt	7. 5. 85	22 U 266/84
	16. OLG Hamburg	8. 5. 85	5 U 183/83
	17. OLG Hamm	28. 6. 85	11 U 129/84
	18. OLG Hamm	1. 7. 85	13 U 143/85
	19. OLG Hamburg	12. 7. 85	14 U 114/84
	20. OLG Celle	17. 7. 85	3 U 157/84
	21. OLG Hamm	24. 7. 85	11 U 172/84
	22. OLG Stuttgart	2. 10. 85	13 U 32/85
	23. OLG Koblenz	7. 10. 85	5 W 366/85
	24. LG Dortmund	24. 1. 85	17 S 380/84
	25. LG Frankfurt	21. 5. 85	2/13 O 21/85
	26. LG München I	11. 6. 85	7 O 6800/85
	27. LG Frankfurt	8. 10. 85	2/13 O 177/85
	28. AG Fürth	31. 5. 85	6 C 630/85
	29. AG Baden-Baden	12. 7. 85	1 C 51/85
§ 11 Nr. 5b	30. BGH	31. 1. 85	III ZR 105/83
	31. OLG Stuttgart	3. 5. 85	2 U 230/84
	32. LG Braunschweig	19. 9. 85	7 S 60/85
	33. LG Flensburg	5. 12. 85	2 O 316/85
	34. LG Stuttgart	31. 12. 85	20 O 345/85
§ 11 Nr. 6	35. BGH	19. 9. 85	III ZR 213/83
	36. OLG Koblenz	8. 3. 85	2 U 1418/83
	37. LG Frankfurt	21. 5. 85	2/13 O 21/85
	38. LG Frankfurt	20. 8. 85	2/13 O 275/85
§ 11 Nr. 7	39. BGH	17. 1. 85	VII ZR 375/83
	40. BGH	12. 3. 85	VI ZR 182/83
	41. BGH	24. 9. 85	VI ZR 4/84
	42. OLG Karlsruhe	4. 10. 85	15 U 201/84
	43. LG München I	8. 1. 85	7 O 16131/84
	44. LG Köln	19. 6. 85	26 O 409/84
	45. LG Frankfurt	8. 10. 85	2/13 O 177/85
	46. LG Düsseldorf	27. 11. 85	12 O 271/85
	47. LG Flensburg	5. 12. 85	2 O 316/85
§ 11 Nr. 8	48. OLG Zweibrücken	6. 2. 85	4 U 68/84
	49. LG Stuttgart	28. 2. 85	20 O 394/84
	50. LG Stuttgart	31. 12. 85	20 O 345/85

Gesetzesregister

Paragraphen	Gerichte	Datum	Aktenzeichen
§ 11 Nr. 10a	51. BGH 52. OLG Koblenz 53. LG Stuttgart	24. 4. 85 8. 3. 85 31. 12. 85	VIII ZR 65/84 2 U 1418/83 20 O 345/85
§ 11 Nr. 10b	54. OLG Köln 55. OLG Köln 56. OLG Celle	2. 4. 85 9. 7. 85 17. 7. 85	15 U 231/84 9 U 191/84 3 U 157/84
§ 11 Nr. 10c	57. LG München I	14. 5. 85	7 O 3705/85
§ 11 Nr. 10d	58. LG München I	14. 5. 85	7 O 3705/85
§ 11 Nr. 10e	59. BGH 60. LG Düsseldorf 61. LG Köln	3. 7. 85 27. 3. 85 19. 6. 85	VIII ZR 152/84 12 O 706/84 26 O 409/84
§ 11 Nr. 10f	62. BGH 63. BGH 64. LG München I	10. 10. 85 24. 10. 85 14. 5. 85	VII ZR 325/84 VII ZR 31/85 7 O 3705/85
§ 11 Nr. 11	65. OLG Frankfurt	28. 11. 85	6 U 167/84
§ 11 Nr. 12	66. BVerfG 67. BGH	4. 6. 85 13. 2. 85	1 BvL 12/84 VIII ZR 154/84
§ 11 Nr. 15	68. BGH 69. BGH 70. OLG Frankfurt 71. OLG Frankfurt 72. OLG Stuttgart 73. OLG Celle 74. LG München I 75. LG Kiel 76. LG Frankfurt 77. LG Berlin	12. 3. 85 19. 6. 85 9. 5. 85 7. 6. 85 28. 6. 85 17. 7. 85 11. 6. 85 23. 7. 85 20. 8. 85 30. 10. 85	VI ZR 182/83 VIII ZR 238/84 6 U 93/84 6 U 148/84 2 U 264/84 3 U 157/84 7 O 6800/85 6 O 177/85 2/13 O 275/85 26 O 187/85
§ 11 Nr. 16	78. OLG Celle 79. LG München I 80. LG Hamburg	17. 7. 85 11. 6. 85 16. 10. 85	3 U 157/84 7 O 6800/85 17 S 277/84
§ 13	1. OLG Koblenz 2. OLG Koblenz 3. OLG Stuttgart 4. OLG Hamburg 5. OLG Frankfurt	15. 2. 85 8. 3. 85 29. 3. 85 3. 4. 85 7. 6. 85	2 U 1338/83 2 U 1418/83 2 U 165/84 5 U 134/84 6 U 148/84

Paragraphen	Gerichte	Datum	Aktenzeichen
	6. OLG Karlsruhe	29. 10. 85	17 U 66/85
	7. LG Frankfurt	19. 2. 85	2/13 O 319/84
	8. LG Hamburg	9. 8. 85	74 O 562/84
§ 15	1. LG Düsseldorf	8. 5. 85	12 O 163/85
	2. LG Dortmund	18. 7. 85	8 O 345/85
	3. LG Frankfurt	20. 8. 85	2/13 O 275/85
§ 23	1. BVerfG	4. 6. 85	1 BvL 12/84
	2. BGH	10. 10. 85	VII ZR 325/84
§ 24	1. BGH	16. 1. 85	VIII ZR 153/83
	2. BGH	27. 2. 85	VIII ZR 85/84
	3. BGH	20. 3. 85	VIII ZR 327/83
	4. BGH	20. 3. 85	VIII ZR 342/83
	5. BGH	3. 7. 85	VIII ZR 152/84
	6. BGH	3. 7. 85	VIII ZR 102/84
	7. BGH	30. 10. 85	VIII ZR 251/84
	8. BGH	18. 12. 85	VIII ZR 47/85
	9. OLG Frankfurt	21. 5. 85	5 U 206/84
	10. OLG Frankfurt	7. 6. 85	6 U 148/84
	11. OLG Frankfurt	17. 9. 85	5 U 171/83
	12. OLG Frankfurt	21. 11. 85	6 U 20/85
	13. LG Frankfurt	19. 2. 85	2/13 O 319/84
	14. LG Frankfurt	8. 10. 85	2/13 O 177/85
§ 28	1. BGH	27. 2. 85	VIII ZR 85/84
	2. BGH	6. 11. 85	IV a ZR 96/84

Entscheidungsregister

(nach Gerichten und zeitlich geordnet)

Gerichte	Datum	Aktenzeichen	Paragraphen
1. Bundesverfassungsgericht			
	4. 6. 85	1 BvL 12/84	§§ 11 Nr. 66; **23 Nr. 1**
2. Bundesgerichtshof			
	16. 1. 85	VIII ZR 153/83	§§ 8 Nr. 1; **9 Nr. 110**; 11 Nr. 1; 24 Nr. 1
	17. 1. 85	VII ZR 375/83	§§ **9 Nr. 115**; 11 Nr. 39
	31. 1. 85	III ZR 105/83	§ **11 Nr. 30**
	6. 2. 85	VIII ZR 61/84	§§ 6 Nr. 1; 8 Nr. 2; **9 Nr. 111**
	13. 2. 85	VIII ZR 154/84	§§ 3 Nr. 1; **9 Nr. 91**; 11 Nr. 9; 11 Nr. 67
	14. 2. 85	IX ZR 76/84	§§ 3 Nr. 2; **9 Nr. 1**
	21. 2. 85	III ZR 207/83	§§ **9 Nr. 2**; 11 Nr. 10
	21. 2. 85	IX ZR 129/84	§ **9 Nr. 144**
	27. 2. 85	VIII ZR 85/84	§§ 6 Nr. 2; **9 Nr. 129**; 24 Nr. 2; 28 Nr. 1
	27. 2. 85	VIII ZR 328/83	§ **9 Nr. 92**
	28. 2. 85	III ZR 223/83	§ **9 Nr. 3**
	28. 2. 85	IX ZR 92/84	§ **9 Nr. 68**
	12. 3. 85	VI ZR 182/83	§§ 5 Nr. 1; **11 Nr. 40**; 11 Nr. 68
	14. 3. 85	III ZR 186/83	§ **9 Nr. 4**
	20. 3. 85	IV a ZR 223/83	§§ 1 Nr. 1; 9 Nr. 33; **9 Nr. 83**
	20. 3. 85	VIII ZR 327/83	§§ **2 Nr. 1**; 24 Nr. 3
	20. 3. 85	VIII ZR 342/83	§§ **9 Nr. 48**; 24 Nr. 4
	24. 4. 85	VIII ZR 65/84	§§ **9 Nr. 93**; 11 Nr. 51
	15. 5. 85	IV a ZR 258/83	§ **5 Nr. 2**
	15. 5. 85	VIII ZR 105/84	§ **9 Nr. 62**
	20. 5. 85	VII ZR 198/84	§§ **9 Nr. 34**; 9 Nr. 112
	3. 6. 85	VIII ZR 150/84	§ **10 Nr. 7**
	12. 6. 85	IV a ZR 261/83	§§ **1 Nr. 2**; 5 Nr. 3
	19. 6. 85	VIII ZR 238/84	§§ 9 Nr. 122; **9 Nr. 145**; 11 Nr. 69
	19. 6. 85	VIII ZR 250/84	§§ **9 Nr. 50**; 9 Nr. 94
	24. 6. 85	II ZR 277/84	§ **9 Nr. 5**
	1. 7. 85	II ZR 155/84	§ **9 Nr. 6**
	3. 7. 85	IV a ZR 246/83	§§ **1 Nr. 3**; 9 Nr. 84
	3. 7. 85	VIII ZR 152/84	§§ **9 Nr. 63**; 11 Nr. 59; 24 Nr. 5
	3. 7. 85	VIII ZR 102/84	§§ **9 Nr. 95**; 9 Nr. 146; 24 Nr. 6

Gerichte	Datum	Aktenzeichen	Paragraphen
	4. 7. 85	III ZR 144/84	§§ **9 Nr. 7**; 10 Nr. 14
	19. 9. 85	III ZR 213/83	§§ 8 Nr. 3; **9 Nr. 8**; 9 Nr. 147; 11 Nr. 35
	19. 9. 85	III ZR 214/83	§§ 8 Nr. 4; **9 Nr. 9**; 11 Nr. 4
	19. 9. 85	IX ZR 16/85	§ **9 Nr. 10**
	24. 9. 85	VI ZR 4/84	§§ 6 Nr. 3; **11 Nr. 41**
	26. 9. 85	III ZR 229/84	§ **9 Nr. 11**
	26. 9. 85	VII ZR 19/85	§ **9 Nr. 36**
	26. 9. 85	VII ZR 50/84	§ **9 Nr. 35**
	2. 10. 85	IV a ZR 184/83	§ **5 Nr. 4**
	9. 10. 85	VIII ZR 217/84	§ **9 Nr. 96**
	10. 10. 85	I ZR 124/83	§§ 4 Nr. 1; **9 Nr. 51**
	10. 10. 85	VII ZR 325/84	§§ 11 Nr. 62; **23 Nr. 2**
	17. 10. 85	I ZR 232/83	§ **9 Nr. 52**
	24. 10. 85	VII ZR 31/85	§ **11 Nr. 63**
	29. 10. 85	X ZR 12/85	§§ **9 Nr. 113**; 9 Nr. 148
	30. 10. 85	VIII ZR 251/84	§§ **9 Nr. 149**; 24 Nr. 7
	31. 10. 85	IX ZR 175/84	§ **11 Nr. 7**
	6. 11. 85	IV a ZR 96/84	§§ 6 Nr. 4; **9 Nr. 85**; 28 Nr. 2
	7. 11. 85	III ZR 128/84	§ **9 Nr. 13**
	7. 11. 85	IX ZR 40/85	§§ 3 Nr. 3; 6 Nr. 5; 8 Nr. 5; **9 Nr. 12**
	21. 11. 85	VII ZR 22/85	§§ **5 Nr. 5**; 6 Nr. 6; **9 Nr. 37**
	4. 12. 85	IV a ZR 75/84	§ **8 Nr. 6**
	12. 12. 85	III ZR 184/84	§§ **3 Nr. 4**; **9 Nr. 14**; 11 Nr. 11
	18. 12. 85	IV a ZR 81/84	§ **9 Nr. 69**
	18. 12. 85	VIII ZR 47/85	§§ **9 Nr. 130**; 24 Nr. 8
	19. 12. 85	VII ZR 267/84	§§ **5 Nr. 6**; 9 Nr. 38

3. Oberlandesgerichte

Gerichte	Datum	Aktenzeichen	Paragraphen
Celle	17. 7. 85	3 U 157/84	§§ **9 Nr. 133**; 10 Nr. 5; 11 Nr. 20; 11 Nr. 56; 11 Nr. 73; 11 Nr. 78
	25. 7. 85	14 U 223/84	§ **9 Nr. 134**
Düsseldorf	7. 2. 85	6 U 161/84	§ **11 Nr. 12**
	26. 2. 85	23 U 128/84	§§ **9 Nr. 39**; 9 Nr. 64
	18. 4. 85	6 U 7/85	§ **9 Nr. 19**
	29. 5. 85	9 U 16/85	§ **9 Nr. 22**
	13. 6. 85	6 U 208/84	§ **9 Nr. 23**
	9. 7. 85	4 U 53/85	§ **9 Nr. 25**
Frankfurt	22. 1. 85	5 U 77/84	§ **9 Nr. 15**
	7. 5. 85	22 U 266/84	§ **11 Nr. 15**

Entscheidungsregister

Gerichte	Datum	Aktenzeichen	Paragraphen
	9. 5. 85	6 U 93/84	§ 11 Nr. 70
	14. 5. 85	5 U 210/84	§ 9 Nr. 99
	21. 5. 85	5 U 206/84	§§ 3 Nr. 7; 9 Nr. 132; 24 Nr. 9
	5. 6. 85	19 U 257/83	§ 9 Nr. 118
	7. 6. 85	6 U 148/84	§§ 9 Nr. 40; 11 Nr. 71; 13 Nr. 5; 24 Nr. 10
	17. 9. 85	5 U 171/83	§§ 9 Nr. 100; 24 Nr. 11
	24. 9. 85	5 U 240/83	§ 9 Nr. 26
	21. 11. 85	6 U 20/85	§§ 9 Nr. 42; 24 Nr. 12
	28. 11. 85	6 U 167/84	§§ 8 Nr. 7; 9 Nr. 54; 9 Nr. 119; 11 Nr. 6; 11 Nr. 65
Hamburg	15. 3. 85	11 U 4/85	§§ 9 Nr. 17; 11 Nr. 14
	3. 4. 85	5 U 134/84	§§ 9 Nr. 116; 10 Nr. 13; 11 Nr. 5; 13 Nr. 4
	8. 5. 85	5 U 183/83	§§ 9 Nr. 71; 9 Nr. 114; 11 Nr. 16
	12. 7. 85	14 U 114/84	§ 11 Nr. 19
	31. 7. 85	5 U 133/84	§ 1 Nr. 5
	28. 8. 85	5 U 135/84	§§ 9 Nr. 72; 9 Nr. 87
Hamm	9. 1. 85	11 U 144/84	§ 9 Nr. 131
	24. 1. 85	4 U 384/83	§§ 3 Nr. 5; 9 Nr. 97
	4. 2. 85	5 U 65/84	§ 2 Nr. 2
	21. 2. 85	4 U 157/84	§ 9 Nr. 98
	27. 3. 85	20 U 315/84	§ 9 Nr. 18
	26. 4. 85	20 U 361/84	§ 9 Nr. 20
	21. 6. 85	11 U 111/84	§ 9 Nr. 24
	28. 6. 85	11 U 129/84	§§ 5 Nr. 7; 6 Nr. 9; 11 Nr. 17
	1. 7. 85	13 U 143/85	§ 11 Nr. 18
	12. 7. 85	20 U 205/85	§§ 5 Nr. 8; 10 Nr. 2
	24. 7. 85	11 U 172/84	§ 11 Nr. 21
	30. 9. 85	17 U 27/85	§ 9 Nr. 73
	4. 10. 85	20 W 20/85	§ 3 Nr. 8
	22. 10. 85	7 U 52/85	§ 9 Nr. 102
Karlsruhe	13. 2. 85	6 U 90/84	§ 11 Nr. 13
	21. 2. 85	4 U 207/83	§§ 9 Nr. 70; 10 Nr. 15
	4. 10. 85	15 U 201/84	§§ 9 Nr. 53; 11 Nr. 42
	18. 10. 85	3 ReMiet 1/85	§ 2 Nr. 4
	29. 10. 85	17 U 66/85	§ 13 Nr. 6
Koblenz	15. 2. 85	2 U 1338/83	§§ 6 Nr. 7; 9 Nr. 59; 9 Nr. 123; 10 Nr. 1; 13 Nr. 1
	8. 3. 85	2 U 1418/83	§§ 9 Nr. 60; 10 Nr. 9; 11 Nr. 36; 11 Nr. 52; 13 Nr. 2
	20. 9. 85	2 U 758/84	§ 9 Nr. 41
	7. 10. 85	5 W 366/85	§§ 9 Nr. 27; 11 Nr. 23

Gerichte	Datum	Aktenzeichen	Paragraphen
Köln	2. 4. 85	15 U 231/84	§ 11 Nr. 54
	20. 5. 85	8 U 10/84	§ 9 Nr. 21
	9. 7. 85	9 U 191/84	§ 11 Nr. 55
	18. 9. 85	24 U 220/84	§§ 4 Nr. 2; **9 Nr. 101**; 9 Nr. 124
München	18. 4. 85	29 U 5076/84	§ 1 Nr. 4
	30. 4. 85	5 U 5056/85	§§ 2 Nr. 3; **9 Nr. 117**
Stuttgart	12. 2. 85	6 U 46/84	§§ 3 Nr. 6; **9 Nr. 16**
	29. 3. 85	2 U 165/84	§ 13 Nr. 3
	3. 5. 85	2 U 230/84	§§ 6 Nr. 8; **11 Nr. 31**
	28. 6. 85	2 U 264/84	§§ **9 Nr. 86**; 11 Nr. 72
	2. 10. 85	13 U 32/85	§ 11 Nr. 22
Zweibrücken	6. 2. 85	4 U 68/84	§§ **9 Nr. 151**; 11 Nr. 2; 11 Nr. 48

4. Landgerichte

Berlin	30. 10. 85	26 O 187/85	§§ 9 Nr. 61; **9 Nr. 78**; 9 Nr. 141; 9 Nr. 150; 11 Nr. 77
Braunschweig	19. 9. 85	7 S 60/85	§§ 2 Nr. 5; **9 Nr. 121**; 11 Nr. 32
Dortmund	24. 1. 85	17 S 380/84	§§ 9 Nr. 28; 11 Nr. 24
	21. 3. 85	8 O 574/84 (Kart.)	§§ 9 Nr. 135; 11 Nr. 3
	18. 7. 85	8 O 345/85	§ 15 Nr. 2
Düsseldorf	27. 3. 85	12 O 706/84	§§ 9 Nr. 126; 9 Nr. 136; 11 Nr. 60
	8. 5. 85	12 O 163/85	§§ **9 Nr. 31**; 15 Nr. 1
	7. 8. 85	12 O 87/85	§ **9 Nr. 76**
	8. 10. 85	24 S 56/85	§ 9 Nr. 108
	27. 11. 85	12 O 271/85	§§ 9 Nr. 79; 10 Nr. 12; 11 Nr. 46
Essen	30. 5. 85	16 O 166/85	§ **9 Nr. 56**
	23. 7. 85	45 O 45/85	§ **9 Nr. 32**
Flensburg	5. 12. 85	2 O 316/85	§§ 9 Nr. 142; 11 Nr. 33; 11 Nr. 47
Frankfurt	28. 1. 85	2/24 S 103/84	§ **9 Nr. 103**
	5. 2. 85	2/13 O 303/84	§§ **9 Nr. 104**; 10 Nr. 16
	19. 2. 85	2/13 O 319/84	§§ **9 Nr. 29**; 13 Nr. 7; 24 Nr. 13
	26. 2. 85	2/13 O 351/84	§ 9 Nr. 120
	15. 4. 85	2/24 S 262/84	§ **9 Nr. 75**
	6. 5. 85	2/24 S 319/84	§§ 3 Nr. 10; **9 Nr. 107**

Entscheidungsregister

Gerichte	Datum	Aktenzeichen	Paragraphen
	21. 5. 85	2/13 O 21/85	§§ 9 Nr. 55; 9 Nr. 137; 11 Nr. 25; 11 Nr. 37
	20. 8. 85	2/13 O 275/85	§§ 9 Nr. 127; 10 Nr. 11; 11 Nr. 38; 11 Nr. 76; 15 Nr. 3
	8. 10. 85	2/13 O 177/85	§§ **9 Nr. 45;** 10 Nr. 4; 10 Nr. 8; 11 Nr. 27; 11 Nr. 45; 24 Nr. 14
Hamburg	9. 8. 85	74 O 140/85	§§ 3 Nr. 11; **10 Nr. 17**
	9. 8. 85	74 O 562/84	§§ **1 Nr. 6;** 13 Nr. 8
	16. 10. 85	17 S 277/84	§§ **9 Nr. 77;** 11 Nr. 80
Karlsruhe	8. 11. 85	3 O 277/85	**§ 2 Nr. 6**
Kiel	23. 7. 85	6 O 177/85	§§ **9 Nr. 139;** 11 Nr. 75
Koblenz	15. 1. 85	11 O 43/84	**§ 9 Nr. 49**
Köln	13. 3. 85	26 O 342/84	**§ 9 Nr. 125**
	29. 3. 85	12 S 322/84	**§ 9 Nr. 30**
	19. 6. 85	26 O 409/84	§§ 9 Nr. 57; 9 Nr. 67; **9 Nr. 138;** 10 Nr. 10; 11 Nr. 44; 11 Nr. 61
Limburg	20. 2. 85	3 S 321/84	§ 9 Nr. 105
Lübeck	19. 3. 85	14 S 307/84	§§ 3 Nr. 9; 9 Nr. 106
München	8. 1. 85	7 O 16131/84	§§ 9 Nr. 43; 9 Nr. 74; 11 Nr. 8; 11 Nr. 43
	14. 5. 85	7 O 3705/85	§§ **9 Nr. 65;** 11 Nr. 57; 11 Nr. 58; 11 Nr. 64
	14. 5. 85	7 O 3940/85	§§ **9 Nr. 44;** 9 Nr. 66; 10 Nr. 3
	11. 6. 85	7 O 6800/85	§§ 11 Nr. 26; 11 Nr. 74; 11 Nr. 79
	12. 11. 85	7 O 14566/85	§ 9 Nr. 46
	10. 12. 85	7 O 14920/85	**§ 9 Nr. 47**
Offenbach	24. 9. 85	3 O 388/85	**§ 9 Nr. 140**
Stuttgart	28. 2. 85	20 O 394/84	§§ **10 Nr. 6;** 11 Nr. 49
	8. 3. 85	20 O 293/84	**§ 9 Nr. 88**
	31. 12. 85	20 O 345/85	§§ 9 Nr. 128; 9 Nr. 143; 11 Nr. 34; 11 Nr. 50; 11 Nr. 53

Gerichte	Datum	Aktenzeichen	Paragraphen
5. Amtsgerichte			
Baden-Baden	12. 7. 85	1 C 51/85	§ **11 Nr. 29**
Berlin-Charlottenburg	2. 5. 85	11 C 84/85	§ **9 Nr. 109**
Dülmen	6. 2. 85	3 C 485/84	§ **9 Nr. 80**
Düsseldorf	26. 9. 85	47 C 86/85	§§ 1 Nr. 7; **9 Nr. 89**
Fürth	31. 5. 85	6 C 630/85	§ **11 Nr. 28**
Helmstedt	22. 10. 85	3 C 437/85	§ **9 Nr. 82**
Leonberg	2. 8. 85	5 C 466/85	§ 9 Nr. 81
Nordhorn	29. 5. 85	3 C 368/85	§ 9 Nr. 58

Verfahrensfortgang

Rechtsmittelinstanz	Vorinstanz
BVerfG 4. 6. 1985 – 1 BvL 12/84; AGBE VI § 23 Nr. 1 = DB 1985, 2447 = NJW 1986, 243 = WM 1985, 1067 = ZIP 1985, 1079	**AG Bremen** 4. 4. 1984 – 20 C 225/1983; AGBE V § 23 Nr. 4
BGH 16. 1. 1985 – VIII ZR 153/83; AGBE VI § 9 Nr. 110 = BGHZ 93, 252 = BB 1985, 1223 = DAR 1985, 118 = DB 1985, 541 = MDR 1985, 489 = NJW 1985, 853 = ZIP 1985, 284	**OLG Hamburg** 27. 4. 1983 – 5 U 30/83; AGBE IV § 9 Nr. 92 = ZIP 1983, 700
BGH 21. 2. 1985 – IX ZR 129/84; AGBE VI § 9 Nr. 144 = NJW 1985, 1705 = WM 1985, 604	**OLG Hamburg** 11. 7. 1984 – 5 U 64/84; AGBE V § 9 Nr. 140 = DB 1984, 2504
BGH 14. 3. 1985 – III ZR 186/83; AGBE VI § 9 Nr. 4 = DB 1985, 1583 = MDR 1985, 739 = NJW 1985, 1954 = WM 1985, 688 = ZIP 1985, 523	**OLG Düsseldorf** 5. 5. 1983 – 6 U 192/82; AGBE IV § 9 Nr. 7 = BB 1983, 1121 = DB 1983, 1538 = VersR 1983, 1083 = WM 1983, 919 = ZIP 1983, 668
BGH 20. 3. 1985 – VIII ZR 342/83; AGBE VI § 9 Nr. 48 = BGHZ 94, 105 = BB 1985, 1085 = DB 1985, 1526 = MDR 1985, 757 = NJW 1985, 1836 = WM 1985, 605 = ZIP 1985, 749	**OLG Stuttgart** 14. 12. 1983 – 4 U 144/83; AGBE IV § 9 Nr. 28 = DB 1984, 397 = WM 1984, 877 = ZIP 1984, 463
BGH 15. 5. 1985 – IV a ZR 258/83; AGBE VI § 5 Nr. 2 = VersR 1985, 874	**OLG Hamm** 23. 11. 1983 – 20 U 36/83; VersR 1984, 853

Rechtsmittelinstanz	Vorinstanz
BGH 3. 6. 1985 – VIII ZR 150/84; AGBE VI § 10 Nr. 7 = BB 1985, 1353 = DB 1985, 2039 = JZ 1985, 805 = MDR 1985, 929 = NJW 1985, 2271 = WM 1985, 999 = ZIP 1985, 1203	**OLG Düsseldorf** 12. 4. 1984 – 6 U 144/83; AGBE V § 10 Nr. 13 = WM 1984, 1134 = ZIP 1984, 719
BGH 19. 6. 1985 – VIII ZR 238/84; AGBE VI § 9 Nr. 145 = BB 1985, 1418 = MDR 1985, 930 = NJW 1985, 2329 = WM 1985, 945 = ZIP 1985, 1402	**OLG Karlsruhe** 25. 7. 1984 – 1 U 284/83; AGBE V § 9 Nr. 141
BGH 19. 9. 1985 – III ZR 213/83; AGBE VI § 9 Nr. 8 = BGHZ 95, 362 = BB 1985, 1998 = DB 1985, 2443 = MDR 1986, 128 = NJW 1986, 46 = WM 1985, 1305 = ZIP 1985, 1253	**OLG Hamburg** 23. 11. 1983 – 5 U 222/82, AGBE IV § 9 Nr. 11 = WM 1984, 257 = ZIP 1983, 1435
BGH 19. 9. 1985 – III ZR 214/83; AGBE VI § 9 Nr. 9 = BGHZ 95, 350 = BB 1985, 2004 = DB 1986, 320 = MDR 1986, 126 = NJW 1986, 43 = NJW-RR 1986, 55 = WM 1985, 1307 = ZIP 1985, 1257	**OLG Hamburg** 23. 11. 1983 – 5 U 47/83; AGBE IV § 9 Nr. 10 = WM 1984, 255 = ZIP 1983, 1432
BGH 26. 9. 1985 – VII ZR 19/85; AGBE VI § 9 Nr. 36 = BGHZ 96, 34 = BB 1986, 23	**OLG Celle** 14. 12. 1984 – 13 U 65/84; ZIP 1985, 1013
BGH 9. 10. 1985 – VIII ZR 217/84; AGBE VI § 9 Nr. 96 = BGHZ 96, 103 = BB 1986, 19 = DB 1985, 2553 = JR 1986, 190 = MDR 1986, 228 = NJW 1986, 179 = WM 1985, 1447 = ZIP 1985, 1398	**OLG Koblenz** 6. 7. 1984 – 2 U 571/83; AGBE V § 9 Nr. 102 = WM 1984, 1259

Verfahrensfortgang

Rechtsmittelinstanz	Vorinstanz
BGH 7. 11. 1985 – IX ZR 40/85; AGBE VI § 9 Nr. 12 = BB 1986, 349 = DB 1986, 375 = JR 1986, 279 = MDR 1986, 314 = NJW 1986, 928 = NJW-RR 1986, 470 = WM 1986, 95 = ZIP 1986, 85	**OLG Stuttgart** 12. 2. 1985 – 6 U 46/84; AGBE VI § 9 Nr. 16
BGH 4. 12. 1985 – IV a ZR 75/84; AGBE VI § 8 Nr. 6 = BB 1986, 284 = MDR 1986, 386 = NJW 1986, 927	**OLG München** 15. 3. 1984 – 6 U 3321/83; AGBE V § 9 Nr. 90
BGH 18. 12. 1985 – IV a ZR 81/84; AGBE VI § 9 Nr. 69 = MDR 1986, 478 = VersR 1986, 257	**OLG Hamburg** 14. 3. 1984 – 5 U 9/84; AGBE V § 9 Nr. 80 = VersR 1984, 650
BGH 26. 3. 1986 – VIII ZR 85/85; ZIP 1986, 714	**OLG Koblenz** 15. 2. 1985 – 2 U 1338/83; AGBE VI § 10 Nr. 1
BGH VII ZR 229/85	**OLG Frankfurt** 9. 5. 1985 – 6 U 93/84; AGBE VI § 11 Nr. 70 = BB 1985, 2270 = NJW-RR 1986, 274 = WM 1986, 570
BGH VIII ZR 170/85	**OLG Frankfurt** 14. 5. 1985 – 5 U 210/84; AGBE VI § 9 Nr. 99 = DB 1986, 908 = MDR 1986, 495
BGH VII ZR 70/86	**OLG Frankfurt** 21. 11. 1985 – 6 U 20/85; AGBE VI § 9 Nr. 42 = ZIP 1986, 374
BGH VII ZR 37/86	**OLG Frankfurt** 28. 11. 1985 – 6 U 167/84; AGBE VI § 9 Nr. 119 = BB 1986, 343 = DB 1986, 739 = NJW-RR 1986, 726 = WRP 1986, 397
BGH VIII ZR 81/85	**OLG Hamm** 24. 1. 1985 – 4 U 384/83; AGBE VI § 9 Nr. 97 = BB 1985, 829

Rechtsmittelinstanz	Vorinstanz
BGH IV a ZR 173/85	**OLG Stuttgart** 28. 6. 1985 – 2 U 264/85; AGBE VI § 9 Nr. 86 = NJW-RR 1986, 275
BGH VIII ZR 46/86	**LG Düsseldorf** 27. 3. 1985 – 12 O 706/84; AGBE VI §§ 9 Nr. 126, 9 Nr. 136, 11 Nr. 60
BGH IV a ZR 99/86	**LG Düsseldorf** 7. 8. 1985 – 12 O 87/85; AGBE VI § 9 Nr. 76
OLG Celle 17. 7. 1985 – 3 U 157/84; AGBE VI § 9 Nr. 133	**LG Hannover** 21. 2. 1984 – 18 O 334/83; AGBE V § 9 Nr. 160
OLG Düsseldorf 7. 2. 1985 – 6 U 161/84; AGBE VI § 11 Nr. 12 = DB 1985, 1837 = NJW 1986, 385 = VersR 1986, 43 = WM 1985, 769 = ZIP 1985, 472	**LG Düsseldorf** 8. 8. 1984 – 12 O 242/84; AGBE V § 11 Nr. 25
OLG Frankfurt 9. 5. 1985 – 6 U 93/84; AGBE VI § 11 Nr. 70 = BB 1985, 2270 = NJW-RR 1986, 274 = WM 1986, 570	**LG Frankfurt** 22. 5. 1984 – 2/13 O 15/84; AGBE V § 11 Nr. 87
OLG Frankfurt 7. 6. 1985 – 6 U 148/84; AGBE VI § 9 Nr. 40 = BB 1985, 2009 = NJW-RR 1986, 245	**LG Frankfurt** 3. 7. 1984 – 2/13 O 22/84; AGBE V § 9 Nr. 42
OLG Frankfurt 21. 11. 1985 – 6 U 20/85; AGBE VI § 9 Nr. 42 = ZIP 1986, 374	**LG Frankfurt** 6. 11. 1984 – 2/13 O 110/84; AGBE V § 9 Nr. 43
OLG Frankfurt 28. 11. 1985 – 6 U 167/84; AGBE VI § 9 Nr. 119 = BB 1986, 343 = DB 1986, 739 = NJW-RR 1986, 726 = WRP 1986, 397	**LG Frankfurt** 9. 10. 1984 – 2/13 O 75/84; AGBE V § 9 Nr. 123 = NJW 1985, 149

Verfahrensfortgang

Rechtsmittelinstanz	Vorinstanz
OLG Hamburg 8. 5. 1985 – 5 U 183/83; AGBE VI § 9 Nr. 114	**LG Hamburg** 24. 6. 1983 – 74 O 553/82; AGBE IV § 9 Nr. 99
OLG Hamburg 28. 8. 1985 – 5 U 135/84; AGBE VI § 9 Nr. 87 = NJW 1986, 325 = NJW-RR 1986, 154	**LG Hamburg** 27. 4. 1984 – 74 O 255/83; AGBE V § 9 Nr. 85
OLG Hamburg 5 U 197/85	**LG Hamburg** 9. 8. 1985 – 74 O 562/84; AGBE VI § 1 Nr. 6
OLG Hamm 30. 9. 1985 – 17 U 27/85; AGBE VI § 9 Nr. 73	**LG Dortmund** 29. 11. 1984 – 8 O 356/84; AGBE V § 9 Nr. 166
OLG Karlsruhe 14 U 234/85	**LG Offenbach** 24. 9. 1985 – 3 O 388/85; AGBE VI § 9 Nr. 140
OLG Koblenz 15. 2. 1985 – 2 U 1338/83; AGBE VI § 10 Nr. 1	**LG Koblenz** 1. 8. 1983 – 11 O 871/82; AGBE IV § 10 Nr. 10
OLG Koblenz 8. 3. 1985 – 2 U 1418/83; AGBE VI § 13 Nr. 2	**LG Mainz** 5. 8. 1983 – 7 O 300/82; AGBE IV § 13 Nr. 30
OLG München 18. 4. 1985 – 29 U 5076/84; AGBE VI § 1 Nr. 4	**LG München I** 6. 9. 1984 – 7 O 9471/84; AGBE V § 9 Nr. 164
OLG Schleswig 14 U 39/86	**LG Flensburg** 5. 12. 1985 – 2 O 316/85; AGBE VI §§ 9 Nr. 142, 11 Nr. 33, 11 Nr. 47
OLG Schleswig 4 U 217/85	**LG Kiel** 23. 7. 1985 – 6 O 177/85; AGBE VI § 9 Nr. 139
OLG Stuttgart 29. 3. 1985 – 2 U 165/84; AGBE VI § 13 Nr. 3	**LG Stuttgart** 30. 5. 1984 – 20 O 414/83; AGBE V § 13 Nr. 14
OLG Stuttgart 3. 5. 1985 – 2 U 230/84; AGBE VI § 11 Nr. 31 = BB 1985, 1420	**LG Heilbronn** 18. 9. 1984 – 3 O 1438/84; AGBE V § 11 Nr. 42
OLG Zweibrücken 6. 2. 1985 – 4 U 68/84; AGBE VI § 9 Nr. 151	**LG Landau i. d. Pfalz** 2. 2. 1984 – 2 O 305/83; AGBE V § 9 Nr. 128

Gesetz zur Regelung des Rechts der Allgemeinen Geschäftsbedingungen (AGB-Gesetz)

Vom 9. 12. 1976, BGBl. I S. 3317

Der Bundestag hat das folgende Gesetz beschlossen:

Erster Abschnitt
Sachlich-rechtliche Vorschriften

1. Unterabschnitt
Allgemeine Vorschriften

§ 1
Begriffsbestimmung

(1) Allgemeine Geschäftsbedingungen sind alle für eine Vielzahl von Verträgen vorformulierten Vertragsbedingungen, die eine Vertragspartei (Verwender) der anderen Vertragspartei bei Abschluß eines Vertrages stellt. Gleichgültig ist, ob die Bestimmungen einen äußerlich gesonderten Bestandteil des Vertrages bilden oder in die Vertragsurkunde selbst aufgenommen werden, welchen Umfang sie haben, in welcher Schriftart sie verfaßt sind und welche Form der Vertrag hat.

(2) Allgemeine Geschäftsbedingungen liegen nicht vor, soweit die Vertragsbedingungen zwischen den Vertragsparteien im einzelnen ausgehandelt sind.

§ 2
Einbeziehung in den Vertrag

(1) Allgemeine Geschäftsbedingungen werden nur dann Bestandteil eines Vertrages, wenn der Verwender bei Vertragsabschluß

1. die andere Vertragspartei ausdrücklich oder, wenn ein ausdrücklicher Hinweis wegen der Art des Vertragsabschlusses nur unter unverhältnismäßigen Schwierigkeiten möglich ist, durch deutlich sichtbaren Aushang am Ort des Vertragsabschlusses auf sie hinweist und

2. der anderen Vertragspartei die Möglichkeit verschafft, in zumutbarer Weise von ihrem Inhalt Kenntnis zu nehmen,

und wenn die andere Vertragspartei mit ihrer Geltung einverstanden ist.

Gesetzestext

(2) Die Vertragsparteien können für eine bestimmte Art von Rechtsgeschäften die Geltung bestimmter Allgemeiner Geschäftsbedingungen unter Beachtung der in Absatz 1 bezeichneten Erfordernisse im voraus vereinbaren.

§ 3
Überraschende Klauseln

Bestimmungen in Allgemeinen Geschäftsbedingungen, die nach den Umständen, insbesondere nach dem äußeren Erscheinungsbild des Vertrags, so ungewöhnlich sind, daß der Vertragspartner des Verwenders mit ihnen nicht zu rechnen braucht, werden nicht Vertragsbestandteil.

§ 4
Vorrang der Individualabrede

Individuelle Vertragsabreden haben Vorrang vor Allgemeinen Geschäftsbedingungen.

§ 5
Unklarheitenregel

Zweifel bei der Auslegung Allgemeiner Geschäftsbedingungen gehen zu Lasten des Verwenders.

§ 6
Rechtsfolgen bei Nichteinbeziehung und Unwirksamkeit

(1) Sind Allgemeine Geschäftsbedingungen ganz oder teilweise nicht Vertragsbestandteil geworden oder unwirksam, so bleibt der Vertrag im übrigen wirksam.

(2) Soweit die Bestimmungen nicht Vertragsbestandteil geworden oder unwirksam sind, richtet sich der Inhalt des Vertrages nach den gesetzlichen Vorschriften.

(3) Der Vertrag ist unwirksam, wenn das Festhalten an ihm auch unter Berücksichtigung der nach Absatz 2 vorgesehenen Änderung eine unzumutbare Härte für eine Vertragspartei darstellen würde.

§ 7
Umgehungsverbot

Dieses Gesetz findet auch Anwendung, wenn seine Vorschriften durch anderweitige Gestaltungen umgangen werden.

2. Unterabschnitt
Unwirksame Klauseln

§ 8
Schranken der Inhaltskontrolle

Die §§ 9 bis 11 gelten nur für Bestimmungen in Allgemeinen Geschäftsbedingungen, durch die von Rechtsvorschriften abweichende oder diese ergänzende Regelungen vereinbart werden.

§ 9
Generalklausel

(1) Bestimmungen in Allgemeinen Geschäftsbedingungen sind unwirksam, wenn sie den Vertragspartner des Verwenders entgegen den Geboten von Treu und Glauben unangemessen benachteiligen.

(2) Eine unangemessene Benachteiligung ist im Zweifel anzunehmen, wenn eine Bestimmung

1. mit wesentlichen Grundgedanken der gesetzlichen Regelung, von der abgewichen wird, nicht zu vereinbaren ist, oder

2. wesentliche Rechte oder Pflichten, die sich aus der Natur des Vertrages ergeben, so einschränkt, daß die Erreichung des Vertragszwecks gefährdet ist.

§ 10
Klauselverbote mit Wertungsmöglichkeit

In Allgemeinen Geschäftsbedingungen ist insbesondere unwirksam

1. (Annahme- und Leistungsfrist)

eine Bestimmung, durch die sich der Verwender unangemessen lange oder nicht hinreichend bestimmte Fristen für die Annahme oder Ablehnung eines Angebots oder die Erbringung einer Leistung vorbehält;

2. (Nachfrist)

eine Bestimmung, durch die sich der Verwender für die von ihm zu bewirkende Leistung entgegen § 326 Abs. 1 des Bürgerlichen Gesetzbuchs eine unangemessen lange oder nicht hinreichend bestimmte Nachfrist vorbehält;

3. (Rücktrittsvorbehalt)

die Vereinbarung eines Rechts des Verwenders, sich ohne sachlich gerechtfertigten und im Vertrag angegebenen Grund von seiner Leistungspflicht zu lösen; dies gilt nicht für Dauerschuldverhältnisse;

4. (Änderungsvorbehalt)

die Vereinbarung eines Rechts des Verwenders, die Leistung zu ändern oder von ihr abzuweichen, wenn nicht die Vereinbarung der Änderung oder Abweichung unter Berücksichtigung der Interessen des Verwenders für den anderen Vertragsteil zumutbar ist;

5. (Fingierte Erklärungen)

eine Bestimmung, wonach eine Erklärung des Vertragspartners des Verwenders bei Vornahme oder Unterlassung einer bestimmten Handlung als von ihm abgegeben oder nicht abgegeben gilt, es sei denn, daß

a) dem Vertragspartner eine angemessene Frist zur Abgabe einer ausdrücklichen Erklärung eingeräumt ist und

b) der Verwender sich verpflichtet, den Vertragspartner bei Beginn der Frist auf die vorgesehene Bedeutung seines Verhaltens besonders hinzuweisen;

6. (Fiktion des Zugangs)

eine Bestimmung, die vorsieht, daß eine Erklärung des Verwenders von besonderer Bedeutung dem anderen Vertragsteil als zugegangen gilt;

Gesetzestext

7. (Abwicklung von Verträgen)

eine Bestimmung, nach der der Verwender für den Fall, daß eine Vertragspartei vom Vertrage zurücktritt oder den Vertrag kündigt,

a) eine unangemessen hohe Vergütung für die Nutzung oder den Gebrauch einer Sache oder eines Rechts oder für erbrachte Leistungen oder

b) einen unangemessen hohen Ersatz von Aufwendungen verlangen kann;

8. (Rechtswahl)

die Vereinbarung der Geltung ausländischen Rechts oder des Rechts der Deutschen Demokratischen Republik in Fällen, in denen hierfür kein anerkennenswertes Interesse besteht.

§ 11
Klauselverbote ohne Wertungsmöglichkeit

In Allgemeinen Geschäftsbedingungen ist unwirksam

1. (Kurzfristige Preiserhöhungen)

eine Bestimmung, welche die Erhöhung des Entgelts für Waren oder Leistungen vorsieht, die innerhalb von vier Monaten nach Vertragsabschluß geliefert oder erbracht werden sollen; dies gilt nicht bei Waren oder Leistungen, die im Rahmen von Dauerschuldverhältnissen geliefert oder erbracht werden, sowie bei Leistungen, auf deren Preise § 99 Abs. 1 oder 2 Nr. 1 des Gesetzes gegen Wettbewerbsbeschränkungen Anwendung findet;

2. (Leistungsverweigerungsrechte)

eine Bestimmung, durch die

a) das Leistungsverweigerungsrecht, das dem Vertragspartner des Verwenders nach § 320 des Bürgerlichen Gesetzbuchs zusteht, ausgeschlossen oder eingeschränkt wird, oder

b) ein dem Vertragspartner des Verwenders zustehendes Zurückbehaltungsrecht, soweit es auf demselben Vertragsverhältnis beruht, ausgeschlossen oder eingeschränkt, insbesondere von der Anerkennung von Mängeln durch den Verwender abhängig gemacht wird;

3. (Aufrechnungsverbot)

eine Bestimmung, durch die dem Vertragspartner des Verwenders die Befugnis genommen wird, mit einer unbestrittenen oder rechtskräftig festgestellten Forderung aufzurechnen;

4. (Mahnung, Fristsetzung)

eine Bestimmung, durch die der Verwender von der gesetzlichen Obliegenheit freigestellt wird, den anderen Vertragsteil zu mahnen oder ihm eine Nachfrist zu setzen;

5. (Pauschalierung von Schadensersatzansprüchen)

die Vereinbarung eines pauschalierten Anspruchs des Verwenders auf Schadensersatz oder Ersatz einer Wertminderung, wenn

a) die Pauschale den in den geregelten Fällen nach dem gewöhnlichen Lauf der Dinge zu erwartenden Schaden oder die gewöhnlich eintretende Wertminderung übersteigt, oder

b) dem anderen Vertragsteil der Nachweis abgeschnitten wird, ein Schaden oder eine Wertminderung sei überhaupt nicht entstanden oder wesentlich niedriger als die Pauschale;

6. (Vertragsstrafe)

eine Bestimmung, durch die dem Verwender für den Fall der Nichtabnahme oder verspäteten Abnahme der Leistung, des Zahlungsverzugs oder für den Fall, daß der andere Vertragsteil sich vom Vertrag löst, Zahlung einer Vertragsstrafe versprochen wird;

7. (Haftung bei grobem Verschulden)

ein Ausschluß oder eine Begrenzung der Haftung für einen Schaden, der auf einer grob fahrlässigen Vertragsverletzung des Verwenders oder auf einer vorsätzlichen oder grob fahrlässigen Vertragsverletzung eines gesetzlichen Vertreters oder Erfüllungsgehilfen des Verwenders beruht; dies gilt auch für Schäden aus der Verletzung von Pflichten bei den Vertragsverhandlungen;

8. (Verzug, Unmöglichkeit)

eine Bestimmung, durch die für den Fall des Leistungsverzugs des Verwenders oder der von ihm zu vertretenden Unmöglichkeit der Leistung

a) das Recht des anderen Vertragsteils, sich vom Vertrag zu lösen, ausgeschlossen oder eingeschränkt oder

b) das Recht des anderen Vertragsteils, Schadensersatz zu verlangen, ausgeschlossen oder entgegen Nummer 7 eingeschränkt wird;

9. (Teilverzug, Teilunmöglichkeit)

eine Bestimmung, die für den Fall des teilweisen Leistungsverzugs des Verwenders oder bei von ihm zu vertretender teilweiser Unmöglichkeit der Leistung das Recht der anderen Vertragspartei ausschließt, Schadensersatz wegen Nichterfüllung der ganzen Verbindlichkeit zu verlangen oder von dem ganzen Vertrag zurückzutreten, wenn die teilweise Erfüllung des Vertrages für ihn kein Interesse hat;

10. (Gewährleistung)

eine Bestimmung, durch die bei Verträgen über Lieferungen neu hergestellter Sachen und Leistungen

a) (Ausschluß und Verweisung auf Dritte)

die Gewährleistungsansprüche gegen den Verwender einschließlich etwaiger Nachbesserungs- und Ersatzlieferungsansprüche insgesamt oder bezüglich einzelner Teile ausgeschlossen, auf die Einräumung von Ansprüchen gegen Dritte beschränkt oder von der vorherigen gerichtlichen Inanspruchnahme Dritter abhängig gemacht werden;

b) (Beschränkung auf Nachbesserung)

die Gewährleistungsansprüche gegen den Verwender insgesamt oder bezüglich einzelner Teile auf ein Recht auf Nachbesserung oder Ersatzlieferung beschränkt werden, sofern dem anderen Vertragsteil nicht ausdrücklich das Recht vorbehalten wird, bei Fehlschlagen der Nachbesserung oder Ersatzlieferung Herabsetzung der Vergütung oder, wenn nicht eine Bauleistung Gegenstand der Gewährleistung ist, nach seiner Wahl Rückgängigmachung des Vertrags zu verlangen;

c) (Aufwendungen bei Nachbesserung)

die Verpflichtung des gewährleistungspflichtigen Verwenders ausgeschlossen oder beschränkt wird, die Aufwendungen zu tragen, die zum Zweck der Nachbesserung erforderlich werden, insbesondere Transport-, Wege-, Arbeits- und Materialkosten;

d) (Vorenthalten der Mängelbeseitigung)

der Verwender die Beseitigung eines Mangels oder die Ersatzlieferung einer mangelfreien Sache von der vorherigen Zahlung des vollständigen Entgelts oder eines unter Berücksichtigung des Mangels unverhältnismäßig hohen Teils des Entgelts abhängig macht;

e) (Ausschlußfrist für Mängelanzeige)

der Verwender dem anderen Vertragsteil für die Anzeige nicht offensichtlicher Mängel eine Ausschlußfrist setzt, die kürzer ist als die Verjährungsfrist für den gesetzlichen Gewährleistungsanspruch;

f) (Verkürzung von Gewährleistungsfristen)

die gesetzlichen Gewährleistungsfristen verkürzt werden;

11. (Haftung für zugesicherte Eigenschaften)

eine Bestimmung, durch die bei einem Kauf-, Werk- oder Werklieferungsvertrag Schadensersatzansprüche gegen den Verwender nach den §§ 463, 480 Abs. 2, § 635 des Bürgerlichen Gesetzbuchs wegen Fehlens zugesicherter Eigenschaften ausgeschlossen oder eingeschränkt werden;

12. (Laufzeit bei Dauerschuldverhältnissen)

bei einem Vertragsverhältnis, das die regelmäßige Lieferung von Waren oder die regelmäßige Erbringung von Dienst- oder Werkleistungen durch den Verwender zum Gegenstand hat,

a) eine den anderen Vertragsteil länger als zwei Jahre bindende Laufzeit des Vertrags,

b) eine den anderen Vertragsteil bindende stillschweigende Verlängerung des Vertragsverhältnisses um jeweils mehr als ein Jahr oder

c) zu Lasten des anderen Vertragsteils eine längere Kündigungsfrist als drei Monate vor Ablauf der zunächst vorgesehenen oder stillschweigend verlängerten Vertragsdauer;

13. (Wechsel des Vertragspartners)

eine Bestimmung, wonach bei Kauf-, Dienst- oder Werkverträgen ein Dritter an Stelle des Verwenders in die sich aus dem Vertrag ergebenden Rechte und Pflichten eintritt oder eintreten kann, es sei denn, in der Bestimmung wird

a) der Dritte namentlich bezeichnet, oder

b) dem anderen Vertragsteil das Recht eingeräumt, sich vom Vertrag zu lösen;

14. (Haftung des Abschlußvertreters)

eine Bestimmung, durch die der Verwender einem Vertreter, der den Vertrag für den anderen Vertragsteil abschließt,

a) ohne hierauf gerichtete ausdrückliche und gesonderte Erklärung eine eigene Haftung oder Einstandspflicht oder

b) im Falle vollmachtsloser Vertretung eine über § 179 des Bürgerlichen Gesetzbuchs hinausgehende Haftung

auferlegt;

15. (Beweislast)

eine Bestimmung, durch die der Verwender die Beweislast zum Nachteil des anderen Vertragsteils ändert, insbesondere indem er

a) diesem die Beweislast für Umstände auferlegt, die im Verantwortungsbereich des Verwenders liegen;

b) den anderen Vertragsteil bestimmte Tatsachen bestätigen läßt.

Buchstabe b gilt nicht für gesondert unterschriebene Empfangsbekenntnisse;

16. (Form von Anzeigen und Erklärungen)

eine Bestimmung, durch die Anzeigen oder Erklärungen, die dem Verwender oder einem Dritten gegenüber abzugeben sind, an eine strengere Form als die Schriftform oder an besondere Zugangserfordernisse gebunden werden.

Zweiter Abschnitt
Kollisionsrecht

§ 12
Zwischenstaatlicher Geltungsbereich

Unterliegt ein Vertrag ausländischem Recht oder dem Recht der Deutschen Demokratischen Republik, so sind die Vorschriften dieses Gesetzes gleichwohl zu berücksichtigen, wenn

1. der Vertrag auf Grund eines öffentlichen Angebots, einer öffentlichen Werbung oder einer ähnlichen im Geltungsbereich dieses Gesetzes entfalteten geschäftlichen Tätigkeit des Verwenders zustande kommt und

2. der andere Vertragsteil bei Abgabe seiner auf den Vertragsabschluß gerichteten Erklärung seinen Wohnsitz oder gewöhnlichen Aufenthalt im Geltungsbereich dieses Gesetzes hat und seine Willenserklärung im Geltungsbereich dieses Gesetzes abgibt.

Dritter Abschnitt
Verfahren

§ 13
Unterlassungs- und Widerrufsanspruch

(1) Wer in Allgemeinen Geschäftsbedingungen Bestimmungen, die nach §§ 9 bis 11 dieses Gesetzes unwirksam sind, verwendet oder für den rechtsgeschäftlichen Verkehr empfiehlt, kann auf Unterlassung und im Fall des Empfehlens auch auf Widerruf in Anspruch genommen werden.

(2) Die Ansprüche auf Unterlassung und auf Widerruf können nur geltend gemacht werden

1. von rechtsfähigen Verbänden, zu deren satzungsgemäßen Aufgaben es gehört, die Interessen der Verbraucher durch Aufklärung und Beratung wahrzunehmen, wenn sie in diesem Aufgabenbereich tätige Verbände oder mindestens fünfundsiebzig natürliche Personen als Mitglieder haben,

2. von rechtsfähigen Verbänden zur Förderung gewerblicher Interessen oder

3. von den Industrie- und Handelskammern oder den Handwerkskammern.

(3) Die in Absatz 2 Nr. 1 bezeichneten Verbände können Ansprüche auf Unterlassung und auf Widerruf nicht geltend machen, wenn Allgemeine Geschäftsbedingungen gegenüber einem Kaufmann verwendet werden und der Vertrag zum Betriebe seines Handelsgewerbes gehört oder wenn Allgemeine Geschäftsbedingungen zur ausschließlichen Verwendung zwischen Kaufleuten empfohlen werden.

(4) Die Ansprüche nach Absatz 1 verjähren in zwei Jahren von dem Zeitpunkt an, in welchem der Anspruchsberechtigte von der Verwendung oder Empfehlung der unwirksamen Allgemeinen Geschäftsbedingungen Kenntnis erlangt hat, ohne Rücksicht auf diese Kenntnis in vier Jahren von der jeweiligen Verwendung oder Empfehlung an.

§ 14
Zuständigkeit

(1) Für Klagen nach § 13 dieses Gesetzes ist das Landgericht ausschließlich zuständig, in dessen Bezirk der Beklagte seine gewerbliche Niederlassung oder in Ermangelung einer solchen seinen Wohnsitz hat. Hat der Beklagte im Inland weder eine gewerbliche Niederlassung noch einen Wohnsitz, so ist das Gericht des inländischen Aufenthaltsorts zuständig, in Ermangelung eines solchen das Gericht, in dessen Bezirk die nach §§ 9 bis 11 dieses Gesetzes unwirksamen Bestimmungen in Allgemeinen Geschäftsbedingungen verwendet wurden.

(2) Die Landesregierungen werden ermächtigt, zur sachlichen Förderung oder schnelleren Erledigung der Verfahren durch Rechtsverordnung einem Landgericht für die Bezirke mehrerer Landgerichte Rechtsstreitigkeiten nach diesem Gesetz zuzuweisen. Die Landesregierungen können die Ermächtigung durch Rechtsverordnung auf die Landesjustizverwaltungen übertragen.

(3) Die Parteien können sich vor den nach Absatz 2 bestimmten Gerichten auch durch Rechtsanwälte vertreten lassen, die bei dem Gericht zugelassen sind, vor das der Rechtsstreit ohne die Regelung nach Absatz 2 gehören würde.

(4) Die Mehrkosten, die einer Partei dadurch erwachsen, daß sie sich nach Absatz 3 durch einen nicht beim Prozeßgericht zugelassenen Rechtsanwalt vertreten läßt, sind nicht zu erstatten.

§ 15
Verfahren

(1) Auf das Verfahren sind die Vorschriften der Zivilprozeßordnung anzuwenden, soweit sich aus diesem Gesetz nicht etwas anders ergibt.

(2) Der Klageantrag muß auch enthalten:

1. den Wortlaut der beanstandeten Bestimmungen in Allgemeinen Geschäftsbedingungen;

2. die Bezeichnung der Art der Rechtsgeschäfte, für die die Bestimmungen beanstandet werden.

§ 16
Anhörung

Das Gericht hat vor der Entscheidung über eine Klage nach § 13 zu hören

1. die zuständige Aufsichtsbehörde für das Versicherungswesen, wenn Gegenstand der Klage Bestimmungen in Allgemeinen Geschäftsbedingungen sind, die von ihr nach Maßgabe des Gesetzes über die Beaufsichtigung der privaten Versicherungsunternehmen zu genehmigen sind, oder

2. das Bundesaufsichtsamt für das Kreditwesen, wenn Gegenstand der Klage Bestimmungen in Allgemeinen Geschäftsbedingungen sind, die das Bundesaufsichtsamt für das Kreditwesen nach Maßgabe des Gesetzes über Bausparkassen, des Gesetzes über Kapitalanlagegesellschaften, des Hypothekenbankgesetzes oder des Gesetzes über Schiffspfandbriefbanken zu genehmigen hat.

§ 17
Urteilsformel

Erachtet das Gericht die Klage für begründet, so enthält die Urteilsformel auch:

1. die beanstandeten Bestimmungen der Allgemeinen Geschäftsbedingungen im Wortlaut;

2. die Bezeichnung der Art der Rechtsgeschäfte, für die die den Unterlassungsanspruch begründenden Bestimmungen der Allgemeinen Geschäftsbedingungen nicht verwendet werden dürfen;

3. das Gebot, die Verwendung inhaltsgleicher Bestimmungen in Allgemeinen Geschäftsbedingungen zu unterlassen;

4. für den Fall der Verurteilung zum Widerruf das Gebot, das Urteil in gleicher Weise bekanntzugeben, wie die Empfehlung verbreitet wurde.

§ 18
Veröffentlichungsbefugnis

Wird der Klage stattgegeben, so kann dem Kläger auf Antrag die Befugnis zugesprochen werden, die Urteilsformel mit der Bezeichnung des verurteilten Verwenders oder Empfehlers auf Kosten des Beklagten im Bundesanzeiger, im übrigen auf eigene Kosten bekanntzugeben. Das Gericht kann die Befugnis zeitlich begrenzen.

§ 19
Einwendung bei abweichender Entscheidung

Der Verwender, dem die Verwendung einer Bestimmung untersagt worden ist, kann im Wege der Klage nach § 767 ZPO einwenden, daß nachträglich eine Entscheidung des

Bundesgerichtshofs oder des Gemeinsamen Senats der Obersten Gerichtshöfe des Bundes ergangen ist, welche die Verwendung dieser Bestimmungen für dieselbe Art von Rechtsgeschäften nicht untersagt, und daß die Zwangsvollstreckung aus dem Urteil gegen ihn in unzumutbarer Weise seinen Geschäftsbetrieb beeinträchtigen würde.

§ 20
Register

(1) Das Gericht teilt dem Bundeskartellamt von Amts wegen mit

1. Klagen, die nach § 13 oder nach § 19 anhängig werden,

2. Urteile, die im Verfahren nach § 13 oder nach § 19 ergehen, sobald sie rechtskräftig sind,

3. die sonstige Erledigung der Klage.

(2) Das Bundeskartellamt führt über die nach Absatz 1 eingehenden Mitteilungen ein Register.

(3) Die Eintragung ist nach zwanzig Jahren seit dem Schluß des Jahres zu löschen, in dem die Eintragung in das Register erfolgt ist. Die Löschung erfolgt durch Eintragung eines Löschungsvermerks; mit der Löschung der Eintragung einer Klage ist die Löschung der Eintragung ihrer sonstigen Erledigung (Absatz 1 Nr. 3) zu verbinden.

(4) Über eine bestehende Eintragung ist jedermann auf Antrag Auskunft zu erteilen. Die Auskunft enthält folgende Angaben:

1. für Klagen nach Absatz 1 Nr. 1

a) die beklagte Partei,

b) das angerufene Gericht samt Geschäftsnummer,

c) den Klageantrag;

2. für Urteile nach Absatz 1 Nr. 2

a) die verurteilte Partei,

b) das entscheidende Gericht samt Geschäftsnummer,

c) die Urteilsformel;

3. für die sonstige Erledigung nach Absatz 1 Nr. 3 die Art der Erledigung.

§ 21
Wirkungen des Urteils

Handelt der verurteilte Verwender dem Unterlassungsgebot zuwider, so ist die Bestimmung in den Allgemeinen Geschäftsbedingungen als unwirksam anzusehen, soweit sich der betroffene Vertragsteil auf die Wirkung des Unterlassungsurteils beruft. Er kann sich jedoch auf die Wirkung des Unterlassungsurteils nicht berufen, wenn der verurteilte Verwender gegen das Urteil die Klage nach § 19 erheben könnte.

§ 22
Streitwert

Bei Rechtsstreitigkeiten auf Grund dieses Gesetzes darf der Streitwert nicht über 500 000 Deutsche Mark angenommen werden.

Vierter Abschnitt
Anwendungsbereich

§ 23
Sachlicher Anwendungsbereich

(1) Dieses Gesetz findet keine Anwendung bei Verträgen auf dem Gebiet des Arbeits-, Erb-, Familien- und Gesellschaftsrechts.

(2) Keine Anwendung finden ferner

1. § 2 für die mit Genehmigung der zuständigen Verkehrsbehörde oder auf Grund von internationalen Übereinkommen erlassenen Tarife und Ausführungsbestimmungen der Eisenbahnen und die nach Maßgabe des Personenbeförderungsgesetzes genehmigten Beförderungsbedingungen der Straßenbahnen, Obusse und Kraftfahrzeuge im Linienverkehr;

2. die §§ 10 und 11 für Verträge der Elektrizitäts- und der Gasversorgungsunternehmen über die Versorgung von Sonderabnehmern mit elektrischer Energie und mit Gas aus dem Versorgungsnetz, soweit die Versorgungsbedingungen nicht zum Nachteil der Abnehmer von den auf Grund des § 7 des Energiewirtschaftsgesetzes erlassenen Allgemeinen Bedingungen für die Versorgung mit elektrischer Arbeit aus dem Niederspannungsnetz der Elektrizitätsversorgungsunternehmen und Allgemeinen Bedingungen für die Versorgung mit Gas aus dem Versorgungsnetz der Gasversorgungsunternehmen abweichen;

3. § 11 Nr. 7 und 8 für die nach Maßgabe des Personenbeförderungsgesetzes genehmigten Beförderungsbedingungen und Tarifvorschriften der Straßenbahnen, Obusse und Kraftfahrzeuge im Linienverkehr, soweit sie nicht zum Nachteil des Fahrgastes von der Verordnung über die Allgemeinen Beförderungsbedingungen für den Straßenbahn- und Obusverkehr sowie den Linienverkehr mit Kraftfahrzeugen vom 27. Februar 1970 abweichen;

4. § 11 Nr. 7 für staatlich genehmigte Lotterieverträge oder Ausspielverträge;

5. § 10 Nr. 5 und § 11 Nr. 10 Buchstabe f für Leistungen, für die die Verdingungsordnung für Bauleistungen (VOB) Vertragsgrundlage ist;

6. § 11 Nr. 12 für Verträge über die Lieferung als zusammengehörig verkaufter Sachen, für Versicherungsverträge sowie für Verträge zwischen den Inhabern urheberrechtlicher Rechte und Ansprüche und Verwertungsgesellschaften im Sinne des Gesetzes über die Wahrnehmung von Urheberrechten und verwandten Schutzrechten.

(3) Ein Bausparvertrag, ein Versicherungsvertrag sowie das Rechtsverhältnis zwischen einer Kapitalanlagegesellschaft und einem Anteilinhaber unterliegen den von der zuständigen Behörde genehmigten Allgemeinen Geschäftsbedingungen der Bausparkasse, des Versicherers sowie der Kapitalanlagegesellschaft auch dann, wenn die in § 2 Abs. 1 Nr. 1 und 2 bezeichneten Erfordernisse nicht eingehalten sind.

Gesetzestext

§ 24
Persönlicher Anwendungsbereich

Die Vorschriften der §§ 2, 10, 11 und 12 finden keine Anwendung auf Allgemeine Geschäftsbedingungen,

1. die gegenüber einem Kaufmann verwendet werden, wenn der Vertrag zum Betriebe seines Handelsgewerbes gehört;

2. die gegenüber einer juristischen Person des öffentlichen Rechts oder einem öffentlich-rechtlichen Sondervermögen verwendet werden.

§ 9 ist in den Fällen des Satzes 1 auch insoweit anzuwenden, als dies zur Unwirksamkeit von in den §§ 10 und 11 genannten Vertragsbestimmungen führt; auf die im Handelsverkehr geltenden Gewohnheiten und Gebräuche ist angemessen Rücksicht zu nehmen.

Fünfter Abschnitt
Schluß- und Übergangsvorschriften

§ 25
Änderung des Bürgerlichen Gesetzbuches

Das Bürgerliche Gesetzbuch wird wie folgt geändert:

1. nach § 476 wird folgende Vorschrift eingefügt:

„§ 476a

Ist an Stelle des Rechts des Käufers auf Wandelung oder Minderung ein Recht auf Nachbesserung vereinbart, so hat der zur Nachbesserung verpflichtete Verkäufer auch die zum Zwecke der Nachbesserung erforderlichen Aufwendungen, insbesondere Transport-, Wege-, Arbeits- und Materialkosten zu tragen. Dies gilt nicht, soweit die Aufwendungen sich erhöhen, weil die gekaufte Sache nach der Lieferung an einen anderen Ort als den Wohnsitz oder die gewerbliche Niederlassung des Empfängers verbracht worden ist, es sei denn, das Verbringen entspricht dem bestimmungsgemäßen Gebrauch der Sache."

2. In § 633 Abs. 2 wird folgender Satz 2 eingefügt:

„§ 476a gilt entsprechend."

Der bisherige Satz 2 wird Satz 3.

§ 26
Änderung des Energiewirtschaftsgesetzes

§ 7 des Energiewirtschaftsgesetzes vom 13. Dezember 1935 (Reichsgesetzbl. I S. 1451), zuletzt geändert durch Artikel 18 des Zuständigkeitslockerungsgesetzes vom 10. März 1975 (Bundesgesetzbl. I S. 685), wird wie folgt geändert:

1. In Satz 1 werden die Worte „allgemeine Bedingungen und" gestrichen.

2. Die Sätze 1 und 2 werden Absatz 1.

3. Es wird folgender Absatz 2 angefügt:

„(2) Der Bundesminister für Wirtschaft kann durch Rechtsverordnung mit Zustimmung des Bundesrates die allgemeinen Bedingungen der Energieversorgungsunternehmen (§ 6 Abs. 1) ausgewogen gestalten. Er kann dabei die Bestimmungen der Verträge einheitlich festsetzen und Regelungen über den Vertragsabschluß, den Gegenstand und die Beendigung der Verträge treffen sowie die Rechte und Pflichten der Vertragspartner festlegen; hierbei sind die beiderseitigen Interessen angemessen zu berücksichtigen. Die Sätze 1 und 2 gelten entsprechend für Bedingungen öffentlich-rechtlich gestalteter Versorgungsverhältnisse mit Ausnahme der Regelung des Verwaltungsverfahrens."

§ 27
Ermächtigung zum Erlaß von Rechtsverordnungen

Der Bundesminister für Wirtschaft kann durch Rechtsverordnung mit Zustimmung des Bundesrates die allgemeinen Bedingungen für die Versorgung mit Wasser und Fernwärme ausgewogen gestalten. Er kann dabei die Bestimmungen der Verträge einheitlich festsetzen und Regelungen über den Vertragsabschluß, den Gegenstand und die Beendigung der Verträge treffen sowie die Rechte und Pflichten der Vertragspartner festlegen; hierbei sind die beiderseitigen Interessen angemessen zu berücksichtigen. Die Sätze 1 und 2 gelten entsprechend für Bedingungen öffentlich-rechtlich gestalteter Versorgungsverhältnisse mit Ausnahme der Regelung des Verwaltungsverfahrens.

§ 28
Übergangsvorschrift

(1) Dieses Gesetz gilt vorbehaltlich des Absatzes 2 nicht für Verträge, die vor seinem Inkrafttreten geschlossen worden sind.

(2) § 9 gilt auch für vor Inkrafttreten dieses Gesetzes abgeschlossene Verträge über die regelmäßige Lieferung von Waren, die regelmäßige Erbringung von Dienst- und Werkleistungen sowie die Gebrauchsüberlassung von Sachen, soweit diese Verträge noch nicht abgewickelt sind.

(3) Auf Verträge über die Versorgung mit Wasser und Fernwärme sind die Vorschriften dieses Gesetzes erst drei Jahre nach seinem Inkrafttreten anzuwenden.

§ 29
Berlin-Klausel

Dieses Gesetz gilt nach Maßgabe des § 13 Abs. 1 des Dritten Überleitungsgesetzes vom 4. Januar 1952 (Bundesgesetzbl. I S. 1) auch im Land Berlin. Rechtsverordnungen, die auf Grund dieses Gesetzes erlassen werden, gelten im Land Berlin nach § 14 des Dritten Überleitungsgesetzes.

§ 30
Inkrafttreten

Dieses Gesetz tritt vorbehaltlich des Satzes 2 am 1. April 1977 in Kraft. § 14 Abs. 2, §§ 26 und 27 treten am Tage nach der Verkündung in Kraft.

Entscheidungen

Erster Abschnitt
Sachlich-rechtliche Vorschriften

1. Unterabschnitt
Allgemeine Vorschriften

§ 1
Begriffsbestimmung

Eine Wohnungsbauträgergesellschaft, die sich von einem Wirtschaftsprüfer ein **1** Vertragswerk für ein Bauherrenmodell ausarbeiten läßt, ist Verwenderin der darin enthaltenen AGB, wenn die so für sie formulierten Verträge bei den Vertragsabschlüssen mit den Bauherren unverändert zugrundegelegt wurden, ohne daß über Einzelheiten gesprochen worden wäre; daran ändert nichts, daß der Wirtschaftsprüfer später als Treuhänder der Bauherren die Verträge in deren Namen mit der Gesellschaft abschließt.

BGH, Urteil vom 20. 3. 1985 – IV a ZR 223/83; BB 1985, 1151 = MDR 1985, 653 = NJW 1985, 2477 = WM 1985, 751.

Sachverhalt und **Gründe** sind abgedruckt unter Nr. 83 zu § 9 AGBG.

Eine einzelne vorformulierte Klausel kann ihren Charakter als Teil Allgemeiner **2** Geschäftsbedingungen behalten, wenn einzelne individuell verabredete Ergänzungen eingefügt werden. Ist jedoch ersichtlich der ganze Inhalt einer vorformulierten Klausel Gegenstand von Verhandlungen, die zu einer Abänderung der Klausel und ihrer Anpassung an die Bedürfnisse des Vertragspartners geführt haben, so hat die Klausel insgesamt den Charakter einer Individualvereinbarung gem. § 1 Abs. 2 AGBG erlangt.

BGH, Urteil vom 12. 6. 1985 – IV a ZR 261/83; BB 1986, 21 = MDR 1985, 1003 = VersR 1585, 979.

§ 1   *Begriffsbestimmung*   Nr. 2

Sachverhalt:

Die Klägerin betreibt einen Schmuckwarengroßhandel. Sie hat bei der Beklagten eine Juwelier-Reise- und Warenlager-Versicherung abgeschlossen. Der Vertrag enthielt zunächst folgende Kraftfahrzeugklausel:

„1. Allgemeine Bestimmungen
Versicherungsschutz besteht auch für Reiselager, die in einem Personenkraftwagen befördert werden, wenn
...
d) die versicherten Waren ständig durch den Begleiter, einen Chauffeur oder eine vertrauenswürdige Person beaufsichtigt werden. Eine allgemeine Bewachung, z. B. durch einen Parkwächter, Hotelportier etc., ist nicht ausreichend.
...
2. Reisen innerhalb der Bundesrepublik Deutschland und innerhalb von Berlin (West) mit Kraftwagen mit Limousinenaufbau
...
Die Reiselager sind auch dann versichert, wenn sie zwischen 8 und 20 Uhr für kurze Zeit unter Anwendung der nachstehenden Sicherungsmaßnahmen unbeaufsichtigt bleiben.
...
Werden die Vorschriften dieser ‚Kraftfahrzeug-Klausel', insbesondere die Anwendung der unter Buchst. a) bis d) geforderten Sicherungen nicht eingehalten, so besteht für die in dem unbeaufsichtigt in dem Kraftwagen zurückgelassenen Waren weder bei ihrer Entwendung noch bei einer Entwendung des Kraftwagens selbst Versicherungsschutz."

Bei einer Erneuerung des Vertragsverhältnisses wurde 1978 nach langwierigen Verhandlungen folgende zusätzliche Klausel vereinbart:

„In teilweiser Änderung von Ziffer 2 besteht auch dann Versicherungsschutz, wenn die Reiselager zwischen 7 Uhr und 22 Uhr, gelegentlich auch bis 24 Uhr, bis zur Dauer von 2 Stunden unter Anwendung der vereinbarten Sicherungsmaßnahmen unbeaufsichtigt bleiben."

Der Vertreter G. besuchte Kunden der Klägerin. Er parkte seinen Pkw gegen 13.10 Uhr in einer Tiefgarage. Nach 14 Uhr kehrte er zu dem Fahrzeug zurück. Wie lange er sich dort aufhielt, ist zwischen den Parteien streitig. Als er gegen 16 Uhr erneut zu dem Fahrzeug zurückkehrte, war der Kofferraum gewaltsam aufgebrochen und die Schmuckkollektion entwendet.

Die Beklagte kündigte den Versicherungsvertrag unter Hinweis auf § 6 VVG und lehnte Versicherungsleistungen ab. Die Klägerin verlangte von der Beklagten Erstattung des Wertes des Musterkoffers.

Die Klage ist vor dem Landgericht und dem Oberlandesgericht ohne Erfolg geblieben. Die Revision führte zur Zurückverweisung zu weiterer Sachaufklärung.

Aus den Gründen:

1. ... Nach der ständigen Rechtsprechung des Bundesgerichtshofs (vgl. insbesondere Urteil vom 13. September 1978, IV ZR 177/77 = NJW 1978, 981 = VersR 1979, 343 m. w. N.) kommt es bei der Unterscheidung zwischen Obliegenheit und Risikobeschränkung nicht auf Wortlaut und Stellung einer Versicherungsklausel an. Maßgeblich ist vielmehr der materielle Inhalt der einzelnen Bedingung. Das Wesen der einzelnen Obliegenheit ist darin zu sehen, daß sie dem Versicherungsnehmer eine bestimmte Verhaltensweise auferlegt, die er beachten muß, um sich seinen Versicherungsanspruch zu erhalten ... Die Klausel dient dazu, den Versicherungsnehmer zu einem sorgsamen Verhalten zwecks Vermeidung und Verringerung des versicherten Risikos anzuhalten. Sie nimmt nicht ein bestimmtes Risiko unabhängig vom Verhalten des Versicherungsnehmers von vornherein aus dem Versicherungsschutz aus. Der Senat versteht die Klausel deshalb trotz ihres Wortlauts als Obliegenheit.

2. Das Berufungsgericht geht davon aus, daß die – geänderte – Kraftfahrzeug-Klausel zwischen den Parteien individuell ausgehandelt worden ist. Es sieht es nicht als erwiesen an, daß die Klausel entsprechend ausdrücklicher mündlicher Absprache so verstanden werden solle, daß das Fahrzeug mit Schmuck jedenfalls zwei Stunden ohne Standortwechsel unbeaufsichtigt bleiben dürfe, wobei durch ein kurzfristiges zwischenzeitliches Aufsuchen und Überprüfen des Wagens die Zwei-Stunden-Frist neu zu laufen beginne.

3. Weil sich nicht feststellen lasse, daß die Parteien die Klausel einverständlich in einem ganz bestimmten Sinne verstanden hätten, legt das Berufungsgericht sie aus und berücksichtigt dabei, daß sie im Zusammenhang mit der im übrigen unverändert gebliebenen ‚Kraftfahrzeug-Klausel' zu sehen sei. Nr. 1 d) der Kraftfahrzeug-Klausel gelte als Grundregel auch für die von der Klägerin genommene Versicherung. Dieser Sachzusammenhang mache deutlich, daß unter ‚Beaufsichtigung', wie auch dem Wortsinn zu entnehmen sei, ein ‚ständiges' Bewachen in bestimmter Weise, eigens ‚durch den Begleiter, einen Chauffeur oder eine vertrauenswürdige Person', nicht aber das bloße zwischenzeitliche, in irgendwelchen zeitlichen Abständen erfolgende Überpüfen und Kontrollieren des abgestellten Fahrzeugs zu verstehen sei. Eine ‚Beaufsichtigung' in diesem Sinne habe nicht stattgefunden. Das Fahrzeug sei in Wahrheit weit mehr als zwei Stunden unbeaufsichtigt abgestellt gewesen. Diese Auslegung entspreche dem erkennbaren Sinn der Klausel. Durch sie solle verhindert werden, daß das Fahrzeug mit dem wertvollen Inhalt längere Zeit als die vereinbarten zwei Stunden irgendwo ohne tatsächliche Einflußmöglichkeit durch eine Aufsichtsperson stehe.

Das durch ein längeres Abstellen auf einem Platz entstehende Diebstahlsrisiko werde nicht wesentlich gemindert, wenn der Berechtigte zwischenzeitlich zum Fahrzeug zurückkehre und sich 15 bis 20 Minuten in ihm aufhalte. Angesichts des unverändert gebliebenen Teils der Kraftfahrzeugklausel gebe es keine begründeten Zweifel bei der Auslegung, die gemäß § 5 AGBG zu Lasten der Beklagten gehen müßten.

4. Diese Ausführungen halten der rechtlichen Nachprüfung nicht stand.

a) Durch die zwischen den Parteien ausgehandelte Abänderung der Kraftfahrzeug-Klausel ist diese Klausel, die den Charakter Allgemeiner Geschäftsbedingungen hat, in zwei Punkten abgeändert worden. Es wurde der Satzteil ‚gelegentlich auch bis 24 Uhr' eingefügt und anstelle der unbestimmten Bezeichnung ‚für kurze Zeit' die genaue Zeitangabe ‚bis zur Dauer von zwei Stunden' eingesetzt. Das ‚unbeaufsichtigt bleiben', um dessen Auslegung es hier in erster Linie geht, wurde unverändert aus den formularmäßigen Bedingungen übernommen. Da ersichtlich der ganze Inhalt der Klausel Gegenstand der Verhandlungen war, hat die Klausel insgesamt den Charakter einer Individualvereinbarung erlangt. Zwar kann eine einzelne vorformulierte Klausel ihren Charakter als Teil Allgemeiner Geschäftsbedingungen behalten, wenn einzelne individuell verabredete Ergänzungen eingefügt werden (BGH Urteil vom 18. Mai 1983, VIII ZR 20/82 = NJW 1983, 1603). Bei dem dort entschiedenen Fall war die vorgedruckte Erklärung aber von vornherein darauf angelegt, daß sie durch Einfügung eines Listenpreises und eines Lieferdatums vervollständigt werde. Es ließ sich dort gerade nicht feststellen, daß der vorgedruckte Teil der Erklärung Gegenstand von Verhandlungen war. Hier enthielt dagegen die vorformulierte Kraftfahrzeug-Klausel eine in sich abgeschlossene Regelung. Gegenstand der Verhandlungen war die Abänderung – nicht Ergänzung – der Klausel und ihre Anpassung an die Bedürfnisse der Klägerin. Das AGB-Gesetz findet deshalb auf die Klausel keine Anwendung, weil das Vertragswerk der Parteien insoweit im einzelnen ausgehandelt worden ist (§ 1 Abs. 2 AGBG). Die Auslegung der Klausel richtet sich daher nach den Regeln über die Auslegung von Individualvereinbarungen. Da indessen der in erster Linie auszulegende Satzteil ‚unbeaufsichtigt bleiben' aus dem vorformulierten Klauselwerk der Beklagten übernommen ist und das Berufungsgericht nicht festzustellen vermochte, daß sich die Parteien bei Vertragsschluß über ein bestimmtes Verständnis dieses Satzteils geeinigt haben, hat das Berufungsgericht zu Recht auf objektive Kriterien für die Auslegung der Klausel zurückgegriffen. Es ist nämlich anzunehmen, daß die Parteien in Ermangelung einer besonderen Abrede die aus der vorformulierten Klausel übernommenen Teile so verstanden wissen wollten, wie diese üblicherweise, also bei unveränderter Übernahme in einen Vertrag, zu verstehen sind.

b) Nach feststehender Rechtsprechung gehen Unklarheiten in der Fassung der Versicherungsbedingungen nicht zu Lasten des Versicherungsnehmers. Insbesondere müssen Klauseln, die dem Versicherungsnehmer besondere, auf die Verminderung der Gefahr oder Verhütung einer Gefahrerhöhung gerichtete Obliegenheiten auferlegen, das danach Gebotene deutlich erkennen lassen (Prölss/Martin VVG 23. Aufl. § 6 Anm. 2; RG VerAfP 1922, Nr. 1278 = LZ 1922, 558). Die Klägerin als Versicherungsnehmerin konnte der Kraftfahrzeugklausel weder in ihrer ursprünglichen noch in der veränderten Fassung hinreichend sicher entnehmen, daß ihr das vom Berufungsgericht beschriebene Verhalten als Obliegenheit auferlegt war. In der Klausel ist zwar klar ausgesprochen, wer zur Beaufsichtigung eines abgestellten Fahrzeugs herangezogen werden durfte ... Im übrigen ist aber nirgends näher beschrieben, was unter ‚Beaufsichtigung' zu verstehen ist. Es geht nicht an, aus dem eingangs der Klausel angeführten Grundsatz, daß die versicherten Waren ständig beaufsichtigt werden müssen, Rückschlüsse zu ziehen und nur ein ständiges Bewachen als Beaufsichtigung in diesem Sinne gelten zu lassen. Denn das Erfordernis eines ständigen Bewachens wird ja gerade dadurch durchbrochen, daß die Reiselager für eine bestimmte Zeit unter Anwendung bestimmter Sicherungsmaßnahmen unbeaufsichtigt bleiben dürfen.

Gegenstand der zwischen den Parteien ausgehandelten Regelung war, daß das ständige Bewachen noch weiter abbedungen wurde; Gegenstand der Auslegung muß danach sein, inwieweit. Um zu ermitteln, wie weit die ständige Bewachung abbedungen worden ist, kann nicht die ständige Bewachung wieder als Erfordernis vorausgesetzt werden. Von einer ständigen Bewachung kann im übrigen nur gesprochen werden, wenn sie eben nicht unterbrochen wird. Ist aber eine Unterbrechung der Bewachung gestattet, so kann aus dem grundsätzlichen Erfordernis ständiger Bewachung sinnvollerweise nichts für die Auslegung, inwieweit eine Unterbrechung gestattet ist, gewonnen werden. Die Auslegung des Berufungsrichters läuft – konsequent verfolgt – darauf hinaus, daß ein Vertreter der Klägerin zwischen 7 und 22 Uhr seinen Wagen nur einmal bis zu zwei Stunden verlassen darf; denn jedes Beaufsichtigen zwischen dem ersten und dem letzten Verlassen des Wagens kann in dem vom Berufungsrichter verstandenen Sinn nicht ‚ständig' sein. Damit würde der Versicherungsschutz weit über das hinaus eingeschränkt, was selbst die Beklagte annimmt. Sie geht davon aus, daß ein Fahrzeug auch weitere Male ‚unbeaufsichtigt gelassen' werden darf, wenn nur in der Zwischenzeit der Standort des Fahrzeugs weit genug verlegt wird. Die Erwägungen des Berufungsrichters zum Sinn der Klausel lassen vermuten, daß der Berufungsrichter dem folgen will. Das ließe sich aber wiederum mit seinem Verständnis des Beaufsichtigens als ständigem Beaufsichtigen nicht vereinbaren.

c) Für die Auslegung, daß ein Vertreter gehalten sein sollte, den Standort des Wagens zu wechseln, bevor er das Fahrzeug wiederum unbeaufsichtigt läßt, findet sich weder im Text der ursprünglichen Kraftfahrzeug-Klausel noch in dem der vereinbarten Klausel ein Anhalt. Daß ein solches Verhalten geeignet ist, das Risiko eines Diebstahls zu vermindern, reicht dazu nicht aus. Nach dem Wortverständnis der Umgangssprache wird unter ‚Beaufsichtigung' ein ‚Im-Auge-Haben' verstanden. Dazu reicht ein beiläufiges Hinsehen nicht aus. Vielmehr ist eine gewisse Intensität und Dauer der Überwachung zu fordern, die ein Sichvergewissern einschließt, ob alles in Ordnung ist. Daß ein Beaufsichtigen in diesem Sinne aber ein Fortbewegen des Fahrzeuges erfordere, kann sich nur dem erschließen, der fachkundig eingehende Überlegungen anstellt, wie er das Risiko eines Diebstahls am besten mindern kann. Dazu ist der Versicherungsnehmer nicht verpflichtet. Auch für einen aufmerksamen und verständigen Versicherungsnehmer liegt es nahe, die Klausel dahin zu verstehen, daß das Reiselager dann nicht mehr ‚unbeaufsichtigt' ist, wenn es – auch ohne Standortwechsel – nach Ablauf der zwei Stunden von einer in den Bedingungen genannten Person wieder für eine gewisse Dauer überwacht wird. Die Klausel begründet daher in der vorliegenden Fassung eine Obliegenheit nur in diesem eingeschränkten Sinne. Sollte sich Herr G. von 14.10 Uhr bis etwa 14.30 Uhr in dem Fahrzeug aufgehalten haben, hätte eine Überwachung der genannten Art wieder stattgefunden und eine Obliegenheitsverletzung nicht vorgelegen. Anders wäre es, wenn er nach dem Essen lediglich die Kundenkartei in den Wagen gelegt und seinen Mantel daraus entnommen hätte.

1. Kann der Kunde in einem vorformulierten Maklervertrag zwischen zwei unabänderlichen Vertragsgestaltungen wählen, deren jeweiliger Inhalt ihm näher erläutert wurde, so ist dies kein individuelles Aushandeln der Vertragsbedingungen im Sinne von § 1 Abs. 1 AGBG.

2. Aushandeln im Sinne von § 1 Abs. 2 AGBG kann nur bejaht werden, wenn der Verwender den in seinen AGB enthaltenen „gesetzesfremden" Kerngehalt, also die den wesentlichen Inhalt der gesetzlichen Regelung ändernden oder ergänzenden Bestimmungen, inhaltlich zur Disposition stellt.

BGH, Urteil vom 3. 7. 1985 – IV a ZR 246/83; BB 1985, 2069 = DB 1986, 166 = MDR 1985, 1005 = NJW-RR 1986, 54 = WM 1985, 1208 = ZIP 1985, 1272.

Sachverhalt:

Der Beklagte will die von der Klägerin begehrte Maklerprovision nicht zahlen, weil er die Vertragsklausel, auf welche die Klägerin ihr Begehren stützt, für unwirksam hält.

Die Klägerin ist eine GmbH, die im Immobilienbereich Maklerautgaben für eine Landesbausparkasse wahrnimmt. Der Beklagte wollte 1980 sein Einfamilienhaus verkaufen. Deshalb wandte er sich an eine Geschäftsstelle der Klägerin. Er unterzeichnete ein Auftragsformular der Klägerin, das deren Angestellte W. zuvor ausgefüllt und ebenfalls unterzeichnet hatte. Das Formular enthält insgesamt neun Nummern. Es hat u.a. den folgenden Wortlaut:

„1. Der Auftraggeber entscheidet zwischen zwei verschiedenen Formen der Auftragsdurchführung:

a) Intensive Nachweis- oder Vermittlungsbemühungen, wobei sich die Gesellschaft neben der Auswertung des vorhandenen Interessentenbestandes verpflichtet, individuell nach einem geeigneten Vertragspartner zu suchen. Diese Tätigkeit wird durch eine angemessene

Werbung auf Kosten der Gesellschaft nachhaltig unterstützt, die der Art und dem Umfang des in Auftrag gegebenen Objektes entspricht.

Als Gegenleistung für diese Verpflichtung der Gesellschaft verzichtet der Auftraggeber darauf, sich selbst um einen Vertragsabschluß zu bemühen oder Dritte dabei einzuschalten. Er verspricht, der Gesellschaft alle Interessenten für das Objekt vor Vertragsabschluß zur Auftragserteilung zuzuführen. Bei Verletzung dieser Vereinbarung entrichtet der Auftraggeber eine Courtage von 2% + MwSt vom Kaufpreis an die Gesellschaft.

b) Allgemeine Nachweis- oder Vermittlungstätigkeit, die im wesentlichen auf die Auswertung des vorhandenen Interessentenbestandes ausgerichtet ist. Die Gesellschaft ist zu werblichen Vorleistungen nicht verpflichtet.

2. Für den Nachweis oder die Vermittlung zahlt der Auftraggeber bei Veräußerung des Objektes an die Gesellschaft eine Courtage von 2% vom gesamten Wirtschaftswert des Vertrages unter Einschluß aller damit zusammenhängenden Nebenabreden und Ersatzgeschäfte zuzüglich Mehrwertsteuer.

...

6. Dieser Auftrag gilt unbeschadet einer entgeltlichen Tätigkeit für die Gegenseite und ist nur durch schriftliche Benachrichtigung an die obige Anschrift mit einmonatiger Frist, frühestens zum Ablauf von sechs Monaten kündbar."

An der auf dem Formular dafür vorgesehenen Stelle wurde vermerkt, daß der Beklagte sich für die Auftragsdurchführung nach 1. a) entschieden habe.

Zum Abschluß mit einem von der Klägerin benannten Interessenten kam es nicht. Vielmehr veräußerte der Beklagte sein Haus an einen von ihm selbst gefundenen Käufer. Unter Hinweis auf die Klausel 1. a) des Formularvertrages verlangt die Klägerin aus einem Kaufpreis von 190 000,– DM 2% Maklerprovision zuzüglich Mehrwertsteuer, insgesamt 4294,– DM nebst Zinsen. Der Beklagte meint, die Klausel sei wegen Verstoßes gegen das Gesetz über die Allgemeinen Geschäftsbedingungen unwirksam; außerdem habe die Klägerin sich nicht ausreichend bemüht.

Das Landgericht hat der Klage stattgegeben, das Oberlandesgericht hat die Berufung des Beklagten zurückgewiesen. Die Revision des Beklagten führte zur Aufhebung des Berufungsurteils und zur Zurückverweisung der Sache.

Aus den Gründen:

I.

Das Berufungsgericht vertritt die Auffassung, das Gesetz über die Allgemeinen Geschäftsbedingungen finde keine Anwendung, weil die Klausel Nr. 1. a) des Formularvertrages als im einzelnen ausgehandelt im Sinne von § 1 Abs. 2 AGBG anzusehen sei.

Das Landgericht hatte nach seiner Beweisaufnahme festgestellt, vor dem eigentlichen Abschluß des Vertrages habe die als Zeugin vernommene Angestellte W. mit dem Beklagten eingehend mündlich die Möglichkeiten erörtert, die die Klägerin dem Beklagten für den Abschluß eines Maklervertrages biete; der Beklagte habe sich für den mündlich erläuterten Abschluß eines Vertrages gemäß Nr. 1. a) entschieden. Diese Beweiswürdigung hält das Berufungsgericht für bedenkenfrei und nach dem protokollierten Ergebnis der Vernehmung für zutreffend.

Der Beklagte sei demnach, so meint das Berufungsgericht, nicht vor die Wahl gestellt worden, abzuschließen oder nicht. Ihm sei für den Fall, daß er die besonderen Bedingungen der Klägerin nicht gewollt habe, der Abschluß eines Maklervertrages nach dem gesetzlichen Leitbild des Bürgerlichen Gesetzbuches angeboten worden. Mehr Verhandlungsbereitschaft über den Inhalt von Allgemeinen Geschäftsbedingungen brauche deren Verwender nicht zu zeigen.

Der Anspruch der Klägerin beruhe damit auf einer individuell ausgehandelten Vereinbarung, pauschalierten Aufwendungs- und Schadensersatz als Ersatz für entgangenen Gewinn zu zahlen. Eine vertragswidrige Untätigkeit der Klägerin sei nicht festzustellen.

II.

Die Ausführungen des Berufungsgerichts zu § 1 Abs. 2 AGBG enthalten Rechtsfehler.

1. Eine Klausel in Allgemeinen Geschäftsbedingungen wie die in Nr. 1. a) Abs. 2 Satz 2 des hier fraglichen Vertragsformulars, mit der dem Maklerkunden die Verpflichtung auferlegt wird, von ihm selbst geworbene Interessenten dem Makler zuzuführen oder mit ihnen nur unter Zuziehung des Maklers abzuschließen, ist nach § 9 Abs. 2 Nr. 1 AGBG unwirksam; sie ist mit dem Grundgedanken der in § 652 BGB enthaltenen gesetzlichen Regelung nicht vereinbar (Senatsurteil BGHZ 88, 368; vgl. auch schon BGHZ 60, 377).

2. Deshalb ist entscheidend, ob es sich bei den Bestimmungen des Vertragsformulars um solche handelt, auf welche § 9 AGBG Anwendung findet. Allgemeine Geschäftsbedingungen liegen gemäß § 1 Abs. 2 AGBG nicht vor, soweit die Vertragsbedingungen zwischen den Vertragsparteien im einzelnen ausgehandelt sind.

a) Was das Berufungsgericht zu der Frage des Aushandelns festgestellt hat, ist wegen seiner Bezugnahme dem Urteil des Landgerichts zu entnehmen. Danach hat die Zeugin den Beklagten lediglich über die wesentlichen Klauseln – damit sind jedenfalls Nr. 1. und 2. gemeint – und seine Wahlmöglichkeit bezüglich Nr. 1. genau unterrichtet. Den Feststellungen kann nicht entnommen werden, daß sie, von der Wahlmöglichkeit abgesehen, die Verhandlungsbereitschaft der Klägerin hinsichtlich des Inhalts der angebotenen Klauseln irgendwie habe erkennen lassen. Sie hat dem Beklagten nur eingehend auseinandergesetzt, daß die Klägerin auf der Basis eines Alleinauftrages oder aber einer allgemeinen Vermittlungstätigkeit tätig werden könne; dem Beklagten seien somit die Bedingungen, zu denen die Klägerin einen Alleinauftrag übernehme, bekannt gemacht worden. Ein Hinweis darauf, daß konkrete Verhandlungen über den Vertragsinhalt stattgefunden hätten oder gar der Inhalt der verschiedenen Vertragsbestimmungen zur freien Disposition gestanden habe, ist den Feststellungen des Berufungsgerichts nicht zu entnehmen.

Hiernach ist jedenfalls möglich, daß dem Kläger die jeweils zu wählende Variante a) oder b) als unabänderlich dargestellt und daß ihm nur deren jeweiliger Inhalt näher erläutert wurde.

b) Unter diesen Umständen ist dem Beklagten lediglich das Angebot unterbreitet worden, unkündbar für den Zeitraum von sechs Monaten entweder die Zuziehungsklausel mit der Sanktion voller Provisionszahlung in Kauf zu nehmen, oder aber eine nicht intensive, nämlich im wesentlichen sich in der Karteiauswertung erschöpfende Maklertätigkeit gemäß § 652 BGB mit ausdrücklicher Gestattung der Tätigkeit auch für den Vertragsgegner zu vereinbaren. Ein solches Angebot bedeutet noch kein individuelles Aushandeln der Vertragsbedingungen im Sinne von § 1 Abs. 2 AGBG; seine bloße Erläuterung mit der Folge der umfassenden Kenntnisnahme reicht angesichts des Schutzzwecks des Gesetzes ebensowenig (Ulmer/Brandner/Hensen, AGB Kommentar 4. Aufl. § 1 Rdn. 49 m. w. N.; Wolf/Horn/Lindacher, AGBG § 1 Rdn. 35; Staudinger/Schlosser, 12. Aufl. AGBG § 1 Rdn. 30 und 31).

c) Der Erwägung des Berufungsgerichts, der Verwender brauche nicht mehr Verhandlungsbereitschaft als den Abschluß eines Vertrages nach den gesetzlichen Bestimmungen des BGB zu zeigen, wenn sein Vertragspartner sich nicht für die besonderen Bedingungen des Verwenders entschließen wolle, kann nicht gefolgt werden.

In Nr. 1. und 2. des Vertragsformulars wird der für den Maklerkunden regelmäßig wichtigste Teil des Vertragsinhalts festgelegt. Mit dem Einräumen der im Formular allein vorgesehenen Wahlmöglichkeit ist dieser Teil und seine konkrete Ausformung jedoch nicht, wie es für ein Aushandeln erforderlich wäre, von beiden Seiten in den jeweiligen rechtsgeschäftlichen Gestaltungswillen aufgenommen worden. Die hier gegebene Wahlmöglichkeit erlaubte dem Beklagten nicht, in rechtsgeschäftlicher Selbstbestimmung und -verantwortung sich die Regelung voll zueigen zu machen (Ulmer/Brandner/Hensen, AGB Kommentar 4. Aufl. § 1 Rdn. 48). Vielmehr stellte die Klägerin ihm nach den bisherigen Feststellungen zwei unabänderliche Vertragsgestaltungen gegenüber, die sie lediglich in einem Formular zusammengefaßt hatte. Aushandeln im Sinne von § 1 Abs. 2 AGBG kann aber nur bejaht werden, wenn der Verwender den in seinen AGB enthaltenen „gesetzesfremden" Kerngehalt, also die den wesentlichen Inhalt der gesetzlichen Regelung ändernden oder ergänzenden Bestimmungen, inhaltlich zur Disposition stellt, nicht aber, wenn er diesen „gesetzesfremden" Kerngehalt bei ablehnender Haltung des Vertragsgegners einfach zugunsten einer anderen, unabänderlich vorgefertigten Vertragsgestaltung entfallen läßt. Erschöpft sich die Freiheit des Aushandelns darin, statt AGB die ohne AGB sowieso eingreifende gesetzliche Regelung „wählen" zu können, dann wird in Wahrheit keine Möglichkeit des Aushandelns eingeräumt, weil eine solche sich nur auf die das Gesetz ändernden oder ergänzenden AGB beziehen kann und muß.

Für das Aushandeln im Sinne des § 1 Abs. 2 AGBG fehlen angesichts der bisherigen Feststellungen sowohl die Bereitschaft des Verwenders zu konkreter Abänderung des vorformulierten Vertragsinhaltes als auch die Kundmachung dieser Bereitschaft. Weil das Aushandeln mehr voraussetzt als die lediglich theoretische Bereitschaft dazu, kann auf die Bekundung der Bereitschaft seitens des Verwenders nicht verzichtet werden, es sei denn, der Vertragsgegner des Verwenders wisse anderweitig davon. Das hat der Bundesgerichtshof schon mehrfach ausgesprochen (Senatsurteil vom 26. 2. 1981 – IVa ZR 99/80 – WM 1981, 561 unter 2.; Urteil vom 14. 12. 1976 – IV ZR 197/75 – LM BGB § 652 Nr. 61 unter I 2c).

4. Eine abschließende Entscheidung kann der Senat nicht treffen. Der Klägerin darf der im dargelegten Sinne umfassendere Nachweis für das Aushandeln, den sie zu erbringen hat, nicht abgeschnitten werden ...

4 **Unter die Begriffsbestimmung des § 1 Abs. 1 Satz 1 AGBG fallen auch die abstrakten Schuldversprechen und Schuldanerkenntnisse, soweit sie Bedingungen enthalten.**

Ob die Schuldanerkenntnisse äußerlich gesondert vereinbart werden, ist nach § 1 Abs. 1 Satz 2 AGBG gleichgültig.

OLG München, Urteil vom 18. 4. 1985 – 29 U 5076/84 – rechtskräftig;

Nr. 4   *Begriffsbestimmung*   § 1

Aus den Gründen:

...

3. Die beanstandeten Klauseln unterliegen dem AGB-Gesetz. Sie sind für eine Vielzahl von Verträgen vorformuliert und wurden von den Verfügungsbeklagten zu 1) und zu 2) bei Abschluß eines Vertrages partnersuchenden Parteien gestellt (§ 1 Abs. 1 Satz 1 AGBG).

Bei den Verträgen, die die Verfügungsbeklagten mit ihren Kunden geschlossen haben, handelt es sich um atypische Verträge, bei denen Elemente des Dienstvertrages (§§ 611 ff. BGB) überwiegen. Auf keinen Fall wurden in diesem Zusammenhang Verträge auf dem Gebiet des Arbeitsrechts geschlossen, denn keine der Vertragsparteien ist insoweit als Arbeitnehmer oder Arbeitgeber tätig geworden. Es liegen auch keine Verträge vor, die unmittelbar auf Struktur, Personenkreis oder Willensbildung einer BGB-Gesellschaft einwirken; es sind rein schuldrechtliche Austauschbeziehungen, bei denen die individuelle Interessenverfolgung und nicht die personenverbandsrechtliche Einbindung im Vordergrund steht. Die Anwendung des AGB-Gesetzes bei den Verträgen, die die Verfügungsbeklagten mit den von der Verfügungsklägerin angegriffenen Klauseln geschlossen haben, ist daher nicht durch § 23 Abs. 1 dieser Vorschriften ausgeschlossen.

4. Die Klauseln in dem Schuldanerkenntnis unterliegen ebenfalls den Vorschriften des AGB-Gesetzes.

Unter die Begriffsbestimmung des § 1 Abs. 1 Satz 1 AGBG fallen alle schuldrechtlichen Verträge, auch die abstrakten Schuldversprechen und Schuldanerkenntnisse, soweit sie – wie hier – Bedingungen enthalten. Ob die Schuldanerkenntnisse äußerlich gesondert vereinbart wurden, ist nach § 1 Abs. 1 Satz 2 AGBG gleichgültig. Auch unter Beachtung des § 8 AGBG gelten die §§ 9 bis 11 AGBG bei der Vereinbarung von abstrakten Schuldversprechen oder Schuldanerkenntnissen, weil diese – wie bereits ausgeführt – nicht ipso iure gelten, sondern erst von den Verfügungsbeklagten in Vorformulierungen von einer Vielzahl von Kunden verlangt worden sind.

5. Die Unwirksamkeit der von der Verfügungsklägerin angegriffenen Bestimmungen in den Allgemeinen Geschäftsbedingungen der Verfügungsbeklagten ergibt sich insbesondere aus:

§ 9 Abs. 2 Nr. 1 AGBG – „Quittung und Restschuldanerkenntnis" insgesamt;

§ 11 Nr. 2 AGBG – „einredefreie Teilforderung", „Verzicht auf Rückforderung", „jedwede bekannten und unbekannten Einwendungen für die Zukunft", „einredefreier monatlicher Betrag", „Verzicht auf jegliche bekannten und unbekannten Einwendungen für die Zukunft";

§ 11 Nr. 3 AGBG – „einredefreie Teilforderung", „jedwede bekannten und unbekannten Einwendungen für die Zukunft", „einredefreier monatlicher Betrag", „Verzicht auf jegliche bekannten und unbekannten Einwendungen für die Zukunft";

§ 11 Nr. 5a AGBG – „1 $^1/_2$ % Zinsen pro Monat zuzüglich Verzugskosten"; „jedes Mahnschreiben ist mit DM 5,– zu vergüten".

Die Berufung der Verfügungsbeklagten ist daher als unbegründet zurückzuweisen.

Anmerkung:

Das vorinstanzliche Urteil des LG München I vom 6. 9. 1984 – 7 O 9471/84 – ist abgedruckt in AGBE V § 9 Nr. 164.

§ 1   *Begriffsbestimmung*   Nr. 5

5   Der Finanzierungsmakler bei einem Bauherrenmodell ist dann nicht Verwender von vorformulierten Vermittlungsbedingungen, wenn diese vom Treuhänder stammen und der Makler den Treuhänder zwar gesucht und geworben, an der Formulierung des Vertragswerks und am Wirtschaften des Treuhänders aber keinen weiteren Anteil hat.

OLG Hamburg Urteil vom 31. 7. 1985 – 5 U 133/84 – rechtskräftig; DB 1986, 112 = VersR 1986, 462.

Aus den Gründen:

Den Klägern steht ein Rückzahlungsanspruch wegen der Provision für die Endfinanzierung nicht zu, weil der Finanzierungsvermittlungsvertrag mit dem Beklagten die Zahlung dieser Provision rechtfertigt.

Daß nach § 6 dieses Vertrages die darin genannte Gebühr als erfolgsunabhängige Provision verdient werden sollte, ergibt sich aus dem Wortlaut dieser Regelung in Verbindung mit der wirtschaftlichen Gestaltung eines Bauherrenmodells ohne Zwang.

Diese Vereinbarung ist im vorliegenden Fall wirksam, obwohl der Vertrag als vorformulierter Maklervertrag anzusehen ist. Die Vergütungsbestimmung des § 6 kann nicht nach § 9 AGBG für unwirksam erklärt werden, weil der Beklagte nicht Verwender im Sinne des § 1 Abs. 1 AGBG ist. Der Senat hält die Rechtsprechung des Bundesgerichtshofs zur Frage, wann der Finanzierungsvermittler dem Bauherrn gegenüber als Verwender in Betracht kommt, für richtig. Neben der BGH-Entscheidung vom 7. Dezember 1983 (WM 1984, 240, 242) liegt inzwischen ein Urteil desselben Senats vom 20. März 1985 vor (IV a ZR 223/83, AGBE VI § 9 Nr. 83), aus dem deutlich wird, daß dem Finanzierungsvermittler die verwendeten Vertragsklauseln nur zugerechnet werden können, wenn diese auf seine Veranlassung formuliert und den Verträgen mit den Bauherren zugrunde gelegt werden. Das hat der Bundesgerichtshof in jenem Fall bejaht: Dort hatte die auf Rückzahlung einer Finanzierungsvermittlungsgebühr verklagte Bauträgergesellschaft den Auftrag zur Vertragsformulierung an den späteren Treuhänder des Bauherrn, einen Wirtschaftsprüfer, zu einer Zeit gegeben, als dieser noch nicht Treuhänder, also noch allein im Auftrag der Beklagten tätig war.

Ein vergleichbarer Sachverhalt läßt sich hier nicht feststellen. Der vom Beklagten dargestellte Ablauf seiner Beteiligung an dem Bauherrenmodell rechtfertigt eine Zurechnung noch nicht, da er an den zusammengehörenden Vertragsentwürfen für das Modell nicht mitgewirkt hat und sein Anteil an der Verwendung unter anderem auch des Finanzierungsvermittlungsvertrages lediglich darin bestand, daß er den Baubetreuer und Treuhänder für die Verwirklichung des Planes warb, um sich selbst auf die Finanzierungsvermittlung in der Form zu beschränken, in der sie ihm von der Firma T. als Treuhänderin der Bauherren angedient werden würde.

Können somit die Bedingungen über die Vergütungspflicht dem Beklagten nicht als Verwender im Sinne von §§ 1, 9 AGBG zugerechnet werden, käme eine Unwirksamkeit dieser Vereinbarung nur unter den allgemeinen Voraussetzungen der Sittenwidrigkeit oder eines Verstoßes gegen Treu und Glauben in Betracht.

Die vom Bundesgerichtshof in der erstgenannten Entscheidung (WM 1984, 240) erwähnten Fallkonstellationen eines bewußten Zusammenwirkens von Treuhänder und

Beklagten zum Nachteil der Kläger oder eines bewußten Vollmachtsmißbrauchs durch den Treuhänder, den der Beklagte hätte erkennen können, liegen nach dem vorgetragenen Sachverhalt nicht vor. Der bloße Hinweis der Klägerin auf diese Möglichkeiten ersetzt keinen Sachvortrag.

Schließlich hält der erkennende Senat auch eine Übertragung der Grundsätze, die der Bundesgerichtshof für den Gewährleistungsausschluß bei neu errichteten Wohnungen in notariellen Verträgen entwickelt hat (NJW 1982, 2243; 1984, 2094), auf die vorliegende Vergütungsregelung nicht für angebracht. Immerhin beruht die hier zur Debatte stehende Abweichung vom gesetzlichen Leitbild (des Maklervertrages) auf der nachträglichen Entscheidung des Bauherrn, die angebotene Maklerleistung nicht mehr in Anspruch zu nehmen. Zu ihr ist er zwar nach dem Vertragsbild frei; man kann sie aber nach Auffassung des Senats mit der bei Vertragsabschluß geforderten Entscheidung, auf die gesetzlichen Gewährleistungsrechte ein für alle Mal zu verzichten, nicht gleichsetzen.

1. Eine im Ausschreibungsverfahren abzugebende Erklärung über die Einhaltung tarifvertraglicher Bestimmungen ist keine AGB im Sinne von § 1 AGBG, denn durch die Abgabe der Erklärung wird das spätere Vertragsverhältnis nicht regelnd gestaltet.

2. Auch die „Fachliche Weisung" einer Baubehörde an andere Behörden zum Ausschreibungs- und Vergabeverfahren bei Bauverträgen stellt keine AGB dar, denn sie statuiert lediglich eine Pflicht für die weisungsgebundenen Stellen, die Bieter auf bestimmte rechtliche Konsequenzen hinzuweisen, ohne mittelbar oder unmittelbar den später abzuschließenden Werkvertrag zu gestalten.

LG Hamburg, Urteil vom 9. 8. 1985 – 74 O 562/84 – nicht rechtskräftig;

Sachverhalt:

Der Kläger wendet sich im Rahmen der von ihm in Anspruch genommenen Verbandsklagebefugnis gegen die von der Beklagten – Baubehörde – verwendete Fachliche Weisung Z 1/84 sowie deren Anlage 3. Er ist der Auffassung, sowohl die Tariftreueerklärung gem. Anlage 3 als auch der zu erteilende Hinweis gem. Teilziffer 1.6 der Fachlichen Weisung enthielten Geschäftsbedingungen im Sinne des AGB-Gesetzes bzw. seien in jedem Fall wie solche zu behandeln. Beide Bestimmungen seien mit dem AGB-Gesetz nicht vereinbar.

Das Landgericht hat die Klage abgewiesen.

Aus den Gründen:

1. Soweit sich die Klage auf den Widerruf der Empfehlung der beanstandeten Bedingungen richtet, muß sie schon daran scheitern, daß die Fachliche Weisung als solche keine „Empfehlung" darstellt. Für die Adressaten gem. Ziffern 2 und 3 des Verteilers gem. Anlage 3 räumt dies der Kläger selbst ein. Die nachrichtliche Mitteilung an die anderen Fachbehörden bedeutet ersichtlich keine Empfehlung i. S. d. AGBG, hinsichtlich der eigenen Ämter der Baubehörde fehlt es an jeder Außenwirkung.

Hinsichtlich der Bezirksämter (Ziff. 1 des Verteilers) kann ebenfalls nicht von einer Empfehlung gesprochen werden. Gem. § 5 Abs. 2 des Bezirksverwaltungsgesetzes haben die Fachbehörden im Rahmen der Fachaufsicht über die Bezirksämter Fachliche Weisungen aufzustellen und deren Einhaltung zu überwachen. Hier liegt also eindeutig die Ausübung eines Weisungsrechts innerhalb des Behördenaufbaus der Beklagten vor, nicht aber eine Empfehlung, der der Adressat folgen mag oder nicht.

2. Die Unterlassungsanträge sind gleichfalls unbegründet, beiden beanstandeten Komplexen fehlt der Charakter einer Allgemeinen Geschäftsbedingung.

a) Die Tariftreueerklärung gem. Anlage 3 zur Fachlichen Weisung Z 1/84 beinhaltet die Erklärung des Bieters (bei Aufträgen der Beklagten über mehr als DM 50000), daß er die für die Baustelle geltenden tarifvertraglichen Bestimmungen einhalten werde. Diese im Ausschreibungsverfahren abzugebende Erklärung wird nicht Bestandteil des Werkvertrages, der für den Fall des Zuschlags zwischen der Beklagten und dem Bieter geschlossen wird. Es handelt sich hier folglich nicht um eine – wie auch immer – vertragsgestaltende Bedingung. Die Tariftreueerklärung hat nach ihrem objektiven Gehalt vielmehr allein die Aufgabe sicherzustellen, daß sich bereits am Ausschreibungsverfahren nur solche Bieter beteiligen, die die geltenden tarifvertraglichen Bestimmungen einhalten. Das spätere Vertragsverhältnis wird durch die Abgabe der Erklärung nicht regelnd gestaltet, es wird nicht einmal der vorvertragliche Bereich zwischen den späteren Vertragsparteien geregelt.

b) Auch die vom Kläger beanstandete Teilziffer 1.6 der Fachlichen Weisung enthält keine Regelung i. S. d. AGBG. Diese Bestimmung enthält lediglich die Anweisung der Baubehörde an die Stellen, die Ausschreibungen und Vergaben von Bauaufträgen durchführen, Bieter/Auftragnehmer auf bestimmte rechtliche Konsequenzen hinzuweisen, wenn wissentlich falsche Erklärungen abgegeben werden. Hierdurch wird nicht ein Vertragsverhältnis zwischen Verwender und Vertragspartner geregelt, die Fachliche Weisung statuiert insoweit lediglich eine Hinweispflicht für die weisungsgebundenen Stellen, ohne mittelbar oder unmittelbar den später abzuschließenden Werkvertrag zu gestalten. Hiernach kommt auch insoweit eine Inhaltskontrolle nach dem AGBG nicht in Betracht. Auf die umfangreichen Ausführungen der Parteien zu den angeblich mit der Tariftreueerklärung verfolgten Zielen braucht daher nicht eingegangen zu werden.

Im Ergebnis geht es dem Kläger ersichtlich darum, das Ausschreibungs- und Vergabeverfahren der Baubehörde darauf überprüfen zu lassen, ob es von sachfremden Erwägungen bestimmt wird oder nicht. Das ist über das AGBG nicht möglich, jedenfalls nicht, soweit die hier umstrittenen Bestimmungen in Rede stehen.

Anmerkung:

Die Berufung ist beim OLG Hamburg unter dem Aktenzeichen 5 U 197/85 anhängig.

7 Eine handschriftliche Vereinbarung in einem Maklervertrag, die in den wesentlichen Formulierungen mit derjenigen des Formular-Maklervertrages übereinstimmt, stellt keine Individualvereinbarung im Sinne von § 1 Abs. 2 AGBG dar.

AG Düsseldorf, Urteil vom 26. 9. 1985 – 47 C 86/85 – rechtskräftig; MDR 1986, 235 = WM 1986, 463.

Sachverhalt und **Gründe** sind abgedruckt unter Nr. 89 zu § 9 AGBG.

§ 2
Einbeziehung in den Vertrag

1. Für die Einbeziehung Allgemeiner Geschäftsbedingungen in den Einzelvertrag ist es auch im kaufmännischen Geschäftsverkehr erforderlich, daß die Vertragsparteien ihre Anwendung ausdrücklich oder stillschweigend vereinbaren.

2. Enthalten die AGB des Käufers eine Abwehrklausel, wonach auch bei abweichenden AGB des Verkäufers ausschließlich die AGB des Käufers gelten sollen, so werden die AGB des Verkäufers insoweit nicht Vertragsinhalt, als sie den Bedingungen des Käufers widersprechen, von diesen abweichen oder Regelungen enthalten, die in den Bedingungen des Käufers keine Entsprechung finden.

Dem Parteiwillen kann aber entnommen werden, daß solche vom dispositiven Recht abweichenden oder dieses ergänzende Regelungen gelten sollen, die in den beiderseitigen Allgemeinen Geschäftsbedingungen mit übereinstimmendem Inhalt getroffen und demgemäß von beiden Parteien gewollt sind.

BGH, Urteil vom 20. 3. 1985 – VIII ZR 327/83; BB 1985, 1150 = MDR 1985, 751 = NJW 1985, 1838 = ZIP 1985, 544.

Sachverhalt:

Am 27. 10. 1980 bestellte die Firma B. GmbH (künftig: Gemeinschuldnerin) zu den auf der Rückseite des Bestellscheins abgedruckten Einkaufsbedingungen bei der Klägerin zum Einbau in Elektroherde bestimmte Herdzeitschaltuhren. In Nr. 14 des Bestellschreibens heißt es:

„Änderungen dieses Auftrages bedürfen grundsätzlich der Schriftform. Es gelten unsere Einkaufsbedingungen..."

Nr. 16 dieser Einkaufsbedingungen lautet:

„Abweichende Geschäftsbedingungen

Durch die Annahme unseres Auftrages erklärt der Lieferer sein Einverständnis mit diesen Einkaufsbedingungen. Wird unser Auftrag vom Lieferer abweichend von unseren Bedingungen bestätigt, so gelten auch dann nur unsere Einkaufsbedingungen, selbst wenn wir nicht widersprechen. Abweichungen gelten also nur, wenn sie von uns ausdrücklich schriftlich anerkannt worden sind. Ist der Lieferer mit vorstehender Handhabung nicht einverstanden, so hat er sofort in einem besonderen Schreiben ausdrücklich darauf hinzuweisen. Wir behalten uns für diesen Fall vor, den Auftrag zurückzuziehen, ohne daß uns gegenüber Ansprüche irgendwelcher Art gestellt werden können.

Unsere Bedingungen gelten auch für künftige Geschäfte, selbst wenn nicht ausdrücklich auf sie Bezug genommen ist, sofern sie nur dem Besteller bei einem von uns bestätigten Auftrag zugegangen sind."

Am 11. 2. 1982 erteilte die Gemeinschuldnerin der Klägerin einen Nachtragsauftrag über die Lieferung weiterer Energieregler. Die Klägerin bestätigte am 7. 11. 1980 bzw. am 12. 3. 1982 die Bestellungen unter Bezugnahme auf ihre Allgemeinen Lieferungs- und Zahlungsbedingungen.

§ 2   *Einbeziehung in den Vertrag*   Nr. 1

In diesen Bedingungen ist u. a. bestimmt:

„1. Vertragsabschluß und Vertragsinhalt

Für alle Verträge ist ausschließlich die schriftliche Auftragsbestätigung des Lieferers in Verbindung mit diesen Allgemeinen Lieferungs- und Zahlungsbedingungen maßgebend. Änderungen oder Ergänzungen des Vertrages bedürfen der Schriftform...

7. Eigentumsvorbehalt

Bis zum Kontoausgleich, wobei Wechselzahlungen erst mit Einlösung als Erfüllung angesehen werden, bleiben gelieferte Waren aus den vom Lieferer gemachten Lieferungen dessen Eigentum. Etwaige Be- oder Verarbeitungen nimmt der Besteller für den Lieferer vor, ohne daß diesem daraus Verpflichtungen entstehen. Wird die gelieferte Ware mit anderen Gegenständen vermischt oder verbunden, so tritt der Besteller im Zeitpunkt des Abschlusses des Liefervertrages Herausgabe-, Eigentums- bzw. Miteigentumsrechte an dem vermischten Bestand oder dem neuen Gegenstand ab und verwahrt diesen mit kaufmännischer Sorgfalt für den Lieferer.

Der Besteller darf die Eigentumsvorbehaltsware nur im ordnungsgemäßen Geschäftsverkehr weiterveräußern. Die ihm aus Weiterveräußerung oder aus einem sonstigen Rechtsgrund zustehenden Forderungen tritt er im voraus an den Lieferer ab..."

Die Klägerin lieferte die Schaltuhren und Energieregler, die einen Wert von DM 454 245,58 hatten, in der Zeit vom 29. 10. 1981 bis 27. 4. 1982. Am 21. 5. 1982 beantragte die Gemeinschuldnerin die Eröffnung des Vergleichsverfahrens. Zu diesem Zeitpunkt lagerten bei ihr aus den vorgenannten, noch unbezahlten Lieferungen nicht montierte Regler im Werte von DM 277 787, 85, während Regler im Werte von DM 47 789,05 bereits in hergestellte, aber noch bei der Gemeinschuldnerin befindliche Herde eingebaut waren. Im Juli/August 1982 zahlte die Gemeinschuldnerin den Gegenwert für die noch nicht eingebauten Stücke.

Am 29. 10. 1982 wurde der Anschlußkonkurs über das Vermögen der Gemeinschuldnerin eröffnet und der Beklagte zum Konkursverwalter bestellt.

Die Klägerin vertritt die Auffassung, ihre Allgemeinen Lieferungs- und Zahlungsbedingungen seien Vertragsinhalt geworden, so daß zu ihren Gunsten wirksam ein Bearbeitungs- und verlängerter und erweiterter Eigentumsvorbehalt vereinbart worden sei. Sie hat den Beklagten demgemäß auf Zahlung des Gegenwertes der Regler, die am 21. 5. 1982 bereits in bei der Gemeinschuldnerin noch vorhanden gewesene Herde eingebaut waren, sowie auf Auskunft darüber in Anspruch genommen, wie hoch am 21. 5. 1982 die Forderungen der Gemeinschuldnerin aus dem Weiterverkauf von Herden gewesen sind, in denen die gelieferten Herdschaltuhren/Energieregler eingebaut waren.

Das Landgericht hat die Klage abgewiesen. Die Berufung der Klägerin blieb erfolglos. Die Revision der Klägerin hatte ebenfalls keinen Erfolg.

Aus den Gründen:

I. Die Entscheidung des Rechtsstreits hängt davon ab, ob Nr. 7 der Allgemeinen Geschäftsbedingungen der Klägerin Vertragsinhalt geworden ist. ...

II. 1. In Übereinstimmung mit dem Landgericht ist das Berufungsgericht davon ausgegangen, daß die Allgemeinen Lieferungs- und Zahlungsbedingungen der Klägerin und damit auch deren Nr. 7 nicht Vertragsinhalt geworden sind. Sie seien nicht individualvertraglich vereinbart worden. Ihrer stillschweigenden Einbeziehung in die Verträge stünden die der Klägerin bekannt gewesenen Einkaufsbedingungen der Gemeinschuldnerin entgegen. Die in Nr. 16 dieser Bedingungen enthaltene Abwehrklausel sei nicht gem. § 9 AGBG unwirksam. Die Gemeinschuldnerin habe mit der Klausel möglichst einheitliche Vertragsbedingungen für ihre Geschäfte erreichen, insbesondere auch Eigentumsvorbehalte des Lieferanten verhindern wollen. Diese Zweckrichtung sei nicht zu beanstanden, weil Eigentumsvorbehalte zumindest die mit Bankkreditgeschäften regelmäßig verbundenen Sicherungsübereignungen erschweren.

2. Diese Ausführungen halten jedenfalls im Ergebnis der rechtlichen Nachprüfung stand.

a) Auch im kaufmännischen Geschäftsverkehr setzt die Einbeziehung Allgemeiner Geschäftsbedingungen in den Einzelvertrag voraus, daß die Vertragspartner ihre Anwendung ausdrücklich oder stillschweigend vereinbaren (Senatsurt. v. 18. 10. 1978 – VIII ZR 230/77, WM 1979, 19, 20; Senatsurt. v. 7. 6. 1978 – VIII ZR 146/77, WM 1978, 978 m. w. N.).

Eine individualvertragliche, ausdrückliche Einigung über die Maßgeblichkeit der AGB der Klägerin hat das Berufungsgericht rechtsirrtumsfrei verneint. Dagegen wendet sich die Revision nicht.

Zu Recht ist das Berufungsgericht ferner davon ausgegangen, daß die Gemeinschuldnerin sich auch nicht stillschweigend mit der globalen Einbeziehung der AGB der Klägerin einverstanden erklärt hat. Der Annahme einer stillschweigenden Unterwerfung der Gemeinschuldnerin unter die Verkaufsbedingungen der Klägerin steht die in ihren Einkaufsbedingungen enthaltene unmißverständliche Erklärung entgegen, daß sie ausschließlich zu ihren Einkaufsbedingungen abschließen und abweichende Bedingungen in der Auftragsbestätigung nur nach ihrer schriftlichen Anerkennung gelten lassen wolle. Insoweit ist es unerheblich, ob diese Abwehrklausel, deren Zweckbestimmung darin liegt, bei den Vertragsverhandlungen, also vor Vertragsschluß, deutlich zu machen, daß der Käufer Verkäuferbedingungen – abgesehen von den in der Klausel genannten Ausnahmen – unter keinen Umständen gelten lassen will, ihrerseits Vertragsinhalt geworden ist. Entscheidend ist allein, welche Willensrichtung der Gemeinschuldnerin sich daraus ergibt. Daß die Gemeinschuldnerin ihren in den Abwehrklausel zum Ausdruck gebrachten Standpunkt aufgegeben habe, nachdem die Klägerin den Auftrag dennoch unter Bezugnahme auf ihre eigenen Allgemeinen Geschäftsbedingungen bestätigt hatte, ist von der Klägerin nicht vorgetragen und auch aus den Umständen nicht ersichtlich. Angesichts des in der Abwehrklausel der Gemeinschuldnerin deutlich erklärten – vorweggenommenen – Widerspruchs gegen die Geltung der Allgemeinen Geschäftsbedingungen der Klägerin kann – wovon auch das Berufungsgericht, von der Revision unangefochten, ausgegangen ist – eine solche Willensänderung ohne das Hinzutreten weiterer Umstände insbesondere nicht darin erblickt werden, daß die Gemeinschuldnerin den Verkaufsbedingungen der Klägerin nicht erneut widersprach und die Ware vorbehaltlos entgegennahm (vgl. Senatsurt. v. 9. 2. 1977 – VIII ZR 249/75, WM 1977, 451, 452).

Mangels einer entsprechenden rechtsgeschäftlichen Einigung der Vertragspartner sind die Verkaufsbedingungen der Klägerin somit nicht insgesamt Vertragsinhalt geworden. Dies verkennt auch die Revision nicht.

b) Sie meint allerdings, die der globalen Einbeziehung der Verkaufsbedingungen der Klägerin entgegenstehende Abwehrklausel der Gemeinschuldnerin verhindere nicht, daß einzelne Klauseln der Verkaufsbedingungen gleichwohl Vertragsinhalt geworden seien. Durch die Abwehrklausel seien nur die von den Einkaufsbedingungen der Gemeinschuldnerin abweichenden Verkaufsbedingungen der Klägerin, dagegen nicht zusätzliche Bedingungen ausgeschlossen worden, denen die Gemeinschuldnerin – wie hier dem in Nr. 7 der Verkaufsbedingungen geregelten verlängerten Eigentumsvorbehalt mit Verarbeitungs- und Vorausabtretungsklausel – in ihren Einkaufsbedingungen nicht ausdrücklich widersprochen habe, zumal wenn solche zusätzlichen Bedingungen branchenüblich seien.

Dem kann nicht gefolgt werden.

aa) Ist der Vertrag – wie hier – ohne Einigung über die Geltung der Allgemeinen Geschäftsbedingungen einer Partei zustande gekommen, so bedeutet dies noch nicht, daß in diesem Falle anstelle der in den Allgemeinen Geschäftsbedingungen vorgesehenen Regelungen ohne Ausnahme das entsprechende dispositive Recht tritt (vgl. Bunte, ZIP 1982, 449, 450 unter Darstellung des Meinungsstandes; Wolf/Horn/Lindacher, AGBG, § 2 Rz. 77; Ulmer/Brandner/Hensen, AGBG, 4. Aufl., § 2 Rz. 101; Erman/Hefermehl, BGB, 7. Aufl., § 2 AGBG Rz. 48). Dem Parteiwillen kann vielmehr entnommen werden, daß solche vom dispositiven Recht abweichenden oder dieses ergänzende Regelungen gelten sollen, die in den beiderseitigen Allgemeinen Geschäftsbedingungen mit übereinstimmendem Inhalt getroffen und demgemäß von beiden Parteien gewollt sind.

bb) An einer solchen offensichtlichen Willensübereinstimmung fehlt es aber, wenn die Allgemeinen Geschäftsbedingungen der einen Seite „zusätzliche" Regelungen enthalten, die in den Bedingungen der anderen keine Entsprechung finden, z. B. – wie hier – die Verwendung von Eigentumsvorbehaltsklauseln. Ob in einem solchen Falle auch ohne eine in den beiderseitigen Allgemeinen Geschäftsbedingungen zum Ausdruck kommende übereinstimmende Willensrichtung ein stillschweigendes Einverständnis des anderen Teils mit den einseitig geregelten zusätzlichen Bedingungen des Vertragspartners angenommen werden kann, hängt von dem anhand der sonstigen Umstände zu ermittelnden Willen des Klauselgegners ab (vgl. Ulmer/Brandner/Hensen, a. a. O., § 2 Rz. 104; Löwe/Graf v. Westphalen/Trinkner, AGBG, § 2 Rz. 47). Hier läßt sich indessen ein Wille der Gemeinschuldnerin nicht feststellen, durch ihre Abwehrklausel lediglich die ihren Einkaufsbedingungen widersprechenden Verkaufsbedingungen der Klägerin und nicht auch zusätzliche Bestimmungen auszuschließen. Sie hat mit der Abwehrklausel vielmehr klar und eindeutig zu erkennen gegeben, daß sie nur unter Zugrundelegung ihrer Einkaufsbedingungen bestelle und andere Bedingungen ohne ihr ausdrückliches schriftliches Anerkenntnis auch dann nicht Vertragsinhalt würden, wenn ihnen nicht widersprochen werde. Damit hat die Gemeinschuldnerin unmißverständlich zum Ausdruck gebracht, daß neben ihren Einkaufsbedingungen für Verkaufsbedingungen der Klägerin nur Raum sei, wenn sie inhaltlich gleichgerichtet oder von ihr schriftlich anerkannt seien (vgl. für einen ähnlich gelagerten Fall: Senatsurt. v. 30. 5. 1979 – VIII ZR 232/78, WM 1979, 805). Eines besonderen Widerspruches der Gemeinschuldnerin gegen die in den Verkaufsbedingungen der Klägerin enthaltene Eigentumsvorbehaltsklausel bedurfte es daher nicht, um deren Einbeziehung in den Vertrag auszuschließen.

Für diese Eigentumsvorbehaltsklausel kann auch nicht deshalb etwas anderes gelten, weil sie möglicherweise – wie die Revision geltend macht – branchenüblich ist. Die Branchenüblichkeit einer Regelung kann zwar ein Indiz dafür sein, daß der Vertragspartner stillschweigend mit der Regelung einverstanden ist (vgl. Löwe/Graf v. Westphalen/Trinkner, a. a. O.; Ulmer/Brandner/Hensen, a. a. O., Rz. 104). Abgesehen davon, daß eine solche Indizwirkung bei einem verlängerten und erweiterten Eigentumsvorbehalt der vorliegenden Art aber allgemein verneint wird (Erman/Hefermehl, a. a. O; Löwe/Graf v. Westphalen/Trinkner, a. a. O., Rz. 47; Ulmer/Brandner/Hensen, a. a. O.,

Rz. 105; Graf v. Westphalen, DB 1977, 1638), entfällt sie hier auch deshalb, weil – wie das Berufungsgericht in anderem Zusammenhang festgestellt hat – die Abwehrklausel der Gemeinschuldnerin insbesondere auch Eigentumsvorbehalte der Lieferanten verhindern sollte. Diese naheliegende (vgl. Senatsurt. v. 30. 5. 1979, a. a. O.) Auslegung der Abwehrklausel greift die Revision nicht an.

c) Das Berufungsgericht hat die Abwehrklausel der Gemeinschuldnerin an § 9 AGBG gemessen und sie für wirksam gehalten. Dagegen sieht die Revision darin eine gegen Treu und Glauben verstoßende unangemessene Benachteiligung der Klägerin im Sinne der zitierten Vorschrift.

Ob eine Abwehrklausel, soweit sie sich gegen den vom Verkäufer in seinen Allgemeinen Geschäftsbedingungen geregelten verlängerten und erweiterten Eigentumsvorbehalt richtet, in jedem Fall einer Inhaltskontrolle nach § 9 AGBG standzuhalten vermöchte, kann indessen offenbleiben. Allgemeine Geschäftsbedingungen sind im Individualprozeß erst dann einer Überprüfung nach §§ 9 ff. AGBG zugänglich, wenn sie Vertragsinhalt geworden sind. Da die Klägerin nach Nr. 1 ihrer Allgemeinen Geschäftsbedingungen ebenfalls nur ihre eigenen Bedingungen gelten lassen wollte, ist die Abwehrklausel der Gemeinschuldnerin als abweichende Klausel jedoch nicht in den Vertrag einbezogen worden.

Enthalten die Allgemeinen Geschäftsbedingungen der einen Vertragspartei eine Eigentumsvorbehaltsklausel und sagen die Bedingungen der anderen Partei hierzu ausdrücklich nichts, so kann von einem stillschweigenden Einverständnis des anderen Teils mit der einseitigen Eigentumsvorbehaltsregelung nur dann ausgegangen werden, wenn diese Regelung handelsüblich ist. 2

Dies ist bei einer komplizierten und alle möglichen Fallgestaltungen erfassenden Klausel über einen verlängerten Eigentumsvorbehalt nicht der Fall.

OLG Hamm, Urteil vom 4. 2. 1985 – 5 U 65/84 – rechtskräftig; WM 1985, 785.

Sachverhalt:

Die Klägerin handelt mit hochwertigen Metallen. Sie stand mehrere Jahre lang in ständiger Geschäftsbeziehung zu der Firma S.-GmbH. Die Klägerin lieferte Nickel-Chrom-Pakete an die Firma S., die das gelieferte Metall nach Verschmelzung mit anderen Metallen zu Gußteilen verarbeitete und an die jeweiligen Kunden lieferte. Die Firma S. bestellte – jedenfalls in der Regel – schriftlich bei der Klägerin unter Hinweis auf ihre Einkaufsbedingungen. Darin heißt es u. a.:

„1. Für von uns erteilte Aufträge sind ausschließlich unsere nachstehenden Einkaufsbedingungen maßgebend, ohne daß es eines Widerspruchs unsererseits gegenüber abweichenden Lieferantenbedingungen bedarf. Das Unterlassen solchen Widerspruchs gilt in keinem Fall als stillschweigendes Einverständnis unsererseits.

...

9. Im übrigen gelten die jeweils entsprechenden gesetzlichen Bestimmungen (z. B. BGB, HGB usw.) als für die Abwicklung umseitiger Bestellung verbindlich vereinbart."

Die Klägerin bestätigte die Aufträge jeweils schriftlich. Auf der Rückseite ihrer „Verkaufsbestätigungen" heißt es unter anderem:

„Allen Verkäufen, Lieferungen liegen ausschließlich nachstehende Bedingungen zugrunde:

...

15. Eigentumsvorbehalt

Meine Lieferungen bleiben bis zur Bezahlung aller meiner Forderungen, auch der künftigen, gleich aus welchem Rechtsgrund, mein Eigentum, auch wenn Zahlungen für besonders bezeichnete Forderungen geleistet werden. Bei laufender Rechnung gilt das vorbehaltene Eigentum als Sicherung für meine Saldoforderung. Be- und Verarbeitung erfolgen für mich als Hersteller im Sinne von § 950 BGB, ohne mich zu verpflichten. Die verarbeitete Ware dient zu meiner Sicherung in Höhe des Rechnungswertes der Vorbehaltsware.

Bei Verarbeitung, Verbindung und Vermischung der Vorbehaltsware mit anderen mir nicht gehörenden Waren durch den Käufer steht mir das Miteigentum an der neuen Sache zu im Verhältnis des Rechnungswerts der Vorbehaltsware zum Rechnungswert der anderen Waren einschließlich der Aufwendungen für die Verarbeitung im Zeitpunkt der Verarbeitung (Verbindung, Vermischung). Meine hiernach entstehenden Miteigentumsrechte gelten sinngemäß als Vorbehaltsware entsprechend diesen Bedingungen.

Der Käufer darf mein Eigentum nur im gewöhnlichen Geschäftsverkehr zu seinen normalen Geschäftsbedingungen und solange er nicht im Verzuge ist veräußern. Er ist zur Weiterveräußerung der Vorbehaltsware nur mit der Maßgabe berechtigt und ermächtigt, daß die Forderungen aus der Weiterveräußerung gemäß den beiden nachfolgenden Absätzen auf mich übergehen. Zu anderen Verfügungen über die Vorbehaltsware, insbesondere zur Sicherungsübereignung und zur Verpfändung, ist er nicht berechtigt.

Die Forderungen des Käufers aus Weiterveräußerung der Vorbehaltsware werden bereits jetzt an mich abgetreten.

Wird die Vorbehaltsware vom Käufer nach Bearbeitung allein oder zusammen mit anderen mir nicht gehörenden Waren verarbeitet oder unverarbeitet veräußert, gilt die Abtretung der Forderung aus der Weiterveräußerung nur in Höhe des Rechnungswertes der Vorbehaltsware.

Wird die Vorbehaltsware vom Käufer zur Erfüllung eines Werk- oder Werklieferungsvertrages verwendet, so wird die Forderung aus dem Werk oder Werklieferungsvertrag im gleichen Umfang im voraus an mich abgetreten, wie es in den beiden vorhergehenden Absätzen bestimmt ist."

In den Monaten Mai und Juni 1980 bezog die Firma S. drei Lieferungen von der Klägerin. Den Gesamtpreis von über 100 000,- DM bezahlte sie nicht. Am 30. Juni 1980 fiel die Firma S. in Konkurs. Ein Teil des von der Klägerin gelieferten Metalls wurde vom Konkursverwalter übernommen, ein weiterer Teil ging an die Klägerin zurück. Die beklagte Bank zog in der Folgezeit aufgrund einer mit der Firma S. vereinbarten Globalzession Forderungen der Firma S. gegen deren Kunden ein; diese Forderungen betrafen Gußteile, zu deren Herstellung die von der Klägerin gelieferten und von der Firma S. nicht bezahlten Metalle verwandt worden waren.

Die Klägerin vertragt die Auffassung, daß ihr aufgrund der in Ziffer 15 ihrer Geschäftsbedingungen enthaltenen Vorausabtretung ein Teil der von der Beklagten eingezogenen Forderungen zustand. Diesen Anteil errechnete sie mit zunächst 71 176,79 DM. Hierüber kam es zwischen den Parteien im Jahre 1981 zu Verhandlungen, in deren Verlauf die Beklagte an die Klägerin einen Betrag von 7 454,63 DM zahlte, so daß die Klägerin noch einen Betrag von 63 722,16 DM verlangte. Uneinigkeit bestand zwischen den Parteien unter anderem über die Rechtsverbindlichkeit der Allgemeinen Geschäftsbedingungen der Klägerin.

Zu einer abschließenden Einigung kam es nicht. Die Parteien waren und sind sich hingegen darin einig, daß, die Rechtswirksamkeit des verlängerten Eigentumsvorbehalts in Ziffer 15 der Allgemeinen Geschäftsbedingungen der Klägerin unterstellt, der Vorausabtretung an die Klägerin der Vorrang vor der Vorausabtretung an die Beklagte (Globalzession) gebührt.

Im Termin zur mündlichen Verhandlung vor dem Landgericht haben sich die Parteien „unter Aufrechterhaltung der gegenseitigen Rechtsstandpunkte" bereit erklärt, als Berechnungsgrundlage von einem Betrag von 32 454,63 DM einverständlich auszugehen, wovon ein von der Beklagten gezahlter Betrag von 7 454,63 DM abzuziehen sei, so daß ein Betrag von 25 000,- DM verbleibe.

Die Klägerin hat von der Beklagten die Zahlung von 63 722,16 DM verlangt.

Das Landgericht hat die Beklagte unter Klageabweisung im übrigen verurteilt, an die Klägerin 25 000,- DM zu zahlen. Zur Begründung ist ausgeführt, die Parteien hätten den verlängerten Eigentumsvorbehalt, der als handelsüblich anzusehen sei, stillschweigend vereinbart.

Die Berufung der Beklagten hatte Erfolg.

Aus den Gründen:

Die Klägerin hat keinen Zahlungsanspruch gegen die Beklagte. Die Voraussetzungen des § 816 Abs. 2 BGB sind nicht erfüllt; andere Anspruchsgrundlagen kommen nicht in Betracht. Die Beklagte hat nicht dadurch, daß sie bei ihr eingehende Zahlungen der Kunden der Firma S. für sich eingezogen hat, als Nichtberechtigte Leistungen angenommen. Sie war vielmehr aufgrund der zwischen ihr und der Firma S. vereinbarten Globalzession zur Einziehung dieser Forderungen berechtigt.

Allerdings würde einer wirksamen Vorausabtretung der Forderungen der Firma S. gegen ihre Kunden an die Klägerin der Vorrang vor der Abtretung (Globalzession) an die Beklagte nach den Grundsätzen der Priorität gebühren (vgl. Palandt/Heinrichs, § 398 BGB Anm. 6c), so daß dann, wenn Ziffer 15 der Allgemeinen Geschäftsbedingungen der Klägerin, wo die Vorausabtretung niedergelegt ist, Bestandteil der Verträge mit der Firma S. geworden wäre, die Beklagte die dann der Klägerin zustehenden Zahlungen der Kunden als Nichtberechtigte im Sinne des § 816 Abs. 2 BGB angenommen hätte ...

Die Klägerin konnte somit mit der Klage nur Erfolg haben, wenn Ziffer 15 ihrer Vertragsbedingungen Bestandteil der Verträge mit der Firma S. geworden war. Die Prüfung dieser Frage hat ergeben, daß dies nicht der Fall ist.

Ziffer 15 der Allgemeinen Geschäftsbedingungen der Klägerin, worin eine umfassende Regelung eines Eigentumsvorbehalts mit Vorausabtretung auch für den hier einschlägigen Fall der Verarbeitung niedergelegt ist, kollidiert mit den Einkaufsbedingungen der Firma S., denn Ziffer 1 dieser Bedingungen enthält eine sogenannte Abwehrklausel, wonach für von der Firma S. erteilte Aufträge ausschließlich deren Einkaufsbedingungen maßgeblich sein sollen. Diese Klausel wird qualifiziert durch Ziffer 9 der Einkaufsbedingungen, wonach die jeweils entsprechenden gesetzlichen Bestimmungen als für die Abwicklung der Bestellung verbindlich vereinbart werden.

Bei einander widersprechenden Allgemeinen Geschäftsbedingungen kommt der Vertrag grundsätzlich unabhängig von einer Einigung über die Geltung der Geschäftsbedingungen zustande. Soweit die beiderseitigen Regelungen übereinstimmen, werden sie in den Vertrag einbezogen; an die Stelle miteinander unvereinbarer Klauseln tritt das dispositive Gesetzesrecht (Ulmer/Schmidt, JuS 1984, 18, 20 m.w.N.).

Entgegen der Auffassung der Klägerin gelten ihre Geschäftsbedingungen nicht etwa deshalb, weil sie jeweils als letzte im Verhältnis zu der Firma S. auf ihre eigenen Bedingungen hingewiesen hat. Ihr kann nicht dahin gefolgt werden, daß die jeweilige Annahme des auf die Bedingungen der Firma S. hinweisenden Angebots durch sie – die Klägerin – unter Hinweis auf die eigenen Bedingungen gemäß § 150 Abs. 2 BGB ein neues Angebot auf der Grundlage der klägerischen Bedingungen dargestellt hat mit der Folge, daß die Firma S. zwar nicht schon durch bloßes Schweigen, aber doch durch die widerspruchslose Entgegennahme der Lieferungen angenommen hat. Diese Auffassung, die auf dem früher für derartige Konfliktfälle vertretenen Lösungsweg – auch als „Theorie des letzten Wortes" bezeichnet – basiert, führt nach heute wohl allgemeiner Meinung nicht zu sachlich angemessenen Ergebnissen und gilt als überholt (vgl. Palandt/

Heinrichs, § 2 AGBG Anm. 6e; Ulmer/Schmidt, JuS 1984, 18, 20, jeweils m. w. N.). Jedenfalls dann, wenn der Besteller – hier die Firma S. – vor der Annahme der Lieferung deutlich zum Ausdruck gebracht hat, daß er die Bedingungen des Lieferanten – hier der Klägerin – nicht annehmen will, kann § 150 Abs. 2 BGB keine Anwendung finden. Ein solcher Fall liegt hier vor; einer Auseinandersetzung mit der grundsätzlichen Frage, ob auf § 150 Abs. 2 BGB überhaupt in Fällen miteinander kollidierender Geschäftsbedingungen zurückgegriffen werden kann, bedarf es deshalb nicht.

Ziffer 15 der Allgemeinen Geschäftsbedingungen der Klägerin ist deshalb in keinem Falle in die Verträge zwischen der Klägerin und der Firma S. einbezogen worden. Allerdings wird in der Literatur die Auffassung vertreten, daß dann, wenn die Allgemeinen Geschäftsbedingungen der einen Vertragspartei eine Eigentumsvorbehaltsklausel enthalten und die Bedingungen der anderen Partei hierzu ausdrücklich nichts sagen, das Schweigen zu den Bedingungen dieser Partei nicht notwendig oder regelmäßig als Wille aufzufassen sein soll, die entsprechenden Regeln des dispositiven Rechts zur Anwendung zu bringen. Vielmehr könne jedenfalls dann von einem stillschweigenden Einverständnis des anderen Teils mit der einseitigen Eigentumsvorbehaltsregelung ausgegangen werden, wenn diese Regelung handelsüblich sei (Ulmer/Brandner/Hensen, § 2 AGBG Rdn. 104; Graf von Westphalen, DB 1977, 1637).

Dem Landgericht, das diesen Lösungsweg beschreitet, kann indes nicht gefolgt werden. Bereits der Wortlaut der Einkaufsbedingungen der Firma S. läßt eine Geltung der Bedingungen der Klägerin nicht zu. Zwar enthalten die Einkaufsbedingungen keine ausdrückliche, auf eine Eigentumsvorbehaltsklausel des Vertragspartners zugeschnittene Abwehrklausel. Aus Ziffer 1 und 9 geht jedoch mit aller Deutlichkeit hervor, daß die Firma S. nicht bereit war, einen Eigentumsvorbehalt in irgendeiner Form zu vereinbaren. In Ziffer 1 Satz 2 wird ausdrücklich darauf hingewiesen, daß das Unterlassen eines Widerspruchs nicht als stillschweigendes Einverständnis angesehen werden darf. Ziffer 9 enthält eine qualifizierte Regelung dahin, daß die entsprechenden gesetzlichen Bestimmungen gelten sollen; das dispositive Recht kennt keinen Eigentumsvorbehalt ohne entsprechende Vereinbarung.

Im übrigen sprechen wesentliche Gründe gegen die genannte Auffassung. Es kann nicht darauf ankommen, wie die Abwehrklausel im einzelnen formuliert ist, ob sie etwa als einfache oder qualifizierte Abwehrklausel zu bezeichnen ist. Für die Nichteinbeziehung in den Vertrag muß es vielmehr ausreichen, daß der Wille des Vertragspartners hinreichend zum Ausdruck gekommen ist, daß er mit den Bedingungen der Gegenseite nicht einverstanden ist, ohne daß es noch eines irgendwie gearteten besonderen Hinweises bedarf (vgl. Staudinger/Schlosser, § 2 AGBG Rdn. 85). Im übrigen ist zu bemerken, daß die Klägerin und die Firma S. offenbar über viele Jahre hinweg Geschäfte miteinander getätigt haben, ohne klarzustellen, welche Bedingungen denn nun im einzelnen gelten sollten. Grund hierfür wird gewesen sein, daß die Geschäftsbeziehungen nicht in Frage gestellt werden sollten. Wenn aber derartige wesentliche Fragen bewußt offengelassen werden, kann es nicht Aufgabe der Gerichte sein, sich daraus ergebende Unklarheiten zu beseitigen. Der Senat schließt sich insoweit der Auffassung des OLG Köln (WM 1980, 905 = ZIP 1980, 270 = BB 1980, 1237) an.

Letztlich bedarf die Frage hier jedoch keiner Entscheidung. Denn selbst dann, wenn man der genannten Auffassung grundsätzlich folgt, kann von einem stillschweigenden Einverständnis des anderen Teils mit einer in den Bedingungen des Vertragsgegners einseitig geregelten Klausel nur ausgegangen werden, wenn diese Regelung im Rahmen solcher Geschäftsbeziehungen handelsüblich ist (Ulmer, a. a. O., Rdn. 104). Dies mag unter Umständen beim einfachen Eigentumsvorbehalt und bei Kaufverträgen über bestimmte Gegenstände in Erwägung gezogen werden (OLG Stuttgart ZIP 1981, 176, 178). Eine derart komplizierte Klausel, wie sie Ziffer 15 der Allgemeinen Geschäftsbedingungen der Klägerin darstellt, kann jedoch niemals als handels- oder branchenüblich angesehen werden. Das gilt selbst dann, wenn man davon ausgeht, daß in der betreffenden Branche grundsätzlich die Vereinbarung eines verlängerten Eigentumsvorbehalts der Üblichkeit entspricht. Solche Klauseln existieren in einer Vielzahl von Varianten, jeweils auf die tatsächlichen oder vermeintlichen Bedürfnisse des Verwenders zugeschnitten. Es kann deshalb niemals festgestellt werden, welche der vielen Varianten denn der Handelsüblichkeit entsprechen soll (vgl. Ulmer, a. a. O., Rdn. 105; OLG Stuttgart a. a. O.; LG Hagen BB 1976, 723; Erman/Hefermehl, § 2 AGBG Rdn. 48; Wolf/Horn/Lindacher, § 2 AGBG Rdn. 79; Graf von Westphalen, DB 1977, 1637, 1638). Gerade die hier zu beurteilende Klausel zeigt, welch komplizierte und alle möglichen Fallgestaltungen erfassenden Klauseln denkbar sind.

Die neuere Rechtsprechung des Bundesgerichtshofs zur Wirksamkeit des einfachen Eigentumsvorbehalts bei kollidierenden Allgemeinen Geschäftsbedingungen (BGH WM 1982, 486 = NJW 1982, 1749 und WM 1982, 763 = NJW 1982, 1751 sowie die Besprechungen dazu von de Lousanoff NJW 1982, 1722; Bunte, ZIP 1982, 449; Kemper, BB 1983, 94; Ulmer/Schmidt, JuS 1984, 18) ist auf den hier zu entscheidenden Fall nicht übertragbar. Der BGH löst die Problematik in den Fällen, in denen in den Allgemeinen Geschäftsbedingungen des Verkäufers ein einfacher Eigentumsvorbehalt enthalten ist und die Bedingungen des Käufers eine Abwehrklausel enthalten, nicht von der schuldrechtlichen, sondern von der dinglichen Seite. Weil nämlich der Wille des Verkäufers, nur bedingtes Eigentum zu übertragen, aus seinen Allgemeinen Geschäftsbedingungen hervorgehe, sei es nicht entscheidend, was schuldrechtlich vereinbart sei. Die Übereignung scheitere an der nach § 929 BGB für die Eigentumsübertragung notwendigen unbedingten Einigung über den Eigentumsübergang. Letztlich ist es nach dieser Auffassung unerheblich, ob die Eigentumsvorbehaltsklausel in den Geschäftsbedingungen des Verkäufers Vertragsbestandteil geworden ist oder nicht.

Im vorliegenden Fall ist die gelieferte Ware von dem Käufer, der Firma S., jedoch verarbeitet worden, so daß das Eigentum der Klägerin untergegangen ist. In einem solchen Fall nutzt dem Verkäufer ein einfacher Eigentumsvorbehalt nicht. Geschützt wird er nur durch einen verlängerten Eigentumsvorbehalt. Ein solcher ist, wie ausgeführt, jedoch nicht vertraglich vereinbart worden (vgl. de Lousanoff, a. a. O., 1729).

Dem Erfordernis des Hinweises auf die Allgemeinen Geschäftsbedingungen eines Reisebüros ist hinreichend Rechnung getragen, wenn der Reiseprospekt nur aus wenigen Blättern besteht und die AGB in Normaldruck an hervorragender Stelle, nämlich auf der Rückseite des Prospekts, enthält. 3

OLG München, Urteil vom 30. 4. 1985 – 5 U 5056/84 – nicht rechtskräftig;

Sachverhalt und **Gründe** sind abgedruckt unter Nr. 117 zu § 9 AGBG.

§ 2   *Einbeziehung in den Vertrag*   Nr. 4

4 Durch die Bestimmung in einem Formularmietvertrag

„Neben dem Mietzins schuldet der Mieter alle Betriebskosten i. S. von § 27 II. BVO."

wird jedenfalls dann eine Verpflichtung zur Zahlung von Nebenkosten wirksam begründet, wenn der Mietvertrag im Anschluß an die Verweisung auf § 27 II. BVO die in Anlage 3 zu § 27 II. BVO enthaltenen Betriebskosten stichwortartig und ohne weiteres verständlich nennt und die Zahlung nur solche Betriebskosten umfaßt, die in dieser Weise im Mietvertrag beispielhaft aufgeführt sind.

OLG Karlsruhe, Rechtsentscheid vom 18. 10. 1985 – 3 ReMiet 1/85; NJW-RR 1986, 91.

Aus den Gründen:

I. Die Beklagten bewohnen eine Wohnung im Hause des Klägers. Gem. § 3 Nr. 1 c des Mietvertrages vom 30. 3. 1978 hatten die Beklagten auf die Nebenkosten eine monatliche Vorauszahlung von 40 DM zu leisten. Seit dem 1. 7. 1979 zahlten sie einvernehmlich 30 DM für die Nebenkosten. § 3 Nr. 2 a des Mietvertrages enthält bzgl. der Nebenkosten folgende Regelung: „Neben dem Mietzins schuldet der Mieter alle Betriebskosten i. S. von § 27 der II. BerechnungsVO (A bis N). Dies gilt auch für neue, das Hausgrundstück betreffende Steuern, Abgaben, Gebühren, sonstige Lasten (z. B. Umweltschutz, Kinderspielplätze usw.), Wegfall der Grundsteuervergünstigung usw. Demgemäß sind insbesondere nachstehende Betriebskosten monatlich zahlbar..." Es folgt dann die Aufstellung der einzelnen Positionen. Weiter heißt es: „Umlegungsschlüssel bei nachfolg. B bis O nur eintragen, wenn Umlegung nicht im Verhältnis der Wohnflächen erfolgen soll. Ausnahmen hiervon gelten nur bei B bis O vorgenommenen Streichungen, Eintragungen oder sonstigen Änderungen (z. B. des Umlegungsschlüssels usw.):"

Eine nähere Kennzeichnung, welche der in Nr. 2 a genannten Nebenkosten gefordert werden, enthält der Mietvertrag nicht; denn dort sind weder Streichungen noch Eintragungen oder Änderungen angebracht.

Der Kläger hat die Beklagten auf Entrichtung von Nebenkostennachzahlungen für die Jahre 1982 und 1983 in Höhe von 1239,99 DM in Anspruch genommen. Er hat die an die Stadtwerke und den Kaminfeger, für Grundsteuer, Gebäude- und Haftpflichtversicherung sowie Kanalreinigung aufgewendeten Beträge erstattet verlangt.

Das AG hat der Klage mit Ausnahme des für die Kanalreinigung verlangten Betrages stattgegeben. Das LG als Berufungsinstanz ist der Auffassung, durch die Klausel des § 3 Nr. 2 a des Mietvertrages sei den Beklagten keine wirksame Verpflichtung zur Entrichtung bestimmter Nebenkosten auferlegt worden. Da es hiermit von dem Rechtsentscheid des BayObLG von 26. 2. 1984 (BayObLGZ 1984, 38 = NJW 1984, 1761) abweiche, hat es dem Senat die Frage zum Rechtsentscheid vorgelegt, ob durch eine Formularbestimmung, wie sie hier § 3 Nr. 2 a des Mietvertrages enthält, in wirksamer Weise eine Verpflichtung zur Zahlung von Nebenkosten begründet werde.

Der Senat hat die Frage bejaht.

II. 1. Da auf den dem Mietverhältnis zugrundeliegenden Formularvertrag das AGB-Gesetz Anwendung findet, ist die in § 3 enthaltene Regelung nur dann Vertragsbestandteil geworden, wenn der Mieter die Möglichkeit hatte, in zumutbarer Weise von ihrem Inhalt Kenntnis zu nehmen (§ 2 Abs. 1 Nr. 2 AGB-Gesetz).

a) Dieser Voraussetzung ist nicht schon deshalb ohne weiteres Genüge getan, weil der Mieter unstreitig Gelegenheit hatte, das Vertragsformular vor Unterzeichnung vollständig durchzulesen. Vielmehr muß der Inhalt der Vertragsbedingungen auch verständlich, also materiell erfaßbar sein. AGB, die sich an einen Durchschnittsverbraucher wenden, dürfen nicht in einer unnötig juristischen Sprache gehalten sein. Daher können Formulierungen, die sich nur auf Paragraphen eines Gesetzes beziehen, ohne dessen Inhalt wiederzugeben, unverständlich und aus diesem Grunde unwirksam sein (Staudinger/Schlosser, BGB, 12. Aufl., § 2 AGB-Gesetz Rdnr. 29; Ulmer/Brandner/Hensen, AGB-Gesetz, 4. Aufl., § 2 Rdnr. 52; Wolf/Horn/Lindacher, AGB-Gesetz, § 2 Rdnr. 27; Erman/Hefermehl, BGB, 7. Aufl., § 2 AGB-Gesetz Rdnr. 15; Löwe, WuM 1984, 193; vgl. auch BGH, NJW 1982, 331, 333; BGH, NJW 1982, 2380 zur fehlenden Verständlichkeit der Begriffe „Wandelung" und „Minderung").

b) Der Senat braucht jedoch nicht dazu Stellung zu nehmen, ob unter diesem Gesichtspunkt durchgreifende rechtliche Bedenken gegen den Rechtsentscheid des BayObLG v. 26. 2. 1984 (NJW 1984, 1761) bestehen, der es für wirksam erachtet, wenn eine Vorauszahlung auf die Nebenkosten formularmäßig lediglich unter Hinweis auf die „Betriebskosten gem. § 27 II. BVO" vereinbart wird (vgl. dazu die Einwände von Löwe, WuM 1984, 193); denn der vorliegende Mietvertrag beschränkt sich auf eine derartig pauschal gehaltene Bezugnahme nicht. In Nr. 2a A–O sind vielmehr, wenn auch nur stichwortartig und in anderer Reihenfolge, fast alle der in Anl. 3 zu § 27 II. BVO enthaltenen Betriebskosten konkret und ohne weiteres verständlich genannt. Dem Mieter wird hierdurch eine ausreichende Vorstellung davon vermittelt, welche Ausgaben durch die von ihm zu leistenden Vorauszahlungen gedeckt werden sollen. Dem steht nicht entgegen, daß der Mietvertrag keine Angaben darüber enthält, welche der im einzelnen genannten Betriebskosten tatsächlich anfallen und auf den Mieter umgelegt werden sollen. Schon der Wortlaut von § 3 Nr. 2a des Mietvertrages ergibt zweifelsfrei, daß alle dort genannten Betriebskosten, soweit sie tatsächlich entstehen und der Mietvertrag durch Streichungen oder Änderungen keine anderweitige Regelung vorsieht, erfaßt sein sollen. Dadurch erhält der Mieter in ausreichendem Umfang Kenntnis vom Inhalt der ihn treffenden Verpflichtungen; denn dadurch, daß die in Frage kommenden Betriebskosten genannt sind, läßt sich jedenfalls im wesentlichen unschwer überblicken, welche der dort genannten Positionen für das einzelne Mietverhältnis Bedeutung erlangen. Damit ist dem berechtigten Interesse, das § 2 Abs. 1 Nr. 2 AGB-Gesetz schützen will, in angemessener Weise Rechnung getragen. Die Verpflichtung, diejenigen Betriebskosten, die der Mieter tragen soll, dem Gegenstand nach abschließend festzulegen, läßt sich aus dieser Vorschrift nicht herleiten; denn sie untersagt es dem Klauselverwender nicht, mit allgemeinen Rechtsbegriffen zu arbeiten, sofern deren Inhalt für den Vertragspartner hinreichend verständlich ist.

c) Die in Nr. 2a A–O enthaltene Aufstellung stellt zwar keine abschließende Aufzählung dar, sondern hat nur beispielhaften („insbesondere") Charakter. Sie umfaßt jedoch nahezu alle der in der Anlage 3 zur II. BVO aufgeführten Betriebskosten, so daß eine nennenswerte Erweiterung unter Bezugnahme auf § 27 dieser VO nicht nötig ist. Hier braucht nicht entschieden zu werden, ob durch die vorliegende Klausel auch die Verpflichtung zur Zahlung von Betriebskosten wirksam begründet werden kann, die in der beispielhaften Aufzählung nicht enthalten sind; denn diese Frage stellt sich in dem der Vorlage zugrundeliegenden Rechtsstreit nicht.

2. Eine Beanstandung der zur Prüfung unterbreiteten Klausel unter inhaltlichen Gesichtspunkten (§ 9 AGB-Gesetz) kommt nicht in Betracht. § 4 Abs. 1 S. 2 MHG

gestattet es dem Vermieter, für Betriebskosten i. S. des § 27 der II. BVO Vorauszahlungen in angemessener Höhe zu vereinbaren. Der Vermieter hat in § 3 Nr. 1 c i. V. mit Nr. 2 des Mietvertrages lediglich von dieser gesetzlichen Möglichkeit Gebrauch gemacht.

5 **Enthält die Rückseite einer Reiseanmeldung einen Auszug der Reisebedingungen, der maßgebend von den vollständigen Reisebedingungen abweicht, wird beim Widerspruch beider Fassungen allein die Fassung auf der Rückseite Vertragsinhalt. Denn nach den Maßstäben des § 2 AGBG muß der Kunde, dem ein wesentlicher Auszug aus den Reisebedingungen vorgelegt wird, sich nicht nach dem konkreten Inhalt der vollständigen Reisebedingungen erkundigen.**

LG Braunschweig, Urteil vom 19. 9. 1985 – 7 S 60/85 – rechtskräftig; NJW-RR 1986, 144.

Sachverhalt und **Gründe** sind abgedruckt unter Nr. 121 zu § 9 AGBG.

6 **Eine Regelung in den allgemeinen Vertragsbedingungen von Automietverträgen, wonach ein Haftungsausschluß gegen Entgelt vereinbart wird, jedoch eine Haftung für grob fahrlässig verursachten Schaden bestehen bleibt, muß klar und eindeutig formuliert werden. Dazu reicht die Formulierung in den allgemeinen Mietbedingungen, daß der Mieter nach den Grundsätzen einer Vollkaskoversicherung ohne Selbstbeteiligung freizustellen ist, nicht aus.**

LG Karlsruhe, Urteil vom 8. 11. 1985 – 3 O 277/85 – rechtskräftig; NJW-RR 1986, 152.

Sachverhalt:

Die Klägerin verlangt vom Beklagten Schadensersatz aufgrund eines Unfalles vom 18. 9. 1983, bei dem der Beklagte einen von der Klägerin gemieteten PKW beschädigt hat. Mit schriftlichem Mietvertrag vom 16. 9. 1983 mietete der Beklagte von der Klägerin einen PKW für das Wochenende. Die Parteien vereinbarten einen Haftungsausschluß als Haftungsbefreiung gegen Zahlung eines zusätzlichen Entgelts. In dem ausgefüllten Vertragsformular wurde auf die Geltung der umseitigen Bedingungen Bezug genommen. Nr. 10 der allgemeinen Vermietbedingungen lautet unter der Überschrift „Haftung des Mieters" u. a.: „d) Wird eine Haftungsbefreiung gegen Zahlung eines zusätzlichen Entgelts vereinbart, wird der Vermieter den Mieter nach den Grundsätzen einer Vollkaskoversicherung ohne Selbstbeteiligung für Schäden am angemieteten Fahrzeug freistellen."
Am 18. 9. 1983 gegen 20.10 Uhr verursachte der Beklagte einen Verkehrsunfall. Die Klägerin beruft sich auf Nr. 10 d ihrer allgemeinen Vermietbedingungen und verlangt vom Beklagten Schadensersatz bezüglich der PKW-Reparaturkosten, Sachverständigengebühren, Abschleppkosten und eine Unfallpauschale.
Die Klage hatte keinen Erfolg.

Aus den Gründen:

Die Parteien haben bezüglich des von der Klägerin geltend gemachten Schadens im Mietvertrag vom 16. 9. 1983 eine Haftungsbefreiung gegen Entgelt vereinbart, so daß es der Klägerin verwehrt ist, den Beklagten wegen des streitgegenständlichen Unfalls auf Schadensersatz in Anspruch zu nehmen. Vielmehr hat die Klägerin den Beklagten nach der vereinbarten Haftungsbefreiung freizustellen. Dabei kann dahingestellt bleiben, ob der Bekagte den Unfall grob fahrlässig verursacht hat; die Parteien haben in Nr. 10d der allgemeinen Vermietbedingungen nicht wirksam vereinbart, daß die Haftungsbefreiung gegen Entgelt dann nicht gelten sollte, wenn der Beklagte als Mieter den Schaden grob fahrlässig herbeigeführt hat. Eine in diesem Sinne wirksame Vereinbarung ist nicht nach § 2 AGBG rechtsgültig getroffen worden. Klauseln in Allgemeinen Geschäftsbedingungen sind nach § 2 AGBG nur dann wirksam vereinbart worden, wenn sie für den Durchschnittskunden verständlich und nicht unklar sind (vgl. Palandt/Heinrichs, BGB, § 2 Anm. 3c AGB-Gesetz). An der Verständlichkeit fehlt es dann, wenn die Allgemeine Geschäftsbedingung nicht aus sich heraus verstehbar ist, weil sie zum Beispiel eine Verweisung auf nicht abgedruckte gesetzliche Bestimmungen enthält (vgl. Staudinger/Schlosser, 12. Aufl., § 2 AGB-Gesetz Rdnr. 30; Ulmer/Brandner/Hensen, AGB-Gesetz, 3. Aufl., § 2 Rdnr. 44). An der erforderlichen Verständlichkeit fehlt es auch dann, wenn Klauseln so formuliert sind, daß deren Tragweite nur der Jurist versteht, soweit eine klare und unzweideutige Fassung möglich und zumutbar ist (vgl. OLG Stuttgart, NJW 1981, 1106). Diesen Anforderungen wird die Formulierung der Klägerin in Nr. 10d ihrer allgemeinen Vermietbedingungen nicht gerecht, auch wenn diese Formulierung auf das Urteil des BGH (NJW 1982, 987 = LM § 242 [Cd] BGB Nr. 239) zurückgeht. Es kann nicht davon ausgegangen werden, daß für einen Durchschnittskunden ohne weiteres klar ist, daß die Klägerin für den Fall einer vereinbarten Haftungsbefreiung ihn dann für Schäden am angemieteten Fahrzeug in Anspruch nehmen kann, wenn der Schaden vom Kunden der Klägerin grob fahrlässig herbeigeführt worden ist. Hierzu reicht die Angabe in den allgemeinen Vermietbedingungen, daß der Mieter nach den Grundsätzen einer Vollkaskoversicherung ohne Selbstbeteiligung freizustellen ist, nicht aus. Es ist für den Durchschnittskunden nicht eindeutig und klar, daß bei einer Vollkaskoversicherung ohne Selbstbeteiligung ein Versicherungsschutz dann nicht besteht, wenn der Kunde einen Schaden grob fahrlässig herbeiführt. Eine solche Folge könnte sich weder aus der Vereinbarung der Haftungsbefreiung gegen Entgelt noch direkt aus Nr. 10d der allgemeinen Vermietbedingungen, sondern erst aus § 61 VVG ergeben, wobei nicht unterstellt werden kann, daß die Regelung des § 61 VVG dem Durchschnittskunden der Klägerin bekannt ist. ...

Wenn sich die Klägerin nunmehr auf § 61 VVG beruft, aus dem sich ein Ausschluß der vereinbarten Haftungsbefreiung ergeben soll, so ist dies in Nr. 10d der allgemeinen Vermietbedingungen nicht mit der ausreichenden Klarheit und Verständlichkeit geregelt worden. ... Aus der Formulierung von Nr. 10d der allgemeinen Vermietbedingungen ist nicht klar, daß mit dem Hinweis auf eine Vollkaskoversicherung in Wirklichkeit eine Einschränkung der Haftungsbefreiung für den Fall geregelt werden sollte, daß die Schäden an dem angemieteten Fahrzeug grob fahrlässig herbeigeführt wurden.

Für die Klägerin wäre es auch leicht gewesen, insoweit eine klare und unzweideutige Fassung zu wählen, da sie nur darauf hätte hinweisen müssen, daß die Freistellung entfällt, sofern der Mieter den Schaden durch Vorsatz oder grobe Fahrlässigkeit herbeigeführt hat, wobei diese Formulierung zuvor in Nr. 10b der allgemeinen Vermietbedingungen schon enthalten ist. Eine solch klare Formulierung war auch in Nr. 12 der allgemeinen Vermietbedingungen der Klägerin enthalten, wie sich aus dem Urteil des BGH (NJW 1982, 987 = LM § 242 [Cd] BGB Nr. 239) ergibt. Wenn die Klägerin nach Erhalt dieses

Urteils ihre allgemeinen Vermietbedingungen abänderte, so hat sie das Urteil des BGH insofern mißverstanden. Aus dem Urteil ergibt sich nämlich nicht, daß die von der Klägerin gewählte Formulierung ausreichend ist, um nach § 2 AGBG verständlich genug zu sein. Wenn der BGH unter Verweisung auf frühere Rechtsprechung entschieden hat, daß die Klägerin für den Fall des Haftungsausschlusses gegen Entgelt (Volldeckung) nach Treu und Glauben eine Regelung nach dem Leitbild einer für einen eigenen Wagen des Mieters abgeschlossenen Vollkaskoversicherung zu gestalten hat, so war damit gemeint, daß eine solche Regelung verständlich zu treffen und nicht nur die Begriffe Vollkaskoversicherung ohne Selbstbeteiligung in den Allgemeinen Geschäftsbedingungen zu verwenden waren.

§ 3
Überraschende Klauseln

Eine in einem vorformulierten Mietvertrag über Fernsprechnebenstellenanlagen enthaltene Klausel, die eine 10jährige Laufzeit des Vertrages vorsieht, ist nicht überraschend im Sinne des § 3 AGBG.

1

BGH, Urteil vom 13. 2. 1985 – VIII ZR 154/84; BB 1985, 956 = DB 1985, 1389 = MDR 1986, 49 = NJW 1985, 2328 = WM 1985, 542.

Sachverhalt und **Gründe** sind abgedruckt unter Nr. 91 zu § 9 AGBG.

In den Bürgschaftsbedingungen einer Sparkasse ist eine Klausel, nach der sich die Sparkasse von ihrer selbstschuldnerischen Bürgschaft dadurch befreien kann, daß sie Geld als Sicherheit anstelle der Bürgschaft hinterlegt, nicht überraschend i. S. von § 3 AGBG.

2

BGH, Urteil vom 14. 2. 1985 – IX ZR 76/84; BauR 1985, 462 = BB 1985, 2197 = DB 1985, 1073 = NJW 1986, 1038 = WM 1985, 475 = ZIP 1985, 525.

Sachverhalt und **Gründe** sind abgedruckt unter Nr. 1 zu § 9 AGBG.

Eine Bestimmung in einem formularmäßigen Bürgschaftsvertrag, nach der der Bürge für die Ansprüche einzustehen hat, die der Bank aus ihrer Geschäftsverbindung mit dem Hauptschuldner gegen diesen gegenwärtig und künftig zustehen, ist keine überraschende Klausel im Sinne des § 3 AGBG.

3

BGH, Urteil vom 7. 11. 1985 – IX ZR 40/85; BB 1986, 349 = DB 1986, 375 = MDR 1986, 314 = NJW 1986, 928 = WM 1986, 95 = ZIP 1986, 85.

Sachverhalt und **Gründe** sind abgedruckt unter Nr. 12 zu § 9 AGBG.

In einem Darlehensvertrag ist eine Bestimmung über eine Pauschalentschädigung bei Nichtabnahme eines bewilligten Darlehens nichts Außergewöhnliches und daher nicht als überraschende Klausel im Sinne des § 3 AGBG zu werten.

4

BGH, Urteil vom 12. 12. 1985 – III ZR 184/84; WM 1986, 156.

Sachverhalt und **Gründe** sind abgedruckt unter Nr. 14 zu § 9 AGBG.

§ 3 *Überraschende Klauseln* Nrn. 5–8

5 Ein Leasingnehmer, der den Leasingvertrag vor seiner Vollamortisation, wenn auch vertragsgemäß, kündigt, muß damit rechnen, an einer durch den Verwertungserlös des Leasinggegenstandes und die während der vertraglichen Laufzeit gezahlten Leasingraten nicht gedeckten Kostenlücke durch Abschlußzahlungen beteiligt zu werden.

Eine Bestimmung, die eine solche Verpflichtung zur Abschlußzahlung dem Leasingnehmer formularmäßig auferlegt, ist daher keine überraschende Klausel im Sinne des § 3 AGBG.

OLG Hamm, Urteil vom 24. 1. 1985 – 4 U 384/83 – nicht rechtskräftig; BB 1985, 829.

Die **Gründe** sind abgedruckt unter Nr. 97 zu § 9 AGBG.

6 Die Bezeichnung der Forderungen in der Bürgschaftserklärung, daß nämlich die Bürgschaft alle auch bedingten oder befristeten Forderungen erfassen soll, die dem Gläubiger aufgrund einer laufenden Rechnung, aus Krediten und Darlehen sowie in sonstiger Weise aus einer bankmäßigen Geschäftsverbindung, ferner aus abgetretenen und kraft Gesetzes bestehenden oder übergegangenen Forderungen, aus Bürgschaften und aus Wechseln – auch soweit diese von Dritten eingereicht worden sind – gegenwärtig und künftig zustehen, ist so umfassend, daß sie als überraschende Klausel i. S. v. § 3 AGBG gewertet werden muß.

OLG Stuttgart, Urteil vom 12. 2. 1985 – 6 U 46/84 – nicht rechtskräftig;

Sachverhalt und **Gründe** sind abgedruckt unter Nr. 16 zu § 9 AGBG.

7 Adressenverlage könne zur Absicherung ihrer Rechte verschuldensunabhängige Vertragsstrafen vereinbaren. Eine solche Regelung ist nicht überraschend nach § 3 AGBG.

OLG Frankfurt, Urteil vom 21. 5. 1985 – 5 U 206/84 – rechtskräftig; BB 1985, 1560 = MDR 1985, 934.

Die **Gründe** sind abgedruckt unter Nr. 132 zu § 9 AGBG.

8 § 12 Nr. 3 AVB für Gütertransporte im Werkverkehr ist keine im Sinne des § 3 AGBG überraschende Klausel. Insoweit kommt es grundsätzlich nicht auf den Kenntnisstand des einzelnen Kunden, sondern auf die Erkenntnismöglichkeit des für derartige Verträge zu erwartenden Kundenkreises an.

OLG Hamm, Beschluß vom 4. 10. 1985 – 20 W 20/85; VersR 1986, 55.

Aus den Gründen:

I. Die Antragsgegnerin (Ag), bei der der Antragsteller (ASt) eine Versicherung nach den AVB für Gütertransporte im Werkverkehr abgeschlossen hatte, lehnte die Regulierung eines Schadens aus mehreren Gründen ab. Eine § 12 Abs. 3 S. 2 VVG entsprechende Belehrung erteilte die Ag hierbei nicht. Mehr als sechs Monate nach dieser Ablehnung beantragte der ASt Prozeßkostenhilfe für die Deckungsklage. Sein Antrag wurde abgewiesen.

Die hiergegen gerichtete Beschwerde blieb ohne Erfolg.

II. Die Klage bietet keine hinreichende Aussicht auf Erfolg (§ 114 ZPO). Die Beklagte ist gem. § 12 Nr. 3 AVB für Gütertransporte im Werkverkehr (AVB Werkverkehr) leistungsfrei, weil der Kläger den Anspruch auf die Versicherungsleistung nicht innerhalb von sechs Monaten seit Zugang des Ablehnungsschreibens gerichtlich geltend gemacht hat.

Die Klagefrist ist durch das Schreiben wirksam in Lauf gesetzt worden. Die für den Fristbeginn grundsätzlich zwingend (§ 15a VVG) vorgeschriebene Rechtsfolgenbelehrung kann bei der Transportversicherung gem. § 187 Abs. 1 VVG abbedungen werden. Das ist hier, wie das LG zutreffend ausgeführt hat, in § 12 Nr. 3 AVB Werkverkehr, der eine Belehrungspflicht nicht vorsieht, geschehen. Die Klausel ist nicht überraschend i. S. von § 3 AGBG und daher Vertragsbestandteil geworden. Nach dieser Bestimmung sind von der Einbeziehung in den Vertrag nur solche Klauseln ausgeschlossen, die nach den Umständen, insbesondere nach dem äußeren Erscheinungsbild des Vertrags, so ungewöhnlich sind, daß der Vertragspartner des Verwenders nicht mit ihnen zu rechnen braucht. Maßgebend für die Einschätzung einer Bestimmung als „überraschend" sind danach in erster Linie der Grad der Abweichung des Klauselinhalts von einem dispositiv-gesetzlichen Vertragsleitbild oder − falls ein solches fehlt − von dem für den betreffenden Geschäftskreis Üblichen, ferner die Umstände des konkreten Vertragsabschlusses, zu denen außer Erörterungen und Hinweisen auch die Gestaltung und Anordnung des Vertragstextes und der AGB gehören (BGH NJW 81, 117, 118 m. w. Nachw.).

Auf der Grundlage dieser Rechtsprechung ist der Überraschungscharakter der Bestimmung des § 12 Nr. 3 AVB Werkverkehr zu verneinen. Der Gesetzgeber hat für die Transportversicherung in § 187 VVG eine von § 12 Abs. 3 VVG abweichende Regelung ausdrücklich zugelassen, ein gesetzliches Vertragsleitbild besteht daher insoweit nicht. Die Bestimmung des § 12 Nr. 3 AVB Werkverkehr entspricht der seit mehr als 20 Jahren geltenden Bestimmung des § 11 Abs. 3 der Allgemeinen Deutschen Binnen-Transportversicherungsbedingungen, sie ist daher bei Verträgen dieser Art üblich. Gegenüber einer üblichen und nicht ungewöhnlichen Klausel kann ein weniger geschäftserfahrener Kunde aber nicht einwenden, er sei durch ihren Inhalt überrascht worden.

Für § 3 AGBG kommt es nicht auf den Kenntnisstand des einzelnen Kunden, sondern auf die Erkenntnismöglichkeit des für derartige Verträge zu erwartenden Käuferkreises an, sofern der Verkäufer dem Käufer nicht besonderen Anlaß gegeben hat, mit der verwendeten Klausel nicht rechnen zu müssen (BGH NJW 81, 117, 118; LG Hamburg VersR 83, 236; Ulmer/Brandner/Hensen, AGBG 4. Aufl. 1982 § 3 Rdnr. 22). Letzteres ist hier nicht der Fall.

9 Eine Klausel in einem formularmäßigen Mietvertrag, die eine Gehaltsabtretung des Mieters zugunsten des Vermieters enthält, ist für den Mieter überraschend und wird daher gem. § 3 AGBG nicht Vertragsbestandteil.

LG Lübeck, Urteil vom 19. 3. 1985 – 14 S 307/84 – rechtskräftig; NJW 1985, 2958.

Auf den Abdruck von **Sachverhalt** und **Gründen** wird verzichtet.

10 Wird bei einem auf Teilamortisation angelegten Kfz-Leasingvertrag im Falle der Kündigung des Leasingnehmers das volle Risiko für den Wertverlust des Fahrzeugs durch eine formularmäßige Abrechnungsklausel auf den Leasingnehmer abgewälzt, so stellt diese Entgeltabrede ein wesentliches Merkmal des Leasingvertrages dar, über das der Leasinggeber den Leasingnehmer klar, eindeutig und unmißverständlich belehren muß. Geschieht dies nicht, so handelt es sich um eine überraschende Klausel im Sinne von § 3 AGBG.

LG Frankfurt, Urteil vom 6. 5. 1985 – 2/24 S 319/84 – rechtskräftig; BB 1985, 2072 = MDR 1985, 762 = NJW-RR 1986, 148.

Sachverhalt und **Gründe** sind abgedruckt unter Nr. 107 zu § 9 AGBG.

11 In einer Ratenzahlungsvereinbarung ist die Klausel

„Der Kunde anerkennt hiermit, durch selbständiges Schuldversprechen den Betrag von ... DM zu schulden."

überraschend im Sinne von § 3 AGBG, denn der Kunde, dem Zahlungserleichterung in Form der Ratenvereinbarung offeriert wird, rechnet mit Sicherheit nicht damit, daß ihm in diesem Zusammenhang ein – rechtlich folgenschweres – abstraktes Schuldanerkenntnis abverlangt wird.

LG Hamburg, Urteil vom 9. 8. 1985 – 74 O 140/85 – rechtskräftig;

Sachverhalt und **Gründe** sind abgedruckt unter Nr. 17 zu § 10 Nr. 7 AGBG.

§ 4
Vorrang der Individualabrede

Ein dem Spediteur entgegen § 35 Buchst. a Satz 1 ADSp nicht schriftlich, sondern nur fernmündlich erteilter Auftrag zum Abschluß einer Transportversicherung ist rechtswirksam, denn Individualvereinbarungen, die mit den ADSp nicht in Einklang stehen, gehen diesen vor. 1

BGH, Urteil vom 10. 10. 1985 – I ZR 124/83; BGHZ 96, 136.

Sachverhalt und **Gründe** sind abgedruckt unter Nr. 51 zu § 9 AGBG.

Haben die Vertragsparteien bei Vertragsschluß eine mündliche Nebenabrede dahin getroffen, daß der Leasingnehmer die Sache entgegen der im schriftlichen Vertragstext enthaltenen Rückgabepflicht nach Ablauf der Leasingzeit erwerben darf, sind sie an diese vom Vertragstext abweichende Abrede gebunden. Dies folgt aus dem Vorrang der Individualabrede nach § 4 AGBG. 2

OLG Köln, Urteil vom 18. 9. 1985 – 24 U 220/84 – rechtskräftig:

Die **Gründe** sind abgedruckt unter Nr. 101 zu § 9 AGBG.

§ 5
Unklarheitenregel

1 Die Auslegung einer Haftungsfreizeichnungsklausel für „Schadensersatzansprüche des Bestellers" kann ergeben, daß die Freizeichnungsklausel auch Erfüllungs- und Verrichtungsgehilfen des AGB-Verwenders zugute kommen soll.

Dies ergibt sich sowohl aus der Fürsorgepflicht für die Arbeitnehmer wie auch aus dem Vertragszweck.

BGH, Urteil vom 12. 3. 1985 – VI ZR 182/83; BB 1985, 2008 = VersR 1985, 595 = ZIP 1985, 687.

Sachverhalt und **Gründe** sind abgedruckt unter Nr. 40 zu § 11 Nr. 7 AGBG.

2 Zur Auslegung und Inhaltskontrolle von Versicherungsbedingungen für die gesetzliche Haftpflicht aus Besitz und Unterhaltung von Zapfstellen und Tankanlagen (hier: Grenzen des Risikoausschlusses für Wasserverunreinigung und Bodenverschmutzung durch Auslaufen von Dieselöl).

BGH, Urteil vom 15. 5. 1985 – IV a ZR 258/83; VersR 1985, 874.

Sachverhalt:

Die Klägerin, ein Unternehmen für Landschaftsgestaltung und Tiefbau, hatte bei der Beklagten eine Betriebshaftpflichtversicherung abgeschlossen. Am 18./19. 12. 1981 liefen aus dem ölführenden Rohrleitungssystem der unterirdisch eingebauten Benzin- und Dieselkraftstoffanlage der Klägerin ca. 20 000 l Dieselöl aus. Das Öl versickerte zum Teil im Boden des im Eigentum des Gesellschafters und Geschäftsführers der Komplementärin der Klägerin stehenden Betriebsgrundstücks. Der überwiegende Teil floß in oberirdisch geführte Gewässer bis hin zu einer Kläranlage.

Die Klägerin wandte nach ihrer Darstellung zur Beseitigung der Wasserverunreinigung und zur Behebung von Bodenverschmutzungen vorläufig ca. 150 000 DM auf. Sie begehrte die Erstattung von 149 577,21 DM und die Feststellung, daß die Beklagte verpflichtet sei, für das Schadensereignis vertraglichen Deckungsschutz zu gewähren.

Die Beklagte lehnte es ab, Leistungen zu erbringen. Für Gewässerschäden, die hier allein in Betracht kämen, bestehe kein Versicherungsschutz. Soweit es um die Beseitigung von Bodenverschmutzungen gehe, müsse sich die Beklagte auch den Risikoausschluß des § 4 II 2 der dem Vertrag zugrunde gelegten AHB entgegenhalten lassen.

Das LG hat die Klage abgewiesen, das OLG hat ihr teilweise stattgegeben mit den Feststellungen, aus der Betriebshaftpflichtversicherung hafte die Beklagte der Klägerin unter Beachtung der Ausschlußklauseln § 4 I 6a und § 4 II 2 AHB, für Gewässerschäden sei der Deckungsschutz auf 2/3 beschränkt.

Die Revision der Beklagten hatte keinen Erfolg.

Aus den Gründen:

1. Das Berufungsgericht ist davon ausgegangen, daß die Beklagte Deckungsschutz für die Inanspruchnahme der Klägerin wegen Gewässerschäden nicht nach dem zwischen den Parteien zustande gekommenen Betriebshaftpflichtversicherungsvertrag zu gewähren habe, da die Beklagte das an sich mit Nr. 4.4 der Anlage zum Haftpflichtversicherungsvertrag übernommene Risiko der gesetzlichen Haftpflicht der Klägerin auf Besitz und Unterhaltung von Zapfstellen und Tankanlagen durch die Regelung in Nr. 6 der gleichen Anlage noch ausreichend deutlich ausgeschlossen habe.

Das Berufungsgericht ist jedoch der Ansicht, die Beklagte hafte für die hier entstandenen Gewässerschäden nach den Grundsätzen des Verschuldens bei Vertragsschluß und könne der Klägerin eine Mitverschuldensquote von 1/3 anlasten. Die Beklagte habe gegenüber der Klägerin, die im Zuge der Vertragsneuordnung einen umfassenden Versicherungsschutz gewünscht habe, Aufklärungs- und Beratungspflichten verletzt. Die Klägerin habe grundsätzlich auf das Fachwissen der Beklagten vertrauen dürfen und sei mit Rücksicht darauf, daß der Formulierung der Vertragsanlagen die an sich wünschenswerte Klarheit fehle, auch aufklärungsbedürftig gewesen.

2. Die Beklagte verwendet bei dem Abschluß von Betriebshaftpflichtversicherungsverträgen als Anlage ein umfangreiches, maschinenschriftlich vorformuliertes Bedingungswerk, in dessen Nr. 12 ausdrücklich festgelegt ist: „Diese Bedingungen gehen den gedruckten Bedingungen und Wagnisbeschreibungen vor." Es handelt sich bei dem 21seitigen Text um AGB im Sinne des AGBG, da sie offensichtlich für eine unbestimmte Zahl von Versicherungsverträgen im vorhinein ausgearbeitet worden sind...

a) Die Vertragsbedingungen der Beklagten sind in 14 untergliederte Nummern mit den nachfolgenden Überschriften aufgeteilt:

Vollständige Betriebsbeschreibung, Versicherungsschutz, Mitversicherte Personen, Mitversicherte Wagnisse, Baumaschinen, Arbeitsmaschinen und nicht versicherungspflichtige Kfz, Besondere Bedingungen für das Baugewerbe, Deckungserweiterungen, Arbeitsgemeinschaften, Nicht versicherte Wagnisse, Privathaftpflicht und Hundehalterhaftpflicht, Versehensklausel, Regelung des Vorrangs dieser Vertragsbestimmungen vor gedruckten Bedingungen und Wagnisbeschreibungen, Anlagenverzeichnis, Beitragsberechnung.

In Nr. 4 der mitversicherten Nebenwagnisse heißt es wörtlich:

„4. Mitversichert ist im Rahmen dieses Vertrags, auch ohne besondere Anzeige, die gesetzliche Haftpflicht aus allen betriebsüblichen Nebenwagnissen, insbesondere die gesetzliche Haftpflicht des VN...

4.4 aus Besitz und Unterhaltung von Zapfstellen und Tankanlagen einschließlich Treibstoffabgabe sowie einer Fahrzeugpflegestation für Betriebszwecke und für Betriebsangehörige. Die gelegentliche Mitbenutzung durch betriebsfremde Personen ist mitversichert. Ausgeschlossen bleiben gem. § 4 I 6 a und b AHB Schäden an den zu betankenden bzw. zu pflegenden Fahrzeugen und deren Inhalt."

Nr. 6 lautet:

„6. Besondere Bedingungen für das Baugewerbe

Mitversichert ist im Rahmen dieses Vertrags die gesetzliche Haftpflicht des VN

6.1 aus Gewässerschäden – außer Anlagenrisiko sowie Abwässer- und Einwirkungsrisiko – gemäß den Besonderen Bedingungen für die Versicherung der Haftpflicht aus Gewässerschäden im Rahmen der Berufs- und Betriebshaftpflichtversicherung."

Zutreffend hat das Berufungsgericht gesehen, daß die Beklagte mit der Klausel in Nr. 4.4 uneingeschränkt Versicherungsschutz für die gesetzliche Haftpflicht aus Besitz und Unterhaltung von Zapfstellen und Tankanlagen verspricht. Nr. 4.4 enthält, obwohl eine entsprechende Regelung gerade dort zu erwarten ist, insoweit keine Einschränkung. Die vom Berufungsgericht vermißte, als wünschenswert bezeichnete Klarheit eines Leistungsausschlusses für Haftpflichtfälle bei Gewässerschäden, die auf die Unterhaltung von Tankanlagen zurückzuführen sind, wäre gewahrt, wenn die Beklagte einen gewollten Leistungsausschluß bei Gewässerschäden entweder sogleich zusammen mit dem anderen Risikoausschluß in Nr. 4.4 geregelt oder doch an dieser Stelle auf das Vorhandensein eines entsprechenden Risikoausschlusses hingewiesen hätte. Da dies nicht geschehen ist, wäre ein derartiger Risikoausschluß zumindest in der mit „Nicht versicherte Wagnisse" überschriebenen Nr. 9 zu erwarten. Auch dort fehlt er indes.

Die Beklagte sieht ihn in der mit „Besondere Bedingungen für das Baugewerbe" überschriebenen Nr. 6 ihres Bedingungswerks.

b) Der Besitz und die Unterhaltung von Tankanlagen ist kein Spezifikum des Baugewerbes. Es gibt Bauunternehmer, die keine Tankanlage unterhalten, und es gibt Besitzer und Betreiber von Tankanlagen, die keine Bauunternehmer sind.

Wer, wie die Klägerin, sowohl eine Tankanlage unterhält als auch ein Tiefbaugewerbe betreibt, muß allerdings Nr. 4 wie Nr. 6 der Bedingungen als für sich maßgeblich ansehen und hat deshalb gebotenen Anlaß, beide zur Kenntnis zu nehmen. Jedoch besteht aus der Sicht eines solchen VN kein hinreichender Anlaß zu der Annahme, daß ihm mit Rücksicht auf seine Eigenschaft als Bauunternehmer der Versicherungsschutz für Haftpflichtfälle aus Gewässerschäden, die auf die Unterhaltung einer Tankanlage zurückzuführen sind, in den „Besonderen Bedingungen für das Baugewerbe" genommen werden könnte. Die Wirksamkeit des beanspruchten Risikoauschlusses scheitert daran, daß die Beklagte Formulierungen gebraucht, die Zweifel über ihre Tragweite aufkommen lassen, die auch nicht durch eine verständige Auslegung zu beheben sind.

In Nr. 6 wird der VN als Bauunternehmer angesprochen, nachdem sein Versicherungsschutz als Betreiber einer Tankanlage in einer abschließend wirkenden Form bereits unter Nr. 4 geregelt worden ist. Da Tankanlagen keine für das Baugewerbe typischen Anlagen sind, liegt es nahe, daß ihm – auch bei sorgsamer Durchsicht der Bedingungen – Zweifel bleiben, welches Anlagenrisiko die Beklagte in Nr. 6.1 ihm gegenüber überhaupt ansprechen will. Ebenso ist es naheliegend, daß der VN, der Bauunternehmer und Betreiber einer Tankanlage ist, zu dem Schluß gelangt, er genieße für Gewässerschäden, die von seiner Tankanlage herrühren, einen weiterreichenden Versicherungsschutz als für Gewässerschäden, die auf Anlagen zurückgehen, die typisch und betriebsnotwendig für sein Bauunternehmen sind. Gem. § 5 AGBG gehen derartige Zweifel zu Lasten der Beklagten als der Klauselverwenderin ...

Anmerkung:
Das vorinstanzliche Urteil des OLG Hamm vom 23. 11. 1983 – 20 U 36/83 – ist abgedruckt in VersR 1984, 853.

Unklarheiten in der Fassung von Versicherungsbedingungen gehen nicht zu Lasten des Versicherungsnehmers. Insbesondere müssen Klauseln in Versicherungsbedingungen, die dem Versicherungsnehmer besondere, auf die Verminderung der Gefahr oder Verhütung einer Gefahrerhöhung gerichtete Obliegenheiten auferlegen, das danach Gebotene deutlich erkennen lassen. **3**

BGH, Urteil vom 12. 6. 1985 – IV a ZR 261/83; BB 1986, 21 = MDR 1985, 1003 = VersR 1985, 979.

Sachverhalt und **Gründe** sind abgedruckt unter Nr. 2 zu § 1 AGBG.

Bleiben bei der Auslegung, ob unter „Omnibusse" in § 13 Abs. 2 AKB auch sog. Kleinbusse fallen, nicht behebbare Zweifel, so führt die Unklarheit dazu, daß sogenannte Kleinbusse nicht von der für Personenwagen geltenden Neupreisregelung ausgenommen sind. **4**

BGH, Urteil vom 2. 10. 1985 – IV a ZR 184/83; MDR 1986, 212 = NJW 1986, 431 = NJW-RR 1986, 255 = VersR 1986, 177.

Sachverhalt:

Der Kläger war Eigentümer eines neunsitzigen VW-Transporters Typ 255 Bus, den er bei der Beklagten kaskoversichert hatte. Das Fahrzeug brannte Anfang 1982 völlig aus. Der Zeitwert des Fahrzeugs wurde auf 13 200 DM, der Restwert auf 2500 DM geschätzt. Der Kläger bestellte noch im Januar 1982 ein neues Fahrzeug des gleichen Typs und zahlte dafür 24 869,32 DM. Die Beklagte erstattete ihm nur den Zeitwert abzüglich des Restwertes, insgesamt 10 903,40 DM. Sie meint, das Fahrzeug des Klägers sei als „Omnibus" nach § 13 Abs. 2 AKB von der Neuwertentschädigung ausgenommen.

Die Vorinstanzen haben die auf zuletzt 11 465,92 DM (Kaufpreis für das Neufahrzeug abzüglich des Restwertes und des erstatteten Betrages) gerichtete Klage abgewiesen. Auf die Revision des Klägers hat der Senat die Beklagte zur Zahlung von 7504,45 DM verurteilt; im übrigen wurde der Rechtsstreit an das Berufungsgericht zurückverwiesen.

Aus den Gründen:

Das Berufungsgericht meint, der Kläger habe nur Anspruch auf Ersatz des Zeitwertes nach § 13 Abs. 1 AKB. Den Neupreis nach Absatz 2 der Vorschrift könne er nicht verlangen, weil der ausgebrannte Wagen nicht zu den dort aufgeführten Fahrzeugen zähle. ...

Diese Ausführungen halten der rechtlichen Nachprüfung nicht stand. Schon dem Ausgangspunkt des Berufungsrichters, daß es darauf ankomme, was mit der Klausel allenfalls gemeint sein könnte, kann nicht zugestimmt werden. Maßgeblich für die Auslegung Allgemeiner Versicherungsbedingungen ist nicht, was sich der Verfasser der Bedingungen bei der Abfassung vorstellte, vielmehr wie sie ein durchschnittlicher Versicherungsnehmer bei Abschluß des Versicherungsvertrages bei verständiger Würdigung verstehen muß. Nach diesem Maßstab bleiben bei der Auslegung nicht behebbare Zweifel, was unter „Omnibusse" i. S. des § 13 Abs. 2 AKB zu verstehen ist. Im Sprachgebrauch des

Gesetzgebers wird meist der Begriff „Kraftomnibus" gebraucht. Darunter werden seit der Neufassung des § 4 Abs. 4 Nr. 2 PersBefG durchweg Kraftfahrzeuge verstanden, die nach ihrer Bauart und Ausstattung zur Beförderung von mehr als neun Personen (einschließlich Führer) geeignet und bestimmt sind. Die gleiche Ausdrucksweise findet sich z. B. in § 15d Abs. 1 Nr. 1 und in § 34a StVZO. Gelegentlich spricht der Gesetzgeber auch schlicht von „Omnibussen" (vgl. § 20 Abs. 2 StVO), ohne daß darunter etwas anderes verstanden würde (Jagusch, StraßenverkehrsR, 25. Aufl., § 20 StVO Rdnr. 4). Im Gegensatz dazu ist ein Personenkraftwagen nach der gesetzlichen Definition in § 23 Abs. 1 Nr. 5 StVZO auch ein Kraftfahrzeug mit einem zulässigen Gesamtgewicht von nicht mehr als 2,8 Tonnen, das nach seiner Bauart und Einrichtung geeignet und bestimmt ist, wahlweise und vorwiegend der Beförderung von Personen oder vorwiegend der Beförderung von Gütern zu dienen, und das außer dem Führersitz Plätze für nicht mehr als acht Personen hat.

Im allgemeinen Sprachgebrauch werden die Begriffe „Kraftomnibus" und „Omnibus" weitgehend synonym verwendet. Gelegentlich wird daneben von „Kleinbussen" gesprochen. In den amtlichen Richtlinien zum Fahrzeugbrief (VerkBl 1972, 373 Anl. 2) mit einem systematischen Verzeichnis der Fahrzeug- und Aufbauarten findet sich die Bezeichnung „Omnibus" nicht. Dort wird zwischen „Kraftomnibussen" in der bekannten Bedeutung und „Personenkraftwagen" unterschieden. Als Unterart der Personenkraftwagen werden „Kleinbusse" aufgeführt. Darunter werden Kraftfahrzeuge verstanden, die nach ihrer Bauart (Aufbau) und Einrichtung Kraftomnibussen entsprechen, aber nach der Anzahl der Sitzplätze Personenkraftwagen sind (vgl. zu den Begriffen auch Wirsing, Der Verkehrsdienst für den Straßenverkehr, 1975, S. 133, 134).

Kann danach von einem einheitlichen Sprachverständnis des Begriffs „Omnibus" schon nicht gesprochen werden, so wird die Auslegung noch dadurch weiter erschwert, daß die AKB selbst den Begriff „Omnibus" in § 13 Abs. 5 Nr. 4 ersichtlich in einem wiederum anderen Sinne verstehen. Dort ist nämlich von „Personen- und Kombinationswagen sowie Omnibussen ..." die Rede. An dieser Stelle werden also Omnibusse als etwas anderes als Personen- und Kombinationswagen angesehen. Diese uneinheitliche Ausdrucksweise führt zu nicht ohne weiteres überwindbaren Zweifeln, was in § 13 Abs. 2 Nr. 1 AKB unter „Omnibussen" zu verstehen ist, insbesondere ob darunter im Gegensatz zum Abs. 5 auch Kleinbusse fallen.

Diese Zweifel können auch nicht durch einen Rückgriff auf den Sinn der Regelung behoben werdem. Der Versuch des Berufungsgerichts, der von ihm gefundenen Auslegung einen Sinn zu unterlegen, überzeugt nicht. Daß ein Fahrzeug zur gewerbsmäßigen Personenbeförderung jedenfalls geeignet ist, macht seine Ausnahme von der Neuwertversicherung nicht plausibel. Die meisten Personenkraftwagen sind zur gewerbsmäßigen Nutzung als Droschken, Mietwagen oder Selbstfahrervermietwagen genauso geeignet. Eine Eingrenzung der Ausnahme auf gewerbsmäßig genutzte Kleinbusse könnte vielleicht sinnvoll sein, findet aber im Wortlaut der Klausel keine hinreichende Stütze.

Der Zweifel bei der Auslegung geht nach § 5 AGB-Gesetz zu Lasten der Beklagten als Verwenderin der Klausel. Es geht nicht an, wie es das Berufungsgericht tut, eine Klausel in Allgemeinen Versicherungsbedingungen in einer Art auszulegen, die sich einem durchschnittlichen Versicherungsnehmer auch bei verständiger Würdigung nicht erschließt, nur weil sonst dieser Teil der Klausel bedeutungslos wird. Damit verkennt der Berufungsrichter die Tragweite von § 5 AGB-Gesetz. Die Unklarheit der Klausel führt dazu, daß die Beklagte sich nicht darauf berufen kann, der Wagen des Klägers sei ausnahmsweise von der für seinen Personenwagen geltenden Neupreisregelung ausgenommen.

Da unstreitig alle anderen Voraussetzungen gegeben sind, hat die Beklagte dem Kläger für sein ausgebranntes Fahrzeug den Neupreis nach § 13 Abs. 2 AKB zu erstatten. ...

Ausnahmsweise kann schon allein wegen der Unklarheit einer Klausel deren Unwirksamkeit in Betracht kommen. 5

BGH, Urteil vom 21. 11. 1985 – VII ZR 22/85; BauR 1986, 22 = BB 1986, 222 = DB 1986, 640 = MDR 1986, 401 = NJW 1986, 924 = WM 1986, 328.

Sachverhalt und **Gründe** sind abgedruckt unter Nr. 37 zu § 9 AGBG.

Zum Vorrang von Allgemeinen Geschäftsbedingungen in einem Bauvertrag 6
gegenüber den vorangegangenen Angebots- und Auftragsbedingungen des Unternehmers.

BGH, Urteil vom 19. 12. 1985 – VII ZR 267/84; BauR 1986, 202 = BB 1986, 423 = DB 1986, 586 = MDR 1986, 490 = WM 1986, 387.

Sachverhalt:

Mit Bauleistungsvertrag vom 7. Januar 1975 übertrug die Klägerin der Beklagten „auf der Grundlage des Angebotes vom 2. 9. 1974" die Holzpflasterarbeiten im Schulzentrum H. zum Preis von 46 863 DM nebst Mehrwertsteuer. Das Vorblatt zur Leistungsbeschreibung – von der Klägerin ausgegeben – enthält den Hinweis „Gewährleistung: 2 Jahre". Die der Leistungsbeschreibung beigefügten Allgemeinen Angebots- und Auftragsbedingungen besagen unter X.:

„Die Garantiefrist beträgt 5 Jahre nach BGB, falls nicht vertraglich eine Frist festgelegt ist."

Der von der Klägerin gestellte, vorgedruckte Bauleistungsvertrag nennt in § 2 die „Bestandteile des Vertrages ... in nachstehender Reihenfolge, wobei bei Widersprüchen das vorhergehende gegenüber dem nachfolgenden Vorrang hat", so u. a.:

„2.3 Dieses Auftragsschreiben
2.4 Die „Besonderen Vertragsbedingungen" des Auftraggebers (BVB)
2.5 Das Leistungsverzeichnis mit Vorbemerkung".

Die Besonderen Vertragsbedingungen (BVB) enthalten folgende Bestimmung:

„VII. 1. ... Abweichend von § 13 Nr. 4 VOB/B beträgt die Gewährleistung des Auftragnehmers nach BGB §§ 276 und 633 bis 639 5 Jahre plus 4 Wochen für evtl. Mängelbeseitigung ab Übergabe des fertigen Bauwerks an den Bauherrn".

Die Arbeiten der Beklagten waren im August 1975 fertiggestellt. Am 18. März 1976 wurde das gesamte Bauwerk vom Bauherrn abgenommen. Erstmals mit Schreiben von 31. August 1979 rügte die Klägerin nach Beanstandungen durch die Schulleitung Mängel am Fußboden gegenüber der Beklagten. Diese bestritt ihre Verantwortung für den Zustand, gab aber mit Schreiben vom 3. September 1980 unter Bezugnahme auf den Bauleistungsvertrag die gewünschte Erklärung ab, daß sie die Einrede der Verjährung gemäß § 13 VOB/B bzw. § 638 BGB befristet bis zum 30. Juni 1981 nicht geltend machen werde. Am 20. März 1981 beantragte die Klägerin ein Beweissicherungsverfahren gegen die Beklagte und reichte am 22. Juli 1982 Klage ein.

Die Klägerin hat 102 456,36 DM nebst Zinsen eingeklagt. Landgericht und Oberlandesgericht haben die Klage wegen Verjährung abgewiesen.

Die Revision der Klägerin führte zur Aufhebung des Berufungsurteils und zur Zurückverweisung der Sache.

Aus den Gründen:

Das Berufungsgericht hält die vertragliche Regelung der Gewährleistungsfrist für mehrdeutig. Sowohl die Auslegung durch das Landgericht, daß den Bedingungen der Leistungsbeschreibung und des Angebots Vorrang zukomme und deshalb die Frist nur zwei Jahre betrage, als auch die von der Klägerin verfochtene Auslegung, daß nach den BVB eine fünfjährige Gewährleistungsfrist gelte, seien vertretbar. Die Unklarheit der Vertragsbestimmungen müsse aber zu Lasten der Klägerin gehen, die sie gestellt habe. Weder einem Schreiben der Kreissparkasse H. vom 9. Dezember 1983, mit dem die Bürgschaftsurkunde nach Ablauf der fünfjährigen Gewährleistungsfrist zurückgefordert wurde, noch der Erklärung der Beklagten, zeitweilig die Einrede der Verjährung nicht geltend zu machen, könne die Vereinbarung einer Gewährleistungsfrist von 5 Jahren entnommen werden. Daher sei die Klageforderung verjährt.

Dagegen wendet sich die Revision mit Erfolg.

1. Die Vereinbarung einer über 5 Jahre hinausgehenden Gewährleistungsfrist ergibt sich eindeutig aus dem vertraglichen Vorrang der BVB vor dem Leistungsverzeichnis mit Vorbemerkung (§ 2.4/5). Für Auslegungszweifel und Anwendung der schon vor Inkrafttreten des AGBG geltenden Unklarheitenregel ist kein Raum (vgl. BGH, Urteil vom 26. Oktober 1977 – VIII ZR 197/75 = WM 1978, 10, 11).

a) Zwar hat die Beklagte ihr Angebot auf der Grundlage einer zweijährigen Gewährleistungsfrist abgegeben (Vorblatt zur Leistungsbeschreibung i. V. m. Abschnitt X. der Allgemeinen Angebots- und Auftragsbedingungen). Sie hat sich jedoch mit der Unterzeichnung des Bauleistungsvertrages am 7. Januar 1975 neuen Vertragsbedingungen unterworfen, die sich aus dem Vertragstext und den beigefügten BVB ergeben. Die wirksame Einbeziehung dieser BVB ist nicht streitig.

b) Die BVB gehen dem Leistungsverzeichnis mit Anlagen vor. Daran ändert nichts, daß der Auftrag „auf der Grundlage des Angebotes" erteilt und dies im Auftragsschreiben selbst zum Ausdruck gebracht worden ist. Die Bezeichnung des Angebots als Grundlage des Auftrags bedeutet nämlich nicht, daß das Angebot damit vorrangig zum Vertragsbestandteil gemacht werden sollte. Die Parteien haben denn auch das Angebot nicht unverändert übernommen, sondern eine Auswahl unter alternativen Klotzhöhen getroffen, wodurch die Einheitspreise und der Gesamtpreis verändert wurden. Außerdem haben sie neue Vertragsbedingungen vereinbart. Soweit das Angebot auch zum Vertragsbestandteil gemacht worden ist, gehen ihm die BVB kraft ausdrücklicher Regelung vor. Das ergibt sich aus dem Auftragsschreiben deutlich und eindeutig. Es geht also nicht um gleichrangige und einander widersprechende Klauseln oder um mehrere Auslegungsmöglichkeiten, so daß den Verwender die Last der Zweifel träfe. Vielmehr kommt nach Wortlaut und Sinn der Vertragsurkunde allein diese Auslegung in Betracht.

c) Somit gilt für die Gewährleistungsfrist die Bestimmung VII. 1 BVB. Sie beträgt 5 Jahre und 4 Wochen für die Mängelbeseitigung ab Übergabe des Bauwerks an den Bauherrn. Diese Regelung gibt hier keinen Anlaß zu rechtlichen Bedenken. Die Parteien gehen übereinstimmend davon aus, daß die Leistung der Beklagten als am 18. März 1976 abgenommen zu gelten hat, so daß die vereinbarte Gewährleistungsfrist bei Unterbrechung der Verjährung durch das Beweissicherungsverfahren noch nicht abgelaufen war.

2. Von einer mehr als fünfjährigen Gewährleistungsfrist sind nach Vertragsschluß ersichtlich auch die Beklagte und ihre Hausbank, die Kreissparkasse H., ausgegangen. Andernfalls wäre die Gewährleistungsbürgschaft nicht – wie sich aus dem Schreiben der Sparkasse vom 9. Dezember 1983 ergibt – für einen solchen Zeitraum in Anspruch genommen worden. Auch hätte die Beklagte nach Eingang des Mängelrügeschreibens der Klägerin vom 31. August 1979 sofort, zumindest vorsorglich, die Einrede der Verjährung erhoben, wenn sie gemeint hätte, die vereinbarte Gewährleistungsfrist sei abgelaufen. Es wäre dann kaum sinnvoll gewesen, nach Ablauf einer vermeintlichen Zweijahresfrist noch zu erklären, die Einrede für etwa weitere 10 Monate nicht geltend machen zu wollen. Daß in dieser Erklärung nicht nur auf § 638 BGB, sondern zunächst auf § 13 VOB/B Bezug genommen ist, besagt für die Fristdauer nichts, da die zweijährige Regelfrist des § 13 Nr. 4 VOB/B nur gilt, wenn im Vertrag keine andere Gewährleistungsfrist vereinbart worden ist.

Mag das Verhalten der Beklagten nach Vertragsschluß auch nicht unmittelbar zur Auslegung des Vertrages herangezogen werden können, so bestätigt es doch, daß die nach dem Inhalt der Vertragsurkunden einzig mögliche Auslegung der Gewährleistungsregelung auch dem Verständnis der Beklagten vor Prozeßbeginn entsprochen hat.

Eine Klausel in Kreditbedingungen, daß der Darlehensnehmer im Falle des Verzuges den vereinbarten Effektivzins zu zahlen hat, ist bei einer verständigen Auslegung nach objektiven Maßstäben dahin zu verstehen, daß Zinsen nicht von rückständigen Zinsbeträgen, sondern nur von rückständigen Darlehensbeträgen und Kosten gefordert werden können. 7

OLG Hamm, Urteil vom 28. 6. 1985 – 11 U 129/84 – rechtskräftig; BB 1985, 1933 = MDR 1986, 55 = WM 1985, 1461 = WM 1986, 64.

Sachverhalt und **Gründe** sind abgedruckt unter Nr. 17 zu § 11 Nr. 5 a AGBG.

Aus dem Wortlaut einer Klausel im Versicherungsantrag, wonach die Bindungsfrist an den Antrag mit dem Tag der ärztlichen Untersuchung beginnt, ergibt sich nicht mit der erforderlichen Klarheit, ob die Frist bei mehreren Untersuchungen jeweils neu beginnen soll. 8
Insoweit gilt nach § 5 AGBG die dem Versicherungsnehmer günstigere Auslegung, d. h., die Frist beginnt mit der ersten ärztlichen Untersuchung und verlängert sich durch weitere Untersuchungen nicht.

OLG Hamm, Urteil vom 12. 7. 1985 – 20 U 205/85 – rechtskräftig; VersR 1986, 82.

Sachverhalt und **Gründe** sind abgedruckt unter Nr. 2 zu § 10 Nr. 1 AGBG.

§ 6
Rechtsfolgen bei Nichteinbeziehung und Unwirksamkeit

1 Eine durch Unwirksamkeit einer Klausel entstandene Lücke im Vertrag kann dann nicht im Wege der ergänzenden Vertragsauslegung geschlossen werden, wenn verschiedene Gestaltungsmöglichkeiten zur Ausfüllung der vertraglichen Regelungslücke in Betracht kommen, aber kein Anhaltspunkt dafür besteht, welche Regelung die Parteien getroffen hätten.

BGH, Urteil vom 6. 2. 1985 – VIII ZR 61/84; BGHZ 93, 358 = BB 1985, 1153 = DB 1985, 1338 = MDR 1986, 47 = NJW 1985, 3013 = WM 1985, 576 = ZIP 1985, 478.

Sachverhalt und **Gründe** sind abgedruckt unter Nr. 111 zu § 9 AGBG.

2 Eine zeitlich begrenzte Aufrechterhaltung eines übermäßig langen formularmäßigen Bierlieferungsvertrages, der vor Inkrafttreten des AGBG abgeschlossen, aber noch nicht abgewickelt ist, ist dann möglich, wenn die vor Inkrafttreten des AGBG bestehende materielle Rechtslage durch das AGBG im Ergebnis keine Änderung erfahren hat und der Vertrag im übrigen nicht zu beanstanden ist.

BGH, Urteil vom 27. 2. 1985 – VIII ZR 85/84; DB 1985, 1684 = NJW 1985, 2693 = MDR 1986, 48 = WM 1985, 608.

Sachverhalt und **Gründe** sind abgedruckt unter Nr. 129 zu § 9 AGBG.

3 1. Bei Verstoß einer formularmäßigen Haftungsfreizeichnung gegen § 11 Nr. 7 AGBG ist die Klausel grundsätzlich insgesamt unwirksam und nicht im Wege „geltungserhaltender Reduktion" auf den Restbestand (hier: Haftungsfreizeichnung für leichte Fahrlässigkeit) zurückzuführen, mit dem sie nicht in Widerspruch zu den §§ 9–11 AGBG steht.

2. Die Ersetzung der unwirksamen Freizeichnungsklausel durch eine den gesetzlichen Haftungsmaßstab abändernde Regelung im Wege ergänzender Vertragsauslegung kommt nur für die Fälle in Betracht, in denen die gesetzliche Risikoverteilung für den Verwender und seine Leute selbst bei voller Berücksichtigung der Interessen der anderen Seite typischerweise unangemessen ist.

BGH, Urteil vom 24. 9. 1985 – VI ZR 4/84; BGHZ 96, 18 = MDR 1986, 135 = VersR 1986, 153 = WM 1986, 229 = ZIP 1986, 32.

Sachverhalt und **Gründe** sind abgedruckt unter Nr. 41 zu § 11 Nr. 7 AGBG.

Eine Klausel, nach der der Erwerber eines Ferienhauses bei der Vermietung zeitlich unbegrenzt an die Vermittlung durch eine Verwaltungsgesellschaft gebunden ist und die wegen dieser überlangen Bindung gegen § 9 AGBG verstößt, kann nicht teilweise, d. h. für einen bestimmten Zeitraum, aufrechterhalten werden. **4**

BGH, Urteil vom 6. 11. 1985 – IV a ZR 96/84; BB 1986, 837 = DB 1986, 640 = MDR 1986, 294 = NJW 1986, 1173 = WM 1986, 72.

Sachverhalt und **Gründe** sind abgedruckt unter Nr. 85 zu § 9 AGBG.

Ziel des § 6 AGBG ist es, nach Möglichkeit die Nichtigkeit eines Vertrages zu vermeiden. Kann der Restvertrag mit oder ohne Ergänzung durch das dispositive Recht, also in seiner Ausgestaltung nach der Wertung des Gesetzes durchgeführt werden, so ist den Vertragspartnern in aller Regel das Festhalten am Vertrag zuzumuten. In der Abwicklung nach den gesetzlichen Normen kann eine unzumutbare Härte nicht gesehen werden. **5**

BGH, Urteil vom 7. 11. 1985 – IX ZR 40/85; BB 1986, 349 = DB 1986, 375 = JR 1986, 279 = MDR 1986, 314 = NJW 1986, 928 = NJW-RR 1986, 470 = WM 1986, 95 = ZIP 1986, 85.

Sachverhalt und **Gründe** sind abgedruckt unter Nr. 12 zu § 9 AGBG.

1. Bei Unwirksamkeit einer Gewährleistungsklausel, wonach Gewährleistung und Haftung des Unternehmers sich nach VOB/B bzw. BGB richten und bei unterschiedlicher Auffassung jeweils die günstigere für den Bauherrn gilt, richten sich die Gewährleistungsrechte des Bauherrn gemäß § 6 Abs. 2 AGBG nach den gesetzlichen Vorschriften, also nach §§ 635, 638 BGB. **6**

2. Eine Ergänzung des Vertrages nach den Grundsätzen ergänzender Vertragsauslegung kommt nicht in Betracht, solange gesetzliche Vorschriften die aus der Unwirksamkeit der Klausel herrührende Vertragslücke angemessen zu füllen vermögen.

BGH, Urteil vom 21. 11. 1985 – VII ZR 22/85; BauR 1986, 22 = BB 1986, 222 = DB 1986, 640 = MDR 1986, 401 = NJW 1986, 924 = WM 1986, 328.

Sachverhalt und **Gründe** sind abgedruckt unter Nr. 37 zu § 9 AGBG.

7 Bestimmungen in AGB können auch dann Gegenstand gesonderter Wirksamkeitsprüfung nach § 13 AGBG sein, wenn sie zwar sprachlich in einem Satz mit einer anderen, ihrerseits unwirksamen Regelung zusammengefaßt, inhaltlich aber voneinander trennbar und einzeln aus sich heraus verständlich sind.

OLG Koblenz, Urteil vom 15. 2. 1985 – 2 U 1338/83 – nicht rechtskräftig;

Sachverhalt und **Gründe** sind abgedruckt unter Nr. 1 zu § 10 Nr. 1 AGBG.

8 Verstößt der Inhalt einer AGB-Klausel teilweise gegen die Verbote in den §§ 9 ff. AGBG, ist die Klausel im ganzen unwirksam.

OLG Stuttgart, Urteil vom 3. 5. 1985 – 2 U 230/84 – rechtskräftig; BB 1985, 1420.

Sachverhalt und **Gründe** sind abgedruckt unter Nr. 31 zu § 11 Nr. 5b AGBG.

9 Enthält eine Klausel zwei verschiedene Regelungsgegenstände, die zwar sprachlich nicht unterschieden sind, sachlich aber voneinander getrennt werden können, so ist die Klausel nach den beiden Regelungsgegenständen getrennt einer Inhaltskontrolle zu unterziehen.

Dabei handelt es sich nicht um eine (unzulässige) sog. geltungserhaltende Reduktion, sondern um eine (zulässige) differenzierende Beurteilung einer teilbaren Klausel.

OLG Hamm, Urteil vom 28. 6. 1985 – 11 U 129/84 – rechtskräftig; BB 1985, 1933 = MDR 1986, 55 = WM 1985, 1461 = WM 1986, 64.

Sachverhalt und **Gründe** sind abgedruckt unter Nr. 17 zu § 11 Nr. 5a AGBG.

2. Unterabschnitt
Unwirksame Klauseln

§ 8
Schranken der Inhaltskontrolle

Eine Preisanpassungsklausel in einem langfristigen Bezugsvertrag, die den Verwender berechtigt, den zunächst vereinbarten Preis über eine Neufestsetzung des Listenpreises zu ändern, ergänzt das dispositive Recht und ist daher nicht der Inhaltskontrolle nach §§ 9–11 AGBG entzogen.

BGH, Urteil vom 16. 1. 1985 – VIII ZR 153/83; BGHZ 93, 252 = BB 1985, 1223 = DAR 1985, 118 = DB 1985, 541 = MDR 1985, 489 = NJW 1985, 853 = ZIP 1985, 284.

Sachverhalt und **Gründe** sind abgedruckt unter Nr. 110 zu § 9 AGBG.

1. Nach § 8 AGBG sind die Abreden über den unmittelbaren Gegenstand der Hauptleistung (sog. Leistungsbeschreibungen) und Vereinbarungen über das von dem anderen Teil zu erbringende Entgelt von der Inhaltskontrolle nach §§ 9–11 AGBG ausgenommen.

2. Der Inhaltskontrolle nach § 9 AGBG unterliegen aber nicht nur Preisnebenabreden, sondern auch solche Klauseln, die in abstrakter Weise die Voraussetzungen des Entstehens der Vergütung regeln.

Bei diesen Klauseln gestattet § 8 AGBG eine Inhaltskontrolle, wenn sie vertragsnatürliche wesentliche Rechte und Pflichten zum Nachteil des Vertragspartners einschränken oder sonst gegen allgemein anerkannte Rechtsgrundsätze verstoßen.

BGH, Urteil vom 6. 2. 1985 – VIII ZR 61/84; BGHZ 93, 358 = BB 1985, 1153 = DB 1985, 1338 = MDR 1986, 47 = NJW 1985, 3013 = WM 1985, 576 = ZIP 1985, 478.

Sachverhalt und **Gründe** sind abgedruckt unter Nr. 111 zu § 9 AGBG.

3 Die Klausel in einem Kreditvertrag, nach der die Bank berechtigt ist, alle Daten des Kreditnehmers über Aufnahme und Abwicklung des Kredits an ein Kreditinformationssystem zur Speicherung zu übermitteln („Schufa-Klausel"), unterliegt der Inhaltskontrolle nach §§ 9, 13 AGBG, denn sie gibt nicht nur die bestehende Rechtslage nach dem Bundesdatenschutzgesetz wieder, sondern spricht der Bank konstitutiv ein uneingeschränktes Recht zur Kreditdatenübermittlung zu.

BGH, Urteil vom 19. 9. 1985 – III ZR 213/83; BGHZ 95, 362 = BB 1985, 1998 = DB 1985, 2443 = MDR 1986, 128 = NJW 1986, 46 = WM 1985, 1305 = ZIP 1985, 1253.

Sachverhalt und **Gründe** sind abgedruckt unter Nr. 8 zu § 9 AGBG.

4 Eine formularmäßige Klausel in Kreditverträgen für Abzahlungskäufe, nach der der Kreditnehmer (Käufer) den Kredit auch bei Nichterhalt der Ware oder bei Erhalt mangelhafter Ware oder bei Lösung des Kaufvertrages oder Widerruf der auf den Kaufabschluß gerichteten Willenserklärung voll zurückzahlen muß, unterliegt der Inhaltskontrolle nach §§ 9, 13 AGBG, denn sie enthält nicht nur eine Aufklärung über die bestehende Rechtslage, sondern ist im Verfahren nach § 13 AGBG dahin auszulegen, daß der Kreditnehmer auf alle sich aus der wirtschaftlichen Einheit von Kauf- und Kreditvertrag ergebenden Einwendungen gegenüber dem Kreditgeber verzichtet. In dieser Auslegung hält die Klausel der Wirksamkeitskontrolle nach § 9 AGBG im Unterlassungsverfahren nach § 13 AGBG nicht stand.

BGH, Urteil vom 19. 9. 1985 – III ZR 214/83; BGHZ 95, 350 = BB 1985, 2004 = DB 1986, 320 = MDR 1986, 126 = NJW 1986, 43 = NJW-RR 1986, 55 = WM 1985, 1307 = ZIP 1985, 1257.

Sachverhalt und **Gründe** sind abgedruckt unter Nr. 9 zu § 9 AGBG.

5 Eine Klausel in einem Bürgschaftsvertrag, nach der der Bürge auch für künftige, der Höhe nach unbeschränkte Verbindlichkeiten des Hauptschuldners aus seiner Geschäftsverbindung mit der Bank einzustehen hat, weicht nicht von den Rechtsvorschriften der §§ 765, 767 BGB ab und ist insoweit gemäß § 8 AGBG nicht der Inhaltskontrolle nach §§ 9–11 AGBG unterworfen.

BGH, Urteil vom 7. 11. 1985 – IX ZR 40/85; BB 1986, 349 = DB 1986, 375 = JR 1986, 279 = MDR 1986, 314 = NJW 1986, 928 = NJW-RR 1986, 470 = WM 1986, 95 = ZIP 1986, 85.

Sachverhalt und **Gründe** sind abgedruckt unter Nr. 12 zu § 9 AGBG.

Eine Klausel in einem Eheanbahnungsdienstvertrag, nach der das Institut vor 6
Bezahlung einer Bearbeitungsgebühr nicht zur Aufnahme seiner Tätigkeit verpflichtet ist, weicht nicht von der nach dem Gesetz bestehenden Rechtslage ab und unterliegt daher nicht der Inhaltskontrolle nach dem AGBG.

BGH, Urteil vom 4. 12. 1985 – IVa ZR 75/84; BB 1986, 284 = MDR 1986, 386 = NJW 1986, 927.

Sachverhalt:

Der Kläger hat aufgrund seiner Satzung die Aufgabe, die Interessen der Verbraucher durch Aufklärung und Beratung wahrzunehmen, und ist auch in dieser Weise tätig.

Der Beklagte betreibt ein Eheanbahnungs-Institut. Er benutzte am 29. September 1981 einen „Anmeldeschein (Auftrag)", auf dem u. a. folgende Vertragsbedingungen aufgedruckt waren:

„Als Mindesthonorar für die Dienstleistungen des Instituts, ohne Rücksicht auf Dauer und Erfolg oder Umfang der Dienstleistung einschließlich der gewöhnlichen Unkosten und der üblichen Inseratenkosten, verpflichte ich mich, eine mit der Auftragserteilung fällige pauschale Bearbeitungsgebühr von DM ... zu entrichten. Vor Bezahlung der Bearbeitungsgebühr ist das Institut nicht zur Aufnahme seiner Tätigkeit verpflichtet, jedoch berechtigt. Ein Anspruch auf Rückvergütung besteht nicht."

Der Beklagte hat sich dem Kläger gegenüber verpflichtet, die im ersten und dritten Satz des wiedergegebenen Absatzes enthaltenen Klauseln nicht mehr zu verwenden. Hinsichtlich des zweiten Satzes hat er es abgelehnt, eine Unterlassungserklärung abzugeben.

Mit der vorliegenden Klage wird die Verurteilung zur Unterlassung der Verwendung dieser Klausel begehrt.

Das Landgericht hat die Klage abgewiesen, das Oberlandesgericht ihr stattgegeben.

Die Revision des Beklagten führte zur Klageabweisung.

Aus den Gründen:

1. Im vorliegenden Rechtsstreit ist nicht darüber zu entscheiden, ob der Beklagte seinen Kunden in Allgemeinen Geschäftsbedingungen die Verpflichtung auferlegen kann, die Bearbeitungsgebühr bereits bei der Auftragserteilung, also vor dem Beginn der Tätigkeit des Beklagten zu leisten. Die Vorauszahlungspflicht war im ersten Satz des im Tatbestand wiedergegebenen Absatzes des Anmeldescheins des Beklagten normiert. Die Befugnis zur Weiterverwendung dieses Satzes ist nicht Streitgegenstand; der Beklagte hat sich vorprozessual bereit erklärt, ihn aus seinem Formular herauszunehmen. Die Klage richtet sich allein gegen den zweiten Satz, der für den Beklagten eine Rechtspflicht zum Tätigwerden vor Zahlung der Vergütung ausschließt. Eine unangemessene Benachteiligung des Kunden könnte darin nur dann gesehen werden, wenn dieser beim Wegfall der Klausel die rechtliche Möglichkeit hätte, seinen Vertragspartner bereits vor Zahlung des Vorschusses zur Aufnahme seiner Tätigkeit zu zwingen. Das ist jedoch nicht der Fall. Der Eheanbahnungsvertrag gewährt dem Kunden keinen klagbaren Erfüllungsanspruch; auch einen Schadensersatz wegen Nichterfüllung kann dieser nicht geltend machen (BGHZ 25, 124, 126; 87, 309, 313 ff.). Die beanstandete Regelung in dem Auftragsschein des Beklagten weicht daher nicht in einer praktisch bedeutsamen Weise von der nach dem Gesetz bestehenden Rechtslage ab. Selbst wenn die Bedingungen des Beklagten positiv bestimmen würden, daß der Beklagte schon vor der Zahlung der (vollen) Vergütung zur Tätigkeit verpflichtet sei, könnte dadurch – wegen der zwingenden

Natur des § 656 BGB – kein durchsetzbarer Erfüllungsanspruch des Kunden begründet werden.

Der Senat kann die Möglichkeit nicht ausschließen, daß die beanstandete Klausel im Zusammenhang mit anderen, bisher noch nicht erörterten AGB-Bestimmungen zu einer unangemessenen Benachteiligung des Kunden führt. Darüber ist jedoch im vorliegenden Rechtsstreit nicht zu befinden.

2. Eine andere rechtliche Beurteilung wäre allerdings dann geboten, wenn die Ansicht des Berufungsgerichts zutreffend wäre, daß § 656 BGB auf den Vergütungsanspruch aus einem Eheanbahnungsdienstvertrag keine Anwendung finde; dann müßte notwendigerweise auch die durch diesen Vertrag begründete Tätigkeitspflicht des Eheanbahners rechtlich erzwingbar sein. Der Senat hat diese Auffassung jedoch in BGHZ 87, 309 abgelehnt; die Ausführungen des Berufungsgerichts geben ihm keine Veranlassung, diesen Standpunkt aufzugeben.

In der erwähnten Entscheidung (a. a. O., S. 318 unter IV. 1.) ist ausgeführt, das Gesetz zwinge durch den Ausschluß der Klagbarkeit des Ehemaklerlohns den Vermittler zur Vorauskasse. Würde man dies für unzulässig erklären und den Vermittler zur Rückzahlung der im voraus empfangenen Vergütung verpflichten, so würde man den Eheanbahnungs-Instituten die wirtschaftliche Grundlage entziehen. Das Berufungsgericht meint, daß diese Begründung jedenfalls für Eheanbahnungs-Dienstverträge nicht zutreffe. Die entsprechende Anwendung von § 656 BGB auf Verträge dieser Art sei nicht angebracht.

Dieser Auffassung kann sich der Senat nicht anschließen. Es trifft nicht zu, daß nach dem Zustandekommen der Ehe die Honorarklage aus einem Eheanbahnungs-Dienstvertrag den Bestand der Ehe und die Intimsphäre der Ehegatten weniger beeinträchtigen würde als eine Klage auf Ehemaklerlohn. Peinlichkeiten wären sogar bei der Zulassung der Klage aus Eheanbahnungs-Dienstverträgen in noch stärkerem Maße zu befürchten als bei einer Klage auf echten Ehemaklerlohn. Gerichtliche Auseinandersetzungen sind bei diesem Vertragstyp vor allem dann zu erwarten, wenn die Bemühungen des Eheanbahners erfolglos geblieben sind. In diesem Falle wird man aber häufig mit dem Einwand rechnen müssen, der Eheanbahner habe seine vertraglichen Pflichten nicht gehörig erfüllt; er habe auf die in Frage kommenden Partner nicht intensiv genug eingewirkt oder er habe Partner benannt, die überhaupt nicht an einer Eheschließung interessiert oder als Partner nicht geeignet seien. Die Beweisaufnahme wird daher in vielen Fällen darauf gerichtet werden müssen, ob die vorgeschlagenen Partner den Interessenten zumutbar waren, ob sie überhaupt eine Eheschließung ernsthaft in Erwägung gezogen haben und aus welchen Gründen sie eine Eheschließung mit dem Interessenten abgelehnt haben. Daß die gerichtliche Erörterung dieser Punkte für die Beteiligten peinlich sein kann, liegt auf der Hand.

Anmerkung:

Das vorinstanzliche Urteil des OLG München vom 15. 3. 1984 – 6 U 3321/83 – ist abgedruckt in AGBE V § 9 Nr. 90.

Nr. 7   *Schranken der Inhaltskontrolle*   § 8

Bei der Klausel in Reisebedingungen   7

„Der Umfang der vertraglichen Leistungen ergibt sich aus der Leistungsbeschreibung des Reiseveranstalters unter Berücksichtigung der Landesüblichkeit sowie aus den hierauf bezugnehmenden Angaben in der Reisebestätigung."

handelt es sich nicht um eine bloße Leistungsbeschreibung, die nach § 8 AGBG der Nachprüfung entzogen wäre, sondern um eine Bestimmung, die das Hauptleistungsversprechen einschränkt. Sie ist nach § 9 AGBG unwirksam.

OLG Frankfurt, Urteil vom 28. 11. 1985 − 6 U 167/84 − nicht rechtskräftig; BB 1986, 343 = DB 1986, 739 = NJW-RR 1986, 726 = WRP 1986, 397.

Sachverhalt und **Gründe** sind abgedruckt unter Nr. 119 zu § 9 AGBG.

§ 9
Generalklausel

§ 9 – Bankvertragsklauseln

1 **Die Klausel in den Bürgschaftsformularen der Sparkassen (und Banken), nach der sie sich von ihrer selbstschuldnerischen Bürgschaft dadurch befreien können, daß sie Geld als Sicherheit anstelle ihrer Bürgschaft hinterlegen, schließt die Klage des Gläubigers gegen die Sparkasse (oder Bank) auf Zustimmung zur Auszahlung des hinterlegten Betrages nicht aus. Deshalb ist die Klausel nach dem AGB-Gesetz nicht zu beanstanden.**

BGH, Urteil vom 14. 2. 1985 – IX ZR 76/84; BauR 1985, 462 = BB 1985, 2197 = DB 1985, 1073 = NJW 1986, 1038 = WM 1985, 475 = ZIP 1985, 525.

Sachverhalt:

Die Firma H. & I. GmbH, die seit Anfang 1982 zahlungsunfähig ist (künftig: Hauptschuldnerin), verpflichtete sich in dem Bauvertrag vom 5. 11. 1980 und den ergänzenden Vereinbarungen gegenüber der Klägerin, für DM 1 040 000,– ein schlüsselfertiges Wohngebäude nebst Garagen und Außenanlagen auf der Grundlage der VOB zu errichten und auch „für alle sich aus diesem Vertrag ergebenden Verpflichtungen selbstschuldnerische Vertragserfüllungsbürgschaften in Höhe von 10% der Auftragssumme" zu erbringen. Die beklagte Sparkasse übernahm am 25. 2. 1981 „für den Auftragnehmer – die Hauptschuldnerin – die selbstschuldnerische Bürgschaft für die ordnungsgemäße Erfüllung der von dem Auftragnehmer gemäß dem oben bezeichneten Vertrag (1. Bauabschnitt – Rohbauabnahme) übernommenen Verpflichtungen gegenüber dem Auftraggeber – der Klägerin – bis zur Gesamthöhe von DM 52 000,–". In dem von der beklagten Sparkasse verwendeten Bürgschaftsformular heißt es weiter:

„Wir verpflichten uns, jeden Betrag bis zu dieser Gesamthöhe an den Auftraggeber zu zahlen, sofern der Auftragnehmer seinen Verpflichtungen aus dem oben bezeichneten Vertrag nicht oder nicht vollständig nachgekommen ist. Auf die Einreden der Anfechtung und der Aufrechnung sowie der Vorausklage (§§ 770, 771 BGB) wird verzichtet.

Wir behalten uns vor, uns jederzeit von dieser Bürgschaft dadurch zu befreien, daß wir den Betrag vom DM 52 000,– in bar bei der zuständigen Hinterlegungsstelle als Sicherheit anstelle dieser Bürgschaft hinterlegen..."

Am selben Tag verbürgte sich die Beklagte zu denselben Bedingungen für die Verpflichtungen der Hauptschuldnerin aus dem „2. Bauabschnitt – Bezugsfertigkeit".

Am 8. 1. 1982 kündigte die Klägerin den Bauvertrag, weil die Hauptschuldnerin die Werkleistungen nicht zeitgerecht und nicht vollständig erbracht habe. Die Klägerin beziffert ihren Schaden auf über DM 400 000,–. Die Beklagte zahlte nur auf die Bürgschaft für den 2. Bauabschnitt. Wegen der Bürgschaft für den 1. Bauschnitt – Rohbauabnahme beantragte die Beklagte beim Amtsgericht – Hinterlegungsstelle, DM 52 612,44 anzunehmen, legte zur Begründung Abschrift der Bürgschaftsurkunde und eines Schreibens der Hauptschuldnerin, in dem jeder Anspruch der Klägerin geleugnet wird, vor, erklärte, auf das Rücknahmerecht nicht zu verzichten, und bezeichnete als Personen, die als Empfangsberechtigte in Betracht kommen, zunächst nur die Klägerin, dann auch die Hauptschuldnerin. Darauf ordnete das Amtsgericht am 5. 8. 1982 an, den eingezahlten Betrag als Hinterlegung anzunehmen. Die Beschwerde der Klägerin dagegen wurde am 27. 10. 1982 zurückgewiesen. Am 12. 11. 1982 teilte die Beklagte der Hinterlegungsstelle mit, daß die Hauptschuldnerin „ihre Forderung gegen Sie (Hinterlegungsstelle) über DM 52612,44 aus Hinterlegung gemäß Hinterlegungsschein ... vom 5. 8. 1982" an die Beklagte „abgetreten hat". Den Antrag der Klägerin auf Herausgabe der hinterlegten Summe wies das Amtsgericht am 3. 12. 1982 ab, weil die Beklagte als nunmehr an Stelle der Hauptschuldnerin Beteiligte nicht zustimme und die Empfangsberechtigung der Klägerin nicht nachgewiesen sei.

Von dem Landgericht begehrte die Klägerin, die Beklagte zur Zahlung von DM 52 000,- nebst Zinsen, hilfsweise zur Einwilligung in die Auszahlung der hinterlegten DM 52 000,- nebst Zinsen zu verurteilen. Auf die Berufung gegen das dem Hauptantrag stattgebende Urteil wies das Oberlandesgericht die Klage ab. Die Revision der Klägerin führte zur Aufhebung der Berufungsentscheidung und zur Zurückverweisung der Sache an die Vorinstanz.

Aus den Gründen:

Das Berufungsgericht legt dar: Die Parteien hätten vereinbaren können, daß sich die Beklagte nicht nur durch Zahlung, sondern auch durch Hinterlegung von der Bürgschaft befreien dürfe. Die Wirksamkeit der vereinbarten Hinterlegung hänge nicht davon ab, daß Ungewißheit über die Person der Gläubigers (§ 372 Satz 2 BGB) bestünde. Vielmehr gälten in solchen Fällen die §§ 232 ff. BGB, obwohl zugunsten der Klägerin und der Hauptschuldnerin hinterlegt worden sei, beide aber nicht zugleich Sicherungsberechtigte sein könnten. Die Hauptschuldnerin sei nicht Beteiligte i. S. d. § 13 Abs. 2 Nr. 1 HinterLO geworden. Denn sie habe kein Pfandrecht nach § 233 BGB und deshalb auch kein Recht zum Empfang der Hinterlegungsmasse erwerben können. Aus diesem Grund habe sie trotz Benennung durch die Beklagte nicht die Stellung einer formell am Hinterlegungsverfahren Beteiligten erlangt.

Die vereinbarte Klausel werde vom § 3 AGBG nicht berührt, weil sie Kaufleuten wie der Klägerin bekannt sei. Sie sei auch nicht nach § 9 AGBG unwirksam, weil sie keine ins Gewicht fallende Abweichung von wesentlichen Grundgedanken der §§ 765 ff. BGB enthalte. Da der Bürge die Einreden des Hauptschuldners nach § 768 BGB geltend machen könne und dazu gegenüber seinem Auftraggeber, dem Hauptschuldner, auch verpflichtet sei, stehe der Gläubiger sich nicht schlechter, wenn er den Hauptschuldner statt des Bürgen verklagen müsse. Daran ändere auch das Kostenrisiko nichts, das den Gläubiger durch den Prozeß gegen einen inzwischen insolvent gewordenen Hauptschuldner treffe, gegen den er wegen der Hinterlegung klagen müsse. Das Interesse der Bank oder Sparkasse an einer solchen Gestaltung überwiege das des Bürgschaftsgläubigers. Danach sei der Hauptantrag auf Zahlung unbegründet.

Die Erklärungen der Beklagten im Hinterlegungsverfahren seien unter Berücksichtigung der überreichten Bürgschaftsurkunden dahin auszulegen, daß die DM 52 000,- an die Klägerin ausgezahlt werden sollten, sobald diese einen rechtskräftigen Titel gegen die Hauptschuldnerin vorlege. Deshalb sei auch der Hilfsantrag nicht gerechtfertigt.

Mit dieser Begründung kann die Klage nicht abgewiesen werden.

Mangels gegenteiliger Feststellungen des Berufungsgerichts muß der erkennende Senat davon ausgehen, daß die Hauptschuldnerin ihre Verpflichtungen aus dem Bauvertrag vom 5. 11. 1980 schon im 1. Bauabschnitt bis zur Rohbauabnahme nicht ordnungsgemäß und zeitgerecht erfüllt hat, deshalb einen die Bürgschaftssumme übersteigenden

Betrag jedenfalls seit Kündigung des Bauvertrags schuldet und dagegen auch keine Einreden hat, auf die sich die Beklagte als Bürgin stützen könnte. Von der mithin entstandenen Zahlungspflicht aus der selbstschuldnerischen Bürgschaft vom 25. 2. 1981 (§§ 765, 773 Abs. 1 Nr. 1 BGB) hat sich die Beklagte durch die Hinterlegung der Bürgschaftssumme nicht befreit:

1. Gem. §§ 372, 378 BGB ist die Beklagte nicht von ihrer Bürgschaftsschuld frei geworden.

Wenn der Gläubiger einer Bürgschaftsforderung im Verzug der Annahme ist oder wenn der Bürge aus einem anderen, in der Person des Gläubigers liegenden Grund oder infolge einer nicht auf Fahrlässigkeit beruhenden Ungewißheit über die Person des Gläubigers seine Verbindlichkeit nicht oder nicht mit Sicherheit erfüllen kann, darf der Bürge nach § 372 BGB hinterlegen. Durch die Hinterlegung wird der Bürge, sofern er auf die Rücknahme verzichtet (§ 376 Abs. 2 Nr. 1 BGB) oder einer der in Betracht kommenden Gläubiger die Annahme erklärt (§ 376 Abs. 2 Nr. 2 BGB), von seiner Zahlungspflicht gem. § 378 BGB frei. Da hier die Hinterlegungsanordnung zugunsten zweier Berechtigter, der Klägerin und der Hauptschuldnerin, ergangen ist, weist sie auf eine Hinterlegung nach §§ 372ff. BGB hin. Sie ist formell wirksam, auch wenn ein materieller Hinterlegungsgrund fehlt (BGH, Urt. v. 28. 4. 1952 – IV ZR 122/51, LM BGB § 142 Nr. 1). Dann treten jedoch die schuldrechtlichen Wirkungen der Hinterlegung, hier das Erlöschen des Bürgschaftsanspruchs nach § 378 BGB, nicht ein. Denn die materielle Rechtsfolge der § 378 BGB setzt voraus, daß einer der Tatbestände des § 372 BGB erfüllt ist (BGH, Urt. v. 30. 10. 1984 – IX ZR 92/83, ZIP 1985, 18 = WM 1984, 1630). Diese sind hier, wie auch das Berufungsgericht erkennt, nicht verwirklicht: Als Bürgschaftsgläubiger kommt nur die Klägerin in Betracht. Sie befindet sich nicht im Verzug der Annahme. Auch sonst sind keine in der Person der Klägerin liegenden Gründe vorhanden, aus denen die Beklagte ihre Bürgschaftsschuld nicht oder nicht mit Sicherheit erfüllen könnte. Das gilt gerade auch dann, wenn die Hauptschuldnerin aus einem anderen Rechtsgrund als die Klägerin Ansprüche gegen die Beklagte haben sollte (BGH, Urt. v. 30. 10. 1984, a. a. O.; BGH, Urt. v. 15. 12. 1954 – VI ZR 192/53, LM BGB § 372 Nr. 6).

2. Auch wenn die Hinterlegung der Bürgschaftssumme nach den §§ 232ff. BGB beurteilt wird, ist der Anspruch der Klägerin aus der Bürgschaft nicht erloschen.

Den Parteien stand es frei zu vereinbaren, daß die Beklagte als Bürgschaftsschuldnerin berechtigt sei, bei der Hinterlegungsstelle des Amtsgerichts die Bürgschaftssumme als Sicherheit für die Klägerin zu hinterlegen. Die §§ 232ff. BGB finden nicht nur Anwendung, soweit ein Schuldner nach gesetzlichen Vorschriften verpflichtet oder befugt ist, Sicherheit zu leisten, sondern auch dann, wenn ein Gläubiger als Sicherungsnehmer und sein Schuldner oder ein Dritter als Sicherungsgeber durch Rechtsgeschäft die Pflicht oder auch das Recht zur Sicherheitsleistung begründen (allgemeine Meinung: Münch-Komm-v. Feldmann, BGB, 2. Aufl., § 232 Rz. 1; Staudinger/Dilcher, BGB, 12. Aufl., vor § 232 Rz. 4; Johannsen, in: BGB-RGRK, 12. Aufl., vor § 232 Rz. 4; Erman/Hefermehl, BGB, 7. Aufl., vor § 232 Rz. 1; Palandt/Heinrichs, BGB, 44. Aufl. vor § 232 Anm. 1; Bülow/Mecke, HinterLO, 2. Aufl., vor § 1 Rz. 8 Abs. 1, Anh. zu § 13 Rz. 20).

Die Beklagte hat ihre Bürgschaftserklärung samt Klausel in einem Formular abgegeben, das nach seinem Inhalt häufig und überregional als typisches Vertragsmuster von Banken und Sparkassen verwendet wird. Der Senat ist daher frei, die Klausel auszulegen

(BGH, Urt. v. 18. 11. 1976 – VII ZR 150/75, NJW 1977, 294; BGB, Urt. v. 2. 10. 1980 – IV a ZR 19/80, VersR 1980, 1170).

a) Eine Befreiung der Beklagten von ihrer Bürgschaft wäre nicht zu erreichen, wenn die vereinbarte Klausel, nach der die Bürgin das Recht hat, sich von ihrer Verpflichtung durch Hinterlegung zu befreien, dahin ausgelegt würde, daß die Beklagte die geschuldete Bürgschaftssumme als Sicherheit für den Anspruch der Klägerin aus der Bürgschaft hinterlegen dürfe. In diesem Fall hätte die Klägerin, nachdem die dementsprechend von der Beklagten im August 1982 hinterlegten DM 52 612,44 nach § 7 Abs. 1 HinterLO in das Eigentum des Landes übergegangen sind, gem. § 233 BGB zur Sicherung ihrer Bürgschaftsforderung ein gesetzliches Pfandrecht an der Forderung der Beklagten auf Rückerstattung des hinterlegten Betrages erworben. Das würde bedeuten: Gem. §§ 1257, 1273 BGB gelten für dieses Pfandrecht mit Ausnahme der §§ 1208 und 1213 Abs. 2 BGB die Vorschriften über das Pfandrecht an beweglichen Sachen, soweit sich nicht ein anderes aus den §§ 1274–1296 BGB ergibt. Erst nach Eintritt der Pfandreife i. S. d. § 1228 Abs. 2 BGB kann die Hinterlegungsstelle als Schuldnerin des verpfändeten Rückerstattungsanspruchs an den Pfandgläubiger leisten (§§ 1279, 1282 Abs. 1 BGB). Die Pfandreife mit der daraus folgenden Berechtigung zur Einziehung der Rückerstattungsforderung muß der Pfandgläubiger der Hinterlegungsstelle nachweisen. Da hier die Rückerstattungsberechtigte, die Beklagte, die Einziehung durch die Pfandgläubigerin, die Klägerin, nicht i. S. d. § 13 Abs. 2 Nr. 1 HinterLO bewilligt und die Klägerin ihre Berechtigung auch sonst nicht nachweisen kann, bliebe ihr nur übrig, gegen die Beklagte als Schuldnerin der durch das Pfandrecht gesicherten Bürgschaftsforderung ein rechtskräftiges, auf Leistung lautendes Urteil zu erstreiten und so die Pfandreife darzutun. Erst die darauf erfolgende Zahlung der Hinterlegungsstelle an die Klägerin würde dann gem. § 1288 Abs. 2 BGB als Erfüllung der gesicherten Bürgschaftsschuld gelten (vgl. dazu Bülow/Mecke, a.a.O., Anh. zu § 13 Rz. 20, 21).

b) Eine Befreiung von der Bürgschaft hätte die beklagte Sparkasse allerdings erreichen können, wenn sie folgende, soweit ersichtlich nur von Schütz (Bankgeschäftliches Formularbuch, 18. Ausgabe, 1969, S. 333) grob umrissene Auslegung der Klausel beachtet hätte: Die Bürgin darf sich von ihrer Bürgschaftsverpflichtung dadurch befreien, daß sie gem. § 232 BGB zugunsten der Gläubigerin die Bürgschaftssumme hinterlegt; mit dieser Hinterlegung soll aber nicht für die Bürgschaftsforderung, von der sich die Bürgin befreien will, sondern für den Anspruch der Gläubigerin gegen die Hauptschuldnerin Sicherheit geleistet werden. Für dieses Verständnis spricht die Fassung der Klausel: ...„daß wir den Betrag... als Sicherheit anstelle dieser (erlöschenden) Bürgschaft (die ja die Hauptverbindlichkeit bisher sichert) hinterlegen". Danach ist es der Sparkasse oder Bank gestattet, sich von ihrer Bürgschaft dadurch zu befreien, daß sie Sicherheit nicht wie üblich als Schuldnerin (für ihre Bürgschaftsschuld), sondern als Dritte für die Hauptverbindlichkeit leistet. Wird dementsprechend von der Bürgin hinterlegt, sichert das Pfandrecht an ihrer Rückerstattungsforderung nach § 233 BGB nicht den Bürgschaftsanspruch, sondern die bisher verbürgte Forderung, hier der Klägerin auf ordnungsgemäße Erfüllung des Bauvertrags vom 5. 11. 1980 gegen die Hauptschuldnerin. Als Pfandgläubigerin kann die Klägerin die Rückerstattungsforderung der Beklagten gegen die Hinterlegungsstelle gem. §§ 1257, 1273, 1279, 1782 Abs. 1 BGB einziehen, wenn die Pfandreife (§ 1228 Abs. 2 BGB) gegenüber der Hauptschuldnerin eingetreten ist. Daß die Klägerin die Pfandreife, also den Bestand und die Fälligkeit der gesicherten Forderung, nur durch ein gegen die Hauptschuldnerin erstrittenes Urteil nachweisen könne, wie das Berufungsgericht meint, ist der Vereinbarung, die die Bürgin zur Hinterlegung ermächtigt, jedoch nicht zu entnehmen. Der Wortlaut und der Sinn der Klausel, insbesondere die vereinbarte Befreiung von der Bürgschaft, schränken die Befugnisse der durch die Hinterlegung Berechtigten, die ihr aufgrund des § 233 BGB als Pfandgläubigerin zustehen, nicht ein. Die Klägerin kann deshalb gem. §§ 1257, 1273, 1279, 1282 Abs. 2 Halbs. 2, 1277, 1210, 1211 BGB von der hinterlegenden Beklagten als Sicherungsgeberin (Verpfänderin) die Duldung der Einziehung der mit dem Pfandrecht belasteten Forderung oder, was dem gleichsteht, die Zustimmung zur Auskehrung des hinterlegten Betrages verlangen.

Bei diesem Verständnis ist die Klausel nicht nach §§ 3 oder 9 AGBG zu beanstanden. Sie beläßt dem Gläubiger die Rechte, die ihm der als Selbstschuldner haftende Bürge durch den Verzicht auf die Einrede der Vorausklage (§§ 771, 773 Abs. 1 Nr. 1 BGB) eingeräumt hat. Daß der Gläubiger aufgrund der Hinterlegung nur noch Zinsen nach § 8 HinterLO erhält, benachteiligt ihn nicht über Gebühr.

c) Die Beklagte hat entsprechend diesem Verständnis der Klausel nicht hinterlegt. Sie hätte neben der Klägerin die Hauptschuldnerin nicht als Empfangsberechtigte benennen dürfen, sondern als Schuldnerin der Forderung bezeichnen müssen, für die durch die Hinterlegung Sicherheit geleistet werde. Nachdem die Beklagte am 12. 11. 1982 angezeigt hatte, daß die Hauptschuldnerin ihre Forderung gegen die Hinterlegungsstelle an die Beklagte abgetreten habe, waren Sinn und Zweck der Hinterlegung keinesfalls geklärt. Die Beklagte hat vielmehr den Standpunkt vertreten, daß der Klägerin der hinterlegte Betrag nur ausgezahlt werden dürfe, wenn sie ein dem Anspruch gegen die Hauptschuldnerin stattgebendes Urteil erwirkt habe. Dementsprechend hat das Berufungsgericht die Erklärungen der Beklagten gegenüber der Hinterlegungsstelle auch verstanden. Da mithin die Hinterlegung nicht den Anforderungen genügt, die nach der gebotenen Auslegung der Klausel erfüllt sein müssen, um das Erlöschen der Bürgschaft herbeizuführen, ist die Beklagte weiterhin aus ihrer am 25. 2. 1981 übernommenen Bürgschaft verpflichtet.

3. Danach kann das klageabweisende Urteil keinen Bestand haben. Der Rechtsstreit ist jedoch nicht entscheidungsreif. Entgegen der Meinung der Klägerin enthält die Bürgschaft keine Bestimmung, die sich mit der Klausel „Zahlung auf erstes Anfordern" vergleichen ließe. Die Beklagte ist keineswegs gehalten, aufgrund der Bürgschaft ohne Rücksicht auf Bestand, Höhe und Fälligkeit der Hauptforderung der Klägerin aus dem Bauvertrag (1. Bauabschnitt – Rohbauabnahme) zu zahlen. Sie ist als Bürgin nur in der Höhe bis zum Betrag von DM 52 000,– verpflichtet, in der die Hauptverbindlichkeit besteht (§ 767 Abs. 1 BGB). Die Beklagte kann auch Einreden der Hauptschuldnerin geltend machen. Darüber wird das Berufungsgericht nach erneuter Verhandlung aufgrund des zu ergänzenden Vortrags der Parteien zu entscheiden haben.

2 Eine Klausel in Darlehensbedingungen, nach der die Bank von einem Kunden, der entgegen seiner vertraglichen Bindung das Darlehen nicht abnimmt, als Schadensersatz wegen Nichterfüllung die Zahlung einer Nichtabnahmeentschädigung in Höhe von 3% des Darlehensnennbetrages verlangen kann, hält der Inhaltskontrolle nach § 9 AGBG stand.

BGH, Urteil vom 21. 2. 1985 – III ZR 207/83; BB 1985, 1493 = ZIP 1985, 673.

Nr. 2   *Bankvertragsklauseln*   § 9

Sachverhalt:

Die beklagte Hypothekenbank bewilligte dem Kläger auf seinen Antrag ein Darlehen zur Finanzierung eines Grundstückskaufes; für das Darlehen sollten die Allgemeinen Darlehensbedingungen der Beklagten gelten. Der Kläger unterzeichnete die Darlehensurkunde und bestellte der Beklagten zur Sicherung eine mit 18% zu verzinsende Grundschuld. In der notariellen Grundschuldurkunde übernahm er zugleich die persönliche Haftung für die Zahlung eines Geldbetrags in Höhe der vereinbarten Grundschuld und unterwarf sich auch insoweit der sofortigen Zwangsvollstreckung in sein gesamtes Vermögen.

Die Beklage erteilte dem Kläger eine Darlehensteilabrechnung über einen Teilbetrag und überwies – nach Abzug des vereinbarten Disagios von 3%, der Zinsen von 8% und der Bearbeitungsgebühr von 0,3% – den Betrag auf Bitten des Klägers an den Notar zu treuen Händen mit dem Auftrag, davon zur Eigentumsumschreibung und zur Beschaffung der ersten Rangstelle für die Grundschuld Gebrauch zu machen, wenn die Beklagte ihn – nach Vorliegen bestimmter Voraussetzungen – dazu ermächtige. Hierzu kam es jedoch nicht, der Grundstückserwerb scheiterte. Die Beklagte erhielt den Treuhandbetrag von dem Notar zurück, kündigte dem Kläger das Darlehen und verlangte u. a. von ihm noch Zahlung von 0,3% Bearbeitungsgebühr, 3% Disagio, 8% Zinsen sowie 0,5% Rücknahmeentschädigung für den ausgezahlten Teilbetrag.

Aus dem Gesamtbetrag betreibt die Beklage die Zwangsvollstreckung aus der Grundschuldbestellungsurkunde. Der dagegen gerichteten Vollstreckungsgegenklage hat das Landgericht teilweise stattgegeben. Das Oberlandesgericht hat die Klage ganz abgewiesen. Die Revision des Klägers hatte teilweise Erfolg.

Aus den Gründen:

1. Der Zinsanspruch der Beklagten für die Zeit, in der die Darlehensvaluta sich auf dem Treuhandkonto des Notars befand, wird von der Revision dem Grunde nach nicht in Frage gestellt. Das Berufungsurteil steht insoweit auch im Einklang mit der Rechtsprechung des Senats (vgl. Senatsurt. v. 8. 11. 1984 – III ZR 132/83, ZIP 1985, 16, 18 = WM 1985, 10 = BB 1985, 82 zu 6 der Gründe). Danach hängt die Verpflichtung zur Zinszahlung nach § 608 BGB vom Parteiwillen ab. Sie wird in der Regel zwar mit dem Darlehensempfang i. S. d. § 607 BGB beginnen; eine abweichende Parteivereinbarung ist aber möglich und liegt insbesondere für die Zeit nahe, in der die Darlehensvaluta zwar noch nicht dem Vermögen des Darlehensnehmers zugeflossen ist, sich aber bereits auf einem Notartreuhandkonto befindet, also vom Darlehensgeber nicht mehr anderweitig genutzt werden kann.

2. Mit Recht bekämpft die Revision dagegen die Auffassung, der Beklagten stehe auch das Disagio von 3% zu.

a) Wenn das Berufungsgericht das vereinbarte Disagio nicht als verschleierten Zins, sondern als eine laufzeitunabhängige Leistung des Klägers ansieht, so ist diese Vertragsauslegung nach den Rechtsgrundsätzen, die der erkennende Senat in seinem Urteil BGHZ 81, 124 = ZIP 1981, 841 aufgestellt hat, nicht zu beanstanden. Insoweit erhebt auch die Revision keine Einwendungen.

b) Rechtsfehlerhaft ist jedoch die – vom Berufungsgericht nicht näher begründete – Auffassung, das Disagio stehe der Beklagten ebenso wie die vereinbarten Zinsen bereits zu, nachdem sie die Darlehensvaluta auf das Treuhandkonto des Notars überwiesen habe, auch wenn das Geld von dort später an die Beklagte zurückgeflossen, also nie in die Verfügungsmacht des Darlehensnehmers gelangt sei.

Wenn man – entsprechend den Feststellungen des Berufungsgerichts – das Disagio hier nicht als Zins ansieht, wenn also ein anteiliger Anspruch für die Zeit des Verlustes

97

der Kapitalnutzung ausscheidet, vielmehr das gesamte Disagio nur ganz oder gar nicht zugesprochen werden kann, genügt die Überweisung auf ein Notartreuhandkonto noch nicht, um den Darlehensnehmer zur Zahlung des Disagios zu verpflichten. Falls sich – wie hier – aus dem Darlehensvertrag keine ausdrückliche anderweitige Vereinbarung ergibt, steht dem Darlehensgeber das Disagio erst zu, wenn der Darlehensnehmer den auszuzahlenden Darlehensbetrag i. S. d. § 607 BGB empfangen hat, die Valuta also endgültig aus dem Vermögen des Darlehensgebers ausgeschieden und dem Vermögen des Darlehensnehmers zugeführt worden ist. Allerdings wird ein Disagio vielfach als ein Ausgleich für den laufzeitunabhängigen, einmaligen Verwaltungsaufwand und die Kosten der Kapitalbeschaffung angesehen (vgl. BGH, Urt. v. 6. 2. 1963 – V ZR 4/61, WM 1963, 378, 379; Canaris, Bankvertragsrecht, 2. Aufl., Rz. 1324; Staudinger/Karsten Schmidt, BGB, 12. Aufl., § 246 Rz. 23; Oesterreich, WM 1979, 822, 824; kritisch Prass, BB 1981, 1058, 1059; Brosch, DB 1984, 1696). Daraus kann aber nicht gefolgert werden, dem Darlehensgeber stehe das Disagio bereits zu, wenn er die Valuta auf ein Treuhandkonto überweist. Zwar mögen die genannten Verwaltungs- und Kapitalbeschaffungskosten in diesem Zeitpunkt bereits entstanden sein. Die Belastung des Darlehensnehmers mit diesen Kosten erscheint aber erst gerechtfertigt, wenn er daraus den erstrebten Vorteil erlangt hat, der Darlehensbetrag ihm also vereinbarungsgemäß zugeflossen ist; das Disagio ist eine Gegenleistung für die Zurverfügungstellung des Darlehenskapitals (OLG Frankfurt ZIP 1981, 379, 380; vgl. auch Canaris, a. a. O.). Im Disagio kann im übrigen auch ein Ausgleich für das Rückzahlungsrisiko gesehen werden. Dieses Risiko verwirklicht sich erst, wenn das Geld aus dem Verfügungsbereich des Darlehensgebers in das Vermögen des Darlehensnehmers gelangt.

Die Voraussetzungen, unter denen ein Darlehensempfang i. S. d. § 607 BGB und damit ein Anspruch auf das Disagio bejaht werden können, liegen hier nicht vor. Der Notar hatte den Auszahlungsbetrag nicht als Vertreter des Klägers, sondern als Treuhänder erhalten. Nach dem Inhalt des Treuhandauftrags bedurfte er zu jeder weiteren Verwendung des Geldes der besonderen Ermächtigung der Beklagten. Der Kläger konnte über das Treuhandkonto nicht verfügen; die Darlehensvaluta war seinem Vermögen nicht zugeflossen. Zu einem Darlehensempfang i. S. d. § 607 BGB ist es somit nicht gekommen (vgl. RG JW 1906, 714; RG JW 1930, 753).

3. Hilfsweise hat sich die Beklagte bereits in ihrer Berufungsbegründung darauf berufen, daß sie nach Nr. 10 ihrer Allgemeinen Darlehensbedingungen (ADB) von einem Kunden, der entgegen seiner vertraglichen Bindung das Darlehen nicht abnimmt oder die vereinbarten Auszahlungsvoraussetzungen nicht rechtzeitig erfüllt – daß das hier der Fall war, steht außer Streit –, als Schadensersatz wegen Nichterfüllung die Zahlung einer Nichtabnahmeentschädigung in Höhe von 3% des Darlehensnennbetrages – neben den angefallenen Bereitstellungszinsen, Bearbeitungskosten und Auslagen – verlangen kann. Dieser Anspruch steht ihr zu.

a) Die ADB (Fassung 1977) sind Vertragsinhalt geworden, weil die Beklagte sie dem Kläger mit ihrem Darlehensbewilligungsschreiben vom 18. 7. 1980 zugesandt und darauf ausdrücklich Bezug genommen hatte.

Rechtliche Bedenken gegen die Wirksamkeit der Klausel in Nr. 10 Abs. 2 ADB sind vom Kläger nicht erhoben worden. Das Berufungsurteil enthält keine Feststellungen darüber, wieweit die persönlichen Voraussetzungen des § 24 Abs. 1 AGBG gegeben sind. Selbst wenn das AGBG in vollem Umfange anwendbar sein sollte, hält die in Nr. 10 ADB getroffene Regelung der Inhaltskontrolle stand. Weder aus der Generalklausel des § 9 AGBG noch aus den Spezialbestimmungen der §§ 10, 11 AGBG ergeben sich Gründe für eine Unwirksamkeit der Klausel. Die Nichtabnahmeentschädigung von 3% des Darlehensnennbetrages dient nicht – wie die im Urteil des OLG Hamm NJW 1983, 1503 behandelte Bearbeitungsgebühr – nur zur Abgeltung der entstandenen Aufwendungen (§ 10 Nr. 7b AGBG), sondern will auch den entgangenen Gewinn ersetzen. Als Schadensersatzpauschale gem. § 11 Nr. 5a AGBG (vgl. Senatsurt. v. 16. 3. 1978 – III ZR 112/76, BB 1978, 833, 834; OLG Nürnberg WM 1968, 346, 348) übersteigt der verlangte Betrag nicht den nach dem gewöhnlichen Lauf der Dinge zu erwartenden Schaden. Hätte der Kläger das Darlehen ordnungsgemäß abgenommen, so wäre der Beklagten als Entgelt für die Zurverfügungstellung des Kapitals alsbald des vereinbarte Disagio zugeflossen und ohne Rücksicht auf die spätere Laufzeit das Darlehens auch endgültig verblieben. Durch die Nichtabnahme ist ihr also auf jeden Fall das Disagio in Höhe von 3% entgangen. Ob eine Entschädigungspauschale in Höhe des üblichen Disagios stets zu billigen ist, braucht nicht abschließend entschieden zu werden. Jedenfalls bestehen gegen eine Pauschale in Höhe von 3% – selbst neben einer Bearbeitungsgebühr von 0,3% – bei einer Hypothekenbank noch keine durchgreifenden Bedenken aus § 11 Nr. 5a AGBG (ebenso OLG Nürnberg WM 1968, 346, 348; OLG Koblenz ZIP 1983, 557 = WM 1983, 802; Wolf/Horn/Lindacher, AGBG, § 11 Nr. 5 Rz. 24; Ulmer/Brandner/Hensen, AGBG, 4. Aufl., Anh. §§ 9–11 Rz. 283; ohne eigene Stellungnahme MünchKomm-Kötz, BGB, 2. Aufl., § 11 Nr. 5 AGBG Rz. 33; Löwe/Graf v. Westphalen/Trinkner, AGBG, 2. Aufl., § 11 Nr. 5 Rz. 53).

Ein Verstoß gegen § 11 Nr. 5b AGBG liegt nicht vor, da die ADB der Beklagten in Nr. 10 Abs. 3 dem Darlehensnehmer ausdrücklich den Nachweis vorbehalten, daß ein Schaden überhaupt nicht oder nur wesentlich niedriger entstanden sei. Einen derartigen Nachweis hat der Kläger nicht geführt.

b) Der Anspruch auf die Nichtabnahmeentschädigung rechtfertigt auch die Vollstreckung aus der Unterwerfungserklärung in Nr. 4 der notariellen Grundschuldbestellungsurkunde vom 23. 7. 1980. Die Übernahme der persönlichen Haftung für die Zahlung des Grundschuldbetrages stellt ein selbständiges Schuldversprechen gem. § 780 BGB dar (BGH, Urt. v. 21. 1. 1976 – VIII ZR 148/74, NJW 1976, 567; Senatsbeschl. v. 5. 11. 1981 – III ZR 193/80, zu 1a der Gründe m.w.N.). Die Vollstreckungsgegenklage kann nur Erfolg haben, soweit dem Schuldner die Einrede der ungerechtfertigten Bereicherung nach §§ 812, 821 BGB zusteht, weil der Gläubiger nur noch einen Anspruch hat, zu dessen Sicherung die Grundschuld nach dem Parteiwillen nicht bestellt werden sollte (vgl. Senatsbeschl. v. 5. 11. 1981 – III ZR 193/80, zu 1c der Gründe). Nach Nr. VII 1 der Darlehensurkunde vom 23. 7. 1980 diente die Grundschuld hier aber zur Sicherung aller Ansprüche der Bank aus dem Darlehensverhältnis. Dazu gehört auch der Anspruch auf Zahlung der Nichtabnahmeentschädigung von 3% gem. Nr. 10 Abs. 2 ADB.

4. Neben dieser Nichtabnahmeentschädigung steht der Beklagten die geltend gemachte Rücknahmeentschädigung nicht zu.

Nach Nr. IV 2 der Darlehensurkunde hat der Schuldner, wenn das Darlehen vor Ablauf der Rückzahlungssperrfrist fällig wird, gleichzeitig mit der Rückzahlung für die Zeit von der Fälligkeit bis zum Ende der Rückzahlungssperrfrist eine Entschädigung von jährlich 0,5% des fälligen Darlehensbetrages an die Bank zu entrichten. Dieser Anspruch setzt

§ 9   *Generalklausel*   Nrn. 2–3

voraus, daß der Schuldner das Darlehen vorher gem. § 607 BGB empfangen hat; nur dann entsteht ein Darlehensrückzahlungsanspruch. Ist es dagegen – wie hier – aus den in Nr. 10 ADB genannten Gründen gar nicht zu einem Darlehensempfang gekommen, so kann die Bank die Nichtabnahmeentschädigung verlangen, nicht aber zugleich die Rücknahmeentschädigung ...

3 Eine Bank übt ihr Recht zur jederzeitigen Kündigung eines überzogenen Kredits nach Nr. 17 Satz 1 AGB der Banken nicht mißbräuchlich aus, wenn es zu einer wirksamen Vereinbarung über einen die bisherigen Vereinbarungen ersetzenden neuen Kredit wegen Nichtbestellung einer von der Bank als Sicherheit verlangten Grundschuld nicht gekommen ist und anderweitige Vereinbarungen über die Kündigung nicht getroffen worden sind.

BGH, Beschluß vom 28. 2. 1985 – III ZR 223/83; WM 1985, 769.

Sachverhalt:

Die Revision des Beklagten gegen das Urteil des 5. Zivilsenats des Hanseatischen Oberlandesgerichts Hamburg vom 15. Juni 1983 – 5 U 36/83 – wurde mit der Maßgabe nicht angenommen, daß der Rechtsstreit wegen einer Forderung von 184687,60 DM nebst zuerkannten Zinsen bis 3. Mai 1984 in der Hauptsache erledigt ist.

Aus den Gründen:

Der Sache kommt eine grundsätzliche Bedeutung nicht zu. Die Revision verspricht im Ergebnis keinen Erfolg.

1. Die von der Revision genannte Frage, ob ein Mißbrauch des jederzeitigen Kündigungsrechts nach Nr. 17 Satz 1 AGB der Banken hier vorliegt, läßt sich nur einzelfallbezogen beantworten und kann darum eine Annahme der Revision wegen einer grundsätzlichen Bedeutung der Sache nicht rechtfertigen.

2. Entgegen der Meinung der Revision hat das Berufungsgericht die vom Beklagten behauptete mündliche Einigung über die Gewährung eines neuen Kredits nicht übersehen. Das Berufungsgericht braucht nicht auf jede Einzelheit im Vortrag des Beklagten einzugehen (BVerfGE 54, 91; Hartmann bei Baumbach/Lauterbach, ZPO, 43. Aufl., § 286, Anm. 2 G m. w. N.). Es genügte daher, wenn es ausführte, eine „anderweitige Vereinbarung" über die Kündigung, etwa deren befristeter Ausschluß, sei „nicht ersichtlich". Damit begründete es hinreichend, daß Abreden, die einer Kündigung nach Nr. 17 Satz 1 AGB entgegenstünden, von ihm nicht festgestellt seien. Die AGB der klagenden Bank waren Vertragsbestandteil geworden. Die Klägerin hatte sie im Krediteröffnungsvertrag ausdrücklich in Bezug genommen.

Auf die Behauptungen der Revision, ein Kredit sei dem Beklagten mündlich zugesagt worden, die – unstreitig unterbliebene – Unterzeichnung der ihm von der Klägerin zugesandten Urkunden über einen die bisherigen Vereinbarungen ersetzenden neuen Kredit habe nur Beweiszwecken gedient, kommt es schon deshalb nicht an, weil das unstreitige Verlangen der Klägerin nach Bestellung einer dem beantragten Kredit entsprechenden Grundschuld als Sicherheit nur durch eine schriftliche und notariell beglaubigte Erklärung des Beklagten erfüllt werden konnte. Die in dem Entwurf der Urkunde über die Grundschuldbestellung vorgesehenen Zinsen hatten, was auch der Beklagte nicht in Frage gestellt hat, nichts mit der Zinshöhe für das Darlehen zu tun, so daß Meinungsverschiedenheiten über die Höhe dieser Zinsen die Verpflichtung des Beklagten unberührt ließen, die von der Klägerin verlangte Grundschuld zu bestellen, bevor er mit einer Auszahlung des ihm nach seiner Darstellung zugesagten Kredits rechnen konnte. Da es aus diesen Gründen nicht zu einer wirksamen Vereinbarung über eine neue Kreditgewährung gekommen ist, hat die Klägerin ihr Kündigungsrecht nicht im Widerspruch zu getroffenen Vereinbarungen und damit auch nicht mißbräuchlich ausgeübt.

Unter diesen Umständen ist es nicht mehr entscheidend, daß die Klägerin nach den Feststellungen des Berufungsgerichts auch nach Nr. 17 Satz 2, 19 AGB zu einer Kündigung der Kredite aus wichtigem Grund berechtigt gewesen wäre, weil der Beklagte dem wegen der erheblichen und länger andauernden Überziehung des Dispositionskredits und dessen unzureichender Absicherung berechtigten Verlangen der Klägerin nach der Stellung weiterer Sicherheit nicht nachgekommen war.

3. Da der Beklagte der Erklärung der Klägerin über die teilweise Erledigung der Hauptsache widersprochen hat, war im Beschluß festzustellen, in welchem Umfang sich die Hauptsache erledigt hat. Die Kosten des Revisionsverfahrens treffen den Beklagten auch insoweit, weil er der Teilerledigung zu Unrecht widersprochen hat.

Die Pfandklausel in Nr. 19 Abs. 2 AGB-Banken ist nicht schon dann abbedungen, wenn die Bank zwar weiß, daß die Guthaben des Kunden für mehrere einzelne Bauvorhaben bestimmt sind, sie aber nicht weiß, daß jeweils eine Treuhandbindung für unterschiedliche Treugeber besteht. **4**

BGH, Urteil vom 14. 3. 1985 – III RZ 186/83; DB 1985, 1583 = MDR 1985, 739 = NJW 1985, 1954 = WM 1985, 688 = ZIP 1985, 523.

Sachverhalt:

Die Kläger machen einen Teilanspruch auf Auszahlung eines Bankguthabens gegen die beklagte Bank geltend, der ihnen von der Kontoinhaberin (B-Treuhand) abgetreten worden ist. Diese bot seit 1964 durch eine Treuhänderbank interessierten Kapitalanlegern Anteile an Fonds in Form von Haus- und Boden-Briefen zum Kauf an. Die B-Treuhand verwaltete das Fonds-Vermögen als Treuhänderin. Im Jahre 1974 gründete die B-Treuhand den Haus- und Boden-Fonds 35 betreffend ein 81 Wohneinheiten umfassendes Bauvorhaben, das im Frühjahr 1978 fertiggestellt worden ist. Zur Finanzierung dieses Projekts sagte die X-Versicherungs-AG der B-Treuhand ein Hypothekendarlehen in Höhe von insgesamt 11 350 000 DM zu. Die B-Treuhand bemühte sich um eine Vorvalutierung des Darlehens mit Hilfe einer Bürgschaft der Beklagten. Diese übernahm durch Erklärung vom 9. 12. 1975 die Bürgschaft gegenüber der X. Die B-Treuhand, die bis dahin noch keine Geschäftsbeziehungen zur Beklagten unterhalten hatte, eröffnete bei dieser ein laufendes Konto, auf das die X die Darlehensvaluta überwies. Die B-Treuhand vereinbarte mit der Beklagten, daß der gesamte Betrag zunächst als Festgeld angelegt wurde. Die Befugnis der B-Treuhand zur Verfügung über die Festgeldbeträge machte die Beklagte u. a. vom Baufortschritt abhängig. Nachdem die B-Treuhand die Eröffnung des Liquidationsvergleichsverfahren beantragt hatte, wurde die Beklagte als Bürge von der X in Anspruch genommen. Sie belastete daraufhin das Konto der B-Treuhand entsprechend, wodurch das Festgeldkonto der B-Treuhand vollständig aufgezehrt wurde.

Anschließend wurde das Konkursverfahren über das Vermögen der B-Treuhand eröffnet. Der Konkursverwalter und die Geschäftsführer der B-Treuhand haben den Anspruch gegen die Beklagte auf Auszahlung des bei Eröffnung des Vergleichsverfahrens vorhandenen Festgeldguthabens von etwa 1,4 Mio DM an die Kläger abgetreten. Mit ihrer Klage verlangen die Kläger einen Teilbetrag dieser Forderung in Höhe vom 300 000 DM nebst Zinsen. Sie haben vorgetragen: Die Beklagte sei nicht berechtigt gewesen, das bei Vergleichseröffnung bestehende Festgeldguthaben mit ihren Gegenforderungen zu verrechnen. Die Beklagte habe die ihr von der X überwiesene Darlehensvaluta mit einer bestimmten Zweckbestimmung erhalten. Das Geld sei ersichtlich für die zum Fonds 35 gehörenden Bauvorhaben bestimmt gewesen. Es sei daher nicht dem Pfandrecht nach Nr. 19 der AGB der Beklagten unterworfen, und eine Verrechnung mit sonstigen Forderungen der Beklagten sei nicht zulässig gewesen.

Das LG hat die Klage abgewiesen, das OLG hat ihr stattgegeben. Die Revision der Beklagten führte zur Aufhebung und Zurückverweisung.

Aus den Gründen:

I. Die Beklagte leitet ihre Befugnis, das Festgeldguthaben mit ihren Gegenforderungen zu verrechnen, aus Nr. 19 Abs. 1 Satz 1 ihrer AGB her. Diese Bestimmung ist Nr. 19 Abs. 2 AGB-Banken nachgebildet und regelt die Bestellung eines Pfandrechts zugunsten der Beklagten. Dieser Pfandklausel stehen die Vorschriften der §§ 3 und 9 AGB-Gesetz nicht entgegen (Senat, NJW 1983, 2701, 2702).

Die Parteien sind sich darüber einig, daß die Beklagte, falls Nr. 19 Abs. 1 Satz 1 ihrer AGB hier überhaupt Anwendung findet, zu der vorgenommenen Verrechnung berechtigt war. Der Streit der Parteien geht jedoch darum, ob die Entstehung eines Pfandrechts wegen des (angeblichen) Treuhandcharakters des Kontos (II) oder wegen einer abweichenden Zweckbestimmung bei der Zahlung der Valuta (III) ausgeschlossen war.

II. Ein Ausschluß des Pfandrechts nach Nr. 19 Abs. 2 AGB-Banken und vergleichbaren Regelungen ist beim sogenannten offenen Treuhandkonto anzunehmen (BGHZ 61, 72, 77 = NJW 1973, 1754; Senat, WM 1983, 873; Canaris, Bankvertragsrecht, 2. Aufl., Rdnr. 284, 2664; Baumbach/Duden/Hopt, HGB, 26. Aufl., AGB-Banken Nr. 19 Anm. 2 C; v. Westphalen, WM 1984, 13). Die tatsächlichen Voraussetzungen eines offenen Treuhandkontos, für deren Vorliegen die Kläger darlegungs- und beweispflichtig sind (BGHZ 61, 72, 78 = NJW 1973, 1754), sind indessen vom Berufungsgericht nicht festgestellt. Ein derartiges Konto kann nur angenommen werden, wenn seine Treuhandnatur der Bank im Zeitpunkt der Kontoerrichtung offengelegt und ihr deutlich gemacht wird, daß auf das Konto ausschließlich Werte gelangen sollen, die dem Kontoinhaber nur als Treuhänder zustehen (BGHZ 61, 72, 77, 79 = NJW 1973, 1754 m. w. Nachw.; Canaris, Rdnr. 284). Diese Kenntnis der Bank war in erster Instanz nicht einmal von den Klägern behauptet worden. Im Berufungsrechtszug hat die Beklagte ausdrücklich bestritten, daß die B-Treuhand sie bei der Errichtung des Kontos von dessen Treuhandcharakter unterrichtet habe.

III. Das Berufungsgericht nimmt an, im Streitfall sei die Pfandklausel der Nr. 19 Abs. 1 Satz 1 AGB der Beklagten „durch besondere Vereinbarung stillschweigend ausgeschlossen" worden. Zu diesem Ergebnis gelangt das Berufungsgericht aufgrund der Auslegung der das Festgeldkonto betreffenden Vereinbarungen zwischen der B-Treuhand und der Beklagten „unter Berücksichtigung der einschlägigen Rechtsprechung des BGH". Die hierzu vom Berufungsgericht gegebene Begründung ist nicht frei von Rechtsirrtum.

1. Der BGH hat allerdings schon mehrfach ausgesprochen, daß Werte, die einer Bank mit einer Einschränkung in der Form einer besonderen Zweckbestimmung zugeleitet

werden, im Falle der Ablehnung des Auftrags nicht dem Pfandrecht nach Nr. 19 AGB-Banken unterliegen und daher nicht mit einem bestehenden Debetsaldo verrechnet werden dürfen (BGHZ 74, 129, 132 = NJW 1979, 1461; BGH, WM 1968, 695; NJW 1970, 41 f.; WM 1973, 167; vgl. auch Canaris, Rdnr. 2663 f.; Baumbach/Duden/Hopt, AGB-Banken Nr. 19 Anm. 2 C; v. Westphalen, WM 1984, 13). In diesen Fällen handelte es sich um die Einreichung von Wechseln oder Schecks zum Diskont oder um Überweisungen und Bareinzahlungen mit dem ausdrücklichen Auftrag, den Gegenwert einem Dritten gutzubringen. Der BGH hat ferner entschieden, daß die genannte Pfandklausel nicht eingreift, wenn eine Bank ohne Widerspruch oder Vorbehalt von einem Kunden vorübergehend Wertsachen in Verwahrung nimmt, bis an dessen Wohnungs-Safe notwendige Reparaturen vorgenommen sind (BGH, NJW 1959, 142). In allen diesen Fällen führte eine Auslegung der zwischen Bank und Kunden getroffenen Abreden zu dem Ergebnis, daß die Pfandklausel durch Einzelabmachung abbedungen war.

2. Die Erwägungen, mit denen das Berufungsgericht im Streitfall annimmt, daß die B-Treuhand durch vertragliche Vereinbarung mit der Beklagten deren Pfandrecht und damit auch deren Verrechnungsbefugnis ausgeschlossen habe, halten der revisionsrechtlichen Nachprüfung nicht stand. Die Auslegung eines Individualvertrages kann zwar im Revisionsrechtszug nur in beschränktem Umfang nachgeprüft werden, das Berufungsgericht hat jedoch bei seiner Auslegung rechtsfehlerhaft entscheidungserhebliche Umstände außer Betracht gelassen oder rechtlich unzutreffend gewürdigt.

a) An das Zustandekommen einer besonderen Vereinbarung, durch die eine Bank auf das ihr nach ihren AGB zustehende Pfandrecht verzichtet, sind strenge Anforderungen zu stellen (BGH, NJW 1974, 456 = WM 1974, 155, 157 unter Hinweis auf BGHZ 61, 72, 77, 78 = NJW 1973, 1754). Unter diesem Blickwinkel bestehen gegen das vom Berufungsgericht gewonnene Auslegungsergebnis schon insofern erhebliche Bedenken, als der Beklagten mangels eindeutiger Anhaltspunkte nicht unterstellt werden kann, sie habe bei Bankgeschäften in Millionenhöhe von jeder Sicherung durch ein Pfandrecht und der damit verbundenen Verrechnungsmöglichkeit absehen wollen. Das gilt um so mehr, als es sich bei der B-Treuhand um eine neue Kundin handelte, die bis dahin noch keine Geschäftsbeziehungen zu der Beklagten unterhalten hatte. Den Entscheidungen des BGH, in denen ein Ausschluß des Pfandrechts bejaht wurde, lagen Sachverhalte zugrunde, die mit dem Streitfall nicht vergleichbar sind.

b) Das Berufungsgericht stellt entscheidend auf die – aus dem Schreiben der Beklagten vom 9. 12. 1975 und der praktischen Handhabung in der Folgezeit sich ergebende – Bindung der Festgeldfreigabe an den Baufortschritt bestimmter Bauvorhaben ab. Diese Praxis erklärt sich jedoch zwanglos daraus, daß die Beklagte eine Sicherung bis zu dem Zeitpunkt benötigte, in dem der durch den Baufortschritt erhöhte Grundstückswert eine andere Sicherheit bot oder sogar zur Entlassung aus der Bürgschaftsverpflichtung durch den Hypothekengläubiger führte. Ohne hinreichende tatsächliche Grundlage ist die Folgerung des Berufungsgerichts, aus dieser dem Schutz der Bank dienenden Regelung ergebe sich ihre Verpflichtung, das auf ein bestimmtes Bauvorhaben bezogene Festgeldguthaben nach der Baudurchführung völlig freizugeben. Es mag fraglich sein, ob die Bank danach unter Berufung auf ein Pfandrecht nach Nr. 19 AGB wegen ihrer Forderungen aus anderen Bauvorhaben eine Auszahlung verweigern durfte, wenn und solange die B-Treuhand ihren Betrieb normal weiterführte. Aber ein Verzicht der Beklagten, jedenfalls nach einem wirtschaftlichen Zusammenbruch der B-Treuhand eine Gesamtverrechnung vorzunehmen, setzt eindeutige konkrete Anhaltspunkte für einen solchen rechtsgeschäftlichen Willen voraus. Derartige Umstände hat das Berufungsgericht nicht festgestellt.

c) Die Tatsache, daß ein Bankkunde – für die Bank erkennbar – ein bestimmtes Einzelvorhaben seines Gesamtbetriebs über ein Sonderkonto abwickelt, kann allein nicht genügen, um der Bank jede Möglichkeit zu nehmen, zur Durchsetzung ihrer Forderungen aus anderem Zusammenhang auf ein Guthaben dieses Sonderkontos zuzugreifen. Das gilt zumindest im Fall des wirtschaftlichen Zusammenbruchs des Kunden. Hier kommt hinzu, daß die B-Treuhand bei der Beklagten für die einzelnen Bauvorhaben nicht einmal gesonderte Konten anlegen ließ, sondern nur ein gemeinsames Konto. Das spricht gegen die strikte Trennung der Valuta nach den einzelnen Bauobjekten, die das Berufungsgericht annimmt. Nach den Ausführungen zu II ist beim derzeitigen Sachstand davon auszugehen, daß die Beklagte zwar wußte, daß die Guthaben auf den Festgeldkonten mehreren einzelnen Bauvorhaben zugeordnet waren, nicht aber, daß jeweils eine Treuhandbindung für unterschiedliche Treugeber bestand.

d) Entgegen der Ansicht des Berufungsgerichts können im Streitfall auch nicht Sinn und Zweck des Gesetzes über die Sicherung von Bauforderungen vom 1. 6. 1909 (RGBl. S. 449) herangezogen werden, um das Auslegungsergebnis, Nr. 19 der AGB der Beklagten sei abbedungen, zu stützen. Das Berufungsgericht geht selbst davon aus, daß die Beklagte nicht Empfängerin von Baugeld i. S. des § 1 des Gesetzes war (vgl. zum Begriff des Empfängers BGH, NJW 1982, 1037, 1038). Hier wird auch der Schutzzweck dieser Vorschrift nicht berührt. Daher trafen die Beklagte auch keine Verwendungspflichten nach § 1 des Gesetzes, die einer Verrechnung des Guthabens mit Gegenforderungen hätten entgegenstehen können.

3. Nach allem kann das Berufungsurteil mit der ihm vom Berufungsgericht gegebenen Begründung keinen Bestand haben. Es ist aufzuheben und die Sache zur erneuten tatrichterlichen Beurteilung der Frage, ob Nr. 19 Abs. 1 Satz 1 AGB der Beklagten durch Einzelabrede ausgeschlossen wurde, an das Berufungsgericht zurückzuverweisen. Die Kläger erhalten dadurch auch Gelegenheit, ihr Hilfsvorbringen, ihnen stünden Schadensersatzansprüche aus einer Verletzung des Geschäftsbesorgungsvertrages zu, erneut dem Berufungsgericht zu unterbreiten.

Anmerkung:

Das vorinstanzliche Urteil des OLG Düsseldorf vom 5. 5. 1983 – 6 U 192/82 – ist abgedruckt in AGBE IV § 9 Nr. 7 = BB 1983, 1121 = DB 1983, 1538 = VersR 1983, 1083 = WM 1983, 919 = ZIP 1983, 668.

5 **Aus Nr. 12 Abs. 1 AGB der Sparkassen, wonach Einwendungen gegen sonstige Mitteilungen, z. B. Abrechnungen und Kontoauszüge, unverzüglich zu erheben sind und die Unterlassung rechtzeitiger Einwendung als Genehmigung gilt, kann im Einzugsermächtigungsverfahren nicht hergeleitet werden, daß der Kunde, der nicht unverzüglich widerspricht, eine Belastung seines Kontos genehmigt.**

BGH, Urteil vom 24. 6. 1985 – II ZR 277/84; JR 1986, 197 = MDR 1985, 998 = NJW 1985, 2326 = WM 1985, 905 = ZIP 1985, 919.

Nr. 5   *Bankvertragsklauseln*   § 9

Sachverhalt:

Die Klägerin, eine Sparkasse, nimmt die Beklagten als Bürgen der Firma S. in Anspruch, der die Klägerin einen Kontokorrentkredit von 600 000 DM gewährt hatte. Die drei Beklagten und der Prokurist K. der Firma S. übernahmen gegenüber der Klägerin für die Verbindlichkeiten dieses Unternehmens in getrennten Urkunden je eine Bürgschaft über 50 000 DM (Bürgschaftssumme) zuzüglich Nebenleistungen „aus dem Kontokorrentkonto Nr. . . ., soweit 400 000 DM überschritten werden". Am 22. 7. 1982 forderte die Klägerin die Firma S. auf, den Schuldsaldo von 626 619,31 DM auf die Kreditgrenze vom 600 000 DM zurückzuführen. Am 6. 8. 1982 erschien der Prokurist K. in den Geschäftsräumen der Klägerin. Er unterrichtete deren Angestellten G. über den bevorstehenden Konkursantrag eines Gläubigers der Firma S. und widersprach gleichzeitig den auf Lastschriften im Einzugsermächtigungsverfahren beruhenden Kontobelastungen der vorausgegangenen 6 Wochen im Betrage von 160 066,50 DM. Die Klägerin lehnte es ab, den Widerspruch zu beachten und das Girokonto entsprechend zu berichtigen. Noch am 6. 8. 1982 wurde der Konkursantrag gestellt und am 26. 8. 1982 das Konkursverfahren über das Vermögen der Firma S. eröffnet. Die Kontokorrentforderung der Klägerin betrug am 10. 9. 1982 unter Berücksichtigung der Belastungsbuchungen, denen die Firma S. widersprochen hatte, 727 840,43 DM. Mit der Klage hat die Klägerin von jedem Beklagten unter anderem 50 000 DM zuzüglich Nebenleistungen verlangt. Die Beklagten haben dagegen eingewandt, sie hafteten für die Bürgschaftsforderung von 50 000 DM lediglich als Gesamtschuldner. Da K. – unstreitig – diesen Betrag als Bürge bezahlt habe, sei ihre Verbindlichkeit gegenüber der Klägerin erloschen. Im Berufungsrechtszug haben die Beklagten Widerklage mit dem Antrag erhoben festzustellen, daß sie aus den Bürgschaften über 3 × 50 000 DM insgesamt als Hauptbetrag der Klägerin nicht mehr als 117 779,93 DM schulden. Sie haben dazu vorgetragen, die Hauptschuld in Höhe von 727 840,43 DM müsse um den von K. bezahlten Betrag von 50 000 DM und die Lastschriften in Höhe von 160 066,50 DM ermäßigt werden. Deshalb könne die Klägerin von ihnen insgesamt nicht mehr als 117 779,93 DM fordern.

Das LG hat der Klage stattgegeben. Die Berufung der Beklagten blieb bis auf einen Teil der Zinsforderung erfolglos. Die Widerklage hat das Berufungsgericht abgewiesen.

Die Revision der Beklagten hatte Erfolg.

Aus den Gründen:

Gem. § 767 Abs. 1 BGB ist für die Verpflichtung der Beklagten als Bürgen der jeweilige Bestand der Hauptverbindlichkeit maßgebend. Die Hauptverbindlichkeit der Firma S. gegenüber der Klägerin hat sich von 727 840,43 DM auf 517 779,93 DM verringert, wenn – was unstreitig ist – der von K. bezahlte Betrag von 50 000 DM davon abgezogen wird und der Widerspruch gegen die Lastschriften im Betrag von 160 066,50 DM wirksam war. Da die Beklagten sich nur für den 400 000 DM übersteigenden Betrag der Hauptverbindlichkeit verbürgt haben, müssen sie zusammen der Klägerin als Bürgschaftssumme (ohne Nebenleistungen) nur 117 789,93 DM bezahlen.

Entgegen der Ansicht des Berufungsgerichts war der Widerspruch der Firma S. wirksam, auch wenn die Klägerin damit gerechnet hat, daß die Firma S. dazu im Verhältnis zu den Lastschriftgläubigern nicht berechtigt war.

1. Nach der Rechtsprechung des Senats handelt beim Lastschriftverfahren die Zahlstelle (Schuldnerbank), die die Lastschrift zur Einlösung erhält, nur aufgrund einer Weisung, welche die erste Inkassostelle (oder eine etwa weiter eingeschaltete Zwischenbank) als Gläubigerbank im Rahmen des zwischen den jeweiligen Banken bestehenden Giroverhältnisses im eigenen Namen erteilt. Hat der Zahlungspflichtige seiner Bank, der Zahlstelle, einen Abbuchungsauftrag gegeben, belastet sie das Konto mit Zustimmung des Kontoinhabers. Deshalb kann dieser nach Einlösung der Lastschrift der Kontobelastung nicht widersprechen. Anders ist dies im Einzugsermächtigungsverfahren, um das es hier

geht. Bei diesem Verfahren erteilt der Zahlungspflichtige nur dem Zahlungsempfänger (Gläubiger) eine Einzugsermächtigung, während er der Zahlstelle gegenüber keine Erklärung über den Einzug von Forderungen gegen ihn im Lastschriftverfahren abgibt. Diese handelt daher nur aufgrund der Weisung der ersten Inkassostelle und belastet ohne entsprechenden Auftrag des Zahlungspflichtigen dessen Konto (vgl. BGH, WM 1978, 819; BGHZ 72, 343, 346 = NJW 1979, 542; BGHZ 74, 300, 304 = NJW 1979, 1652 = LM § 675 BGB [L] Nr. 68; BGHZ, 74, 309, 312 = NJW 1979, 2145). Ihr steht daher der Aufwendungsersatzanspruch gem. § 670 BGB, den sie mit der Belastungsbuchung auf dem Konto des Zahlungspflichtigen geltend macht, (noch) nicht zu. Nach dem Inhalt des zu seiner Bank bestehenden Girovertrages kann der Zahlungspflichtige deshalb der Kontobelastung – wie einer unberechtigten Belastung – widersprechen und Wiedergutschrift des abgebuchten Betrages verlangen. Da der Zahlungspflichtige über sein Konto frei verfügen kann, unterliegt er seinem Kreditinstitut gegenüber auch keiner Beschränkung, ob und was welchem Grunde er einer Belastung wegen Lastschriften, die auf einer Einzugsermächtigung beruhen, widerspricht. Der Widerspruch ist infolgedessen für seine Bank grundsätzlich immer verbindlich; es ist – abgesehen davon, daß sie dazu in der Regel rein tatsächlich nicht in der Lage ist – nicht ihre Sache zu prüfen, ob der Zahlungspflichtige durch den Widerspruch im Verhältnis zum Zahlungsempfänger berechtigt handelt oder nicht. Daraus folgt, daß es für die Wirksamkeit oder Zulässigkeit des Widerspruchs gegenüber der Zahlstelle nicht auf das Verhältnis zwischen Zahlungspflichtigem und Zahlungsempfänger ankommt. Es spielt also keine Rolle, ob sich der Widerspruch in diesem Verhältnis mißbräuchlich auswirkt. Die Zahlstelle ist selbst dann verpflichtet, auf den Widerspruch hin die Belastungsbuchungen rückgängig zu machen, wenn ihr bekannt ist, daß der Zahlungspflichtige die abgebuchten Beträge dem Zahlungsempfänger schuldet (vgl. Senat, BGHZ 74, 309, 312 = NJW 1979, 2145)...

2. Es kann auch nicht der Ansicht des Berufungsgerichts gefolgt werden, die Firma S. habe die Belastungsbuchungen im Zeitpunkt des Widerspruchs bereits genehmigt gehabt, weil sie ihnen nicht unverzüglich widersprochen habe.

Nach der Feststellung des Berufungsgerichts waren am 6. 8. 1982, als die Firma S. Widerspruch erhob, die AGB der Klägerin für das Geschäftsverhältnis mit der Firma S. maßgebend, die den AGB der Sparkassen und Landesbanken/Girozentralen in der Fassung vom April 1977 entsprachen (abgedr. bei Baumbach/Hefermehl, WG und ScheckG, 13. Aufl., S. 608 f.). Nach Nr. 12 Abs. 1 AGB der Sparkassen müssen Einwendungen gegen „sonstige Mitteilungen, z. B. Abrechnungen und Kontoauszüge" unverzüglich erhoben werden. Die Unterlassung rechtzeitiger Einwendungen gilt als Genehmigung. Nach Ansicht des Berufungsgerichts wird durch diese Bestimmung die Genehmigung von Belastungsbuchungen aufgrund von Einzugsermächtigungslastschriften fingiert, wenn der Zahlungspflichtige nicht unverzüglich widerspricht.

Das Berufungsgericht geht zwar zutreffend davon aus, daß die Widerspruchsmöglichkeit nicht mehr besteht, wenn der Zahlungspflichtige die Belastungsbuchung genehmigt hat. Die Genehmigung kann auch stillschweigend erteilt werden. Darin, daß der Zahlungspflichtige trotz Kenntnis einer Kontobelastung nicht widerspricht, kann aber i. d. R. keine stillschweigende Genehmigung gesehen werden. Der Zahlungspflichtige wird üblicherweise durch Zusendung eines Kontoauszuges von der Belastung seines Kontos mit einer Lastschrift unterrichtet. Sein Schweigen darauf kann grundsätzlich nicht als Genehmigung der ohne Auftrag durchgeführten Belastungsbuchung angesehen werden. Nach der Entscheidung des Senats vom 29. 1. 1979 (BGHZ 73, 207 = NJW 1979, 1164 = LM § 276 [Hb] BGB Nr. 27 L), die zu der gleichlautenden Bestimmung Nr. 10 einer früheren Fassung der AGB der Sparkassen ergangen ist, hat die in dieser Vorschrift fingierte Genehmigung lediglich die Bedeutung einer rein tatsächlichen Erklärung des Kunden, daß er gegen die aus dem Tageskontoauszug ersichtliche Belastungsbuchung nichts einzuwenden hat. Eine rechtsgeschäftliche Genehmigung kann darin aus den in der angeführten Entscheidung dargelegten Gründen nicht gesehen werden. Die Frage, ob eine Verpflichtung des Zahlungspflichtigen zu unverzüglichem Widerspruch gegenüber der Zahlstelle besteht, spielt in einem anderen Zusammenhang eine Rolle. Vom Kunden wird aufgrund des Girovertrages ein gewisses Maß an Kontrolle der ihm in den Tagesauszügen mitgeteilten Kontobewegungen und Kontostände verlangt, um auch ein Kreditinstitut vor Schaden zu bewahren. Verletzt er diese ihm gegenüber seiner Sparkasse obliegende Schutzpflicht schuldhaft, muß er wegen positiver Vertragsverletzung für den daraus entstehenden Schaden der Sparkasse einstehen (vgl. Senat, BGHZ 72, 9, 14 und BGHZ 73, 207 = NJW 1979, 1164). I. d. R. wird der Zahlungspflichtige daher einer Belastungsbuchung aufgrund einer Einzugsermächtigungslastschrift unverzüglich, d. h. ohne schuldhaftes Zögern widersprechen müssen, um einer Haftung für den eintretenden Schaden seiner Sparkasse zu entgehen. Mit der Frage der Zulässigkeit des Widerspruchs hat dies aber nichts zu tun.

3. Nach alldem beträgt die Hauptverbindlichkeit, die durch die Bürgschaften der Beklagten gesichert ist, nur noch 117 773,93 DM. Dabei kommt es nicht darauf an, daß die Klägerin die Belastungsbuchungen nicht storniert hat, da diese wegen ihres deklaratorischen Charakters das Vermögen der Firma S. nicht beeinträchtigen konnten (BGHZ 69, 186, 190 = NJW 1977, 2210). Die Klägerin kann daher von den Beklagten zusammen nur diesen Betrag als Bürgschaftssumme verlangen. Der negativen Feststellungswiderklage war daher stattzugeben.

Wird beim Dokumenteninkasso die zugrundeliegende Kaufpreisforderung gem. Nr. 44 AGB der Banken sicherungshalber an die Einreicherbank abgetreten, hat diese im Konkurs des Auftraggebers einen Anspruch auf abgesonderte Befriedigung aus der abgetretenen Forderung. 6

BGH, Urteil vom 1. 7. 1985 – II ZR 155/84; DB 1985, 2096 = MDR 1985, 999 = RIW 1985, 896 = WM 1985, 1057 = ZIP 1985, 1126.

Sachverhalt:

Der Kläger ist Konkursverwalter über das Vermögen der Maschinenfabrik L.-GmbH. Er verlangt von der Beklagten, einer Bank, die Auszahlung der Erlöse aus Dokumenteninkassogeschäften, die die Beklagte nach der Konkurseröffnung am 29. Juni 1981 dem debitorischen Konto der Gemeinschuldnerin gutgeschrieben hat. Die Beklagte stand mit der Gemeinschuldnerin in Geschäftsverbindung, für die die Geltung der Allgemeinen Geschäftsbedingungen der Banken vereinbart war. Sie gewährte der Gemeinschuldnerin zuletzt einen Kontokorrentkredit von 1 Million DM und einen „Sonderkredit für Auftragsfinanzierung" von 900 000,– DM. Zur Zeit der Konkurseröffnung betrug der Schuldenstand der Gemeinschuldnerin bei der Beklagten 1 991 428,74 DM.

Die Gemeinschuldnerin war im Exportgeschäft tätig. Ihre Forderungen aus diesen Geschäften ließ sie durch die Beklagte im Wege des Dokumenteninkassos einziehen. Gegenstand des vorliegenden

Rechtsstreits sind acht Dokumenteninkassoaufträge über Exportgeschäfte mit Vertragspartnern in Griechenland, Israel, Jugoslawien, Spanien und Venezuela. Diese Aufträge hat die Gemeinschuldnerin der Beklagten zwischen dem 13. April und 26. Juni 1981 erteilt. Die Erlöse aus diesen Geschäften, die sich nach Abzug der Bankspesen auf insgesamt 106 205,97 DM beliefen, gingen der Beklagten nach der Konkurseröffnung zu; sie schrieb sie zwischen dem 3. August und Ende Oktober 1981 dem Konto der Gemeinschuldnerin gut und verrechnete die Gutschrift mit dem Schuldsaldo.

Der Kläger verlangt von der Beklagten die Zahlung von 106 205,97 DM.

Das Landgericht hat die Klage abgewiesen; das Berufungsgericht hat ihr stattgegeben. Die Revision der Beklagten führte zur Aufhebung und Zurückverweisung.

Aus den Gründen:

Die Revision ist begründet; die Beklagte durfte nach dem bisherigen Streitstand nicht verurteilt werden, die eingezogenen Erlöse herauszugeben.

1. Die Klage wäre allerdings ohne weiteres begründet, wenn die Beklagte die Forderungen, die sie eingezogen hat, von der jetzigen Gemeinschuldnerin (vor Konkurseröffnung) gar nicht wirksam erworben hätte. Diese Frage ist jedoch bislang nicht geklärt. Zwar waren die Allgemeinen Geschäftsbedingungen der Beklagten unstreitig Gegenstand der Geschäftsverbindung mit der Gemeinschuldnerin. Nach Nr. 44 AGB der Banken (in der Fassung vom 1. April 1977) gelten, wenn die Bank Wechsel erhält, „zugleich die dem Wechsel oder seinem Erwerb durch den Kunden zugrundeliegenden Forderungen sowie alle gegenwärtigen und zukünftigen Rechte aus den zugrundeliegenden Geschäften einschließlich der Sicherheit als auf die Bank übertragen ... Entsprechendes gilt bei anderen Einzugspapieren, namentlich bei Anweisungen, Lastschriften und Rechnungen". Einzugspapiere im Sinne dieser Bestimmung sind die den Dokumenteninkassoaufträgen zugrundeliegenden Papiere. Dazu gehören nicht nur die sogenannten Zahlungspapiere wie Scheck, Wechsel und Zahlungsquittungen, sondern auch die „Handelspapiere" wie Rechnungen, Verlade-, Dispositions- oder ähnliche Dokumente (vgl. die Begriffsbestimmung in den Einheitlichen Richtlinien für Inkassi ‚ERI' unter B 1 Abs. II bis IV; abgedr. bei Baumbach/Duden/Hopt, HGB, 26. Aufl., S. 1064). Demnach werden beim Dokumenteninkasso die den Aufträgen zugrundeliegenden Kaufpreisforderungen aus den Exportgeschäften mit der Einreichung der Dokumente der Einreicherbank abgetreten, soweit dies rechtlich möglich ist. Die Abtretung kann aber scheitern, wenn nach der für die Abtretung der Kaufpreisforderung maßgeblichen Rechtsordnung die in Nr. 44 AGB vorgesehene stille Zession, von der der Schuldner nicht benachrichtigt wird, nicht zulässig ist. Im Gegensatz zum deutschen Recht verlangen viele fremde Rechtsordnungen, vor allem im romanischen und anglo-amerikanischen Rechtskreis, eine Benachrichtigung des Schuldners unter Beachtung von Formvorschriften (vgl. Liesecke in Festschr. Fischer S. 402; Menkhaus, Kreditsicherung beim Dokumenteninkasso, S. 122; Obermüller in Festschr. Bärmann S. 712). Da nach deutschem internationalen Privatrecht das für die abgetretene Forderung maßgebende Recht über die Voraussetzungen einer wirksamen Abtretung entscheidet, kommt es darauf an, welchem Recht die Kaufverträge zwischen dem Exporteur und seinen ausländischen Vertragspartnern unterliegen. Da aber das Berufungsgericht dazu nichts festgestellt hat, ist für die Revisionsinstanz zu unterstellen, daß die jeweiligen Kaufpreisforderungen der Beklagten wirksam zum Inkasso abgetreten worden sind.

2. Die Klage wäre auch begründet, wenn die Beklagte die Forderungen zwar wirksam erworben hätte, aber nach Konkurseröffnung dem Konkursverwalter gegenüber nicht

mehr zum Einzug befugt gewesen wäre. Das hat das Berufungsgericht angenommen: Die Inkassoaufträge seien infolge der Konkurseröffnung erloschen; deshalb seien die der Beklagten abgetretenen Forderungen dem Vermögen der Gemeinschuldnerin zuzuordnen und als zur Konkursmasse gehörend anzusehen. Dem kann nicht gefolgt werden.

Da die Beklagte die Dokumente einschließlich der Inkassoaufträge noch vor der Konkurseröffnung erhalten hat, hat sie auch die Kaufpreisforderungen vor diesem Zeitpunkt erworben. Diese gehörten deshalb bei der Konkurseröffnung nicht mehr zur Konkursmasse. Der Beklagten steht an ihnen ein Absonderungsrecht entsprechend § 48 KO zu. Bei der Abtretung gemäß Nr. 44 AGB der Banken handelt es sich um eine Sicherungsabtretung. Sie hat, wie dies auch in Nr. 19 AGB der Banken zum Ausdruck kommt, den Zweck, alle bestehenden und künftigen Forderungen der Bank gegen den Auftraggeber zu sichern (vgl. Canaris, Bankvertragsrecht 2. Aufl. Rdz. 1092). Bei der Sicherungsabtretung wird der Sicherungsnehmer im Konkurs des Sicherungsgebers wie ein Pfandgläubiger behandelt. Er hat daher einen Anspruch auf abgesonderte Befriedigung aus der abgetretenen Forderung. Von diesem Recht macht die Bank Gebrauch, wenn sie – wie hier – die Forderung nach Konkurseröffnung über das Vermögen des Gemeinschuldners einzieht. Mit dem erforderlichen Einzug durch die Bank aufgrund des „Pfandrechts", das heißt mit dem Eingang des Erlöses, erlischt ihre gesicherte Forderung gegen den Gemeinschuldner (§ 1282 BGB) in Höhe des Erlöses. Es bedarf dazu also keiner kontokorrentmäßigen Verrechnung oder Aufrechnung, die beide nach Konkurseröffnung nicht mehr möglich wären. Wenn die Bank trotzdem den Erlös dem Konto des Gemeinschuldners gutschreibt und ihn mit dem Debet saldiert, so handelt es sich lediglich um die buchungstechnische Erledigung dieses Vorganges, der keine selbständige rechtliche Bedeutung zukommt....

4. Dagegen hat die Beklagte kein Pfandrecht gemäß Nr. 19 Abs. 2 AGB der Banken an dem Anspruch der Gemeinschuldnerin gegen die Beklagte auf Herausgabe der Erlöse erlangt. Bei den Dokumenteninkassoaufträgen handelt es sich um Geschäftsbesorgungsverträge. Die Beklagte ist deshalb gemäß §§ 675, 667 BGB verpflichtet, der Gemeinschuldnerin alles, was sie aus der Geschäftsbesorgung erlangt, herauszugeben. An diesem gegen sie gerichteten Anspruch erwirbt die beauftragte Bank gemäß Nr. 19 Abs. 2 AGB der Banken grundsätzlich ein Pfandrecht, wenn nicht – wie hier – das Konkursrecht entgegensteht: Beim Dokumenteninkasso entsteht der Anspruch des Auftraggebers auf Herausgabe des Erlöses, wenn die Einreicherbank buchmäßige Deckung erlangt. Vorher schuldet sie den einzuziehenden Betrag weder bedingt noch betagt (RGZ 53, 327, 330). Im vorliegenden Fall ist unstreitig, daß die Erlöse der Beklagten erst nach der Konkurseröffnung zugeflossen sind. Die entsprechenden Ansprüche der Gemeinschuldnerin sind also erst nach Konkurseröffnung entstanden. Gemäß § 15 KO scheidet deshalb ein Pfandrecht der Beklagten an diesen Forderungen aus.

5. Aus alldem folgt, daß das angefochtene Urteil nicht aufrechterhalten werden kann. Die Sache muß zur anderweiten Verhandlung und Entscheidung an das Berufungsgericht zurückverwiesen werden, weil geprüft werden muß, ob die Inkassoforderungen wirksam an die Beklagte abgetreten worden sind....

§ 9   *Generalklausel*   Nr. 7

7 Wenn beim Kontokorrentvertrag der Kunde die Hilfe der Sparkasse bei der Ergänzung seiner Kontounterlagen erstrebt mit der Begründung, ihm lägen einzelne Tagesauszüge oder Rechnungsabschlüsse nicht vor, kann sich die Sparkasse dem Anspruch des Kunden auf erneute Übersendung der Tagesauszüge oder Rechnungsabschlüsse selbst dann nicht widersetzen, wenn diese nach Nr. 6 AGB der Sparkassen als zugegangen gelten.

BGH, Urteil vom 4. 7. 1985 – III ZR 144/84; WM 1985, 1098 = ZIP 1985, 1315.

Sachverhalt:

Die Klägerin und ihr Ehemann, der Streithelfer, unterhielten bei der Beklagten seit dem 28. 5. 1971 ein gemeinsames Girokonto (Kontokorrentkonto); vereinbarungsgemäß sollten ihnen die täglichen Kontoauszüge und die jährlich einmal vorzunehmenden Kontoabschlüsse mit der Post übersandt werden. Für den Streithelfer führte die Beklagte außerdem noch ein Darlehenskonto.

Das Girokonto wies seit dem 2. 3. 1978 einen Nullstand aus. Die Beklagte löste es am 22. 11. 1979 formell auf, machte in der Folgezeit aber geltend, ihr stehe daraus noch eine unverbuchte Zinsforderung zu.

Die Klägerin hat das bestritten, sich auf Verjährung berufen und vorgetragen, sie und ihr Ehemann hätten ihrerseits – u. a. weil die Beklagte ihr gewährte Sicherheiten in unzulässiger Weise verwertet habe – noch erhebliche Ansprüche. Eine genaue Berechnung sei ihnen nicht möglich, weil sie Tagesauszüge des Girokontos nur gelegentlich, Jahresabschlüsse bis zum 3. 10. 1977 überhaupt nicht erhalten hätten. Der Saldenmitteilung vom 3. 10. 1977 hätten sie widersprochen. Im Einverständnis mit dem Streithelfer hat die Klägerin Stufenklage erhoben und zunächst nur beantragt, die Beklagte zur Auskunftserteilung und Rechnungslegung durch Erstellung einer Abrechnung für das Giro- und das Darlehenskonto unter Berücksichtigung der Versteigerungserlöse aus Grundstückszwangsversteigerungen zu verurteilen.

Die Beklagte hat Klageabweisung beantragt und behauptet, die Klägerin und ihr Ehemann hätten sämtliche Tagesauszüge und Rechnungsabschlüsse erhalten. Zumindest gälten diese Mitteilungen gem. Nr. 6 Abs. 2 ihrer AGB in der bis zum 31. 3. 1977 gültigen Fassung (= Nr. 6 Abs. 1 Fassung April 1977) als zugegangen.

Das Landgericht hat die Klage abgewiesen. Das Oberlandesgericht hat die Beklagte verurteilt, der Klägerin über das Girokonto für die Zeit vom 28. 5. 1971 bis 22. 11. 1979 „Auskunft zu erteilen und Rechnung zu legen durch eine zusammenfassende Darstellung sämtlicher Buchungen und Offenlegung aller für die Zinsberechnung nötigen Zinsstaffeln, Buchungsbeträge und Wertstellungsdaten sowie die Vorlage von Belegen", ferner „auf dem Konto nicht gebuchte, von der Beklagten aber gleichwohl beanspruchte Zinsen genau darzustellen". Im übrigen hat das Oberlandesgericht die Klage abgewiesen. Die Revision der Beklagten führte zur Aufhebung des Berufungsurteils und zur Zurückverweisung der Sache an die Vorinstanz.

Aus den Gründen:

I. Das Berufungsgericht hat ausgeführt: Der Klägerin stehe als Mitinhaberin des gemeinschaftlichen Girokontos ein Anspruch auf Auskunft und Rechnungslegung aus §§ 675, 666, 259 ff. BGB, 355 HGB zu. Die Behauptung der Beklagten, sie habe diesen Anspruch durch regelmäßige Übersendung aller anfallenden Tagesauszüge und Rechnungsabschlüsse erfüllt, sei nicht erwiesen. Auf Nr. 6 AGB-Sparkassen könne sie sich nicht berufen. Die Bestimmung, wonach schriftliche Mitteilungen der Sparkasse als nach dem gewöhnlichen Postlauf zugegangen gelten, sei wegen Verstoßes gegen § 242 BGB bzw. § 9 AGBG unwirksam. Zur Auslegung sei die – nach § 28 AGBG nicht unmittelbar geltende – Bestimmung des § 10 Nr. 6 AGBG ergänzend heranzuziehen.

Saldenmitteilungen bzw. Rechnungsabschlüsse seien als „Erklärungen von besonderer Bedeutung" im Sinne dieser Vorschrift anzusehen. Zur Begründung der − vom Klageantrag abweichenden − Formulierung des Urteilstenors hat sich das Berufungsgericht auf das Senatsurteil vom 5. 5. 1983 (III ZR 187/81, ZIP 1983, 784 = NJW 1983, 2879) berufen.

II. Die Revision der Beklagten führt zur Aufhebung des Berufungsurteils und Zurückverweisung der Sache an das Berufungsgericht.

1. Allerdings sprechen gewichtige Gründe für die Auffassung, daß zwar nicht die einzelnen Tagesauszüge, wohl aber die Rechnungsabschlüsse im Kontokorrentverhältnis als Erklärungen von besonderer Bedeutung i. S. d. § 10 Nr. 6 AGBG anzusehen sind (so Wolf/Horn/Lindacher, AGBG, § 10 Nr. 6 Rz. 8; Ulmer/Brandner/Hensen, AGBG, 4. Aufl., § 10 Nr. 6 Rz. 8; Staudinger/Schlosser, BGB, 12. Aufl., § 10 Nr. 6 AGBG Rz. 6; MünchKomm-Kötz, BGB, 2. Aufl., § 10 Nr. 6 AGBG Rz. 36; Palandt/Heinrichs, BGB, 44. Aufl., § 10 AGBG Anm. 6a; anderer Ansicht Rehbein, DB 1977, 1350; Canaris, Bankvertragsrecht, 2. Bearb., Rz. 2543; Löwe/Graf v. Westphalen/Trinkner, AGBG, 2. Aufl., § 10 Nr. 6 Rz. 10; Graf v. Westphalen, WM 1984, 2, 3; Schlenke, AGB der Banken und AGB-Gesetz, S. 112 f.).

Über diese Auslegung und ihre Auswirkungen auf Verträge, die vor dem Inkrafttreten des AGB-Gesetzes geschlossen worden sind, braucht jedoch nicht abschließend entschieden zu werden. Für die Berechtigung des Klageanspruchs auf Auskunftserteilung und Rechnungslegung kommt es nämlich nicht darauf an, ob die Klägerin von der Beklagten regelmäßig alle Tagesauszüge und Rechnungsabschlüsse erhalten hat. Auch wenn das tatsächlich geschehen wäre oder nach den AGB der Beklagten fingiert werden könnte, wäre damit noch nicht jeder weitergehende Anspruch auf Auskunftserteilung ausgeschlossen. Andererseits hätte die Klägerin aber selbst dann, wenn sie die behaupteten Rechnungsabschlüsse vom 4. 10. 1973, 18. 4. 1974, 26. 9. 1975 und 26. 8. 1976 überhaupt nicht und die Tagesauszüge nicht regelmäßig erhalten haben sollte, keinen so weitgehenden Anspruch auf Rechnungslegung, wie ihn das angefochtene Urteil zuspricht.

2. Mit Recht geht das Berufungsgericht davon aus, daß der von den Parteien geschlossene Girovertrag mit Kontokorrentabrede ein Geschäftsbesorgungsvertrag mit Dienstvertragscharakter i. S. d. § 675 BGB ist (BGH, Urt. v. 29. 1. 1979 − II ZR 148/77, WM 1979, 417, 418 zu I 2; Canaris, a. a. O., Rz. 315 ff.; Schlegelberger/Hefermehl, HGB, 5. Aufl., § 365 Anhang Rz. 14; Palandt/Thomas, a. a. O., § 675 Anm. 4). Damit ist auch § 666 BGB grundsätzlich anwendbar. Inhalt und Umfang der Auskunfts- und Rechenschaftspflicht richten sich aber, wenn besondere Vereinbarungen fehlen, nach Treu und Glauben, der Verkehrssitte (§ 242 BGB) und den Umständen des Einzelfalles (vgl. BGHZ 41, 318, 321; Staudinger/Wittmann, a. a. O., § 666 Rz. 9, 13; MünchKomm-Seiler, BGB, § 666 Rz. 10; Steffen, in: BGB-RGRK, 12. Aufl., § 666 Rz. 7 ff.). Das muß auch und besonders für den Girovertrag als ein bankrechtliches Institut gelten, dem die Praxis und ihre Bedürfnisse ein eigenes Gepräge gegeben haben (Schlegelberger/Hefermehl, a. a. O.).

a) Zu Unrecht glaubt das Berufungsgericht aber, Inhalt und Umfang des Klageanspruchs dem Senatsurteil vom 5. 5. 1983 (III ZR 187/81, ZIP 1983, 784 = NJW 1983, 2879) entnehmen zu können. Dort ging es nicht um die materielle Verpflichtung des Kreditinstituts gegenüber dem Kunden aus § 666 BGB, sondern allein um die prozessuale Darlegungspflicht des Klägers, der einen Kontokorrentsaldo nicht auf ein Anerkenntnis stützen, sondern aus den zugrundeliegenden Ansprüchen und Leistungen abgeleitet wissen will. In der zitierten Entscheidung wird ausdrücklich der Unterschied zwischen prozessualer Substantiierungspflicht und materieller Abrechnungsverpflichtung betont. Im Prozeß müssen zur Klagebegründung alle zur Anspruchsprüfung notwendigen Einzelheiten erschöpfend dargelegt werden, weil das Gericht über keinerlei Vorkenntnisse verfügt. Bei der Bestimmung von Inhalt und Umfang des materiellen Rechnungslegungsanspruchs kann, auch wenn die Rechnungslegung dem Auftraggeber die Prüfung und Darlegung eigener Ansprüche gegen den Beauftragten ermöglichen soll (Staudinger/Wittmann, a. a. O., § 666 Rz. 9), nicht unberücksichtigt bleiben, welche Daten der Auftraggeber bereits kennt oder seinen eigenen Unterlagen entnehmen kann.

b) Aus § 666 BGB ergibt sich von Beginn eines Girovertragsverhältnisses an die – im Kontoeröffnungsantrag und in den AGB meist ausdrücklich geregelte – Verpflichtung des Kreditinstituts, dem Kunden über den Stand des Kontos Kontoauszüge zu erteilen, die fortlaufend alle Änderungen wiedergeben (Hadding/Häuser, ZHR 1981, 138, 164 f.). Aufgrund der Kontokorrentabrede (§ 355 HGB) muß das Kreditinstitut ferner in den vereinbarten Zeitabständen Rechnungsabschlüsse fertigen und übermitteln, die ein Saldoanerkenntnis herbeiführen sollen.

c) Die Erfüllung dieser Verpflichtungen schließt jedoch weitere Ansprüche des Kunden aus § 666 BGB nicht aus.

aa) Wenn der Kunde mit der Begründung, ihm lägen einzelne Tagesauszüge oder Saldenmitteilungen nicht vor, die Hilfe des Kreditinstituts bei der Ergänzung seiner Kontounterlagen erstrebt, kann sich das Kreditinstitut nach Treu und Glauben diesem Verlangen grundsätzlich selbst dann nicht widersetzen, wenn die betreffenden Schriftstücke nach Nr. 6 AGB-Sparkassen als zugegangen gelten und der Kunde nur glaubhaft macht, er habe sie tatsächlich aber nicht erhalten, oder sogar nur, sie seien ihm später verlorengegangen. Jedenfalls soweit dem Kreditinstitut die Übermittlung eines weiteren Exemplars solcher Schriftstücke noch möglich ist, ist es hierzu nach § 242 BGB verpflichtet, es sei denn, es lägen im Einzelfall besondere Umstände vor, die das Verlangen des Kunden mißbräuchlich erscheinen ließen, oder die Erfüllung erfordere von dem Kreditinstitut einen besonderen Kostenaufwand und der Kunde lehne angemessenen Ersatz dafür ab.

bb) Selbst wenn dem Kunden aber alle Kontoauszüge und Saldenmitteilungen vorliegen, kann er darüber hinaus gem. § 666 BGB ergänzende Auskünfte verlangen. Soweit sich Bedeutung und Berechnung einzelner Buchungen aus den Kontoauszügen und eventuell mitübersandten Belegen nicht eindeutig ergeben, ist das Kreditinstitut zu weiteren Erläuterungen verpflichtet, soweit es selbst dazu noch in der Lage ist. Insbesondere wenn das Kreditinstitut dem Kunden Zinsen und Gebühren für erbrachte Dienstleistungen in Rechnung gestellt hat, ohne sie im einzelnen aufzuschlüsseln (vgl. Bericht der Studienkommission „Grundsatzfragen der Kreditwirtschaft", 1979, S. 162 Rz. 529), kann der Kunde die Angaben (Zins-, Gebührensätze etc.) verlangen, die er braucht, um anhand seiner vorhandenen Unterlagen selbst die Richtigkeit der Berechnungen überprüfen zu können (vgl. Hadding/Häuser, ZHR 1981, 138, 165 f.; Kümpel, WM 1976, Beilage 1, S. 8 zu B III 1).

cc) Die sich aus den Ausführungen zu aa) und bb) ergebenden Verpflichtungen unterliegen keinen festen zeitlichen Beschränkungen. Sie entfallen nicht etwa jeweils für die Zeiträume, für die ein Rechnungsabschluß zu einem Saldoanerkenntnis nach § 355 HGB geführt hat. Gerade wenn die Rechte des Kontoinhabers sich nach einem solchen

Anerkenntnis auf die Bereicherungseinrede beschränken und ihn deshalb im Streitfall die Darlegungs- und Beweislast für Fehler des Kreditinstituts bei der Berechnung des Saldos trifft (BGH, Urt. v. 13. 12. 1967 – I b ZR 168/65, NJW 1968, 591; BGH, Urt. v. 29. 1. 1979 – II ZR 148/77, WM 1979, 417, 418; Senatsurt. v. 5. 5. 1983, a. a. O., m. w. N.), ist er in der Regel noch mehr auf ergänzende Auskünfte des Kreditinstituts angewiesen als vorher.

Beschränkungen des Auskunftsanspruchs können sich danach nur aus den Umständen des Einzelfalls gem. § 242 BGB ergeben (vgl. Staudinger/Wittmann, a. a. O., § 666 Rz. 13).

d) Neben diesem Auskunftsanspruch steht dem Kontoinhaber ein umfassender Rechnungslegungsanspruch nach Beendigung des Girovertrags in der Regel nicht zu. Das Kreditinstitut würde in unzumutbarer Weise belastet, wollte man von ihm verlangen, bei Kontoauflösung stets auf Verlangen noch einmal eine erschöpfende, übersichtliche und verständliche Darlegung sämtlicher Kontobewegungen seit der Kontoeröffnung zu geben und entsprechende Belege vorzulegen; eine solche Verpflichtung würde Treu und Glauben und der Verkehrssitte widersprechen.

Zwar kann das Kreditinstitut im Prozeß zu einer solchen Darlegung genötigt sein, soweit es selbst noch Zahlungen vom Kontoinhaber verlangt und sich nicht auf ein Saldoanerkenntnis stützen kann. Macht jedoch der Kontoinhaber seinerseits geltend, ihm stehe aus dem Kontokorrentverhältnis noch ein Saldoanspruch zu, so hat er seine Klage zu begründen. Als Grundlage müssen ihm die Kontoauszüge, Saldenmitteilungen und etwa noch notwendige ergänzende Einzelauskünfte des Kreditinstituts zur Verfügung stehen. Die Arbeit, diese Unterlagen im einzelnen auszuwerten und ihren Gesamtinhalt zur Begründung eines Saldos zusammenhängend und erschöpfend darzustellen, muß er selbst leisten; er kann sie nicht dem Kreditinstitut aufbürden.

III. Diese Rechtslage hat das Berufungsgericht verkannt. Das angefochtene Urteil muß daher aufgehoben, die Sache zur weiteren Aufklärung zurückverwiesen werden. Die Parteien werden im einzelnen darlegen, das Berufungsgericht Feststellungen dazu treffen müssen, welche Kontoauszüge und Saldenmitteilungen der Klägerin tatsächlich fehlen, welche ergänzenden Auskünfte sie noch benötigt, ob der Beklagten die Nachlieferung der einzelnen Kontounterlagen und die Auskunftserteilung möglich und zumutbar ist. Erst danach kann über Berechtigung und Umfang des Anspruchs aus § 666 BGB entschieden werden.

1. Die Formularbestimmung eines Kreditvertrags, nach der die Bank berechtigt ist, alle Daten des Kreditnehmers über die Aufnahme und Abwicklung des Kredits an ein Kreditinformationssystem zur Speicherung zu übermitteln („Schufa-Klausel"), verstößt gegen § 9 AGBG und ist unwirksam.

2. Eine Bestimmung des Kreditvertrags, nach der die Bank bei Stundungen von Teilbeträgen 21% Jahreszinsen berechnet, ist dagegen mit § 9 AGBG vereinbar.

BGH, Urteil vom 19. 9. 1985 – III ZR 213/83; BGHZ 95, 362 = BB 1985, 1998 = DB 1985, 2443 = MDR 1986, 128 = NJW 1986, 46 = WM 1985, 1305 = ZIP 1985, 1253.

§ 9   *Generalklausel*   Nr. 8

Sachverhalt:

Der Kläger ist ein eingetragener Verein, der nach seiner Satzung Verbraucherinteressen wahrnimmt und in diesem Aufgabenbereich tätige Verbände als Mitglieder hat. Die Beklagte betreibt eine Teilzahlungsbank.

Die Parteien streiten im Verfahren nach § 13 AGBG über die Zulässigkeit mehrerer Bestimmungen des Kreditantragsformulars der Beklagten:

a) Auf der – vom Kreditnehmer zu unterschreibenden – Vorderseite des Formulars befindet sich innerhalb eines mehrere Absätze umfassenden Textes folgender drucktechnisch nicht besonders hervorgehobener Absatz:

„Datenerfassung und -übermittlung

Die Bank ist berechtigt, der Schutzgemeinschaft für allgemeine Kreditsicherung (Schufa) und der KSV-Kreditschutzvereinigung Wiesbaden Daten des Kreditnehmers und etwaiger Mitschuldner über die Aufnahme (Kreditbetrag, Laufzeit, Ratenhöhe) und Abwicklung dieses Kredits zur Speicherung zu übermitteln."

b) In den – auf der Rückseite des Formulars abgedruckten – Kreditbedingungen heißt es unter Nr. 3:

„Bei Stundungen von Teilbeträgen berechnet die Bank auf den zu stundenden Betrag 21% p. a. der Laufzeit zwischen alter und neuer Fälligkeit sowie eine einmalige Bearbeitungsgebühr von DM 8,–."

c) Das Kreditantragsformular, das für finanzierte Abzahlungsgeschäfte nicht verwendet wird, enthält unter Nr. 6 folgende Klausel:

„Der Kredit ist zur sofortigen Rückzahlung fällig, wenn der Kreditnehmer mit zwei aufeinanderfolgenden Raten ganz oder teilweise in Verzug ist."

Bei Klageerhebung waren noch zwei weitere AGB-Bestimmungen im Streit. Insoweit haben die Parteien bereits im ersten Rechtszug die Hauptsache für erledigt erklärt.

Landgericht (ZIP 1982, 1313) und Oberlandesgericht (ZIP 1983, 1435) haben der Beklagten die Verwendung der Klausel zu a) untersagt, die Klage im übrigen abgewiesen. Mit der Revision erstrebt der Kläger ein Verbot auch der beiden anderen Klauseln, während die Beklagte ihren Antrag auf volle Klageabweisung weiterverfolgt.

Die Revision der Beklagten blieb ohne Erfolg. Die Revision des Klägers hatte hinsichtlich der Fälligkeitsklausel insoweit Erfolg, als deren Voraussetzung ein teilweiser Verzug von zwei aufeinanderfolgenden Raten ist. Hinsichtlich der Stundungsklausel war die Revision des Klägers unbegründet.

Aus den Gründen:

I.

Mit Recht hat das Berufungsgericht die Verwendung der Formularbestimmung über die Datenerfassung und -übermittlung („Schufa-Klausel") untersagt. Die dagegen gerichtete Revision der Beklagten ist nicht begründet.

1. Ohne Erfolg bleibt die Rüge der Revision, die Klausel unterliege gemäß § 8 AGBG gar nicht der Inhaltskontrolle nach §§ 9, 13 AGBG, weil sie keine Vertragsregelung enthalte, sondern nur die in § 34 Abs. 1 BDSG vorgesehene Benachrichtigung des Kreditnehmers über die Speicherung seiner Daten.

Diese Auffassung, die von der Kreditwirtschaft allgemein vertreten wird (vgl. Großmann, DSWR 1980, 278; Ungnade/Gorynia, WM Sonderbeilage 7/1983, 14; Kirchherr/Stützle, ZIP 1984, 522; Sichtermann/Feuerborn, Bankgeheimnis und Bankauskunft 3. Aufl. S. 443 m.w.Nachw. Fußn. 85), widerspricht dem Wortlaut der Klausel:

114

Im Gegensatz zur früher, bis zum 1. Juli 1980 benutzten Fassung (vgl. Peitzsch, DSWR 1980, 33) beschränkt sich die jetzige Klausel nicht mehr auf die Mitteilung der Tatsache, daß die Kreditdaten zur Speicherung übermittelt werden, sondern enthält eine Erklärung über die Berechtigung der Bank zu dieser Übermittlung.

2. Die Kontrollfähigkeit der Klausel kann auch nicht mit der Begründung verneint werden, die Bank kläre darin den Kunden nur über die bestehende Rechtslage auf, nach der ihr ohnehin eine Kreditdatenübermittlung an die Schufa/KSV gestattet sei.

a) Aus § 24 Abs. 1 BDSG kann sich allerdings nach der Rechtsprechung des Bundesgerichtshofs die Berechtigung der einem Kreditinformationssystem angeschlossenen Bank ergeben, gespeicherte Daten über Rechtsnatur, Anzahl und Höhe eingegangener Verpflichtungen wie auch über Art und Zeitraum ihrer Tilgung zu übermitteln, weil das Ziel eines solchen Informationssystems, potentiellen Kreditgebern die Beurteilung der Kreditwürdigkeit eines Kreditbewerbers zu erleichtern, im Interesse sämtlicher Beteiligter liegt (BGH Urteil vom 20. Juni 1978 – VI ZR 66/77 = NJW 1978, 2151, 2152; Sichtermann/Feuerborn, a.a.O. S. 443/444 m.w. Nachw.). Voraussetzung für die Übermittlung ist aber eine Abwägung zwischen den Belangen des Kreditnehmers und den Interessen der speichernden Stelle und der angeschlossenen Kreditgeber in jedem Einzelfall (vgl. Senatsurteile vom 7. Juli 1983 – III ZR 159/82 = WM 1983, 1188 = NJW 1984, 436 und vom 15. Dezember 1983 – III ZR 207/82 = BB 1984, 809 = ZIP 1984, 429 = NJW 1984, 1889). Die streitige Klausel läßt diese wesentliche Einschränkung vermissen; sie spricht der Bank vielmehr das uneingeschränkte Recht zu, auch ohne Interessenabwägung im Einzelfall alle Daten des Kreditnehmers über Aufnahme und Abwicklung eines Kredits zur Speicherung zu übermitteln. Damit wird der durch § 24 Abs. 1 BDSG gesetzte Rahmen überschritten; die Klausel erschöpft sich also nicht in einem Hinweis auf eine bereits nach dem Bundesdatenschutzgesetz bestehende Berechtigung.

b) Das gleiche gilt auch für eine Datenweitergabe, die nicht unter die Bestimmungen des Bundesdatenschutzgesetzes fällt, wenn nämlich der Kreditnehmer keine natürliche Person ist (§ 2 Abs. 1 BDSG) oder eine Übermittlung im Sinne des § 2 Abs. 2 Nr. 2 BDSG nicht vorliegt, weil die Bank die Daten vor der Weitergabe an die Schufa/KSV nicht bereits selbst in einer Datei gespeichert hat (vgl. Helle, WM 1983, 1248, 1250; Ungnade/Gorynia, WM Sonderbeilage 7/1983, 12 zu 3.2.1.1). In diesen Fällen ergibt sich die grundsätzliche Verpflichtung der Bank zur Geheimhaltung von personenbezogenen Kreditdaten aus dem Kreditvertrag (RGZ 139, 103; BGH, Urteil vom 26. Oktober 1953 – I ZR 156/52 = BB 1953, 993; BGHZ 27, 241, 246; Rehbein, ZHR 149 [1985], 139, 141; Sichtermann/Kirchherr, a.a.O. S. 65, 111 ff. m.w. Nachw.; weitere Nachweise auch bei Canaris, Bankvertragsrecht 2. Bearbeitung Rn. 42 Fußn. 4).

Ob und wieweit die Bank das Bankgeheimnis durchbrechen und privaten Dritten ohne – ausdrückliche oder stillschweigende – Einwilligung des Vertragspartners Auskünfte erteilen darf, ist umstritten (vgl. Kirchherr/Stützle, ZIP 1984, 516 m.w. Nachw.; Rehbein, ZHR 149, 145). Wenn ein solches Recht überhaupt zu bejahen ist, so besteht es doch jedenfalls nicht uneingeschränkt, sondern ist abhängig von einer Ermittlung des mutmaßlichen Willens des Kreditnehmers und von einer Abwägung der Interessen im Einzelfall (Canaris, a.a.O. Rn. 49, 54, 56, 63; Bankgeheimnis und Bankauskunft, herausgegeben von den Spitzenverbänden des Kreditgewerbes, 2. Aufl. 1983 S. 42).

3. Die streitige Klausel wird der Inhaltskontrolle auch nicht dadurch entzogen, daß die Beklagte selbst sie im jetzigen Verfahren einschränkend auslegen und daraus nur die

Rechte herleiten will, die ihr ohnehin auf Grund des Gesetzes oder des Kreditvertrages schon zustehen. Um dem Verwender einer Formularbestimmung jede Möglichkeit zu nehmen, sich außerprozessual gegenüber seinen – häufig rechtsunkundigen – Vertragspartnern auf eine nach dem Wortlaut mögliche andere Auslegung zu berufen, ist für die Inhaltskontrolle nach §§ 9, 13 AGBG von der „kundenfeindlichsten" Auslegung auszugehen (Senatsurteil BGHZ 91, 55, 61). Ihrem Wortlaut nach erschöpft sich die streitige Klausel nicht in einer Wiedergabe der bestehenden Rechtslage, sondern spricht der Bank konstitutiv ein uneingeschränktes Recht zur Kreditdatenübermittlung zu. Damit aber unterliegt die Klausel der Inhaltskontrolle nach §§ 9, 13 AGBG.

4. Soweit die Klausel eine Einwilligung des Kreditnehmers in die Übermittlung gespeicherter Daten gemäß § 3 Satz 1 Nr. 2 BDSG enthält, kommt es für den Unterlassungsanspruch nach § 13 AGBG nicht darauf an, ob das Kreditantragsformular der Beklagten die förmlichen Voraussetzungen des § 3 Satz 2 BDSG erfüllt. Wenn der dort vorgeschriebene besondere Hinweis hier nach den Feststellungen des Berufungsgerichts fehlt, so macht das allein die Klausel noch nicht materiell unangemessen im Sinne des § 9 AGBG. Formelle Mängel, die ohne inhaltliche Änderung durch eine andere äußere Gestaltung der AGB behoben werden könnten, rechtfertigen nicht das inhaltsbezogene uneingeschränkte Klauselverbot nach § 17 Nr. 3 AGBG.

Andererseits wird die Klausel aber auch dadurch, daß sie auf Grund der gegenwärtigen Formulargestaltung bereits wegen Verstoßes gegen § 3 Satz 2 BDSG unwirksam ist, nicht der abstrakten Kontrolle nach §§ 9, 13 AGBG entzogen. Insoweit kann nichts anderes gelten als in den Fällen, in denen Klauseln im Einzelverfahren zwar schon gemäß §§ 2 bis 5 AGBG ohne Wirkung sind, wegen der dennoch bestehenden Gefährlichkeit für den Rechtsverkehr aber Gegenstand einer Klage aus § 13 AGBG bleiben können (BGH, Urteile vom 28. Januar 1981 – VIII ZR 165/79 = NJW 1981, 979, 980; vom 25. Februar 1982 – VII ZR 268/81 = NJW 1982, 1389, 1390/91; vom 26. Januar 1983 – VIII ZR 342/81 = NJW 1983, 1320 zu II. 2. a; MünchKomm/Gerlach, 2. Aufl. § 13 AGBG Rn. 17).

5. Materiell führt die streitige Klausel, da sie dem Kreditnehmer eine pauschale Einwilligung in die Weitergabe aller Kreditdaten an die Schufa oder KSV abverlangt, zu einer unangemessenen Benachteiligung im Sinne des § 9 AGBG.

a) Im Anwendungsbereich des Bundesdatenschutzgesetzes läßt sich eine solche Klausel mit wesentlichen Grundgedanken des Gesetzes nicht vereinbaren. Das Bundesdatenschutzgesetz hat sich grundsätzlich für den Schutz personenbezogener Daten entschieden (BGHZ 80, 311, 312). Es untersagt zwar die Speicherung und Übermittlung solcher Daten nicht schlechthin, macht sie aber in den §§ 24, 32 BDSG von einer Abwägung der berechtigten Interessen aller Beteiligten abhängig. Das Gesetz gestattet damit nach der Rechtsprechung des Senats auch die Übermittlung bestimmter Kreditdaten an ein Kreditinformationssystem, das eine Kreditvergabe an Kreditunwürdige verhindern und damit den Interessen der Banken, aber auch der Allgemeinheit und der Kreditnehmer selbst dienen will. Notwendig ist jedoch, daß die übermittelnde Bank Aussagekraft und Berechtigung einer bestimmten Einzelmitteilung unter sorgfältiger Interessenabwägung prüft und außerdem das Kreditinformationssystem so organisiert ist, daß die gespeicherten Daten insgesamt ein möglichst vollständiges, aktuelles Bild der Kreditwürdigkeit bieten und die Weitergabe sich auf Anschlußnehmer beschränkt, die ein berechtigtes Interesse haben, über die Kreditwürdigkeit eines Betroffenen unterrichtet zu werden (Senatsurteile vom 7. Juli und 15. Dezember 1983 a. a. O.).

Alternativ sieht das Bundesdatenschutzgesetz in § 3 Satz 1 Nr. 2 allerdings auch die Einwilligung des Betroffenen als uneingeschränkte Rechtfertigung jeder Datenverarbeitung vor (zur Kritik an dieser gesetzlichen Regelung vgl. Simitis/Dammann/Mallmann/Reh, BDSG 3. Aufl. § 3 Rn. 13 ff.). Zweifelhaft ist jedoch, wie weit eine solche Einwilligung formularmäßig, in Allgemeinen Geschäftsbedingungen, erteilt werden kann. Wenn die Verwender den Abschluß bestimmter Verträge generell von der formularmäßigen Einwilligung abhängig machen, besteht in Fällen, in denen der Kunde auf den Vertragsschluß angewiesen ist, die Gefahr, daß ihm jede echte eigene Entscheidung verwehrt ist und seine Einwilligung zu einer reinen Formalität absinkt (vgl. Simitis/Dammann/Mallmann/Reh, a. a. O. Rn. 15). Deshalb kommt der wertenden Inhaltskontrolle nach § 9 AGBG hier besondere Bedeutung zu.

Über die Möglichkeit einer formularmäßigen Einwilligung braucht im vorliegenden Verfahren nicht abschließend entschieden zu werden. Eine unangemessene Benachteiligung des Kreditnehmers liegt jedenfalls vor, wenn eine formularmäßige Einwilligung sich nicht auf bestimmte Kreditdaten beschränkt, sondern pauschal unter der Bezeichnung „Daten des Kreditnehmers über die Abwicklung des Kredits" auch Angaben über einseitige Maßnahmen des Kreditgebers zur Durchsetzung vermeintlicher Ansprüche gegen den Kreditnehmer, beispielsweise Mahnungen, Kündigungen, Mahnbescheide (vgl. OLG München, BB 1984, 1965, 1966 und ZIP 1985, 344) umfassen soll und den Kreditgeber uneingeschränkt ermächtigt, auch derartige Negativmerkmale ohne Interessenabwägung im Einzelfall und sogar in Fällen, in denen eine solche Abwägung negativ ausfallen würde, an ein Kreditinformationssystem zu übermitteln.

b) Unwirksam gemäß § 9 AGBG ist die Klausel aber auch, soweit die Einwilligung sich auf eine Datenweitergabe außerhalb des Anwendungsbereichs des Bundesdatenschutzgesetzes erstreckt (vgl. oben zu 2. b).

aa) Der einschränkenden Legaldefinition der Übermittlung in § 2 Abs. 2 Nr. 2 BDSG kann für die Bewertung der Klausel im Rahmen des § 9 AGBG kein entscheidendes Gewicht zukommen. Eine unangemessene Benachteiligung des Kreditnehmers im Sinne dieser Vorschrift liegt in der unbeschränkten Weitergabe von Kreditdaten nicht nur dann, wenn sie vorher bereits bei der weitergebenden Bank gespeichert waren. Die Nachteile für den Kreditnehmer erwachsen aus der Speicherung beim Empfänger (Schufa, KSV) und aus der anschließenden Übermittlung an andere Kreditgeber; diese Nachteile sind nicht davon abhängig, ob die Bank diese Daten vor der Weitergabe bereits selbst gespeichert hatte oder nicht. Schon der pauschale Verzicht auf das Bankgeheimnis führt zur Unwirksamkeit der Klausel gemäß § 9 AGBG.

bb) Auch die Beschränkung auf natürliche Personen in § 2 Abs. 2 BDSG nötigt nicht zu einer entsprechenden Einschränkung des beantragten Klauselverbots. Der Kläger selbst hat die Verwendung der streitigen Klausel gegenüber Kaufleuten und damit auch gegenüber Handelsgesellschaften (§ 6 HGB) gemäß § 13 Abs. 3 AGBG von seinem Unterlassungsbegehren ausgenommen. Im übrigen genießen aber auch Gesellschaften und juristische Personen als Kreditvertragspartner den vertraglichen Schutz des Bankgeheimnisses. Es kann dahinstehen, ob Durchbrechungen ihnen gegenüber in weiterem Umfang zulässig sind als gegenüber natürlichen Personen. Jedenfalls ist es auch bei juristischen Personen mit Treu und Glauben nicht zu vereinbaren, wenn die Bank sich in ihren AGB ein völlig uneingeschränktes Recht zur Kreditdatenweitergabe an Kreditinformationssysteme ausbedingt.

II.

Die Revision des Klägers ist unbegründet, soweit sie ein Verbot des AGB-Bestimmung erstrebt, nach der die Bank bei Stundungen 21% Jahreszins und 8 DM Bearbeitungsgebühren berechnen darf.

1. Zu Unrecht will der Kläger den Stundungszins gemäß § 7 AGBG wie eine Verzugszinsenpauschale im Sinne des § 11 Nr. 5 AGBG behandeln. Ein Kreditnehmer, der Raten nicht vereinbarungsgemäß leistet, hat für die Zeit der Verzögerung – anders als bei einer Verzugszinsklausel – nicht allein auf Grund der Stundungsklausel den darin angegebenen Zinssatz zu zahlen. Seine Verpflichtung hierzu hängt vielmehr davon ab, ob er mit der Bank später noch eine gesonderte Stundungsvereinbarung schließt; es bedarf also noch einer weiteren Individualwillenserklärung des Kreditnehmers. Der Unterschied zwischen Stundungs- und Verzugszins hat auch nicht nur formale Bedeutung. Beide können nicht gleichgestellt werden, weil die Stundung dem Kreditnehmer ein Recht zur weiteren Kapitalnutzung gibt, während er nach Verzugsbeginn jederzeit dem Rückzahlungsbegehren der Bank ausgesetzt ist.

2. Die streitige AGB-Klausel enthält für den Fall einer späteren Stundungsvereinbarung eine vorweggenommene Einigung über die Zahlung einer gesonderten Vergütung; die spätere Vereinbarung braucht sich darauf nicht mehr zu erstrecken.

a) Soweit die Klausel die Voraussetzungen des Vergütungsanspruchs regelt, nämlich festlegt, daß jede Stundung einen gesonderten Zinsanspruch und eine Bearbeitungsgebühr auslöst, unterliegt sie der Inhaltskontrolle nach § 9 AGBG (vgl. BGH, Urteile vom 2. März 1978 – VII ZR 104/74 = WM 1978, 723, 725 und vom 3. Dezember 1981 – VII ZR 368/80 = ZIP 1982, 184, 185, 186).

Insoweit weicht die Klausel zwar von der gesetzlichen Regelung des BGB ab, nach der dem Stundung gewährenden Gläubiger ohne besondere – ausdrückliche oder stillschweigende – Vereinbarung ebensowenig ein Zinsanspruch zusteht wie dem Darlehensgeber (vgl. MünchKomm/H.P. Westermann, § 608 Rn. 7).

Der Kreditnehmer, der Stundung begehrt, wird durch die vorweggenommene Vereinbarung einer gesonderten Vergütung aber nicht unangemessen benachteiligt. Es ist im Gegenteil üblich und angemessen, wenn eine Bank eine Stundung nur gegen Vergütung gewährt.

b) Die AGB-Klausel ist auch, soweit sie die Höhe der Vergütung regelt, nicht als reine Leistungsbeschreibung gemäß § 8 AGBG der Inhaltskontrolle nach § 9 AGBG entzogen. Maßgebend für die Abgrenzung zwischen kontrollfreien Preisabreden über die Hauptleistung und kontrollfähigen Nebenabreden ist der mit § 8 AGBG verfolgte Schutzzweck. Das Gesetz geht davon aus, daß der Durchschnittskunde der Vereinbarung über die Hauptleistung mehr Aufmerksamkeit widmet als den Nebenpunkten (vgl. MünchKomm/Kötz, 2. Aufl. § 8 AGBG Rn. 4; Brandner in Ulmer/Brandner/Hensen, 4. Aufl. § 8 AGBG Rn. 14 bis 16). Wenn hier die Einigung über die Stundungsvergütung in einer AGB-Klausel des vorangegangenen Kreditvertrags versteckt wird, liegt es nahe, daß der Kreditnehmer, dem die Bank später eine Stundung bewilligt, dabei übersieht, welche Belastungen ihm daraus erwachsen. Eine solche AGB-Klausel birgt also für den Kunden gerade diejenigen Gefahren, die das AGB-Gesetz abwenden will (vgl. OLG Stuttgart in Bunte AGBE I § 8 Nr. 5 a. E.).

Ohne Rechtsfehler ist das Berufungsgericht jedoch zu dem Ergebnis gekommen, daß die Stundungsklausel auch hinsichtlich der Höhe der Vergütung der Inhaltskontrolle nach § 9 AGBG standhält. Dabei hat es mit Recht berücksichtigt, daß die Klausel nur die Stundung von Teilbeträgen erfaßt, die sich in der Regel auf kürzere Zeitabschnitte beschränkt. Angesichts der heutigen Zinsverhältnisse und der wahrscheinlichen Entwicklung in überschaubarer Zukunft ist es gegenwärtig jedenfalls mit Treu und Glauben noch vereinbar, wenn eine Bank von einem Kreditnehmer, der die vereinbarten Ratentermine nicht einhalten will oder kann und deshalb Stundung begehrt, für die Zeit der Stundung 21% Jahreszinsen verlangt.

III.

Die AGB-Klausel, nach der die gesamte Kreditschuld sofort fällig wird, wenn der Kreditnehmer mit zwei aufeinanderfolgenden Raten ganz oder teilweise im Verzug ist, hält der Inhaltskontrolle nicht in vollem Umfang stand. Insoweit hat die Revision des Klägers zum Teil Erfolg.

1. Mit Recht hat das Berufungsgericht es abgelehnt, die gesamte streitige Klausel als Vertragsstrafeversprechen gemäß § 11 Nr. 6 AGBG für unwirksam zu erklären.

Im Schrifttum wird allerdings teilweise eine Anwendung des § 11 Nr. 6 AGBG auf Verfallklauseln bejaht, die sich von Vertragsstrafeversprechen nur dadurch unterscheiden, daß bei ihnen der Schuldner im Fall der Vertragsuntreue nicht eine besondere Leistung erbringen, sondern eine eigene Rechtsposition verlieren soll (MünchKomm/Kötz 2. Aufl. § 11 Nr. 6 Rn. 49; Wolf in Wolf/Horn/Lindacher, AGBG § 11 Nr. 6 Rn. 7).

Auch hat der Bundesgerichtshof schon mehrfach die §§ 339 ff. BGB auf einzelne Verfallklauseln entsprechend angewendet (vgl. Urteile vom 27. Juni 1960 – VII ZR 101/59 = NJW 1960, 1568; vom 22. Mai 1968 – VIII ZR 69/66 = NJW 1968, 1625 und vom 29. Juni 1972 – II ZR 101/70 = NJW 1972, 1893, 1894).

Die Frage der Anwendung des § 11 Nr. 6 AGBG auf Vorfälligkeitsklauseln ist bisher höchstrichterlich nicht geklärt, vielmehr bei Unterrichts- und Leasingverträgen ausdrücklich offengelassen worden (vgl. Urteile vom 21. Februar 1985 – IX ZR 129/84 = WM 1985, 604, 605 zu II. 2. c, vom 24. April 1985 – VIII ZR 65/84 = ZIP 1985, 682, 686 zu II. 4. b aa und vom 19. Juni 1985 – VIII ZR 238/84 – zu I. 2. a).

Dem erkennenden Senat erscheint es nicht geboten, Vorfälligkeitsklauseln in Darlehensverträgen unter das strikte Verbot des § 11 Nr. 6 AGBG fallen zu lassen. Derartige Klauseln enthalten nur die besondere Ausformung einer Vertragsbeendigungsregelung, nicht die Vereinbarung einer Vertragsstrafe (Canaris, ZIP 1980, 717). Beim Darlehen als Dauerschuldverhältnis ergibt sich schon aus § 242 BGB das Recht des Gläubigers, aus wichtigem Grund vorzeitig zu kündigen und die sofortige Rückzahlung des noch ausstehenden – abgezinsten – Darlehensbetrages zu verlangen (vgl. Senatsurteil vom 5. März 1981 – III ZR 115/80 = NJW 1981, 1666 m. w. Nachw.). Ein wichtiger Grund zur Kündigung kann auch im Zahlungsverzug des Schuldners liegen (vgl. Senatsurteile vom 10. Juli 1975 – III ZR 16/74 = DB 1975, 2032 und vom 10. November 1977 – III ZR 39/76 = WM 1978, 234, 236). Wenn eine AGB-Klausel vorsieht, daß es unter bestimmten Voraussetzungen keiner Kündigungserklärung bedarf, sondern die vorzeitige Fälligkeit automatisch eintreten soll, so rechtfertigt dieser rechtstechnische Unterschied allein nicht das strikte Verbot, das sich aus einer Anwendung des § 11 Nr. 6 AGBG ergeben würde (Canaris, a. a. O.; ebenso Hensen in Ulmer/Brandner/Hensen, AGBG 4. Aufl. § 11 Nr. 6 Rn. 7; Staudinger/Schlosser, BGB 12. Aufl. § 11 Nr. 6 AGBG Rn. 8).

2. Eine derartige Vorfälligkeitsklausel ist vielmehr am Maßstab des § 9 AGBG zu messen. Sie hält dieser Inhaltskontrolle nur stand, wenn die tatbestandlichen Voraussetzungen der Vorfälligkeit zumindest nicht hinter den Anforderungen zurückbleiben, die an eine Kündigungsregelung gestellt werden müßten. Die Vertragsverletzungen, die zur Vorfälligkeit führen, müssen so schwerwiegend sein, daß sie ohne Rücksicht auf den Einzelfall eine automatische Vertragsbeendigung rechtfertigen.

a) Mit Recht haben sich Landgericht und Oberlandesgericht bei der Konkretisierung dieser Voraussetzungen nicht an § 4 Abs. 2 AbzG gebunden gefühlt. Eine entsprechende Anwendung dieser Vorschrift gemäß § 6 AbzG ist nur bei finanzierten Abzahlungskäufen geboten, wenn Kauf und Kreditvertrag eine wirtschaftliche Einheit bilden (vgl. Senatsurteil BGHZ 91, 9, 11 m. w. Nachw.). Für derartige Verträge wird das vom Kläger beanstandete Formular aber unstreitig nicht benutzt. Gegenstand der Klage und der Entscheidung sind daher nur Kreditverträge, die nicht Teilstück eines finanzierten Abzahlungskaufs sind. In diesem Bereich können die Rechtsgedanken der §§ 4 Abs. 2 AbzG, 554 Abs. 1 BGB zwar berücksichtigt werden, jedoch nicht im Sinne einer vollständigen Übernahme des Tatbestandes im einzelnen (a. A. für § 4 Abs. 2 AbzG Canaris, ZIP 1980, 717).

b) Die streitige Klausel enthält eine unangemessene Benachteiligung des Kreditnehmers, soweit sie die Verpflichtung zur sofortigen Kreditrückzahlung schon eintreten läßt, wenn der Kreditnehmer mit zwei aufeinanderfolgenden Raten auch nur teilweise in Verzug kommt.

Wenn bei einem Dauerschuldverhältnis bereits der Verzug mit Teilleistungen zur Beendigung des gesamten Vertrages führen soll, und zwar nicht erst nach Androhung und Fristsetzung, sondern automatisch und ohne Nachholungsmöglichkeit analog § 554 Abs. 1 Satz 2 BGB, dann muß der Leistungsteil, mit dem der Schuldner in Verzug gerät, so erheblich sein, daß dem Gläubiger deswegen – ohne Rücksicht auf die Gründe des Verzugs und die Höhe der noch ausstehenden Schuld im Einzelfall – eine Fortsetzung des Vertragsverhältnisses nicht mehr zuzumuten ist. Dazu ist nach Auffassung des Senats ein Verzug mit mindestens zwei vollen aufeinanderfolgenden Raten nötig, aber auch ausreichend.

Auch bei einer solchen Regelung verbleibt dem Gläubiger das Recht, unter besonderen Umständen des Einzelfalls schon bei einem Zahlungsverzug mit geringeren Ratenbeträgen eine Kündigung aus wichtigem Grund auszusprechen. Andererseits kann die Berufung des Gläubigers auf die Vorfälligkeitsklausel auch dann, wenn der Schuldner mit zwei vollen aufeinanderfolgenden Raten in Verzug ist, im Einzelfall rechtsmißbräuchlich sein. Gerade weil § 242 BGB in dieser Weise für beide Vertragsteile Abweichungen in Extremfällen zuläßt, erscheint es dem Senat geboten, eine Klauselfassung, die sofortige Fälligkeit bei einem Zahlungsverzug mit zwei vollen aufeinanderfolgenden Raten vorsieht, zu billigen, weil sie im Regelfall einem angemessenen Interessenausgleich dient.

Der Senat kann die streitige Klausel durch die Streichung der Worte „oder teilweise" auf ihren zulässigen Inhalt beschränken, ohne damit gegen das Verbot der geltungserhaltenden Reduktion zu verstoßen (vgl. Senatsurteil vom 28. Mai 1984 – III ZR 63/83 = WM 1984, 986, 987 zu II. 3.).

Anmerkung:

Das vorinstanzliche Urteil des OLG Hamburg vom 23. 11. 1983 – 5 U 222/82 – ist abgedruckt in AGBE IV § 9 Nr. 11 = WM 1984, 257 = ZIP 1983, 1435.

---

1. Bei Kreditverträgen, die Teil eines finanzierten Abzahlungskaufs sind, verstößt ein Vertragsformularhinweis, in dem alle aus der wirtschaftlichen Einheit von Kauf- und Kreditvertrag erwachsenden Rechte des Kreditnehmers verneint werden („Trennungsklausel"), gegen § 9 AGBG.
2. Eine Klausel, nach der ein „gegebenenfalls bereits bestehender Kredit" mit dem neuen Kredit getilgt werden soll, verstößt gegen § 9 AGBG.
3. Bei Bürgschaftsverträgen zur Kreditsicherung kann das Recht des Bürgen, sich auf eine vom Hauptschuldner erklärte Anfechtung zu berufen, durch eine AGB-Bestimmung nicht ausgeschlossen werden.
4. Ein formularmäßiger Verzicht des Bürgen auf seine Rechte aus §§ 770 Abs. 1 und 2, 776 BGB ist wirksam.
5. Die Klausel, nach der „die Verpflichtungen aus der Bürgschaft zu erfüllen sind, wenn einzelne von mehreren Kreditnehmern durch die Gläubigerin nicht in Anspruch genommen werden", kann ebenfalls formularmäßig wirksam vereinbart werden.

BGH, Urteil vom 19. 9. 1985 – III ZR 214/83; BGHZ 95, 350 = BB 1985, 2004 = DB 1986, 320 = MDR 1986, 126 = NJW 1986, 43 = NJW-RR 1986, 55 = WM 1985, 1307 = ZIP 1985, 1257.

Sachverhalt:

Der Kläger ist ein eingetragener Verein, der nach seiner Satzung Verbraucherinteressen wahrnimmt und in diesem Aufgabenbereich tätige Verbände als Mitglieder hat. Die Beklagte ist ein Kreditinstitut, das außer Teilzahlungsfinanzierung auch allgemeine Bankgeschäfte betreibt.

Die Parteien streiten im Verfahren nach § 13 AGBG über die Zulässigkeit mehrerer Klauseln, die von der Beklagten in verschiedenen Vertragsformularen verwendet werden:
1. Im Formular „Kreditvertrag für Abzahlungskäufe" heißt es unter dem drucktechnisch hervorgehobenen Hinweis „Wichtig!" u. a.:
    „Auch bei Nichterhalt oder Erhalt mangelhafter Ware oder bei Lösung des Kaufvertrags oder Widerruf der auf den Kaufabschluß gerichteten Willenserklärungen müssen Kreditnehmer (Käufer) den Kredit voll zurückzahlen."
2. Das Formular „Kreditvertrag" enthält folgende Klausel:
    „Ein gegebenenfalls bestehender K-Kredit soll mit diesem Kredit getilgt werden."
3. Im Formular „Selbstschuldnerische Bürgschaft" heißt es u. a.:
    „Die Einreden ... nach § 770 und § 776 BGB sind ausgeschlossen. Die Verpflichtungen aus der Bürgschaft sind also insbesondere zu erfüllen, ... wenn Kreditnehmer das zugrundeliegende Rechtsgeschäft anfechten sollten, wenn sich die Gläubigerin durch Aufrechnung ganz oder teilweise befriedigen kann oder einzelne von mehreren Kreditnehmern durch die Gläubigerin nicht in Anspruch genommen werden."

Landgericht und Oberlandesgericht haben übereinstimmend die Verwendung der Klauseln zu 1. und 2. in Kreditverträgen und den Verzicht auf die Aufrechnungseinrede nach § 770 Abs. 2 BGB in Kreditbürgschaftsverträgen für unzulässig erklärt, nicht aber den Ausschluß der Anfechtungseinrede nach § 770 Abs. 1 BGB. Der Formularverzicht auf die Rechte aus § 776 BGB ist vom Landgericht mißbilligt, vom Oberlandesgericht dagegen erlaubt worden. Soweit die Klausel zu 3. eine Zahlungspflicht des Bürgen trotz Anfechtung des zugrundeliegenden Kreditvertrages vorsieht, hat das Oberlandesgericht ihre Verwendung untersagt, dagegen – abweichend vom Landgericht – ein Verbot der Klausel abgelehnt, soweit sie eine Zahlungspflicht des Bürgen vor Inanspruchnahme aller Kreditnehmer vorsieht.

Gegen das Berufungsurteil haben beide Parteien Revision eingelegt. Die Revisionen führten zur Untersagung der Verwendung der Trennungsklausel in Kreditverträgen, die der Finanzierung eines Abzahlungskaufs dienen, zur Untersagung der Tilgungsklausel sowie zur Untersagung der Bürgschaftsklausel insoweit, als „die Verpflichtungen aus der Bürgschaft zu erfüllen sind, wenn Kreditnehmer das zugrundeliegende Rechtsgeschäft anfechten sollten." Im übrigen wurden die Revisionen zurückgewiesen.

Aus den Gründen:

I.

Das Verbot, den Formulartext zu 1. – „Trennungsklausel" – beim Abschluß von Kreditverträgen zu verwenden, wird vom Berufungsgericht damit begründet, die Klausel verstoße gegen § 9 Abs. 2 AGBG, weil sie dem Kunden die Möglichkeit des Einwendungsdurchgriffs verschweige.

Die dagegen gerichtete Revision der Beklagten ist nur zum geringen Teil begründet; sie führt nur zu einer Beschränkung des Verbots auf Kreditverträge, die Teil eines finanzierten Abzahlungskaufs sind.

1. Ohne Erfolg bleibt die Rüge der Revision, die Klausel unterliege nicht der Inhaltskontrolle nach §§ 9, 13 AGBG, weil sie gar keine konstitutive Vertragsregelung, sondern nur eine Aufklärung über die bestehende Rechtslage enthalte, zu der die Bank nicht nur berechtigt, sondern sogar verpflichtet sei (vgl. BGHZ 47, 207, 212).

a) Der Revision ist zuzugeben, daß die Klausel die Rechtslage für bestimmte Fallgestaltungen zutreffend wiedergibt:

aa) Wenn die Parteien einen Kreditvertrag schließen, der nicht nur rechtlich, sondern auch wirtschaftlich von dem zu finanzierenden Geschäft unabhängig ist – wenn sich also z. B. der Kreditnehmer den für einen Kauf notwendigen Kredit „auf eigene Faust" beschafft und ihm daher klar ist, daß zwischen Kreditgeber und Verkäufer keine Verbindung besteht –, so ist der Kreditnehmer in der Tat zur vertragsgemäßen Rückzahlung des Kredits auch bei Nichterhalt oder Erhalt mangelhafter Ware oder bei Lösung des Kaufvertrags oder Widerruf der Kaufvertragserklärungen verpflichtet.

bb) Aber auch wenn die in der Rechtsprechung entwickelten Voraussetzungen eines finanzierten Abzahlungskaufs vorliegen, also Kauf und Kreditvertrag trotz rechtlicher Selbständigkeit eine wirtschaftliche Einheit bilden (BGHZ 83, 301, 303 ff. m. w. N.), bleibt der Kreditnehmer trotz Nichterhalt oder Erhalt mangelhafter Ware zur Kreditrückzahlung verpflichtet, solange es ihm möglich und zumutbar ist, seine Lieferungs- oder Gewährleistungsansprüche gegen den Verkäufer durchzusetzen (vgl. Senatsurteile vom 9. Februar 1978 – III ZR 31/76 = NJW 1978, 1427; vom 18. Januar 1979 – III ZR 29/77 = NJW 1979, 2194; vom 7. Februar 1980 – III ZR 141/78 = NJW 1980, 1155; Senatsbeschluß vom 23. Februar 1984 – III ZR 192/82 = WM 1984, 635).

b) Ist dem Kreditnehmer dagegen die Durchsetzung seiner Ansprüche aus dem Kaufvertrag nicht mehr möglich oder zumutbar, etwa weil der Verkäufer zahlungsunfähig oder der Kaufvertrag wegen Sittenwidrigkeit oder Anfechtung nichtig ist, so kann der Kreditnehmer, wenn Kauf- und Kreditvertrag eine wirtschaftliche Einheit bilden, Einwendungen aus seinem Verhältnis zum Verkäufer auch dem Kreditgeber entgegensetzen. Das ergibt sich aus dem Grundsatz von Treu und Glauben (§ 242 BGB), der es verbietet, das Risiko der Aufspaltung eines wirtschaftlich einheitlichen Vorgangs in zwei rechtlich selbständige Verträge einseitig dem Käufer/Kreditnehmer aufzubürden (BGHZ 83, 303/304 m. w. N.). In diesen Fällen weicht der Klauselinhalt also von der bestehenden Rechtslage ab.

c) Das gleiche gilt, wenn Kauf- und Kreditvertrag eine wirtschaftliche Einheit bilden, auch für die Folgen eines Widerrufs der Kaufvertragserklärung gemäß § 1 b AbzG. Der rechtzeitige Widerruf gegenüber dem Verkäufer verhindert das Wirksamwerden auch des Kreditvertrags, bewirkt also, daß eine vertragliche Rückzahlungspflicht des Kreditnehmers nicht entsteht (Senatsurteil BGHZ 91, 338, 342).

2. Gegen die Prüffähigkeit der Klausel läßt sich nicht einwenden, ein bloßer Hinweis auf die bestehende Rechtslage werde auch dadurch, daß er sachlich unrichtig oder unvollständig sei, nicht zu einer konstitutiven Vertragsregelung im Sinne des § 8 AGBG. Nimmt ein AGB-Verwender eine Klausel, aus der sich bestimmte Kundenpflichten ergeben, in den vom Kunden zu unterschreibenden Vertragsformulartext auf, so eröffnen Wortlaut und Textzusammenhang die Möglichkeit, in der Klausel einen Bestandteil der vertraglichen Vereinbarung zu sehen, der, soweit er inhaltlich von der gesetzlichen Regelung abweicht, konstitutiv wirkt. Der AGB-Verwender kann dann eine solche Klausel der Inhaltsprüfung im Verfahren nach § 13 AGBG auch nicht dadurch entziehen, daß er vorträgt, er selbst habe mit der Klausel nur einen deklaratorischen Hinweis auf die Rechtslage geben und daraus keine Rechte herleiten wollen, die ihm nicht bereits aufgrund des Gesetzes zuständen. Um dem AGB-Verwender jede Möglichkeit zu nehmen, sich außerprozessual gegenüber seinen – häufig rechtsunkundigen – Vertragspartnern auf eine nach dem Wortlaut mögliche andere Klauseldeutung zu berufen, ist für die Inhaltskontrolle im Verfahren nach § 13 AGBG von der „kundenfeindlichsten" Auslegung auszugehen (Senatsurteile BGHZ 91, 55, 61 und vom 19. September 1985 – III ZR 213/83 –, AGBE VI § 9 Nr. 8, zu I 3). Nach Wortlaut und Textzusammenhang läßt sich in der Trennungsklausel durchaus eine – zumindest teilweise konstitutiv wirkende – Vertragserklärung sehen, nämlich ein Verzicht des Kreditnehmers auf alle sich aus der wirtschaftlichen Einheit von Kauf- und Kreditvertrag ergebenden Einwendungen gegenüber dem Kreditgeber.

3. In dieser Auslegung hält die Klausel der Wirksamkeitskontrolle nach dem AGB-Gesetz nicht stand.

a) Schon aus der zwingenden Natur der Schutzvorschriften des Abzahlungsgesetzes ergibt sich die Unzulässigkeit des Versuchs, beim finanzierten Abzahlungskauf durch Allgemeine Geschäftsbedingungen die Wirkungen des Widerrufs nach § 1 b AbzG auf den Kaufvertrag zu beschränken (vgl. §§ 6, 1 b Abs. 6 AbzG).

b) Beim Einwendungsdurchgriff kann das Ergebnis der Inhaltskontrolle nach § 9 AGBG im vorliegenden Verfahren nach § 13 AGBG kein anderes sein als in dem Individualrechtsstreit, in dem der Senat bereits über eine entsprechende Klausel zu entscheiden hatte (BGHZ 83, 301): Wenn die Voraussetzungen der wirtschaftlichen Einheit zwischen Kauf- und Kreditvertrag gegeben sind, liegt im völligen Ausschluß des Einwendungsdurchgriffs eine unangemessene Benachteiligung des Kreditnehmers gemäß § 9 Abs. 2 Nr. 2 AGBG. Ist die Natur des konkreten Kreditvertrags durch den Zweck geprägt, dem Kreditnehmer den Erwerb einer Kaufsache im Wege eines finanzierten Kaufs zu ermöglichen, so verändert eine AGB-Klausel, die dem Kreditnehmer alle Risiken der ordnungsgemäßen Durchführung des Kaufvertrags aufbürdet, die Natur dieses Kreditvertrags und gefährdet den Vertragszweck (BGHZ 83, 301, 308).

4. Gegen das Klauselverbot läßt sich auch nicht einwenden, der Bank dürfe nicht die Möglichkeit genommen werden, die subjektiven Voraussetzungen des finanzierten Abzahlungskaufs – und damit eine Anwendung des Abzahlungsgesetzes und der Grundsätze des Einwendungsdurchgriffs – von vornherein dadurch zu vermeiden, daß sie bei den Vertragsverhandlungen durch einen entsprechenden Hinweis dem Eindruck des Kreditnehmers, Bank und Verkäufer stünden ihm gemeinsam als Vertragspartner gegenüber, vorbeuge und entgegenwirke.

Ob eine Formularerklärung dazu tatsächlich überhaupt jemals in der Lage ist, hat der Senat bereits in der Entscheidung BGHZ 83, 301, 309 erheblich skeptischer beurteilt (vgl. Anmerkung Halstenberg, LM BGH § 242 (Cd) Nr. 250a) als noch in dem Urteil BGHZ 47, 207, 212 (vgl. Pagendarm, WM 1967, 438). Die Beklagte selbst führt in ihrer Revisionsbegründung aus, in allen in den letzten Jahren vor dem Senat geführten Rechtsstreitigkeiten hätten sich entsprechende Hinweisklauseln im Einzelfall als ungeeignet erwiesen. Nicht nur die bisherige Erfahrung, sondern auch der § 4 AGBG zugrundeliegende Rechtsgedanke sprechen dafür, daß dann, wenn objektive Verbindungselemente, die sich aus individuellen Vereinbarungen und tatsächlichen Umständen des Einzelfalls ergeben, beim Darlehensnehmer den Eindruck rechtfertigen, Verkäufer und Kreditgeber stünden ihm gemeinsam als Vertragspartner gegenüber, gegenteilige Formularhinweise diesen Eindruck nicht beseitigen können. Selbst wenn aber nicht völlig ausgeschlossen erschiene, daß die hier streitige Klausel ausnahmsweise einmal diese Wirkung haben könnte, so würde das doch ihrem Verbot nicht entgegenstehen, weil sie in allen übrigen Fällen gegen § 9 AGBG verstößt.

5. Vergeblich beruft sich die Beklagte schließlich darauf, die Trennungsklausel habe die Funktion, in Fällen, in denen objektiv eine wirtschaftliche Einheit zwischen Kauf- und Kreditvertrag nicht vorliege, der Kunde aber von einer solchen Einheit ausgehe, diesen subjektiven Eindruck zu beseitigen. Für solche Fälle enthielte die Klausel allerdings nur einen zutreffenden Hinweis auf die ohnehin bestehende Rechtslage; denn wenn hinreichende objektive Verbindungselemente fehlen, liegt ein finanzierter Abzahlungskauf nicht vor; die subjektive Vorstellung des Kreditnehmers allein rechtfertigt weder eine Anwendung des Abzahlungsgesetzes noch einen Einwendungsdurchgriff.

Ob die Bank in einem solchen Fall überhaupt eine Aufklärungspflicht trifft, erscheint zweifelhaft, braucht aber nicht endgültig entschieden zu werden. Selbst wenn sie bestände, rechtfertigte sie nicht die Zulassung einer AGB-Klausel, die der Bank ihrem Wortlaut nach auch in Fällen, in denen alle Voraussetzungen des finanzierten Abzahlungskaufs vorliegen, die Handhabe bietet, sich unzulässigerweise auf einen Ausschluß des Einwendungsdurchgriffs zu berufen und Auswirkungen eines Widerrufs nach § 1b AbzG auf den Kreditvertrag zu leugnen.

6. Erfolg hat die Revision nur, soweit sie eine Beschränkung des Klauselverbots auf Kreditverträge erstrebt, die Teilstücke eines finanzierten Abzahlungskaufs sind. Fehlt es an

der wirtschaftlichen Einheit zwischen Kauf- und Kreditvertrag, so stimmt der Klauselinhalt mit der bestehenden Rechtslage überein und ist damit gemäß § 8 AGBG der Inhaltskontrolle entzogen.

Wenn die Voraussetzungen des § 13 AGBG nur für eine bestimmte, ausgegliederte Gruppe von Rechtsgeschäften vorliegen, ist das Klauselverbot nach § 17 Nr. 2 AGBG entsprechend zu beschränken (BGH, Urteil vom 31. Oktober 1984 – VIII ZR 226/83 = NJW 1985, 320 ff. zu XIII 2 b und XV 2 b). Nach der Rechtsprechung des erkennenden Senats (BGHZ 83, 301, 307, 308) prägen die konkreten Umstände, die eine wirtschaftliche Einheit zwischen Kauf- und Kreditvertrag begründen, die Rechtsnatur der betreffenden Kreditverträge so, daß von einer ausgegliederten Gruppe von Geschäften gesprochen werden kann. Dem entspricht auch die Praxis der Beklagten, die neben dem allgemeinen Kreditvertragsformular ein besonderes Formular „Kreditvertrag für Abzahlungskäufe" mit der Trennungsklausel verwendet.

II.

Die Klausel „Ein gegebenenfalls bereits bestehender K-Kredit soll mit diesem Kredit getilgt werden" ist nach Auffassung des Berufungsgerichts nicht nur überraschend im Sinne des § 3 AGBG, sondern verstößt gegen § 9 Abs. 2 Nr. 2 AGBG, weil damit das vom Kreditnehmer verfolgte Vertragsziel, Bargeld zu erhalten, gefährdet und in sein Gegenteil verkehrt werde; außerdem liege in Zeiten steigender Zinsen eine unangemessene Benachteiligung des Kunden im Sinne des § 9 Abs. 1 AGBG vor.

Dagegen wendet sich die Revision der Beklagten vergebens. Sie beruft sich darauf, die Klausel dürfe nur im Zusammenhang mit der in jedem Kreditgewährungsfall getroffenen Individualabrede gesehen werden, sie habe deswegen keine vertragsgestaltende Wirkung. Damit kann die Beklagte nicht durchdringen. Hält eine Klausel nur in Verbindung mit einer entsprechenden Individualabrede der Inhaltskontrolle stand, so genügt es für ihre Unwirksamkeit, daß nach ihrem Wortlaut eine solche Individualabrede nicht vorzuliegen braucht (BGH, Urteil vom 26. Januar 1983 – VIII ZR 342/81 = DB 1983, 1702, 1704 = LM AGBG § 9 (Ba) Nr. 4 zu II 6 a. E.). Ohne entsprechende Individualabrede verstößt eine AGB-Klausel, die dem Darlehensgeber das Recht gibt, den Darlehensbetrag nicht auszuzahlen, sondern zur Tilgung einer anderen Schuld zu verwenden, gegen § 9 Abs. 2 Nr. 2 AGBG (vgl. BGHZ 71, 19, 20, 21).

III.

Soweit die Parteien über die Wirksamkeit der Bürgschaftsklauseln streiten, ist die Revision der Beklagten teilweise begründet; das Rechtsmittel des Klägers bleibt ohne Erfolg.

1. Nur die Bestimmung, daß „die Verpflichtungen aus der Bürgschaft zu erfüllen sind, wenn Kreditnehmer das zugrundeliegende Rechtsgeschäft anfechten sollten", hält der Inhaltskontrolle nicht stand. Mit Recht hat das Berufungsgericht darin eine Durchbrechung des Grundsatzes der Akzessorietät der Bürgschaft und damit einen Verstoß gegen § 9 Abs. 2 Nr. 1 und 2 AGBG gesehen.

Wird ein anfechtbarer Kreditvertrag vom Kreditnehmer angefochten, so ist er nach § 142 BGB als von Anfang an nichtig anzusehen. Nach § 765 BGB setzt aber die Bürgenverpflichtung eine wirksame Hauptschuld voraus. Deshalb kann sich der Bürge auf eine vom Hauptschuldner erklärte Anfechtung berufen und im Rechtsstreit mit dem

Gläubiger, wenn dieser das Anfechtungsrecht des Hauptschuldners bestreitet, eine Entscheidung darüber verlangen; denn die eigene Verpflichtung des Bürgen hängt von der Wirksamkeit der Anfechtung ab.

Der Grundsatz der Abhängigkeit der Bürgschaft vom Bestehen der Hauptschuld ist – von hier bedeutungslosen Ausnahmen abgesehen – zwingendes Recht (BGH, Urteil vom 19. November 1965 – 1 b ZR 142/63 = WM 1966, 122, 124; v. Westphalen, WM 1984, 1589, 1591, 1592). Abreden, die den Akzessorietätsgrundsatz antasten, verändern die Rechtsnatur des Vertragsverhältnisses. Durch eine AGB-Klausel des Bürgschaftsvertrags kann der Gläubiger dem Bürgen keine vom Bestehen der Hauptschuld unabhängige Garantieverpflichtung auferlegen.

2. Anders liegt es dagegen beim Verzicht des Bürgen auf die Einrede der Anfechtbarkeit nach § 770 Abs. 1 BGB. Das Bestehen eines Anfechtungsrechts bleibt, solange der Hauptschuldner es noch nicht ausgeübt hat, ohne Einfluß auf die Wirksamkeit der Hauptverbindlichkeit. Der Ausschluß der Einrede aus § 770 Abs. 1 BGB läßt den Grundsatz der Akzessorietät daher unangetastet.

Dieser Ausschluß dient dem Interesse des Gläubigers, ohne den Bürgen unangemessen zu benachteiligen. Bereits das Berufungsgericht hat mit Recht darauf hingewiesen, daß der Einrede aus § 770 Abs. 1 BGB in den Fällen der Irrtumsanfechtung (§ 119 BGB) kaum praktische Bedeutung zukommt, weil das Anfechtungsrecht des Hauptschuldners nach § 121 BGB erlischt, wenn er es nicht unverzüglich nach der Kenntniserlangung ausübt (MünchKomm/Pecher, § 770 BGB Rdn. 3; Staudinger/Horn, 12. Aufl. § 770 BGB Rdn. 2). Nur bei einer Anfechtbarkeit nach § 123 BGB kann es wegen der einjährigen Anfechtungsfrist des § 124 BGB dann, wenn der Hauptschuldner sich nicht sofort entscheidet, zu einem Schwebezustand kommen, in dem Gläubiger und Bürge nicht wissen, ob die Bürgschaftsverpflichtung endgültigen Bestand hat oder nicht. Wenn der Gläubiger die sich daraus ergebenden Nachteile dem Bürgen aufbürdet, kann darin kein Verstoß gegen Treu und Glauben gesehen werden, zumal dem Bürgen die Arglisteinrede nach §§ 853, 768 Abs. 1 Satz 1 BGB verbleibt, wenn der Gläubiger bei Abschluß des Kreditvertrags eine unerlaubte Handlung begangen hat (vgl. RGZ 79, 194, 197; MünchKomm/Pecher, § 770 BGB Rdn. 4).

3. Auch den formularmäßigen Verzicht des Kreditbürgen auf seine Rechte aus § 776 BGB hat das Berufungsgericht zutreffend als wirksam angesehen.

Der VIII. Zivilsenat des Bundesgerichtshofs hat bereits in seiner Entscheidung BGHZ 78, 137, 141 ff. die Gründe dargelegt, die diesen Verzicht als mit Recht und Billigkeit vereinbar erscheinen lassen: Nach Nr. 19 Abs. 2 der Allgemeinen Geschäftsbedingungen der Banken dienen der kreditgebenden Bank alle Vermögenswerte des Kreditnehmers, die in ihren Besitz oder ihre Verfügungsgewalt gelangen, neben der Bürgschaft als Sicherungsmittel für den Kredit. Bei Geltung des § 776 BGB müßte die Bank alle diese Werte blockieren, wenn sie nicht ihre Rechte aus der Bürgschaft verlieren wollte. Das würde zu einer starken Einschränkung der Handlungsfähigkeit des Hauptschuldners führen, die auch nicht im Interesse des Bürgen liegt. Der Ausschluß der Rechte aus § 776 BGB vermeidet also wesentliche Nachteile für den Hauptschuldner und dient damit im Regelfall auch den Belangen des Bürgen. Gegen eine willkürliche Freigabe von Sicherheiten zu seinem Schaden bleibt der Bürge durch § 242 BGB geschützt (ebenso BGH, Urteil vom 16. Februar 1984 – IX ZR 106/83 = WM 1984, 425, 426).

Im Urteil BGHZ 78, 137 ging es zwar um eine bereits 1968 übernommene Bürgschaft; daher war das AGB-Gesetz noch nicht anwendbar (vgl. ferner BGH, Urteile vom 24. November 1980 – VIII ZR 317/79 = WM 1981, 5, 7 und vom 23. Juni 1982 – VIII ZR 333/80 = WM 1982, 842, 844 zu II 2 d). Der VIII. Zivilsenat und – nach Wechsel der Zuständigkeit – der IX. Zivilsenat haben an der im Rahmen der Inhaltskontrolle nach § 242 BGB entwickelten Auffassung jedoch – wie in der zitierten Entscheidung BGHZ 78, 143 bereits ausdrücklich angekündigt – auch in der Folgezeit festgehalten und in dem Formularverzicht des Bürgen auf die Rechte aus § 776 BGB keine unangemessene Benachteiligung im Sinne des § 9 AGBG gesehen (vgl. Urteil vom 15. Februar 1984 a. a. O.; Merz, WM 1982, 174, 179).

Der erkennende Senat schließt sich dieser Auffassung an. Ohne Erfolg verweist die Revision darauf, daß es im Urteil BGHZ 78, 137 um eine Bürgschaft für einen Geschäftskredit ging, während die Beklagte im wesentlichen Umfang private Abzahlungskredite gewährt. Auch bei solchen Krediten läßt sich die Bank regelmäßig zur Sicherheit Lohn- und Gehaltsansprüche des Kreditnehmers abtreten, häufig auch den mit den Kreditmitteln gekauften Gegenstand übereignen, ferner kann sich aus Nr. 19 Abs. 2 AGB-Banken ein Sicherungsrecht an einem Sparguthaben des Kreditnehmers ergeben. Wäre die Bank durch § 776 BGB gezwungen, alle diese Werte des Kreditnehmers während der Laufzeit des Kredits zu blockieren, um ihre Rechte aus einer Bürgschaft zu wahren, so würde das auch in diesem Bereich zu fühlbaren Einschränkungen der Dispositionsfreiheit des Kreditnehmers führen. Durch die AGB-Klausel, die der Bank ein größeres Entgegenkommen gegenüber dem Hauptschuldner ermöglicht, werden schützenswerte Belange des Bürgen nicht in unangemessener Weise vernachlässigt.

4. Die Revision der Beklagten hat Erfolg, soweit sie sich gegen das Verbot der Klausel richtet, in der die Rechte aus § 770 Abs. 2 BGB ausgeschlossen werden. Der formularmäßige Verzicht des Kreditbürgen auf die Einrede der Aufrechenbarkeit hält der Inhaltskontrolle nach §§ 9 bis 11 AGBG stand.

Der VIII. Zivilsenat des Bundesgerichtshofs hat bereits für einen Fall, in dem es um die Aufrechnung gegen eine bestrittene und ungeklärte Forderung des Hauptschuldners ging, den Einredeverzicht im Rahmen der Inhaltskontrolle nach § 242 BGB für wirksam erklärt (Urteil vom 24. November 1980 – VIII ZR 317/79 = WM 1981, 5, 7). Der IX. Zivilsenat hat später die Ausschlußklausel in vollem Umfang gebilligt; allerdings handelte es sich dabei um eine Bürgschaft, die eine Bank im Rahmen ihres Handelsgewerbes übernommen hatte (Urteil vom 16. Februar 1984 – IX ZR 106/83 = WM 1984, 425).

Andererseits hat der VIII. Zivilsenat in seinem Urteil vom 24. November 1980 (a. a. O.) beiläufig geäußert, es erscheine gerechtfertigt, den Verzicht des – privaten – Bürgen auf die Einrede nach § 770 Abs. 2 BGB dann als unwirksam anzusehen, wenn die Forderung des Hauptschuldners gegen den Gläubiger unbestritten, entscheidungsreif oder gar rechtskräftig festgestellt sei. Dieser Auffassung hat sich das Berufungsgericht angeschlossen und – von diesem Ausgangspunkt her folgerichtig – in Verfahren nach § 13 AGBG den uneingeschränkten Einredeverzicht für unwirksam erklärt.

Der erkennende Senat vermag dieser Auffassung nicht zu folgen.

Die Sondervorschriften des § 11 Nr. 2 und 3 AGBG sind nicht unmittelbar anwendbar. Die Einrede der Aufrechenbarkeit ist kein Leistungsverweigerungsrecht nach § 320 BGB (§ 11 Nr. 2a AGBG). Sie ist auch nicht einem Leistungsverweigerungsrecht gleichzusetzen, das auf demselben Vertragsverhältnis beruht (§ 11 Nr. 2b AGBG). Schließlich steht dem Bürgen selbst auch keine Aufrechnungsbefugnis im Sinne des § 11 Nr. 3 AGBG zu.

Der Senat sieht auch keinen Anlaß, die genannten Sondervorschriften analog anzuwenden oder eine unangemessene Benachteiligung des Bürgen im Sinne der Generalklausel des § 9 AGBG zu bejahen. Es erscheint ihm vielmehr, ausgehend von der – im Anschluß an die Rechtsprechung des VIII. und IX. Zivilsenats vorgenommenen – Interessenabwägung zu § 776 BGB (vgl. oben zu III 3), konsequent, den Formularverzicht auf die Einrede aus § 770 Abs. 2 BGB beim Kreditbürgen uneingeschränkt, also auch für die Fälle zu billigen, in denen die kreditgebende Bank gegen eine unbestrittene oder geklärte Forderung des Hauptschuldners aufrechnen könnte. Die Bank hat an einem solchen Verzicht ein berechtigtes Interesse, weil ihr die Gegenforderungen des Hauptschuldners nach Nr. 19 Abs. 2 der AGB-Banken als Sicherung für andere Ansprüche gegen den Hauptschuldner dienen können. Dem Bürgen verleiht schon das Gesetz in § 770 Abs. 2 BGB nur eine schwache und verletzliche Rechtsposition: Er hat das Leistungsverweigerungsrecht nur, solange dem Hauptschuldner eine aufrechenbare Forderung zusteht. Sein Recht endet, wenn und soweit der Gläubiger diese Gegenforderung erfüllt oder der Hauptschuldner auf sie verzichtet oder mit ihr gegen eine andere Forderung des Gläubigers aufrechnet (MünchKomm/Pecher, § 770 BGB Rdn. 7 m. w. N.); der Bürge wird, wenn der Gläubiger die Gegenforderung erfüllt, ohne von seinem Aufrechnungsrecht Gebrauch zu machen, nicht etwa von seiner Verpflichtung frei (BGH, Urteil vom 16. Februar 1984 – IX ZR 106/83 = WM 1984, 425 zu 2). Diese Schwäche des dem Bürgen in § 770 Abs. 2 BGB gewährten Rechts kann bei der Interessenabwägung im Rahmen der Prüfung, ob ein formularmäßiger Verzicht auf dieses Recht nach § 9 AGBG wirksam ist, nicht unberücksichtigt bleiben.

Für die Zulässigkeit dieses Verzichts spricht schließlich auch ein Vergleich der Einrede der Aufrechenbarkeit nach § 770 Abs. 2 BGB mit der Einrede der Vorausklage nach § 771 BGB (vgl. MünchKomm/Pecher, § 770 BGB Rdn. 7), die bei der selbstschuldnerischen Bürgschaft schon nach § 773 Abs. 1 Nr. 1 BGB ausgeschlossen ist. Beide Einreden sind Ausprägungen des Grundsatzes der Subsidiarität der Bürgenhaftung, dem für das Wesen der Bürgschaft nicht die gleiche Bedeutung zukommt wie dem Grundsatz der Akzessorietät.

Soweit der erkennende Senat mit dieser Entscheidung vom Urteil des VIII. Zivilsenats vom 24. November 1980 (a.a.O.) abweicht, bedarf es keiner Anrufung des Großen Senats für Zivilsachen gemäß § 136 GVG. Die genannte Entscheidung des VIII. Zivilsenats beruhte nicht auf der damals geäußerten Rechtsansicht. Im übrigen hat der jetzt für Bürgschaftsverträge zuständige IX. Zivilsenat auf Anfrage erklärt, daß er an seiner bisherigen, der Rechtsprechung des VIII. Zivilsenats folgenden Auffassung nicht festhalte.

5. Mit Recht hat schon das Berufungsgericht es abgelehnt, die Verwendung der Klausel zu untersagen, nach der „die Verpflichtungen aus der Bürgschaft zu erfüllen sind, wenn einzelne von mehreren Kreditnehmern durch die Gläubigerin nicht in Anspruch genommen werden".

Da die Klausel sich – nach der Formularüberschrift und dem sonstigen Formulartext – nur auf selbstschuldnerische Bürgschaften bezieht, ergibt sich bereits aus dem Gesetz, daß der Bürge seine Zahlung nicht von einem vorherigen gerichtlichen Vorgehen gegen alle Hauptschuldner abhängig machen darf (§ 773 Abs. 1 Nr. 1 BGB). Ob der

Gläubiger außergerichtlich zunächst jeden einzelnen von mehreren Hauptschuldnern in Anspruch nehmen muß, ehe er sich an den selbstschuldnerischen Bürgen halten darf, ist zweifelhaft; im Schrifttum wird eine Primärhaftung des selbstschuldnerischen Bürgen neben dem Hauptschuldner bejaht (Larenz, Schuldrecht II 12. Aufl. § 64 I = S. 475; MünchKomm/Pecher, § 773 BGB Rdn. 1; Ermann/H. H. Seiler, 7. Aufl. BGB § 773 Rdn. 1 m. w. N.; a. A. Soergel/R. Schmidt, 10. Aufl. Vorbemerk. § 765 BGB Rdn. 5). Selbst wenn die streitige Klausel insoweit aber konstitutiv wirken sollte, liegt keine ins Gewicht fallende unangemessene Benachteiligung des Bürgen vor. Das Berufungsgericht verweist mit Recht darauf, daß der Bürge, wenn ein zahlungsfähiger Hauptschuldner vorhanden ist, regelmäßig bei ihm Rückgriff nehmen kann und außerdem in Extremfällen durch § 242 BGB geschützt wird.

Anmerkung:

Das vorinstanzliche Urteil des OLG Hamburg vom 23. 11. 1983 – 5 U 47/83 – ist abgedruckt in AGBE IV § 9 Nr. 10 = WM 1984, 255 = ZIP 1983, 1432.

Nr. 20 AGB der Sparkassen und Nr. 13 AGB der Banken, wonach das Kreditinstitut auch ohne gerichtliches Verfahren auf einseitiges Anfordern des Gläubigers zur Zahlung berechtigt ist, wenn es aus einer übernommenen Bürgschaftsverpflichtung in Anspruch genommen wird, entbinden das bürgende Kreditinstitut nicht von der grundlegenden Pflicht des Bürgen, den Hauptschuldner vor der Zahlung anzuhören und seine liquiden Einwendungen und Einreden zu berücksichtigen. 10

BGH, Urteil vom 19. 9. 1985 – IX ZR 16/85; BGHZ 95, 375 = BB 1986, 215 = NJW 1986, 310 = WM 1985, 1387 = ZIP 1985, 1380.

Sachverhalt:

Die Klägerin nimmt den Beklagten aus einer Rückbürgschaft in Anspruch. Die Firma R. GmbH (Auftragnehmerin, Hauptschuldnerin) erhielt im Juni 1978 von den Auftraggebern (Gläubiger) den Auftrag zum Ausbau eines Hauptwirtschaftsweges. Dem Vertrag lagen die Bedingungen der VOB zugrunde. Die Auftragnehmerin hatte eine Sicherheit in Form einer Bankbürgschaft über 42000 DM zu stellen. Sie schloß mit der Klägerin einen Avalkreditvertrag. Diese übernahm daraufhin am 21. Juli 1978 selbstschuldnerisch die Bürgschaft gegenüber den Auftraggebern. Den Rechtsbeziehungen zwischen der Auftragnehmerin und der Klägerin lagen deren Allgemeine Geschäftsbedingungen zugrunde, die in Nr. 20 bestimmen, daß die Klägerin auch ohne gerichtliches Verfahren auf einseitiges Anfordern des Gläubigers zur Zahlung berechtigt ist, wenn sie aus einer im Auftrag ihres Kunden übernommenen Bürgschaftsverpflichtung in Anspruch genommen wird.

Als Sicherheit für ihre Bürgschaftsverbindlichkeit hatte die Klägerin sich bereits am 14. Juli 1978 eine selbstschuldnerische Rückbürgschaft des Beklagten, und zwar unter Verzicht auf die Einrede der Anfechtung, Aufrechnung und Vorausklage, geben lassen. Die Auftragnehmerin meldete am 15. Juni 1979 Konkurs an. Am 22. Juni 1979 kündigten die Auftraggeber den Bauvertrag. Am 27. Juni 1979 fand die Abnahme der bis dahin erbrachten Werkleistungen statt. Die bei der Begehung festgestellten Mängel sind erledigt. Die Niederschrift sieht weiter vor, daß die Verjährungsfrist für die Gewährleistung der von der Auftragnehmerin ausgeführten Erd- und Pflasterarbeiten gemäß § 13 VOB/B am 27. Juni 1981 ende. Am 4. März und 25. Juni 1981 stellten die Auftraggeber an den von der Auftragnehmerin erbrachten Leistungen neue Mängel fest. Die Gläubiger übersandten am 26. Juni 1981 an die Klägerin ein Schreiben, in dem sie die Mängel schilderten. Am 22. Dezember 1981 baten die Gäubiger um Zahlung des verbürgten Betrages. Der Beklagte bestritt die Verantwortlichkeit der Auftragnehmerin für die aufgetretenen Mängel. Die Klägerin überwies den Bürgschaftsbetrag und unterrichtete den Beklagten davon; sie wies ihn darauf hin, daß sie sich von den bestehenden Gewährleistungsansprüchen habe überzeugen lassen. Mit ihrer Klage begehrt die Klägerin die Zahlung des Bürgschaftsbetrags. Das Oberlandesgericht Oldenburg hat die Klage abgewiesen. Die Revision der Klägerin hatte keinen Erfolg.

Aus den Gründen:

...

3. c) Ein Rückgriffsanspruch der Klägerin aus §§ 675, 670 BGB scheitert daran, daß sie nach Eintritt der Verjährung der verbürgten Gewährleistungsschuld die Erfüllung der Bürgschaft weder nach dem Inhalt ihrer Bürgschaftsverpflichtung noch ihrer Rechtsbeziehungen zu der Auftragnehmerin für erforderlich halten durfte ...

bb) Die Klägerin hat auf eine Bürgschaft geleistet, deren Erfüllung sie gemäß § 768 BGB verweigern konnte. Ihre Aufwendungen waren daher objektiv nicht erforderlich. Gemäß §§ 675, 670 BGB kann sie deren Erstattung nur dann von der Auftragnehmerin begehren, wenn sie dennoch nach den besonderen Umständen annehmen durfte, sie sei als Bürgin zur Zahlung verpflichtet. Die Beurteilung des Beauftragten, seine Aufwendung sei notwendig, ist bei objektiv fehlender Notwendigkeit nur dann im Sinne des § 670 BGB gerechtfertigt, wenn er seine Entscheidung nach sorgfältiger, den Umständen des Falles gebotener Prüfung trifft (RGZ 149, 205, 207; Steffen/BGB-RGRK, 12. Aufl., § 670 Rdnr. 6; MünchKomm/Seiler, BGB, § 670 Rdnr. 9) ...

Die Klägerin konnte nach allem nicht davon ausgehen, daß die von ihr verbürgte Hauptschuld ohne Zweifel einredefrei sei. Es bestand daher keinerlei Veranlassung für sie, davon abzusehen, den Konkursverwalter der Hauptschuldnerin von ihrer Inanspruchnahme zu unterrichten und ihn nach dem Vorhandensein von Einwendungen oder Einreden gegen die Gewährleistungsforderungen zu befragen. Solche Anhörungspflichten hat ein Bürge, der von dem Hauptschuldner Aufwendungsersatz für seine Zahlungen verlangen will, grundsätzlich (vgl. Staudinger/Horn, BGB, 12. Aufl., § 765 Rdnr. 37). Nur der Hauptschuldner verfügt in der Regel über die Kenntnisse und Urkunden, die erforderlich sind, um Einwendungen und Einreden gegen die verbürgte Schuld vorzubringen und zu belegen.

cc) Diese grundlegende Sorgfaltspflicht eines Bürgen hat eine Sparkasse oder Bank auch dann zu erfüllen, wenn ihrem Geschäftsbesorgungsverhältnis zu dem Kunden – wie hier – die Regelung der Nr. 20 der Allgemeinen Geschäftsbedingungen der Sparkassen bzw. die inhaltsgleiche Bedingung der Nr. 13 der Allgemeinen Geschäftsbedingungen der Banken zugrunde liegt. Das Verständnis des Regelungsinhalts von Allgemeinen Geschäftsbedingungen kann aufgrund einer sich nach objektiven Maßstäben richtenden Auslegung gewonnen werden. Entscheidend sind dabei der Wortlaut, der typische wirtschaftliche Zweck und die in einschlägigen Kreisen herrschenden Anschauungen (BGHZ 49, 84, 88; 60, 174, 177 = WM 1973, 232; BGH, Urteil vom 26. Oktober 1977 = WM 1978, 10, 11; Ulmer in Ulmer/Brandner/Hensen, AGB, 4. Aufl., § 5 Rdnr. 16, 20). Der Wortlaut der Nr. 20 der Allgemeinen Geschäftsbedingungen der Klägerin stellt der Zahlung nach gerichtlichem Verfahren die Leistung auf einseitiges Anfordern gegenüber. Dies weist darauf hin, daß die Bank auf die Klärung der Einwendungen oder Einreden gegen die Hauptforderung verzichten darf, die streitig sind und daher in einem

Rechtsstreit entschieden werden müssen. Der Wortlaut entbindet die Sparkasse daher nicht ohne weiteres von der grundlegenden Pflicht eines Bürgen, den Hauptschuldner anzuhören und seine liquiden Einwendungen und Einreden zu berücksichtigen. Die Sparkassen und Banken bezwecken mit der Regelung der Nr. 20 bzw. 13 ihrer Allgemeinen Geschäftsbedingungen, den Wert von Bankbürgschaften für die Gläubiger zu gewährleisten. Dieser würde beeinträchtigt, wenn das bürgende Kreditinstitut Einwendungen und Einreden gegen die Hauptschuld auf Verlangen des Schuldners vor der Zahlung auf die Bürgschaft in einem Rechtsstreit klären lassen müßte (vgl. Canaris, Bankvertragsrecht, 2. Aufl. Rdnr. 2623). Dagegen wird der Wert einer Bankbürgschaft nicht beeinträchtigt, wenn der Bürge den Hauptschuldner vor der Zahlung anhört und gegebenenfalls dessen liquide Einwendungen oder Einreden vorbringt. Damit können alsbald eindeutige, der Rechtslage entsprechende Verhältnisse geschaffen werden. Keiner der Beteiligten kann daher vernünftigerweise die Pflicht des Kreditinstituts bestreiten, dem Hauptschuldner Gelegenheit zum Vorbringen offenkundiger Einwandtatsachen zu geben. Wäre die Bank im Verhältnis zum Hauptschuldner berechtigt, ohne seine Anhörung auf die Bürgschaft zu zahlen, so könnte der Gläubiger auch in den Fällen in den Besitz der Bürgschaftssumme kommen, in denen das Nicht(mehr)bestehen der Hauptschuld oder Einreden gegen sie offensichtlich würden, wenn der Hauptschuldner Gelegenheit zur Vorlage von Beweismitteln hätte. Obwohl der Hauptschuldner in solchen Fällen von der Bank gemäß §§ 675, 667 BGB die Abtretung ihrer Ansprüche aus §§ 812, 813 BGB gegen den Gläubiger verlangen kann, gibt ihm dies keinen ausreichenden Ausgleich. Es droht nicht nur die Berufung auf den Wegfall der Bereicherung seitens des Gläubigers, sondern in Fällen der Verjährung versagt gemäß §§ 813 Abs. 1 Satz 2, 222 Abs. 2 BGB der Anspruch auf Rückforderung, wenn die Zahlung des Bürgen, die er gemäß § 768 BGB verweigern konnte, eine Leistung im Sinne des § 222 Abs. 2 BGB ist. Dieser Beeinträchtigung des Hauptschuldners stehen keine sie rechtfertigenden Vorteile und Interessen der Bank gegenüber; darauf verweist Canaris (a. a. O. Rdnr. 2624) mit Recht. Es gibt auch keine Anhaltspunkte dafür, daß die Praxis die Regelung der Nr. 20 bzw. 13 der Allgemeinen Geschäftsbedingungen der Sparkassen und Banken anders versteht. In der neueren Literatur gibt es dazu keine abweichenden Auffassungen. Es wird allgemein weder auf die Unklarheitenregelung des § 5 AGBG zurückgegriffen noch eine Inhaltskontrolle gemäß § 9 AGBG vorgenommen, weil schon die Auslegung ergebe, daß die Kreditinstitute nicht davon befreit seien, dem Hauptschuldner die Inanspruchnahme aus der Bürgschaft anzuzeigen und ihm bei nicht auszuschließenden Zweifeln an dem Vorhandensein von Einwendungen Gelegenheit zu geben, liquide Einwandtatsachen vorzubringen (vgl. Canaris, a. a. O., Rdnr. 1110, 2623 f.; Horn, NJW 1980, 2153, 2157; Staudinger/Horn, a. a. O., § 765 Rdnr. 39; Werhahn/Schebesta, Die neuen Bankbedingungen 1980 Rdnr. 182; Brandner in Ulmer/Brandner/Hensen, a. a. O., Anh. §§ 9 bis 11 Rdnr. 162; Wolf in Wolf/Horn/Lindacher, AGBG, § 9 B 20; die nicht begründete abweichende Auffassung von Liesecke WM 1968, 27, 28 wird – soweit ersichtlich – nicht mehr vertreten). Auch der II. Zivilsenat des Bundesgerichtshofs (WM 1969, 832) geht anscheinend von diesem Verständnis der Nr. 20 bzw. 13 der Allgemeinen Geschäftsbedingungen der Kreditinstitute als selbstverständlich aus. Die Revision bejaht ebenfalls Anhörungs- und Prüfungspflichten der bürgenden Sparkasse. Sie irrt aber, wenn sie meint, die Klägerin habe im vorliegenden Fall ihren Pflichten damit genügt, daß sie den Beklagten von ihrer Inanspruchnahme unterrichtet und zur Vorlage von Urkunden über die verbürgte Hauptschuld aufgefordert habe. Die Übernahme der Bürgschaft der Klägerin beruhte nicht auf einem Vertrag mit dem Beklagten; dieser war gar nicht Kunde der Klägerin. Er konnte auch nicht ebensogut wie die Auftragnehmerin oder der Verwalter im Konkurs über deren Vermögen den für die Hauptschuld erheblichen Sachverhalt kennen; von ihm konnte erst recht nicht der Besitz und die Vorlage der zur Belegung von Einwendungen und Einreden erforderlichen Urkunden erwartet werden. Nach allem durfte die Klägerin sich nicht für verpflichtet halten, auf die Bürgschaft zu zahlen, ohne die Auftragnehmerin anzuhören und die Verjährung der Gewährleistungsschuld zu erwägen.

11 **Das Kündigungsrecht in Nr. 17 AGB der Banken hält der Inhaltskontrolle stand, wenn keine anderweitigen Vereinbarungen getroffen wurden und sich aus § 242 BGB keine Einschränkungen (Verbot der Kündigung zur Unzeit und des Rechtsmißbrauchs) ergeben.**

BGH, Beschluß vom 26. 9. 1985 – III ZR 229/84; WM 1985, 1437.

Aus den Gründen:

I.

Die Revision des Klägers gegen das Urteil des 3. Zivilsenats des Oberlandesgerichts Bamberg vom 3. Oktober 1984 – 3 U 182/83 – wurde nicht angenommen.

II.

1. Die Sache hat keine rechtsgrundsätzliche Bedeutung. Die Entscheidung darüber, ob das Verhalten der beklagten Bank bei den Kreditverhandlungen einen Schadensersatzanspruch aus culpa in contrahendo begründete und ob ihre Kündigung des Kontokorrentkredits nach Nr. 17 AGB der Banken wirksam war, erfordert eine Würdigung aller Umstände des Einzelfalls, nicht aber eine Weiterentwicklung oder Änderung der bisherigen Senatsrechtsprechung.

2. Die Revision hat auch im Ergebnis keine Aussicht auf Erfolg.

a) Wenn die Beklagte den Kläger zu einer Umschuldung unter Abbruch aller Beziehungen zu seiner bisherigen Hausbank veranlaßte, so rechtfertigte das allein noch nicht seine Erwartung, die Beklagte werde in Zukunft seinen steigenden Kreditbedarf vollständig befriedigen, zumindest ihm aber einen Kredit in Höhe von insgesamt 1 Million DM zur Verfügung stellen, solange er ihn benötigte. Die Kreditzusagen der Beklagten beschränkten sich nach den Feststellungen des Berufungsgerichts auf einen Kreditrahmen von insgesamt 900 000 DM.

b) Soweit die Beklagte innerhalb dieses Rahmens einen Kontokorrentkredit von 150 000 DM gewährte und zunächst auch noch darüber hinausgehende Kontoüberziehungen zuließ, mußte der Kläger damit rechnen, daß die Beklagte ihre Rechte aus Nr. 17 Satz 1 ihrer AGB ausübte, also eine Rückführung des Kontokorrentkredits verlangte. Nach der Rechtsprechung des Senats hält diese AGB-Regelung der Inhaltskontrolle nach dem AGBG stand, wenn man sie im Zusammenhang mit den Einschränkungen würdigt, die sich aus ihrem Wortlaut (anderweitige Vereinbarung) und aus § 242 BGB (Verbot der Kündigung zur Unzeit und des Rechtsmißbrauchs) ergeben (vgl. Senatsbeschluß vom 30. Mai 1985 = WM 1985, 1128 m. w. N.).

Eine anderweitige Vereinbarung war hier nach den rechtsfehlerfreien Feststellungen des Berufungsgerichts für den Kontokorrentkredit nicht getroffen worden. Sie ergab sich — entgegen der Auffassung der Revision — auch nicht aus Sinn und Zweck der Umschuldung; deren Ziel war es, die Kreditverbindlichkeiten des Klägers durch Erhöhung des langfristigen Anteils zu konsolidieren.

Selbst wenn man aber in der am 9. Mai 1979 getroffenen Abrede, daß der — auf ein Unterkonto gebuchte — Schuldsaldo von 210000 DM durch wöchentliche Umbuchungen von 5000 DM zurückgeführt werden sollte, eine anderweitige Vereinbarung im Sinne der Nr. 17 AGB sehen wollte, blieb doch die Beklagte nach Nr. 17 Satz 2 AGB berechtigt, aus wichtigem Grund jederzeit eine schnellere Rückzahlung zu verlangen.

Die Berechtigung der Kündigung des Kontokorrentkredits ist nach der Rechtsprechung des Senats aufgrund einer Gesamtwürdigung aller Umstände des einzelnen Falles unter Abwägung der Interessen beider Vertragsteile zu beurteilen; das gilt für die Frage, ob ein wichtiger Grund die Kündigung nach Nr. 17 Satz 2 AGB rechtfertigt, ebenso wie für die Entscheidung, ob eine ordentliche Kündigung nach Nr. 17 Satz 1 AGB rechtsmißbräuchlich ist (vgl. Senatsbeschluß vom 23. Februar 1984 = WM 1984, 586 zu 2 m. w. N.).

Das Berufungsgericht hat die für die Interessenabwägung bedeutsamen Umstände des Einzelfalls umfassend geprüft, in seine Würdigung insbesondere auch die Tatsache, daß die Beklagte den Kläger zur Umschuldung veranlaßt hatte, mit einbezogen und deshalb zu Lasten der Beklagten einen besonders strengen Maßstab angelegt. Wenn das Berufungsgericht trotzdem die Kündigung — auch ohne vorherige Abmahnung — für berechtigt gehalten hat, so ist dieses Ergebnis revisionsrechtlich nicht zu beanstanden.

Die Beklagte hatte bis Mitte Mai 1979 noch davon ausgehen können, daß es dem Kläger gelingen werde, seinen Kontokorrentsaldo bei ihr in absehbarer Zeit auf die zugesagte Kredithöhe von 150000 DM zurückzuführen und dann auf Dauer mit diesem und einem weiteren, sehr viel niedrigeren Kredit der X.-Bank auszukommen. Erst in der zweiten Maihälfte 1979 erfuhr die Beklagte, daß der Kläger seinen Überziehungskredit bei der X.-Bank in Wahrheit auf fast 200000 DM ausgeweitet hatte und von der Beklagten einen zusätzlichen langfristigen Kredit von 200000–250000 DM benötigte, weil er gegenüber anderen Gläubigern ständig Säumniszuschläge und Verzugszinsen in erheblicher Höhe zahlen mußte. Damit waren die der Kreditgewährung zugrunde liegenden Vorstellungen und Erwartungen der Beklagten über die finanzielle Lage des Klägers so nachhaltig enttäuscht worden, daß ihr das Recht zugebilligt werden mußte, am 25. Mai 1979 den Kontokorrentkredit zu kündigen, und zwar ohne vorherige weitere Warnung. Dabei hat das Berufungsgericht mit Recht berücksichtigt, daß die Beklagte nicht die sofortige Rückzahlung forderte, sondern mit einer Zahlungsfrist ausreichend Rücksicht auf die Belange des Klägers nahm, im Juni und Juli 1979 sogar noch einen Teil seiner Lohnkosten aufbrachte und sich bereit erklärte, ihn bei einer Umschuldung durch Freigabe der Sicherheiten zugunsten eines anderen Kreditinstituts zu unterstützen.

Vergeblich macht der Kläger mit der Revision geltend, die Beklagte habe sich durch Nachfrage früher über seinen Schuldenstand bei der X.-Bank unterrichten müssen; wenn sie aufgrund einer nur vorläufigen Bilanz Kredit gewähre, trage sie das Risiko späterer Berichtigungen. Mit Recht ist das Berufungsgericht davon ausgegangen, daß es die Pflicht des Klägers war, die Beklagte über die erkennbar für ihre Kreditentscheidung erheblichen Tatsachen vollständig aufzuklären.

Ohne Erfolg muß auch die Verfahrensrüge der Revision bleiben, das Berufungsgericht habe gemäß § 286 ZPO ein Sachverständigengutachten über die Ertragslage des Unternehmens des Klägers einholen müssen. Es kommt für die Beurteilung der Kündigung nicht darauf an, wie ein Sachverständiger heute rückschauend die damalige Lage des Unternehmens und seine Zukunftsaussichten ohne Kreditkündigung beurteilt. Entscheidend ist vielmehr, wie sich die erheblichen Tatsachen damals für die Beteiligten bei pflichtgemäßer Prüfung darstellten (Senatsbeschluß vom 30. Mai 1985 zu 2c dd = WM 1985, 1128).

Die Beklagte war nicht verpflichtet, vor der Kreditkündigung ein betriebswirtschaftliches Gutachten über die finanzielle Situation des Klägers einzuholen, wie die Revision meint. Die Bank durfte am 25. Mai 1979 das Kreditverhältnis aufheben, wenn die ihr vom Kreditnehmer selbst vermittelten Daten diese Entscheidung rechtfertigten.

12 Zur Wirksamkeit von Bestimmungen, die in einem formularmäßigen Bürgschaftsvertrag enthalten sind.

BGH, Urteil vom 7. 11. 1985 – IX ZR 40/85; BB 1986, 349 = DB 1986, 375 = MDR 1986, 314 = NJW 1986, 928 = WM 1986, 95 = ZIP 1986, 85.

Sachverhalt:

Die Klägerin, eine Bank, nimmt die Beklagte aus einer Bürgschaft in Anspruch. Die Klägerin richtete an die Firma Tele-R., Radio-Fernsehfachgeschäft, zu Händen des Ehemannes der Beklagten unter dem 30. Juni 1977 folgendes Schreiben:

„... und sind gerne bereit, Ihnen auf Konto Nr. 3032825 einen Bargeldkredit von 30000,– DM einzuräumen.

Entsprechend den Gepflogenheiten im kurzfristigen Kreditgeschäft haben wir unsere Zusage zunächst bis zum 30. Juni 1978 befristet...

Weiterhin werden wir auf Konto 3032833 eine Refinanzierung der von Ihnen vermieteten Fernsehgeräte vornehmen. Als Refinanzierungsbetrag werden wir vereinbarungsgemäß rund 2/3 des von Ihnen im Mietvertrag angegebenen Kaufpreises ansetzen.

Die Tilgung erfolgt monatlich und in Höhe der jeweiligen Mietraten. Wir werden deshalb für jeden zu refinanzierenden Betrag einen Dauerauftrag zu Lasten Ihres laufenden Kontos zugunsten des Refinanzierungskontos einrichten...

Zur Sicherung unserer Ansprüche werden Sie uns die Rechte aus den Mietverträgen abtreten sowie die jeweils zu refinanzierenden Geräte übereignen.

Außerdem wird Ihre Gattin die selbstschuldnerische Bürgschaft übernehmen. Entsprechende Bürgschaftsurkunden haben wir in zweifacher Ausfertigung diesem Schreiben beigefügt..."

Der Refinanzierungskredit war bis zur Höhe von 200000,– DM vorgesehen. Am 4. Juli 1977 gab die Beklagte gegenüber der Klägerin folgende „Bürgschaftserklärung" ab:

„1. Hiermit verbürge ich mich selbstschuldnerisch für alle – auch bedingten oder befristeten – Ansprüche und Forderungen, die der (Bank) sowie ihren sämtlichen jeweiligen Niederlassungen – nachstehend kurz „Bank" genannt – gegen Firma Tele-R., Radio-Fernseh-Fachgeschäft Helmut R. und – bei einer Firma – gegenüber deren Inhaber(in) auf Grund einer laufenden Rechnung, aus Krediten und Darlehen sowie in sonstiger Weise aus einer bankmäßigen Geschäftsverbindung, ferner aus abgetretenen und kraft Gesetzes bestehenden oder übergegangenen Forderungen, aus Bürgschaften und aus Wechseln – auch soweit diese von Dritten eingereicht worden sind – gegenwärtig und künftig zustehen.

2. Alle Maßnahmen und Vereinbarungen, welche die Bank hinsichtlich der gesicherten Ansprüche und Forderungen oder bei der Verwendung anderer Sicherheiten für nützlich erachtet, erkenne ich als für mich verbindlich an und entbinde die Bank, soweit gesetzlich zulässig, von jeglicher Haftung für die Höhe des Ausfalls. Insbesondere bleiben meine Verpflichtungen aus dieser Bürgschaft auch dann in vollem Umfange aufrechterhalten, wenn die Bank dem Hauptschuldner Stundungen gewährt, einem Zwangsvergleich zustimmt oder sich sonst mit dem Hauptschuldner vergleicht, Sicherheiten, die für die Hauptschuld bestellt sind oder werden (z. B. Pfandrechte, Hypotheken und Grundschulden) aufgibt, einen Mitbürgen oder Mitverpflichteten aus seiner Haftung ganz oder teilweise entläßt oder Zahlungen des Hauptschuldners oder anderer Verpflichteter nicht auf die Hauptschuld verrechnet.

3. Es sollen mir keine Einwendungen daraus erwachsen, daß die Bank die Geltendmachung der verbürgten Ansprüche und Forderungen verzögert, gegebenenfalls nicht unverzüglich anzeigt, daß sie mich in Anspruch nimmt (§ 777 BGB). Ich verzichte auf die Geltendmachung der sowohl dem Hauptschuldner als auch dem Bürgen nach dem Gesetz zustehenden Einreden, insbesondere auf die Einrede der Anfechtbarkeit und der Aufrechnung (§ 770 BGB).

4. Die Rechte der Bank gehen erst dann auf mich als Bürgen über, wenn die Bank wegen ihrer sämtlichen Ansprüche und Forderungen der oben genannten Art an den Hauptschuldner vollständig befriedigt ist. Bis dahin gelten meine Zahlungen als Sicherheitsleistungen auf meine Bürgschaftsschuld.

5. Die Bank ist nicht verpflichtet, mich vom jeweiligen Stand der Hauptschuld zu unterrichten.

6. Diese Bürgschaft wird durch einen etwaigen Wechsel des Inhabers oder durch Änderung der Rechtsform der Firma des Hauptschuldners sowie auch davon nicht berührt, daß Verpflichtungen des Hauptschuldners vorübergehend nicht bestehen.

7. Falls für die durch meine vorstehende Bürgschaft gesicherten Ansprüche und Forderungen noch weitere Bürgschaften Dritter bestehen oder bestehen werden, so soll das Entstehen eines Gesamtschuldverhältnisses gemäß § 769 BGB zwischen den übrigen Bürgen und mir ausgeschlossen sein. Die Bank ist jedoch berechtigt, mich bis zur vollen Höhe ihrer von mir verbürgten Ansprüche und Forderungen in Anspruch zu nehmen.

8. . . .

9. . . .

10. Nebenabreden und Änderungen, insbesondere einschränkende Vereinbarungen, sind nur gültig, wenn sie von der Bank schriftlich bestätigt worden sind.

11. Für das Bürgschaftsverhältnis gelten ergänzend die Allgemeinen Geschäftsbedingungen der Bank in ihrer jeweiligen Fassung.

12. Sollten Bestimmungen dieser Bürgschaftserklärung ganz oder teilweise der Rechtswirksamkeit ermangeln, so sollen dennoch die übrigen Bestimmungen wirksam bleiben".

Die Bürgschaftsurkunde enthält in der linken unteren Ecke der ersten Seite den Hinweis „Unbegrenzte Bürgschaft". Die Beklagte war die einzige kaufmännische Mitarbeiterin im Betrieb ihres Mannes, versah die Buchhaltung und war neben ihrem Mann allein befugt, über die Konten 3032825 und 3032833 bei der Klägerin zu verfügen. Sie hat das noch bis 1982 getan und noch am 30. September 1982 Lastschriften eingereicht. Durch drei am 14. Juli 1978 eingereichte Schecks über insgesamt 46050,51 DM wies das Betriebsmittelkreditkonto Nr. 3032825 vom 17.–19. Juli 1978 ein Guthaben aus. Am 11. Juli 1978 hatte die Beklagte zu Lasten dieses Kontos einen Scheck über 59 225,54 DM gezogen, so daß am 20. Juli 1978 ein Saldo von 50 153,70 DM ausgewiesen war. Der Refinanzierungskredit über 200 000,– DM wurde entsprechend den im Schreiben der Klägerin vom 30. Juni 1977 niedergelegten Vereinbarungen dadurch getilgt, daß die monatlichen Mietraten für die Fernsehgeräte dem laufenden Konto Nr. 3032825 belastet und dem Refinanzierungskonto gutgeschrieben wurden. Dadurch wurde der Refinanzierungskredit allmählich abgebaut. Darauf beruhte u. a. auch der Anstieg der Schuld auf dem laufenden Konto Nr. 3032825 über 30 000,– DM hinaus.

Die Klägerin kündigte am 14. September 1982 die Geschäftsverbindung mit der Firma Tele-R., weil ohne die angeforderten, aber nicht eingeräumten zusätzlichen Sicherheiten eine Grundlage für eine weitere Zusammenarbeit fehle. Dabei gab die Klägerin den Sollstand des Kontos 3032825 mit 76 282,04 DM, den des Kontos 3032833 mit 68 130,– DM an. Am 24. Mai 1983 räumte die Klägerin eine letzte Frist bis 16. Juni 1983 ein, die Schuldsalden per 20. Mai 1983, nämlich des Kontos Nr. 3032825 in Höhe von 108 902,83 DM sowie des Kontos Nr. 3032833 in Höhe von 15 070,– DM auf insgesamt 100 000,– DM zurückzuführen, widrigenfalls die bestehenden Sicherheiten verwertet würden. Die Beklagte behauptet, die Bürgschaft habe nur für den Betriebsmittelkredit in Höhe von 30 000,– DM gelten sollen. Nachdem dieser im Sommer 1978 abgedeckt worden sei, sei sie von ihrer Bürgschaftsschuld frei geworden. Seit Sommer 1978 lebe sie von ihrem Mann in ihrer Wohnung getrennt. Sie habe für die Firma Tele-R. noch gearbeitet, weil sie Unterhalt bekommen habe. Von der Entwicklung der beiden Konten nach Sommer 1978, insbesondere von der weiteren Gewährung von Krediten, sei sie nicht unterrichtet worden. Daß der Klägerin überhaupt noch Darlehensansprüche zuständen, werde bestritten. Der Betriebsmittelkredit (gemeint wohl: der Refinanzierungskredit) sei bis 1. August 1984 auf 4 880,– DM zurückgeführt worden. Die Klägerin stützt ihren Anspruch in erster Linie auf die Bürgschaft für die über das Konto Nr. 3032825 gewährten Kredite, hilfsweise auch auf die Bürgschaft für den Refinanzierungskredit.

Das Landgericht verurteilte die Beklagte antragsgemäß, 100 000,– DM nebst Zinsen zu zahlen. Auf die Berufung der Beklagten wies das Oberlandesgericht die Klage ab. Die Revision der Klägerin führte zur Aufhebung und Zurückverweisung.

Aus den Gründen:

I.

Das Berufungsgericht meint, die Bürgschaftserklärung vom 4. Juli 1977 sei nichtig, weil sie der gesetzlichen Schriftform ermangele (§§ 766, 125 BGB). In ihr sei weder ein Höchstbetrag genannt noch die Angabe „in unbeschränkter Höhe" gemacht. Dadurch werde der Warnfunktion der vorgeschriebenen Schriftform in keiner Weise Rechnung getragen. Dagegen wendet sich die Revision zu Recht.

1. Zum Schutz des Bürgen, für den die Bürgschaft kein Handelsgeschäft ist, sieht § 766 BGB die Schriftform vor; sie soll den sich Verpflichtenden zur Vorsicht anhalten und ihn vor nicht ausreichend überlegten Erklärungen sichern (BGHZ 24, 297, 301; 25, 318, 320). Das Erfordernis der eigenen Namensunterschrift des Ausstellers der Bürgschaftsurkunde (§ 126 BGB) gilt für alle wesentlichen Teile einer Bürgschaftserklärung, nämlich die Person des Gläubigers, die Verbindlichkeiten, für die gebürgt werden soll, mithin auch für die Angabe des Hauptschuldners und für den Verbürgungswillen. Sie müssen aus der Bürgschaftsurkunde zu erkennen sein (Senatsurteil vom 12. Januar 1984 = WM 1984, 199).

a) Nach der ständigen Rechtsprechung des Bundesgerichtshofs ist die Hauptschuld betimmt genug bezeichnet, wenn der Bürge nach dem Inhalt der von ihm unterschriebenen Urkunde für die bestehenden und künftigen Ansprüche, die sich aus der bankmäßigen Geschäftsverbindung zwischen der Bank oder Sparkasse und dem Hauptschuldner ergeben, einzustehen versprochen hat (BGHZ 25, 318, 321; 77, 167; BGH, Urteile vom 3. Februar 1965 = NJW 1965, 965; vom 6. Juni 1977 = WM 1977, 812; vom 6. Dezember 1984 = WM 1985, 155).

b) Davon abzugehen, nämlich für den Fall, daß für künftige, der Höhe nach nicht feststehende Forderungen gebürgt werden soll, entweder schriftliche Festlegung eines Höchstbetrags der Bürgschaft oder Einfügung des Zusatzes „in unbeschränkter Höhe" zu fordern (vgl. Staudinger/Horn, BGB, 12. Aufl., vor § 765 Rdn. 22, § 765 Rdn. 10,

§ 766 Rdn. 14 a. E.), besteht kein Grund: Nach § 765 Abs. 1 BGB verpflichtet sich der Bürge durch den Bürgschaftsvertrag gegenüber dem Gläubiger eines Dritten, für die Erfüllung der Verbindlichkeit des Dritten einzustehen. Das Gesetz sieht als Regel die Bürgschaft ohne Höchstbetrag vor. Sie ist vom jeweiligen Bestand der Hauptverbindlichkeit abhängig (§ 767 Abs. 1 Satz 1 BGB) und kann, muß aber nicht, durch einen Höchstbetrag begrenzt werden. Nach § 765 Abs. 2 BGB kann die Bürgschaft auch für künftige Forderungen gegen den Hauptschuldner, deren Höhe noch nicht feststeht, übernommen werden. Eine solche Bürgschaft gehört zu den Regelfällen des Gesetzes. Es reicht also aus, daß die zu verbürgende Hauptforderung samt Hauptschuldner aus der Urkunde bestimmt werden kann. Dann ist den Anforderungen des § 766 BGB in seiner Warnfunktion genügt (vgl. Senatsurteil vom 6. Dezember 1984 a. a. O.).

2. Das ist hier der Fall. Das Berufungsgericht hat den Inhalt des maßgebenden Abs. 1 der Bürgschaftserklärung der Beklagten nicht ermittelt. Der erkennende Senat kann ihn daher selbst auslegen (Senatsurteile vom 13. Oktober 1983 = WM 1983, 1335; vom 20. Juni 1985 = WM 1985, 1172): In Abs. 1 ihrer Erklärung vom 4. Juli 1977 verbürgt sich die Beklagte selbstschuldnerisch für alle Ansprüche, die der Klägerin gegen die Firma Tele-R. aufgrund einer laufenden Rechnung, aus Krediten und Darlehen sowie in sonstiger Weise aus einer bankmäßigen Geschäftsverbindung gegenwärtig und künftig zustehen. Damit ist nicht irgendeine laufende Rechnung oder irgendeine Geschäftsverbindung gemeint, sondern die durch das Schreiben vom 30. Juni 1977 begonnene Geschäftsverbindung der Klägerin mit der Firma Tele-R. samt den dieser in laufender Rechnung gewährten Krediten. Diese Willenserklärung hat mit hinreichender Deutlichkeit im Text des Bürgschaftsformulars ihren Ausdruck gefunden (vgl. BGHZ 76, 187, 189). Danach hat die Beklagte als Bürgin für die Kredite einzustehen, die die Klägerin im Rahmen ihrer Geschäftsverbindung mit der Firma Tele-R. dieser in laufender Rechnung auf den Konten 3032825 (Betriebsmittelkredit) und 3032833 (Refinanzierungskredit) schon gewährt hatte und noch einräumen würde. Über diese Konten konnte die Beklagte selbst ohne Zustimmung ihres Ehemannes verfügen; sie konnte also auch jederzeit die Höhe der jeweiligen Schuld feststellen. Die Bürgschaft ist ohne zeitliche Grenze für die Dauer der Geschäftsverbindung der Klägerin mit der Firma Tele-R. übernommen. Demzufolge stand der Bürgin ein Recht zur Kündigung nach angemessener Dauer oder Eintritt wichtiger Umstände zu; sie hätte die Bürgschaftsschuld auf die Höhe begrenzen können, die die Verbindlichkeiten der Fa. Tele-R. aus den von der Klägerin gewährten Krediten im Zeitpunkt des Wirksamwerdens der Kündigung hatten (BGH, Urteile vom 9. März 1959 = WM 1959, 855, 856; vom 4. Juli 1985 = WM 1985, 969; MünchKomm/Pecher, § 765 BGB Rdn. 20; Staudinger/Horn, BGB 12. Aufl., § 765 Rdn. 78).

3. Absatz 1 der Bürgschaftserklärung enthält darüber hinaus die Bestimmung, daß die Beklagte sich verbürgt für Ansprüche, die der Klägerin gegen die Hauptschuldnerin „ferner aus abgetretenen und kraft Gesetzes bestehenden oder übergegangenen Forderungen, aus Bürgschaft und aus Wechseln – auch soweit diese von Dritten eingereicht worden sind – gegenwärtig oder künftig zustehen". Der äußere sprachliche Zusammenhang dieser Bestimmung mit der bisher erörterten Bürgschaftsverpflichtung ist zwar gegeben. Es handelt sich aber jeweils um inhaltlich selbständige Regelungen. Selbst wenn die Ansprüche aus außerhalb der bankmäßigen Geschäftsverbindung abgetretenen oder kraft Gesetzes bestehenden oder übergegangenen Forderungen und aus Wechseln, soweit diese von Dritten eingereicht worden sind, als verbürgte Verbindlichkeiten

nicht bestimmt genug bezeichnet sein sollten, haftet die Bürgin für die ausreichend umschriebenen Schulden der Firma Tele-R. aus deren Geschäftsverbindung mit der Klägerin. Denn wenn Bestimmungen der Bürgschaftserklärung ganz oder teilweise der Rechtswirksamkeit ermangeln, so sollen doch die übrigen Bestimmungen wirksam bleiben. Das schreibt der letzte Absatz der Bürgschaftserklärung ausdrücklich vor.

II.

Den im Bürgschaftsvordruck der Klägerin vorformulierten, nicht ausgehandelten Bürgschaftsvertrag hat das Berufungsgericht zu Recht den Geschäftsbedingungen im Sinne des § 1 AGBG zugeordnet.

1. Der festgestellte Inhalt der in Abs. 1 der Erklärung vom 4. Juli 1977 umschriebenen Bürgschaftsverpflichtung der Beklagten, nämlich daß sie auch für künftige, der Höhe nach unbeschränkte Verbindlichkeiten des Hauptschuldners aus seiner Geschäftsverbindung mit der Bank einzustehen hat, weicht nicht von den Rechtsvorschriften der §§ 765, 767 f. BGB ab und ergänzt diese auch nicht. Deshalb ist die Bürgschaftsverpflichtung insoweit gemäß § 8 AGBG nicht der Inhaltskontrolle nach §§ 9–11 AGBG unterworfen (vgl. Senatsurteil v. 6. Dezember 1984 – IX ZR 115/83, ZIP 1985, 267).

Aus demselben Grund, nämlich weil die Haftung der Bürgin für die Schulden eines Dritten in deren jeweiliger Höhe dem Gesetz entspricht, können entgegen Reinicke und Tiedtke (JZ 1985, 485) die Erwägungen in BGHZ 83, 56 (= NJW 1982, 1035) zur Inhaltskontrolle eines Vertrags, in dem ein Eigentümer an seinem Grundstück eine Grundschuld zur Sicherung eines fremden und zudem zweckgebundenen zinsvergünstigten Darlehens bestellt hat, nicht auf eine in der Höhe unbeschränkte Bürgschaft übertragen werden. Die Bestellung einer Grundschuld für die Schulden eines Dritten ist möglich, aber nicht die Regel; der Regelfall ist in BGH, Urteil v. 17. Dezember 1980 – VIII ZR 307/79, NJW 1981, 756 entschieden: Die Bestellung oder Abtretung von Grundschulden durch den Schuldner als Sicherheit für alle gegenwärtigen und künftigen, auch bedingten und befristeten Ansprüche aus der bankmäßigen Geschäftsverbindung begegnet keinen Bedenken. Wird ausnahmsweise eine Grundschuld für die Verbindlichkeit eines Dritten bestellt, mag der Schutz des Grundeigentümers unter den in BGHZ 83, 56 dargestellten besonderen Umständen gerechtfertigt sein. Den Bürgen schützen, befreien oder sonst entlasten zu wollen, weil er für bestehende und künftige Schulden des Hauptschuldners, also eines Dritten, in deren jeweiliger Höhe einzustehen hat, setzt eine Einschätzung der Rechtsbeziehung zwischen Gläubiger und Bürgen voraus, die der gesetzlichen Regelung widerspricht. Nach § 765 BGB haftet der Bürge immer für fremde Schulden. Erwägungen, die sich regelmäßig zugunsten und zum Schutze dessen einstellen, der, ohne ein Recht auf Gegenleistung zu erlangen, aufgrund einer einseitigen Verpflichtung zu leisten hat, müssen angesichts der gesetzlichen Regelung der Bürgschaft und des mit ihr verfolgten Zwecks der einseitigen Sicherung des Gläubigers unberücksichtigt bleiben.

2. Die Bestimmung der Bürgschaftsurkunde, auf die der Klageanspruch gestützt ist, nämlich daß die Bürgin für die Ansprüche einzustehen hat, die der Gläubigerin aus ihrer bankmäßigen Geschäftsverbindung mit der Hauptschuldnerin gegen diese, insbesondere aus Krediten in laufender Rechnung, gegenwärtig und künftig zustehen, ist keine überraschende Klausel i. S. des § 3 AGBG. Das hat der Senat im Urteil vom 6. Dezember 1984 (a. a. O.) bereits eingehend dargelegt. Die Kritik von Reinicke und Tiedtke (a. a. O.)

gibt dem Senat keinen Anlaß, von seiner Auffassung abzugehen: Der maßgebende Grund für diese bleibt, daß die Haftung des Bürgen auch für künftige Verbindlichkeiten des Hauptschuldners aus seiner Geschäftsverbindung mit dem Gläubiger einen im Gesetz ausdrücklich genannten Regelfall darstellt. Mit ihm muß derjenige rechnen, der als Bürge für dem Hauptschuldner zu gewährende Kontokorrentkredite einer Bank einstehen will und soll; denn diese werden oft über die zunächst vorgesehene Linie ausgedehnt, und ihre Höhe wird erst durch künftige Rechnungsabschlüsse bestimmt.

Die Fassung der Bürgschaftsurkunde läßt die Annahme eines Überrumpelungseffekts nicht zu. Das Versprechen, für die künftigen Schulden der Firma Tele-R. in unbestimmter Höhe zu haften, ist nicht versteckt, sondern aus dem ersten Absatz der Urkunde erkennbar. Zudem ist in der unteren linken Ecke der ersten Seite der Bürgschaftserklärung der Hinweis auf die unbegrenzte Bürgschaft enthalten.

Der erste Absatz der Bürgschaftsurkunde könnte allerdings klarer und übersichtlicher gefaßt sein. Sein Wortlaut und seine Anordnung führen jedoch nicht zur Annahme eines Überraschungseffekts. Das gilt umso mehr, als aufgrund des Schreibens vom 30. Juni 1977 der Ehemann der Beklagten und auch sie mit der Gewährung von Krediten bis zu einem Limit von 230 000 DM rechnen konnten.

III.

Das Berufungsgericht meint in seiner zweiten Begründung für die Klageabweisung, die ganze Bürgschaftserklärung sei deshalb nichtig, weil sie eine Vielzahl von unbilligen, unübersichtlichen und unklaren Einzelbestimmunen enthalte. Auch diese Auffassung begegnet durchgreifenden rechtlichen Bedenken:

1. Die Unwirksamkeit einzelner Bestimmungen der Bürgschaftserklärung ist unerheblich. Sind Allgemeine Geschäftsbedingungen ganz oder teilweise nicht Vertragsbestandteil geworden oder unwirksam, so bleibt der Vertrag im übrigen wirksam (§ 6 Abs. 1 AGBG). Soweit die Bestimmungen nicht Vertragsbestandteil geworden oder unwirksam sind, richtet sich der Inhalt des Vertrags nach den gesetzlichen Vorschriften (§ 6 Abs. 2 AGBG). Der Vertrag ist nur unwirksam, wenn das Festhalten an ihm auch unter Berücksichtigung der nach Abs. 2 vorgesehenen Änderung eine unzumutbare Härte für eine Vertragspartei darstellen würde (§ 6 Abs. 3 AGBG). Danach ist es das Ziel des Gesetzes, nach Möglichkeit die Nichtigkeit eines Vertrags zu vermeiden (BGHZ 90, 69, 77), ihn vielmehr unter Heranziehung der gesetzlichen Vorschriften aufrechtzuerhalten. Kann der Restvertrag mit oder ohne Ergänzung durch das dispositive Recht, also in seiner Ausgestaltung nach der Wertung des Gesetzes durchgeführt werden, so ist den Vertragspartnern in aller Regel das Festhalten am Vertrag zuzumuten. In der Abwicklung des Vertrags nach den gesetzlichen Normen kann eine unzumutbare Härte nicht gesehen werden.

So liegen die Dinge hier. Die Haftung der Beklagten ist allein auf Abs. 1 in der Bürgschaftserklärung gegründet, nach dem sie selbstschuldnerisch für die gegenwärtigen und künftigen Schulden ihres Mannes, des Inhabers der Firma Tele-R., aus der Geschäftsverbindung mit der Klägerin einzustehen hat. Diese Regelung entspricht, wie dargelegt, dem Leitbild des Gesetzes. Alle übrigen Klauseln des Vertrags könnten entfallen und durch das Recht der §§ 765 ff. BGB ersetzt werden, ohne daß die Rechte der Klägerin über Gebühr beeinträchtigt oder die Pflichten der Beklagten über die im Gesetz vorgesehene Haftung erweitert würden. Damit fehlt jeder Grund für die Annahme einer

§ 9　　　　　　　　　　　Generalklausel　　　　　　　　　　Nr. 12

unzumutbaren Härte i. S. des § 6 Abs. 3 AGBG. Der Bürgschaftsvertrag bleibt vielmehr nach § 6 Abs. 1 AGBG wirksam.

2. Wegen der Ausführungen des Berufungsgerichts zu den einzelnen Absätzen der Bürgschaftsurkunde sieht sich der Senat veranlaßt, auf die Rechtsprechung des Bundesgerichtshofs hinzuweisen, die eine Reihe der aufgeworfenen Fragen bereits geklärt hat:

a) Ob die in Absatz 1 der Bürgschaftserklärung weiter vorgesehene Haftung der Bürgin für alle Forderungen, die die Bank selbst außerhalb üblicher Bankgeschäfte von Dritten erwirbt (vgl. dazu BGH, Urt. v. 27. Juni 1979 – VIII ZR 233/78, NJW 1979, 2040; zur Bürgschaft für Forderungen, die die Bank im Rahmen ihrer üblichen Bankgeschäfte erworben hat: BGH, Urt. v. 24. November 1980 – VIII ZR 317/79, NJW 1981, 761), und für die Ansprüche aus Wechseln, die Dritte einreichen, als überraschende Klausel i. S. des § 3 AGBG zu gelten hat, wie das Berufungsgericht meint, oder schon dem Bestimmtheitsgrundsatz zuwiderläuft (§ 766 BGB), ist hier nicht zu entscheiden. Die Wirksamkeit der Vereinbarung, daß die Bürgin für die Verbindlichkeiten der Firma Tele-R. aus deren Geschäftsverbindung mit der Klägerin, insbesondere aus den in laufender Rechnung gewährten Krediten einzustehen hat, bleibt jedenfalls unberührt. Denn die anderen, damit im sprachlichen Zusammenhang des Abs. 1 stehenden Bestimmungen sind, wie bereits dargelegt, inhaltlich selbständige Regelungen. Da nur diese Bestimmungen als überraschende Klausel i. S. des § 3 AGBG in Betracht kommen, würden auch nur sie nicht Vertragsbestandteil geworden sein, während die Haftung der Bürgin im übrigen fortbestünde (vgl. BGH, Urteile v. 7. Oktober 1981 – VIII ZR 214/80, NJW 1982, 178, 181; v. 7. Juni 1982 – VIII ZR 139/81, NJW 1982, 2311, 2313; v. 29. Februar 1984 – VIII ZR 350/82, WM 1984, 663).

b) Soweit Absatz 2 der Bürgschaftserklärung vorsieht, daß die Kreditbürgschaft der Beklagten in vollem Umfang aufrechterhalten bleibt, auch wenn die Klägerin für die Hauptschuld bestellte Sicherheiten oder Rechte gegen einen Mitbürgen aufgibt, ist diese Regelung nicht nach dem AGBG zu beanstanden (st. Rspr. seit BGHZ 78, 137; vgl. BGH, Urt. v. 16. Februar 1984 – IX ZR 106/83, NJW 1984, 2455; v. 19. Dezember 1985 – III ZR 214/83, ZIP 1985, 1257 = WM 1985, 1307). Ob die im übrigen sehr weitgehende Freizeichnung der Bank in diesem Absatz der Inhaltskontrolle nach dem AGBG standhält, steht dahin.

c) Ein Verzicht auf die Einrede der Aufrechnung (§ 770 Abs. 2 BGB) ist entgegen der Meinung des Berufungsgerichts wirksam, auch soweit er die Berufung auf die Möglichkeit des Hauptschuldners, mit unbestrittenen und rechtskräftig festgestellten Forderungen aufzurechnen, ausschließt; das gilt nicht nur für einen Kaufmann, der ein Handelsgewerbe nach § 1 Abs. 2 Nr. 4 HGB betreibt (BGH, Urt. v. 16. Februar 1984 – IX ZR 106/83, NJW 1984, 2455), sondern auch für einen Bürgen, der nicht Kaufmann ist (BGH, Urt. v. 19. September 1985 – III ZR 214/83 a. a. O.). Nach dieser Entscheidung ist auch der Ausschluß der Einrede der vom Hauptschuldner nicht erklärten Anfechtung (§ 770 Abs. 1 BGB) wirksam.

d) Die Regelung in Absatz 4 ist mit § 9 AGBG vereinbar. Das hat der erkennende Senat im Urteil BGHZ 92, 374 = ZIP 1985, 18 für den hier gegebenen Fall entschieden, daß der Bürge für sämtliche Forderungen aus der Geschäftsverbindung mit der Bank einzustehen hat.

e) Absatz 5 der Bürgschaftserklärung ist hier schon deshalb unerheblich, weil die Beklagte selbst berechtigt war, über die Kreditkonten der Hauptschuldnerin zu verfügen. Sie hat auch verfügt und konnte mithin die jeweilige Höhe der in laufender Rechnung gewährten Kredite feststellen. Das hat das Berufungsgericht nicht beachtet.

f) Wird Absatz 6 der Bürgschaftserklärung dahin verstanden, daß die Klausel nur die Fälle betrifft, in denen die Identität des Hauptschuldners gewahrt bleibt, besagt die Klausel nicht mehr als ohnehin nach dem Gesetz, insbesondere für den Fall der Gesamtrechtsnachfolge, gilt (vgl. BGHZ 77, 167, 171).

g) Absatz 7 der Bürgschaftserklärung schließt die Gesamtschuldnerschaft von Mitbürgen (§ 769 BGB) aus. Das begegnet keinen Bedenken (BGHZ 88, 185; vgl. auch BGH, Urt. v. 24. Juni 1985 – II ZR 277/84, ZIP 1985, 919 = WM 1985, 905). Der Ausgleich unter den Mitbürgen nach § 426, § 774 Abs. 2 BGB ist dadurch nicht eingeschränkt (BGH a. a. O.). Der Ausschluß der §§ 422 ff. BGB benachteiligt einen Mitbürgen nicht über Gebühr.

h) Ob die in Absatz 11 der Bürgschaftserklärung vorgeschriebene ergänzende Geltung der Allgemeinen Geschäftsbedingungen der Bank überraschende oder die Beklagte unangemessen benachteiligende Klauseln zum Vertragsinhalt gemacht hat, bleibt offen. Nr. 19 Abs. 1 der Allgemeinen Geschäftsbedingungen der Klägerin ist allerdings nach den Grundsätzen des Senatsurteils BGHZ 92, 295 unwirksam, soweit der Klägerin das Recht eingeräumt wird, nicht nur vom Hauptschuldner, sondern auch für ihre Bürgschaftsansprüche eine ihr genehme Sicherheit vom Bürgen zu verlangen.

IV.

Nach alledem ist das angefochtene Urteil aufzuheben. Zur Entscheidung durch den erkennenden Senat ist die Sache jedoch nicht reif.

Anmerkung:

Das vorinstanzliche Urteil des OLG Stuttgart vom 12. 2. 1985 – 6 U 46/84 – ist abgedruckt in AGBE VI § 9 Nr. 16 = EWiR 1985, 155.

Nr. 14 Abs. 3 AGB der Banken findet dann keine Anwendung, wenn die Bank den Kreditnehmer in Verzug gesetzt hat. Soweit die Bank in diesem Fall in Nr. 18 Abs. 1 AGB der Banken auf Nr. 14 Abs. 3 verweist, ist die Klausel wegen Verstoßes gegen § 9 Abs. 2 Nr. 1 AGBG unwirksam. 13

BGH, Urteil vom 7. 11. 1985 – III ZR 128/84; BB 1986, 220 = DB 1986, 424 = MDR 1986, 293 = NJW-RR 1986, 205 = WM 1986, 8 = ZIP 1986, 21.

Sachverhalt:

Der Beklagte hatte bei der klagenden Bank einen Kredit von 85 000 DM aufgenommen zu einem Zinssatz von 8,25%, zurückzahlbar am 30. 9. 1981. Am Ende der Kreditlaufzeit zahlte der Beklagte an die Klägerin 35 000 DM zurück. Zur Tilgung des Darlehensrestes von 50 000 DM vereinbarten die Parteien einen neuen Kredit zu einem Zinssatz von vorläufig 14,75%. Die einmalige Bearbeitungsgebühr betrug 1% der Kreditsumme. Nachdem der Beklagte zwei der vier vorgesehenen vierteljährlichen Raten von je 12 625 DM geleistet hatte, erklärte er am 23. 8. 1982 die Anfechtung sämtlicher Willenserklärungen gemäß §§ 119, 123 BGB. Daraufhin kündigte die Klägerin den

Kredit am 18. 10. 1982 und forderte den Beklagten unter Fristsetzung bis zum 28. 10. 1982 zur Rückzahlung auf. Mit der Klage hat die Klägerin den Kreditkostensaldo per 30. 9. 1982 in Höhe von 27 147,05 DM nebst Zinsen ab 1. 10. 1982 in Höhe zwischen 10,75% und 13,75% zuzüglich 4,5% Überziehungsprovision ab 29. 10. 1982 verlangt. Das Landgericht hat der Klage stattgegeben, das Oberlandesgericht hat sie abgewiesen. Die Revision der Klägerin hatte im wesentlichen Erfolg.

Aus den Gründen:

...

II.

Der Klägerin stand aus dem 1979 geschlossenen Kreditvertrag ein Rückzahlungsanspruch gemäß § 607 BGB zu. Deshalb muß auch die auf das 1981 gewährte Tilgungsdarlehen gestützte Klage in der Hauptsache Erfolg haben ...

III.

1. Soweit für die Zeit vom 1. Oktober bis 28. Oktober 1982 13,75% Zinsen verlangt werden, ist die Klage teilweise begründet, im übrigen aber abzuweisen. Da für diese Zeit die Voraussetzungen des Verzugs nicht dargetan sind, kann sich der Anspruch nur auf die Zinsvereinbarung stützen. Vertragszinsen sind jedoch nur vom Darlehenskapitalrest zu entrichten, nicht dagegen von Zinsrückständen (§ 248 Abs. 1 BGB).

Die Voraussetzungen, unter denen § 355 Abs. 1 HGB eine Ausnahme vom Zinseszinsverbot zuläßt, sind von der Klägerin nicht dargetan. Eine Kontokorrentabrede ist zwar für den Bankgirovertrag typisch (Schlegelberger/Hefermehl, HGB, 5. Aufl., § 355 Rdn. 14; Canaris, Bankvertragsrecht, 2. Bearbeitung Rdn. 319), nicht aber für jeden Bankkredit. Gerade um eine Umgehung des Zinseszinsverbots zu vermeiden, ist vielmehr eine Abgrenzung zwischen Kontokorrent und ratenweiser Tilgung eines Darlehens nötig (Canaris in Großkomm. HGB, 3. Aufl., § 355 Rdn. 21, 26). Dem Beklagten war von der Klägerin kein Kontokorrentkredit, sondern ein – in vierteljährlichen Raten rückzahlbarer – Tilgungskredit eingeräumt worden, bei dem die monatlich anfallenden Zinsen nicht in die laufende Rechnung aufgenommen, sondern jeweils sofort entrichtet werden sollten.

Zu verzinsen ist danach nur das im zugesprochenen Saldo noch enthaltene Darlehenskapital einschließlich der Bearbeitungsgebühr, die als einmalige Belastung nicht unter den Zinsbegriff des § 248 BGB fällt (vgl. BGH, Urteil vom 20. November 1970 = WM 1971, 42; Senatsurteil vom 9. November 1978 = WM 1979, 225; Canaris, Bankvertragsrecht Rdn. 1324; Karsten Schmidt, Geldrecht, § 246 Rdn. 25, § 248 Rdn. 5). Das verzinsliche Kapital, das anfangs 50 000 DM + 1% = 50 500 DM betrug, beläuft sich nach Zahlung zweier Raten von je 12 625 DM noch auf 25 250 DM. Von diesem Betrag kann die Klägerin die vereinbarten Zinsen verlangen. Hinsichtlich des Restbetrages ist der Zinsanspruch für die Zeit bis zum 28. Oktober 1982 unbegründet.

2. Ab 29. Oktober 1982 befand sich der Beklagte aufgrund der berechtigten Darlehenskündigung und der im Kündigungsschreiben ausgesprochenen Mahnung mit dem gesamten Klagebetrag im Verzug. Für die Folgezeit verlangt die Klägerin Zinsen, deren Höhe sich nach dem durchschnittlichen Zinssatz für Kontokorrentkredite bemißt.

a) Diese Zinsforderung ist gerechtfertigt, soweit sie eine Grundlage in den gesetzlichen Vorschriften über den Ersatz des Verzugsschadens findet (§§ 286 ff. BGB). Auf die Zinsvereinbarung im Darlehensvertrag kann sich der Darlehensgeber dagegen nicht mehr stützen, wenn er das Darlehen gekündigt und Rückzahlung verlangt hat; danach scheidet auch die Annahme einer stillschweigenden Darlehensvereinbarung aus. Der Vertragszins stellte die vereinbarte Gegenleistung des Kreditnehmers für die berechtigte Nutzung des Darlehenskapitals dar. Nach Kündigung und Verzugseintritt fehlt diese Berechtigung zur Kapitalnutzung. Wenn der Kreditnehmer das Darlehenskapital trotzdem nicht zurückzahlt, ist er verpflichtet, dem Gläubiger Schadensersatz zu leisten, nicht aber die für die vertragliche Kapitalnutzung vereinbarten Zinsen weiterzuzahlen (vgl. zum Unterschied zwischen Stundungs- und Verzugszinsen Senatsurteil vom 19. September 1985 = WM 1985, 1305 zu II 1).

Auch aus § 301 BGB kann für diese Zeit keine Pflicht zur Zahlung des Vertragszinses hergeleitet werden, insbesondere nicht für einen Saldo, der neben einem Darlehenskapitalrest auch Zinsrückstände enthält. Das hat der Senat bereits in seinem Urteil vom 31. Januar 1985 ausgeführt (= WM 1985, 473 zu III 2b).

Ähnliches gilt auch, soweit nach einer vom Darlehensnehmer schuldhaft herbeigeführten Vertragsbeendigung ein Schadensersatzanspruch auf Weiterzahlung des Vertragszinses aus einer Analogie zu § 628 Abs. 2 BGB hergeleitet werden soll (vgl. Canaris, Bankvertragsrecht Rdn. 1338, 1347). Ein solcher Anspruch beschränkt sich auf die Zeit bis zur vertraglich vorgesehenen Rückzahlung – die hier am 30. September 1982 bereits abgelaufen war – und auf das Darlehenskapital, rechtfertigt also keine Verzinsung von Zinsrückständen (Senatsurteil vom 31. Januar 1985, a. a. O.).

b) Als Verzugsschadensersatz gemäß §§ 286 ff. BGB kann der Darlehensgeber dagegen, wenn sein Schaden im Verlust von Anlagezinsen oder in der Aufwendung von Kreditzinsen besteht, eine Verzinsung nicht nur des Darlehenskapitalrests, sondern auch der Zinsrückstände verlangen. Das Zinseszinsverbot in § 289 Satz 1 BGB beschränkt sich auf die gesetzlichen Verzugszinsen nach § 288 Satz 1 BGB, § 352 Abs. 1 Satz 1 HGB, schließt aber einen Schadensersatzanspruch wegen verzögerter Zinszahlung nicht aus (vgl. Senatsurteil vom 31. Januar 1985, a. a. O., zu III 2b cc a. E.). Darüber besteht grundsätzlich auch im Schrifttum Einigkeit; umstritten ist lediglich, ob und in welcher Weise der Verzugsschaden insoweit abstrakt berechnet und in AGB pauschaliert werden darf (einengend Reifner, BB 1985, 87, 91, 92; weitergehend Emmerich, FLF 1985, 188, 189; M. Löwisch, BB 1985, 961).

c) Nach dem Urteil BGHZ 62, 103 = WM 1974, 304 kann eine Bank bei der Berechnung ihres Verzugsschadens gemäß §§ 286 ff., 252 BGB davon ausgehen, daß sie einen ihr vorenthaltenen Geldbetrag im Rahmen ihres Geschäftsbetriebs gewinnbringend genutzt und dafür die in der fraglichen Zeitspanne üblichen Sollzinsen erhalten hätte (vgl. auch Senatsurteil vom 2. Dezember 1982 = WM 1983, 115 zu V 2 m. w. N.).

aa) Selbst wenn man von dieser Rechtsprechung ausgeht, rechtfertigt der bisherige Tatsachenvortrag der Klägerin ihre Zinsforderung nicht: Danach darf nämlich eine Bank, die regelmäßig Kreditgeschäfte verschiedener Art mit unterschiedlichen Sollzinssätzen tätigt, ihrer abstrakten Schadensberechnung nur einen Durchschnittsgewinn zugrunde legen, der sich nach ihrer speziellen Geschäftsstruktur richtet (BGHZ 62, 103, 109 = WM 1974, 304). Die Klägerin muß daher zur Begründung ihrer Zinsforderung substantiierte Angaben über die üblichen Erträge aller von ihr betriebenen Geschäftsarten und die Besonderheiten ihrer Geschäftsstruktur machen. Das hat sie bisher nicht getan, sondern den durchschnittlichen Sollzins für Kontokorrentkredite verlangt, der vielfach über den Sätzen anderer Kreditarten liegt. Da die Zinshöhe bisher in den Tatsacheninstanzen nicht hinreichend erörtert worden ist, erschien es angemessen, die Sache insoweit an das Berufungsgericht zurückzuverweisen und den Parteien Gelegenheit zu ergänzendem Vorbringen zu geben ...

d) Der Anspruch auf zusätzliche Zahlung von 4,5% Überziehungsprovision läßt sich, selbst wenn man von der im Urteil BGHZ 62, 103 = WM 1974, 304 für zulässig erachteten Art der abstrakten Schadensberechnung ausgeht, kaum rechtfertigen. Hätte die Klägerin in Höhe des geschuldeten Betrags einem anderen Kunden einen neuen Kredit gewährt, so hätte sie dafür nur ihre im Verzugszeitraum üblichen Sollzinsen erhalten, nicht aber darüber hinaus noch weitere 4,5%.

Die Klägerin kann den Anspruch auf Überziehungsprovision hier auch nicht auf Nr. 14 Abs. 3 ihrer AGB stützen. Nach dieser Bestimmung hat ein Kunde, der ohne ausdrückliche Vereinbarung sein Konto überzieht, statt etwa vereinbarter niedrigerer Zinsen, Gebühren und Provisionen die von der Bank im Rahmen des § 315 BGB für Überziehungen bestimmten höheren Zinsen, Gebühren und Provisionen zu tragen. Wenn die Bank eine Kontoüberziehung duldet, kann eine stillschweigende – wenn auch nach Nr. 17 Satz 1 AGB jederzeit kündbare – Kreditvereinbarung angenommen werden, für die der Bank ein Zinsbestimmungsrecht gemäß § 315 BGB eingeräumt wird.

Nach Nr. 18 Abs. 1 AGB soll diese Regelung auch gelten, wenn mit der Beendigung einer Geschäftsverbindung der Saldo eines für den Kunden geführten Kontokorrents fällig wird. Abgesehen davon, daß hier ein Kontokorrentverhältnis nicht vorliegt (siehe oben zu III 1), verbietet sich eine unveränderte Anwendung der in Nr. 14 Abs. 3 AGB getroffenen Regelung jedenfalls für die Zeit, nachdem die Bank den Kreditnehmer zur Rückzahlung gemahnt und in Verzug gesetzt hat. Von diesem Zeitpunkt an scheidet die Annahme einer stillschweigenden vertraglichen Weitergewährung des Kredits aus. Die Bank kann ihre Forderung danach nicht mehr auf eine Vertragszinsvereinbarung, sondern nur noch auf den gesetzlichen Anspruch auf Verzugsschadensersatz stützen. Ob sie dann noch die von ihr als Überziehungszinsen, -gebühren und -provisionen festgelegten Beträge verlangen kann, ist allein an den gesetzlichen Regelungen über die Verzugsschadensberechnung (§§ 286 ff., 252 BGB, 287 ZPO) zu messen. Soweit sich die Bank in Nr. 18 Abs. 1 AGB einen darüber hinausgehenden Bestimmungsfreiraum verschaffen will, ist die Klausel wegen Verstoßes gegen §§ 9 Abs. 2 Nr. 1, 11 Nr. 5 oder 6 AGBG unwirksam.

Überziehungsprovisionen, die den normalen Sollzinssatz übersteigen, könnte die Bank aufgrund einer abstrakten Verzugsschadensberechnung nach § 252 BGB allenfalls dann verlangen, wenn der Rückzahlungsverzug eines Darlehensschuldners nach dem gewöhnlichen Lauf der Dinge regelmäßig besondere Kosten verursachte, die sich in einem bestimmten, den normalen Zinssatz übersteigenden Prozentsatz der Schuldsumme bemessen lassen. Die Klägerin hat hierzu in der Revisionsverhandlung geltend gemacht, die Refinanzierung erfordere bei unerwartet auftretendem Geldbedarf regelmäßig einen höheren Zinsaufwand. Die Zurückverweisung bietet der Klägerin Gelegenheit, diesen Vortrag zu ergänzen und vom Berufungsgericht überprüfen zu lassen.

Nr. 14 *Bankvertragsklauseln* § 9

Bei einem Darlehen, das mit einem Disagio von 5% ausgezahlt werden soll, 14
kann eine AGB-Bestimmung über eine Nichtabnahmeentschädigung von 4,5%
wirksam vereinbart werden.

BGH, Urteil vom 12. 12. 1985 – III ZR 184/84; WM 1986, 156.

Sachverhalt:

Die Beklagten wollten sich, um Steuern zu sparen, an einem von der Firma AMB geplanten größeren Bauvorhaben nach dem sog. Bauherrenmodell beteiligen. Sie schlossen mit der Firma AMB am 20. November 1978 einen privatschriftlichen Betreuungs- und Verwaltungsvertrag und erteilten ihr in notarieller Urkunde vom 29. November 1978 die Vollmacht, für sie ein Grundstück zum Bau eines Einfamilienreihenhauses zu erwerben und zur Finanzierung Darlehen aufzunehmen. Zur langfristigen Finanzierung erklärte sich in einem Schreiben an die Firma AMB vom 20. August 1979 die Klägerin bereit. Sie übermittelte den Beklagten ein „Angebot einer Gesamtbaufinanzierung" über insgesamt 374 895 DM. Danach sollte der Auszahlungskurs 95%, das Disagio von 5% bei Vertragsschluß fällig sein. Ab 1. Mai 1980 waren Bereitstellungszinsen von 0,25% p. M. vorgesehen. Das Darlehen sollte nach Fertigstellung des Baus – nach Nr. 5.6 der Gesamtbaufinanzierungsbedingungen (GBB) spätestens zwei Jahre nach der Zusage – ausgezahlt werden und eine Laufzeit von 26 Jahren und 3 Monaten haben. Für fünf Jahre wurden als Konditionen ein Zinssatz von 8,5% und eine Tilgungsleistung von 1% festgeschrieben. Unter Nr. 6.1 der GBB war ein Rücktrittsrecht der Klägerin u. a. für den Fall vorgesehen, daß „feststeht, daß das Darlehen nicht innerhalb der in Ziff. 5.6 GBB genannten Frist abgenommen wird". In Nr. 6.2 GBB heißt es:

„Im Fall des Rücktritts vom Darlehensvertrag fordert die Bank vom Darlehensnehmer neben bereits ausgezahlten Darlehensteilbeträgen die bis zum Rücktritt angefallenen Zinsen und Bereitstellungszinsen und zur Abgeltung von Gebühren, Kosten und entgangenem Gewinn eine pauschale Entschädigung von 4,5 v. H. des Darlehensbetrages.

Diese Entschädigung ist höher oder niedriger anzusetzen, wenn die Bank einen höheren oder der Darlehensnehmer keinen oder einen geringeren Schaden nachweist."

Nachdem bereits die Firma AMB aufgrund der ihr erteilten notariellen Vollmacht dieses Darlehensangebot am 4. Februar 1980 angenommen hatte, verlangte die Klägerin noch eine entsprechende Erklärung der einzelnen Bauherren. Deshalb unterzeichneten die Beklagten im März/April 1980 die Annahmeerklärung auch persönlich. Danach belastete die Klägerin das Kreditkonto der Beklagten vereinbarungsgemäß rückwirkend zum 21. Dezember 1979 mit dem 5%igen Disagio und stellte ab 1. Mai 1980 die Bereitstellungszinsen in Rechnung.

Die Firma AMB hatte im Namen der Beklagten am 16. August 1979 das vorgesehene Grundstück gekauft. In der Folgezeit ergaben sich aber bei der Kaufvertragsabwicklung und der Erschließung des Baugeländes Verzögerungen, die zu einer Baukostenerhöhung führten und schließlich eine Durchführung des Vorhabens unmöglich machten. Daraufhin erklärte die Klägerin mit Schreiben vom 12. November 1981 den Rücktritt von ihrer Darlehenszusage und forderte Zahlung der bereits angefallenen Zinsen und der vereinbarten Pauschalentschädigung von 4,5% des Darlehensbetrags. Mit der Klage hat die Klägerin von dem Beklagten als Gesamtschuldner insgesamt 37 804,01 DM nebst Zinsen verlangt.

Das Landgericht hat der Klage in Höhe von 31 163,14 DM stattgegeben. Das Oberlandesgericht hat die Beklagten zur Zahlung weiterer 2255,70 DM verurteilt. Die Revision der Beklagten wurde mit der Maßgabe zurückgewiesen, daß sie als Gesamtschuldner insgesamt nur 33 348,23 DM nebst Zinsen zu zahlen haben, die Klage also in Höhe weiterer 70,61 DM nebst Zinsen abgewiesen wird.

Aus den Gründen:

...

3. Aufgrund der Darlehensvereinbarungen hat das Berufungsgericht der Klägerin für die Zeit ab 1. Mai 1980 bis zum 30. September 1981 Bereitstellungszinsen in Höhe von

monatlich 0,25% des – um das Disagio von 5% gekürzten – Darlehensbetrages zugesprochen. Dagegen wendet sich die Revision der Beklagten ohne Erfolg.

Der erkennende Senat hat bereits in seinem Urteil vom 16. März 1978 (III ZR 112/76 = BB 1978, 833 = LM § 607 BGB Nr. 28) die Vereinbarung von Bereitstellungszinsen (Bereitstellungsprovision) auch für den Fall, daß der Kredit später nicht in Anspruch genommen wird, grundsätzlich gebilligt. Durch das Inkrafttreten des AGB-Gesetzes hat sich die Rechtslage insoweit nicht verändert (vgl. Senatsurteil vom 8. November 1984 – III ZR 132/83 = WM 1985, 10, 11, 12 zu 6.). Wenn die Bereitstellungszinsen in den genannten Entscheidungen als Ausgleich für die Bereithaltung der zugesagten Darlehensmittel angesprochen werden, so bedeutet das nicht, daß die Bank als Voraussetzung ihres Anspruchs darlegen und beweisen muß, daß sie tatsächlich für den Darlehensnehmer bestimmte Geldbeträge festgelegt oder zumindest entsprechende Refinanzierungsvereinbarungen mit Dritten getroffen hatte. Bereitstellungszinsen sind die Gegenleistung für die von der Bank übernommene Verpflichtung, dem Kunden die versprochenen Darlehensmittel während der vereinbarten Zeit auf Abruf zur Verfügung zu stellen. Wie die Bank diese Verpflichtung erfüllt, ist ihre Sache; sie hat dem Kunden gemäß § 279 BGB für ihre Leistungsfähigkeit im Zeitpunkt des Abrufs in jedem Fall einzustehen (vgl. Canaris, Bankvertragsrecht 2. Aufl. Rn. 1216; OLG Koblenz, WM 1983, 802, 803). Die vereinbarte Gegenleistung für die übernommene Verpflichtung steht der Bank zu, ohne daß sie gehalten wäre, dem Kunden zu offenbaren, auf welche Weise sie ihre Auszahlungsverpflichtung zu erfüllen beabsichtigte.

4. Das Berufungsgericht hat der Klägerin neben den Bereitstellungszinsen auch die unter Nr. 6.2 GBB vereinbarte pauschale Entschädigung von 4,5% des Darlehensbetrages zugesprochen. Auch dagegen wendet sich die Revision vergeblich.

a) Mit Recht hat das Berufungsgericht es abgelehnt, die Entschädigungsbestimmung als überraschende Klausel im Sinne des § 3 AGBG zu werten. Zwar fand sich diese Bestimmung nicht in dem vom Darlehensnehmer zu unterschreibenden Formular „Angebot einer Gesamtbaufinanzierung", sondern nur in den mehrseitigen Gesamtbaufinanzierungsbedingungen, die in dem Angebot erwähnt und ihm beigefügt waren. Bereits das Berufungsgericht hat zutreffend darauf hingewiesen, daß in das Angebotsformular erkennbar nur die für die ordnungsgemäße Vertragsabwicklung maßgeblichen Bestimmungen aufgenommen waren und der Darlehensnehmer daher damit rechnen mußte, daß die weiteren AGB Regelungen für Vertragsstörungen enthielten. Insbesondere auch Bestimmungen über eine Pauschalentschädigung bei Nichtabnahme eines bewilligten Baudarlehens sind in derartigen AGB nichts Außergewöhnliches (vgl. Nr. I 2 der AGB für Grundschulddarlehen, abgedruckt bei Bunte, Handbuch der AGB, S. 212; ferner Senatsurteile vom 16. März 1978 a. a. O. und vom 21. Februar 1985 – III ZR 207/83 = ZIP 1985, 673; OLG Nürnberg, WM 1968, 346; OLG Koblenz, WM 1983, 802; OLG Hamm, ZIP 1985, 1385, 1386; Fehl, Systematik des Rechts der AGB, S. 200; v. Westphalen, ZIP 1984, 1, 2 zu 2.2.3).

Allerdings sprechen die zitierten Entscheidungen und Schrifttumsnachweise dafür, daß in AGB üblicherweise nur Nichtabnahmeentschädigungen von 2%, allenfalls 3% der Darlehenssumme vereinbart werden. Deshalb sind Fälle denkbar, in denen ein Darlehensnehmer nicht mit einer wesentlich höheren Pauschalentschädigung zu rechnen braucht, weil die vereinbarten Kreditkonditionen der Bank nur die übliche Gewinnerwartung sichern. Die Beklagten hatten hier jedoch, weil sie sich davon steuerliche Vorteile versprachen, der Klägerin ein sofort fälliges Disagio in Höhe von 5% zugestanden, das nach den Feststellungen des Berufungsgerichts nicht als verschleierter Zins anzusehen war, sondern der Bank nach Darlehensauszahlung in jedem Fall, auch bei vorzeitiger Kündigung nach § 247 BGB, voll verbleiben sollte (vgl. Senatsurteil BGHZ 81, 124). Unter diesen Umständen mußten die Beklagten damit rechnen, daß sich die Bank für den Fall, daß das Darlehen nicht vereinbarungsgemäß abgenommen würde und deswegen ihr Anspruch auf das Disagio entfiele (vgl. Senatsurteil vom 21. Februar 1985 a. a. O.), eine höhere Entschädigung versprechen ließ, wenn diese ihrer gesicherten Gewinnerwartung entsprach.

b) Die streitige Bestimmung hält auch der Inhaltskontrolle nach §§ 9 bis 11 AGBG stand.

Der erkennende Senat hat bereits im Urteil vom 21. Februar 1985, a. a. O., entschieden, daß eine AGB-Klausel, in der sich eine Hypothekenbank bei einem Disagio von 3% eine Nichtabnahmeentschädigung von 3% versprechen läßt, weder gegen die Generalklausel des § 9 noch gegen die Spezialbestimmungen der §§ 10, 11 AGBG verstößt. Im vorliegenden Fall ist trotz der Unterschiede keine andere Beurteilung geboten.

aa) Auch hier ergibt sich aus den AGB eine Verpflichtung des Darlehensnehmers, innerhalb bestimmter Zeit die vereinbarten Voraussetzungen der Darlehensauszahlung zu schaffen und das Darlehen abzunehmen. Es verstößt nicht gegen § 9 AGBG, wenn die GBB für den Fall, daß die Unfähigkeit des Darlehensnehmers, diese Verpflichtungen fristgerecht zu erfüllen, bereits vor Fristablauf feststeht, der Bank das Recht einräumen, sich von ihrem Darlehensversprechen zu lösen und eine Entschädigung nicht nur für ihre bereits entstandenen Kosten, sondern auch für den entgangenen Gewinn zu verlangen. Das gilt auch dann, wenn es deswegen nicht zur Darlehensauszahlung kommt, weil das zu finanzierende Bauvorhaben scheitert, selbst wenn der Darlehensnehmer dieses Scheitern nicht schuldhaft herbeigeführt hat. Mit den wesentlichen Grundgedanken der gesetzlichen Regelung des Darlehensvertrages ist es durchaus vereinbar, wenn der Darlehensnehmer das volle Risiko der Darlehensverwendung zu tragen hat. Eine andere Regelung mag in Ausnahmefällen geboten sein, in denen die Gründe des Scheiterns der Bank zuzurechnen sind (vgl. auch BGHZ 83, 301); diese besonderen Voraussetzungen liegen hier aber nicht vor.

Zu Unrecht meint die Revision, der Darlehensnehmer werde durch die Verpflichtung zur Zahlung einer Nichtabnahmeentschädigung jedenfalls dann unangemessen benachteiligt, wenn die Bank vor ihrem Rücktritt noch keinerlei eigene Leistungen erbracht habe. Es verstößt nicht gegen Treu und Glauben, daß eine Vertragspartei auch ohne eigene Leistung Anspruch auf Ersatz des entgangenen Gewinns hat, wenn der Gegner ihre Leistung vertragswidrig nicht abnimmt. Hier liegt es anders als in dem vom VII. Zivilsenat des Bundesgerichtshofs entschiedenen Fall, in dem sich der AGB-Verwender für eine einverständlich nicht in Anspruch genommene Leistung die volle Vergütung versprechen ließ (Urteil vom 5. April 1984 – VII ZR 196/83 = WM 1984, 898).

bb) Der Höhe nach verstößt die vereinbarte Schadensersatzpauschale von 4,5% der Darlehenssumme nicht gegen § 11 Nr. 5 AGBG. Sie übersteigt nicht den nach dem gewöhnlichen Lauf der Dinge zu erwartenden Schaden der Klägerin (§ 11 Nr. 5a AGBG). Die Möglichkeit, einen geringeren Schaden nachzuweisen, wird dem Darlehensnehmer in den GBB nicht abgeschnitten (§ 11 Nr. 5b AGBG), sondern in Nr. 6.2 ausdrücklich eingeräumt.

Allein das vereinbarte Disagio lag mit 5% über der Schadenspauschale. Schon bei Auszahlung des Darlehens hätte der Klägerin dieses Disagio zugestanden; es wäre ihr ohne Rücksicht auf die spätere Laufzeit des Darlehens endgültig verblieben. Durch die Nichtabnahme ist der Klägerin das Disagio entgangen (vgl. Senatsurteil vom 21. Februar 1985 a. a. O.).

Das vereinbarte Disagio steht der Bank allerdings nicht in voller Höhe als entgangener Gewinn zu. Es dient vielmehr im Regelfall auch zum Ausgleich der durch die Darlehensauszahlung entstehenden Verwaltungs- und Kapitalbeschaffungskosten. Wenn die Klägerin hier – wie nach dem Vortrag der Beklagten zu unterstellen ist – vor dem Rücktritt das Darlehenskapital noch gar nicht bereitgestellt und auch keine konkreten Refinanzierungsvereinbarungen getroffen hatte, so ersparte sie durch den Rücktritt die Refinanzierungskosten. Der zu ersetzende Schaden umfaßt dann neben den bereits entstandenen Bearbeitungskosten nur den entgangenen Gewinn, also die Differenz zwischen den bei Vertragsdurchführung zu erwartenden eigenen Gesamtkosten und der Gegenleistung des Darlehensnehmers.

Auch wenn deswegen der durch das entgangene Disagio entstandene Schaden unter der Pauschale von 4,5% liegt, ist doch zu berücksichtigen, daß der Klägerin bei Abnahme des Darlehens auch noch die jährlichen Zinsen von 8,5% zugeflossen wären. Zumindest der darin enthaltene Gewinnanteil ist ihr durch die Nichtabnahme ebenfalls entgangen. Bei der Berechnung des insoweit zu erwartenden Gewinns kann hier eine Darlehenslaufzeit von mindestens fünf Jahren zugrundegelegt werden. Zwar stand den Beklagten gemäß § 247 BGB ein Recht zur vorzeitigen Kündigung zu. Mit dessen Ausübung vor Ablauf der vertraglichen Zinsbindungsfrist war aber schon deswegen nicht zu rechnen, weil die Beklagten das hohe Disagio auch bei vorzeitiger Beendigung des Darlehensvertrages in voller Höhe hätten tragen müssen (vgl. Senatsurteil BGHZ 81, 124).

Insgesamt bestehen daher bei einem Disagio von 5%, einem jährlichen Zinssatz von 8,5% und einer voraussichtlichen Laufzeit von mindestens fünf Jahren, selbst wenn man berücksichtigt, daß die Zinsansprüche nur abschnittsweise entstanden und fällig geworden wären, gegen eine sofort zu zahlende Nichtabnahmeentschädigung von 4,5% keine durchgreifenden Bedenken.

5. Im Gegensatz zum Landgericht hat das Berufungsgericht der Klage auch stattgegeben, soweit die Klägerin in den Saldo per 30. September 1981 auch 1412,19 DM Zinsen auf die Bereitstellungszinsen eingestellt und als Teil der bezifferten Hauptforderung geltend gemacht hat.

Dieser Anspruch ist dem Grunde nach gerechtfertigt. Selbst wenn man mit dem Landgericht insoweit die Voraussetzungen des Verzugs als nicht dargetan ansieht, läßt sich eine Verzinsungspflicht auch aus einer stillschweigenden Kreditvereinbarung herleiten, weil die Beklagten die monatlich fällig werdenden Bereitstellungszinsen nicht sofort bezahlt, sondern auf ihrem Konto bei der Klägerin entsprechende Belastungen haben buchen lassen. Einen Verstoß gegen das Zinseszinsverbot hat das Berufungsgericht mit Recht verneint, weil die Bereitstellungszinsen keine Zinsen im Sinne des § 248 Abs. 1 BGB darstellen (Senatsurteil vom 16. März 1978 a. a. O. zu II 4). Dagegen werden von der Revision auch keine Einwendungen mehr erhoben.

Der Zinsanspruch ist aber der Höhe nach nicht in vollem Umfang begründet. Die Zinsberechnung der Klägerin ging davon aus, daß ihr Bereitstellungszinsen von der vollen Darlehenssumme = 374 895 DM zustanden. Nach dem Berufungsurteil waren die

Bereitstellungszinsen aber nur von dem tatsächlich bereitzustellenden Betrag, also von 95% der Darlehenssumme zu berechnen. Der Zinsanspruch für die Bereitstellungszinsen vermindert sich daher ebenfalls um 5% von 1412,19 DM auf 1341,58 DM. In Höhe des Unterschiedsbetrages von 70,61 DM hat die Revision Erfolg ...

Das Pfandrecht einer Bank gegenüber einem Kreditkunden nach Nr. 19 Abs. 2 AGB der Banken erstreckt sich auch auf den Gebührenanspruch des Kreditkunden aus einem Servicevertrag, den die Bank mit ihm abgeschlossen hat. **15**

OLG Frankfurt, Urteil vom 22. 1. 1985 – 5 U 77/84 – rechtskräftig; WM 1985, 512.

Aus den Gründen:

Soweit die Beklagte dem Anspruch auf Zahlung von 15 142,– DM mit dem Pfandrecht nach Nr. 19 Abs. 2 AGB begegnen will, steht dem zwar der Inhalt des Managementvertrages nicht entgegen, denn die für den Kreditvertrag geltenden AGB der Beklagten sehen in Nr. 19 Abs. 2 vor, daß die „irgendwie in den Besitz oder die Verfügungsgewalt irgendeiner Stelle der Bank gelangten oder noch gelangenden Rechte, einschließlich der Ansprüche des Kunden gegen die Bank selbst, als Pfand für alle bestehenden und künftigen Ansprüche der Bank gegen den Kunden dienen". Daß die AGB der Beklagten für den Managementvertrag nicht gelten, hindert demgemäß ihre Anwendung für die Abwicklung des Kreditvertrages nicht. Indes ist die Geltendmachung des rechtsgeschäftlich erworbenen Pfandrechts durch § 48 KO insoweit eingeschränkt, als ein Gläubiger nur abgesonderte Befriedigung aus dem ihm verpfändeten Gegenstand verlangen kann.

Die Beklagte ist demgemäß auf die im Konkursfalle weiterhin zulässige Aufrechnung nach §§ 53 ff. KO beschränkt. Das Landgericht hat die Aufrechnungserklärung der Beklagten in der am 22. Juli 1982 erfolgten Umbuchung der Beträge für die Monate Dezember 1981 und Januar 1982 auf das Kreditkonto der Gemeinschuldnerin erblickt. Funktionell steht ein solches Pfandrecht der Aufrechnungsmöglichkeit weitgehend gleich, geht sogar über diese insofern hinaus, als es auch zum Schutz nicht aufrechenbarer Forderungen wirkt (Canaris, Bankvertragsrecht, Rdn. 2680). Letztlich bedarf die Frage nach dem Erklärungszeitpunkt keiner Entscheidung, weil die Beklagte spätestens mit Schriftsatz vom 28. Oktober 1983 die Aufrechnung erklärt hat.

Zutreffend hat das Landgericht ausgeführt, daß die Beklagte nicht durch das in § 10 S. 2 des Managementvertrages enthaltene Aufrechnungsverbot gehindert ist, die Aufrechnung im Konkurs des durch das Verbot Begünstigten zu erklären. Ohne Rechtsfehler und in Übereinstimmung mit der Rechtsprechung (u. a. BGHZ 23, 131, 136; RGZ 124, 8, 10; BGH LM § 387 BGB Nr. 41) hat das Landgericht eine Überprüfung des von den Parteien Erklärten und Gewollten vorgenommen. Zwar mag eine Rechtsvermutung für die Nichtgeltung des Aufrechnungsausschlusses beim Konkurs des Aufrechnungsgegners nicht gelten. Die Überprüfung des Einzelfalles kann aber nicht außer Betracht lassen, daß es an jeglichem Anhaltspunkt dafür fehlt, daß sich die Beklagte auch für den Fall des Konkurses der K.-KG des Aufrechnungsrechts hätte begeben wollen. So wäre es umgekehrt mit § 9 AGBG und dem Schutzzweck von Nr. 2 Abs. 1 AGB der Banken auch nicht vereinbar, wollte man dem Bankkunden die Sicherungsfunktion der Aufrechnungsmöglichkeit im Konkurs oder im Vergleich nehmen. Der Kunde kann daher

§ 9   *Generalklausel*   Nrn. 15–16

im Konkurs der Bank auch dann nach den §§ 53 ff. KO aufrechnen, wenn ihm diese Möglichkeit außerhalb des Konkurses durch Nr. 2 Abs. 1 AGB genommen ist (Canaris, a. a. O., Rdn. 2552, BGH WM 1978, 1042, 1044 für den Vergleich). ...

16   **Zu unwirksamen Klauseln in einer Bürgschaftserklärung, die einseitig die Rechte des Bürgen einschränken und zur Nichtigkeit des gesamten Bürgschaftsvertrages führen.**

OLG Stuttgart, Urteil vom 12. 2. 1985 – 6 U 46/84 – nicht rechtskräftig;

Sachverhalt:

Die Klägerin nimmt die Beklagte aus einer Bürgschaft in Anspruch, welche die Beklagte durch Bürgschaftserklärung vom 4. Juli 1977 für Verpflichtungen aus Kreditgewährungen der Klägerin für den Geschäftsbetrieb des Ehemannes übernommen hat.

Die Kreditgewährung der Klägerin an den Ehemann der Beklagten begann mit einer schriftlichen Kreditzusage vom 30. Juni 1977, wonach dem Ehemann der Beklagten ein Barkredit von 30 000,– DM eingeräumt wurde, der zunächst bis 30. Juni 1978 befristet war. In dem Schreiben wurde weiterhin zugesagt, daß die Klägerin eine Refinanzierung von vermieteten Fernsehgeräten vornehme bis zur Höhe von 2/3 des Kaufpreises des jeweiligen Gerätes. Aus dem Schreiben ergibt sich auch, daß die Beklagte die selbstschuldnerische Bürgschaft übernehmen sollte.

In der Folgezeit wurde der Kreditrahmen des Ehemanns der Beklagten verschiedentlich ausgeweitet. Durch Schreiben vom 14. September 1982 und erneut durch Schreiben vom 24. Mai 1983 kündigte die Klägerin die gewährten Kredite. Sie beziffert die offene Forderung zur Zeit der Kündigung mit 108 902,53 DM sowie weiteren 15 070,– DM. Hiervon macht die Klägerin einen Teilbetrag in Höhe von 100 000,– DM mit der Klage geltend.

Das Landgericht hat der Klage stattgegeben.

Die Berufung der Beklagten hatte Erfolg und führte zur Klageabweisung.

Aus den Gründen:

I.

Die Bürgschaftserklärung der Beklagten ist nichtig, denn sie mangelt der gesetzlichen Schriftform (§ 766 Satz 1 BGB i. V. m. § 125 BGB). ...

II.

Abgesehen davon ist die Bürgschaftserklärung der Beklagten auch nichtig, weil sie eine Vielzahl von unbilligen, unübersichtlichen und unklaren Einzelbestimmungen enthält.

1. Die Bezeichnung der Forderungen, für die die Bürgschaft gelten soll, ist so umfassend, daß sie als überraschende Klausel gewertet werden muß (§ 3 AGBG). Die Bürgschaft umfaßt nicht nur alle Forderungen aus bankmäßiger Geschäftsverbindung und aus Wechseln, auch soweit sie von Dritten eingereicht worden sind (insoweit zutreffend OLG Karlsruhe WM 1984, 1049), sondern auch alle Forderungen, welche die Bank von Dritten erwirbt, wobei dieser Erwerb sich noch nicht einmal im Rahmen üblicher Bankgeschäfte vollziehen muß.

2. Absatz 2 der Bürgschaftsurkunde enthält eine umfassende Blankovollmacht, hinsichtlich der gesicherten Ansprüche oder bei der Verwertung von Sicherheiten nach Gutdünken zu verfahren, sowie eine unwirksame Haftungsfreistellung mit salvatorischer Klausel (Palandt/Heinrichs, Vorbem. vor § 8 AGBG, Anm. 3 b). Das gleiche gilt für den in Absatz 3 der Urkunde enthaltenen Verzicht auf Einwendungen nach § 777 BGB.

3. Absatz 2 enthält ferner einen Verzicht auf die Rechte nach § 776 BGB. Dies ist zwar formularmäßig möglich (BGHZ 78, 137), muß aber im Zusammenhang mit den übrigen Bedingungen gesehen werden.

4. Absatz 3 enthält einen Verzicht auf sämtliche Bürgeneinreden, wobei die Einrede der Anfechtbarkeit und der Aufrechnung auch bei unbestrittenen oder rechtskräftig festgestellten Forderungen nicht zugelassen sein soll (hierzu BGH NJW 1981, 761).

5. In Absatz 4 wird zum Nachteil des Bürgen der gesetzliche Forderungsübergang nach § 774 BGB abbedungen. Der Klägerin ist daneben gestattet, durch Aufgabe von anderen Sicherheiten deren Übergang auf den Bürgen zu verhindern. Eine solche Regelung ist unangemessen (Ulmer/Brandner/Hensen, AGB-Gesetz, 4. Aufl. 1982, Anh. §§ 9–11 Rdz. 261).

6. Absatz 5 enthält eine unzulässige Freizeichnung davon, den Bürgen vom Stand der Hauptschuld zu unterrichten, und dies, obwohl die Klägerin berechtigt war, ohne Zustimmung des Bürgen dem Hauptschuldner weitere Kredite zu gewähren (Brandner a. a. O. Rdz. 262).

7. Die Erstreckung der Bürgschaft auch auf eine geänderte Rechtsform der Firma des Hauptschuldners (Abs. 6) ist nachteilig für den Bürgen, vor allem wenn der Hauptschuldner seine Firma in eine GmbH umwandelt.

8. Absatz 7 schließt das Entstehen einer Gesamtschuld mit weiteren Bürgen gem. § 769 BGB aus, während der einzelne Bürge jedoch nach wie vor der Klägerin gesamtschuldnerisch haftet.

9. Durch die Bezugnahme auf die Allgemeinen Geschäftsbedingungen in Absatz 10 wird eine Mithaftung der der Klägerin zur Verwahrung übergebenen Wertsachen begründet (Nr. 19 Abs. 2 AGB). Eine solche Klausel ist überraschend (Ulmer a. a. O., § 3 Rdz. 26).

10. Auch in diesem Zusammenhang muß die Unklarheit über die Höhe der Bürgenhaftung gesehen werden. Alles in allem ist festzustellen, daß sämtliche Klauseln jeweils einseitig die Rechte des Bürgen einschränken. Die Vielzahl dieser unbilligen Einzelbestimmungen führt zur Nichtigkeit des gesamten Bürgschaftsvertrages. Der Vertrag weist durchweg Klauseln auf, die entweder eine mit Treu und Glauben unvereinbare Beschränkung des Bürgen enthalten oder einen ihn sonst in unbilliger Weise belastenden Inhalt haben oder wegen ihrer mangelnden Klarheit oder unübersichtlichen Einordnung in den Vertrag zu beanstanden sind. Einen billigenswerten Inhalt könnte das Vertragswerk nur erhalten, wenn die zu beanstandenden Bestimmungen teils fortfallen, teils auf eine hinnehmbare Regelung zurückgeführt würden. Diese notwendigen Änderungen würden jedoch zu einer gänzlich neuen, von der bisherigen völlig abweichenden Vertragsgestaltung führen, die vom Parteiwillen nicht mehr getragen wäre. Eine derart weitgehende Umgestaltung des Vertrages ist nicht Aufgabe des Senats (BGH NJW 1983, 159).

Anmerkung:

Durch Urteil vom 7. 11. 1985 – IX ZR 40/85 –, AGBE VI § 9 Nr. 12 = WM 1986, 95, hat der BGH das Berufungsurteil aufgehoben und die Sache zurückverwiesen.

17 Zu unwirksamen Klauseln in Ratenkreditverträgen.

OLG Hamburg, Urteil vom 15. 3. 1985 – 11 U 4/85 – rechtskräftig;

Aus den Gründen:

...

Beide Ratenkreditverträge müssen als nichtig im Sinne von § 138 Abs. 1 BGB angesehen werden.

1. In beiden Verträgen übersteigt der sich errechnende effektive Vertragszins den marktüblichen Vergleichszins um deutlich mehr als 100% ...

2. Zwar führt eine Steigerung von mehr als 100% noch nicht ohne weiteres zu einem auffälligen Mißverhältnis der Vertragsleistungen, das eine Nichtigkeit nach § 138 Abs. 1 BGB begründen würde. Zu diesem Ergebnis gelangt man hier aber gleichwohl, wenn die sonstigen Vertragsbedingungen zusätzlich in Betracht gezogen werden (wegen der insoweit maßgeblichen Gesichtspunkte für die Gesamtwürdigung des Vertragsinhaltes vgl. insbesondere BGHZ 80, 153, 160 f. = NJW 1981, 1206, 1207). Die wertende Einbeziehung der Vertragsklauseln entspricht auch der Rechtsprechung des Senats. Soweit Bunte (ZIP 1985, 1 ff., 1/2, 10) dem zuvor erwähnten hiesigen Beschluß vom 22. Oktober 1984 (ZIP 1984, 1332), den er in den Fußnoten 6 und 94 seines Beitrages anführt, entnehmen will, daß der Senat eine Einbeziehung der Vertragsklauseln in die Sittenwidrigkeitsprüfung ablehne, so trifft dies nicht zu. Die damaligen Ausführungen des Senats sind lediglich dahin zu verstehen, daß angesichts des damals nur um 70,75% über dem Vergleichszins liegenden Vertragszinses auch die Mitberücksichtigung der teilweise zu beanstandenden Vertragsbedingungen im Ergebnis nicht zu einem insgesamt sittenwidrigen Gepräge des Vertrages führe.

Zu den hier zu prüfenden Klauseln ist im einzelnen folgendes zu bemerken:

a) Zunächst begegnet es Bedenken, wenn in Nr. 3 der Kreditbedingungen bei Stundungen ein Zinssatz von 21% auf die gestundeten Beträge berechnet wird. Da in diesen Beträgen auch Zinsen (Kreditgebühren) enthalten sind, verstößt die Klausel gegen das Verbot, im voraus Zinseszinsen zu vereinbaren (§ 248 Abs. 1 BGB).

b) Gleichfalls unterliegt es Beanstandungen, wenn nach Nr. 5 der Bedingungen bei Verzug mit einzelnen Raten ein Vertragszins von 21% auf die rückständigen Beträge vorgesehen ist. Unbeschadet dessen, ob etwa auch hier eine unzulässige Vorwegnahme einer Zinseszinsvereinbarung in Frage steht, verstößt die Klausel jedenfalls gegen § 11 Nr. 5 a AGBG. Denn die Zinspauschale dürfte erheblich über dem der Beklagten tatsächlich entstehenden Verzugsschaden angesetzt sein. Dieser errechnet sich neben einer Berücksichtigung möglicher kostenverursachender Einzelmaßnahmen lediglich in Höhe ihrer Refinanzierungskosten. Bei Aufwendung dieser Kosten könnte die Beklagte nämlich in gleicher Weise wie bei pünktlicher Zahlung der geschuldeten Raten durch den Kreditnehmer andere Kreditgeschäfte gleicher Art tätigen (vgl. dazu KG, WM 1984, 1181, 1184 m. w. N.). Soweit ein anderer Senat des KG (in WM 1985, 15, 16) sowie das OLG Düsseldorf (WM 1985, 17, 18 f.) hierzu eine abweichende Auffassung vertreten haben, ist dabei jeweils nicht berücksichtigt, daß der Schaden, der dem Kreditinstitut durch das Ausbleiben der vertragsgemäß zu zahlenden Raten einschließlich der darin enthaltenen Zinsen entsteht, sich darin erschöpft, daß es sich in Höhe der ausgebliebenen Zahlungen refinanzieren müßte, wenn es in entsprechendem Umfang wieder gleichartige zinsbringende Kredite vergeben will. Denn die benötigten Mittel für die Kreditvergabe stehen dem Kreditinstitut über seine Refinanzierungsmöglichkeiten ohne weiteres zur Verfügung. Der durch Nichtzahlung fälliger Raten für das Kreditinstitut erwachsende Schaden ist daher nicht höher als der Aufwand für eine insoweit zusätzlich erforderlich werdende Refinanzierung. Die bankmäßigen Refinanzierungskosten liegen jedoch ganz erheblich unter einem Jahreszins von 21%.

c) Belastend für den Kreditnehmer ist ferner, daß nach Nr. 6a der Kreditbedingungen ein Fälligwerden des Gesamtkredites bereits dann ohne weiteres eintritt, wenn von zwei aufeinanderfolgenden Raten jeweils auch nur ein unter Umständen geringer Teilbetrag nicht termingerecht gezahlt wird.

d) Bedenken ergeben sich schließlich aus der Festlegung der Verzugszinsen in Höhe von 18% bei vorzeitigem Fälligwerden des noch offenen Gesamtkredites (vgl. Nr. 6b der Bedingungen). Abgesehen davon, daß auch hier die bereits erörterten Einwände aus § 11 Nr. 5a AGBG in Betracht kommen, wird dem Kreditnehmer zusätzlich auch der Nachweis eines geringeren Schadens im Sinne von § 11 Nr. 5b AGBG abgeschnitten, wie sich aus dem Wort „mindestens" in Nr. 6b Satz 2 ergibt (vgl. bereits BGH, NJW 1983, 1320, 1322; zur Unzulässigkeit derartiger Klauseln vgl. auch BGH, Urt. v. 31. 1. 1985 – III ZR 105/83 – AGBE VI § 11 Nr. 30 = ZIP 1985, 466). Darüber hinaus benachteiligt die Klausel den Kreditnehmer auch im übrigen durch Abweichungen von wesentlichen Grundgedanken der gesetzlichen Regelung in unangemessener Weise (vgl. § 9 AGBG). Von der gesetzlichen Regelung des Verzugsschadens in den §§ 286, 288 BGB weicht sie insoweit ab, als sie bei Verzug mit nur zwei Raten (oder Teilen hiervon) eine Verzinsung der gesamten Restschuld mit dem genannten Zinssatz auch dann vorsieht, wenn die Verzugsvoraussetzungen für die weiteren Raten noch nicht vorliegen (vgl. dazu auch BGH, NJW 1984, 2941). Hierdurch wird der zu ersetzende Verzugsschaden auf einen nach dem gewöhnlichen Lauf der Dinge nicht zu erwartenden Umfang festgelegt.

3. Angesichts dessen, daß der vertragliche Effektivzins in beiden Verträgen den marktüblichen Vergleichszins bereits um erheblich mehr als 100% übersteigt, führen die erörterten, die Klägerin zusätzlich benachteiligenden Vertragsbedingungen im Ergebnis zu der Wertung, daß Leistung und Gegenleistung hier in einem auffälligen Mißverhältnis zum Nachteil der Klägerin stehen. Angesichts der hohen Effektivzinsbelastung wäre dieses Ergebnis sogar selbst dann unvermeidlich, wenn man bei der erörterten Klausel Nr. 5 etwa abweichend von der Meinung des Senates einen Verstoß gegen § 11 Nr. 5a AGBG verneinen wollte. ...

Das Stornorecht nach Nr. 1 Abs. 4 AGB der Sparkassen greift nicht, wenn die Sparkasse keinen sachlich-rechtlichen Anspruch auf Rückgewähr des gutgeschriebenen Betrags gegen den Kunden hat. 18

OLG Hamm, Urteil vom 27. 3. 1985 – 20 U 315/84 – rechtskräftig; WM 1985, 1065.

Aus den Gründen:

Die Klägerin hat gegen die Beklagte keinen Zahlungsanspruch aus dem Girovertrag. Denn das Girokonto der Beklagten steht nicht im Debet, weil die Klägerin die der Beklagten erteilte Gutschrift auf dem Konto nicht wirksam storniert hat.

1. a) Nr. 1 Abs. 4 der AGB der Klägerin lautet:

„Gutschriften, die vorgenommen werden, ohne daß im Zeitpunkt der Gutschrift ein entsprechender Auftrag vorliegt (z. B. wegen Irrtum, Schreibfehler, Widerruf), darf die Sparkasse bis zum nächsten Rechnungsabschluß durch einfache Buchung rückgängig machen (stornieren):"

Diese Stornoklausel ist nach der Rechtsprechung des BGH (BGH WM 1983, 907 = NJW 1983, 2501, 2502), der sich der Senat anschließt, einschränkend auszulegen. Das Stornorecht berechtigt das Kreditinstitut, Gutschriften durch einfache Buchung wieder rückgängig zu machen. Die Gutschrift auf einem Girokonto ist ein abstraktes Schuldanerkenntnis des Kreditinstituts, das dem Kunden einen Rechtsanspruch gewährt. Die wirksame Stornierung verändert also die materielle Rechtslage, weil sie den Anspruch des Kunden aus der Gutschrift beseitigt. Da das Stornorecht das Fehlen eines entsprechenden Auftrages voraussetzt, ist es für Fälle gedacht, in denen der Kunde keinen Anspruch auf die Gutschrift hatte und in denen er deshalb, auch ohne das Stornorecht, die Gutschrift nach den Vorschriften der ungerechtfertigten Bereicherung wieder herausgeben müßte. Zweck des Stornorechtes ist es nur, die mit der Geltendmachung eines solchen Anspruches üblicherweise verbundenen Schwierigkeiten und Risiken zu vermeiden und die Rechtsstellung des Kreditinstituts auf eine eigenständige, von den Unsicherheiten des Bereicherungsrechts unabhängige Grundlage zu stellen. Daraus folgt aber zugleich, daß das Stornorecht nicht durchgreift, wenn das Kreditinstitut keinen sachlich-rechtlichen Anspruch auf Rückgewähr des gutgeschriebenen Betrages gegen seinen Kunden hat. Das Stornorecht soll es dem Kreditinstitut nur ermöglichen, den Rückgewähranspruch im Wege der Selbsthilfe auf einfache Weise durchzusetzen; es soll aber nicht eine neue materielle Forderung begründen.

b) Die Klägerin hat aber keinen solchen materiell-rechtlichen Anspruch gegen die Beklagte auf Rückgewähr des gutgeschriebenen Betrages. . . .

19 **Erlischt das Stornorecht mit dem nächstfolgenden Rechnungsabschluß (Nr. 4 Abs. 1 Satz 3 AGB der Banken), kann die Bank das Saldoanerkenntnis gemäß § 812 BGB mit der Folge kondizieren, daß die girovertraglichen Ansprüche wieder aufleben, die der Bank vor der Feststellung des Saldoabschlusses zustanden.**

Die hieraus folgende Kontobelastung kann die Bank als Kontoüberziehung gemäß Nr. 14 Abs. 3 AGB der Banken behandeln.

OLG Düsseldorf, Urteil vom 18. 4. 1985 – 6 U 7/85 – rechtskräftig; NJW 1985, 2723 = WM 1985, 690.

Aus den Gründen:

Die Berufung ist zulässig, sachlich jedoch nicht begründet.

Der Klägerin steht ein girovertraglicher Anspruch auf Rückzahlung des zum Vertragsende errechneten Debetsaldos zu.

Dieser Anspruch ist aus den Regelungen Nr. 4 Abs. 3 und Nr. 14 Abs. 3 der zwischen den Parteien vereinbarten Allgemeinen Geschäftsbedingungen der klagenden Bank herzuleiten. Danach steht der Klägerin bei einer irrtümlichen Kontogutschrift ein Recht auf Stornierung dieser Fehlbuchung und auf Verzinsung zu. Sie hat damit gegen die Beklagten einen vertraglichen Rückzahlungsanspruch und ist nicht auf einen Bereicherungsanspruch beschränkt.

Dies änderte sich zwar, als die Klägerin den Beklagten zum 31. Dezember 1982 einen Kontoabschluß erteilte. Damit hat die Klägerin den Haben-Posten der Beklagten anerkannt (vgl. BGH, WM 1975, 556–557 – unter Hinweis auf BGH, WM 1967, 1163). Mit der Feststellung des Saldos und dessen – jedenfalls schlüssiger – Genehmigung durch die Beklagten ist das Stornorecht der Klägerin gemäß Nr. 4 Abs. 3 AGB erloschen. Es findet seine Grenze in der Saldoanerkennung, mit der die in das Kontokorrent aufgenommenen Einzelforderungen untergehen (vgl. BGH, WM 1978, 998). Soweit die Bank zu ihren Lasten in die laufende Rechnung eine nicht begründete Habenforderung für den Kunden eingestellt hat, ist sie jedenfalls nach Anerkennung des Abschlußsaldos zunächst darauf angewiesen, das Anerkenntnis nach § 812 BGB zurückzufordern (vgl. BGH WM 1978, 998; WM 1975, 556). Der gegenteiligen Ansicht von Kümpel (WM 1979, 378), der der Bank einen girovertraglichen Berichtigungsanspruch auch nach dem nächsten Rechnungsabschluß zuerkennen will, ist in dieser Form angesichts der eindeutigen Rechtsprechung des BGH zu dieser Frage nicht beizutreten.

Es ist jedoch zwischen den Parteien unstreitig, daß den Beklagten die ihnen irrtümlich erteilte Gutschrift nicht zustand. Die Klägerin konnte daher das Saldoanerkenntnis kondizieren (§ 812 BGB). Entgegen der Ansicht der Beklagten ist nicht ersichtlich, daß es der Klägerin aufgrund ihrer Allgemeinen Geschäftsbedingungen verwehrt sei, das Anerkenntnis wegen ungerechtfertigter Bereicherung der Beklagten zurückzufordern. Da durch das Saldoanerkenntnis die Schuld nicht ohne Rücksicht darauf anerkannt werden sollte, ob sie bestand oder nicht, ist der Bereicherungsanspruch auch nicht deshalb ausgeschlossen. Vielmehr ist für das Anerkenntnis aufgrund einer Abrechnung eine solche Willensrichtung der Beteiligten im Zweifel gerade nicht anzunehmen; es kann also regelmäßig kondiziert werden, wenn Schuldposten eingezogen worden sind, die in Wahrheit nicht bestanden haben (vgl. BGH, NJW 1968, 591 – u. a. zu Nr. 15 AGB der Banken – m. w. N.). Mit den Erklärungen in dem Schreiben vom 9. Februar 1983 und in der Klageschrift hat die Klägerin diese Rückforderung ausgesprochen.

Der Bereicherungsanspruch der Klägerin erstreckt sich auf die Wiederherstellung der Schuld (vgl. Palandt/Thomas, BGB, 43. Aufl., § 812 Anm. 2b a. E.). Er führt somit zum Wiederaufleben der girovertraglichen Ansprüche, die der Klägerin vor Feststellung des Saldenabschlusses zugestanden haben.

Schon wegen dieser Rechtsfolge machen die Beklagten vergeblich geltend, sie seien um die Leistung der Klägerin nicht mehr bereichert (§ 818 Abs. 3 BGB). Diese nur im Rahmen der ungerechtfertigten Bereicherung zulässige Einwendung können sie dem vertraglichen Rückzahlungsanspruch der Klägerin nicht entgegenhalten. ...

Die Bedenken der Beklagten gegen den geltend gemachten Zinsanspruch sind nicht begründet. Sie beziehen sich im wesentlichen auf eine Zinsberechnung im Rahmen des Anspruchs aus ungerechtfertigter Bereicherung. Dieser steht jedoch hier nicht in Frage, weil der Klageanspruch sich aus dem Girovertrag herleitet. Die Klägerin hat das noch laufende Girokonto der Beklagten zunächst mit dem Betrag von 40 000 DM belastet und ihre Forderung als Bestandteil des Girovertrages und als eine Kontoüberziehung im Sinne der Nr. 14 Abs. 3 AGB behandelt. Dies ist rechtlich nicht zu beanstanden, weil die infolge Irrtums der Bank möglich gewordene Kontoüberziehung als Kredit zu behandeln ist, der Kunde daher zur Verzinsung des entsprechenden Soll-Saldos verpflichtet ist (vgl. OLG München, WM 1971, 264–265; LG Berlin, WM 1979, 322). Es trifft auch nicht zu, daß die Klägerin Zinsen doppelt berechnet hat. Vielmehr durfte die Klägerin vom Tage des Kontoabschlusses an Zinsen von dem Überschuß verlangen, auch soweit in der Rechnung Zinsen enthalten waren (§ 355 Abs. 1 HGB). Ein Verstoß gegen das Zinseszinsverbot des § 248 Abs. 1 BGB liegt somit nicht vor (vgl. Baumbach/Duden, HGB, 23. Aufl., § 357 Anm. 5 C). Die Beklagten können einen Nachweis durch die Klägerin darüber, daß die berechneten und in den Saldo eingeflossenen Zinsen tatsächlich angefallen sind, schon deshalb nicht verlangen, weil sie den von der Klägerin jeweils erteilten Tagesauszügen nicht widersprochen und sie damit genehmigt haben (vgl. Nr. 15 AGB).

20 Ziffer 11 der Bedingungen für Überbringer- oder Orderschecks, wonach der Kontoinhaber alle Nachteile des Abhandenkommens, der mißbräuchlichen Verwendung und der Fälschung von Schecks trägt, ist mit § 9 Abs. 1 und Abs. 2 Nr. 1 AGBG insoweit vereinbar und wirksam, als dem Kontoinhaber die Fälschungen zugerechnet werden, die auf in seiner Sphäre liegenden Umständen beruhen, auch soweit ihn kein Verschulden trifft.

OLG Hamm, Urteil vom 26. 4. 1985 – 20 U 361/84 – rechtskräftig; BB 1985, 2071 = MDR 1985, 935 = NJW-RR 1986, 40 = WM 1985, 1032.

Sachverhalt:

Der Kläger nimmt die Beklagte auf Zahlung von 5800,– DM wegen schuldhaft pflichtwidriger Einlösung eines angeblich falschen Barschecks in Anspruch.

Das Landgericht hat die Klage abgewiesen. Die Berufung des Klägers blieb ohne Erfolg.

Aus den Gründen:

Dem Kläger steht weder aus dem Girovertrag noch aufgrund einer schuldhaften positiven Verletzung des Scheckvertrages gegen die Beklagte ein Anspruch auf Zahlung von 5800,– DM zu.

1. Zwischen den Parteien bestand neben dem Girovertrag unstreitig ein Scheckvertrag, aufgrund dessen die Beklagte verpflichtet war, Schecks des Klägers bis zur Höhe seines Guthabens und einer vereinbarten Kreditlinie einzulösen. Aufgrund dieses Vertrages liegt das Risiko der Einlösung gefälschter Schecks durch die Beklagte beim Kläger, auch wenn ihn insoweit kein Verschulden trifft. Zwar geht nach den dispositiven gesetzlichen Bestimmungen das Fälschungsrisiko nach herrschender Meinung zu Lasten der Beklagten, da es bei einem gefälschten Scheck an einer wirksamen Anweisung des Klägers fehlt, so daß die Beklagte den Kläger nicht mit dem Einlösungsbetrag belasten darf und auch keinen Erstattungsanspruch nach § 670 BGB gegen ihn erwirbt (RGZ 100, 55, 57 f.; RGZ 161, 174, 180; KG WM 1979, 478; Baumbach/Hefermehl, WG u. ScheckG,

14. Aufl., Art. 3 ScheckG, Rdnr. 7; a. A.: Canaris, Bankvertragsrecht, 2. Bearb., Rdnr. 710; Zöllner, Wertpapierrecht, 13. Aufl., S. 161; Ulmer, Das Recht der Wertpapiere, S. 315 f., für den Fall, daß die Fälschung auf einen Umstand aus der Sphäre des Bankkunden zurückzuführen ist). Nach Ziffer 11 der zwischen den Parteien vereinbarten „Bedingungen für Überbringer- und Orderschecks" hat der Kläger als Kontoinhaber jedoch alle Nachteile des Abhandenkommens und der Fälschung von Schecks und Scheckformularen zu tragen, und die Beklagte haftet im Rahmen des von ihr zu vertretenden Verschuldens nur in dem Maße, als es im Verhältnis zu anderen Ursachen an der Entstehung des Schadens mitgewirkt hat.

Die Belastung des Bankkunden mit dem Diebstahls- und Fälschungsrisiko in Ziffer 11 der Bedingungen für Überbringer- und Orderschecks ist nach ganz herrschender Meinung in Rechtsprechung und Literatur, der sich der Senat anschließt, mit § 9 Abs. 1 und Abs. 2 Nr. 1 AGBG jedenfalls insoweit vereinbar und wirksam, als dem Kunden die Fälschungen zugerechnet werden, die auf in seiner Sphäre liegenden Umständen beruhen, auch soweit ihn kein Verschulden trifft (vgl. BGH, WM 1982, 425, 427 = NJW 1982, 1513, 1514; OLG Celle, WM 1976, 677, 678; KG, WM 1979, 478, 479; OLG Köln, WM 1983, 1025, 1026; Canaris, Bankvertragsrecht, 2. Bearb., Rdnr. 711; Baumbach/Hefermehl, WG und ScheckG, Art. 3 ScheckG., Rdnr. 12; Baumbach/Duden/Hopt, HGB, 26. Aufl., BankGesch. III, Anm. 5 A). Insoweit liegt keine unangemessene Benachteiligung der Bankkunden vor, da die Fälschung einer Unterschrift auf einem ihnen abhanden gekommenen Scheckformular ihrer Risikosphäre zuzurechnen ist. Die von Koller, NJW 1981, 2433, 2438 ff., bei Privatkunden dagegen angeführten Bedenken sind hier nicht einschlägig, da der Kläger unstreitig Kaufmann und sein Konto bei der Beklagten kein reines Privatkonto ist. Die auf dem Konto gutgeschriebenen Provisionen haben eindeutig geschäftlichen Charakter.

2. Die Belastung des Klägers mit dem Diebstahls- und Fälschungsrisiko durch Ziffer 11 der Bedingungen für Überbringer- und Orderschecks entbindet die Beklagte allerdings nicht von ihrer aufgrund des Scheckvertrages bestehenden Pflicht zur Prüfung der Echtheit des ihr zur Einlösung vorgelegten Schecks sowie von der Haftung wegen einer Verletzung dieser Verpflichtung. Diese Prüfungspflicht wird vielmehr in Ziffer 11 S. 2 der Bedingungen für Überbringer- und Orderschecks vorausgesetzt, wenn es dort heißt, das bezogene Institut hafte im Rahmen des von ihr zu vertretenden Verschuldens nur in dem Maße, als es im Verhältnis zu anderen Tatsachen an der Entstehung des Schadens mitgewirkt habe. Die Haftung der Beklagten für die Verletzung dieser Prüfungspflicht ist dabei auch nicht gemäß Ziffer 4 der Bedingungen für Überbringer- und Orderschecks auf grobe Fahrlässigkeit beschränkt. Ziffer 4 befaßt sich nur mit der Prüfungspflicht der Bank hinsichtlich der Berechtigung des Vorlegers, nicht jedoch hinsichtlich der Echtheit des Schecks (BGH, WM 1984, 1173).

3. Die ihr danach aufgrund des Scheckvertrages mit dem Kläger obliegende Verpflichtung zur Prüfung der Echtheit des ihr zur Einlösung vorgelegten Schecks über 5800,– DM hat die Beklagte entgegen der Ansicht des Klägers nicht verletzt. An den Umfang der Prüfung dürfen keine überspannten Anforderungen gestellt werden. Der Scheckverkehr ist ein Massenverkehr, der auf schnelle Abwicklung zugeschnitten ist. Die Prüfung der Schecks erfolgt bei den Banken durch Bankangestellte, an deren fachliche Ausbildung und Gründlichkeit nicht dieselben Anforderungen gestellt werden können wie an einen berufsmäßigen Sachverständigen. Es kann deshalb nicht erwartet werden, daß eine Bank jedem einzelnen Scheck von vornherein mit dem Mißtrauen begegnet, es han-

§ 9   *Generalklausel*   Nrn. 20–21

dele sich hierbei möglicherweise um eine Fälschung. Eine Bank genügt im Regelfall ihrer Pflicht zur ordnungsgemäßen und sorgfältigen Prüfung vorgelegter Schecks, soweit es sich um deren Echtheit handelt, wenn sie sich bei Einlösung davon überzeugt, daß der Scheck seinem äußeren Gesamtbild nach den Eindruck der Echtheit erweckt (BGH, WM 1969, 240, 241; OLG Karlsruhe, WM 1975, 460, 461; OLG Hamm, WM 1975, 480, 482; OLG Celle, WM 1976, 677, 678; KG, WM 1979, 478, 479; OLG Köln, WM 1983, 1025, 1026; Canaris, Bankvertragsrecht, 2. Bearb., Rdn. 712; Baumbach/Hefermehl, WG u. ScheckG, 14. Aufl., Art. 3 ScheckG Rdn. 14). ...

21   **Die im Bürgschaftsformular einer Bank enthaltene Klausel**

„Falls die Bank es bei einer befristeten Bürgschaft unterläßt, mir unverzüglich nach Fristablauf anzuzeigen, daß sie mich in Anspruch nimmt, stehen mir hieraus keine Einwendungen zu."

ist nach § 9 Abs. 1 und Abs. 2 AGBG unwirksam, denn eine Haftung des Bürgen ohne Inspruchnahme und ohne Anzeige nach § 777 Abs. 1 Satz 2 BGB macht aus einer zeitlich befristeten Bürgschaft eine zeitlich unbefristete. Dies widerspricht dem Grundgedanken der gesetzlichen Regelung und verschiebt die Rechte und Pflichten in völlig unbilliger Weise zu Lasten des Bürgen.

OLG Köln, Urteil vom 20. 5. 1985 – 8 U 10/84 – rechtskräftig; NJW 1985, 2722 = WM 1986, 14.

Sachverhalt:

Am 20. September 1982 unterzeichnete der Kläger im Anschluß an mehrere vorausgegangene Verpflichtungen entsprechender Art – zuletzt vom 30. Dezember 1981 – ein mit „Höchstbetragsbürgschaft" überschriebenes Formular der Beklagten, wonach er für alle bestehenden und künftigen Ansprüche, die der Beklagten aus der Geschäftsverbindung, insbesondere aus laufender Rechnung und aus der Gewährung von Krediten gegen Frau R. zustehen, die selbstschuldnerische Bürgschaft bis zum Betrage von 45 000,– DM übernahm. In der Urkunde heißt es formularmäßig an anderer Stelle:

„Falls die Bank es bei einer befristeten Bürgschaft unterläßt, mir unverzüglich nach Fristablauf anzuzeigen, daß sie mich in Anspruch nimmt, stehen mir hieraus keine Einwendungen zu."

Über der Unterschrift des Klägers enthält die Urkunde den maschinenschriftlichen Zusatz:

„Diese Bürgschaft ist befristet bis zum 31. Dezember 1982."

Der Kläger behauptet, die Beklagte habe ihm im Dezember 1982 nicht angezeigt, daß sie ihn aus der Bürgschaft in Anspruch nehmen wolle. Er meint, die Beklagte könne sich nicht darauf berufen, daß die Anzeige der Inanspruchnahme nach dem Vertrage entbehrlich sei. Die entsprechende Klausel sei ihm nicht erläutert worden und unwirksam.

Das LG hat seine Klage auf Feststellung, daß der Beklagten aus der selbstschuldnerischen Bürgschaft keine Rechte mehr zustehen, abgewiesen. Die Berufung des Klägers hatte Erfolg.

Aus den Gründen:

Der Kläger ist von seiner Verpflichtung aus der Bürgschaft vom 20. September 1982 frei geworden, weil die Beklagte nicht hat beweisen können, daß sie dem Kläger vor oder unverzüglich nach Ablauf des 31. Dezember 1982 angezeigt hat, daß sie ihn in Anspruch nehme (§ 777 Abs. 1 Satz 2 BGB).

Entgegen der Auffassung des Landgerichts war die Anzeige der Inanspruchnahme des Klägers durch die Beklagte nicht entbehrlich. Der formularmäßige Einwendungsverzicht des Klägers ist unbeachtlich.

Die Beklagte verkennt, daß § 777 Abs. 1 Satz 2 BGB eine gesetzliche Bestimmung zu ihren und nicht des Bürgen Gunsten ist. § 777 Abs. 1 Satz 2 BGB will zugunsten des Gläubigers verhindern, daß der Bürge mit Zeitablauf ohne vorherige Inanspruchnahme automatisch frei wird, wie es nach den allgemeinen Bestimmungen der §§ 163, 158 Abs. 2 BGB der Fall wäre (vgl. BGHZ 76, 81 ff. und RGRK – Mormann, § 777 Rdn. 3). Von diesem rechtlichen Ausgangspunkt her geht die fragliche Klausel von vornherein ins Leere.

Selbst wenn man dies anders sehen wollte, wäre das Ergebnis kein anderes.

Der Verzicht auf Einwendungen aus unterlassener Anzeige beinhaltet nicht auch ein Abbedingen der §§ 163, 158 Abs. 2 BGB, worauf die Argumentation der Beklagten letztlich hinausläuft. Ein solches Abbedingen kommt im Wortlaut der fraglichen Klausel auch nicht ansatzweise zum Ausdruck. Die Parteien haben an derartige rechtliche Konsequenzen offensichtlich nicht gedacht und sie nicht besprochen. Die Beklagte hat nicht einmal vorgetragen, daß sie bei Abfassung des Formulars eine solche rechtliche Konsequenz im Auge gehabt hätte. Dies erscheint auch ausgeschlossen, da ein Abbedingen der §§ 163, 158 Abs. 2 BGB und des § 777 Abs. 1 Satz 2 BGB aus einer Zeitbürgschaft letztlich eine unbefristete Bürgschaft machen würde.

Entsprechendes gilt für ein denkbares Verständnis der Klausel dahin, daß die Anzeige entgegen der abdingbaren gesetzlichen Regel in § 130 Abs. 1 BGB als dem Empfänger zugegangen gelten solle, wenn die Beklagte nur die Absendung nachweist (Zugangsfiktion). Ein solches Verständnis verbietet sich schon im Hinblick auf den klaren Wortlaut („Bank unterläßt"). Im übrigen bestünden gegen die Wirksamkeit einer solchen formularmäßigen Regelung durchgreifende Bedenken im Hinblick auf § 10 Nr. 6 AGB-Gesetz.

An den Maßstäben des AGB-Gesetzes gemessen, ist die Klausel, wenn man sie nicht ohnehin wie der Senat als ins Leere gehend ansieht, nicht wirksam. Zu Unrecht bezweifelt das Landgericht, daß das AGB-Gesetz auf das von der Beklagten verwendete Formular Anwendung findet. Das Formular enthält für eine Vielzahl von Verträgen vorformulierte Vertragsbedingungen, die die Beklagte als Verwender dem jeweiligen Bürgen bei Abschluß des Vertrages stellt (vgl. § 1 Abs. 1 Satz 1 AGB-Gesetz und BGH, NJW 1985, 45 f.). Die Anwendung des Gesetzes auf diese Fälle ist in Rechtsprechung und Literatur nicht ernstlich bestritten. Daran ändert das zusätzliche Aushandeln einzelner Individualbestimmungen nichts.

Die fragliche Klausel hält mit dem von der Beklagten gewollten Sinne einer Inhaltskontrolle jedenfalls nach § 9 Abs. 1 in Verbindung mit Abs. 2 Nr. 1 und 2 AGB-Gesetz nicht stand. Danach sind Bestimmungen in Allgemeinen Geschäftsbedingungen unwirksam, wenn sie den Vertragspartner des Verwenders entgegen den Geboten von Treu und Glauben unangemessen benachteiligen; dies ist im Zweifel anzunehmen, wenn eine Bestimmung

1. mit wesentlichen Grundgedanken der gesetzlichen Regelung, von der abgewichen wird, nicht zu vereinbaren ist, oder

2. wesentliche Rechte oder Pflichten, die sich aus der Natur des Vertrages ergeben, so einschränkt, daß die Erreichung des Vertragszwecks gefährdet ist.

Beides ist hier der Fall. Eine Haftung des Klägers ohne Inanspruchnahme und ohne Anzeige nach § 777 Abs. 1 Satz 2 BGB macht aus einer zeitlich begrenzten Bürgschaft eine zeitlich unbegrenzte. Dies widerspricht nicht nur einem Grundgedanken der gesetzlichen Regelung, es hebt die gesetzliche Regelung als solche auf. Zugleich werden damit die Pflichten des Klägers so erweitert, daß der Zweck der Befristung der Bürgschaft für den Kläger nicht nur gefährdet, sondern aufgehoben wird. Damit werden zugleich die Rechte und Pflichten in völlig unbilliger Weise zu Lasten des Bürgen verschoben.

In Wahrheit läge, wäre die Klausel wirksam, eine Zeitbürgschaft nicht mehr vor. Diese Konsequenz kann indessen schon im Hinblick auf § 4 AGB-Gesetz nicht gezogen werden. Die Individualabrede der Parteien über die Befristung der Bürgschaft bis 31. Dezember 1982 geht einem nur formularmäßig vereinbarten Ausschluß der Befristung vor.

Die umstrittene Klausel kann auch mit der vom Landgericht gewählten Interpretation nicht gehalten werden. Einen gewissen Anhaltspunkt für die Auffassung des Landgerichts bietet zwar der Satz des Bürgschaftsformulars:

„Ich werde mich über den jeweiligen Stand der Hauptschuld gegebenenfalls beim Hauptschuldner selbst unterrichten."

Indessen bezieht sich diese Obliegenheit des Klägers nicht auf die Beklagte, sondern auf die Hauptschuldnerin. Dieser Passus steht auch nicht im unmittelbaren Anschluß an den umstrittenen Satz über den Einwendungsverzicht. Schon von daher verbietet es sich, beide Sätze als gedankliche Einheit aufzufassen. Im übrigen geht es bei dem Einwendungsverzicht um die Frage, ob die Beklagte den Kläger überhaupt in Anspruch nimmt, bei dem zweiten Satz dagegen nur um die Frage des Standes (Höhe) der Hauptschuld. Im übrigen geht es nicht an, eine rechtlich zu mißbilligende Klausel zugunsten des Verwenders gegen ihren Wortlaut so umzuinterpretieren, daß die erwünschte Folge für den Verwender doch noch erzielt wird. Etwaige Unklarheiten gehen zu Lasten des Verwenders, hier der Beklagten (§ 5 AGB-Gesetz). Der mit dem AGB-Gesetz verfolgte Zweck des Schutzes der Verbraucher und des Freihaltens des Rechtsverkehrs von unwirksamen Allgemeinen Geschäftsbedingungen verbietet es, im Wege der sogenannten geltungserhaltenden Reduktion die beanstandete Klausel in einem eingeschränkten, rechtlich unbedenklichen Sinne anzuwenden (vgl. BGH, NJW 1982, 2310 und Palandt/Heinrichs, 44. Aufl., § 5 AGB-Gesetz Anm. 4b).

Demnach kommt es darauf an, ob die Beklagte, die insoweit die Beweislast hat (vgl. RGRK – Mormann, § 777 Rdn. 5), bewiesen hat, daß sie dem Kläger seine Inanspruchnahme angezeigt hat. Dies ist nicht der Fall....

Nr. 22　　　　　　　*Bankvertragsklauseln*　　　　　　§ 9

An der Wirksamkeit einer erweiterten formularmäßigen Zweckerklärung für　22
Grundschulden besteht kein Zweifel, wenn die Grundschulden von vornherein
nicht zur Absicherung einer einmaligen Darlehensgewährung, sondern zur
Sicherung für Verpflichtungen aus einem laufenden Kontokorrentkredit bestellt werden, dies für den Sicherungsgeber erkennbar und nicht überraschend
war und wenn zudem die vorformulierte Zweckerklärung nicht Teil umfangreicher und abstrakt gefaßter Geschäftsbedingungen war.

OLG Düsseldorf, Urteil vom 29. 5. 1985 – 9 U 16/85 – rechtskräftig; WM 1985, 1391.

Sachverhalt:

Die Klägerin ist Eigentümerin eines Hausgrundstücks und war als Kommanditistin an der Firma
N. beteiligt, deren Geschäftsführer und persönlich haftender Gesellschafter unter anderem ihr Ehemann war. Am 12. Mai 1967 bestellte sie zugunsten des Bankhauses B. – als dessen Rechtsnachfolgerin die Beklagte in Anspruch genommen wird – zwei Grundschulden über 10 000 DM nebst
Zinsen, die in Abt. III des Grundbuchs unter Nr. 3 und 4 eingetragen wurden. Unter dem gleichen
Datum unterzeichnete sie gegenüber dem Bankhaus B. (neben ihrem Ehemann) eine formularmäßig vorbereitete „Zweckerklärung für eine Fremdgrundschuld", wonach die Grundschulden „zur
Sicherheit für den der Fa. N. eingeräumten Kredit sowie zur Sicherheit für Ihre sämtlichen gegenwärtigen und zukünftigen Forderungen gegen die obige Fa." dienen sollten. Am 8. Januar 1974
unterzeichnete sie gegenüber der Beklagten eine weitere – gleichfalls formularmäßig vorbereitete
– Erklärung, mit der sie nochmals bestätigte, „daß sämtliche Sicherheiten, die ... (sie) dem Bankhaus B. für deren Forderungen gegen Fa. N. ... bestellt habe(n), der ... (Beklagten) ... als
Sicherheiten für ihre gegenwärtigen und auch für ihre zukünftigen Forderungen gegen ihre(n) oben
genannten Kunden dienen sollen". Am 17. November 1981 kündigte die Beklagte der Fa. N. den
laufenden Kontokorrentkredit und forderte die Klägerin am 3. Juni 1982 zum Ausgleich des
Schuldsaldos der Fa. N. in Höhe von etwa 31 200 DM per 30. Juni 1982 gegen Abtretung der
bestellten Grundschulden auf. Mit Schreiben vom 10. September 1982 übersandte die Klägerin der
Beklagten einen Verrechnungsscheck über 9000 DM „zur Anrechnung der von mir als Sicherheit gegebenen Grundschulden". Nachdem die Beklagte gegenüber den Gesellschaftern der Fa. N.
den Ausgleich eines Sollsaldos angemahnt hatte, übersandte die Tochter der Klägerin mit Schreiben
vom 18. Februar 1983 einen weiteren Verrechnungsscheck über 8000 DM an die Beklagte mit der
Bitte um Rückübertragung der Grundschulden. Mit Schreiben vom 3. März 1983 schlug die
Beklagte der Tochter der Klägerin „alternativ" dazu folgende Regelung vor:

> „Bei einem derzeitigen Schuldsaldo von DM 17 079,70 ... – in diesem Saldo ist die damalige Scheckeinreichung Ihrer Frau Mutter über DM 9000 enthalten – schreiben wir Ihnen
> uns vorliegenden Scheck ... im Zuge der Teilverwertung unserer Grundpfandrechte dem
> Konto der N. gut und treten gleichzeitig von unserer unter der laufenden Nr. 4 im Grundbuch ... eingetragenen Grundschuld ... einen letztrangigen Teilbetrag von DM 8000 ...
> an Sie ab. Für den sich danach ergebenden Restsaldo von DM 9079,70 nebst Zinsen ...
> dienen uns bis zum vollständigen Kontoausgleich weiterhin die verbleibenden ... Grundschulden ..."

Darauf erwiderte die Tochter der Klägerin am 17. März 1983 unter anderem wie folgt:

> „Die von mir geleisteten Zahlungen von insgesamt DM 17 000 werden teilweise auf die
> Grundschulden angerechnet mit der Maßgabe, daß Sie mir den zweitrangigen Grundschuldbrief voll abtreten und aushändigen und bestätigen, daß nach Eingang des dann
> noch fehlenden Betrages der noch in ihrem Besitz befindliche vorrangige Grundschuldbrief
> mir mit Abtretung ausgehändigt wird."

Mit Schreiben vom 19. Juli 1983 übersandte die Beklagte der Tochter der Klägerin unter anderem
eine Abtretungserklärung betreffend die in Abt. III des Grundbuchs unter Nr. 4 eingetragene
Grundschuld sowie den Grundschuldbrief.

Nachdem die Fa. N. am 13. Februar 1984 im Handelsregister gelöscht worden ist und weitere Zahlungen ausgeblieben sind, betreibt die Beklagte aus der am 4. April 1974 an sie abgetretenen Grundschuld in Abt. III Nr. 3 des Grundbuchs die Zwangsversteigerung des Grundbesitzes.

Die Klägerin hält die Zwangsvollstreckung für unzulässig.

Das Landgericht hat die Klage abgewiesen. Hiergegen hat die Klägerin Berufung eingelegt, mit der sie ihren Klageantrag in beschränktem Umfang weiterverfolgt und begehrt, die Zwangsvollstreckung hinsichtlich eines Betrages von mehr als 3000,- DM für unzulässig zu erklären.

Die Berufung der Klägerin hatte keinen Erfolg.

Aus den Gründen:

Es kann unter den gegebenen Umständen dahingestellt bleiben, ob die für die Klägerin geleisteten Zahlungen von zunächst 9000 DM und später weiteren 8000 DM „auf die Grundschulden" hätten verrechnet werden müssen, wie die Klägerin meint, oder ob eine teilweise Verrechnung – auch – auf die Schulden der Fa. N. erfolgen durfte und vereinbart war. Denn die Vollstreckungsabwehrklage ist in jedem Fall unbegründet. Die Grundschulden Nr. 3 und 4 waren in Höhe von jeweils 10 000 DM bestellt und „vom Tage der Eintragung an mit 11 v. H. jährlich zu verzinsen". Die Grundschuld Nr. 4 dürfte nach der Abtretungserklärung der Beklagten am 9. Juni 1967 eingetragen worden sein; das gilt nach dem Inhalt der Ausfertigungserklärung vom 9. Februar 1984 wohl auch für die Grundschuld Nr. 3. Neben den Nominalbeträgen von 20 000 DM waren demnach bis zur Übersendung des ersten Verrechnungsschecks über 9000 DM mit Schreiben der Klägerin vom 10. September 1982 schon Zinsen in Höhe von mehr als 33 000 DM aus der Grundschuld und dem abstrakten Schuldversprechen angefallen (11% jährlich von 20 000 DM für die Zeit vom 9. 6. 1967 bis 10. 9. 1982). Selbst wenn die geleisteten Zahlungen von 17 000 DM insgesamt „auf die Grundschulden" angerechnet würden, bliebe danach jedenfalls die von der Beklagten betriebene Zwangsvollstreckung aus der Grundschuld Nr. 3 in vollem Umfang zulässig (53 000 DM abzüglich gezahlter 17 000 DM = 36 000 DM).

Im übrigen sind aber auch die weiteren von der Klägerin vorgebrachten rechtlichen Bedenken gegen den titulierten Anspruch der Beklagten nicht begründet.

Eine Unwirksamkeit jedenfalls auch der von der Klägerin am 8. Januar 1974 unterzeichneten Zweckvereinbarung für die Grundschulden kommt im vorliegenden Fall nicht in Betracht. Eine unmittelbare Anwendung der erst zum 1. April 1977 in Kraft getretenen Bestimmungen des AGB-Gesetzes scheidet aus (§ 28 Abs. 1 AGBG). Die Vereinbarung könnte allerdings als „Formularvertrag" der Wirksamkeitskontrolle nach § 242 BGB unterliegen. Auch insoweit bestehen jedoch an der Wirksamkeit der „Zweckvereinbarung" für die bestellten Grundschulden keine durchgreifenden Bedenken. Zwar entsprach es schon für die Zeit vor dem Inkrafttreten des AGB-Gesetzes gefestigter höchstrichterlicher Rechtsprechung, daß Klauseln in Formularverträgen, die in unangemessener Weise einseitige Interessen auf Kosten des Vertragspartners verfolgen, mit denen dieser nach Treu und Glauben bei derartigen Geschäften nicht rechnen muß und auf die er sich billigerweise nicht einzulassen brauchte, rechtsunwirksam sein können (vgl. BGH, NJW 1982, 1035 m.w.N.). Diese Voraussetzungen sind im vorliegenden Fall jedoch nicht erfüllt, jedenfalls aber nicht dargetan. Die Grundsätze der Entscheidung des BGH, NJW 1982, 1035 f., auf die sich die Klägerin in erster Instanz bezogen hat, sind auf den vorliegenden Fall nicht übertragbar:

Hier ist zunächst zu berücksichtigen, daß es sich bei der von der Klägerin am 8. Januar 1974 unterzeichneten Erklärung lediglich um eine „Bestätigung" der bereits am 12. Mai 1967 abgegebenen „Zweckerklärung" für die Grundschulden handelte. Die zeitlich frühere „Zweckerklärung" war also, auch soweit sie eine Sicherung „für Ihre sämtlichen gegenwärtigen und zukünftigen Forderungen gegen die obige Firma" vorsah, bei Abgabe der bestätigenden Erklärung im Januar 1974 bereits nahezu 7 Jahre lang praktiziert worden. Die Klägerin konnte demnach durch die Vereinbarung eines auch zukünftige Forderungen des Gläubigers umfassenden Sicherungszweckes jedenfalls nicht mehr überrascht werden. Außerdem war die Klägerin als Kommanditistin Mitgesellschafterin der Fa. N., der persönlichen Schuldnerin, und damit an der zu sichernden Kreditgewährung mit interessiert. Die Bestellung der Grundschulden war überdies von vornherein nicht zur Absicherung einer einmaligen Darlehensgewährung durch den Gläubiger, sondern als Sicherheit für Verpflichtungen der Schuldnerin aus einem laufenden Kontokorrentverhältnis erfolgt. Schon deshalb war die Sicherung auch „zukünftiger Forderungen aus laufender Geschäftsverbindung" nicht ungewöhnlich, sondern eher naheliegend. Schließlich waren die vorformulierten Zweckvereinbarungen im vorliegenden Fall nicht Teile umfangreicher und abstrakt gefaßter Geschäftsbedingungen. Die Erklärungen vom 12. Mai 1967 und vom 8. Januar 1974 beschränkten sich vielmehr gerade auf die nähere Bestimmung derjenigen Forderungen, zu deren Sicherung die Grundschulden dienen sollten. Die Klägerin hat dabei nicht etwa pauschal vom anderen Teil vorformulierte Geschäftsbedingungen oder mehr oder weniger versteckte Klauseln in Formularverträgen akzeptiert, sondern eine Erklärung mit einem eindeutigen, überschaubaren und von ihr auch erkannten Inhalt unterzeichnet.

Die Klägerin kann sich auch nicht mit Erfolg darauf berufen, daß die von ihr oder für sie geleisteten Zahlungen von 9000 DM und von 8000 DM jeweils „auf die Grundschulden" anzurechnen seien. Denn durch die von der Beklagten mit der Tochter der Klägerin geführte Korrespondenz über die Verrechnung des Scheckbetrages von 8000 DM wird belegt, daß „geleistete Zahlungen von ingesamt 17 000 DM ... teilweise auf die Grundschulden angerechnet", die zweitrangige Grundschuld Nr. 4 damit voll abgelöst sein und – erst – „nach Eingang des dann noch fehlenden Betrages" auch der Grundschuldbrief Nr. 3 ausgehändigt werden sollte. In dieser Weise hat die Beklagte den entsprechenden Vorschlag der Tochter der Klägerin seinerzeit akzeptiert. Und von der (Fort-) Geltung dieser Verrechnungsvereinbarung ist die Tochter der Klägerin auch noch bei ihrem Schreiben vom 27. Februar 1984 an die Beklagte ausgegangen. Die gegenteilige Darstellung der Klägerin, auch die Zahlung von 8000 DM hätte voll „auf die Grundschuld" angerechnet werden sollen, wird durch den vorgelegten Schriftwechsel nicht bestätigt. Die Klägerin ist demnach den ihr obliegenden Beweis für eine Erfüllung der durch die notarielle Urkunde vom 12. Mai 1967 verbrieften Forderung jedenfalls schuldig geblieben.

Durch Nr. 11 der Scheckbedingungen, wonach der Kontoinhaber alle Nachteile des Abhandenkommens und der Fälschung von Schecks trägt, wird die sich aus dem Scheckvertrag ergebende, unabdingbare Pflicht der bezogenen Bank zur Prüfung des Schecks und die Haftung wegen Verletzung dieser Verpflichtung nicht ausgeschlossen. 23

§ 9 *Generalklausel* Nr. 23

OLG Düsseldorf, Urteil vom 13. 6. 1985 – 6 U 208/84 – nicht rechtskräftig; BB 1985, 2200 = DB 1985, 2192 = NJW-RR 1986, 137 = WM 1985, 1030.

Sachverhalt:

Der Kläger nimmt die beklagte Bank auf Ersatz der Hälfte des Schadens in Anspruch, der ihm durch die Einlösung eines gefälschten Schecks über 28 000,- DM entstanden ist.

Der Kläger unterhält seit 1950 ein laufendes Konto bei der Zweigstelle der Beklagten in D. Er betrieb bis 1983 eine Zahnarztpraxis, welche sich in unmittelbarer Nähe der Zweigstelle befand. Am 7. Januar 1982 legte ein Unbekannter in der kontoführenden Zweigstelle der Beklagten einen auf das Konto des Klägers gezogenen Euro-Barscheck über 28 000,- DM vom 2. Januar 1982 vor, den die Bank aus dem zu dieser Zeit vorhandenen Guthaben des Klägers von etwa 51 000,- DM in bar auszahlte. Das Scheckformular war dem Kläger von einer unbekannten Person gestohlen, ausgefüllt und mit der gefälschten Unterschrift des Klägers unterzeichnet worden.

Vor Einlösung des Schecks überprüfte die zuständige Disponentin der Beklagten die Übereinstimmung der Scheckunterschrift mit der auf dem Kontoeröffnungsblatt hinterlegten echten Unterschrift des Klägers und den aktuellen Kontostand. Sie ließ den Scheck sodann von dem Zweigstellenleiter abzeichnen und gab ihn der Kasse zurück. Eine Identitätsprüfung des Scheckinhabers oder eine Rückfrage bei dem Beklagten erfolgte nicht.

Der Kläger hat geltend gemacht: Die Beklagte habe die ihr obliegende Verpflichtung zur ordnungsgemäßen und sorgfältigen Prüfung des ihr vorgelegten Schecks grob fahrlässig verletzt.

Unter Anrechnung eines hälftigen Mitverschuldens hat der Kläger beantragt, die Beklagte zu verurteilen, an ihn 14 000,- DM nebst 12% Zinsen seit dem 1. Januar 1984 zu zahlen.

Das Landgericht hat die Klage abgewiesen. Die Berufung des Klägers hatte bis auf einen Teil der Verzugszinsen Erfolg.

Aus den Gründen:

Der Kläger hat Anspruch darauf, daß die Beklagte die als Folge der Scheckeinlösung vorgenommene Belastung des Kontos des Klägers durch Zahlung eines Betrages von 14 000,- DM teilweise rückgängig macht. ...

Die Beklagte hat ihre Pflicht zur sorgfältigen Prüfung des ihr vorgelegten Schecks schuldhaft – und zwar fahrlässig – verletzt. Dabei ist nicht erforderlich, daß die Mitarbeiter der Beklagten grob-fahrlässig gehandelt haben. Einfache Fahrlässigkeit ist ausreichend.

Aus den Geschäftsbedingungen der Beklagten, die Bestandteil des Scheckvertrages sind, ergibt sich nicht, daß die Haftung der Bank bei der Fälschung gestohlener Schecks ausgeschlossen sein oder jedenfalls nur bei grober Verletzung der Prüfungspflicht gegeben sein soll. In seinem Urteil vom 21. März 1984 (WM 1984, 1173) hat der BGH dies für die im wesentlichen gleichlautenden Bedingungen für den Scheckverkehr der Volksbanken mit überzeugenden Gründen, denen sich der Senat anschließt, verneint. Entsprechendes gilt für die im vorliegenden Fall zu beurteilenden Bedingungen für Überbringer- und Orderschecks.

Die Nr. 11 der Bedingungen, wonach der Kontoinhaber alle Nachteile des Abhandenkommens, der mißbräuchlichen Verwendung, der Fälschung und Verfälschung von Schecks trägt, hat nur den Zweck, das Risiko des Scheckmißbrauchs in den Fällen auf den Kontoinhaber abzuwälzen, in denen die Bank das Fälschungs- und Mißbrauchsrisiko nach dem Gesetz ohne Rücksicht auf ein Verschulden tragen würde. Mit ihr soll jedoch nicht die sich aus dem Scheckvertrag ergebende, unabdingbare Pflicht der bezogenen Bank zur Prüfung des Schecks und die Haftung wegen Verletzung dieser Verpflichtung ausgeschlossen werden. Diese Prüfungspflicht wird vielmehr in Nr. 11 Satz 2 der Scheckbedingungen vorausgesetzt, wenn es dort heißt, das bezogene Institut hafte im Rahmen des von ihm zu vertretenden Verschuldens nur in dem Maße, als es im Verhältnis zu anderen Ursachen an der Entstehung des Schadens mitgewirkt habe.

Die Haftung der Bank für die Verletzung der Prüfungspflicht in den Fällen des Nr. 11 der Bedingungen ist auch nicht gemäß Nr. 4 der Bedingungen auf grobe Fahrlässigkeit beschränkt. Nach dieser Bestimmung ist das bezogene Institut befugt, die Berechtigung des Einreichers des Schecks oder der Empfangsbescheinigung zu prüfen; soweit das bezogene Institut eine solche Prüfung vorzunehmen hat, haftet es nur für grobes Verschulden. Nr. 4 der Scheckbedingungen befaßt sich jedoch allein mit der Prüfungspflicht der Bank hinsichtlich der Berechtigung des Vorlegers, also mit der Frage, ob der Einreicher eines ordnungsgemäßen Schecks formell und materiell aus dem Scheck berechtigt ist und ob die Bank durch die Zahlung an einen Nichtberechtigten gegenüber dem Scheckaussteller von ihrer Zahlungspflicht befreit wird. Im Gegensatz dazu handelt es sich in Nr. 11 der Scheckbedingungen um Fälle, denen keine wirksame Anweisung des Scheckausstellers/Kontoinhabers an die bezogene Bank zugrunde liegt (vgl. BGH a. a. O.).

Auch Nr. 5 Abs. 1 der Allgemeinen Geschäftsbedingungen in der Fassung von April 1977 beschränkt die Haftung der Bank für die sorgfältige Echtheitsprüfung eines Schecks nicht auf die Fälle grober Fahrlässigkeit. Zwar haftet die Bank nach dem Wortlaut dieser Bestimmung nur für grobes Verschulden, wenn sie im Auftrag des Kunden entgegengenommene oder auszuliefernde Urkunden auf Echtheit, Gültigkeit oder Vollständigkeit zu prüfen oder diese Urkunden zu übersetzen hat. Es ist jedoch nicht ersichtlich, daß sich diese Bestimmung auch auf die Sonderbedingungen für den Scheckverkehr beziehen soll. Vielmehr ist in dem folgenden Absatz 2, der sich auf den vorhergehenden Absatz 1 bezieht, nur von Akkreditiven, Kreditbriefen oder sonstigen Zahlungsersuchen die Rede. Die insoweit jedenfalls bestehende Unklarheit, ob Nr. 5 Abs. 1 der AGB der Beklagten auch neben den Sonderbedingungen für Schecks gelten soll, geht zu Lasten der Beklagten als Verwenderin der von ihr formularmäßig ausgearbeiteten Geschäftsbedingungen.

Die Beklagte hat ihre Prüfungspflicht auch unter Berücksichtigung dessen, daß diese an den Anforderungen des Massenverkehrs mit Schecks zu messen ist und nicht überspannt werden darf, fahrlässig verletzt. Allerdings ist davon auszugehen, daß die zuständige Disponentin der Beklagten insoweit ihrer Prüfungspflicht genügt hat, als sie den Scheck in einer den Anforderungen des Massenverkehrs entsprechenden Weise in Augenschein genommen hat und nach dem äußeren Gesamtbild des Schecks den Eindruck der Echtheit des Schecks gewonnen hatte, als sie ihn zur Zahlung freigab. Die gefälschte Unterschrift war der zum Vergleich herangezogenen echten Unterschrift des Klägers auf dem Kontoeröffnungsblatt so ähnlich, daß die Fälschung auch bei Beachtung der Sorgfalt eines ordentlichen Bankkaufmannes nicht zu erkennen war. Die Bank genügt im Regelfall ihrer unabdingbaren Pflicht zur ordnungsgemäßen und sorgfältigen Prüfung der Echtheit eines Schecks, wenn sie sich bei der Einlösung davon überzeugt, daß der Scheck seinem äußeren Gesamtbild nach den Eindruck der Echtheit erweckt (BGH NJW 69, 694, 695). Diesen Eindruck erweckte der Scheck, obwohl das Schriftbild des übrigen handschriftlichen Schecktextes deutlich von dem Schriftbild früherer Barschecks abwich. ...

Jedoch sind bei der Echtheitsprüfung auch außerhalb der Scheckurkunde liegende Verdachtsmomente zu berücksichtigen, insbesondere eine ungewöhnliche Abweichung vom bisherigen Kundenverhalten. Eine solche Abweichung war gegeben und mußte der kontoführenden Zweigstelle auffallen sowie ihren Verdacht erregen. ...

Nach den gesamten Umständen, die der kontoführenden Zweigstelle der Beklagten aus der langjährigen Bankverbindung mit dem Kläger bekannt waren, mußte der nach den bisherigen Gepflogenheiten ganz außergewöhnlich hohe Barscheck über 28 000,- DM trotz des zu dieser Zeit vorhandenen Guthabens über 51 000,- DM Verdacht erregen (vgl. RG JW 19, 36, 38). Dabei mußten die Mitarbeiter der Beklagten zudem berücksichtigen, daß ihnen der Einreicher unbekannt war, was jedenfalls bei einem außergewöhnlich hohen Scheckbetrag und dem dann gegebenen erhöhten Schadensrisiko auch erhöhte Anforderungen an die Prüfungspflicht der Bank stellte. ...

Durch diese Anforderungen an die Prüfungspflicht einer Bank wird der Scheckverkehr nicht in nennenswertem Maße beeinträchtigt. Diese Anforderungen beziehen sich nämlich nur auf die Fälle der Barauszahlung von außergewöhnlich hohen Schecks an andere Personen als den Aussteller, welche in der Praxis nur eine untergeordnete Rolle spielen (vgl. BGH WM 84, 1173).

Da der Kläger sich selbst ein hälftiges Mitverschulden an der Entstehung des Schadens zurechnen läßt, ist nur darüber zu befinden, ob dem Kläger ein noch weitergehendes Mitverschulden anzulasten ist. Dies ist zu verneinen. ...

24 **1. Das Recht einer Sparkasse zur ordentlichen Kündigung nach Nr. 13 Abs. 1 AGB der Sparkassen ist stillschweigend abbedungen, wenn mit dem Kreditvertrag eine besondere Zwecksetzung verfolgt wird (hier: Existenzgründung) und aufgrund der Kreditkündigung auch aus öffentlichen Mitteln gewährte Existenzgründungsdarlehen fällig werden und zurückgezahlt werden müssen.**

2. Die ordentliche Kündigung nach Nr. 13 Abs. 1 AGB der Sparkassen darf nicht willkürlich ohne Rücksichtnahme auf die Interessen des Kunden erfolgen. Die Kündigung kann inbesondere dann rechtsmißbräuchlich sein, wenn das Kreditinstitut über ausreichende Sicherheiten verfügt, während andererseits der Kunde von ihm wirtschaftlich abhängig ist und dem Kunden durch die Kündigung großer Schaden droht.

OLG Hamm, Urteil vom 21. 6. 1985 – 11 U 111/84 – rechtskräftig; NJW-RR 1986, 208 = WM 1985, 1411 = ZIP 1985, 1387.

Sachverhalt:

Die klagende Sparkasse nimmt die Beklagten auf Rückzahlung eines Darlehens in Anspruch; der Beklagte zu 1 begehrt im Wege der Widerklage von der Klägerin Schadensersatz mit der Begründung, die Klägerin habe ihm im August 1982 zu Unrecht den zugesagten Kredit gekündigt und dadurch den wirtschaftlichen Zusammenbruch seines Unternehmens verursacht.

Das Landgericht hat der Klage stattgegeben und die Widerklage der Beklagten abgewiesen. Die auf die Widerklage beschränkte Berufung des Beklagten zu 1 hatte Erfolg.

Aus den Gründen:

Die Klägerin ist dem Beklagten zu 1 wegen schuldhafter Vertragsverletzung zum Schadensersatz verpflichtet. Sie hat dadurch, daß sie mit Schreiben vom 4. August 1982 die gewährte Kreditlinie gestrichen hat, ihre dem Beklagten zu 1 gegenüber bestehenden vertraglichen Pflichten schuldhaft verletzt. Die Pflichtverletzung hat den wirtschaftlichen Zusammenbruch des Beklagten zu 1 zur Folge gehabt. Die Klägerin ist verpflichtet, dem Beklagten zu 1 die auf diese Weise entstandenen Schäden zu erstatten.

I.

Die Klägerin hatte dem Beklagten zu 1 unstreitig das Recht eingeräumt, das Girokonto bis zur Höhe von 20 000,- DM zu überziehen, also bis zu dieser Höhe Kredit in Anspruch zu nehmen. Ob dieser sog. Krediteröffnungsvertrag später einverständlich auf 40 000,- DM erweitert worden ist, kann letztlich dahingestellt bleiben. Denn jedenfalls war die Klägerin nicht berechtigt, Anfang August 1982 den bestehenden Krediteröffnungsvertrag zu kündigen und in Zukunft auch Verfügungen des Beklagten zu 1 innerhalb der gewährten Kreditlinie zu verweigern. Mit dem Schreiben vom 4. August 1982 hat die Klägerin gleichwohl eine derartige Kündigung ausgesprochen; zugleich hat sie damit zum Ausdruck gebracht, in Zukunft auch Verfügungen innerhalb der gewährten Kreditlinien nicht mehr zuzulassen. Damit hat sie ihre Vertragspflichten schuldhaft verletzt.

1. Der Klägerin stand kein Recht zur außerordentlichen Kündigung des Krediteröffnungsvertrages zu. Denn ein wichtiger Grund zur außerordentlichen Kündigung im Sinne der Nr. 13 Abs. 2 der AGB der Klägerin lag Anfang August 1982 nicht vor. ...

2. Die Klägerin hatte Anfang August 1982 auch kein Recht zur ordentlichen Kündigung nach Nr. 13 Abs. 1 ihrer AGB.

a) Es ist bereits sehr zweifelhaft, ob der Klägerin überhaupt das Kündigungsrecht aus Nr. 13 Abs. 1 der AGB zustand. Danach dürfen der Kunde und die Sparkasse „mangels anderweitiger Vereinbarung" die Geschäftsverbindung hinsichtlich einzelner Geschäftsbeziehungen nach freiem Ermessen einseitig auflösen. Zwar war ausdrücklich eine anderweitige Vereinbarung nicht geschlossen. Eine solche kann aber auch konkludent geschlossen werden. Eine solche konkludente Vereinbarung ist insbesondere dann anzunehmen, wenn mit dem Krediteröffnungsvertrag eine besondere Zwecksetzung verfolgt wird (Canaris, Bankvertragsrecht, Rdnr. 1238; MK-Westermann, § 610 BGB, Rdnr. 9). Hier ging es um die Kreditgewährung an einen jungen Unternehmer zum Zwecke der Existenzgründung; die Kredite wurden nur teilweise von der Klägerin, im übrigen über die Klägerin aus öffentlichen Mitteln gewährt. Der Beklagte zu 1 hat unwidersprochen näher dargelegt, daß die aus öffentlichen Mitteln gewährten Existenzgründungsdarlehen fällig werden und zurückgezahlt werden müssen, wenn der Kreditnehmer die Hausbank wechselt. Es spricht vieles dafür, bei einem derartigen Sachverhalt anzunehmen, daß das ordentlichen Kündigungsrecht der Hausbank stillschweigend abbedungen ist.

b) Aber selbst wenn man zugunsten der Klägerin davon ausgeht, daß sie grundsätzlich auch zur ordentlichen Kündigung gemäß Nr. 13 Abs. 1 ihrer AGB befugt war, war die Ausübung dieses Kündigungsrechts hier rechtsmißbräuchlich und die Kündigung deshalb unwirksam.

In Rechtsprechung und Literatur ist anerkannt, daß das Recht zur ordentlichen Kündigung gemäß Nr. 13 Abs. 1 der AGB der Klägerin gewissen Schranken unterliegt (Canaris, a. a. O., Rdnr. 1262 ff.; Hopt, a. a. O., S. 162 f.; Obermüller, Die Bank im Konkurs ihres Kunden, 2. Aufl., 1982, Rdnr. 615 ff., jeweils m. w. N.; vgl. auch BGH WM 1983, 1038). So darf die Kündigung nicht zur Unzeit erfolgen. Die Bank darf die Kündigung auch nicht willkürlich ohne jede Rücksichtnahme auf die Interessen ihres Kunden aussprechen. Das gilt inbesondere dann, wenn die Bank über ausreichende Sicherheiten verfügt, während andererseits der Kunde in starker wirtschaftlicher Abhängigkeit zu ihr steht und ihm durch die Kündigung ein großer Schaden droht. In einer solchen Situation kann die Kündigung gegen Treu und Glauben (§ 242 BGB) verstoßen und wegen Rechtsmißbrauchs unwirksam sein. Ein derartiger Sachverhalt war hier im August 1982 gegeben.

Der Beklagte zu 1 stand in völliger wirtschaftlicher Abhängigkeit von der Klägerin. Über sie waren ihm die öffentlichen Mittel bewilligt worden. Schon deshalb konnte er die Bank nicht ohne weiteres wechseln. Zur Absicherung der gewährten Kredite hatte er praktisch sämtliche verfügbaren Sicherheiten auf die Klägerin übertragen. Eine Kreditkündigung mußte zwangsläufig den sofortigen wirtschaftlichen Zusammenbruch des Beklagten zu 1 zur Folge haben; das mußte auch den zuständigen Mitarbeitern der Klägerin bewußt sein. Andererseits erforderten es die Interessen der Klägerin nicht, sich von dem Beklagten zu 1 zu trennen. Insbesondere drohten ihr nicht irgendwelche Vermögensschäden; sie war ausreichend gesichert. Das zeigt schon die Tatsache, daß das Girokonto des Beklagten zu 1 bei der Klägerin bereits Anfang September 1982 wieder ausgeglichen war. Auch die über die Klägerin gewährten öffentlichen Mittel waren weitestgehend abgesichert; zur Abdeckung der beiden langfristigen Kredite über je 20 000,- DM war es nicht einmal erforderlich, die gestellte Bürgschaft voll in Anspruch zu nehmen. Auch das mit der Klage geltend gemachte Darlehen war noch nahezu vollständig durch die gestellte Bürgschaft abgesichert. Konkrete Tatsachen, die einen Vertrauensverlust auf seiten der Klägerin hätten begründen können, lagen, wie bereits näher ausgeführt, nicht vor. Die Zukunftsprognose war nicht ungünstig; es war im August 1982 zu erwarten, daß die eingetretenen geringen Anfangsverluste bald ausgeglichen sein würden. In dieser Situation war die Kündigung des Krediteröffnungsvertrages Anfang August 1982 wegen Verstoßes gegen Treu und Glauben rechtsmißbräuchlich und deshalb unwirksam.

3. Weil die Kündigung nicht rechtswirksam war, hat die Klägerin dadurch, daß sie sich anschließend geweigert hat, noch Kontoüberziehungen bis zur gewährten Kreditlinie zuzulassen, ihre Vertragspflichten gegenüber dem Beklagten zu 1 verletzt. Die Verletzung geschah auch schuldhaft. Bei Anwendung der im Verkehr erforderlichen Sorgfalt hätten die verantwortlichen Bediensteten der Klägerin erkannt, daß eine Bank sich so nicht gegenüber einem Kunden verhalten darf. ...

25 Das Pfändungspfandrecht nach Nr. 19 Abs. 2 AGB der Banken ist so zu interpretieren, daß der Bankkunde nur ihm gehörende Vermögenswerte dem Pfandrecht unterstellt und die Bank billigerweise nur auf dem Kunden gehörende Werte zurückgreifen darf.

OLG Düsseldorf, Urteil vom 9. 7. 1985 – 4 U 53/85 – rechtskräftig;

Nr. 25 *Bankvertragsklauseln* § 9

Sachverhalt:

Die Klägerin ist die Witwe des am 14. 12. 1980 verstorbenen L., der bei der Zweigstelle der Beklagten ein Girokonto unterhielt. Aufgrund eines von ihrem Ehemann als Versicherungsnehmer zugunsten der Klägerin geschlossenen Unfallversicherungsvertrages überwies die Versicherung am 16. 12. 1980 einen Betrag von 8400,- DM entsprechend der Weisung des Versicherungsnehmers auf dessen Konto, da die Klägerin über ein eigenes Konto nicht verfügte. Die Beklagte verweigerte die Auszahlung dieses Betrages an die Klägerin. Daraufhin teilte die Versicherung der Beklagten mit, der Versicherungsvertrag sei von Herrn L. für Frau L. abgeschlossen worden. Die Beklagte verlangte weitere Aufklärung von dem Versicherer, verrechnete die Versicherungsleistung in Höhe von 4193,97 DM mit Verbindlichkeiten des verstorbenen Ehemannes der Klägerin und buchte den Restbetrag von 4206,03 DM am 27. 3. 1981 auf das Konto des Prozeßbevollmächtigten der Klägerin. Mit Schreiben vom 2. 4. 1981 bestätigte die Versicherung, daß Herr L. als Versicherungsnehmer zwar alle Rechte und Pflichten aus dem Versicherungsvertrag ausübte, daß er nach § 179 Abs. 3 VVG jedoch verpflichtet gewesen sei, das Geld an die Klägerin als Inhaberin des materiellen Anspruchs auf die Invaliditätsentschädigung weiterzuleiten; die gleiche Verpflichtung treffe im Todesfall nach § 16 Abs. 2 AUB seine Rechtsnachfolger.

Mit ihrer Klage begehrt die Klägerin von der Beklagten Zahlung der restlichen Versicherungsleistung in Höhe von 4193,97 DM.

Das Landgericht hat die Klage abgewiesen. Die Berufung der Klägerin hatte Erfolg.

Aus den Gründen:

Die Klägerin kann nach § 812 Abs. 1 Satz 1 BGB von der Beklagten Zahlung weiterer 4193,97 DM verlangen. Um diesen Betrag ist die Beklagte zu Lasten der Klägerin ohne Rechtsgrund bereichert. Die Beklagte war nicht befugt, in dieser Höhe bestehende Verbindlichkeiten des verstorbenen Ehemannes der Klägerin mit der von der Versicherung für die Klägerin überwiesenen Unfallentschädigung zu verrechnen. ...

Zwar verweist die Beklagte zu Recht auf ihre grundsätzliche Befugnis, auf dem Girokonto des verstorbenen Ehemannes der Klägerin zur Gutschrift kommende Beträge mit einem Debet des Bankkunden verrechnen zu können. Der Girovertrag ist ein Bankkontokorrentvertrag, dessen Abschluß regelmäßig die Verrechnungsabrede im Wege der vorweggenommenen Einigung über die Verrechnungsverfügung beinhaltet. Die Befugnis, dementsprechend zu verfahren, ist jedoch nicht anzunehmen, wenn nach dem für die Bank maßgeblichen Willen des die Einzahlung Bewirkenden (vgl. BGHZ 21, 148, 150) erkennbar nicht der Kontoinhaber, sondern ein Dritter hinsichtlich des Überweisungsbetrages Gläubiger der Bank werden soll. Spätestens durch die Mitteilung der Versicherung vom 2. 4. 1981 war klargestellt, daß die Versicherung die Zahlung an die Klägerin als Anspruchsinhaberin hatte bewirken wollen. Es kann deshalb dahinstehen, ob die auf die Klägerin hinweisende Eintragung der Versicherung im Überweisungsträger unter der Rubrik „Verwendungszweck" als bloße Kennzeichnung der Leistung für den Versicherungsnehmer oder als von der Bank zu beachtender Sperrvermerk (vgl. dazu BGH WM 1971, 158, 159; Canaris in Großkommentar HGB, Bankvertragsrecht, Anm. 236) anzusehen ist. Nach ganz überwiegender Auffassung (BGH WM 1958, 222, 224; Canaris a. a. O.; Baumbach/Duden/Hopt, HGB, 26. Aufl., AGB-Banken 4 (8) Anm. 1 B) sind Angaben des Überweisenden im Überweisungsträger über den Verwendungszweck eines Betrages jedenfalls dann ergänzend heranzuziehen, wenn im Einzelfall besondere Umstände einen die Berechtigung des Kontoinhabers einschränkenden Willen des Überweisenden erkennen lassen. Auch wenn man davon ausgeht, die Beklagte habe zunächst der Eintragung auf dem Überweisungsträger keine Aufmerksamkeit schenken müssen, konnte sie der Mitteilung des Versicherers vom 30. 1. 1981, spätestens aber dem ausdrücklichen Hinweis im Schreiben vom 2. 4. 1981 entnehmen, daß die Versicherung die Entschädigungsleistung nicht zugunsten des Versicherungsnehmers, sondern zugunsten der Klägerin zahlen mußte und zahlen wollte.

Auch das in § 19 Abs. 2 der Allgemeinen Geschäftsbedingungen der Banken vereinbarte Pfändungsrecht deckt den zu Lasten der Klägerin vorgenommenen Einbehalt nicht. Dem Pfändungspfandrecht unterliegen nur solche Sachen und Forderungen, die dem Bankkunden gehören und zu deren Verpfändung er befugt ist (OLG Hamburg, MDR 1970, 422, 423). Eine Verpfändung der Ansprüche des Versicherten ist dem Versicherungsnehmer bei der Fremdversicherung versagt. Wegen des versicherungsrechtlichen Auseinanderfallens von Anspruchsinhaberschaft und Verfügungsberechtigung kann der Versicherungsnehmer über den Anspruch gegen den Versicherer nicht zugunsten seiner Gläubiger verfügen. Zudem ist der bei Abschluß des Bankvertrages antizipierten Einigung über das Bestehen des Pfandrechts nach § 19 Abs. 2 AGB-Banken lediglich der Inhalt beizumessen, daß der Bankkunde redlicherweise nur ihm gehörende Vermögenswerte dem Pfandrecht unterstellt und daß die Bank konkludent zusagt, billigerweise nur auf dem Kunden gehörende Werte zurückzugreifen zu wollen.

Die Beklagte ist daher zur Zahlung verpflichtet.

26 **Nr. 41 AGB der Banken (i. d. F. vom 1. 4. 1977) gibt der Bank nicht das Recht, willkürlich Stornierungen vorzunehmen. Eine rechtswirksame Stornierung einer Scheckgutschrift kann nur aus solchen Gründen erfolgen, die in der scheckvertraglichen Bindung liegen oder sich auf die erforderliche Deckung beziehen. Insoweit ist Nr. 41 AGB der Banken mit § 9 AGBG vereinbar.**

OLG Frankfurt, Urteil vom 24. 9. 1985 – 5 U 240/83 – rechtskräftig; BB 1986, 833 = NJW-RR 1986, 136.

Sachverhalt:

Die Klägerin ist Inhaberin von zwei Verrechnungsschecks über je 40 000,– DM, welche die Firmen R. und V. ausgestellt haben. Die Beklagte hat die Scheckbeträge am 25. 10. 1982 per 26. 10. 1982 dem Konto der Klägerin bei ihr gutgeschrieben, später aber das Konto der Klägerin wieder mit 80 000,– DM zuzüglich einer Gebühr von 272,– DM belastet. Zwischen den Parteien ist nur unstreitig, daß die Beklagte am Nachmittag des 26. 10. 1982 bei der Klägerin anrief und mitteilte, der von R. ausgestellte Scheck werde nicht eingelöst.

Die Klägerin ist der Auffassung, die Beklagte habe sie nicht wieder mit den 80 000,– DM nebst der Gebühr belasten dürfen, weil die Beklagte die beiden Schecks bereits endgültig eingelöst habe.

Das Landgericht hat die Klage abgewiesen. Die Berufung der Klägerin hatte in Höhe der Hälfte der Klageforderung (Scheck V. zuzüglich der Hälfte der Gebühr) Erfolg.

Aus den Gründen:

1. Die Erklärung einer Bank, ein bei ihr eingereichter Scheck sei „eingelöst", enthält nach herrschender Meinung eine Garantiezusage dahin, der Gegenwert werde dem Einreicher zugehen. „Eine Bank, die eine solche Erklärung abgibt, ist deshalb grundsätzlich verpflichtet, den Scheckbetrag zu bezahlen" (BGH, Urt. v. 4. 12. 1958, BB 1959, 94 unter Hinweis auf RG in Bank-Archiv 25 S. 335; kritisch Canaris in Großkommentar zum HGB, 3. Aufl., Bankvertragsrecht in der 2. Bearbeitung, Rdnr. 733). ...

2. Die Gutschriften und Lastschriften des Scheckbetrages, die bei den einzelnen Kreditinstituten vorgenommen werden, erfolgen nicht als endgültige, sondern stehen unter dem Vorbehalt der Einlösung des Schecks. „Die Vermögensverschiebung, die die Einlösung des Schecks darstellt, wird in jedem Fall erst vollendet durch die Bekundung des Einlösungswillens des bezogenen Kreditinstituts" (BGH, Urt. v. 2. 2. 1970, BGHZ 53, 199 ff., S. 203, bestätigt in Urt. v. 1. 7. 1976, BGHZ 67, 75 ff.). Die Einlösung von Schecks ist demnach immer dann vollzogen und endgültig, wenn eine Gutschriftsbuchung auf dem Konto des Scheckeinreichers, eine Belastungsbuchung auf dem Konto des Scheckausstellers und der erkennnbare Einlösungswille der Bank vorliegen.

In bezug auf den Einlösungswillen der Bank ist Nr. 41 der Bankbedingungen in der damals geltenden Fassung vom 1. 4. 1977 von Bedeutung. Absatz 2 der Vorschrift bestimmt, Lastschriften und vom Kunden ausgestellte Schecks seien erst eingelöst, wenn die Belastung nicht am folgenden Buchungstag storniert werde. Durch die Nichtstornierung innerhalb dieser Frist bringt die Bank mithin ihren Einlösungswillen in bezug auf einen Scheck zum Ausdruck. Hierbei bedarf der Klarstellung, daß die Frist von Absatz 2 der Nr. 41 Bankbedingungen im Fall der Scheckeinlösung absolut wirkt (also nicht nur Festlegung des frühesten Zeitpunkts der Einlösung) und Nr. 41 der Bankbedingungen grundsätzlich zwischen den Parteien gilt. ...

Gemäß Nr. 41 Absatz 2 Bankbedingungen in der Fassung vom 1. 4. 1977 kommt es mithin darauf an, ob die Beklagte die Belastungen „am folgenden Buchungstag storniert" hat. ...

3. a) Ersichtlich geht Nr. 41 Absatz 2 Bankbedingungen davon aus, daß unter „folgendem Buchungstag" der auf die Buchung folgende Tag zu verstehen ist. Der Tag der Einreichung ist insoweit ohne Belang, weil der Bank das Recht eingeräumt ist, die „Belastung" – die nur durch Buchung entstehen kann – am folgenden Buchungstag zu stornieren. Die Belastung aber erfolgte am 25. 10. 1982, und der „folgende Buchungstag" ist der 26. 10. 1982.

b) Eine rechtzeitige Stornierung läge dann nicht vor, wenn eine Mitteilung der Beklagten an die Klägerin, der oder die Schecks würden nicht eingelöst, Nr. 41 Abs. 2 Bankbedingungen nicht genügte. Indessen ist dies, wie das Landgericht zu Recht festgestellt hat, nicht der Fall. Zwar setzt Absatz 2 der Nr. 41 Bankbedingungen seinem Wortlaut nach voraus, daß „die Belastung nicht am folgenden Buchungstag storniert wird", während hier die Beklagte die Klägerin von der Nichteinlösung informierte. Doch brachte die Beklagte hierdurch zum Ausdruck, daß sie die vorgenommenen Buchungen nicht endgültig bestehen lassen wollte und insoweit erkennbar kein Einlösungswille der beklagten Bank vorlag. Der Senat folgt dem Landgericht dahin, daß die Stornierung auch der Klägerin gegenüber mit fristwahrender Wirkung am 26. 10. 1982 erklärt werden konnte, weil es um eine der Klägerin (ebenfalls einer Kundin der Beklagten) erteilte Gutschrift ging. ...

4. Unstreitig ist zwischen den Parteien nur, daß am Nachmittag des 26. 10. 1982 die Beklagte bei der Klägerin anrief und mitteilte, der von R. ausgestellte Scheck werde nicht eingelöst. Die Klägerin hat vorgetragen, erst am 27. 10. 1982 habe L. von der Beklagten ihr mitgeteilt, auch der zweite Scheck V. würde nicht eingelöst, was die Beklagte bestritten hat.

Für ihre Behauptung, sie habe das Stornorecht nach Absatz 2 der Nr. 41 Bankbedingungen rechtzeitig durch Mitteilung der Nichteinlösung an die Klägerin am 26. 10. 1982 ausgeübt, trifft die Beklagte die Beweislast. Diesen Beweis hat sie nicht erbracht. ...

Selbst wenn die Beklagte aber rechtzeitig die Stornierung erklärt hätte, müßte sie den Scheck V. einlösen. Denn Nr. 41 Bankbedingungen in der Fassung vom 1. 4. 1977 will der Bank erkennbar nicht das Recht geben, willkürlich Stornierungen vorzunehmen. Absatz 1 der Vorschrift sagt, Gutschrift schon vor Eingang geschehe unter Vorbehalt des Eingangs; aus Absatz 2 ergibt sich dann die Frist, binnen welcher die Bank stornieren kann, wenn es ihr nicht möglich ist, den Scheckbetrag zu erlangen. Der Senat folgt dem Gutachten dahin, daß eine rechtswirksame Stornierung nur aus solchen Gründen erfolgen kann, die in der scheckvertraglichen Bindung liegen oder sich auf die erforderliche Deckung beziehen (Fehler, die dem Scheck selbst anhaften: Ablauf der Vorlegungsfrist; fehlende Deckung). Hieran aber fehlte es. Denn der Scheck V. war gedeckt (Guthaben auf deren Konto 157000,- DM), die Firma existent und nicht vom Konkurs bedroht. Die Beklagte kann sich mithin insoweit nicht auf Nr. 41 Absatz 2 der Bankbedingungen berufen.

5. Dagegen hat die Beklagte hinsichtlich des Schecks R. wirksam von ihrem Stornierungsrecht Gebrauch gemacht. Aus der glaubhaften Aussage des Zeugen L. folgt, daß das Konto R. nur eine Deckung in Höhe von 18000,- DM aufwies.

Der Senat leitet das Stornierungsrecht der Beklagten bezüglich des Schecks R. aus Absatz 2 der Nr. 41 Bankbedingungen her. Die Klägerin macht die Unwirksamkeit der Bestimmung gemäß § 9 AGBG geltend. Der Senat ist nicht dieser Meinung. Der Klägerin ist zwar dahin zu folgen, daß die Bank ihr Stornorecht gemäß Absatz 2 der Nr. 41 Bankbedingungen nicht willkürlich und ohne Grenzen ausüben darf. Insoweit kann auf die Ausführungen unter 4. Bezug genommen werden. Der Senat verkennt auch nicht, daß sich die aufgezeigte Grenze der Rechtsberechtigung nach Nr. 41 Absatz 2 Bankbedingungen nicht aus dem Wortlaut des Absatzes 2 ergibt. Doch ist Absatz 2 an Absatz 1 zu messen, dessen Durchführung er dienen soll. Wird dies bedacht, ist eine „an Sinn und Zweck des Stornorechts ausgerichtete Auslegung" geboten (BGH, Urt. v. 9. 5. 1983, NJW 1983, 2501 f.). Nicht dagegen trifft das Verbot der geltungserhaltenden Reduktion von AGB-Klauseln im Individualprozeß die Nr. 41 Absatz 2 der Bankbedingungen. Denn aus dem Zusammenspiel von Absatz 1 und Absatz 2 ergibt sich bereits die Grenze der Rechtsberechtigung.

27 1. Zur Sittenwidrigkeit eines Ratenkreditvertrages.

2. In Kreditbedingungen einer Teilzahlungsbank ist eine Verzugsschadenspauschalierung von 0,08% pro Tag nach § 11 Nr. 5a AGBG unwirksam.

3. Der gewöhnlich zu erwartende Schaden im Sinne von § 11 Nr. 5a AGBG beschränkt sich bei einer Teilzahlungsbank auf ihren zusätzlichen Refinanzierungsaufwand.

OLG Koblenz, Beschluß vom 7. 10. 1985 – 5 W 366/85 – rechtskräftig;

Aus den Gründen:
I.

Der Kläger und seine Ehefrau beantragten am 4. 3. 1980 bei der Beklagten einen Teilzahlungskredit.
Der Effektivzinssatz war mit „25,53 p. a." angegeben.

Der Kredit sollte in 47 Raten zurückbezahlt werden, und zwar beginnend am 15. 4. 1980 mit 145,70 DM und sodann ab 15. 5. 1980 in 46 gleichbleibenden Monatsraten von je 167,- DM.

In den Kreditbedingungen waren für den Fall des Verzugs 0,08% pro Tag „Verzugszinsen" vereinbart.

Die Beklagte beantragte am 29. 12. 1980 gegen die Kreditnehmer Mahnbescheide über eine „Hauptforderung" von 5492,41 DM und „0,08% p. Tag Verzugszinsen ab 16. 12. 1980 auf 5015,43 DM" nebst Verfahrenskosten (Gesamtbetrag: 5568,01 DM zuzüglich Zinsen) wegen eines „Anspruches aus bereits zur Rückzahlung fälligem Darlehn vom 4. 3. 1980". Das Amtsgericht erließ danach entsprechende Mahnbescheide am 9. 1. 1981.

Die Beklagte beantragte am 3. 3. 1981, gegen die Kreditnehmer auf der Grundlage der Mahnbescheide Vollstreckungsbescheide zu erlassen, dem das Amtsgericht Hannover am 10. 3. 1981 entsprach.

Der Kläger erstrebt mit seiner Klage die Verurteilung der Beklagten dahin, die Zwangsvollstreckung aus dem Vollstreckungsbescheid von 1981 zu unterlassen. Das Landgericht hat den Antrag des Klägers, ihm Prozeßkostenhilfe zu gewähren, abgelehnt.

Hiergegen wendet sich der Kläger mit seiner Beschwerde.

Diese Beschwerde führte zur Aufhebung des angefochtenen Beschlusses.

II.

Gewichtige Umstände sprechen dafür, daß ein Anspruch des Klägers nach § 826 BGB gegeben sein kann. ...

Verschiedene Umstände weisen darauf hin, daß die Beklagte den Vollstreckungsbescheid ohne Täuschung sittenwidrig erwirkt hat. Daß dies möglich ist, ist in der Rechtsprechung anerkannt (OLG Stuttgart, Beschl. 25. 3. 1985, NJW 85, 2275; BGH LM § 826 (Fa) BGB, Nr. 9, Bl. 1 Rs.; MDR 59, 637; RGZ 132, 273, 275). Diese Umstände zeigen an, daß die Bank in Kenntnis der Nichtigkeit des Kreditvertrages vom 7. 3. 1980 den Mahnbescheid und anschließend den Vollstreckungsbescheid in der Erwartung erstrebte, die Kreditnehmer widersprächen aus Rechtsunkenntnis und geschäftlicher Unerfahrenheit ihren Anträgen nicht.

1. Der Kreditvertrag vom 4. 3. 1980 kann deshalb nichtig sein, weil sowohl ein Mißverhältnis zwischen Leistung der Bank und Gegenleistung der Kreditnehmer vorliegt als auch die Bank nach dem bisherigen Parteivorbringen entweder rücksichtslos die schwächere Lage der Kreditnehmer zu ihrem eigenen Vorteil ausgenutzt oder sich doch leichtfertig der Erkenntnis verschlossen hat, daß sich die Kreditnehmer wegen ihrer schwächeren Lage auf die drückenden Bedingungen eingelassen haben (BGH NJW 83, 2692; 81, 1206).

1.1. Zunächst ist in Betracht zu ziehen, daß unter Außerachtlassung der Restschuldversicherung (BGH NJW 82, 2433, 2435 = DB 82, 2454; KG – 31. 3. 1983 – FLF 85, 28; Hackl, DB 85, 1327/1330; Olshausen NJW 82, 209 ff.) der effektive Vertragszins nach der finanzmathematischen Methode 26% (mit 1/2 Restschuldversicherung: 26,5%) ausmacht, wohingegen der als Marktzins anzusehende effektive Schwerpunktzins zuzüglich 2% Bearbeitungsgebühr nur 13,7% betrug. ...

Hinzu kommt noch eine unangemessene Belastung im Verzugsfalle mit 0,08% Zinsen täglich durch die Kreditbedingungen der Beklagten.

Diese Verzugsschadenspauschalierung entspricht nicht dem nach dem gewöhnlichen Lauf der Dinge bei Teilzahlungskrediten zu erwartenden Schaden. Sie verstößt daher gegen § 11 Nr. 5a AGBG.

Der Verzugsschaden, der durch die Nichtrückzahlung eines fällig gewordenen Restsaldos entsteht, besteht nach dem normalen Geschäftsgebaren einer Bank weder in dem vertraglich festgelegten effektiven Jahreszins für das ausgelegte Darlehen oder in einem Anlageverlust, sondern in den Refinanzierungskosten, die die Bank aufwenden muß, um sich für weitere Kundendarlehen ihrerseits Finanzmittel zu beschaffen. Denn die Banken verzichten im allgemeinen nicht wegen des Ausbleibens des geschuldeten Betrages auf ein Geschäft. Sie werden vielmehr alle Geschäfte schließen, die möglich sind und sich dafür entsprechend refinanzieren (Löwisch BB 85, 961; Reifner BB 85, 87/91; KG 2. 2. 1982, ZIP 82, 555/557). Die Refinanzierungskosten sind erfahrungsgemäß niedriger als der hier geltend gemachte Zinsanspruch.

Freilich ist überwiegend angenommen worden, daß der Kreditnehmer, der die Darlehensvaluta trotz Fälligkeit weiterhin nutzt, bis zum Zeitpunkt der Rückzahlung des Kapitals die vereinbarten Zinsen weiterzahlen muß. Denn einmal habe auch ein Mieter, der mit der Rückgabe der Mietsache säumig sei, den vereinbarten Mietzins weiterzuzahlen (§ 557 BGB).

Ferner könnten Dienstberechtigte oder Dienstverpflichtete das volle Erfüllungsinteresse verlangen, wenn der andere durch vertragswidriges Verhalten seines Partners zur vorzeitigen Kündigung des Dienstverhältnisses veranlaßt worden sei (§ 628 Abs. 2 BGB). Diese Rechtsgedanken seien auch bei der Vorenthaltung der Darlehnsvaluta sinngemäß anwendbar. Zum anderen folge aus § 301 BGB, wonach ein Schuldner bei Annahmeverzug des Gläubigers keine Zinsen zu zahlen brauche, daß bei Geldschulden Vertragszinsen bis zum Annahmeverzug oder bis zur Befreiung von der Leistungspflicht zu zahlen seien (Palandt/Heinrichs BGB, 44. Aufl., § 301 BGB Anm. 1a; Nachw. bei Emmerich, Zum Verzug bei Ratenkreditverträgen, Fn. 13, WM 84, 949/950). Des weiteren entspreche diese Auffassung der Schadensersatzregelung im Falle der Nichterfüllung nach §§ 325, 326 BGB (Emmerich, FLF 85, 188/190). Auch dürfe es sich für den Kreditnehmer nicht lohnen, in Zahlungsverzug zu geraten, um dadurch niedrigere Jahreszinsen als bei vertragsgetreuer Erfüllung zu erreichen.

Diese Auffassung, die sich auch die Beklagte zu eigen gemacht hat, überzeugt indessen nicht.

Durch die Kündigung der Beklagten, die in den Mahnbescheidsanträgen von Anfang 1980 liegt, ist das Vertragsverhältnis beendet worden. Damit erlöschen die beiderseitigen Verpflichtungen zur Erfüllung des Darlehens. Die Bank handelt widersprüchlich, indem sie einerseits dem Kreditnehmer kein Kapital mehr überlassen will, andererseits aber von ihm weiter verlangt, die vertraglichen Zinsen zu zahlen.

Die vorhin dargestellten Rechtsgedanken der §§ 557, 628 BGB können auf das anders geartete Ratenkreditgeschäft (Geldschulden), bei dem keine individuellen Leistungen seitens des Schuldners zu erbringen sind, sondern austauschbare Geldzahlungen, nicht übertragen werden.

Der Kreditnehmer besitzt nicht mehr wie bei der Mietwohnung den ihm von der Bank überlassenen Geldbetrag; er kann ihn also nicht zurückgeben. Ferner scheitert die Weitervermietung durch den Vermieter nur daran, daß eben der Mieter die sonst nicht ersetzbare Wohnung innehat. Die ausgefallene Geldsumme kann aber die Bank durch Refinanzierung ersetzen. Darüber hinaus besteht beim Darlehensvertrag nicht im gleichen Maße wie beim Mietvertrag das Bedürfnis, den Gläubiger von der Notwendigkeit zu befreien, seinen Schaden und den Wert der vom Schuldner auf seine Kosten gezogenen Nutzungen zu beweisen (BGH Urt. 31. 1. 1985 – BB 85, 754/755, Nr. 2b, bb = DB 85, 1075, Sp. 2 = ZIP 85, 466/467).

Ähnliches gilt für § 628 Abs. 2 BGB, wo der Dienstverpflichtete seine Fähigkeiten im Zeitpunkt der Kündigung weiter zur vertragsgerechten Erfüllung zur Verfügung hat (Reifner, Verzugszinspauschalen bei der Abwicklung gekündigter Konsumkredite, BB 1985, 87, 90, 91).

Endlich bestimmt § 11 Nr. 5a AGBG als Sondervorschrift bei der Verwendung Allgemeiner Geschäftsbedingungen, daß der „gewöhnliche Lauf der Dinge" für die Ausgestaltung der Verzugsschadenspauschalierung maßgeblich zu sein hat. Damit ist bei der Verwendung von Allgemeinen Geschäftsbedingungen also die zu erwartende, jeweils besondere tatsächliche Entwicklung im Verwenderbereich Richtlinie. Dem gewöhnlichen Lauf der Dinge entspricht bei Teilzahlungskrediten aber lediglich die Annahme eines zusätzlichen Refinanzierungsaufwandes (Löwisch, Die Zins- und Schadensersatzansprüche des Ratenkreditgebers bei Säumnis des Kreditnehmers, BB 85, 959/962). Deshalb überzeugen die Hinweise auf §§ 301, 325, 326 BGB nicht.

Der Bundesgerichtshof hat zwar in früheren Entscheidungen auf der Grundlage einer abstrakten Schadensberechnung (§ 252 BGB) einer Bank die Möglichkeit zugestanden, ihren Schaden nach ihren üblichen Sollzinsen zu berechnen (BGH 62, 103 = BB 74, 435) oder einen Verzugsschaden festzulegen von 1% über dem Vertragszins (BGH NJW 83, 1542). Das betraf Verträge, die vor Inkrafttreten des AGB-Gesetzes, also vor dem 1. 4. 1977 geschlossen worden waren. Eine andere Lage entstand aber mit der Einführung von § 11 Nr. 5a AGBG (BGH Urt. 31. 1. 85; Anmerkung von Bunte dazu in ZIP 85, 469). ...

1.2 Bei einem solchen auffälligen Mißverhältnis der Leistungen spricht für das Vorliegen der subjektiven Voraussetzungen schon eine tatsächliche Vermutung, die die Beklagte entkräften müßte. Dazu hätte sie allerdings darzulegen und zu beweisen, daß die subjektiven Voraussetzungen weder bei ihr noch den Kreditnehmern bei Vertragsschluß vorgelegen haben (BGH NJW 84, 2292/2294; KG BB 85, 829/830). ...

Eine Entschädigungsklausel in einem Hypothekendarlehensvertrag, nach der im Falle einer nicht zustande gekommenen Zinsanpassung eine pauschale Zusatzgebühr in Höhe von 1,5% der Darlehenssumme zu entrichten ist, verstößt nicht gegen § 9 AGBG. 28

LG Dortmund, Urteil vom 24. 1. 1985 – 17 S 380/84 – rechtskräftig; WM 1985, 536.

Auf den Abdruck von **Sachverhalt** und **Gründen** wird verzichtet.

29 Zu unwirksamen Klauseln in Allgemeinen Geschäftsbedingungen, die eine Bank den für sie tätigen Kreditvermittlern für Kreditvermittlungsverträge stellt.

LG Frankfurt, Urteil vom 19. 2. 1985 – 2/13 O 319/84 – rechtskräftig; BB 1985, 954.

Sachverhalt:

Der Kläger ist ein Wirtschaftsverband, dem der überwiegende Teil der in der Bundesrepublik Deutschland tätigen Kreditvermittler angehört. Einige Mitglieder des Klägers haben mit der Beklagten Kreditvermittlerverträge abgeschlossen, in denen die von dem Kläger mit der vorliegenden Klage gerügten Allgemeinen Geschäftsbedingungen enthalten sind.

Die Beklagte ist eine bundesweit tätige Geschäftsbank.

Sie läßt sich im Rahmen ihrer Geschäftstätigkeit durch im eigenen Namen handelnde Kreditvermittler Darlehensanträge zuführen, auf die sie dann gegebenenfalls Kredite an die antragstellenden Darlehensnehmer vergibt. Zur Regelung zwischen ihr und den Kreditvermittlern/Einreichern verwendet die Beklagte einen Formularvertrag. Der Kläger hält folgende der in dem Formularvertrag verwendeten Allgemeinen Geschäftsbedingungen für unwirksam:

„a) Sollte der Bank durch ein schuldhaftes Mißachten der dem Einreicher durch diesen Vertrag übernommenen Pflichten oder durch sonstige Handlungen und Unterlassungen des Einreichers, die ganz oder teilweise zur Nichterfüllung der Verpflichtungen aus dem Darlehensvertrag führen, ein Schaden entstehen, so ist der Einreicher verpflichtet, diesen Schaden durch Bareinzahlung auf Anforderung zu ersetzen.

b) Die Bank ist berechtigt, mit solchen Schadensersatzforderungen jederzeit gegen Forderungen des Einreichers aufzurechnen.

c) Für zum Schaden der Bank gereichende Handlungen und/oder Unterlassungen von Personen, derer sich der Einreicher im Rahmen der Vermittlungstätigkeit bedient, haftet er wie für eigenes Verschulden.

d) Bei Personen- und/oder Kapitalgesellschaften haften Geschäftsführer mit ihrer Unterschrift für diese Verpflichtungen immer auch persönlich. Die Bank ist berechtigt, nach eigenem Ermessen weitere Sicherheiten zu verlangen."

Das Landgericht hat der Klage stattgegeben.

Aus den Gründen:

Der Klage war in vollem Umfange stattzugeben, da der Kläger gemäß § 13 Abs. 2 Nr. 2 AGBG aktivlegitimiert ist und sämtliche beanstandeten Klauseln gegen § 9 Abs. 1, Abs. 2 Nr. 1 AGBG verstoßen.

Zu a):

Diese Klausel verstößt gegen den wesentlichen Grundgedanken der gesetzlichen Regelungen, wonach ein Vertragspartner grundsätzlich nur für Verschulden haften soll. Zwar ist in § 276 BGB vorgesehen, daß auch eine verschuldensunabhängige Haftung vereinbart werden kann. Dies bedeutet aber nicht, daß entgegen dem im Gesetz vorgesehenen Grundsatz der Verschuldenshaftung in Allgemeinen Geschäftsbedingungen (!) eine unbegrenzte verschuldensunabhängige Haftung für jegliche „sonstigen Handlungen und Unterlassungen" des Vertragspartners vereinbart werden kann. So hat zwar der BGH (BGHZ 72, 174 ff., 181/182) in einer Entscheidung zum Frachtrecht festgestellt, daß in jenem Fall eine verschuldensunabhängige Haftung für den Schaden des Verfrachters infolge eines von der Verladerseite ausgehenden Schmuggels in Allgemeinen

Geschäftsbedingungen vereinbart werden dürfe. Er führt in dieser Entscheidung jedoch ausdrücklich aus, daß es sich hierbei um eine in den beteiligten Kreisen akzeptierte Regelung handele und daß praktisch gleiche Regelungen in verschiedenen internationalen Übereinkommen etc. enthalten seien (BGH a. a. O., 181/182). Weiter begründet der BGH die Zulässigkeit jener Klausel damit, daß wegen der Aufspaltung des Versendungsvorganges sonst häufig der Verfrachter einen ihm unverschuldet durch Schmuggel des Versenders entstandenen Schaden von dem Spediteur ohne eine entsprechende Vereinbarung im Frachtvertrag nicht ersetzt verlangen könne, wogegen sich dieser, also der Spediteur, nach den ADSp bei seinem Auftraggeber schadlos halten könnte. Diese Entscheidung des Bundesgerichtshofs ist also zu einem ganz speziellen Fall ergangen. Der BGH hat in dieser Entscheidung allein wegen der dortigen ganz besonderen rechtlichen Gegebenheiten, die oben zitiert wurden, die Vereinbarung einer verschuldensunabhängigen Haftung für eine bestimmte Fallkonstellation, nämlich für den Fall eines von der Verladerseite ausgehenden Schmuggels, für zulässig erklärt. Diese im Frachtrecht gegebenen Voraussetzungen sind im vorliegenden Fall jedoch zu verneinen. Weder gibt es allgemein anerkannte Regeln oder Übereinkommen, die eine verschuldensunabhängige Haftung im Verhältnis Bank/Kreditvermittler zuließen, noch wird in den beteiligten Geschäftskreisen eine derartige Regelung allgemein für hinnehmbar angesehen.

Auch die Probleme der Aufspaltung der Geschäftsvorgänge wie im Speditions-/Frachtrecht und die daraus resultierenden schadensersatzrechtlichen Probleme sind im Hinblick auf die hier maßgeblichen Vertragsbeziehungen nicht gegeben.

Schließlich sei darauf hingewiesen, daß die von der Beklagten gebrauchte Formulierung auch keinerlei Begrenzung auf irgendwelche Schadensursachen aus dem Gefahrenkreis des Vertragspartners erkennen läßt (vgl. hierzu Palandt/Heinrichs § 9 AGBG Anmerkung 7 f. a. E., § 11 Anmerkung 4 b). Denn nach dieser Klausel muß der Vertragspartner der Beklagten, nämlich der Einreicher, für jegliche Handlung oder Unterlassung haften, die zur Nichterfüllung der Verpflichtungen aus dem Darlehensvertrag führen. Zwar sind grundsätzlich Handlungen und Unterlassungen dem Gefahrenkreis des einzelnen zuzuordnen. Insbesondere dadurch aber, daß auch jede Unterlassung, gleich welcher Art, zur Haftung führen soll, ist durch diese Klausel der Haftungsbereich des Einreichers derart ausgedehnt, daß der ihm zuzurechnende Gefahrenkreis ohne weiteres überschritten werden kann. Denn es sind unzählige Unterlassungen denkbar, die jeweils unter den verschiedensten Umständen zu Nichterfüllungen führen können, ohne daß für den Einreicher z. B. irgendeine Handlungspflicht bestanden hätte. Man denke beispielsweise daran, daß ein ausländischer Kreditnehmer plötzlich in sein Heimatland zurückkehrt. Der Einreicher weiß hiervon zwar nichts. Da er es aber unterläßt, der Beklagten hiervon Mitteilung zu machen, muß er gegebenenfalls nach dieser Klausel für den hierdurch eintretenden Schaden haften.

Aber auch durch Handlungen können nach dieser Klausel Schadensfälle eintreten, für die der Einreicher zu haften hätte, ohne daß hierfür irgendein rechtfertigender Grund bestehen würde. So würde nach dieser Klausel der Einreicher beispielsweise auch für die Vermittlung eines durchaus kreditwürdig erscheinenden Kunden haften müssen, wenn sich im Nachhinein herausstellen sollte, daß dieser dennoch nicht kreditwürdig war, weil er z. B. Dritten aus einem, ggf. sogar dem Kreditnehmer unbekannten Schadensereignis haftete.

Eine derartige unbeschränkte Ausweitung der Haftung des Vertragspartners verstößt gegen den wesentlichen Grundgedanken des zivilrechtlichen Haftungsrechts, daß man grundsätzlich nur für verschuldete Handlungen und Unterlassungen zu haften hat. Der Klage war daher insofern gemäß § 9 Abs. 1, Abs. 2 Nr. 1 AGBG i. V. m. § 24 AGBG stattzugeben.

Zu b):
Da diese Klausel auf die gemäß a) zu untersagende Klausel in den Allgemeinen Geschäftsbedingungen der Beklagten Bezug nimmt und hierin die Aufrechnung mit den aus der Klausel zu a) resultierenden Schadensersatzansprüchen regelt, war diese Klausel ebenfalls gemäß § 9 Abs. 1, Abs. 2 Nr. 1 AGBG zu untersagen.

Zu c):
Diese Klausel verstößt ebenfalls gegen § 9 AGBG, da die Beklagte hierin, wie der Kläger zu Recht vorträgt, die Haftung ihrer Vertragspartner über die §§ 278, 831 BGB hinaus auf jeden Dritten ausdehnt, dessen sich ihr Vertragspartner bedient. Zudem kommt es nach dieser Klausel noch nicht einmal darauf an, ob den Dritten ein Verschulden trifft, da diese Klausel insofern unklar formuliert ist. Hier ist insbesondere an Monopolbetriebe wie beispielsweise die Deutsche Bundespost zu denken. Die Deutsche Bundespost haftet nach dem Postgesetz ihren Kunden nicht bzw. nur sehr eingeschränkt. Nach der von der Beklagten gebrauchten Formulierung müßte der Kreditvermittler, in den Allgemeinen Geschäftsbedingungen als Einreicher bezeichnet, der Beklagten beispielsweise für jeden Schaden haften, der durch den Verlust irgendwelcher mit der Bundespost versandten Unterlagen entsteht, obwohl die Bundespost in keiner Weise dem Einflußbereich des Einreichers zuzurechnen ist. Es verstößt jedoch gegen die Gebote von Treu und Glauben, wenn die Beklagte mit dieser Klausel ihrem Vertragspartner jegliches Risiko, auch soweit es nicht seinem Einflußbereich unterliegt, aufbürdet. Diese Klausel war daher ebenfalls wegen Verstoßes gegen § 9 Abs. 1, Abs. 2 Nr. 1 AGBG zu untersagen.

Zu d) Satz 1:
Die Beklagte hat insofern anerkannt, daß diese Klausel gegen § 9 AGBG verstößt, da eine generelle persönliche Haftung der Geschäftsführer von Personen- und Kapitalgesellschaften dem Grundgedanken der Trennung zwischen natürlichen Personen und Gesellschaften gleich welcher Art widerspricht.

Obwohl die Beklagte nach ihren eigenen Erklärungen diese Klausel nicht mehr weiter verwenden will, war ihr die Verwendung dennoch gemäß § 13 AGBG zu untersagen, da sie durch ihre Weigerung, eine entsprechende strafbewehrte Unterlassungserklärung abzugeben, die Wiederholungsgefahr nicht ausgeschlossen hat. Grundsätzlich besteht nämlich die tatsächliche Vermutung, daß die einmal verwandten Allgemeinen Geschäftsbedingungen auch in Zukunft weiter verwendet werden. Es ist daher Sache des Verwenders, diese tatsächliche Vermutung zu entkräften. Allein die Zusage, diese Klausel nicht mehr weiter zu verwenden, kann die Wiederholungsgefahr nicht ausräumen (vgl. OLG München DB 79, 805; vgl. weiter statt aller Palandt/Heinrichs, AGBG, § 13 Anm. 2e). Allein die mit nichts weiter begründete Weigerung der Beklagten, eine strafbewehrte Unterlassungserklärung abzugeben, läßt nach Überzeugung der Kammer befürchten, daß die Beklagte oder einzelne Filialdirektionen von ihr trotz des Drucks neuer Allgemeiner Geschäftsbedingungen die beanstandete Klausel ggf. doch weiter verwenden wollen. So hat die Beklagte zwar ihre Bereichsdirektionen allgemein darauf hingewiesen, daß die betreffenden Passagen gestrichen werden sollten und eine entsprechende Vereinbarung nur im Rahmen einer Sondervereinbarung zulässig sei. Aus diesem Schreiben ergibt sich aber demgemäß insbesondere, daß die alten Formularverträge bisher noch nicht vernichtet worden sind und daher zu befürchten ist, daß diese Verträge mit der beanstandeten Klausel ggf. doch von einzelnen Mitarbeitern der Filialdirektionen weiter verwandt werden bzw. das Streichen der entsprechenden Klausel unterlassen werden könnte (vgl. BGHZ 81, 226; OLG Saarbrücken, BB 79, 705, 1258). Es ist daher nach allem nicht ersichtlich, warum die Beklagte im Ergebnis allein mit dem Hinweis darauf, daß sie eine Bank sei, für sich etwas anderes in Anspruch nehmen will als das, was für andere Verwender von Allgemeinen Geschäftsbedingungen gilt.

Zu d) Satz 2:
Diese Klausel war ebenfalls wegen Verstoßes gegen § 9 ABGB zu untersagen, da sich die Beklagte nach dem Wortlaut dieser Klausel hiermit willkürlich das Recht, weitere Sicherheiten zu verlangen, vorbehält. Diese Klausel ist unter Zugrundelegung der für den Vertragspartner ungünstigsten Auslegung noch nicht einmal darauf beschränkt, daß diese Sicherheiten nur vom Kreditnehmer verlangt werden könnten. Es ist vielmehr nach dem Wortlaut dieser Klausel, wie der Kläger zu Recht einwendet, sogar denkbar, daß die Beklagte von ihrem Kreditvermittler irgendwelche Sicherheiten verlangt.

Aber auch die Tatsache, daß nach dieser Klausel willkürlich jegliche Sicherheiten, selbst wenn eine Übersicherung vorliegt, verlangt werden können, zeigt, daß diese Klausel entgegen den Geboten von Treu und Glauben die Vertragspartner der Beklagten unangemessen benachteiligt.

Der Klage war daher, wie geschehen, in vollem Umfange gemäß §§ 13, 24, 9 AGBG stattzugeben.

Die Vereinbarung einer vom Kreditnehmer zu zahlenden Entschädigung für den Fall, daß er das Angebot der Bank zur Kreditprolongation nicht annimmt, ist wegen Verstoßes gegen § 9 Abs. 1 AGBG nichtig. Dies gilt jedenfalls dann, wenn den sich daraus für den Kreditnehmer ergebenden Nachteilen keine Vorteile, insbesondere ein besonders günstiger Zinssatz für den ersten Finanzierungsabschnitt, gegenüberstehen. 30

LG Köln, Urteil vom 29. 3. 1985 – 12 S 322/84 – rechtskräftig; BB 1985, 2199.

Sachverhalt:

Einem auf die Dauer von 2 Jahren abgeschlossenen Darlehensvertrag vom 13. 10. / 21. 10. 1981 lagen vorformulierte Darlehensbedingungen zugrunde. . . .

Diese Bestimmungen wurden abgeändert durch folgende maschinenschriftlich am Ende der Darlehensurkunde eingefügte Klausel:

„Das Darlehen ist einem langfristigen Darlehen der Bank vorgeschaltet. Wir verpflichten uns, am 31. 10. 1983 die Umwandlung in ein Darlehen mit mindestens 5jähriger Rückzahlungssperrfrist zu den dann gültigen Kapitalmarktbedingungen vorzunehmen. Sofern wir der Umwandlung nicht zustimmen, wird eine Nichtabnahmeentschädigung von 2% des Darlehens fällig."

Das Landgericht Köln hat dieser Zusatzklausel die Wirksamkeit versagt.

§ 9   *Generalklausel*   Nr. 30

Aus den Gründen:

Bei der betreffenden Klausel handelt es sich nicht um eine Individualvereinbarung, sondern um eine „Allgemeine Geschäftsbedingung", weil die Beklagte diese in mehreren Verträgen verwendet und mit dem Kläger und dessen Ehefrau auch nicht etwa gesondert ausgehandelt hat. Folglich unterliegt die Klausel einer Inhaltskontrolle nach dem AGB-Gesetz.

Die Klausel verstößt nicht gegen § 3 AGBG. Der Kläger konnte die Klausel schlechthin nicht übersehen. Sie befand sich unmittelbar vor den Unterschriften und war zudem als maschinenschriftlicher Zusatz zu Ziffer 2.1. des Darlehensvertrages auch optisch vom Text der übrigen Bestimmungen der Darlehensurkunde abgehoben...

Nach der rechtlichen Konstruktion handelt es sich hier um eine Prolongationsverpflichtung aufgrund eines Vorvertrages. Das erste Darlehen mit einer Laufzeit von zwei Jahren sollte nämlich nach der Klausel einem weiteren fünfjährigen Darlehen vorgeschaltet sein ...

Die Klausel verstößt gegen § 9 Abs. 1 AGBG und ist deshalb unwirksam. Der Kläger wird durch die Verpflichtung, gemäß der Klausel entweder einen neuen Darlehensvertrag mit einer Laufzeit von mindestens fünf Jahren abzuschließen oder aber bei Nichtabnahme dieses Darlehens eine Entschädigung von 2% des Darlehensbetrages zu zahlen, unangemessen benachteiligt. Eine vorvertragliche Bindung des Darlehensnehmers zum Abschluß eines neuen Darlehensvertrages ist als „Allgemeine Geschäftsbedingung" ungewöhnlich.

Diese Bindung entspricht bei einer – wie hier – gewählten Abschnittsfinanzierung nämlich nicht den sonst üblichen Anpassungsklauseln in den Verträgen von Hypothekenbanken. Bei dem von dem Verband privater Hypothekenbanken ausgearbeiteten Mustervertrag, den hier auch die Beklagte verwendet und lediglich durch die beanstandete Klausel abgeändert hat, bedarf die Verlängerung des Darlehens nach Ende der Festschreibungszeit regelmäßig einer neuen Einigung. Danach muß die Bank, wenn sie eine Verlängerung erstrebt, dem Darlehensnehmer ein neues Angebot machen; sonst bleibt es bei der vereinbarten Fälligkeit. Nach der üblichen Klausel tritt eine automatische Verlängerung nicht ein, selbst wenn die Bank es bei den bisherigen Konditionen belassen wollte (vgl. BGH, NJW 1985, 617). Demgegenüber ist nach der vorliegenden Klausel keine neue Einigung vorgesehen, sondern die Beklagte hatte sich das Recht vorbehalten, dem neu abzuschließenden Darlehensvertrag die „dann gültigen Kapitalmarktbedingungen" zugrunde zu legen. Auch wenn dies dahingehend auszulegen sein sollte, daß hiermit diejenigen Darlehenskonditionen gemeint sind, welche die Beklagte im Zeitpunkt des Ablaufs des ersten Darlehens auch anderen Kunden als die bei ihr üblichen Zinssätze anbietet, der Kläger von ihr also nicht ungünstiger behandelt wird, begründet dies eine unangemessene Benachteiligung des Klägers im Sinne von § 9 Abs. 1 AGBG. Anders als bei der sonst üblicherweise erforderlichen Einigung muß er aufgrund der Klausel entweder die von der Beklagten geforderten neuen Konditionen annehmen oder aber bei Nichtabnahme des neuen Darlehens eine Entschädigung von immerhin 2% des Darlehensbetrages zahlen. Hierdurch soll ihm ersichtlich die Möglichkeit genommen werden, ein etwaiges günstigeres Angebot einer anderen Bank nach Ablauf des ersten Darlehens anzunehmen, weil dies mit der Verpflichtung zur Zahlung der „Nichtabnahmeentschädigung" an die Beklagte verbunden ist.

Im Ergebnis verfolgt die streitige Klausel somit einseitig die Wahrung der wirtschaftlichen Interessen der Beklagten, für die vorliegend keine sachliche Rechtfertigung besteht. Die Beklagte hat nämlich auch nicht substantiiert dargelegt, daß die mit der Klausel verbundenen Nachteile für die Entscheidungsfreiheit des Klägers hinsichtlich der Verlängerung des Darlehens durch einen äußerst günstigen Zinssatz bei Abschluß des ersten Darlehens aufgewogen werden. Demnach begründet die Klausel eine unangemessene Benachteiligung des Klägers im Sinne von § 9 Abs. 1 AGBG.

In Kreditbedingungen ist die Klausel   **31**

„Falls der Kredit nicht in voller Höhe bewilligt wird, ist der Kreditnehmer mit einer Reduzierung der Auszahlungssumme einverstanden."

nach § 9 AGBG unwirksam, weil sie der Bank eine einseitige Änderung des gewünschten Kreditrahmens ermöglicht, ohne dem Kreditnehmer für diesen Fall die Möglichkeit seiner Lösung vom Vertrag einzuräumen.

LG Düsseldorf, Urteil vom 8. 5. 1985 – 12 O 163/85 – rechtskräftig;

Sachverhalt:

Der Antragsteller ist ein rechtsfähiger Verband, zu dessen satzungsmäßigen Aufgaben es gehört, gegen unzulässige Allgemeine Geschäftsbedingungen vorzugehen.

Die Antragsgegnerin ist Kreditvermittlerin; sie befaßt sich mit der Vermittlung von Kreditverträgen zwischen Verbrauchern und Kreditinstituten.

Die Antragsgegnerin verwendet ein Kreditantragsformular, auf dem der Kreditsuchende sich durch Ankreuzen einer von mehreren Wahlmöglichkeiten für eine bestimmte Kredithöhe entscheiden kann. Das Formular ist u. a. mit dem Wort „Kreditantrag" überschrieben, wobei es im unteren Teil des Formulars heißt:

„Falls der Kredit nicht in voller Höhe bewilligt wird, sind die Kreditnehmer mit einer Reduzierung der Auszahlungssumme einverstanden."

Der Kläger beanstandet diese Klausel und hält sie für unwirksam. Er beantragt den Erlaß einer einstweiligen Verfügung gegen die Antragsgegnerin. Das Landgericht hat dem Antrag stattgegeben.

Aus den Gründen:

Der Antrag auf Erlaß einer einstweiligen Verfügung ist zulässig und auch sachlich gerechtfertigt.

Der Antrag auf Erlaß einer einstweiligen Verfügung ist zulässig. Das Gericht schließt sich insoweit den Entscheidungen des OLG Hamburg (NJW 1981, 2420), des Kammergerichts (OLGZ 80, 400) und der überwiegenden Meinung im Schrifttum an (vgl. Palandt, BGB, 44. Auflage, § 15 AGBG, Anm. 4; Ulmer/Brandner/Hensen, AGBG, 4. Auflage, § 15 Rdnr. 10 ff.; jeweils m. w. N.), wonach einstweilige Verfügungen zur Durchsetzung von Unterlassungsansprüchen auch im Rahmen des AGB-Gesetzes grundsätzlich zulässig sind. Die gegenteilige Ansicht des OLG Düsseldorf (NJW 1978, 2512, 2513) überzeugt nicht. Schon der Zweck des § 15 AGB-Gesetz, wie er sich aus den Gesetzesmotiven ergibt (vgl. hierzu Bundestags-Drucksache 7/5617, Seite 4), ging dahin, daß das Mittel der einstweiligen Verfügung wie im gewerblichen Rechtsschutz in möglichst weitem Umfang auch für die Geltendmachung der Ansprüche auf Unterlassung der Verwendung unwirksamer Bestimmungen in Allgemeinen Geschäftsbedingungen zur Verfügung gestellt werden sollte. Aus der Rechtsnatur der einstweiligen Verfügung als einer aufgrund lediglich summarischer Prüfung im Eilverfahren ergangenen Entscheidung läßt sich gleichfalls nichts Gegenteiliges herleiten. Auch der Entscheidung im Verfügungsverfahren, in der es um die Zulässigkeit von Allgemeinen Geschäftsbedingungen geht, liegt regelmäßig ein im wesentlichen unstreitiger Sachverhalt zugrunde; im Vordergrund stehen Subsumtionsfragen. Die Rechtsprüfung ist auch nicht anders als im Hauptsacheprozeß vorzunehmen.

Der Antrag auf Erlaß einer einstweiligen Verfügung ist auch sachlich gerechtfertigt; die beanstandete Klausel ist unwirksam, da sie eine unangemessene Benachteiligung des Kreditsuchenden entgegen dem Gebot von Treu und Glauben enthält (§ 9 Abs. 1 AGBG). Die Klausel ist unwirksam, weil sie der jeweiligen Bank eine einseitige Änderung des von dem Kreditsuchenden gewünschten Kreditrahmens ermöglicht, ohne dem Kreditsuchenden für diesen Fall die Möglichkeit seiner Lösung vom Vertrage einzuräumen. Durch das Ankreuzen einer der zehn formularmäßig vorgegebenen Alternativen für eine Kreditaufnahme hat der Kreditsuchende auf dem von der Antragsgegnerin verwendeten Formular seinen Kreditwunsch konkretisiert. Der Kreditsuchende verfolgt mit der Ausfüllung des Antrags den wohlüberlegten Zweck, einen ganz bestimmten Kredit zu bestimmten Bedingungen gewährt zu bekommen. Eine Bewilligung des Kredits in einer geringeren Höhe stellt jedoch nicht die Annahme dieses Kreditantrages dar, sondern die Ablehnung des Kreditantrags in Verbindung mit einem Angebot der Bank zum Abschluß eines Kreditvertrages mit anderen Bedingungen (§ 150 Abs. 2 BGB). Der Kreditsuchende hat in diesem Falle nicht die Möglichkeit, das Angebot der Bank auf Abschluß eines neuen Kreditvertrages abzulehnen. Er ist an den einmal abgegebenen Kreditantrag gebunden, obwohl nach den Regelungen des BGB es ihm zunächst freistehen müßte, das neue Angebot anzunehmen oder abzulehnen. Diese Bindung widerspricht dem Grundgedanken des § 150 Abs. 2 BGB. Sie führt auch zu einer unangemessenen Benachteiligung des Kreditsuchenden. Es ist für den Kreditnehmer unzumutbar, an einem Kreditvertrag festgehalten zu werden, der eine Summe betrifft, die den von dem Kreditnehmer verfolgten Zweck nicht erfüllt. Der Kreditsuchende verliert in dem Falle, in dem sein Kreditantrag nur in beschränktem Umfang angenommen wird, möglicherweise zugleich die Kreditwürdigkeit für einen weiteren Kredit, zu dessen Aufnahme er gezwungen wird. Gelingt es ihm jedoch, einen weiteren Kredit zu erlangen, der den von ihm von Anfang an angestrebten Kreditrahmen erreicht, hat dies zur Folge, daß er für die ursprünglich von ihm ins Auge gefaßte Gesamtkreditsumme regelmäßig mehr an Provision und Zinsen zu zahlen haben dürfte als im Falle eines von Anfang an erfolgreichen Kreditantrages. Es ist der Antragsgegnerin zuzugeben, daß es keine Bank geben dürfte, die unangemessen hohe, die Leistungsfähigkeit des Kreditsuchenden übersteigende Kreditforderungen wissentlich akzeptiert.

Dies wird auch nicht von einer Bank verlangt. Es ist alleine der Umstand, daß die Bank, wenn sie lediglich einen Teil des vom Kreditsuchenden angestrebten Kreditrahmens akzeptiert, den Kunden an diesem von ihr gewählten Rahmen ohne Lösungsmöglichkeit festhält, der zu einer den Geboten von Treu und Glauben widersprechenden unangemessenen Benachteiligung des Kreditsuchenden führt. Unangemessen ist insbesondere, daß der Käufer eine Kürzung seines Kreditrahmens hinnehmen muß und dadurch letztlich auch Gefahr läuft, den ursprünglichen Kreditrahmen – etwa infolge der Mitteilung seiner Daten an die Schutzgemeinschaft für Allgemeine Kreditsicherung – nicht mehr erlangen zu können.

Nr. 4 Abs. 3 Satz 2 und 3 AGB der Banken, wonach bei Überweisungsaufträgen die angegebene Konto-Nr. des Zahlungsempfängers maßgebend ist und bei Fehlleitungen von Überweisungen infolge unrichtiger Angabe der Konto-Nr. nur für grobes Verschulden gehaftet wird, verstoßen gegen § 9 Abs. 2 Nr. 2 AGBG und sind unwirksam. 32

LG Essen, Urteil vom 23. 7. 1985 – 45 O 45/85 – rechtskräftig; NJW-RR 1986, 139.

Sachverhalt:

Die Klägerin, die A-Bank, beansprucht von der Beklagten, der D-Bank, die Zahlung von 6818,64 DM aus eigenem Recht, hilfsweise aus abgetretenem Kundenrecht. Sie verlangt in erster Linie Herausgabe, hilfsweise Schadensersatz wegen fehlgeleiteter Überweisung dieses Betrages. Die Klägerin unterhält ein Girokonto für drei Ärzte. Am 15. 7. 1982 erteilten diese Kunden ihr auf dem dafür vorgesehenen Formular den Auftrag, von dem Konto 6818,64 DM an den Empfänger „A" auf dessen „Konto Nr. 59 D-Bank" zu überweisen. Die Empfängeranschrift, die Bankleitzahl und der Bankort waren nicht angegeben. Die Beklagte, an die der Überweisungsauftrag gelangt war, schrieb den Überweisungsbetrag dem bei ihr geführten Konto Nr. 59 gut. Inhaber dieses Kontos war Kunde M. Am 27. 12. 1983 beanstandeten die Kunden der Klägerin dieser gegenüber, daß der Betrag nicht dem Konto der „Firma A" gutgeschrieben worden sei. Die Klägerin erstattete ihren Kunden diesen Betrag, der von M nicht zurückgefordert werden kann. Sie verlangt Herausgabe des Betrages. Die Klage hatte zur Hälfte Erfolg.

Aus den Gründen:

...Die Pflichtverletzung durch Nichtbeachtung der Empfängerbezeichnung ist nicht durch die Geschäftsbedingungen der Beklagten ausgeräumt. Zwar bedingt die Beklagte sich in Nr. 4 Abs. 3 Satz 2 ihrer Geschäftsbedingungen aus, daß sie bei Überweisungsaufträgen die angegebene Konto-Nr. des Zahlungsempfängers als maßgebend ansehen dürfe, doch hält die Kammer sowohl die Klausel als auch die Beschränkung der Haftung der Beklagten nach Nr. 4 Abs. 3 Satz 3 AGB-Banken (1977) für Fehlleitungen von Überweisungen infolge unrichtiger Angabe der Konto-Nr. auf die Fälle groben Verschuldens für unwirksam...

Die Regelung in Nr. 4 Abs. 3 Satz 2, 3 AGB-Banken (1977) ist nach § 9 Abs. 2 Nr. 2 AGBG unwirksam, weil sie den Vertragspartner des Verwenders entgegen den Geboten von Treu und Glauben unangemessen benachteiligt. Die Regelung bedeutet jedenfalls für den herkömmlichen Überweisungsverkehr auch bei Begrenzung des Haftungsausschlusses auf die Fälle eines einfachen Verschuldens einen beinahe völligen Haftungsausschluß für Fehlbuchungen. Sie schaltet die übliche und dem System der Personalkonten entsprechende Vertragsgestaltung – Maßgeblichkeit der Empfängerbezeichnung – aus und verkehrt sie in das Gegenteil, indem sie die Konto-Nr. für maßgeblich erklärt. Im Ergebnis könnte die Bank trotz Nichterfüllung sich darauf berufen, sie habe durch Zahlung an einen anderen erfüllt. Der Verstoß gegen § 9 Abs. 2 Nr. 2 AGBG ist generell beachtlich. Es ist nicht deshalb eine ausnahmsweise Wirksamkeit im Einzelfall anzunehmen, weil die Klägerin selbst eine Bank ist und eine inhaltsgleiche Klausel verwendet. Eine gegen § 9 Abs. 2 Nr. 2 AGBG verstoßende Klausel kann grundsätzlich nicht durch den Hinweis auf ein gleiches Verhalten des Vertragspartners gegenüber seinen Kunden als wirksam behandelt werden. Eine solche „tu-quoque-Replik" ist unbeachtlich. Auch ein Handelsbrauch, der gegen diese Vorschrift verstoßen würde, wäre nicht beachtlich, weil seine Berücksichtigung nicht angemessen wäre (§ 24 Abs. 2 AGBG). Die Beklagte hat somit ihre Pflichten aus dem Geschäftsbesorgungsvertrag mit der Klägerin verletzt. Ihre Haftung ist nicht geschäftsbedingungsgemäß ausgeschlossen...

§ 9 – Bauvertragsklauseln

33 Das Versprechen eines Bauherrn zur Zahlung eines erfolgsunabhängigen Entgelts für den Nachweis oder die Vermittlung einer Finanzierung einer Eigentumswohnung nach dem Bauherrenmodell ist unwirksam, auch wenn der Makler eine Verpflichtung zur Tätigkeit und eine gewisse Garantie für den Erfolg übernommen hat.

BGH, Urteil vom 20. 3. 1985 – IV a ZR 223/83; BB 1985, 1151 = MDR 1985, 653 = NJW 1985, 2477 = WM 1985, 751.

Sachverhalt und **Gründe** sind abgedruckt unter Nr. 83 zu § 9 AGBG.

34 Wird in einem Formularvertrag über die Errichtung eines Bauwerks ein Festpreis vereinbart, der nur gelten soll, wenn bis zu einem bestimmten Zeitpunkt mit dem Bau begonnen werden kann, so verstößt eine Bestimmung in dem Formularvertrag, wonach sich bei Überschreiten des Festpreistermins der Gesamtpreis um den Prozentsatz erhöht, zu dem der Unternehmer entsprechende Bauwerke im Zeitpunkt des Baubeginns nach der dann gültigen Preisliste anbietet, gegen § 9 AGBG und ist daher unwirksam.

BGH, Urteil vom 20. 5. 1985 – VII ZR 198/84; BGHZ 94, 335 = BauR 1985, 573 = BB 1985, 1351 = DB 1985, 1885 = NJW 1985, 2270 = WM 1985, 1075 = ZIP 1985, 1081.

Sachverhalt:

Die Beklagten beauftragten die Klägerin mit Vertrag vom 8. August 1980, auf einem von der Klägerin zu beschaffenden Grundstück ein Haus zu einem Festpreis von 176 100,– DM zu errichten. Dieser Festpreis sollte nach dem von der Klägerin verwendeten Formularvertrag für die gesamte Bauzeit gelten,

Nr. 34　　　　　　　　　　*Bauvertragsklauseln*　　　　　　　　　　§ 9

„sofern alle Voraussetzungen zum Baubeginn vor dem 15. Dezember 1980 gegeben sind ... Wird der Festpreistermin überschritten, so erhöht sich der Gesamtpreis um den Prozentsatz, für den die Firma diesen oder entsprechende Haustypen zum Zeitpunkt des Baubeginns der Baumaßnahme verkauft bzw. anbietet (z. Zt. gültige Preisliste):"

Da die Beklagten jedoch ein anderes Grundstück kauften und sich für ein größeres Haus entschieden, änderten die Parteien den Bauvertrag mehrfach, zuletzt am 19./22. Januar 1981, dahin ab, daß der Festpreis schließlich auf 340 430,- DM und der Festpreistermin (= spätester Baubeginn) auf den 1. März 1981 festgelegt wurden.

Die Klägerin erhielt die Baugenehmigung am 18. März 1981 und begann mit den Bauarbeiten am 30. März 1981. Am 23. Juli 1982 nahmen die Beklagten die Bauarbeiten ab.

Die Klägerin fordert gemäß der Preiserhöhungsklausel im Vertrag vom 8. August 1980 eine Preiserhöhung von − jetzt noch − 4,72% (= 16 068,30 DM).

Diese Erhöhung ergebe sich aus der im März 1981 bereits geltenden Preisliste für das Jahr 1981 und entspreche auch der durchschnittlichen Preissteigerung für Baumaterial, Subunternehmersowie Lohn- und Lohnnebenkosten im Zeitraum vom 1. April 1980 bis März 1981. Selbst wenn die Preiserhöhungsklausel unwirksam wäre, stünde ihr der geforderte Betrag von 16 068,30 DM (nebst Zinsen) gemäß § 632 Abs. 2 BGB zu, da in diesem Fall der Festpreis wegen der Terminüberschreitung nicht fortgelte und sie deshalb die übliche Vergütung verlangen könne.

Landgericht und Oberlandesgericht haben die Klage abgewiesen. Die Revision der Klägerin blieb ohne Erfolg.

Aus den Gründen:

I.

1. Nach den zutreffenden und auch von der Revision nicht in Zweifel gezogenen Feststellungen des Berufungsgerichts ist davon auszugehen, daß der später auf 340 430,- DM festgelegte Preis in Verbindung mit dem Formularvertrag vom 8. August 1980 ebenfalls als Festpreis vereinbart wurde und daß dieser Preis der Preisänderungsklausel des nach dem AGBG zu beurteilenden Formularvertrags unterliegen sollte, falls erst nach dem 1. März 1981 mit dem Bau begonnen werden könne.

2. Nach Auffassung des Berufungsgerichts hält jedoch die Klausel, aus der die Klägerin ihre Erhöhungsforderung herleitet, der Inhaltskontrolle nach dem AGBG nicht stand. Zwar lägen die Voraussetzungen des § 11 Nr. 1 AGBG nicht vor. Das stehe aber einer Überprüfung der Preiserhöhungsklausel gemäß § 9 AGBG nicht entgegen. Danach sei die Klausel unwirksam, weil sie es der Klägerin ermögliche, über die Abwälzung der Kostensteigerungen hinaus den vereinbarten Werklohn ohne Begrenzung einseitig anzuheben. Nicht nur der Käufer, sondern auch der Besteller eines Hauses müsse bei Vereinbarung eines Festpreises bereits bei Vertragsschluß der Formulierung der Klausel entnehmen können, in welchem Umfang Preiserhöhungen auf ihn zukommen könnten. Daran fehle es hier, weil die Klausel nicht nur die Weitergabe „objektiver" Kostensteigerungen wie Lohn- und Materialpreiserhöhungen zulasse, sondern es der Klägerin auch ermögliche, eine in ihre neue Preisliste einkalkulierte höhere Gewinnspanne zu fordern. Etwas anderes könnte nur gelten, wenn den Beklagten eine Lösungsmöglichkeit vom Vertrage eingeräumt worden wäre; das sei hier aber nicht der Fall, da das bloße Kündigungsrecht gemäß § 649 BGB für den Bauherrn erhebliche Kostennachteile zur Folge habe.

II.

Dagegen wendet sich die Revision ohne Erfolg.

1. Zutreffend mißt das Berufungsgericht die nicht unter § 11 Nr. 1 AGBG fallende Klausel an der Generalklausel des § 9 AGBG. Das entspricht der ständigen Rechtsprechung

des Bundesgerichtshofs zur Prüfung der Zulässigkeit von Preisänderungsvorbehaltsklauseln (BGHZ 82, 21, 23; BGH NJW 1983, 1603, 1604; 1985, 853; 1985, 855) und der im Schrifttum vertretenen Auffassung (Dietlein/Rebmann, AGB aktuell, § 11 Nr. 1 Rdnr. 4; Koch/Stübing, AGB, § 11 Nr. 1 Rdnr. 25; Ulmer/Brandner/Hensen, AGB-Gesetz, 4. Aufl., § 11 Nr. 1 Rdnr. 10; Löwe/Graf v. Westphalen/Trinkner, AGB-Gesetz, 2. Aufl., § 11 Nr. 1 Rdnr. 13; Palandt/Heinrichs, BGB, 44. Aufl., § 11 AGB-Gesetz Anm. 1 c; Kötz in MünchKomm., 2. Aufl., § 11 AGB-Gesetz Rdnr. 3 und 10; vgl. auch Bilda, MDR 1979, 89 ff., 93; Bartsch Betrieb 1983, 214). Auch die Revision zweifelt das nicht an.

Ob dieser Maßstab für Preisänderungsvorbehaltsklauseln in jedenfalls entsprechender Anwendung des § 9 AGBG auch für reine Preisvorbehaltsklauseln gilt, kann offen bleiben (vgl. zum Meinungsstand BGH NJW 1983, 1603, 1605). Mit Recht sieht nämlich das Berufungsgericht in der hier verwendeten Klausel keinen Preisvorbehalt, sondern einen Preisänderungsvorbehalt. Die Parteien wollten erkennbar eine bestimmte Vergütung – und zwar als Festpreis – vereinbaren. Der Klägerin ging es nur darum, unter den in der Klausel bestimmten Voraussetzungen eine Erhöhung des festgelegten Preises verlangen zu dürfen. Der endgültige Werklohn sollte damit über eine Preisänderungsbefugnis der Klägerin, aber auf der Grundlage des vereinbarten Festpreises, neu ermittelt werden. Dagegen haben die Parteien nicht, was Voraussetzung für einen Preisvorbehalt wäre, auf eine Preisbestimmung bei Vertragsschluß überhaupt verzichtet (vgl. zur Begriffsabgrenzung BGH NJW 1983, 1603, 1604 und Bilda a. a. O.).

2. Soweit sich die Revision gegen die Übertragung der vom Bundesgerichtshof im Kaufrecht zur Frage der Wirksamkeit der Tagespreisklauseln aufgestellten Grundsätze auf einen dem Werkvertragsrecht unterfallenden Bauvertrag wendet, dringt sie damit nicht durch.

a) Daß ein einseitiges Preisänderungsrecht in Allgemeinen Geschäftsbedingungen nicht etwa generell unzulässig ist, ist allgemein anerkannt und ergibt sich bereits aus § 11 Nr. 1 AGBG. Die Interessenlage der Parteien eines Kaufvertrages, insbesondere bei langen Lieferfristen, läßt es nicht unangemessen erscheinen, aufgrund von Kostensteigerungen und etwaigen Qualitätsverbesserungen zwischenzeitlich notwendig werdende Preiserhöhungen auf den Käufer abzuwälzen (vgl. hierzu BGHZ 82, 21, 24). Ebenso kann auch bei Werkverträgen gerade über die Errichtung eines Neubaus ein berechtigtes Bedürfnis dafür bestehen, Kostensteigerungen ab einem bestimmten Zeitpunkt an den Besteller weiterzugeben. Dabei ist freilich zu berücksichtigen, daß den Parteien eines Bauwerkvertrages unterschiedliche Gestaltungsmöglichkeiten zur Verfügung stehen, die Vergütung für das zu errichtende Bauwerk festzulegen. Anstelle der häufig gewählten Möglichkeit, die Vergütung des Unternehmers nach Einheitspreisen abzurechnen, können die Parteien z. B. einen Pauschalpreis vereinbaren. Legen sie – wie hier – dem Vertrag einen Festpreis zugrunde, trägt das Kostensteigerungsrisiko der Unternehmer, der grundsätzlich an den „fest" vereinbarten Werklohn gebunden ist (Palandt/Thomas, BGB, 44. Aufl., § 632 Anm. 1 m. N.). Eine derartige Vereinbarung trägt vor allem dem Interesse des Bauherrn an der sicheren Bestimmung der sich für ihn aus dem Vertrag ergebenden finanziellen Belastung Rechnung. Es ist Sache des Bauunternehmers, sich darauf einzustellen und in seine Preiskalkulation auch voraussichtliche Lohnerhöhungen und sonstige künftige Kostensteigerungen einzubeziehen.

Allerdings bleibt es den Parteien unbenommen, den Festpreis auf einen bestimmten Zeitaum zu begrenzen und für den Fall der Fristüberschreitung eine Vergütungsänderungsklausel auch im Rahmen von AGB vorzusehen. Bei der Frage, in welchem Umfang das zulässig ist, muß jedoch die bei Abschluß eines Festpreisvertrages bestehende Interessenlage des Auftraggebers berücksichtigt werden.

b) Die bei einem Überschreiten des vereinbarten Zeitpunktes formularmäßig eröffnete Vergütungsänderung muß nach § 9 AGBG dem Äquivalenzprinzip als der Vorstellung beider Parteien von der Gleichwertigkeit ihrer Leistungen entsprechen. Ebenso wie bei Kaufverträgen (BGHZ 82, 21, 25; 90, 69, 77; BGH NJW 1983, 1603, jeweils m. w. N.) sind bei Werkverträgen über ein Bauvorhaben – jedenfalls im nichtkaufmännischen Verkehr – Vergütungsänderungsvorbehalte regelmäßig dann mit § 9 AGBG unvereinbar und unwirksam, weil unangemessen, wenn sie es dem Unternehmer als Verwender ermöglichen, über die Abwälzung der konkreten Kostensteigerungen (etwa der Lohn- und Materialkosten) hinaus die vereinbarte Festpreisvergütung ohne jede Begrenzung einseitig anzuheben, etwa um einen zusätzlichen Gewinn zu erzielen (zum kaufmännischen Verkehr in einem allerdings anders gelagerten Fall vgl. BGH NJW 1985, 426).

Zutreffend nimmt das Berufungsgericht im Anschluß an die Rechtsprechung des Bundesgerichtshofs zum Kaufvertragsrecht an, daß auch der Besteller eines Hauses bereits bei Vertragsschluß aus der Formulierung der Klausel erkennen können muß, in welchem Umfange Preiserhöhungen auf ihn zukommen können, so daß er in der Lage ist, die Berechtigung verlangter Erhöhungen an der „Ermächtigungsklausel" zu messen (vgl. auch Senatsurteil, NJW 1985, 855, 856).

c) Entgegen der Ansicht der Revision führen die Unterschiede, die zwischen Kaufvertrag und Werkvertrag bestehen, nicht dazu, daß die anhand der Gestaltung von Kaufvertragsfällen entwickelten Grundsätze zur Eingrenzung von formularmäßigen Preisänderungsvorbehalten im Werkvertragsrecht generell keine Anwendung finden würden.

aa) Zu Unrecht hebt die Revision darauf ab, daß der typische Kaufvertrag auf einen alsbaldigen Austausch von Ware und Geld angelegt sei, während beim Bauvertrag die geschuldete Herstellung des Werkes geraumen Zeitaufwand erfordere. Dabei übersieht sie nämlich, daß Gegenstand der Entscheidungen über die Tagespreisklauseln beim Kfz-Kauf gerade Kaufverträge waren, bei denen das Kaufobjekt erst einige Jahre nach Vertragsabschluß geliefert werden sollte. Daraus, daß Kaufverträge regelmäßig in kürzeren Zeiträumen abgewickelt werden können, daß sich also häufig die Frage etwaiger Kostensteigerungen gar nicht stellt, läßt sich für die Wirksamkeitserfordernisse einer Preisänderungsvorbehaltsklausel nichts ableiten.

Zu vergleichen – und im Ergebnis auch vergleichbar – sind hier die Interessen der Parteien eines erst in weiterer Zukunft abzuwickelnden Kaufvertrages mit den Interessen der Parteien eines Bauvertrags. Dabei zeigen die Gestaltungsmöglichkeiten für die Vergütungsbestimmung, daß die Parteien eines Werkvertrages – etwa durch Vereinbarung von Einheitspreisen oder Stundenlohnabreden – noch mehr Möglichkeiten haben, die Vergütung der tatsächlichen Leistung anzupassen, als dies regelmäßig beim Kauf mit der Festlegung eines Preises geschieht, ein Bedürfnis für eine Preisänderungsklausel also im Grundsatz noch geringer ist als beim Kauf. Wählen die Parteien jedoch den Weg eines Festpreises, der für eine bestimmte Zeit gelten und alsdann geändert werden können soll, so hat der Unternehmer gegenüber einem Verkäufer langfristig lieferbarer Waren keinesfalls ein schutzwürdiges Interesse, vom Vertragspartner nunmehr eine Vergütung fordern zu dürfen, die er ohne objektive Begrenzung im Wege einer von ihm gestalteten „neuen Preisliste" bestimmt.

bb) Die Interessenlage des Bestellers eines Neubaus, der das Haus zu einem Festpreis vom Unternehmer errichten läßt, ist gegenüber der eines Käufers in der Regel in noch stärkerem Maß durch das Bedürfnis gekennzeichnet, den Unternehmer am Festpreis auch wirklich festhalten zu können. Denn durch die Größenordnung der jeweiligen Vergütung wirken sich Preiserhöhungen schon bei wenigen Prozentpunkten erheblich aus; so entsprechen im vorliegenden Falle 4,72% einem Betrag von mehr als 16 000,– DM. Oft ist die ganze Finanzierung auf den Festpreis ausgerichtet und nicht selten damit auch die Leistungsgrenze des Bestellers erreicht. Deshalb ist es in diesen Fällen von besonderer Bedeutung, daß der Vergütungserhöhung nicht über eine neue Preisliste willkürliche Preisforderungen zugrunde gelegt werden dürfen.

cc) Die von der Revision aufgeworfene Frage, ob auch im Werkvertragsrecht eine an sich unangemessene Preisanpassungsklausel dann einer Inhaltskontrolle standhalten könnte, wenn der Vertrag dem Besteller eine folgenlose Lösungsmöglichkeit einräumt, stellt sich hier nicht.

Wie das Berufungsgericht zu Recht annimmt, bietet das Kündigungsrecht gemäß § 649 BGB keine Lösungsmöglichkeit in diesem Sinne (vgl. BGHZ 82, 21, 27). Die Beklagten müßten in diesem Fall nämlich die vereinbarte Vergütung abzüglich ersparter Aufwendungen der Klägerin zahlen und wären damit im Regelfall erheblichen Belastungen ausgesetzt.

Eine vertragliche Lösungsmöglichkeit sehen die AGB der Klägerin für den Fall der Fristüberschreitung aber gar nicht vor, so daß keine Stellung dazu genommen werden muß, ob die Unangemessenheit und damit die Unwirksamkeit des Preisänderungsvorbehalts überhaupt auf diese Weise beseitigt werden könnte.

dd) Scheitern muß auch der Versuch der Revision, die hier verwendete Klausel im Wege der Auslegung mit dem Inhalt aufrechtzuerhalten, daß sie ausschließlich auf Preissteigerungen für Material und Löhne Anwendung fände. Eine derartige „Auslegung" würde dem Verbot der Rückführung unwirksamer Klauseln auf einen gültigen Inhalt zuwiderlaufen (vgl. BGHZ 84, 109, 115 f.; 85, 305, 312; 86, 284, 297; 87, 309, 321; 90, 69, 73, 81; BGH NJW 1984, 48; 1985, 852, 853; 1985, 855, 856, jeweils m. w. N.).

3. Mit Recht geht das Berufungsgericht weiter davon aus, daß trotz der Unwirksamkeit der Preisänderungsvorbehaltsklausel die Festpreisabrede ebenso wie der übrige Vertragsinhalt wirksam geblieben sind. Das folgt bereits aus § 6 Abs. 1 AGBG.

a) Wenn die Revision demgegenüber meint, die Parteien hätten einen Festpreis nur für den Fall vereinbart, daß an einem bestimmten Termin mit dem Bau begonnen werden könne, mit der Nichteinhaltung dieses Termins sei der Festpreis und damit eine Preisbestimmung überhaupt entfallen, es sei also § 315, hilfsweise § 632 Abs. 2 BGB anzuwenden, so geht das fehl. Mit der zeitlichen Begrenzung der Festpreisabrede wollte sich die Klägerin das Recht einräumen, über den Festpreis hinaus mehr von den Beklagten fordern zu dürfen. Der Festpreis sollte dabei aber der „Basis-Preis" bleiben, der lediglich prozentual erhöht werden sollte. Bei dieser Sachlage besteht kein Anlaß, auf § 632 Abs. 2 BGB zurückzugreifen. Das würde dem beiderseitigen Parteiwillen nicht entsprechen.

Wenn die vereinbarte Festpreis-Vergütung auch zeitlich begrenzt wurde, so spricht doch alles dafür, daß es grundsätzlich bei dieser Vereinbarung der Parteien bleiben und lediglich eine Störung des Äquivalenzverhältnisses durch zeitbedingte Umstände berücksichtigt werden sollte. Dagegen sollte für die Vergütung der Klägerin nicht etwa ein völlig anderer Maßstab – nämlich die Üblichkeit – gelten (vgl. auch OLG Düsseldorf in Schäfer/Finnern/Hochstein, § 642 BGB Nr. 2). Erst recht würde es dem in der Festpreisabrede zum Ausdruck kommenden Willen der Parteien zuwiderlaufen, die Vergütung nach Ablauf des Termins subjektiv, nämlich gemäß §§ 315, 316 BGB, allein von der Klägerin bestimmen zu lassen.

b) Inwieweit eine durch die Unwirksamkeit der Vergütungsänderungsklausel im Formularvertrag entstandene Lücke durch ergänzende Vertragsauslegung geschlossen werden könnte (vgl. zu dieser Konstruktion BGHZ 90, 69, zustimmend Bunte, NJW 1984, 1145, ablehnend Trinkner, BB 1984, 490 und Löwe, BB 1984, 492; ferner BGH NJW 1985, 621), kann hier offen bleiben.

Anders als in dem vom VIII. Zivilsenat entschiedenen Fall, in dem ein am 3. November 1977 bestelltes Fahrzeug erst am 12. Mai 1980 ausgeliefert wurde, ist es hier nicht unbillig, die Klägerin an der Preisvereinbarung festzuhalten. Der vorgesehene späteste Zeitpunkt für den Baubeginn wurde nur geringfügig, nämlich um noch nicht einmal einen Monat überschritten.

In einem formularmäßigen Architektenvertrag ist eine ziffernmäßige Beschränkung der Architektenhaftung für Schäden, die auf leichter Fahrlässigkeit des Architekten beruhen, zulässig.

35

BGH, Urteil vom 26. 9. 1985 – VII ZR 50/84; VersR 1986, 37 = WM 1985, 1535.

Sachverhalt:

Die Klägerin hat ein im September 1977 in Betrieb genommenes Hotel errichten lassen. Planender und bauleitender Architekt war der Beklagte, mit dem die Klägerin den „Einheits-Architektenvertrag" vom 5. Januar 1976 – also vor Inkrafttreten des AGB-Gesetzes – mit den ebenso vereinbarten „Allgemeinen Vertragsbedingungen zum Architektenvertrag" (AVA) abgeschlossen hatte.

Die Hotelgebäude sind mit Flachdächern versehen. Durch diese und im Bereich der Balkone drang alsbald Feuchtigkeit in das Gebäude ein. Das zeigte die Klägerin dem Beklagten schon mit Schreiben vom 25. Mai 1978 an und bat dabei um Klärung, wer für den Schaden haftbar zu machen sei. Im September 1980 hat die Klägerin wegen der Durchfeuchtung die Einleitung eines Beweissicherungsverfahrens u. a. gegen den Beklagten beantragt.

Mit der am 24. Mai 1982 eingereichten und am 22. Juni 1982 zugestellten Klage hat sie vom Beklagten hinsichtlich bereits sanierter Dächer und Balkone zunächst 112 190,45 DM Schadensersatz (nebst Zinsen) und hinsichtlich weiterer Schäden an Dächern und Anschlüssen entsprechende Feststellung verlangt. Mit am 11. Januar 1983 bei Gericht eingegangenem Schriftsatz hat sie unter Beibehaltung des Feststellungsantrages den Zahlungsantrag auf 126 851,07 DM erhöht.

Das Landgericht hat die Haftung des Beklagten bejaht, dessen Verjährungseinrede als unbegründet angesehen und ihn unter Abweisung der Zahlungsklage im übrigen zur Zahlung von 117 298,72 DM (nebst Zinsen) verurteilt, und zwar in Höhe von 16 705,– DM gesamtschuldnerisch mit dem Dachdecker, der die inzwischen nachgebesserten Balkonverkleidungen angebracht hat; das Landgericht hat auch dem Feststellungsantrag stattgegeben.

Auf die Berufung des Beklagten hat das Oberlandesgericht dessen Verjährungseinrede durchgreifen lassen und deshalb die Klage voll abgewiesen. Auf die Revision wurde der Zahlungsanspruch dem Grunde nach bis zum Betrag von 117 298,72 DM für gerechtfertigt erklärt und dem Feststellungsbegehren hinsichtlich leicht fahrlässig herbeigeführter Schäden und mit einer – Zahlungs- und Feststellungsanspruch umfassenden – Beschränkung auf 150 000,– DM stattgegeben.

Aus den Gründen:

Das Berufungsgericht läßt offen, ob die Undichtigkeit im Bereich der Dächer und Balkone auf Planungsfehlern oder auf Bauaufsichtsverschulden des Beklagten beruhen. Denn werkvertragliche Schadensersatzansprüche seien jedenfalls verjährt. Dem Beklagten sei hier auch nicht anzulasten, daß er sein Architektenwerk nicht auf eigene Fehler untersucht, die Klägerin nicht von solchen unterrichtet und ihr damit nicht die Möglichkeit eröffnet habe, den Eintritt der Verjährung ihrer gegen den Beklagten gerichteten Mängelansprüche zu verhindern. Die dagegen gerichtete Revision der Klägerin hat Erfolg.

1. Allerdings lief entsprechend den vertraglichen Vereinbarungen der Parteien die Verjährungsfrist für werkvertragliche Ansprüche der Klägerin gegen den Beklagten nur bis Ende September 1979; die Verjährung ist bis dahin nicht unterbrochen worden. Der Antrag auf Einleitung des Beweissicherungsverfahrens und die Einreichung der vorliegenden Klage fallen nicht mehr in diese Frist.

2. Das Berufungsgericht verneint auch eine Hemmung der Verjährung gemäß § 639 Abs. 2 BGB, weil der Beklagte zu keiner Zeit eigene Fehler geprüft, sondern stets nur ohne jegliche eigene Mitwirkung den Dachdecker zur Fehlersuche in dessen Gewerk aufgefordert habe. Ob dem zuzustimmen ist, kann offenbleiben. Denn der Beklagte schuldet jedenfalls, wie unter 4. ausgeführt werden wird, aus positiver Forderungsverletzung der Klägerin dahin Schadensersatz, daß die Verjährung ihrer gegen ihn gerichteten werkvertraglichen Ansprüche als nicht eingetreten gilt.

3. Es kommt deshalb entgegen der Beurteilung des Berufungsgerichtes darauf an, ob die Durchfeuchtung im Bereich der Dächer, Anschlüsse und Balkone Folge von Planungs- und Bauaufsichtsverschulden des Beklagten sind.

Das ist der Fall. ...

4. Inbesondere nachdem ihn die Klägerin mit Schreiben vom 25. Mai 1978 um die Klärung gebeten hatte, wer für die aus den Undichtigkeiten herrührenden Schäden haftbar zu machen sei, hätte sich der Beklagte dieser Frage annehmen müssen.

a) Dem umfassend beauftragten Architekten obliegt im Rahmen seiner Betreuungsaufgaben nicht nur die Wahrung der Auftraggeberrechte gegenüber den Bauunternehmern, sondern auch und zunächst die objektive Klärung der Mängelursachen, selbst wenn zu diesen eigene Planungs- oder Aufsichtsfehler gehören. Zwar mag man vom Architekten im allgemeinen nicht wie von einem Rechtsanwalt verlangen können, daß er den Auftraggeber ausdrücklich auf einen gegen sich gerichteten Regreßanspruch wegen versäumter Rechtswahrung hinweist. Als Sachwalter des Bauherrn schuldet er aber die unverzügliche und umfassende Aufklärung der Ursachen sichtbar gewordener Baumängel sowie die sachkundige Unterrichtung des Bauherrn vom Ergebnis der Untersuchung und von der daraus sich ergebenden Rechtslage. Eine solche Aufklärung des Bauherrn gehört nicht weniger zum Aufgabenbereich des Architekten als den Umständen nach gebotene Hinweise auf Vorschriften des öffentlichen Rechts oder auf steuerliche Baubegünstigungen. Das entgegenstehende Interesse des Architekten, sich eigener Haftung möglichst zu entziehen, vermag das Unterlassen zutreffender Unterrichtung des Bauherrn nicht zu rechtfertigen. Die dem Architekten vom Bauherrn eingeräumte Vertrauensstellung gebietet es vielmehr, diesem im Laufe der Mängelursachenprüfung auch Mängel des eigenen Architektenwerks zu offenbaren, so daß der Bauherr seine Auftraggeberrechte auch gegen den Architekten rechtzeitig vor Eintritt der Verjährung wahrnehmen kann (BGHZ 71, 144, 148/149 m. w. N.). Das ist ständige Rechtsprechung des Senats (vgl. z. B. zuletzt NJW 1985, 328, 330 m. w. N. und Urteil vom 20. Dezember 1984 – VII ZR 13/83 = BauR 1985, 232/233).

b) Seiner Pflicht, eine eigene Prüfung der Mängel vorzunehmen, war der Beklagte nicht etwa nach § 3 der vereinbarten „Allgemeinen Vertragsbestimmungen zum Architektenvertrag" entbunden. Danach hat der Architekt den Bauherrn bis zum Ablauf der Gewährleistungsfrist für die Architektenleistungen „im üblichen Umfang" zu unterrichten. Zum „üblichen Umfang" einer solchen Unterrichtung gehört aber auch die Mitteilung über die Ergebnisse der dem Architekten nach der vorerwähnten Senatsrechtsprechung obliegenden Prüfung der Ursachen von innerhalb der Gewährleistungsfrist aufgetretenen Baumängeln. Das kann hier schon deshalb nicht zweifelhaft sein, weil der Beklagte das Schreiben der Klägerin vom 25. Mai 1978 hingenommen und ihm nicht mit der Begründung entgegengetreten ist, die geforderte Aufklärung gehöre nicht mehr zu seinen Aufgaben.

c) Die Gegebenheiten des vorliegenden Falles bieten schließlich entgegen der Auffassung des Berufungsgerichts keinen Anlaß, von der gefestigten Rechtsprechung des Senats zur Untersuchungspflicht der Architekten abzugehen. Gerade bei – wie hier – zunächst ungeklärten oder nur schwer aufzuklärenden Mängelursachen – nur solche erfordern im Regelfall eine Untersuchung durch den Architekten – liegt stets auch ein Architektenverschulden nahe oder jedenfalls nicht soweit entfernt, daß es der Architekt bei der ihm obliegenden Prüfung nicht einbeziehen müßte.

Dem Berufungsgericht kann auch nicht darin gefolgt werden, daß der Beklagte von seiner Aufklärungs- und Beratungspflicht befreit gewesen sei, weil die „in geschäftlichen Dingen erfahrene Klägerin" selbst die Notwendigkeit verjährungsunterbrechender Maßnahmen hätte erkennen können. Das genügt auf keinen Fall (vgl. Senatsurteil, BauR 1985, 232, 233). Auf besondere Sachkenntnisse der Gesellschafter der Klägerin in Bauangelegenheiten hat sich aber nicht einmal der Beklagte berufen. Ein Ausnahmefall, wie er vom Senat in der vom Berufungsgericht angeführten Entscheidung (NJW 1973, 1457, 1458) abgedruckt wurde, ist also gerade nicht gegeben.

d) Hätte der Beklagte pflichtgemäß die Mängelursachen erforscht oder durch einen qualifizierten Sachverständigen ermitteln lassen, wäre er alsbald auf seine eigenen Fehler gestoßen. Das hätte er der Klägerin mitteilen müssen, die damit in die Lage versetzt worden wäre, die Verjährung ihrer gegen den Beklagten gerichteten Mängelansprüche zu verhindern. Der Klägerin steht deshalb ein Schadensersatzanspruch gegen den Beklagten dahin zu, daß die Verjährung der gegen ihn gerichteten Gewährleistungs- und Schadensersatzansprüche als nicht eingetreten gilt (BGHZ 71, 144, 149 m. w. N.). Der Beklagte muß also nach wie vor für die auf Fehlern seines Architektenwerks beruhenden Schäden einstehen, ohne sich auf Verjährung berufen zu dürfen (BGHZ a. a. O., S. 150/151).

Das Berufungsgericht hätte deshalb die Klage nicht als verjährt abweisen dürfen. Sein Urteil muß deshalb aufgehoben werden.

5. Zum Grunde der von der Klägerin geltend gemachten Schadensersatzansprüche sind entsprechend den Ausführungen zu 3. weitere Feststellungen nicht erforderlich.

a) Das Revisionsgericht kann deshalb gemäß § 565 Abs. 3 Nr. 1 ZPO den Zahlungsanspruch bereits dem Grunde nach für gerechtfertigt erklären, und zwar der Höhe nach begrenzt durch die vom Landgericht der Klägerin zuerkannte Summe, die von dieser nicht angefochten worden ist.

b) Hinsichtlich der Höhe des Zahlungsanspruches bedarf es weiterer Sachaufklärung. Insoweit ist die Sache deshalb an das Berufungsgericht zurückzuverweisen. Bei seiner erneuten Entscheidung wird das Oberlandesgericht hier zu beachten haben, daß der Beklagte in Höhe von 16750,- DM – wie das Landgericht schon richtig erkannt hat – gesamtschuldnerisch mit dem bereits verurteilten Dachdecker haftet. Nach den nicht mehr streitigen Feststellungen des Landgerichts kann er sich mangels entsprechender Zahlungsfähigkeit des Dachdeckers in diesem Umfange auch nicht auf seine nur subsidiäre Haftung (§ 6 Nr. 2 AVA) berufen.

c) Über das Feststellungsbegehren kann das Revisionsgericht ebenfalls bereits abschließend befinden. Es bezieht sich auf noch nicht bezifferte Schäden an Dächern und Anschlüssen anderer Gebäudeteile als denjenigen, an denen die dem Zahlungsanspruch zugrunde liegenden Schäden aufgetreten sind. Es können also weitere Schäden in Frage kommen. Der Beklagte muß auch für diese gleichartigen Schäden einstehen. Insoweit liegen die Dinge hier so wie bei dem dem Grunde nach für gerechtfertigt erklärten Zahlungsanspruch.

6. Gemäß § 6 Nr. 1 Satz 2 AVA, Nr. 4 ArchV haben die Parteien allerdings die Haftung des Beklagten aus Fehlern des Architektenwerks für fahrlässig herbeigeführte Nichtpersonenschäden auf insgesamt 150000,- DM beschränkt.

Es kann offenbleiben, inwieweit eine Haftungsbegrenzung in AGB für Schäden, die – wie hier allein in Betracht kommt – auf leichter Fahrlässigkeit des Verwenders beruhen, nach altem Recht gem. § 242 BGB oder jetzt nach § 9 AGBG unwirksam sein kann (vgl. dazu z. B. Senatsurteil vom 23. Februar 1984 – VII ZR 272/82 = WM 1984, 1224, 1227 = ZIP 1984, 971, 975/976 unter III 2). Dabei braucht auch nicht erörtert zu werden, welche Bedeutung es haben könnte, daß in Nr. 4 ArchV, in dem die Deckungssumme enthalten ist, nur von der Sicherstellung etwaiger Ersatzansprüche gegen den Architekten die Rede ist, während in dem nachfolgenden § 6 Nr. 1 Satz 2 AVA dann in Höhe dieser Deckungssumme die Haftung begrenzt wird.

Hier hält die Haftungsbeschränkung der Inhaltskontrolle nach § 242 BGB stand. Durch sie wird die Klägerin keineswegs praktisch schutzlos gestellt; es werden auch keine Pflichten des Beklagten aus dem Architektenvertrag eingeschränkt, deren Erfüllung die ordnungsgemäße Durchführung des Vertrages überhaupt erst ermöglicht. Vielmehr deckt die vom Beklagten abgeschlossene Haftpflichtversicherung voraussichtlich ganz überwiegend die aufgetretenen Schäden. An der Festlegung (also auch der Bemessung) der Deckungssumme von 150000,- DM für Nichtpersonenschäden bei einem Bauvolumen von 1,1 Millionen DM und einem vereinbarten Architektenhonorar von rd. 60000,- DM hat die Klägerin, als OHG Vollkaufmann, ersichtlich mitgewirkt. Sie hat denn auch im Laufe des Verfahrens selbst nicht geltend gemacht, daß die Vereinbarung der Haftungsbeschränkung gegen Treu und Glauben verstoße.

Zahlungs- und Feststellungsbegehren sind deshalb zusammen nur mit der Einschränkung begründet, daß die Haftung des Beklagten für alle leicht fahrlässig herbeigeführten Nichtpersonenschäden insgesamt 150000,- DM (nebst Zinsen) nicht übersteigt.

§ 8 Nr. 2 VOB/B (1973), wonach der Auftraggeber den Vertrag kündigen und Schadensersatz wegen Nichterfüllung verlangen kann, wenn der Auftragnehmer seine Zahlungen einstellt, das Vergleichsverfahren beantragt oder in Konkurs gerät, verstößt nicht gegen § 17 KO und hält auch einer Überprüfung nach § 9 AGBG stand.

BGH, Urteil vom 26. 9. 1985 – VII ZR 19/85; BGHZ 96, 34 = BB 1986, 23.

Sachverhalt:

Der Kläger ist Konkursverwalter über das Vermögen der Firma S. – Die Beklagte beauftragte die spätere Gemeinschuldnerin im Juni 1982, gegen einen Werklohn von 228 575, 71 DM die Außenanlagen an einem Bauvorhaben zu erstellen. Dem Vertrag liegt die VOB/B zugrunde. Bei Konkurseröffnung am 28. Februar 1983 waren die Arbeiten größtenteils noch nicht fertiggestellt. Der Kläger hat die vollständige Vertragserfüllung verlangt. Daraufhin kündigte die Beklagte mit einem an die Gemeinschuldnerin gerichteten Schreiben vom 18. März 1983, das dem Kläger am 21. März 1983 in Form einer Ablichtung zuging, den Vertrag unter Berufung auf § 8 Nr. 2 VOB/B. Sie forderte den Kläger auf, die ausgeführten Leistungen abzurechnen, und kündigte Schadensersatzansprüche wegen Nichterfüllung an.

Am 15. April 1983 erteilte der Kläger der Beklagten eine Schlußrechnung über restliche 5506,80 DM. Dagegen rechnete die Beklagte mit Schadensersatzansprüchen auf, die sie später auf 3827,37 DM beziffert hat. Den Differenzbetrag von 1679,43 DM überwies sie dem Kläger.

Die Klage auf Zahlung von 3827,37 DM nebst Zinsen hat das Landgericht bis auf 61,77 DM (nebst Zinsen) zu Unrecht aufgerechneter Mehrkosten abgewiesen. Die Berufung des Klägers ist lediglich hinsichtlich des Zinsanspruches teilweise erfolgreich gewesen (vgl. ZIP 1985, 1013).

Die Revision, mit der der Kläger die Zahlung von 3765,60 DM nebst Zinsen begehrt, hatte keinen Erfolg.

Aus den Gründen:

I.

Das Berufungsgericht geht von der Wirksamkeit der Kündigung aus und läßt die Aufrechnung mit Schadensersatzansprüchen wegen Nichterfüllung gemäß § 8 Nr. 2 VOB/B in Höhe von 3766,40 DM gegenüber der rechnerisch unstreitigen Schlußrechnung durchgreifen.

Im Gegensatz zum Kläger hält es dabei § 8 Nr. 2 VOB/B im Hinblick auf § 17 KO i. V. m. § 134 BGB für wirksam. Soweit es um die Kündigung selbst gehe, ergebe sich das schon aus der gesetzlichen Grundregel des § 649 Satz 1 BGB, nach der ein Besteller den Vertrag jederzeit vor Vollendung des Werkes kündigen könne. Daß die Rechtsfolgen einer auf § 8 Nr. 2 VOB/B gestützten Kündigung von der in § 649 BGB getroffenen Regelung abweichen, stünde der Wirksamkeit der Bestimmung nicht entgegen, da es zulässig sei, durch vertragliche Vereinbarung für den Konkursfall zusätzliche Ansprüche des Bestellers zu begründen.

Das in § 17 KO verankerte Wahlrecht des Konkursverwalters werde dadurch nicht vereitelt, da der Konkursverwalter und die Konkursgläubiger die Verträge des Gemeinschuldners so hinnehmen müßten, wie sie geschlossen wurden.

§ 8 Nr. 2 VOB/B halte aber auch einer Überprüfung gemäß § 9 AGBG stand, da der Konkurs des Unternehmens einen wichtigen Grund für die Kündigung bilde, der der Sphäre des Auftragnehmers zuzurechnen sei.

Damit greife die Aufrechnung durch, da die Beklagte den der Höhe nach bewiesenen (und jetzt unstreitigen) Anspruch nicht nur im Umfang der Konkursquote, sondern – als durch die Kündigung aufschiebend bedingten Anspruch – in voller Höhe im Wege der Aufrechnung geltend machen könne.

II.

Das hält der rechtlichen Nachprüfung stand.

1. Wie auch die Revision nicht verkennt, ist der Senat bereits in mehreren Urteilen davon ausgegangen, daß § 8 Nr. 2 VOB/B nicht gegen ein aus § 17 KO ableitbares gesetzliches Verbot verstößt und damit wirksam ist (Urteil vom 30. Mai 1963 – VII ZR 11/62 = BB 1963, 1076 = WM 1963, 964, 965; Urteil vom 25. Oktober 1971 – VII ZR 65/69 = BB 1972, 515 = WM 1971, 1474; BGHZ 68, 379, 381). An dieser – bisher nicht näher begründeten – Auffassung hält er fest.

a) Die Revision kann sich allerdings darauf berufen, daß seit einigen Jahren die Auffassung vertreten wird, § 8 Nr. 2 VOB/B sei im Hinblick auf § 17 KO i. V. m. § 134 BGB nichtig (Rosenberger, BauR 1975, 233; ihm folgend LG Aachen, BauR 1979, 150 = Schäfer/Finnern/Hochstein, Nr. 1 zu § 8 Nr. 2 VOB/B, 1973, mit ablehnender Anmerkung von Hochstein; Böhle-Stamschräder/Kilger, KO, 14. Aufl., § 17, Anm. 8; im Grundsatz ebenso Jäger/Henckel, KO, 9. Aufl., § 17, Rdz. 214, der eine Kündigung nach § 8 Nr. 2 VOB/B nur zulassen will, wenn es für den Besteller – ausnahmsweise – unzumutbar ist, den Vertrag mit dem Konkursverwalter abzuwickeln).

Begründet wird diese Ansicht im wesentlichen damit, daß ein derartiges Kündigungsrecht das dem Konkursverwalter zwingend zustehende Wahlrecht nach § 17 KO vereitele und dem Grundsatz widerspreche, alle Gläubiger im Konkurs gleich zu behandeln.

b) Dem ist vor allem Heidland (BauR 1975, 305 und BauR 1981, 21) entgegengetreten. Er und die ihm folgende herrschende Meinung (OLG Düsseldorf, BauR 1982, 166, 167; Ingenstau/Korbion, VOB, 10. Aufl., § 8 VOB/B, Rdz. 17; Korbion/Hochstein, VOB-Vertrag, 3. Aufl., Rdz. 127; Nicklisch in Nicklisch/Weick, VOB/B, § 8 Rdz. 15; Heiermann/Riedl/Schwaab, VOB, 3. Aufl., B § 8 Rdn. 13; Werner/Pastor, Der Bauprozeß, 4. Aufl., Rdn. 922; Kiesel, VOB-Teil B, § 8 Rdn. 8) stellen vor allem darauf ab, daß der Konkursverwalter den Vertrag in dem rechtlichen Bestand hinnehmen müsse, in dem er sich im Zeitpunkt der Konkurseröffnung befinde. Ferner seien die persönlichen Eigenschaften des Auftragnehmers (Fachkunde, Leistungsfähigkeit, Zuverlässigkeit) gerade im Bauvertrag für den Auftraggeber von so großer Bedeutung, daß ihm schon deshalb eine Fortsetzung des Vertrages mit dem Konkursverwalter entgegen seinem Willen nicht zugemutet werden könne.

c) Das hält auch der Senat für zutreffend. Wie bereits das Berufungsgericht in diesem Zusammenhang hervorhebt, steht dabei im Mittelpunkt der Auseinandersetzung nicht so sehr die Frage, ob der Auftraggeber den Vertrag im Falle eines Konkurses überhaupt kündigen darf; dieses Recht ergibt sich nämlich schon aus der von der Konkurseröffnung nicht berührten Bestimmung des § 649 BGB (= § 8 Nr. 1 VOB/B). Vielmehr geht es vor allem darum, ob die sich aus einer auf § 8 Nr. 2 VOB/B gestützten Kündigung ergebenden Rechtsfolgen mit dem Konkursrecht vereinbar sind. Das ist zu bejahen.

Dabei ist ausschlaggebend, daß es keine Bestimmung gibt, die dem späteren Gemeinschuldner und dessen Vertragspartner untersagt, eine Vereinbarung zu treffen, wonach dem Auftraggeber im Fall des Konkurses des Auftragnehmers ein Kündigungsrecht und damit verbundene Schadensersatzansprüche wegen Nichterfüllung des restlichen Auftrags zustehen sollen. Zwar wird durch eine solche Regelung die Lage der Konkursmasse – gemessen an der Bestimmung des § 649 BGB – verschlechtert. Das steht jedoch der Wirksamkeit der Abmachung nicht entgegen. Für die Masse nachteilige Vereinbarungen, die der Gemeinschuldner und ein Dritter vor dem Konkurs getroffen haben, sind nämlich nicht ohne weitere unwirksam, wie schon die Regelung in den §§ 29ff. KO zeigt. Scheidet aber eine Anfechtung aus und fehlt es an anderen Nichtigkeitsgründen (etwa gem. § 138 BGB), muß der Konkursverwalter den Bestand der Masse (also auch einen beiderseitig nicht voll erfüllten Vertrag) in dem Zustand hinnehmen, in dem sie sich zur Zeit der Konkurseröffnung befindet (vgl. RGZ 115, 271, 273, 274; vgl. auch BGHZ 24, 15, 18; 44, 1, 4; 56, 228, 230, 232). So ist es hier.

Daß der Kläger bereits vor der Kündigung des Vertrags durch die Beklagte sein Wahlrecht aus § 17 KO geltend gemacht und Erfüllung verlangt hat, spielt in diesem Zusammenhang keine Rolle. Das der Beklagten vertraglich eingeräumte Recht, gemäß § 8 Nr. 2 VOB/B vorzugehen, wird von der Entscheidung des Konkursverwalters nicht berührt, da eben der Konkursverwalter seine Rechte nur im Rahmen der bestandskräftigen Bestimmungen des Vertrages wirksam ausüben kann (vgl. Heidland, BauR 1981, S. 21, 28).

2. Fehl geht die Rüge der Revision, die Beklagte habe das Kündigungsschreiben vom 18. März 1983 nur an die Gemeinschuldnerin gerichtet, die aber nach der Konkurseröffnung am 28. Februar 1983 nicht mehr der richtige Zustellungsempfänger gewesen sei. Wie sich nämlich aus den vom Kläger selbst vorgelegten Unterlagen ergibt, hat die Beklagte das Kündigungsschreiben auch dem Konkursverwalter zugeleitet, der es am 21. März 1983 erhalten hat.

3. Soweit das Berufungsgericht die Wirksamkeit der Bestimmung des § 8 Nr. 2 VOB/B auch unter dem Blickwinkel des § 9 AGBG bejaht, ist das im Ergebnis unschädlich, obwohl einzelne Bestimmungen der VOB/B grundsätzlich einer Billigkeitskontrolle nicht unterworfen sind (Senatsurteil BGHZ 86, 135, 141/143).

4. Daß die Beklagte mit der Geltendmachung ihrer Rechte aus § 8 Nr. 2 VOB/B gegen den Grundsatz von Treu und Glauben verstoßen würde, macht der Kläger selbst nicht geltend. Dafür spricht auch nichts.

Dabei ist zu berücksichtigen, daß die in § 8 Nr. 2 VOB/B getroffene Regelung vor allem der Tatsache Rechnung trägt, daß ein Bauvertrag in aller Regel ein gewisses Vertrauensverhältnis zwischen Auftraggeber und Auftragnehmer voraussetzt. Die Leistungsfähigkeit und die Zuverlässigkeit des Auftragnehmers sind bei der Vergabe des Auftrags von wesentlicher Bedeutung. Daß diese Vertrauensgrundlage durch den Vermögensverfall und insbesondere durch den Konkurs des Auftragnehmers so gut wie immer erschüttert wird, liegt auf der Hand. Abgesehen davon, daß einem Konkursverwalter häufig die erforderliche Sachkunde zur Fortführung des Unternehmens fehlen und das fachkundige Personal rasch einen anderen Arbeitsplatz anstreben wird, muß der Auftraggeber befürchten, daß ein Unternehmen, das liquidiert wird (§ 117 KO), Gewährleistungsverpflichtungen für Baumängel nicht hinreichend erfüllen kann (vgl. dazu eingehend Heidland, BauR 1981, 21, 30/32). Da jedoch die Frage der eigenen Leistungsfähigkeit grundsätzlich in die Risikosphäre des jeweiligen Schuldners fällt, ist es auch gerechtfertigt, dem Auftraggeber ein Recht auf Schadensersatz wegen Nichterfüllung der nichtausgeführten Arbeiten einzuräumen, wenn er den Vertrag aus Gründen des § 8 Nr. 2 Satz 1 VOB/B kündigt. Insoweit gilt im Ergebnis nichts anderes, als wenn der Auftraggeber sonst einen Werkvertrag aus wichtigem, vom Auftragnehmer zu vertretenden Grunde kündigt (vgl. Glanzmann in BGB-RGRK, 12. Aufl., § 649, Rdn. 17/20 m. N.), wobei lediglich das dann für einen Schadensersatzanspruch erforderliche Verschulden hier durch eine besondere vertragliche Regelung ersetzt wird.

Entspricht somit die Regelung des § 8 Nr. 2 VOB/B schutzwürdigen Belangen des Auftraggebers und damit einem praktischen Bedürfnis, bedarf es stets besonderer Umstände für die Annahme, der Auftraggeber würde sein Kündigungsrecht rechtsmißbräuchlich ausüben (vgl. z. B. Heidland, BauR 1981, 21, 34/35 m. N.). Dafür ist hier jedoch nichts vorgetragen.

5. Mit ihrem — der Höhe nach jetzt nicht mehr bestrittenen — Schadensersatzanspruch, der bereits vor der Konkurseröffnung aufschiebend bedingt entstanden ist, kann die Beklagte gegenüber der Forderung des Konkursverwalters auf die Restvergütung in voller Höhe aufrechnen (vgl. Senatsurteil BGHZ 68, 379, 382 m. N.).

Anmerkung:
Das vorinstanzliche Urteil des OLG Celle vom 14. 12. 1984 — 13 U 65/84 — ist abgedruckt in ZIP 1985, 1013.

37 Die Bestimmung in einem formularmäßigen Bauvertrag, wonach Gewährleistung und Haftung des Unternehmers sich nach der VOB/B bzw. BGB richten und bei unterschiedlicher Auffassung jeweils die günstigere für den Bauherrn gilt, ist unwirksam.

BGH, Urteil vom 21. 11. 1985 — VII ZR 22/85; BauR 1986, 22 = BB 1986, 222 = DB 1986, 640 = MDR 1986, 401 = NJW 1986, 924 = WM 1986, 328.

Sachverhalt:

Aufgrund schriftlichen Bauvertrags vom 22. April 1977 errichtete der Beklagte für den Kläger den Rohbau eines Einfamilienhauses nebst Doppelgarage. Nr. 5 des Vertrages lautet:
„Gewährleistung und Haftung des Unternehmers richten sich nach der VOB bzw. BGB. Bei unterschiedlicher Auffassung gilt jeweils die günstigere für den Bauherrn".
Am 1. August 1977 fanden Abnahmeverhandlungen an der Baustelle statt. Im Februar 1978 zog der Kläger in das Haus ein. Alsbald — wie auch schon vorher — zeigten sich Baumängel. Nachdem der Kläger eine deswegen im August 1979 erhobene Nachbesserungsklage im September 1981 zurückgenommen, alsdann ein Beweissicherungsverfahren angestrengt und Zahlungsklage erhoben hatte, hat er mit der vorliegenden, im Juni 1982 eingereichten Klage die Feststellung begehrt, daß der Beklagte ihm den (noch nicht bezifferbaren) Schaden zu ersetzen habe, der aus drei — im Beweissicherungsverfahren vorgebrachten — Baumängeln entstanden sei. Der Beklagte hat insbesondere die Einrede der Verjährung erhoben.
Wegen dieser Einrede hat das Landgericht die Klage abgewiesen. Das Oberlandesgericht hat mit Teilurteil dem Feststellungsantrag bezüglich Betonfehler an der Terrassentreppe stattgegeben.
Die Revision des Beklagten hatte keinen Erfolg.

Aus den Gründen:

Das Berufungsgericht stellt fest, die Leistung des Beklagten sei am 1. August 1977 abgenommen worden; dieser habe die Betonfehler an der Terrassentreppe auch zu vertreten.

Das läßt Rechtsfehler nicht erkennen und wird von der Revision nicht beanstandet.

Das Berufungsgericht hält den deswegen der Klägerin zustehenden, noch nicht bezifferbaren Schadensersatzanspruch für nicht verjährt, weil die Gewährleistungsfrist nach dem Vertrag fünf Jahre betrage. Nr. 5 des Vertrages gestatte der Klägerin, dafür auf die gesetzlichen Bestimmungen (§§ 635, 638 BGB) zurückzugreifen. Somit könne offen bleiben, ob solcher Schadensersatz auch aus § 13 Nr. 7 VOB/B zu leisten wäre. Die hier maßgebliche Klausel des von der Klägerin gestellten Formularvertrags sei – entgegen der Auffassung des Landgerichts – nicht wegen Unbestimmtheit unwirksam. Sie sei zwar auslegungsbedürftig, aber auch der Auslegung zugänglich. Dabei kämen ernstlich nur zwei Auslegungen in Betracht:

a) Die gesetzliche Unternehmergewähr solle allein durch solche VOB-Regelungen verdrängt werden, durch die sich die Rechtsstellung des Bestellers im Punkt Gewährleistung/Haftung im Vergleich zur BGB-Regelung verbessere.

b) Durch die ansonsten vereinbarte VOB solle dem Besteller hinsichtlich Haftung und Gewähr des Unternehmers nichts von seinen gesetzlichen Rechten genommen werden.

Nach beiden Auslegungen würden Schadensersatzansprüche aus § 635 BGB nicht durch § 13 Nr. 7 VOB/B verdrängt, da letztere Bestimmung die Schadensersatzpflicht des Unternehmers an engere Voraussetzungen knüpfe als das Gesetz in § 635 BGB. Müsse der Kläger als Verwender gemäß § 5 AGBG die weniger naheliegende Auslegung b) der Klausel gegen sich gelten lassen, so halte diese der Angemessenheitsprüfung gemäß § 9 AGBG fraglos stand, weil sie die gesetzliche Unternehmerhaftung unberührt lasse. Folge man dagegen der näher liegenden Auslegung a), so verstoße diese unter Umständen zwar gegen die Grundsätze des § 9 AGBG, jedoch habe auch dies zur Folge, daß für die Gewährleistung des Beklagten nicht § 13 VOB/B, sondern gemäß § 6 Abs. 2 AGBG das Gesetz gelte, so daß für die Verjährung in jedem Fall § 638 BGB anzuwenden sei.

Das greift die Revision ohne Erfolg an.

Sie meint, die Klausel Nr. 5 des Bauvertrags sei nicht nur in jeder Hinsicht unklar, weil sie – wie das Urteil des Landgerichts zeige – noch andere als die vom Berufungsgericht erwogenen Auslegungen zulasse, sondern sie benachteilige zudem auch in der Auslegung b) den Unternehmer unangemessen und sei daher insgesamt unwirksam.

Der Revision ist zuzugeben, daß beide vom Berufungsgericht erwogenen Auslegungen immer noch offen lassen, wie die Begünstigungsvoraussetzung „bei unterschiedlicher Auffassung" zu verstehen ist. Daher kommt ausnahmsweise schon allein wegen der Unklarheit der Klausel ihre Unwirksamkeit in Betracht (vgl. BGH NJW 1985, 53, 56). Auch benachteiligt ein ausbedungenes Recht des Auftraggebers, sich gegenüber der gesetzlichen Rechtslage jeweils auf ihm günstigere Bestimmungen der VOB/B berufen zu dürfen, den Auftragnehmer gewiß unangemessen (§ 9 AGBG), wie auch das Berufungsgericht nicht verkennt (vgl. zur Unwirksamkeit der Vereinbarung nur einzelner Bestimmungen der VOB/B: BGHZ 86, 135, 142; Senatsurteil vom 10. Oktober 1985 – VII ZR 325/84, BGHZ 96, 129 = AGBE VI § 23 Nr. 2).

Jedoch kommt es darauf hier nicht an.

1. Wie nämlich das Berufungsgericht zutreffend ausführt, hat eine Unwirksamkeit der Gewährleistungsklausel Nr. 5 des als Allgemeine Geschäftsbedingungen zu wertenden

Formularvertrags nicht etwa die uneingeschränkte Geltung der VOB/B zur Folge. Vielmehr richten sich Voraussetzungen, Folgen und Verjährung der Gewährleistungsrechte des Klägers dann gemäß § 6 Abs. 2 AGBG nach den gesetzlichen Vorschriften, also nach den §§ 635, 638 BGB. Dabei kann nach wie vor offen bleiben, inwieweit eine durch Unwirksamkeit einer Formularklausel entstandene Lücke überhaupt durch ergänzende Vertragsauslegung geschlossen werden kann (vgl. Senatsurteil NJW 1985, 2270, 2271). Solange gesetzliche Vorschriften die aus der Unwirksamkeit einer Klausel herrührende Vertragslücke angemessen zu füllen vermögen, kommt eine Ergänzung des Vertrages nach den Grundsätzen ergänzender Vertragsauslegung auf keinen Fall in Betracht (vgl. BGHZ 84, 109, 116; 90, 69, 75; Löwe/Graf v. Westphalen/Trinkner, AGBG, 1. Aufl., § 6 Rdn. 7; Kötz in MünchKomm, 2. Aufl., AGBG § 6 Rdn. 17). Es kann daher nicht mehr der im übrigen völlig offenen Frage nachgegangen werden, ob die Parteien – wäre ihnen die Unwirksamkeit der Klausel Nr. 5 bewußt gewesen – die Geltung der VOB/B auch für die Gewährleistung oder aber ausschließlich das gesetzliche Gewährleistungsrecht vereinbart hätten (vgl. a. BGHZ 87, 309, 321). Auch kann der Revision nicht darin gefolgt werden, im Zweifel ergebe sich die lückenfüllende Geltung der VOB/B aus Nr. 4.4 des Bauvertrags. Nach dieser Bestimmung soll zwar nach dem Leistungsverzeichnis, den Allgemeinen und den Technischen Vertragsbedingungen die VOB/B für die Vertragsabwicklung gelten. Die Parteien haben jedoch, wie das Berufungsgericht zu Recht hervorhebt, für Gewährleistung und Haftung des Unternehmers in Nr. 5 eine andere Regelung getroffen, also die uneingeschränkte Geltung der VOB/B gerade nicht gewollt. Ist diese Regelung unwirksam, so entsteht eine Vertragslücke, die zumindest vorrangig mit gesetzlichen Vorschriften zu füllen ist.

2. Daran ändert nichts, daß hier für den zuerkannten Schadensersatzanspruch und seine Verjährung eine Verschlechterung der Rechtsstellung des Klägers durch Unwirksamkeit der Klausel nicht eintritt. Zwar wirkt sich der Wegfall einer ausbedungenen Klausel zumeist nachteilig für den Verwender aus. Dies muß jedoch nicht so sein, wenn, wie hier, das gemäß § 6 Abs. 2 AGBG zur Anwendung kommende Gesetzesrecht zum selben Ergebnis führt wie die streitige Klausel.

Zu Recht hat daher das Berufungsgericht der Feststellungsklage im Umfang der Entscheidungsreife stattgegeben.

38 **1. Besondere Vertragsbedingungen in einem Bauleistungsvertrag gehen den vorangegangenen Angebots- und Auftragsbedingungen des Unternehmers auch dann vor, wenn der Auftrag auf der Grundlage des Angebots erteilt worden ist, die Parteien das Angebot aber noch geändert und die neuen Vertragsbedingungen vereinbart haben und den Vorrang der Besonderen Vertragsbedingungen im Bauleistungsvertrag ausdrücklich geregelt haben.**

2. Gegen eine abweichend vom § 13 Ziff. 4 VOB/B vereinbarte formularmäßige Gewährleistungsfrist von 5 Jahren plus 4 Wochen für eventuelle Mängelbeseitigung ab Übergabe des Bauwerkes an den Bauherrn bestehen keine Bedenken.

BGH, Urteil vom 19. 12. 1985 – VII ZR 267/84; BauR 1986, 202 = BB 1986, 423 = DB 1986, 586 = MDR 1986, 490 = WM 1986, 387.

Sachverhalt und **Gründe** sind abgedruckt unter Nr. 6 zu § 5 AGBG.

Nr. 39 *Bauvertragsklauseln* § 9

Eine Klausel in einem vorformulierten Bauvertrag, durch die eine Rückverlagerung des Gewährleistungsrisikos für die Fehler des vom Auftraggeber vorgeschriebenen Materials auf den Unternehmer erfolgt, benachteiligt den Unternehmer unangemessen und ist daher nach § 9 Abs. 1 AGBG unwirksam. 39

OLG Düsseldorf, Urteil vom 26. 2. 1985 – 23 U 128/84 – rechtskräftig; BauR 1985, 361.

Sachverhalt:

Die Beklagten ließen in den Jahren 1980/81 mehrgeschossige Wohnhäuser errichten. Die von ihnen mit Architektenleistungen beauftragte Architektengemeinschaft M. & P. fertigte Leistungsverzeichnisse zur Durchführung der Fassadenarbeiten an diesen Bauvorhaben. Gemäß Ziffer 1 dieser Leistungsverzeichnisse sollte die Fassadenbekleidung aus „Eternit-Thermocolor-Platten" bestehen. Anhand dieser Leistungsverzeichnisse erstellte die Klägerin ein Angebot, das sie der Architektengemeinschaft unterbreitete. Aufgrund dieses Angebotes erteilte die Architektengemeinschaft der Klägerin im Namen und für Rechnung der Beklagten den Auftrag zur Durchführung der Fassadenarbeiten ...

Unter Ziffer 10 des formularmäßigen Auftragsschreibens heißt es u. a.:

„Der Auftragnehmer übernimmt für seine Arbeiten eine Gewähr von 5 Jahren vom Tage der Abnahme gerechnet dergestalt, daß alle auf ungeeignete Baustoffe oder mangelhafte Verarbeitung zurückzuführende Schäden innerhalb von 10 Werktagen nach Aufforderung seitens der Architekten zu beseitigen sind ..."

Die Klägerin bestätigte den Auftrag. Sie führte die Leistungen aus und berechnete den Beklagten gemäß drei Rechnungen vom 13. 10. 1981 insgesamt 270 080,27 DM. Ihre fällige Restforderung bezifferte sie mit 129 765,80 DM. Sie forderte die Beklagten mit Schreiben vom 29. 3. 1982 ohne Erfolg zur Zahlung auf. Die Beklagten, vertreten durch die Architektengemeinschaft, lehnten eine Abnahme der Fassadenarbeiten der Klägerin unter Hinweis auf Ausblühungen und Verfärbungen, die sich an der Oberfläche eines großen Teils der verarbeiteten Eternit-Platten zeigten, ab. Sie verweigerten demzufolge auch eine Zahlung des restlichen Werklohns. Die Klägerin begehrt mit der Klage die Zahlung der restlichen 129 765,80 DM.

Das LG hat der Klage stattgegeben. Gegen diese Entscheidung wenden sich die Beklagten mit der Berufung.

Die Berufung wurde vom OLG zurückgewiesen.

Aus den Gründen:

... II. 3. Die Parteien streiten im wesentlichen noch darüber, ob die Klägerin für diesen Materialfehler einzustehen hat oder ob sie sich mit Erfolg auf die Freistellungsklausel des § 13 Nr. 3 VOB/B oder – bei Nichtvereinbarung der VOB/B und Anwendung der Vorschriften des BGB – auf den von der Rechtsprechung entwickelten Grundsatz (vgl. Ingenstau/Korbion, VOB/B, 10. Aufl., Rdnr. 55 zu § 13 VOB/B m. w. N.) berufen kann, daß der Auftragnehmer von einer Mängelhaftung freigestellt sein kann, wenn der Mangel auf der Beschaffenheit eines Baustoffes beruht, dessen Verwendung der Auftraggeber vorgeschrieben hat ...

b) Die Haftungsfreistellung der Klägerin, die sich aus § 13 Nr. 3 VOB/B bzw. aus dem von der Rechtsprechung entwickelten Grundsatz ergibt, ist im vorliegenden Fall durch vertragliche Abreden nicht in wirksamer Weise abbedungen worden. Insbesondere können sich die Beklagten in diesem Zusammenhang nicht mit Erfolg auf die Klausel zu Ziffer 10 des Auftragsschreibens an die Klägerin berufen.

aa) Nach Auffassung des Senats hat sich die Klägerin mit der Regelung zu Ziffer 10 des Auftragsschreibens, falls darin entsprechend der Meinung der Beklagten eine Haftung des Auftragnehmers auch für die Beschaffenheit des vom Auftraggeber vorgeschriebenen Materials geregelt worden sein sollte, nicht einverstanden erklärt ...

bb) Soweit es um die grundsätzliche Zulässigkeit einer Abrede geht, wonach der Auftraggeber die Gewährleistung auch für die Beschaffenheit vorgeschriebenen Materials übernehmen soll, berufen sich die Beklagten ohne Erfolg auf eine Kommentarstelle in Ingenstau/Korbion (a. a. O., Rdnr. 67 a zu § 13 VOB/B). Dort sind vertragliche Sonderregelungen behandelt, die das Ziel einer über § 13 Nr. 3 VOB/B hinausgehenden Haftungsfreistellung des Auftragnehmers verfolgen. Ein derartiger Fall ist hier nicht gegeben. Hier geht es vielmehr um die Frage, ob der sich aus § 13 Nr. 3 VOB/B ergebende bzw. für den BGB-Vertrag von der Rechtsprechung gesteckte Rahmen einer Haftungsfreistellung des Auftragnehmers durch vertragliche (Sonder-)Vereinbarung aufgehoben oder beschränkt werden kann. Es geht also hier, wie die Klägerin zutreffend erkennt, um die Frage der Zulässigkeit der Rückverlagerung des Haftungsrisikos auf den Auftragnehmer.

Diese Frage ist unter AGB-rechtlichen Gesichtspunkten bedeutsam.

Wird entgegen den vorstehenden Ausführungen angenommen, die Klägerin habe mit ihrem Auftragsbestätigungsschreiben der Klausel zu Ziffer 10 des Auftragsschreibens nicht in wirksamer Weise widersprochen, so daß diese Klausel also Vertragsbestandteil geworden wäre, so wäre sie jedenfalls nach § 9 Abs. 1 AGBG als unwirksam zu behandeln. Bei den Regelungen zu Ziffern 1 bis 20 des Auftragsschreibens der Architekten der Beklagten handelt es sich um AGB (vgl. § 1 AGBG). Sie sind nämlich formularmäßig abgefaßt, für eine Vielzahl von Verträgen vorformuliert und von den Beklagten, vertreten durch ihre Architekten, bei der Auftragserteilung gestellt worden.

Die hiernach gebotene Inhaltskontrolle der Klausel zu Ziffer 10 des Auftragsschreibens führt, soweit sie eine Rückverlagerung des Haftungsrisikos vorsieht, zur Feststellung ihrer Unwirksamkeit. Gemäß § 9 AGBG sind nämlich Bestimmungen in AGB unwirksam, wenn sie den Vertragspartner des Verwenders entgegen dem Gebot von Treu und Glauben (§ 242 BGB) unangemessen benachteiligen. Diese Voraussetzung liegt hier vor. Denn die Rückverlagerung des Haftungsrisikos für die Verwendung des vom Auftraggeber vorgeschriebenen Materials würde die Grenzen des für den Auftragnehmer Zumutbaren überschreiten (vgl. Ingenstau/Korbion, a.a.O., Rdnr. 83 zu § 4 und Rdnr. 52 zu § 13 VOB/B); denn er hätte ohne Möglichkeit einer eigenen Einwirkung unabsehbare wirtschaftliche Folgen in Kauf zu nehmen.

c) Schließlich läßt sich weder der Regelung zu Ziffer 10 des Auftragsschreibens vom 22. 12. 1980 noch anderen Klauseln der vertraglichen Abmachungen mit der erforderlichen Sicherheit entnehmen, daß die Klägerin eine Haftung für die Beschaffenheit der von den Beklagten vorgeschriebenen Fassadenplatten tatsächlich übernehmen sollte und auch übernommen hat. Dies kann dem Inhalt der betreffenden Klauseln nicht mit der notwendigen Gewißheit entnommen werden:

aa) Die Regelung zu Ziffer 10 des Auftragsschreibens vom 22. 12. 1980 bezieht sich als Bestandteil von AGB bereits ihrer Natur nach nicht konkret auf den hier umstrittenen Fall einer Haftung für die auf Anordnung der Beklagten angebrachten Eternit-Fassadenplatten. Es handelt sich vielmehr nur um eine generelle Regelung, wonach die Klägerin als Auftragnehmerin alle Schäden beseitigen soll, die auf ungeeigneten Baustoffen beruhen. Im Vordergrund dieser Regelung steht die Gewährleistungsfrist von fünf Jahren. Sie bildet den Leitsatz. Der im Untersatz geregelte sachliche Umfang der Haftung weist – worauf die Klägerin bereits zutreffend hingewiesen hat – gegenüber der gesetzlichen Regelung bzw. § 13 VOB/B keine Besonderheit auf. Ein Ausschluß der Haftungsfreistellung nach § 13 Nr. 3 VOB/B bzw. nach den von der Rechtsprechung entwickelten Grundsätzen ist damit nicht eindeutig vereinbart worden. Hierzu hätte es einer ausdrücklichen Regelung bedurft, zumal es sich um die Ausnahme eines Ausnahmefalles handeln würde. An einer solchen ausdrücklichen Regelung fehlt es hier ...

Die Klausel in einem Bauvertrag 40

„Der Bauherr behält sich auch vor, einzelne Teile der ausgeschriebenen Arbeiten zu ändern oder gänzlich auszuschalten. Der Unternehmer kann hieraus keinen Entschädigungsanspruch ableiten, wenn sich aus diesem Umstand keine Änderung des Gesamtleistungsumfangs über ± 10% ergibt."

ist nicht mit dem Grundgedanken des § 649 BGB zu vereinbaren und deshalb nach § 9 Abs. 2 Nr. 1 AGBG unwirksam.

OLG Frankfurt, Urteil vom 7. 6. 1985 – 6 U 148/84 – nicht rechtskräftig; BB 1985, 2009 = NJW-RR 1986, 245.

Sachverhalt:

Der Kläger ist ein eingetragener Verein, der satzungsgemäß die gewerblichen Interessen seiner Mitglieder verfolgt. Der Beklagte ist Inhaber eines Ingenieurbüros. Er schließt für die von ihm vertretenen und betreuten Bauherrn Bauverträge ab, denen er jeweils gleichlautende „Allgemeine Bedingungen" und „Besondere Bedingungen" zugrunde legt.

Neben weiteren vom Kläger beanstandeten Klauseln enthalten die „Allgemeinen Bedingungen" folgende Regelung:

„Der Bauherr behält sich auch vor, einzelne Teile der ausgeschriebenen Arbeiten zu ändern oder gänzlich auszuschalten. Der Unternehmer kann hieraus keinen Entschädigungsanspruch ableiten, wenn sich aus diesem Umstand keine Änderung des Gesamt-Leistungsumfangs über ± 10% ergibt."

Ferner heißt es in den „Besonderen Bedingungen":

„Der rechtsverbindlich unterzeichnete Unternehmer erklärt, daß ihm ... die örtlichen Verhältnisse bekannt sind ...".

Der Kläger hält diese Klauseln für unwirksam und begehrt, dem Beklagten die Verwendung zu untersagen.

Das Landgericht hat der Klage stattgegeben. Die Berufung des Beklagten hatte keinen Erfolg.

Aus den Gründen:

Der Kläger ist klagebefugt (§ 13 Abs. 2 Nr. 2 AGBG). Er ist, wie sich aus der vorgelegten Satzung ergibt, ein rechtsfähiger Verband zur Förderung gewerblicher Interessen seiner Mitglieder.

Das Unterlassungsbegehren ist auch begründet. Bei den vom Kläger angegriffenen Vertragsbedingungen, die der Beklagte den abzuschließenden Verträgen zugrunde legt, handelt es sich um Allgemeine Geschäftsbedingungen; denn die Vertragsbedingungen sind für eine Vielzahl von Verträgen vorformuliert (§ 1 Abs. 1 AGBG). Dies gilt sowohl für die „Allgemeinen Bedingungen" des Beklagten als auch für die von ihm verwendeten „Besonderen Bedingungen".

Sie stellen abstrakt formulierte Regelungen dar, die die Rechte und Pflichten der Vertragsparteien ohne Bezug zu einem konkreten Vertragsverhältnis festlegen.

Der Kläger nimmt den Beklagten mit Recht als Verwender der Allgemeinen Geschäftsbedingungen auf Unterlassung in Anspruch, obwohl der Beklagte nicht selbst Vertragspartei der Verträge wird, die unter Einbeziehung seiner aufgestellten Bedingungen geschlossen werden. Zwar erwachsen aus den Verträgen, die unter seiner Mithilfe als Architekt zustandekommen, nur dem Bauherrn und dem Bauunternehmer Rechte und Pflichten. Dies hindert aber nicht, den Beklagten als Verwender und nicht nur als Empfehler der Allgemeinen Geschäftsbedingungen in Anspruch zu nehmen. Hierfür ist entscheidend, daß der Beklagte durch die Einbeziehung der Klauseln in die namens des Bauherrn geschlossenen Verträge in seiner Rechtsstellung zum Bauherrn selbst berührt wird. Denn sowohl die Klausel mit der vorbehaltenen Änderungsbefugnis ohne Zubilligung von Entschädigungsansprüchen als auch die Vertragsbedingung, wonach der Unternehmer erklärt, daß ihm die örtlichen Verhältnisse bekannt seien, hat Einfluß auf mögliche Schadensersatzansprüche des Bauherrn gegen den Architekten. Durch beide Klauseln werden die Risiken der Leistungsbeschreibung, nämlich die auskömmliche Berechnung und Angabe der Massen, sowie die genaue Mitteilung der örtlichen Verhältnisse, für die der vom Bauherrn beauftragte Architekt mitverantwortlich ist, teilweise auf den Bauunternehmer abgewälzt. Dies begünstigt den Architekten und damit auch den Beklagten. Darüber hinaus entspricht es seinem Interesse, durch standardisierte Regelungen die Durchführung und Überwachung der einzelnen Baumaßnahmen arbeitstechnisch zu vereinfachen, weil dies seine Tätigkeit entlastet. Damit werden die Bedingungen zumindest in erheblicher Weise auch in seinem Interesse verwendet, was ausreicht, um ihn selbst als Verwender zu behandeln (BGHZ 81, 229, 231; Palandt/Heinrichs, 44. Aufl., AGBG, § 13 Anm. 2c; Wolf/Horn/Lindacher, AGB-Gesetz, § 13 Rdnr. 32; a.A. OLG Köln WRP 1983, 701; OLG Karlsruhe BB 1983, 725). Der Senat hat bereits bei anderer Gelegenheit ausgeführt, daß er als „Empfehler" in erster Linie denjenigen ansieht, der – außerhalb eines konkreten, von ihm (durch seine Vertragsbedingungen) mitgestalteten Vertragsverhältnisses – Allgemeine Geschäftsbedingungen für den rechtsgeschäftlichen Verkehr empfiehlt. Hierbei handelt es sich in erster Linie um Verbände, Herausgeber von Formularbüchern und um sonstige Personen, die nicht nur intern, sondern in generellen Erklärungen Allgemeine Geschäftsbedingungen für den rechtsgeschäftlichen Verkehr „anempfehlen" (vgl. Urteil des Senats vom 20. 9. 1984 – 6 U 37/84, AGBE V § 9 Nr. 39).

Die Klausel, mit der dem Bauherrn vorbehalten wird, einzelne Teile der ausgeschriebenen Arbeiten zu ändern oder gänzlich auszuschalten und durch die dem Unternehmer

Entschädigungsansprüche abgesprochen werden, wenn sich aus diesem Umstand keine Änderung des Gesamtleistungsumfangs über ± 10% ergibt, widerspricht § 9 Abs. 2 Nr. 1 AGBG und ist damit auch im kaufmännischen Verkehr unwirksam.

Der Vertragsbestimmung steht ein wesentlicher Grundgedanke der gesetzlichen Regelung entgegen. Zwar geht auch § 649 BGB davon aus, daß der Bauherr jederzeit das Vertragsverhältnis kündigen kann. Denn die Leistung wird ausschließlich in seinem Interesse erbracht, so daß er frei ist, darüber zu befinden, ob sie weiter geschuldet werden soll (Palandt/Thomas, a. a. O. § 649 Anm. 1). Zum Ausgleich hierfür bestimmt jedoch die gesetzliche Vorschrift, daß der Unternehmer seinen Anspruch auf die Vergütung behält und sich nur die ersparten Aufwendungen und dasjenige anrechnen lassen muß, was er durch anderweitige Verwendung seiner Arbeitskraft erwirbt oder böswillig zu erwerben unterläßt (§ 649 S. 2 BGB). Diese Rechtsfolge wird durch die angegriffene Klausel teilweise abbedungen, indem festgelegt wird, daß der Unternehmer hieraus keine Entschädigungsansprüche ableiten kann, wenn sich aus der Entschließung des Bauherrn keine Änderung des Gesamtleistungsumfangs über ± 10% ergibt. Obwohl die Klausel nur Entschädigungsansprüche nennt und der Vergütungsanspruch des Unternehmers nicht als Entschädigungsanspruch anzusehen ist, kann die Regelung nicht bereits deshalb bestehen bleiben, weil sie einen gesetzlich in diesen Fällen nicht vorgesehenen Anspruch beschneidet (so jedoch Frikell/Glatzel/Hofmann, Bauvertragsklauseln und AGB-Gesetz, S. 95; KG AGBE I § 9 Nr. 149). Denn die Unklarheitenregel des § 5 AGBG, wonach Unklarheiten zu Lasten des Verwenders gehen, ist bei der allgemeinen Überprüfung der Wirksamkeit der Klauseln in der Weise zu beachten, daß die kundenfeindlichste Auslegung heranzuziehen ist (Palandt/Heinrichs, § 13 AGBG Anm. 2 b; Wolf/Horn/Lindacher, § 13 Rdnr. 25). Dabei ist maßgebend, welche Bedeutung die betreffenden Verkehrskreise der Regelung geben. Sie werden nämlich durch den Sinngehalt, den sie der Klausel beilegen, davon abgehalten, ihre Rechte wahrzunehmen, obwohl bei eingeschränkter Auslegung der Klausel ihre Ansprüche nicht erfaßt werden (BGH NJW 1980, 831, 832; BGH NJW 1981, 867, 868; BGH NJW 1982, 2313, 2314). Vorliegend wird der Vergütungsanspruch nach Kündigung des Werkvertrags von einem großen Teil der Unternehmer als Entschädigungsanspruch verstanden, so daß die Klausel unter dem Gesichtspunkt des teilweisen Ausschlusses des Vergütungsanspruchs zu überprüfen ist. Dabei ist davon auszugehen, daß der uneingeschränkte Ausschluß des Werklohnanspruchs im Falle der Teilkündigung unwirksam ist (Frikell/Glatzel/Hofmann, a. a. O., S. 96; Ingenstau/Korbion, VOB, 10. Aufl., Teil B § 2 Rdnr. 66; OLG München BB 1984, 1387; OLG Nürnberg AGBE I § 10 Nr. 3, Nr. 31; Bunte, Handbuch der Allgemeinen Geschäftsbedingungen, S. 162). Der Senat bejaht die Unwirksamkeit aber auch, wenn, wie im vorliegenden Fall, der Vergütungsanspruch ausgeschlossen wird, soweit die Teilkündigung einen Umfang bis zu 10% der Gesamtleistung erreicht. Hierbei verkennt der Senat nicht, daß die in der Ausschreibung genannten Massen auf Schätzungen beruhen, bei denen der Unternehmer einen gewissen Spielraum in Kauf nehmen muß und auf den er sich wirtschaftlich einzurichten hat, weil im Falle des Einheitspreisvertrages letztlich nach Aufmaß abgerechnet wird. Dieses Risiko kann der Unternehmer aufgrund der Ausschreibungsunterlagen und seiner Erfahrungswerte begrenzen, indem er es bei der Kalkulation berücksichtigt. Hiervon ist aber der Fall zu unterscheiden, daß aufgrund eines willkürlichen, nach seinen Voraussetzungen nicht näher eingegrenzten Verhaltens des Bauherrn eine Verminderung des Leistungsumfanges eintritt. Denn in diesen Fällen steht der Unternehmer einem für ihn unwägbaren Risiko gegenüber, das er nur ausgleichen könnte, wenn er einen Leistungsentzug von

10% von vornherein einkalkuliert. Dies läßt aber die Wettbewerbssituation im allgemeinen nicht zu, so daß dem Unternehmer im Ergebnis ein mit dem gesetzlichen Grundgedanken unvereinbares Risiko aufgebürdet wird ...

Die angegriffene Klausel enthält weiter durch die Verwendung des Begriffs „Änderung" und durch die quantitative Festlegung auf +10% die Befugnis des Bauherrn, Massenmehrungen vorzunehmen, ohne sie bei Überschreitung des Leistungsumfangs bis zu 10% vergüten zu müssen. Auch insoweit ist die Klausel gem. § 9 AGBG unwirksam, weil sie dem Wesen des Einheitspreisvertrags widerspricht.

Denn bei ihm bestimmt sich die Vergütung nach den ausgeführten Massen (§ 2 Nr. 2 VOB/B). Zwar ermöglicht die Klausel dem Verwender, in größerem Umfang die geschätzten Baukosten einzuhalten. Sie benachteiligt aber den Unternehmer unangemessen, weil ihm ein Teil seiner Vergütung vorenthalten wird. Zudem beruht der Teilverlust der Vergütung auf einer willkürlichen Massenmehrung oder qualitativen Veränderung des Auftrags, was zur Folge haben kann, daß der Bauherr die Ansätze bei der Vergabe nach Umfang und Art bewußt niedrig hält, weil er ungefährdet im Zuge der Bauausführung zu Lasten des Unternehmers noch Veränderungen vornehmen kann.

Aus den gleichen Gründen stellt auch die willkürliche Massenmehrung oder qualitative Auftragsänderung beim Abschluß eines Bauvertrags zum Pauschalpreis eine mit Treu und Glauben nicht zu vereinbarende, unangemessene Benachteiligung des Unternehmers dar. Der Senat vermag auch bei dieser Fallgestaltung nicht der Ansicht von Frikell/Glatzel/Hofmann (a. a. O. S. 104) zu folgen, die eine Klausel für unbedenklich halten, wonach sich die Pauschalsumme ändert, wenn sich Mehrungen oder Minderungen ergeben, die, bezogen auf das ursprünglich angenommene Auftragsvolumen, eine Erhöhung oder Verminderung der Pauschalsumme von mehr als 10% rechtfertigen. Zwar enthält der Pauschalpreisvertrag gewisse spekulative Elemente. Sie sind aber auf den Umfang und die Art der angebotenen Leistungen begrenzt. Der Unternehmer trägt hierbei das Risiko, daß die seiner Kalkulation zugrundegelegten Massen nicht auskömmlich sind (Ingenstau/Korbion, a. a. O. Rdnr. 97). Dieses Risiko wird aber in untragbarer Weise erhöht, wenn sich der Bauherr Änderungen nach seiner freien Entscheidung vorbehält. Auch hier wird er durch die Klausel fast dazu angehalten, nachträglich qualitative oder quantitative Änderungen im vorbehaltenen Rahmen anzuordnen. An der unangemessenen, treuwidrigen Benachteiligung des Unternehmers ändert der Hinweis des Beklagten auf § 2 Nr. 7 Abs. 1 VOB/B nichts. Denn auch nach dieser Bestimmung hat eine Preisanpassung stattzufinden, wenn der Auftraggeber einseitig Eingriffe in den vertraglich festgelegten Leistungsinhalt und Leistungsumfang vornimmt (Ingenstau/Korbion, a. a. O. Rdnr. 101). Darüber hinaus bietet § 2 Nr. 7 VOB/B eine den Gegebenheiten der einzelnen Baumaßnahme gerecht werdende, elastische Regelung an, während die Festschreibung auf 10% des Leistungsumfangs Änderungen zur Ausnutzung dieses Spielraums herausfordert.

Mit Rücksicht auf die konkrete Verletzungsform, die nicht zwischen Pauschalpreisverträgen und Einheitspreisverträgen unterscheidet, braucht nicht näher untersucht zu werden, ob die angegriffene Klausel eine unangemessene Benachteiligung des Unternehmers für den Fall enthält, daß die Leistung um 10% unterschritten wird.

Mit Recht hat das Landgericht auch die Verwendung der zweiten Klausel untersagt, wonach der Bauunternehmer erklärt, daß ihm die örtlichen Verhältnisse bekannt seien. Sie ist im Hinblick auf §§ 11 Nr. 15b, 9 AGBG sowohl im Verkehr mit Handwerkern ohne Kaufmannseigenschaft als auch im Verkehr mit Kaufleuten unwirksam. Es handelt sich nämlich um eine Bestimmung, durch die der Verwender die Beweislast zum Nachteil des anderen Vertragsteils ändert, indem er den anderen Vertragsteil bestimmte Tatsachen bestätigen läßt.

Die vorliegende Tatsachenbestätigung bewirkt eine für den Unternehmer nachteilige Verschiebung der Beweislast. Erleidet der Unternehmer nämlich im Falle unzureichender Beschreibung der Örtlichkeiten in den Ausschreibungsunterlagen einen Schaden, weil er bestimmte Umstände, die bei Kenntnis der örtlichen Verhältnisse hätten berücksichtigt werden können, in seine Kalkulation nicht einfließen läßt, führt die Klausel dazu, daß er nunmehr selbst beweisen muß, ihn treffe kein Mitverschulden, weil ihm entgegen seiner Erklärung die örtlichen Verhältnisse unbekannt gewesen sein. Der Senat vermag dem Beklagten nicht darin zu folgen, daß es zu den Pflichten des Unternehmers zähle, vor Abgabe des Angebots von den örtlichen Verhältnissen Kenntnis zu nehmen. Denn die Erstellung der Ausschreibungsunterlagen ist Sache des Bauherrn. Er hat sogar, soweit erforderlich, mit finanziellem Aufwand Untersuchungen anzustellen, um eine klare Übersicht über die ihm noch nicht bekannten Umstände zu erhalten und um Gegebenheiten festzustellen, die für eine Preisermittlung von Bedeutung sind (Ingenstau/Korbion, a. a. O. § 9 VOB/A, Rdnr. 33). Dem steht die Vorschrift des § 17 Nr. 4 Abs. 1 VOB/A nicht entgegen. Sie sieht zwar vor, daß „etwaige Ortsbesichtigungen" in den Ausschreibungsunterlagen angegeben werden sollen. Dies ist aber nur veranlaßt, wenn die örtlichen Gegebenheiten in den Ausschreibungsunterlagen nicht in einer Weise geschildert werden können, daß sich darauf eine zuverlässige Kalkulation aufbauen läßt (Ingenstau/Korbion, a. a. O. § 17 VOB/A, Rdnr. 34). Will der Bauherr darüber hinaus die Beschreibung der örtlichen Verhältnisse unterlassen, muß er in der Leistungsbeschreibung darauf hinweisen (a. a. O. § 9 VOB/A Rdnr. 34). Hierdurch erst wird für den Unternehmer die Verlagerung des Risikos auf ihn erkennbar.

Dem Beklagten kann auch nicht darin zugestimmt werden, daß der Tatsachenbestätigung nur indizielle Wirkung zukomme und sie daher nicht der Vorschrift des § 11 Nr. 15 b AGBG unterfalle. Eine solche Indizwirkung ist Klauseln zugesprochen worden, die das Aushandeln der Vertragsbedingungen betreffen (BGH NJW 1977, 624, 625; OLG Karlsruhe BB 1983, 726). Denn durch die Verwendung einer derartigen Klausel läßt sich nicht belegen, daß sie im Wege der ausgehandelten Allgemeinen Geschäftsbedingung Eingang in den Vertrag gefunden hat, so daß diese Vertragsbestimmung allenfalls ein Beweisanzeichen für das Aushandeln der Allgemeinen Geschäftsbedingung darstellt. Hier liegt der Fall jedoch anders, weil die streitige Klausel – ihre Wirksamkeit unterstellt – bereits für sich genommen geeignet ist, als Erklärung gegen den Unternehmer zu dienen.

Die Klausel benachteiligt auch den Unternehmer mit Kaufmannseigenschaft unbillig, weil die Beweislast grundlegende, oft prozeßentscheidende Bedeutung hat (Palandt/Heinrichs, § 15 AGBG Anm. 15 c). Vorliegend kommt hinzu, daß die Tragweite der Klausel, anders als bei Freizeichnungen oder der Bestätigung, eine Ware mangelfrei erhalten zu haben, auch im kaufmännischen Geschäftsverkehr nicht ohne weiteres in ihrer Bedeutung erkannt wird.

Da der Beklagte die Berechtigung, die hier streitigen Klauseln zu verwenden, nach wie vor in Anspruch nimmt, ist die Wiederholungsgefahr zu bejahen. Er dringt auch mit seinem Einwand nicht durch, der Kläger habe den Unterlassungsanspruch verwirkt, weil er mit der Formulierung der Klausel über die Änderung und Ausschaltung einzelner Teile der ausgeschriebenen Arbeiten einverstanden gewesen sei. Denn die vom Beklagten im Schreiben vom 15. 8. 1983 vorgeschlagene Formulierung sah das Einvernehmen mit dem Bauunternehmer und die Einschränkung vor, daß die Änderung oder Ausschaltung durch die örtlichen Verhältnisse bedingt sein müsse.

Mit Recht hat das Landgericht das Gebot, die Verwendung inhaltsgleicher Bestimmungen in Allgemeinen Geschäftsbedingungen zu unterlassen, und die Bekanntmachungsbefugnis ausgesprochen (§§ 17 Nr. 3, 18 AGBG).

Anmerkung:

Das vorinstanzliche Urteil des LG Frankfurt vom 3. 7. 1984 – 2/13 O 22/84 – ist abgedruckt in AGBE V § 9 Nr. 42.

41 **Durch eine Sicherheitsleistung in Höhe von 5% des Werklohns, die zinslos verwahrt wird und ein Jahr nach Abnahme auszuzahlen ist, wird der Auftragnehmer nicht in unangemessener Weise benachteiligt, obwohl die Regelung vom Leitbild des § 641 BGB abweicht. Abweichungen von der gesetzlichen Regelung sind nämlich dann zulässig, wenn das geschützte Interesse des Vertragspartners nur unerheblich und geringfügig beeinträchtigt wird und die Beeinträchtigung darüber hinaus durch berechtigte Interessen des Verwenders gerechtfertigt ist.**

OLG Koblenz, Urteil vom 20. 9. 1985 – 2 U 758/84 – rechtskräftig;

Sachverhalt:

Der Kläger ist ein eingetragener Verein, zu dessen satzungsmäßigen Aufgaben es gehört, die Interessen seiner Mitglieder „durch Beratung in beruflicher, betriebs- und volkswirtschaftlicher sowie in technischer Hinsicht unter Wahrung des Ansehens des gesamten Berufsstandes" zu fördern.

Die in der Form einer Gesellschaft mit beschränkter Haftung betriebene Beklagte ist eine staatliche Treuhandstelle für Wohnungs- und Kleinsiedlungswesen, deren Stammkapital im wesentlichen von öffentlichen Gebietskörperschaften gehalten wird. Ihre Aufgabe besteht insbesondere darin, staatlich geförderte Bauvorhaben wirtschaftlich und technisch zu betreuen.

Beim Abschluß von Verträgen mit Bauunternehmern verwendet die Beklagte „zusätzliche Vertragsbedingungen für die Ausführung von Bauleistungen", in denen es unter anderem heißt:

„17. Sicherheitsleistung

17.1 Zur Sicherung etwaiger Gewährleistungs- oder Schadensersatzansprüche aus mangelhafter Vertragserfüllung leistet der Auftragnehmer eine Barsicherheit in Höhe von 5% des Wertes aller ausgeführten Leistungen und Lieferungen. Sie wird von der Schlußzahlung einbehalten und von der H. oder dem Bauherrn zinslos verwahrt.

17.2 Ein Jahr nach dem Tage der baupolizeilichen Gebrauchsabnahme ist die Barsicherheit auszuzahlen, wenn der Auftraggeber die Leistung nicht beanstandet hat oder beanstandete Mängel beseitigt sind.

17.3 Anstelle der Barsicherheit kann der Auftragnehmer eine unbefristete selbstschuldnerische Bank- oder Versicherungsbürgschaft nach Maßgabe der vom Auftraggeber aufgestellten Bürgschaftserklärung als Sicherheit anbieten, sofern er die dadurch entstehenden Spesen und Unkosten übernimmt. Die Bürgschaft wird frühestens 6 Monate nach förmlicher Abnahme entgegengenommen."

Der Kläger verlangt von der Beklagten nach erfolgloser Abmahnung gemäß § 13 AGBG, die Verwendung dieser Klauseln im Rechtsverkehr insoweit zu unterlassen, als sie eine Verzinsung des Sicherheitsbetrages ausschließen und dem Auftragnehmer die Stellung einer Bürgschaft erst nach Ablauf von 6 Monaten nach der Abnahme gestatten.

Das Landgericht hat die beanstandeten Klauseln insoweit für unwirksam gehalten, als sie eine zinslose Verwahrung des Sicherheitsbetrages auch durch den Bauherrn vorsehen und soweit sie dem Vertragspartner die Stellung einer Bürgschaft vor Ablauf von 6 Monaten nach förmlicher Abnahme nicht gestatten und insoweit der Beklagten die Verwendung ihrer Vertragsbedingungen untersagt. Im übrigen hat das Landgericht die Klage abgewiesen.

Gegen dieses Urteil richten sich die Berufung der Beklagten und die Anschlußberufung des Klägers.

Die Berufung der Beklagten hatte Erfolg und führte zur Klageabweisung in vollem Umfang.

Die Anschlußberufung des Klägers wurde zurückgewiesen.

Aus den Gründen:

I.

Die Klage ist zulässig, da der Kläger gemäß § 13 Abs. 2 Nr. 2 AGBG berechtigt ist, Kontrollklage zur Überprüfung von Allgemeinen Geschäftsbedingungen der Beklagten zu erheben.

Das Klagerecht steht danach rechtsfähigen Verbänden zur Förderung gewerblicher Interessen zu, wenn ein solches Vorgehen zum satzungsgemäßen Aufgabenbereich des Wirtschaftsverbandes gehört. Das trifft auf den Kläger zu.

Der Kläger bezweckt als Wirtschaftsverband „die Vertretung und Förderung der Interessen seiner Mitglieder durch Beratung in beruflicher, betriebs- und volkswirtschaftlicher sowie in technischer Hinsicht unter Wahrung des Ansehens des gesamten Berufsstandes" und soll zu diesem Zweck „in Fragen von allgemeiner Bedeutung bei öffentlichen Körperschaften, Behörden und privaten Stellen mit Gutachten, Vorschlägen und Stellungnahmen vorstellig werden." Damit ist eine umfassende Tätigkeit vorgesehen, die sich nicht nur auf interne Fürsorge für die Mitglieder beschränkt, sondern auch auf ihre Interessenwahrnehmung nach außen gerichtet ist. Das schließt auch ein Tätigwerden zur Erhebung der Verbandsklage nach § 13 AGBG ein, da die Klagezuständigkeit durch satzungsgemäße Einschränkung des Aufgabenbereichs nur dann zu verneinen ist, wenn der verfolgte Rechtsverstoß in keinerlei Beziehung zu der satzungsgemäßen Aufgabenstellung mehr steht (MünchKomm-Gerlach, 2. Aufl., § 13 AGBG Rdnr. 73). Dieser Bezug ist aber gerade bei solchen AGB-Klauseln anzunehmen, die die Mitglieder des Klägers betreffen können.

II.

Die Kontrollklage ist jedoch nicht begründet, da die vom Kläger gerügten Klauseln nicht zu beanstanden sind.

1. Die Auswirkung der vom Kläger bemängelten Regelung erschöpft sich in einer zinslosen Stundung und damit einem Hinausschieben der Fälligkeit eines Teils des Werklohns des Auftragnehmers für ein Jahr (vgl. BGH WM 1979, 1046, 1047) mit der Möglichkeit für den Auftragnehmer, die Fälligkeit durch Stellung einer Bürgschaft nach einem halben Jahr herbeizuführen. Nicht beanstandet hat der Kläger, daß diese Möglichkeit nur mit der Stellung einer unbefristeten selbstschuldnerischen Bank- oder Versicherungsbürgschaft möglich sein soll und eine andere Sicherheitsleistung nicht zugelassen ist.

2. Die vom Kläger beanstandete Regelung benachteiligt den Vertragspartner der Beklagten nicht entgegen den Geboten von Treu und Glauben in unangemessener Weise (§ 9 AGBG).

a) Die von den Allgemeinen Geschäftsbedingungen der Beklagten vorgesehene Regelung weicht zwar zum Nachteil des Vertragspartners vom Leitbild des § 641 BGB ab, wonach der Besteller eines Werkes nach Abnahme den vollen Werklohn zu zahlen und bis zur Bewirkung der Zahlung die Vergütung zu verzinsen hat. Dabei handelt es sich auch um einen wesentlichen Grundgedanken des Werkvertragsrechts, der einen Ausgleich für die grundsätzliche Vorleistungspflicht des Unternehmers darstellt.

Jedoch führt nicht jede Abweichung von wesentlichen Grundgedanken der gesetzlichen Regelung zur Unwirksamkeit der Klausel, sondern nur dann, wenn die Abweichung mit diesen Grundgedanken nicht zu vereinbaren ist (§ 9 Abs. 2 Nr. 1 AGBG). Abweichungen von der gesetzlichen Regelung sind dann dem Verwender freigestellt, wenn das geschützte Interesse des Vertragspartners nur unerheblich und geringfügig beeinträchtigt wird (Wolf in Wolf/Horn/Lindacher, AGB-Gesetz, § 9 Rdnr. 73; Brandner in Ulmer/Brandner/Hensen, AGB-Gesetz, 4. Aufl. § 9 Rdn. 101). So liegt es hier.

Die von der Beklagten vorgesehene Regelung enthält dem Vertragspartner nur einen geringen Teil des Werklohns vor, nämlich 5%, so daß nach dem übereinstimmenden Vortrag der Parteien mit Auszahlung von 95% des vereinbarten Werklohns die dem Unternehmer entstandenen Kosten vollständig abgedeckt sind. Ist damit der Werklohn dem gesetzlichen Grundgedanken entsprechend bei Abnahme des Werkes im wesentlichen bezahlt und beschränkt sich der geringfügige, zurückbehaltene Anteil auf den vom Unternehmer erwirtschafteten Gewinn, so bedeutet es keine erhebliche Beeinträchtigung der Interessen des Unternehmers, wenn er gehalten ist, auf diesen Teil des Werklohns ein halbes Jahr zu warten.

Auch die bei der Frage der Unvereinbarkeit der Benachteiligung mit der gesetzlichen Regelung gebotene Interessenabwägung führt zu dem Ergebnis, daß die vorgesehene Abweichung nicht zu mißbilligen ist. Dem Interesse des Vertragspartners, auch den letzten Anteil von 5% des Werklohns nach Abnahme seiner Leistung sofort zu erhalten, steht das zumindest gleichwertige Interesse der Beklagten entgegen, über einen Betrag zur Beseitigung von Mängeln sofort verfügen zu können. Erfahrungsgemäß weisen Bauleistungen nicht selten mehr oder weniger erhebliche Mängel auf, die sich nach Beginn der Nutzung alsbald zeigen. Die Beklagte weist zu Recht darauf hin, daß die Bereitschaft von Bauunternehmern, derartige Mängel alsbald zu beseitigen, gering ist. Deshalb sieht § 633 Abs. 3 BGB auch vor, daß der Besteller im Falle eines Verzuges des Unternehmers berechtigt ist, den Mangel auf Kosten des Unternehmers selbst zu beseitigen; zur Deckung der Kosten hat er einen Anspruch auf Vorschußleistung des Unternehmers. Das Interesse des Bestellers, diesen Vorschuß frühzeitig zu bekommen, läßt es angemessen erscheinen, die Fälligkeit eines geringen Anteils des Werklohns (5%) für einen Zeitraum von 6 Monaten aufzuschieben.

Daß der zurückbehaltene Betrag nicht verzinst werden soll, bedeutet ebenfalls nur eine unerhebliche Beeinträchtigung der gesetzlichen Regelung, die dem Besteller zum Ausgleich für die ihm bereits ermöglichte Nutzung des Werkes eine Verzinsung des noch offenen Werklohns auferlegt (§ 641 Abs. 2 BGB). Ist das Vorsehen einer Sicherheitsleistung (hier in Form einer Stundung) nicht zu beanstanden, dann wäre nach § 232 Abs. 1 BGB die Möglichkeit gegeben, Geld zu hinterlegen. In diesem Falle wäre der Hinterlegungsbetrag ab dem 4. Monat der Hinterlegung mit 1‰ monatlich zu verzinsen (§ 8 Hinterlegungsordnung). Eine derartige Verzinsung für demnach noch zwei Monate bis zur Möglichkeit des Unternehmers, die Sicherheit durch Stellung einer Bankbürgschaft abzulösen, ist bedeutungslos. Die fehlende Verzinsung belastet den Unternehmer deshalb auch in dem vergleichbaren Fall eines Aufschubs der Fälligkeit nur unerheblich.

b) Mit dem Aufschub der Fälligkeit eines geringen Teils der Werklohnforderung für ein Jahr mit der Möglichkeit der Herbeiführung der Fälligkeit nach 6 Monaten durch Stellung einer Bürgschaft ist auch keine Gefährdung des Vertragszwecks verbunden (§ 9 Abs. 2 Nr. 2 AGBG). Angesichts der oben dargelegten Geringfügigkeit der Einschränkungen der Rechte des Unternehmers bedeutet die vom Kläger beanstandete Regelung keine Aushöhlung vertragswesentlicher Rechte. Das mit dem Abschluß des Vertrages angestrebte wirtschaftliche Ergebnis, nämlich der vollständige Austausch der beiderseitigen Leistungen, wird bei der Vergütung des Unternehmers nur in bezug auf einen geringen Anteil und auch nur für kurze Zeit verzögert.

c) Schließlich ist auch sonst nicht anzunehmen, daß die vom Kläger beanstandete Regelung in den Allgemeinen Geschäftsbedingungen der Beklagten ihren Vertragspartner entgegen den Geboten von Treu und Glauben unangemessen benachteiligt (§ 9 Abs. 1 AGBG).

Ob eine Regelung in Allgemeinen Geschäftsbedingungen den Vertragspartner unangemessen benachteiligt, hängt davon ab, ob die ihm angesonnene Beeinträchtigung von erheblichem Gewicht ist (Wolf, a. a. O., § 9 Rdnr. 49; OLG Hamm, NJW 1981, 1050) und darüber hinaus durch berechtigte Interessen des Verwenders gerechtfertigt ist (Wolf, a. a. O. Rdnr. 93; Palandt/Heinrichs, BGB, 44. Aufl., § 9 AGBG Anm. 2b).

Es ist oben zu a) bereits ausgeführt, daß die vom Kläger beanstandete Regelung die gesetzlichen Rechte des Vertragspartners der Beklagten nur geringfügig beeinträchtigt. Das gilt auch in bezug auf das mit einer Stundung verbundene Insolvenzrisiko. Da der Werkunternehmer nach dem gesetzlichen Leitbild stets vorleistungspflichtig ist, trägt er generell das Risiko einer mangelnden Leistungsfähigkeit des Bestellers. Es entspricht auch der weithin üblichen Praxis, daß ein Bauunternehmer bei Abnahme seines Werkes nicht in vollem Umfange sofort bezahlt wird. Für diesen Fall sieht § 648 BGB die Möglichkeit vor, eine Sicherungshypothek an dem Baugrundstück des Bestellers zu erlangen. Diese Möglichkeit ist auch dem Vertragspartner der Beklagten nicht genommen. Darüber hinaus ist der Vertragspartner der Beklagten nicht gehindert, bei unberechtigten Weigerungen, nach Eintritt der Fälligkeit den zurückbehaltenen Betrag zu bezahlen, gemäß § 259 ZPO bereits vor Fälligkeit Klage auf zukünftige Leistung zu erheben.

Wollte man gleichwohl in der vom Kläger beanstandeten Regelung eine nicht mehr nur unerhebliche Benachteiligung des Vertragspartners der Beklagten sehen, so wäre eine solche Benachteiligung jedenfalls durch das anzuerkennende Interesse der Beklagten an einer sofortigen Verfügbarkeit des Sicherheitsbetrages (vgl. oben zu a) in angemessener Weise aufgewogen.

Die Klausel in Bewerbungsbedingungen für die Vergabe von Bauleistungen, nach der der Bieter verpflichtet ist, sich nicht an Preisabreden aus Anlaß der Vergabe zu beteiligen, und für den Fall der Zuwiderhandlung eine Strafe in 42

Höhe von 3% seiner Angebotsendsumme zu zahlen verspricht, ist nach § 9 AGBG unwirksam, denn sie orientiert sich nicht an einem dem Verwender durch eine Preisabsprache verursachten Schaden, sondern läßt eine einschränkungslose Addition von Vertragsstrafen mit der Folge zu, daß der Gesamtbetrag der Vertragsstrafe bei einer entsprechenden Anzahl von Bietern sogar die Auftragssumme übersteigen kann. Dadurch führt die Klausel zu einer unangemessenen Bereicherung des Verwenders und damit zugleich zu einer unangemessenen Benachteiligung der Bieter.

OLG Frankfurt, Urteil vom 21. 11. 1985 – 6 U 20/85 – nicht rechtskräftig; ZIP 1986, 374.

Sachverhalt:

Die Kläger sind eingetragene Vereine, zu deren satzungsmäßigen Aufgaben es gehört, die gewerblichen Interessen ihrer Mitglieder zu fördern.

Die Beklagte verwendet bei allen Ausschreibungen von Bauleistungen ihre Bewerbungsbedingungen für die Vergabe von Bauleistungen (Bewerbungsbedingungen Bau). Darin ist unter Ziffer 9 folgende Klausel enthalten:

„Die Bewerber sind verpflichtet, sich nicht an Preisabreden aus Anlaß dieser Vergabe zu beteiligen. Die Abgabe eines Angebots gilt als Erklärung des Bieters, daß er dieser Verpflichtung nicht zuwider gehandelt hat. Für den Fall, daß diese Erklärung unwahr ist oder daß er nach Abgabe der Erklärung sich an einer Preisabrede aus Anlaß dieser Vergabe beteiligt, verspricht der Bieter, an die B. eine Strafe in Höhe von 3% seiner Angebotsendsumme zu zahlen, auch wenn er den Auftrag nicht erhält; die Abgabe eines Angebots gilt als ein solches Versprechen. Die Annahme des Versprechens braucht dem Bieter nicht erklärt zu werden."

Statt der Formulierung „in Höhe von 3% seiner Angebotsendsumme" gebraucht die Beklagte seit 1982 auch die Formulierung: „Bis zur Höhe von 3% der Angebotsendsumme".

Die Kläger halten Ziff. 9 der Bewerbungsbedingungen Bau in beiden Fassungen wegen der Möglichkeit der Summierung von einzelnen Vertragsstrafen sowohl hinsichtlich ihrer Verwendung gegenüber Nichtkaufleuten als auch hinsichtlich ihrer Verwendung gegenüber Kaufleuten für unwirksam.

Das Landgericht hat die Klage abgewiesen. Es hat die Vertragsstrafenregelung der Ziff. 9 der Bewerbungsbedingungen Bau u. a. deshalb für zulässig erachtet, weil sie im Verhältnis zum einzelnen Bieter diesen nicht unangemessen benachteilige.

Dagegen richtet sich die Berufung der Kläger.

Im Senatstermin haben die Parteien den Rechtsstreit in der Hauptsache übereinstimmend für erledigt erklärt, soweit sich das Unterlassungsbegehren der Kläger auf die Verwendung der Ziff. 9 der Bewerbungsbedingungen Bau gegenüber Nichtkaufleuten bezieht.

Die Kläger begehren nunmehr, der Beklagten die Verwendung der Klauseln im geschäftlichen Verkehr mit Kaufleuten zu untersagen.

Die Berufung hatte Erfolg.

Aus den Gründen:

Die nach § 13 AGBG zur Klage befugten Kläger können von der Beklagten verlangen, daß diese die Verwendung der Klausel in Ziff. 9 der Bewerbungsbedingungen Bau in beiden Fassungen im kaufmännischen Verkehr unterläßt und sich nicht auf diese Klausel bei abgeschlossenen, aber noch nicht abgewickelten Verträgen beruft.

I.

Die Bewerbungsbedingungen der Beklagten sind Allgemeine Geschäftsbedingungen, da sie von der Beklagten in der Absicht vorformuliert wurden, sie bei allen von ihr veranlaßten Submissionen, also in einer Vielzahl von Fällen, zu verwenden und ihre Einbeziehung in die Rechtsverhältnisse zwischen ihr und den Bietern von allen Bietern zu verlangen (§ 1 Abs. 1 AGBG). Die Wirksamkeit der Ziff. 9 der Bewerbungsbedingungen Bau beurteilt sich daher nach den Bestimmungen des AGBG.

Die Beklagte ist „Verwender" der beanstandeten Klausel, da sie durch ihren Vorstand nach außen im Rechtsverkehr auftritt und die Verwendung der Bewerbungsbedingungen Bau im Weisungsbereich ihres Vorstandes liegt.

Die Wiederholungsgefahr ist gegeben, da die Beklagte die rechtliche Zulässigkeit der beanstandeten Klausel hinsichtlich beider Fassungen behauptet und sie die Klausel zur Grundlage von Vertragsstrafenforderungen gemacht hat, die sie noch verfolgt (Palandt/Heinrichs, BGB, 44. Aufl., AGBG, § 13 Anm. 2e).

II.

Die beanstandete Klausel ist in beiden Fassungen wegen Verstoßes gegen § 9 Abs. 1 AGBG unwirksam.

a) Ziff. 9 der Bewerbungsbedingungen Bau enthält keine Schadenspauschalierung. Dies ergibt sich daraus, daß nach dieser Regelung der Bieter auch dann zur Zahlung verpflichtet ist, wenn kein Auftrag vergeben wird, ein Schaden bei der Beklagten durch eine Submissionsabsprache also nicht entstanden ist. Diese Möglichkeit läßt die Klausel jedenfalls zu, da sie insoweit keine Einschränkungen enthält. Eine Deutung der Klausel ausschließlich im Sinne einer am Schaden orientierten Pauschalierung verbietet sich damit (BGH, NJW 1976, 1886, 1887).

Die Klausel beinhaltet ein Vertragsstrafenversprechen im Sinne eines selbständigen Strafversprechens gemäß §§ 305, 343 Abs. 2 BGB. Eine solche „unechte" Vertragsstrafe kennzeichnet, daß sie entgegen einer „echten" Vertragsstrafe im Sinne der §§ 339 ff. BGB keine Hauptverbindlichkeit sichert (MünchKomm-Söllner, § 343 Rdnr. 20). Dies trifft hier zu, da der Bieter die Strafe unabhängig von seiner Beauftragung verspricht, also auch für den Fall, daß zwischen ihm und der Beklagten keine Hauptverbindlichkeit begründet wird. Letztlich kann jedoch dahinstehen, ob Ziff. 9 der Bewerbungsbedingungen Bau als „echte" oder als „unechte" Vertragsstrafe ausgestaltet ist, da entgegen der Meinung der Beklagten auch der „unechten" Vertragsstrafe ein schadensersatzrechtliches Moment keineswegs fremd ist.

b) Ziff. 9 der Bewerbungsbedingungen Bau ist nicht auf die Erfüllung der in § 11 Ziff. 6 AGBG genannten Pflichten gerichtet. Schon deshalb ist sie unabhängig von ihrer Verwendung gegenüber Kaufleuten oder Nichtkaufleuten ausschließlich an der Generalklausel des § 9 AGBG zu messen (MünchKomm-Kötz, AGBG, § 11 Rdnr. 53).

Nach § 9 Abs. 1 AGBG sind Bestimmungen in Allgemeinen Geschäftsbedingungen unwirksam, wenn sie den Vertragspartner des Verwenders entgegen den Geboten von Treu und Glauben unangemessen benachteiligen. Dies trifft für Ziff. 9 der Bewerbungsbedingungen Bau zu.

Allerdings folgt dies nicht schon aus der Vertragsstrafenregelung der Klausel schlechthin, da im vollkaufmännischen Verkehr, der hier zu überprüfen ist, Vertragsstrafenklauseln in AGB oder Formularverträgen grundsätzlich wirksam sind (BGH, NJW 1976, 1886, 1887). Auch können Handlungen, die mit öffentlicher Strafe bedroht sind, zusätzlich und unabhängig davon unter eine privatrechtliche Strafe gestellt werden (MünchKomm-Söllner, Vor § 339 Rdnr. 17). Durchgreifende Bedenken gegen die Wirksamkeit der Klausel bestehen aber deshalb, weil die Klausel zu einer unangemessenen Bereicherung der Beklagten und damit zugleich zu einer unangemessenen Benachteiligung der Bieter führen kann.

c) Ziff. 9 der Bewerbungsbedingungen Bau dient nicht, wie die Beklagte meint, allein der Sicherung eines funktionierenden Wettbewerbs. Diese Bedeutung kann die Klausel nicht haben. Denn es ist nicht Aufgabe der Beklagten, die Einhaltung allgemeiner Pflichten eines zudem unbestimmten Personenkreises, die nicht in dem abzuschließenden Vertrag wurzeln, durch Vertragsstrafen zu sichern. Dazu fehlt der Beklagten die Legitimation (vgl. auch MünchKomm-Söllner, Vor § 339 Rdnr. 17). Sie liegt allein beim Gesetzgeber, der sie durch die Regeln über Ordnungswidrigkeiten im Gesetz gegen Wettbewerbsbeschränkungen (GWB) wahrgenommen hat.

Anlaß für die Verwendung der Vertragsstrafenklausel in den AGB der Beklagten ist vielmehr der Umstand, daß Wettbewerbsbeschränkungen durch ein Submissionskartell erfahrungsgemäß unmittelbare Auswirkungen für den getäuschten Vertragspartner haben können. Sie bestehen darin, daß der zwischen den Bietern abgesprochene Preis, die sog. Nullsumme, oftmals bis 10% und mehr über dem Marktpreis liegt (vgl. Schmidt, ZIP 1983, 652; Volhard, Festschrift für Oppenhoff, 1985, 509, 515 ff.). Diese Tatsache berührt unmittelbar die Vermögensinteressen der Beklagten und kann bei ihr zu einem entsprechenden Schaden führen. In Wahrheit geht es der Beklagten deshalb maßgeblich um diesen individuellen Schaden. Ihn zu verhindern und für den Fall, daß die Bieter die Preise verbotenerweise abgesprochen haben, pauschal zu liquidieren, ist daher das Anliegen der Strafklausel. Es rechtfertigt – jedenfalls grundsätzlich – die formularmäßige Verwendung der Strafklausel, da es sachgerecht ist und einem anerkennenswerten Interesse der Beklagten entspricht, sich vor den Nachteilen eines Submissionskartells zu schützen. Daraus erhellt, daß Ziff. 9 der Bewerbungsbedingungen Bau, wie jede andere Vertragsstrafe auch (BGHZ 63, 256, 259), eine doppelte Zielrichtung hat: Sie soll als Druckmittel die Bieter von kartellrechtswidrigen Handlungen abhalten und der Beklagten im Verletzungsfall eine erleichterte Schadloshaltung ermöglichen. Dieses schadensersatzrechtliche Moment der Klausel steht bei der Beurteilung der Angemessenheit der Klausel im Vordergrund. Die Druckfunktion der Klausel hat dagegen, wie sich aus dem Vorstehenden ergibt, keine selbständige Bedeutung, da sie nur im Zusammenhang mit den hier relevanten Vermögensinteressen der Beklagten zu sehen ist. Dem widerspricht nicht, wie die Beklagte meint, die Entscheidung des BGH in NJW 1984, 919, 920, da die Vertragsstrafe dort individuell vereinbart worden war und der Entscheidung folglich ein anderer Sachverhalt zugrunde lag.

d) Ziff. 9 der Bewerbungsbedingungen Bau erfaßt einen Sachverhalt, der – zumindest bei einer erfolgreichen Preisabsprache, mithin im Hauptanwendungsfall der Klausel – eine Kollektivtat zum Gegenstand hat, d.h. eine Tat, die von mehreren gemeinsam begangen wird. Dies ist notwendigerweise so, weil ein Submissionskartell stets die Benachteiligung mehrerer, in der Regel sogar die Beteiligung aller Bieter, die an einer Submission teilnehmen, voraussetzt. Damit richtet sich die Klausel nicht, wie im Normalfall, nur gegen einen Schuldner. Ihre Besonderheit liegt vielmehr darin, daß sie infolge ihrer Anwendbarkeit gegenüber allen Bietern, die ein Angebot gegenüber der Beklagten abgegeben haben, aufgrund ein und desselben Tatbestandes zwangsläufig und vorhersehbar bei einer Mehrheit von Bietern den Verfall der Vertragsstrafe auslöst.

Diese Wirkung ist dem Lebenssachverhalt, der von Ziff. 9 der Bewerbungsbedingungen erfaßt wird, immanent. Trotzdem enthält die Strafklausel keine betragsmäßige Beschränkung der Vertragsstrafe, die die Beklagte von den Bietern insgesamt fordern kann. Eine solche Beschränkung ergibt sich nur aus der Anzahl der Bieter, die sich an einer Submissionsabsprache beteiligen und ein Angebot gegenüber der Beklagten abgeben. Da in diesem Fall jeder Bieter eine Vertragsstrafe von 3% bzw. bis zur Höhe von 3% der Angebotssumme schuldet, ermöglicht die Klausel somit der Beklagten, Vertragsstrafen zu fordern, deren Gesamtbetrag bei einer entsprechenden Anzahl von Bietern sogar die Auftragssumme übersteigen kann. Darüberhinaus gestattet die Klausel der Beklagten, von den Bietern Vertragsstrafen auch dann zu verlangen, wenn sie den Auftrag nicht vergibt, sie durch die Preisabsprache also keinen unmittelbaren Vermögensschaden erleidet. Dies verdeutlicht nachdrücklich die Submission vom 30. 10. 1979, die die Beklagte trotz deren Aufhebung aus technischen Gründen zum Anlaß nahm, Vertragsstrafen in einer Gesamthöhe von rund 15 Mio DM zu verfolgen, was ca. 24% der wahrscheinlichen Auftragssumme entspricht.

Bei der Bewertung dieses Sachverhaltes ist unerheblich, wie die Beklagte die Klausel im konkreten Einzelfall handhabt. Im Rahmen des vorliegenden Kontrollverfahrens, in dem die Klausel als abstrakt generelle Regelung auf ihre Wirksamkeit hin überprüft wird, ist nur entscheidend, daß Ziff. 9 der Bewerbungsbedingungen Bau der Beklagten die Möglichkeit eröffnet, Vertragsstrafen im aufgezeigten Umfang zu verlangen. Allein der objektive Klauselinhalt und nicht die Anwendung der Klausel im Einzelfall ist bei der Prüfung der Angemessenheit der Klausel zugrunde zu legen (MünchKomm-Kötz, AGBG, § 9 Rdnr. 5). Demgemäß kommt es nicht darauf an, ob die Beklagte, worauf der Tätigkeitsbericht des Bundeskartellamtes für 1981/1982 (BT-Drucks. 10/243, S. 32, 33f.) und die Stellungnahme der Bundesregierung zum 4. Hauptgutachten der Monopolkommission (Drucks. 423/83 Ziff. 11) hinweisen, die Klausel in der Praxis nunmehr auf die Einforderung von Vertragsstrafen in Höhe des angeblichen Submissionsschadens beschränkt.

Entscheidend ist danach, daß die Klausel sich nicht an einem der Beklagten durch eine Preisabsprache verursachten Schaden orientiert, sondern eine einschränkungslose Addition von Vertragsstrafen mit der Folge zuläßt, daß der Gesamtbetrag der Vertragsstrafe außerhalb jeder vernünftigen Relation zum etwaigen Submissionsschaden der Beklagten stehen kann. Darüber hinaus kann die Klausel, da sie auch die Geltendmachung schadensunabhängiger Vertragsstrafen erlaubt, sogar der Schöpfung neuer und vom Sachinteresse der Beklagten losgelöster Geldforderungen dienen, wie es das Beispiel der Submission nahelegt. Diese Funktion darf eine formularmäßige Strafklausel aber nicht haben (BGH, ZIP 1983, 76, 79). Auch ist die von der Klausel nicht ausgeschlossene Bereicherungsmöglichkeit der Beklagten nicht vom Interesse der Beklagten an einer Sicherung vor den Folgen eines Submissionskartells gedeckt. Das gilt ebenso im Hinblick auf die Druckfunktion der Strafklausel, da auch sie eine übermäßige Schadloshaltung der Beklagten an den Bietern nicht rechtfertigt. Nach alledem führt die Strafklausel mangels Differenzierung nach einem etwaigen Submissionsschaden der Beklagten zu einer unangemessenen Bevorzugung der Beklagten (vgl. dazu auch die Stellungnahme der Bundesregierung und den Bericht des Bundeskartellamtes für 1981/1982, jeweils wie vor). Das gilt für beide Fassungen der Strafklausel, auch wenn der einen Fassung die starre 3%-Regelung fehlt. Denn auch nach der fakultativen Fassung ist es der Beklagten erlaubt, die Vertragsstrafe mehrfach und bis zu einer Höhe von 3% zu fordern, ohne dabei Beschränkungen zu unterliegen.

e) Die Unangemessenheit der Ziff. 9 der Bewerbungsbedingungen Bau folgt weiter daraus, daß die Beklagte als öffentlicher Auftraggeber auf dem Gebiet des Gleis- und Tunnelbaues eine marktbeherrschende Stellung, wenn nicht regional sogar eine Monopolstellung, einnimmt und ihr daher eine erhebliche Nachfragemacht zur Seite steht. Sie erlaubt es ihr, die Vertragsstrafenregelung gegenüber wirtschaftlich schwächeren und von ihr abhängigen Unternehmen durchzusetzen. Diesen bleibt angesichts der marktbeherrschenden Stellung der Beklagten keine andere Wahl, als die Bewerbungsbedingungen Bau zu akzeptieren, wenn sie an einer Ausschreibung der Beklagten teilnehmen wollen. Ob darin ein Konditionenmißbrauch im Sinne des § 22 Abs. 4 Satz 2 Nr. 2 GWB liegt (so die Monopolkommission, BT-Drucks. 9/1982, S. 159 Nr. 506), kann dahinstehen. Denn zumindest bei der Inhaltskontrolle der Strafklausel nach § 9 AGBG ist die Nachfragemacht der Beklagten zu berücksichtigen (vgl. auch Bunte, Handbuch der AGB, 1982, 43 f.). Danach verpflichtet der Umstand, daß die Beklagte mit der Aufstellung und Verwendung der Bewerbungsbedingungen Bau die Vertragsfreiheit einseitig für sich in Anspruch nimmt und diese Bedingungen gegenüber den Bietern mit Hilfe ihrer marktbeherrschenden Stellung durchsetzt, die Beklagte in besonderem Maße, auf die Interessen der Bieter Rücksicht zu nehmen und die eigenen Belange maßvoll zu verfolgen. Diesen Anforderungen genügt die Strafklausel nicht, so daß sie auch unter diesem Gesichtspunkt nach § 9 Abs. 1 AGBG unwirksam ist.

f) Dieses Ergebnis läßt sich nicht mit dem Hinweis ernsthaft in Frage stellen, die Auswirkungen von Ziff. 9 der Bewerbungsbedingungen Bau seien beschränkt auf das Verhältnis der Beklagten zum einzelnen Bieter zu sehen. Dieser vom Landgericht angestellten isolierten Betrachtungsweise der Klausel kann nicht gefolgt werden. Sie negiert den der Klausel zugrundeliegenden Lebenssachverhalt, der eine Mehrheit von „Tätern" und damit eine Addition von Vertragsstrafen notwendig nach sich zieht, und sie vernachlässigt, daß die Klausel die Bieter zwar nicht gesamtschuldnerisch, aber doch aufgrund des gleichen Tatbestandes und der gleichen Verpflichtung gemeinsam vertraglich an die Beklagte bindet. In ihrer „pluralistischen" Ausprägung auf der Bieterseite macht sich die Klausel diese Besonderheit des Sachverhaltes gerade zunutze. Nur wenn dies berücksichtigt wird, werden die tatsächliche Bedeutung und Tragweite der Formularklausel zutreffend erfaßt (BGH, ZIP 1983, 76, 79). Dies rechtfertigt es, die von der Klausel ermöglichte unangemessene Bevorzugung der Beklagten zugleich als eine unangemessene Benachteiligung der Bieterseite zu bewerten.

g) Der Verstoß der Strafklausel gegen § 9 Abs. 1 AGBG führt zur Unwirksamkeit der gesamten Klausel. Eine beschränkte Aufrechterhaltung einer Klausel kommt im Unterlassungsverfahren nach § 13 AGBG regelmäßig nicht in Betracht (BGH, WM 1983, 1153, 1154 m. w. N.). Der Ausnahmefall einer inhaltlich und ihrer sprachlichen Fassung nach teilbaren Klausel (dazu BGH, WM 1984, 986, 987) liegt nicht vor. Eine teilweise Aufrechterhaltung würde daher zu einer unzulässigen „geltungserhaltenden Reduktion" führen.

Soweit Ziff. 9 der Bewerbungsbedingungen Bau auch Handlungen im Vorfeld einer Preisabsprache erfaßt, insbesondere „Verhandlungen" und „Empfehlungen", die final auf die Herbeiführung einer Wettbewerbsbeschränkung gerichtet sind, folgt die Unwirksamkeit der Klausel daraus, daß solche Aktivitäten außerhalb des durch das GWB inkriminierten Verhaltens liegen. Im übrigen würden die Gründe für die Unwirksamkeit der Strafklausel im Falle einer erfolgreich durchgeführten Preisabsprache hier erst recht gelten. Denn die Unangemessenheit der Vertragsstrafenregelung ist offensichtlich, wenn Bieter trotz eines fehlenden Vermögensschadens der Beklagten und trotz erfolgloser Kartellbemühungen, also sogar ohne Verwirklichung eines kartellrechtlich relevanten Verhaltens, zu einer Vertragsstrafe von 3% bzw. bis zu 3% der Auftragssumme herangezogen werden könnten. Es kann danach dahingestellt bleiben, ob dieser Teil der Klausel abteilbar ist.

Die Strafklausel läßt sich auch nicht durch eine Beschränkung ihrer Geltung auf den an einer Preisabsprache beteiligten und von der Beklagten beauftragten Bieter aufrechterhalten. Dies würde der Klausel ihren Sinn nehmen, weil der Submissionsschaden der Beklagten 3% der Auftragssumme überschreiten kann und der Druck der Vertragsstrafe auf alle Bieter eines Submissionskartells entfiele.

Die Unwirksamkeit der Klausel ergreift auch den Teil der Ziff. 9 der Bewerbungsbedingungen Bau, der die sogenannte negative Bietererklärung betrifft, also die Erklärung des Bieters, sich an keiner Preisabrede beteiligt zu haben. Zwar erscheint es grundsätzlich zulässig, die Pflicht zur Abgabe einer solchen Erklärung formularmäßig festzulegen. Die Beklagte hat jedoch diese Pflicht in Ziff. 9 der Bewerbungsbedingungen Bau inhaltlich untrennbar mit der Vertragsstrafensanktion verknüpft. Beides bildet eine Einheit, so daß der Wegfall dieser Vertragsstrafenregelung der Klausel insgesamt ihren Sinn nimmt. Eine Aufspaltung der Klausel ist daher auch insoweit nicht möglich. Damit verbleibt es bei der Unwirksamkeit der gesamten Klausel.

h) Der Beklagten war die Verwendung der Ziff. 9 der Bewerbungsbedingungen Bau auch für abgeschlossene, aber noch nicht abgewickelte Verträge zu untersagen, da solche Verträge bestehen, ohne daß die Beklagte von der Klausel abgerückt ist. Der Zweck des Untersagungsverfahrens erfordert es deshalb, das Verwendungsverbot der Klausel auch auf diese Verträge auszudehnen.

III.

Die Kostenentscheidung folgt aus § 91 ZPO, die Entscheidung über die vorläufige Vollstreckbarkeit aus den §§ 708 Ziff. 10, 711 ZPO.

IV.

Soweit die Parteien die Hauptsache hinsichtlich der Verwendung der Ziff. 9 der Bewerbungsbedingungen Bau gegenüber Nichtkaufleuten für erledigt erklärt haben, waren der Beklagten die Kosten des Rechtsstreits nach § 91a ZPO ebenfalls aufzuerlegen. Auch diese Verwendung der Klausel hätte nämlich untersagt werden müssen, da die Klausel nach ihrem Wortlaut auch auf Nichtkaufleute anwendbar ist und die Gründe, die zur Unwirksamkeit der Klausel hinsichtlich ihrer Verwendung gegenüber Kaufleuten führen, hier erst recht zu gelten haben. Im übrigen waren die Kläger auch insoweit klagebefugt. Dies ergibt sich aus §§ 2, 5 der Satzung des Klägers zu 2, da sie erkennen lassen, daß auch Nichtkaufleute Mitglied beim Kläger zu 2 werden können und ihre Interessen vom Kläger zu 2 ebenfalls vertreten werden.

§ 9   *Generalklausel*   Nrn. 42–44

Anmerkung:

Das vorinstanzliche Urteil des LG Frankfurt vom 6. 11. 1984 – 2/13 O 110/84 – ist abgedruckt in AGBE V § 9 Nr. 43.

Die Revision ist beim BGH unter dem Aktenzeichen VII ZR 70/86 anhängig.

43 **Die von einem Bauträger gegenüber Bauhandwerkern verwendete Klausel**

„Die Abnahme der Leistungen des Auftragnehmers erfolgt bei Übergabe des Hauses an den Kunden."

verstößt gegen § 9 Abs. 2 Nr. 2 AGBG, denn sie macht eine Hauptpflicht des Auftraggebers von Mitwirkungspflichten Dritter abhängig und verschiebt damit in unzulässiger Weise den Abnahmezeitpunkt und Gewährleistungsbeginn auf einen Zeitpunkt, den der Auftragnehmer nicht berechnen kann.

LG München I, Urteil vom 8. 1. 1985 – 7 O 16131/84 – rechtskräftig;

Auf den Abdruck von **Sachverhalt** und **Gründen** wird verzichtet.

44 **Zur Frage der Wirksamkeit von Besonderen Vertragsbedingungen, die ein Baubetreuungsunternehmen in Verträgen über die Herstellung von Bauleistungen verwendet.**

LG München I, Urteil vom 14. 5. 1985 – 7 O 3940/85 – rechtskräftig;

Sachverhalt:

Die Klagepartei ist ein Innungsverband, dem nicht nur Zimmerer angehören, sondern auch Handwerker, die sogenannte Bauhauptarbeiten ausführen.

Die Beklagte ist ein Baubetreuungsunternehmen. Sie verwendet im Rahmen ihrer Geschäftstätigkeit „Besondere Vertragsbedingungen (BVB)".

Die Klägerin ist der Auffassung, fünf Bestimmungen der BVB verstießen gegen das AGBG. Sie begehrt, der Beklagten die Verwendung zu untersagen.

Das Landgericht hat der Klage hinsichtlich vier Klauseln stattgegeben und sie im übrigen abgewiesen.

Aus den Gründen:

Mit Ausnahme der Klausel e) erwies sich die Klage als begründet.

a) Die Klausel

„Bedenken gegen diese Unterlagen (Pläne und Leistungsverzeichnis) hat der etwaige AN noch vor Vertragsabschluß mitzuteilen. Nach Vertragsabschluß mitgeteilte Bedenken, die ihre Grundlage in den übergebenden Unterlagen haben, berechtigen den AN nicht, andere Preise oder zusätzliche Leistungen für die bedenkenfreie Art der Ausführung in Rechnung zu stellen."

verstößt nach Auffassung der Kammer gegen § 9 Abs. 2 Nr. 1 AGBG in Verbindung mit § 632 Abs. 1 BGB. Entgegen der Auffassung der Beklagten wird hier nicht nur die Prüfungspflicht, die den Auftragnehmer aufgrund der Bestimmungen § 4 Nr. 3 und § 13 Nr. 3 VOB (Teil B) ohnehin trifft, zeitlich vorverlegt, sondern sie beinhaltet bei einem Verstoß gegen diese Bestimmung der Allgemeinen Geschäftsbedingungen einen Ausschluß von der Vergütung. Diese Benachteiligung ist schon deshalb als unangemessen anzusehen, weil nach dem Wortlaut der streitbefangenen Vertragsklausel auch dann Zusatzleistungen nicht honoriert werden, wenn sie erforderlich werden, weil die plangerechte Ausführung, z. B. infolge von Vorarbeiten, die vor Vertragsschluß überhaupt noch nicht ausgeführt waren, nicht so durchgeführt werden kann. Im übrigen ist auch nicht ersichtlich, welches berechtigte Interesse die Beklagte daran haben könnte, daß Bedenken gegen die von ihr vorgelegten Pläne und Unterlagen noch vor Vertragsabschluß geltend gemacht werden.

b) Die Klausel

„Der AN für die Bauhauptarbeiten hat die Gerüste auf seine Kosten zu erstellen und solange vorzuhalten, daß sie durch andere Unternehmer, wie Zimmerer, Dachdecker und Maler mitbenutzt werden können."

kann auch von der Klägerin gerügt werden, da nach ihrem unwidersprochenen Sachvortrag nicht nur Zimmerer, sondern auch Handwerker ihre Mitglieder sind, die Bauhauptarbeiten ausführen.

Mit der Klägerin sieht die Kammer hierin einen Verstoß gegen § 10 Nr. 1 AGBG. Es kommt nicht darauf an, daß die Beklagte diese Klausel noch nicht dazu verwendet hat, die Schlußrechnung und demgemäß auch die Schlußzahlung hinauszuzögern. Es genügt bei Annahme der kundenfeindlichen Auslegung, daß diese Geschäftsbedingung eine derartige Möglichkeit einräumt. Das ist der Fall; die Kammer verkennt nicht, daß die Leistung des die Bauhauptarbeiten durchführenden Auftragnehmers als im wesentlichen fertiggestellt und daher bereits abnahmefähig angesehen werden kann, wenn lediglich noch seine Verpflichtung, das Gerüst kostenlos anderen Handwerkern zur Verfügung zu stellen, noch nicht vollständig erfüllt ist, doch mag dies im Einzelfall streitig sein. Auf eine Auseinandersetzung darüber muß sich der Auftragnehmer nicht einlassen.

c) Die Klausel

„Die Art der Gewährleistung bestimmt sich nach VOB/B; die Verjährungsfrist für diese Ansprüche beträgt jedoch 5 Jahre."

verstößt nach Auffassung der Kammer gegen § 9 Abs. 2 Nr. 1 AGBG in Verbindung mit §§ 638, 639 BGB. Der Auftragnehmer wird hier den langen Verjährungsfristen des Bürgerlichen Gesetzbuches ausgesetzt und dazu der vom BGB überhaupt nicht vorgesehenen Möglichkeit einer Unterbrechung der Verjährung durch schriftliche Rüge. § 639 Abs. 2 BGB sieht demgegenüber lediglich eine Hemmung der Verjährung vor bei einvernehmlicher Prüfung des Vorhandenseins des Mangels oder dessen Beseitigung.

Die Beklagte hat hier völlig einseitig zu ihren Gunsten die Vorteile der gesetzlichen Regelung des Bürgerlichen Gesetzbuches und der VOB zum Nachteil der Auftragnehmer kombiniert.

d) Die Klausel

„Die Zahlung von Zwischenrechnungen erfolgt in der Regel innerhalb von 12 Tagen nach Eingang der Rechnung; ein Zahlungsverzug des AG tritt jedoch erst nach einem Monat nach Einreichen der Zwischenrechnung ein, vorausgesetzt, daß der AN sämtliche ihm obliegende Verpflichtungen erfüllt hat."

stellt ebenfalls eine unangemessene Benachteiligung des Auftragnehmers gemäß § 9 Abs. 2 AGBG dar. Die unangemessene Benachteiligung ist darin zu sehen, daß zwar einerseits dem Auftragnehmer vorgespiegelt wird, er bekomme auf Zwischenrechnungen Abschlagszahlungen, wie es zwar nicht nach dem Gesetz, aber gemäß § 16 VOB/B vorgesehen ist. Dies trifft jedoch in Wirklichkeit nicht zu; wenn ein Zahlungsverzug der Beklagten erst eintritt, wenn der Auftragnehmer sämtliche Verpflichtungen erfüllt hat, d. h. die vertragsgemäße Leistung vollständig und in allen Einzelteilen erbracht hat, ist es überflüssig, eine Abschlagszahlung zu verlangen und Zwischenrechnungen zu erstellen. Der Auftragnehmer wird in Wahrheit darauf verwiesen, lediglich die Schlußrechnung zu erstellen.

Das entspricht zwar auch der gesetzlichen Regelung, § 641 BGB; die Beklagte muß sich auch nicht auf § 16 VOB/B einlassen. Dann gebieten es ihr aber Treu und Glauben im Geschäftsverkehr, eben diese Bestimmung ausdrücklich und eindeutig abzubedingen und nicht deren Geltung auf juristischen Umwegen auszuschalten.

e) Soweit die Klägerin die Klausel rügt,

„Die vorbehaltlose Annahme der als solche gekennzeichneten Schlußzahlung schließt Nachforderungen aus. Einer Schlußzahlung steht es gleich, wenn der Auftraggeber unter Hinweis auf geleistete Zahlungen weitere Zahlungen endgültig und schriftlich ablehnt. Auch früher gestellte, aber unerledigte Forderungen sind ausgeschlossen, wenn sie nicht nochmals vorbehalten werden. Ein Vorbehalt ist innerhalb von 12 Werktagen nach Eingang der Schlußzahlung zu erklären. Er wird hinfällig, wenn nicht innerhalb von weiteren 24 Werktagen eine prüfbare Rechnung über die vorbehaltenen Forderungen eingereicht oder, wenn das nicht möglich ist, der Vorbehalt eingehend begründet wird."

hat die Klage keinen Erfolg. Zum einen ist schon fraglich, ob insoweit der Klageantrag hinreichend bestimmt ist; denn die Klägerin hält diese nicht in den Besonderen Vertragsbedingungen der Beklagten ausdrücklich enthaltene, sondern lediglich über § 2 Nr. 6 der BVB der Beklagten Vertragsbestandteil gewordene Bestimmung der VOB (§ 16 Nr. 3 Abs. 2 VOB/B) nur deswegen gegen das AGBG verstoßend, weil „die vorliegenden Vertragsbedingungen der Beklagten ... in praktisch allen wichtigen Punkten die VOB/B zugunsten der Beklagten" abänderten. Die Klägerin hätte daher in den Klageantrag all die Bestimmungen mit aufnehmen müssen, bei deren gleichzeitiger Geltung sie nun die angegriffene Klausel für unwirksam hält.

Darüber hinaus ist auch nicht ersichtlich, welche Klauseln die Klägerin damit meint. Sie hat sich hierzu nicht eindeutig geäußert. Soweit der Kammer ersichtlich, sind jedenfalls die im übrigen angegriffenen Klauseln nicht geeignet, die Regelung von § 16 Nr. 3 Abs. 2 VOB/B zu berühren. Auch sonst sind keine Vertragsbestimmungen der Beklagten ersichtlich geworden, die Einfluß auf die in § 16 Nr. 3 Abs. 2 VOB/B geregelte Materie haben könnten. Die Klage war daher in jedem Fall als unbegründet abzuweisen.

Nr. 45　　　　　　　　　　　　*Bauvertragsklauseln*　　　　　　　　　　　　§ 9

Zu unwirksamen Klauseln, die eine Planungs- und Baugesellschaft beim Abschluß von Bauverträgen mit Bauhandwerkern verwendet.

LG Frankfurt, Urteil vom 8. 10. 1985 – 2/13 O 177/85 – rechtskräftig;

Sachverhalt:

Der Kläger ist ein eingetragener Verein, zu dessen satzungsmäßigen Aufgaben es gehört, die gewerblichen Interessen seiner Mitglieder, der baugewerblichen Unternehmer in Hessen, zu fördern. Die Beklagte vergibt als Planungs-, Bau- und Handelsgesellschaft regelmäßig Bauaufträge und schließt hierbei Bauverträge ab.

Beim Abschluß derartiger Bauverträge mit Bauhandwerkern verwendet die Beklagte einen sogenannten „Nachunternehmervertrag/Werkvertrag" sowie „Allgemeine Vorbedingungen", die u. a. folgende Klauseln enthalten:

„a) (Die vorstehenden Preise sind Festpreise ... bis zur endgültigen Übergabe des schlüsselfertigen Objektes und nicht nur des Teilgewerkes, welches mit diesem Vertrag in Auftrag gegeben wird.) Teilgewerke werden nicht einzeln abgenommen.

b) ... Minderleistungen, bedingt durch Planänderungen oder vom Generalunternehmer angeordnete Ausführungsänderungen, werden besonders ermittelt und vom Pauschalpreis ... abgesetzt.

c) (Der Nachunternehmer hat sich vor Beginn seiner Ausführung von dem Zustand des Baues zu überzeugen, um festzustellen, ob er seine Arbeiten ohne Gefahr durch nachträglich auftretende Schäden und Mängel erbringen bzw. ausführen kann. Etwaige Einwände sind vor Beginn der Ausführung schriftlich geltend zu machen. ...) Nachträgliche Einwendungen sind unbeachtlich.

d) Die Gewährleistung beginnt mit der Abnahme der Leistungen insgesamt, d. h. nach Übergabe des schlüsselfertigen Objektes an den Bauherrn durch den Generalunternehmer ...

i) (Gleichfalls mit enthalten (in dem Angebotspreis) sind die Kosten für die Einrichtung von Anschlüssen und Zuleitung von Bauwasser, Kraft- und Lichtstrom, von den Entnahmestellen zur Verbraucherstelle, die Kosten für die Abnahme des Licht- und Kraftstromes sowie des Wassers.) Die Einrichtungen verbleiben hier für bis zur Fertigstellung aller Arbeiten sämtlicher Gewerke an der Baustelle. Das gleiche gilt für das Herstellen, Vorbehalten, Abändern und Entfernen der erforderlichen Gerüste sowie der Baustelleneinrichtung.

k) Vor Abgabe seines Angebotes hat sich der Nachunternehmer in jedem Fall über die örtlichen Verhältnisse der Baustelle ausreichend informiert.

l) Eine Behauptung, daß eigene mangelhafte Leistung auf die schlechte Vorarbeit eines anderen Unternehmers zurückzuführen sei, wird nicht anerkannt. Schadensersatzansprüche, die aus der mangelhaften Arbeit des Unternehmers herrühren, gehen zu seinen Lasten, auch wenn nachweislich die vorhergehende Arbeit ebenfalls mangelhaft war.

o) Werden die vereinbarten Ausführungsfristen durch den Unternehmer nicht eingehalten, ist die Firma E. GmbH berechtigt, für jeden Tag der Überschreitung einen Betrag von 1/100 des Rechnungsbetrages einzubehalten. Eines Nachweises für Schäden und Nachteile seitens der Firma E. GmbH bedarf es hierbei nicht. Darüber hinaus haftet der Unternehmer bei Nichteinhaltung des Endtermines der Firma E. GmbH gegenüber und zwar für alle der Firma E. GmbH hierdurch entstehenden Schäden und Nachteile in vollem Umfang."

Der Kläger ist der Ansicht, daß die Verwendung dieser Klauseln gegenüber Nichtkaufleuten und Kaufleuten unzulässig sei.

Das Landgericht hat der Unterlassungsklage stattgegeben.

Aus den Gründen:

Die vom Kläger beanstandeten Klauseln verstoßen durchweg gegen die Bestimmungen des AGBG.

Zu Klageantrag a) und d):

Wie der Kläger zu Recht geltend macht, verstoßen diese Klauseln gegen die §§ 9, 10 Nr. 1 AGBG, da hierdurch die Vergütungspflicht, der Gefahrübergang und der Beginn der Gewährleistungsfrist unangemessen lange und auf unbestimmte Zeit hinausgezögert wird. Durch diese Klausel wird es im Ergebnis sogar dem alleinigen Einflußbereich der Beklagten überlassen, den Zeitpunkt der Vergütungspflicht, des Gefahrübergangs und damit des Beginns der Gewährleistungsfrist zu bestimmen. Denn der Beklagten obliegt es, für die Fertigstellung des jeweiligen Bauobjektes zu sorgen. Läßt sie dieses, aus welchen Gründen auch immer, nicht fertigstellen, so würde nach diesen beiden Klauseln das jeweilige Gewerk des Vertragspartners der Beklagten nicht abgenommen werden und somit die Vergütungspflicht, der Gefahrübergang und der Beginn der Gewährleistungsfrist entsprechend verzögert werden (vgl. hierzu OLG Karlsruhe, BB 1983, 725 (728); OLG München BB 1984, 1386).

Zu b):

Diese Klausel ist gemäß §§ 9, 10 Nr. 3 und Nr. 4 AGBG unzulässig, da sie der Beklagten gestattet, willkürlich nach Auftragserteilung einzelne Leistungen aus dem Auftrag herauszunehmen, ohne daß der Vertragspartner einen Anspruch auf entgangenen Gewinn hat. Die Beklagte behält sich damit vor, den vertraglichen Leistungsumfang einseitig zu kürzen, ohne daß die berechtigten Interessen des Auftragnehmers zu berücksichtigen wären (vgl. hierzu LG Frankfurt, Urteil vom 21. 9. 1982, AGBE III § 9 Nr. 17a, dort zu m); vgl. Urteil des OLG Frankfurt am Main vom 20. 9. 1984, AGBE V § 9 Nr. 39, dort zu i).

Zu c):

Mit Hilfe dieser Klausel schneidet die Beklagte ihrem Vertragspartner jegliche Einwendungen bezüglich auftretender Schäden und Mängel nach Beginn der Ausführung der Arbeiten ab. Der Vertragspartner würde hiernach also auch für alle Schäden haften, die durch Vorarbeiten anderer Unternehmer verursacht werden, und zwar selbst dann, wenn für ihn die Mängel jener Vorarbeiten nicht ohne weiteres erkennbar gewesen sind. Nach dem Wortlaut jener Klausel müßte der Vertragspartner der Beklagten also sämtliche Vorarbeiten eingehend und zwar auch auf versteckte Mängel untersuchen, da auf ihn das gesamte Risiko abgewälzt würde. Diese Klausel führt damit zu einer unzulässigen Haftungsfreistellung der Beklagten, in deren eigentlichen Pflichtenkreis es fällt, vorangegangene Arbeiten zu prüfen und abzunehmen. Wie der Kläger demgemäß zu Recht vorträgt, verstößt diese Klausel gegen §§ 9, 11 Nr. 7 AGBG (vgl. hierzu LG Frankfurt, Urteil vom 21. 9. 1982, AGBE III § 9 Nr. 17a, hier Ziffer f), Staudinger/Schlosser, AGBG, § 9 Anm. 96; Ulmer/Brandner/Hensen, §§ 9–11, Anm. 723). Insofern sei lediglich noch darauf hingewiesen, daß die Beklagte selbst einräumt, daß die angegriffene Formulierung „sprachliche Fehler" enthalte und daher unterlassen werde. Hierdurch wird jedoch eine Wiederholungsgefahr nicht ausgeräumt, so daß die Klage unverändert begründet bleibt. Nur der Vollständigkeit halber sei insofern noch vermerkt, daß auch die von der Beklagten jetzt vorgeschlagene Formulierung aus den oben genannten Gründen nicht mit den Bestimmungen des AGBG in Übereinstimmung zu bringen ist. Soweit die Beklagte meint, daß diese Klausel lediglich das vorschreiben würde, was auch § 4 Nr. 3 VOB enthalte, so verkennt sie hierbei, daß nach der dort gebrauchten Formulierung der Auftragnehmer lediglich verpflichtet ist, ihm erkennbare Mängel der Vorarbeiten und damit sich ihm aufdrängende Bedenken seinem Auftraggeber mitzuteilen. Die von der Beklagten verwendete Formulierung geht über jene Regelung der VOB jedoch weit hinaus.

Zu i):

Die mit dieser Klausel dem Vertragspartner auferlegte Verpflichtung, die gesamte Baustelleneinrichtung bis zur Fertigstellung aller Arbeiten sämtlicher Gewerke auf der Baustelle zu belassen, führt zu einer für ihn nicht absehbaren und dementsprechend nicht kalkulierbaren Belastung. Diese Klausel verstößt daher gegen § 9 AGBG (vgl. hierzu LG Frankfurt, Urteil vom 21. 9. 1982, AGBE III § 9 Nr. 17a, hier zu g). Entscheidend ist hierfür wiederum, wie bei den oben bereits zu Ziffer a) und d) erörterten Klauseln, daß die Beklagte es sich damit im Ergebnis vorbehält, nach ihrem Gutdünken ihren Vertragspartner für eine für diesen nicht absehbare und von ihm nicht zu beeinflussende Zeit zu zwingen, jene dort genannten Baustelleneinrichtungen und die erforderlichen Gerüste dort zu belassen. Denn im Ergebnis obliegt es allein der Beklagten, das von ihr zu erstellende Bauwerk fertigzustellen. Wenn sie, aus welchen Gründen auch immer, beispielsweise die letzten Gewerke nicht in Auftrag gibt oder ausführen läßt, wäre der Vertragspartner der Beklagten gezwungen, dennoch für eine unabsehbare Zeit das Gerüst und die Baustelleneinrichtungen dort zu belassen. Dem kann die Beklagte nicht entgegenhalten, daß die Kosten für derartige Baustelleneinrichtungen und für die Zurverfügungstellung des Gerüstes bei der Abgabe des Angebotes mit einkalkuliert werden könnten. Denn wie soll der Vertragspartner einen Preis kalkulieren, wenn es für ihn überhaupt nicht absehbar ist, wie lange er jene Baustelleneinrichtung oder jenes Gerüst zur Verfügung stellen muß?

Zu k):

Diese Klausel verstößt gegen §§ 9, 11 Nr. 7 AGBG, da sie die in die Form einer Bestätigung gekleidete Verpflichtung des Vertragspartners der Beklagten enthält, sich vor Abgabe seines Angebotes über die örtlichen Verhältnisse der Baustelle voll zu informieren. Dem Vertragspartner der Beklagten wird damit das gesamte Risiko auch außergewöhnlicher Erschwernisse auf der Baustelle auferlegt, und zwar selbst dann, wenn die Beklagte diese Erschwernisse zu vertreten hat. Außerdem werden durch diese Klausel dem Vertragspartner der Beklagten erhebliche Kosten auferlegt, da dieser sich vor Vergabe des Auftrages auf seine Kosten über jene örtlichen Verhältnisse informieren und gemäß dieser Klausel auch noch bestätigen soll, dies getan zu haben.

Zu l):

Diese Klausel verstößt gegen §§ 9, 11 Nr. 7 AGBG. Insofern kann auf die obigen Ausführungen zu c) verwiesen werden. Denn die Beklagte zeichnet sich hiermit von ihrer eigenen Verpflichtung frei, vorangegangene Arbeiten der anderen Bauhandwerker zu prüfen und abzunehmen.

Zu o):

Diese Klausel verstößt gegen §§ 9, 11 Nr. 5 AGBG, da die hierin festgelegte Vertragsstrafe von 1% des Rechnungsbetrages für jeden Tag der Überschreitung der vereinbarten Ausführungsfristen unangemessen hoch ist. Der Vertragspartner der Beklagten würde hiernach bereits nach einer Überschreitung von 100 Tagen vollkommen kostenlos arbei-

§ 9 *Generalklausel* Nrn. 45–47

ten müssen (vgl. hierzu BGH WM 1983, 87 ff., OLG Nürnberg BB 83 1307 f.). Im vorliegenden Fall kommt noch hinzu, daß sich die Beklagte nach dieser Klausel zusätzlich zu jener Vertragsstrafe noch ihre Schadensersatzansprüche vorbehält. Die Vertragsstrafe in dieser ungewöhnlichen Höhe von 1% der Auftragssumme pro Tag würde sich daher als reiner Gewinn der Beklagten darstellen. Eine derartige Bestimmung ist ohnehin gemäß § 9 AGBG unwirksam.

46 In den von einem Bauträger verwendeten Vertragsbedingungen für die Ausführung von Bauleistungen verstoßen die Klauseln

„Der Auftraggeber übernimmt keine Gewähr für die Richtigkeit der Ausführungsunterlagen, jedoch bleibt die Haftung des Auftraggebers für Vorsatz und grobe Fahrlässigkeit hiervon unberührt."

und

„Bedenken gegen die geforderte Vertragsleistung, welche sich aus den Ausführungsunterlagen ergeben, die dem Auftragnehmer bereits bei der Angebotsabgabe zur Verfügung standen oder in die er hätte Einsicht nehmen können, müssen mit dem Angebot bereits schriftlich vorgebracht werden."

gegen § 9 Abs. 2 Nr. 2 AGBG und sind unwirksam.

Dagegen ist die Klausel, nach der die Sicherheitsleistung beim Auftraggeber verbleibt und nicht verzinst wird, wirksam, da es sich bei Bauaufträgen um relativ kurze und überschaubare Zeitspannen handelt und der Auftragnehmer in Zeiten relativer Geldwertstabilität durch eine mangelnde Verzinsung nicht unangemessen benachteiligt wird.

LG München I, Urteil vom 12. 11. 1985 – 7 O 14566/85 – rechtskräftig.

Auf den Abdruck von **Sachverhalt** und **Gründen** wird verzichtet.

47 Die Klausel in Vertragsbedingungen für die Ausführung von Bauleistungen, wonach im Falle einer Überzahlung der Auftragnehmer den zu erstattenden Betrag vom Empfang der Zahlung an mit 4% für das Jahr zu verzinsen hat, ist nach § 9 Abs. 2 Nr. 1 AGBG in Verbindung mit §§ 818 ff. BGB unwirksam, denn gem. § 818 Abs. 1 BGB erstreckt sich die Verpflichtung zur Herausgabe nur auf die tatsächlich gezogenen Nutzungen.

LG München I, Urteil vom 10. 12. 1985 – 7 O 14920/85 – rechtskräftig.

Sachverhalt:

Die Beklagte verwendet bei Bauaufträgen generell die „Zusätzlichen Vertragsbedingungen für die Ausführung von Bauleistungen". Bestandteil dieser Zusätzlichen Vertragsbedingungen ist u. a. die mit der Klage angegriffene Ziffer 24.4, wonach im Falle einer Überzahlung der Auftragnehmer den zu erstattenden Betrag vom Empfang der Zahlung an mit 4 v. H. für das Jahr zu verzinsen hat.

Das Landgericht hat der Klage stattgegeben.

Aus den Gründen:

1. Die angegriffene Klausel benachteiligt den Vertragspartner des Verwenders entgegen den Geboten von Treu und Glauben unangemessen; sie ist mit wesentlichen Grundgedanken der gesetzlichen Regelung, von der abgewichen wird, nicht zu vereinbaren (§ 9 Abs. 1 und Abs. 2 Nr. 1 AGBG).

Mit der Klausel gemäß Ziffer 24.4 der Zusätzlichen Vertragsbedingungen wird von der gesetzlichen Regelung abgewichen, wie sie im Rahmen des Bereicherungsrechts in §§ 818 ff. BGB ihren Ausdruck gefunden hat. Gemäß § 818 Abs. 1 BGB erstreckt sich die Verpflichtung zur Herausgabe auf die gezogenen Nutzungen. Die verschärfte Haftung gemäß § 819 BGB, welche auch eine Zahlung von Verzugszinsen beinhaltet, setzt Bösgläubigkeit oder einen Verstoß gegen ein gesetzliches Verbot bzw. gegen die guten Sitten voraus.

Dagegen soll nach Ziffer 24.4 der Zusätzlichen Vertragsbedingungen der Auftragnehmer im Falle einer Überzahlung den zu erstattenden Betrag vom Empfang der Zahlung an mit 4 v. H. für das Jahr verzinsen müssen, also unabhängig davon, ob der Auftragnehmer einen derartigen Zinsnutzen tatsächlich gezogen hat oder nicht.

2. In der Rechtsprechung ist die hier zu entscheidende Frage, ob Ziffer 24.4 der Zusätzlichen Vertragsbedingungen einer Überprüfung anhand des AGBG standhält oder nicht, umstritten. Die Urteile des Amtsgerichts München vom 27. Juni 1984 (Az: 11 C 6698/84) und des Amtsgerichts Regensburg vom 7. März 1985 (Az.: 5 C 51/85) halten die Klausel für unwirksam, während die Urteile des Landgerichts Darmstadt vom 7. 2. 1985 (Az.: 13 O 322/84) und des Landgerichts Regensburg vom 15. Oktober 1985 (Az.: S 113/85) die gegenteilige Meinung vertreten.

Der Beklagten kann darin zugestimmt werden, daß sich durchaus Argumente für die Wirksamkeit der angegriffenen Klausel anführen lassen. Das Gesetz sieht gemäß § 353 HGB bei beiderseitigen Handelsgeschäften Fälligkeitszinsen vor. Bei den Auftragnehmern der Beklagten handelt es sich entweder um Kaufleute oder doch um gewerblich tätige Handwerker, die im allgemeinen über eine gewisse Geschäftserfahrung verfügen. Ferner erscheint der gewählte Zinssatz von 4% im Jahr bei isolierter Betrachtung nicht als unerträglich hoch.

3. Es überwiegen jedoch nach Ansicht der Kammer die gegen die Wirksamkeit der Klausel vorgetragenen Gründe. Insgesamt erweckt die von der Beklagten gewählte Regelung, den Komplex Überzahlungen bzw. Unterzahlungen betreffend, den Eindruck der Unausgewogenheit. Nachforderungen der Auftragnehmer, die bei Unterzahlungen in Frage kämen, sind mit vorbehaltloser Annahme der Schlußzahlung gemäß § 16 Nr. 3 Abs. 2 VOB/B grundsätzlich ohnehin ausgeschlossen. Dagegen hält sich die Beklagte entgegen den Vorschriften der VOB/B die Rückforderung bei Überzahlungen durch die in Ziffer 24 der Zusätzlichen Vertragsbedingungen statuierte Regelung offen. Zusätzlich hierzu tritt noch die Verzinsungspflicht gemäß Ziffer 24.4 der Zusätzlichen Vertragsbedingungen. Dagegen kommt eine Verzinsung der sogenannten Unterzahlungen deshalb nicht in Betracht, weil die Auftragnehmer mit Ansprüchen wegen Unterzahlungen in der Regel ausgeschlossen sind.

§ 9   *Generalklausel*   Nrn. 47–48

Für die Frage, ob es sich um eine Benachteiligung der Vertragspartner von einigem Gewicht handelt, muß berücksichtigt werden, daß Ansprüche aus ungerechtfertigter Bereicherung gemäß §§ 812ff. BGB einer 30-jährigen Verjährungszeit unterliegen. Unstreitig betragen die Zeiträume, die zwischen Stellung der Schlußrechnung und der eine mögliche Rückforderung auslösenden Rechnungsprüfung liegen, 5 Jahre und länger. Die sich auf diese Weise aufsummierende Zinsforderung kann also beträchtlich hoch sein.

Die Beklagte weist zwar mit gewissem Recht darauf hin, daß Überzahlungen in der Regel auf unkorrekten Abrechnungen des Auftragnehmers beruhen. Die angegriffene Klausel differenziert indessen nicht danach, ob die Unrichtigkeiten der Abrechnung letztlich im Verantwortungsbereich des Auftragnehmers oder im Verantwortungsbereich des Auftraggebers (Beklagte) liegen.

Beispielsweise können Aufmaßfehler auch aus dem Verantwortungsbereich des Auftraggebers hervorgehen, zumindest teilweise (gemeinsames Aufmaß). Ebenso berücksichtigt die angegriffene Klausel nicht die mögliche Mitverantwortung der Beklagten für geleistete Überzahlungen, die daraus herzuleiten ist, daß vorgeschaltete Kontrollinstanzen der Beklagten nicht aufmerksam genug gearbeitet haben.

Für die Unwirksamkeit der in Rede stehenden Klausel spricht also ganz entscheidend die Überlegung, daß die Klausel auch solche Fälle umfaßt, in denen die statuierte Zinsbelastung als unbillig erscheint. Dies gilt insbesondere auch deshalb, weil dem Auftragnehmer keine Möglichkeit gelassen wird, darzulegen und gegebenenfalls zu beweisen, daß er im konkreten Falle aus bestimmten Gründen keinen Zinsnutzen gezogen hat (vgl. die analoge Bestimmung des § 11 Nr. 5 b AGBG).

Schließlich muß noch darauf hingewiesen werden, daß § 353 HGB nicht Teil der gesetzlichen Regelung bildet, von der die Klausel der Allgemeinen Geschäftsbedingungen im vorliegenden Falle abweicht, weil Fälligkeitszinsen gemäß § 353 HGB nur unter Kaufleuten aus beiderseitigem Handelsgeschäft gelten. Die Bundesrepublik Deutschland ist kein Kaufmann.

§ 9 – Eigentumsvorbehaltsklauseln

48 Eine aufgrund eines verlängerten Eigentumsvorbehalts erfolgte Vorausabtretung der Kundenforderungen „in voller Höhe" verstößt dann nicht gegen § 9 Abs. 1 AGBG, wenn zugleich eine Freigabeklausel vereinbart wurde, die zu einer Zurückführung der Sicherheit auf einen angemessenen Umfang führt.

BGH, Urteil vom 20. 3. 1985 – VIII ZR 342/83; BGHZ 94, 105 = BB 1985, 1085 = DB 1985, 1526 = MDR 1985, 757 = NJW 1985, 1836 = WM 1985, 605 = ZIP 1985, 749.

Sachverhalt:

Die Klägerin, eine Papiergroßhandlung, stand mit der Beklagten, einer Druckerei, seit längerer Zeit in Geschäftsverbindung. Der Antrag auf Eröffnung des Konkursverfahrens über das Vermögen der

Beklagten wurde am 28. Dezember 1981 mangels Masse abgelehnt. Die Klägerin hat aus zahlreichen Papierlieferungen an die Beklagte von Februar bis Dezember 1981 noch Ansprüche in Höhe von mindestens 359 000 DM. Die Bestellungen durch die Beklagte bei der Klägerin erfolgten telefonisch, sie wurden teilweise schriftlich mit einem Formular unter Bezugnahme auf die Geschäftsbedingungen der Klägerin in der Fassung aus dem Jahr 1974 bestätigt, die jeweils auf der Rückseite abgedruckt waren. Für sämtliche Lieferungen erhielt die Beklagte Rechnungen unter Bezugnahme auf die auf der Rückseite abgedruckten Geschäftsbedingungen der Klägerin aus dem Jahr 1979. Beide Fassungen der Geschäftsbedingungen enthalten unter A 6 Bestimmungen über den Eigentumsvorbehalt und die Vorausabtretung von Kundenforderungen durch die Beklagte an die Klägerin. Die hier interessierenden Teile der Ziff. A 6 (Fassung 1979) lauten wie folgt:

> „6. Eigentumsvorbehalt
> Wir behalten uns das Eigentum an sämtlichen von uns gelieferten Waren bis zur Bezahlung unserer Gesamtforderungen aus der Geschäftsverbindung vor. Das gilt auch dann, wenn der Kaufpreis für bestimmte, vom Kunden bezeichnete Warenlieferungen bezahlt ist, da das vorbehaltene Eigentum als Sicherung für unsere Saldoforderung dient. Die Be- und Verarbeitung von uns gelieferter, noch in unserem Eigentum stehender Ware, erfolgt stets in unserem Auftrag, ohne daß für uns Verbindlichkeiten hieraus erwachsen. Wird die in unserem Eigentum stehende Ware mit anderen Gegenständen vermischt, vermengt oder verbunden, so tritt der Kunde schon jetzt seine Eigentums- oder Miteigentumsrechte an dem neuen Gegenstand an uns ab und verwahrt den Gegenstand mit kaufmännischer Sorgfalt für uns. Der Kunde darf die in unserem Eigentum stehende Ware nur in regelmäßigem Geschäftsverkehr veräußern, sofern er sich nicht in Zahlungsverzug befindet."

Das von der Klägerin gelieferte Papier wurde von der Beklagten bis auf einen kleineren Teil, den die Klägerin zurückgeholt hat, verarbeitet, die daraus hergestellten Druckerzeugnisse hat die Beklagte veräußert. Die Kundenforderungen sind, soweit es für den vorliegenden Rechtsstreit von Interesse ist, durch Zahlung auf Bankkonten der Beklagten getilgt.

Die Klägerin hat gegen die Beklagte einen Anspruch auf Auskunft über den Verbleib des von der Klägerin seit Februar 1981 gelieferten Papiers und über die Rechte und Ansprüche, die die Beklagte aus der Verarbeitung des Papiers und der Veräußerung der daraus hergestellten Waren erworben hat, geltend gemacht sowie die Einsicht in die betreffenden Unterlagen bei der Beklagten verlangt. Das Landgericht hat mit Teilurteil die Beklagte zur Auskunft verurteilt über eine Reihe von Papierlieferungen und die daraus hergestellten Druckerzeugnisse (Ziff. I 1 der Urteilsformel)...

Außerdem hat das Landgericht die Beklagte unter Ziff. I 2 verurteilt, der Klägerin hinsichtlich ihrer Lieferungen bestimmte Unterlagen zugänglich zu machen, die a) die Veräußerung oder das ihr zugrundeliegende Geschäft betreffen und die b) eine an der Verarbeitung, Verbindung und Vermengung Beteiligten und deren Vereinbarungen mit der Beklagten nachweisen. Die Entscheidung über den weiteren Antrag, die Beklagte zur Versicherung der Richtigkeit der Auskunft an Eides statt zu verurteilen, hat das Landgericht dem Schlußurteil vorbehalten.

Auf die Berufung der Beklagten hat das Oberlandesgericht die Klage einschließlich des beim Landgericht verbliebenen Teils abgewiesen.

Die Revision der Klägerin hatte teilweise Erfolg.

Aus den Gründen:

... II. Das Berufungsgericht hat die Klage abgewiesen, weil die von der Klägerin auf der Grundlage ihrer Allgemeinen Geschäftsbedingungen geltend gemachten Vorausabtretungen von Kundenforderungen der Beklagten nach § 9 AGBG unwirksam seien; anderweitige Vereinbarungen hierüber seien nicht ersichtlich. Auch Auskunft über den Verbleib des Papiers oder der veräußerten Druckerzeugnisse könne nicht verlangt werden. Einmal habe die Klägerin das nicht verarbeitete Papier unstreitig zurückgeholt. Soweit die Beklagte das Papier verarbeitet habe, seien die Druckerzeugnisse veräußert und damit das Vorbehaltseigentum der Klägerin weggefallen. Ein Auskunftsanspruch folge ferner nicht daraus, daß die Beklagte sich mit der Veräußerung der Druckerzeugnisse möglicherweise schadensersatzpflichtig gemacht habe, soweit sie nach den Geschäftsbedingungen der Klägerin zur Veräußerung nicht mehr berechtigt gewesen sei. Denn ein Schadensersatzanspruch wäre jedenfalls nicht höher als der Kaufpreisanspruch für das gelieferte Papier, der unbestritten feststehe und jederzeit ohne die verlangte Auskunft geltend gemacht werden könnte. Dies sei nach der erklärten Absicht der Klägerin auch nicht der Grund für die verlangte Auskunft, vielmehr solle sie die Durchsetzung von Bereicherungsansprüchen gegen die Hausbank der Beklagten und andere Dritte wegen der Einziehung von Kundenforderungen ermöglichen. Da der Klägerin diese Kundenforderungen aber weder ganz noch teilweise zuständen, habe sie keine Ansprüche wegen der Einziehung der Forderungen durch Dritte. Deshalb entfalle auch der Auskunftsanspruch, der zur Geltendmachung solcher Ansprüche dienen soll.

Im einzelnen führt das Berufungsgericht zur Frage der Unwirksamkeit der Vorausabtretung aus ...

Die Vorausabtretung der Kundenforderungen „in voller Höhe" habe zu einer Übersicherung der Klägerin geführt. Die Beklagte habe aus dem von der Klägerin gelieferten Papier vorwiegend Bücher und Broschüren hergestellt. Der Rechnungswert des Papiers habe je nach Produkt 35 bis 50% des Werklohnanspruchs der Beklagten gegen ihre Kunden betragen, jedenfalls aber im Durchschnitt nicht mehr als die Hälfte. Bei der Abtretung der Kundenforderungen wäre damit die Klägerin unverhältnismäßig übersichert gewesen, nämlich — bezogen auf ihre jeweilige Forderung für die einzelne Papierlieferung — um mehr als das Doppelte. Gleichzeitig wäre der Beklagten der verbleibende erhebliche wirtschaftliche Restwert der Kundenforderung, den sie zur Absicherung von Geldgebern und Lieferanten hätte verwenden können, entzogen und damit ihre wirtschaftliche Bewegungsfreiheit übermäßig und unzumutbar beschränkt worden. Hiergegen sei die Beklagte nicht hinreichend durch die weitere Klausel (künftig: Freigabeklausel) in den Geschäftsbedingungen der Klägerin geschützt gewesen, wonach diese auf Verlangen des Käufers zur Rückübertragung verpflichtet sei, wenn der Wert der zu ihrer Sicherung dienenden, unter Eigentumsvorbehalt gelieferten Gegenstände ihre Gesamtforderung um mehr als 20% übersteige. Denn diese Klausel — deren Anwendung auf die abgetretenen Kundenforderungen ohnehin zweifelhaft sei — beziehe sich jedenfalls nicht auf das einzelne Geschäft, auf das es im vorliegenden Zusammenhang ankomme, sondern nur auf die Gesamtheit von Sicherungsgut einerseits und gesicherten Forderungen andererseits.

Die Klausel über die Vorausabtretung lasse sich angesichts ihres Wortlauts „in voller Höhe" auch nicht dahin ausgelegen, daß sie nur einen Teil der Kundenforderung erfassen solle. Überdies bliebe bei einer solchen Auslegung offen, in welchem Umfang die Abtretung erfolgen sollte, so daß die abgetretene Forderung nicht mehr hinreichend bestimmt wäre; aus dem Zusammenhang der anderen Klauseln der Geschäftsbedingungen der Klägerin ließen sich keine geeigneten Anhaltspunkte für die Begrenzung der abgetretenen Forderung herleiten.

III. Die Revision hat Erfolg, soweit die Klägerin Auskunft über die unter Ziff. I 1 der Formel des landgerichtlichen Urteils aufgeführten Papierlieferungen und die daraus hergestellten Druckerzeugnisse verlangt, und zwar soweit das Papier und die Druckerzeugnisse von der Beklagten veräußert worden sind. Die Klägerin kann auch verlangen, ihr hinsichtlich der genannten Papierlieferungen die Schriftstücke zugänglich zu machen, die die (Weiter-)Veräußerung oder das ihr zugrunde liegende Geschäft betreffen ...

1. a) Dem Berufungsgericht ist darin zu folgen, daß die geltend gemachten Ansprüche auf Auskunft über die Kundenforderungen und auf Einsichtnahme in die einschlägigen Unterlagen (§§ 402, 810 BGB in Verbindung mit Ziff. A 6 AGB) der Klägerin nur zustehen können, wenn die Regelung über die Vorausabtretung der Kundenforderungen in ihren Allgemeinen Geschäftsbedingungen wirksam ist; Abtretungen durch Individualvereinbarung hat die Klägerin nicht behauptet...

b) Das angefochtene Urteil geht ohne nähere Begründung davon aus, daß durch die Vorausabtretung nicht nur der einzelne Kaufpreisanspruch der Klägerin aus der Lieferung gesichert werden sollte, die Gegenstand der Weiterveräußerung durch die Beklagte war, sondern die „Gesamtforderungen aus der Geschäftsverbindung". Das ist im Ergebnis richtig. Das Revisionsgericht kann die Klausel selbst auslegen, weil sie allgemein im Geschäftsverkehr üblich ist, wobei es insoweit auf die konkrete sprachliche Fassung nicht ankommt.

Die gebotene objektive Auslegung der Regelung über den Eigentumsvorbehalt in den AGB der Klägerin ergibt unter Berücksichtigung ihres nach verständiger Wertung zu ermittelnden Sinnes und Zweckes, daß – wie für den einfachen Eigentumsvorbehalt in Abs. 1 von Ziff. A 6 ausdrücklich bestimmt – auch mit den Vorausabtretungen die „Gesamtforderungen aus der Geschäftsverbindung" gesichert werden sollten (vgl. Serick, Eigentumsvorbehalt und Sicherungsübereignung, Band V, § 60 II 3 a, S. 266 bei Fn. 12). Dem widerspricht nicht, daß die Vorausabtretungsklausel nicht ausdrücklich als Zweck die Sicherung der „Gesamtforderung" der Klägerin erwähnt. Denn jedenfalls aus der Freigabeklausel ergibt sich zwingend, daß der sog. verlängerte Eigentumsvorbehalt in der Form des erweiterten Eigentumsvorbehalts begründet werden sollte (z. Terminologie vgl. Graf Lambsdorff/Hübner, Eigentumsvorbehalt und AGB-Gesetz, 1982, Rdn. 56). Gegen ihn bestehen im kaufmännischen Geschäftsverkehr (§§ 24, 9 AGBG) weder unter dem Gesichtspunkt der Erweiterung (vgl. Brandner in Ulmer/Brandner/Hensen, AGB-Kommentar, 4. Aufl., Anh. §§ 9–11 Rdn. 657; Wolf in Wolf/Horn/Lindacher, AGBG, § 9 E 36; kritisch Löwe/Graf v. Westphalen/Trinkner, AGBG, § 9 Rdn. 89, s. auch die Nachweise bei Graf Lambsdorff/Hübner a.a.O. Rz. 65) noch der Verlängerung (Brandner a.a.O. Rdn. 656, Wolf a.a.O. § 9 E 42, Graf v. Westphalen, DB 1985, 425) grundsätzliche Bedenken. Zwar ist das AGB-Gesetz auch auf Vereinbarungen mit Verfügungscharakter anzuwenden. Die inhaltliche Ausdehnung des Eigentumsvorbehalts entspricht jedoch den im Handelsverkehr geltenden Gewohnheiten und Gebräuchen, auf die gemäß § 24 AGBG angemessen Rücksicht zu nehmen ist.

c) Indessen kann einer über den einfachen Eigentumsvorbehalt hinausgehenden Sicherung der Lieferantenforderung die rechtliche Anerkennung deshalb zu versagen sein, weil sie eine Übersicherung bewirkt. Das hat der Bundesgerichtshof schon im Rahmen der Prüfung entschieden, ob der verlängerte Eigentumsvorbehalt eine zur Nichtigkeit nach § 138 BGB führende übermäßige Beschränkung der wirtschaftlichen Bewegungsfreiheit des Vorbehaltskäufers enthält (BGHZ 26, 185) oder zu einer sittenwidrigen Beeinträchtigung der Interessen anderer Kreditgeber führt (Urteil vom 12. Juni 1969 – VII ZR 13/67, WM 1969, 1072, 1074 unter II 2). Die Voraussetzung, daß eine Übersicherung den Vorbehaltskäufer entgegen den Geboten von Treu und Glauben unangemessen benachteiligt (§ 9 Abs. 1 AGBG), wird sogar eher zu bejahen sein als die Sittenwidrigkeit der Übersicherung (zu den unterschiedlichen Maßstäben von § 9 AGBG und § 138 BGB s. Manfred Wolf in Festschrift Baur, 1981, S. 147 ff.; Brandner a.a.O. Rdn. 651). Hier führt jedoch die Regelung in den AGB im Hinblick auf die Freigabeklausel nicht zu einer mit § 9 AGBG unvereinbaren Sicherung der Klägerin (dazu unten III 1 e).

d) Das Berufungsgericht geht zutreffend davon aus, daß die Kundenforderungen „in voller Höhe" abgetreten wurden. Die Klausel duldet keine einschränkende Auslegung etwa dahin, daß nur ein dem Papierwert entsprechender Teil der Kundenforderung abgetreten wurde (in der Fassung 1979 wird diese Möglichkeit sogar eindeutig ausgeschlossen). Die Erwägungen, die der VII. Zivilsenat des Bundesgerichtshofs in seinem Urteil vom 20. November 1980 – VII ZR 70/80 (BGHZ 79, 16 = WM 1981, 167 = ZIP 1981, 153, 154 unter Ziff. 1, dazu Graf Lambsdorff, ZIP 1981, 243) angestellt hat, lassen sich auf die vorliegende Klausel nicht anwenden. Der Bundesgerichtshof hatte dort im Anschluß an seine frühere Rechtsprechung angenommen, die Abtretung des gesamten Vergütungsanspruchs könne nicht gewollt sein, „wenn die Lieferungen des Vorbehaltsverkäufers nur einen geringen Bruchteil des Werts der Leistung ausmachen, die der Vorbehaltskäufer an seine Kunden erbracht hat". So liegt der Fall hier nicht, denn nach den Feststellungen des Berufungsgerichts betrug der Rechnungswert des Papiers je nach Produkt immerhin 35 bis 50% des Werklohnanspruchs der Beklagten gegen ihre Kunden. Im übrigen kommt die „vernünftige Auslegung" (BGH a. a. O.) hier schon deshalb nicht in Betracht, weil der gewählte Wortlaut eine restriktive Auslegung verbietet.

e) Entgegen der Ansicht des Berufungsgerichts verhindert jedoch die Freigabeklausel eine unangemessene Übersicherung.

aa) Hierbei kommt es nicht auf die Übersicherung des Kaufpreisanspruchs aus dem einzelnen Geschäft an, die bei einem Anteil des Rechnungswerts des Papiers an der Kundenforderung der Beklagten von 35 bis 50% regelmäßig eintreten mußte, worauf die Beklagte in der mündlichen Verhandlung mit ihrem Hinweis auf einen „systematischen Übersicherungseffekt" abgehoben hat. Die Freigabeklausel bezieht sich vielmehr auf die Sicherung der „Gesamtforderung" der Klägerin. Das ist aber unbedenklich. Denn den Interessen des Käufers wird jedenfalls im kaufmännischen Geschäftsverkehr hinreichend dadurch Rechnung getragen, daß – bezogen auf seine noch offenen Schulden aus der Geschäftsverbindung – die dem Lieferanten eingeräumten Sicherheiten einen angemessenen Umfang nicht überschreiten (vgl. auch Graf Lambsdorff/Hübner a. a. O. Rz. 129). Hier kann grundsätzlich nichts anderes gelten als für die Beurteilung, ob die Freigabeklausel der Annahme der Sittenwidrigkeit von Vorausabtretungen entgegensteht (vgl. BGH, Urteil vom 12. Juli 1969 – VII ZR 13/67, WM 1969, 1072, 1074 unter II 2a; Senatsurteil vom 28. September 1977 – VIII ZR 82/76, LM BGB § 933 Nr. 6 = WM 1977, 1353, 1354 unter I 2b).

bb) Die Zurückführung der Sicherheiten auf einen angemessenen Umfang wird durch die Freigabeklausel erreicht.

Sie ist bei objektiver Auslegung so zu verstehen, daß die Klägerin Sicherheiten freigeben muß, sobald und solange die Summe der ihr von der Beklagten gewährten Sicherheiten die Gesamtforderung aus der Geschäftsverbindung um 20% übersteigt. Trotz der unzulänglichen Wortwahl („Wert des uns zur Sicherung dienenden, unter Eigentumsvorbehalt gelieferten Gegenstandes") bestehen entgegen der Ansicht des Berufungsgerichts keine ernsthaften, nach § 5 AGBG relevanten Zweifel daran, daß auch die Vorausabtretungen für die 20%-Grenze zu berücksichtigen sind: Die in den AGB geregelte Vorausabtretung ist eine Erscheinungsform des sog. verlängerten Eigentumsvorbehalts. Die Verwendung des Wortes „Gegenstand" spricht gegen die Beschränkung auf die unter Eigentumsvorbehalt stehenden Sachen, und eine „Rückübertragung" kommt – im Unterschied zum Vorbehaltseigentum – ohnehin nur für die abgetretenen Forderungen in Betracht.

cc) Die Freigabeklausel ist auch inhaltlich geeignet, eine unangemessene Benachteiligung der kaufmännischen Abnehmer der Klägerin zu verhindern. Das gilt sowohl für den Satz von 20% als auch für die Art und die Voraussetzungen der Freigabe.

Im Schrifttum wird zum Teil die Auffassung vertreten, daß eine Übersicherung unangemessen sei, wenn sie mehr als 10% des realisierbaren Werts der Sicherheiten betrage (ausführlich Manfred Wolf in Festschrift Baur, S. 147, 165 ff.; vgl. jüngst noch Graf v. Westphalen, DB 1985, 425, 430 bei Fn. 100; s. andererseits Brandner a. a. O. Rdn. 658). Soweit ersichtlich, geht die Vorstellung einer Grenze bei 10% auf die Praxis des Bundeskartellamts bei der Überprüfung von Konditionenempfehlungen zurück (s. auch Bunte, Handbuch der Allgemeinen Geschäftsbedingungen, II H 4, S. 150f.). Der erkennende Senat sieht keine Anhaltspunkte dafür, daß sich diese Praxis ohne weiteres auf die Angemessenheitsprüfung nach § 9 AGBG übertragen ließe. Nach seiner Beurteilung kann bei einem Spielraum von 10% überhaupt noch nicht von einer Übersicherung gesprochen werden. Vielmehr werden insoweit – ganz abgesehen von einer gewissen Toleranz für Bewertungsdifferenzen – lediglich mögliche Ansprüche gedeckt, die sich im Rechnungspreis des Lieferanten nicht niederschlagen, z. B. für Zinsen und Kosten der Rechtsverfolgung. Eine Übersicherung von weiteren 10% (zusammen also eine Sicherung von 120% der Gesamtforderung) findet jedenfalls in der hier interessierenden Branche ihre Rechtfertigung schon darin, daß das Vorbehaltseigentum durch Verdrucken größerer Partien oder ähnliche Vorgänge in nicht unerheblichem Maße wirtschaftlich wertlos werden kann. Es ist angemessen, für solche im einzelnen nicht vorhersehbaren Einbußen an Sicherheit mit einem Pauschalbetrag von 10% Vorsorge zu treffen.

Im Unterschied zu den strengeren Maßstäben für die Regelung der Freigabe bei der Globalabtretung künftiger Kundenforderungen an eine Bank (vgl. BGHZ 72, 308) reicht die schuldrechtliche Freigabeklausel aus, um im Verhältnis zwischen Lieferanten und Abnehmer eine im Sinne von § 9 AGBG unangemessene Beeinträchtigung zu verhindern. Die hier zu beurteilende Klausel macht die Freigabe auch nicht von unangemessenen Voraussetzungen abhängig (dazu Brandner a. a. O. Rdn. 658 bei Fn. 54). Dagegen, daß die Freigabe nur „auf Verlangen des Kunden" erfolgt, ist nichts einzuwenden. Er kann in der Regel sehr viel einfacher als der Lieferant den Wert des jeweiligen Bestands an Sicherheiten feststellen ...

Anmerkung:

Das vorinstanzliche Urteil des OLG Stuttgart vom 14. 12. 1983 – 4 U 144/83 – ist abgedruckt in AGBE IV § 9 Nr. 28 = WM 1984, 876 = ZIP 1984, 463.

In einem Vertrag über Camping-Ausrüstungsgegenstände ist die Klausel   **49**

    „Der Auftragnehmer behält sich das Eigentum an allen gelieferten Sachen bis zur restlosen Bezahlung durch den Auftraggeber vor."

wegen Verstoßes gegen § 9 AGBG unwirksam, denn sie weicht zuungunsten des Auftraggebers von der gesetzlichen Regelung des Eigentumsvorbehalts (§ 455 BGB) ab.

LG Koblenz, Urteil vom 15. 1. 1985 – 11 O 43/84 – rechtskräftig;

Aus den Gründen:

Die Klausel ist nach § 9 AGBG unwirksam.

Zwar ist anerkannt, daß die Vereinbarung eines Eigentumsvorbehalts in Allgemeinen Geschäftsbedingungen grundsätzlich unbedenklich ist. Ihrem Wortlaut nach reicht die von der Beklagten formulierte Klausel jedoch über die Vereinbarung eines Eigentumsvorbehalts im herkömmlichen Sinne hinaus. Die Beklagte verschafft sich nämlich eine Sicherung des Kaufpreises für alle bei ihr bezogenen Waren, indem sie für alle diese Waren Eigentumsvorbehalte erhält, die erst erlöschen, wenn alle Forderungen beglichen sind. Trotz Bezahlung eines Artikels könnte deshalb der Eigentumsvorbehalt an diesem Artikel fortbestehen, bis ein anderer Artikel bezahlt oder das laufende Konto des Kunden vollständig ausgeglichen ist. Diese Regelung weicht wesentlich von der gesetzlichen Regelung des Eigentumsvorbehalts (§ 455 BGB) zuungunsten des (privaten) Kunden ab.

§ 9 – Freizeichnungsklauseln

50 Der gewerbliche Vermieter von Kraftfahrzeugen, der dem Mieter gegen Zahlung zusätzlichen Entgelts gemäß seinen Allgemeinen Geschäftsbedingungen Haftungsbefreiung für Unfallschäden einräumt, kann seine Verpflichtung, einen am Leitbild der Kaskoversicherung orientierten Schutz zu gewähren, nicht durch den Hinweis in seinen Allgemeinen Geschäftsbedingungen einschränken, daß die Haftungsbefreiung nicht einer Vollkaskoversicherung entspreche.

BGH, Urteil vom 19. 6. 1985 – VIII ZR 250/84; BB 1985, 1627 = DB 1985, 2193 = MDR 1986, 49 = NJW 1986, 581 = NJW-RR 1986, 51 = VersR 1985, 1066 = WM 1985, 1168.

Sachverhalt:

Die Klägerin, die gewerblich Kraftfahrzeuge vermietet, verlangt nach einem Verkehrsunfall mit einem ihrer Fahrzeuge, das der Erstbeklagte gemietet und der Zweitbeklagte im Unfallzeitpunkt gelenkt hat, von ihnen als Gesamtschuldner Schadensersatz in Höhe von 14 487,71 DM nebst Zinsen. Von dem geltend gemachten Betrag sind unter anderen 13 079,64 DM für Fahrzeugschaden und 441 DM für Mietausfall ausgeworfen. Der Formularvertrag vom 7. 8. 1981 zwischen der Klägerin und dem Erstbeklagten über die Miete des Fahrzeugs schloß eine Haftungsbefreiung unter Nr. 9 der Bedingungen ein; in der Rubrik „Haftungsbefreiung (Ausn. s. u. Nr. 10)" auf der Vorderseite des Formulars war dafür ein Preis von täglich 9,50 DM eingesetzt. Die Haftungsbefreiung sollte nach Nr. 9 nicht einer Vollkaskoversicherung entsprechen.

Nach den auf der Rückseite des Formulars abgedruckten Bedingungen war u. a. die Weitervermietung an Dritte und die Benutzung des Fahrzeugs unter Einwirkung von Alkohol oder anderen berauschenden Mitteln verboten. Zum Führen des Fahrzeugs war nur der Mieter oder der im Vertrag angegebene Fahrer berechtigt. Unter Nr. 10 der Bedingung war u. a. unter Nr. 9 eine Vollhaftung des Mieters für die Fälle vorgesehen, daß der Mieter Schäden grobfahrlässig oder vorsätzlich verursacht, sowie bei Fahrten unter jeglicher Einwirkung von Alkohol. In diesen Fällen war auch eine Schadensersatzpflicht des Mieters für den Mietausfall vorgesehen. Nach Nr. 12 der Bedingungen hat sich der Mieter das Verhalten des Fahrers zurechnen zu lassen und haftet für dessen Verschulden wie für eigenes.

Der Zweitbeklagte, der den angemieteten Pkw zum Unfallzeitpunkt gelenkt hat, war nicht als Fahrer im Vertrag angegeben. Der Unfallhergang ist streitig. Der Zweitbeklagte hatte zum Unfallzeitpunkt eine Blutalkoholkonzentration von 1,23‰.

Das LG hat die Klage abgewiesen, das OLG hat die Berufung der Klägerin zurückgewiesen. Die Revision hatte keinen Erfolg.

Aus den Gründen:

I. Klage gegen den Mieter (Erstbeklagten): 1. Nach Ansicht des BerGer. greift hinsichtlich des gesamten von der Klägerin geltend gemachten Schadens zugunsten des Erstbeklagten die in Nr. 9 Mietbedingungen (künftig: AGB) vereinbarte Haftungsbefreiung durch. Die in Nr. 10 AGB enthaltenen Ausnahmen von der Haftungsbefreiung seien nach § 9 AGB-Gesetz unwirksam; dem stehe der ausdrückliche Hinweis in Nr. 9 AGB nicht entgegen, daß die Haftungsbefreiung nicht der Vollkaskoversicherung entspreche.

Im einzelnen führt das BerGer. aus, daß – wie der BGH schon verschiedentlich ausgesprochen habe – der Mieter in besonderem Maße daran interessiert sei, sich durch Leistung einer zusätzlichen Zahlung (wie hier geschehen) von der Haftung für Fahrzeugschäden in sinnvoller Weise freizuhalten. Unter diesen Umständen, insbesondere im Hinblick auf das dem Vermieter erkennbare Sicherheitsbestreben des Mieters, bedeute es eine sachlich nicht gerechtfertigte Bevorzugung der Belange des Vermieters, wenn dieser für die Gewährung einer eng begrenzten Haftungsfreistellung ein zusätzliches Entgelt verlange, das ausreiche, um einen der Vollkaskoversicherung entsprechenden Schutz, sogar unter Einbeziehung des Mietausfallschadens, zu finanzieren. Die aus Treu und Glauben folgende Verpflichtung des Vermieters, die Haftungsbefreiung nach dem Leitbild der Kaskoversicherung auszugestalten, lasse Ausnahmen weder bei Überlassung des Fahrzeugs an einen im Vertrag nicht vorgesehenen Fahrer noch bei Verstoß gegen das in den AGB vorgesehene strikte Alkoholverbot zu, wie sich aus § 2 Abs. 2b AKB und § 61 VVG (Leistungsfreiheit nur bei Vorsatz oder grober Fahrlässigkeit des Versicherungsnehmers) ergebe. Eine grobe Fahrlässigkeit des zweitbeklagten Fahrers, die nach Nr. 12 AGB und § 278 BGB möglicherweise auch der Erstbeklagte vertreten müßte, könne nicht festgestellt werden.

2. Die hiergegen gerichteten Angriffe der Revision haben keinen Erfolg.

a) Der Erstbeklagte ist zwar seiner Verpflichtung nicht nachgekommen, das gemietete Fahrzeug in ordnungsgemäßem Zustand zurückzugeben (§ 556 BGB). Hieraus hergeleitete Schadensersatzansprüche der Klägerin sind jedoch durch die Haftungsbefreiung in Nr. 9 AGB ausgeschlossen. Sie hat zum Inhalt, den Erstbeklagten gegen ein Entgelt nach Art einer Versicherungsprämie von der Haftung für Unfallschäden freizustellen. Demgemäß war die Klägerin gehalten, die Haftungsbefreiung nach dem Leitbild einer Kaskoversicherung auszugestalten (vgl. BGHZ 70, 304 = NJW 1978, 945; NJW 1981, 1211 = WM 1981, 201; NJW 1982, 167 = WM 1981, 1383; NJW 1982, 987 = WM 1982, 294 und WM 1983, 1009; vgl. auch Wolf/Eckert, Hdb. des gewerblichen Miet- und PachtR, 4. Aufl., Rdnr. 197). Diese sich aus Treu und Glauben ergebende Verpflichtung, an der auch die Inhaltskontrolle nach § 9 AGB-Gesetz auszurichten ist, konnte die Klägerin durch den Hinweis in ihren Geschäftsbedingungen nicht einschränken, daß die Haftungsbefreiung nicht einer Vollkaskoversicherung entspreche (vgl. schon Senat,

NJW 1982, 167). Das BerGer. stellt zutreffend darauf ab, daß es hier im Ergebnis nicht um die Frage geht, ob – trotz des gegenteiligen Hinweises – bei dem Mieter irreführend der Eindruck erweckt wird, er erhalte gegen Zahlung eines zusätzlichen Entgelts einen zumindest der Vollkaskoversicherung entsprechenden Schutz, oder ob durch den Hinweis eine überraschende Wirkung der Klausel ausgeschaltet werde. Vielmehr kann der gewerbliche Autovermieter, der in der Weise wie die Klägerin eine Haftungsfreistellung gegen Entgelt vereinbart, nicht durch die deklaratorische Verneinung des Charakters der Rechtsbeziehungen, die nach der Rechtsprechung aufgrund der Vereinbarung bestehen, deren Maßgeblichkeit beseitigen. Daraus folgt:

aa) Die Vollhaftung des Mieters für den Fall, daß das Fahrzeug durch einen nicht im Vertrag benannten Fahrer gelenkt worden ist, steht – trotz der von der Revision hervorgehobenen Möglichkeit, bestimmte Fahrer als berechtigt im Vertrag anzugeben – in Widerspruch zu § 2 Abs. 2b AKB. Danach entfällt der Versicherungsschutz zugunsten des Eigentümers nicht bei Benutzung des Fahrzeugs durch einen Dritten als Fahrer, insbesondere wenn ihm das Fahrzeug vom Eigentümer überlassen worden ist. Der Mieter, dem der Vermieter Volldeckung zusagt, bekundet mit der Bezahlung des dafür geforderten besonderen Entgelts sein dringendes, für den Vermieter erkennbares und auch berechtigtes Interesse und seinen Willen, kein höheres Risiko als ein Halter oder Eigentümer einzugehen (vgl. BGH, NJW 1982, 297 = WM 1982, 294, 295).

bb) Soweit ein Verstoß gegen das Alkoholverbot vorliegt, entfällt die Haftungsbefreiung nur unter den Voraussetzungen des § 61 VVG (Leistungsfreiheit, wenn der Versicherungsnehmer den Versicherungsfall vorsätzlich oder durch grobe Fahrlässigkeit herbeiführt). Ob diese Voraussetzungen erfüllt sind, kann nicht durch eine beispielhafte Aufzählung in den Mietbedingungen verbindlich festgelegt werden, sondern muß nach allgemeinen Grundsätzen beurteilt werden (BGHZ 70, 304, 307f. = NJW 1978, 945). Das gilt trotz der besonderen Gefahrenträchtigkeit von Alkohol am Steuer auch, soweit ein Verstoß gegen das Alkoholverbot in Frage steht. Die Klägerin konnte ebensowenig wie ein Kaskoversicherer nach § 61 VVG den Verlust der Haftungsbefreiung allein daran knüpfen, daß das Fahrzeug von einem unter Alkoholeinfluß stehenden Fahrer gelenkt wurde. Eine zumindest grob fahrlässige Herbeiführung des Unfalls durch den Erstbeklagten hat das BerGer. nicht festgestellt. Es hält vielmehr eine Erörterung über den Verschuldensgrad der Beklagten für entbehrlich, solange nicht erwiesen sei, daß der Zweitbeklagte den Unfall überhaupt durch einen Fahrfehler verursacht habe. Das verneint es ohne Rechtsfehler (s. unten zu II). Auch seine hieraus für die Haftungsbefreiung des Erstbeklagten gezogene Schlußfolgerung ist rechtlich zutreffend. Ebenso scheitert eine Vollhaftung des Erstbeklagten unter dem Gesichtspunkt, er müsse sich das Verhalten des Zweitbeklagten nach Nr. 12 AGB, § 278 BGB zurechnen lassen, bereits daran, daß das BerGer. ein fahrlässiges Fehlverhalten des Zweitbeklagten in seiner Fahrweise als Unfallursache für nicht erwiesen ansieht.

b) Die Revision bekämpft auch den Standpunkt des BerGer., daß die Haftungsbefreiung den Mietausfall einschließe. Allerdings legt sie dabei zugrunde, daß die Haftungsbefreiung entfallen sei. Da dies – wie ausgeführt – nicht zutrifft, bleibt nur zu prüfen, welchen Umfang die Haftungsbefreiung hat. Hierfür ergibt sich schon aus dem Zusammenhang der Nrn. 9 bis 11 AGB, daß der Mieter auch den Mietausfallschaden nicht zu tragen hat (vgl. im übrigen Senat, NJW 1981, 1211 = WM 1981, 201).

II. Klage gegen den Fahrer (Zweitbekl.): 1. Nach Ansicht des BerGer. ist ein fahrlässiges Fehlverhalten des Zweitbeklagten in seiner Fahrweise als Unfallursache nicht bewiesen.

Damit scheiden Ansprüche der Klägerin gegen den Zweitbeklagten, die nur auf unerlaubter Handlung beruhen könnten, von vornherein aus, so daß es nicht darauf ankommt, ob die im Mietvertrag vereinbarte Haftungsbefreiung auch zugunsten des Fahrers wirkt (vgl. dazu Senat, NJW 1982, 297 = WM 1982, 294, 295).

2. Die gegen die rechtliche und tatsächliche Würdigung im Berufungsurteil gerichteten Revisionsrügen greifen nicht durch. Soweit es darum geht, daß das BerGer. zu Unrecht grobe Fahrlässigkeit des Zweitbeklagten verneint habe, kann das angefochtene Urteil nach ständiger Rechtsprechung vom Revisionsgericht ohnehin nur darauf nachgeprüft werden, ob der Rechtsbegriff der groben Fahrlässigkeit verkannt oder Beweisgrundsätze verletzt worden sind. Das ist nicht der Fall. Zwar ist richtig, daß grundsätzlich grob fahrlässig handelt, wer sich in absolut fahruntüchtigem Zustand an das Steuer eines Kfz setzt (vgl. BGH, VersR 1985, 440). Das BerGer. hat indessen ohne Rechtsfehler verneint, daß der Zweitbeklagte absolut fahruntüchtig gewesen ist. Die Blutalkoholkonzentration des Zweitbeklagten hatte nicht einen Wert von 1,3‰ oder darüber erreicht, der als solcher die Feststellung der absoluten Fahruntüchtigkeit rechtfertigt (BGH, VersR 1972, 292; vgl. auch Stiefel/Hofmann, Kraftfahrversicherung, 12. Aufl., § 12 AKB Rdnr. 102). Das BerGer. hat des weiteren in Übereinstimmung mit der Rechtsprechung geprüft, ob Tatsachen hinsichtlich der Fahrweise festzustellen sind, die schon bei der unter 1,3‰ liegenden Blutalkoholkonzentration des Zweitbeklagten (relative Fahruntüchtigkeit) eine Bewußtseinsstörung und deren Unfallursächlichkeit indizierten (BGH, VersR 1972, 292; OLG Hamm, VersR 1982, 385). Hierfür hätte ein Auffahrunfall sprechen können. Das BerGer. hat aber einen damit vergleichbaren Unfallhergang oder sonstige grobe Fahrfehler nicht festgestellt ...

Die Berufung des Spediteurs auf die Haftungsersetzung nach § 41 Buchst. a ADSp ist, soweit der Speditionsversicherer den Schaden ersetzt, im Rechtsverkehr mit Kaufleuten auch dann nicht unzulässig, wenn der Schaden durch den Spediteur oder einen (leitenden oder nichtleitenden) Angestellten grob fahrlässig verursacht wird. Denn die Schadensersatzansprüche werden nicht kompensationslos ausgeschlossen, sondern auf den Speditionsversicherer verlagert, der den Schaden auch bei grob fahrlässiger Verursachung ersetzt. 51

BGH, Urteil vom 10. 10. 1985 – I ZR 124/83; BGHZ 96, 136.

Sachverhalt:

Die Klägerin, ein Tonstudio, beauftragte die beklagte Luftfrachtspediteurin fernmündlich mit der Besorgung der Versendung einer Computer-Anlage (Mischpultverstärker) von ihrer Niederlassung in München zu einem Empfänger in England. Zugleich wies sie sie an, das Gut bei einem Transportversicherer zu einem Versicherungswert von 100 000,– DM gegen Transportschäden zu versichern.

Auftragsgemäß holte die Beklagte das Gut von der Klägerin ab, verpackte es und ließ es per Luftfracht von München nach London und weiter auf dem Landweg zum Empfänger befördern. Diesem wurde es in beschädigtem Zustand ausgehändigt.

Für die Besorgung der Versendung stellte die Beklagte der Klägerin 709,10 DM in Rechnung. Dieser von der Klägerin bezahlte Betrag setzte sich aus fixen Kosten für die Luftfracht, Rollgeldern und anderen Unkosten zusammen, darunter 40,– DM für eine Speditionsversicherung und 300,– DM für die von der Klägerin gewünschte Transportversicherung. Tatsächlich hatte aber die Beklagte keine Transportversicherung abgeschlossen.

Die Klägerin, die für den von ihr auf 5664,15 DM bezifferten Schaden am Gut weder von der Beklagten noch von dem Speditionsversicherer Ersatz erlangt hat, hat die Beklagte auf Zahlung dieses Betrages verklagt.

Das Landgericht hat die Klage abgewiesen. Das Oberlandesgericht hat sie auf die Berufung der Klägerin dem Grunde nach für gerechtfertigt erklärt und die Sache zur Entscheidung über die Höhe des Betrages an das Landgericht zurückverwiesen. Die dagegen gerichtete Revision der Beklagten führte zur Aufhebung des Berufungsurteils und zur Zurückverweisung der Sache.

Aus den Gründen:

1. Das Berufungsgericht ist davon ausgegangen, daß zwischen den Parteien ein Speditionsvertrag, kein Frachtvertrag, zustandegekommen sei, weil die Beklagte mit der Besorgung der Beförderung, jedoch nicht mit der Beförderung selbst beauftragt worden sei. Diese Beurteilung läßt keinen Rechtsfehler erkennen, sie wird von der Revision auch nicht beanstandet.

2. Das Berufungsgericht hat weiter angenommen, daß die bei der Erteilung des Speditionsauftrags ausgesprochene Weisung zum Abschluß einer Transportversicherung wirksam erteilt, von der Beklagten aber schuldhaft nicht ausgeführt worden sei. Auch diese Beurteilung unterliegt keinen rechtlichen Bedenken.

a) Ohne Erfolg wendet die Revision dagegen ein, daß die Beklagte gemäß § 35 Buchst. a Satz 1 ADSp zum Abschluß einer Transportversicherung nicht verpflichtet gewesen sei, weil die Klägerin die Weisung dazu nur fernmündlich und nicht schriftlich erteilt habe. Dem kann nicht beigetreten werden.

aa) Zutreffend ist das Berufungsgericht bei der Beurteilung der Vertragsbeziehungen der Parteien von der Geltung der ADSp ausgegangen. Nach ständiger Rechtsprechung finden im Verkehr zwischen einem Spediteur mit Sitz in der Bundesrepublik und einem deutschen Kaufmann die ADSp auch ohne Abrede als eine fertig bereitliegende Rechtsordnung kraft stillschweigender Unterwerfung Anwendung (BGHZ 9, 1, 3; zuletzt BGH, Urt. v. 11. Juli 1985 – I ZR 36/83). Eine die Anwendbarkeit des ADSp ausschließende Vereinbarung haben die Parteien nach den Feststellungen des Berufungsgerichts nicht getroffen ...

cc) Trotz der Anwendbarkeit der ADSp hat das Berufungsgericht die Wirksamkeit der Weisung zum Abschluß einer Transportversicherung mit Recht nicht an dem Schriftformerfordernis des § 35 Buchst. a Satz 1 ADSp scheitern lassen. Wie der Bundesgerichtshof wiederholt entschieden hat, gehen Individualvereinbarungen, die mit den ADSp nicht in Einklang stehen, diesen vor und sind Bestimmungen in den ADSp, die die Erfüllung solcher Vereinbarungen ganz oder teilweise hindern, unanwendbar (BGH, Urt. v. 4. März 1977 – I ZR 83/75, LM ADSp § 41 Nr. 6 m. w. N. = MDR 1977, 729 = VersR 1977, 515 = WM 1977, 533).

An dieser Rechtsprechung ist auch für einen Fall wie dem vorliegenden, in dem es um die Wirksamkeit einer mündlichen Abrede gegenüber der Schriftformklausel des § 35 Buchst. a Satz 1 ADSp geht, festzuhalten. Im Schrifttum ist zwar – mit Blick auf das Handeln nichtleitender Angestellter und Vertreter – umstritten, ob und unter welchen Voraussetzungen zugunsten des Verwenders von AGB eine Schriftformklausel Beachtung verdient, der gegenüber der Vertragspartner des Verwenders sich auf den Vorrang mündlicher Individualabreden gemäß § 4 AGBG beruft (vgl. BGH, Urt. v. 7. Oktober 1981 – VIII ZR 229/80, NJW 1982, 331, 333 = ZIP 1982, 71, 74 = WM 1982, 9, 12; Ulmer/Brandner/Hensen, AGB-Gesetz, 4. Aufl., § 4 Rdnr. 14, 31 ff., 37; Staudinger/Schlosser, BGB, 12. Aufl., § 4 AGBG Rdnr. 23 ff.; MünchKomm-Kötz § 5 AGBG Rdnr. 7–9; Erman/Hefermehl, BGB, 7. Aufl., § 4 AGBG Rdnr. 7 ff.; Palandt/Heinrichs, BGB, 44. Aufl., §§ 4, 5 AGBG Anm. 2 c). Indessen bedarf diese Frage vorliegend keiner Entscheidung. Die Weisung der Klägerin zum Abschluß einer Transportversicherung durch die Beklagte ist in jedem Falle wirksam erteilt worden, auch wenn dabei auf seiten der Beklagten ein nichtleitender Angestellter beteiligt gewesen sein sollte. Nach den Feststellungen des Berufungsgerichts hat die Beklagte die Wirksamkeit der ihr erteilten Weisung selber nicht in Abrede gestellt. Mit Rechnung vom 7. September 1981 hat sie vielmehr der Klägerin dafür 300,– DM berechnet. Auch später hat sie gegenüber dem Speditionsversicherer die Erteilung des Auftrags zum Abschluß einer Transportversicherung bestätigt.

b) Zutreffend ist das Berufungsgericht danach von der Rechtswirksamkeit dieses Auftrags ausgegangen. Daß die Beklagte ihre Verpflichtungen daraus verletzt hat, konnte das Berufungsgericht rechtsfehlerfrei aus dem Nichtabschluß der Transportversicherung herleiten. Entlastet hat sich die Beklagte insoweit nicht (vgl. § 51 Buchst. a Satz 2 Halbs. 1 ADSp).

3. Gleichwohl trifft sie auf der Grundlage der vom Berufungsgericht bislang getroffenen Feststellungen keine Haftung ...

b) Die Beklagte kann sich nach den bislang getroffenen Feststellungen entgegen der Auffassung des Berufungsgerichts darauf berufen, daß sie gemäß § 41 Buchst. a ADSp – der den Spediteur für jeden durch die Speditionsversicherung gedeckten Schaden von der Haftung freistellt (vgl. BGH, Urt. v. 18. Juni 1976 – I ZR 106/75, VersR 1976, 1129, 1130) – für die Verletzung der erteilten Weisung zum Abschluß einer Transportversicherung nicht einzustehen habe.

aa) Zutreffend ist das Berufungsgericht dabei davon ausgegangen, daß der Berufung auf diese Bestimmung § 41 Buchst. c ADSp nicht entgegensteht. Rechtsfehlerfrei und unbeanstandet von der Revisionserwiderung hat das Berufungsgericht festgestellt, daß die Beklagte den Schaden bei einer Speditionsversicherung eingedeckt hat. Der Nichtabschluß der Transportversicherung steht einer Berufung auf die Haftungsfreistellung nach § 41 Buchst. a ADSp nicht entgegen (BGHZ 2, 1, 3, 4).

bb) Nach der Ansicht des Berufungsgerichts greift aber die Berufung der Beklagten auf § 41 Buchst. a ADSp deshalb nicht durch, weil der Speditionsversicherer nach Maßgabe des § 5 Ziff. 1 Buchst. B b SVS/RVS von der Verpflichtung zum Ersatz des geltend gemachten Schadens frei sei. Dem kann nicht zugestimmt werden. Das Berufungsgericht hat dabei verkannt, daß § 5 Ziff. 1 Buchst. B b SVS/RVS für die in ihm aufgeführten Fälle zwar das Interesse am Ersatz des transportversicherbaren Schadens ausschließt, jedoch nicht – wie sich aus § 2 Ziff. 2 SVS/RVS i. V. mit § 9 Ziff. 3 SVS/RVS ergibt – das Interesse am Ersatz des Schadens, der, wie hier, daraus erwachsen ist, daß die Beklagte weisungswidrig keine Transportversicherung genommen hat. Schäden aus der Verletzung solcher Pflichten sind durch die Speditionsversicherung gedeckt (Krien/Hay, a.a.O., § 41 Anm. 7 f.; § 5 SVS Anm. 1, 11 f; § 9 SVS Anm. 5 a; Helm, a.a.O., § 415 Anh. II § 9 SVS Anm. 3; OLG Düsseldorf, VersR 1985, 256, 257).

cc) Eine andere rechtliche Beurteilung kann sich allerdings vorliegend im Hinblick darauf ergeben, daß über das Vermögen des Speditionsversicherers durch Beschluß des Amtsgerichts München vom 1. August 1984 das Konkursverfahren eröffnet worden ist. Wären die Ersatzansprüche des Auftraggebers gegen den Speditionsversicherer infolge dessen Insolvenz nicht zu verwirklichen, könnten die dem ersteren erwachsenen Schäden möglicherweise nicht als gedeckt im Sinne des § 41 Buchst. a ADSp angesehen werden (vgl. zur Frage der Haftung des Spediteurs bei Zahlungsunfähigkeit des Speditionsversicherers auch Edgar Schneider VersR 1985, 618 ff.).

Indessen kann vorliegend eine abschließende Entscheidung insoweit in der Revisionsinstanz nicht getroffen werden. Die Tatsache der Eröffnung des Konkursverfahrens über das Vermögen des Speditionsversicherers ist erst nach Erlaß des Berufungsurteils eingetreten. Sie kann daher in der Revisionsinstanz keine Berücksichtigung finden (§ 561 Abs. 1 ZPO). Zwar hat der Bundesgerichtshof aus prozeßökonomischen Gründen unter bestimmten Voraussetzungen unstreitige oder aus anderen Gründen nicht beweisbedürftige Tatsachen in der Revisionsinstanz auch dann berücksichtigt, wenn diese erst nach der letzten mündlichen Verhandlung vor dem Berufungsgericht entstanden waren (BGHZ 85, 288, 290 m. w. N.). Auf diese Rechtsprechung kann jedoch vorliegend nicht zurückgegriffen werden. Weder haben die Parteien die Tatsache der Konkurseröffnung und die sich daraus ergebenden rechtlichen Folgerungen bislang erörtert, noch ist ersichtlich, ob und inwieweit durch die Eröffnung des Konkursverfahrens die Durchsetzung des Klageanspruchs beeinträchtigt ist.

dd) Nach der Ansicht des Berufungsgerichts ist die Berufung der Beklagten auf die Haftungsfreistellung nach § 41 Buchst. a ADSp auch deshalb unzulässig, weil der Nichtabschluß der Transportversicherung auf grober Fahrlässigkeit beruhe. Auch dagegen wendet sich die Revision mit Erfolg. Dabei kann offen bleiben, ob ein Fall grober Fahrlässigkeit – was die Revision verneint – vorliegend tatsächlich gegeben ist. Denn jedenfalls wäre der Beklagten die Berufung auf § 41 Buchst. a ADSp auch dann nicht verwehrt, wenn einer ihrer gesetzlichen Vertreter oder Angestellten grob fahrlässig gehandelt hätte. Gegen die Haftungsersetzung nach § 41 Buchst. a ADSp, die nur im Verkehr mit Kaufleuten, juristischen Personen des öffentlichen Rechts und öffentlich-rechtlichen Sondervermögen Bedeutung hat (§ 2 Buchst. a ADSp), bestehen keine prinzipiellen Bedenken. Einer Prüfung im Rahmen der Inhaltskontrolle nach § 9 AGBG hält sie stand. Dabei ist zu berücksichtigen, daß § 41 Buchst. a ADSp die Schadensersatzansprüche des Auftraggebers gegen den Spediteur nicht kompensationslos ausschließt, sondern lediglich auf den Speditionsversicherer verlagert, der den Schaden im Rahmen der gesetzlichen Haftung des Spediteurs aus einem Verkehrsvertrag (§ 2 SVS/RVS), unter bestimmten Voraussetzungen auch aus anderen Rechtstiteln ersetzt (§ 3 Ziff. 1 Satz 1, Ziff. 2 SVS/RVS), der ferner auf alle dem Spediteur aus den ADSp und sonstigen Vereinbarungen oder Handelsbräuchen zustehenden Einwendungen über den Ausschluß oder die Minderung der gesetzlichen Haftung verzichtet (§ 3 Ziff. 1 Satz 2 SVS/RVS) und in verschiedener Hinsicht wesentlich weitergehend haftet, als der Spediteur selber haften würde, z. B. in den Fällen des § 4 Ziff. 1 Buchst. b – d SVS/RVS. Darüber hinaus ist zu berücksichtigen, daß die Spitzenverbände der deutschen Wirtschaft, einschließlich der Verbände von Handel und Industrie, nach mehrjährigen Vorbereitungen unter Federführung des Deutschen Industrie- und Handelstages der Neufassung der ADSp vom 1. Oktober 1978 und damit dem sie tragenden Gedanken, der Ersetzung der Haftung des Spediteurs durch den Speditionsversicherer, zugestimmt haben, einer Regelung, die so auch schon seit über 50 Jahren gegolten und die Anerkennung der beteiligten Verkehrskreise gefunden hatte (BGHZ 41, 151, 155; BGH, Urt. v. 9. Oktober 1981 – I ZR 188/79, LM ADSp § 54 Nr. 4 = NJW 1982, 1820, 1821 = VersR 1982, 486, 488 = TranspR 1982, 77, 78).

Danach kann die Haftungsersetzung gemäß § 41 Buchst. a ADSp nicht als eine die Interessen der Verladerseite unangemessen benachteiligende Regelung im Sinne des § 9 AGBG angesehen werden (Ulmer/Brandner/Hensen, a.a.O., Anh. §§ 9–11, Rdnr. 22; Staudinger/Schlosser, a.a.O., § 11 Nr. 7 AGBG Rdnr. 55; Palandt/Heinrichs, a.a.O. § 9 AGBG Anm. 7a; Helm, AGB-Gesetz und ADSp, VersR 1977, 585, 589; Graf von Westphalen, Allgemeine Deutsche Spediteurbedingungen und AGB-Gesetz, ZIP 1981, 119, 121). Die Fälle der Schadensverursachung durch grobe Fahrlässigkeit bedürfen grundsätzlich keiner davon abweichenden Beurteilung. Da auch in diesen Fällen der Speditionsversicherer den Schaden ersetzt, spielt der Grad des Verschuldens insoweit keine entscheidende Rolle. Demgemäß hat der Bundesgerichtshof die Berufung des Spediteurs auf § 41 Buchst. a ADSp bei Schadensdeckung durch den Speditionsversicherer auch dann durchgreifen lassen, wenn der Spediteur selber oder ein leitender Angestellter den Schaden durch grobe Fahrlässigkeit hervorgerufen hatte (BGH, Urt. v. 18. Juni 1976 – I ZR 106/75, VersR 1976, 1129, 1130; Urt. v. 7. Juli 1976 – I ZR 51/75, VersR 1976, 1056, 1058; Urt. v. 5. Juni 1981 – I ZR 64/79, LM ADSp § 2 Nr. 10 Bl. 4 = MDR 1982, 113, 114 = VersR 1981, 975, 977).

Eine andere Beurteilung ist in Fällen grober Fahrlässigkeit nur dann geboten, wenn der Speditionsversicherer nach Maßgabe des SVS/RVS oder gleichstehender Bedingungen infolge von Haftungsbeschränkungen überhaupt nicht eintritt oder wenn die Versicherungssumme hinter dem wirklichen Wert des Gutes oder dem Schadensbetrag zurückbleibt (§ 41 Buchst. b ADSp; §§ 5, 6, 8, 9 SVS/RVS; BGH, Urt. v. 5. Juni 1981 – I ZR 64/79, a.a.O.). Darum geht es hier aber nicht. Nach den Feststellungen des Berufungsgerichts hat die Beklagte die Speditionsversicherung mit einer Versicherungssumme von 100000,– DM zu den Bedingungen des SVS/RVS gezeichnet und damit die Ersatzpflicht des Speditionsversicherers für den vorliegend in Rede stehenden Schaden in vollem Umfang begründet (vgl. § 6 Buchst. C Ziff. 1a SVS/RVS i.V. mit § 9 Ziff. 3 SVS/RVS) ...

Der Spediteur-Frachtführer (§ 413 HGB), der das Ladungsgut mit der Eisenbahn im Sammelladungsverkehr befördern läßt, kann die gesetzliche Haftung nach §§ 429ff. HGB für Schadensfälle, die vor oder nach dem Eisenbahntransport im speditionellen Bereich eintreten, durch Vereinbarung der Allgemeinen Deutschen Spediteur-Bedingungen (ADSp) wirksam abbedingen. 52

BGH, Urteil vom 17. 10. 1985 – I ZR 232/83; NJW-RR 1986, 251.

Sachverhalt:

Die Klägerin macht als Transportversicherer der Firma H. aus übergegangenem Recht Schadensersatzansprüche wegen des Verlustes von Transportgut geltend. Die Firma H. beauftragte die beklagte Spedition im November 1979 mit der Versendung eines Fleischwolfs von Offenburg zu einem Empfänger in Schwäbisch-Gmünd; es wurde ein fester Beförderungskostensatz vereinbart.

Die Beklagte holte das Gut von der Firma H. ab und transportierte es mit einem eigenen Fahrzeug im Nahverkehr zum Bahnhof Offenburg. Von dort ließ sie es im Bahnsammelladungsverkehr nach Stuttgart befördern. Vom Bestimmungsbahnhof Stuttgart wurde das Gut in das Zwischenlager eines Drittunternehmens in Stuttgart gebracht, von wo es im Nahverkehr an den Empfänger ausgeliefert werden sollte. Im Zwischenlager des Drittunternehmens ist das Transportgut abhanden gekommen. Mit der Klage nimmt die Klägerin, die die Firma H. für den Verlust entschädigt hat, die Beklagte auf Schadensersatz in Anspruch. Die Klägerin hat die Ansicht vertreten, zwischen der Firma H. und der Beklagten sei ein Fracht- und kein Speditionsvertrag abgeschlossen worden. Die Beklagte könne sich daher nicht auf die Haftungsbeschränkungen nach den ADSp berufen. Die Beklagte ist dem entgegengetreten. Sie hat ausgeführt, die Firma H. habe ihr nur einen Speditionsauftrag erteilt. Der Schadensersatzanspruch sei daher gemäß § 54a Nr. 1 ADSp auf den von ihr gezahlten Betrag begrenzt. Im übrigen sei der Anspruch auch verjährt.

Das LG hat der Klage stattgegeben, das OLG hat sie abgewiesen. Die zugelassene Revision der Klägerin hatte keinen Erfolg.

Aus den Gründen:

... II. Das BerGer. hat ohne Rechtsverstoß angenommen, daß der Klageanspruch gem. § 64 ADSp verjährt ist, da die Klägerin erst nach Ablauf der 8-monatigen Verjährungsfrist Klage erhoben hat.

Es hat rechtsfehlerfrei festgestellt, daß die Versenderin und die Beklagte Speditionsverträge abgeschlossen haben. Das BerGer. ist weiter zutreffend davon ausgegangen, daß sich die Versenderin und die Beklagte auf einen festen Satz der Beförderungskosten geeinigt haben und daß die Beklagte die Versendung des Gutes im Bahnsammelladungsverkehr bewirkt hat. Die Beklagte hat somit nach § 413 Abs. 1 und Abs. 2 HGB ausschließlich die Rechte und Pflichten eines Frachtführers nach §§ 425 ff. HGB.

Gleichwohl hat das BerGer. auf den Streitfall zu Recht die Bestimmungen der ADSp angewendet. Dazu hat das BerGer. rechtsfehlerfrei festgestellt, daß sich die Versenderin der Geltung der ADSp stillschweigend unterworfen habe. Insoweit erhebt auch die Revision keine Bedenken. Sie meint jedoch, die ADSp mit ihrer kurzen Verjährungsfrist seien vorliegend durch zwingende Frachtrechtsbestimmungen mit längeren Verjährungsfristen ausgeschlossen. Diese Rüge hat keinen Erfolg.

1. Die zwingende KVO-Haftung des Spediteur-Frachtführers (§§ 412, 413 HGB) kommt nach § 1 Abs. 5 KVO nur in Betracht, „so weit wie der Spediteur das Gut mit eigenen Kraftfahrzeugen im Güterfernverkehr befördert". Danach scheitert die KVO-Haftung im Streitfall bereits daran, daß hier kein Selbsteintritt der Beklagten auf der Fernverkehrsstrecke Offenburg/Stuttgart, auf der der Schaden zudem auch gar nicht eingetreten ist, vorliegt; vielmehr hat die Beklagte das Gut lediglich im Nahverkehr von der Versenderin in Offenburg zum Bahnhof Offenburg mit eigenen Fahrzeugen befördert und möglicherweise auch – wie sich dem Berufungsurteil nicht hinreichend sicher entnehmen läßt – vom Bestimmungsbahnhof Stuttgart zum Zwischenlager des Empfangsspediteurs in Stuttgart ...

2. Das Berufungsgericht hat auch eine Haftung nach § 82 EVO zu Recht verneint. Dabei kann dahinstehen, ob § 413 HGB im Falle der Eisenbahn-Fixkostenspedition und des Eisenbahn-Sammelladungsverkehrs anwendbar ist und eine EVO-Haftung somit überhaupt in Betracht kommt (verneinend BGH, NJW 1957, 1314 = LM § 413 HGB Nr. 1; BGH, LM § 20 ADSp Nr. 1). Denn die Haftung des Spediteur-Frachtführers würde in keinem Falle weiter reichen als die des Eisenbahnfrachtführers. Dieser haftet nach § 82 Abs. 1 EVO für einen Verlust, aber nur von der Annahme zur Beförderung bis zur

Ablieferung. Im Streitfall würde daher eine transportunternehmerische EVO-Haftung mit der Übergabe des Gutes an den Empfangsspediteur zur Auslieferung an den Endempfänger geendet haben.

3. Die an sich in Betracht kommende gesetzliche Haftung des Spediteur-Frachtführers nach §§ 429ff. HGB ist durch die hier vereinbarten ADSp wirksam abbedungen worden. Der Auffassung der Revision, die transportunternehmerische Haftung nach HGB sei in Fällen der vorliegenden Art zwingend, steht § 26 GüKG entgegen. Nach § 26 GüKG kann der Spediteur die gesetzliche Haftung nach §§ 412, 413, 429ff. HGB wirksam ausschließen oder beschränken, soweit er – wie vorliegend – bei der Beförderung des Transportgutes nicht eigene Kraftfahrzeuge im Güterfernverkehr einsetzt.

4. Das Berufungsgericht ist nach alledem zu Recht davon ausgegangen, daß sich die Beklagte im Streitfall mit Erfolg auf die Verjährung nach § 64 ADSp berufen kann. Hinzu kommt, daß die Beklagte ihre Schadensersatzverpflichtung im Rahmen der ADSp auch erfüllt hat, indem sie entsprechend § 54 lit. a Nr. 1 ADSp je kg brutto der in Verlust geratenen Sendung 3,75 DM an die Klägerin gezahlt hat.

Die in den AGB des Betreibers einer automatischen Waschanlage für Pkw enthaltene Freizeichnung für leichte Fahrlässigkeit bei Schäden an außen am Fahrzeug angebrachten Teilen kann nicht als unbillig und den Vertragszweck gefährdend angesehen werden, denn aufgrund der technischen Gegebenheiten und der beiderseitigen Interessenlage können die Sorgfaltspflichten des Anlagenbetreibers nicht als sog. Kardinalpflichten gewertet werden. Die Klausel ist deshalb nicht nach § 9 Abs. 2 Nr. 2 AGBG unwirksam. 53

OLG Karlsruhe, Urteil vom 4. 10. 1985 – 15 U 201/84 – rechtskräftig; NJW-RR 1986, 153.

Sachverhalt:

Der Beklagte betreibt eine automatische Waschstraße für Kraftfahrzeuge. Am 23. 11. 1980 ließ die Versicherungsnehmerin der Klägerin (C) ihren Pkw Marke R in der Waschstraße des Beklagten waschen. Dabei verfing sich eine Waschbürste an dem Heckscheibenwischer des Pkw, riß diesen aus der Verankerung, wobei die Heckscheibe des Fahrzeuges eingeschlagen, die Gepäckablage zerbrochen, das Innere des Fahrzeuges durchnäßt wurde. Am 22. 3. 1981 ließ ein weiterer Versicherungsnehmer der Klägerin (S) in der Waschstraße des Beklagten wiederum ein Fahrzeug der Marke R waschen. Dabei verfing sich in gleicher Weise eine Waschbürste an dem Heckscheibenwischer des Fahrzeugs, riß diesen aus der Verankerung und führte die gleichen Schäden herbei wie im Schadensfall vom 23. 11. 1980.

Die vom Beklagten verwendeten Allgemeinen Waschbedingungen lauten in Nr. 4b:

„I (Beklagter) haftet nicht für Lackschäden sowie für die Beschädigung der außen an der Karosserie angebrachten Teile, wie z. B. Zierleisten, Spiegel, Antennen, Scheibenwischer und dadurch entstandene Folgeschäden, es sei denn, daß eine Haftung aus grobem Verschulden vorliegt."

In der Betriebsanleitung für den Pkw R ist von der Herstellerfirma empfohlen, bei einem Waschen in einer automatischen Waschanlage die Scheibenwischerarme mit Klebeband zu befestigen.

Die Klägerin hat auf Grund der bestehenden Kaskoversicherungsverträge den Geschädigten C und S die entstandenen Schäden ersetzt. Sie hat auf Grund übergegangenen bzw. abgetretenen Rechts ihrer Versicherungsnehmer vom Beklagten Schadensersatz gefordert. Sie hält die in Nr. 4b der Allg. Waschbedingungen der Beklagten enthaltene Haftungsbeschränkung wegen Verstoßes gegen § 9 Abs. 2 AGB-Gesetz für unwirksam. Das LG hat den Beklagten verurteilt, 3/4 der entstandenen Schäden zu tragen. Auf die Berufung des Beklagten wurde die Klage abgewiesen.

Aus den Gründen:
Der Klägerin steht aus übergegangenem Recht ihrer Versicherungsnehmer S und C kein Schadensersatzanspruch aus positiver Vertragsverletzung zu.

1. Eine vorsätzliche oder grob fahrlässige Pflichtverletzung des Beklagten oder seines Personals (§ 278 BGB) liegt nicht vor ...

2. Dem Beklagten oder seinem Personal (§ 278 BGB) könnte als leichte Fahrlässigkeit nur angelastet werden, nicht erkannt und nicht dafür gesorgt zu haben, daß die Heckscheibenwischer befestigt werden mußten, den Waschvorgang nicht genügend überwacht oder bei Beginn des Verhakens der Bürsten in den Wischerarmen die Anlage nicht sofort abgeschaltet zu haben. Für eine solche einfache Fahrlässigkeit hat der Beklagte seine Haftung jedoch durch Nr. 4b der Allg. Waschbedingungen wirksam gem. § 11 Nr. 7 AGB-Gesetz ausgeschlossen ... Die Klausel verstößt nicht gegen § 9 Abs. 2 Nr. 2 AGB-Gesetz ...

3. Durch eine solche Haftungsbeschränkung bei Schäden an außen an der Fahrzeugkarosserie angebrachten Teilen und für Lackschäden werden nicht wesentliche Rechte und Pflichten, die sich aus der Natur des Vertrages ergeben, so eingeschränkt, daß die Erreichung des Vertragszweckes gefährdet ist. Eine hierauf beschränkte Freizeichnung für leichte Fahrlässigkeit führt nicht zu einer unangemessenen Benachteiligung der Kunden noch erscheint sie unbillig (ebenso OLG Düsseldorf, WM 1980, 1128; OLG Bamberg, NJW 1984, 929; LG Schweinfurt, DAR 1983, 166; LG Stuttgart, Urt. v. 11. 2. 1983 – 6 S 221/82; a. M. OLG Hamburg, DAR 1984, 260; LG Bayreuth, NJW 1982, 1767).

Der betreffende Werkvertrag (§ 631 ff. BGB) ist auf Reinigung des Fahrzeuges durch eine automatische Waschanlage gerichtet. Der Betreiber ist zwar verpflichtet, die maschinell, automatisch und deswegen nicht jederzeit kontrollierbare Anlage so zu organisieren, zu betreiben, zu warten, zu kontrollieren und zu beaufsichtigen, wie dies nach dem Stand der Technik möglich und zumutbar ist, um Beschädigungen der Fahrzeuge zu vermeiden. Auf Grund der technischen Gegebenheiten und der beiderseitigen Interessenlage können die Sorgfaltspflichten des Anlagenbetreibers aber nicht als sogenannte „Kardinalpflichten" gewertet werden, so daß eine Haftungsbeschränkung auf Vorsatz und grobe Fahrlässigkeit bei Schäden an vorstehenden Einzelteilen nicht als unbillig und den Vertragszweck gefährdend angesehen werden kann. Eine etwaige Erwartungshaltung der Anlagenbenutzer, ihr Fahrzeug nicht nur sauber, sondern stets auch unbeschädigt zurückzuerhalten, wird der Sachlage nicht gerecht. Sie kann nicht dazu führen, daß dem Anlagenbetreiber ohne jegliche Haftungsbeschränkungsmöglichkeit als sogenannte Kardinalpflicht auferlegt wird, für einen stets schadensfreien Ablauf des Waschvorganges zu sorgen. Andernfalls wäre eine Haftungsbegrenzung auf Vorsatz und grobe Fahrlässigkeit auch für andere Gewerbebereiche niemals möglich. Denn in allen Geschäftsbereichen wird der Auftraggeber die Erwartung hegen, bei Durchführung des Vertrages nicht geschädigt zu werden. Gleichwohl läßt § 11 Nr. 7 AGB-Gesetz eine Haftungsbeschränkung grundsätzlich zu. Ob eine zentrale Verbrauchererwartung gerechtfertigt ist und gegen jede Art von Freizeichnung geschützt werden muß, hängt von der jeweiligen Interessenabwägung und den Umständen der betreffenden Vertragsart ab. Bei einem Vertrag über die Reinigung von Kraftfahrzeugen in einer automatischen Waschanlage sprechen keine überwiegenden Gründe des Verbraucherschutzes für ein uneingeschränktes Freizeichnungsverbot.

Die Reinigung von Fahrzeugen in automatischen Waschanlagen erfolgt dadurch, daß Bürsten unter gleichzeitigem Ausspritzen von Wasser, Reinigungs- und Konservierungsmitteln auf den Karosserieteilen rotieren, wobei entweder verschiedene Bürsten stationär rotieren und das Fahrzeug auf einer Art Fließband durchgeschoben wird oder aber das Fahrzeug steht und Bürstensysteme an dem Fahrzeug entlanggeführt werden. Die Fahrzeuge haben je nach Typ an unterschiedlicher Stelle und von unterschiedlicher Beschaffenheit außen angebrachte Teile wie Scheibenwischer aller Art (Frontscheiben-, Heckscheiben-, Scheinwerferwischer), Spiegel, Antennen, Zierleisten, Zierringe, Regenleisten, Zusatzleuchten und ähnliches. Gewaschen werden können Fahrzeuge aller Typen. Eine individuelle Einstellung der Bürsten nach dem jeweiligen Fahrzeugtyp, dergestalt, daß herausragende Teile von den rotierenden Bürsten oder Fäden nicht erfaßt werden, findet nicht statt. Wie jedem Benutzer erkennbar ist, besteht deswegen die generelle Gefahr, daß die Bürsten sich an vorstehenden Teilen verfangen und diese abreißen oder daß kleinere abgelöste Teile (z. B. Schrauben) in den Bürsten stecken bleiben und dadurch den Lack beschädigen. Eine Beschädigungsgefahr ist insbesondere dann gegeben, wenn Fahrzeugaußenteile nicht mehr ausreichend befestigt sind oder wenn sie – wie in den vorliegenden Fällen – auf Grund der Fahrzeugkonstruktion an einer für den Waschvorgang ungeeigneten Stelle angebracht sind. Die Schadensursache kann somit vielfach auch in der Fahrzeugbeschaffenheit, also im Verantwortungsbereich des Kunden liegen (vgl. Mehnle, DAR 1982, 49 ff.). Daneben können natürlich auch Mängel der Anlage oder Wartungsfehler als Schadensursache in Betracht kommen. Wegen der möglichen Auswirkung fehlerhaft oder an ungeeigneter Stelle angebrachter Außenteile läßt sich der Schluß auf eine objektive Pflichtverletzung des Betreibers jedenfalls bei aufgetretenen Schäden an den Fahrzeugaußenteilen nicht ziehen (OLG Bamberg, NJW 1984, 930).

Um Schadensursachen aus dem Verantwortungsbereich des Kunden auszuschalten, müßten die Fahrzeuge vor dem Waschvorgang auf ordnungsgemäßen und für den Waschautomaten geeigneten Sitz sämtlicher vorstehender Außenteile untersucht werden. Dafür müßten bereits Sachverständigenkenntnisse vorausgesetzt werden. Die Vornahme einer solchen Untersuchung ist dem Anlagenbetreiber aber nicht zumutbar. Die Fahrzeugwäsche in einer Waschanlage ist gerade auf einen automatisierten, rationalisierten, insbesondere schnellen und kostengünstigen Betrieb ausgerichtet. Vornehmlich wegen dieser Vorteile werden Waschanlagen aufgesucht. Dieser Effekt ginge verloren und würde nahezu in sein Gegenteil verkehrt, wenn der Betreiber zuvor zu einer individuellen und aufwendigen Fahrzeuguntersuchung verpflichtet wäre. Die Schäden an Außenteilen lassen sich in der Regel auch nicht durch eine intensive Beobachtung des Waschvorganges vermeiden oder einschränken. Eine zuverlässige Beobachtung wird meist durch die Größe der auf dem Fahrzeug rotierenden Bürsten und die gleichzeitig aufspritzenden Wassermengen nicht möglich sein. Das Verfangen der Bürsten und Abreißen von Teilen wird sich oft so plötzlich und schnell vollziehen, daß der Schaden durch sofortiges Abschalten der Anlage nicht mehr vermieden werden kann.

Diese dargestellten Gegebenheiten einer automatischen Waschanlage kann jeder Benutzer bei auch nur einiger Überlegung erkennen. Für die Zulässigkeit einer Haftungsbeschränkung spricht weiter, daß der Kunde nicht gezwungen ist, das schnelle und kostengünstige, aus den dargelegten Gründen aber nicht völlig gefahrlose Reinigen in einer Waschanlage in Anspruch zu nehmen. Er kann von dem im Tankstellengewerbe ebenfalls angebotenen Waschen von Hand Gebrauch machen, das zwar gefahrlos, aber wesentlich zeit- und kostenaufwendiger ist. Entschließt er sich für die billigere und schnellere Automatenwäsche, so erscheint es nicht unbillig, ihn die mit dieser Wahl zwangsläufig verbundenen Risiken teilweise – d. h. für den Fall nur leichter Fahrlässigkeit des Betreibers – aufzubürden.

Gegen die Freizeichnungsmöglichkeit kann nicht eingewendet werden, daß sich der Anlagenbetreiber im Gegensatz zum Kunden ohne weiteres gegen das Risiko versichern kann, daß beim Betrieb seiner Anlage Fahrzeuge beschädigt werden. Gegen betriebliche Haftungsrisiken kann sich jeder Unternehmer versichern. Gleichwohl sieht § 11 Nr. 7 AGB-Gesetz eine Haftungsbeschränkung auf Vorsatz und grobe Fahrlässigkeit grundsätzlich als zulässig an. ...

54 Die in Reisevertragsbedingungen enthaltene Klausel

„Die Haftung des Reiseveranstalters ist auf den dreifachen Reisepreis beschränkt,
1. soweit ein Schaden des Reisenden weder vorsätzlich noch grob fahrlässig herbeigeführt wird oder
2. soweit der Reiseveranstalter für einen dem Reisenden entstehenden Schaden allein wegen eines Verschuldens des Leistungsträgers verantwortlich ist."

unterliegt der gerichtlichen Nachprüfung und ist nicht infolge der in § 651h BGB getroffenen gesetzgeberischen Entscheidung der richterlichen Inhaltskontrolle entzogen. Sie ist nach § 9 AGBG unwirksam, weil durch sie auch die deliktischen Ansprüche des Kunden gegen den Reiseveranstalter beschränkt werden.

OLG Frankfurt, Urteil vom 28. 11. 1985 – 6 U 167/84 – nicht rechtskräftig; BB 1986, 343 = DB 1986, 739 = NJW-RR 1986, 726 = WRP 1986, 397.

Sachverhalt und Gründe sind abgedruckt unter Nr. 119 zu § 9 AGBG.

55 Eine Klausel, nach der ein Trainingscenter die Haftung für leichte Fahrlässigkeit ohne jede Unterscheidung nach der Bedeutung der einzelnen Vertragspflichten ausschließt, ist nach § 9 AGBG unwirksam, da sie auch den Haftungsausschluß für die wesentlichsten Leistungspflichten umfaßt, die unmittelbar zur Erreichung des Vertragszwecks erforderlich sind, und damit der Kerngehalt des Vertragsverhältnisses als solcher gefährdet ist.

LG Frankfurt, Urteil vom 21. 5. 1985 – 2/13 O 21/85 – rechtskräftig;

Auf den Abdruck von Sachverhalt und Gründen wird verzichtet.

Nr. 56 *Freizeichnungsklauseln* § 9

In den AGB einer Auskunftei verstößt eine Freizeichnungsklausel für die Richtigkeit telefonisch erteilter Auskünfte nicht gegen § 9 AGBG, wenn das Auskunftssystem grundsätzlich auf schriftlichen Anfragen und Auskünften beruht. Es liegt dann im Risikobereich des Auskunftsbegehrenden, wenn er vom schriftlichen Verfahren abweicht und allein eine telefonische Auskunft wünscht. 56

LG Essen, Urteil vom 30. 5. 1985 – 16 O 166/85 – rechtskräftig;

Aus den Gründen:

Der Klägerin steht der geltend gemachte Klageanspruch nach den Grundsätzen der positiven Vertragsverletzung gegenüber dem Beklagten nicht zu.

Es kann insoweit dahinstehen, ob ein Auskunftsvertrag bezüglich des Kunden H. der Klägerin zustandegekommen ist und der Beklagte durch zurechenbares Verhalten seiner Angestellten den Auskunftsvertrag infolge einer unzureichenden Auskunft verletzt hat, da sich der Beklagte wirksam gemäß Ziff. 3 der AGB von der Haftung für die Richtigkeit der telefonisch erteilten Auskunft freigezeichnet hat.

Die AGB des Beklagten finden auf die Rechtsbeziehungen der Parteien zueinander Anwendung, da die Klägerin bei der Begründung der Geschäftsbeziehungen zwischen den Parteien durch die schriftliche Bestellung vom 19. 8. 1981 ausdrücklich die Geltung dieser AGB anerkannt hat. Ziffer 3 verstößt auch nicht gegen § 9 AGBG, auf den sich die Klägerin als Vollkaufmann gemäß § 24 Abs. 1 AGB allein berufen kann. Die Klägerin wird durch die Freizeichnungsklausel für telefonische Auskünfte nicht wider Treu und Glauben unangemessen benachteiligt.

Die Freizeichnung ist mit dem Grundgedanken der gesetzlichen Regelung, von der abgewichen wird, zu vereinbaren. Sowohl das Gewährleistungsrecht als auch das Verschuldensprinzip lassen eine solche Freizeichnung ausdrücklich zu (§§ 475, 634 Abs. 4, 276 Abs. 2, 278 Satz 2 BGB).

Es ist auch nicht ersichtlich, daß durch die Freizeichnung die Erreichung des Vertragszweckes vereitelt wird. Das System des Beklagten beruht grundsätzlich auf schriftlichen Anfragen durch übersandte Auskunftsgutscheine aus den Archiven der örtlichen Auskunfteien (Ziff. 2), die nach den AGB (Ziff. 1) alleinige Vertragspartner des konkreten Auskunftsvertrages sein sollen. Es liegt im Risikobereich der Klägerin, wenn sie von diesem sicheren und die Kompetenzen klar absteckenden Verfahren abwich und telefonische Anfragen und Antworten über die Auskunftei des Beklagten allein wünschte. Nicht nur, daß bei telefonischer Abwicklung die Gefahr von Hörfehlern und Mißverständnissen ohnehin größer ist als bei schriftlicher Bearbeitung – worauf die Freizeichnungsklausel ausdrücklich abhebt –, sondern in der von der Klägerin gewählten Form erhöhte sich auch noch die Zahl der Möglichkeiten eines Mißverständnisses, da nicht nur zwischen den Angestellten der Klägerin und des Beklagten Gespräche stattfanden, sondern auch zwischen denen des Beklagten und der örtlichen Auskunfteien. Die besonderen Gefahrenquellen einer telefonischen Auskunft, deren Abwehr die Freizeichnungsklausel dient, zeigen sich auch deutlich im vorliegenden Fall, bei dem dem Beklagten keine Unterlagen zur Verfügung stehen, anhand deren er den Gang der Anfrage und der Auskunft überprüfen und gegebenenfalls den Punkt und auch den Verantwortlichen des Er- oder Übermittlungsfehlers feststellen kann ...

§ 9   *Generalklausel*   Nrn. 57–58

57 Die in Kfz-Reparaturbedingungen enthaltene Klausel, wonach

„der Auftragnehmer für Schäden und Verluste am Auftragsgegenstand und für den ausdrücklich in Verwahrung genommenen zusätzlichen Wageninhalt haftet, soweit ihn, seine gesetzlichen Vertreter oder seine Erfüllungsgehilfen ein Verschulden trifft,"

verstößt gegen den Grundgedanken des § 631 BGB und ist gem. § 9 Abs. 2 Nr. 1 AGBG unwirksam, denn durch die Beschränkung der Haftung auf den ausdrücklich in Verwahrung genommenen Wageninhalt bei Verschulden des Auftragnehmers, seines gesetzlichen Vertreters oder Erfüllungsgehilfen werden dem Kunden alle sonstigen Ansprüche wegen Verlustes oder Beschädigung des Wageninhalts versagt.

LG Köln, Urteil vom 19. 6. 1985 – 26 O 409/84 – nicht rechtskräftig; NJW 1986, 67 (mit Anm. Bunte, NJW 1986, 70) = NJW-RR 1986, 152.

Sachverhalt und **Gründe** sind abgedruckt unter Nr. 138 zu § 9 AGBG.

58 Die formularmäßige Haftungsbeschränkung einer Reinigung auf das 15fache des Reinigungspreises ist in jedem Fall dann nach § 9 Abs. 2 Nr. 2 AGBG unwirksam, wenn der zu reinigende Gegenstand verlorengeht.

AG Nordhorn, Urteil vom 29. 5. 1985 – 3 C 368/85 – rechtskräftig; NJW-RR 1986, 58.

Aus den Gründen:

Der Ersatzanspruch der Klägerin ist aus Unmöglichkeit des Reinigungsvertrages gem. §§ 280, 631 BGB gerechtfertigt, denn der Angorapullover ist in der Reinigung der Beklagten verlorengegangen.

Der Ersatzanspruch der Klägerin ist nicht durch die Haftungsbeschränkung der Beklagten in ihren AGB auf das 15-fache des Reinigungspreises beschränkt. Diese Haftungsbeschränkung ist wegen Verstoßes gegen § 9 Abs. 2 Nr. 2 AGB-Gesetz unwirksam, wenn, wie im vorliegenden Fall, der zu reinigende Gegenstand verlorengeht, denn durch diese Haftungsbeschränkung wird der Kunde unangemessen benachteiligt (so Geigel/Schlegelmilch, Der Haftpflichtprozeß, 18. Aufl., S. 240; Ulmer/Brandner/Hensen, AGB-Gesetz, 4. Aufl., Anh. §§ 9–11 Rdnr. 271; AG Lübbecke, MDR 1979, 1024). Ob die Haftungsbeschränkung wirksam ist, wenn die Reinigung mißlingt oder das Kleidungsstück einläuft bzw. beschädigt wird, kann hier offenbleiben, weil in diesen Fällen das typische Risiko, welches mit einer Reinigung gebrauchter Sachen verbunden ist, begrenzt und teilweise auf den Kunden abgewälzt wird. Dies kann aber nicht gelten, wenn dem Kunden nicht durch die typische Reinigungsgefahr ein Schaden entsteht, sondern das Kleidungsstück im Reinigungsbetrieb verlorengeht.

Mit einer derartigen Beschränkung der Haftung auf das 15-fache Reinigungsentgelt auch bei Verlust braucht der Kunde nicht zu rechnen, es sei denn, die Haftung ist ausdrücklich auch bei Verlust des Reinigungsgutes beschränkt. Eine solche Klarstellung hat die Beklagte in ihren AGB nicht vorgenommen. Als Verwender von AGB ist die Beklagte aber verpflichtet, den Anwendungsbereich der Haftungsbeschränkung klar und unzweideutig anzugeben, damit der Kunde zweifelsfrei erkennen kann, welche Haftungsfälle beschränkt werden sollen und in welchen Fällen er eine Zusatzversicherung abschließen muß. Infolgedessen kann die verwendete Klausel auch wegen ihrer Unklarheit nicht zum Tragen kommen.

Schließlich steht das hier gefundene Ergebnis auch nicht im Widerspruch zu der Entscheidung BGH, NJW 1980, 1953 ff. Denn in dem vom BGH zu entscheidenden Fall ging es nicht um den Verlust, sondern um die Beschädigung des Reinigungsgutes. Außerdem hat der BGH die Haftungsbeschränkung nur deswegen gebilligt, weil dem in laufender Geschäftsbeziehung stehenden kaufmännischen Kunden ausdrücklich eine Versicherung angeboten worden war. Dieser Fall ist mit dem vorliegenden Verlust des Reinigungsgutes im Reinigungsbetrieb der Beklagten nicht vergleichbar, zumal die Beklagte für das Risiko des Verlustes nicht ausdrücklich eine Zusatzversicherung angeboten hat.

§ 9 – Gerichtsstandsklauseln

Die Klausel 59

„Erfüllungsort ist Bonn."

verstößt nicht gegen § 9 AGBG und ist wirksam.

OLG Koblenz, Urteil vom 15. 2. 1985 – 2 U 1338/83 – nicht rechtskräftig;

Sachverhalt und **Gründe** sind abgedruckt unter Nr. 1 zu § 10 Nr. 1 AGBG.

Die Klausel 60

„Gerichtsstand für beide Teile ist Saarbrücken."

verstößt gegen § 9 Abs. 2 Nr. 1 AGBG i. V. m. §§ 29, 38 ZPO, da der Gerichtsstand auch gegenüber einem Nichtkaufmann generell an einem bestimmten Ort ohne Rücksicht auf den Wohnsitz des Vertragspartners vorgesehen ist.

OLG Koblenz, Urteil vom 8. 3. 1985 – 2 U 1418/83 – rechtskräftig;

Die **Gründe** sind abgedruckt unter Nr. 2 zu § 13 AGBG.

§ 9 Generalklausel Nrn. 61–62

61 Die Klausel

„Gerichtsstand: Berlin-Schöneberg."

verstößt gegen § 38 ZPO, der Gerichtsstandsvereinbarungen mit Nichtkaufleuten nur in engen, aufgeführten Ausnahmefällen zuläßt, und ist damit zugleich nach § 9 Abs. 1 und Abs. 2 Nr. 1 AGBG unwirksam.

LG Berlin, Urteil vom 30. 10. 1985 – 26 O 187/85 – rechtskräftig;

Sachverhalt und **Gründe** sind abgedruckt unter Nr. 78 zu § 9 AGBG.

§ 9 – Gewährleistungsklauseln

62 Sieht ein Kraftfahrzeug-Kaufvertrag in den von allen Händlern derselben Fahrzeugmarke verwendeten AGB eine Nachbesserung von Mängeln auch durch andere Vertragshändler vor, so kann der Käufer den anderen Händler, der nach seinem Händlervertrag bei von ihm nicht selbst verkauften Fahrzeugen nur zur Nachbesserung verpflichtet ist, nicht auf Kaufpreisminderung in Anspruch nehmen.

BGH, Urteil vom 15. 5. 1985 – VIII ZR 105/84; BB 1985, 1226 = ZIP 1985, 940.

Sachverhalt:

Der Kläger nimmt die Beklagte – eine Kfz-Händlerin und Vertragswerkstatt – auf Gewährleistung oder Garantie für einen PKW der Marke V. in Anspruch, den er im Februar 1981 als Gebrauchtfahrzeug von der Witwe und Erbin des Ersterwerbers gekauft hat. Der ursprüngliche Käufer hatte den erstmals am 2. 5. 1980 zugelassenen Wagen bei einem anderen V.-Händler als der Beklagten zu den „Verkaufsbedingungen für V.-Automobile" (im folgenden AVB) erworben. Die AVB enthalten u. a. folgende Regelungen:

„VII. Gewährleistung
1. Der Verkäufer leistet Gewähr für eine dem jeweiligen Stand der Technik des Typs des Kaufgegenstandes entsprechende Fehlerfreiheit während eines Jahres seit Auslieferung ...

2. Der Käufer hat Anspruch auf Beseitigung von Fehlern und durch sie an anderen Teilen des Kaufgegenstandes verursachte Schäden (Nachbesserung).

Für die Abwicklung gilt folgendes:

a) Der Käufer kann die Ansprüche beim Verkäufer oder bei vom Hersteller für die Betreuung des Kaufgegenstandes anerkannten Betrieben geltend machen. Der Käufer hat Fehler unverzüglich nach deren Feststellung bei dem in Anspruch genommenen Betrieb entweder schriftlich anzuzeigen oder von ihm aufnehmen zu lassen ...

4. Wenn der Fehler nicht beseitigt werden kann oder für den Käufer weitere Nachbesserungsversuche unzumutbar sind, kann der Käufer anstelle der Nachbesserung Wandelung (Rückgängigma-

chung des Kaufvertrages) oder Minderung (Herabsetzung der Vergütung) verlangen. Ein Anspruch auf Ersatzlieferung besteht nicht.

5. Durch Eigentumswechsel am Kaufgegenstand werden Gewährleistungsverpflichtungen nicht berührt."

Noch innerhalb Jahresfrist nach Auslieferung stellte der Kläger an dem Fahrzeug Mängel fest, u. a. ein Knacken im Vorderachsenbereich, und verlangte Abhilfe von der Beklagten. Diese nahm in der Zeit zwischen dem 24. 3. 1981 und dem 18. 6. 1982 mindestens 9 vergebliche Reparaturversuche vor. Die Parteien korrespondierten mehrfach über die Fortsetzung oder den Abbruch der Nachbesserungen sowie über mögliche Ansprüche des Klägers auf Wandelung oder Minderung. Mit Schreiben vom 15. 6. 1982 lehnte es die Beklagte ab, weiter für den Kläger tätig zu sein. Unter dem 21. 7. 1982 weigerte sie sich, auf Gespräche über einen Wandelungs- oder Minderungsanspruch einzugehen. Aufgrund zweier Besichtigungen stellte die D. in ihrem vom Kläger veranlaßten Gutachten vom 20. 9. 1982 fest, daß das beanstandete „Knacken" vorhanden, seine Ursache aber bisher nicht zu ermitteln gewesen sei.

Der Kläger hat mit seiner Klage DM 5 640,- als dreißigprozentige Minderung des von ihm gezahlten Kaufpreises, DM 1 829,- als Schadensersatz für Nutzungsausfall während der Reparaturversuche und DM 183,68 Ersatz der ihm entstandenen Gutachterkosten gefordert. Das Landgericht hat die Klage wegen Verjährung abgewiesen. Das Oberlandesgericht hat die Berufung mit der Begründung zurückgewiesen, die Beklagte sei für den Minderungsanspruch nicht passiv legitimiert und habe sich auch nicht selbst schadensersatzpflichtig gemacht.

Die Revision des Klägers hatte keinen Erfolg.

Aus den Gründen:

I. Das Berufungsgericht verneint einen Minderungsanspruch des Klägers und führt dazu aus, die Beklagte sei für diesen Anspruch nicht passiv legitimiert. Da der Kaufpreis für das Fahrzeug voll bezahlt gewesen sei, könne ein Minderungsrecht nur im Wege eines Bereicherungsanspruchs verwirklicht werden. Die Beklagte, die den Kaufpreis nicht erhalten habe, sei nicht bereichert. In dem Vertrag zwischen dem Erstkäufer und dem Händler habe eine Verpflichtung der Beklagten aufgrund eines Minderungsverlangens des Klägers nicht begründet werden können und sei in den zugrundeliegenden AVB auch gar nicht vorgesehen. Der Händlervertrag zwischen der Beklagten und dem Fahrzeughersteller enthalte keine Pflicht des Händlers, Wandelungs- und Minderungsansprüche für Fahrzeuge zu erfüllen, die er nicht selbst verkauft habe.

Gegen diese Ausführungen wendet sich die Revision ohne Erfolg.

1. Der Kläger stützt den erhobenen Minderungsanspruch in erster Linie auf die in dem ursprünglichen Kaufvertrag vereinbarten AVB und die darin geregelten Gewährleistungsansprüche. Zu deren Geltendmachung ist er nach der zutreffenden und von der Beklagten nicht angegriffenen Ansicht des Berufungsgerichts aktiv legitimiert. Nr. VII 5 AVB bestimmt ausdrücklich, daß ein Eigentumswechsel – hier der Eigentumsübergang vom Erstkäufer auf dessen Erbin und von dieser auf den Kläger – die Gewährleistungspflichten nicht berührt. Das Berufungsgericht hat hierzu festgestellt, daß dem Kläger bestehende Gewährleistungsansprüche „mitverkauft" waren.

2. Den Anknüpfungspunkt für eine umfassende Gewährleistungspflicht der Beklagten sieht der Kläger in der Bestimmung der Nr. VII 2a AVB, derzufolge „die Ansprüche" auch bei den vom Hersteller anerkannten Betrieben geltend gemacht werden können. Schon nach dem Wortlaut bezieht sich diese Regelung aber nicht auf Wandelungs- und Minderungs-, sondern nur auf Nachbesserungsansprüche. Nr. VII 2 AVB schränkt nämlich – wenn diese Bestimmung im Zusammenhang mit Nr. VII 4 AVB gewürdigt wird

– in dem Einleitungssatz die gesetzlichen Gewährleistungsansprüche insoweit ein, als zunächst ausschließlich die Beseitigung von Fehlern oder Schäden (Nachbesserung) gefordert werden kann. Nur hinsichtlich dieser Arbeiten wird dem Käufer die Inanspruchnahme auch anderer Vertragshändler desselben Herstellers eröffnet. Erst wenn Nachbesserungsversuche erfolglos oder dem Käufer nicht mehr zumutbar sind, kann dieser nach Nr. VII 4 AVB auf Wandelung oder Minderung zurückgreifen. In dieser Bestimmung sind jedoch andere Vertragshändler nicht erwähnt. Dem Wortlaut der im gesamten Bundesgebiet verwendeten und daher vom Revisionsgericht selbst auszulegenden AVB ist also nicht zu entnehmen, daß abweichend von der gesetzlichen Regelung der §§ 459 ff. BGB Wandelungs- und Minderungsansprüche gegen andere Vertragshändler als den Verkäufer selbst begründet werden sollten.

Der Hinweis der Revision, in Nr. VII 4 AVB werde das Wandelungs- oder Minderungsrecht „anstelle" des Nachbesserungsrechts und folglich auch gegenüber jedem zur Nachbesserung verpflichteten anderen Betrieb gewährt, überzeugt nicht. Die Regelung des Nachbesserungsrechts in Nr. VII 2 Satz 1 AVB bezieht sich wie der gesamte Vertragsinhalt auf das Verhältnis zwischen Verkäufer und Käufer als den Vertragschließenden. Die Inanspruchnahme eines anderen Betriebes ist ausdrücklich nur als Art und Weise der „Abwicklung" des – gegen den Vertragspartner gerichteten – Nachbesserungsanspruchs formuliert. Ersichtlich sollte damit zum Ausdruck gebracht werden, daß in dem Kaufvertrag eine vertragliche Verpflichtung zu Lasten des „anderen Betriebes" weder begründet werden konnte noch sollte. Denn ein derartiger, den Dritten belastender Vertrag wäre ohne dessen Einwilligung unwirksam. Schon aus diesem Grunde kann der Revision nicht darin gefolgt werden, daß sich nach den AVB sowohl das Nachbesserungsrecht als auch der Anspruch auf Wandelung oder Minderung gegen den „anderen Betrieb" richtet. Zur Begründung einer derartigen Verpflichtung ist vielmehr eine Erklärung des Dritten erforderlich, die hier – wie das Berufungsgericht mit Recht festgestellt hat – allenfalls in dem zwischen den Vertragshändlern und dem Hersteller abgeschlossenen Händlervertrag zu finden ist. Dieser enthält jedoch nach dem in den Vorinstanzen nicht bestrittenen Vortrag der Beklagten nur deren Verpflichtung, Gewährleistungsarbeiten an Fahrzeugen auszuführen, die von dem ausführenden Händler selbst nicht verkauft sind.

3. Die Revision meint zu Unrecht, eine andere Auslegung ergebe sich zwingend aus der den Kunden unmittelbar berechtigenden Garantieerklärung des Herstellerwerks und aus der Eingliederung der einzelnen Händler in die Vertriebs- und Serviceorganisation des Herstellers.

Eine neben der Verkäufergewährleistung bestehende Garantiehaftung eines Dritten ist zwar grundsätzlich möglich und wird gerade im Kraftfahrzeughandel von manchen, keineswegs aber allen Herstellern übernommen (Reinking/Eggert, Der Autokauf, 2. Aufl., Rz. 245). Ist sie übernommen, gilt sie als freiwillige Erweiterung der gesetzlichen Haftung nur zu Lasten des sich Verpflichtenden, hier des Herstellers (vgl. z. B. Senatsurt. v. 12. 11. 1980 – VIII ZR 293/79, BGHZ 78, 369, 371 ff.; Senatsurt. v. 26. 11. 1984 – VIII ZR 214/83, BGHZ 93, 29 = AGBE V § 9 Nr. 151 = ZIP 1985, 161 = NJW 1985, 623 = WM 1985, 127 unter IV 2 a). Im vorliegenden Fall fehlt es an einer derartigen Garantieübernahme. Die Revision will sie offenbar in Nr. VII AVB erblicken, weil diese Bedingungen mit einheitlichem Wortlaut für alle Verkäufe von V.-Fahrzeugen gelten. Weder die Einheitlichkeit der Bedingungen noch die Eingliederung der Händlerbetriebe in ein Vertriebs- und Servicesystem reichen jedoch aus, entgegen der eindeutigen, auf den Verkäufer ausgerichteten Formulierung der AVB in diesen eine eigene Garantieübernahme des Herstellers zu sehen. Soweit der Kläger zur Unterstützung seiner Ansicht auf die Werbung des Herstellerwerks mit einem einheitlichen Servicesystem verweist, ergibt sich daraus nichts anderes. In den vorgelegten Werbeschriften wird an keiner Stelle von einer Eigenhaftung des Herstellers gesprochen. Eine überall in gleicher Weise wirksame Betreuung ist auch möglich, wenn der Hersteller in anderer Weise – durch Verpflichtung seiner Vertragshändler – die Möglichkeit eröffnet hat, von jedem Vertragshändler die Vornahme der Garantiearbeiten verlangen zu können.

4. Auch der weitere Einwand des Klägers, der Gewährleistungsanspruch sei ein einheitlicher und umfasse notwendigerweise das Wandelungs- und Minderungsrecht, führt nicht weiter. Für die gesetzliche Gewährleistung mag seine Auffassung zutreffen. Eine freiwillig übernommene Erweiterung der gesetzlichen Haftung – hier die Nachbesserungspflicht anderer Vertragshändler als des Verkäufers – setzt aber, wie bereits ausgeführt, eine eindeutige Erklärung desjenigen voraus, der in Anspruch genommen werden soll. Daran fehlt es hier hinsichtlich des Wandelungs- und Minderungsrechts.

5. Der Kläger kann sich für seine abweichende Auffassung nicht auf eine angeblich klare Interessenlage berufen. Es mag berechtigte Gründe geben, jedem Kraftfahrzeugkäufer die Möglichkeit einzuräumen, auftretende Mängel nicht nur beim Verkäufer, sondern auch andernorts beseitigen zu lasssen. Dafür spricht schon der bestimmungsgemäße Gebrauch des Fahrzeugs als Fortbewegungsmittel. Diese Gesichtspunkte gelten aber nicht für Ansprüche auf Wandelung oder Minderung, die so eng mit den vom Verkäufer und Käufer getroffenen Vereinbarungen und erbrachten Leistungen zusammenhängen, daß ihre Loslösung von diesen Rechtsbeziehungen einer eindeutigen, hier nicht feststellbaren rechtsgeschäftlichen Grundlage bedarf.

Auch die Befürchtung des Klägers, die Einschaltung der anderen Händler nur für die Nachbesserungsarbeiten könne zu Rechtsunsicherheit führen, hat keine Berechtigung. Es versteht sich von selbst, daß ein Verkäufer, der die Nachbesserung durch einen fachkundigen Dritten vertraglich vorsieht, die Entscheidungen dieses Dritten darüber, ob er den Mangel als beseitigt ansieht oder das Fahrzeug für fehlerfrei hält, in gleicher Weise wie seine eigene gelten lassen muß. Soweit der Käufer Unzumutbarkeit weiterer Nachbesserung geltend machen will, kann er die bisher unternommenen Versuche durch die Auftragsnachweise belegen; den Nachweis, daß der Mangel noch vorhanden ist, muß er notfalls ohnehin durch Sachverständigengutachten führen ...

Eine Klausel in einem Kaufvertrag über lebende Forellen, die die Rüge auch verborgener Sachmängel nur für den Zeitpunkt der Ablieferung zuläßt und jede Haftung für nach der Ablieferung erkennbar werdende Mängel ausschließt, ist nach § 9 Abs. 2 Nr. 1 AGBG unwirksam. 63

BGH, Urteil vom 3. 7. 1985 – VIII ZR 152/84; BB 1985, 2071 = DB 1985, 2556 = NJW-RR 1986, 52 = MDR 1986, 50 = WM 1985, 1145.

Sachverhalt:

Die Klägerin betreibt den Export dänischer Forellen. Die Beklagte unterhält eine Forellenzucht- und Angelsportanlage.

Am 6. oder 7. März 1980 lieferte die Klägerin der Beklagten 250 kg lebende Regenbogenforellen zwischen 1000 g und 2500 g (Groß-Forellen) sowie 100 kg zwischen 300 g und 500 g (Portionsforellen). Sie erteilte eine Rechnung über 2 329,68 DM.

Die Beklagte setzte die Tiere in einen Teich ihrer Anlage, die aus 12 Zucht- und 2 Angelteichen besteht. Zwei Tage nach der Lieferung wurden in diesem Teich kranke Forellen festgestellt. Innerhalb der nächsten Woche breitete sich die Krankheit aus. Am 28. März 1980 ließ die Beklagte Forellen durch den Sachverständigen Dr. L. untersuchen, der die Virale Haemorrhagische Septikämie (VHS) – Forellenseuche – feststellte. Die Krankheit griff in der Folgezeit weiter um sich. Nach Angaben der Beklagten sind 13 Teiche infiziert worden mit einem Fischbestand im Wert von ca. 130 000,- DM.

Die Klägerin verlangt Zahlung des Kaufpreises. Mit der am 17. November 1980 zugestellten Widerklage macht die Beklagte Schadensersatzansprüche in Höhe von 89 114,- DM geltend.

Die Parteien streiten darum, ob die gelieferten Forellen bei Gefahrübergang an der Seuche gelitten und später den Fischbestand der Beklagten infiziert haben.

Die Beklagte hat sich gegenüber dem Kaufpreisanspruch auf die Erhaltung der Mängeleinrede nach § 478 BGB berufen. Die Klägerin hat die Einrede der Verjährung erhoben. Sie beruft sich auf verspätete Mängelanzeige unter Hinweis auf ihre Auftrags- und Lieferbedingungen, die auszugsweise lauten:

„7. Reklamationen sind bei Ablieferung der Ware anzuzeigen. Eine Haftung für nach der Ablieferung auftretende Mängel wird nicht übernommen."

Das Landgericht hat nach Beweisaufnahme die Klage abgewiesen und die Widerklage dem Grunde nach für gerechtfertigt angesehen.

Auf die Berufung der Klägerin hat das Berufungsgericht nach weiterer Beweisaufnahme die Beklagte verurteilt, an die Klägerin 2 329,68 DM nebst Zinsen zu zahlen. Die Widerklage hat es abgewiesen. Die Revision der Beklagten führte zur Aufhebung des Berufungsurteils und zur Zurückverweisung.

Aus den Gründen:

I.

Das Berufungsgericht führt aus, die Beklagte schulde der Klägerin den Kaufpreis. Gegenüber der Kaufpreisforderung könne sich die Beklagte nicht auf Gewährleistungsansprüche berufen, denn sie habe nach dem Ergebnis der in beiden Instanzen durchgeführten Beweisaufnahme nicht zu beweisen vermocht, daß die gelieferten Forellen bereits bei Gefahrübergang erkrankt gewesen seien. Deshalb stehe ihr auch kein Schadensersatzanspruch wegen der Mangelfolgeschäden zu. Nach den Bekundungen des Zeugen A. hätten sich in dem Teich, in den die hinzugekauften Fische gesetzt worden sind, nur selbstgezogene Forellen mit einem Gewicht zwischen 250 und 400 g befunden; am 9. März 1980 hätten sich die ersten Erscheinungen der Erkrankung an den großen Forellen gezeigt, am 15. März 1980 seien erstmals Verpilzungen an kleinen Forellen aufgetreten. Diese Umstände seien jedoch nicht sicher genug, um die von dem Sachverständigen gezogenen Schlußfolgerungen zu rechtfertigen, die Forellen müßten angesichts der Inkubationszeit (10 bis 15 Tage) und des Liefertermins schon vor der Auslieferung krank gewesen sein. Entgegen der Behauptung der Beklagten und der Ansicht des Zeugen A. sei nicht auszuschließen, daß die Seuche bereits latent vorhanden gewesen sei. Die Beklagte habe nämlich schon Jahre zuvor in einem Rechtsstreit geltend gemacht, von einer anderen Firma mit VHS-kranken Tieren beliefert worden zu sein. Auch sei aufgrund der Zeugenvernehmung festgestellt, daß die am 6./7. März 1980 gelieferten Tiere aus VHS-freien Anlagen stammten. Eine Infektion der Forellen auf der Reise infolge mangelnder Desinfektion der Transportbehälter sei als Ursache des Fischsterbens ebenfalls auszuschließen. Schließlich stehe nicht einmal fest, welche Forellen zuerst erkrankt seien, weil es sich auch um einzelne vorhanden gewesene größere Exemplare gehandelt haben könne. Selbst wenn aber die von der Klägerin gelieferten Großforellen zuerst erkrankt seien, könne das auch darauf beruhen, daß die Tiere durch den Transport besonders geschwächt waren und die Inkubationszeit sich nach Ansteckung im Teich der Beklagten verkürzt habe.

Diese Ausführungen halten der rechtlichen Nachprüfung nicht stand.

II.

1. Die Revision weist zutreffend darauf hin, daß das Berufungsgericht nicht von der Möglichkeit ausgehen durfte, in dem Teich könnten sich unter dem vorhandenen Bestand der Beklagten Großforellen befunden haben, die zuerst erkrankten. Die Beklagte hat – bestätigt durch den Zeugen A. – vorgetragen, sie habe aus eigener Aufzucht niemals Forellen über 500 g zur Verfügung gehabt. Deshalb habe sie für ein bevorstehendes Preisfischen die Großforellen eingekauft. Nach Feststellung der ersten kranken Forellen am 9. März 1980 seien bis zum 14. März 1980 die meisten der gelieferten großen Fische befallen gewesen. In den darauffolgenden Tagen habe ein regelrechtes Massensterben unter den Tieren eingesetzt, wobei erste Verluste auch an Portionsforellen aufgetreten seien, und zwar sowohl an solchen aus eigener Zucht als auch aus der Neulieferung.

Die Klägerin hat demgegenüber selbst nicht behauptet, daß die Beklagte vor der Lieferung am 6./7. März 1980 Forellen von mehr als 500 g Gewicht in ihren Teichen hielt. Indem das Berufungsgericht diesen Sachverhalt dennoch in Betracht zieht, verletzt es den Beibringungsgrundsatz, nach welchem das Gericht Tatsachen, die nicht vorgebracht worden sind, nicht berücksichtigen darf (RGZ 103, 95, 96; Zöller/Stephan, ZPO, 14. Aufl. vor § 284 Rdn. 1). Brach aber, wovon ersichtlich auch das Berufungsgericht ausgeht, die Krankheit zuerst an Großforellen aus, so ist dies ein wichtiger Hinweis darauf, daß die gelieferten Tiere vorher infiziert waren; denn die Inkubationszeit beträgt nach den Bekundungen des Sachverständigen normalerweise 10 bis 15 Tage.

2. Die Revision macht mit Erfolg geltend, das Berufungsgericht sei verfahrensfehlerhaft zu der Ansicht gelangt, es sei, selbst wenn es sich bei den ersten kranken Tieren um Forellen aus der Neulieferung gehandelt haben sollte, nicht auszuschließen, daß diese sich erst in dem Teich der Beklagten infiziert hätten und die Seuche dann infolge des „Transportstresses" bei ihnen sehr schnell ausgebrochen sei.

Äußert sich das Gericht über Sachverhalte auf dem Gebiet der Wissenschaft, über die ein Urteil nur durch fachkundige Sachverständige abgegeben werden kann, so verstößt es regelmäßig gegen § 286 ZPO, wenn es sich ohne nähere Begründung auf eigene Sachkunde stützt (Senatsurteile vom 25. März 1958 – VIII ZR 48/57, S. 9, 10 = JR 1958, 418 = MDR 1958, 422, insoweit allerdings nicht veröffentlicht; vom 17. Dezember 1969 – VIII ZR 52/68 = WM 1970, 127, 128 = BB 1970, 282).

Im vorliegenden Fall hätte das Berufungsgericht mitteilen müssen, auf welcher Grundlage es zu der Auffassung gelangt ist, die Inkubationszeit könne sich bei geschwächten Forellen auf zwei Tage verkürzen. Dabei ist von der Feststellung des Berufungsgerichts auszugehen, die ersten kranken Tiere seien zwei Tage nach der Lieferung bemerkt worden.

Eine Stütze findet die Überlegung des Berufungsgerichts allenfalls in der unter Beweis gestellten Behauptung der Klägerin, bei den durch den Transport geschwächten Fischen könne nach erfolgter Ansteckung in den Teichen der Beklagten die VHS-Seuche leichter ausbrechen. Dieser Vortrag kann sowohl dahingehend verstanden werden, die Krankheit komme unter den genannten Bedingungen bei einem höheren Prozentsatz der Tiere zum Ausbruch, als auch dahingehend, die Inkubationszeit könne sich auf wenige Tage verkürzen. Die Beklagte hat demgegenüber vorgetragen, die Inkubationszeit der Forellenseuche liege bei mindestens 8 Tagen. Dies stimmt überein mit dem Gutachten des Sachverständigen, wonach die Inkubationszeit normalerweise 10 bis 15 Tage betrage und nur unter gewissen Umständen etwas davon abweichen könne. Wollte das Berufungsgericht daraus den Schluß ziehen, die Krankheit könne bereits zwei Tage nach Ansteckung sichtbar ausbrechen, hätte es entweder seine eigene Sachkunde belegen oder mit dem Sachverständigen erörtern müssen, ob eine so erhebliche Abweichung von der gewöhnlichen Inkubationszeit möglich ist.

3. Konnte das Berufungsgericht somit weder vom Vorhandensein eigener „Großforellen" noch von der Möglichkeit einer nur zweitägigen Inkubationszeit ausgehen, so ist nicht auszuschließen, daß es bei seiner Beweiswürdigung zu einem anderen Ergebnis gelangt wäre. Denn aus den Aussagen der vom Berufungsgericht vernommenen Zeugen ergeben sich allenfalls Indizien dafür, daß die gelieferten Forellen bis zur Ablieferung noch nicht infiziert waren. Als bewiesen konnte das schon deshalb nicht angesehen werden, weil die dänischen Fischteiche, aus denen die Forellen stammten, zuletzt bereits im Sommer 1979 bzw. im Januar 1980 untersucht worden sein sollen, eine zwischenzeitliche Infektion also durchaus möglich ist.

Auf die weitere Rüge der Revision, das Berufungsgericht hätte den Zeugen A. nochmals vernehmen müssen (§ 398 ZPO), kommt es unter diesen Umständen nicht mehr an. Das angefochtene Urteil geht davon aus, der Zeuge A. habe bereits am 9. März 1980 erkrankte „große" Forellen bemerkt. Seiner erneuten Aussage hierzu bedurfte es deshalb nicht. Soweit er ferner bekundet hat, in dem Teich hätten sich zuvor nur „kleine" Forellen befunden, gilt dasselbe. Denn insoweit war der Vortrag der Beklagten nicht bestritten (s. oben II. 1).

III.

Wegen der aufgezeigten Verfahrensfehler kann das angefochtene Urteil nicht bestehen bleiben. Sollte das Berufungsgericht nach erneuter Prüfung zu dem Ergebnis gelangen, daß die Forellen bei Gefahrübergang VHS-krank waren, so ergibt sich folgendes:

1. Gewährleistungsansprüche der Beklagten sind nach § 477 Abs. 1 BGB verjährt. Die Forellen sind am 6. oder 7. März 1980 geliefert worden. Die Widerklage vom 13. Oktober 1980 ist der Klägerin am 17. November 1980 zugestellt worden. Die Beklagte kann jedoch – worauf sie sich beruft – nach § 478 BGB die Zahlung des Kaufpreises insoweit verweigern, als sie aufgrund der Wandelung dazu berechtigt wäre.

a) Die Auffassung des Berufungsgerichts, die Beklagte sei Kaufmann im Sinne des § 1 Abs. 2 Ziff. 1 HGB, ist nicht zu beanstanden und ist von der Revision nicht angegriffen.

b) Die Haftung der Klägerin ist nicht durch Nr. 7 Satz 2 ihrer Auftrags- und Lieferbedingungen ausgeschlossen.

aa) Sollte die Klausel dahingehend zu verstehen sein, daß die Haftung für nach der Ablieferung entstehende Mängel nicht übernommen wird, ergeben sich keine Bedenken hinsichtlich ihrer Wirksamkeit, weil diese Regelung der Gesetzeslage entspräche; da es hier nur um bereits bei Lieferung bestehende Mängel geht, griffe die so verstandene Klausel allerdings nicht ein.

Ist sie dagegen so auszulegen, daß jede Haftung, auch für verborgene, bei sofortiger Untersuchung nicht erkennbare Mängel, ausgeschlossen sein soll, ist sie nach § 9 Abs. 2 Nr. 1 AGBG unwirksam.

Dem Verwender von Allgemeinen Geschäftsbedingungen ist es auch im kaufmännischen Verkehr verwehrt, seine sich aus dem dispositiven Gesetzesrecht ergebende Gewährleistungshaftung über ein gewisses Maß hinaus einseitig einzuschränken. Er kann den Käufer allerdings zunächst auf Nachbesserung oder Nachlieferung verweisen. Schlägt diese Art der Mängelbeseitigung jedoch fehl, muß dem Käufer jedenfalls beim Erwerb neu hergestellter Sachen das Recht auf Wandelung oder Minderung erhalten bleiben (Senatsurteil vom 25. Februar 1981 – VIII ZR 35/80 = WM 1981, 558, 559). Kann also das Wandelungsrecht selbst dann nicht vollständig ausgeschlossen werden, wenn dem Käufer Nachbesserungs- oder Nachlieferungsansprüche zugestanden sind, so muß das erst recht gelten, wenn – wie hier – andere Gewährleistungsansprüche nicht vereinbart worden sind, dem Käufer aber dennoch jede Berufung auf nicht sofort erkennbare Mängel versagt sein soll.

bb) Es mag zweifelhaft sein, ob das Verbot einer so weitgehenden Haftungsfreizeichnung generell Geltung für den Verkauf aller Arten von Sachen beanspruchen kann. Der kaufmännische Käufer wäre dann möglicherweise besser gestellt als der nichtkaufmännische, zu dessen Gunsten § 11 Nr. 10 AGBG enge Grenzen der Gewährleistungseinschränkung nur für den Verkauf neu hergestellter Sachen zieht. Die Frage bedarf aber keiner abschließenden Klärung, weil die Lieferung lebender Forellen einer solchen neu hergestellter Sachen gleichzuachten ist.

Der in § 11 Nr. 10 AGBG verwendete Begriff „neu hergestellte Sachen" ist als Abgrenzung zu den „gebrauchten" zu verstehen, die mit einem höheren Sachmängelrisiko behaftet sind, das im Geschäftsverkehr regelmäßig durch einen entsprechenden Preisabschlag berücksichtigt wird (Staudinger/Schlosser, AGBG, 12. Aufl., § 11 Nr. 10 Rdn. 5; Löwe/Graf von Westphalen/Trinkner, AGB-Gesetz, 2. Aufl., Einl. zu § 11 Nr. 10 Rdn. 5; Ulmer/Brandner/Hensen, AGBG, 4. Aufl., § 11 Nr. 10 Rdn. 4; Wolf/Horn/Lindacher, AGB-Gesetz, 1984, Einl. § 11 Nr. 10 Rdn. 2; MünchKomm/Kötz, AGBG, 2. Aufl., § 11 Nr. 10 Rdn. 82; Koch/Stübing, AGB, 1977, § 11 Nr. 10 Rdn. 8; Stein, AGB-Gesetz, 1977, § 11 Rdn. 76). Der Grund für die unterschiedliche Behandlung in § 11 Nr. 10 AGBG liegt also nicht in einer bestimmten Beschaffenheit der Kaufsache, sondern in den durch den Gebrauch entstehenden besonderen Gefahren oder Risiken. Daher steht nichts im Wege, lebend gelieferte Forellen als „neu hergestellte Sachen" zu behandeln. Denn Tiere solcher Art sind nur mit dem in ihrer Existenz („Beschaffenheit") wurzelnden Lebens- oder Gesundheitsrisiko behaftet, nicht aber mit dem typischerweise durch Gebrauch entstehenden (wie hier Wolf/Horn/Lindacher, a.a.O. Rdn. 5; MünchKomm/Kötz, a.a.O. Rdn. 83; a. A. Palandt/Heinrichs, 44. Aufl., AGBG § 11 Anm. 10 bb). Ob das in gleicher Weise für bereits verwendete Nutztiere (Arbeits- oder Reitpferde, Wollschafe, Milchkühe) gilt, bedarf hier keiner Entscheidung.

c) Ein Rügeverlust nach Nr. 7 Satz 1 der Auftrags- und Lieferbedingungen der Klägerin kommt nicht in Betracht. Dabei kann offen bleiben, ob diese Geschäftsbedingungen entgegen der Ansicht der Beklagten Vertragsbestandteil geworden sind. Waren sie einbezogen und bezieht sich die Klausel auch auf verdeckte Mängel, ist sie jedenfalls nach § 9 Abs. 2 Nr. 1 AGBG unwirksam.

Zwar ist § 11 Nr. 10e AGBG, der für die Anzeige nicht offensichtlicher Mängel keine kürzere Ausschlußfrist als die für die Gewährleistungsverjährung zuläßt, hier nicht anwendbar, weil die Beklagte Kauffrau ist. Auch im kaufmännischen Verkehr weicht aber eine Formularklausel, die – wie hier – eine Rüge verborgener Mängel ausnahmslos nur für den Zeitpunkt der Ablieferung gestattet, so weit von dem die Gesetzesregelung beherrschenden Grundsatz der Verantwortlichkeit des Verkäufers für die vertragsmäßige Beschaffenheit der Kaufsache ab, daß sie nicht mehr hingenommen werden kann (für die Zeit vor Inkrafttreten des AGB-Gesetzes: Senatsurteile vom 17. Februar 1959 – VIII ZR 47/58 = LM HGB § 377 Nr. 6 unter III 1 = NJW 1959, 1081, 1082 – und vom 19. Januar 1977 – VIII ZR 319/75 = WM 1977, 365, 366 unter II 4b; vgl. ferner Senatsurteil vom 14. Oktober 1958 – VIII ZR 143/57 = LM BGB § 459 Abs. 1 Nr. 7 unter I und Staudinger/Schlosser, a. a. O. Rdn. 79; für Klauseln mit starrer Rügefrist ebenso Palandt/Heinrichs, 44. Aufl., AGBG § 11 Anm. 10e cc; Schmidt-Salzer, AGB, 2. Aufl., F 131; Koch/Stübing, a. a. O. § 11 Nr. 10 Rdn. 66; Löwe/Graf von Westphalen/Trinkner, a. a. O. § 11 Nr. 10e Rdn. 15; Schlosser/Coester-Waltjen/Graba, AGBG § 11 Nr. 10 Rdn. 69; Ulmer/Brandner/Hensen, a. a. O. § 11 Nr. 10 Rdn. 76). Denn gerade für die Mängel, die für den Käufer nicht erkennbar sind und die deshalb die Gefahr sich ausweitender Schäden mit sich bringen, wäre die vermeintliche Rügemöglichkeit „bei Ablieferung" ohne sachlichen Gehalt, so daß für diese Mängel praktisch jede Gewährleistung ausgeschlossen wäre.

Danach kommt es hier darauf an, ob die VHS-Seuche bei sachgemäßer und im ordnungsgemäßen Geschäftsgang tunlicher Untersuchung bereits bei Ablieferung erkennbar war. Davon kann jedoch nicht ausgegangen werden. Denn unstreitig machten die Forellen bei der Lieferung keinen kranken Eindruck. Eine virologische Untersuchung aber, bei der die latente VHS-Seuche hätte erkannt werden können, würde die Anforderungen an die Untersuchungspflicht überspannen (vgl. Senatsurteile vom 17. Februar 1959 a. a. O. – Unzumutbarkeit chemischer Untersuchung von Garnen –, vom 8. März 1967 – VIII ZR 4/65 = LM BGB § 276 K Nr. 3 unter V 4 – Unzumutbarkeit laboratoriumsmäßiger Untersuchung von chemischen Stoffen –, vom 16. März 1977 – VIII ZR 194/75 = NJW 1977, 1150, 1151 – Unzumutbarkeit der Serienfertigung zwecks Untersuchung –; vgl. zu den Anforderungen an die Untersuchungspflicht auch Senatsurteil vom 20. April 1977 – VIII ZR 141/75 = WM 1977, 821, 822).

d) Zutreffend nimmt das Berufungsgericht an, daß die Beklagte ihr Rügerecht auch nicht nach § 377 HGB verloren hat. Wie oben dargelegt, war die Seuche auch bei zumutbarer Untersuchung zur Zeit der Ablieferung nicht erkennbar. Nach § 377 Abs. 3 HGB mußte der Mangel daher unverzüglich nach der Entdeckung angezeigt werden. Das Berufungsgericht läßt die streitige Frage offen, ob die erste Rüge am 9. oder 13. März 1980 erfolgte, und ist der Ansicht, daß die Rüge auch am 13. März 1980 noch rechtzeitig war. Hierzu führt es aus: Wurden die ersten kranken Fische am Sonntag, dem 9. März, festgestellt, habe am folgenden Tag untersucht (gemeint ist offensichtlich nicht die Untersuchung im Sinne des § 377 Abs. 1 HGB, sondern die zur Klärung notwendig gewordene eingehendere Prüfung) und am nächsten Tag, dem 11. März, gerügt werden müssen. Dann sei die telefonische Rüge am Donnerstag, dem 13. März, jedenfalls rechtzeitig, weil auch eine schriftliche Anzeige die Klägerin nicht früher in Dänemark erreicht hätte. Diese Wertung ist aus Rechtsgründen nicht zu beanstanden.

2. Soweit die Beklagte Schadensersatz wegen Mangelfolgeschäden auf positive Vertragsverletzung stützt, sind die Ansprüche in Anwendung des § 477 BGB verjährt. Nach gefestigter Rechtsprechung kann der Käufer neben den kaufrechtlichen Gewährlei-

stungsansprüchen (§§ 459ff. BGB) Schadensersatzansprüche aus positiver Vertragsverletzung wegen schuldhafter Schlechtlieferung insoweit verlangen, als er durch die Schlechtlieferung Schaden an anderen Rechtsgütern als der Kaufsache selbst erlitten hat (Senatsurteile vom 2. Juni 1980 – VIII ZR 78/79 = BGHZ 77, 215, 217, 218; vom 8. März 1967 a. a. O.; BGH Urteil vom 18. Dezember 1964 – V ZR 68/63 = LM BGB § 463 Nr. 12 = NJW 1965, 532). Diese Ansprüche unterliegen, soweit sie sich unmittelbar auf einen Sachmangel gründen, der kurzen Verjährungsfrist des § 477 BGB (Senatsurteile vom 2. Juni 1980, a. a. O., S. 219 und vom 29. November 1972 – VIII ZR 233/71 = BGHZ 60, 9, 12). Für Ansprüche aus positiver Vertragsverletzung wegen Schlechtlieferung folgt dies aus dem rechtspolitischen Sinn der gewährleistungsrechtlichen Verjährung, im Kaufrecht möglichst bald nach Vertragsabwicklung den Rechtsfrieden wiederherzustellen und die mit zunehmendem Zeitablauf schwieriger werdenden Ermittlungen darüber entbehrlich zu machen, ob und in welchem Umfang Mängel bei Gefahrübergang vorhanden waren und welche Schäden sie verursacht haben (Senatsurteil vom 2. Juni 1980, a. a. O., S. 219; vgl. auch Senatsurteil vom 29. November 1972, a. a. O., S. 11). Nichts anderes gilt, soweit die Beklagte den Schadensersatzanspruch nicht nur auf die schuldhafte Schlechtlieferung stützen will, sondern auch darauf, die Klägerin habe es schuldhaft unterlassen, sie darüber aufzuklären, daß VHS-kranke Forellen unter den Fischen sein könnten; zudem habe die Klägerin die Fische vor der Auslieferung virologisch untersuchen lassen oder zuvor in Quarantäne nehmen müssen. Auch diese Nebenpflichten haben unmittelbaren Zusammenhang mit Eigenschaften – etwaigen Mängeln – der Kaufsache. Demgemäß hat der Senat entschieden, daß die kurze Verjährung des § 477 BGB jedenfalls dann eingreift, wenn sich das Verschulden aus der Verletzung der dem Verkäufer obliegenden Verpflichtung zur Aufklärung oder Beratung über Eigenschaften der Kaufsache ergibt, von denen ihre Verwendungsfähigkeit für den nach dem Kaufvertrag vorausgesetzten Gebrauch abhängt (Senatsurteile vom 13. Juli 1983 – VIII ZR 122/82 = BGHZ 88, 130, 136 f m. Anm. Paulusch in LM BGB § 477 Nr. 39 und vom 19. Oktober 1964 – VIII ZR 20/63 = NJW 1965, 148, 150).

3. Soweit die Beklagte wegen der Mangelfolgeschäden Schadensersatz auch aus einer Eigentumsverletzung (§ 823 Abs. 1 BGB) herleitet, sind diese etwaigen Ansprüche nicht verjährt. Der erkennende Senat hat entschieden, daß Schadensersatzansprüche aus § 823 Abs. 1 BGB, die der Käufer zugleich neben solchen aus positiver Vertragsverletzung für Mangelfolgeschäden aufgrund eines Sachmangels verlangt, nach § 852 BGB in drei Jahren verjähren (Senatsurteil vom 24. Mai 1976 – VIII ZR 10/74 = BGHZ 66, 315, 318ff.). Daran wird festgehalten.

Ob die – bisher im einzelnen nicht festgestellten – Voraussetzungen für einen Anspruch aus § 823 Abs. 1 BGB vorliegen, wird das Berufungsgericht zu prüfen haben, wenn es zu dem Ergebnis kommt, daß die Tiere schon bei der Auslieferung erkrankt waren.

Eine Klausel in einem Bauvertrag, die eine Rückverlagerung des Gewährleistungsrisikos für die Fehler des vom Auftraggeber vorgeschriebenen Materials auf den Auftragnehmer vorsieht, überschreitet die Grenzen des für den Auftragnehmer Zumutbaren und ist nach § 9 Abs. 1 AGBG unwirksam. 64

OLG Düsseldorf, Urteil vom 26. 2. 1985 – 23 U 128/84 – rechtskräftig; BauR 1985, 361.

Sachverhalt und **Gründe** sind abgedruckt unter Nr. 39 zu § 9 AGBG.

§ 9   *Generalklausel*   Nr. 65

65   Die Klauseln in einem Garantie-Vertrag eines Herstellers von HiFi-Geräten

„Der Endverbraucher muß innerhalb von 10 Tagen nach dem Kauf die dem Gerät beigepackte Garantie-Registrier-Karte, vom Fachhändler vollständig ausgefüllt, an den Hersteller einsenden; andernfalls besteht kein Anspruch auf Garantieleistungen."

und

„Durch die von uns übernommenen Garantieverpflichtungen werden alle weitergehenden Ansprüche, insbesondere das Recht auf Wandelung, Minderung oder Schadensersatz ausgeschlossen."

verstoßen als unangemessene Benachteiligung des Endverbrauchers gegen § 9 Abs. 2 AGBG und sind unwirksam.

LG München I, Urteil vom 14. 5. 1985 – 7 O 3705/85 – rechtskräftig;

Sachverhalt:

Die Beklagte stellt her und vertreibt sogenannte HiFi-Geräte. Dabei leistet sie dem Endverbraucher gegenüber eine Qualitätsgarantie unter bestimmten Garantiebedingungen. Der Kläger, ein Verbraucherschutzverein, hält die in den Garantiebedingungen aufgeführten Klauseln für gegen das AGBG verstoßend:

„1. Der Endverbraucher muß innerhalb von 10 Tagen nach dem Kauf die dem Gerät beigepackte Garantie-Registrier-Karte, vom Fachhändler vollständig ausgefüllt, an den Hersteller einsenden; andernfalls besteht kein Anspruch auf Garantieleistungen.

2. Falls das Gerät zum Zwecke der Garantiereparatur transportiert wird, geschieht dies auf Kosten und Gefahr des Endverbrauchers.

3. Unsere Garantieleistung besteht ausschließlich darin, daß nach unserer Wahl defekte Teile ausgetauscht oder repariert werden.

4. Durch die Erbringung von Garantieleistungen tritt keine Verlängerung der Garantiezeit ein.

5. Durch die von uns übernommenen Garantieverpflichtungen werden alle weitergehenden Ansprüche, insbesondere das Recht auf Wandelung, Minderung oder Schadensersatz, ausgeschlossen."

Das LG hat der Unterlassungsklage stattgegeben.

Aus den Gründen:

Die angegriffenen Garantiebedingungen sind Allgemeine Geschäftsbedingungen im Sinne des AGB-Gesetzes; denn dadurch, daß die Beklagte diese den von ihr hergestellten Geräten beilegt, gibt sie das Angebot zum Abschluß eines Garantievertrages zu eben diesen Bedingungen ab, den der Endverbraucher durch Einsendung der Garantie-Registrier-Karte annehmen kann.

Die angegriffenen Klauseln sind dadurch gekennzeichnet, daß sie dem Endverbraucher gegenüber den Rechten aus §§ 459 ff. BGB nur sehr eingeschränkte Möglichkeiten bei

Mangelhaftigkeit der gekauften Sache bieten und zudem auch noch die Rechte aus §§ 459 ff. BGB gegenüber dem Verkäufer ausschließen.

Auch abgesehen von dem ausdrücklichen Ausschluß weiterer Ansprüche des Endverbrauchers außerhalb der Garantieleistung des Herstellers, wird der Endverbraucher die Garantieleistungen des Herstellers rein tatsächlich als die einzige Möglichkeit ansehen, festgestellte Mängel beim gekauften Gerät zu beseitigen. Schon wenn sich der Käufer an den Händler wendet und eine Mängelrüge anzeigt, wird dieser in aller Regel das defekte Gerät an eine Servicestation der Herstellerfirma einsenden müssen, weil er selbst fachlich nicht in der Lage ist, das Gerät zu untersuchen und aufgetretene Mängel zu beseitigen. Ebenso regelmäßig wird der Händler in diesem Fall auf die Garantie des Herstellers verweisen und nicht den Kunden auf die eigene Gewährleistungspflicht hinweisen.

1. Unter Berücksichtigung dieser Gesichtspunkte ist die Klausel „Der Endverbraucher muß innerhalb von 10 Tagen nach dem Kauf die dem Gerät beigepackte Garantie-Registrier-Karte, vom Fachhändler vollständig ausgefüllt, an den Hersteller einsenden; andernfalls besteht kein Anspruch auf Garantieleistungen." als unangemessene Benachteiligung des Endverbrauchers gemäß § 9 Abs. 2 AGBG anzusehen. Die Möglichkeiten, warum der Käufer die fragliche Karte nicht innerhalb von 10 Tagen an die Beklagte einsenden kann, sind vielfältig. Schon wenn der Käufer das Gerät nicht im Fachgeschäft vollständig auspackt, wird er die beigepackte Garantie-Registrierkarte gar nicht entdecken, die der Fachhändler vollständig ausfüllen soll.

Die Beklagte kann sich auch nicht darauf berufen, die Einsendung sei erforderlich, um die von ihr geführte Kartei auf dem Laufenden zu halten. Diese Kartei solle die Beklagte nämlich in die Lage versetzen, dem Endverbraucher die Möglichkeit zu eröffnen, seine Garantieansprüche bei der örtlich für ihn zuständigen Garantiereparaturwerkstatt der Beklagten befriedigen zu lassen und den Verbraucher damit vor der Schwierigkeit zu bewahren, seinen womöglich weitab ansässigen Händler um Gewährleistungsansprüche angehen zu müssen. Dem steht schon Nr. 3 der Garantiebedingungen der Beklagten entgegen. Danach hat der Endverbraucher nach Feststellung des Mangels Garantieansprüche bei dem Händler anzumelden, der das Gerät verkauft hat und möglicherweise weitab ansässig ist. Zuzugeben ist der Beklagten allerdings, daß der organisatorische Aufwand, den sie um die Kartei der Endverbraucher treibt, erkennen läßt, daß es hier gar nicht nur um Garantieprobleme geht. Im Vordergrund dürfte dabei die Absatzpolitik der Beklagten stehen.

2. Die Klausel „Falls das Gerät zum Zweck der Garantiereparatur transportiert wird, geschieht dies auf Kosten und Gefahr des Endverbrauchers" verstößt gegen § 11 Nr. 10c AGBG.

Wie bereits ausgeführt, ist das Einsenden eines defekten Gerätes an die Herstellerfirma bzw. deren Servicestation für den Endverbraucher rein faktisch die einzige Möglichkeit, eine Reparatur zu erhalten; denn der Verkäufer wird dazu regelmäßig nicht in der Lage sein. Dies ist auch der Beklagten klar, und sie will ja sogar Gewährleistungsansprüche des Verkäufers ausschließen. Aus diesem Grunde ist es auch gerechtfertigt, die angegriffene Klausel der Bestimmung des § 11 Nr. 10c AGBG zu unterwerfen. Die Transportkosten dürfen daher nicht dem Endverbraucher überbürdet werden.

3. Klausel „Unsere Garantieleistung besteht ausschließlich darin, daß nach unserer Wahl defekte Teile ausgetauscht oder repariert werden" verstößt gegen § 11 Nr. 10d AGBG.

Bei einem Garantieversprechen, das zum einen rein faktisch und zum anderen sogar ausdrücklich alle sonstigen Ansprüche ausschließt, muß dem Endverbraucher ausdrücklich das Recht vorbehalten werden, gegebenenfalls Herabsetzung der Vergütung oder Rückgängigmachung des Kaufvertrages zu verlangen.

4. Auch die Klausel „Durch Erbringung von Garantieleistungen tritt keine Verlängerung der Garantiezeit ein" ist als Verstoß gegen § 11 Nr. 10f AGBG zu sehen, da dem Kunden die Rechtswohltat der Verjährungshemmung gemäß § 477, § 639 Abs. 2 BGB abgeschnitten wird.

5. Die Klausel „Durch die von uns übernommenen Garantieverpflichtungen werden alle weitergehenden Ansprüche, insbesondere das Recht auf Wandelung, Minderung oder Schadensersatz, ausgeschlossen" ist als eklatanter Verstoß gegen § 9 Abs. 2 Nr. 1 AGBG i. V. m. §§ 459ff. BGB zu werten. Es kann dahinstehen, ob die Beklagte damit die Gewährleistungsansprüche des Käufers gegenüber dem Verkäufer ausschließen wollte oder nicht; nach dem Wortlaut der angegriffenen Klausel ist dies jedenfalls der Fall. Daß darin eine durch nichts gerechtfertigte unzumutbare Benachteiligung des Käufers liegt, bedarf keiner weiteren Ausführungen.

66 Die Klausel in einem Vertrag über die Herstellung von Bauleistungen

„Die Art der Gewährleistung bestimmt sich nach VOB/B; die Verjährungsfrist für diese Ansprüche beträgt jedoch 5 Jahre."

verstößt gegen § 9 Abs. 2 Nr. 1 AGBG in Verbindung mit §§ 638, 639 BGB, denn sie verbindet einseitig zu Gunsten des Auftraggebers die Vorteile der gesetzlichen Regelung des BGB und der VOB zum Nachteil des Auftragnehmers, der der langen Verjährungsfrist des BGB und dazu der vom BGB nicht vorgesehenen Möglichkeit der Verjährungsunterbrechung durch schriftliche Rüge ausgesetzt wird.

LG München I, Urteil vom 14. 5. 1985 – 7 O 3940/85 – rechtskräftig;

Sachverhalt und **Gründe** sind abgedruckt unter Nr. 44 zu § 9 AGBG.

67 Die Klausel in Kfz-Reparaturbedingungen

„Ansprüche bestehen nicht wegen eines Schadens, der dadurch entstanden ist, daß die vom Mangel betroffenen Teile auf Veranlassung des Auftraggebers von einer anderen Werkstatt oder in eigener Regie des Auftraggebers verändert oder instandgesetzt worden sind."

verstößt gegen § 9 Abs. 2 Nr. 1 AGBG in Verbindung mit § 254 BGB, denn er stellt eine unangemessene Benachteiligung des Kunden dar, ihm bei durch eigene Eingriffe verursachte Schäden keinerlei Ansprüche mehr zuzugestehen, obgleich ein gewährleistungspflichtiger Mangel vorlag.

LG Köln, Urteil vom 19. 6. 1985 – 26 O 409/84 – nicht rechtskräftig; NJW 1986, 67 (mit Anm. Bunte, NJW 1986, 70) = NJW-RR 1986, 152.

Sachverhalt und **Gründe** sind abgedruckt unter Nr. 138 zu § 9 AGBG.

§ 9 – Kündigungsklauseln

Die in den Allgemeinen Geschäftsbedingungen eines Internatsvertrages vorgesehene Beschränkung der Kündigungsmöglichkeiten auf das Schuljahresende, ohne eine Probezeit oder ein ordentliches Kündigungsrecht im ersten Jahr der Vertragsbindung zu gewähren, ist gem. § 9 Abs. 1 AGBG unwirksam.

BGH, Urteil vom 28. 2. 1985 – IX ZR 92/84; MDR 1985, 668 = NJW 1985, 2585 = WM 1985, 780.

Sachverhalt:

Die Klägerin betreibt in Nordrhein-Westfalen ein Internat. Am 6. 8. 1982 schloß die Klägerin mit den Beklagten als Eltern des T. einen formularmäßigen Schul- und Internatsvertrag. T. sollte mit Unterrichtsbeginn, am 30. 8. 1982, in die 9. Klasse der differenzierten Hauptschule aufgenommen werden. Die Vertragsbedingungen bestimmen, daß der Vertrag bis zum Schulabschluß gilt und mit einer Frist von acht Wochen jährlich zum Schuljahresende, das ist der 31. 7., durch eingeschriebenen Brief gekündigt werden kann. Nach Nr. 8 der Vertragsbedingungen ist eine Kündigung der Internatsvereinbarung unter Aufrechterhaltung des allgemeinen Schulvertrages ausgeschlossen. Auch dann, wenn der Schüler aus Gründen, die das Internat nicht zu vertreten hat, vorzeitig abgemeldet bzw. vom Internat genommen wird, sind die Internatskosten bis zum Ende des laufenden Schuljahres zu zahlen; sie ermäßigen sich aber, beginnend mit dem Monat, der dem „Ausscheidungsmonat" folgt, um 1/10. T. war nach dem 30. 8. 1982 eine Woche lang im Internat. Nach seinem ersten Wochenendaufenthalt bei den Beklagten kehrten diese mit ihm zurück und erklärten dem Heimleiter in einem Gespräch, sie wollten ihren Sohn aus dem Internat nehmen. Das geschah. Mit Schreiben vom 10. 9. 1982 wies die Klägerin die Beklagten auf den Ausschluß des Kündigungsrechts und die Zahlungspflicht bis zum Schuljahresende hin und regte an, den am 6. 9. 1982 gefaßten Entschluß noch einmal zu überdenken. Die Beklagten reagierten darauf nicht. Die Klägerin fordert die Zahlung des Jahresbetrages der Internatskosten unter Vornahme eines Abschlags von 1/10 ab Oktober 1982.

Das LG verurteilte die Beklagten antragsgemäß zur Zahlung. Mit ihrer Berufung griffen die Beklagten dieses Urteil nur insoweit an, als sie zur Zahlung eines Betrages verurteilt wurden, der die für das erste Halbjahr verlangte Summe überschreitet. Das OLG wies die Klage in Höhe des Betrages, der den um 1/10 ermäßigten Internatskosten für das 2. Schuljahr entspricht, ab. Die von der Klägerin eingelegte Revision hatte keinen Erfolg.

Aus den Gründen: ...

III.

Die Beklagten sind nach der Kündigung des mit der Klägerin geschlossenen Vertrages nicht dazu verpflichtet, die Heimkosten für das zweite Halbjahr des Schuljahres 1982/1983 zu zahlen.

1. Es ist zutreffend und wird auch von der Revision nicht angegriffen, daß das BerGer. den Internatsschulvertrag rechtlich als Dienstvertrag behandelt (vgl. dazu BGH, NJW 1984, 2093 = FamRZ 1984, 868; Senat, NJW 1984, 2091).

2. Der Revision ist zuzustimmen, daß die Beklagten den Vertrag nicht gem. § 627 BGB kündigen konnten. Eine außerordentliche Kündigung ist nach dieser Vorschrift nur zulässig, wenn der Verpflichtete nicht in einem dauernden Dienstverhältnis mit festen

Bezügen steht. Nach der Rechtsprechung des VI. Zivilsenats (BGHZ 47, 303 [307] = NJW 1967, 1416), die von dem Senat nach Prüfung der abweichenden Auffassungen von Dörner (NJW 1979, 241 [245, 246]) und Heinbuch (MDR 1980, 983; NJW 1984, 1532 [1533]) fortgeführt wird (BGHZ 90, 280 [282] = NJW 1984, 1531), kann ein dauerndes Dienstverhältnis bereits durch einen auf ein Jahr abgeschlossenen Vertrag begründet werden, wenn es sich um die Verpflichtung für ständige und langfristige Aufgaben handelt und beide Vertragsteile von der Möglichkeit und Zweckmäßigkeit einer Verlängerung ausgehen. Das ist hier der Fall. Der Vertrag sollte bis zum Schulabschluß des in die 9. Klasse der Hauptschule aufgenommenen Sohnes der Beklagten gelten.

3. Der für die Revisionsinstanz maßgebliche Sachverhalt berechtigt die Beklagten auch nicht zur außerordentlichen Kündigung gem. § 626 BGB. Die Umstände, die nach der Unterstellung des BerGer. maßgebend dafür waren, daß der Sohn der Beklagten Internat und Schule verließ (Internatsuntauglichkeit), sind kein wichtiger Grund zur vorzeitigen Vertragskündigung. Zutreffend wertet das BerGer. Umstände nicht als wichtigen Kündigungsgrund, die im Rahmen des dem Kündigenden vertraglich zufallenden Risikos liegen (BGHZ 24, 91 [95] = NJW 1957, 989). Es ist auch richtig, daß das BerGer. dazu die Internatsfähigkeit eines Schülers zählt. ...

4. Es besteht im ersten Jahr der Vertragszeit ein Recht der Beklagten zur ordentlichen Kündigung des Schul- und Internatsvertrages, das nicht erst zum Ende des Schuljahres ausgeübt werden kann. Die in den vorformulierten Vertragsbedingungen der Klägerin vorgesehene generelle Beschränkung der Kündigungsmöglichkeit auf das Schuljahresende ist unwirksam, weil sie gem. § 9 AGB-Gesetz eine unangemessene Benachteiligung der Vertragspartner darstellt.

a) An dieser Generalklausel des § 9 AGB-Gesetz kann die Laufzeitregelung des von den Parteien geschlossenen Dienstvertrages gemessen werden, obgleich das Klauselverbot des § 11 Nr. 12a AGB-Gesetz nur eine den Vertragspartner des Verwenders länger als 2 Jahre bindende Laufzeit für unwirksam erklärt (allg. Meinung, vgl. Senat, BGHZ 90, 280 [283, 284] = NJW 1984, 1531). Die Revision greift das auch nicht an.

b) Der rechtliche Ansatz, mit dem das BerGer. eine Benachteiligung der Beklagten i. S. des § 9 AGB-Gesetz prüft, ist zutreffend. Maßstab für die Beurteilung der Frage, ob ein Rechtsnachteil (vgl. § 8 AGB-Gesetz) zu Lasten des Vertragspartners des Klauselverwenders vorliegt, sind die geschriebenen und ungeschriebenen Normen des Vertragsrechts, von denen die Formularbedingungen abweichen (BGH, NJW 1982, 765; Wolf, in: Wolf/Horn/Lindacher, AGB-Gesetz, § 9 Rdnr. 50). Soweit es an solchen Normen fehlt, muß der Beurteilungsmaßstab der Natur des betreffenden Schuldverhältnisses entnommen werden (Dietlein/Rebmann, AGB-Gesetz aktuell, § 9 Rdnr. 8). Es ist daher nicht zu beanstanden, wenn das Berufungsgericht zur Feststellung einer Benachteiligung der Beklagten klärt, wie ihr Kündigungsrecht ohne Geltung der vorformulierten Vertragsbedingungen der Klägerin zu lösen wäre, und wenn es dieser Position die den Beklagten durch die Vertragsbedingungen eingeräumte Stellung gegenüberstellt (vgl. dazu auch Graba, in: Schlosser/Coester-Waltjen/Graba, AGB-Gesetz, § 9 Rdnr. 46).

c) Unzutreffend ist allerdings die Auffassung des Berufungsgerichts, daß die Beklagten den Schul- und Internatsvertrag bei Maßgeblichkeit des dispositiven Rechts gem. § 621 Nr. 3 BGB monatlich kündigen könnten.

aa) § 621 BGB ist gem. § 620 Abs. 2 BGB nur auf Dienstverhältnisse anzuwenden, deren Dauer weder bestimmt noch aus der Beschaffenheit oder dem Zweck der Dienste zu entnehmen ist. Die Parteien haben hier wirksam einen Dienstvertrag mit bestimmter Dauer geschlossen. Er sollte bis zum Schulabschluß des Sohnes der Beklagten gelten. Eine solche Vertragsdauer entsprach dem Zweck des Vertrages und auch den Interessen der Beklagten. Die Klägerin sagte damit zu, den in die 9. Klasse der Hauptschule aufgenommenen, noch schulpflichtigen Sohn der Beklagten bis zum Hauptschulabschluß auszubilden. ...

Das bürgerliche Recht setzt mit den §§ 620, 624 BGB die rechtliche Wirksamkeit eines auch auf mehrere Jahre abgeschlossenen oder durch den Eintritt eines bestimmten Ereignisses befristeten Dienstverhältnisses voraus. Selbst wenn ein seinem Sinn und Zweck nach für eine bestimmte Zeit abgeschlossener Dienstvertrag eine für den Vertragspartner des Verwenders unangemessene Laufzeit haben sollte, handelt es sich doch um einen Vertrag auf bestimmte Dauer i. S. des § 620 BGB, für den § 621 BGB nicht gilt (vgl. auch Heinbuch, NJW 1984, 1532 [1533]).

bb) Allerdings kann sich aus der Natur des von den Parteien abgeschlossenen Dienstverhältnisses ergeben, daß seine besondere Eigenart und die Interessenlage es gem. §§ 242, 157 BGB gebieten, dem Vertragspartner des Schul- und Internatsträgers ein nicht an das Vorliegen bestimmter Gründe geknüpftes Recht zur ordentlichen Kündigung des für eine bestimmte Zeit geschlossenen Vertrages einzuräumen. Auch das Gesetz geht in § 624 BGB davon aus, daß es nach der Interessenlage geboten sein kann, trotz rechtsgeschäftlich festgelegter Vertragsdauer ein ordentliches Kündigungsrecht zu gewähren. Von dem Erfordernis eines solchen Rechts geht auch die Klägerin mit ihren vorformulierten Vertragsbedingungen aus. Es wird auch von anderen Internats- und Schulträgern zugestanden und ist damit allgemein üblich und gehört zum Wesen des Vertrages.

cc) Zu klären bleibt, ob die Natur dieses besonderen Schuldverhältnisses auch die Festlegung bestimmter, angemessener Zeitpunkte für die Ausübung eines ordentlichen Kündigungsrechts erfordert oder zuläßt.

Die Frage kann nur im Rahmen einer Vertragsauslegung entschieden werden. Es ist dabei zu fragen, ob bei Schul- und Internatsverträgen, die bis zur Erreichung eines bestimmten Schulziels abgeschlossen sind, nach der Interessenlage die Festlegung bestimmter Kündigungszeitpunkte zur Herstellung einer ausgewogenen, interessengerechten Vertragsregelung geboten ist.

Die Natur des Schul- und Internatsvertrages wird dadurch geprägt, daß Kinder oder gerade volljährig gewordene Schüler zu erziehen, zu betreuen und zu unterrichten sind. Dies erfordert auf seiten der Schüler die Bereitschaft zur Einordnung und Mitarbeit. Fehlen oder entfallen diese Voraussetzungen, wird ein Interesse an der Lösung vom Vertrag bestehen. Andererseits setzt die Verwirklichung eines bestimmten, vom Internatsträger vertretenen pädagogischen Konzepts oder von ihm verfolgter Erziehungsziele eine längerfristige Ausbildung und Erziehung voraus, zu deren Ziel auch die Überwindung von Kontakt- oder Einordnungsschwierigkeiten gehören mag. Ein Internats- und Schulträger kann die zur Verwirklichung seiner pädagogischen Ziele erforderlichen räumlichen Anlagen und sachlichen Mittel auch nur anbieten sowie die entsprechend qualifizierten Betreuer und Lehrer nur einstellen, wenn er für einen hinreichend langen Zeitraum davon ausgehen kann, daß die Grundlagen seiner Kalkulation bestehen bleiben.

Es muß daher grundsätzlich dem Schul- und Internatsträger überlassen bleiben, die Zeiträume der Bindung seiner Schüler und ihrer Eltern an bestimmte Unterrichtseinheiten festzulegen. Dafür können im Einzelfall nicht nur pädagogische Ziele und die finanziellen Möglichkeiten maßgebend sein, sondern auch der Umstand, wie weit etwa der Schul- und Internatsträger nach seiner Organisation, geographischen Lage und seinem Ansehen Anträge auf Aufnahme von Schülern auch während eines laufenden Schuljahres entgegennimmt und erhalten kann.

Anders ist dies jedoch für das erste Schuljahr, das ein Kind nach seiner Aufnahme in einem Internat zu verbringen hat. In dieser Phase der Umstellung des Schülers auf ganz neue Lebensumstände außerhalb des Elternhauses und des Erlebens eines Schulwechsels kann deutlich werden, daß ein Kind die neuen Anforderungen nicht bewältigen kann. Es erweist sich damit als nicht internatsfähig.

Ein Recht zur außerordentlichen Kündigung des Internatsvertrages gem. § 626 BGB besteht bei dieser Situation – wie oben dargelegt – nicht. Andererseits ist zu berücksichtigen, daß die zwar zum Risikobereich der Eltern gehörende Fehleinschätzung der Internatseignung ihres Kindes in der Regel nicht auf mangelnder elterlicher Sorgfalt beruht. Die Eigenschaften und Fähigkeiten eines Kindes kennt im allgemeinen niemand besser als die Eltern. Sie streben normalerweise auch danach, die Lebensverhältnisse des Kindes so zu gestalten, wie sie für seine Entwicklung am besten sind. Es ist aber Eltern nicht immer möglich, die Persönlichkeit des Kindes so zu kennen, daß sie dessen Anpassungsfähigkeit an künftige, neue Lebensbedingungen sicher beurteilen können. Diese mit Unsicherheiten behaftete Prognose ist bei jedem Abschluß eines Schul- und Internatsvertrages anzustellen. Sein Vertragsinhalt ist nur ausgewogen, wenn dieses besondere Risiko berücksichtigt ist. Das kann durch Vereinbarung einer angemessenen Probezeit geschehen. Fehlt eine solche vertragliche Regelung, so ist gem. §§ 157, 242 BGB im Wege ergänzender Vertragsgestaltung im ersten Jahr der Vertragsbindung ein zusätzliches ordentliches Kündigungsrecht der Vertragspartner des Schul- und Internatsvertrages zuzulassen, das nach einem Zeitraum zu ermöglichen ist, der lang genug ist, um verfrühtes Resignieren des Kindes und voreiliges elterliches Nachgeben zu verhindern.

d) Von dieser, nach Inhalt und Wesen eines Schul- und Internatsvertrages angemessenen Regelung weichen die Vertragsbedingungen der Klägerin erheblich ab, weil sie weder eine Probezeit noch ein zusätzliches ordentliches Kündigungsrecht im ersten Jahr der Vertragsbindung gewähren. Dies benachteiligt i. S. des § 9 Abs. 1 AGB-Gesetz Eltern und Schüler unangemessen. Die Klägerin setzt damit einseitig für sich eine ungerechtfertigte Bevorzugung durch. Auch nach Abwägung der Interessen, die die Klägerin an einem Kündigungsrecht nur zum Ende des Schuljahres haben kann, stellt sich dessen Festlegung durch vorformulierte Vertragsbedingungen als Verstoß gegen die aus Treu und Glauben fließende Verpflichtung zur Rücksichtnahme gegenüber dem Vertragspartner dar. ...

bb) Pädagogische Ziele und die Sicherung einer Kalkulationsgrundlage können zwar grundsätzlich die Beschränkung des ordentlichen Kündigungsrechts auf das jeweilige Schuljahresende rechtfertigen. Die aufgezeigten besonderen Interessen von Eltern und Schülern an einer Lösungsmöglichkeit im ersten Jahr der Vertragsbindung erfordern es aber, daß der Schul- und Internatsträger für diese Zeit die Zurücksetzung seiner Belange hinnimmt. Diese Rücksichtnahme ist ihm zumutbar. Er bietet in der Regel wirksame Ausbildung und Erziehung auch für solche Kinder an, mit deren bisheriger persönlicher oder schulischer Entwicklung die Eltern nicht zufrieden sind. Die Beurteilung der Internatseignung von Kindern, bei denen bereits Probleme aufgetreten sind, kann aber besonders unsicher sein. Mit der Erhaltung seiner Kalkulationsgrundlagen kann der

Internatsträger es daher nicht rechtfertigen, daß er es den Eltern zumutet, diese vertragstypischen, erheblichen Risiken allein zu tragen. Er kennt die mit dem Eintritt von Kindern in Internatserziehung auftretenden Eingewöhnungsschwierigkeiten und die Gefahr nicht überwindbarer Internatsunfähigkeit aus vielen Fällen besser als die jeweiligen Eltern. Es ist ihm daher zuzumuten, aufgrund seiner Erfahrungen die Zahl der Kinder annähernd zu schätzen, deren Internatsfähigkeit von den Eltern falsch beurteilt wird und die daher die Umstellung nicht bewältigen. Dies muß er von vornherein bei seiner Kalkulation berücksichtigen.

Die Fallgestaltung bei einem Schul- und Internatsvertrag unterscheidet sich insoweit grundlegend von der eines Direktschulvertrages, den Volljährige für sich selbst abschließen und der nicht mit einem vollkommenen Wechsel auch des privaten Lebenskreises verbunden ist. Die Interessenlage des vorliegenden Falles wird daher durch andere Gesichtspunkte geprägt als die Umstände, deren Würdigung in der Entscheidung des Senats in BGHZ 90, 280 (285 f.) = NJW 1984, 1531 maßgebend für die Wirksamkeit einer einjährigen Bindung an einen Direktschulvertrag war.

Die von der Klägerin in ihren vorformulierten Vertragsbedingungen vorgesehene Kündigungsregelung für den bis zum Schulabschluß abgeschlossenen Schul- und Internatsvertrag ist nach allem gem. § 9 Abs. 1 AGB-Gesetz unwirksam, weil die Beschränkung des Rechts zur ordentlichen Kündigung auf das Schuljahresende auch für das erste Jahr der Vertragsbindung unangemessen ist.

Der Senat weicht damit nicht von der Wertung des VI. Zivilsenats in dem den Parteien bekannten Urteil vom 21. 2. 1984 – VI ZR 185/82 – ab. Der VI. Zivilsenat hat den Ausschluß des Kündigungsrechts während eines laufenden Schuljahres „jedenfalls" dann nicht beanstandet, wenn – was dort nur zu entscheiden war – ein solcher Vertrag nicht im ersten Jahr gekündigt wird.

e) An die Stelle der unwirksamen Kündigungsregelung treten gem. § 6 Abs. 2 AGB-Gesetz die gesetzlichen Vorschriften. Eine ausdrückliche Regelung des dispositiven Rechts fehlt dafür allerdings. § 621 BGB ist – wie dargestellt – nicht anwendbar. Ein ordentliches Kündigungsrecht während der Vertragslaufzeit ist im Gesetz nicht vorgesehen, sondern folgt aus dem Wesen des Vertrages. In einem solchen Fall ist die sich aus dem allgemeinen Grundsatz der Vertragsauslegung ergebende Rechtslage die gem. § 6 Abs. 2 AGB-Gesetz anwendbare (vgl. auch BGH, BB 1983, 662 [663]; BGHZ 90, 69 [75 f.] = NJW 1984, 1177; Palandt/Heinrichs, BGB, 44. Aufl., § 6 AGB-Gesetz, Anm. 3; Kötz, in: MünchKomm, 2. Aufl., § 6 AGB-Gesetz Rdnr. 17, Lindacher, in: Wolf/Horn/Lindacher, § 6 Rdnr. 6, 7). Die unwirksame Kündigungsregelung ist daher durch die Rechtslage zu ersetzen, die aufgrund der Vertragsauslegung zu gelten hat. Diese führt zur Annahme eines Kündigungsrechts zum Ende des ersten in der Vertragszeit liegenden Schulhalbjahres und läßt im übrigen die Festlegung großzügigerer Kündigungsmöglichkeiten als zum Schuljahresabschluß nicht zu, weil insoweit eine einheitliche, vertragstypische Interessenlage fehlt.

5. Die Beklagten haben das ihnen zum Ende des Schulhalbjahres 1982/1983 zustehende Kündigungsrecht wirksam ausgeübt. ...

§ 9 *Generalklausel* Nr. 69

69 Eine in Allgemeinen Versicherungsbedingungen für die Krankentagegeldversicherung enthaltene Klausel, nach der der Versicherer das Versicherungsverhältnis zum Ende eines jeden der ersten drei Versicherungsjahre mit einer Frist von drei Monaten kündigen kann, verstößt nicht gegen § 9 AGBG.

BGH, Urteil vom 18. 12. 1985 – IV a ZR 81/84; MDR 1986, 478 = VersR 1986, 257.

Sachverhalt:

Der Kläger hatte bei der Beklagten mit Wirkung ab Oktober 1980 zwei Krankentagegeldversicherungen abgeschlossen. Ihnen lagen die Allgemeinen Versicherungsbedingungen der Beklagten für die Krankentagegeldversicherung zugrunde, die in § 14 folgende Bestimmung enthielten:

„Der Versicherer kann das Versicherungsverhältnis zum Ende eines jeden der ersten drei Versicherungsjahre mit einer Frist von drei Monaten kündigen.

Die gesetzlichen Bestimmungen für das außerordentliche Kündigungsrecht bleiben unberührt."

Mitte 1981 wurde der Kläger wegen einer Beinverletzung arbeitsunfähig krank. Die Beklagte zahlte ihm in der Zeit vom 1. Juni 1981 bis zum 30. Januar 1983 das vertraglich vereinbarte Krankentagegeld von DM 150,– täglich. Mit Schreiben vom 22. September 1982 kündigte sie die beiden Krankentagegeldversicherungsverträge.

Der Kläger begehrt im vorliegenden Rechtsstreit die Feststellung, daß das Krankentagegeldversicherungsverhältnis zwischen den Parteien durch die Kündigung der Beklagten vom 22. September 1982 zum 31. Dezember 1982 nicht beendet wurde und über diesen Zeitpunkt hinaus fortdauert.

Das Landgericht hat die Klage abgewiesen, das Oberlandesgericht ihr stattgegeben.

Die Revision der Beklagten führte zur Wiederherstellung des landgerichtlichen Urteils.

Aus den Gründen:

...

II.

Der Senat hat im Urteil vom 6. Juli 1983 – IVa ZR 206/81 – (BGHZ 88, 78) AGB-Klauseln, die dem Krankentagegeldversicherer ein zeitlich unbegrenztes Kündigungsrecht zubilligen, für unwirksam erklärt. Wie sich aus den Entscheidungsgründen ergibt, gilt für die Krankheitskostenversicherung nichts anderes. Der Grund für diese besondere rechtliche Behandlung der Krankheitskosten- und Krankentagegeldversicherung liegt in ihrer – auch von den Krankenversicherern anerkannten und in der Werbung hervorgehobenen – sozialen Funktion; diese beiden Versicherungsarten sind heute für die Selbständigen zu einem Ersatz für den fehlenden Sozialversicherungsschutz geworden. Dagegen treffen die vom Senat angestellten Erwägungen für die Krankenhaustagegeldversicherung nicht zu. Diese Versicherung ist für die soziale Absicherung des Versicherungsnehmers nicht zwingend erforderlich; sie hat in der gesetzlichen Krankenversicherung kein Gegenstück und wird vielfach auch Sozialversicherten angeboten. Von diesem Gesichtspunkt aus erscheint es durchaus sinnvoll, daß die Krankenversicherer in der Krankenhaustagegeldversicherung auf das Kündigungsrecht nicht im gleichen Umfang verzichtet haben wie in der Krankheitskostenversicherung. Die Versicherungsbedingungen differenzieren allerdings zwischen der Krankheitskostenvollversicherung einerseits und der Krankheitskostenteilversicherung und der Krankentagegeldversicherung andererseits: Während bei der erstgenannten das ordentliche Kündigungsrecht des Versicherers von Anfang an ausgeschlossen ist, wird es bei den letzteren nur, ebenso wie in der Krankenhaustagegeldversicherung, auf drei Jahre begrenzt (vgl. § 14 Abs. 1 MB/KK 76 und § 14 Abs. 1 MB/KT 78). Nach der früheren Fassung der Musterbedingungen war sogar der Versicherungsnehmer in der Krankentagegeldversicherung schlechter gestellt als in der Krankenhaustagegeldversicherung; in der letzteren stand nach § 14 Abs. 1 MB/KK 66 dem Versicherer nur während der drei ersten Versicherungsjahre ein Kündigungsrecht zu, während die MB/KT 72 in § 14 Abs. 1 keine zeitliche Begrenzung des Kündigungsrechts vorsahen. Zur sozialen Absicherung eines Berufstätigen ist jedoch der Schutz gegen einen etwaigen krankheitsbedingten Verdienstausfall ebenso wichtig, manchmal sogar noch wichtiger als der Schutz vor der Belastung mit Behandlungskosten.

Aus alledem kann jedoch nicht gefolgert werden, daß die Vereinbarung eines auf die ersten drei Jahre beschränkten ordentlichen Kündigungsrechts in Allgemeinen Geschäftsbedingungen nach § 9 AGBG zu beanstanden wäre:

a) Zweck der Inhaltskontrolle ist es, Mißbräuchen bei der Aufstellung Allgemeiner Geschäftsbedingungen zu begegnen. Dagegen dient sie nicht dazu, eine vom Standpunkt des Verbrauchers aus optimale Gestaltung der Bedingungen zu erreichen. Aus diesem Grunde kann von einem privaten Krankenversicherer nicht verlangt werden, daß er seinem Versicherungsnehmer die gleichen Bedingungen anbietet wie die Sozialversicherung; etwas derartiges kann der Versicherungsnehmer schon deshalb nicht erwarten, weil die private Krankenversicherung zum Teil von Unternehmen betrieben wird, die sich vom Versicherungsgeschäft einen Gewinn versprechen. Man wird es deshalb grundsätzlich den Krankenversicherern nicht verwehren können, daß sie sich ein ordentliches Kündigungsrecht ausbedingen; dieses Kündigungsrecht darf allerdings nicht so gestaltet werden, daß dadurch der Schutzzweck der Krankenversicherung gefährdet wird. Eine solche Gefährdung liegt aber dann nicht vor, wenn das Kündigungsrecht des Versicherers auf die ersten drei Versicherungsjahre beschränkt wird. Es handelt sich dabei, worauf schon das Oberlandesgericht Hamm hingewiesen hat, um eine Art Probezeit (VersR 1982, 745, 746 a. E.).

b) Dahingestellt bleiben kann, ob die Krankenversicherer auch berechtigt gewesen wären, sich in der Krankheitskostenvollversicherung eine Kündigung für die ersten drei Versicherungsjahre vorzubehalten. Daß sie von dieser Möglichkeit keinen Gebrauch gemacht haben, nötigt sie nicht dazu, den Versicherungsnehmern auch in der Krankentagegeldversicherung in der gleichen Weise entgegenzukommen. Der Verwender Allgemeiner Geschäftsbedingungen, der auf einem bestimmten Gebiet seinem Vertragspartner weiter entgegenkommt, als er nach den Grundsätzen über die Inhaltskontrolle von Allgemeinen Geschäftsbedingungen verpflichtet wäre, ist nicht gehalten, auf einem anderen Gebiet das gleiche Entgegenkommen zu zeigen.

III.

1. Die von der Beklagten ausgesprochene Kündigung kann auch nicht etwa deshalb als unwirksam angesehen werden, weil sie während einer länger dauernden Erkrankung des Klägers ausgesprochen worden ist. Nach § 7 der dem Versicherungsverhältnis zugrunde liegenden Musterbedingungen für die Krankentagegeldversicherung hört mit der Beendigung des Versicherungsverhältnisses auch die Leistungspflicht für schwebende Versicherungsfälle auf, und zwar in der Regel sofort, in den Fällen, in denen, wie hier, das

Versicherungsverhältnis vom Versicherer nach § 14 Abs. 1 MB/KT 78 gekündigt wurde, am 30. Tag nach dem Wirksamwerden der Kündigung. Ob diese Bestimmung nach § 9 AGBG beanstandet werden kann, ist im Rahmen des vorliegenden Rechtsstreits nicht zu prüfen. Wenn sie der Inhaltskontrolle nicht standhalten sollte, so würde dadurch die Gültigkeit des § 14 Abs. 1 der Musterbedingungen für die Krankentagegeldversicherung nicht berührt (§ 6 Abs. 1 AGBG); die von der Beklagten ausgesprochene Kündigung wäre also gleichwohl wirksam und die auf Feststellung des Fortbestandes des Versicherungsverhältnisses gerichtete Klage unbegründet. Der Fortfall von § 7 der Musterbedingungen hätte lediglich zur Folge, daß die Leistungspflicht des Versicherers trotz der Beendigung des Versicherungsverhältnisses während des schwebenden Versicherungsfalls andauert. Diese Frage könnte aber nur durch eine Leistungsklage oder durch eine Klage auf Feststellung der Fortdauer der Leistungspflicht geklärt werden.

2. In der Kündigung kann auch keine unzulässige Rechtsausübung gesehen werden. Wenn es wegen der besonderen Umstände des vorliegenden Falls als treuwidrig anzusehen sein sollte, daß sich die Beklagte der Leistungspflicht für den schwebenden Versicherungsfall (teilweise) entzieht, so könnte die nach § 242 BGB vorzunehmende Korrektur allenfalls darin bestehen, daß dem Kläger ein Anspruch auf Versicherungsleistungen bis zur Beendigung des schwebenden Versicherungsfalls zugebilligt wird, nicht aber darin, daß man die Kündigung selbst als unwirksam behandelt.

Anmerkung:

Das vorinstanzliche Urteil des OLG Hamburg vom 14. 3. 1984 – 5 U 9/84 – ist abgedruckt in AGBE V § 9 Nr. 80 = VersR 1984, 650.

70 In einem Partnerschaftsvermittlungsvertrag, der als Dienstvertrag zu qualifizieren ist, ist eine Klausel, die §§ 627, 628 BGB abbedingt, nicht mit dem gesetzlichen Leitbild zu vereinbaren und deshalb nach § 9 Abs. 2 Nr. 1 AGBG unwirksam.

OLG Karlsruhe, Urteil vom 21. 2. 1985 – 4 U 207/83 – nicht rechtskräftig; NJW 1985, 2035 = VersR 1985, 1196.

Sachverhalt:

Die Klägerin – ein bundesweit tätiges Partnervermittlungsunternehmen – nimmt die Beklagte auf Zahlung von „Werklohn" in Anspruch.

Die Beklagte unterzeichnete zwei Formularverträge. Der erste war als „Werkvertrag" bezeichnet; darin beauftragte er die V. (Klägerin), ihm gegen eine Vergütung von DM 3474,75 aus ihrem Datenbank-Partnerbestand 25 Partnervorschläge zu unterbreiten.

Der nähere Vertragsinhalt wurde durch „Allgemeine Werkvertragsbedingungen der V." – die der Beklagten bei Vertragsschluß übergeben wurden – festgelegt. Diese lauten u. a.:

„1. Gegenstand dieses Vertrages ist eine einmalige und unverzüglich zu erbringende Werkleistung (§ 631 BGB) ... Gegenstand dieses Vertrages ist hingegen keine Ehevermittlung, Eheanbahnung oder ein fortdauerndes und wiederkehrendes dienstvertragliches Tätigsein irgendwelcher Art, das auf ein unmittelbares Zustandekommen einer Partnerschaft oder einer Ehe gerichtet ist. ...

2. ... Mit der Bereitstellung dieses Depots ist die Werkvertragsleistung der V. im Sinne der werkvertraglichen Vorschriften des BGB vollendet ..."

In Ziff. 6 Abs. 2 werden die §§ 627, 628 BGB abbedungen.

Neben dem „Werkvertrag" unterzeichnete die Beklagte einen Formularvertrag über die „Mitgliedschaft im V-Partnerkreis und V-Singleclub".

Unmittelbar nach Vertragsschluß erhielt die Beklagte von der für die Klägerin gegenzeichnenden „Beraterin" einen Partnervorschlag ausgehändigt. Zwei weitere Vorschläge wurden im November 1982 auf Anforderung zugeschickt. Dazu bediente sich die Beklagte eines ihr von der Klägerin überlassenen „Anforderungshefts" mit ausreißbaren „Anforderungsscheinen". Am 18. 11. 1982 kündigte die Beklagte ihre „Mitgliedschaft" mit sofortiger Wirkung.

Das LG hat die Beklagte zur Zahlung von DM 477,78 verurteilt; im übrigen wurde die Klage abgewiesen. Die Berufung der Klägerin hatte keinen Erfolg.

Aus den Gründen:

Ein über den bereits zugesprochenen Betrag hinausgehender Anspruch steht der Klägerin nicht zu.

A. Die vertragstypologische Einordnung der vorliegenden Verträge in das Recht des Dienst- oder des Werkvertrages ist streitentscheidend, weil davon abhängt, ob die Kündigung der Beklagten wirksam ist und wie sich diese auf den Vergütungsanspruch der Klägerin auswirkt. – Wenn das LG einen einheitlichen Dienstvertrag befürwortet hat, so ist dies jedenfalls im Ergebnis nicht zu beanstanden. Der Sachverhalt weist dienst- und werkvertragliche Elemente auf; die ersteren überwiegen jedoch derart, daß die Vertragsbeziehungen zwischen den Parteien insgesamt nach Dienstvertragsrecht zu beurteilen sind. Das Abbedingen der §§ 627, 628 BGB in Ziff. 6 der „Allgemeinen Werkvertragsbedingungen" ist unter diesen Umständen wegen Verstoßes gegen §§ 9 Abs. 2 Nr. 1, 10 Nr. 7a AGB-Gesetz unwirksam.

1. Mit dem Dienstvertrag hat der Werkvertrag gemeinsam, daß beide eine entgeltliche Arbeitsleistung zum Inhalt haben. Nach der Dogmatik des BGB ist das entscheidende und meist auch praktisch brauchbare Abgrenzungskriterium, daß beim Dienstvertrag die Tätigkeit als solche, das bloße Wirken, beim Werkvertrag dagegen die Herbeiführung des vereinbarten, gegenständlich faßbaren Arbeitsergebnisses geschuldet wird. Auf eine gängige Formel gebracht, bedeutet dies: Der Dienstvertrag ist tätigkeits-, der Werkvertrag ist erfolgsbezogen. ...

2. Für die Qualifizierung des konkreten Geschäfts kommt es in allererster Linie auf den – gegebenenfalls näher auszulegenden – Parteiwillen an (Glanzmann, in: RGRK, § 631 Rdnr. 3; Soergel, in MünchKomm, § 631 Rdnr. 10). Was die Vertragsparteien als Gegenstand der Leistungsverpflichtung angesehen haben, ist dabei von der Zweckbestimmung des Vertrages, der wirtschaftlichen Bedeutung und der erkennbaren Interessenlage her zu beantworten. Mit welchen vertragsgesetzlichen Namen („Dienstvertrag", „Werkvertrag") sie ihr Geschäft bezeichnet haben, ist in der Regel ohne Belang (BGHZ 68, 372 ff.; OLG Frankfurt, NJW 1983, 397).

3. Im vorliegenden Fall ist unverkennbar das einseitige Bemühen der Klägerin, die Übereinkunft mit ihren Kunden als Werkvertrag auszugestalten. Sie läßt kaum eine Gelegenheit aus, den Kunden darauf hinzuweisen, daß er einen „Werkvertrag" abschließe.. Sie deklariert einen Teil ihrer Tätigkeit als „Erfolg" („elektronische Bereitstellung von Partnervorschlägen in einem speziellen Partneradressen-Abrufdepot") und arbeitet mit einer

werkvertragstypischen Vergütungsregelung (25 Vorschläge à DM 123,– = DM 3075,–). Wo sie aus der Dauerhaftigkeit der vertraglichen Beziehungen Nachteile befürchtet, scheut sie auch nicht vor einer künstlichen Aufspaltung in einen (entgeltlichen) „Werkvertrag" und eine (angeblich) unentgeltliche Mitgliedschaft in einem „Partnerkreis" zurück.

4. Tatsächlich muß der Kunde aber die auf einen Vertragsschluß gerichteten Willenserklärungen der Klägerin so verstehen, daß diese ihm eine Dienstleistung, nämlich Hilfe bei der Anbahnung von Bekanntschaften, verspricht. Weil sich dieses Angebot mit den Interessen des Kunden deckt, sind die vorliegenden Verträge als Dienstvertrag zu behandeln (a. A. ohne nähere Begründung OLG Bamberg, NJW 1984, 1466, 1467).

a) Die auf die Hilfe bei der Anbahnung von Bekanntschaften gerichtete Erwartung des Kunden wird ausgelöst durch die Werbung der Klägerin. Dort ist von dem Angebot einer Werkleistung keine Rede. Vielmehr heißt es unter der Schlagzeile „Welcher Partner-Typ paßt zu Ihnen?": „So können Sie den Partner, die Partnerin ihrer Liebe finden." Wer einen „Partner" sucht und deshalb solchen Anzeigen Interesse entgegenbringt, wird schon diesen Hinweis bei unbefangener unreflektierter Lektüre dahin verstehen, daß ihm bei der Suche nach einem „Partner" Hilfe zuteil werden kann, eben durch die Klägerin. Liest er weiter, so erfährt er, daß ihn die Klägerin „zum V-Typen-Test" einlädt. Gegen Einsendung verschiedener personenbezogener Daten und weiterer Angaben zum „Partner-Wunsch" verspricht die Klägerin „kostenlos und unverbindlich" eine „Typen-Beschreibung", eine „Farbige V-Broschüre" und schließlich „Die neueste Ausgabe der V.-Zeitung mit aktuellen Tips für Sie". Diese Aussagen müssen bei dem geneigten Leser den Eindruck verstärken, daß ihm die Klägerin bei der „Partner"-Suche „mit Rat und Tat" behilflich sein, d. h. Dienste leisten, aber weder etwas verkaufen noch ein Werk erbringen will.

b) Diese Erwartungshaltung wird bei den an die Teilnahme an dem „kostenlosen und unverbindlichen V-Typen-Test" anknüpfenden Vertragsverhandlungen nicht korrigiert, sondern im Gegenteil bestätigt. Zwar deutet der Kernsatz der mit „Werkvertrag" überschriebenen ersten Vereinbarung („Ich beauftrage hiermit...") darauf hin, daß die Klägerin dem Kunden ein auf seine Person abgestimmtes Arbeitsergebnis zur Verfügung stellen will. Noch deutlicher äußert sich die Klägerin unter Ziff. 1 ihrer „Allgemeinen Werkvertragsbedingungen". Gleichwohl muß der Kunde nicht davon ausgehen, daß sich die Dienste der Klägerin mit einer „einmaligen und unverzüglich zu erbringenden Werkleistung" bereits erschöpfen. Denn in Wirklichkeit verspricht ihm die Klägerin mehr, nämlich eine auf Dauer (mindestens 6 Monate) angelegte Unterstützung bei der „Partner"-Suche...

c) Selbst wenn man nur die Erarbeitung der 25 Partnervorschläge als Leistung der Klägerin ansehen wollte, wäre diese Teil-Leistung kein „Werk" i. S. von § 631 BGB.

Denn es wäre der Klägerin unmöglich, für dieses Leistungsergebnis einzustehen. Mit ihrer Werbung und in den Vertragstexten erweckt sie den Eindruck, als sei sie in der Lage, ihre Kunden durch den Vergleich von Persönlichkeitsbildern und Wunschvorstellungen mit dem jeweiligen „Wunschpartner", dem „idealen Partner für das Leben und für die Liebe" bekanntzumachen. Das ist bei der sprichwörtlichen Unberechenbarkeit der Liebe unmöglich. Die Klägerin erkennt denn auch an, daß „jede Partnerschaft ... eines subjektiven Grundkonsenses (bedarf), der sich nicht objektivieren läßt", und den persönlichen Kontakt unverzichtbar macht.

Die Klägerin vermag auch deswegen für die Vorlage „passender" Vorschläge im Sinne eines „Erfolges" nicht einzustehen, weil die auch der Klägerin erkennbaren Interessen ihrer Kunden auf Partner gerichtet sind, die wirklich und nicht nur nach den von der Klägerin gespeicherten Daten zu ihnen passen. Die wenigen von der Klägerin erfragten Merkmale ergeben noch kein „Persönlichkeitsprofil", sondern nur ein oberflächliches Rasterbild. Es kommt hinzu, daß die erfragten Merkmale zugestandenermaßen oft „geschönt" sind. Es handelt sich um „Annäherungswerte". Eine Überprüfung der Angaben würde nicht nur eine aufwendige psychologische Persönlichkeitsanalyse voraussetzen, sondern auch Nachforschungen wie die Einsicht in Standesurkunden, Einkommens- und Vermögensnachweise, Strafregisterauszüge, Leumundszeugnisse usw. Derartiges kann und will die Klägerin nicht leisten, wird von den Kunden auch nicht erwartet und würde von ihnen – soweit sie selbst betroffen sind – auch nicht toleriert.

Aus dem Vorstehenden folgt zugleich, daß an das Leistungsergebnis „25 Partnervorschläge" keine Qualitätsmaßstäbe angelegt werden können, die es erlauben, von einem mangelfreien oder mangelhaften Werk zu sprechen. Der „Passensgrad der Vergleichsdaten" – mag er noch so hoch sein – sagt eben noch nichts dazu aus, ob die verglichenen Personen sich bei der persönlichen Begegnung „passen", sich vom Gegenüber angezogen fühlen oder ihn ablehnen.

Wenn sich die Klägerin vorbehält – angesichts der ständigen Fluktuation in ihren „Beständen" wohl vorbehalten muß –, Partnervorschläge aus dem Kreis der Neuzugänge zu ersetzen, so hat das nichts mit „Nachbesserung" zu tun, sondern gehört zu den situationsangepaßten Hilfen bei der Suche und Auswahl eines geeigneten Partners.

B ...

C. Hinsichtlich der Höhe der vom LG entsprechend § 628 Abs. 1 S. 1 BGB errechneten und zugesprochenen Vergütung hat die Klägerin mit ihrer Berufung nichts erinnert. Der Senat vermag auch nicht zu erkennen, daß der zugesprochene Betrag dem Umfang der bisherigen Leistungen der Klägerin offensichtlich nicht gerecht wird.

In Zeitschriften-Abonnementverträgen benachteiligt die Klausel   **71**
    „Lieferstörungen infolge höherer Gewalt oder ähnlicher Ereignisse berühren nicht die Laufzeit dieses Vertrages."
den Abonnenten nicht unangemessen und ist wirksam.

OLG Hamburg, Urteil vom 8. 5. 1985 – 5 U 183/83 – nicht rechtskräftig;

Sachverhalt und Gründe sind abgedruckt unter Nr. 114 zu § 9 AGBG.

„Allgemeine Werkvertragsbedingungen" eines Partnerschaftsserviceunterneh-   **72**
mens mit maklervertragstypischem Inhalt sind nach § 9 Abs. 1 AGBG unwirksam, weil sie sich statt an den Vorschriften des Maklervertrages an den Werkvertragsregelungen der §§ 631 ff. BGB ausrichten, insbesondere die Vergütung mit der Fertigstellung des Adressenabrufdepots fällig stellen und die Kündigungsregelung des § 649 BGB für verbindlich erklären.

§ 9 *Generalklausel* Nrn. 72–73

OLG Hamburg, Urteil vom 28. 8. 1985 – 5 U 135/84 – nicht rechtskräftig; NJW 1986, 325 = NJW-RR 1986, 154.

Sachverhalt und **Gründe** sind abgedruckt unter Nr. 87 zu § 9 AGBG.

73 Eine Klausel in den AGB eines Detektivbüros, nach der bei vorzeitiger Beendigung des Auftragsverhältnisses der Auftragnehmer Anspruch auf die vereinbarte Mindestvergütung oder auf das bis zum Wirksamwerden der Kündigung angelaufene Honorar hat, ist nach § 9 Abs. 2 Nrn. 1 und 2 AGBG in Verbindung mit § 628 BGB unwirksam.

OLG Hamm, Urteil vom 30. 9. 1985 – 17 U 27/85 – rechtskräftig;

Sachverhalt:

Der Beklagte betreibt ein Detektivbüro. Er verwendet im Geschäftsverkehr mit Nichtkaufleuten Allgemeine Geschäftsbedingungen, die u. a. auch die folgende Klausel enthalten:

„Bei vorzeitiger Beendigung des Auftragsverhältnisses hat die Auftragnehmerin Anspruch auf die vereinbarte Mindestvergütung oder – falls die angelaufenen Abrechnungskosten höher sind – auf das bis zum Wirksamwerden der Kündigung angelaufene Honorar und auf Erstattung der bisher entstandenen Auslagen."

Der Kläger, ein Verbraucherschutzverein, hält diese Bestimmung für unwirksam.

Das Landgericht hat der Unterlassungsklage nur hinsichtlich des 1. Halbsatzes der Klausel stattgegeben. Die Berufung des Klägers hatte Erfolg.

Aus den Gründen:

Die Klausel ist insgesamt unwirksam.

Die Klausel sieht vor, daß der Auftraggeber jederzeit kündigen kann, die Auftragnehmerin nur bei Vorliegen eines wichtigen Grundes. Hinsichtlich des Kündigungsrechts des Auftraggebers erfaßt die Bestimmung demnach sowohl die Fälle der willkürlichen Kündigung als auch die der Kündigung aus wichtigem Grund. Auch in den zuletzt genannten Fällen hat der Auftraggeber die Mindestvergütung oder – falls die angelaufenen Abrechnungskosten höher sind – das bis zum Wirksamwerden der Kündigung angelaufene Honorar und die bisher entstandenen Auslagen zu bezahlen. Das verstößt gegen § 9 Abs. 2 Satz 1 und 2 AGBG. Kündigt nämlich der Auftraggeber den Vertrag aus vertragswidrigem Verhalten des Auftragnehmers, so hat der Auftragnehmer nach den gesetzlichen Regelungen (§ 628 BGB) einen Anspruch auf die Vergütung für den bereits geleisteten Teil nicht schlechthin, sondern nur dann, wenn die Leistung für den Auftraggeber noch ein Interesse hat.

Die Klausel verstößt im übrigen gegen § 10 Nr. 7 AGBG, weil der Auftraggeber auch dann zahlen muß, wenn, wie bereits ausgeführt, die Leistung für ihn kein Interesse mehr hat.

Im übrigen ist auch noch folgendes zu beachten:

Das Landgericht hat einen Teil der genannten Klausel für unwirksam gehalten. Das hat der Beklagte mit der Berufung nicht angegriffen. Ist aber ein Teil dieser Klausel unwirksam, so führt das zur Unwirksamkeit der gesamten Klausel. Die Regelung gehört nämlich zusammen. Es ist auch im Verfahren nach §§ 13 ff. AGBG nicht möglich, Klauseln, die nur zum Teil gegen das AGB-Gesetz verstoßen, mit einem eingeschränkten Inhalt aufrechtzuerhalten (BGH NJW 1985, 855, 856).

Anmerkung:
Das vorinstanzliche Urteil des LG Dortmund vom 29. 11. 1984 − 8 O 356/84 − ist abgedruckt in AGBE V § 9 Nr. 166.

Die in einem Vertrag über die Herstellung von Bauleistungen enthaltene Klausel 74

„Der Auftraggeber kann den Vertrag kündigen, wenn er den Bau aus von ihm nicht zu vertretenden Gründen nicht weiterführen kann. Die bis zu diesem Zeitpunkt vom Auftragnehmer erbrachten Leistungen werden in dem Verhältnis abgerechnet, in dem sie zum vereinbarten Festpreis stehen."

verstößt gegen § 9 Abs. 2 Nr. 1 und 2 AGBG und ist unwirksam, denn bei Kündigung des Auftraggebers steht dem Auftragnehmer nach § 649 BGB das Recht zu, die volle Vergütung unter Abzug des Ersparten zu fordern. Dieses Recht ist unabhängig davon, ob der Auftraggeber die ausgesprochene Kündigung zu vertreten hat oder nicht.

LG München I, Urteil vom 8. 1. 1985 − 7 O 16131/84 − rechtskräftig;

Auf den Abdruck von **Sachverhalt** und **Gründen** wird verzichtet.

Der Ausschluß des ordentlichen Kündigungsrechts innerhalb einer angemessenen Überlegungsfrist stellt bei einem auf 18 Monate befristeten Body-Shaping-Kurs eine unangemessene Benachteiligung des Kursteilnehmers dar und ist nach § 9 Abs. 1 AGBG unwirksam. 75

LG Frankfurt, Urteil vom 15. 4. 1985 − 2/24 S 262/84 − rechtskräftig; NJW 1985, 1717.

Sachverhalt:
Die Klägerin begehrt vom Beklagten Zahlung von monatlichen Beiträgen für einen sogenannten Body-Shaping-Kurs. Am 16. 3. 1983 unterzeichnete der Beklagte ein Anmeldeformular der Klägerin. Nach Nr. 1 der Aufnahmebedingungen beträgt die Kursdauer zunächst 18 Monate. In Nr. 4 der Bedingungen verpflichtet sich der Kursteilnehmer, sofern er aus Gründen, die in seiner Person liegen, am Unterricht nicht oder nicht mehr teilnehmen könne, den Kursbeitrag weiter zu zahlen. Als Kursbeginn war April 1983 vorgesehen, und die Beiträge waren monatlich in Höhe von 75 DM zu leisten. Mit Schreiben vom 10. 6. 1983 teilte der Beklagte der Klägerin mit, er habe Ende März einen Unfall erlitten, bei dem er sich eine starke Bänderüberdehnung zugezogen habe, so daß er aus ärztlicher Sicht bis auf weiteres keinen Sport treiben dürfe. Deshalb bitte er die Klägerin, den

"abgeschlossenen Vertrag zu kündigen". Die Klägerin macht nun gegen den Beklagten die Beiträge für die Monate Oktober 1983 bis September 1984, insgesamt 900 DM, nebst 35 DM für Mahnkosten geltend.

Das AG hat die Klage abgewiesen. Die Berufung der Klägerin hatte keinen Erfolg.

Aus den Gründen:

...

Der Klägerin steht gegen den Beklagten der geltend gemachte Anspruch auf Zahlung von Vergütung aus dem Vertrag vom 16. 3. 1983 nicht zu, denn der Vertrag ist durch die Kündigung vom 10. 6. 1983 zum Monatsende beendet worden (§ 621 Nr. 3 BGB; § 9 AGB-Gesetz). Zwischen den Parteien ist ein wirksamer Direktunterrichtsvertrag zustandegekommen, von dem sich der Beklagte innerhalb von sechs Monaten nach Vertragsschluß durch ordentliche Kündigung lösen konnte ...

Der stillschweigende Ausschluß des ordentlichen Kündigungsrechts innerhalb einer angemessenen Überlegungsfrist stellt nach Auffassung der Kammer eine unangemessene Benachteiligung des Beklagten im Sinne des Verbraucherschutzes dar (§ 9 Abs. 1 AGB-Gesetz). Auch wenn im vorliegenden Fall das Klauselverbot des § 11 Nr. 12 a AGB-Gesetz nicht eingreift, da die Vertragsdauer weniger als die Höchstgrenze von 2 Jahren beträgt, unterliegt die formularmäßig ausgestaltete Laufzeitregelung von 18 Monaten ohne vorherige Kündigungsmöglichkeit des Kursteilnehmers der Inhaltskontrolle aufgrund von § 9 AGB-Gesetz. Danach ist eine Klausel unangemessen, mit der der Verwender durch einseitige Vertragsgestaltung mißbräuchlich eigene Interessen auf Kosten des Vertragspartners durchzusetzen versucht, ohne von vornherein die Interessen seines Partners zu berücksichtigen und ihm einen angemessenen Ausgleich zuzugestehen. Ein Indiz kann die Abweichung von gesetzlichen Bestimmungen sein, wenn diese ein allgemeines Gerechtigkeitsgebot ausdrücken (BGH, NJW 1984, 1532 m.w. Nachw.).

Als gesetzliche Vorschriften, die ähnliche Sachverhalte wie den vorliegenden regeln, kommen zwar die des Gesetzes zum Schutz der Teilnehmer am Fernunterricht (FernUSG vom 24. 8. 1976 [BGBl I, 2525]) und das Berufsausbildungsgesetz vom 14. 8. 1979 (BGBl I, 112) in Betracht. Diese Gesetze sind jedoch nach allgemeiner Meinung (BGH, NJW 1984, 1532) und der Rechtsprechung der Kammer (MDR 1981, 146) wegen der unterschiedlichen Interessenlage, wie sie insbesondere beim Fernunterricht im Gegensatz zum Direktunterricht, besteht, nicht auf einen Fall des Direktunterrichts unmittelbar oder entsprechend anwendbar. Gleichwohl kommt in § 5 FernUSG, der eine unabdingbare Kündigungsmöglichkeit vorsieht, ein wesentlicher Grundgedanke für Unterrichtsverträge zum Ausdruck (Wolf, in: Wolf/Horn/Lindacher, AGB-Gesetz, 1984, § 9 Rdnr. U 6). Auch wenn die genannten Gesetze methodisch nicht auf den vorliegenden Fall anwendbar sind, ist der inhaltlich darin zum Ausdruck kommende Grundgedanke, daß auch diejenigen Umstände in Betracht zu ziehen sind, die während der Laufzeit eines solchen Vertrags eintreten und im Regelfall bei Vertragsschluß nicht vorhersehbar sind, auf Direktunterrichtsverträge anzuwenden (Heinbuch, NJW 1984, 1533).

Im vorliegenden Fall hält die Kammer die Laufzeit von 18 Monaten ohne die Möglichkeit einer vorherigen Kündigung unter Abwägung der beiderseitigen Interessen der Beteiligten für unangemessen. Gegenüber dem Interesse der Klägerin an einer wirtschaftlichen Kalkulation und organisatorisch reibungslosen Abwicklung des Unterrichts, der eine längerfristige Vertragsdauer entgegenkommt, überwiegt das Interesse des Teilnehmers an einem Body-Shaping-Kurs, sich jedenfalls innerhalb einer angemessenen Bedenkzeit wieder vom Vertrag lösen zu können. Auch wenn Body-Shaping eine – den Ausführungen der Klägerin zufolge – ganz milde Form der körperlichen Betätigung ist, muß dem Kursteilnehmer – abgesehen von der Frage, ob er aufgrund seiner körperlichen Konstitution überhaupt in der Lage ist, an dem Kurs teilzunehmen, und abgesehen von der Frage, wer das Risiko anderweitiger körperlicher Verletzungen tragen soll, die eine weitere Teilnahme am Kurs verhindern können –, eine angemessene Probezeit zugebilligt werden. Innerhalb dieser Frist muß er die Möglichkeit haben, seine Eignung und seine Neigung zu dem Unterrichtsfach prüfen zu können. Maßgeblich ist im vorliegenden Fall – ohne die Leistung der Klägerin schmälern zu wollen – der relative Wert eines solchen Kurses für die gesamte Lebensführung eines Kursteilnehmers. Im Hinblick darauf hält es die Kammer für unangemessen, den Kursteilnehmer für die Dauer von 18 Monaten an ein Objekt zu binden, das nicht lebensnotwendig ist und – anders als solche Unterrichtsfächer, die geistige Fähigkeiten oder manuelle Fertigkeiten vermitteln sollen – kein entsprechendes Spektrum an Nutzungsmöglichkeiten bietet. In Anbetracht der verhältnismäßig großen Substitutionsmöglichkeit von Kursteilnehmern hält die Kammer – im Gegensatz zu ihrer Rechtsprechung betreffend die Beschränkung des Kündigungsrechts eines Privatschulvertrags (MDR 1981, 146) – nur eine deutlich kürzere Vertragsdauer als im vorliegenden Fall vereinbart für zulässig, wenn der Vertrag nicht eine angemessene Probezeit vorsieht, innerhalb derer sich der Kursteilnehmer ohne Nachteile wieder vom Vertrag lösen kann. Da der Beklagte die Vergütung bis zum Wirksamwerden seiner Kündigung gezahlt hat, stehen der Klägerin die geltend gemachten weiteren „Beiträge" nicht zu.

Eine Klausel in einem Ehevermittlungsvertrag, nach der das Institut ein Mitglied bei berechtigten Beanstandungen aus dem Partnerkreis ausschließen kann, wenn nämlich das Mitglied durch sein Verhalten den Interessen der Mitglieder oder dem Ansehen des Instituts schadet, benachteiligt das Mitglied nicht unangemessen und ist wirksam, denn die Ausschlußklausel geht nicht über die Kündigungsmöglichkeit des § 626 Abs. 1 BGB hinaus. 76

LG Düsseldorf, Urteil vom 7. 8. 1985 – 12 O 87/85 – nicht rechtskräftig;

Sachverhalt:

Der Beklagte befaßt sich gewerbsmäßig mit der Vermittlung von Partnerschaftskontakten. Er schließt mit seinen Kunden Verträge ab, die die Überschrift „Beitrittserklärung zum Partnerkreis für moderne Eheanbahnung" tragen. Auf der Rückseite enthalten die Vertragsformulare Allgemeine Geschäftsbedingungen, die u. a. die Klauseln enthalten:

„Austritt
Bei Ausscheiden aus dem Partnerkreis erfolgt keine Rückvergütung der Aufnahmegebühr.

Ausschluß
Das Institut behält sich vor, ein Mitglied bei berechtigten Beanstandungen aus dem Partnerkreis auszuschließen. Das tritt ein, wenn ein Mitglied durch sein Verhalten den Interessen der Mitglieder oder dem Ansehen des Institutes schadet."

Der Kläger, ein Verbrauchersschutzverein, ist der Ansicht, daß der Beklagte nach §§ 13, 9 AGB-Gesetz verpflichtet ist, die Verwendung dieser Klauseln zukünftig zu unterlassen.

Der Beklagte hat den Klageantrag hinsichtlich der ersten Klausel anerkannt.

Das Landgericht hat den Beklagten seinem Anerkenntnis gemäß verurteilt und im übrigen die Klage abgewiesen.

Aus den Gründen:

Der Kläger kann gegen den Beklagten aus §§ 13 Abs. 1, 9 Abs. 1 und 2 AGB-Gesetz keinen Anspruch herleiten, es zu unterlassen, in seinen Allgemeinen Geschäftsbedingungen für Verträge, die zum Zwecke der Vermittlung von Partnern, insbesondere Ehepartnern, geschlossen werden, die Klausel zu verwenden, „Das Institut behält sich vor, ein Mitglied bei berechtigten Beanstandungen aus dem Partnerkreis auszuschließen. Das tritt ein, wenn ein Mitglied durch sein Verhalten den Interessen der Mitglieder oder dem Ansehen des Institutes schadet". Mit dieser Klausel wird der Vertragspartner des Verwenders – des Beklagten – nicht entgegen den Geboten von Treu und Glauben unangemessen benachteiligt. Die vom Beklagten verwandte sogenannte Ausschlußklausel verstößt nämlich nicht gegen die wesentlichen Grundgedanken des Ehemaklerrechts.

Zunächst ist die Kammer nicht der Ansicht des Klägers, daß es sich bei dieser Klausel tatsächlich um eine einseitige Kündigungsregelung handele. Dies wäre nur dann der Fall, wenn eine Vereinbarung vorliegen würde, nach der es für den Auftraggeber ausgeschlossen wäre, den Ehemaklervertrag zu kündigen. Das läßt sich dem Wortlaut der sogenannten Ausschlußklausel jedoch nicht entnehmen. Allein die Nennung von Kündigungsgründen zugunsten des Beklagten als Verwender von Allgemeinen Geschäftsbedingungen schließt es nicht aus, daß auch der Auftraggeber den Ehemaklervertrag kündigen kann.

Die Kammer ist auch nicht der Ansicht, daß die vom Kläger beanstandete sogenannte Ausschlußklausel über die Kündigungsmöglichkeit des § 626 Abs. 1 BGB hinausgeht. Hierbei kann dahingestellt bleiben, ob § 626 Abs. 1 BGB bei einem Ehemaklervertrag die einzige Möglichkeit der Kündigung zugunsten des Ehemaklers darstellt. Ob eine berechtigte Beanstandung im Sinne dieser Klausel vorliegt und inwieweit den Interessen der Mitglieder des Institutes des Beklagten bzw. diesem selbst geschadet worden ist, entscheidet – wie bei § 626 Abs. 1 BGB – der Einzelfall. Damit kann auch die Rechtmäßigkeit eines Ausschlusses im Einzelfall anhand der sogenannten Ausschlußklausel gerichtlich überprüft werden. In diesem Zusammenhang ist dann die Ausschlußklausel unter Umständen im Rahmen der Kündigungsmöglichkeit des § 626 Abs. 1 BGB auszulegen. Das führt allerdings noch nicht zu einer allgemeinen Unwirksamkeit dieser Klausel.

Letztlich ergibt die Erwägung des Klägers, der Vertragspartner sei infolge der pauschalen Formulierung der Kündigungsmöglichkeiten nicht in der Lage, das darin für ihn liegende Risiko abzuschätzen, keine andere Betrachtungsweise. Auch wenn für den Beklagten nur die Kündigungsmöglichkeit des § 626 Abs. 1 BGB gegeben sein sollte, die auch vom Kläger dem Beklagten zugesprochen wird, wäre das oben beschriebene Risiko des Vertragspartners noch größer, da § 626 Abs. 1 BGB lediglich von einem wichtigen Grund spricht. Es ist deshalb nicht einzusehen, weshalb die vom Beklagten verwandte sogenannte Ausschlußklausel im Hinblick darauf zu ungenau sein sollte.

Anmerkung:

Die Revision ist beim BGH unter dem Aktenzeichen IV a ZR 99/86 anhängig.

Nr. 77 *Kündigungsklauseln* § 9

Klauseln in Unterrichtsverträgen, die eine Mindestvertragsdauer von 19 Monaten und die stillschweigende Verlängerung um ein Jahr vorsehen, verstoßen nicht gegen § 9 AGBG und sind wirksam. 77

LG Hamburg, Urteil vom 16. 10. 1985 – 17 S 277/84 – rechtskräftig; NJW 1986, 262.

Sachverhalt:

Der Kläger fordert vom Beklagten unter Bezugnahme auf eine am 28. März 1981 unterzeichnete Lehrgangsanmeldung, die ihn zur Teilnahme an Fitneßtrainingsveranstaltungen und zur Saunabenutzung berechtigte, Lehrgangsgebühren in Höhe von 1798 DM. Hiervon entfallen 1102 DM auf die als Mindestvertragsdauer vorgesehenen Monate vom 1. 4. 1981 bis 31. 10. 1982 und weitere 696 DM auf das hieran anschließende Jahr bis zum 31. 10. 1983. Der Beklagte ist der Meinung, das Vertragsverhältnis durch Verlassen der ersten Trainingsstunde und durch Nichtzahlung sämtlicher Beiträge gekündigt zu haben. Die Vereinbarung einer Mindestvertragsdauer von 19 Monaten sowie der Verlängerungsklausel seien wegen Verstoßes gegen das AGB-Gesetz unwirksam.

Das AG hat den Beklagten unter Hinweis darauf zur Zahlung verurteilt, daß nach Nr. 1 der Vertragsbedingungen Vertragskündigungen durch eingeschriebenen Brief zu erklären seien und demgemäß jedenfalls schriftlich erfolgen müßten. Die Berufung des Beklagten hatte keinen Erfolg.

Aus den Gründen:

Der Beklagte ist verpflichtet, auf das für die Mindestvertragsdauer von 19 Monaten vorgesehene Entgelt nicht nur die nach Abschluß der 1. Instanz zugestandenen 754 DM, sondern auch die darüber hinaus geforderten 348 DM zu zahlen.

Die Vereinbarung einer Mindestvertragsdauer von 19 Monaten, die sich im Rahmen von § 11 Nr. 12a AGBG hält, ist wirksam. Sie verstößt entgegen einer vereinzelt vertretenen Rechtsauffassung (vgl. z. B. LG Frankfurt, NJW 1985, 1717) nicht gegen § 9 AGBG. Es ist mit den Grundsätzen, die von Rechtsprechung und Schrifttum für die Auslegung von Gesetzen entwickelt worden sind (vgl. Palandt/Heinrichs, BGB, 44. Aufl., Einl. Anm. VI 3 m. Nachw.), nicht vereinbar, der in § 11 Nr. 12a AGBG getroffenen gesetzgeberischen Wertung, daß eine Bindung bis zu zwei Jahren bei Dienstverhältnissen durch AGB vorgesehen werden könne, für von Sportschulen angebotene Lehrgänge im Ergebnis die Beachtung zu versagen. Wie der Entstehungsgeschichte des AGB-Gesetzes zu entnehmen ist, ist bei Festlegung der in § 11 Nr. 12a AGBG vorgesehenen Begrenzung u. a. auch die Interessenlage bei „Gymnastik-, Schlankheits- oder Bodybuildingkursen" (vgl. „Vorschläge zur Verbesserung des Schutzes der Verbraucher gegenüber AGB, 1. Teilbericht der Arbeitsgruppe beim Bundesminister der Justiz, S. 83 zu § 8 Nr. 12/ Laufzeit und Kündigung von Dauerschuldverhältnissen") in die Überlegungen einbezogen worden. An die im Gesetzgebungsverfahren getroffene Wertung, daß bei Verträgen dieser Art eine Formularbestimmung, die eine Bindung bis zu zwei Jahren vorsieht, grundsätzlich zulässig ist, sind die Gerichte bei der Gesetzesanwendung gebunden. Die Anerkennung einer zweijährigen Bindung von Verträgen bei Sportlehrgängen führt jedenfalls dann, wenn in diesen ein maßvolles Entgelt vorgesehen ist, nicht zu Ergebnissen, die den Vertragspartner der Sportschule „in einer den Geboten von Treu und Glauben widersprechenden unangemessenen Weise benachteiligen" (§ 9 AGBG). Es mag sein, daß sich die Partner einer Sportschule vielfach erst nach Unterzeichnung des Vertrages über die Lästigkeit der eingegangenen Verpflichtungen klar werden. Es ist jedoch nicht Zweck des § 9 AGBG, voll geschäftsfähige Personen von den lästigen Folgen voreiliger oder nicht hinreichend überlegter Vertragsschlüsse zu bewahren (vgl. OLG Köln, NJW 1983, 1002ff., 1003; LG Hamburg, Beschl. v. 28. 11. 1984 – 18 S 49/84).

Das AG hat den Beklagten auch zu Recht zur Zahlung des für das Verlängerungsjahr geforderten Entgelts von 696 DM verurteilt. Das folgt aus Nr. 1 der Bedingungen des die Parteien verbindenden Vertrages vom 28. 3. 1981. Die Vereinbarung einer auf ein Jahr begrenzten stillschweigenden Verlängerung ist nach § 11 Nr. 12b AGBG zulässig. Die Kündigungsfrist von 3 Monaten entspricht § 11 Nr. 12c AGBG. Die Abgabe der Kündigungserklärung durch „Einschreibebriefe" kann allerdings nicht wirksam vereinbart werden. Das ergibt sich aus § 11 Nr. 16 AGBG, der bestimmt, daß für Anzeigen oder Erklärungen, die den Verwender oder einem anderen Dritten gegenüber abzugeben sind, eine strengere Form als die Schriftform nicht vorgesehen werden kann.

Dies führt jedoch nicht zur Unwirksamkeit dieser Bestimmung. Zwar sind Klauseln, deren Inhalt gegen das AGB-Gesetz verstößt, grundsätzlich im ganzen unwirksam. Für eine Zurückführung verbotswidriger Klauseln auf einen gerade noch zulässigen Inhalt ist grundsätzlich kein Raum (vgl. Palandt/Heinrichs, Vorb. § 8 AGB-Gesetz Anm. 3 b m. Nachw.). Eine Ausnahme gilt jedoch bei nur unbedeutenden Verstößen durch Klauseln, die der Verwender nach sorgfältiger Prüfung der Sach- und Rechtslage subjektiv für voll wirksam halten durfte. Eine derartige Ausnahme ist gegeben, wenn für eine Erklärung an Stelle bloßer Schriftlichkeit die Form „Einschreibebrief" vorgesehen wird. Zu berücksichtigen ist, daß die Form „Einschreibebrief" auch dem wohlverstandenen Interesse des Vertragspartners des Verwenders daran dient, im Streitfalle einen Beleg über die Absendung der Kündigungserklärung in Händen zu haben. Eine schriftliche Kündigung des Vertragsverhältnisses hat der Beklagte nicht vor Ablauf der in Nr. 1 der Vertragsbedingungen vorgesehenen Frist abgegeben.

78 1. **Ein Direkt-Unterrichtsvertrag ist als Dienstvertrag zu qualifizieren.**

2. **Zu unwirksamen Klauseln in einem Direkt-Unterrichtsvertrag, die von wesentlichen Grundgedanken der gesetzlichen Regelung (§§ 626, 628 BGB) abweichen und deshalb nach § 9 Abs. 1 und Abs. 2 Nr. 1 AGBG unwirksam sind.**

LG Berlin, Urteil vom 30. 10. 1985 — 26 O 187/85 — rechtskräftig;

Sachverhalt:

Die Beklagte betreibt ein Fachinstitut für Tanz, Gymnastik und Ballett sowie ein Studio für Bühne, Film und Fernsehen. Im Rahmen ihres Angebots bietet die Beklagte auch Lehrgänge zur Ausbildung als Mannequin und Dressman an, die teilweise kürzer, teilweise länger als drei Monate dauern. Beim Abschluß von Verträgen, die derartige Lehrgänge zum Inhalt haben, legte die Beklagte den Interessenten wiederholt vorformulierte Vertragsbedingungen vor, unter denen sich die aufgeführten Bestimmungen befinden, und zwar auch noch im Jahre 1984:

„a) Das Honorar ist im voraus zahlbar, wenn keine anderen Vereinbarungen am Schluß des Vertrages getroffen werden.
b) Wenn bei Ratenzahlungen eine Rate nicht pünktlich gezahlt wird, so ist das gesamte Honorar sofort fällig.
c) Ich wurde darüber informiert, daß ich für den abgeschlossenen Vertrag aufzukommen habe, auch wenn ich den Kurs nicht besuche. Auch wenn der Unterricht gar nicht oder nur zum Teil wahrgenommen wird, muß das volle Honorar gezahlt werden.
d) Der minderjährige Teilnehmer(in) erklärt ausdrücklich, daß sein (ihr) gesetzl. Vertreter(in) mit der Teilnahme einverstanden ist (sind).

e) Es besteht kein Anspruch auf Ersatz oder Rückerstattung für versäumte Stunden, wobei durch Krankheit nicht wahrgenommener Unterricht keine Ausnahme bilden kann.
f) Im übrigen gelten die öffentlich aushängenden Bestimmungen des Merkblatts und der Studio-Ordnung, die den Teilnehmern bekannt sind und die ausdrücklich Gegenstand dieser Vereinbarung und als solche anerkannt werden.
g) Gerichtsstand: Berlin-Schöneberg."

Nach vergeblicher Aufforderung zur Abgabe einer Unterwerfungserklärung nimmt der Kläger, ein Verbraucherschutzverein, der die Klauseln als gegen §§ 9–11 AGBG verstoßend ansieht, die Beklagte im vorliegenden Verbandsklageverfahren auf Unterlassung in Anspruch.

Das Landgericht hat der Klage in vollem Umfang stattgegeben.

Aus den Gründen:

A) Das erkennende Gericht ist gemäß § 14 Abs. 1 AGBG für die vorliegende Verbandsklage ausschließlich zuständig. Der Kläger ist gemäß § 13 Abs. 2 Nr. 1, Abs. 3 AGBG klagebefugt, die klagegegenständlichen Unterlassungsansprüche im Sinne des § 13 Abs. 1 AGBG in dem erhobenen Umfang geltend zu machen. Der Klageantrag genügt den Anforderungen des § 15 Abs. 2 AGBG.

B) Gemäß § 13 Abs. 1 AGBG kann auf Unterlassung in Anspruch genommen werden, wer in Allgemeinen Geschäftsbedingungen Bestimmungen verwendet, die nach §§ 9–11 AGBG unwirksam sind. Diese Voraussetzungen sind vorliegend insgesamt und auch hinsichtlich der einzelnen angegriffenen Klauseln erfüllt.

I. 1. Das Gesetz zur Regelung des Rechts der Allgemeinen Geschäftsbedingungen (AGBG) ist auf die von der Beklagten abgeschlossenen Privat-Direkt-Unterrichtsverträge anwendbar. Derartige Unterrichtsverträge – mögen sie auch in schulischer, lehrgangsartiger Form durchgeführt werden – sind nicht gemäß § 23 AGBG vom Anwendungsbereich des AGBG ausgenommen. Entgegen der Auffassung der Beklagten handelt es sich bei den betroffenen Verträgen, kraft derer die für Mannequins, Vorführdamen, Dressmen und Fotomodelle erforderlichen Fähigkeiten vermittelt werden sollen, um Dienst- und nicht um Werkverträge, auch wenn die Ablegung einer Prüfung mit Abschlußzeugnis vorgesehen ist. Unterrichtsverträge sind Dienstverträge (Wolf/Horn/Lindacher, § 9 AGBG, Stichwort „Unterrichtsvertrag", Rdnr. U 1; vgl. auch Palandt/Putzo, 44. Aufl., Einf. vor § 611 BGB, Anm. 2a). Maßgeblich ist eine Tätigkeit geschuldet, auch wenn diese in qualifizierter Form zu erbringen ist, nicht aber ein Erfolg, kann dieser doch bei unbegabten oder unwilligen Teilnehmern gar nicht garantiert werden. Die Prüfungsabnahme und Zeugniserteilung gibt dem Absolventen einen Leistungsnachweis an die Hand, ändert an dieser Bewertung aber nichts.

2. Die Beklagte verwendet auch Bestimmungen in Allgemeinen Geschäftsbedingungen. Im Rahmen des vorliegenden Verbandsklageverfahrens ist eine Verwendung schon dann zu bejahen, wenn die in Frage stehenden, für eine Vielzahl von Verträgen vorformulierten Vertragsbedingungen in Verbindung mit Vertragsangeboten oder Aufforderungen zur Abgabe von Vertragsangeboten potentiellen Vertragspartnern präsentiert werden (Wolf/Horn/Lindacher, § 13 AGBG, Rdnr. 31 m. w. N.; a. A. Gerlach in MK, 1. Aufl., § 13 AGBG, Rdnr. 19 m. w. N.), was hier unstreitig wiederholt geschehen ist. Zu Recht hat sich schon der Rechtsausschuß des Bundestages (BT-DrS 7/5422 S. 10) im Hinblick auf die besondere Zwecksetzung des abstrakten Prüfungsverfahrens für eine vorverlegende Deutung des Begriffes „verwenden" in § 13 Abs. 1 AGBG ausgesprochen.

II. Die Klauseln a) bis g) sind unwirksam, weil sie gegen Bestimmungen der §§ 9–11 AGBG verstoßen. Im einzelnen gilt:

1. Sofern es sich um einen Vertrag mit einer bestimmungsgemäßen Laufzeit von mehr als 3 Monaten handelt – nur unter dieser Voraussetzung greift der Kläger die betroffene Klausel an –, verstößt die in der Urteilsformel zu Ziff. 1 a) wiedergegebene Klausel gegen § 9 Abs. 1, Abs. 2 Nr. 1 AGBG.

Gemäß § 9 Abs. 1 AGBG sind Bestimmungen in Allgemeinen Geschäftsbedingungen unwirksam, wenn sie den Vertragspartner des Verwenders entgegen den Geboten von Treu und Glauben unangemessen benachteiligen. Gemäß § 9 Abs. 2 Nr. 1 AGBG ist eine unangemessene Benachteiligung im Zweifel anzunehmen, wenn eine Bestimmung mit wesentlichen Grundgedanken der gesetzlichen Regelung, von der abgewichen wird, nicht zu vereinbaren ist.

Gemäß dem gesetzlichen Leitbild ist gemäß § 614 BGB bei Dienstverträgen die Vergütung nach der Leistung der Dienste zu entrichten. Jedenfalls dann, wenn bei den hier betroffenen Verträgen eine Vorauszahlungspflicht für mehr als 3 Monate begründet wird, ist die Statuierung einer Vorleistungspflicht des Dienstberechtigten mit wesentlichen Grundgedanken der gesetzlichen Regelung unvereinbar und benachteiligt den Vertragspartner unangemessen. Denn bei einer Vorleistungspflicht des Dienstberechtigten in einem derartigen Umfang werden seine anerkennenswerten Interessen in einem Maße zurückgesetzt, das sich nicht mehr mit schutzwürdigen Interessen des Dienstverpflichteten rechtfertigen läßt. Für eine Vorleistungspflicht für mehr als drei Monate können die Interessen der Beklagten, ihre laufenden fixen Kosten zur Aufrechterhaltung des Unterrichtsbetriebes bereits so frühzeitig zu erhalten, daß die Aufrechterhaltung des Lehrgangsbetriebes für einen angemessenen Zeitraum gewährleistet ist, ihren Verwaltungsaufwand gering zu halten und sich gegen verschlechterte Vermögensverhältnisse ihrer Vertragspartner abzusichern, nicht mehr rechtfertigend herangezogen werden. Andererseits belastet eine länger als drei Monate betragende Vorleistungspflicht den Dienstberechtigten unter Berücksichtigung der Höhe der Lehrgangsgebühren finanziell beträchtlich.

Das hier gefundene Ergebnis ergibt sich bereits aus § 9 Abs. 1, Abs. 2 Nr. 1 AGBG (vgl. zur Anwendbarkeit des § 9 AGBG bei Abweichungen von einer gesetzlichen Vorleistungspflicht: Wolf/Horn/Lindacher, § 9 AGBG, Stichwort „Vorleistungspflicht", Rdnr. V 72), ohne daß es einer analogen Anwendung des § 2 Abs. 2 FernUschutzG für die Direktunterrichtsverträge bedarf (vgl. Dörner, NJW 1979, S. 241, 248; vgl. ferner auch Ulmer/Brandner/Hensen, AGBG, 4. Aufl., Anhang §§ 9–11, Stichwort „Direktunterricht").

2. Die aus b) ersichtliche Vorfälligkeitsklausel ist wegen Verstoßes gegen § 9 Abs. 1 AGBG unwirksam. Die Formulierung „wenn eine Rate nicht pünktlich gezahlt wird" ist mehrdeutig. Sie erfaßt nicht nur den Verzug im Sinne der §§ 284 ff. BGB, also eine vom Schuldner zu vertretende Nichtzahlung. Vielmehr kann ihr nach der maßgeblichen Verständnismöglichkeit des Durchschnittskunden gleichfalls entnommen werden, daß die durch sie geregelte Bedingung für die Vorfälligkeit der Restschuld auch bei unverschuldeter nicht rechtzeitiger Zahlung eintreten soll. Läßt eine AGB-Bestimmung mehrere ernsthaft in Betracht kommende Deutungsalternativen zu, ist im Verbandsprozeß nach § 13 AGBG von der dem Kunden ungünstigsten Auslegung auszugehen. Da dies hier die Deutungsalternative ist, nach der die Vorfälligkeit bei unverschuldetem Zahlungsrück-

stand eintreten soll, kommt es somit allein darauf an, ob die Klausel mit diesem Inhalt der Wirksamkeitskontrolle nach § 9 AGBG standhält. Dies ist nicht der Fall (vgl. ebenso zu einem parallel gelagerten Fall BGH, Urteil v. 19. Juni 1985, VIII ZR 238/84 in NJW 1985, S. 2329, 2330 unter 2.). Die vorliegende Klausel benachteiligt den Kunden des Klauselverwenders entgegen den Geboten von Treu und Glauben in unangemessener Weise, weil sie die sofortige Fälligkeit der Restschuld an einen unverschuldeten Zahlungsrückstand mit einer Rate knüpft. Damit berücksichtigt sie nämlich einseitig die Interessen des Verwenders, ohne daß auf seiner Seite beachtliche Gründe für eine solche verschuldensunabhängige Sanktion erkennbar sind. Anderseits wird der Kunde durch den Verlust seines Rechts, das geschuldete Entgelt in Raten zahlen zu dürfen, wirtschaftlich nicht unerheblich betroffen. Dies ist bei einer Allgemeinen Geschäftsbedingung jedenfalls dann nicht mehr angemessen, wenn den Kunden an dem den Rechtsverlust auslösenden Zahlungsrückstand kein Verschulden trifft und damit ein Verzug nicht vorliegt (§ 285 BGB). Es kann dahinstehen, ob die Klausel auch aus anderen Gründen gegen §§ 9–11 AGBG verstößt.

3. Auch die in c) wiedergegebene Klausel ist wegen Verstoßes gegen § 9 Abs. 1, Abs. 2 Nr. 1 AGBG unwirksam.

a) Der erste Satz dieser Klausel suggeriert nach der im Verbandsklageverfahren zugrundezulegenden, dem Kunden ungünstigsten der ernsthaft in Betracht kommenden Deutungsalternativen, es werde auch die unabdingbare Kündigung aus wichtigem Grund aus § 626 BGB ausgeschlossen. Schon dies führt zur Unwirksamkeit. Es kann daher dahinstehen, ob der Ausschluß der ordentlichen Kündigung im vorliegenden Fall als zulässig zu erachten ist (vgl. dazu etwa BGH NJW 1984, S. 1531, 1532).

b) Der zweite Satz dieser angegriffenen Klausel ist schon deshalb unwirksam, weil er bei der dem Kunden ungünstigsten Auslegungsmöglichkeit beinhaltet, daß der Vertragspartner auch in dem Fall, daß er den Vertrag wirksam gemäß § 626 BGB wegen einer Krankheit kündigt, die ihm die Fortsetzung der Teilnahme am Unterricht unmöglich macht, keine Rückerstattung der vorgeleisteten Vergütung verlangen kann, die über den den bisherigen Leistungen entsprechenden Teil hinausgeht. Dieses Recht muß ihm jedoch nach §§ 626, 628 BGB zugestanden werden.

Ferner wird – unangemessen von § 615 BGB abweichend – an ein bloßes Versäumen des Unterrichts angeknüpft, nicht aber an ein Verschulden des Schülers, das einen Annahmeverzug im Sinne des § 615 BGB voraussetzt. Ausweislich des von ihr eingereichten Prospektes bietet die Beklagte nicht ausschließlich Gruppenunterricht, sondern auch Einzelstunden an. Jedenfalls für derartige Einzelstunden trägt die Klausel auch nicht dem Gedanken des § 615 Satz 2 BGB Rechnung, daß sich der Dienstberechtigte den Wert desjenigen anrechnen lassen muß, was er infolge des Unterbleibens der Dienstleistung erspart oder durch anderweitige Verwendung seiner Dienste erwirbt oder zu erwerben böswillig unterläßt.

4. Die Klausel d) verstößt gegen § 11 Nr. 15 b AGBG, weil sich die Beklagte damit klauselmäßig vom anderen Vertragsteil eine bestimmte Tatsache bestätigen läßt und sich dadurch die Beweislast zum Nachteil der anderen Vertragspartei ändert. Die Zustimmung des gesetzlichen Vertreters wäre im Streitfall von der hiesigen Beklagten zu beweisen, wenn sich der Minderjährige auf die Unwirksamkeit des Vertrages mangels Zustimmung seines gesetzlichen Vertreters beruft. Wäre die klauselmäßige Bestätigung wirksam, hätte dies eine Umkehr der Beweislast zur Folge.

5. Die Klausel e) verstößt gegen § 9 Abs. 1, Abs. 2 Nr. 1 AGBG. Nach der im Verbandsklageverfahren zugrundezulegenden, dem Kunden ungünstigsten der möglichen Auslegungen beinhaltet sie, daß der Vertragspartner auch in dem Fall, daß er den Vertrag wirksam gemäß § 626 BGB wegen einer Krankheit kündigt, die ihm die Fortsetzung der Teilnahme am Unterricht unmöglich macht, keine Rückerstattung der vorgeleisteten Vergütung verlangen kann, die über den den bisherigen Leistungen entsprechenden Teil hinausgeht. Damit wird von § 626, 628 BGB als wesentlichen Grundgedanken der gesetzlichen Regelung abgewichen.

6. Die Klausel f) verstößt gegen § 11 Nr. 15 b AGBG. Es handelt sich um eine Bestimmung, durch die der Verwender die Beweislast zum Nachteil des anderen Vertragsteils ändert, indem er diesen bestimmte Tatsachen bestätigen läßt.

Befinden sich die in Bezug genommenen Bestimmungen und die Einbeziehungsklausel auf derselben Urkunde, ist die Möglichkeit zur Kenntnisnahme der ergänzenden Bestimmungen im Sinne des § 2 Abs. 1 Nr. 2 AGBG von vornherein unstreitig, hat die Klausel also nur feststellenden Charakter und unterliegt weder § 11 Nr. 15 noch § 9 AGBG (BGH NJW 1982, S. 1388 f.). Sollen die ergänzenden Bestimmungen wie hier jedoch nur aushängen und nur auf Wunsch ausgehändigt werden, kann später durchaus Streit entstehen, ob bei Vertragsschluß die Möglichkeit bestanden hat, auf zumutbare Weise von ihrem Inhalt Kenntnis zu erlangen. Ihre Einbeziehung ist also nicht von vornherein außer Zweifel, so daß der Bestätigung des Aushanges und der Kenntnis der Bestimmungen hier zusätzlich die Funktion zukommt, daß eine Tatsache bestätigt und dadurch die Beweislast für die Einbeziehung zu Lasten des Vertragspartners geändert wird. Dies verstößt gegen § 11 Nr. 15 b AGBG, ohne daß es im einzelnen auf den Inhalt der Bestimmungen ankommt, die jedenfalls zum Teil rechtliche Bedeutung haben.

7. Die Klausel g) verstößt gegen § 38 ZPO, der Gerichtsstandsvereinbarungen mit Nichtkaufleuten nur in engen, aufgeführten Ausnahmefällen zuläßt, und damit zugleich gegen § 9 Abs. 1, Abs. 2 Nr. 1 AGBG (BGH NJW 1983, S. 1320, 1322 unter 7.).

III. Die Wiederholungsgefahr folgt daraus, daß die Beklagte die streitigen Klauseln wiederholt auch nach Inkrafttreten des AGBG verwendet und sich zudem zu einer Unterwerfungserklärung nicht bereit gefunden hat. In die nach § 17 AGBG zu fassende Urteilsformel war neben dem Verbot, die beanstandeten Klauseln zukünftig zu verwenden, auch das Verbot aufzunehmen, sich auf die streitigen Klauseln bei der Abwicklung nach dem 1. April 1977 abgeschlossener Verträge zu berufen (BGH NJW 1981, S. 1511).

79 Eine in Allgemeinen Geschäftsbedingungen eines Studios für Körperbildung enthaltene Bestimmung, nach der eine Kündigung aus wichtigem Grund möglich ist bei Vorlage eines amtsärztlichen Attests, ist nach § 9 Abs. 2 Nr. 1 AGBG in Verbindung mit § 626 BGB unwirksam, denn die Lösungsmöglichkeit des Kunden wird durch das Erfordernis eines amtsärztlichen Attests zum Nachweis des wichtigen Grundes unangemessen erschwert.

LG Düsseldorf, Urteil vom 27. 11. 1985 – 12 O 271/85 – rechtskräftig;

Auf den Abdruck von **Sachverhalt** und **Gründen** wird verzichtet.

Nr. 80 *Kündigungsklauseln* § 9

Die formularmäßige Verlängerung eines Bodybuildingkurses um ein Jahr, falls 80 der Kunde nicht sechs Wochen vor Ablauf der Erstlaufzeit kündigt, ist gem. § 9 Abs. 2 Nr. 1 AGBG unwirksam.

AG Dülmen, Urteil vom 6. 2. 1985 – 3 C 485/84 – rechtskräftig; NJW 1985, 1718.

Sachverhalt:

Die Parteien streiten um die Bezahlung der Gebühren für einen Bodybuildingkursus. Sie schlossen einen Vertrag für die Dauer vom 15. 1. 1984 bis zum 15. 7. 1984. Für diesen Zeitraum hat der Beklagte alle Zahlungen geleistet. Die Kläger verlangen nun von dem Beklagten die Bezahlung weiterer Gebühren für ein ganzes Jahr. Zur Begründung berufen sie sich auf den Vertragstext, der eine Klausel enthält, nach der der Vertrag sich stillschweigend um 12 Monate verlängert, wenn er nicht sechs Wochen vor Ablauf schriftlich per Einschreiben gekündigt wird.

Das AG hat die Klage abgewiesen.

Aus den Gründen:

... Den Klägern steht der geltend gemachte Anspruch auf die weiteren Kursgebühren ab Mitte Juli 1984 nicht zu. Das Vertragsverhältnis ist am 15. 7. 1984 durch Ablauf der vereinbarten Laufzeit erloschen. Die Verlängerung um ein ganzes Jahr, falls der Kunde nicht sechs Wochen vor Ablauf der Erstlaufzeit kündigt, ist mit den Bestimmungen des AGB-Gesetzes nicht vereinbar ... Die in den Vertrag durch Unterschrift des Beklagten einbezogene Klausel stellt eine unangemessene Benachteiligung des Beklagten nach § 9 Abs. 2 Nr. 1 AGBG dar. Eine solche ist anzunehmen, wenn die Bestimmung gegen die Wertung einer gesetzlichen Regelung verstößt. Hier widerspricht sie den Grundgedanken des § 11 Nr. 12b AGBG. Die Vorschrift regelt die Laufzeit von bestimmten Dauerschuldverhältnissen, zu denen Verträge gehören, die die regelmäßige Erbringung von Dienst- oder Werkleistungen durch den Verwender zum Gegenstand haben. Darunter fallen Unterrichtsverträge aller Art, wie auch der hier zur Entscheidung stehende Bodybuildingkursus (so Kötz, in: MünchKomm, 2. Aufl. [1984], § 11 Nr. 12 AGB-Gesetz Rdnr. 134; Wolf/Horn/Lindacher, AGB-Gesetz, 1984, § 11 Nr. 12b Rdnr. 6). Die Kläger haben eine Vertragsverlängerung um ein Jahr festgesetzt. Zwar ist diese Regelung nach dem Wortlaut des § 11 Nr. 12b AGBG zulässig. Danach sind nur stillschweigende Verlängerungen um mehr als ein Jahr unwirksam. Dennoch ist die Vertragsklausel unzulässig. Die genannte Vorschrift beinhaltet nämlich nicht, daß für sämtliche dort geregelten Dauerschuldverhältnisse eine Verlängerung um jeweils ein Jahr ausbedungen werden darf. Vielmehr ist die Frist von einem Jahr die äußerste Grenze der zumutbaren Bindung. Sie ist angemessen bei Verträgen, die etwa eine einzige oder eine zweimal im Jahr zu erbringende Leistung zum Inhalt haben. Demgegenüber ist sie abwegig bei Unterrichtsstunden jeder Art, die wöchentlich erteilt werden (vgl. Kötz, in: MünchKomm, § 11 Nr. 12 AGB-Gesetz Rdnr. 138; Wolf/Horn/Lindacher, § 11 Nr. 12b AGB-Gesetz Rdnr. 14).

Der von dem Beklagten belegte Bodybuildingkursus hatte eine Erstlaufzeit von sechs Monaten. Im Hinblick darauf und auf die Eigenart dieses Kurses erscheint eine Verlängerung um das Doppelte der Erstlaufzeit als unangemessen lang. Der Kunde wird übergebührlich lange an das ohnehin schon auf einige Dauer angelegte Vertragsverhältnis gebunden. Es ist aber gerade Sinn und Zweck der gesetzlichen Regelung, den Verbraucher zu schützen. Dieser übersieht zumeist nicht bei Abschluß eines solchen Vertrages, der oft ein erhebliches Entgelt fordert, die ihm gestellten Klauseln (vgl. Ulmer/Brandner/Hensen, AGB-Gesetz, 4. Aufl., [1982], § 11 Nr. 12 AGB-Gesetz Rdnr. 1). Der Kunde kann nicht von vornherein absehen, wie sich die Voraussetzungen für die Kursteilnahme seinerseits entwickeln, so daß die Verpflichtung zur Zahlung zwölf weiterer Kursgebühren für ihn eine unbillige Härte darstellen kann. Ein Verlängerungszeitraum, der sich von den Grundsätzen der §§ 621, 625 BGB so weit entfernt, kann nach alledem den Anforderungen des § 9 AGB-Gesetz nicht standhalten.

81 **1. Die Bestimmung auf dem Bestellformular für Luftbilder, nach der der Auftrag unwiderruflich ist, ist nach § 9 AGBG unwirksam, denn durch den formularmäßigen Ausschluß des Kündigungsrechts (§ 649 BGB) wird der Besteller unangemessen benachteiligt.**

2. Hat der Hersteller des Luftbildes falsche Angaben über den Aufwand zur Herstellung des Bildes gemacht, so kann dies ein Kündigungsgrund des Bestellers sein, der den Vergütungsanspruch des Herstellers insgesamt entfallen läßt.

AG Leonberg, Urteil vom 2. 8. 1985 – 5 C 466/85 – rechtskräftig; NJW-RR 1986, 277.

Auf den Abdruck von **Sachverhalt** und **Gründen** wird verzichtet.

82 Eine unangemessene Benachteiligung i. S. des § 9 AGB-Gesetz liegt auch dann vor, wenn bei einem Vertrag über die regelmäßige Erbringung von Werkleistungen mit gleichzeitiger Garantie kein Kündigungsrecht eingeräumt wird.

AG Helmstedt, Urteil vom 22. 10. 1985 – 3 C 437/85 – rechtskräftig; NJW-RR 1986, 274.

Sachverhalt:

Im Jahr 1968 ließ sich der Beklagte von der Klägerin auf seinem Haus eine Blitzschutzanlage errichten. Er unterzeichnete am 29. 3. 1968 einen schriftlichen Prüfungsauftrag, wonach sich der Gebäudeeigentümer verpflichtete, die Blitzschutzanlage alle 3 Jahre durch die Klägerin oder eine von ihr beauftragte Stelle prüfen und die Erdeinführungsarmaturen mit frischem Schutzanstrich versehen zu lassen. Das Abkommen sollte sich auf 10 Prüfungen erstrecken und sich jeweils um drei weitere Prüfungen verlängern, wenn keine Kündigung durch Einschreibebrief nach der letzten Prüfung in der Zeit vom 1. 10.–31. 12. erfolgte.

Der Beklagte übertrug das Eigentum an dem Haus nach seiner Ehescheidung auf seine geschiedene Ehefrau. Als ein Beauftragter der Klägerin im Jahr 1984 die Prüfung durchführen wollte, wurde diesem das durch die Ehefrau des Beklagten verwehrt.

Nach den Bestimmungen des Vertrages vom 29. 3. 1968 verlangt die Klägerin 50% der restlichen Gebühren als Abfindung, da der Vertrag seitens des Auftraggebers nicht eingehalten worden sei. Weiter verlangt sie 30,- DM Kosten der nutzlosen Anfahrt des Monteurs.

Die Klage hatte keinen Erfolg.

Aus den Gründen:

Die Klägerin hat keinen Anspruch gegen den Beklagten auf Zahlung.

Die formularmäßige Ausgestaltung des Vertragstextes unterliegt der Kontrolle des Gesetzes zur Regelung des Rechts der Allgemeinen Geschäftsbedingungen. Dies gilt auch für den Vertrag, der zwischen den Parteien vor Inkrafttreten des Gesetzes über das Recht der Allgemeinen Geschäftsbedingungen abgeschlossen worden ist.

Gegenstand des Vertrages ist die regelmäßige Erbringung von Werkleistungen im Sinne von § 28 Abs. 2 AGBG. Für die Regelmäßigkeit ist nicht erforderlich, daß die Leistung des Verwenders der Allgemeinen Geschäftsbedingungen regelmäßig an festbestimmten Terminen zu wiederholen ist. Erfaßt sind nicht nur regelmäßig wiederkehrende Leistungen, wie sie § 197 BGB aufführt; es genügt, wenn die Leistungen aufgrund desselben Rechtsverhältnisses wiederkehrend sind, sich also nicht in einmaliger Lieferung und Tätigkeit des Verwenders erschöpfen (vgl. Koch/Stübing, AGBG, § 11 Nr. 12 Rdnr. 9).

Gemäß § 9 Abs. 1 AGBG sind Bestimmungen in allgemeinen Geschäftsbedingungen unwirksam, wenn sie den Vertragspartner entgegen den Geboten von Treu und Glauben unangemessen benachteiligen.

Die Benachteiligung ist darin zu sehen, daß es für den Besteller keine Möglichkeit gibt, sich von dem Vertrag zu lösen. Die Benachteiligung wird auch nicht dadurch aufgehoben, daß dem Besteller eine zwanzigjährige Garantie für die Blitzschutzanlage eingeräumt wird. Daß es der Klägerin gar nicht um die Garantie geht, wird schon dadurch deutlich, daß sich der Besteller für die Zeit von dreißig Jahren verpflichtet, die Leistungen der Klägerin in Anspruch zu nehmen. Dem Besteller ist selbst für den Fall, daß er das Eigentum an seinem Hause, auf dem die Blitzschutzanlage montiert ist, überträgt oder auf sonstige Weise verliert, kein Kündigungsrecht eingeräumt. Durch den zwischen den Parteien geschlossenen Vertrag wird das Risiko einseitig auf den Besteller abgewälzt. Gemäß § 11 Ziffer 12a AGBG ist eine den anderen Vertragsteil länger als zwei Jahre bindende Laufzeit des Vertrages unwirksam. Diese Unwirksamkeit führt im Rahmen der Prüfung gemäß § 9 AGBG dazu, daß die entsprechende Klausel im Vertrag als unwirksam angesehen werden muß.

§ 9 – Maklervertragsklauseln

Das Versprechen eines erfolgsunabhängigen Entgelts für den Nachweis oder die Vermittlung einer Finanzierung in AGB ist unwirksam, auch wenn der Makler eine Verpflichtung zur Tätigkeit und eine gewisse Garantie übernommen hat.

83

BGH, Urteil vom 20. 3. 1985 – IV a ZR 223/83; BB 1985, 1151 = MDR 1985, 653 = NJW 1985, 2477 = WM 1985, 751.

Sachverhalt:

Der Kläger verlangt die Rückzahlung einer Finanzierungsvermittlungsgebühr, die er als Bauherr bei dem Erwerb einer Eigentumswohnung nach dem Bauherrenmodell bezahlt hat. Die Bauherrengemeinschaft kam auf Initiative der Beklagten, einer Wohnungsbauträgergesellschaft, zustande. Diese hatte bebaubare Grundstücke zur Verfügung und wandte sich an den Wirtschaftsprüfer S., um Möglichkeit und wirtschaftliche Chancen einer Bebauung nach dem Bauherrenmodell überprüfen zu lassen. Dieser legte der Beklagten unter anderem das Vertragsmuster eines Finanzierungsvermittlungsvertrages vor, das auf seinen Vorschlag hin noch um die Bestimmung des § 4 Nr. 4 Abs. 2 ergänzt wurde. Der Wirtschaftsprüfer S. erklärte sich nach weiteren Überarbeitungen der Vertragsmuster bereit, die Treuhandschaft für die Bauherren zu übernehmen. Er schloß in der Folgezeit mit Interessenten Treuhand- und Geschäftsbesorgungsverträge ab zur Wahrnehmung u. a. der Rechte und wirtschaftlichen Interessen der Bauherren beim Grundstückserwerb und Bau, der Finanzierung und zu deren Vertretung beim Abschluß und bei der Durchführung der erforderlichen Verträge. Auch der Kläger begründete ein derartiges Treuhandverhältnis. Der Wirtschaftsprüfer S. schloß sodann aufgrund der Ermächtigungen für den Kläger unter anderem den Finanzierungsvermittlungsvertrag. Dieser lautet auszugsweise:

„Finanzierungsvermittlungsvertrag

§ 1 Finanzierungsvermittlung

Der Beauftragte ist verpflichtet, dem Bauherren für das Bauvorhaben nachstehende Fremdfinanzierungsmittel nachzuweisen bzw. zu beschaffen:
1. den erforderlichen Bauzwischenkredit
2. die Dauerfinanzierung ...

§ 2 Vertragsdurchführung

1. Der Beauftragte übernimmt die Verpflichtung aus diesem Vertrag mit der Sorgfalt eines ordentlichen Kaufmanns.
2. Der Beauftragte gewährleistet die Beschaffung der erforderlichen Zwischen- und Dauerfinanzierungsmittel ...

§ 4 Vergütung

1. Der Beauftragte erhält für den Nachweis oder die Vermittlung der Zwischenfinanzierung ein Entgelt.
2. Der Beauftragte erhält für den Nachweis oder die Vermittlung der Endfinanzierung ein Entgelt.
3. Die Vergütungen werden mit Abschluß dieses Vertrages fällig.
4. Das Entgelt gilt zwischen den Parteien als fest vereinbart.

Das Entgelt ist auch dann zu zahlen, wenn der Bauherr die nachgewiesene bzw. vermittelte Finanzierung nicht bzw. nicht in voller Höhe in Anspruch nimmt."

Der Kläger bezahlte das vereinbarte Entgelt für die Endfinanzierung im voraus, nahm jedoch die Endfinanzierung nicht an. Er hält § 4 Nr. 4 Abs. 2 des Finanzierungsvermittlungsvertrages für unwirksam (§ 9 AGBG) und fordert die Vermittlungsgebühr nebst Zinsen zurück. Landgericht und Oberlandesgericht haben der Klage stattgegeben. Die Revision der Beklagten hatte keinen Erfolg.

Aus den Gründen:

I.

Das Berufungsgericht sieht die Beklagte als Verwenderin der streitigen Klausel an: Sie habe sich § 4 Nr. 4 Abs. 2 des Finanzierungsvermittlungsvertrages einseitig zu ihren Gunsten zunutze gemacht, ohne daß von den Parteien vorher im einzelnen darüber gesprochen worden wäre. Die Klausel begünstige sie einseitig, liege also ausschließlich in ihrem Interesse. Als der Wirtschaftsprüfer S. die Klausel nach Absprache mit der Beklagten festgelegt habe, sei er dem Kläger gegenüber noch nicht treuhänderisch gebunden gewesen. Es habe vielmehr ein Interessengleichklang zwischen dem Wirtschaftsprüfer und der Beklagten bestanden. Es erscheine deshalb nach Treu und Glauben gerechtfertigt, die Beklagte beim späteren formalen Abschluß der Verträge mit dem Kläger als Verwenderin anzusehen.

Demgegenüber beruft sich die Revision darauf, S. sei Vertreter des Klägers und sein Treuhänder; die Klausel sei deshalb zumindest von beiden Seiten verwendet worden. Dieser Betrachtungsweise folgt der Senat nicht. Zwar ist der Vertrag nicht vom Kläger selbst, sondern von seinem rechtsgeschäftlichen Vertreter, dem Treuhänder des Bauvorhabens, der die Vertragsklauseln maßgeblich formuliert hatte, abgeschlossen worden. Arbeiten der Treuhänder eines Bauherren und der Bauträger das Formular gemeinsam aus und legen es dann den Verträgen, die der Treuhänder im Namen der am Bauvorhaben beteiligten Bauherren mit dem Bauträger schließt, zugrunde, so liegt der Tatbestand des § 1 Abs. 1 Satz 1 AGBG nicht vor; denn die Vorschrift setzt voraus, daß die im Formularvertrag enthaltenen Bedingungen von einer Seite einseitig dem anderen Vertragspartner auferlegt worden sind (Senatsurteil vom 7. Dezember 1983 unter III 2 – IV a ZR 52/82 = WM 1984, 240 = BB 1984, 564). Die in diesem Urteil angesprochene Fallgestaltung ist hier aber nicht gegeben. Der Berufungsrichter hebt zu Recht darauf ab, daß der Wirtschaftsprüfer S. die Vertragsklauseln zu einer Zeit formulierte, als er noch nicht Treuhänder der Bauherren war. Unstreitig war er allein im Auftrag der Beklagten tätig, als er im Einverständnis mit ihr die Vertragstexte formulierte.

Die Beklagte hat sich danach des Wirtschaftsprüfers als ihres Beraters für die Formulierung der Verträge bedient. Da auf ihre Veranlassung die so für sie formulierten Verträge bei den Vertragsabschlüssen mit den Bauherren unverändert zugrundegelegt wurden, ohne daß über Einzelheiten gesprochen worden wäre, hat sie die Vertragsklauseln gestellt und ist Verwenderin im Sinne des § 1 Abs. 1 Satz 1 AGBG. Daran ändert nichts, daß der Wirtschaftsprüfer S. nach Festlegung der Bedingungen auch für die andere Seite als Treuhänder aufgetreten ist. Denn zur Zeit der Formulierung der Vertragsklauseln hatte er kein Mandat von den Bauherren, ihre Interessen wahrzunehmen, war vielmehr nur im Auftrag der Beklagten tätig. Nachdem er von den Bauherren zum Treuhänder bestellt war, nahm er keinen Einfluß mehr auf den Inhalt der Verträge. Die so erarbeiteten Vertragsklauseln muß sich deshalb die Beklagte als alleinige Verwenderin zurechnen lassen.

II.

Das Berufungsgericht hat den streitigen Vertrag als Maklervertrag ausgelegt. Er habe die Vermittlung der Finanzierung zum Gegenstand; eine Vergütung solle die Beklagte für den Nachweis oder die Vermittlung der Finanzierung erhalten. Es handele sich danach um eine typische Maklertätigkeit. Dem stehe nicht entgegen, daß die Beklagte eine Tätigkeitspflicht und die Gewähr für die Beschaffung der Finanzierung übernommen habe. Es liege deshalb ein Maklerdienstvertrag vor, der aber in seinem Kern erfolgsbezogen bleibe und dessen einzelne Klauseln am Leitbild der gesetzlichen Regelung des Maklervertrages zu messen seien.

Dem Berufungsgericht ist darin zu folgen, daß es sich um einen Maklervertrag handelt und daß die nach § 4 des Vertrages geschuldete Vergütung eine Maklerprovision ist. Allerdings ist die Beklagte nach § 1 des Finanzierungsvermittlungsvertrages verpflichtet, dem Kläger die Fremdfinanzierungsmittel nachzuweisen bzw. zu beschaffen, und hat sie ferner unter bestimmten Voraussetzungen die Gewähr für die Beschaffung dieser

Mittel übernommen (§ 2). Der Revision ist zuzugeben, daß § 652 BGB von einem Maklervertrag ausgeht, der den Makler nicht zu einem Tätigwerden verpflichtet. Die Vorschrift enthält indessen nachgiebiges Recht, und es ist anerkannt, daß der Makler eine Pflicht zum Tätigwerden übernehmen oder einen bestimmten Erfolg versprechen kann, ohne daß dadurch der Vertrag seinen Charakter als Maklervertrag verlöre. Er wird durch diese Abreden zum Maklerdienstvertrag oder zum Maklerwerkvertrag, bleibt aber trotzdem im Kerne Maklervertrag (BGHZ 60, 377, 381).Entscheidend dafür ist, daß es sich um eine Nachweis- oder Vermittlungstätigkeit des Maklers handelt, daß sein Vertragspartner in der Entschließung frei ist, ob er das nachgewiesene Geschäft abschließen will oder nicht, und daß eine Vergütungspflicht im Grundsatz an den erfolgreichen Nachweis oder die erfolgreiche Vermittlung anknüpft. Alle diese Voraussetzungen liegen hier vor.

Eine andere Fallgestaltung lag der Entscheidung des Senats vom 1. Dezember 1982 (IV a ZR 109/81 = NJW 1983, 985 = LM BGB § 652 Nr. 81) zugrunde. Dort war neben einer erfolgsabhängigen Maklerprovision eine Vergütung für die Bearbeitung der Finanzierung vereinbart. Dieses Honorar für ein schlichtes Tätigwerden war unabhängig von einem Nachweis oder einer Vermittlung geschuldet und unterstand deshalb nicht dem Recht des Maklervertrages. Eine solche – mögliche – Vertragsgestaltung hat die Beklagte hier aber gerade nicht gewählt. In dem dem Senatsurteil vom 7. Dezember 1983 (IV a ZR 52/82 = WM 1984, 240 = BB 1984, 564) zugrundeliegenden Fall eines Finanzierungsvermittlungsvertrages hatte sich der Bauherr unwiderruflich verpflichtet, die nachgewiesenen Finanzierungsmittel anzunehmen. Auch diese Fallgestaltung liegt hier nicht vor.

Der Bundesgerichtshof hatte sich wiederholt mit sogenannten Alleinaufträgen an Makler zu befassen. Nach seiner ständigen Rechtsprechung ist der alleinbeauftragte Makler abweichend von § 652 BGB verpflichtet, in angemessener Weise tätig zu werden (BGHZ 60, 377, 381 und ständig). Das ändert nichts daran, daß ein derartiger Vertrag im Kern Maklervertrag bleibt und am gesetzlichen Leitbild der §§ 652 ff. BGB zu messen ist. Nach ständiger Rechtsprechung ist danach der Alleinauftrag an einen Makler trotz der dadurch begründeten Tätigkeitspflicht des Maklers, wenn Allgemeine Geschäftsbedingungen in Frage stehen, nach § 9 Abs. 2 Nr. 1 AGBG am gesetzlichen Leitbild des Maklervertrages der §§ 652 ff. BGB zu messen. Die davon abweichende Klausel, daß eine Vergütung ohne Rücksicht auf den Erfolg geschuldet werde, entspricht diesem Leitbild nicht und ist deshalb unwirksam (BGHZ 60, 377; Urteil vom 26. Februar 1981, IV a ZR 99/80 = WM 1981, 561; vgl. auch BGHZ 88, 368).

Auch bei dem vorliegenden Vertrag ist eine andere Beurteilung nicht geboten. Er unterscheidet sich von den genannten Alleinaufträgen dadurch, daß außer einer Verpflichtung des Maklers zum Tätigwerden dieser auch noch die Gewähr für den Erfolg übernommen hat. Das rechtfertigt keine andere Betrachtungsweise. Wie ausgeführt, bleiben die wesentlichen Merkmale eines Maklervertrages erhalten. Die Beklagte hat den Nachweis oder die Vermittlung einer Finanzierung übernommen. Dem Kläger bleibt es unbenommen, die nachgewiesene Finanzierung anzunehmen oder nicht. Die Vergütung ist nach § 4 Nr. 1 des Vertrages für den Nachweis oder die Vermittlung zu zahlen. Damit sind alle wesentlichen Elemente eines Maklervertrages vorhanden. Die Tätigkeits- und Gewährpflichten der Beklagten modifizieren den Maklervertrag zwar, lassen aber seine Qualität als Maklervertrag unberührt. Es wäre danach nicht gerechtfertigt, einen eigenen Vertragstyp anzunehmen, der nicht mehr am Leitbild des Maklervertrages zu messen wäre.

III.

Das Berufungsgericht hält § 4 Nr. 4 Abs. 2 des Finanzierungsvermittlungsvertrages für mit wesentlichen Grundgedanken der gesetzlichen Regelung nicht vereinbar. Die Klausel benachteilige den Kläger in unangemessener Weise. Aus den Besonderheiten des Bauherrenmodells ergebe sich nichts anderes. Dieser sei nicht durch einen unabhängigen Treuhänder geschützt gewesen, weil die Formulierung der Verträge ja vor Abschluß des Treuhandvertrages gelegen habe. Die Gesamtfinanzierung liege zwar im Interesse aller Bauherren. Die Einbindung des Klägers in die Bauherrengemeinschaft führe aber nicht dazu, ihm die Freiheit bei der Inanspruchnahme der Finanzierung zu nehmen. Ihm müsse die Möglichkeit erhalten bleiben, eine eigene Finanzierung durchzuführen. Auch steuerliche Erwägungen seien nicht geeignet, eine unbedingte Entgeltpflicht zum Nachteil des Klägers zu rechtfertigen. Ein Werbungskostenabzug sei für ihn uninteressant, wenn er die Provision auch dann zahlen müsse, wenn er die Finanzierung nicht in Anspruch nehme. Außerdem brauche er sich Steuervorteile nicht aufdrängen zu lassen.

Diese Ausführungen enthalten keinen Rechtsfehler. Die Vereinbarung einer erfolgsunabhängigen Vergütung verstößt gegen wesentliche Grundgedanken der gesetzlichen Regelung des Maklervertrages. Denn die §§ 652 ff. BGB gehen davon aus, daß eine Provision nur geschuldet ist, wenn die Maklertätigkeit zum Erfolg geführt hat. Daß diese Abweichung in den Allgemeinen Geschäftsbedingungen der Beklagten vom gesetzlichen Leitbild wegen der Besonderheiten des Bauherrenmodells ausnahmsweise den Kläger nicht unangemessen benachteiligen würde, vermag auch die Revision nicht aufzuzeigen. Sie weist auf die Einbindung des einzelnen Bauherrn in die Bauherrengemeinschaft und auf die Bedeutung der gesicherten Finanzierung für die Durchführung des Bauherrenmodells sowie auf die verhältnismäßig geringe Höhe der geschuldeten Vergütung hin. Es ist aber nicht ersichtlich, inwiefern die Interessen der Bauherrengemeinschaft in Mitleidenschaft gezogen sein könnten, wenn ein einzelner Bauherr entweder vorhandene Eigenmittel einsetzt oder statt der ihm nachgewiesenen Fremdfinanzierung eine ihm günstigere andere Art der Fremdfinanzierung wählt. Die Freiheit, dies zu tun, ist ihm vertraglich vorbehalten. Diese Entschließungsfreiheit würde unangemessen eingeengt, müßte der Bauherr die Ablehnung der angebotenen Fremdfinanzierung mit einer erfolgsunabhängigen Vergütung bezahlen. Auf die – nicht geringfügige – Höhe der Vergütung kommt es dabei nicht an.

Eine Klausel in einem vorformulierten Maklervertrag, mit der dem Kunden die Verpflichtung auferlegt wird, von ihm selbst geworbene Interessenten dem Makler zuzuführen oder mit ihnen nur unter Zuziehung des Maklers abzuschließen, ist nach § 9 Abs. 2 Nr. 1 AGBG unwirksam, denn sie ist mit dem Grundgedanken der in § 652 BGB enthaltenen gesetzlichen Regelung nicht vereinbar. 84

BGH, Urteil vom 3. 7. 1985 – IV a ZR 246/83; BB 1985, 2069 = DB 1986, 166 = MDR 1985, 1005 = NJW-RR 1986, 54 = WM 1985, 1208 = ZIP 1985, 1272.

Sachverhalt und **Gründe** sind abgedruckt unter Nr. 3 zu § 1 AGBG.

§ 9   *Generalklausel*   Nr. 85

85   Eine AGB-Klausel, mit der der Erwerber eines Ferienhauses in einem Ferienpark bei der gewerblichen Vermietung zeitlich unbegrenzt und unter Ausschluß der Eigenvermietung an die Vermittlung durch eine Verwaltungsgesellschaft gebunden ist, benachteiligt den Erwerber unangemessen und ist deshalb nach § 9 AGBG unwirksam.

BGH, Urteil vom 6. 11. 1985 – IV a ZR 96/84; BB 1986, 837 = DB 1986, 640 = MDR 1986, 294 = NJW 1986, 1173 = WM 1986, 72.

Sachverhalt:

Die beklagten Eheleute kauften mit notariellem Vertrag vom 25./30. Oktober 1976 von der Klägerin zwei Ferienhäuser im Ferienpark T. In § 9 des Vertrages heißt es:

„Die Verkäuferin wird zum Verwalter des Wohn- und Ferienparks bestellt. Hierüber wird ein gesonderter Ordnungs- und Pflegevertrag abgeschlossen, der als Vertragsbestandteil beigefügt ist."

In dem von der Klägerin bei einer Vielzahl von Erwerbern verwendeten Ordnungs- und Pflegevertrag wird die dauernde Verwaltung gemeinschaftlicher Einrichtungen und der Ferienhäuser durch die Beklagte gegen ein bestimmtes Entgelt teils obligatorisch, teils auf Wunsch der Erwerber sowie die Vermietung der Ferienhäuser geregelt. Die Klägerin verpflichtet sich dort unter D: „Auf Wunsch des Hausbesitzers die Häuser dem Fremdenverkehrs-Vermiet-Service unter Einschaltung von Touristikunternehmen zuzuführen." Der Hausbesitzer verpflichtete sich nach XII,

„Die Vermietung des Hauses an dritte Personen nur über die Verwaltung abzuwickeln. Darüber ist der unter D genannte gesonderte Vertrag abzuschließen."

Zum Verwalter für den Wohn- und Ferienpark sollte die Klägerin oder eine von ihr beauftragte Verwaltungsgesellschaft bestellt werden. Mit der darauf gegründeten Ferienpark T.-GmbH, die die Verwaltung übernahm, schlossen die Beklagten am 3. Februar 1978 einen Mietvertrag über die beiden Ferienhäuser. Danach vermieteten sie die Ferienhäuser zur Untervermietung an die Ferienpark T.-GmbH und durften sie nur in bestimmtem Rahmen auch selbst nutzen. Die GmbH verpflichtete sich, die Vermietung der Ferienhäuser im Rahmen der Nachfrage nach besten Kräften vorzunehmen und 85% der aus der „Untervermietung" erzielten Erlöse an die Beklagten abzuführen.

Diesen Vertrag kündigten die Beklagten zum 31. Dezember 1981 und betreiben seither die Vermietung ihrer Ferienhäuser mit Hilfe eines örtlichen Verwalters selbst. Die Klägerin verlangt von den Beklagten, die Vermietung der Ferienhäuser gegen Entgelt im Rahmen des gewerblichen Fremdenverkehrs zu unterlassen und die entgeltliche Vermietung nur über die Verwaltung der Ferienpark T.-GmbH im Rahmen des Ordnungs- und Pflegevertrages vorzunehmen. Sie besteht nicht auf dem Abschluß eines neuen „Mietvertrages", hält es vielmehr für ausreichend, wenn sie die zwischen den Beklagten und den Interessenten abzuschließenden Mietverträge vermittle; wesentlich sei, daß die Beklagten eine eigene Vermietung, die nicht über die Verwaltung der Klägerin laufe, unterließen.

Beide Vorinstanzen haben der Klage im wesentlichen stattgegeben. Die Revision der Beklagten führte zur Abweisung der Klage.

Aus den Gründen:

Das Berufungsgericht versteht Ziffer XII des Ordnungs- und Pflegevertrages dahin, daß die Beklagten danach gehalten sind, die eigene gewerbliche Fremdvermietung zu unterlassen. Dagegen ist nichts einzuwenden. Das Berufungsgericht wendet das AGB-Gesetz nicht an, weil der Vertrag vor dem 1. April 1977 abgeschlossen sei. Als Formularvertrag unterliege der Verwaltervertrag aber der richterlichen Inhaltskontrolle im Sinne der Rechtsprechung vor Inkrafttreten des AGB-Gesetzes. Ziffer XII des Vertrages sei aber weder unklar noch für die Beklagten überraschend. Die Verpflichtung, die gewerbliche

Fremdvermietung nur über die Klägerin oder einen von ihr beauftragten Dritten durchzuführen, sei auch nicht sittenwidrig. Zwar sehe der Vertrag keine Kündigungsmöglichkeit vor. Jedenfalls habe aber die bisherige Vertragsdauer von 7 bis 8 Jahren nicht zu einer sittenwidrigen Knebelung der Beklagten geführt. In der Anfangsphase habe die Kontinuität der Verwaltung den Eigentümern der Ferienhäuser erhebliche Vorteile gebracht, sei sogar notwendig gewesen, um überhaupt erst eine funktionierende Gemeinschaft zu schaffen und den Ferienpark auf dem Markt bekannt zu machen. Dem Schutzbedürfnis der Beklagten werde dadurch hinreichend Rechnung getragen, daß sie ein unabdingbares Recht zur Kündigung aus wichtigem Grunde nach § 626 BGB hätten. Einen wichtigen Grund zur Kündigung hätten die Beklagten allerdings nicht schlüssig dargetan. Diese Ausführungen halten der rechtlichen Nachprüfung nicht stand.

Das Berufungsgericht geht zunächst zutreffend und von der Revisionserwiderung unbeanstandet davon aus, daß es sich bei dem Ordnungs- und Pflegevertrag um Allgemeine Geschäftsbedingungen der Klägerin handelt. Sie hat den vorformulierten Vertrag einer Vielzahl von Kaufverträgen zugrundegelegt. Daß eine seiner Klauseln mit den Beklagten ausgehandelt worden wäre, ist nicht dargetan.

Zu Unrecht verneint das Berufungsgericht aber die Anwendbarkeit des AGB-Gesetzes. Nach seinem § 28 Abs. 2 gilt § 9 des Gesetzes auch für vor Inkrafttreten des Gesetzes abgeschlossene Verträge über die regelmäßige Erbringung von Dienst- oder Werkleistungen sowie die Gebrauchsüberlassung von Sachen, soweit diese Verträge noch nicht abgewickelt sind. Darunter fallen Maklerverträge dann, wenn der Makler abweichend vom gesetzlichen Regelfall eine Verpflichtung zu regelmäßiger Nachweis- oder Vermittlungstätigkeit übernommen hat (Ulmer/Brandner/Hensen, AGB-Gesetz, 4. Aufl., § 28 Rdn. 5; Löwe/Graf von Westphalen/Trinkner, Großkommentar zum AGB-Gesetz, 2. Aufl., Bd. II, § 28 Rdn. 13). Der zwischen den Parteien streitige Teil des Ordnungs- und Pflegevertrages betrifft die Vermittlung und Abwicklung der gewerblichen Vermietung der Ferienhäuser. Im Mittelpunkt steht insoweit die Suche und Vermittlung von Mietinteressenten sowie die Durchführung abgeschlossener Mietverträge und Abrechnung mit den Beklagten. Dabei ist ausschließlich die Klägerin zur Vermittlung befugt, sogar unter Ausschluß von Eigengeschäften der Beklagten, sie hat aber andererseits eine Pflicht zum Tätigwerden übernommen. Es handelt sich damit im Kern um einen Maklervertrag, der eine Dienstleistung und Geschäftsbesorgung zum Gegenstand hat und als Alleinauftrag unter Ausschluß von Eigengeschäften ausgestaltet ist. Da die Klägerin sich hier – anders als im Normalfall (Senatsurteil vom 26. Februar 1981 = WM 1981, 561) – zur regelmäßigen Vermittlung von Interessenten verpflichtet hat, fällt der Vertrag unter § 28 Abs. 2 AGBG, soweit er noch nicht abgewickelt ist – und nur für die Zukunft streiten ja die Parteien. Entgegen der Annahme der Klägerin handelt es sich ersichtlich nicht um einen Vertrag auf dem Gebiet des Gesellschaftsrechts im Sinne des § 23 Abs. 1 AGBG. Der Vertrag regelt, jedenfalls soweit die gewerbliche Vermietung der Ferienhäuser in Frage steht, nur die gegenseitigen Rechte und Pflichten der Klägerin und der Beklagten und betrifft insoweit kein irgendwie geartetes Gemeinschafts- oder Gesellschaftsverhältnis.

Prüfungsmaßstab ist danach § 9 AGBG. Nach dem gesetzlichen Leitbild der §§ 652 ff. BGB ist der Maklervertrag jederzeit vom Auftraggeber frei widerruflich und verbietet nicht die Inanspruchnahme einer anderen Vermittlung oder ein Eigengeschäft des Auftraggebers. Von diesem Leitbild konnte der Makler schon nach altem Recht in Allgemeinen Geschäftsbedingungen wirksam nur in Grenzen abweichen. Der frühere IV. Zivilse-

10% von vornherein einkalkuliert. Dies läßt aber die Wettbewerbssituation im allgemeinen nicht zu, so daß dem Unternehmer im Ergebnis ein mit dem gesetzlichen Grundgedanken unvereinbares Risiko aufgebürdet wird ...

Die angegriffene Klausel enthält weiter durch die Verwendung des Begriffs „Änderung" und durch die quantitative Festlegung auf +10% die Befugnis des Bauherrn, Massenmehrungen vorzunehmen, ohne sie bei Überschreitung des Leistungsumfangs bis zu 10% vergüten zu müssen. Auch insoweit ist die Klausel gem. § 9 AGBG unwirksam, weil sie dem Wesen des Einheitspreisvertrags widerspricht.

Denn bei ihm bestimmt sich die Vergütung nach den ausgeführten Massen (§ 2 Nr. 2 VOB/B). Zwar ermöglicht die Klausel dem Verwender, in größerem Umfang die geschätzten Baukosten einzuhalten. Sie benachteiligt aber den Unternehmer unangemessen, weil ihm ein Teil seiner Vergütung vorenthalten wird. Zudem beruht der Teilverlust der Vergütung auf einer willkürlichen Massenmehrung oder qualitativen Veränderung des Auftrags, was zur Folge haben kann, daß der Bauherr die Ansätze bei der Vergabe nach Umfang und Art bewußt niedrig hält, weil er ungefährdet im Zuge der Bauausführung zu Lasten des Unternehmers noch Veränderungen vornehmen kann.

Aus den gleichen Gründen stellt auch die willkürliche Massenmehrung oder qualitative Auftragsänderung beim Abschluß eines Bauvertrags zum Pauschalpreis eine mit Treu und Glauben nicht zu vereinbarende, unangemessene Benachteiligung des Unternehmers dar. Der Senat vermag auch bei dieser Fallgestaltung nicht der Ansicht von Frikell/Glatzel/Hofmann (a. a. O. S. 104) zu folgen, die eine Klausel für unbedenklich halten, wonach sich die Pauschalsumme ändert, wenn sich Mehrungen oder Minderungen ergeben, die, bezogen auf das ursprünglich angenommene Auftragsvolumen, eine Erhöhung oder Verminderung der Pauschalsumme von mehr als 10% rechtfertigen. Zwar enthält der Pauschalpreisvertrag gewisse spekulative Elemente. Sie sind aber auf den Umfang und die Art der angebotenen Leistungen begrenzt. Der Unternehmer trägt hierbei das Risiko, daß die seiner Kalkulation zugrundegelegten Massen nicht auskömmlich sind (Ingenstau/Korbion, a.a.O. Rdnr. 97). Dieses Risiko wird aber in untragbarer Weise erhöht, wenn sich der Bauherr Änderungen nach seiner freien Entscheidung vorbehält. Auch hier wird er durch die Klausel fast dazu angehalten, nachträglich qualitative oder quantitative Änderungen im vorbehaltenen Rahmen anzuordnen. An der unangemessenen, treuwidrigen Benachteiligung des Unternehmers ändert der Hinweis des Beklagten auf § 2 Nr. 7 Abs. 1 VOB/B nichts. Denn auch nach dieser Bestimmung hat eine Preisanpassung stattzufinden, wenn der Auftraggeber einseitig Eingriffe in den vertraglich festgelegten Leistungsinhalt und Leistungsumfang vornimmt (Ingenstau/Korbion, a.a.O. Rdnr. 101). Darüber hinaus bietet § 2 Nr. 7 VOB/B eine den Gegebenheiten der einzelnen Baumaßnahme gerecht werdende, elastische Regelung an, während die Festschreibung auf 10% des Leistungsumfangs Änderungen zur Ausnutzung dieses Spielraums herausfordert.

Mit Rücksicht auf die konkrete Verletzungsform, die nicht zwischen Pauschalpreisverträgen und Einheitspreisverträgen unterscheidet, braucht nicht näher untersucht zu werden, ob die angegriffene Klausel eine unangemessene Benachteiligung des Unternehmers für den Fall enthält, daß die Leistung um 10% unterschritten wird.

Mit Recht hat das Landgericht auch die Verwendung der zweiten Klausel untersagt, wonach der Bauunternehmer erklärt, daß ihm die örtlichen Verhältnisse bekannt seien. Sie ist im Hinblick auf §§ 11 Nr. 15 b, 9 AGBG sowohl im Verkehr mit Handwerkern

1. Der formularmäßige Hinweis in der „Auftragsbestätigung" eines Immobilienmaklers, das Verbot von Eigen- und Direktabschlüssen sei individuell ausgehandelt und vereinbart, enthält eine Allgemeine Geschäftsbedingung und verstößt gegen § 9 AGBG.

2. Die in AGB eines Immobilienmaklers enthaltene Verpflichtung des Auftraggebers zur Zahlung einer Auslagenpauschale für den Fall, daß es während der Dauer des Vertrages nicht zu einem Kaufvertragsabschluß kommt, widerspricht dem Leitbild des Maklervertrages und ist deshalb nach § 9 Abs. 2 Nr. 1 AGBG unwirksam.

OLG Stuttgart, Urteil vom 28. 6. 1985 – 2 U 264/85 – nicht rechtskräftig; NJW-RR 1986, 275.

Sachverhalt:

Die Klägerin nimmt die Beklagte nach § 13 AGBG auf Unterlassung folgender Klauseln beim Abschluß von Verträgen über die Vermittlung von Immobilien in Anspruch:

„1. Bestätigung ...
Ausführlich wurden ausgehandelt das Verbot von Eigen-/Direktabschlüssen sowie die Vergütungspflicht.
2. a) Auftragsbestätigung über den von uns erteilten Dienstleistungsalleinauftrag ... mit ausgehandeltem Verweisungspflicht-Verbot von Eigen-/Direktabschlüssen über Ihr Objekt ...
b) Mit Ihnen wurde das Verbot von Eigen-/Direktabschlüssen ausgehandelt und vereinbart.
3. Kommt es während der Dauer dieses Vertrages zu keinem wirksamen Kaufvertragsabschluß, so erhält die Maklerfirma vom Auftraggeber lediglich einen Auslagenersatz in Höhe von 0,4% + USt aus der Preisvorstellung. Das gilt auch dann, wenn der Auftraggeber seine Verkaufsabsicht tatsächlich aufgibt."

Das Landgericht hat der Klage stattgegeben. Die Berufung der Beklagten blieb ohne Erfolg.

Aus den Gründen:

1. Die Beklagte verwendet eine nach § 11 Nr. 15 b AGBG unwirksame Bestimmung, wenn sie sich von einem Auftraggeber formularmäßig bestätigen läßt: „Ausführlich wurden ausgehandelt das Verbot von Eigen-/Direktabschlüssen." Sie ist deshalb nach § 13 AGBG zur Unterlassung verpflichtet.

Durch diese Klausel läßt sich die Beklagte von ihrem Auftraggeber eine bestimmte Tatsache bestätigen, deren Vorliegen die Beklagte im Streitfall zu beweisen hätte. Es liegt deshalb eine Änderung der Beweislast im Sinne von § 11 Nr. 15 AGBG vor. Die Beweislast dafür, daß vorformulierte Vertragsbedingungen individuell ausgehandelt wurden, liegt beim Verwender dieser Vertragsbedingungen (BGH NJW 1977, 624, 625). In der Bestätigung des individuellen Aushandelns einzelner Bestimmungen liegt zwar nicht unmittelbar eine beweislaständernde Bestimmung. Die Bestätigung hat aber mittelbar diese Wirkung. Denn der Verwender kann mit dieser Bestätigung den ihm obliegenden Beweis der Tatsache erbringen, sofern der andere Teil seine Bestätigung nicht entkräftet (vgl. Wolf/Horn/Lindacher, AGBG, § 11 Nr. 15 Rn. 2). Dem läßt sich entgegen OLG Karlsruhe BB 1983, 725 f. nicht entgegenhalten, daß der Bundesgerichtshof in einem Fall, in dem das AGB-Gesetz noch nicht anzuwenden war, ausgeführt hat, es könne nicht generell anerkannt werden, daß der Verwender den ihm obliegenden Beweis schon durch eine solche, besonders unterzeichnete Erklärung des Partners führen könne oder daß hierdurch eine Umkehr der Beweislast eintrete; einer derartigen Bestätigung könne nur der Wert eines Beweisanzeichens beigemessen werden. Als Grund dafür ist angegeben, daß sonst der Schutz, der dem Partner des Klauselverwenders durch die verstärkte richterliche Inhaltskontrolle gewährt werden solle, hinfällig werde, weil er durch die Gestaltung des Vertragstextes unterlaufen werden könne. Für die Anwendung des § 11 Nr. 15 b kann es nicht darauf ankommen, ob der formularmäßigen Bestätigung die Bedeutung einer völligen Beweislastumkehr, eines prima facie-Beweises oder eines Beweisanzeichens von geringerer Bedeutung zukommt. Denn eine formularmäßige Tatsachenbestätigung wird in den seltensten Fällen zu einer Umkehr der Beweislast im strengen Sinn führen und im Regelfall auch nicht die Bedeutung eines prima facie-Beweises haben, weil Allgemeine Geschäftsbedingungen in der Regel gerade nicht gelesen werden. Wenn § 11 Nr. 15 b AGBG nicht jede praktische Bedeutung verlieren soll, muß für seine Anwendung schon eine Bestimmung genügen, die nur eine Erleichterung der Beweislast herbeiführt, selbst wenn sie lediglich in der Schaffung eines vom Gericht frei zu würdigenden Beweisanzeichens besteht. Mit dem Wortlaut des Gesetzes ist das durchaus in Einklang zu bringen, da dort nicht von Umkehr, sondern von der Änderung der Beweislast die Rede ist und eine Erleichterung der Beweislast zwanglos als Änderung der Beweislast aufgefaßt werden kann. Wolf (a. a. O., § 11 Nr. 15 Rn. 19) hält die Aushandlungsklausel für unwirksam nach § 11 Nr. 15 AGBG, soweit damit eine Beweislastumkehr verbunden ist, für unwirkam nach § 9 AGBG, wenn sie nur Indizklausel sei und das Indiz binden wolle, während ein vom Richter tatsächlich der Klausel entnommenes Indiz nicht der Inhaltskontrolle unterliegen solle. Diese Auffassung ist nicht praktikabel, da nicht ersichtlich ist, woraus sich ergeben soll, ob es sich um eine Beweislastumkehrklausel, eine Indizklausel mit Bindungswirkung oder eine Indizklausel ohne solche Bindung handelt. Man muß deshalb im Verfahren nach § 13 AGBG eine derartige Klausel in jedem Fall dem § 11 Nr. 15 AGBG unterwerfen, sofern sie nicht individuell ausgehandelt ist. Denn im Verfahren nach § 13 AGBG ist die Unklarheitenregel umgekehrt anzuwenden mit der Folge, daß im Zweifelsfall von der scheinbar kundenfeindlichsten Auslegung auszugehen ist (Palandt, BGB, 44. Aufl., § 5 AGBG Anm. 4 a).

Die beanstandete Klausel ist auch nicht deshalb von der Inhaltskontrolle ausgenommen, weil sie sich nicht auf die Vertragserfüllung oder die gegenseitigen Leistungen bezieht. Grundsätzlich sind alle Klauseln in Allgemeinen Geschäftsbedingungen an den §§ 9 bis 11 AGBG zu messen. Nach § 8 des Gesetzes sind nur die Leistungsbeschreibung und deklaratorische Klauseln, also solche ausgenommen, die nur den Inhalt der einschlägigen gesetzlichen Regelung wiedergeben. Der Bundesgerichtshof hat von der Inhaltskontrolle auch Klauseln ausgenommen, die nur für die Einbeziehung der Allgemeinen Geschäftsbedingungen in den Vertrag von Bedeutung sind (Kenntnisnahme und Einverständnis mit umseitigen Geschäftsbedingungen). Er unterscheidet in diesem Zusammenhang Erklärungen, die den Tatbestand eines Vertragsschlusses ausmachen und deshalb von Haus aus individuellen Charakter haben, von Erklärungen, die den rechtserheblichen Tatsachen eine bestimmte, mit dem wirklichen Sachverhalt nicht übereinstimmende rechtliche Qualifizierung geben sollen, etwa diejenige einer „ausgehandelten" Vereinbarung (BGH NJW 1982, 2488 = BB 1983, 15, 16). Daraus ergibt sich, daß auch der Bundesgerichtshof die Aushandlungsklausel der Inhaltskontrolle unterwirft.

Für die Frage, ob die Verwendung der beanstandeten Bestätigung nach § 13 AGBG zu untersagen ist, kommt es nicht darauf an, ob das Verbot von Eigen-/Direktabschlüssen und die Vergütungspflicht ausgehandelt wurden, sondern ob das für die die Bestätigung enthaltende Klausel gilt. Denn die Bestätigung darf in Allgemeinen Geschäftsbedingungen auch dann nicht vereinbart werden, wenn sie inhaltlich richtig ist. Die Beklagte hat die Verweisungsklausel nicht immer individuell ausgehandelt. Das ergibt sich schon aus dem eigenen Vortrag der Beklagten. Im übrigen hat die Beklagte eine Individualvereinbarung nicht substantiiert behauptet. Hierfür genügt nicht die Behauptung, die Klausel sei ordnungsgemäß mündlich ausgehandelt worden. Erforderlich ist vielmehr, daß die Beklagte zur Abänderung ihrer Bedingungen bereit war und der Geschäftspartner dies bei den Vertragsverhandlungen wußte (BGH NJW 1977, 624) ...

2. Der formularmäßige Hinweis in den Auftragsbestätigungen der Beklagten, das Verbot von Eigen- und Direktabschlüssen sei individuell ausgehandelt und vereinbart, enthält eine Allgemeine Geschäftsbedingung und verstößt gegen § 9 AGBG. Dabei handelt es sich nach dem oben Ausgeführten um eine beweislaständernde Tatsachenbestätigung. Diese hat wegen der gewollten Rechtsfolge, die mit einer Beweislastabrede verbunden ist, rechtsgeschäftlichen Charakter und kann deshalb Bestandteil einer Allgemeinen Geschäftsbedingung sein (Ulmer/Brandner/Hensen, AGBG, 4. Aufl., § 11 Nr. 15 Rdnr. 15). Für die Anwendung des § 13 AGBG ist es ohne Belang, ob die Klausel durch ihre Aufnahme in die Auftragsbestätigung Vertragsbestandteil geworden ist. Es genügt schon, daß sie im rechtsgeschäftlichen Verkehr benutzt worden ist (Ulmer/Brandner/Hensen a.a.O., § 13 Rdnr. 11). Dafür reicht die Aufnahme in eine Auftragsbestätigung ebenso aus wie die Aufnahme in Rechnungen oder Lieferscheine.

Die Beweislaständerung durch Allgemeine Geschäftsbedingungen ist nach § 9 Abs. 1 AGBG unwirksam, weil in der Abweichung von einer in der Natur der Sache begründeten Beweislastverteilung eine unangemessene Benachteiligung des Vertragspartnern des Verwenders liegt. Individuell ausgehandelt wäre diese Klausel nur, wenn sie schon Gegenstand der Vertragsverhandlungen gewesen wäre, die Beklagte dabei zu einer Änderung dieser Klausel bereit gewesen wäre und der Geschäftspartner dies auch gewußt hätte. Daß dies der Fall war, behauptet die Beklagte selbst nicht.

Auf die Frage, ob die Bestätigung den Tatsachen entspricht, kommt es für die Anwendung von § 13 AGBG nicht an.

3. Formularmäßig nicht wirksam vereinbart werden kann die Verpflichtung des Auftraggebers zur Zahlung einer Unkostenpauschale für den Fall, daß es während der Dauer des Vertrages nicht zu einem wirksamen Kaufvertragsabschluß kommt.

Daß die Beklagte diese Vereinbarung formularmäßig getroffen hat, ist zugestanden. Denn sie räumt ein, daß sie den pauschalierten Auslagenersatz fast regelmäßig als Individualvereinbarung trifft. Aus der Einschränkung „fast regelmäßig" folgt, daß sie nicht nur ausnahmsweise auch anders verfährt. Daß in dem Formular der Beklagten die Höhe der Auslagenpauschale offengelassen ist und der Betrag erst bei Vertragsschluß eingesetzt wird, hat nicht zur Folge, daß der Betrag der Pauschale, der theoretisch auch Null sein könnte, nicht Bestandteil der Allgemeinen Geschäftsbedingungen ist. Denn es ist davon auszugehen, daß sich die in der Verwendung von Allgemeinen Geschäftsbedingungen zum Ausdruck kommende einseitige Gestaltungsmacht auch auf das Ausfüllen auswirkt (Wolf/Horn/Lindacher a.a.O., § 1 Rdnr. 36). Der Verwender ist dem Kunden, der das Formular in aller Regel nicht kennt, beim Ausfüllen weit überlegen, so daß aus der Tatsache, daß der Verwender ein Blankett in seinen Allgemeinen Geschäftsbedingungen erst beim Vertragsschluß ausfüllt, nicht geschlossen werden kann, insofern liege eine Individualvereinbarung vor.

Die Frage, ob in einem Maklervertrag eine Unkostenpauschale formularmäßig vereinbart werden kann, ist umstritten. Nach richtiger Auffassung ist das gemäß § 9 Abs. 2 Nr. 1 AGBG nicht der Fall, weil eine allgemeine Aufwendungserstattungspflicht des Auftraggebers dem Leitbild des Maklervertrages widerspricht, demzufolge der Makler insbesondere die Unkosten seiner Maklertätigkeit selbst zu tragen hat (Schwerdtner MK § 632 Rdnr. 195; Vollkommer in Jauernig, BGB, 3. Aufl., § 652 Anm. 10). Dieses gesetzliche Leitbild entspricht auch noch den heutigen Verhältnissen. Das zeigt der Entwurf des Gesetzes über Maklerverträge (BT-Drucksache 10/1014). Dieser Entwurf regelt die Auslagenerstattung in dem § 652 Abs. 4 BGB wie folgt:

„Auslagen sind dem Makler nur zu ersetzen, wenn es vereinbart ist; dies gilt auch dann, wenn ein Vertrag mit dem Dritten nicht zustandekommt. Eine Vereinbarung, nach der zur Ausführung des Maklervertrages nicht erforderliche oder nicht nachgewiesene Auslagen zu ersetzen sind, ist unwirksam". ...

Die Beklagte beruft sich für ihre abweichende Auffassung zu Unrecht auf die Rechtsprechung des Bundesgerichtshofs. Das Urteil vom 6. Februar 1980 (NJW 1980, 1622) betrifft nicht die Anwendung des AGBG, sondern befaßt sich nur mit der Formbedürftigkeit nach § 313 BGB und ist deshalb nicht einschlägig. Das Urteil vom 25. Mai 1983 (NJW 1983, 2817) befaßt sich mit der Vergütung beim Ehemaklerdienstvertrag und ist aus diesem Grund nicht vergleichbar. ...

Anmerkung:

Die Revision ist beim BGH unter dem Aktenzeichen IV a ZR 173/85 anhängig.

87 AGB eines Partnerschaftsvermittlers, welche die mit den Kunden geschlossenen Verträge als Werkverträge hinstellen und die gesamte Vergütung noch vor Bekanntgabe der Adressen Partnerschaftswilliger fällig werden lassen, sind nach § 9 Abs. 1 AGBG unwirksam.

OLG Hamburg, Urteil vom 28. 8. 1985 – 5 U 135/84 – nicht rechtskräftig; NJW 1986, 325 = NJW-RR 1986, 154.

Sachverhalt:

Der Kläger ist ein rechtsfähiger Verein, zu dessen satzungsgemäßen Aufgaben es gehört, die Interessen der Verbraucher durch Beratung und Aufklärung wahrzunehmen, und dessen Mitglieder in diesem Aufgabenbereich tätige Verbände sind. Der Kläger ist nach § 13 Abs. 1 und 2 AGB-Gesetz klagebefugt.

Die Beklagte betreibt ein Unternehmen für Partnerschaftsvermittlung. Mit ihren Kunden schließt sie Formularverträge, die mit „Werkvertrag" überschrieben sind und dem Kunden gegen Zahlung von zur Zeit 3876,– DM einen Anspruch auf 25 Partnervorschläge geben. Dem Vertrag beigefügt sind „Allgemeine Werkvertragsbedingungen".

Die Beklagte wirbt Mitglieder für ihren „Passivpool"; das sind Personen, die ohne Bezahlung bereit sind, sich an partnersuchende Personen vermitteln zu lassen. Sie nimmt die von ihr für eine Vermittlung als wesentlich erachteten Daten dieser Personen auf und speichert sie mit Hilfe eines Computers. Der „Aktivpool" wird von denjenigen Personen gebildet, die für die Angaben von Adressen passender Partner bezahlen. Auch die Daten dieser Aktivpartner werden erfaßt und gespeichert.

Die „Allgemeinen Werkvertragsbedingungen" der Beklagten lauten auszugsweise wie folgt:

„1. Gegenstand dieses Vertrages ist eine einmalige und unverzüglich zu erbringende Werkleistung (§ 631 BGB). Diese besteht in der fachkundigen Erarbeitung und individuellen Auswahl von 25 qualifizierten Partnervorschlägen sowie ihrer elektronischen Bereitstellung für den Kunden in einem speziellen Partneradressen-Abrufdepot.
Gegenstand dieses Vertrages ist hingegen kein ... fortdauerndes und wiederkehrendes dienstvertragliches Tätigsein irgendwelcher Art, das auf ein unmittelbares Zustandekommen einer Partnerschaft oder einer Ehe gerichtet ist.

2. Für die ... Werkleistung zahlt der Kunde als Werklohn eine Vergütung in der genannten Höhe. Die Vergütung ist ... mit Vollendung der Werkleistung fällig. Die Vergütungsverpflichtung des Kunden besteht unabhängig davon, ob oder wann der Kunde die für ihn bereitgestellten Partnervorschläge abruft.

3. Für den Fall der Kündigung bleibt der Kunde jedoch gemäß § 649 BGB zur Zahlung des Werklohns verpflichtet. Dem Kunden werden jedoch auf die Vergütung ersparte Aufwendungen und anderweitige tatsächliche oder mögliche Erwerbsvorteile gemäß dieser Bestimmung angerechnet. Die dienstvertraglichen Kündigungsregelungen der §§ 627, 628 BGB finden auf den vorliegenden Werkvertrag keine Anwendung.

Der Kläger hält die Klausel 1 Satz 1 und 3, Klauseln 2 und 3 für unwirksam und begehrt, der Beklagten die Verwendung zu untersagen. Das Landgericht hat die Klage abgewiesen. Die Berufung des Klägers hatte Erfolg.

Aus den Gründen:

I.

Dem Landgericht ist darin zu folgen, daß die beanstandeten AGB nicht schon nach § 3 AGBG unverbindlich sind. Sie können nicht als überraschende Klauseln gelten, weil die Verträge zwischen der Beklagten und ihren Kunden von ihrem äußeren Erscheinungsbild her betont deutlich als Werkverträge aufgemacht worden sind. Die Beklagte verbirgt keineswegs, daß sie die volle Vergütung von 3876,– DM als verdient ansieht, wenn sie dem Kunden das „Partneradressen-Abrufdepot" bereitstellt.

II.

Die Klage ist aber nach § 9 Abs. 1 AGBG begründet.

1. Der Kläger greift die aufgeführten AGB der Beklagten mit der Begründung an, die Kunden der Beklagten würden im Sinne des § 9 AGBG unangemessen benachteiligt, weil der Beklagte die mit ihnen geschlossenen Dienstverträge dem Werkvertragsrecht unterstelle. Im Falle der Kündigung des Vertrages müsse der Kunde nach Werkvertragsrecht nahezu die volle Vergütung leisten (§ 649 BGB), während er bei Anwendung von Dienstvertragsrecht schätzungsweise 30 bis 50% des vereinbarten Preises erspare (§§ 627, 628 Abs. 1 BGB). Der Kläger setzt sich dabei nicht mit der zutreffenden Ansicht des Landgerichts auseinander, daß der Kunde auch nach §§ 627, 628 BGB zur Zahlung der vollen Vergütung verpflichtet bleibt, wenn er sich die 25 Partneradressen gleich nach Vertragsschluß auf einmal übermitteln läßt. Daß dies eine in der Praxis zu vernachlässigende Art der Vertragsabwicklung sei, hat der Kläger nicht behauptet; eher kann von dem Gegenteil ausgegangen werden.

Der in den AGB der Beklagten festgelegte Ausschluß der Kündigungsregeln der §§ 627, 628 BGB könnte nur solche Kunden treffen, die erst nach und nach die 25 Partner-

Adressen abrufen. Die Beklagte hat indes darin Recht, daß sie §§ 627, 628 BGB nicht für anwendbar hält. Das Rechtsverhältnis zwischen der Beklagten und ihren Kunden ist nicht als Dienstvertrag anzusehen. Es stellt allerdings auch keinen Werkvertrag dar.

2. Die Beklagte weist ihren Kunden gegen Zahlung von 3876,– DM bis zu 25 Personen nach, von denen sie meint, daß sie den Partnerwünschen ihrer Kunden entsprechen. Die Beklagte bietet, wie sie in Nr. 1 Abs. 2 ihrer AGB formuliert, „die besondere Chance, ... Menschen kennenzulernen, Bekanntschaften und Freundschaften zu schließen oder auch den Partner fürs Leben zu finden".

a) Diese Partnerschaftsvermittlung ist neben oder weithin sogar an die Stelle der Heiratsvermittlung getreten. Das Gesetz versagt den Heiratsvermittlern immer noch einen klagbaren Anspruch auf ihren Lohn (§ 656 BGB). Diese Rechtslage hat zunächst dazu geführt, daß der vor etwa 8 bis 10 Jahren größte Anbieter von Ehevermittlungsdiensten seine Maklerverträge rechtlich als Mitgliedschaften in dem „A.-Partner-Kreis" ausgestaltete. Der Kunde mußte einen „Aufnahmebeitrag" von 2100,– DM leisten sowie für die Dauer des auf 12 Monate angelegten Vertrages ein „Betreuungshonorar" von 1500,– DM; von diesen wurden bei vorzeitiger Beendigung des Vertrages für jeden nicht in Anspruch genommenen Mitgliedschaftsmonat 125,– DM zurückgezahlt.

Unter Berücksichtigung der Tatsache, daß nach dem Inhalt des Vertrages der Schwerpunkt der Ehevermittlung in der Erbringung einer ständigen Leistung lag, hat es das OLG Hamburg in einem nach § 13 AGBG angestrengten Kontrollverfahren für vertretbar gehalten, den Vertrag als Ehevermittlungsdienstvertrag mit überwiegend dienstvertraglichem Einschlag anzusehen (WM 1978, 1358; MDR 1979, 314 – hier nur auszugsweise –). Das OLG Hamburg hat der Unterlassungsklage wegen Verstoßes gegen § 10 Nr. 7 AGBG stattgegeben, weil bei Anwendbarkeit des Dienstvertragsrechts die im Falle der Kündigung nach § 628 BGB zu fordernde Vergütung ganz erheblich niedriger lag, als die beanstandeten AGB dies regelten. Um dem offensichtlichen Bedürfnis weiter Bevölkerungskreise nach Ehe- (oder Partnerschafts-)Vermittlungen Rechnung zu tragen, hat dieses Gericht damals vorgeschlagen, die Vermittlungsdienstverträge als monatlich kündbar auszugestalten, die Kündigung des Vertrages aber entgegen § 627 Abs. 1 BGB für die ersten drei Monate auszuschließen, um damit die sog. Vorlaufkosten solcher Unternehmen abzudecken. Dieser Vorschlag hat Eingang in den Entwurf eines Gesetzes über finanzierte Rechtsgeschäfte sowie über Maklerverträge gefunden (Bundestags-Drucksache 8/3212 vom 27. 9. 1979, S. 24).

Das Urteil des OLG Hamburg ist rechtskräftig geworden; das verklagte Unternehmen verschwand vom Markt. Einige Zeit darauf hat die jetzige Beklagte ihre Maklerdienste angeboten und legt bei der Fassung ihres Vertragswerks größten Bedacht darauf, das Rechtsverhältnis zu ihren Kunden als Werkvertrag hinzustellen. Der vorgeschlagene Weg, den Kunden einen Maklerdienstvertrag anzubieten, der ein Vierteljahr unkündbar ist, auf diese Weise die berechtigten Interessen beider Seiten einzufangen vermag und somit nicht dem Vorwurf unangemessener Benachteiligung der Vertragspartner im Sinne des § 9 AGBG ausgesetzt ist, hat bei der rechtlichen Ausformung der Verträge ersichtlich keinen Anklang gefunden.

b) Alle Bestimmungen in den AGB der Beklagten, die darauf abstellen, daß das Vertragsverhältnis ein Werkvertrag sei und mithin die Bestimmungen der §§ 631 ff. BGB zu gelten hätten, sind nach § 9 Abs. 1 AGBG unwirksam, weil kein Werkvertrag vorliegt, sondern ein dem Maklervertrag ähnliches Vertragsverhältnis. ...

Der Senat sieht davon ab, die außerordentlich zahlreichen veröffentlichten Entscheidungen der Instanzgerichte zur Frage der rechtlichen Einordnung der Vertragsbeziehungen zwischen der Beklagten und ihren Kunden hier darzustellen. Nachdem die entsprechende Anwendung des § 656 BGB auf die Verträge der Beklagten in der Praxis der Gerichte vereinzelt geblieben ist, haben diese sich um die treffende vertragstypologische Einordnung unter das Recht des Dienst- oder des Werkvertrages bemüht. Deutlich überzeugendere Begründungen für die eine oder die andere Ansicht sind nicht erkennbar (vgl. zuletzt OLG Karlsruhe NJW 1985, 2035 mit krit. Anm. Gilles EWiR § 611 BGB 2/85, 559).

c) Der von der Beklagten angebotene Vertrag ist auch kein Dienstvertrag. Die in diesem Rechtsstreit zur Entscheidung gestellten AGB enthalten keine ausreichenden Anhaltspunkte dafür, daß die Vertragsbeziehungen als Dienstvertrag und damit als Dauerschuldverhältnis eingeordnet werden könnten. Die früher verwendeten AGB der Beklagten sahen noch eine – auf Wunsch verlängerbare – Abruffrist für die 25 Partneradressen von 6 Monaten vor (so auch im Falle OLG Karlsruhe NJW 1985, 2035). Die im vorliegenden Verfahren zur Prüfung stehenden AGB stellen es dagegen dem Kunden frei, „die Partnervorschläge auch im Sinne einer werkvertraglichen Teilabnahme abzurufen". Das Landgericht hat es nach eingehender Prüfung des Vortrags der Parteien als unstreitig angesehen, daß die Beklagte ihren Kunden keine zusätzlichen Leistungen in Form von Dienstleistungen mehr erbringe. Dem hat der Kläger in dieser Instanz nichts Konkretes entgegengesetzt. Die unterschiedlichen Begründungen der Instanzgerichte in deren veröffentlichten Urteilen, den Werkvertrag als in Wahrheit dem Dienstvertragsrecht unterfallend anzusehen, können in Anbetracht der vorliegenden AGB der Beklagten und deren heutiger Nachweispraxis nicht als Entscheidungshilfe dienen.

d) Die Leistung der Beklagten ist am ehesten als Maklertätigkeit anzusehen. Die Beklagte weist Adressen von Partnerschaftswilligen gegen Entgelt nach. Der angestrebte Erfolg ist das Zustandekommen der Partnerschaft. Die in § 652 Absatz 1 BGB geregelte Maklertätigkeit ist allerdings auf das Zustandekommen von Verträgen gerichtet. Partnerschaften werden dagegen nicht in Form eines Vertrages begründet, wenngleich aus dem Bestehen der Partnerschaften Rechtsbeziehungen folgen, die teilweise vertraglicher Art sind. Von § 652 Absatz 1 BGB unterscheidet sich der Vertragsinhalt im vorliegenden Fall auch insoweit, als der dort geregelte Maklervertrag keine Pflicht zum Tätigwerden des Maklers kennt. Der BGH hat einen Ehevermittlungsvertrag als Dienstvertrag behandelt, obschon sich der Inhaber des Eheanbahnungsinstituts lediglich zu einer Nachweis- und Vermittlungstätigkeit verpflichtet hatte (BGHZ 87, 309 = NJW 1983, 2817 m. abl. Anm. Gilles; vgl. auch BGH NJW 1984, 2407).

Da sich die Tätigkeit der Beklagten im zur Entscheidung stehenden Rechtsstreit auf den bloßen Nachweis von Partnerschaftswilligen gegen Entgelt beschränkt, wertet der Senat das Vertragsverhältnis als ein solches mit vorwiegend maklervertragstypischem Inhalt. Die mit der Klage beanstandeten AGB der Beklagten sind nach § 9 Abs. 1 AGBG unwirksam, weil sie sich stattdessen an den Werkvertragsregelungen der §§ 631 ff. BGB ausrichten, insbesondere die Vergütung mit der Fertigstellung des Adressenabrufdepots fällig stellen und die Kündigungsregelung des § 649 BGB für verbindlich erklären; das hat zur Folge, daß dem Kunden im Falle der Kündigung des Vertrages allenfalls das Porto für womöglich ersparte Adressenabrufe nachgelassen wird, höchstens also 20,– DM, nämlich das Porto für 25 Briefe.

Auch wenn die in § 652 Absatz 1 BGB bestimmte Vergütungsregelung nicht für die Maklertätigkeit der Beklagten als Leitbild dienen kann, so hat die Beklagte gleichwohl die ihr eingeräumte Vertragsgestaltungsfreiheit mißbraucht, indem sie die Vergütung fällig stellt, bevor der Kunde das Adressendepot zu Gesicht bekommt. In welcher Weise sie ihre Formularverträge ohne Verstoß gegen § 9 AGBG gestalten kann, solange der Gesetzgeber das Recht der Partnerschaftsvermittlung nicht geregelt hat, läßt sich bereits aus der oben erwähnten Entscheidung dieses Gerichtes ersehen (WM 1978, 1358), und auch nach Auffassung des BGH hält eine erfolgsunabhängige Vergütung des Ehevermittlers einer Inhaltskontrolle grundsätzlich stand (NJW 1983, 2817). Eine angemessene Berücksichtigung der Interessen beider Seiten kann in einer Regelung gesehen werden, nach welcher der Vertrag auf eine bestimmte Zeit geschlossen wird und die Kunden die Nachweise des Partnerschaftsmaklers nach und nach bezahlen; dabei mag die ansonsten jederzeit mögliche Kündigung für die ersten Monate ausgeschlossen werden, um dem Makler eine Mindesteinnahme zu sichern.

III.

Der Senat erklärt antragsgemäß alle mit der Klage beanstandeten AGB der Beklagten für unwirksam, weil auch jene Bestimmungen, die die Anwendbarkeit von Dienstvertragsrecht – nach Ansicht des Senats zu Recht – ausschließen, keinen eigenen Regelungsgehalt aufweisen; sie dienen allein der Untermauerung der fehlerhaften rechtlichen Einordnung des Vertrages als Werkvertrag.

IV.

Der vom Landgericht auf 20 000,– DM festgesetzte Streitwert ist bei weitem zu niedrig. Die Bedeutung der beanstandeten Klauseln führt unter Berücksichtigung des in § 22 AGBG festgesetzten Höchststreitwerts von 500 000,– DM zu einer Bemessung des Streitwerts auf 200 000,– DM.

Anmerkung:

Das vorinstanzliche Urteil des LG Hamburg vom 27. 4. 1984 – 74 O 255/83 – ist abgedruckt in AGBE V § 9 Nr. 85.

88 Die Klausel in einem „Beratungsvertrag"

„Für die Erbringung von Vermittlungs- und Dienstleistungen zum angestrebten Abschluß eines Kaufvertrages erhält die Firma ein Beratungshonorar in Höhe von 2% zuzüglich gesetzlicher Mehrwertsteuer."

ist mit dem Leitbild des Maklervertrages nicht vereinbar und deshalb nach § 9 AGBG unwirksam.

LG Stuttgart, Urteil vom 8. 3. 1985 – 20 O 293/84 – rechtskräftig;

Sachverhalt:

Die Klägerin ist ein eingetragener Verein, zu dessen satzungsmäßigen Aufgaben es gehört, die Interessen der Verbraucher durch Aufklärung und Beratung zu wahren.

Die Beklagte schließt mit ihren Kunden „Beratungsverträge" mit folgendem vorformulierten Inhalt ab:

„1. Mit der weiteren Erbringung von Vermittlungs- und Dienstleistungen zum angestrebten Abschluß eines Kaufvertrages für das obige Objekt wird die Firma ... beauftragt.
2. Für die Tätigkeit gemäß Ziffer 1 erhält die Firma ... ein Beratungshonorar in Höhe von 2% zuzüglich gesetz. MwSt., das sofort zur Zahlung fällig ist."

Mit der Klage verlangt die Klägerin von der Beklagten, die Verwendung der Klauseln in ihren „Beratungsverträgen" zu unterlassen.

Das LG hat der Klage stattgegeben.

Aus den Gründen:

Die von der Klägerin beanstandeten Klauseln verstoßen gegen § 9 AGB-Gesetz.

Legt man das Verständnis eines Verbrauchers, der juristischer Laie ist, zugrunde, dann schließt der „Auftraggeber" grundsätzlich einen Maklervertrag ab. Die Klauseln sind als AGB mit dem Leitbild des Maklervertrages, wonach Maklerprovision nur verlangt werden kann, wenn der Vertrag infolge des Nachweises oder der Vermittlung des Maklers zustande kommt, nicht vereinbar ...

Die Klausel Nr. 2 wäre geeignet, die freie Willensentschließung des Auftraggebers zu beeinträchtigen; denn er müßte sie als eine Art von Vertragsstrafenversprechen für den Fall ansehen, daß der Kaufvertrag nicht zustande kommt. Von ihm als juristischem Laien kann nicht die Überlegung erwartet werden, daß eine solches Vertragsstrafenversprechen schon deshalb unwirksam wäre, weil es der notariellen Beurkundung bedurft hätte, §§ 313, 125 BGB.

Eine in einem Maklervertrag festgesetzte erfolgsunabhängige „Bearbeitungsgebühr" von 45% widerspricht dem Leitbild des Maklervertrages und ist deshalb nach § 9 Abs. 2 Nr. 1 AGBG in Verbindung mit § 652 BGB unwirksam.

AG Düsseldorf, Urteil vom 26. 9. 1985 – 47 C 86/85 – rechtskräftig; MDR 1986, 235 = WM 1986, 463.

Sachverhalt:

Der Kläger ist Makler. Die Parteien schlossen am 12. November 1984 einen Formular-Maklervertrag, durch den die Beklagte ihre Bereitschaft erklärte, in Krefeld und Umgebung eine Gaststätte zu pachten. Ziffer III dieses Vertrages bestimmte u. a. folgendes:

„Unabhängig davon, ob der vom Auftraggeber beabsichtigte Vertrag zustande kommt, verpflichtet sich der Auftraggeber, an den Makler eine einmalige, erfolgsunabhängige Bearbeitungsgebühr von 45% zu zahlen. ..."

Mit Schreiben vom 16. November 1984 kündigte die Beklagte den Maklervertrag, nachdem sie dem Kläger zuvor am 12. November 1984 einen Scheck über 3000,- DM gegeben hatte, der nur in Höhe von 300,- DM eingelöst werden konnte.

Die Beklagte ist der Ansicht, die Vereinbarung einer erfolgsunabhängigen Bearbeitungsgebühr verstoße gegen das AGBG.

Das AG hat die Klage als unbegründet abgewiesen.

Aus den Gründen:
...

1. Die vorliegende Klausel verstößt gegen § 9 AGBG. Dies ist inzwischen anerkannt für erfolgsunabhängige Provisionen in Maklerverträgen (BGH WM 1985, 751/753). Vorliegend gilt nichts anderes. Die Beklagte hat nur 4 Tage nach Vertragsabschluß den Maklervertrag gekündigt. Die Höhe von 45% entspricht fast der Hälfte der Provision. Es handelt sich unter dem Namen „Bearbeitungsgebühr" um nichts anderes als eine verkappte erfolgsunabhängige Teilprovision. Diese widerspricht dem Leitbild eines Maklervertrages, da die §§ 652 ff. BGB davon ausgehen, daß eine Provision nur geschuldet ist, wenn die Maklertätigkeit zum Erfolg führt. Bei einer Bearbeitungsgebühr von 45% soll demnach nichts anderes erreicht werden, als den Kunden unter Erfolgsdruck zu setzen. Aus diesem Grunde hält die Rechtsprechung und Literatur auch derartige Bearbeitungsklauseln in der Regel dann für unzulässig, wenn sie eine erhebliche Höhe ausmachen (LG Düsseldorf BB 1983, 665; AG Ulm ZIP 1983, 1219 m. Anm. Geßler; OLG Hamburg BB 1984, 934/935; auch BGH NJW 1983, 1492 für eine unbedenkliche Bearbeitungsgebühr in Höhe von 5%).

2. Die Klausel ist auch nicht durch die handschriftliche „Besondere Vereinbarung" zu einer Individualvereinbarung im Sinne des § 4 AGBG geworden.

a) Die sogenannte Belehrungsklausel macht als solche den Formularvertrag nicht zur Individualvereinbarung, da § 1 Abs. 2 AGBG ein Aushandeln verlangt (vergl. BGH NJW 1977, 624, 625; BGH NJW 1979, 1406/1407; Ulmer/Brandner/Hensen 4. Auflage AGB-Kommentar § 1 Rdnr. 49). Auch läßt sich die Anwendung des AGB-Gesetzes nicht durch die von der Beklagten unterschriebene Erklärung des Inhalts, daß die Vertragsbedingungen angeblich mit ihr „ausgehandelt" wurden, umgehen (BGH NJW 1977, 624; LG Frankfurt NJW 1984, 2419/2420; Palandt/Heinrichs 43. Auflage BGB § 1 AGB-Gesetz Anm. 4 a).

b) Auch die übrigen handschriftlichen „Vereinbarungen" stellen sich nicht dar als im Sinne des § 1 Abs. 2 AGBG „im einzelnen ausgehandelt". In den wesentlichen Formulierungen entspricht diese „Besondere Vereinbarung" Ziffer III 2 des Formular-Maklervertrages. Es ist in beiden Texten die Rede von „einmalige, erfolgsunabhängige Bearbeitungsgebühr", und auch die Höhe von 45% ist identisch. Daß es sich bei der Besonderen Vereinbarung ersichtlich um nichts anderes als um ein in handschriftlichem Schriftbild gefertigtes und offensichtlich auf die neue Rechtsprechung zugeschnittenes Formular des Klägers handelt, wird darüber hinaus dadurch deutlich, daß der Kläger dieses handschriftliche Schriftstück nicht auf die Beklagte zugeschnitten hat, sondern die Formulierungen „wir/uns", „ich/wir", „mich/uns" mehrfach gebraucht. Hätte es sich wirklich um eine Individualvereinbarung gehandelt, hätte nichts näher gelegen, als die Formulierungen nur auf die Beklagte als Vertragspartnerin zu beziehen. Da der Kläger im übrigen weder konkrete Umstände dargetan hat noch Beweis dafür antritt, was nun im einzelnen ausgehandelt worden sein soll, und da sachliche individuelle Änderungen gegenüber dem vorformulierten Vertragstext nicht vorliegen (vgl. OLG Köln BB 1984, 1388/1389), ist davon auszugehen, daß der Kläger von vornherein nicht mit einer Einflußnahme der Beklagten auf den Inhalt der Vertragsbedingungen einverstanden gewesen wäre, noch dazu, wenn eine wie hier beanstandete Klausel über eine erfolgsunabhängige Teilprovision in ganz erheblichem Umfang von den gesetzlichen Regelungen abweicht (vgl. BGH NJW 1981, 2343; Kötz in MK 2. Auflage § 1 AGB-Gesetz Rdn. 19; restriktiver als der BGH in NJW 1977, 624/625 zu Recht auch Ulmer/Brandner/Hensen 4. Auflage § 1 Rdnr. 50).

§ 9 – Miet- und Leasingvertragsklauseln

Hat bei einem Finanzierungsleasingvertrag über ein Kraftfahrzeug der Leasingnehmer im Schadensfall den Reparaturauftrag erteilt, so kann er vom Leasinggeber verlangen, daß dieser die Entschädigungsleistung des Versicherers an den mit der Reparatur beauftragten Unternehmer auszahlt.

Der Leasinggeber kann sich gegenüber dem Unternehmer, an den der Leasingnehmer seinen Anspruch abgetreten hat, nicht auf das in dem Mietvertrag enthaltene Abtretungsverbot, wonach der Mieter die ihm aus dem Mietvertrag zustehenden Rechte nicht übertragen darf, berufen.

BGH, Urteil vom 12. 2. 1985 – X ZR 31/84; BGHZ 93, 391 = DB 1985, 1392 = JZ 1985, 798 = MDR 1985, 670 = NJW 1985, 1537 = VersR 1985, 679 = WM 1985, 602 = ZIP 1985, 1004.

Sachverhalt:

Die Klägerin verlangt von der Beklagten die Begleichung einer Rechnung über die Reparatur eines Lastkraftwagens, und zwar aus eigenem und ihr von der Firma N. abgetretenem Recht. Durch Vertrag vom 10. April 1981 hatte die Firma N. von der Beklagten einen Lkw mit Kipperaufbau gemietet. Die Mietdauer sollte 36 Monate betragen. Als monatlicher Mietzins waren 3,08% des nach einer Zuzahlung von 30 000,– DM verbliebenen „Nettoobjektwertes" von 132 113,40 DM, das sind 4069,– DM, zuzüglich 13% Mehrwertsteuer vereinbart. Nach § 9 der Mietbedingungen der Beklagten hatte die Mieterin die Gefahr für Untergang, Verlust oder Beschädigung der Mietsache zu tragen, sich gegen diese Gefahr zu versichern und die Rechte aus den Versicherungen durch Sicherungsschein an die Beklagte abzutreten. Nach § 15 der Mietbedingungen waren die Aufrechnung und die Geltendmachung eines Zurückbehaltungsrechtes gegen Forderungen der Beklagten ausgeschlossen; ferner war darin der Mieterin untersagt, die ihr aus dem Vertrag zustehenden Ansprüche und Rechte zu übertragen. Die Firma N. schloß bei dem Landwirtschaftlichen Versicherungsverein in M. einen Vertrag über die Vollversicherung des Lkws ab. Den Sicherungsschein erhielt vereinbarungsgemäß die Beklagte. Mit dem Lkw hatte die Beklagte der Firma N. gleichzeitig einen Kippanhänger zu einem monatlichen Mietzins von 1063,– DM zuzüglich 13% Mehrwertsteuer für die Dauer von 48 Monaten vermietet. Im November 1981 kam es zu einem Unfall, bei dem Lkw und der Anhänger beschädigt wurden. Die Klägerin führte die Reparatur im Auftrag der Firma N. durch und händigte dieser die Fahrzeuge wieder aus. Nach der Behauptung der Klägerin trat der Inhaber der Firma N. bei dieser Gelegenheit seine angeblichen Ansprüche gegen den Fahrzeugversicherer an die Klägerin ab. Ab Januar 1982 stellte die Firma N. die vereinbarten Mietzahlungen an die Beklagte ein. Diese kündigte am 5. März 1982 die Mietverträge.

Wegen der Reparaturkosten wandten sich sowohl die Klägerin als auch die Beklagte an den Fahrzeugversicherer. Dieser zahlte aufgrund des ihm vorgelegten Sicherungsscheines insgesamt 26 061,86 DM an die Beklagte. Durch schriftliche Erklärung vom 5. Juni 1982 trat der Inhaber der Firma N. seinen Anspruch gegen die Beklagte auf Verwendung der Leistung des Fahrzeugversicherers für die Reparatur des Unfallschadens und einen ihm etwa zustehenden Anspruch auf Auszahlung der Summe unwiderruflich an die Klägerin ab. Für die Instandsetzung des Lkws hat die Klägerin der Firma N. unter dem 9. Dezember 1981 insgesamt 16 557,97 DM in Rechnung gstellt. Diesen Betrag begehrt sie nunmehr von der Beklagten. Landgericht und Oberlandesgericht haben die Klage abgewiesen. Die Revision der Klägerin hatte Erfolg.

Aus den Gründen:

1. Soweit das Berufungsgericht ausgeführt hat, der Klägerin stehe gegen die Beklagte kein Anspruch aufgrund der von dem Inhaber der Firma N. bei der Abholung des Lkws erklärten Abtretung des Entschädigungsanspruchs gegen den Fahrzeugversicherer zu, weil dieser Anspruch nicht der Firma N., sondern im Hinblick auf den der Beklagten erteilten Sicherungsschein der Beklagten zugestanden habe, ist gegen diese Beurteilung aus Rechtsgründen nichts einzuwenden. In dem Sicherungsschein hatte die Firma N. erklärt, daß die Versicherung in Höhe des von ihr geschuldeten Betrages für Rechnung der Beklagten gelte und diese – abweichend von den Allgemeinen Bedingungen für die Kraftfahrzeugversicherung – allein berechtigt sei, über die Rechte aus dem Versicherungsvertrag zu verfügen. Da die Beklagte als Versicherte somit allein zur Ausübung der Rechte aus dem Versicherungsvertrag befugt war, stellte die Abtretung des Anspruchs gegen den Versicherer eine der Firma N. entzogene Verfügung dar, aus der der Klägerin keine Ansprüche erwachsen konnten (vgl. BGHZ 40, 297, 301 Abs. 1 a. E. = WM 1964, 153).

2. Soweit das Berufungsgericht einen Anspruch der Klägerin gegen die Beklagte auf Zurverfügungstellung der Versicherungsleistung für die Reparatur des Lkws aufgrund der Abtretungserklärung des Inhabers der Firma N. vom 5. Juni 1982 ebenfalls verneint hat, hält das angefochtene Urteil dagegen der rechtlichen Überprüfung nicht stand.

a) Das Berufungsgericht hat ausgeführt, die Abtretung sei zwar nicht schon wegen des in § 15 der Mietbedingungen der Beklagten enthaltenen Abtretungsverbotes unwirksam, weil dieses Verbot einer Inhaltskontrolle nach § 9 des AGB-Gesetzes nicht standhalte. Der Firma N. habe indessen im Zeitpunkt der Abtretung kein Anspruch gegen die Beklagte zugestanden. Ihren Anspruch auf Auszahlung der Entschädigungsleistung des Versicherers habe die Beklagte durch Verrechnung mit rückständigen Mietzinsraten zum Erlöschen gebracht, welche die Firma N. der Beklagten für die Monate Januar bis März 1982 schuldig geblieben sei. Durch das zwischen der Firma N. und der Beklagten begründete Treuhandverhältnis sei diese nicht gehindert gewesen, eine solche Verrechnung vorzunehmen. Das Berufungsgericht teile insoweit nicht die Ansicht des OLG Hamburg vom 3. November 1938 (JW 1938, 3235), nach der die Versicherungsleistung in jedem Fall für die Reparatur des versicherten Fahrzeugs zur Verfügung zu stehen habe und der Versicherte nicht mit rückständigen Kaufpreisraten aufrechnen könne; vielmehr sei der Ansicht von Sieg (Rechtsverhältnisse bei erteiltem Sicherungsschein in der Kfz-Versicherung, VersR 1953, 219, 221) und Johannsen (in Bruck-Möller, Versicherungsvertragsgesetz 8. Aufl., Band V Lief. 2 Fahrzeugversicherung Anm. J 174) beizutreten, wonach jedenfalls rückständige Raten verrechnet werden dürften.

b) Die gegen diese Beurteilung gerichteten Angriffe der Revision, mit denen diese sich in erster Linie gegen die vom Berufungsgericht für rechtens erachtete Verrechnung der Entschädigungsleistung des Versicherers mit den Mietzinsansprüchen der Beklagten gegen die Firma N. wendet, sind begründet. Der Klägerin steht aufgrund der von dem Inhaber der Firma N. erklärten Abtretung von 5. Juni 1982 der geltend gemachte Zahlungsanspruch gegen die Beklagte zu.

aa) Bei dem zwischen der Firma N. und der Beklagten geschlossenen Mietvertrag handelt es sich um einen auf die entgeltliche Gebrauchsüberlassung eines Kraftfahrzeugs auf Zeit gerichteten Finanzierungsleasingvertrag. Entsprechend der bei einem solchen Vertrag typischen Vertragsgestaltung wird dem Leasingnehmer (Mieter) üblicherweise die Gefahr für Untergang, Verlust oder Beschädigung des Fahrzeugs aufgebürdet (vgl. Hiddemann, Die Rechtsprechung des Bundesgerichtshofs zum Leasingvertrag in WM 1978, 834, 840 mit Hinweisen auf BGH WM 1975, 1203; 1976, 1133). Gegen diese Gefahr, die auch im vorliegenden Fall die Firma N. als Leasingnehmerin zu tragen hatte, hatte diese sich gemäß § 9 der Mietbedingungen der Beklagten zu versichern und die Rechte aus diesen Versicherungen „gegen Sicherungsschein" an die Beklagte „abzutreten". Damit wurde das Versicherungsverhältnis zu einer Versicherung für fremde Rechnung, bei der der in die Versicherung einbezogene Vertragspartner Versicherter ist (vgl. BGHZ, 40, 297, 300f = WM 1964, 153). Die Frage, ob bei einer solchen Vertragsgestaltung im Falle des Eintritts eines unfallbedingten Teilschadens an dem vermieteten Kraftfahrzeug dem Leasingnehmer Ansprüche gegen den Leasinggeber zustehen, beantwortet sich nicht nach dem Versicherungsverhältnis, sondern nach dem Innenverhältnis der Partner des Leasingvertrages (vgl. Tron, Der Kraftfahrzeug-Sicherungsschein S. 134). Haben diese – wie hier – keine abweichenden Vereinbarungen getroffen, so ist im Teilschadensfall die Entschädigungsleistung des Fahrzeugversicherers mangels anderweitiger Abreden für die Wiederherstellung des beschädigten Kraftfahrzeugs zu verwenden. Die Erteilung des Sicherungsscheins soll den versicherten Leasinggeber dagegen sichern, daß der Leasingnehmer als Versicherungsnehmer etwaige Entschädigungsleistungen des Versicherers nicht zu anderen Zwecken als zur Wiederherstellung des Fahrzeugs verwendet; durch die Einbeziehung des Leasinggebers als Versicherter in den Versicherungsvertrag soll dem Leasinggeber die Möglichkeit verschafft werden, aus eigenem Recht dafür zu sorgen, daß die Versicherungsleistung tatsächlich der Begleichung der Reparaturkosten zugeführt wird (vgl. Tron, a.a.O., S. 135 unter Hinweis auf OLG Hamburg, a.a.O.). Im Verhältnis zum Leasingnehmer ist der Leasinggeber grundsätzlich verpflichtet, eine ihm von dem Versicherer geleistete Entschädigung für die Reparatur des gemieteten Fahrzeugs zur Verfügung zu stellen. Hat der Leasingnehmer – wie im vorliegenden Fall – den Auftrag zur Reparatur des unfallbeschädigten Fahrzeugs im eigenen Namen erteilt, so kann er von dem Leasinggeber verlangen, daß dieser ihn mit dem Entschädigungsbetrag von einer Verbindlichkeit gegenüber dem mit der Reparatur beauftragten Unternehmer befreit, das heißt, die Versicherungsleistung zur Begleichung der Reparaturkosten an diesen auszahlt. An dieser Beurteilung ändert es nichts, daß es im vorliegenden Fall nach § 7 der Mietbedingungen der Leasingnehmerin (Firma N.) oblag, notwendig werdende Reparaturen des gemieteten Kraftfahrzeugs auf ihre Kosten ausführen zu lassen. Denn als Versicherungsnehmerin hatte die Leasingnehmerin zugleich die Pflichten und Lasten aus dem Versicherungsvertrag zu tragen, so daß ihr in Ermangelung entgegenstehender Abreden auch die daraus sich ergebenden Vorteile zugute kommen müssen (so zutreffend OLG Hamburg, a.a.O.; Tron, a.a.O., S. 135). Der Abschluß der Versicherung wäre für sie sinnlos, wenn der Leasinggeber die Versicherungsleistung im Teilschadensfall für sich behalten dürfte (Tron, a.a.O., S. 136 unter Hinweis auf OLG Hamburg, a.a.O.).

bb) Mangels entgegenstehender Abreden war die Beklagte nicht befugt, gegenüber dem Anspruch der Firma N. auf Verwendung der Versicherungsleistung für die Begleichung der Reparaturkosten mit Mietzinsforderungen aufzurechnen. Der gegenteiligen Ansicht von Sieg (a.a.O.), der sich Johannsen (a.a.O.) und Tron (a.a.O., S. 137) angeschlossen haben (unklar insoweit Stiefel/Hofmann, Kraftfahrversicherung, 11. Aufl. § 3 AKB Rdn. 93), vermag der Senat nicht beizupflichten. Diese Ansicht beruht auf der Annahme, die Einbeziehung des Kreditgebers (Leasinggebers) in den Versicherungsvertrag diene nicht nur dem Interesse des Versicherten an der Erhaltung des Fahrzeugs, sondern gleichzeitig auch der Sicherung seiner Forderungen gegen den Kreditnehmer (Leasingnehmer). Ein solches Verständnis der Vertragsbeziehungen zwischen dem Leasinggeber und dem Leasingnehmer kann dem mit der Einbeziehung des Leasinggebers in den Versicherungsvertrag verfolgten Zweck indessen nicht entnommen werden. Dagegen spricht schon, daß die Fahrzeugversicherung kein geeignetes Mittel zur Sicherung der Forderungen des Versicherten (Leasinggebers) gegen den Versicherungsnehmer (Leasingnehmer) ist. Tritt nämlich – wie im Regelfall – kein Unfallschaden ein, so stehen dem Versicherten (Leasinggeber) aus der Fahrzeugversicherung keine Ansprüche gegen den Versicherer zu und folglich auch keine Mittel zur Sicherung seiner Mietzinsforderungen gegen den Versicherungsnehmer (Leasingnehmer) zur Verfügung. Soweit Sieg (a. a. O.) zur Begründung seiner gegenteiligen Ansicht ausführt, im Falle eines Totalschadens sei die Versicherung zugunsten Dritter für den Versicherten praktisch wertlos, wenn nur dessen Interesse an der Erhaltung des versicherten Fahrzeugs und nicht auch gleichzeitig seine Kreditforderung geschützt sei, kann dieser Betrachtungsweise nicht gefolgt werden. Die Fälle eines Totalschadens des versicherten Fahrzeugs und die eines Teilschadens sind grundsätzlich zu unterscheiden (Tron, a. a. O., S. 134). Außerdem ist bei einem Totalschaden die Versicherung für den Versicherten nicht wertlos, wenn nur dessen Erhaltungsinteresse an dem Fahrzeug, nicht aber auch seine Forderungen gegen den Versicherungsnehmer gesichert wären. Denn im Totalschadensfall wird dem durch den Sicherungsschein in die Versicherung einbezogenen Versicherten mindestens der Zeitwert des Fahrzeugs ersetzt (§ 13 Abs. 4 AKB i. V. m. § 13 Abs. 1 u. 2 AKB). Dadurch wird dem Versicherten Ersatz desjenigen Interesses gewährt, zu dessen Sicherung der Versicherungsvertrag für den Fall des Eintritts eines Totalschadens abgeschlossen worden ist. Damit ist dem mit der Einbeziehung des Versicherten in den Versicherungsvertrag verfolgten Zweck genügt. Im Teilschadensfall, wie er hier gegeben ist, geht der Zweck der Einbeziehung des Versicherten in den Versicherungsvertrag ebenfalls nicht über das Interesse hinaus, welches der Versicherte an der Wiederherstellung des beschädigten Fahrzeugs hat. Nach der Instandsetzung des Fahrzeugs steht der Versicherte im wesentlichen wieder so, wie er vor dem Schadensfall gestanden hat. Hinzu kommt, daß der Versicherungsnehmer alsdann das Fahrzeug weiter benutzen kann, wodurch er vielfach erst in die Lage versetzt wird, die zur Begleichung seiner laufenden Verpflichtungen gegenüber dem Versicherten erforderlichen Mittel zu erwirtschaften (vgl. OLG Hamburg, a. a. O.). Die Ausführungen des II. Zivilsenats des Bundesgerichtshofes in seinem Urteil vom 25. November 1963 (BGHZ 40, 301 = WM 1964, 153), die einen finanzierten Kraftfahrzeugkauf betreffen, bei dem dem Kreditgeber ein Sicherungsschein für die von dem Kreditnehmer abgeschlossene Fahrzeugversicherung erteilt war, rechtfertigen ebenfalls nicht die Annahme, daß die Beklagte berechtigt sei, mit offenstehenden Mietzinsforderungen aufzurechnen. Zwar heißt es in dieser Entscheidung, versichert sei das (fremde) Sicherungsinteresse des Kreditgebers im Umfang seiner jeweils noch offenen Forderung gegen den Kreditnehmer. Erwogen wird indessen, der Kreditgeber solle durch den Sicherungsschein davor bewahrt werden, durch den ersatzlosen Untergang des ihm für das Finanzierungsdarlehen sicherungsübereigneten Kraftfahrzeugs einen Verlust zu erleiden. Damit ist der Fall des Totalschadens des versicherten Kraftfahrzeugs gemeint, bei dem eine Verwendung der Versicherungsleistung für eine Wiederherstellung des Fahrzeugs ohnehin nicht in Betracht kommt. Im übrigen betrifft die Entscheidung nur die Rechtswirkungen des Sicherungsscheins im Verhältnis zwischen versichertem Kreditgeber und Fahrzeugversicherer. Über das Innenverhältnis zwischen Kreditgeber und Kreditnehmer sagt sie dagegen nichts aus. Aus der Verpflichtung der Firma N., eine

Fahrzeugversicherung abzuschließen und die Beklagte durch die Erteilung eines Sicherungsscheins in die Versicherung einzubeziehen, ist nach alledem kein Recht der Beklagten abzuleiten, die Versicherungsleistung zur Absicherung ihrer Mietzinsforderungen gegen die Firma N. zu verwenden. Die Beklagte ist daher nicht berechtigt, gegenüber dem Anspruch der Firma N. auf Verwendung der Versicherungsleistung für die Begleichung der Reparaturkosten mit den ihr zustehenden Mietzinsforderungen aufzurechnen oder eine entsprechende Verrechnung vorzunehmen. Es macht dabei auch keinen Unterschied, ob die Forderungen der Beklagten sich auf rückständige oder erst künftig fällig werdende Mietzinsraten beziehen. Die insoweit differenzierende Betrachtungsweise von Sieg (a. a. O.) ist schon mit dessen Prämisse, daß auch die Kreditforderung des Versicherten mitversichert sei, nicht vereinbar. Wäre diese Prämisse nämlich richtig, so bestünde kein Grund, die Sicherung der Kreditforderung auf bereits fällige Kreditraten zu beschränken. Die Unzulässigkeit der Aufrechnung mit Mietzinsforderungen gegenüber dem Anspruch der Firma N. auf Verwendung der Versicherungsleistung für die Reparatur des versicherten Fahrzeugs ist hier auch nicht etwa dadurch entfallen, daß es der Firma N. gelungen ist, die Herausgabe des reparierten Fahrzeugs vor Begleichung der Reparaturkosten zu erreichen. Hätten die Firma N. oder in deren Einvernehmen auch die mit der Reparatur beauftragte Klägerin die Durchführung der Reparatur davon abhängig gemacht, daß die Beklagte ihnen die Begleichung der Reparaturkosten aus der ihr zustehenden Entschädigungsleistung des Versicherers verbindlich zusagte, so hätte die Beklagte sich einem solchen Ansinnen nicht entziehen dürfen. Die Herausgabe des reparierten Fahrzeugs an die Firma N. führt im Verhältnis zwischen dieser und der Beklagten nicht zu einer Erweiterung der Rechte der Beklagten in bezug auf die Aufrechnung mit Mietzinsforderungen.

cc) Dem Anspruch der Firma N. gegen die Beklagte auf Auszahlung der Entschädigungsleistung des Versicherers in Höhe der Reparaturkosten an die Klägerin stehen schließlich keine Abtretungsverbote entgegen. Dem Abtretungsverbot des § 3 Abs. 4 AKB unterliegt dieser Anspruch schon deshalb nicht, weil es sich nicht um einen Anspruch aus dem Versicherungsverhältnis, sondern um einen Anspruch handelt, der seine Grundlage in dem Innenverhältnis des Leasingvertrages findet. Es kann dahingestellt bleiben, ob das in § 15 der Mietbedingungen enthaltene Abtretungsverbot, wonach der Mieter die ihm aus dem Mietvertrag zustehenden Rechte nicht übertragen darf, einer generellen Inhaltskontrolle nach § 9 AGB-Gesetz standhält. Die Berufung auf das Aufrechnungsverbot würde jedenfalls mit Rücksicht auf die hier vorliegende Fallgestaltung eine unzulässige Rechtsausübung darstellen. Da die Beklagte verpflichtet ist, die ihr aufgrund des Unfallschadens an dem versicherten Kraftfahrzeug zustehende Entschädigungsleistung des Versicherers für die Begleichung der Reparaturkosten zur Verfügung zu stellen, liefe die Berufung auf das der Firma N. auferlegte Abtretungsverbot dem mit dem Abschluß des Versicherungsvertrages verfolgten Zweck zuwider und verstieße damit gegen die Grundsätze von Treu und Glauben (§ 242 BGB). Es macht für die Beklagte unter keinem tatsächlichen oder rechtlichen Gesichtspunkt einen ins Gewicht fallenden Unterschied, ob die Firma N. ihrem Anspruch auf Verwendung der Versicherungsleistung für die Begleichung der Reparaturkosten – wie hier – durch Abtretung dieses Anspruchs an die Klägerin oder dadurch Geltung verschafft, daß sie die Beklagte auf Zahlung an die Klägerin in Anspruch nimmt.

91	1. Die formularmäßige Vereinbarung der 10jährigen Laufzeit eines zwischen Kaufleuten geschlossenen Mietvertrages über eine Fernsprechnebenstellenanlage verstößt nicht gegen § 9 AGBG.

2. Eine Klausel, nach der der Mieter bei vorzeitiger Vertragsauflösung pauschalierten Schadensersatz in Höhe von 50% der Restmieten, höchstens jedoch von drei Jahresmieten zu leisten hat, verstößt nicht gegen § 11 Nr. 5a AGBG.

BGH, Urteil vom 13. 2. 1985 – VIII ZR 154/84; BB 1985, 956 = DB 1985, 1389 = MDR 1986, 49 = NJW 1985, 2328 = WM 1985, 542.

Sachverhalt:

Die Klägerin überließ dem Beklagten, einem Kaufmann, mit schriftlichem „Miet- und Schutzvertrag" 1978 für dessen Betrieb eine Fernsprechnebenstellenanlage. In dem Vertragsformular ist auf die auf seiner Rückseite abgedruckten „Allgemeinen Bedingungen zum Miet- und Schutzvertrag" (künftig: AB) Bezug genommen. In ihnen heißt es unter anderem:

> „Nr. 4.1 Der Mietvertrag läuft bis zum Ende des 10. Jahres nach dem bei Betriebsbereitschaft der Anlage laufenden Kalenderjahr...
>
> 4.2 Wenn der Mieter ... aus von ... (der Klägerin) nicht zu vertretenden Gründen die Anlage ganz oder teilweise nicht montieren läßt oder vor Ablauf des Vertrages aufgibt, kann ... (die Klägerin) einen sofort fälligen pauschalierten Schadensersatz beanspruchen. Wird die Anlage nicht montiert, beträgt dieser Schadensersatz eine Jahresmiete zuzüglich Entgelt für bereits erbrachte Leistungen. In allen anderen Fällen beträgt er die Hälfte der Mieten, die bis zum Ende der vereinbarten Vertragsdauer zu zahlen wären, höchstens aber drei Jahresmieten. ..."

Die Anlage wurde im Betrieb des Beklagten eingebaut. Mit Schreiben vom 29. September 1980 kündigte der Beklagte den Vertrag unter Hinweis auf „ständige Reklamationen". In der Folgezeit überprüfte die Klägerin die Anlage und verhandelte mit dem Beklagten über den Einbau einer anderen Anlage. Der Beklagte lehnte den Erwerb einer neuen Anlage aus Kostengründen ab und hielt die Kündigung aufrecht. Die Klägerin stimmte der vorzeitigen Vertragsauflösung zu und verlangte Schadensersatz.

Mit der Klage macht sie Schadensersatz in Höhe von drei Jahresmieten gemäß Nr. 4.2 Satz 3 AB geltend. Sie hält die Vertragskündigung für unberechtigt und trägt vor, mehrfache Überprüfungen hätten ergeben, daß die Anlage einwandfrei funktioniert habe; die von dem Beklagten beanstandeten Fehlverbindungen seien auf Bedienungsfehler beim Wählvorgang zurückzuführen. Der Beklagte sieht in der in den AB festgelegten zehnjährigen Bindung eine unangemessene Benachteiligung im Sinne des § 9 AGBG. Er wendet weiter ein, die Anlage sei mangelhaft gewesen.

Das Landgericht hat der Klage stattgegeben.

Das Oberlandesgericht hat die Berufung des Beklagten zurückgewiesen. Die Revision hatte keinen Erfolg.

Aus den Gründen:

I. Das Berufungsgericht hat ausgeführt:

Die Vertragsdauer von zehn Jahren (Nr. 4.1 AB) sei wirksam vereinbart worden. Die Vorschrift des § 11 Nr. 12 AGBG finde auf Mietverträge keine Anwendung. Um einen Mietvertrag handele es sich bei dem von den Parteien eingegangenen Vertragsverhältnis.

Im übrigen sei § 11 Nr. 12 AGBG auch deshalb unanwendbar, weil der Beklagte Kaufmann sei. Die übersichtlich und deutlich gefaßten Geschäftsbedingungen der Klägerin enthielten in Nr. 4.1 AB auch keine überraschende Klausel im Sinne des § 3 AGBG, weil das Bürgerliche Recht Mietverträge mit sehr langer Laufzeit zulasse und dem betroffenen Geschäftskreis entsprechend lange Vertragslaufzeiten aus der Praxis aller anderen Anbieter größerer Telefonanlagen bekannt seien. Auch die Bestimmung des § 9 Abs. 1 AGBG stehe der zehnjährigen Bindung nicht im Wege: Eine unangemessene Benachteiligung des Partners des Klauselverwenders liege schon deshalb nicht vor, weil bei der Interessenabwägung vor allem § 22 der Fernmeldeordnung zu berücksichtigen sei, der für Anlagen der vorliegenden Art ebenfalls eine zehnjährige Vertragsdauer vorsehe.

Auch die Schadenspauschalierung in Nr. 4.2 AB sei unbedenklich, weil die Regelung einschränkend dahin ausgelegt werden könne, daß sie die Berücksichtigung einer Kündigung des Kunden aus wichtigem Grund nicht ausschließe.

Eine Fehlerhaftigkeit der Anlage sei nicht bewiesen. Da der Beklagte die Anlage zunächst angenommen und nicht sofort gerügt habe, sei er für einen Mangel der Mietsache beweispflichtig und müsse den Nachteil der Ungeklärtheit der Fehlerursache tragen.

II. Das Berufungsurteil hält den Angriffen der Revision stand.

1. Die Festlegung der mehr als zehnjährigen Vertragslaufzeit in Nr. 4.1 AB verstößt nicht gegen Vorschriften des AGB-Gesetzes, so daß offenbleiben kann, welche Rechtsfolgen die Unwirksamkeit einer die Dauer des Vertrages regelnden Klausel nach sich zieht (zur Folge eines Verstoßes gegen § 11 Nr. 12a AGBG vgl. z. B. Hensen in: Ulmer/Brandner/Hensen, AGB-Kommentar, 4. Aufl., § 11 Nr. 12 Rdnr. 18 und Wolf in: Wolf/Horn/Lindacher, AGBG, § 11 Nr. 12 Rdnr. 13 einerseits und MünchKomm-Kötz, BGB, 2. Aufl., § 11 Nr. 12 AGBG Rdnr. 140 andererseits).

a) Gegen die Auffassung des Berufungsgerichts, bei der Bestimmung in Nr. 4.1 AB handele es sich nicht um eine überraschende Klausel im Sinne des § 3 AGBG, wendet sich die Revision des beklagten „Mieters" nicht. Sie trifft auch zu. Überraschend ist eine Klausel nur, wenn der Vertragspartner mit der in ihr enthaltenen Regelung den Umständen nach vernünftigerweise nicht zu rechnen braucht (BGHZ 84, 109, 112 f.; 91, 139, 144) ...

b) § 11 Nr. 12a AGBG findet keine unmittelbare Anwendung. Denn der Beklagte ist unstreitig Kaufmann und hat die Anlage in seinem Geschäftsbetrieb einbauen lassen (§ 24 Satz 1 Nr. 1 AGBG).

c) Allerdings sind auch im Handelsverkehr formularmäßige Bestimmungen über die Vertragsdauer an der Generalklausel des § 9 AGBG zu messen.

aa) Der Bestimmung des § 11 Nr. 12a AGBG kommt auch in diesem Rahmen keine Bedeutung zu. Dabei kann dahinstehen, ob die Erfüllung einer der Verbotsnormen des § 11 AGBG stets ein Indiz für die Unangemessenheit der Klausel im Falle ihrer Verwendung unter Kaufleuten sein muß (BGHZ 90, 273, 278) und ob dies auch für die Vorschrift des § 11 Nr. 12a AGBG zu gelten hat (verneinend wohl Hensen a.a.O.; Kötz a.a.O., Rdnr. 141; Graf von Westphalen in: Löwe/Graf von Westphalen/Trinkner, Großkommentar zum AGB-Gesetz, Bd. II, 2. Aufl., § 11 Nr. 12 Rdnr. 38 f.). Denn auf den zwischen den Parteien geschlossenen Vertrag ist § 11 Nr. 12a AGBG unabhängig von der Kaufmannseigenschaft des Beklagten nicht anwendbar. Mietverträge werden nämlich von dieser Vorschrift nach allgemeiner Ansicht nicht erfaßt (Hensen a.a.O.

Rdnr. 4; Graf von Westphalen a. a. O., Rdnr. 10; Wolf a. a. O., Rdnr. 8), nachdem die Gebrauchsüberlassungsverträge entgegen ursprünglicher Vorstellung (vgl. Erster Teilbericht der Arbeitsgruppe beim Bundesminister der Justiz, 1974, S. 29, 83) in der endgültigen Gesetzesfassung wegen der weitgehend andersartigen Interessenlage von ihrem Anwendungsbereich ausgenommen worden sind (vgl. Begr. RegEntw. BT-Drucks. 7/3919 S. 37).

Zutreffend sieht das Berufungsgericht in dem zwischen den Parteien begründeten Rechtsverhältnis einen Mietvertrag (ebenso z. B. Wolf a. a. O., § 9 Rdnr. M 81). Die als „Mietvertrag" bezeichnete Vereinbarung – der Ausdruck „Schutzvertrag" bezieht sich auf den von einem Dritten übernommenen Versicherungsschutz für die Anlage – verpflichtet die Klägerin zwar nicht nur zur Gebrauchsüberlassung, sondern auch zur Montage und Wartung der Fernsprechnebenstellenanlage (Nr. 1.1 AB). Diese Verpflichtung tritt aber nicht nur in ihrem Gewicht eindeutig hinter die Gebrauchsüberlassung zurück, so daß sie der Behandlung des Vertrages nach Mietrecht schon deshalb nicht entgegensteht (z. B. Palandt/Putzo, BGB, 44. Aufl., Einf. 3 b vor § 535 mit Beispielen), sondern sie ist gesetzliche Pflicht des Vermieters (§ 536 BGB), der die Sache dem Mieter in einem zum vertragsgemäßen Gebrauch geeigneten Zustand zu überlassen und sie während der Mietzeit in diesem Zustand zu erhalten hat.

bb) Die zehnjährige Bindung benachteiligt den Beklagten nicht unangemessen (§ 9 Abs. 1 AGBG). Unangemessen ist nach der ständigen Rechtsprechung des Bundesgerichtshofs eine Klausel, in der der Verwender mißbräuchlich eigene Interessen auf Kosten des Vertragspartners durchzusetzen versucht, ohne von vornherein die Interessen seines Partners hinreichend zu berücksichtigen und ihm einen angemessenen Ausgleich zuzugestehen; ein wesentliches Indiz dafür ist die Abweichung von dispositiven gesetzlichen Bestimmungen, soweit sie dem Gerechtigkeitsgebot Ausdruck verleihen (BGHZ 89, 206, 210 f. m. Nachw.). Gesetzliche Bestimmungen, die die Länge der Vertragsdauer beschränken, gibt es nicht. Von der Regelung in Nr. 4.1 AB, deren inhaltsgleiche Fassung in einem anderen Vertrag der Senat bereits früher unbeanstandet gelassen hat (BGHZ 67, 312), läßt sich auch nicht sagen, daß sie allein den geschäftlichen Interessen des Anbieters dient und schutzwürdige Belange des Kunden außer acht läßt (ebenso KG WM 1971, 656, 658; eine jedenfalls mehr als zweijährige Laufzeit selbst bei Verträgen mit Nichtkaufleuten halten auch Kötz a. a. O., Rdnr. 131 und Hensen a. a. O., Rdnr. 3 für gerechtfertigt).

α) Dem Berufungsgericht ist darin zuzustimmen, daß schon die in § 22 Abs. 2 Nr. 2 Fernmeldeordnung für posteigene Nebenstellenanlagen vorgesehene Mindestüberlassungsdauer von zehn Jahren in erheblichem Maße gegen eine unbillige Benachteiligung des Vertragspartners der Klägerin spricht. Denn wenn in einer Rechtsverordnung mit allgemein verbindlicher Kraft (zur Fernsprechordnung vom 24. November 1939 vgl. BGH Urteile vom 23. Juni 1961 – I ZR 105/59 = LM FernsprechO Nr. 2 und vom 27. Januar 1965 – Ib ZR 47/63 = LM FernsprechO Nr. 5) die Vertragsdauer auf mindestens zehn Jahre festgelegt ist, ohne daß es darüber einer Vereinbarung mit dem einzelnen Teilnehmer bedarf (vgl. Aubert, Fernmelderecht, I. Teil, 3. Aufl., S. 235 m. Nachw.), ist kein Grund ersichtlich, im privatwirtschaftlichen Bereich bei gleicher Interessenlage des Benutzers eine – wenn auch in Allgemeinen Geschäftsbedingungen getroffene – Vereinbarung desselben Inhalts als anstößig zu bewerten.

β) Die Länge der Vertragslaufzeit entspricht den anerkennenswerten Interessen des Vermieters. Er muß nach dem unwidersprochenen Vortrag der Klägerin hohe Entwicklungs- und Vorhaltekosten aufwenden, die sich nur bei längerer Vertragsdauer amortisieren, zumal sich gebrauchte Anlagen nur in eingeschränktem Umfang und nach kostenträchtiger Aufarbeitung wieder vermieten lassen.

γ) Vor allem läßt die Klausel auch keine schutzwürdigen Interessen des Mieters außer acht. Dabei kommt es auf die – von der Revision in Abrede gestellte – Auffassung des Berufungsgerichts, die Art der gemieteten Telefonanlage beeinflusse Charakter und Entwicklung des vom Kunden geführten Betriebes nur geringfügig (ebenso KG WM 1971, 656, 658), nicht einmal an. Mit der Revision mag davon ausgegangen werden, daß die Art der Fernsprechanlage die Konkurrenzfähigkeit eines Unternehmens zu beeinflussen geeignet und die Entwicklung der Fernmeldetechnik in raschem Wandel begriffen ist. Dies alles ist den an Geschäften der vorliegenden Art üblicherweise beteiligten Kreisen bei Abschluß des Vertrages aber nicht unbekannt. Der Kunde weiß nicht nur, daß die hochwertige und in seinen Räumen fest installierte Anlage nicht nach kurzer Zeit wieder ausgebaut werden soll. Von ihm als Kaufmann kann auch erwartet werden, daß er seinen betrieblichen Bedarf längerfristig abzuschätzen imstande ist. Daß der Geschäftsbetrieb des Beklagten etwa in besonderem Maße auf technische Neuerungen auf dem Gebiet der Fernsprechanlagen angewiesen wäre, hat der Beklagte nicht behauptet. Der Kunde hat im übrigen die Möglichkeit, sich für eine erweiterungsfähige Anlage zu entscheiden; derartige Erweiterungen sehen die AB zum Mietvertrag (Nr. 1.3 und 5) ausdrücklich vor. Der Kunde kann schließlich in seine Kalkulation die Überlegung einbeziehen, ob seinen betrieblichen Verhältnissen eher eine Anmietung oder ein Kauf der Anlage entspricht. Dabei liegt es auf der Hand, daß größere Fernsprechanlagen nur bei längeren Vertragslaufzeiten zu tragbaren Preisen vermietet werden können (Hensen a. a. O.) und daß – worauf die Revisionserwiderung zu Recht hinweist – bei einer Abkürzung der Vertragsdauer der Mietzins dem Kaufpreis angenähert werden müßte.

2. Das Vertragsverhältnis ist nicht durch die einseitige fristlose Kündigung des Beklagten beendet worden. Zwar ist bei Mängeln der Mietsache der Mieter zur fristlosen Kündigung gemäß § 542 BGB berechtigt (Senatsurteil vom 22. Oktober 1975 – VIII ZR 160/74 = WM 1975, 1227, 1228 m. Nachw.). Das Berufungsgericht hat einen Mangel der Fernsprechanlage aber ohne Rechtsfehler für nicht bewiesen gehalten und dies zu Recht zu Lasten des Beklagten gehen lassen. ...

3. Grundlage des mit der Klage geltend gemachten Schadensersatzanspruchs ist Nr. 4.2 AB.

a) Die Klausel ist entgegen der Auffassung der Revision nicht deshalb wegen Verstoßes gegen § 9 AGBG unwirksam, weil sie das außerordentliche Kündigungsrecht des Mieters aus wichtigem Grund unzulässig beschränkt.

aa) Die Revision wendet sich nicht gegen den Ausgangspunkt des Berufungsgerichts, das in der Klausel Nr. 4.2 AB zwar eine Regelung der Fälle vermißt, in denen der Kunde die Anlage aus außerhalb seines Verantwortungsbereichs liegenden Gründen nicht mehr verwenden kann, ein „befriedigendes Ergebnis" aber dennoch durch Berücksichtigung einer Kündigung aus wichtigem Grund für erzielbar hält. Diese Ausführungen verdienten allerdings keine Zustimmung, wenn mit ihnen gesagt werden sollte, das Recht des Kunden zur außerordentlichen Kündigung könne die Unangemessenheit einer Formularbestimmung ausgleichen; eine derartige Auffassung ließe sich mit Sinn und Zweck des AGB-Gesetzes nicht vereinbaren. Nicht zu beanstanden ist das Berufungsurteil dagegen dann, wenn es lediglich darauf hinweisen wollte, daß dem Kunden der Klägerin

§ 9 *Generalklausel* Nr. 91

— und nur darauf kommt es in dem vorliegenden Zusammenhang an — das Recht zur Kündigung aus wichtigem Grund nicht abgeschnitten wird. Weder der Formularvertrag noch die AB besagen ausdrücklich etwas über ein außerordentliches Kündigungsrecht des Mieters. Diese bei Dauerschuldverhältnissen stets zulässige Kündigung greift auch dann ein, wenn vertragliche Bestimmungen hierüber nicht getroffen worden sind (BGH Urteil vom 20. März 1953 — V ZR 123/51 = LM BGB § 247 Nr. 1; Senatsurteil vom 29. Februar 1984 — VIII ZR 350/82 = WM 1984, 663, 665 unter II 2a aa). Dieser Rechtsgrundsatz ist auch auf Mietverhältnisse anwendbar (Senatsurteil vom 30. Juni 1959 — VIII ZR 128/58 = LM BGB § 542 Nr. 1 m. Nachw.).

bb) Es trifft entgegen der Ansicht der Revision nicht zu, daß die Kündigungsbefugnis aus wichtigem Grund für den Mieter dadurch in unangemessener Weise eingeschränkt werde, daß er sich gemäß Nr. 4.2 AB schadensersatzpflichtig macht, wenn er aus wichtigem Grund kündigt, der nicht von der Vermieterin zu vertreten ist. Dabei kann die von der Revision angeschnittene Frage, ob die einschränkende Auslegung einer Allgemeinen Geschäftsbedingung auch noch nach Inkrafttreten des AGB-Gesetzes zulässig ist (bejahend BGH, Urteile vom 21. Dezember 1984 — V ZR 204/83 = WM 1985, 116 und vom 14. Juni 1983 — KZR 19/82, Umdruck S. 7, insoweit in WuW/E BGH 2037 nicht abgedruckt) oder durch das Verbot der sogenannten geltungserhaltenden Reduktion (dazu Senatsurteil vom 19. September 1983 — VIII ZR 84/82 = WM 1983, 1153, 1154 m. Nachw.) ausgeschlossen wird, auf sich beruhen. Denn schon der Wortlaut der Klausel Nr. 4.2 AB ergibt, daß die Klägerin keinen Schadensersatz verlangen kann, wenn der Mieter aus wichtigem — wenn auch nicht von der Klägerin zu vertretendem — Grund vom Vertrag zurücktritt. Es kann offenbleiben, ob dies allein aus dem Ausdruck „Schadensersatz" abgeleitet werden könnte (so OLG Hamm WM 1973, 526). Jedenfalls hängt das Entstehen eines Schadensersatzanpruchs der Klägerin nach dem Wortlaut der Klausel davon ab, daß der Mieter die Anlage „vor Ablauf des Vertrages aufgibt". Damit ist begriffsnotwendig vorausgesetzt, daß der Vertrag bei Aufgabe der Anlage durch den Mieter noch fortbestand. Hieran fehlt es bei einer — begründeten — Kündigung aus wichtigem Grund ohne Rücksicht darauf, ob die Klägerin diesen Grund zu vertreten hat.

b) Die Klausel verstößt nach der von der Revision hingenommenen Auffassung des Berufungsgerichts nicht gegen § 11 Nr. 5a AGBG, dessen Inhalt der Senat (BGHZ 67, 312, 314) schon vor Inkrafttreten des AGB-Gesetzes auch im kaufmännischen Geschäftsverkehr für anwendbar gehalten hat. Das ist ebenfalls richtig: Bei einer Schadenspauschalierung, um die es sich hier handelt (BGHZ a.a.O., 313), darf zwar die Höhe der Pauschale den nach dem gewöhnlichen Lauf der Dinge zu erwartenden Schaden nicht übersteigen. Das ist aber bei dem nach Nr. 4.2 AB zu zahlenden Betrag von 50% der Restmieten auch nicht der Fall (ebenso KG WM 1971, 656, 660; Graf von Westphalen a.a.O., § 11 Nr. 5 Rdnr. 56; Wolf a.a.O., § 9 Rdnr. M 81). Dem Senatsurteil vom 10. November 1976 (BGHZ 67, 312) ist nicht zu entnehmen, daß eine Schadenspauschale in dieser Höhe nur dann zulässig ist, wenn die Abzinsung des sofort fälligen Betrages berücksichtigt wird (so aber Hensen a.a.O., § 11 Nr. 5 Rdnr. 26 und Anh. §§ 9—11 Rdnr. 515). Der Senat hatte zwar in dieser Entscheidung das Ausmaß der wirtschaftlichen Wertsteigerung des Schadensersatzanspruchs dargestellt, das sich bei sofortiger Fälligkeit der Schadenspauschale ergibt (a.a.O., 319). Er hat aber die Frage, ob eine diese Abzinsung nicht berücksichtigende Pauschale die vertretbaren Grenzen überschreitet, offengelassen und darauf abgestellt, daß der Klauselverwender hinreichend

Tatsachen vortragen muß, die die Feststellung erlauben, daß die Pauschale an der durchschnittlichen Einbuße orientiert ist (BGHZ a. a. O.). Im vorliegenden Fall ist zum einen die Schadenspauschale in Nr. 4.2 Satz 3 auf höchstens drei Jahresmieten begrenzt. Zum anderen hat die Klägerin die Höhe der Pauschale unter Berücksichtigung der Möglichkeiten und Kosten eines Wiedereinsatzes der Anlage, der ersparten Wartungskosten und der Mieteinnahmeverluste ausführlich anhand von Zahlenbeispielen begründet. Dagegen hat der Beklagte keine Einwände erhoben. Unter diesen Umständen genügt das Vorbringen der Klägerin der vom Senat (a. a. O., 320) geforderten, im Ansatz nachprüfbaren Darstellung der Schadensfaktoren.

1. Der Leasinggeber, der in einem vorformulierten Leasingvertrag seine kaufrechtlichen Gewährleistungsansprüche an den Leasingnehmer abgetreten hat, muß eine vom Leasingnehmer mit dem Lieferanten wegen Mangelhaftigkeit der Leasingsache getroffene Wandelungsvereinbarung gegen sich gelten lassen und verliert wegen Wegfalls der Geschäftsgrundlage seinen Anspruch auf Leasingraten. 92

2. Die formularmäßig ausbedungene Haftung des Leasingnehmers für zufälligen Untergang der Leasingsache gilt nicht, wenn die Sache zur Nachbesserung vertragsgemäß dem Lieferanten übergeben worden ist und dort untergeht.

BGH, Urteil vom 27. 2. 1985 – VIII ZR 328/83; BGHZ 94, 44 = JR 1985, 500 = NJW 1985, 1535 = WM 1985, 573 = ZIP 1985, 546.

Sachverhalt:

Die Klägerin, eine Leasinggesellschaft, macht gegen den Beklagten Schadensersatzansprüche wegen Nichterfüllung eines mit ihm am 2. 6./14. 7. 1978 abgeschlossenen Leasingvertrages geltend.

Leasinggegenstand war eine Computeranlage, die sich der Beklagte zuvor bei der Firma J. KG als Lieferantin ausgesucht hatte. Der mit „Mietvertrag" überschriebene Vertrag lautet auszugsweise:

„§ 7 Gewährleistung

7.2 Für Sach- und Rechtsmängel des Mietgegenstandes leistet der Vermieter nur in der Weise Gewähr, daß er mit Abschluß des Mietvertrages seine Gewährleistungs- und Schadensersatzansprüche, soweit ihm solche gegen den Lieferanten, den Vorlieferanten, den Hersteller oder einen sonstigen Dritten zustehen, an den Mieter abtritt. Der Mieter nimmt die Abtretung dieser Ansprüche an.

7.3 Es ist Sache des Mieters, die ihm abgetretenen Ansprüche fristgerecht geltend zu machen.

7.4 Weitergehende Ansprüche und Rechte des Mieters gegen den Vermieter – insbesondere solche gem. §§ 536 ff. BGB oder aus sonstigen, gleichgültig, aus welchen mit dem Mietgegenstand zusammenhängenden Gründen – sind ausgeschlossen.

§ 11 Untergang des Mietgegenstandes

11.1 Die Gefahr des zufälligen Untergangs, Verlustes und Diebstahls, der Beschädigung und des vorzeitigen Verschleißes des Mietgegenstandes trägt der Mieter. Solche Ereignisse entbinden den Mieter nicht davon, die vereinbarte Miete zu zahlen und die sonstigen in diesem Vertrag übernommenen Verpflichtungen zu erfüllen.

11.2 Tritt eines der im Absatz 1 genannten Ereignisse ein, so hat der Mieter den Vermieter hiervon unverzüglich schriftlich zu unterrichten..."

Am 19. 8. 1978 bestätigte der Beklagte schriftlich die Übernahme des Computers in gebrauchsfähigem Zustand, worauf die Klägerin den Kaufpreis von DM 126 444,86 an die Firma J. KG zahlte. In der Folgezeit kam es zu Funktionsstörungen bei der gelieferten Anlage. Die Klägerin erklärte sich deshalb mehrfach mit der Verschiebung des Beginns des Leasingvertrages einverstanden, zuletzt mit ihrem Schreiben vom 12. 6. 1979 auf den 1. 7. 1979.

Auch nach diesem Zeitpunkt machte der Beklagte Mängel an der Anlage geltend und erklärte deshalb am 2. 8. 1979 aufgrund der ihm abgetretenen Gewährleistungsansprüche gegenüber der Firma J. KG die Wandelung des zwischen der Lieferantin und der Klägerin abgeschlossenen Kaufvertrages. Am 23. 8. 1979 kündigte er gegenüber der Klägerin den Leasingvertrag fristlos.

Die Klage des Beklagten gegen die Firma J. KG auf Zustimmung zur Wandelung wurde vom Landgericht am 25. 7. 1980 in erster Instanz als zur Zeit unbegründet abgewiesen, weil die Anlage zwar mangelhaft sei, der Beklagte aber der Lieferfirma einen weiteren Nachbesserungsversuch zugestanden habe. Nach Einlegung der Berufung schlossen der Beklagte und die Firma J. KG am 7. 11. 1980 einen außergerichtlichen Vergleich u. a. mit folgendem Inhalt:

„1. Der Kläger gibt der Beklagten Gelegenheit, bis zum 31. 1. 1981 den Computer in voll funktionsfähigen Zustand zu versetzen entsprechend Leistungsbeschreibung im Leasingvertrag und Pflichtenheft.

3. Die Zwischenfinanzierungskosten der B. über 8,5% Zinsen von DM 112 897,20 ab 1. 7. 1979 tragen die Parteien bis zum 31. 1. 1981 je zur Hälfte. Hierin liegt keine Bestätigung des Kaufvertrages über den Computer zwischen der B. und der Beklagten, dessen Wandelung der Kläger erklärt hat.

6. Falls der Nachbesserungsversuch fehlschlägt, gilt die Wandelung des Kaufvertrages als vollzogen."

Inwieweit die Klägerin an diesem Vergleich beteiligt war, ist streitig. Jedoch hat die Klägerin die darin erwähnten Zwischenzinsen entsprechend der Vereinbarung berechnet und entgegengenommen. Bereits am 5. 11. 1980 hatte der Beklagte die Anlage zum Zwecke der Nachbesserung an die Firma J. KG übergeben. Er erhielt sie bis zu dem vorgesehenen Zeitpunkt vom 31. 1. 1981 nicht zurück. Ob und in welchem Ausmaß die Lieferantin bis dahin Nachbesserungsversuche unternommen hat, ist nicht bekannt. Am 1. 4. 1981 wurde über das Vermögen der Firma J. KG der Konkurs eröffnet. Die Computeranlage konnte später in der Konkursmasse nicht aufgefunden werden.

Mit ihrer Klage hat die Klägerin als Schadensersatz den Kaufpreis von DM 112 897,20 (ohne MwSt) nebst Zinsen verlangt. Landgericht und Oberlandesgericht haben die Klage abgewiesen. Die Revision der Klägerin hatte keinen Erfolg.

Aus den Gründen:

I. Das Berufungsgericht ist der Auffassung, die Klägerin könne den geltend gemachten Anspruch gegen den Beklagten nicht durchsetzen, weil nach dem Vergleich vom 7. 11. 1980 die Wandelung des Kaufvertrages zwischen der Firma J. KG und der Klägerin jedenfalls im Verhältnis der Parteien zueinander als vollzogen gelte und dem Leasingvertrag dadurch die Geschäftsgrundlage entzogen sei. Das ist aus Rechtsgründen nicht zu beanstanden.

1. In § 7 des von ihr vorformulierten Leasingvertrages hat sich die Klägerin von ihrer mietvertraglichen Haftung für die Überlassung des Leasinggutes in gebrauchsfähigem Zustand (§§ 536 ff. BGB) freigezeichnet und dem Beklagten dafür die kaufvertraglichen Gewährleistungsansprüche aus dem Kaufvertrag mit der Firma J. KG abgetreten. Die Wirksamkeit dieser Gewährleistungsregelung auch im nichtkaufmännischen Verkehr wird vom Berufungsgericht anerkannt und von der Revision als ihr günstig nicht in Zweifel gezogen. Sie entspricht der Rechtsprechung des erkennenden Senats (Urt. v. 20.

6. 1984 – VIII ZR 131/83, ZIP 1984, 1101 m. Anm. Graf v. Westphalen = WM 1984, 1089; ferner zum kaufmännischen Verkehr Senatsurt. v. 23. 2. 1977 – VIII ZR 124/75, BGHZ 68, 118, 123 ff.; Senatsurt. v. 16. 9. 1981 – VIII ZR 265/80, BGHZ 81, 298, 301 ff. = ZIP 1981, 1215, 1216 f. m. Anm. Graf v. Westphalen). Auf die im angefochtenen Urteil verneinte, vom erkennenden Senat bisher nicht entschiedene Frage, ob und in welcher Weise § 11 Nr. 10a AGBG auf Leasingverträge anwendbar ist, kommt es nicht an (zum Streitstand vgl. Löwe/Graf v. Westphalen/Trinkner, Großkomm. AGBG, 2. Aufl., § 11 Nr. 10a Rz. 70 ff.). Denn selbst wenn die Vertragsklausel unwirksam wäre, könnte sich die Klägerin nicht auf die Unwirksamkeit berufen, weil sie selbst durch die Formulierung ihrer Allgemeinen Geschäftsbedingungen den Beklagten dazu veranlaßt hat, Gewährleistungsansprüche gegen dem Lieferanten geltend zu machen. An dieser von ihr beabsichtigten Abwicklung mit den sich daraus ergebenden Folgen müßte sie sich festhalten lassen.

2. Hat der Leasinggeber den Leasingnehmer in seinen Allgemeinen Geschäftsbedingungen wirksam auf die Geltendmachung abgetretener kaufrechtlicher Gewährleistungsansprüche verwiesen, so muß er nach der inzwischen gefestigten Rechtsprechung grundsätzlich die sich daraus ergebenden rechtlichen Folgen als für sich verbindlich hinnehmen; insbesondere bewirkt eine vollzogene Wandelung, daß der zwischen dem Lieferanten und dem Leasinggeber abgeschlossene Kaufvertrag endgültig rückabzuwickeln ist und dem Leasingvertrag von Anfang an die Geschäftsgrundlage fehlt, so daß der Leasinggeber keinen Anspruch auf Zahlung von Leasingraten hat (BGHZ 68, 118, 126; BGHZ 81, 298, 306 = ZIP 1981, 1215, 1217; Senatsurt. v. 20. 6. 1984, a. a. O.; Senatsurt. v. 5. 12. 1984 – VIII ZR 277/83, ZIP 1985, 226 = WM 1985, 226).

a) Diese auch vom Berufungsgericht vertretene Auffassung bekämpft die Revision mit der Erwägung, aus dem Zweck des Finanzierungs-Leasingvertrages als eines bloßen Finanzierungsinstruments, aus der allein dem Leasingnehmer überlassenen Auswahl des Leasinggutes beim Lieferanten und aus der vertragstypischen Abwälzung der Sach- und Preisgefahr (hier in § 11 des Leasingvertrages) ergebe sich zwangsläufig, daß das Risiko für die Brauchbarkeit der Sache nach dem Vertragsinhalt vom Leasingnehmer getragen werden solle. Dann aber könne der auf Unbrauchbarkeit des Leasinggutes zurückzuführende Wegfall der Geschäftsgrundlage nicht dazu führen, daß der Leasinggeber alle Ansprüche aus dem Leasingvertrag verliere.

Mit diesen vor allem an die Auffassung von Canaris (Bankvertragsrecht, 2. Bearb., Rz. 1714 ff.) und von Lieb (JZ 1982, 561) anknüpfenden Ausführungen verkennt die Revision, daß die von ihr genannten Gesichtspunkte den typischen Vertragsgehalt des Finanzierungs-Leasingvertrages nicht erschöpfend umschreiben. Im Unterschied zu einem zur Finanzierung eines Sacherwerbs geschlossenen Kreditvertrag mit einer Bank, bei dem der Darlehensnehmer außer seiner Rechtsbeziehung zum Darlehensgeber ein eigenes Kaufvertragsverhältnis zum Veräußerer hat, beschränken sich die gegenseitigen Rechtsbeziehungen beim Finanzierungs-Leasing für den Leasingnehmer auf den Vertrag mit dem Leasinggeber. Dieser hat sich, anders als die Kreditbank bei einer Sicherungsübereignung, kein Sicherungs-, sondern Volleigentum vorbehalten, das er nicht nur bei Vertragsstörungen, sondern gerade auch beim normalen Ablauf des Vertrages in Anspruch nimmt, sofern nicht aufgrund einer besonderen Abrede ein sich dem Vertragsverlauf selbständig anschließender Eigentumserwerb durch den Leasingnehmer vereinbart ist. Diese Vertragskonstruktion und die Zuordnung des Leasinggutes zum Vermögen des Leasinggebers verbieten es, in der formularmäßigen Haftungsfreizeich-

313

nung mit Abtretung von Gewährleistungsansprüchen eine Risikozuweisung zu sehen, derzufolge nach Ansicht der Klägerin die Frage der Benutzbarkeit der Leasingsache völlig vom Bestand und vom Verlauf des Leasingvertrages gelöst würde. Anderenfalls stünde der Verpflichtung des Leasingnehmers zur Zahlung der Leasingraten kein Vertragspartner mit äquivalenten Gegenleistungspflichten gegenüber. Schon deshalb muß es bei der bisherigen Rechtsprechung verbleiben, nach der zwar die Haftungsfreizeichnung unter Abtretung der kaufrechtlichen Gewährleistungsansprüche zulässig ist, die Wirkung des Gewährleistungsvollzugs aber auch das Leasingverhältnis erfaßt. ...

3. Das Berufungsgericht führt weiter aus, der Wegfall der Leasingverpflichtung nach vollzogener Gewährleistung gelte im Prinzip auch für Regelungen im Vergleichswege zwischen dem Leasingnehmer und dem Lieferanten, sofern die Regelung auch unter Berücksichtigung der Interessen des Leasinggebers sachgerecht sei. Diese Voraussetzung erfülle der Vergleich vom 7. 11. 1980. Nachdem schon der Beginn des Leasingvertrages wegen der aufgetretenen Funktionsstörungen bis zum 1. 7. 1979 habe aufgeschoben werden müssen und der Beklagte bald darauf die Wandelung erklärt und einen Prozeß gegen den Lieferanten begonnen habe, habe es im Interesse aller Beteiligten gelegen, einen befristeten Nachbesserungsversuch zu unternehmen. Sinn des Vergleichs sei es gewesen, klare Verhältnisse zu schaffen. Deshalb sei es gleichgültig, ob die Firma J. KG überhaupt einen Nachbesserungsversuch unternommen habe. Mit dem Ablauf der Frist gelte die Wandelung als vollzogen. Bei dieser Sachlage könne es offen bleiben, ob die Klägerin dem Vergleich beigetreten sei. Schon nach dem unstreitigen Sachverhalt gebe es erhebliche Gründe dafür, der Klägerin die Berufung auf mangelnde Sachgerechtigkeit des Vergleichs nach Treu und Glauben zu versagen; da ihr Justitiar an den Vergleichsgesprächen teilgenommen und sie später die im Vergleich vereinbarten Zwischenzinsen beansprucht habe, hätte sie es dem Beklagten mitteilen müssen, wenn sie den Vergleich nicht für sachgerecht hielt.

Die gegen diese Ausführungen gerichteten Angriffe der Revision gehen im Ergebnis fehl.

a) Die Klägerin meint, die Beklagte möge zwar zur Führung eines Rechtsstreits über behauptete Mängel befugt gewesen sein, nicht aber zur Verfügung über Gewährleistungsansprüche durch einen mit dem Lieferanten oder Hersteller abgeschlossenen Vergleich. Es sei zu befürchten, daß der Hersteller, den der Leasingnehmer ausgesucht habe, mit Rücksicht auf weitere geschäftliche Verbindungen zum Leasingnehmer diesem über seine Verpflichtungen hinaus entgegenkomme und zum Beispiel unbegründete oder verjährte Forderungen anerkenne. Leasingnehmer und Hersteller dürften es nicht in der Hand haben, durch eine sachgerecht erscheinende Absprache dem Leasingvertrag die Grundlage zu entziehen, ohne daß der Leasinggeber – anders als in einem Gewährleistungsprozeß – Gelegenheit habe, seine Rechte wahrzunehmen. Nur er selbst könne beurteilen, ob eine Vergleichsregelung auch unter Berücksichtigung seiner Interessen sachgerecht sei. Tatsächlich sei dies nicht der Fall, weil der Vergleich nichts darüber enthalte, wie der Kaufvertrag im Falle der vollzogenen Wandelung rückabgewickelt werden sollte; die Interessen der Klägerin seien also nicht berücksichtigt worden.

b) Entgegen der Auffassung der Klägerin ist die Wandelung des Kaufvertrages wirksam vollzogen und der Anspruch der Klägerin auf Zahlung von Leasingraten wegen Fehlens der Geschäftsgrundlage von Anfang an entfallen. Ein eventueller Schadensersatzanspruch wegen entgangener Leasingraten ist damit gegenstandslos.

aa) Die Wandelung eines Kaufvertrages ist vollzogen, wenn – nach der Geltendmachung von Sachmängeln – der Verkäufer sich auf Verlangen des Käufers mit ihr einverstanden erklärt (§ 465 BGB). Ob dieses Einverständnis innerhalb oder außerhalb eines Rechtsstreits erklärt wird, ist für seine sachlichrechtliche Wirkung der Umwandlung des Kaufvertrages in ein Rückabwicklungsverhältnis unerheblich. Die hierfür erforderliche Einverständniserklärung mit der vom Beklagten bereits am 2. 8. 1979 verlangten Wandelung hat die Firma J. KG in dem Vergleich vom 7. 11. 1980 abgegeben, und zwar nach der rechtsfehlerfreien Auslegung im Berufungsurteil unter der aufschiebenden Bedingung, daß der Beklagte die Anlage bis zum 31. 1. 1981 nicht in nachgebessertem Zustand zurückerhielt. Mit dem Ablauf der Frist war die Einverständniserklärung also wirksam geworden.

bb) Die Klägerin hat kein Recht, die Vollziehung der Wandelung durch ein in einem streitig geführten Prozeß ergehendes Urteil zu verlangen oder eine außergerichtliche, vergleichsweise Einigung zwischen dem Beklagten und der Firma J. KG von ihrer Zustimmung abhängig zu machen. Die Durchführung eines Prozesses kann sie schon deshalb nicht fordern, weil es am Rechtsschutzbedürfnis für eine Wandelungsklage fehlt, nachdem die Firma J. KG außerhalb des Prozesses ihr Einverständnis erklärt hat. Da die Klägerin ihre Gewährleistungsansprüche vorbehaltlos an den Beklagten abgetreten hatte, war dieser allein berechtigt und nach § 7 des Leasingvertrages auch verpflichtet, Gewährleistungsansprüche wegen Sachmängeln gegen die Lieferantin durchzusetzen. Diese Anspruchsverfolgung durfte die Klägerin nicht von der Vereinbarung bestimmter Abwicklungsmodalitäten oder von weiteren Voraussetzungen abhängig machen. Denn die Firma J. KG hätte sich auf ein etwaiges entsprechendes Verlangen des Beklagten nicht einmal einzulassen brauchen. Der Beklagte wäre also möglicherweise daran gehindert worden, sich einer mangelhaften Leasingsache zu entledigen.

cc) Denkbar wäre allerdings, daß ausnahmsweise die Wandelung des Kaufvertrages im Verhältnis zur Klägerin nicht wirksam war oder der Beklagte sich auf sie nicht berufen konnte, wenn er und die Firma J. KG bewußt zum Nachteil der Klägerin gehandelt hätten, indem sie sich auf die Wandelung einigten, obwohl das durch keinen Sachmangel gerechtfertigt war. Nur in diesem Sinne könnte mit dem Berufungsgericht eine Wandelungsvereinbarung wegen fehlender „Sachgerechtigkeit" als unwirksam bezeichnet werden. Diese Frage bedarf aber keiner näheren Erörterung, weil die Klägerin weder die Mangelhaftigkeit der Anlage bezweifelt noch Tatsachen behauptet hat, die auf ein kollusives Verhalten schließen lassen. Für das Gegenteil spricht, daß das Landgericht in dem Gewährleistungsprozeß in erster Instanz, wenn auch nicht rechtskräftig, nach Beweisaufnahme ausgesprochen hat, die Anlage sei mangelhaft. ...

II. Die Klägerin könnte jedoch einen Anspruch auf Schadensersatz wegen Verlustes der ihr gehörenden Computeranlage oder wegen Ausbleibens der Kaufpreisrückzahlung haben, wenn der Beklagte diesen Schaden zu vertreten oder ohne Verschulden für ihn einzustehen hätte. Die Voraussetzungen dafür sind aber weder festgestellt noch von der Klägerin substantiiert behauptet.

1. Das Berufungsgericht legt in seiner Hilfsbegründung den Klageantrag dahin aus, die Klägerin wolle im Rechtsstreit nur ihre vertraglichen Leistungsansprüche auf Zahlung von Leasingraten oder Ersatz dafür geltend machen. Das ist nicht zweifelsfrei. Gerade die Anspruchsbegrenzung auf den Anschaffungspreis für die Computeranlage könnte darauf hindeuten, daß die Klägerin mindestens hilfsweise Ersatz für den Verlust der Anlage oder für die nicht geleistete Rückzahlung fordern will.

2. Ein solcher Anspruch könnte auch bestehen, wenn die Klägerin von Anfang an Leasingraten nicht beanspruchen konnte. Denn selbst bei derartiger Fallgestaltung blieb zumindest die Verpflichtung bestehen, bei der Rückabwicklung des Kaufvertrages sorgfältig zu verfahren und auf die Interessen der Klägerin gebührende Rücksicht zu nehmen. Entstand aus der Verletzung dieser Verpflichtung ein Schaden, könnte der Beklagte wegen positiver Vertragsverletzung ersatzpflichtig sein.

3. Feststellungen über eine Sorgfaltspflichtverletzung dieser Art und über einen darauf beruhenden Schaden hat das Berufungsgericht nicht getroffen. Das ist rechtlich nicht zu beanstanden, weil die Klägerin zumindest zur Schadensverursachung keine Tatsachen vorgetragen hat.

a) Mit der Vollziehung der Wandelung entstand die Verpflichtung, die Computeranlage im Wege der Rückabwicklung der Firma J. KG zu übereignen. Die Lieferantin hatte ein Recht darauf, aber nur Zug um Zug gegen Rückzahlung des Kaufpreises (§§ 467, 348 BGB). Hätte es der Beklagte zu vertreten, daß die Anlage an die Lieferantin ohne gleichzeitige Rückzahlung des Kaufpreises ausgehändigt wurde, so wäre er auch für einen daraus entstehenden Schaden verantwortlich. Ein derartiges Verschulden ist jedoch nicht dargetan.

Der Beklagte hatte die Anlage zunächst nicht zwecks Rückgabe der Sache, sondern zwecks Nachbesserung an die Firma J. KG übergeben. Dazu war er nicht nur berechtigt, sondern sogar verpflichtet, weil nach § 7.3 des Leasingvertrages die Geltendmachung der Gewährleistungsansprüche von ihm zu veranlassen war. Die Computeranlage befand sich also bereits im Besitz der Lieferantin, als die Vollziehung der Wandelung am 31. 1. 1981 wirksam wurde. Mangels besonderer Regelung im Vertrage war die weitere Abwicklung der Wandelung – wie der erkennende Senat in seinem Urteil von 23. 2. 1977 (BGHZ 68, 118, 125 f.) bereits ausgesprochen hat – nicht Sache des Beklagten, sondern der Klägerin als der Käuferin und Eigentümerin. Dem Beklagten ist also nicht vorzuwerfen, er habe sich um die rechtzeitige Kaufpreisrückzahlung nicht bemüht und den Verbleib der Anlage nicht überwacht. ...

b) Eines Verschuldensnachweises bedürfte es nicht, wenn der Beklagte unabhängig davon für den entstandenen Schaden einstehen müßte. Die Revision meint – wenn auch in anderem Zusammenhang –, diese Einstandspflicht jedenfalls für den Verlust der Anlage ergebe sich aus § 11 des Leasingvertrages mit der Abwälzung der Gefahr des zufälligen Unterganges auf den Leasingnehmer. Es mag dahinstehen, ob mit dem Wegfall der Geschäftsgrundlage für den Leasingvertrag dessen § 11 noch weiterhin galt. Soll mit dieser Formularbestimmung eine angemessene Risikoverteilung herbeigeführt werden, kann die Regelung nur dahin verstanden werden, daß sie sich auf den Zeitraum bezieht, in welchem sich das Leasinggut im Einflußbereich des Leasingnehmers befindet. Für diese Auslegung spricht auch der Wortlaut der Klausel, die den Leasingnehmer in § 11.2 verpflichtet, den Leasinggeber bei Verlust oder vorzeitigem Verschleiß der Sache unverzüglich zu unterrichten, was naturgemäß nur möglich ist, solange er die Sache in eigener Obhut hat. Mit der nach dem Vertrage berechtigten Rückgabe zum Zwecke der Nachbesserung war die Computeranlage dem Einflußbereich des Beklagten entzogen. Für das spätere Abhandenkommen kann er daher nicht mehr nach § 11 des Vertrages verantwortlich gemacht werden.

Nr. 93 *Miet- und Leasingvertragsklauseln* § 9

Eine Klausel in einem Finanzierungsleasingvertrag, mit der der Leasinggeber seine Haftung auf die Abtretung seiner kaufrechtlichen Gewährleistungsansprüche gegen den Hersteller/Lieferanten an den Leasingnehmer beschränkt, benachteiligt den Leasingnehmer nicht in unangemessener Weise und ist wirksam.

93

BGH, Urteil vom 24. 4. 1985 – VIII ZR 65/84; BGHZ 94, 180 = BB 1985, 1087 = DB 1985, 1125 = MDR 1985, 757 = NJW 1985, 1547 = WM 1985, 638 = ZIP 1985, 682.

Sachverhalt:

Die Beklagten sind Inhaber eines Architekturbüros. Sie suchten sich im Februar 1979 bei der Firma U, einer Büromaschinenherstellerin, mit der sie schon früher in Geschäftsbeziehungen gestanden hatten, ein Kopiergerät aus und handelten mit ihr die Lieferbedingungen aus. Die Beklagten wollten einen Leasingvertrag über das Gerät schließen. Die Firma U, die mit der Klägerin, einer Leasing-Gesellschaft, zusammenarbeitete, legte den Beklagten ein mit „Leasing-Vertrag" überschriebenes Vertragsformular vor, das die Parteien am 14. 2. und 29. 3. 1979 unterzeichneten. Danach vermietete die Klägerin den Beklagten das Fotokopiergerät für die Dauer von 54 Monaten zu einem monatlichen Mietzins von 386 DM. Durch den Vertrag sollte für den Mieter ein Anspruch auf Übereignung des Mietgegenstands nicht begründet werden, dieser vielmehr bei Beendigung des Vertrages an den Vermieter zurückgegeben werden. Weiter heißt es in dem Formularvertrag unter anderem:

„§ 5 Haftung des Vermieters

Die Haftung des Vermieters ist beschränkt auf die Abtretung der Ansprüche, die er durch Kaufvertrag mit dem Lieferanten erwirbt, einschließlich des Rechts auf Wandelung des Kaufvertrages. Weitergehende Rechte stehen dem Mieter gegen den Vermieter nicht zu. ...

§ 8 Verzug des Mieters, Verwertungsrecht des Vermieters, Haftung des Mieters ...

2. Kommt der Mieter mit der Zahlung der fälligen Miete länger als einen Monat in Verzug, ist der Vermieter berechtigt, die bis zum Vertragsende geschuldeten monatlichen Mieten sofort fällig zu stellen und vom Mieter zu verlangen. Bei Fälligstellung wird eine Abzinsung auf den Zeitpunkt der Geltendmachung mit 5% p. a. gemäß § 352 Abs. 1 HGB vorgenommen. Zahlt der Mieter den so berechneten Betrag binnen 14 Tagen nach Anmahnung oder leistet er eine das Sicherungsinteresse des Vermieters befriedigende Sicherheit, z. B. Erbringung einer Bankbürgschaft, bleibt sein vertragliches Recht zur Nutzung bis zum vereinbarten Vertragsende unberührt. ...

3. Zahlt der Mieter den gemäß Absatz 2 berechneten und angemahnten Betrag nicht binnen 14 Tagen, und leistet er auch keine befriedigende Sicherheit, hat der Vermieter das Recht, nach Kündigung des Vertrages den Miet-Gegenstand nebst Ein- und Umbauten auf Kosten des Mieters in Besitz zu nehmen und anderweitig zu verwerten.

§ 9 Außerordentliches Kündigungsrecht

1. Eine Kündigung dieses Leasing-Vertrages durch den Mieter ist nur bei Vorliegen eines wichtigen Grundes möglich, den der Vermieter zu vertreten haben muß. Mängel des Miet-Gegenstandes begründen keinen wichtigen Grund.

2. Der Vermieter ist berechtigt, den Leasing-Vertrag ohne Einhaltung einer Frist zu kündigen, wenn der Mieter nicht innerhalb der Frist des § 8 Nr. 3 Zahlung oder befriedigende Sicherheit leistet. ...

3. Im Falle der Kündigung seitens des Vermieters werden die bis zum vereinbarten Vertragsende geschuldeten Mieten auf einmal fällig. Insoweit gilt § 8 Nr. 2 entsprechend."

Die Beklagten bestätigten die Übernahme des Fotokopiergeräts am 15. 3. 1979. Im August 1980 und Januar 1981 machten sie gegenüber der Klägerin verschiedene Mängel des Geräts geltend. Mit

Anwaltsschreiben vom 19. 3. 1981 ließen die Beklagten gegenüber der Klägerin und der Firma U die Wandelung, mit zwei gleichlautenden Schreiben vom 6. 5. 1981 die fristlose Kündigung des Vertragsverhältnisses erklären. Die Mieten für die Monate Mai und Juni 1981 zahlten die Beklagten nicht. Mit Schreiben vom 12. 6. 1981 kündigte die Klägerin ihrerseits wegen des zweimonatigen Mietrückstandes und unter Hinweis auf die §§ 8 und 9 des Vertrages fristlos und verlangte Schadensersatz. Entsprechend einer Aufforderung der Beklagten nahm sie das Gerät zurück und verkaufte es am 25. 2. 1982 anderweitig für 500 DM, nachdem sie den Beklagten ohne Erfolg Gelegenheit gegeben hatte, das Gerät zu einem höheren Preis zu verkaufen. Mit der Klage verlangt die Klägerin die zwei rückständigen Mieten für Mai und Juni 1981, 27 bis zum vereinbarten Vertragsende noch ausstehende Monatsmieten abzüglich einer „Zinsgutschrift" sowie 10 DM „Mahngebühren und sonstige Kosten", insgesamt den Betrag von 9367,65 DM, von dem sie den im Laufe des Rechtsstreits erzielten Verwertungserlös von 500 DM in Abzug gebracht hat.

Das LG hat die Klage abgewiesen, das OLG hat ihr stattgegeben. Die Revision der Beklagten hatte keinen Erfolg.

Aus den Gründen:

I. Das Berufungsgericht hat ausgeführt:

Auf das zwischen den Parteien begründete Finanzierungsleasingverhältnis finde das kaufvertragliche Wandelungsrecht keine Anwendung. Auch sei die Geschäftsgrundlage des Leasingvertrages nicht entfallen, weil es unstreitig an einer vollzogenen Wandelung gegenüber dem Lieferanten der Geräte fehle. Die fristlose Kündigung der Beklagten greife ebenfalls nicht durch, weil die die Klägerin als Vermieter treffende Verpflichtung nach § 536 BGB und das den Beklagten als Mietern zustehende Recht aus § 542 BGB gemäß den §§ 5 und 9 des Leasingvertrages wirksam abbedungen seien. § 11 Nr. 10a AGB-Gesetz sei unanwendbar, weil das zwischen den Parteien vereinbarte echte Finanzierungsleasing keine „Leistungen" im Sinne dieser Vorschrift zum Inhalt habe. Denn dieser Vertragstyp habe nicht überwiegend mietvertraglichen Charakter, sondern sei ein Vertrag eigener Art, der nicht auf die Gebrauchsüberlassung, sondern im wesentlichen nur auf die Finanzierung der Nutzung der Sache gerichtet sei. Diese von ihr geschuldete Leistung, nämlich den Beklagten den Gebrauch des Fotokopiergerätes zu finanzieren, habe die Klägerin mangelfrei bereits erbracht, so daß weitere Leistungen i. S. des § 11 Nr. 10a AGB-Gesetz von ihr nicht mehr zu erbringen seien. Der Leasingvertrag enthalte auch keine die Beklagten unangemessen benachteiligende Regelung i. S. des § 9 AGB-Gesetz, weil die formularmäßige Freizeichnung von der Gewährleistung nicht nur für den Finanzierungsleasingvertrag typisch sei, sondern die Beklagten wegen der ihnen abgetretenen Gewährleistungsrechte gegen den Lieferanten auch nicht rechtlos stelle. Da die fristlose Kündigung der Beklagten mithin das Vertragsverhältnis der Parteien nicht beendet habe, könne die Klägerin gem. § 8 Nr. 2 des Vertrages die – abgezinsten und ihrer Berechnung nach von den Beklagten nicht angegriffenen – restlichen Monatsmieten bis zum Vertragsende fällig stellen.

II. Im Ergebnis hält das Berufungsurteil den Angriffen der Revision stand.

1. Das Vertragsverhältnis der Parteien unterfällt nicht den Vorschriften des Abzahlungsgesetzes. Die Klägerin ist daher entgegen der Auffassung der Revision nicht darauf beschränkt, Ansprüche gem. § 2 AbzG geltend zu machen. Es bedarf auch keiner Prüfung, ob in den Schreiben der Beklagten vom 19. 3. und 6. 5. 1981 ein Widerruf nach § 1 b AbzG gesehen werden könnte. Denn der hier vorliegende Finanzierungsleasingvertrag ist kein Umgehungsgeschäft i. S. des § 6 AbzG.

a) Nach der für den Fall eines Mietkaufs entwickelten (BGHZ 62, 42 [45] = NJW 1974, 365) und später auf Leasingverträge ausgedehnten gefestigten Rechtsprechung des Senats (BGHZ 68, 118 [121]; BGHZ 71, 189 [195] = NJW 1978, 1383 = LM § 19 KO Nr. 6; BGHZ 71, 196 [199f.] = NJW 1978, 1432 = LM § 6 AbzG Nr. 24; BGH, NJW 1977, 195 = WM 1975, 1203 [1205]; BGH, NJW 1977, 1058 = LM § 6 AbzG Nr. 23 = WM 1977, 473 [475]; BGH, NJW 1979, 758 = LM § 138 [Bb] BGB Nr. 43 = WM 1979, 491 [492]; BGH, NJW 1980, 234 = LM § 6 AbzG Nr. 26 = WM 1979, 1385 [1386]; BGH, NJW 1982, 2249 = LM § 6 AbzG Nr. 32 = WM 1982, 873 [874]) stellt ein Leasingvertrag ein verdecktes Abzahlungsgeschäft dar, wenn der Vertrag bei wirtschaftlicher Betrachtungsweise darauf abzielt, die Wirkungen eines Kaufs zu erreichen. Entscheidend ist, ob der Vertrag das Endziel hat, dem Leasingnehmer die Sachsubstanz nach Ablauf der Mietzeit zu übertragen. Das ist in der Regel anzunehmen, wenn dem Leasingnehmer ein Recht auf den Erwerb der Sache eingeräumt ist. Fehlt es dagegen an einer derartigen Kaufoption – oder ist, wie hier, ein Erwerbsrecht der Beklagten in dem Vertrag (§ 1 Nr. 1 S. 2) ausdrücklich ausgeschlossen –, so hat der Senat ein verdecktes Abzahlungsgeschäft verneint (BGHZ 68, 118 [121] = NJW 1977, 848; BGH, NJW 1977, 195 = LM § 537 BGB Nr. 21 = WM 1975, 1203 [1205]). Die Revision zieht diese Rechtsprechung nicht grundsätzlich in Zweifel. Der Senat hält an ihr fest (ausf. dazu Senat, NJW 1985, 1539 unter II).

b) Offengelassen hat der Senat bisher die Frage, ob der Einräumung eines Erwerbsrechts die Fälle gleichzuachten sind, in denen bereits bei Vertragsabschluß feststeht, daß die Sache bei Ablauf der Grundmietzeit wertlos sein wird (BGHZ 68, 118 [122] = NJW 1977, 848; BGHZ 71, 196, [201] = NJW 1978, 1432 = LM § 6 AbzG Nr. 24; BGH, WM 1977, 473 [475], und BGH, NJW 1980, 234 = LM § 6 AbzG Nr. 26 = WM 1979, 1385 [1386]; dazu auch Hiddemann, WM 1978, 838). Er hat diese Frage nunmehr bejaht (Senat, NJW 1985, 1539 unter II 4 d). Das verhilft der Revision gleichwohl nicht zum Erfolg. Denn die Tatsachen, aus denen sich die vollständige Abnutzung der Sache ergibt, müssen bei Vertragsschluß feststehen und für die Vertragsparteien erkennbar sein (Senat, NJW 1985, 1539 und NJW 1985, 1546).

Hier fehlt es an jedem Anhaltspunkt dafür, welche Vorstellungen die Vertragsparteien bei Vertragsschluß über den Wert des Fotokopiergeräts bei Beendigung des Vertrages hatten. ...

2. Die Auffassung des BerGer., die von den Beklagten erklärte Wandelung des Kaufvertrages mit der Firma U habe keinen Einfluß auf den Leasingvertrag der Parteien gehabt, greift die Revision nicht an. Sie ist auch richtig. Zwar läßt die vollzogene Wandelung des Kaufvertrages die Verpflichtung des Leasingnehmers zur Zahlung von Leasingraten rückwirkend entfallen, so daß eine auf Zahlungsverzug des Leasingnehmers gestützte fristlose Kündigung durch den Leasinggeber unwirksam wäre (Senat, NJW 1985, 796 = WM 1985, 226 [227] unter II 2 b m. Nachw.). An einer Vollziehung der Wandelung fehlt es aber, weil sich die Firma U nicht mit ihr einverstanden erklärt hat (§ 465 BGB) und ihr Einverständnis auch nicht durch ein gegen sie ergangenes rechtsgestaltendes Urteil ersetzt worden ist. ...

3. Dem Klageanspruch steht auch nicht die auf Mängel des Kopiergerätes gestützte fristlose Kündigung der Beklagten gem. § 542 BGB entgegen. Denn die Klägerin hat ihre Haftung für die vertragsgemäße Gebrauchsüberlassung der Leasingsache in den §§ 5 Nr. 1, 9 Nr. 1 des Vertrages unter gleichzeitiger Abtretung der kaufrechtlichen Gewährleistungsansprüche gegen die Firma U wirksam ausgeschlossen.

a) Diese Bestimmungen des Formularvertrages sind nicht etwa – was die Beklagten auch nicht geltend machen – als überraschende Klauseln i. S. des § 3 AGB-Gesetz von der Einbeziehung in den Vertrag ausgenommen (BGHZ 68, 118 [126 f.] = NJW 1977, 848; Hiddemann, WM 1978, 839; Wolf-Eckert, Hdb. d. gewerblichen Miet- und PachtR, 4. Aufl., S. 281; Blomeyer, NJW 1978, 976). Denn die Ersetzung der Vermieterhaftung durch die Abtretung der kaufrechtlichen Gewährleistungsansprüche gegen den Hersteller/Lieferanten ist ein so typischer Bestandteil des Finanzierungsleasingvertrages (BGHZ 81, 298 [301 f.] = NJW 1982, 105, und Senat, WM 1982, 7 [8] jeweils m. Nachw.; vgl. schon Flume, Betr. 1972, 55), daß sie auch im nichtkaufmännischen Verkehr – von Ausnahmefällen möglicherweise abgesehen (dazu Wolf-Eckert, S. 281) – nicht als ungewöhnliche Vertragsbestimmung bezeichnet werden kann.

b) Ob § 11 Nr. 10a AGB-Gesetz auf Leasingverträge angewendet werden kann, ist in Rechtsprechung und Schrifttum umstritten.

Während teilweise die Anwendung dieser Vorschrift – zumeist unter Hervorhebung ihres einschränkungslosen Wortlauts – grundsätzlich bejaht (Palandt-Putzo, BGB, 44. Aufl., Vorb. § 535 Anm. 4f dd; Palandt-Heinrichs, § 11 AGB-Gesetz Anm. 10dd; Graf von Westphalen, in: Löwe-Graf von Westphalen-Trinkner, AGB-Gesetz, Bd. II, 2. Aufl., Einl. § 11 Nr. 10 Rdnrn. 15, 18, § 11 Nr. 10a Rdnrn. 71 ff., 75; ders., Der Leasingvertrag, 2. Aufl., S. 325 ff., 328; ders., WM 1980, 948; Staudinger-Emmerich, BGB, 12. Aufl., 2. Bearb., Vorb. zu §§ 535, 536 Rdnrn. 48g, 48h; Stein, AGB-Gesetz, § 11 Rdnr. 75; Derleder, in: AK-BGB, Vorb. §§ 535 ff., Rdn. 65; Reich, in AK-BGB, § 6 AbzG Rdnr. 30; Sonnenschein, NJW 1980, 1715; Ebenroth, Betr. 1978, 2113; Runge, Betr. 1978, Beil. 21, S. 9; Autenrieth, JA 1980, 412; Sannwald, Der Finanzierungsleasingvertrag über bewegliche Sachen mit Nichtkaufleuten, 1982, S. 171 ff., 173; Fuchs, Die Gewährleistungsregeln bei Leasingverträgen unter besonderer Berücksichtigung des AGB-Gesetzes, Diss. 1979, S. 102; Graba, in Schlosser/Coester-Waltjen/Graba, AGB-Gesetz, § 9 Rdnr. 98, der offenläßt, ob die Klausel nach § 11 Nr. 10a oder § 9 AGB-Gesetz unwirksam ist) oder doch jedenfalls dann angenommen wird, wenn im Leasingvertrag dem Leasingnehmer – was im vorliegenden Fall nicht zuträfe – ein Recht auf Erwerb der Sache eingeräumt ist (Hadding, Gutachten zum 53. DJT, S. 325; Blomeyer, NJW 1978, 975), will ein anderer Teil der Literatur und der Instanzgerichte – mit im einzelnen freilich unterschiedlicher Begründung – § 11 Nr. 10a AGB-Gesetz für Leasingverträge nicht eingreifen lassen (OLG Hamm, WM 1980, 474 [477] = OLGZ 1980, 364 [371]; BB 1983, 337; OLG Hamburg, MDR 1981, 394 [935]; LG Hannover, Betr. 1981, 1664; Brandner, in: Ulmer-Brandner-Hensen, AGB-Kommentar, 4. Aufl., Anh. §§ 9–11 Rdnr. 463; Coester-Waltjen, in: Schlosser/Coester-Waltjen/Graba, § 11 Nr. 10 Rdnrn. 25, 26; dies., Jura 1980, 188; Schmidt-Salzer, AGB, 2. Aufl., F 181; Dietlein-Rebmann, AGB aktuell, § 11 Nr. 10 Rdnr. 2; Larenz, SchuldR II, 12. Aufl., § 63 II, S. 455; Canaris, BankvertragsR, 2. Bearb., Rdnr. 1764; ders., NJW 1982, 307; Ulmer-Schmidt, Betr. 1983, 2562, 2566 f.; Reinicke-Tiedtke, BB 1982, 1148; Klamroth, BB 1982, 1952; Seifert, Betr. 1983, Beil. 1, S. 6 f.; Koch, Störungen beim Finanzierungs-Leasing, 1981, S. 146 f.; Bernstein, Der Tatbestand des Mobilien-Finanzierungsleasingvertrages und seine rechtliche Einordnung als Vertrag „sui generis", Diss. 1983, S. 207 ff., 210 ff.; Staudinger-Schlosser, BGB, 12. Aufl., § 11 Nr. 10 AGB-Gesetz Rdnr. 11, der allerdings § 9 AGB-Gesetz anwendet, a. a. O. § 9 Rdnr. 136); andere Stimmen im Schrifttum schließlich wollen nach der Art des Leasingvertrages (Hensen, in: Ulmer-Brandner-Hensen, § 11 Nr. 10 Rdnr. 3, und Kötz, in: MünchKomm, 2. Aufl., § 11 Nr. 10

Rdnrn. 81, 89, mit unterschiedlichen Ergebnissen) oder danach differenzieren, inwieweit kauf- oder mietvertragliche Elemente überwiegen (Wolf, in: Wolf-Horn-Lindacher, AGB-Gesetz, § 9 Rdnrn. L 30, 32, § 11 Nr. 10 Einl. Rdnr. 11; Koch-Stübing, AGB, § 11 Nr. 10 Rdnrn. 13, 14). Der erkennende Senat hat die Frage bisher offengelassen (BGHZ 68, 118 [123] = NJW 1977, 848; BGHZ 81, 298 [303 f.] = NJW 1982, 105; dazu auch Hiddemann, WM 1978, 839). Er beantwortet sie jetzt dahin, daß § 11 Nr. 10 a AGB-Gesetz auf Leasingverträge der vorliegenden Art nicht anzuwenden ist.

aa) Der Revision ist allerdings zuzugeben, daß der Wortlaut des einleitenden Satzes in § 11 Nr. 10 („... bei Verträgen über Lieferungen neu hergestellter Sachen und Leistungen") einer Anwendung der Vorschrift auf Leasingverträge nicht entgegensteht. Zwar ist unter „Lieferung" einer Sache gemeinhin nur die Besitzverschaffung im Zusammenhang mit einer Übereignung zu verstehen, an der es in einem Finanzierungsleasingvertrag jedenfalls dann fehlt, wenn dem Leasingnehmer – wie hier – ein Erwerbsrecht nicht eingeräumt ist. Die vom Leasinggeber zu erfüllenden Verpflichtungen lassen sich aber vom Wortlaut her unter den Begriff der „Leistung" einordnen, denn dazu gehört nicht nur die Finanzierung des Leasinggegenstandes, sondern auch die im Vertrag in aller Regel – und so auch hier (§ 1 Nr. 1 S. 1 des Vertrages) – ausdrücklich hervorgehobene Pflicht, dem Leasingnehmer die Nutzung der Sache während der Vertragsdauer einzuräumen. Insofern ist es zu eng, wenn das BerGer. – im Anschluß an Larenz, SchuldR II, § 63 II – allein auf die „Finanzierungsfunktion" abstellt, in der sich die Verpflichtungen des Leasinggebers nicht erschöpfen. An seiner in ständiger Rechtsprechung vertretenen Auffassung, daß die entgeltliche Gebrauchsgewährung auf Zeit zumindest ein – wesentliches – Merkmal des Finanzierungsleasingvertrages ist (BGHZ 68, 118 [123] = NJW 1977, 848; BGHZ 71, 189 [194] = NJW 1978, 1383; BGHZ 71, 196 [204, 205] = NJW 1978, 1432; BGH, NJW 1977, 195 = LM § 537 BGB Nr. 21 = WM 1975, 1203 [1204]); BGH, NJW 1977, 1058 = LM § 6 AbzG Nr. 33 = WM 1977, 473 [476]), hält der Senat auch nach erneuter Überprüfung fest.

bb) Die Entstehungsgeschichte und der Sinn des Gesetzes sowie die Regelung des § 11 Nr. 10 a – f AGB-Gesetz im einzelnen sprechen aber entscheidend für eine einschränkende Auslegung des Begriffs der „Leistungen" und damit gegen eine Anwendbarkeit der Vorschrift auf Leasingverträge der vorliegenden Art.

α) Der Erste Teilbericht der Arbeitsgruppe beim Bundesminister der Justiz sah in § 8 Nr. 9 des Entwurfs eines Gesetzes zur Regelung des Rechts der AGB nur ein Verbot bestimmter Gewährleistungsklauseln in Kauf-, Werk- und Werklieferungsverträgen über neu hergestellte Sachen vor (in: Vorschläge zur Verbesserung des Schutzes der Verbraucher gegenüber AGB, S. 28) und begründete das Regelungsbedürfnis allein mit Beispielen aus der Gestaltung dieser Vertragsverhältnisse (a. a. O., S. 74–76). Dem entsprach § 9 Nr. 10 des Regierungsentwurfs (BT-Dr 7/3919, S. 6) und dessen Begründung (a. a. O., S. 33 f.). Dem Rechtsausschuß des Deutschen Bundestages erschien demgegenüber eine „Beschränkung des Geltungsbereichs dieser Vorschrift auf Kauf-, Werk- und Werklieferungsverträge über neu hergestellte Sachen ... zu eng"; er hielt es deshalb für angebracht, „dieses Verbot auf alle Fälle zu erstrecken, in denen neu hergestellte Sachen zu liefern oder Leistungen zu erbringen sind" und empfahl die Einfügung der Worte „und Leistungen" (BT-Dr 7/5422, S. 8). Dieser Entstehungsgeschichte wird im allgemeinen entnommen, daß es bei der Änderung des Einleitungssatzes zu § 11 Nr. 10 des Regierungsentwurfs nur darum ging, auch Werkverträge über andere Leistungen als die Herstellung von Sachen zu erfassen. Rebmann (in: Dietlein-Rebmann, AGB aktuell,

§ 11 Nr. 10 Rdnr. 2) berichtet, daß bei den Beratungen des Rechtsausschusses an Gebrauchsüberlassungsverträge nicht gedacht worden und daher von einem „redaktionellen Versehen" auszugehen sei. Wenn auch die Stellungnahme des Rechtsausschusses des Bundestages ihrem Wortlaut nach nicht zwingend ausschließt, daß mit der geänderten Fassung der Vorschrift auch Leasingverträge erfaßt werden sollten, so fehlt andererseits doch jeder Anhaltspunkt dafür, daß der Gesetzgeber eine für das Finanzierungsleasinggeschäft nicht nur typische, sondern ganz überwiegend auch als angemessen und interessengerecht empfundene Regelung der Gewährleistungshaftung des Leasinggebers (dazu z. B. BGHZ 68, 118 [125] = NJW 1977, 848; Flume, Betr. 1972, 55, und oben II 3 a) in den Katalog der – ohne Wertungsmöglichkeit – verbotenen Klauseln aufnehmen wollte.

β) Die gegenteilige Auffassung wird auch dem Sinn der Vorschrift nicht gerecht. Nach der Begründung des Regierungsentwurfs (a.a.O., S. 33) wurde eine Gefährdung des Kunden bei einer Verweisung auf Gewährleistungsansprüche gegen Dritte unter anderem darin gesehen, daß der Kunde keinen Einfluß auf die inhaltliche Ausgestaltung der ihm abgetretenen Ansprüche habe und zum anderen genötigt sei, Ansprüche gegen Dritte geltend zu machen, die er selbst nicht ausgewählt habe. Diese Überlegungen treffen auf die Praxis des Leasingvertrages nicht zu: Denn in der Regel ist es – wie hier – der Leasingnehmer, der die Verbindung mit dem Hersteller/Lieferanten aufgenommen, den Leasinggegenstand ausgesucht und oft auch die näheren Bedingungen des Kaufvertrages ausgehandelt hat (BGHZ 81, 298, [303] = NJW 1982, 105 = LM § 9 [B b] AGBG Nr. 1). Zudem entspricht es regelmäßig der Interessenlage, daß Leasingnehmer und Lieferant, die über die nötige Sachkunde verfügen, über die Berechtigung einer Mängelrüge verhandeln, während der Leasinggeber häufig nicht sachkundig sein wird. Auch die Befürchtung des Gesetzgebers (a.a.O., S. 33f.), dem Kunden könnten bei einer Verweisung auf Gewährleistungsansprüche, die gegen Dritte geltend zu machen seien, faktische und rechtliche Nachteile aufgebürdet werden, besteht im Leasingvertragsverhältnis zumindest nicht in diesem Maße: Der Kunde ist nicht rechtlos gestellt (BGHZ 68, 118 [126] = NJW 1977, 848). Es kommt nämlich nicht darauf an, ob es ihm gelingt, die vollzogene Wandelung dem Hersteller/Lieferanten gegenüber auch tatsächlich durchzuführen (vgl. §§ 467ff. BGB); denn mit der – notfalls in einem Rechtsstreit zu erwirkenden – Vollziehung der Wandelung wird er gegenüber dem Leasinggeber von seiner Verpflichtung zur Zahlung des Mietzinses frei (oben II 2).

γ) Zu Unrecht wird der Auffassung, die weite Fassung des Begriffs der „Leistungen" habe nicht dem Willen des Gesetzgebers entsprochen, teilweise entgegengehalten, der subjektive Wille des Gesetzgebers müsse zurücktreten, weil er im Gesetz keinen objektiv nachvollziehbaren Niederschlag gefunden habe (z. B. Graf von Westphalen, Der Leasingvertrag S. 326f.; Sannwald, S. 171). Denn es lassen sich in der Vorschrift des § 11 Nr. 10 AGB-Gesetz durchaus Hinweise finden, die diesen Willen des Gesetzgebers bestätigen: Für eine einschränkende Auslegung des Begriffs der „Leistungen" spricht dabei nicht nur, daß damit kaum jede in einem Schuldverhältnis mögliche Leistung (§ 241 BGB) gemeint sein kann, sondern auch der Zusammenhang mit dem Begriff der „Lieferungen neu hergestellter Sachen". Denn da auch solche Lieferungen „Leistungen" sind, legt dies – wenn anders dem Gesetzgeber nicht die Regelung desselben Sachverhalts in doppelter Weise unterstellt werden soll – eine enge Auslegung des Leistungsbegriffs nahe. Vor allem aber sind die einzelnen Regelungen in § 11 Nr. 10a–f AGB-Gesetz ersichtlich nicht auf Leasingverträge zugeschnitten (zutreffend OLG Hamburg, MDR 1981, 934 [935]; Staudinger-Schlosser, § 11 Nr. 10 Rdnr. 11; Bernstein, S. 208f.).

Der in Nr. a–c verwendete Begriff der „Nachbesserung" kommt typischerweise für einen Leasingvertrag nicht in Betracht. Dem Leasingnehmer wird in einer Klausel auch nicht das Recht zur – wie § 11 Nr. 10 b es umschreibt – „Rückgängigmachung" des Vertrages, sondern nur die Kündigung für die Zukunft vorbehalten werden können. Die Klauseln in § 11 Nr. 10 d–f schließlich haben für Leasingverträge ohnehin keinen Anwendungsbereich.

c) Die Klauseln in §§ 5 Nr. 1, 9 Nr. 1 des Leasingvertrages benachteiligen die Beklagten auch nicht in unangemessener Weise (§ 9 Abs. 1 AGB-Gesetz). Das hat der Senat nicht nur für Verträge unter Kaufleuten bereits mehrfach ausgesprochen (BGHZ 68, 118 [124] für einen vor Inkrafttreten des AGB-Gesetzes geschlossenen Vertrag; BGHZ 81, 298 [302 f.] = NJW 1982, 105 = LM § 9 [Bb] AGBG Nr. 1), sondern auch für den nichtkaufmännischen Verkehr betont (Senat, NJW 1985, 129 = WM 1984, 1089 [1091]). Hieran wird festgehalten (ebenso z. B. OLG Hamm, WM 1980, 474 [477]; BB 1983, 337; OLG Hamburg, MDR 1981, 934 [935]; Wolf, § 9 Rdnr. L 32; Koch-Stübing, § 11 Nr. 10 Rdnr. 14; Coester-Waltjen, Jura 1980, 188; Wolf-Eckert, S. 281). Die Befürchtung, daß der Leasingnehmer bei einer Verweisung auf die gegen einen Dritten geltend zu machenden Gewährleistungsansprüche unangemessen benachteiligt sein könnte, wenn der Dritte den Anspruch nicht erfüllen kann (z. B. Ebenroth, DB 1978, 2114), ist unbegründet (oben II 3 b bb α).

4. Bedenken gegen die Höhe des eingeklagten Anspruchs bestehen nicht.

a) Die vor Kündigung durch die Klägerin fälligen Mieten für Mai und Juni 1981 stehen ihr gem. § 2 des Vertrages zu. Demgegenüber können sich die Beklagten nicht, wie die Revision meint, auf § 537 BGB berufen, weil die Klägerin ihre mietvertragliche Haftung wirksam abbedungen hat (oben II 3).

b) Die Klägerin kann auch den Betrag der – abgezinsten – restlichen Mieten bis zum Ablauf der ursprünglich vereinbarten Vertragsdauer beanspruchen.

aa) Das BerGer. hat dies der Bestimmung in § 8 Nr. 2 des Vertrages entnommen. Ob die Wirksamkeit dieser Klausel Bedenken begegnet, kann dahingestellt bleiben. Der Senat hat in Verfallklauseln, die den Leasinggeber bei fristloser Kündigung wegen Zahlungsverzuges des Leasingnehmers berechtigen, die Leasingsache zurückzunehmen und sofort alle künftigen Leasingraten zu fordern, mehrfach eine unangemessene Benachteiligung des Leasingnehmers gesehen (BGHZ 71, 196 [205] = NJW 1978, 1432 = LM § 6 AbzG Nr. 24; BGHZ 82, 121 [127 f.] = NJW 1982, 870 = LM § 242 [Cd] BGB Nr. 241; BGH NJW 1980, 234 = LM § 6 AbzG Nr. 26 = WM 1979, 1385 [1387]; BGH WM 1982, 7 [9] und NJW 1982, 1747 = LM § 10 Ziff. 7 AGBG Nr. 1 = WM 1982, 666 [667]). Ob dies in gleicher Weise gilt, wenn der Leasinggeber bei einem Zahlungsverzug des Leasingnehmers zunächst die restlichen Raten – abgezinst – fälligzustellen hat (§ 8 Nr. 2 des Vertrages) und zur fristlosen Kündigung und Verwertung der Leasingsache erst berechtigt ist, wenn der Leasingnehmer nach Mahnung weder zahlt noch Sicherheit leistet (§ 9 Nr. 2 i. V. mit § 8 Nr. 3), kann ebenso auf sich beruhen wie die Frage, ob die Klausel eine Vertragsstrafe zum Inhalt hat und daher im Verkehr mit Nichtkaufleuten gegen § 11 Nr. 6 AGB-Gesetz verstößt (dazu z. B. Quittnat, BB 1979, 1532; Graf von Westphalen, Der Leasingvertrag, S. 404 ff.) oder dem Zusammenhang der Klauseln, wie die Revision beanstandet, eine Überraschungswirkung zukommt. Diese Fragen können deshalb offenbleiben, weil sich der mit der Klage geltend gemachte Anspruch entweder aus den §§ 8 und 9 des Vertrages vom 14. 2./29. 3. 1979 oder unmittelbar aus dem Gesetz ergibt:

bb) Wenn die Formularbestimmungen über die Folgen eines Zahlungsverzuges des Leasingnehmers wirksam sind, so ist zwar zu beachten – was das BerGer. nicht erörtert hat –, daß die Klägerin nicht auf der Grundlage ihres Formularvertrages gegen die Beklagten vorgegangen ist. Denn aus dem Zusammenhang der §§ 8 Nr. 2, 3 und 9 Nr. 2 ergibt sich, daß die Fälligstellung der Restraten vor Kündigung durch den Leasinggeber zu erfolgen hat. Die Klägerin hat hingegen den Vertrag nach dem Zahlungsverzug der Beklagten gekündigt, ohne zuvor die ausstehenden Raten fälligzustellen und die Beklagten zur Zahlung aufzufordern. Aus demselben Grund (fehlende Fälligstellung und Mahnung) sind auch die Voraussetzungen des § 9 Nr. 2, 3 des Vertrages, der wiederum auf § 8 Nr. 2, 3 Bezug nimmt, nicht voll erfüllt. Das steht dem Anspruch der Klägerin jedoch nicht entgegen. Denn nachdem die Beklagten mit Anwaltsschreiben vom 19. 3. und 6. 5. 1981 sich endgültig vom Vertrag losgesagt, die Einstellung künftiger Zahlungen angekündigt und die Klägerin zur Abholung des Fotokopiergeräts aufgefordert hatten und nachdem auch tatsächlich zwei Monatsmieten nicht gezahlt worden waren, war die Klägerin von der Beschränkung ihres Kündigungsrechts in den §§ 8, 9 des Vertrages befreit. Weil feststand, daß die Beklagten die vertragliche Leistung auf keinen Fall erbringen würden, wäre eine Fälligstellung der restlichen Leasingraten und eine Mahnung – ebenso wie im Falle des § 326 Abs. 1 Satz 1 BGB eine Fristsetzung mit Ablehnungsandrohung (dazu z. B. Senat, BGHZ 49, 56 [60] = NJW 1968, 491 und BGH, NJW 1979, 811 = LM § 326 [Gb] BGB Nr. 2 = WM 1979, 255 [256] m. Nachw.) – eine nutzlose Förmlichkeit gewesen.

cc) Ist dagegen die Regelung der Folgen eines Zahlungsverzuges des Leasingnehmers in dem Formularvertrag unwirksam, so ergeben sich das Kündigungsrecht der Klägerin und ihr daraus folgender Schadensersatzanspruch aus dem Gesetz.

α) Die wegen Zahlungsverzuges mit zwei monatlichen Mietzinsraten (Mai und Juni 1981) ausgesprochene Kündigung der Klägerin war dann nach § 554 Abs. 1 Satz 1 Nr. 1 BGB wirksam; diese Vorschrift ist auf Leasingverträge anwendbar (BGHZ 82, 121 [129 f.] = NJW 1982, 870 = LM § 242 [Cd] BGB Nr. 241; Senat, WM 1982, 7 [8] und NJW 1985, 796 = WM 1985, 226 [227]).

β) Kündigt der Leasinggeber nach § 554 BGB, so steht ihm ein Anspruch auf Ersatz des durch die Kündigung verursachten Schadens zu (BGHZ 82, 121 [129 f.] = NJW 1982, 870 = LM § 242 [Cd] BGB Nr. 241 m. Nachw.; Senat, WM 1982, 7 [9]; NJW 1982, 1747 = LM § 10 Ziff. 7 AGBG Nr. 1 = WM 1982, 666 [668]; LM § 554 BGB Nr. 11 = WM 1983, 931; NJW 1985, 796 = WM 1985, 226 [227]). Der Schaden besteht regelmäßig in dem dem Leasinggeber entgehenden Mietzins, den der Leasingnehmer ihm bei normalem Ablauf der Vertragserfüllung hätte zahlen müssen, gemindert um die ihm infolge der Kündigung erwachsenden Vorteile. In dieser Weise hat die Klägerin die Klageforderung auch berechnet. Unschädlich ist, daß sie ihren Anspruch nicht ausdrücklich als Schadensersatz bezeichnet hat, sondern ihre Abrechnung auch so verstanden werden kann, als wolle sie ihre Forderung auf der Grundlage des § 8 des Vertrages berechnen; denn ein solcher Schaden tritt in aller Regel ein, wenn der Leasinggeber das Vertragsverhältnis vorzeitig kündigen muß (Senat, NJW 1982, 1747 = LM § 10 Ziff. 7 AGBG Nr. 1). Die Klägerin hat dabei auch den Beklagten die ihr entstandenen Vorteile durch Abzinsung („Zinsgutschrift") der restlichen Mietzinsraten und durch Abzug des Weiterverkaufserlöses gutgebracht, ohne daß die Beklagten dagegen substantiierte Einwendungen vorgebracht haben.

Ein Kfz-Vermieter, der in seinen Allgemeinen Geschäftsbedingungen den Mieter gegen ein Entgelt nach Art einer Versicherungsprämie von der Haftung für Unfallschäden freistellt, kann seine Verpflichtung, die Haftungsbefreiung nach dem Leitbild der Kaskoversicherung auszugestalten, nicht durch eine Klausel einschränken, daß die Haftungsbefreiung nicht einer Vollkaskoversicherung entspreche. **94**

BGH, Urteil vom 19. 6. 1985 – VIII ZR 250/84; BB 1985, 1627 = DB 1985, 2193 = MDR 1986, 49 = NJW 1986, 581 = NJW-RR 1986, 51 = VersR 1985, 1066 = WM 1985, 1168.

Sachverhalt und **Gründe** sind abgedruckt unter Nr. 50 zu § 9 AGBG.

Eine Klausel in einem formularmäßigen Leasingvertrag, die den Leasinggeber ohne jede Einschränkung von der Haftung für Dritte, insbesondere für den Lieferanten, befreit, ist nach § 9 Abs. 2 Nrn. 1 und 2 AGBG unwirksam. **95**

BGH, Urteil vom 3. 7. 1985 – VIII ZR 102/84; BGHZ 95, 170 = BB 1985, 1624 = DB 1985, 2092 = MDR 1985, 929 = NJW 1985, 2258 = WM 1985, 906 = ZIP 1985, 935.

Sachverhalt:

Die Klägerin nimmt die Beklagte auf Zahlung teils – nach ihrer Ansicht – rückständiger, teils fällig gestellter Leasingraten in Anspruch. Die Beklagte und die Firma B. als Lieferantin schlossen nach vorausgegangenen Besprechungen einen schriftlichen Kaufvertrag über die Lieferung einer Computer-Anlage (nur Hardware) sowie einen weiteren Vertrag über die Lieferung mehrerer Programme und über die Umsetzung der bisher von der Beklagten benutzten Programme auf das neue System (Softwarevertrag). Nur im Hardwarevertrag war außer der „Auftragssumme" (einschließlich Montage) von 117 050 DM in einer besonderen Spalte vermerkt: „Leasing-Miete p. M. 2473 DM". Als Anlage war dem Hardwarevertrag noch folgende Vereinbarung beigefügt: „Qualifiziertes Rücktrittsrecht ... Die Beklagte erteilt den Auftrag zur Lieferung eines B-Computers unter Vorbehalt der Organisationslösung.

Vorausgesetzt wird die gleichzeitige Verarbeitung aller Geschäftsbereiche (1) Auftragswesen, (2) Finanzbuchhaltung, (3) Lohn und Gehalt über die 3 Bildschirme bei 64 KB Hauptspeicher. Dies wird durch das B. Multiprogramming System gewährleistet.

Darüber hinaus muß das Umsetzen der vorhandenen Programme des Auftragswesens in das genormte ANS-Cobol 74 (Codasyl 76) gewährleistet sein. Die Umsetzungsarbeiten erfolgen ab Anfang Mai 1981. Wöchentliche Umsetzungsergebnisse werden von B. geliefert. Das alte EDV-System muß zum 1. 8. 1981 abgelöst. Zu diesem Termin müssen die Installation der neuen EDV, die Umsetzarbeiten in ANS-Cobol, die Einweisung und der Parallel-Lauf abgeschlossen sein, um einen reibungslosen Übergang zu gewährleisten."

Der Hardwarevertrag kam nicht zur Ausführung. Vielmehr kaufte die Klägerin die Computer-Anlage (Hardware) von der Lieferantin und „vermietete" sie an die Beklagte durch einen Finanzierungs-Leasingvertrag auf unbestimmte Zeit, erstmals für die Beklagte nach 42 Monaten kündbar, für monatliche Leasingraten von 2461,22 DM (ohne Mehrwertsteuer). Das bei der Lieferantin vorrätig gehaltene Vertragsformular, in dessen Text der Firmenname der Lieferantin bereits eingedruckt ist, hatten die Beklagte und die Lieferantin bei ihren Besprechungen vorbereitet und ausgefüllt. Die von der Klägerin vorformulierten Vertragsbedingungen lauten auszugsweise:

"§ 3. Dem Mieter ist bekannt, daß der Mietgegenstand von dem Vermieter erworben werden muß. Die Vertragspartner sind sich darüber einig, daß der Mieter die Auswahl des Mietgegenstandes ohne Beteiligung des Vermieters getroffen hat und dieser daher insbesondere für die Art der Konstruktion und der Ausführung sowie die Tauglichkeit des Mietgegenstandes allgemein und zu dem vom Mieter vorgesehenen Zweck keine Haftung übernehmen kann. Der Vermieter haftet nicht für Dritte, insbesondere nicht für den Lieferanten des Mietgegenstandes. Vereinbarungen zwischen dem Mieter und Dritten, insbesondere dem Lieferanten, verpflichten den Vermieter nicht, soweit sie nicht von diesem ausdrücklich schriftlich bestätigt werden.

§ 12. Gerät der Mieter mit der Zahlung der fälligen Miete länger als einen Monat in Verzug, so werden die Mieten bis zum nächstmöglichen Kündigungstermin zuzüglich der Mietnachzahlungen gemäß § 20 auf einmal fällig. Der Vermieter ist berechtigt, zur Sicherung der Mietforderung den Mietgegenstand zurückzunehmen und solange zurückzubehalten, bis der Mieter die fällig gewordene Gesamtmietforderung gezahlt hat. Für die Verzugszeit hat der Mieter dem Vermieter Zinsen in Höhe von 1% pro Monat zu zahlen.

§ 20. Der Mieter kann den Mietvertrag mit einer Kündigungsfrist von 6 Monaten erstmals zum Ablauf der in § 1 genannten Mindestmietdauer kündigen. Danach kann halbjährlich, ebenfalls mit einer Frist von 6 Monaten gekündigt werden. Die Miete für jeden der abgelaufenen Mietmonate erhöht sich bei Kündigung zum 42. Monat um 70%, jeweils zuzüglich Mehrwertsteuer. Die Mietnachzahlung ist in einer Summe zum Kündigungstermin fällig."

Vertragsbeginn war der 11. 5. 1981, nachdem die Beklagte die Übernahme der Anlage in vertragsgemäßem Zustand bestätigt hatte. Als der Lieferantin die Umsetzung nicht bis zum 1. 8. 1981 fertiggestellt hatte – wobei streitig ist, ob sie oder die Beklagte für die Verzögerung verantwortlich war – setzte ihr die Beklagte am 5. 8. 1981 eine letzte Nachfrist bis 16 Uhr desselben Tages und trat mit Fernschreiben vom 7. 8. 1981 unter Berufung auf „das eingeräumte qualifizierte Rücktrittsrecht" gegenüber der Lieferantin von dem Vertrag zurück. Dies teilte sie der Klägerin mit Schreiben vom 11. 8. 1981 mit und nahm gleichzeitig die Bankeinzugsermächtigung hinsichtlich der Leasingraten zurück. Die Klägerin widersprach mit Schreiben vom 12. 8. 1981. Ab Oktober desselben Jahres zahlte die Beklagte keine Leasingraten mehr. Nach mehrerer Zahlungsaufforderung stellte die Klägerin mit Schreiben vom 18. 2. 1982 alle Leasingraten bis zum Ablauf des 42. Monats fällig und erhob sodann Zahlungsklage. Mit ihr hat sie die 6 Monatsraten für Oktober 1981 bis März 1982, die abgezinsten Raten bis zum ersten Kündigungstermin und eine 70%ige Erhöhung der geforderten Raten nach § 20 des Vertrages beansprucht, insgesamt 160 749, 38 DM nebst Zinsen.

Das LG hat der Klägerin 94 629,22 DM nebst Zinsen zuerkannt (rückständige und fällig gestellte Raten) und die weitere Klage (70%ige Erhöhung) abgewiesen. Das BerGer. hat durch Teilurteil die Berufung der Beklagten zurückgewiesen und die Entscheidung über die Anschlußberufung der Klägerin vorbehalten. Mit der Revision, deren Zurückweisung die Klägerin beantragt, erstrebt die Beklagte weiterhin die vollständige Abweisung der Klage.

Die Revision hatte Erfolg.

Aus den Gründen:

I. 1. Das BerGer. führt aus, die Vereinbarung über das „qualifizierte Rücktrittsrecht" gelte nur im Verhältnis zwischen der Lieferantin und der Beklagten. Diese habe zwar behauptet, nach der Erklärung der Lieferantin sei das Rücktrittsrecht in Vollmacht der Klägerin auch für den Leasingvertrag vereinbart worden. Sie habe aber konkrete Tatsachen weder für eine ausdrücklich oder stillschweigend erteilte noch für eine Anscheins- oder Duldungsvollmacht vorgetragen. Die vorgedruckten Vertragsformulare seien der Lieferantin nur zur Weiterleitung an Kunden überlassen worden, damit diese einen Vertragsantrag an die Klägerin richten konnten. Eine weiterreichende Erklärung der Klägerin könne darin nicht gesehen werden. Der Leasingvertrag sei deshalb von dem von der Beklagten ausgesprochenen Rücktritt unberührt geblieben. Gegen diese Ausführungen wendet sich die Revision im Ergebnis mit Recht.

2. Die Revision meint allerdings zu Unrecht, die mit „qualifiziertes Rücktrittsrecht" überschriebene Vereinbarung mit der Lieferantin sei auch Bestandteil des Leasingvertrages geworden. ...

3. Die Erwägungen des BerGer. erschöpfen jedoch – wie die Revision mit Recht rügt – nicht die aus dem festgestellten Sachverhalt und dem Vortrag der Beklagten zu ziehenden Folgerungen. Sollte der Beklagte mit der dem Hardwarevertrag als Anlage beigefügten Vereinbarung mit der Lieferantin ein Rücktrittsrecht eingeräumt werden und lagen – wie für die Revisionsinstanz zu unterstellen ist – die Voraussetzungen für die Ausübung dieses Rechts vor, so haftet die Klägerin der Beklagten nach § 278 BGB auf Freistellung von der Verpflichtung aus dem Leasingvertrag unter dem Gesichtspunkt des Verschuldens der Lieferantin beim Vertragsabschluß.

a) Nach dem schriftlichen Text der Rücktrittsvereinbarung und dem vom BerGer. nicht im einzelnen gewürdigten Vortrag der Beklagten bestand zwischen dieser und der Lieferantin Einigkeit darüber, daß die Beklagte die Hardware nur erwerben wollte, wenn der Softwarevertrag bis zum 1. 8. 1981 erfüllt war. Schon die Formulierung des Hardwarevertrages läßt keinen Zweifel daran, daß der in der Anlage des Vertrages zum Ausdruck gebrachte „Vorbehalt", den die Beklagte entsprechend der Überschrift als Rücktrittsrecht gedeutet sehen will, auch für den Fall der Vertragsdurchführung im Wege des Leasing gelten sollte. Denn der Hardwarevertrag, dessen Text als „Bestellung" formuliert war, sah nebeneinander und ohne jede Differenzierung Gegenleistungen der Beklagten für käuflichen Erwerb und für die Überlassung durch Leasingvertrag vor. Beide Arten der Vertragsdurchführung werden zudem im letzten Satz der Vereinbarung ausdrücklich genannt.

b) Wären der Klägerin diese Umstände bekannt gewesen, könnte sie sich – wenn die Beklagte berechtigterweise den Rücktritt erklärt hätte – auf die Wirksamkeit des Leasingvertrages nicht mehr berufen.

Es mag schon zweifelhaft sein, ob in einem solchen Fall das Rücktrittsrecht nicht stillschweigend zum Bestandteil auch des Leasingvertrages geworden wäre und die Klägerin sich auf § 3 des Vertrages in diesem Zusammenhang nicht stützen könnte. Die Frage bedarf aber keiner Entscheidung, weil die Klägerin die Beklagte jedenfalls hätte darauf hinweisen müssen, daß der Leasingvertrag trotz der von der Beklagten vorausgesetzten und ihr zugesagten Verbindung zwischen Hard- und Softwarevertrag völlig unabhängig vom Schicksal des Softwarevertrages gelten solle. Die Unterlassung des Hinweises hätte zur Haftung der Klägerin wegen Verschuldens beim Vertragsabschluß geführt.

Die Hinweispflicht ergibt sich – ähnlich wie diejenige der Finanzierungsbanken beim finanzierten Abzahlungskauf hinsichtlich der aus der Trennung von Kauf- und Darlehensvertrag entstehenden Risiken (BGHZ 33, 293 [298]; 47, 207 [210]; BGH, NJW 1980, 2301 = WM 1980, 1111 unter III 3) – aus dem typischen Dreiecksverhältnis beim Finanzierungsleasing. Zwar ist der kaufmännische Leasingnehmer anders als regelmäßig der Abzahlungskäufer nicht schon wegen rechtlicher Unerfahrenheit besonders schutz- oder aufklärungsbedürftig. Auch für ihn stellen sich aber der Erwerb der Leasingsache durch den Leasinggeber einerseits und die Gebrauchsüberlassung und Finanzierung im Leasingvertrag andererseits wirtschaftlich als Einheit dar. Diesem inneren Zusammenhang muß nicht nur der Leasingnehmer durch Rücksichtnahme auf die Interessen des Leasinggebers Rechnung tragen (z. B. bei der Durchsetzung von Gewährleistungsansprüchen, vgl. BGHZ 94, 44 = NJW 1985, 1535 = WM 1985, 573 = ZIP 1985, 546 unter II 2), sondern auch der Leasinggeber. Überläßt er, wie das regelmäßig geschieht, dem Lieferanten und dem Leasingnehmer alle Vorverhandlungen, muß der Leasingnehmer grundsätzlich darauf vertrauen dürfen, daß das Verhandlungsergebnis sowohl dem Kaufvertrag als auch dem Leasingvertrag zugrunde gelegt wird. Will der Leasinggeber davon abweichend dem Leasingvertrag einen anderen Inhalt geben, muß er den Leasingnehmer eindeutig und ausdrücklich darauf hinweisen. Nur mit einem Vertragstext, der einzelne Vorgesprächsergebnisse nicht enthält, wird er dieser Verpflichtung nicht gerecht. Denn der Leasingnehmer kennt im allgemeinen nicht den endgültigen Inhalt des zwischen Lieferant und Leasinggeber abgeschlossenen Kaufvertrages. Er kann deshalb von sich aus nicht beurteilen, ob alle Einzelergebnisse darin ihren Niederschlag gefunden haben und ob deshalb die Nichterwähnung einzelner Besprechungspunkte im Leasingvertrag bedeutet, daß sie nicht Vertragsinhalt sein sollen.

Der vorliegende Sachverhalt rechtfertigt die erörterte Hinweispflicht in besonderem Maße. Für jeden, der die Vorgespräche kannte, war nicht zu übersehen, daß die Beklagte die Hardware nur übernehmen wollte, wenn sie die Software pünktlich bis zum 1. 8. 1981 erhielt. Schon allgemein besteht bei der Lieferung von Computeranlagen häufig ein ähnliches Interesse der Erwerber, weil Hard- und Software speziell aufeinander abgestimmt sind. In vielen Fällen führt das dazu, daß beide Leistungsteile in einem einzigen (Kauf- oder Leasing-)Vertrag überlassen werden und eine besondere Vergütung für die Software gar nicht ausgewiesen ist (vgl. Senat, WM 1984, 1092 = ZIP 1984, 962 unter I, insoweit in NJW 1984, 1938 nicht abgedruckt). Die Beklagte war wegen der Abhängigkeit ihrer Fabrikation von der Umstellung auf die neue Anlage in erhöhtem Maße auf die Einhaltung des Liefertermins angewiesen und hatte das durch Niederlegung in der Vereinbarung über das „qualifizierte Rücktrittsrecht" zum Ausdruck gebracht und gegenüber der Lieferantin durchgesetzt. Sie durfte deshalb selbst dann, wenn die Lieferantin die Gültigkeit für den Leasingvertrag nicht ausdrücklich versichert haben sollte, darauf vertrauen, daß die getroffene Abmachung Bestandteil des zwischen Lieferantin und Klägerin abgeschlossenen Kaufvertrages geworden war. In diesem Fall wäre die Klägerin bei Eintritt der Voraussetzungen auf Verlangen der Beklagten verpflichtet gewesen, gegenüber der Lieferantin den Rücktritt zu erklären. Dann aber hätte auch der Leasingvertrag keinen Fortbestand mehr haben können. Die Beklagte durfte unter diesen Umständen damit rechnen, daß die Klägerin trotz des die Vereinbarung nicht erwähnenden Wortlauts des Leasingvertrages das Rücktrittsrecht auch insoweit anerkennen wollte. Der Klägerin wäre das bei Kenntnis von der Vereinbarung auch erkennbar gewesen. Wollte sie den Leasingvertrag dennoch ausschließlich seinem Wortlaut entsprechend abschließen und anwenden, hätte sie die Beklagte ausdrücklich darauf hinweisen müssen.

c) Nach der von der Revision nicht angegriffenen Feststellung des BerGer. hatte die Klägerin allerdings keine Kenntnis von der Rücktrittsvereinbarung, weil die Lieferantin sie ihr nicht vorgelegt hatte. Da auch Anhaltspunkte für eigenes Organisationsverschulden an der unvollständigen Mitteilung der Vorverhandlungen weder festgestellt noch in zulässiger Weise geltend gemacht sind, kommt eine Haftung aus eigenem Verschulden nicht in Betracht. Die Klägerin haftet aber nach § 278 BGB für das Verschulden der Lieferantin.

aa) Da der Rücktrittsvorbehalt bereits bei Abfassung des Hardwarevertrages und damit bei der Vorbereitung des Leasingvertrages fixiert worden war, hätte schon die Lieferantin aus den oben (zu b) für die Klägerin erörterten Gründen die Beklagte darauf hinweisen müssen, daß der Leasingvertrag ohne Rücksicht auf die getroffene Vereinbarung Bestand haben solle. Das gilt unabhängig davon, ob – wie die Beklagte behauptet – die Lieferantin die Einbeziehung auch in den Leasingvertrag ausdrücklich zugesagt hat. Denn wenn die Beklagte bei der Formulierung des Hardwarevertrages, der sich sowohl auf den Fall käuflichen Erwerbs als auf den im Leasingwege bezog, das Rücktrittsrecht zum Vertragsbestandteil gemacht hatte, war es offensichtlich, daß sie von der Geltung auch für den mit der Klägerin abzuschließenden Leasingvertrag ausging. Nicht nur die von der Beklagten behauptete und für die Revisionsinstanz zu unterstellende, die Geltung bejahende Äußerung der Lieferantin, sondern auch die Unterlassung eines klarstellenden Hinweises war ein grobes Verschulden der Lieferantin, weil ihr Verhalten mit den vorangegangenen Verhandlungen schlechthin unvereinbar und für die Beklagte nicht zu erwarten war.

bb) Sollte die Lieferantin selbst angenommen haben, das „qualifizierte Rücktrittsrecht" gelte auch für den Leasingvertrag, hat sie gegenüber der Beklagten ebenso grob schuldhaft gehandelt. Ein „klarstellender Hinweis" könnte in diesem Fall zwar nicht von ihr erwartet werden. Sie hätte aber entweder für die Aufnahme des Vorbehalts in den Text des Leasingvertrages sorgen oder mindestens der Klägerin den Hardwarevertrag einschließlich der Rücktrittsvereinbarung zur Kenntnis bringen müssen. Die Beklagte durfte sich auf diese Unterrichtung der Klägerin verlassen, selbst (oder gerade) wenn sie im Text des Leasingvertrages das Fehlen jeder Bezugnahme auf den Vorbehalt bemerkt hatte. Ihr gegenüber war die Lieferantin als Vermittlerin oder Beauftragte der Klägerin für die Vertragsvorbereitung aufgetreten. Ersichtlich geschah das mit Einverständnis der Klägerin, die ihr die Vertragsvordrucke überlassen hatte und von ihr die Vorbereitung und Ausfüllung des Vertragsantrags sowie dessen Übersendung erwartete. Dann aber war es nicht Sache der Beklagten, sondern der Lieferantin, der Klägerin alle für den Vertragsabschluß wesentlichen Unterlagen vorzulegen.

cc) Die Haftung der Klägerin für die schuldhaften Pflichtverletzungen der Lieferantin folgt aus § 278 BGB. „Verbindlichkeiten", deren Nicht- oder Schlechterfüllung nach dieser Bestimmung die Haftung begründet, sind – wie allgemein anerkannt ist – auch Sorgfalts-, Aufklärungs- oder Hinweispflichten vor Abschluß eines Vertrages bei dessen Vorbereitung, sofern sie bei eigenem Handeln der Vertragspartei von dieser selbst zu erfüllen gewesen wären (RGZ 114, 115 [160]; 120, 126 [130]; 132, 76 [79]; Alf in: RGRK, 12. Aufl., § 278 Rdnr. 18; Hanau, in: MünchKomm, § 278 Rdnr. 6; Palandt-Heinrichs, BGB, 44. Aufl., § 278 Anm. 4b). Dementsprechend hat auch der BGH in ständiger Rechtsprechung § 278 BGB auf derartige Fälle angewandt. Insbesondere hat er im Bereich des finanzierten Abzahlungskaufs die Finanzierungsbank für haftbar erklärt, wenn der mit ihrem Willen (auch) den Darlehensvertrag vorbereitende Verkäufer schuldhaft vorvertragliche Pflichten gegenüber dem Darlehensnehmer (Käufer) verletzt hatte (BGHZ 33, 293, 299; 40, 65, 69; BGH, NJW 1980, 2301 unter III 3 m. w. Nachw.).

Für den Bereich des Finanzierungsleasing hat der BGH bisher nicht entschieden, ob der Lieferant Erfüllungsgehilfe des Leasinggebers ist. Es besteht jedoch kein Anlaß, den Leasinggeber grundsätzlich anders zu behandeln als die Finanzierungsbank beim finanzierten Abzahlungskauf. Die in der Literatur vertretene oder für möglich gehaltene Ansicht, nur beim sog. „Händler-Leasing" (bei dem eine „mehr oder weniger enge" Beziehung zwischen Leasinggeber und Lieferant bestehen soll) sei der Lieferant Erfüllungsgehilfe des Leasinggebers für vorvertragliche Pflichten, nicht dagegen beim „reinen" Finanzierungsleasing (Graf von Westphalen, Der Leasingvertrag, 2. Aufl., Rdnrn. 133/134; für das verwandte Problem des „Dritten" bei § 123 II BGB wohl ebenso Canaris, HGB, 3. Aufl., BankvertragsR, 2. Bearbeitung, Rdnr. 1746), führt zu keiner befriedigenden Lösung. Für § 278 BGB kommt es entscheidend darauf an, ob die Hilfsperson bei der ihr vorgeworfenen Handlung im Rahmen der ihr vom Verpflichteten übertragenen Aufgabe tätig geworden ist. Das kann, muß allerdings nicht stets bei enger Verbindung zwischen Leasinggeber und Lieferant der Fall sein. Jedenfalls aber kann auch beim „reinen" Finanzierungsleasing der Lieferant konkrete Vertragsvorverhandlungen für den Leasinggeber führen. Im übrigen würde die generalisierende abstrakte Abgrenzung der Leasingvertragstypen praktisch kaum überwindbare Schwierigkeiten mit sich bringen, weil es an brauchbaren Kriterien dafür fehlt, wann angesichts der vielfältigen Vertragsgestaltungen kein „reines" Finanzierungsleasing, sondern ein Händlerleasing anzunehmen ist. Auch beim Finanzierungsleasing ist also § 278 BGB auf schuldhafte Handlungen einer Hilfsperson im Zusammenhang mit Vertragsverhandlungen anzuwenden, wenn im konkreten Fall Pflichten gerade aus der übertragenen Aufgabe der Vertragsvorbereitung verletzt werden; eine ständige oder enge Verbindung zwischen Leasinggeber und Hilfsperson ist nicht erforderlich (ebenso für finanzierten Abzahlungskauf: BGH, NJW 1980, 2301 = WM 1980, 1111 unter III 3). ...

4. Von dieser Haftung hat sich die Klägerin in ihren Allgemeinen Geschäftsbedingungen nicht wirksam freigezeichnet. Dabei kann es dahingestellt bleiben, ob die für einen Haftungsausschluß einzig in Betracht kommende Regelung des § 3 der AGB auf den hier zu beurteilenden Sachverhalt überhaupt anwendbar ist.

a) § 3 S. 4 der AGB bezieht sich eindeutig nur auf Vereinbarungen zwischen Lieferant und Leasingnehmer („Mieter"). Die Klägerin haftet aber nicht auf Erfüllung oder Schadensersatz wegen Nichterfüllung einer in ihrem Namen abgeschlossenen Vereinbarung, sondern aus einem ihrer Erfüllungsgehilfin zur Last fallenden Verschulden bei Vertragsabschluß.

b) § 3 S. 3 der AGB stellt – isoliert betrachtet – die Klägerin von jeder Haftung für Dritte, insbesondere für die Lieferantin, frei. Die Klausel schließt sich aber unmittelbar an zwei vorangehende Sätze an, in denen sich die Klägerin von eigener Haftung für die Tauglichkeit der Leasingsache mit der Begründung zu befreien sucht, sie sei an der Auswahl nicht beteiligt gewesen. Denkbar wäre deshalb, den anschließenden Satz 3 dahin zu verstehen, daß er sich ebenfalls auf die Auswahl und Tauglichkeit der Leasingsache beziehen und nur insoweit über die Eigenhaftung hinaus auch eine Haftung für das Verhalten Dritter ausschließen sollte. Bei dieser Auslegung wäre in den AGB eine Freizeichnungsregelung für das von der Klägerin zu verantwortende Verschulden der Lieferantin nicht enthalten.

Wesentlich näher liegt es jedoch, § 3 S. 3 der AGB als allgemeinen Haftungsausschluß auszulegen. Auf ihn könnte sich die Klägerin jedoch nicht berufen, weil die Klausel nach § 9 AGBG unwirksam ist, so daß dahingestellt bleiben kann, ob dasselbe bereits nach § 5 AGBG anzunehmen wäre. Ob und in welchem Maße sich der Verwender von AGB nach Inkrafttreten des AGB-Gesetzes im kaufmännischen Verkehr von der Haftung für Dritte freizeichnen kann, ist im Schrifttum umstritten. Während – im einzelnen mit unterschiedlicher Begründung – teilweise die Ansicht vertreten wird, die in § 11 Nr. 7 AGBG für den nicht kaufmännischen Verkehr aufgestellten strengen Voraussetzungen müßten im wesentlichen auch für kaufmännische Beziehungen gelten, verweist die

Gegenmeinung darauf, der kaufmännische Verkehr erfordere nicht, von den Grundsätzen abzuweichen, die die Rechtsprechung vor dem Inkrafttreten des AGB-Gesetzes aufgestellt habe und denen zufolge eine Freizeichnung für grobes Verschulden von Erfüllungsgehilfen in nicht leitender Funktion und für die Verletzung anderer als Kardinalpflichten als zulässig galt (zum Meinungsstand vgl. BGHZ 89, 363 [366], m. w. Nachw.; ferner Wolf-Horn-Lindacher, AGBG, § 11 Nr. 7 Rdnrn. 42 ff., 45; Bunte, JZ 1984, 475 ff.; Schlosser, ZIP 1985, 449, besonders S. 460 zu 2.6; Kötz, in: MünchKomm, 2. Aufl., AGBG § 11 Rdnr. 67). Der BGH hat die Frage bisher ebenfalls nicht abschließend beantwortet. In seinem Urteil vom 19. 1. 1984 (BGHZ 89, 363) hat er die Freizeichnung für grobes Verschulden nicht leitender Erfüllungsgehilfen hinsichtlich von ihnen verletzter Hauptpflichten nach § 9 Abs. 2 Nr. 2 AGBG für unwirksam erklärt, die Entscheidung hinsichtlich anderer Pflichtverletzungen aber ausdrücklich dahingestellt sein lassen (BGHZ 89, 363 [366f.]; im Ergebnis ebenso Senat, ZIP 1984, 1089 = WM 1984, 1053 II 2a; vgl. ferner BGH, ZIP 1985, 687).

Für den vorliegenden Fall bedarf die Streitfrage ebenfalls keiner abschließenden Klärung. Die Klausel (§ 3 S. 3 der AGB) befreit die Klägerin nach ihrem uneingeschränkten Wortlaut von jeder Haftung für Dritte. Sie schließt damit die Haftung sowohl für Pflichtverletzungen gesetzlicher Vertreter und leitender Angestellter als auch für die Verletzung von Kardinalpflichten durch Erfüllungsgehilfen selbst dann aus, wenn der Verstoß auf grober Fahrlässigkeit oder Vorsatz beruht. Eine so weitgehende Freizeichnung ist weder nach der Rechtsprechung vor Inkrafttreten des AGB-Gesetzes noch nach Ansicht derjenigen, die im kaufmännischen Bereich für mehr Spielraum eintreten, hinzunehmen. Sie ist nach § 9 Abs. 2 Nrn. 1 und 2 AGBG unwirksam, ohne daß die vom Senat bisher offengelassene Frage, ob die Wesentlichkeit einer Vertragspflicht unabhängig von der Art des Verschuldens zu beurteilen ist, entschieden werden muß.

5. Ist der Haftungsausschluß in den AGB unwirksam, so muß die Klägerin der Beklagten nach § 278 BGB den entstandenen Schaden ersetzen, notfalls durch Freistellung von den Verpflichtungen aus dem Leasingvertrag.

Es liegt auf der Hand, daß die Beklagte den Leasingvertrag nicht ohne Rücktrittsrecht abgeschlossen hätte, wenn sie auch einen Kaufvertrag nur mit dieser Einschränkung schließen wollte. Ein Schaden ist ihr aus dem versäumten Hinweis aber nur entstanden, wenn sie wegen Nichteinhaltung des Softwarevertrages einen Rücktrittsgrund gehabt hätte. Feststellungen hierzu hat das BerGer. – von seinem Rechtsstandpunkt aus konsequent – nicht getroffen. Das BerGer. kann dies nicht selbst nachholen, weil dazu eine dem Tatrichter vorbehaltene Würdigung des Vortrags der Beklagten und eine eventuelle Beweisaufnahme über die Berechtigung des Rücktritts der Beklagten nach dem 1. 8. 1981 erforderlich sind. Mitentscheidend dabei ist die ebenfalls dem Tatrichter obliegende Auslegung und Würdigung der Anlage zum Hardwarevertrag als einer Individualvereinbarung über Voraussetzungen und Umfang des behaupteten Rücktrittsrechts. Das angefochtene Urteil mußte daher aufgehoben und die Sache zur anderweitigen Verhandlung und Entscheidung – auch über die Kosten des Revisionsverfahrens – an die Vorinstanz zurückverwiesen werden.

II. Sollte sich nach erneuter Verhandlung ergeben, daß die Beklagte keine Rücktritts- oder wenigstens Kündigungsgründe hatte, wird das BerGer. seine bisher erlassene Teilentscheidung über die Höhe des Klageanspruchs zu überprüfen haben. Es könnte entgegen seiner Ansicht § 12 des Vertrages nicht insgesamt als wirksam zugrunde legen.

Selbst wenn § 12 S. 1 des Vertrages aus dem Zusammenhang mit Satz 2 der Bestimmung gelöst werden und isoliert geprüft werden könnte, enthält dieser Klauselteil eine unangemessene Regelung auch für den kaufmännischen Bereich, weil er eine Abzinsung nicht vorsieht. Der BGH hat in anderem Zusammenhang – für die Frage der konkreten Schadensberechnung nach Kündigung und für „kumulierende" AGB-Regelungen – mehrfach ausgesprochen, daß bei Leasingverträgen die vorzeitige Inanspruchnahme der nach dem Vertrag auf längere Zeit verteilten Einzelleistungen ohne jede Abzinsung mit dem Äquivalenzgedanken unvereinbar und deshalb unangemessen ist (vgl. Senat, WM 1984, 1217 = ZIP 1984, 1114 unter III 2 m. w. Nachw.). Das trifft in gleicher Weise für Verfallklauseln zu, die wegen Zahlungsverzuges des Leasingnehmers die gesamten künftigen Raten fällig stellen.

Allerdings kommt es für den Teil der Hauptforderung, den das BerGer. bisher zuerkannt hat, auf die Wirksamkeit des § 12 des Vertrages nicht mehr an, weil die Vertragszeit bis zur zulässigen Kündigung (nach 42 Monaten) inzwischen abgelaufen ist, die Klägerin die vollen Raten also verlangen könnte, soweit der Vertrag auch jetzt noch nicht gekündigt sein sollte. Waren bei Unwirksamkeit des § 12 des Vertrages die Raten aber nicht vorzeitig fällig, kann sich eine Änderung für die Höhe des Zinsanspruchs ergeben.

96 Scheitert ein Finanzierungsleasingvertrag ohne Verschulden des Leasingnehmers, weil der Lieferant den Leasinggegenstand nicht liefert, so steht dem Leasinggeber ein Anspruch auf Erstattung der von ihm an seine Refinanzierungsbank zu zahlenden Bereitstellungsprovision und Nichtabnahmeentschädigung nicht zu (Ergänzung zu BGHZ 81, 298). Eine AGB-Klausel, die ihm einen derartigen Erstattungsanspruch zubilligt, ist unwirksam.

BGH, Urteil vom 9. 10. 1985 – VIII ZR 217/84; BGHZ 96, 103 = BB 1986, 19 = DB 1985, 2553 = JR 1986, 190 = MDR 1986, 228 = NJW 1986, 179 = WM 1985, 1447 = ZIP 1985, 1398.

Sachverhalt:

Die Klägerin verlangt von der Beklagten aus eigenem, hilfsweise aus abgetretenem Recht Ersatz von Finanzierungskosten, die nach ihrer Behauptung durch einen mit der Beklagten abgeschlossenen, aber nicht zur Ausführung gelangten „Mietvertrag" entstanden sein sollen.

Die Beklagte, ein Unternehmen aus dem elektrotechnischen Produktionsbereich, schloß am 7. Dezember 1981 einen Kaufvertrag mit einer schweizerischen Lieferfirma (im folgenden als Lieferantin bezeichnet) über mehrere funkenerosive Senk- und Schneidanlagen zum Preis von 1 741 000 SFr. Vereinbarungsgemäß sollte die Finanzierung durch einen Leasingvertrag bei der Deutschen Anlagen-Leasing GmbH erfolgen. Mit Schreiben vom 29. Dezember 1981 trat die Firma DAL Mobilien-Vermietungs GmbH, eine Schwesterfirma und Objektgesellschaft der Klägerin, rückwirkend als Käuferin in den Kaufvertrag ein und schloß am gleichen Tage mit der Klägerin zwei „Mietverträge" über die gekauften Anlagen. Die Klägerin ihrerseits vermietete die Anlagen ebenfalls am 29. Dezember 1981 mit zwei Verträgen an die Beklagte auf die Dauer von 64 Monaten mit einem monatlichen Mietzins von 2,336%, wobei die ersten 5 Monate mietfrei sein sollten.

Die den Verträgen beigefügten Formularbedingungen der Klägerin enthalten u. a. folgende Bestimmung:

„1.7 Unterbleibt die Lieferung des Mietgegenstandes oder fällt der Mietgegenstand vor Abnahme durch den Mieter dem Untergang, dem Verlust oder der Zerstörung anheim oder übt der Mieter ein ihm aus Gewährleistung zustehendes Rücktrittsrecht gegenüber dem Lieferanten aus, wird dieser Vertrag gegenstandslos. Der Mieter erstattet dem Vermieter die entstandenen Kosten."

Mit Schreiben vom 28. Juli 1982 teilte die Lieferantin beiden Parteien mit, sie könne die Maschinen derzeit nicht liefern, weil neue Technologien und damit zusätzliche Erprobungszeiten erforderlich seien. Daraufhin kündigte die Beklagte mit Schreiben vom 9. August 1982 die von ihr mit der Klägerin geschlossenen Mietverträge mit der Begründung, die Vertragsgrundlage sei entfallen. Die Klägerin erklärte in einem Fernschreiben vom 13. August 1982, die Beklagte müsse für die angefallenen Kosten wie Vorfälligkeitsentschädigung etc. aufkommen. Dies wiederholte sie in einem Schreiben vom 31. August 1982 und trat ihr gleichzeitig sämtliche ihr aus der Nichterfüllung der Kaufverträge gegen die Lieferantin entstandenen Ansprüche mit der Empfehlung ab, Schadensersatzklage gegen die Lieferantin zu erheben.

Nachdem die Beklagte unter dem 20. September 1982 eine bis zum 30. September befristete Zahlungsaufforderung der Klägerin vom 15. und 16. September 1982 abgelehnt und die Firma DAL Mobilien-Vermietungs GmbH durch Urkunde vom 15. November 1982 alle etwaigen Ansprüche gegen die Beklagte aus dem gescheiterten Leasingengagement an die Klägerin abgetreten hatte, erhob diese Klage auf Zahlung von 69 364,90 DM nebst 12% Zinsen seit dem 1. Oktober 1982 und 13% Mehrwertsteuer auf die Zinsen. Der Klagebetrag setzt sich aus einer nach Behauptung der Klägerin von ihrer Zedentin an deren Refinanzierungsbank gezahlten Bereitstellungsprovision für Januar bis August 1982 mit 11 322,42 DM und einer Nichtabnahmeentschädigung für Refinanzierungsmittel von 50 062,45 DM sowie der darauf berechneten Mehrwertsteuer von 7980,03 DM zusammen.

Das Landgericht hat der Klage mit Ausnahme des 5% übersteigenden Zinsanspruchs und des Anspruchs auf Mehrwertsteuer auf die Zinsen stattgegeben. Das Oberlandesgericht hat sie in vollem Umfang abgewiesen.

Die Revision der Klägerin hatte keinen Erfolg.

Aus den Gründen:

I. Das Berufungsgericht hat zunächst erwogen, ob der Klägerin unabhängig von der Regelung in Nr. 1.7 ihrer AGB ein Aufwendungsersatzanspruch zusteht, wenn der von ihr mit der Beklagten geschlossene Vertrag nicht ausgeführt werden konnte, weil die Lieferantin die Maschinenanlage nicht geliefert hat. Es hat einen solchen Anspruch mit der Begründung verneint, das auf Finanzierungsleasingverträge in erster Linie anzuwendende Mietrecht gestehe dem Vermieter in derartigen Fällen keinen Aufwendungsersatz zu; andere Anspruchsgrundlagen seien nicht heranzuziehen, weil der Vertrag kein Auftrags- oder Geschäftsbesorgungsverhältnis begründet habe.

Diese von der Revision nicht im einzelnen angegriffene Auffassung entspricht der Rechtsprechung des Bundesgerichtshofs.

1. Es ist allerdings nicht zweifelsfrei, ob der Vertrag zwischen den Prozeßparteien ein Leasingvertrag ist. Da die Klägerin nicht Eigentümerin, sondern aufgrund des mit ihrer Schwesterfirma abgeschlossenen Vertrages selbst nur Nutzungsberechtigte (Mieterin bzw. Leasingnehmerin) der anzuschaffenden Maschinenanlage werden sollte, fehlt es an einem typischen Vertragselement, nämlich an der mindestens für die steuerliche Behandlung erheblichen Zuordnung der „Leasingsache" zum Vermögen der Klägerin. Ob sich daraus für die zivilrechtliche Auslegung und Einordnung des Vertrages die Folgerung ergibt, daß er nicht als Leasingvertrag, sondern als reiner (Unter-) Mietvertrag zu behandeln wäre, bedarf aber keiner Entscheidung. Auch bei Annahme eines Leasingvertrages bestehen für die Klägerin keine Ansprüche auf Aufwendungsersatz.

2. Finanzierungsleasingverträge in der hier vereinbarten Ausgestaltung (Gebrauchsüberlassung eines vom Leasinggeber eigens dafür anzuschaffenden Wirtschaftsgutes gegen Abdeckung des Gesamtaufwandes durch Leasingraten sowie durch den ggf. verbleibenden und nutzbar zu machenden Restwert, Freizeichnung des Leasinggebers von eigener Sachmängelhaftung bei Abtretung der kaufrechtlichen Gewährleistungsansprüche) sind nach der gefestigten Rechtsprechung des Bundesgerichtshofs in erster Linie nach Mietrecht zu beurteilen (vgl. vor allem die Senatsurteile vom 23. Februar 1977 – VIII ZR 124/75 = BGHZ 68, 118, 123 – und vom 16. September 1981 – VIII ZR 265/80 = BGHZ 81, 298, 310). An dieser rechtlichen Einordnung hält der erkennende Senat trotz der daran geübten Kritik fest (vgl. Lieb JZ 1982, 561; Canaris NJW 1982, 305 ff.; Klamroth BB 1982, 1949, 1951 f.; Ziganke BB 1982, 706, 709 f.; Seifert DB 1983 Beil. 1 S. 8). Gegen die in der Literatur – im einzelnen mit Unterschieden – im Hinblick auf den Finanzierungszweck des Leasing empfohlene Behandlung als Auftrags- oder Geschäftsbesorgungsverhältnis spricht vor allem die nicht nur formale und vorübergehende, sondern sachliche und dauernde Zuordnung des Leasinggegenstandes zum Vermögen des Leasinggebers (Senatsurteil vom 27. Februar 1985 – VIII ZR 328/83 = BGHZ 94, 44 = NJW 1985, 1535 = WM 1985, 573 unter I 2a; in gleichem Sinne und mit Hinweis auf den steuerlichen Zweck der gewählten Vertragsform Graf von Westphalen, Der Leasingvertrag, 2. Aufl., Rdn. 254 ff., 257). Sie ist die Grundlage für die in aller Regel als „Vermietung" bezeichnete Gebrauchsüberlassung an den Leasingnehmer, die eine in sich abgeschlossene Regelung darstellt und deshalb keinen Raum für ein daneben bestehendes Auftragsverhältnis (oder ein ähnliches) mehr läßt. Denn wenn nach dem von beiden Vertragspartnern verfolgten Vertragszweck Sacherwerb durch den Leasinggeber und Gebrauchsüberlassung an den Leasingnehmer den zentralen Vertragsinhalt bilden und die Verschaffung einer mangelfreien Sache damit eine Hauptpflicht des Leasinggebers ist (BGHZ 81, 298, 310), schuldet der Leasinggeber nicht nur eine im Interesse des Leasingnehmers liegende Tätigkeit, wie das bei einem Auftrag oder einer Geschäftsbesorgung in erster Linie der Fall wäre, sondern deren durch Übergabe der Sache herbeigeführten Erfolg. Das schließt es aus, beim Ausbleiben dieses Erfolges auf Rechtsvorschriften wie § 670 oder § 675 BGB zurückzugreifen. Der erkennende Senat hat deshalb für den Fall der vollzogenen Wandelung des einem Finanzierungsleasingvertrag zugrunde liegenden Kaufvertrages eine gesetzliche Grundlage für einen Aufwendungsersatzanspruch des Leasinggebers verneint (BHGZ 81, 298, 309).

Hier kann nichts anderes gelten. Unterbleibt die Lieferung der Leasingsache aus Gründen, die der Leasingnehmer nicht zu vertreten hat, so fehlt dem Leasingvertrag die Grundlage ebenso wie nach erfolgreicher Wandelung des Kaufvertrages.

3. Das Berufungsgericht hat – ohne Rüge der Revision – ein Verschulden der Beklagten an der Nichterfüllung des Kaufvertrages verneint. Damit entfällt, wie das Berufungsgericht weiterhin mit Recht angenommen hat, ein Erstattungsanspruch der Klägerin auch unter dem Gesichtspunkt des Schadensersatzes wegen Verschuldens beim Vertragsabschluß oder wegen positiver Vertragsverletzung.

II. 1. Das Berufungsgericht verneint auch einen auf Nr. 1.7 der AGB gestützten Erstattungsanspruch und führt dazu aus, diese Formularbestimmung sei nach § 9 Absatz 2 Nr. 1 AGBG unwirksam, weil sie dem Leasinggeber für den Fall des Fehlens der Geschäftsgrundlage nach vollzogener Wandelung entgegen dem aus dem Mietrecht zu entnehmenden Äquivalenzprinzip Ansprüche zubillige; das Verbot der geltungserhaltenden Reduktion schließe die Aufrechterhaltung des übrigen Teils der Regelung aus.

Darüber hinaus sei die Klausel nach § 9 Absatz 2 Nr. 2 AGBG unwirksam, weil es dem leasingtypischen Vertragsinhalt widerspreche, wenn der Leasinggeber dem Leasingnehmer nach der durch Ausbleiben der Lieferung veranlaßten Kündigung gemäß § 542 BGB die in seinen Risikobereich fallenden Refinanzierungskosten oder andere Aufwendungen aufbürden wolle.

Im Ergebnis halten diese Ausführungen den Angriffen der Revision stand:

2. Der hier vorliegende Tatbestand ist, worauf das Berufungsgericht allerdings nicht eingegangen ist, durch Nr. 1.7 Satz 1 erste Alternative der AGB geregelt. Das dort genannte Unterbleiben der Lieferung kann sich nur auf die Leistung des Lieferanten aufgrund des Kaufvertrages beziehen. Für diesen Fall will sich die Klägerin die Erstattung aufgewendeter Kosten sichern. Die von ihr formulierte Klausel ist insoweit jedoch unwirksam (vgl. unten zu 3). Die beiden anderen Regelungstatbestände in Nr. 1.7 greifen bei dem vorliegenden Sachverhalt nach ihrem Wortlaut und Sinn nicht ein, insbesondere nicht die vom Berufungsgericht erörterte dritte Alternative. Die Beklagte ist weder aufgrund eines Gewährleistungsanspruchs vom Kaufvertrag zurückgetreten noch hat sie die Wandelung erklärt. Sie hat nur die Leistungsverweigerung des Lieferanten zum Anlaß genommen, die mit der Klägerin geschlossenen „Mietverträge" zu kündigen. Dieser Sachverhalt wird ausschließlich von der ersten, nicht aber von der zweiten und dritten Alternative der Klausel erfaßt.

3. Die Klausel Nr. 1.7 ist, soweit sie in Satz 2 eine Kostenregelung für den Fall des Ausbleibens der Lieferung enthält, mit wesentlichen Grundgedanken des Mietrechts unvereinbar und deshalb nach § 9 Absatz 2 Nr. 1 AGBG unwirksam.

a) Das normierte Mietrecht (§§ 535 ff. BGB) enthält keine ausdrückliche Regelung darüber, welche Vertragspartei bereits entstandene Kosten des Vermieters zu tragen hat, wenn die vermietete Sache dem Mieter nicht übergeben werden konnte. Der Revision ist zuzugeben, daß nicht – wie das Berufungsgericht anzunehmen scheint – schon aus dem Fehlen einer solchen Regelung geschlossen werden kann, eine die Kostenerstattung festsetzende AGB-Klausel sei unwirksam. § 9 Absatz 2 Nr. 1 AGBG knüpft die Unwirksamkeit nur an die Abweichung von wesentlichen Grundgedanken der gesetzlichen Regelung. Maßgebend ist also, ob das Fehlen einer die genannten Kosten betreffenden Bestimmung einen wesentlichen Grundgedanken des Mietrechts zum Ausdruck bringt. Das ist entgegen der Ansicht der Revision zu bejahen.

b) Grundgedanken eines Rechtsbereichs brauchen nicht in Einzelbestimmungen formuliert zu sein. Es genügt, daß sie in allgemeinen, am Gerechtigkeitsgedanken ausgerichteten und auf das betreffende Rechtsgebiet anwendbaren Grundsätzen ihren Niederschlag gefunden haben (Senatsurteil vom 21. Dezember 1983 = BGHZ 89, 206, 211). Als einen solchen Grundsatz hat der Bundesgerichtshof mehrfach das für schuldrechtliche gegenseitige Verträge wesentliche Prinzip der Äquivalenz von Leistung und Gegenleistung behandelt und an seine Verletzung die Unwirksamkeit einer Regelung nach § 9 AGBG geknüpft (Senatsurteile vom 5. April 1978 = BGHZ 71, 196, 204f. – und vom 28. Oktober 1981 = BGHZ 82, 121, 127).

Die Äquivalenz im Leasingvertrag wäre schwer gestört, wenn infolge Nichtbeschaffung der Leasingsache und damit zugleich Nichterfüllung der dem Leasinggeber obliegenden Hauptpflicht der Gebrauchsgewährung (§§ 535, 536 BGB) zwar der Leasinggeber von allen Verpflichtungen befreit wäre, der Leasingnehmer aber im praktischen Ergebnis einen Teil seiner Gegenleistung (Leasingraten) erbringen müßte. Zwar soll der Leasingvertrag nach der ausdrücklichen Formulierung der Klausel „gegenstandslos" sein, was die Befreiung beider Partner von ihren Vertragspflichten zur Folge haben müßte. Dem widerspricht aber die Kostenregelung. Wäre der Vertrag durchgeführt worden, so wären die auch dann entstehenden Aufwendungen, z. B. die Bereitstellungsprovision, von der Beklagten mit ihren Leasingraten abgedeckt und nicht etwa gesondert berechnet worden. Darin zeigt sich, daß ihre Geltendmachung trotz Wegfalls der Geschäftsgrundlage des Leasingvertrags praktisch die Inanspruchnahme eines Teils der Gegenleistung der Beklagten ist.

Entgegen der Auffassung der Klägerin rechtfertigt sich die Abweichung vom Äquivalenzprinzip nicht mit der Begründung, die Anschaffung des Leasinggutes und damit der Grund für die Entstehung von Aufwendungen liege stets im Interesse des Leasingnehmers, der den Lieferanten ausgesucht und die Kaufvertragsbedingungen ausgehandelt habe, so daß das Fehlschlagen der Verträge allein seinem Risikobereich zuzurechnen sei. Träfe dies zu, so könnten sich sowohl für den Fall des Fehlens der Geschäftsgrundlage als auch für den der Kündigung aus wichtigem Grunde (§ 542 BGB) Gründe für eine einseitige nachwirkende Leistungspflicht des Leasingnehmers ergeben. Bereits aus der Gestaltung der Verträge mit dem Erwerb durch den Leasinggeber und der kaufmännisch kalkulierten Gebrauchsüberlassung an den Leasingnehmer geht aber hervor, daß das Interesse an der Anschaffung keineswegs allein dasjenige des Leasingnehmers ist. Auch aus der Anbahnung der Verträge läßt sich keine generelle Risikozuweisung an ihn herleiten. Leistungsfähigkeit und -willigkeit des Lieferanten sind keine Umstände, die allgemein vom Leasingnehmer besser beurteilt werden können als vom Leasinggeber. Wo dies im einzelnen doch der Fall sein sollte, mag möglicherweise eine Hinweis- und Aufklärungspflicht des Leasingnehmers mit der Folge eines Schadensersatzanspruchs bei ihrer Verletzung bestehen. Für die Annahme einer derartigen Verpflichtung der Beklagten fehlt es an hinreichenden Anhaltspunkten. Im übrigen ist es auch nicht richtig, daß der Leasinggeber regelmäßig ohne Einfluß auf die Auswahl des Lieferanten und auf den Inhalt des Kaufvertrages ist. Gerade der vorliegende Sachverhalt zeigt, in welchem Maß der Leasinggeber sein Sicherungsinteresse zur Geltung bringen kann. Die Klägerin hat nämlich abweichend von den ursprünglich ausgehandelten Bedingungen eine Rückkaufsverpflichtung der Lieferantin durchgesetzt und sich – wie sie in den Vorinstanzen selbst vorgetragen hat – über die Bonität der Lieferantin und die Brauchbarkeit der von ihr angebotenen Anlagen durch Auskünfte Dritter informiert.

Insgesamt kann danach kein Anlaß bestehen, die in der Klausel 1.7 enthaltene schwerwiegende Abweichung vom Äquivalenzprinzip mit Rücksicht auf eine besondere Risikoverteilung hinzunehmen (für den Fall des Aufwendungsersatzes nach vollzogener Wandelung ebenso Ulmer/Brandner/Hensen, AGBG, 4. Aufl. Anh. zu §§ 9–11, Rdn. 463). Ob die Klausel darüber hinaus nach § 9 Absatz 2 Nr. 2 AGBG unwirksam ist, wie das Berufungsgericht annimmt (zustimmend Graf von Westphalen, Der Leasingvertrag, 2. Aufl. Rdn. 263 und 267), kann unter diesen Umständen dahingestellt bleiben.

Anmerkung:

Das vorinstanzliche Urteil des OLG Koblenz vom 6. 7. 1984 – 2 U 571/83 – ist abgedruckt in AGBE V § 9 Nr. 102 = WM 1984, 1259.

1. Bei einem „kündbaren" Teilamortisationsvertrag, dessen Laufzeit an sich auf Vollamortisation der gesamten Herstellungs- und Anschaffungskosten des Leasinggebers angelegt ist, ist die Forderung nach einer Abschlußzahlung (in Gestalt eines Prozentsatzes des Anschaffungswertes) nicht als überraschende oder unwirksame Klausel gem. §§ 3, 9 AGBG zu werten.

2. Eine Klausel, nach der lediglich 75% des Verwertungserlöses des Leasingguts auf die Abschlußzahlung anzurechnen sind, ist dagegen nach § 9 AGBG unwirksam.

OLG Hamm, Urteil vom 24. 1. 1985 – 4 U 384/83 – nicht rechtskräftig; BB 1985, 829.

Aus den Gründen:

...

Die Klägerin kann ihren Zahlungsanspruch auch nicht aus § 14 ihrer Allgemeinen Geschäftsbedingungen herleiten. Diese Regelung, die an die vertragsgemäße Kündigung der Leasingverträge durch den Leasingnehmer eine mit einer je nach Vertragsdauer unterschiedlich hohen prozentual ausgewiesenen Abschlußzahlung verbindet, ist unwirksam. Der Bundesgerichtshof (NJW 82, 870 = ZIP 82, 64; Betriebs-Berater 82, 1318, 1319) hat in einer solchen Regelung eine gegen § 10 Nr. 7a AGBG bzw. bei Kaufleuten gegen § 9 AGBG verstoßende, weil unangemessen benachteiligende Regelung gesehen. Dazu hat der Bundesgerichtshof ausgeführt, daß eine Klausel, wie sie hier § 14 der Allgemeinen Geschäftsbedingungen der Klägerin enthält, eine Erschwerung des Kündigungsrechts bedeute, weil der Leasingnehmer entgegen der im Mietrecht üblichen Ausgestaltung einer Kündigungsbefugnis trotz Vertragsbeendigung noch erhebliche Zahlungen aufbringen müsse. Darüber hinaus sei diese Regelung für den beklagten Leasingnehmer nicht hinreichend durchschaubar. Dieser könne nämlich nicht erkennen, welche Ausfälle und Nachteile die Klägerin in ihre Berechnung einbezogen und ob sie auch die ihr durch die Kündigung entstandenen Vorteile hinreichend berücksichtigt habe. An dieser Beurteilung hält auch der Senat im Ergebnis fest.

Der erkennende Senat vertritt allerdings nicht die Ansicht, daß eine Vertragsklausel, die für den Fall, daß der Leasingnehmer von einem ordentlichen, d. h. vertragsgemäß eingeräumten Kündigungsrecht vor Ablauf der nach Maßgabe der Vollamortisation des Vertrages kalkulierten Laufzeit Gebrauch macht, noch Abschlußzahlungen durch den Leasingnehmer vorsieht, schlechthin unwirksam ist. § 10 Nr. 7a AGBG verbietet – was über § 9 AGBG bei Kaufleuten entsprechend zu berücksichtigen wäre – lediglich eine unangemessen hohe Vergütung für die Nutzung oder den Gebrauch einer Sache oder eines Rechts oder für erbrachte Leistungen.

Die dem Leasingnehmer formularmäßig auferlegte Verpflichtung zur Zahlung einer sogenannten Abschlußzahlung im Falle der Kündigung des Leasingvertrages vor Ende seiner kalkulierten Laufzeit wäre demgemäß dann nicht zu beanstanden, wenn sie als noch angemessene Vergütung für den Gebrauch des Leasinggutes anzusehen wäre, es sei denn, man hielte eine solche Regelung als überraschende Klausel nach § 3 AGBG für unwirksam. Von letzterem geht der Senat allerdings nicht aus, weil eine überraschende Klausel im Sinne der genannten gesetzlichen Bestimmung hier nicht vorliegt. Dabei kann letztlich auf sich beruhen, ob bei der Beurteilung insoweit auf die Kenntnis des jeweiligen Vertragspartners abzustellen ist oder nicht (vgl. dazu auch BGH NJW 81, 118).

§ 3 AGBG verbietet nur solche Vertragsbestimmungen in Allgemeinen Geschäftsbedingungen, die nach den Umständen so ungewöhnlich sind, daß der Kunde damit ganz und gar nicht zu rechnen braucht, er mithin durch die vertragliche Regelung überrumpelt werden würde (BGH NJW 82, 2309).

Zwar kommt es in Mietverträgen allgemeiner Art regelmäßig nicht vor, daß im Falle der ordnungsgemäßen Vertragskündigung trotz entfallener Möglichkeit für den Vermieter, von der Mietsache noch weiteren Gebrauch zu machen, noch Zahlungen durch den Mieter zu erbringen sind. Hier geht es indessen nicht um einen gewöhnlichen Mietvertrag. Der Leasingvertrag ist vielmehr eine aus steuerrechtlichen und betriebswirtschaftlichen Gründen geborene Vertragsgestaltung, die den Leasingnehmer in die Lage versetzt, einen Gegenstand wirtschaftlich wie ein Eigentümer zu nutzen, ohne zunächst die dafür an sich notwendigen Investitionskosten selbst aufbringen zu müssen. Dabei zeichnet sich das Leasing vielfach dadurch aus, daß der Vertrag nur auf eine einmalige Vermietung des Leasingobjektes ausgerichtet ist. Das ist regelmäßig dann der Fall, wenn – wie auch hier – der Mietgegenstand ein schnellebiges Wirtschaftsgut ist, das sich in seiner technischen Konstruktion angesichts der schnellen technischen Entwicklung rasch überholt. Dem unter betriebswirtschaftlichen Gesichtspunkten handelnden Leasingnehmer, der eine Datenverarbeitungsanlage gewerblich nutzt – um einen solchen handelt es sich hier beim Beklagten –, sind die vorgenannten Besonderheiten, die dem Vertrag sein typisches Gepräge geben, regelmäßig bekannt. Er weiß, daß die regelmäßig beträchtlichen Kosten eines Leasinggeschäftes angesichts des raschen Wertverfalls des Leasinggegenstandes nicht innerhalb einer Vertragslaufzeit von nur 2 Jahren (danach war die Kündigung hier erstmalig zulässig) eingespielt werden können.

Es liegt auf der Hand, daß der Leasinggeber ein Deckungsloch in der Amortisationskalkulation nicht – zumindest nicht allein – tragen kann und will, weil das Leasinggeschäft sonst unrentabel und eine Kündigungsmöglichkeit des Vertrages vor seiner vollen Amortisation nicht eingeräumt worden wäre.

Vernünftigerweise muß daher der Leasingnehmer, der den Vertrag vor seiner Vollamortisation, wenn auch vertragsgemäß, kündigt, damit rechnen, an einer durch den Verwertungserlös des Leasinggegenstandes und die während der vertraglichen Laufzeit gezahlten Leasingraten nicht gedeckten Kostenlücke durch Abschlußzahlungen beteiligt zu werden. Dann aber kann eine diesem Gesichtspunkt Rechnung tragende Regelung in den Allgemeinen Geschäftsbedingungen des Leasinggebers nicht als überraschend angesehen werden.

Wie gesagt, ist jedoch eine Bestimmung in Allgemeinen Geschäftsbedingungen, die dem Leasingnehmer im Falle der Vertragskündigung vor der Vollamortisation noch Abschlußzahlungen auferlegt, dann unwirksam, wenn damit eine unangemessen hohe Vergütung für die Leistung des Leasinggebers abverlangt wird (vgl. dazu BGH Der Betrieb 82, 1319). Die Beurteilung, ob der Beklagte als Leasingnehmer ein unangemessen hohes Entgelt für die Leistung der Klägerin zahlen muß, hängt ganz entscheidend von der Beantwortung der Frage ab, welche der beiden Parteien, also ob der Leasingnehmer oder der Leasinggeber, das Amortisationsrisiko des Vertrages trägt.

Der Senat vertritt die Auffassung, daß der Beklagte als Leasingnehmer dieses Risiko zu tragen hat, er also für die durch die Leasingraten und den Verwertungserlös des ge-

leasten Gegenstandes nicht gedeckten Gesamtkosten des Leasinggebers einzustehen hat.
...

Der Senat geht daher davon aus, daß gegen die Vereinbarung einer angemessenen Abschlußzahlung im Falle der vorzeitigen Kündigung in dem hier erörterten Sinne zur Deckung der durch die Leasingraten und des in Höhe von 90% angerechneten Verwertungserlöses (vgl. Teilamortisationserlaß des Bundesministers der Finanzen vom 22. 12. 1975 in BB 1976, 72, 73) an sich durchgreifende Bedenken nicht bestehen. Ein Widerspruch zu der diese Frage berührenden Rechtsprechung des Bundesgerichtshofes besteht insoweit nicht. Zum einen unterscheidet sich der vorliegende Fall von denjenigen, die der genannten Rechtsprechung des Bundesgerichtshofes zugrundeliegen, insoweit, als dort über Schadensersatzansprüche des Leasinggebers gegen den Leasingnehmer nach außerordentlicher, vom Leasinggeber aus vom Leasingnehmer zu vertretenden Gründen erklärter Kündigung des Vertrages zu entscheiden war. Dagegen geht es hier um die Regelung der Folge einer vertragsgemäßen Kündigung des Leasingnehmers vor Vollamortisation des Vertrages.

Zum anderen spricht auch der Bundesgerichtshof dem Leasinggeber einen Anspruch auf Abschlußzahlung in dem hier erörterten Sinne nicht schlechthin ab. Insoweit hat der BGH ausgeführt, daß sich der Leasingnehmer bei vorzeitiger Vertragsbeendigung an dem Anschaffungsaufwand und der Gewinnerwartung des Leasinggebers zu beteiligen habe (BGH DB 82, 1318, 1320; ZIP 83, 1084, 1086). Ob damit gemeint ist, was nach den Ausführungen des BGH allerdings naheliegt, daß das Amortisationsrisiko an sich beim Leasinggeber liegen soll mit der Folge, daß der Leasinggeber die im Zeitpunkt der ordentlichen Vertragskündigung seitens des Leasingnehmers durch die gezahlten Leasingraten und den Verwertungserlös des Leasinggegenstandes nicht gedeckten Finanzierungskosten zumindest teilweise selbst zu tragen hat, mag letztlich dahinstehen. Der BGH hat nämlich die hier zu diskutierende Frage der Abrechnung des Leasingvertrages bei ordnungsgemäßer, d. h. vertragsgemäßer Kündigung weder behandelt noch die Problematik der Abschlußzahlung abschließend entschieden, sondern deren Entscheidung – zunächst – den Instanzgerichten über den Weg der ergänzenden Vertragsauslegung vorbehalten.

Wird der Leasingnehmer also durch eine angemessene Abschlußzahlung im Falle des Vertragsendes vor Vollamortisation nicht unangemessen benachteiligt, dann ist an sich auch gegen eine entsprechende Klausel im Formularvertrag im Grundsatz nichts einzuwenden. Allerdings wäre eine Aufklärung des Leasingnehmers darüber, welche Ausfälle und Nachteile der Leasinggeber, insbesondere welchen Vorteilsausgleich er bei der kalkulierten Abschlußzahlung berücksichtigt hat, zumindest wünschenswert. Eine Regelung, wie sie die Klägerin hier in § 14 ihrer Allgemeinen Geschäftsbedingungen getroffen hat, ist so jedenfalls für den Kunden nicht hinreichend durchschaubar. Ob allerdings eine für den Leasingnehmer nicht ohne weiteres einsehbare Regelung schon als unangemessene Benachteiligung des Vertragspartners anzusehen ist, wovon der BGH auszugehen scheint (NJW 82, 870), mag hier jedoch auf sich beruhen. Für die hier zu beurteilende Frage nach der Vereinbarkeit der in Rede stehenden Vertragsklausel mit den Vorschriften des AGBG kann des weiteren ebenfalls dahinstehen, ob eine Abschlußzahlung, die eine im Rahmen der Vollamortisation kalkulierte volle Gewinnerwartung des Leasinggebers berücksichtigt (vgl. dazu noch die nachstehenden Erwägungen), den Leasinggeber unangemessen beschwert. Denn § 14 der Allgemeinen Geschäftsbedingungen der Klägerin hält aus einem anderen Grunde der Inhaltskontrolle nach Maßgabe des AGBG nicht stand.

§ 14 sieht nämlich die Anrechnung des Verwertungserlöses des Leasinggegenstandes lediglich zu 75% vor. Der Teilamortisationserlaß des Bundesfinanzministers geht demgegenüber insoweit von einer Anrechnung des Verwertungserlöses zu 90% aus. Es ist kein vernünftiger Grund dargetan oder sonst ersichtlich, warum die Anrechnung des Verwertungserlöses von vornherein auf 75% zu beschränken wäre (vgl. dazu BGH DB 82, 1318, 1319). Überdies würde die Beschränkung der Anrechnung des Verwertungserlöses auf einen Satz von 75% zu einer unangemessen hohen Vergütung der von der Klägerin als Leasinggeberin erbrachten Leistung führen. Gerade im Falle der durch Kündigung vorzeitig, d. h. vor Vollamortisation des Vertrages herbeigeführten Vertragsbeendigung würde die Klägerin durch die Beschränkung der Anrechnung des Verwertungserlöses auf 75% einen nicht unbeachtlichen Gewinn erzielen. Dabei fiele der Gewinn – wegen der besseren Verwertungschancen – um so höher aus, je eher der Leasingnehmer von dem ihm eingeräumten vertragsgemäßen Kündigungsrecht Gebrauch macht. Ein Grund dafür, warum der Leasingnehmer, wenn er schon das Amortisationsrisiko überhaupt trägt, im Falle der vor Vollamortisation des Vertrages erklärten Kündigung ein höheres Entgelt für die von der Klägerin erbrachte Leistung zahlen soll als sie bei einer Laufzeit des Vertrages bis zur Vollamortisation zu zahlen gewesen wäre, ist nicht ersichtlich.

Zwar hat die Klägerin vorliegend den erzielten Verwertungserlös für die vom Beklagten geleaste Anlage sogar voll auf die verlangten Abschlußzahlungen angerechnet. Das hat indes mit der Inhaltskontrolle ihrer Allgemeinen Geschäftsbedingungen nichts zu tun, weil es insoweit auf die abstrakte Regelung, nicht aber auf deren konkrete Handhabung ankommt (BGHZ 22, 90).

Eine geltungserhaltende Reduktion der Klausel auf ihren zulässigen Inhalt scheidet ebenfalls aus (vgl. dazu BGH NJW 84, 48, 49). Auch kommt eine teilweise Aufrechterhaltung der in Rede stehenden Vertragsbestimmung nicht in Betracht, weil § 14 der Allgemeinen Geschäftsbedingungen der Klägerin keine selbständigen Teilregelungen enthält, sondern die Berechnung der vorgesehenen Abschlußzahlungen insgesamt regelt (vgl. dazu BGH NJW 83, 1320)...

Anmerkung:

Die Revision ist beim BGH unter dem Aktenzeichen VIII ZR 81/85 anhängig.

98 Eine Klausel in einem Leasingvertrag, nach der bei Zahlungsverzug des Leasingnehmers der Leasinggeber den Vertrag kündigen und die noch offenen Leasingraten unter Abzinsung von 5% Zinsen p. a. fällig stellen kann, ist gem. § 9 Abs. 2 Nr. 1 AGBG unwirksam, wenn der Leasinggeber seinerseits infolge der Fälligstellung seine wesentlich höhere Refinanzierung (hier 11,3%) ablösen kann.

OLG Hamm, Urteil vom 21. 2. 1985 – 4 U 157/84 – rechtskräftig; BB 1985, 829.

Nr. 98 *Miet- und Leasingvertragsklauseln* § 9

Aus den Gründen:

Der Beklagte ist aufgrund der Zahlungsvereinbarung in dem zwischen den Parteien geschlossenen Mietvertrag/Leasingvertrag verpflichtet, die oben genannte Hauptsumme an die Klägerin zu zahlen...

c) Allerdings kann die Klägerin ihre Klageforderung nicht mit Erfolg aus Ziff. 10 ihrer Allgemeinen Geschäftsbedingungen ableiten.

Ziff. 10 der Allgemeinen Geschäftsbedingungen der Klägerin hat folgenden Wortlaut:

„Kommt der Mieter mit mindestens einer Monatsmiete länger als einen Monat in Rückstand, so hat der Vermieter das Recht,
a) ...
b) diesen Mietvertrag fristlos zu kündigen und alle noch nicht fälligen Mieten sofort zahlbar zu stellen. Im übrigen erhält der Mieter eine Zinsgutschrift von 5% p. a. entsprechend der Zinsstaffelmethode."

aa) Diese Vertragsbedingungen sind zwar Bestandteil des zwischen den Parteien geschlossenen Leasing-Vertrages geworden. Denn auf diese auf der Rückseite des „Mietauftrages" abgedruckten Allgemeinen Geschäftsbedingungen ist auf der Vorderseite des Antrages wiederholt Bezug genommen. Eine Einbeziehung der Allgemeinen Geschäftsbedingungen nach § 2 AGBG bedurfte es vorliegend nicht einmal, da beide Parteien Kaufleute sind, § 24 AGBG.

bb) Die Klägerin hat den Leasing-Vertrag auch wirksam gekündigt.

Dabei kann dahinstehen, ob Ziff. 10 der Vertragsbedingungen der Klägerin jedenfalls insoweit wirksam ist, wie sie die Voraussetzungen für eine fristlose Kündigung aus Anlaß des Zahlungsverzuges des Leasing-Nehmers festlegt. Denn bei Unwirksamkeit dieser AGB-Klausel wäre die Kündigung des Leasing-Vertrages durch die Klägerin jedenfalls gem. § 554 Abs. 1 Nr. 1 BGB gerechtfertigt gewesen. Der Beklagte befand sich nämlich seinerzeit mit den Leasing-Raten für September, Oktober und November 1983, also mit mehr als zwei aufeinanderfolgenden Leasing-Raten in Verzug.

cc) Die Klägerin kann jedoch die in Ziff. 10b ihrer Vertragsbedingungen für den Fall der Kündigung festgelegte Rechtsfolge, nämlich die sofortige Fälligstellung aller noch ausstehenden Leasing-Raten bei 5%iger Abzinsung, nicht für sich in Anspruch nehmen. Jedenfalls insoweit ist diese AGB-Klausel wegen Verstoßes gegen § 9 AGBG unwirksam, weil sie entgegen dem Gebot von Treu und Glauben den Leasing-Nehmer unangemessen benachteiligt.

Dabei kann offenbleiben, ob mittels einer in Allgemeinen Geschäftsbedingungen enthaltenen Verfallklausel für den Fall der Kündigung des Leasing-Vertrages infolge Zahlungsverzuges des Leasing-Nehmers eine sofortige Fälligstellung, sei es auch — wie vorliegend — abgezinst, aller noch ausstehenden Leasing-Raten zulässig ist, weiter ob Ziff. 10b der Vertragsbedingungen der Klägerin — entgegen ihrem Wortlaut — in eine Schadenspauschalierungsklausel umgedeutet werden kann. Denn eine Vorfälligstellung der noch ausstehenden Leasing-Raten in Gestalt einer Schadenspauschalierung in Höhe der noch ausstehenden Leasing-Raten vermeidet jedenfalls nur dann eine dem Gebot von Treu und Glauben zuwiderlaufende unangemessene Benachteiligung des Leasing-

Nehmers, wenn entsprechend dem Wortlaut der Klausel mittels Abzinsung der sonst dem Leasing-Geber zufließende Vorteil des vorzeitigen Kapitalgenusses vor den ursprünglich festgelegten Fälligkeitsterminen abgeschöpft wird (vgl. zum ganzen: Gerth und Panner in BB 1984, 813 ff., 818, 819). Zwar sollen nach Ziffer 10b der klägerischen Vertragsbedingungen die vorzeitig fälliggestellten Leasing-Raten mit 5% abgezinst werden. Dadurch wird jedoch der Vorteil des vorzeitigen Kapitalgenusses auch nicht annähernd ausgeglichen. Dieser Vorteil des Leasing-Gebers wird nämlich allenfalls dann in anzuerkennender Weise ausgeglichen, wenn der Abzinsungsparameter dem Refinanzierungssatz im Zeitpunkt des Vertragsschlusses entspricht (Gerth u. Panner a. a. O., S. 819 m. w. N.). Die Klägerin hat sich vorliegend nicht mit 5%, sondern mit 11,3% refinanziert.

Damit würde der Klägerin bei Zugrundelegung von Ziffer 10b ihrer Vertragsbedingungen ein Vorteil des vorzeitigen Kapitalgenusses in Höhe von rund 4000,- DM verbleiben. Das aber wäre völlig unangemessen und würde allein den Beklagten benachteiligen.
...

99 Die Klausel in einem Leasingvertrag

„Bei einer Veränderung der Verhältnisse am Geld- und Kapitalmarkt behält sich der Vermieter eine Anpassung des Mietpreises vor."

ist nach § 9 AGBG unwirksam, denn zum einen gewährt sie nur dem Leasinggeber, nicht aber dem Leasingnehmer ein Anpassungsrecht, zum anderen konkretisiert sie die Erhöhungsbefugnis nicht so, daß das Ausmaß der Erhöhung in ein angemessenes Verhältnis zu der eingetretenen Änderung gestellt wird.

OLG Frankfurt, Urteil vom 14. 5. 1985 – 5 U 210/84 – nicht rechtskräftig; DB 1986, 908 = MDR 1986, 495.

Sachverhalt:

Die Klägerin hat aufgrund eines Leasingvertrages Zahlung rückständiger und im voraus fälliger Leasingraten in Höhe von insgesamt 48 032,09 DM begehrt. Dabei besteht Streit zwischen den Parteien darüber, ob die Klägerin als Leasinggeber eine Änderung der Kapitalmarktverhältnisse in der Zeit zwischen dem Mietantrag und dem Erwerb des Leasinggegenstandes zum Anlaß nehmen durfte, die vereinbarten Leasingraten zu erhöhen, und ob die Weigerung der Beklagten bei Fälligkeit, den Differenzbetrag der Erhöhung zu zahlen, die Klägerin zur Fälligstellung von 12 Monatsraten im voraus berechtigte.

Das Landgericht hat die Erhöhung für gerechtfertigt erklärt und die fälligen Erhöhungsbeträge zuerkannt. Dagegen hat es eine Berechtigung der Klägerin zu vorzeitiger Fälligstellung von 12 Monatsraten verneint.

Gegen das Urteil haben beide Parteien Berufung eingelegt.

Die Berufung der Klägerin wurde zurückgewiesen. Die Berufung der Beklagten hatte Erfolg und führte zur Abweisung der Klage in vollem Umfang.

Aus den Gründen:

Die Beklagten dringen in vollem Umfang durch, weil der Klägerin kein Zahlungsanspruch auf höhere Mietraten zusteht, als in § 2 des Leasingvertrages aufgeführt sind.

Die Erhöhung dieser Mietraten durch die Klägerin ist unwirksam. § 6 Abs. 2 der Formularbestimmungen des Leasingvertrages gibt der Klägerin kein Recht, die in § 2 des Vertrages vereinbarten Leasingraten zu erhöhen. Denn die Klausel

„Bei einer Veränderung der Verhältnisse am Geld- und Kapitalmarkt, z. B. bei Änderung des Diskontsatzes der Deutschen Bundesbank bis zur Bezahlung des Mietgegenstandes, behält sich der Vermieter eine Anpassung des Mietpreises vor. Dieser Mietpreis bleibt dann die gesamte Laufzeit des jeweiligen Mietvertrages unverändert."

ist unwirksam.

Diese Bestimmung in § 6 Abs. 2 des Formularvertrages ist nach §§ 9, 24 Abs. 1 Nr. 1 AGBG nichtig, weil sie das Recht des Leasinggebers zur Anpassung der Leasingraten nach Vertragsschluß in einer Weise ausgestaltet, die zu einer unangemessenen Benachteiligung des Leasingnehmers führt.

Maßgeblich für die Beurteilung ist nicht, wie die Klägerin die Klausel in der Praxis handhabt, sondern welche Rechte und Pflichten sich bei abstrakter Betrachtungsweise für die Vertragsparteien daraus ergeben können.

Die angegriffene Klausel ist eine solche, die die Ungewißheit und die Veränderung der Refinanzierungskosten berücksichtigen soll, wie sie durch den Zeitablauf zwischen Mietantrag (oder Abschluß des Mietvertrages) und Anschaffung des Leasingguts durch den Leasinggeber eintreten kann. Im Grundsatz kann ein berechtigtes Interesse des Leasinggebers anerkannt werden, das Risiko veränderter Refinanzierungsbedingungen auszuschalten. Verwirklicht der Leasinggeber dies nicht durch einen kalkulatorischen Aufschlag bei jedem Leasingvertrag, sondern durch Vorbehalt eines Rechtes zur nachträglichen Anpassung im Einzelfall, so belastet er mit dem konkreten Risiko nicht alle Leasingnehmer gleichmäßig, sondern nur denjenigen, bei dem sich durch entsprechende Verzögerungen in der Liefermöglichkeit des Händlers oder der Aufstellungsbereitschaft des Leasingnehmers und ähnliches der Ankauf der Leasingsache tatsächlich verzögert. Eine solche Risikozuweisung ist sachgerecht. Auch ist ein einseitiges Preisänderungsrecht in Allgemeinen Geschäftsbedingungen nicht schon generell unzulässig (vgl. BGH NJW 1985, 854). Wählt der Leasinggeber diese Möglichkeit der Risikobeteiligung des Leasingnehmers, so darf er aber nicht einseitig die Gefahr der Erhöhung auf den Leasingnehmer abwälzen, während er andererseits dem Leasingnehmer kein Recht einräumt, von einer günstigen Entwicklung der Refinanzierungskosten zu profitieren.

Bei der Individualbestimmung der Leasingraten in § 2 des Leasingvertrages fehlt jeder Hinweis darauf, daß die vereinbarten Raten nach § 6 des Vertrages noch verschiedenen Anpassungsvorbehalten unterliegen. Anders als eine den Anschaffungspreis für das Leasinggut betreffende und darauf abstellende Anpassungsklausel betrifft die Geldmarktklausel mit den Refinanzierungskosten ein typisch der Geschäftssphäre des Leasinggebers zuzurechnendes Risiko. Eine AGB-Bestimmung, die die Anpassung des Leasingentgeltes an die bei Erwerb der Leasingsache bestehenden Refinanzierungsverhältnisse zum Ziel hat, darf daher nicht so beschaffen sein, daß sie das Risiko einseitig auf den Leasingnehmer abwälzt und nur auf eine Erhöhung der Leasingraten hinausläuft (vgl. Canaris Großkommentar z. HGB, Bankvertragsrecht, 3. Aufl., 2. Bearbeitung, Randnr. 1770; Graf von Westphalen, Der Leasingvertrag, 2. Aufl., Randnr. 214).

Die Klausel der Klägerin spricht nicht ausdrücklich allein von einer Erhöhung, sondern neutral von einer Anpassung bei Veränderung. Das erlaubt zwar eine Anpassung nach unten und zugunsten des Leasingnehmers, verpflichtet jedoch den Leasinggeber nicht dazu.

Nach der Klausel ist die Änderung des Mietzinses dem Leasinggeber vorbehalten; ihm steht die Möglichkeit zu, das Bestimmungsrecht nach § 315 BGB im Rahmen der Anpassung auszuüben. Der Leasingnehmer hat dagegen nach der Klausel keine rechtliche Möglichkeit, eine Anpassung zu seinen Gunsten herbeizuführen. Weder wird dem Leasingnehmer ein eigenes Bestimmungsrecht eingeräumt, noch hat er nach dem Vertrag ein Recht, von dem Leasinggeber eine Herabsetzung zu verlangen.

§ 6 Abs. 2 des Formularvertrages räumt dem Leasinggeber das Recht ein, bei einer Verschlechterung der Refinanzierungskosten die Leasingraten zu erhöhen, bei einer günstigen Veränderung der Refinanzierungskosten aber den ursprünglich berechneten Mietzins zu belassen und den Finanzierungsvorteil für sich zu vereinnahmen, ohne daß der Leasingnehmer nach der Klausel eine Möglichkeit hätte, diese Folge abzuwenden. Schon diese Unausgewogenheit führt zur Unwirksamkeit der Bestimmungen nach § 9 AGBG.

Darüber hinaus ist die Bestimmung des § 6 Abs. 2 des Formularvertrages auch so weit gefaßt, daß sie den Anforderungen, die an die ausgewogene Gestaltung von Preiserhöhungsklauseln in AGB gestellt werden, nicht gerecht wird.

Einzuschränken ist das Preiserhöhungsrecht zunächst auf den Fall einer Änderung der bei Vertragsschluß vorliegenden Verhältnisse (vgl. BGH NJW 1980, 2519). Insofern stellt § 6 Abs. 2 des Vertrages auf die Veränderung „der Verhältnisse am Geld- und Kapitalmarkt, z. B. bei Änderung des Diskontsatzes der Deutschen Bundesbank" ab. Die Rechtfertigung für die Erhöhung ist die konkrete Verschlechterung der Refinanzierungsbedingungen für die Klägerin, nicht Veränderungen am Geld- und Kapitalmarkt allgemein. Zumindest wird die weite Fassung dem Erfordernis nicht gerecht, die maßgebenden Umstände möglichst im voraus genau zu bestimmen (vgl. BGH NJW 1980, 2519). Jedenfalls aber darf in einem solchen Fall das Anpassungsrecht nicht ohne eine konkret bezeichnete Einschränkung hinsichtlich der Höhe vorbehalten werden. Vielmehr ist das Ausmaß der Erhöhung schon in den AGB in ein angemessenes Verhältnis zu der eingetretenen Änderung zu stellen (BGH NJW 1980, 2519).

Die bestehende Überprüfungsmöglichkeit der Preisanpassung nach § 315 Abs. 3 BGB beseitigt den Mangel ungenügender sachlicher Konkretisierung und Begrenzung der Erhöhungsbefugnis nicht, weil der von den Allgemeinen Geschäftsbedingungen betroffene Kunde gegen die Wirkung der Klausel gerade schon im Vorfeld einer prozessualen Auseinandersetzung geschützt sein soll (BGH NJW 1982, 332).

Der Wegfall des Anpassungsrechts des Leasinggebers führt im vorliegenden Fall auch nicht dazu, daß – wie etwa im Falle der Unwirksamkeit einer Tagespreisklausel (vgl. BGH NJW 1982, 331; 1984, 1177; 1985, 621) – eine lückenausfüllende Vertragsergänzung vorzunehmen wäre.

Die Lücke, die durch den Wegfall der unwirksamen Klausel entsteht, wird grundsätzlich durch vorhandene gesetzliche Bestimmungen geschlossen. Nur wenn konkrete gesetzliche Regelungen nicht zur Verfügung stehen und die ersatzlose Streichung der unwirksamen Klausel nicht zu einer angemessenen, den typischen Interessen des Klauselverwenders und des Kunden Rechnung tragenden Lösung führt, ist durch ergänzende Vertragsauslegung einzugreifen (BGH NJW 1984, 1177).

Anders als bei der der vorgenannten Entscheidung zugrunde liegenden Tagespreisklausel wird im vorliegenden Vertrag nicht bereits die Geltung eines künftigen Entgeltes vereinbart, das durch die Unwirksamkeit der Klausel ersatzlos wegfällt. Vielmehr sind die in § 2 des Vertrages angegebenen Leasingraten grundsätzlich für die gesamte vorgesehene Dauer des Leasingvertrages vereinbart. Was infolge der Unwirksamkeit der Klausel entfällt, ist lediglich die Gestaltungsmacht des Leasinggebers, nachträglich eine Veränderung der Raten vorzunehmen. ...

Anmerkung:

Die Revision ist beim BGH unter dem Aktenzeichen VIII ZR 170/85 anhängig.

In einem Finanzierungsleasingvertrag mit einem Kaufmann, der den Lieferanten des Leasingguts selbst ausgesucht hat, ist eine Klausel, die für den Fall vollzogener Wandelung das Insolvenzrisiko für den Lieferanten auf den Leasingnehmer abwälzt, nicht nach § 9 AGBG unwirksam. 100

OLG Frankfurt, Urteil vom 17. 9. 1985 − 5 U 171/83 − rechtskräftig; DB 1985, 2500 = MDR 1986, 406 = NJW-RR 1986, 278 = WM 1986, 274.

Sachverhalt:

Die Beklagte suchte 1979 eine Datenverarbeitungsanlage für ihren Betrieb. Dabei entschied sie sich für ein Angebot der Firma C.

Sie schloß mit der Klägerin einen formularmäßigen Leasingvertrag, in welchem unter anderem festgelegt war, das Risiko, daß Ansprüche aus vollzogener Wandelung oder Minderung gegen den Lieferanten nicht durchsetzbar seien, gehe ausschließlich zu Lasten des Mieters.

Die Klägerin hat, nachdem ein von der Beklagten erwirktes Wandelungsurteil gegen die Firma C wegen Eröffnung des Konkursverfahrens über deren Vermögen nicht zu vollstrecken war, von der Beklagten Zahlung des Kaufpreises verlangt.

Das Landgericht hat der Klage stattgegeben. Die Berufung der Beklagten hatte keinen Erfolg.

Aus den Gründen:

Der Klägerin steht gegen die Beklagte ein Anspruch auf die Klagesumme aus dem Leasingvertrag zu.

1. Anspruchsgrundlage ist das in § 2 des Leasingvertrages in Übereinstimmung mit § 535 Satz 2 BGB vereinbarte Recht der Klägerin, von der Beklagten ein Entgelt für die Überlassung der Anlage zu verlangen.

a) Dieser Anspruch besteht allerdings nicht mehr in der ursprünglichen Form monatlich zu zahlender Leasingraten. Vielmehr war nach vollzogener, aber nicht zu verwirklichender Wandelung des Kaufvertrages wegen des Wegfalls der Geschäftsgrundlage für den Leasingvertrag eine Vertragsanpassung vorzunehmen, die dazu führt, daß die Beklagte nur noch den Betrag schuldet, den die Klägerin im Falle der Abwicklung der Wandelung von dem Lieferanten erhalten hätte.

b) Das Landgericht leitet einen Anspruch der Klägerin auf Erstattung der aufgewandten Kaufpreiszahlung gegen die Beklagte unmittelbar aus der in § 7 Abs. 1 des Leasingvertrages enthaltenen Klausel her: „Sollten die Ansprüche aus vollzogener Wandelung oder Minderung gegen eine Lieferfirma tatsächlich nicht durchsetzbar sein, geht dieses Risiko (Bonitätsrisiko für die Lieferfirma) ausschließlich zu Lasten des Mieters, da er die Lieferfirma selbst ausgewählt hat."

Bei diesem Wortlaut der Klausel ist nicht zu entnehmen, daß sie selbst eine vertragliche Anspruchsgrundlage darstellt. Sie weist nur allgemein eine bestimmte Gefahr (hier das Risiko der Insolvenz des Lieferanten) einer Vertragspartei, nämlich dem Leasingnehmer zu, ohne aber näher klarzustellen, welche Rechtsfolgen sich daraus ergeben. Sie formuliert insbesondere keine Zahlungspflicht des Leasingnehmers an den Leasinggeber bezüglich des Kaufpreises für den Fall einer an der Insolvenz des Lieferanten scheiternden Wandelung.

Es geht auch nicht an, im Wege der Auslegung eine solche Zahlungspflicht des Leasingnehmers unmittelbar aus der Vertragsbestimmung abzuleiten, denn es verbietet sich, eine vom Verwender als Gefahrtragungsregel ausgestaltete Formularbestimmung in eine vertragliche Anspruchsgrundlage umzudeuten.

c) Eine Verpflichtung zur Zahlung unter dem Gesichtspunkt des Aufwendungsersatzes bei Geschäftsführung ohne Auftrag hat der Bundesgerichtshof in seiner Entscheidung (ZIP 1981, 1218 = NJW 1982, 105) schon im Fall anfänglicher Untauglichkeit der Leasingsache abgelehnt. Sie kommt ebensowenig in Betracht, wenn wie hier der Leasinggegenstand bei Beginn des Leasingverhältnisses benutzbar war und benutzt worden ist.

d) Nach der Rechtsprechung des Bundesgerichtshofs (BGHZ 68, 118, 126; BGHZ 81, 298 f. = WM 1981, 1219 f. = ZIP 1981, 1215, 1218; WM 1985, 263; WM 1985, 573) bewirkt die Wandelung, daß dem Leasingvertrag von vornherein die Geschäftsgrundlage gefehlt hat.

Das ist auch so, wenn die Leasingsache schon zeitweilig benutzt wurde (BGH WM 1985, 226).

Das Fehlen der Geschäftsgrundlage ist schon dann anzunehmen, wenn der Leasingnehmer ein rechtskräftiges Urteil gegen den Lieferanten erwirkt hat, nicht erst dann, wenn der Anspruch auf Kaufpreisrückzahlung gegen den Lieferanten verwirklicht werden kann. Es ist also von der Frage der nachträglichen Insolvenz des Lieferanten unabhängig.

2. Die Anpassung des Leasingvertrages, die gemäß § 242 BGB wegen des Wegfalls der Geschäftsgrundlage des Leasingvertrages zu erfolgen hat (vgl. Palandt/Heinrichs, BGB, 44. Aufl., § 242 Anm. 6 B f), muß unter Anwendung der Risikoklausel in § 7 Abs. 1 des Formularvertrages vorgenommen werden.

a) Die Klausel in § 7 Abs. 1 des Vertrages ist nicht wegen Unbestimmtheit unwirksam, weil sie keine Anspruchsgrundlage enthält und die Rechtsfolgen der Risikoverteilung nicht unmittelbar konkretisiert. Auch in den Fällen gesetzlicher Gefahrtragungsbestimmungen (z. B. §§ 446, 447 BGB) müssen die konkreten Auswirkungen anderen gesetzlichen Vorschriften entnommen werden. Im übrigen wird der Bedeutungsinhalt der Klausel daraus klar, daß die Regelung nur die Lage nach vollzogener Wandelung treffen soll. Wäre der Lieferant zahlungsfähig, so hätte der Leasinggeber nur den Kaufpreis von diesem erhalten, gegen den Leasingnehmer aber keine darüber hinausgehenden Ansprüche aus dem Leasingvertrag mehr. Muß der Leasingnehmer die Folgen der Insolvenz des Verkäufers tragen, so braucht er den Leasinggeber nur so zu stellen, wie er bei ordnungsgemäßer Durchführung der Wandelung gestanden hätte (Kaufpreisrückzahlung), nicht aber wie im Falle des unveränderten Fortbestandes des Leasingvertrages.

b) Die Klausel in § 7 des Vertrages ist aber auch nicht nach § 9 AGBG wegen unangemessener Einschränkung der Rechte des Leasingnehmers unwirksam.

aa) In der Literatur und Rechtsprechung bestehen über die Zulässigkeit der Abwälzung des Insolvenzrisikos für den Lieferanten auf den Leasingnehmer unterschiedliche Auffassungen.

Für eine solche Möglichkeit sprechen sich aus Flume (DB 1972, 56), Blomeyer (NJW 1978, 975), Stoppok (im Leasinghandbuch von Hagenmüller, Seite 297), Seifert (DB 1983 Beilage Nr. 1 Seite 8), Reich (NJW 1973, 1618), Canaris, sofern es sich nicht um „absatzförderndes", sondern „reines Finanzierungsleasing" handelt (NJW 1982, 309, 310), Graf von Westphalen (Der Leasingvertrag, 2. Aufl., Rdnr. 388, 395, 396 sowie DB 1982 Beilage Nr. 6 Seite 6) und OLG Düsseldorf (NJW 1973, 1613).

Einige Autoren haben keine eigene Meinung, sondern geben nur die bestehenden Meinungsunterschiede wieder; so Klamroth (BB 1982, 1949, 1953), Hiddemann (WM 1978, 340) und Lwowski (ZIP 1983, 905), wobei letzterer aber den von ihm angesprochenen Banken empfiehlt, von einem Risiko zu Lasten des Leasinggebers auszugehen.

Gegen die Zulässigkeit der Risikoabwälzung auf den Leasingnehmer sind Ebenroth (DB 1978, 2114), Reinicke/Tiedtke (BB 1982, 1646, 1647), Graba (Schlosser/Coester-Waltjen/Graba, AGBG, § 9 Rdnr. 98), Brandner (Ulmer/Brandner/Hensen, AGBG, 4. Aufl., Anhang §§ 9 bis 11 Anm. 463), Sonnenberger (NJW 1983, 2220, wobei allerdings unklar bleibt, ob er dies auch für den Kaufmann als Leasingnehmer meint), Wolf/Horn/Lindacher (AGB-Gesetz, § 9 Rdnr. L 34), Landgericht Hannover (DB 1981, 1664) und Oberlandesgericht Hamm (ZIP 1983, 1093 f.).

Der Bundesgerichtshof hat in seinem Urteil vom 20. 6. 1984 – VIII ZR 131/81 (WM 1984, 1089) – entschieden, daß der Leasinggeber die Vermögenslosigkeit des Lieferanten im Falle der Wandelung zu tragen hat. Der vorliegende Fall weist zu dem vom Bundesgerichtshof entschiedenen jedoch zwei wesentliche Unterschiede auf: Hier ist der Leasingnehmer Kaufmann, und der Leasingvertrag enthält eine ausdrückliche Bestimmung über die Abwälzung des Risikos.

bb) Die Zuweisung des Risikos dafür, daß die vollzogene Wandelung infolge Insolvenz des Lieferanten nicht durchgeführt werden kann, an den Leasingnehmer ist in dem hier betroffenen Regelungsbereich nicht unwirksam.

Dazu ist zunächst dieser Bereich dahin einzugrenzen, daß es sich um Finanzierungsleasing handelt und der Leasingnehmer Kaufmann ist.

Die Regelung entspricht der Art der Beteiligung der Parteien an dem Zustandekommen der Dreiecksbeziehung, der Berücksichtigung von Finanzierungs-, Gebrauchsüberlassungs- und Sachinteresse sowie der bei den beteiligten kaufmännischen Verkehrskreisen hinlänglich bekannten Typizität des Leasingvertrages.

Auffallend ist, daß es gerade auf dem Begründungshintergrund des praktischen Entstehens der Dreiecksbeziehung zu gegensätzlichen Auffassungen kommt. Während die Befürworter des Risikos beim Leasingnehmer darauf hinweisen, daß er den Verkäufer ausgesucht, dessen Beratung in Anspruch genommen und den Leistungsinhalt des Kaufvertrages ausgehandelt hat, verweisen die Gegner darauf, der Leasinggeber könne selbst die Zahlungsfähigkeit des Verkäufers prüfen, der Leasingnehmer habe es ausschließlich mit dem Leasinggeber zu tun und es sei dessen Sache, sich an seinen Vormann zu halten.

Nur die erstere Betrachtungsweise wird aber den tatsächlichen Gegebenheiten des Bereichs gerecht, in welchem der hier streitige Formularleasingvertrag zur Verwendung kommt. Es handelt sich bei den im Verlauf mehrerer Jahre vor dem Senat verhandelten Fällen mit der Klägerin als Leasinggeber jeweils um die gleiche Grundkonstellation wie im vorliegenden Fall. Die Interessenten und späteren Leasingnehmer, die ein Gerät für den Einsatz in ihrem Geschäftsbetrieb suchen, wenden sich zunächst an den Lieferanten. Sie führen mit diesem die Verhandlungen über den zu erwerbenden Gegenstand und legen die Einzelheiten fest. Sie treffen so die Auswahl der Kaufsache und des Vertragspartners der Klägerin.

Die einzige geschäftliche Verbindung, die zwischen dem Leasinggeber und dem Verkäufer besteht, ist die, daß er dem Verkäufer Antragsformulare auf Abschluß eines Leasingvertrages mit dem Leasinggeber für den Kunden überläßt.

Die Klägerin als Leasinggeber verfolgt auch nicht – wie die Beklagten meinen und zum Teil auch in der Literatur unrichtig vorausgesetzt wird – ein Absatzförderungsinteresse des Verkäufers. Ihr ist es völlig gleichgültig, ob der Leasingnehmer sich den Leasinggegenstand bei dem Lieferanten A oder bei dem Lieferanten B aussucht. Sie ist vielmehr allein daran interessiert, für den wo auch immer erworbenen Gegenstand dem Leasingnehmer die Gebrauchsüberlassung zu finanzieren (vgl. auch Reich a. a. O.). Darin allein besteht ihr geschäftlicher Vorteil.

Dagegen ist es der Lieferant und Verkäufer, der sein eigenes Absatzinteresse fördert, wenn er sich Mietantragsformulare von der Klägerin übersenden läßt, damit er seinen Kunden mit dem Verkaufsgegenstand auch zugleich die Finanzierungsmöglichkeit anbieten kann.

Mit dem Leasinggeber hat der Leasingnehmer bei dieser Art von Geschäftsanbahnung regelmäßig nur schriftlichen Kontakt, indem er dem Leasinggeber (meist durch den Verkäufer) den Mietantrag zusendet. Während er den Verkäufer und dessen Geschäftsbetrieb aus den Vertragsverhandlungen und der Beratung über die zu erwerbende Datenverarbeitungsanlage aus eigener Anschauung kennt, der Leasinggeber ihm dagegen nur „vom Papier" bekannt ist, soll es zwar zumutbar sein, daß er das Bonitätsrisiko hinsichtlich des Leasinggebers trägt, nicht aber bezüglich seines unmittelbaren Verhandlungspartners, des Verkäufers. Unter dem Gesichtspunkt der Bonitätsprüfung und der Risikobeurteilung ist die Zuweisung des Insolvenzrisikos für den Verkäufer an den Leasingnehmer nicht unzumutbar.

Es entspricht aber auch einer durch langjährige Praktizierung des Finanzierungsleasings gefestigten Typizität, den Leasingnehmer in den Gewährleistungsfällen so zu stellen, als sei er im Verhältnis zum Lieferanten Käufer. Der Bundesgerichtshof hat dies jedenfalls im Grundsatz anerkannt, indem er ausführt (ZIP 1981, 1216), die Regelung der Gewährleistungspflicht nach kaufrechtlichem Vorbild – so, als sei der Leasingnehmer selbst Käufer der Leasingsache – gebe dem Finanzierungsleasing sein typisches, insoweit vom Leitbild des Mietvertrages abweichendes Gepräge.

Nachdem das Finanzierungsleasing im kaufmännischen Bereich seit vielen Jahren – und zwar bewußt und mit Überlegung zur Erreichung bestimmter Ziele – praktiziert wird, muß dieses typische Merkmal des Finanzierungsleasing nach dem zugrunde zu legenden Verständnis des Durchschnittskaufmanns in diesen Verkehrskreisen als bekannt vorausgesetzt werden.

Eine Prüfung, inwieweit Formularbestimmungen über die Gewährleistung den kaufmännischen Leasingnehmer in einer nach § 9 AGBG relevanten Weise übermäßig benachteiligen, muß dem Rechnung tragen. Sie kann nicht allein auf dem Hintergrund der dispositiven gesetzlichen Gewährleistungsregelungen des Mietrechts stattfinden, sondern muß der als bekannt vorauszusetzenden, für das Finanzierungsleasing typischen kaufrechtlichen Ausgestaltung der Gewährleistung gerecht werden.

Insofern bedeutet es nur eine konsequente Durchführung dieses Prinzips des Haftungsersatzes, wenn der Leasingnehmer auch das Risiko zu tragen hat, daß die Gewährleistungsansprüche aus dem Kaufvertrag infolge nachträglicher Insolvenz des Verkäufers nicht realisierbar sind. Die für die Unangemessenheit bedeutsamen Gesichtspunkte, daß der Adressat der Formularbedigungen mit einer so weitgehenden Einschränkung der Gewährleistung nicht zu rechnen braucht und daß er sich nicht auf Bonitätsrisiken bezüglich eines ihm unbekannten Dritten einlassen muß, treffen beim vorliegenden Anwendungskreis der Formularklauseln aus tatsächlichen Gründen nicht zu, weil die in kaufmännischen Kreisen bekannte Typizität des Finanzierungsleasings und die übliche Geschäftsanbahnung und -abwicklung solche Bedenken nicht rechtfertigen.

3. Die Höhe des Anspruchs der Klägerin beschränkt sich auf das, was die Klägerin bei Durchführung der Wandelung vom Lieferanten erhalten hätte. Dies wären nach §§ 467, 347 Satz 3 BGB, 352 Abs. 1 HGB die Kaufpreiszahlung und eine Verzinsung mit 5% p. a. ...

Haben der Leasingnehmer und der Lieferant des Leasinggutes eine vom schriftlichen Leasingvertrag abweichende mündliche Abrede getroffen und ist dies mit Zustimmung des Leasinggebers erfolgt, kann sich der Leasinggeber nicht auf eine Klausel in seinen AGB berufen, wonach Vereinbarungen zwischen dem Leasingnehmer und Dritten, insbesondere dem Lieferanten, nur mit seiner schriftlichen Bestätigung wirksam sind. 101

OLG Köln, Urteil vom 18. 9. 1985 – 24 U 220/84 – rechtskräftig;

Aus den Gründen:

Der Klägerin steht der auf § 4 der Vertragsbedingungen gestützte Schadensersatzanspruch nicht zu, weil der Beklagte seine auf den Abschluß des Leasingvertrages gerichtete Willenserklärung wirksam gem. § 1 b Abs. 1, Abs. 2 i. V. m. § 6 AbzG widerrufen hat.

Entgegen der Auffassung der Klägerin liegt ein Umgehungsgeschäft im Sinne des § 6 AbzG mit der Folge vor, daß das Abzahlungsgesetz anwendbar ist.

Bei der Frage, ob ein Leasingvertrag ein verdecktes Abzahlungsgeschäft im Sinne des § 6 AbzG darstellt, kommt es entscheidend darauf an, ob der Vertrag die Übertragung der Sachsubstanz zum Endziel hat, ob also die Sache bei störungsfreiem Vertragsablauf dem Leasingnehmer endgültig verbleiben soll (BGH NJW 1977, 1058; NJW 1980, 234; ferner Urteil des BGH v. 24. April 1985 – Az.: VIII ZR 95/84 – S. 7). Solchenfalls zielt der Vertrag nämlich bei wirtschaftlicher Betrachtungsweise darauf ab, die Wirkungen eines Kaufs zu erreichen.

Das Ziel der Übertragung der Sachsubstanz auf Dauer wird offenkundig, wenn dem Leasingnehmer im Vertrag ein Erwerbsrecht eingeräumt wird, mag letzteres auch lediglich indizielle Bedeutung haben (BGH, Urteil v. 24. 4. 1985, S. 12). Ist – wie im zur Entscheidung stehenden Fall – dem Leasingnehmer in dem schriftlichen Vertrag kein Erwerbsrecht eingeräumt, so spricht dies zwar gegen die Annahme, die Sache habe dem Leasingnehmer auf Dauer übertragen werden sollen, doch bleibt es dem Leasingnehmer unbenommen, das Gegenteil darzulegen und zu beweisen (BGH a. a. O.).

Diesen Beweis sieht der Senat als geführt an.

Der Beklagte hat nämlich behauptet und bewiesen, daß ihm der Zeuge K. vor Vertragsschluß ausdrücklich erklärt hat, er könne die Druckmaschine nach Ablauf der Leasingzeit zum Restwertpreis von 10% des Anschaffungswertes erwerben.

An diese Erklärung des Zeugen K., mit der dem Beklagten ein Erwerbsrecht eingeräumt wurde, ist die Klägerin auch gebunden. Dem steht § 12 der Vertragsbedingungen, der die Wirksamkeit von Vereinbarungen zwischen dem Leasingnehmer und Dritten, insbesondere dem Lieferanten, an die ausdrückliche schriftliche Bestätigung durch die Klägerin knüpft, nicht entgegen. Eine solche schriftliche Bestätigung ist zwar unstreitig nicht erfolgt. Sie war aber auch nicht erforderlich. Haben nämlich die Vertragspartner bereits bei Vertragsschluß eine mündliche Nebenabrede getroffen, wonach der Leasingnehmer die Sache entgegen der im schriftlichen Vertragstext enthaltenen Rückgabepflicht gleichwohl soll erwerben dürfen, sind sie an diese vom Vertragstext abweichende, jedoch ernsthaft gewollte Abrede gebunden (vgl. BGH, Urteil v. 24. 4. 1985, S. 14). Dies folgt bereits aus dem Vorrang der Individualabrede nach § 4 AGBG (BGH a. a. O., OLG Karlsruhe NJW 1981, 405, 406; Palandt/Heinrichs, 44. Aufl., Bem. 2c zu § 5 AGBG, vgl. auch Kötz in MünchKomm., 2. Aufl., Rdnr. 9 zu § 4 AGBG, Staudinger/Schlosser, 12. Aufl., Rdnr. 24/25 zu § 4 AGBG m. w. N.). So liegt der Fall hier. Nach der glaubhaften Aussage des Zeugen K. hatte er sich hinsichtlich seiner dem Beklagten gemachten Erwerbszusage die Rückversicherung bei dem Geschäftsführer der Klägerin eingeholt. Bei seiner mündlichen Zusicherung handelte der Zeuge also mit Wissen und Wollen der Klägerin und war insoweit von ihr auch zu einer mündlichen Nebenabrede bevollmächtigt. Ob der Schriftformklausel eine andere rechtliche Bedeutung beizumessen wäre, wenn der Zeuge die Zusage ohne Rückversicherung bei der Klägerin gemacht hätte, kann dahinstehen (vgl. zum Problemkreis BGH NJW 1980, 234, 235; einschränkend BGH Urteil v. 24. 4. 1985, S. 15).

Nach alledem stand dem Beklagten ein Widerrufsrecht gem. § 1 b Abs. 1 AbzG zu. ...

102 **Eine formularmäßige Überwälzung der Sach- und Preisgefahr auf den Leasingnehmer beeinträchtigt den Leasingnehmer dann in unangemessener Weise und ist unwirksam, wenn der Leasinggeber sich außerdem die dem Leasingnehmer zustehenden Ansprüche auf Versicherungsleistungen und Ansprüche gegen Drittschädiger im voraus hat abtreten lassen.**

OLG Hamm, Urteil vom 22. 10. 1985 – 7 U 52/85 – rechtskräftig;

Nr. 102　　　　　　　*Miet- und Leasingvertragsklauseln*　　　　　　§ 9

Sachverhalt:

Am 1. März 1983 schloß die Klägerin mit der Firma A. einen Leasing-Vertrag, aufgrund dessen die Klägerin der A. einen Pkw zu einem monatlichen Entgelt von 1089,56 DM zuzüglich Mehrwertsteuer auf die Dauer von 36 Monaten, beginnend mit dem 11. März 1983, überließ. Für die Verbindlichkeiten der A. aus diesem Vertrage verbürgte sich der Beklagte durch schriftliche Bürgschaftserklärung vom 21. Februar 1983.

Dem Leasing-Vertrag lagen die Allgemeinen Geschäftsbedingungen der Klägerin zugrunde, in denen u. a. folgendes vereinbart war:

„Ziff. 9 Gefahrtragung/Versicherung

Ziff. 9.1

Der Leasingnehmer trägt das volle Risiko für den Leasinggegenstand sowohl für ... als auch für den Fall der nichtreparablen Beschädigung oder des Untergangs des Leasinggegenstandes, und zwar ohne Rücksicht darauf, ob diese Folgen von dem Leasinggeber zu vertreten sind oder nicht.

Ziff. 9.2

Der Leasingnehmer hat den Leasinggeber ... von einer nichtreparablen Beschädigung oder einem Untergang des Leasinggegenstandes zu unterrichten. Der Leasinggeber ist berechtigt, in einem solchen Fall alle zu diesem Zeitpunkt für die restliche Leasingzeit noch ausstehenden, mit 5% abgezinsten Leasingraten auf einmal zuzüglich eines eventuell vereinbarten oder kalkulierten Restwertes von dem Leasingnehmer zu verlangen.

Ziff. 9.3

Der Leasingnehmer versichert den Leasinggegenstand für die Dauer dieses Leasingvertrages gegen ... alle ... Sachgefahren. Alle Ansprüche des Leasingnehmers gegen den Versicherer tritt er schon jetzt an den Leasinggeber ab, der diese Abtretung annimmt. Der Leasingnehmer ist verpflichtet, dem Leasinggeber unverzüglich jeden Schadensfall anzuzeigen."

Am 26. Mai 1983 erlitt das Fahrzeug einen durch einen Dritten verursachten Totalschaden. Die von der A. abgeschlossene Vollkaskoversicherung zahlte daraufhin der Klägerin einen Betrag von 21 850,- DM.

In diesem Rechtsstreit erwirkte die Klägerin am 24. Januar 1984 ein Teil-Anerkenntnisurteil gegen den Beklagten über rückständige Leasingraten für die Monate März bis Mai 1983 in Höhe von insgesamt 3717,61 DM. Sie verlangt ferner unter Berufung auf ihre AGB die Zahlung der Leasinggebühren für die Zeit von Juni 1983 bis Februar 1986 abzüglich einer Abzinsung in Höhe von 5% der von der Versicherung erhaltenen Summe.

Das Landgericht hat die auf Zahlung in Höhe von 13 472,11 DM gerichtete Klage abgewiesen und zur Begründung ausgeführt, § 9 der AGB der Klägerin sei wegen Verstoßes gegen § 9 des AGB-Gesetzes unwirksam.

Die dagegen eingelegte Berufung der Klägerin hatte keinen Erfolg.

Aus den Gründen:

Der Klägerin steht der geltend gemachte Bürgschaftsanspruch gegen den Beklagten, § 765 BGB, nicht zu, weil die gesicherte Mietzinsforderung gegen die A. nicht besteht, §§ 535 S. 2, 767 Abs. 1 BGB. Diese Forderung ist gem. § 323 BGB untergegangen, weil mit dem Totalschaden des vermieteten Pkw die der Klägerin obliegende Leistung unmöglich geworden ist.

§ 323 BGB ist auf das Rechtsverhältnis zwischen der Klägerin und der A. uneingeschränkt anwendbar; die Vorschrift ist nicht durch Ziff. 9.1 und 9.2 der AGB der Klägerin wirksam abbedungen worden. Die Klausel verstößt gegen § 9 AGBG, weil sie von wesentlichen Grundgedanken der gesetzlichen Regelung abweicht und die Mieterin dadurch in unangemessener Weise benachteiligt.

Der hier vorliegende Leasingvertrag ist als Mietvertrag zu qualifizieren. Der Vertrag sieht vor, daß der Leasinggegenstand nach Ablauf der Leasingzeit zurückzugeben ist; ein Übernahmerecht ist dem Vertrag nicht zu entnehmen. Auch steht nicht zu erwarten, daß der Pkw während der 36 Monate dauernden Leasingzeit bis zur Wertlosigkeit abgenutzt wird. Der Umstand, daß die Klägerin die Leasingraten auf der Basis der Vollamortisation berechnet hat, rechtfertigt keine andere Beurteilung.

Grundgedanke des Mietrechtes ebenso wie aller anderen gegenseitigen Verträge ist die Abhängigkeit der Leistung von der Gegenleistung. Eine Leistung soll nur geschuldet werden, wenn und soweit der Vertragspartner zur Erbringung der Gegenleistung imstande ist (§ 323 BGB). Diese synallagmatische Verknüpfung von Leistung und Gegenleistung gehört sicherlich zu den tragenden Grundprinzipien des ganzen Schuldrechts. Der BGH hat deshalb auch wiederholt entschieden, daß AGB in ihren Regelungen über die Abwicklung gestörter gegenseitiger Verträge diesem Grundsatz angemessen Rechnung tragen müssen. Klauseln, die dem Verwender von AGB für den Fall der vorzeitigen Vertragsbeendigung das volle vereinbarte Entgelt zusprechen, können deshalb keine Gültigkeit beanspruchen, wenn es an einer ins Gewicht fallenden Gegenleistung fehlt oder wenn sie durch die besonderen Gegebenheiten nicht gerechtfertigt sind (BGH NJW 1982, 181 m. w. N.).

Die von der Klägerin verwendeten AGB legen in Ziff. 9 dem Leasingnehmer das Risiko jeder – auch der zufälligen – Verschlechterung und/oder des Untergangs der Leasingsache auf. Mit dem Untergang wird der Leasinggeber sämtlicher Pflichten ledig. Der Leasingnehmer hingegen bleibt zur Zahlung der gesamten Leasinggebühr verpflichtet. Diese wird mit Untergang der Leasingsache in einer Summe fällig, wobei der vorzeitigen Fälligkeit lediglich durch eine Abzinsung von 5% Rechnung getragen wird.

Darin liegt eine Abkehr von dem Grundsatz der Abhängigkeit von Leistung und Gegenleistung im Mietvertrag, die den Leasingnehmer ganz erheblich benachteiligt. Sie wird durch die besonderen Gegebenheiten bei der Abwicklung von Leasingverträgen und die Interessen der Klägerin als Leasinggeberin nicht gerechtfertigt.

Grundsätzlich wird zwar in Rechtsprechung und Literatur die Überwälzung der Sach- und Preisgefahr auf den Leasingnehmer für zulässig gehalten, weil sie zu den typischen Merkmalen des Finanzierungsleasing zählt (vgl. Graf von Westphalen, Leasingvertrag, 2. Aufl., Rdz. 435; OLG Düsseldorf, ZIP 1983, 1092/1093, Palandt/Putzo, Einführung f ee vor § 535, jeweils m. w. N.). Sie entspricht der kaufrechtlichen Komponente des Leasingvertrages (vgl. § 446 BGB). Das gilt jedoch nur insoweit, als die Regelung dem Leasinggeber nicht in unangemessener und von seinen Interessen nicht mehr geforderten Weise Vorteile zu Lasten des Leasingnehmers verschafft und diesen ohne sachlichen Grund rechtlos stellt.

Die hier getroffene Regelung differenziert nicht nach zufälligem Untergang, Untergang durch Verschulden des Leasingnehmers und Untergang durch Drittverschulden. Die Regelung nimmt ferner keine Rücksicht darauf, ob und gegebenenfalls in welchem Umfange Ansprüche auf Versicherungsleistungen bestehen. Wenn der Leasingnehmer einen Anspruch auf Versicherungsleistungen wegen des Untergangs der Leasingsache erworben hat, stehen diese auch nicht ihm, sondern dem Leasinggeber zu, da sie ihm im voraus abgetreten sind. Dabei stellen die AGB nicht klar, daß Zahlungen der Versicherung oder eines Fremdschädigers auf die Ansprüche des Leasinggebers angerechnet werden. Dies ist weder dem Wortlaut noch dem Zusammenhang der Ziff. 9 der AGB der

Klägerin zu entnehmen. Eine Reduktion auf diesen Inhalt im Interesse einer Aufrechterhaltung der Ziff. 9 der AGB kommt nach der ständigen Rechtsprechung des BGH und des Senats nicht in Betracht.

In dieser Kumulierung von Ansprüchen des Leasinggebers gegen den Leasingnehmer auf die volle Gegenleistung, auf etwaige Versicherungsleistungen und/oder Ansprüchen gegen Drittschädiger liegt eine unangemessene und durch die Interessen des Leasinggebers nicht mehr gerechtfertigte Abweichung vom gesetzlichen Leitbild des gegenseitigen Vertrages. Die Interessen des Leasinggebers sind voll gewahrt, wenn er das – angemessen abgezinste – vertraglich vereinbarte Entgelt erhält. Für eine Besserstellung durch zusätzliche Ansprüche gegen Dritte besteht keinerlei Anlaß. Trägt der Leasingnehmer entsprechend § 446 BGB das Risiko wie ein Käufer nach Übergabe der Sache, ist es angemessen, ihm auch insoweit die einem Käufer nach Übergabe zustehenden Rechte zuzubilligen. Demgemäß muß durch ausdrückliche Vertragsgestaltung in den Leasing-AGB sichergestellt werden, daß der Leasingnehmer insoweit, als er zur Tragung der Sach- und Preisgefahr verpflichtet ist, in den Genuß etwaiger Versicherungsleistungen gelangt. AGB-Klauseln, die die Preisgefahr ohne Rücksicht auf eine dem Leasinggeber kraft abgetretenen Rechts zufließende Versicherungsleistung regeln, verstoßen gegen § 9 AGBG und sind unwirksam (vgl. Graf von Westphalen, a.a.O., Rdz. 319, 321/436; OLG Düsseldorf, ZIP 1983, 1092 f.).

Nur das entspricht auch der Rechtsprechung des BGH (WM 1976, 1133, 1135), nach der die Überwälzung der Preisgefahr auf den Leasingnehmer dann als unangemessene Benachteiligung im Sinne von § 9 AGBG zu bewerten ist, wenn der Leasinggeber in der Lage ist, alsbald wieder über den Wert einer zerstörten Sache zu verfügen.

Weil die AGB der Klägerin die volle Überwälzung der Sach- und Preisgefahr auf die Leasingnehmerin nicht dadurch ausgleichen, daß sie ihr die aus dem Eigentum erwachsenen Schadensersatzansprüche gegen eventuelle Drittschädiger abtreten und/oder etwaige Versicherungsleistungen wegen Beschädigung der Leasingsache belassen, verstoßen sie gegen § 9 AGBG und sind unwirksam. Daran ändert es nichts, wenn die Klägerin der A. freiwillig die an sie geflossene Versicherungssumme angerechnet hat. Entscheidend ist nicht, ob die Leasinggeberin eine solche Anrechnung tatsächlich vornimmt, sondern ob die AGB sie auch ausdrücklich oder jedenfalls für den unbefangenen Leser klar erkennbar vorsehen. Das tun sie nicht. Es bewendet daher bei der gesetzlichen Regelung des § 323 BGB. Nachdem der Leasinggegenstand untergegangen und damit der Klägerin die von ihr geschuldete Leistung unmöglich geworden ist, hat sie den Anspruch auf die Gegenleistung verloren. Der Bürgschaft des Beklagten liegt keine Forderung der Klägerin gegen die A. mehr zugrunde.

Soweit bei dem Händler- und Herstellerleasing der Leasinggeber eine arglistige Täuschung des Leasingnehmers durch den Lieferanten nach § 123 Abs. 1 BGB gegen sich gelten lassen muß, ist eine abweichende Vereinbarung durch AGB nach § 9 AGBG unwirksam. 103

LG Frankfurt, Urteil vom 28. 1. 1985 – 2/24 S 103/84 – rechtskräftig; BB 1985, 757 = MDR 1985, 410 = NJW 1985, 2278.

Aus den Gründen:

Der Klägerin steht die eingeklagte Forderung nicht zu, da die von der Beklagten erklärte Anfechtung wegen arglistiger Täuschung durchgreift.

1. Die Beklagte ist zum Abschluß des Leasingvertrages durch arglistige Täuschung veranlaßt worden. ...

2. Die Klägerin muß sich die arglistige Täuschung des Vertreters der Firma R als eigenes Verhalten zurechnen lassen. § 123 Abs. 2 BGB, wonach die Täuschung eines Dritten dem Vertragsgegner nur zuzurechnen ist, wenn dieser die Täuschung kannte oder kennen mußte, findet hier keine Anwendung. Denn die Firma R ist im Verhältnis zur Klägerin keine Dritte im Sinne der genannten Vorschrift.

Die Anwendung des § 123 Abs. 2 BGB auf den Leasing-Vertrag ist – soweit ersichtlich – in der Rechtsprechung bisher noch nicht entschieden worden. In der Literatur hat sich bisher vor allem Graf v. Westphalen mit diesem Problem befaßt (BB 1984, 2094; Der Leasing-Vertrag, 2. Aufl., S. 117 ff.). Er kommt zu dem Ergebnis, daß bei dem Finanzierungsleasing der Lieferant Dritter i. S. des § 123 Abs. 2 BGB ist, während dies umgekehrt bei dem Hersteller- und Händlerleasing zu verneinen ist (ebenso Canaris, BankvertragsR, 2. Aufl., [1981], Rdnr. 1746). Die Verneinung der Rechtsstellung des Lieferanten als Dritter beim Hersteller- und Händlerleasing fußt auf der absatzfördernden Funktion dieser Leasingverträge, bei denen zwischen Leasinggeber und Lieferant entweder eine kapitalmäßige Verflechtung oder eine enge Geschäftsverbindung besteht und zudem die Person des Leasinggebers durch den Lieferanten eingeführt wird. In diesem Falle erscheinen dem Leasingnehmer Lieferant und Leasinggeber als wirtschaftliche Einheit, was – ebenso wie bei einem Abzahlungskauf (BGHZ 47, 228) – eine Anwendung des § 123 Abs. 2 BGB ausschließt (vgl. auch Canaris, BankvertragsR, Rdnr. 1725; OLG Frankfurt, WM 1982, 723 [725]). Eine zusätzliche Markenbindung des Leasinggebers, wie sie Ulmer-Schmidt (Betr. 1983, 2559) fordern, hält die Kammer dagegen nicht für erforderlich. Diese Voraussetzungen waren hier gegeben ...

3. Dieser dargestellten Rechtslage kann die Klägerin nicht dadurch begegnen, daß sie in § 5 ihrer AGB bestimmt, daß „der Lieferant in keiner Weise als Vertreter oder ähnliches des Vermieters fungiert". Diese Klausel verstößt gegen § 9 Abs. 2 Nr. 1 AGB-Gesetz und ist unwirksam. Die Rechtsfolgen einer arglistigen Täuschung kann eine Partei, die diese zu vertreten hat, nicht auf den Getäuschten abwälzen mit der Folge, daß das unter dem Einfluß der arglistigen Täuschung zustandegekommene Rechtsgeschäft nicht angefochten werden kann. Es ist ein allgemeiner Grundgedanke unserer Rechtsordnung, daß die Folgen einer Arglist einer Partei nicht rechtsgeschäftlich ausgeschlossen werden können (§§ 476, 638 Abs. 1 BGB). Dies gilt aber auch für den Umfang der Zurechnung arglistiger Täuschung durch Dritte, wie es § 123 Abs. 2 BGB festlegt. Darin liegt die verbindliche Statuierung einer Risikosphäre, indem der Vertragspartner des Getäuschten die Anfechtung durch den letzteren auch dann hinnehmen muß, wenn er nicht selbst getäuscht hat, sondern ein Dritter, dessen Verhalten er aber bei gehöriger Sorgfalt hätte erkennen müssen. In gleichem Sinne kommt der Eingrenzung des § 123 Abs. 2 BGB durch die Rechtsprechung, die in bestimmten Fällen die Annahme eines Dritten ablehnt und damit den Täuschenden voll, d. h. ohne Entlastungsmöglichkeit in die Risikosphäre des Vertragsgegners einbezieht, als wesentlicher Grundgedanke der gesetzlichen Regelung eine AGB-feste Begrenzung zu. Das gilt auch für das Hersteller- und Händlerleasing (Graf von Westphalen, Leasing-Vertrag, S. 436, Rdnr. 559). Insoweit kann infolge

der Nähe des Hersteller- und Händlerleasing zum absatzfördernden Abzahlungskauf nichts anderes gelten als dort; nach der neueren Rechtsprechung des BGH (BGHZ 83, 301 = NJW 1982, 1694) kann der Einwendungsdurchgriff beim finanzierten Abzahlungsgeschäft, der bei wirtschaftlicher Einheit von Kauf und Darlehen gegeben ist, nicht durch AGB ausgeschlossen werden. ...

Eine Klausel in den AGB eines Sportstudios **104**
„Nicht besuchte Trainingstage können nicht angerechnet werden."
schließt die Regelung des § 552 Satz 2 BGB aus und ist deshalb nach § 9 Abs. 2 Nr. 1 AGBG unwirksam.

LG Frankfurt, Urteil vom 5. 2. 1985 − 2/13 O 303/84 − rechtskräftig;

Sachverhalt:

Der Beklagte betreibt ein sogenanntes Sportstudio. Im Rahmen dieses Sportstudios schließt er mit seinen Kunden, die er als Mitglieder bezeichnet, vorformulierte Verträge ab, in denen u. a. heißt:
„Das Studio verpflichtet sich, für die Dauer der Mitgliedschaft einen Platz freizuhalten. Nicht besuchte Trainingstage können nicht angerechnet werden."
Der Kläger, ein Verbraucherschutzverein, hält Satz 2 dieser Klausel für unwirksam und begehrt, dem Beklagten die Verwendung zu untersagen.
Das Landgericht hat der Klage stattgegeben.

Aus den Gründen:

Die fragliche Klausel verstößt gegen § 9 Abs. 2 Nr. 1 AGBG.
Es kann hier dahinstehen, in welchem Umfang der Beklagte im Rahmen der mit den „Mitgliedern" abgeschlossenen Verträge Dienstleistungen, etwa durch Anleitung beim Gebrauch der Trainingsgeräte etc., erbringt. Durch die angegriffene Regelung soll in jedem Falle, wie der Beklagtenvertreter ausdrücklich erklärte, das Mitglied verpflichtet werden, unabhängig von seiner Möglichkeit, die Trainingstage zu besuchen, den Monatsbeitrag von 55,− DM zu zahlen. Selbst wenn man also allein von einem Mietvertragsverhältnis ausgeht, ist hiermit ausdrücklich die Regelung des § 552 Satz 2 BGB ausgeschlossen. Denn der Beklagte will mit dieser Regelung seine Vertragspartner unabhängig von der Dauer und dem Grund ihrer Verhinderung dazu verpflichten, in jedem Falle den vollen monatlichen Beitrag zu zahlen. Selbst wenn also beispielsweise ein Kunde des Beklagten kurz nach Abschluß des Vertrages krank wird und daher die Trainingstage für die gesamte Dauer des Vertrages nicht mehr besuchen kann, muß er nach dieser vertraglichen Regelung den vollen Beitrag weiterzahlen. In diesem Falle wäre es aber für den Beklagten ggfs. ohne weiteres möglich, einen anderen Vertragspartner bzw. ein anderes Mitglied zu finden, das statt jenes erkrankten Kunden die entsprechenden Trainingsmöglichkeiten gegen den Monatsbeitrag übernimmt. In diesem Falle hätte der Beklagte also erhebliche Vorteile aus der anderweitigen Verwertung des Gebrauchs, ohne daß er sie seinem erkrankten Kunden weitergeben würde.
Dies widerspricht der grundlegenden gesetzlichen Wertung der §§ 323, 552 BGB. Indem in § 552 BGB die Mietzahlungspflicht des Mieters auch für den Fall festgelegt ist, daß

er an der Ausübung des Gebrauchsrechts verhindert ist, ist in dieser Regelung bereits im Interesse des Vermieters eine Ausnahme von der Regelung des § 323 BGB getroffen worden. Demgegenüber ist dann aber in § 552 Satz 2 BGB festgelegt, daß der Vermieter sich die ersparten Aufwendungen sowie die Vorteile, die er durch die anderweitige Verwertung des Gebrauchs erlangt, im Verhältnis zu seinem Mieter anrechnen lassen muß. Nur in diesem Gesamtzusammenhang kann § 552 BGB gesehen und als interessengerechte Regelung gewertet werden. Wenn nun der Beklagte die Regelung des § 552 Satz 2 BGB in seinen AGB ausschließt und für sich nur die Regelung beansprucht, die allein seine Interessen schützt, verstößt er gegen den wesentlichen Grundgedanken der gesetzlichen Regelung. Demgemäß verstößt diese Regelung gegen § 9 AGBG.

Es liegt aber zugleich auch ein Verstoß gegen § 10 Nr. 7 AGBG vor. Denn unter Zugrundelegung der für den Kunden negativsten Auslegung hat diese Klausel die Bedeutung, daß der Kunde selbst dann den vollen Monatsbeitrag für 1 Jahr zahlen muß, wenn er berechtigterweise von einem außerordentlichen Kündigungsrecht Gebrauch gemacht hat. In diesem Falle kann aber keinesfalls die volle Weiterzahlung des Beitrags verlangt werden (vgl. Palandt-Heinrichs § 10 Anm. 7b).

105 **Die Geltendmachung anteiliger Kosten für Schönheitsreparaturen gegen den Mieter aufgrund einer Klausel in dem Formularmietvertrag ist dann treuwidrig, wenn der Mieter bereits vor Einzug die Renovierung der Wohnung vorzunehmen hatte und das Mietverhältnis nur kurze Zeit bestand.**

LG Limburg, Urteil vom 20. 2. 1985 – 3 S 321/84 – rechtskräftig; NJW-RR 1986, 176.

Auf den Abdruck von **Sachverhalt** und **Gründen** wird verzichtet.

106 **In einem Formularmietvertrag ist eine Lohn- und Gehaltsabtretungsklausel zur Sicherung der Forderungen des Vermieters derart ungewöhnlich und überraschend, daß der Mieter mit ihr nicht zu rechnen braucht. Eine solche Klausel wird nach § 3 AGBG nicht Bestandteil des Mietvertrages.**

LG Lübeck, Urteil vom 19. 3. 1985 – 14 S 307/84 – rechtskräftig; NJW 1985, 2958.

Auf den Abdruck von **Sachverhalt** und **Gründen** wird verzichtet.

107 **Wird in einem auf Teilamortisation angelegten Kfz-Leasingvertrag dem Leasingnehmer als Folge einer ihm zugestandenen Kündigung das volle Risiko für einen Wertverlust des Fahrzeugs durch eine formularmäßige „Abrechnungsklausel" auferlegt, verstößt dies gegen § 9 Abs. 1, Abs. 2 Nr. 1 AGBG, denn in der Erschwerung des Kündigungsrechts ist eine unangemessene Benachteiligung des Leasingnehmers zu sehen.**

LG Frankfurt, Urteil vom 6. 5. 1985 – 2/24 S 319/84 – rechtskräftig; BB 1985, 2072 = MDR 1985, 762 = NJW-RR 1986, 148.

Nr. 107   *Miet- und Leasingvertragsklauseln*   § 9

Sachverhalt:

Die Parteien schlossen am 10. 6. 1981/3. 7. 1981 einen Leasingvertrag über einen Pkw. Die Vertragsdauer betrug 24 Monate. Die monatliche Leasingrate betrug 596,– DM; Abschnitt XI Nr. 1 der Leasing-Bedingungen der Klägerin räumte der Beklagten als Leasing-Nehmerin ein Kündigungsrecht ein. Nr. 4 dieses Abschnittes regelt sodann die Abrechnungsweise im Falle einer Kündigung wie folgt:

„Im Fall einer Kündigung erstellt der Leasing-Geber eine Abrechnung in der Weise, daß er seine Aufwendungen für die verkürzte Vertragszeit seinen Erträgen gegenüberstellt. Aufwendungen des Leasinggebers sind seine Anschaffungskosten für das Leasingfahrzeug, die nach dem Tilgungsverlauf der Annuitätsrechnung ermittelten Zinsanteile der fälligen Lesaing-Rate und die Kosten bei Zeitwertschätzung des Leasingfahrzeuges..."

Die Beklagte machte von ihrem ordentlichen Kündigungsrecht Gebrauch und gab das Fahrzeug am 14. 9. 1982 an die Klägerin zurück. Diese nahm eine Abrechnung gemäß Abschnitt XI Nr. 4 der Leasing-Bedingungen vor und klagte die sich aus dieser Abrechnung ergebende Nachbelastung ein. Die Klage hatte keinen Erfolg.

Aus den Gründen:

Die Abrechnungsklausel in Abschnitt XI Nr. 4 der Leasing-Bedingungen der Klägerin ist nicht wirksam. Diese Klausel verstößt gegen die §§ 3, 9 Abs. 1, Abs. 2 Nr. 1 in Verbindung mit § 24 AGBG.

Der zwischen den Parteien abgeschlossene Leasing-Vertrag stellt sich als ein sogenannter Teilamortisationsvertrag dar; denn durch die von der Beklagten während der 24monatigen Vertragsdauer gezahlten Leasing-Raten amortisieren sich die Aufwendungen der Klägerin für das geleaste Fahrzeug nur teilweise. Die Beklagte hätte lediglich die 24 Leasing-Raten ohne weitergehende Zahlungen zu leisten gehabt.

Im Falle der vorzeitigen Beendigung (hier: Kündigung) gestaltet sich der zwischen den Parteien geschlossene Leasing-Vertrag aufrund der Abrechnungsklausel in Wahrheit jedoch als ein Vollamortisationsvertrag (vgl. von Westphalen, Leasing-Vertrag, 2. Auflage, Rdnr. 92, 93, 119, 466; derselbe ZIP 1983, 1021, 1023). Bei dieser Sachlage hätte sich die von dem Leasing-Nehmer dem Leasing-Geber geschuldete Gegenleistung nicht in der Zahlung der Leasing-Raten erschöpft, sondern hätte auch eine garantiemäßige Absicherung des Restwertes des Fahrzeugs umfaßt. Das aber führt dazu, daß das volle Risiko eines etwaigen Wertverfalles oder der Wertminderung des Leasing-Gutes allein auf den Leasing-Nehmer abgewälzt worden wäre (von Westphalen, Leasing-Vertrag, 2. Auflage, Rdnr. 99, 115). Diese vom Leasing-Nehmer garantierte Absicherung des Restwertes des Leasing-Gutes bei vorzeitiger Beendigung des Leasing-Vertrages stellt eine Entgelt-Abrede dar, bei der es sich um ein wesentliches Merkmal dieses Leasing-Vertrages handelt. Sie hatte zur Folge, daß der Leasing-Nehmer verpflichtet ist, bei vorzeitiger Beendigung des Leasing-Vertrages für die Vollamortisation des Leasing-Gebers in der Weise einzustehen, daß er eine im Zeitpunkt des abgeschlossenen Leasing-Vertrages noch nicht feststehende Abschlußzahlung unter Berücksichtigung eines etwaigen Verwertungserlöses schuldet. Gerade diese Ungewißheit aber begründet eine Verpflichtung des Leasing-Gebers, den Leasing-Nehmer eindeutig und klar von dieser seiner Verpflichtung in Kenntnis zu setzen. Der Leasing-Nehmer ist deshalb über die Bedeutung der Absicherung des Restwertes exakt zu unterrichten; der Leasing-Geber hat ihn also darüber zu belehren, daß der geschlossene Teilamortisationsvertrag insoweit gerade einen Vollamortisationscharakter besitzt (von Westphalen, a. a. O., Rdnr. 180, 181). Dies ist ein Gebot der Transparenz, wie sie der BGH bereits in seinem Urteil vom

28. 10. 1981 (NJW 1982, 870, 872) verlangt hat. Dabei genügt es nicht, daß die daraus resultierende Abrechnungsweise, aus der erst der Schluß auf ein Vorliegen von Vollamortisation gezogen werden kann, ohne weitere Hinweise lediglich innerhalb der Kündigungsbestimmungen in den Leasing-Bedingungen aufgeführt wird. Erforderlich ist vielmehr, daß die Absicherung des Restwertes klar, eindeutig und unmißverständlich entweder bereits im Angebot oder doch wenigstens auf der Vorderseite des Vertragsformulars enthalten ist (von Westphalen, a. a. O., Rdnr. 98, 182, 459, 475). Geschieht dies nicht, so handelt es sich um eine überraschende Klausel im Sinne von § 3 AGBG (von Westphalen, a. a. O., Rdnr. 183).

Dies ist in vorliegender Sache der Fall. Aus der Vorderseite der Leasing-Bestätigung der Klägerin ergibt sich an keiner Stelle, daß abweichend von der Teilamortisation bei ordnungsgemäßer Durchführung des Leasing-Vertrages bei einer vorzeitigen Beendigung eine Vollamortisation mit garantiertem Restwert durchgeführt wird. ...

Handelt es sich deshalb bei der in Abschnitt XI Nr. 4 enthaltenen Bestimmung über die Abrechnung bei vorzeitiger Beendigung des Leasing-Vertrages um eine überraschende Klausel, so ist diese gemäß § 3 AGBG nicht Vertragsbestandteil geworden. Insoweit richtet sich an sich der Inhalt des Vertrages sodann nach den gesetzlichen Vorschriften (§ 6 Abs. 2 AGBG). Das würde hier dazu führen, daß unter Heranziehung der Vorschriften über den Mietvertrag der Leasing-Nehmer nach ordnungsgemäßer Kündigung zu keinen weiteren Zahlungen über die geleisteten Mietzinszahlungen hinaus verpflichtet ist.

Aber selbst wenn man die in Abschnitt XI Nr. 4 der Leasing-Bedingungen enthaltene Abrechnungsklausel als eine selbständige Abrede gemäß § 305 BGB ansehen würde (vgl. von Westphalen a. a. O., Rdnr. 113), bei deren Unbeachtlichkeit nicht unmittelbar auf eine gesetzliche Regelung zurückgegriffen werden könnte, kann nichts anderes gelten. Insoweit kommt eine ergänzende Vertragsauslegung nicht in Betracht. Hierfür können nur solche Indizien herangezogen werden, die im jeweiligen Individualvertrag ihren Niederschlag gefunden haben (von Westphalen, a. a. O., Rdnr. 458). Fehlt es demgegenüber an verwertbaren Indizien, die im Rahmen der ergänzenden Vertragsauslegung fruchtbar gemacht werden können, dann ist für die ergänzende Vertragsauslegung kein Raum. ...

Darüber hinaus kann die Bestimmung in XI Nr. 4 der Leasing-Bedingungen auch gegen § 9 Abs. 1, Abs. 2 Nr. 1 AGBG verstoßen, weil einiges dafür spricht, daß es sich insoweit um eine unangemessene Benachteiligung des Leasing-Nehmers handelt, die den wesentlichen Grundlagen der gesetzlichen Regelung widerspricht. Der BGH hat in seinem Urteil vom 28. 10. 1981 (NJW 1982, 870, 872 = WM 1981, 1378, 1380) in einer Erschwerung des Kündigungsrechts eine unangemessene Benachteiligung des Leasing-Nehmers gesehen. Hieran ist auch dann festzuhalten, wenn versucht wird, das Kündigungsrecht einerseits und die daraus sich ergebenden Rechtsfolgen andererseits zu trennen (vgl. von Westphalen, a. a. O., Rdnr. 114, 115). Im vorliegenden Falle ist zu bedenken, daß die Beklagte als Leasing-Nehmerin bei vertragsgemäßem Auslaufen des Leasing-Vertrages lediglich die Leasing-Raten zu zahlen hätte, während sie nunmehr – bei vorzeitiger Beendigung – auch noch eine zusätzliche Leistung aufgrund einer Garantie des Restwertes des Leasing-Gutes hätte einbringen müssen. Aus den obengenannten Gründen bedurfte dies jedoch keiner abschließenden Entscheidung mehr.

Eine Klausel in einem Formularmietvertrag, nach der die Instandhaltungs- und Reparaturkosten für mitvermietete Anlagen und Einrichtungen ohne Einschränkungen dem Mieter aufgebürdet werden, weicht von der gesetzlichen Regelung des § 536 BGB ab und ist deshalb nach § 9 Abs. 2 Nr. 1 AGBG unwirksam. 108

LG Düsseldorf, Urteil vom 8. 10. 1985 – 24 S 56/85 – rechtskräftig; NJW-RR 1986, 175.

Auf den Abdruck von **Sachverhalt** und **Gründen** wird verzichtet.

Eine formularmäßige Mietvertragsklausel, die dem Mieter die Tierhaltung in der Mietwohnung verbietet, ist unwirksam, weil sie durch das Verbot jeglicher Tierhaltung die Nutzungsrechte der Mieter gem. § 535 BGB unangemessen einschränkt. 109

AG Berlin-Charlottenburg, Urteil vom 2. 5. 1985 – 11 C 84/85 – rechtskräftig; NJW-RR 1986, 175.

Sachverhalt:

Die Beklagten sind Mieter einer Wohnung im Hause des Klägers. Im Mietvertrag vom 1. 10. 1978 heißt es in § 23 hinter Nr. 2: „Die Haltung von Tieren ist verboten ..." Ferner heißt es in dem Formular-Mietvertrag in § 11: „Tiere, insbesondere Hunde, Katzen, Kaninchen usw. dürfen nicht gehalten werden. Eine etwaige Erlaubnis kann jederzeit ohne Angabe von Gründen widerrufen werden." Die Beklagten halten in ihrer Wohnung einen Hund. Unter Berufung auf die mietvertraglichen Bestimmungen forderte der Kläger die Beklagten zur Abschaffung ihres Hundes auf. Die Beklagten widersprachen der Aufforderung und beantragten die nachträgliche Genehmigung der Hundehaltung.

Die Klage hatte keinen Erfolg.

Aus den Gründen:

Der Kläger kann von den Beklagten Unterlassung der Hundehaltung nicht begehren, da einerseits die Vertragsbestimmungen, auf die er sich stützt, unwirksam sind, andererseits er keine konkreten Beeinträchtigungen der Mietsache oder Belästigungen anderer Mieter durch den Hund der Beklagten dargetan hat. Die Bestimmungen in § 11 und unter § 23 des Mietvertrages sind gem. § 9 Abs. 1, 2 Nr. 2 AGBG unwirksam, weil sie die Nutzungsrechte der Mieter gem. § 535 BGB unangemessen einschränken. Bei den Bestimmungen im Mietvertrag handelt es sich um AGB im Sinne von § 1 Abs. 1 AGBG, da sie der Kläger als Verwender vorformuliert in allen seinen Mietverträgen verwendet. Das gilt nicht nur für den – vorgedruckten – § 11 des Mietvertrags, sondern auch für die – maschinenschriftlich – aufgenommene Wiederholung und Verschärfung des Tierhaltungsverbotes hinter § 23 Nr. 2; denn aus dem Vortrag des Klägers ergibt sich, daß er eine solche Bestimmung aus grundsätzlichen Erwägungen in seine Mietverträge aufnimmt, es sich also nicht um eine zwischen ihm und den Beklagten einzeln ausgehandelte Bestimmung im Sinne von § 1 Abs. 2 AGBG handelt. Ihrem Wortlaut nach ist jegliche Tierhaltung verboten. Damit schränkt sie die Nutzungsrechte der Mieter jedoch in unangemessener Weise ein. Es unterliegt keinem Zweifel, daß der Vermieter ein – sicherlich vielfach auch berechtigtes – Interesse hat, die Haltung solcher Tiere zu verbieten, die entweder zu Schäden an oder Verschmutzungen der Mietsache führen können oder typischerweise die Gefahr der Belästigung anderer Mieter mit sich bringen oder deren Haltung als dem landwirtschaftlichen Bereich zuzuordnen in einer städtischen Wohnung fehl am Platz erscheint oder gar wegen Gefährlichkeit behördlich verboten oder genehmigungspflichtig ist.

So würde das Gericht keiner Mietvertragsbestimmung die Gültigkeit versagen, in der die Haltung von Hunden – wegen der Gefahr der Verschmutzung des Hauses und der Lärmbelästigung von Mitbewohnern –, Katzen – aus ähnlichen Erwägungen –, Hühnern und Kaninchen – als landwirtschaftlicher Nutztiere – oder exotischer Wildtiere verboten wird. Mangels Interesses des Vermieters an einem so weitgehenden Verbot kann der Kläger jedoch im Wege der AGB nicht die Haltung von Schildkröten und Goldhamstern – typischen „Kinder-Tieren" –, Wellensittichen usw. verbieten und die Aquaristik allenfalls vom Abschluß einer speziellen Wasserschadensversicherung abhängig machen, aber keinesfalls prinzipiell untersagen. Er greift damit in unangemessener Weise in das Recht seiner Mieter zur freien Entfaltung ihrer Persönlichkeit ein, ohne daß dies durch anerkennenswerte Interessen des Vermieters als Eigentümer des Hauses oder als Wahrer der Interessen der übrigen Hausgemeinschaftsmitglieder gerechtfertigt wäre.

Wegen dieses Verstoßes gegen § 9 AGBG sind die Klauseln im Mietvertrag, die ein allgemeines Tierhaltungsverbot enthalten, insgesamt unwirksam. Denn es ist nicht Sache des Richters, eine unwirksame Klausel auf den – noch – zulässigen Bereich zu reduzieren, sondern das Gesetz ordnet an, daß eine auch wegen lediglich zu weiter Fassung ihres Wortlautes unwirksame Klausel in vollem Umfang unwirksam wird, so daß an ihre Stelle gem. § 6 AGBG grundsätzlich die gesetzlichen Bestimmungen treten (Palandt-Heinrichs, 44. Aufl. [1985], Vorb. § 8 AGB-Gesetz Anm. 3 b; erneut BGHZ 92, 312 = LM § 9 (b) AGB-Gesetz Nr. 3 = NJW 1985, 319). Dies folgt insbesondere aus § 13 AGBG, der einen Unterlassungsanspruch hinsichtlich der unwirksamen Klausel, nicht nur ihres über die zulässigen Grenzen hinausgehenden Inhalts normiert ...

Der Kläger kann demnach den Beklagten die Hundehaltung nur dann versagen, wenn von dem Hund der Beklagten konkrete Beschädigungen, Verschmutzungen oder Belästigungen ausgingen und er dies im Bestreitensfalle auch beweisen könnte. Diesen – zugegebenermaßen dornenvollen – Weg ist der Kläger jedoch nicht gegangen, sondern hat sich lediglich auf seine – zur Vermeidung dieses Weges aufgestellten, aber unwirksamen – Mietvertragsklauseln berufen. Das Vorbringen allein, er sei erst durch Beschwerden aus der (Mit-)Mieterschaft auf den Hund der Beklagten aufmerksam geworden, ersetzt den Vortrag konkreter, ein Tierhaltungsverbot im Einzelfall rechtfertigender Störungen durch den Hund der Beklagten nicht.

§ 9 – Preiserhöhungsklauseln

In einem langfristigen Bezugsvertrag eines Kfz-Vertragshändlers kann die Frage der Wirksamkeit eines einseitigen Preisänderungsrechts nach § 9 AGBG, das keine Einschränkungen, insbesondere keine Konkretisierung der Preiserhöhungsfaktoren enthält und dem Partner des Klauselverwenders auch keine Lösungsmöglichkeit einräumt, nicht ohne Berücksichtigung der Art des konkreten Vertrages, der typischen Interessen der Vertragsschließenden und der die jeweilige Klausel begleitenden Regelung entschieden werden.

BGH, Urteil vom 16. 1. 1985 – VIII ZR 153/83; BGHZ 93, 252 = BB 85, 1223 = DAR 1985, 118 = DB 1985, 541 = MDR 1985, 489 = NJW 1985, 853 = ZIP 1985, 284.

Sachverhalt:

Der Kläger ist ein eingetragener Verein, dessen Mitglieder Kraftfahrzeughandel betreiben und zu dessen satzungsmäßigen Aufgaben die Pflege und Förderung der gewerblichen Interessen gehört. Die Beklagte stellt Schmiermittel für Kraftfahrzeuge her und vertreibt sie u. a. an Mitglieder des Klägers. Hierbei verwendet sie Formularverträge, die als Nr. 2 folgende Klausel enthalten:

„Der Käufer wird ...% seines Gesamtbedarfs an Kraftfahrzeugschmiermitteln (einschließlich Unterbodenschutz- und Kühlerfrostschutzmittel) in V-Erzeugnissen laut jeweiliger V-Preisliste decken, jährlich jedoch mindestens ... lt/kg V-Erzeugnisse beziehen.

Die Lieferungen gegen diesen Abschluß erfolgen zu den Preisen der jeweils gültigen Liste und den allgemeinen Lieferungs- und Zahlungsbedingungen der V-GmbH."

In der neuen Fassung dieser Verträge ist an die Stelle der Worte „Preisliste" und „Liste" die Formulierung „Wiederverkäufer-Preisliste" getreten. Nach dem Formularvertrag verkauft die Beklagte dem Händler Geräte für die Einrichtung eines Pflegedienstes. Der Kaufpreis für die Geräteausstattung soll nicht verzinst und mit einem bei jeder Schmierstofflieferung zu erhebenden bestimmten Betrag getilgt werden; in dem vom Kläger zu den Akten gereichten Vertrag aus dem Jahre 1966 ist diese Klausel durch die Vereinbarung ersetzt, daß der Gerätekaufpreis von 60 000,– DM bei Vertragserfüllung durch Sondergutschriften innerhalb von zehn Jahren getilgt wird. In anderen Verträgen verpflichtet sich die Beklagte zu Vorleistungen in Form von Darlehen, verlorenen Zuschüssen, Zinsbeihilfen oder Leihgeräten. Die Laufzeit der Verträge war auf zunächst 15 Jahre festgelegt.

Der Kläger ist der Auffassung, die Klausel Nr. 2 räume der Beklagten ein uneingeschränktes Preiserhöhungsrecht ein und sei in beiden Fassungen nach § 9 AGBG unwirksam. Er verlangt von der Beklagten gemäß § 13 AGBG, die Verwendung dieser Klausel in Verträgen über die Lieferung von Kraftfahrzeugschmiermitteln zu unterlassen, und macht dazu geltend, die Beklagte – wie im übrigen auch die mit ihr in Wettbewerb stehenden Firmen – verlange von ihren durch langfristige Bezugsverträge gebundenen Abnehmern höhere Preise als von nicht gebundenen Händlern, denen sie einen Nachlaß bis zu 50% des Listenpreises einräume.

Das Landgericht hat die Klage abgewiesen.

Berufung und Revision des Klägers hatten keinen Erfolg.

Aus den Gründen:

I. Das Berufungsgericht hat ausgeführt: Die Preisklausel benachteilige die Mitglieder des Klägers nicht in unangemessener Weise. Soweit der Kläger beanstande, daß die

Beklagte die durch langfristige Bezugsverträge gebundenen Unternehmen deutlich teurer beliefere als nicht gebundene Abnehmer, lasse sich dies im Wege der Inhaltskontrolle Allgemeiner Geschäftsbedingungen nicht ändern. Die von dem Bundesgerichtshof (Senatsurteile vom 11. Juni 1980 – VIII ZR 174/79 = WM 1980, 1120 und 7. Oktober 1981 = BGHZ 82, 21) entwickelten Grundsätze zur Frage der Wirksamkeit formularmäßiger Preiserhöhungsvorbehalte seien auf den vorliegenden Vertrag nicht übertragbar. Die Mitglieder des Klägers seien – anders als die Kunden der Klauselverwender in den früher entschiedenen Fällen – keine Endabnehmer, sie könnten vielmehr Preiserhöhungen an den Letztverbraucher weitergeben. Auch hätten die Mitglieder des Klägers keine „reinen" Kaufverträge geschlossen, sondern sich mit der Beklagten in einem viele Jahre laufenden Vertragsverhältnis verbunden, in dem sich das Äquivalenzverhältnis der beiderseitigen Leistungen nicht in Kaufpreiszahlung und Lieferpflicht erschöpfe. Die langfristige Bindung, mit der die Beklagte den Absatz ihrer Produkte sichere, werde von den Mitgliedern des Klägers vielmehr wegen der von der Beklagten bei Vertragsbeginn erbrachten wirtschaftlichen Vorleistungen eingegangen. Bei derartigen Verträgen erscheine es eher als selbstverständlich, daß der Hersteller die Preise festsetze und sie auch ändere, ohne im Vertrag einen Katalog von Preisänderungsfaktoren aufführen zu müssen. Denn wegen des Grundsatzes her gleichgerichteten Interesses beider Vertragsseiten müsse der Hersteller den Preis so gestalten, daß seine Produkte über die Händler auf dem Markt absetzbar seien. Das vom Bundesgerichtshof in anderen Fällen empfohlene Lösungsrecht für den Partner des Klauselverwenders passe für die hier gegebene Vertragsgestaltung nicht und werde vom Kläger auch gar nicht angestrebt.

II. Hiergegen wendet sich die Revision ohne Erfolg.

1. Allerdings unterliegt die von der Beklagten verwendete Klausel entgegen den Hinweisen der Revisionserwiderung der Inhaltskontrolle nach den §§ 9–11 AGBG.

a) Dabei ist gemäß § 1 Abs. 1 Satz 2 AGBG unerheblich, daß die Beklagte die Klausel nicht in äußerlich gesonderte Geschäftsbedingungen, sondern in das vorgedruckte Vertragsformular selbst aufgenommen hat. Nach den Feststellungen des Berufungsgerichts handelt es sich um Formularverträge, also um vorformulierte und für eine unbestimmte Vielzahl künftiger Verwendungen entworfene Vertragsbedingungen und mithin Allgemeine Geschäftsbedingungen im Sinne des § 1 AGBG. Dem steht nicht entgegen, daß das vom Kläger eingereichte Vertragsexemplar einige im einzelnen ausgehandelte Sonderregelungen enthalten mag, die nicht die streitige Preisänderungsklausel selbst betreffen.

b) Zu Unrecht hält die Revisionserwiderung die Klausel für eine die Leistungsbeschreibung betreffende Bestimmung im Sinne des § 8 AGBG, die der Inhaltskontrolle nach § 9 AGBG entzogen sei. Einseitige Leistungsbestimmungsrechte sind in den Grenzen der §§ 9–11 AGBG selbst dann stets überprüfbar, wenn sie sich auf das Entgelt beziehen (BGHZ 81, 229, 232; Senatsurteil vom 18. Mai 1983 – VIII ZR 83/82 = WM 1983, 731, 732). Zwar enthält die von der Beklagten verwendete Klausel nicht einen Preisvorbehalt, wie dies in der zitierten Senatsentscheidung vom 18. Mai 1983 der Fall war, sondern eine Preisanpassungsklausel (zur Terminologie vgl. Senaturteil vom 18. Mai 1983 – VIII ZR 20/82 = WM 1983, 680, 681 unter II 1 b aa). Denn die Vertragsparteien einigen sich zunächst auf den bei Vertragsschluß gültigen Listenpreis, ohne daß der Beklagten insoweit ein Leistungsbestimmungsrecht eingeräumt ist. Aber auch ein formularmäßig dem Klauselverwender zugestandenes Recht, den zunächst vereinbarten Preis –

über eine Neufestsetzung des Listenpreises – zu ändern, ergänzt das dispositive Recht, das grundsätzlich von einer bindenden Preisvereinbarung der Parteien ausgeht, und unterfällt daher nicht dem kontrollfreien Raum nach § 8 AGBG (Löwe in: Löwe/Graf von Westphalen/Trinkner, Kommentar zum AGB-Gesetz, § 8 Rdn. 14; Wolf in: Wolf/Horn/Lindacher, AGB-Gesetz, § 8 Rdn. 12; hier – anders als bei einseitigen Leistungsvorbehalten – ebenso Staudinger/Schlosser, BGB, 12. Aufl., § 8 AGBG Rdn. 3). Darauf weist bereits die Vorschrift des § 11 Nr. 1 AGBG hin. Für die im Schrifttum vereinzelt vertretene Auffassung, Preisänderungsklauseln lägen „im Ausstrahlungsbereich des § 8 AGBG", so daß auf sie das „Gebot schonender Behandlung" anzuwenden sei (Baur, Vertragliche Anpassungsregelungen, S. 99), geben weder der Wortlaut der §§ 8, 9 AGBG noch die Entstehungsgeschichte des Gesetzes etwas her. Vielmehr lassen die Gesetzesmaterialien erkennen, daß nach dem Willen des Gesetzgebers grundsätzlich der Vorbehalt der einseitigen Preiserhöhung nicht nur der Bestimmung des § 11 Nr. 1 AGBG, sondern – wenn dieses Verbot nicht zum Zuge kommen kann – auch der Generalklausel des § 9 AGBG unterfallen soll (vgl. RegEntw. BT-Drucks. 7/3919 S. 27 f.).

2. Die Klausel wird von § 11 Nr. 1 AGBG schon deshalb nicht erfaßt, weil die Mitglieder des Klägers, denen gegenüber die Beklagte sie verwendet, Kaufleute sind (§ 24 Satz 1 Nr. 1 AGBG). Der Absicht des Gesetzgebers entsprechend ist ihre Zulässigkeit gleichwohl an § 9 AGBG zu messen (Senatsurteile vom 11. Juni 1980 a. a. O., 1121 und 7. Oktober 1981 a. a. O., 23 f. m. w. N.). Sie hält jedoch anders als die in den angeführten Senatsentscheidungen zu beurteilenden Klauseln der Inhaltskontrolle stand.

a) Der Senat hat mehrfach entschieden, daß ein formularmäßig vorbehaltenes Preisanpassungsrecht, dessen uneingeschränkte Fassung dem Verwender jede beliebige – auch durch zwischenzeitlichen Kostenanstieg nicht gedeckte – Preiserhöhung ermöglicht, den Kunden zumindest dann in unangemessener Weise benachteiligt, wenn ihm nicht unter bestimmten Voraussetzungen die Möglichkeit einer Lösung von dem Vertrag eingeräumt wird (Senatsurteile vom 11. Juni 1980 a. a. O., 1121 f. und 7. Oktober 1981 a. a. O., 25, 27). Diese Grundsätze entsprechen der inzwischen überwiegenden Meinung in Rechtsprechung und Schrifttum (vgl. außer den Nachweisen zur Tagespreisklausel in Neufahrzeug-Verkaufsbedingungen im Senatsurteil vom 18. Mai 1983 – VIII ZR 20/82 a. a. O., 681 noch OLG Frankfurt in: Bunte, AGBE II § 11 Nr. 1 AGBG Nr. 3; OLG Frankfurt NJW 1982, 2198; MünchKomm-Kötz, BGB, 2. Aufl., § 11 AGBG Rdn. 11; Coester-Waltjen in: Schlosser/Coester-Waltjen/Graba, AGBG, § 11 Nr. 1 Rdn. 33 f.). Weitergehend hält Löwe (BB 1982, 152, 155; 1982, 648, 649; 1984, 492, 494) einseitige Leistungsbestimmungsrechte in Allgemeinen Geschäftsbedingungen stets für unwirksam, während andererseits in der Literatur zum Teil ausnahmsweise die Zulässigkeit derartiger Klauseln bejaht wird im kaufmännischen Geschäftsverkehr (Bilda MDR 1979, 89, 90, 92; differenzierend Trinkner in: Löwe/Graf von Westphalen/Trinkner, Großkommentar zum AGB-Gesetz, Bd. II, 2. Aufl., § 11 Nr. 1 Rdn. 25, 26), bei einem „berechtigten Interesse" des Klauselverwenders (Wolf a. a. O., § 9 Rdn. L 63) oder bei „schwerwiegenden Änderungsgründen" (Bunte NJW 1984, 1145, 1149 im Anschluß an das das einseitige Änderungsrecht in einem „Haupthändlervertrag" betreffende Senatsurteil vom 21. Dezember 1983 = BGHZ 89, 206).

b) Der Auffassung, daß ein einseitiges Preisänderungsrecht in Allgemeinen Geschäftsbedingungen generell unzulässig sei, kann nicht zugestimmt werden (vgl. schon die Senatsurteile vom 11. Juni 1980 a. a. O., 1121 und 7. Oktober 1981 a. a. O., 23, 27 m.

Anm. Hiddemann LM AGBG § 9 (Cb) Nr. 3 unter 2 a). Das Gegenteil folgt bereits aus der Existenz der Vorschrift des § 11 Nr. 1 AGBG selbst. Sie enthält gerade kein allgemeines Verbot eines einseitigen Preiserhöhungsrechts. Ebensowenig aber, wie Preisänderungsklauseln in Verträgen, die nicht unter diese Bestimmung fallen, der Kontrolle gemäß § 9 AGBG entzogen sind (oben II 1 b und II 2), muß die danach vorzunehmende Prüfung notwendig zur Unwirksamkeit der Klausel führen. Zu Unrecht entnimmt Trinkner (BB 1984, 490) dem Senatsurteil vom 21. Dezember 1983 (a. a. O.), der Senat habe „die Einführung (eines Leistungsbestimmungsrechts in den Vertrag) durch Allgemeine Geschäftsbedingungen" strikt abgelehnt: in dieser Entscheidung ging es vielmehr allein darum, ob der Hinweis auf die Billigkeitskontrolle des § 315 Abs. 3 BGB eine unangemessene Klausel vor dem Ausspruch der Unwirksamkeit bewahren kann (vgl. Senatsurteil vom 31. Oktober 1984 – VIII ZR 220/83 = WM 1984, 1644, 1645).

c) Ob ein einseitiges Preisänderungsrecht, das keine Einschränkungen, insbesondere keine Konkretisierung der Preiserhöhungsfaktoren enthält und dem Partner des Klauselverwenders auch keine Lösungsmöglichkeit einräumt, stets gemäß § 9 AGBG unzulässig ist, kann nicht ohne Berücksichtigung der Art des konkreten Vertrages, der typischen Interessen der Vertragsschließenden und der die jeweilige Klausel begleitenden Regelung entschieden werden (allgemein hierzu RegEntw. a. a. O., S. 22 f.). Die Besonderheiten des vorliegenden Vertragsverhältnisses rechtfertigen eine von den angeführten früheren Senatsentscheidungen abweichende Beurteilung:

aa) Die Formulierung der Preisklausel selbst unterscheidet sich von dem Normalfall der Vereinbarung eines bestimmten Preises mit einer Erhöhungsklausel, wie sie die Begründung des Gesetzentwurfes der Bundesregierung (a. a. O., S. 27 f.) offenbar im Auge hatte und wie sie auch Gegenstand der Senatsurteile vom 11. Juni 1980 und 7. Oktober 1981 (jeweils a. a. O.) war. Bereits der erstmaligen, bei Vertragsschluß getroffenen Preisvereinbarung (dazu oben II 1 b) wohnt nämlich mit ihrer Bezugnahme auf die „jeweilige" oder „jeweils gültige" Preisliste des Moment der Veränderlichkeit des zunächst zugrundegelegten Preises inne. Das allein läßt zwar das Schutzbedürfnis des Kunden des Klauselverwenders gegenüber beliebigen Preiserhöhungen nicht entfallen, relativiert aber die Bedeutung des in den Gesetzesmaterialien (a. a. O., S. 27; vgl. auch 1. Teilbericht der Arbeitsgruppe beim Bundesminister der Justiz, 1974, S. 64) enthaltenen Hinweises auf den Grundgedanken der Einhaltung einmal geschlossener Verträge („pacta sunt servanda"); denn hier weist schon die anfangs getroffene Preisabrede auf ihre eigene Abänderbarkeit hin.

bb) Die Art des Vertragsverhältnisses ist mit einem Zeitschriftenabonnement (Senatsurteil vom 11. Juni 1980 a. a. O.) oder mit einem auf einmaligen Leistungsaustausch gerichteten Vertrag (Senatsurteil vom 7. Oktober 1981 a. a. O.) nicht vergleichbar.

α) Entgegen der in der Revisionserwiderung vertretenen Ansicht handelt es sich bei den hier in Betracht kommenden langfristigen Bezugsverträgen um Dauerschuldverhältnisse (vgl. MünchKomm-Kötz a. a. O. § 10 Rdn. 20; Wolf a. a. O. § 11 Nr. 1 Rdn. 23; auch Larenz, Schuldrecht I, 12. Aufl., § 2 VI S. 27 rechnet den seiner Struktur nach ähnlichen Bierlieferungsvertrag zu den Dauerschuldverhältnissen). Das allein könnte allerdings ein uneingeschränktes Preisänderungsrecht des Herstellers der zu liefernden Ware nicht rechtfertigen. Zwar liegt bei Vertragsverhältnissen, mit denen sich der Hersteller einer Ware auf viele Jahre zur ständigen Belieferung des Kunden verpflichtet, sein anerkennenswertes Bedürfnis nach einer Anpassung des Preises auf der Hand (RegEntw.

a. a. O.; vgl. Wolf a. a. O. § 11 Nr. 1 Rdn. 22 und zum Bierlieferungsvertrag BGH, Urteil vom 1. Dezember 1977 – KZR 6/76 = WM 1978, 216, 217 unter II 3 a), dies um so mehr, wenn die Gestehungskosten des Produktes – wie hier der Schmiermittel – von instabilen Rohstoffpreisen abhängen. Der Revision ist aber zuzugeben, daß andererseits das Bedürfnis des Kunden des Klauselverwenders nach Schutz vor überhöhten Preisänderungen mit der Länge des Belieferungsvertrages steigen kann, zumal wenn er sich zu einer Mindestabnahme und zum nahezu ausschließlichen Bezug beim Klauselverwender verpflichtet hat.

β) Zu Recht hat das Berufungsgericht jedoch dem Umstand erhebliche Bedeutung beigemessen, daß die Interessen der Vertragsparteien hier weitgehend gleichgerichtet sind, nämlich auf den Absatz der Produkte an den Endverbraucher abzielen. In den Entscheidungen vom 11. Juni 1980 (a. a. O., 1121) und 7. Oktober 1981 (a. a. O., 25) hat der Senat das Argument der Klauselverwender, die Wettbewerbsverhältnisse böten ein ausreichendes Korrektiv gegen übermäßige Entgeltforderungen, zwar nicht gelten lassen. Dort handelte es sich aber um Verträge zwischen Hersteller bzw. Händler einerseits und Letztverbrauchern andererseits, bei denen der Kunde des Klauselverwenders die Ware zum eigenen Nutzen und Gebrauch behalten wollte. Die Beklagte kann sich dagegen – gerade auch wegen der Langfristigkeit der vertraglichen Beziehung – nicht damit zufriedengeben, ihr Produkt den Händlern und Werkstattbetrieben zu verkaufen, sondern muß – ähnlich wie bei einem Absatzmittlungsvertrag – im Interesse einer ungestörten und beiderseits wirtschaftlich erfolgreichen Vertragsdurchführung darauf bedacht sein, ihren Abnehmern nicht durch das Verlangen nicht wettbewerbsgerechter Preise den Absatz an den Letztverbraucher zu erschweren. Daraus folgt, daß die Beklagte an dem Risiko des Absatzes ihrer Waren durch die Mitglieder des Klägers jedenfalls mittelbar beteiligt ist; der kaufmännische Kunde kann übersehen, daß sie dies bei ihrer Preisgestaltung zu berücksichtigen hat.

γ) Ein wesentlicher Umstand für die Beurteilung, ob die Mitglieder des Klägers durch die streitige Klausel unangemessen benachteiligt werden, ist ferner die Tatsache, daß die Beklagte erhebliche Vorleistungen in Form von Darlehen und Geräteausrüstungen erbringt (zur Notwendigkeit einer Abwägung der gesamten beiderseitigen Rechte und Pflichten vgl. auch BGHZ 82, 238, 240 f.). Sie finden ihr Äquivalent in dem Abschluß langfristiger Absatzverträge, die ihrerseits Voraussetzung für eine vorausschauende Produktions- und Investitionsplanung der Beklagten sind. Es ist zu eng, wenn die Revision die Gegenleistung der Mitglieder des Klägers nur in dem Einverständnis mit der langen Vertragsdauer und dem Eingehen auf eine Mindestabnahmeverpflichtung sieht. Bringt nämlich die lange Vertragsdauer zwingend das Bedürfnis des Klauselverwenders nach einer Preisanpassung mit sich (oben II 2 c bb) und stößt – wie noch zu zeigen sein wird (unten cc α) – die Formulierung einer Preisänderungsklausel, die den vom Senat für andere Vertragsgestaltungen aufgestellten Anforderungen an eine Konkretisierung der Preiserhöhungsfaktoren genügen könnte, auf besondere Schwierigkeiten, so kann die dem Vertragspartner im Rahmen eines angemessenen Interessenausgleichs zuzumutende Belastung unter Umständen auch in einem nicht näher konkretisierten Preiserhöhungsrecht des anderen Teils bestehen.

δ) Darüber hinaus verwendet die Beklagte die beanstandete Klausel – im Unterschied zu den Sachverhaltsgestaltungen, die den Senatsentscheidungen vom 11. Juni 1980 und 7. Oktober 1981 (jeweils a. a. O.) zugrundelagen – im kaufmännischen Geschäftsverkehr. Daraus folgt allerdings zunächst nur die Unanwendbarkeit des § 11 Nr. 1 AGBG, nicht auch die der Generalklausel des § 9 AGBG (oben II 2). Im Hinblick auf die nach § 24 Satz 2 Halbs. 2 AGBG zu berücksichtigenden Gewohnheiten und Gebräuche des Handelsverkehrs, in dem Preisklauseln in verschiedenster Ausgestaltung ständig vorkommen (zutreffend Trinkner a. a. O. § 11 Nr. 1 Rdn. 24), spricht aber schon viel dafür, ihre Wirksamkeit bei Verwendung gegenüber Kaufleuten nicht denselben strengen Maßstäben wie im nichtkaufmännischen Verkehr zu unterwerfen (BGH Urteil vom 27. September 1984 – X ZR 12/84 = BGHZ 92, 200 = WM 1984, 1573, 1575; Trinkner a. a. O., Rdn. 24, 25, 29; Staudinger/Karsten Schmidt, BGB, 12. Aufl., Vorbem. vor § 244 Rdn. 168 a. E.; Bartsch DB 1983, 214, 215; anders offenbar Staudinger/Schlosser a. a. O. § 11 Nr. 1 Rdn. 26; Baur a. a. O., S. 104; Wolf a. a. O. § 11 Nr. 1 Rdn. 24, andererseits aber auch a. a. O. § 24 Rdn. 17). Im vorliegenden Fall kommt noch hinzu, daß die Beklagte nicht mit Letztverbrauchern kontrahiert, sondern mit Händlern und Werkstattbetrieben, die ihrerseits die Produkte an den Endverbraucher weiterveräußern. Das ermöglicht es den Vertragspartnern der Beklagten, die ihnen aufgebürdete Preiserhöhung an den Letztverbraucher weiterzugeben (dazu z. B. Trinkner a. a. O. § 11 Nr. 1 Rdn. 26; Graf von Westphalen in: Löwe/Graf von Westphalen/Trinkner a. a. O. § 24 Rdn. 18; Coester-Waltjen a. a. O. § 11 Nr. 1 Rdn. 37; Wolf a. a. O. § 11 Nr. 1 Rdn. 41; Ebenroth/Obermann, Absatzmittlungsverträge im Spannungsverhältnis von Kartell- und Zivilrecht, 1980, S. 57). Demgegenüber wendet die Revision ohne Erfolg ein, die Möglichkeit der Weitergabe einer Preiserhöhung setze die Belieferung zu marktgerechten und konkurrenzfähigen Konditionen voraus; die Beklagte sei dagegen aufgrund der Klauselfassung nicht gehindert, durch eine willkürliche Preisgestaltung ihre nichtabnahmeverpflichteten Vertragspartner zu günstigeren Preisen zu beliefern als die gebundenen Händler, und tue das auch. Den Mitgliedern des Klägers ist es rechtlich weder durch die Fassung der streitigen Klausel noch durch andere vertragliche oder gesetzliche Hindernisse verwehrt, Preiserhöhungen auf ihre Kunden abzuwälzen. Daß ihnen dies in der Vergangenheit durch die – behauptete – unterschiedliche Preisgestaltung der Beklagten wirtschaftlich unmöglich gemacht worden wäre, hat der Kläger substantiiert nicht vorgetragen. Sein Vorbringen, die Beklagte habe nicht gebundene Wiederverkäufer zu niedrigeren Preisen beliefert, reicht dafür nicht aus, zumal nicht außer acht gelassen werden kann, daß die Schmiermittel in Werkstattbetrieben als Nebenleistungen angeboten werden, die der Kunde – anders als etwa bei einem Kauf in der Tankstelle – oft ohne nähere Prüfung als selbstverständlich entgegenzunehmen bereit ist. Es ist zwar durch die Klauselfassung nicht ausgeschlossen, kann aber bei der Beurteilung der dem Vertragspartner des Klauselverwenders drohenden Nachteile unberücksichtigt bleiben, daß die Beklagte den Mitgliedern des Klägers die Weitergabe einer Preiserhöhung an den Letztverbraucher durch ihre Preispolitik unmöglich macht. Denn wegen des besonderen Verhältnisses der Vertragsparteien und ihrer weithin gleichgerichteten Interessen (oben II 2 c bb β) kommt diese Möglichkeit nicht ernsthaft in Betracht. Im übrigen kann den Mitgliedern des Klägers für den Fall, daß die Beklagte ihre abnahmeverpflichteten Vertragspartner in einer Weise gegenüber nicht gebundenen Abnehmern benachteiligt, die eine Treu und Glauben und dem redlichen Geschäftsverkehr entsprechende Durchführung des Bezugsvertrages gefährdet, das Recht zur außerordentlichen Kündigung des Dauerschuldverhältnisses zustehen.

cc) Sprechen schon die bisher aufgezeigten, sich aus der Besonderheit der vorliegenden Vertragsgestaltung ergebenden Gesichtspunkte gegen die Unangemessenheit der angegriffenen Klausel, so kommt hinzu, daß die in den Senatsentscheidungen vom 11. Juni 1980 (a. a. O., 1121 f.) und 7. Oktober 1981 (a. a. O., 27) für leichter überschaubare Vertragsbeziehungen vorgeschlagenen Möglichkeiten einer Klauselgestaltung auf schwerlich zu überwindende Schwierigkeiten stoßen (zu diesem Gesichtspunkt vgl. auch Senatsurteil vom 26. November 1984, WM 1985, 127, unter VI 2b bb):

α) Die Beklagte hat geltend gemacht, daß sie sich angesichts der Langfristigkeit der Bezugsverträge außerstande sehe, schon im Zeitpunkt des Vertragsabschlusses alle relevanten Faktoren der zukünftigen Preisentwicklung festzulegen. Diesem — von der Kammer für Handelssachen des Landgerichts gebilligten — Standpunkt hat auch der Kläger kein Beispiel einer Preisänderungsklausel entgegenzuhalten vermocht, die einerseits die denkbaren preisbildenden Faktoren vollständig erfaßt und andererseits hinreichend konkret und doch für den Kunden noch verständlich (dazu Senatsurteil vom 7. Oktober 1981 a.a.O., 26f.) formuliert ist. Selbst wenn es gelingen sollte, die Elemente der zukünftigen Kostenentwicklung — wie z.B der (gerade für den Mineralölmarkt schwer vorhersehbaren) Rohstoffpreise, der Lohnkosten in der Branche des Klauselverwenders selbst und in etwaigen Zulieferindustrien, der Steuern und Importabgaben, des Einflusses des Beschäftigungsgrades des Werkes (dazu Salje DAR 1982, 88, 97) und des Aufwandes für Produktverbesserungen — in einer den Zeitraum vieler Jahre abdeckenden Formel zusammenzufassen (dazu z. B. Baur a.a.O., 88f., 103ff.), so könnte damit doch das — nicht von vornherein unangemessene — Interesse des Klauselverwenders, die Preisgestaltung auch an der Wettbewerbssituation auf dem Markt auszurichten, nicht berücksichtigt werden (ebenso Wolf a.a.O. § 11 Nr. 1 Rdn. 24). Das Gebot, in einer einseitigen Preisänderungsklausel die preisbildenden Faktoren hinreichend zu konkretisieren, kann aber nur so weit reichen, wie der Klauselverwender die — zumutbare — Möglichkeit hierzu hat (vgl. auch RegEntw. a.a.O., S. 28; 1. Teilbericht a.a.O., S. 66). Ist der unsicheren Entwicklung der Verhältnisse anders nicht Rechnung zu tragen, so spricht auch dies — zusätzlich — dagegen, die Preisklausel als unangemessen und somit unwirksam anzusehen (vgl. auch Brandner a.a.O. Anh. §§ 9–11 Rdn. 470, 163), zumal dann, wenn typischerweise in bestimmten Bereichen des wirtschaftlichen Geschäftsverkehrs ein Bedürfnis beider Vertragsseiten nach dem Abschluß derartiger langfristiger Bezugsverträge besteht.

β) Da mithin die Preisanpassungsklausel nicht zu beanstanden ist, besteht keine Veranlassung zu erwägen, ob den Partnern der Beklagten vertraglich ein Recht zur Lösung von den eingegangenen Verpflichtungen hätte zugestanden werden müssen. In seinem Urteil vom 11. Juni 1980 (a.a.O., 1121 unter II 2b, 1122 unter III) und 7. Oktober 1981 (a.a.O., 24–26 unter 2b–d, 27 unter 3b) hat der Senat die Einräumung einer derartigen Lösungsmöglichkeit nur als denkbaren Ausgleich für eine sonst unangemessene Regelung in Betracht gezogen. Schon an dieser Voraussetzung fehlt es hier. Im übrigen widerspräche ein Kündigungsrecht der Kunden nicht nur dem Charakter des auf langfristige Bindung angelegten und durch — nach der Dauer dieser Bindung bemessenen — Vorleistungen des anderen Teils gekennzeichneten Vertrages, sondern ließe auch unberücksichtigt, daß die Mitglieder des Klägers, die das Preisanpassungsrecht der Beklagten bei Vertragsschluß hingenommen haben, sich an dem Risiko der künftigen Preisentwicklung beteiligen müssen. An den nach den Vorschriften des Bürgerlichen Rechts (§§ 138, 242 BGB) und des Kartellrechts (z. B. § 26 Abs. 2 GWB) bestehenden Beschränkungen des Bestimmungsrechts der Beklagten ändert dies nichts.

d) Nach allem ist dem Berufungsgericht darin zuzustimmen, daß die zwischen der Beklagten und den Mitgliedern des Klägers geschlossenen Verträge in entscheidenden Punkten anders liegen als die früher von dem Senat beurteilten Fälle. Angesichts des

§ 9 *Generalklausel* Nrn. 110−111

Umstandes, daß bestimmte langfristige Bezugsverträge im Wirtschaftsleben unentbehrlich, zumindest aber für beide Teile nützlich sind, rechtfertigen es die aufgezählten Unterschiede, in dem hier gegebenen Fall ein uneingeschränktes Preisänderungsrecht des Klauselverwenders hinzunehmen.

Anmerkung:

Das vorinstanzliche Urteil des OLG Hamburg vom 27. 4. 1983 − 5 U 30/83 − ist abgedruckt in AGBE IV § 9 Nr. 92 = ZIP 1983, 700.

111 Eine Klausel in den Allgemeinen Geschäftsbedingungen eines Wasserversorgungsunternehmens, die für die Entgeltregelung für den Bezug von Zusatzwasser auf den Verbrauch des Spitzenmonats abstellt, benachteiligt den Kunden in unangemessener Weise und ist daher nach § 9 Abs. 1 AGBG unwirksam.

BGH, Urteil vom 6. 2. 1985 − VIII ZR 61/84; BGHZ 93, 358 = BB 1985, 1153 = DB 1985, 1338 = MDR 1986, 47 = NJW 1985, 3013 = WM 1985, 576 = ZIP 1985, 478.

Sachverhalt:

Die Klägerin versorgt das Gebiet der Stadt L. mit Wasser. Die Beklagte verfügt über eine Anlage, die einen Teil des in ihrem Betrieb benötigten Brauchwassers dem Rhein entnimmt. Das Frischwasser bezieht sie von der Klägerin. Nach deren Tarif hatte die Beklagte für den Wasserbezug in den ersten beiden Monaten des Jahres 1981 1,30 DM je cbm, danach 1,55 DM je cbm Frischwasser zuzüglich Mehrwertsteuer zu zahlen. Bestandteil des Versorgungsvertrages sind im übrigen die „Allgemeinen Bedingungen für die Versorgung mit Wasser aus dem Versorgungsnetz der technischen Werke L. am Rhein" (im folgenden: AVB), die in der zugehörigen Anlage 1 unter anderem folgende Regelung enthalten:

„III. Tarif für Wasserbezieher mit eigenen Wasserversorgungsanlagen.

1. Bezug von Zusatzwasser

a) Anschlußnehmer, die einen Teil ihres Wasserbedarfs aus ihrer Wasserversorgungsanlage decken und von dem TWL (= Klägerin) Zusatzwasser beziehen, haben monatlich mindestens zwei Drittel des höchsten Monatsbezugs des betreffenden Kalenderjahres zum vollen Preis zu bezahlen.

b) Die Zusatzwasserbezieher haben hierbei mindestens den Wasserpreis für eine Wasserabnahme von 100 Stunden/Jahr, multipliziert mit der Leistung ihrer Zähler (...) zu bezahlen."

Mit Ausnahme des Monats Juli hat die Beklagte im Jahre 1981 monatlich zwischen 3679 cbm und 6669 cbm Frischwasser bezogen. Wegen eines Schadens in ihrer Eigenversorgungsanlage lag der Verbrauch im Juli bei 15 842 cbm. Auf das von der Klägerin in Rechnung gestellte Wassergeld hat die Beklagte für das Jahr 1981 Zahlungen in Höhe von 119 722,13 DM geleistet. Der Berechnung dieses Betrages liegen die vorgenannten Arbeitspreise unter Berücksichtigung des tatsächlichen Verbrauchs zugrunde. Die Klägerin nimmt demgegenüber für sich eine Mehrforderung von 92 574,59 DM in Anspruch, die sie nach dem tatsächlichen Verbrauch im Monat Juli und im übrigen anhand eines nach Nr. III 1 a Anlage 1 AVB (im folgenden: Klausel III 1 a) für die restlichen Monate ermittelten fiktiven Verbrauchs von 10 561 cbm (zwei Drittel des Juliverbrauchs) berechnet hat. Beide Vorinstanzen haben die Klausel III 1 a für unwirksam gehalten und die auf Zahlung des Mehrbetrages gerichtete Klage abgewiesen.

Die Revision der Klägerin hatte keinen Erfolg.

Aus den Gründen:

A. Das Berufungsgericht hat die Rechtsverbindlichkeit der zur Berechnung der Klageforderung herangezogenen Klausel einer Überprüfung nach § 9 AGBG unterworfen.

I. Es hat – von der Revision nicht angegriffen – ausgeführt, bei den im Rahmen des privatrechtlich ausgestalteten Versorgungsverhältnisses verwendeten Versorgungsbedingungen (AVB) handle es sich um Allgemeine Geschäftsbedingungen, die grundsätzlich einer Inhaltskontrolle nach dem AGB-Gesetz unterzogen werden könnten. Darin ist ihm zu folgen. Die Rechtsbeziehungen der Parteien richten sich nicht nach den gemäß § 27 AGBG als Rechtsverordnung erlassenen Allgemeinen Bedingungen für die Versorgung mit Wasser (AVB WasserV) vom 20. Juni 1980 (BGBl I S. 750, ber. S. 1067). Wie das Berufungsgericht festgestellt hat, handelt es sich bei der Beklagten um ein Industrieunternehmen, welches vom Geltungsbereich der Verordnung ausdrücklich ausgenommen ist (§ 1 Abs. 2 AVB WasserV). Das Vertragsverhältnis der Parteien bestimmt sich daher nach den abweichenden AVB der Klägerin, die grundsätzlich der Inhaltskontrolle nach § 9 AGBG unterliegen, und zwar ungeachtet des Umstands, daß der Wasserlieferungsvertrag bereits vor Inkrafttreten des AGB-Gesetzes geschlossen worden ist (§ 28 Abs. 2 und 3 AGBG; Ulmer in: Ulmer/Brandner/Hensen, AGB-Gesetz, 4. Aufl., § 28 Rdnr. 3).

II. Von einer Inhaltskontrolle ausgenommen wären sie allenfalls unter den in § 8 AGBG geregelten Voraussetzungen.

1. Diese Bestimmung wird zwar in § 28 Abs. 2 AGBG nicht ausdrücklich für die darin erwähnten Altverträge für anwendbar erklärt. Das bedeutet aber nicht, daß ihre Anwendbarkeit auf solche Verträge ausscheidet. Denn § 28 Abs. 2 AGBG hat ersichtlich nicht den Zweck, die Altverträge einer weitergehenden Inhaltskontrolle zu unterziehen als die nach Inkrafttreten des Gesetzes geschlossenen Verträge, was aber der Fall wäre, wenn § 8 AGBG auf sie nicht angewendet werden könnte.

2. Ob § 8 AGBG einer Inhaltskontrolle der hier betroffenen Klausel entgegensteht, hat das Berufungsgericht allerdings nicht geprüft. Dagegen wendet sich die Revision im Ergebnis jedoch ohne Erfolg.

a) § 8 AGBG beschränkt die Inhaltskontrolle nach §§ 9 bis 11 AGBG auf Klauseln, die von Rechtsvorschriften abweichen oder diese ergänzen. Die Vorschrift soll, so die Begründung des Regierungsentwurfs, weder eine Kontrolle der Preise oder Leistungsangebote ermöglichen, noch sollen Vorschriften anderer Gesetze modifiziert werden (BT-Drucks 7/3919, S. 22). Da das Gesetz den Vertragspartnern grundsätzlich freistellt, Leistung und Gegenleistung im Vertrag frei zu bestimmen, unterliegen bloße Abreden über den unmittelbaren Gegenstand der Hauptleistung (sogenannte Leistungsbeschreibungen) der gesetzlichen Inhaltskontrolle nach dem AGB-Gesetz ebensowenig wie Vereinbarungen über das von dem anderen Teil zu erbringende Entgelt (BGH, Urteile vom 18. Februar 1982 – I ZR 81/80 = LM § 9 (Cb) AGBG Nr. 5 unter Nr. II 1 und vom 29. September 1983 – VII ZR 225/82 = WM 1983, 1281 = NJW 1984, 171, 172; Brandner in: Ulmer/Brandner/Hensen a. a. O. § 8 Rdnr. 7–9; derselbe in: Festschrift für Fritz Hauß, 1978, S. 1, 8 f.; Bunte, Handbuch der AGB, S. 19; Dietlein/Rebmann, AGB aktuell, § 8 Rdnr. 2; Dittmann/Stahl, AGB, Rdnr. 257; Löwe in: Löwe/Graf von Westphalen/Trinkner, Kommentar zum AGBG, § 8 Rdnr. 2; Schlosser, AGBG, § 8 Rdnr. 1; A. Stein, Gesetz zur Regelung des Rechts der AGB, § 8 Rdnr. 1; G. Stein, Die

Inhaltskontrolle vorformulierter Verträge des Allgemeinen Privatrechts, S. 134; Wolf in: Wolf/Horn/Lindacher, AGB-Gesetz, 1984, § 8 Rdnr. 10 und 13; Ebel BB 1980, 477, 485; Niebling BB 1984, 1713, 1716 ff.; einschränkend Schmidt-Salzer, Allgemeine Geschäftsbedingungen, 2. Aufl. 1977, Rdnr. F 31; anders: Koch/Stübing, Allgemeine Geschäftsbedingungen, § 8 Rdnr. 9). Von den Entgeltregelungen zu unterscheiden sind die sogenannten Preisnebenabreden, die nach allgemeiner Auffassung der Inhaltskontrolle nach dem AGB-Gesetz unterliegen (BGH, Urteil vom 29. September 1983 a. a. O.; Brandner a. a. O. (Kommentar) § 8 Rdnr. 11 bis 16; derselbe a. a. O. (Festschrift) S. 7). Dabei handelt es sich um Bestimmungen, die zwar Auswirkungen auf Preis und Leistung haben, aber nicht ausschließlich die in Geld geschuldete Hauptleistung festlegen (Löwe a. a. O., § 8 Rdnr. 12; MünchKomm/Kötz, BGB, 2. Aufl., § 8 AGBG Rdnr. 4; Niebling BB 1984, 1713, 1717). Sie weichen im allgemeinen von Vorschriften des dispositiven Gesetzesrechts ab oder ihr Regelungsgehalt könnte – wären sie in AGB nicht enthalten – aus §§ 157, 242 BGB gewonnen werden. Sie sind deshalb der Inhaltskontrolle nach den §§ 9–11 AGBG nicht entzogen (BGH, Urteil vom 5. Juni 1984 – X ZR 75/83 = BGHZ 91, 316, 318; Brandner a. a. O. (Kommentar), § 8 Rdnr. 15 und (Festschrift) S. 7 und 9 f.). Dazu zählen etwa Klauseln über die Bemessung oder Änderung des Entgelts durch eine Vertragspartei (Senatsurteil vom 18. Mai 1983 – VIII ZR 83/82 = WM 1983, 731, 732), Zahlungsbedingungen, Fälligkeits- und Wertsicherungsklauseln (Bunte a. a. O., S. 19; Graba in: Schlosser/Coester-Waltjen/Graba, Kommentar zum AGB-Gesetz, § 8 Rdnr. 19; Palandt/Heinrichs, BGB, 44. Aufl., § 8 AGBG Anm. 2 b; Wolf a. a. O., § 8 Rdnr. 16). Auch die Vereinbarung besonderer Preiszuschläge wird teilweise zu den Preisnebenabreden gerechnet (Brandner a. a. O. (Kommentar), § 8 Rdnr. 16 und (Festschrift) S. 13; MünchKomm/Kötz a. a. O., § 8 Rdnr. 4; einschränkend Niebling BB 1984, 1713, 1717; anders in Bezug auf Zuschläge für besondere Leistungen: Wolf a. a. O., § 8 Rdnr. 14). Um eine der Inhaltskontrolle unterliegende Klausel handelt es sich auch bei Nr. III 1 a Anlage 1 der Wasserversorgungsbedingungen der Klägerin.

b) Die Klausel ist allerdings nicht deshalb als Preisnebenabrede einzustufen, weil sie den geschuldeten Wasserpreis nicht bereits betragsmäßig erkennen läßt. Zwar wird im Schrifttum teilweise gefordert, eine Preisklausel müsse, um in dem hier zu erörternden Sinne „kontrollfest" zu sein, bei Geldleistungen grundsätzlich „den Preis beziffern" (Graba a. a. O., § 8 Rdnr. 18) bzw. diesen „bestimmt" (MünchKomm/Kötz a. a. O., § 8 AGBG Rdnr. 4) oder „konkret" (Löwe a. a. O., § 8 Rdnr. 12) festlegen. Diese Forderungen mögen ihre Berechtigung in Fällen haben, in denen das Entgelt bei Vertragsschluß bereits bezifferbar ist. Sie passen indessen nicht auf solche Klauseln, die sich schon ihrer Natur nach einer näheren Konkretisierung im Zeitpunkt des Vertragsschlusses entziehen, weil etwa – wie hier – das „konkrete" Entgelt erst vom Ergebnis einer Messung abhängt und zudem an das Vorliegen eines Sachverhalts (überdurchschnittliche Verbrauchsspitze) anknüpft, der erst nach Vertragsschluß eintritt. In diesem Falle muß es genügen, wenn die Klausel die zukünftige Geldforderung nach allgemeinen Kriterien bestimmbar umschreibt (vgl. Brandner a. a. O. (Festschrift) S. 7 und 10). Diesem Erfordernis wird die Klausel III 1 a gerecht, denn aus ihr läßt sich das geschuldete Wassergeld nach Kenntnis des konkreten Verbrauchs durch einen einfachen Rechenschritt ermitteln.

c) Gleichwohl unterliegt die Klausel der Inhaltskontrolle nach § 9 AGBG, weil sie von „Rechtsvorschriften" im Sinne von § 8 AGBG abweicht, die dem Wasserlieferungsvertrag sein Gepräge geben.

aa) Unter Rechtsvorschriften im Sinne von § 8 AGBG sind nicht nur Gesetzesvorschriften im materiellen Sinn zu verstehen (so aber Schaefer VersR 1978, 4, 7). Bei einem so eingeschränkten Inhalt der Vorschrift fielen alle diejenigen Verträge von vornherein aus dem Schutzbereich der §§ 9 bis 11 AGB heraus, die – wie der hier betroffene Wasserversorgungsvertrag mit Industriekunden – gesetzlich nicht besonders geregelt sind. Das wäre mit dem Zweck der Inhaltskontrolle nicht zu vereinbaren, der dahin geht, den Vertragspartner des Verwenders vor einer einseitig vorgeschriebenen, unangemessenen Verkürzung derjenigen Rechte zu schützen, die er nach Gegenstand und Zweck des Vertrages zu erwarten berechtigt ist. Dieser Schutzzweck ergibt sich namentlich aus § 9 Abs. 2 Nr. 2 AGBG, wonach auch solche Rechte und Pflichten den Maßstab für die Inhaltskontrolle geben können, die aus der Natur des jeweiligen Vertrages folgen (Brandner a. a. O. (Kommentar), § 8 Rdnr. 2 und 19). § 8 AGBG gestattet daher – insbesondere beim Fehlen dispositivgesetzlicher Normen – eine Inhaltskontrolle auch solcher AGB-Klauseln, die vertragsnatürliche wesentliche Rechte und Pflichten zum Nachteil des Vertragspartners einschränken (Brandner a. a. O.) oder sonst gegen allgemein anerkannte Rechtsgrundsätze verstoßen (Senatsurteil vom 21. Dezember 1983 – VIII ZR 195/82 = BGHZ 89, 206, 211; Wolf a. a. O., § 8 Rdnr. 5). So aber liegt es hier.

bb) Mit der Wasserversorgung der Allgemeinheit nimmt die Klägerin eine Aufgabe der sogenannten Daseinsvorsorge wahr, die an sich von der öffentlichen Verwaltung zu erfüllen wäre (BGH, Urteil vom 5. April 1984 – III ZR 12/83 = BGHZ 91, 84, 86 m. w. N.; Senatsurteil vom 26. November 1975 – VIII ZR 164/74 = BGHZ 65, 284, 287). In einem solchen Fall richtet sich die Ausgestaltung des Rechtsverhältnisses mit den jeweiligen Abnehmern nicht ausschließlich nach den Normen des Privatrechts; diese werden vielmehr in mancherlei Hinsicht durch Bestimmungen des öffentlichen Rechts ergänzt, überlagert und modifiziert (BGHZ 91, 84, 96 m. w. N.; Gusy DÖV 1984, 872, 879). So sind von den Versorgungsunternehmen bei grundsätzlich privatrechtlicher Ausgestaltung des Vertragsverhältnisses nicht nur die Grundrechte, insbesondere der – hier allerdings nicht betroffene – Gleichheitssatz (Artikel 3 Abs. 1 GG) zu beachten (Senatsurteil vom 26. November 1975 a. a. O.). Vielmehr können auch andere, „die Prinzipien öffentlicher Finanzgebaren" betreffende Grundsätze Geltung beanspruchen (BGHZ 91, 84, 97; Ossenbühl DVBl 1974, 541, 543). Der III. Zivilsenat des Bundesgerichtshofs hat es in der bereits mehrfach zitierten Entscheidung vom 5. April 1984 für unzulässig angesehen, wenn ein von der Verwaltung beherrschtes, privatrechtlich verfaßtes Wasserversorgungsunternehmen dem einzelnen Bürger im Rahmen Allgemeiner Geschäftsbedingungen Entgelte für Leistungen abverlangt, für die bei öffentlich-rechtlicher Ausgestaltung des Rechtsverhältnisses Abgaben nicht erhoben werden dürften (a. a. O., S. 97). Richtete sich das Verhältnis der Parteien dieses Rechtsstreits nach öffentlichem Recht, so gälte hinsichtlich der abgaberechtlichen Ausgestaltung des Wassergeldes das sogenannte Äquivalenzprinzip. Dabei handelt es sich um die gebührenrechtliche Variante des allgemeinen Grundsatzes der Verhältnismäßigkeit, die besagt, daß ein Gebührenmaßstab gefunden werden muß, durch den ein „angemessenes Verhältnis" zwischen Leistung und Gegenleistung hergestellt wird (BVerfGE 20, 257, 270; BVerwGE 12, 162, 166; 26, 305, 309; Bauernfeind/Zimmermann, Kommunalabgabengesetz für das Land Nordrhein-Westfalen, 2. Aufl., § 6 Rdnr. 3; Ludwig/Odenthal, Das Recht der öffentlichen Wasserversorgung, Stand November 1982, II S. 48).

cc) Gilt dieser allgemeine Grundsatz der Vertragsgerechtigkeit somit auch für den privatrechtlichen Wasserlieferungsvertrag, so muß sich die Klausel III 1 a daran messen lassen. Allerdings geht es dabei nicht darum, das Äquivalenzprinzip ganz allgemein zum Instrument einer richterlichen Preiskontrolle in der privatrechtlich organisierten Wasserversorgung zu machen. Das würde dem mit § 8 AGBG verfolgten gesetzgeberischen Anliegen, die privatautonome Gestaltung der Preise einer Kontrolle zu entziehen, nicht gerecht werden. Zwar wird der normale Tarifabnehmer kaum je eine echte Chance haben, seine Interessen bei den Preisverhandlungen mit dem in aller Regel – so auch hier – marktbeherrschenden Wasserversorgungsunternehmen durchzusetzen. Dieser faktischen Beschränkung der Vertragsfreiheit entgegenzuwirken, ist – soweit es um die Entgeltfrage als solche geht – indessen nicht Aufgabe des AGB-Gesetzes, sondern der kartellrechtlichen Mißbrauchsaufsicht (vgl. § 22 Abs. 4 und Abs. 5 GWB). So ist insbesondere der konkret festgelegte tarifliche Arbeitspreis einer Inhaltskontrolle nach §§ 8, 9 AGBG entzogen. Hier aber handelt es sich um eine Klausel, die nicht nur die Höhe der Vergütung, sondern in abstrakter Weise zugleich auch die Voraussetzungen ihres Entstehens regelt. Solche Klauseln hat der Bundesgerichtshof auch bereits vor Inkrafttreten des AGB-Gesetzes einer an den Grundsätzen von Treu und Glauben (§ 242 BGB) ausgerichteten Inhaltskontrolle unterzogen (Urteil vom 2. März 1978 – VII ZR 104/77 = WM 1978, 723, 725 m. w. N.). Sie unterliegen nunmehr der Kontrolle nach § 9 AGBG (Wolf a. a. O., § 8 Rdnr. 13). Das gilt für die hier zu beurteilende Klausel um so mehr, als sie aus sich heraus nicht einmal die von der Klägerin erbrachte Gegenleistung erkennen läßt, deren Vergütung sie bezweckt. Daß es sich dabei um die Abgeltung der für Zusatzwasserbezieher in besonderem Maße anfallenden Vorhaltekosten handeln soll, ergibt sich nämlich erst aus dem Vortrag der Klägerin in diesem Rechtsstreit, der im übrigen dahingeht, die Klausel solle letztendlich auch einen gewissen „Erziehungseffekt" bewirken, indem sie den Kunden zwinge, auf eine möglichst gleichmäßige Abnahme zu achten. Auch dieser „versteckte Sanktionscharakter" hebt die Klausel aus dem Bereich der bloßen Entgeltregelungen heraus und macht sie zu einer der Inhaltskontrolle unterliegenden Preisnebenabrede (Niebling BB 1984, 1713, 1717).

B. Das Berufungsgericht hat angenommen, die Klausel Nr. III 1 a sei gemäß § 9 AGBG unwirksam.

I. Hierzu hat es ausgeführt, der Aufwand der Klägerin für die ständige Unterhaltung der erforderlichen Einrichtungen zur Förderung, Lagerung und Verteilung von Wasser und die Bereitschaft der Klägerin, jederzeit auch einen plötzlich auftretenden Spitzenbedarf zu befriedigen, verursachten erhebliche Vorhaltekosten, die überwiegend unabhängig von der tatsächlichen Wasserentnahme seien (vgl. dazu allgemein auch BVerwG KStZ 1982, 31; Ludwig/Odenthal, Das Recht der öffentlichen Wasserversorgung, Stand November 1982, S. II 45; Hook, gwf-wasser/abwasser 1971, 489 f.). Die Vergütungsregelung Nr. III 1 a suche diesen Zusammenhängen zwar Rechnung zu tragen. Sie sei aber unwirksam; denn der von der Klägerin gewählte Maßstab für die Umlegung dieser Kosten auf den einzelnen Zusatzwasserbezieher benachteilige die Beklagte entgegen den Geboten von Treu und Glauben unangemessen, weil er mit einem wesentlichen Grundgedanken des zwischen den Parteien bestehenden Vertragsverhältnisses, nämlich dem den gegenseitigen Austauschvertrag im allgemeinen und den Wasserversorgungsvertrag im besonderen prägenden Äquivalenzprinzip, nicht zu vereinbaren sei (§ 9 Abs. 1, Abs. 2 Nr. 1 AGBG). Dieses Prinzip könne durch die Klausel in unsachgemäßer Weise empfindlich gestört werden. Dabei könne – wie die Klägerin behauptet habe – unterstellt werden, daß die Vorhaltekosten nicht bereits durch das Entgelt für den tatsächlichen Verbrauch gedeckt seien. Deren Umlegung durch die Klausel Nr. III 1 a erfolge jedoch nach einem Maßstab, der nicht an die tatsächlich von den einzelnen Zusatzwasserbeziehern verursachten Kosten anknüpfe. Die Regelung führe nämlich bei einer einmaligen monatlichen Spitzenabnahme von mehr als 50% gegenüber dem normalen Monatsbezug dazu, daß der Abnehmer für die übrigen elf Monate des Jahres im Ergebnis einen höheren Kubikmeterpreis bezahlen müsse als für den Monat der Leistungsspitze. Durch diese Preisgestaltung werde die gegenseitige Beziehung zwischen Leistung und Gegenleistung für die Monate gestört, in denen die Anhebung des Entgelts auf zwei Drittel des höchsten Monatsbezugs stattfinde.

II. Die Revision rügt demgegenüber in erster Linie, das Berufungsgericht habe den von der Klägerin zur sachlichen Rechtfertigung der Klausel vorgetragenen Tatsachenstoff unzulänglich gewürdigt und insbesondere die betriebswirtschaftliche Bedeutung der sogenannten Vorhaltekosten verkannt. Indem es den Vortrag der Klägerin unter Verletzung des Sinnzusammenhangs einschränkend dahin ausgelegt und im Wege der Wahrunterstellung verwertet habe, die Vorhalte- und Bereitstellungskosten seien nicht bereits im allgemeinen Wasserpreis enthalten, habe es dessen wesentlichen Teil, nämlich den Hinweis auf die überlineare Kostenbelastung der Klägerin durch die Belieferung von Zusatzwasserbeziehern, unbeachtet gelassen. Die Regelung in Nr. III 1 a belaste den Spitzenverbrauch dieser Gruppe mit Bedacht nicht bloß mit einem gleichmäßigen Aufschlag (Mehrpreis pro cbm), sondern führe im Ergebnis mit wachsender Größe der Verbrauchsspitze zu einer überlinearen Preissteigerung. Die Berechtigung dafür ergebe sich aus dem vorgetragenen Umstand, daß extreme Wasserabgaben nur an wenigen Tagen des Jahres zu verzeichnen seien, dennoch die zur Bewältigung solcher Verbrauchsspitzen notwendige Förderungs-, Bevorratungs- und Leitungskapazität das ganze Jahr über von der Klägerin vorgehalten werden müsse. Als verantwortlich für diese absolute Spitzenleistung seien insbesondere die Verbraucher anzusehen, deren eigener Verbrauch extreme Schwankungen aufweise. Das seien in erster Linie diejenigen Abnehmer, die einen Teil ihres Wasserbedarfs einer eigenen Versorgungsanlage entnähmen (Zusatzwasserbezieher). In deren Betrieben wirkten sich nicht nur die Änderung des Produktionsablaufs auf den Wasserbedarf aus, sondern auch und insbesondere die Funktionstüchtigkeit der eigenen Versorgungsanlage. Falle diese aus, könnten die Kunden erwarten, daß unverzüglich ihr voller Bedarf aus dem Netz der Klägerin gespeist werde. Ihnen sei daher auch zuzumuten, sich in besonderer Weise an den Vorhaltekosten der Klägerin zu beteiligen.

III. Diesen Angriffen hält das angefochtene Urteil stand.

Mit der Unterstellung, die Vorhaltekosten seien nicht bereits durch das Entgelt für den tatsächlichen Verbrauch gedeckt, hat das Berufungsgericht keineswegs das Vorbringen der Klägerin sinnentstellend verkürzt, vielmehr allein die gegenteilige Behauptung der Beklagten unberücksichtigt gelassen, was prozessual zulässig und folgerichtig war, weil es die Klage aus anderen Gründen abgewiesen hat. Seinen Ausführungen läßt sich auch nicht entnehmen, daß es etwa die von der Klägerin aufgezeigten betriebswirtschaftlichen Zusammenhänge zwischen dem besonderen Abnahmeverhalten von Zusatzwasserbeziehern und den dadurch verursachten Vorhaltekosten verkannt hat. Es hat im Gegenteil in der Klausel III 1 a gerade keine Entsprechung dieser betriebswirtschaftlichen Zusammenhänge gesehen und den in ihr angelegten Verteilungsmaßstab daher mit Recht als unangemessen angesehen. Unter Berücksichtigung des von der Klägerin selbst dargelegten Zusammenhangs zwischen der individuellen Spitzenabnahme von Zusatzwasserbeziehern und der eigenen Struktur der Vorhalte- bzw. Bereitstellungskosten hätte es nahegelegen, diese Kosten nach einem Maßstab auf die Zusatzwasserbezieher zu verteilen, der unmittelbar an die individuelle Leistungsspitze anknüpft und somit den die Vorhaltekosten verursachenden Spitzenbedarf als solchen verteuert. Wie die Klausel hätte gestaltet sein müssen, um dies zu erreichen, bedarf keiner Entscheidung. Denkbar wäre beispielsweise die Erhebung eines höheren, gegebenenfalls auch „überlinearen", also progressiv steigenden Arbeitspreises bei Überschreiten einer von vornherein bestimmten oder zu vereinbarenden Abnahmemenge pro Zeiteinheit, wobei andere Modelle in gleicher Weise geeignet sein mögen, eine ursächliche Verknüpfung des Aufwands der Klägerin mit der Kostenlast des Abnehmers zu erreichen (vgl. dazu Ernst VIK-Mitt. 1973, 1. Sonderheft, 15, 16 f.; derselbe VIK-Mitt. 1976, 108, 109 ff.). Die hier zu prüfende Klausel vermag dem vom Berufungsgericht zutreffend herangezogenen Äquivalenzprinzip (siehe oben I 3 b und c) jedenfalls nicht Rechnung zu tragen. Denn sie führt nicht etwa zu einer Verteuerung des während des höchsten Monatsbezugs, also im Rahmen der individuellen Leistungsspitze abgenommenen Wassers, sondern erhöht im Ergebnis den Mengenpreis für die Wasserabnahme in den Monaten mit besonders sparsamem Verbrauch, indem es einen für die Abrechnung zugrundezulegenden Verbrauch in Höhe von zwei Dritteln des Verbrauchs des Spitzenmonats fingiert. Dieser Anknüpfungspunkt ist bereits deswegen ungeeignet, die Vorhaltekosten sachgerecht abzugelten, weil nicht der niedrigere Verbrauch in den restlichen Monaten, sondern allenfalls der höchste Verbrauch in dem Spitzenmonat zur Verursachung der Vorhaltekosten beigetragen haben kann. Selbst das aber gilt nicht ausnahmslos. Die Revision übersieht nämlich, daß die Klausel die zusätzliche Belastung des einzelnen Zusatzwasserbeziehers keineswegs davon abhängig macht, daß seine individuelle Verbrauchsspitze im konkreten Fall zur Gesamtspitzenleistung der Klägerin beigetragen hat, also dafür tatsächlich kausal geworden ist. Denn nach ihrem Inhalt wird auch derjenige Zusatzwasserbezieher zu den allgemeinen Vorhaltekosten der Klägerin herangezogen, dessen individueller Spitzenverbrauch in eine Zeit allgemein schwachen Verbrauchs fällt. Umgekehrt muß sich bei Anwendung der Klausel ein Industrieunternehmen, das von der Klägerin Zusatzwasser bezieht und seinen Betrieb – etwa wegen Betriebsferien – im Hochsommer schließt, eine Berechnung erhöhter Wasserkosten gefallen lassen, obwohl es das Netz der Klägerin zu einer Zeit entlastet, in der diese nach eigenem Vortrag eine gewöhnlich um das doppelte gestiegene Nachfrage zu befriedigen hat. Zwar ist der Spitzenverbrauch der Beklagten – wegen des Ausfalls ihrer eigenen Versorgungsanlage wohl eher zufällig – tatsächlich in die Starklastzeit (Juli) der Klägerin gefallen. Ob die Anwendung der Klausel damit in dem hier zu entscheidenden Fall rein rechnerisch zu einem Ergebnis führt, das möglicherweise auch bei einer adäquaten Berechnungsmethode erzielt worden wäre, mag dahinstehen. Denn darauf kommt es nicht an, weil an die Inhaltskontrolle nach § 9 AGBG ein abstrakt-genereller Maßstab anzulegen ist. Das angeführte Beispiel zeigt, daß die von der Klägerin aufgestellte Klausel erhebliche Mängel nicht nur in Bezug auf den Maßstab der Kostenüberwälzung, sondern bereits in der Erfassung der Kostenverursachung aufweist (ebenso Ernst VIK-Mitt. 1973, 1. Sonderheft, 15, 16; derselbe VIK-Mitt. 1976, 108, 110). Fehlt es somit hier an einer Regelung, die die Vorhaltekosten in einer mit dem tatsächlichen Anfall objektiv verknüpften Weise umlegt, so ist das Äquivalenzprinzip verletzt. Das Berufungsgericht hat darin recht, wenn es feststellt, daß die Anwendung der Klausel unter diesen Umständen weitgehend zu Zufallsergebnissen führt, was ihre sachliche Berechtigung nicht nur in objektiver Hinsicht, sondern sogar aus der Sicht der Klägerin in Frage stellt. In der Tat ist es der Klägerin – wie das Berufungsgericht annimmt – bei der bisherigen Tarifgestaltung nicht möglich, im Wirtschaftsplan auch nur einigermaßen zuverlässig im voraus zu veranschlagen, ob und in welchem Umfang die im Hinblick auf Zusatzwasserbezieher aufgewendeten Vorhaltekosten abgewälzt werden können. Das berührt die Interessen ihrer

Abnehmer zwar nicht, soweit die Anwendung der Klausel zu einer nur unvollständigen Deckung dieser Kosten führte. Da aber auch eine Überdeckung nicht auszuschließen ist, und diese sich – indem sie der Klägerin einen unverhofften und ungerechtfertigten Gewinn verschaffen würde – zu Lasten der Kunden auswirken müßte, benachteiligt die Klausel diese in unangemessener Weise und ist daher nach § 9 Abs. 1 AGBG unwirksam.

Ob schließlich, wie das Berufungsgericht annimmt, die Klausel zudem deshalb als unangemessen anzusehen ist, weil sie die Feststellung, ob eine Erhöhung des Mengenpreises stattfindet, erst nach Ablauf des Jahres zulasse und daher den gewerblichen Abnehmern verwehre, die tatsächlich anfallenden Wasserkosten bei einer zeitnahen Kalkulation zu berücksichtigen und in die Produktionskosten mit einfließen zu lassen, kann danach dahinstehen.

C. Der mit der Klage geltend gemachte Anspruch läßt sich auch nicht aus einem anderen Rechtsgrund herleiten.

I. Soweit einzelne AGB-Bestimmungen unwirksam sind, richtet sich der Inhalt des Vertrages gemäß § 6 Abs. 2 AGBG nach den gesetzlichen Vorschriften.

1. Spezielle dispositive gesetzliche Bestimmungen, die an die Stelle der unwirksamen Klausel treten könnten, fehlen hier, weil der privatrechtliche Wasserlieferungsvertrag eine besondere gesetzliche Ausgestaltung nicht erfahren hat. Die Vorschriften des Kaufrechts, nach denen sich das zwischen den Parteien bestehende Vertragsverhältnis im übrigen richtet (Senatsurteil vom 4. Oktober 1972 – VIII ZR 117/71 = BGHZ 59, 303, 306), ergeben für die Vergütung der Vorhaltekosten keine zum Vergleich geeigneten Anhaltspunkte.

2. Die durch die Unwirksamkeit der Klausel III 1a entstandene Lücke kann auch nicht im Wege der ergänzenden Vertragsauslegung (§§ 133, 157 BGB) geschlossen werden. Es entspricht der ständigen Rechtsprechung des Bundesgerichtshofs, daß eine ergänzende Vertragsauslegung ausscheidet, wenn verschiedene Gestaltungsmöglichkeiten zur Ausfüllung einer vertraglichen Regelungslücke in Betracht kommen, aber kein Anhaltspunkt dafür besteht, welche Regelung die Parteien getroffen hätten (BGHZ 54, 106, 115; 62, 83, 90; Urteil vom 5. Mai 1977 – VII ZR 36/76 = WM 1977, 741, 743; Senatsurteil vom 1. Februar 1984 – VIII ZR 54/83 = BGHZ 90, 69, 80). So ist es hier. Als Alternative zu der in Wegfall geratenen Klausel werden im Fachschrifttum die verschiedensten Kostenzurechnungsverfahren erörtert, wie etwa die Leistungspreisregelung, das Benutzungsdauerverfahren und das sogenannte Spitzenlastanteilverfahren (vgl. Ernst VIK-Mitt. 1973, 1. Sonderheft, 15, 16 f.; derselbe VIK-Mitt. 1976, 108, 109 ff.; Erbslöh VIK-Mitt. 1972, 1. Sonderheft, 12, 13 ff.; Hook a.a.O., S. 489 f., dem folgend Ludwig/Odenthal a.a.O. II S. 72 f.). Ob überhaupt und gegebenenfalls auf welches der genannten Verfahren die Parteien sich bei sachgerechter Abwägung ihrer beiderseitigen Interessen nach Treu und Glauben möglicherweise geeinigt hätten, kann angesichts des Umstandes, daß sämtliche der genannten Verfahren jeweils unterschiedliche Vor- und Nachteile zu Gunsten bzw. zu Lasten eines der Beteiligten aufweisen, nicht festgestellt werden. Insoweit liegt es hier anders als in dem am 1. Februar 1984 vom Senat entschiedenen Fall (BGHZ 90, 69, 73 ff.). Der dort beschrittene Weg, dem vom Wegfall der Klausel betroffenen Klauselverwender im Wege der ergänzenden Vertragsauslegung ein Preisbestimmungsrecht nach § 315 Abs. 1 BGB einzuräumen und diese Bestimmung der gerichtlichen Billigkeitskontrolle nach § 315 Abs. 3 Satz 2 BGB zu unterwerfen, würde

hier auch schon aus tatsächlichen Gründen nicht weiterführen, so daß dahingestellt bleiben kann, ob er vorliegend überhaupt gangbar wäre. Denn die Entscheidung nach § 315 Abs. 3 Satz 2 BGB hätte jedenfalls im Rahmen dieses Rechtsstreits getroffen werden müssen. Voraussetzung dafür wäre allerdings gewesen, daß die Klägerin – wozu nach Abweisung ihrer Klage in erster Instanz Anlaß bestanden hätte – eine Bestimmung anhand einer nachprüfbaren, konkreten Kostenzuordnung vorgenommen und Tatsachen vorgetragen hätte, die dem Berufungsgericht eine fundierte Billigkeitsentscheidung ermöglicht hätte. An beidem fehlt es. Insbesondere genügten dazu weder der allgemein gehaltene Hinweis der Klägerin, allein durch die Schaffung von Einrichtungen zur Wasserbevorratung und -bereithaltung falle in ihrem Unternehmen ein Investitionsmehraufwand von 22 Millionen DM an, noch die Berechnung in den Schriftsätzen vom 12. September 1983 und 4. Oktober 1983. Denn diese beruhten ausschließlich auf der Grundlage der unwirksamen Klausel III 1 a.

3. Der Senat hat schließlich erwogen, ob der Klägerin der geltend gemachte Anspruch unter dem Gesichtspunkt ersparter Aufwendungen nach bereicherungsrechtlichen Grundsätzen zustehen könnte. Einer abschließenden Entscheidung zur Anwendbarkeit der allenfalls in Frage kommenden Bestimmung des § 812 Abs. 1 Satz 1 BGB bedarf es indessen nicht, weil der Vortrag der Klägerin auch insoweit keine Anhaltspunkte tatsächlicher Art enthält, die es ermöglichten, eine konkrete Bereicherung der Beklagten anzunehmen.

112 **Eine Klausel in einem formularmäßigen Bauvertrag, wonach sich bei Überschreiten des Festpreistermins der Gesamtpreis um den Prozentsatz erhöht, zu dem der Unternehmer entsprechende Bauwerke zum Zeitpunkt des Baubeginns nach der dann gültigen Preisliste anbietet, ist nach § 9 AGBG unwirksam, denn sie ermöglicht es dem Unternehmer, über die Abwälzung der konkreten Kostensteigerungen hinaus die vereinbarte Festpreisvergütung ohne jede Begrenzung einseitig anzuheben.**

BGH, Urteil vom 20. 5. 1985 – VII ZR 198/84; BGHZ 94, 335 = BB 1985, 1351 = DB 1985, 1885 = NJW 1985, 2270 = WM 1985, 1075 = ZIP 1985, 1081.

Sachverhalt und **Gründe** sind abgedruckt unter Nr. 34 zu § 9 AGBG.

113 **Die in einem langfristigen Werklieferungsvertrag über in jährlichen Abschnitten zu erbringende Teilleistungen enthaltene Klausel, wonach Preiserhöhungen zulässig sind, wenn der Lieferant des Unternehmers seine Preise erhöht, ist auch im nichtkaufmännischen Verkehr nicht unangemessen und deshalb wirksam.**

BGH, Urteil vom 29. 10. 1985 – X ZR 12/85; NJW-RR 1986, 211 = WM 1986, 73.

Nr. 113 *Preiserhöhungsklauseln* § 9

Sachverhalt:

Die Klägerin vertreibt Zündholzbriefe und -schachteln mit auf den Betrieb ihrer Kunden hinweisenden Werbeaufdrucken. Sie bezieht die Zündholzbriefe und -schachteln von D. Am 26. Mai 1982 bestellte die Beklagte, die ein Taxiunternehmen mit zwei Fahrzeugen betreibt, mittels Formularauftrags 50 000 Zündholzbriefe mit Werbeaufdruck zum Preise von 125,– DM per 1000 Stück zuzüglich Mehrwertsteuer und weiteren Nebenkosten sowie Fracht- und Verpackungskosten, von denen jährlich 5000 Stück geliefert werden sollten. Als „Drucksicherung" zahlte die Beklagte – bei Lieferung anteilsmäßig zu verrechnende – 675,– DM im voraus an die Klägerin. Es waren also noch jeweils 111,50 DM für 1000 Zündholzbriefe zuzüglich Mehrwertsteuer und Nebenkosten zu zahlen. Als Lieferzeit (für die erste Lieferung) waren ca. 6 Wochen angegeben. Der Film für den Werbeaufdruck, den die Klägerin sonst üblicherweise selbst herstellt, sollte vereinbarungsgemäß von der Beklagten zur Verfügung gestellt werden.

Die „Allgemeinen Geschäftsbedingungen" der Klägerin lauten u. a. wie folgt:

„7. Teillieferungen erfolgen auf Abruf. Werden Teillieferungen vereinbart, dann kann die Verkäuferin den Restkaufwert zwei Jahre nach Vertragsabschluß fällig stellen. Der Käufer wird vorleistungspflichtig ...

8. Nimmt der Käufer eine Lieferung nicht ab ... oder gerät er mit einer sonstigen Haupt- oder Nebenverpflichtung in Verzug, so wird damit der Restkaufpreis fällig. In diesem Fall hat der Käufer vorzuleisten.

9. Erhöht der Hersteller seine Preise, bevor die Verkäuferin geliefert hat, so ist auch die Verkäuferin berechtigt, den mit dem Käufer vereinbarten Preis für die noch nicht ausgelieferte Ware im gleichen Rahmen zu erhöhen, jedoch nur, wenn und soweit sie ihre Preise allgemein erhöht, und nur, wenn sich die Verkäuferin nicht im Leistungsverzug befindet. Hat die Verkäuferin nicht in Teilmengen zu liefern, so entsteht das Recht der Verkäuferin zur Preiserhöhung erst vier Monate nach Vertragsschluß.

10. Kommt der Käufer mit Zahlung in Verzug, so hat er den geschuldeten Betrag mit 6% über dem jeweiligen Diskontsatz der Deutschen Bundesbank zu verzinsen."

Die Klägerin bestätigte den Auftrag der Beklagten mit Schreiben vom 8. Juni 1982 und bat um Übersendung der Druckunterlagen, woran sie die Beklagte mit Schreiben vom 14. Dezember 1982 und vom 11. Januar 1983 erinnerte. Die Beklagte ließ diese Schreiben unbeantwortet. Sie lieferte die Druckunterlagen nicht. Daraufhin verlangte die Klägerin unter dem 21. März 1983 unter Hinweis auf Nr. 8 ihrer Geschäftsbedingungen, wonach der gesamte „Kaufpreis" fällig geworden sei, die Zahlung des Gesamtbetrages von 6250,– DM für sämtliche 50 000 Zündholzbriefe zuzüglich 400,– DM für Porto und Verpackung sowie 864,50 DM Mehrwertsteuer abzüglich gezahlter 675,– DM für die Drucksicherung bis zum 10. April 1983.

Das Landgericht hat die Beklagte wegen dieser Beträge zur Zahlung der vereinbarten Vergütung in 10 Teilbeträgen verurteilt, und zwar hinsichtlich des ersten Teilbetrages zuzüglich Zinsen und 5,– DM vorgerichtlicher Mahnkosten und hinsichtlich der übrigen Teilbeträge jeweils zum 1. Februar eines jeden Jahres, erstmals zum 1. Februar 1984. Wegen der Porto- und Verpackungskosten hat es die Klage abgewiesen. Auf die Berufung der Klägerin und die Anschlußberufung der Beklagten hat das Oberlandesgericht die Beklagte nur zur Zahlung von 1295,– DM nebst Zinsen in unterschiedlicher Höhe verurteilt und die weitergehende Klage abgewiesen, und zwar auch insoweit, als die Klägerin wegen Erhöhung des Herstellerpreises im Wege der Klageerweiterung nunmehr Zahlung von 7333,50 DM verlangt. Die Revision der Klägerin führte zur Verurteilung zur Zahlung weiterer 645,– DM und zur Aufhebung und Zurückverweisung, soweit die Klägerin eine Zahlung der Vergütung verlangt hat.

Aus den Gründen: ...

II.

Das Berufungsgericht hat in dem Vertrag der Parteien einen Werklieferungsvertrag über nicht vertretbare Sachen gesehen (§ 651 Abs. 1 Satz 2 Halbsatz 2 BGB). Gegenüber dem Vergütungsanspruch der Klägerin aus § 631 Abs. 1 BGB könne die Beklagte sich nicht darauf berufen, daß der Anspruch mangels Abnahme des zu liefernden Werkes nach § 641 Abs. 1 BGB noch nicht fällig sei. Das verstoße gegen Treu und Glauben, weil die Beklagte der ihr nach dem Vertrag obliegenden Mitwirkungspflicht, nämlich den für den Werbeaufdruck benötigten Film zur Verfügung zu stellen, trotz Abmahnung nicht nachgekommen sei. Demzufolge könne die Klägerin Vorauszahlung der vereinbarten Vergütung für die bereits abgelaufenen Vertragsjahre 1982 und 1983 beanspruchen. Diese Beurteilung läßt keinen Rechtsfehler erkennen. Wie der Bundesgerichtshof in seiner Entscheidung BGHZ 11, 80, 83 klargestellt hat, gehören zu den Verbindlichkeiten des Vertragsschuldners nicht nur alle Haupt- und Nebenpflichten, sondern auch die sogenannten „Gläubigerobliegenheiten", zu denen beim Werkvertrag die zur Herstellung des Werkes erforderlichen Handlungen des Bestellers (§ 642 BGB) rechnen. Im Falle ihrer Verletzung kann sich der Besteller nicht mit Erfolg darauf berufen, daß der Werklohnanspruch mangels Abnahme noch nicht fällig sei; das wäre rechtsmißbräuchlich und widerspräche den Grundsätzen von Treu und Glauben (§ 242 BGB; vgl. BGHZ 50, 175, 178 f. = WM 1968, 847).

III.

Mit Recht hat das Berufungsgericht dagegen eine Verpflichtung der Beklagten verneint, die gesamten auf die künftigen Vertragsjahre entfallenden Teillieferungen im voraus zu bezahlen.

1. Soweit es die Nr. 7 (Abs. 1 Satz 2) der Geschäftsbedingungen der Klägerin nicht für anwendbar gehalten hat, weil das darin vorgesehene Recht der Klägerin, bei Vereinbarung von Teillieferungen den „Restkaufwert" zwei Jahre nach Vertragsabschluß fällig zu stellen, durch die Individualabrede der Parteien über die Vergütung der Teillieferungen in entsprechenden Teilzahlungen verdrängt werde, greift die Rüge der Revision nicht durch. Diese Auslegung der Individualabrede ist möglich. Sie verstößt nicht gegen Rechts- und Erfahrungssätze.

2. Auch soweit das Berufungsgericht die Rechtswirksamkeit der Nr. 8 Abs. 1 der Geschäftsbedingungen der Klägerin verneint hat, gibt dies im Ergebnis zu rechtlichen Bedenken keinen Anlaß.

a) Das Berufungsgericht hat hierzu ausgeführt, die Fälligstellung der Restvergütung sei ihrem Wesen nach eine Vertragsstrafe, auf die allerdings § 11 Nr. 6 AGBG keine Anwendung finde. Jedoch halte die Vertragsstrafenregelung einer Inhaltskontrolle nicht stand, weil nach ihr der Verzug des Bestellers mit jedweder Nebenverpflichtung zur vorzeitigen Fälligstellung der Restvergütung führe, auch wenn die Nebenpflicht für die Durchführung des Vertrages von ganz untergeordneter Bedeutung sei. Wegen dieser Reichweite der Regelung werde der Vertragspartner der Klägerin entgegen den Geboten von Treu und Glauben unangemessen benachteiligt.

b) Diese Beurteilung hält im Ergebnis der rechtlichen Nachprüfung stand. Dabei kann unentschieden bleiben, ob es sich bei der Vorleistungsklausel der Nr. 8 Abs. 1 der Geschäftsbedingungen der Klägerin um ein Vertragsstrafeversprechen handelt oder ob sie jedenfalls vertragsstrafeähnlichen Charakter hat. Denn auch wenn sie nicht unter das Verbot des § 11 Nr. 6 AGBG fällt, ist sie am Maßstab des § 9 AGBG zu messen, und danach ist sie unwirksam, weil sie die Beklagte entgegen den Geboten von Treu und Glauben unangemessen benachteiligt. Durch die Vorleistung würde die Beklagte in einem durch ihre Obliegenheitsverletzung nicht veranlaßten Übermaß belastet. Ihr würde zugemutet, die nach dem Vertrag in zehn jährlichen Teilbeträgen zu entrichtende Vergütung sogleich nach Eintritt des Verzuges mit der ihr obliegenden Nebenpflicht auf einmal aufzubringen, obwohl nach der Vereinbarung der Parteien die letzte Teilvergütung erst zum Ende des Jahres 1991 fällig wird. Das würde für die Beklagte eine nicht unerhebliche Einbuße möglicher Erwerbschancen bedeuten, während die Klägerin mit der ihr zukommenden Gesamtvergütung sofort gewinnbringend arbeiten könnte, ohne daß sich an ihrer Verpflichtung, die bestellten Zündholzbriefe in jährlichen Teilmengen von 5000 Stück zu liefern, etwas ändern würde. Die darin liegende Benachteiligung der Beklagten erscheint um so weniger angemessen, als die Klägerin – wie oben unter II dargelegt – ungeachtet dessen, daß sie wegen der Obliegenheitsverletzung der Beklagten die Werbezündholzbriefe derzeit weder liefern kann noch zu liefern braucht, Anspruch auf Zahlung der vereinbarten Vergütung in jährlichen Teilbeträgen hat. Sie steht somit hinsichtlich ihres Vergütungsanspruchs nicht anders, als sie stehen würde, wenn der Vertrag zur Ausführung gekommen wäre. Daß sie im Hinblick auf die Obliegenheitsverletzung der Beklagten – etwa durch eine kostenaufwendige Lagerhaltung oder in sonstiger Weise – unzumutbar belastet würde, hat sie selbst nicht vorgetragen und ist bei der Art der zu liefernden Gegenstände auch nicht ersichtlich. Die Klägerin braucht auch im Laufe der Vertragszeit eintretende Kostensteigerungen beim Einkauf der Zündholzbriefe nicht auf sich zu behalten, sondern kann diese, wie unter IV 3 dargelegt wird, auf den Besteller abwälzen. Unter diesen Umständen ist ein sachlich berechtigtes Interesse der Klägerin, die Beklagte durch Vorfälligstellung der Gesamtvergütung zur Erfüllung ihrer Mitwirkungspflichten anzuhalten, nicht anzuerkennen. Demzufolge verbleibt es hinsichtlich der Fälligkeit der Vergütung bei der Individualabrede der Parteien, nach der die Vergütung in jährlichen Teilbeträgen zu entrichten ist (§ 4 AGBG), und hinsichtlich des Vergütungsanspruchs der Klägerin bei der gesetzlichen Regelung, wonach der Klägerin jährliche Teilvergütung auch ohne Lieferung der Zündholzbriefe zusteht, solange die Beklagte ihrer Mitwirkungspflicht nicht nachkommt ...

IV.

1. Soweit das Berufungsgericht die Auffassung vertreten hat, die der Klägerin zustehende Teilvergütung (für die Jahre 1982 und 1983) bemesse sich nach der ursprünglich vereinbarten Höhe, weil es für die geltend gemachte Preiserhöhung an einer wirksamen Rechtsgrundlage fehle, kann das angefochtene Urteil dagegen keinen Bestand haben. Rechtlich zutreffend hält das Berufungsgericht zwar die Bestimmung des § 11 Nr. 1 AGBG im vorliegenden Fall nicht für anwendbar, weil nach der gegebenen Vertragsgestaltung eine Preiserhöhung für die nach Ablauf von vier Monaten nach Vertragsabschluß zu erbringenden Teilleistungen vorgesehen ist. Darüber hinaus liegt auch der Ausnahmetatbestand des Dauerschuldverhältnisses vor, wozu nach den Gesetzesmaterialien auch die sogenannten Sukzessivlieferungsverträge gehören (BT-Drucks. 7/3919, S. 27). Darunter ist ein Vertrag zu verstehen, in dessen Rahmen bei vorbestimmter Gesamtleistungsmenge die einzelnen Lieferungen in wechselseitiger Bindung nach Bedarf und Abruf erfolgen (vgl. BGH NJW 1972, 246, 247 m.w.N.; Palandt, BGB,

44. Aufl., § 326 Anm. 13). Die auf die Lieferung von Werbezündholzbriefen in Teilmengen über zehn Jahre gerichtete Vereinbarung der Parteien ist ein solcher Vertrag. Die Bestimmung des § 11 Nr. 1 AGBG steht daher der beanstandeten Preiserhöhungsklausel nicht entgegen. Diese ist aber auch an der Generalklausel des § 9 AGBG zu messen.

2. Das Berufungsgericht hat dazu ausgeführt, die Preiserhöhungsklausel der Klägerin berücksichtige nicht, ob die Preiserhöhung des Herstellers sachlich gerechtfertigt sei. Ihrer Fassung nach lasse sie jede beliebige Preiserhöhung des Herstellers zu, die die Klägerin alsdann an ihre Kunden weitergeben könne. Da die Klausel keine Einschränkung dahin enthalte, daß der Besteller nur mit sachlich gerechtfertigten Preiserhöhungen belastet werde, habe ihm eine Lösungsmöglichkeit vom Vertrag eingeräumt werden müssen. Mangels einer solchen Lösungsmöglichkeit sei die Klausel unangemessen im Sinne des § 9 AGBG.

3. In der rechtlichen Beurteilung dieser Frage kann dem Berufungsgericht nicht beigetreten werden. Entgegen der Auffassung des Berufungsgerichts hält die Preiserhöhungsklausel der Nr. 9 der Geschäftsbedingungen der Klägerin vielmehr der Inhaltskontrolle nach § 9 AGBG stand. Daß ein Recht zur einseitigen Preiserhöhung in Allgemeinen Geschäftsbedingungen nicht generell unzulässig ist, folgt bereits aus der Vorschrift des § 11 Nr. 1 AGBG. Die Interessenlage der Parteien eines Werklieferungsvertrages, bei dem sich – wie im vorliegenden Fall – die Lieferfristen über Jahre hinziehen, läßt es nicht unangemessen erscheinen, Preiserhöhungen wegen zwischenzeitlich eintretender Kostensteigerungen auf den Besteller abzuwälzen (vgl. für den Fall eines Kraftfahrzeugkaufes BGHZ 82, 21, 24 = WM 1982, 9). Die für solche Fälle formularmäßig vorgesehene Möglichkeit einer entsprechenden Erhöhung der vereinbarten Vergütung muß nach § 9 AGBG allerdings dem Äquivalenzprinzip im Sinne der Vorstellung beider Parteien von der Gleichwertigkeit ihrer Leistung entsprechen. Danach sind bei Werklieferungsverträgen – ebenso wie bei Kaufverträgen (BGHZ 82, 21, 25 = WM 1982, 9; BGHZ 90, 69, 77 = WM 1984, 309) – jedenfalls im nichtkaufmännischen Verkehr – Preiserhöhungsklauseln regelmäßig dann mit § 9 AGBG nicht vereinbar, wenn sie es dem Klauselverwender gestatten, über die Abwälzung konkreter Kostensteigerungen hinaus die vereinbarte Vergütung ohne jede Begrenzung einseitig zu erhöhen. Auf der anderen Seite sind jedoch Klauseln, die bestimmen, daß Preiserhöhungen nur im Rahmen von Preis- und Kostensteigerungen erfolgen sollen, grundsätzlich nicht zu beanstanden (vgl. BGH NJW 1985, 855, 856 re. Sp.). Diesem Erfordernis wird die von der Klägerin verwendete Klausel gerecht, indem sie bestimmt, daß, wenn der Hersteller der Zündholzbriefe seine Preise erhöht, bevor die Klägerin geliefert hat, diese berechtigt ist, die Vergütung allgemein für die noch nicht gelieferten Zündholzbriefe „im gleichem Rahmen zu erhöhen". Das bedeutet, daß die Klägerin eine allgemeine Erhöhung der Vergütung nur dann und in dem Maße verlangen kann, in dem der die Klägerin mit Zündholzbriefen beliefernde Hersteller seine Preise erhöht. Damit ist der Rahmen einer möglichen künftigen Erhöhung der Werkvergütung in einer Weise abgesteckt, die die Beklagte nicht unangemessen benachteiligt. Die Preiserhöhung des Herstellers trifft die Klägerin in gleichem Maße wie die Beklagte und andere Abnehmer. Die Erwägung des Berufungsgerichts, daß die Klausel jede beliebige Preiserhöhung des Herstellers ohne jede Einschränkung gestatte und daß der Besteller nicht mit sachlich nicht gerechtfertigten Preiserhöhungen belastet werden dürfe, ist nicht stichhaltig. Es ist dem Unternehmer nicht zuzumuten, die sachliche Berechtigung von Preiserhöhungen seiner Vorlieferanten zu prüfen. Das ginge über den mit der Bestimmung des § 9 AGBG verfolgten Schutzzweck hinaus. Preis-

erhöhungen der Hersteller richten sich in aller Regel nach dem von diesen auf dem Markt für Zündholzbriefe allgemein durchsetzbaren Preis. Das insoweit bestehende Unsicherheitsmoment muß der Besteller hinnehmen, wenn er – wie hier – langfristig seinen Bedarf an Werbezündholzbriefen deckt. Bei dieser Rechtslage kann unentschieden bleiben, ob die geltend gemachte Preiserhöhung nicht auch unter dem Gesichtspunkt des Schuldnerverzugs gerechtfertigt sein könnte, weil die Klägerin infolge des Verzuges der Beklagten möglicherweise einen durch zwischenzeitliche Materialpreiserhöhungen bedingten Verzögerungsschaden erlitten hat, der in einer entsprechenden Schmälerung ihres Gewinns liegen würde (vgl. BGH NJW 1972, 99, 100 II. Sp.).

V.

1. Aufgrund des festgestellten Sachverhalts ist das Revisionsgericht nicht in der Lage, über die Frage, in welchem Umfang die Klägerin eine gegenüber der ursprünglich getroffenen Preisvereinbarung erhöhte Vergütung von der Beklagten verlangen kann, abschließend zu entscheiden. Dazu bedarf es der tatrichterlichen Aufklärung, in welchem Maße der Hersteller der Zündholzbriefe seine Preise gegenüber der Klägerin tatsächlich angehoben hat.

2. Dagegen kann das Revisionsgericht in der Sache selbst entscheiden, soweit die Klage die Vergütung für das inzwischen abgelaufene weitere Vertragsjahr 1984 umfaßt; insoweit ist die Sache nach dem festgestellten Sachverhalt zur Endentscheidung reif (§ 565 Abs. 3 Nr. 1 ZPO). Für die für das Vertragsjahr 1984 bestellten 5000 Werbezündholzbriefe schuldet die Beklagte der Klägerin nach der ursprünglichen Preisvereinbarung eine Vergütung von 625,- DM (5 × 125,- DM) zuzüglich 14% = 87,50 DM Mehrwertsteuer. Von der Summe dieser Beträge (712,50 DM) gehen 67,50 DM ab, die die Beklagte als zu verrechnende „Drucksicherung" im voraus gezahlt hat. Sonach hat die Beklagte an die Klägerin – vorbehaltlich der geltend gemachten Preiserhöhung, über die noch zu befinden sein wird – derzeit weitere 645,- DM zu zahlen.

In Zeitschriften-Abonnementsverträgen ist eine Klausel, die „angemessene Preiserhöhungen entsprechend einer Erhöhung der gebundenen Einzel-Verkaufspreise" gestattet, nach § 9 Abs. 2 Nr. 1 AGBG unwirksam. 114

OLG Hamburg, Urteil vom 8. 5. 1985 – 5 U 183/83 – nicht rechtskräftig;

Sachverhalt:

Die Beklagte betreibt ein Unternehmen zum Vertrieb von Zeitschriftenabonnements.
Die Beklagte verwendet bei Abschluß ihrer Abonnementsverträge in ihren „Liefervereinbarungen" Allgemeine Geschäftsbedingungen, die unter anderem folgende Klauseln enthalten:

> „a) Lieferstörungen infolge höherer Gewalt oder ähnlicher Ereignisse berühren nicht die Laufzeit dieses Vertrages.
>
> b) Angemessene Erhöhungen des Abonnementspreises, die entsprechend einer Erhöhung des gebundenen Einzel-Verkaufspreises erfolgen, sowie Änderungen der ortsüblichen Zustellgebühren entbinden nicht von diesem Vertrag, auch dann nicht, wenn diese Änderungen zwischen Vertragsabschluß und Lieferbeginn liegen.

c) Kommt der Besteller mit der Zahlung des Bezugspreises in Verzug und läßt er auch eine Mahnung mit Fristsetzung unbeachtet, ist die Lieferfirma berechtigt, die weitere Erfüllung des Vertrages abzulehnen. Sie kann in diesem Fall Schadensersatz wegen Nichterfüllung verlangen, und zwar pauschal DM 64,90 als den gewöhnlichen Mindestschaden (einschließlich Aufwendungsersatz). Den Vertragsparteien bleibt vorbehalten, einen höheren oder wesentlich geringeren Schaden in Einzelfällen nachzuweisen."

Der Kläger, ein Verbraucherschutzverein, hält die Klauseln a) und b) insgesamt und aus der Klausel c) den zweiten Satz, mit dem der Schaden pauschaliert wird, für unwirksam und verlangt, daß die Beklagte die Verwendung dieser Klauseln in Zukunft im nichtkaufmännischen Geschäftsverkehr unterlasse.

Das Landgericht hat die Klage hinsichtlich der Klausel zu a) abgewiesen, hinsichtlich der Klauseln b) und c) hingegen die Beklagte antragsgemäß zur Unterlassung verurteilt.

Gegen dieses Urteil haben beide Parteien Berufung eingelegt. Das Oberlandesgericht hat die Berufungen beider Parteien zurückgewiesen.

Aus den Gründen:

a) „Lieferstörungen..."

Das Verlangen des Klägers, auch diese Klausel für unwirksam zu erklären, ist unbegründet. Die Klausel enthält keine unerträgliche Benachteiligung für den Abonnenten.

Zu Recht hat das Landgericht ausgeführt, daß die Rechte der Abonnenten aus § 323 BGB von dieser Vertragsbedingung nicht berührt werden. Das macht der Kläger auch nicht mehr geltend, sondern meint nur noch, daß der in dieser Klausel liegende Ausschluß eines Kündigungsrechts für den Fall von Lieferstörungen unangemessen sei.

Richtig ist, daß ein Dauerschuldverhältnis, wie es hier vorliegt, nach den seit Jahrzehnten von der Rechtsprechung entwickelten Grundsätzen aus Treu und Glauben (§ 242 BGB) fristlos gekündigt werden kann, wenn die Fortsetzung des Vertrages für eine Vertragspartei unzumutbar geworden ist, und daß diese Voraussetzungen auch dann vorliegen können, wenn den Vertragsgegner kein Verschulden trifft. Dieses Kündigungsrecht kann allerdings nicht ausgeschlossen, wohl aber in gewissem Umfang eingegrenzt werden (vgl. BGH BB 1973, 819; Palandt-Heinrichs, BGB 44. Aufl., § 242 Anm. 4 F).

Die vom Kläger beanstandete Regelung hat zum Inhalt, daß Lieferstörungen infolge höherer Gewalt keinen Grund zu einer solchen außerordentlichen Kündigung abgeben sollen. Das kann hingenommen werden. Die Beklagte schließt nur solche Umstände als Kündigungsanlaß aus, die sie nicht vorhersehen kann und auf die sie keine Einwirkungsmöglichkeiten hat, wie z. B. Naturkatastrophen, gerichtliche oder behördliche Beschlagnahmen, die – wie das Landgericht zutreffend erwähnt hat – in der Regel, nur vorübergehende Störungen zur Folge haben. In solchen Fällen wird die Einzelzeitschrift auch nicht am Kiosk zu beziehen sein. Fälle, in denen die hier angesprochenen Umstände tatsächlich eine Kündigung aus wichtigem Grund – vor Ablauf der vereinbarten Abonnementsfrist – rechtfertigen könnten, sind ohnehin kaum vorstellbar und können deshalb nach Ansicht des Senats vernachlässigt werden. Soweit der Kläger Beispiele für etwaige Lieferstörungen aufzeigt, sind diese nicht ergiebig, weil damit nichts über die Ursachen etwaiger Lieferhindernisse gesagt ist. Sobald nämlich die Beklagte diese zu vertreten hat, bleibt ihre Haftung aus Verschulden und auch ein mögliches außerordentliches Kündigungsrecht der Abonnenten bestehen.

b) „Preiserhöhungsvorbehalt"

Zutreffend hat das Landgericht diese Bestimmung nach § 9 Abs. 2 Nr. 1 AGB-Gesetz für nichtig erachtet, weil sie ohne hinreichenden Ausgleich für den Käufer einseitig den Interessen der Beklagten dient. Der Senat nimmt zunächst Bezug auf die Entscheidung dieses Gerichts vom 3. Mai 1979 und der dazu ergangenen Revisionsentscheidung des Bundesgerichtshofs vom 11. Juni 1980 (NJW 1980, 2518). Von der damals im Rechtsstreit gegen den B-Verlag für unwirksam erklärten Preisänderungsklausel unterscheidet sich die vorliegende Bestimmung nur dadurch, daß sie der Beklagten dem Wortlaut nach nicht jede, sondern eine „angemessene" Preiserhöhung „entsprechend einer Erhöhung der gebundenen Einzelverkaufspreise" vorbehält. Auch mit diesen Einschränkungen ist aber für den Kunden nichts Wesentliches gewonnen.

Das einzige Merkmal, das eine Einengung gegenüber der früheren, weiterreichenden, für nichtig erklärten Bestimmung enthält und welches für den Käufer konkret nachprüfbar ist, besteht darin, daß die Erhöhung des Abonnementspreises an die Erhöhung der Einzelpreise für die Zeitschriften geknüpft sein soll. Damit ist der Anlaß für etwaige Preiserhöhungen gekennzeichnet, nicht aber deren Umfang im voraus festgelegt worden. Der Text der Klausel ist so abgefaßt worden, daß er nicht einmal deutlich macht, der Abonnementspreis solle in demselben Verhältnis wie der Einzelpreis der Zeitschrift angehoben werden. Wäre eine automatische Anpassung der Abonnementspreise an die Einzelpreise beabsichtigt, bedürfte es nicht zusätzlich des Wortes „angemessen". Damit ermöglicht die Klausel, daß die Beklagten nicht nur etwaige für sie höhere Bezugspreise einer Zeitschrift weitergibt, sondern beispielsweise bei unter den Einzelpreisen liegenden Abonnementspreisen – die die Beklagte jedenfalls für eine der von ihr vertriebenen Zeitschriften einräumt – diese zugleich mit der Anhebung der Einzelpreise auch auf deren Niveau erhöht.

Im übrigen läßt die Klausel weiterhin den absoluten oder relativen Umfang einer künftigen Preiserhöhung völlig offen, läßt eine solche schon vor Beginn der Lieferung und auch mehrere Preiserhöhungen innerhalb der Jahresfrist des Abonnements zu. Daran ändert die dem Wortlaut nach gegebene Einschränkung auf „angemessene" Erhöhungen nichts; denn die Beklagte hat in keiner Weise definiert, was sie unter „angemessen" versteht und nach welchen Kriterien dieser dehnbare Begriff auszulegen ist. Die Klausel untersagt der Beklagten also nicht, Preiserhöhungen in der oben angegebenen Weise vorzunehmen. Sie verlagert die Prüfung der Berechtigung einer Preiserhöhung lediglich in den Einzelrechtsstreit, was aber durch die Wirksamkeitskontrolle nach §§ 9, 13 AGB-Gesetz gerade verhindert werden soll (vgl. BGH NJW 1982, 331, 332). Ein Käufer soll bei Vertragsabschluß beurteilen können, welche Preise und Preiserhöhungen auf ihn zukommen können, um zu prüfen, ob sich der Abschluß eines Abonnementsvertrages lohnt (BGH NJW 1980, 2518). Dem genügt die vorliegende Bestimmung nicht.

Für ihren gegenteiligen Standpunkt beruft sich die Beklagte zu Unrecht auf die Entscheidung des Bundesgerichtshofs vom 16. Januar 1985 (NJW 1985, 853). Diese betraf einen anders gelagerten Sachverhalt, nämlich einen zwischen Kaufleuten abgeschlossenen, auf 15 Jahre und länger angelegten Bezugsvertrag, der mit den hier in Rede stehenden einjährigen Abonnementsverträgen mit Endverbrauchern nicht zu vergleichen ist. Der Bundesgerichtshof hat dann auch in der Entscheidung vom 16. Januar 1985 ausdrücklich und mehrfach betont, daß allein die Besonderheiten des dort vorliegenden Vertrages ihn veranlaßt haben, abweichend von seiner früheren Entscheidung – an der er aber ersichtlich festgehalten hat – zu befinden. Ebenso betrifft die Entscheidung des Bundesgerichtshofs von 27. September 1984 (NJW 1985, 426 „Zündholzschachteln") einen anderen Sachverhalt, insbesondere wiederum den kaufmännischen Geschäftsverkehr.

Wie die Beklagte die Unangemessenheit ihrer Preiserhöhungsklausel durch gesetzeskonforme Neugestaltung ihrer Bestimmungen ausräumt, muß ihr überlassen bleiben. Wenn sie ins Feld führt, daß sie an die Preise gebunden sei und diese den Abonnenten gleichmäßig weitergeben müsse sowie bei Vertragsschluß oft selbst nicht vorhersehen könne, wann und in welchem Umfang Preiserhöhungen zu erwarten seien, dann mag dies zutreffen. Eine faire Behandlung der Abonnenten und eine ausgewogene Berücksichtigung ihrer Interessen erfordert dann aber, ihnen – wie schon das Landgericht ausgesprochen hat – ein Lösungsrecht vom Vertrag für den Fall einzuräumen, daß sie eine Kostensteigerung nicht oder nicht mehr hinnehmen wollen. Denkbar ist auch, dieses Lösungsrecht auf die Fälle zu begrenzen, daß die Preiserhöhung einen bestimmten Prozentsatz oder eine bestimmte Summe übersteigt (vgl. BGH NJW 1980, 2518 und NJW 1982, 331). Die dagegen von der Beklagten erhobenen Einwendungen greifen nicht durch.

Schon ihr Ausgangsargument ist falsch. Es trifft nicht zu, daß eine Partei grundsätzlich berechtigt ist, einen einmal vereinbarten Preis einseitig anzuheben. Wird eine derartige Regelung in Allgemeinen Geschäftsbedingungen vorgesehen, ist deren Wirksamkeit vielmehr generell an den Grundsätzen des § 9 AGB-Gesetz zu messen. Ebenso unerheblich ist es, ob die im Zeitschriftenabonnement in Frage kommenden Preiserhöhungen nach absoluten Zahlen gerechnet geringfügig sind. Im Verhältnis zu dem niedrigen Grundpreis einiger Zeitschriften sind Preiserhöhungen um 10 oder 20 Pfennige verhältnismäßig hoch.

Im übrigen erscheint es denkbar – wie ausgeführt –, daß das Kündigungsrecht auf bestimmte, für die Kunden besonders unerträgliche Fälle beschränkt wird – zumal die meisten Abonnenten bereit sein werden, geringfügige Preiserhöhungen anstandslos hinzunehmen.

Dem Hinweis der Beklagten auf die ihr entstehenden Kosten im Falle einer Kündigung vor Lieferbeginn ist folgendes entgegenzuhalten: Wenn die Beklagte zur Akquisition von Abonnementsverträgen Kosten – insbesondere Provisionen – aufwendet, die teilweise zum Endpreis des Abonnements außer Verhältnis stehen, so muß dies ihr Risiko bleiben. Diese Kosten aufzuwenden, liegt jedenfalls weit überwiegend in ihrem Interesse, und sie belasten die Beklagte auch dann, wenn der Vertrag aus anderen Gründen nicht durchgeführt wird. Eine derartige Kalkulation rechtfertigt nicht die Wirksamkeit einer im übrigen unbilligen Preiserhöhungsklausel.

c) „Schadenspauschale"

Auch diese Bestimmung hat das Landgericht zu Recht für unwirksam erklärt. Sie widerspricht eindeutig § 11 Nr. 5a AGB-Gesetz, weil die Beklagte nicht den nach dem gewöhnlichen Lauf der Dinge zu erwartenden Schaden berechnet hat. Daß der „branchentypische" Schaden nach § 11 Nr. 5 AGB-Gesetz pauschaliert werden darf, besagt nicht, daß gleiche Pauschbeträge für unterschiedlich teure Produkte und unterschiedlich lange Schadenszeiträume gefordert werden dürfen. Die von der Beklagten errechnete Durchschnittssumme ist für die meisten ihrer Schadensfälle offensichtlich unrichtig und schon nach ihrem eigenen Vortrag in 8,87% aller ihrer Abonnements übersetzt. Damit verstößt die Klausel gegen § 11 Nr. 5a AGB-Gesetz, ohne daß es darauf ankommt, daß dem Kunden die Möglichkeit, einen geringen Schaden nachzuweisen, eingeräumt worden ist. Tatsächlich ist es hier so, daß von vornherein ein erheblicher Teil der Abonnenten der Beklagten genötigt wird, seinerseits Einwendungen gegen die Schadenshöhe zu erheben und diese auch zu beweisen. Das ist nicht Sinn einer zulässigen Schadenspauschalierung.

Wenn die Beklagte einwendet, bei Massengeschäften dieser Art sei es notwendig, einheitliche Verträge und daher einheitliche Schadenspauschalen zu vereinbaren, dann mag sie den Schaden nach Prozentsätzen des Verkaufspreises und der jeweiligen Restlaufzeit pauschalieren. Eine feste Schadenssumme jedoch ergibt für den Regelfall unbillige Ergebnisse.

Anmerkung:

Das vorinstanzliche Urteil des LG Hamburg vom 24. 6. 1983 – 74 O 553/82 – ist abgedruckt in AGBE IV § 9 Nr. 99.

§ 9 – Reisevertragsklauseln

Der Reiseveranstalter hat den Reisenden bei Buchung einer Auslandsreise grundsätzlich ungefragt über die geltenden Einreisebestimmungen zu unterrichten.

Eine ihn von der Haftung für Schäden aus Verletzung dieser Pflicht freistellende Bestimmung in Allgemeinen Reisebedingungen verstößt gegen § 9 Abs. 2 Nr. 2 AGBG und ist daher unwirksam.

BGH, Urteil vom 17. 1. 1985 – VII ZR 375/83; BB 1985, 616 = DB 1985, 1074 = MDR 1985, 568 = WM 1985, 459 = ZIP 1985, 466.

Sachverhalt:

Die in Berlin (West) wohnenden Kläger buchten am 2. Februar 1981 im dortigen Reisebüro der Beklagten eine von ihr veranstaltete Pauschalreise nach Ägypten mit Flug ab Berlin(Ost)-Schönefeld für die Zeit vom 10. bis 25. März 1981 zum Gesamtpreis von 3700,– DM. In den im Reiseprospekt der Beklagten abgedruckten Reisebedingungen heißt es unter Nr. 4:

„Für die Einhaltung aller Paß-, Visa-, Zoll-, Devisen- und Gesundheitsbestimmungen ist jeder Reiseteilnehmer selbst verantwortlich. Sofern durch den Veranstalter Visa usw. besorgt werden, handelt es sich um Kulanzleistungen, die nicht Gegenstand des Buchungsvertrages sind."

Bei Ankunft der Kläger in Ägypten wurde ihnen die Einreise verweigert, weil sie keine Reisepässe besaßen. Deshalb flogen sie am folgenden Tag nach Berlin zurück, nachdem sie in Kairo für 26,– DM hatten übernachten können. Sie verbrachten ihren restlichen Urlaub daheim.

Die Kläger haben mit der Klage die Rückerstattung des vorweg gezahlten Reisepreises und der Übernachtungskosten sowie eine Entschädigung für nutzlos aufgewendete Urlaubszeit (insgesamt 5726,– DM) verlangt. Landgericht und Oberlandesgericht haben der Klage stattgegeben.

Die Revision der Beklagten hatte keinen Erfolg.

§ 9　　　　　　　　　　Generalklausel　　　　　　　　　　Nr. 115

Aus den Gründen:

I. 1. Zu Recht geht das Berufungsgericht davon aus, daß der Reiseveranstalter aus dem Pauschalreisevertrag grundsätzlich verpflichtet ist, den Reisenden bei der Buchung einer Auslandsreise auf die dafür jeweils geltenden Einreisebestimmungen und erforderlichen Reisedokumente hinzuweisen.

a) Mit seinem Reiseangebot übernimmt der Veranstalter Planung und Durchführung der Reise. Nach Abschluß des Reisevertrages haftet er insoweit für den Erfolg. Er trägt grundsätzlich die Gefahr des Nichtgelingens seiner Reiseveranstaltung (BGHZ 85, 50, 58; vgl. auch BGH NJW 1983, 35). Der Reisende darf daher darauf vertrauen, daß der Veranstalter alles zur erfolgreichen Durchführung der Reise Erforderliche unternimmt und ihn, soweit eine Mitwirkung des Reisenden notwendig ist, rechtzeitig darauf hinweist. Die Gesamtheit von Reiseleistungen (§ 651a BGB) beschränkt sich nicht auf die im Angebot (Prospekt) aufgeführten Einzelleistungen (Beförderung, Unterbringung, Verpflegung, Führungen u. a. m.), sondern umfaßt auch die Überwindung aller durchweg in Betracht zu ziehenden Reisehindernisse, die die Reise vereiteln oder beeinträchtigen können.

b) Zu den bei Auslandsreisen stets ins Auge zu fassenden Reisehindernissen gehören vor allem die Einreise- und Verhaltensbestimmungen, welche die als Durchreise- oder Zielland zu betretenden fremden Staaten erlassen haben und von deren Beachtung sie Einreise oder Verbleib abhängig machen. Die insofern erforderliche Beschaffung von Reiseurkunden (Paß, Visum, Impfbescheinigung) ist zwar, soweit sie nicht vom Veranstalter übernommen wird, grundsätzlich Sache des Reisenden. Es gehört aber zu den Hauptpflichten des Veranstalters, den Reisenden bei der Buchung darauf hinzuweisen, daß solche Urkunden mitgeführt werden müssen, weil die Nichtbeachtung der Einreisebestimmungen den von ihm geschuldeten Erfolg der Reise vereiteln oder beeinträchtigen kann (so auch OLG München FVE Zivilrecht Nr. 298 S. 1094/1095; KG FVE Nr. 330 S. 1217; Bartl, Reiserecht, 2. Aufl., S. 29; Palandt/Thomas, BGB, 43. Aufl., § 651a Anm. 2a; vgl. auch Staudinger/Schwerdtner, BGB, 12. Aufl., § 651a Rdn. 133; Löwe in Münch-Komm, BGB, § 651a Rdn. 16, § 651f. Rdn. 15; Derleder in AK BGB, § 651a Rdn. 7). Zutreffend hebt das Berufungsgericht hervor, daß sich die Bedeutung solcher Bestimmungen für den Erfolg der Reise nicht – wie etwa die der Reisefähigkeit – aus der Person des Reisenden ergibt, sondern aus der Durchführung der Reise. Mit deren möglichen Hindernissen muß sich zunächst derjenige vertraut machen, der sie veranstaltet, und dann erst derjenige, der die Reiseleistung in Anspruch nehmen will und sich dem Veranstalter anvertraut. Die Kenntnis der in fast jedem Staat verschiedenen und auch immer wieder wechselnden Ausweis-, Devisen- und Gesundheitsbestimmungen kann von dem Reisenden im allgemeinen nicht ohne weiteres erwartet werden. Von dem Reiseveranstalter ist daher grundsätzlich zu verlangen, in seinen Auslandsreiseprospekten oder bei der Buchung auf die unbedingt einzuhaltenden Einreisebestimmungen des Durchreise- oder Ziellandes ungefragt hinzuweisen. Zwar mag eine Nachfrage des Reisenden vielfach nahe liegen, jedoch kann sie nicht in jedem Fall erwartet werden. Ein nicht unerheblicher Teil der Reiseinteressenten, die erstmals eine Auslandsreise buchen, macht sich keine Gedanken über die im Ausland geltenden Bestimmungen, sondern vertraut zu Recht darauf, daß der Veranstalter alles Notwendige veranlaßt und über unerläßliche Formalitäten verständlich und rechtzeitig informiert.

c) Der Bewertung dieser Informationspflicht des Reiseveranstalters als vertraglicher Hauptpflicht aus dem Auslandsreisevertrag kann nicht entgegengehalten werden, daß die im Entwurf der Bundesregierung für ein Gesetz über den Reiseveranstaltungsvertrag (BT-DS 7/5141 und 8/786) vorgesehene Bestimmung (§ 3 Abs. 1 Satz 2), der Reiseveranstalter habe „insbesondere dem Reisenden die für die Durchführung der Reise notwendigen Informationen zu geben", nicht Gesetz geworden ist. Dem Gesetzgeber ging es bei der Übernahme des Reisevertragsrechts in das BGB erklärtermaßen (vgl. Bericht des Rechtsausschusses des Bundestags BT-DS 8/2343, Seite 6) um eine gestrafftere, auf die wesentlichsten Bestimmungen beschränkte Regelung. Daraus kann nicht der Schluß gezogen werden, er habe der Informationspflicht des Reiseveranstalters nur nebensächliche Bedeutung beigemessen.

d) Besonderer Anlaß zu genauer Ausweisinformation besteht in Berlin(West). Die dort ansässigen Deutschen besitzen im allgemeinen nur einen behelfsmäßigen Personalausweis. Dieser wird in einigen Staaten, welche grundsätzlich für die Einreise einen Paß verlangen (z. B. Polen, Tschechoslowakei, Ungarn, UdSSR), als Reisedokument anerkannt. Für Westberliner versteht es sich daher keineswegs von selbst, daß man für Reisen in Länder außerhalb der Europäischen Gemeinschaft einen Reisepaß benötigt. Hinzu kommt, daß für den Transit über Berlin-Schönefeld allein ein Berliner Personalausweis benutzt werden darf und ein Reisepaß von den Behörden der DDR nicht anerkannt wird. Westberliner, die über Berlin-Schönefeld nach Ägypten reisen wollen, benötigen daher sowohl den behelfsmäßigen Personalausweis als auch einen Reisepaß. Das ist nicht als allseits bekannt anzusehen. Es kann überdies leicht zu Mißverständnissen führen, wenn der Reisende besonders darauf aufmerksam gemacht wird, daß er unbedingt seinen Personalausweis mitführen müsse. Umso mehr sind Westberliner Reiseveranstalter gehalten, ihre Kunden ungefragt umfassend und genau über die für Auslandsreisen notwendigen Reisedokumente zu unterrichten.

Insgesamt ist dem Berufungsgericht darin beizupflichten, daß die Hinweispflicht des Reiseveranstalters nur dann entfallen kann, wenn er im Einzelfall unmißverständlich erkennt, daß der Reisende die notwendige Kenntnis bereits besitzt und das Erforderliche veranlassen wird. Versäumt der Veranstalter diese für den Reiseerfolg erhebliche Unterrichtung, so ist er, wenn – wie hier – die Reise vereitelt wird, weil Urkunden fehlen, zum Schadensersatz nach § 651 f BGB verpflichtet.

2. Die Hinweispflicht der Beklagten gegenüber den Klägern ist – wie jetzt auch die Beklagte nicht mehr in Frage stellt – durch Nr. 4 ihrer Reisebedingungen nicht abbedungen.

a) Soweit diese Klausel nur die Selbstverantwortlichkeit des Reisenden für die Einhaltung – ihm bekannter – Einreisebestimmungen betonen will, betrifft sie nicht den vorliegenden Fall.

b) Soweit sie aber darüber hinaus so verstanden werden kann und muß, daß der Reiseveranstalter sich von seiner eigenen Verantwortlichkeit für die Einhaltung der Einreisebestimmungen durch die Reisenden, insbesondere von seiner Informationspflicht gegenüber seinen Kunden gänzlich, auch in Fällen grober Fahrlässigkeit, freigezeichnet habe, verstößt die Klausel gegen § 11 Nr. 7 AGBG. Der Reiseveranstalter kann sich wirksam nicht von seiner Haftung für falsche Auskünfte oder für die Unterlassung gebotener Hinweise bei oder nach Vertragsschluß gänzlich freizeichnen (vgl. OLG München und KG a. a. O.).

c) Die Klausel ist bei der gebotenen umfassenden Auslegung in dem Sinne, daß der Reiseveranstalter jede Verantwortung ablehnt, auch nach § 9 Abs. 2 Nr. 2 AGBG unwirksam, weil dadurch wesentliche Pflichten des Veranstalters, die sich aus der Natur des Reiseveranstaltungsvertrages ergeben, so eingeschränkt werden, daß die Erreichung des Vertragszweckes – nämlich die reibungslose Durchführung der Reise – gefährdet ist. Bei Auslandsreisen ist die Kenntnis und Beachtung der Einreisebestimmungen eine Grundvoraussetzung für das Gelingen der Reise. Der Verantwortung dafür kann der Reiseveranstalter sich nicht mittels seiner Reisebedingungen entziehen....

II. Das Berufungsgericht spricht – wie schon das Landgericht – den Klägern außer dem zu erstattenden Reisepreis und den Übernachtungskosten 2000,- DM als Entschädigung wegen nutzlos aufgewendeter Urlaubszeit zu (§ 651 f Abs. 2 BGB). Der Mangel der Reiseleistung habe zur Vereitelung der Reise geführt. Die Kläger hätten den überwiegenden Teil ihrer Urlaubszeit nutzlos aufgewendet. Sie hätten nämlich den nach Hin- und Rückflug verbliebenen Resturlaub von zwei Wochen zu Hause in Berlin-Moabit verbringen müssen. Angesichts der Familien- und Wohnverhältnisse habe sich der Erholungswert des Resturlaubs auf die Möglichkeit beschränkt, sich dem Nichtstun hinzugeben. Daher seien 3/4 der Urlaubszeit nutzlos aufgewendet worden. Unter Berücksichtigung aller Umstände, insbesondere des Einkommens der Kläger, stehe ihnen jedenfalls eine Entschädigung in Höhe des vom Landgericht zuerkannten Betrages von 2000,- DM zu.

Das läßt Rechtsfehler nicht erkennen. Der dem Tatrichter insoweit eingeräumte weite Ermessensspielraum (vgl. BGHZ 85, 168, 170; BGH NJW 1982, 1522, 1523; 1983, 35, 37) ist ersichtlich nicht überschritten worden.

Es ist auch nicht zu beanstanden, daß den Klägern die Entschädigung summarisch unter Berücksichtigung ihres gemeinsamen (unterschiedlichen) Einkommens zuerkannt worden ist. Sie haben die Reise gemeinschaftlich gebucht und bezahlt und sind deshalb auch gemeinschaftlich berechtigt, Schadensersatz wegen Nichterfüllung zu verlangen. Die Unterschiede im Einkommen der Kläger müssen nicht zu einer unterschiedlichen Entschädigung führen; die Zugrundelegung des gemeinschaftlichen Einkommens der Ehegatten begegnet keinen Bedenken (vgl. BGH NJW 1983, 218, 219 – in BGHZ 85, 168 insoweit nicht abgedruckt).

116 In Reisebedingungen sind Klauseln unzulässig, die

a) **zu einer Zahlung bei der Anmeldung verpflichten,**
b) **bei einer Anmeldung ab 30 Tage vor Reiseantritt den gesamten Reisepreis fällig stellen und**
c) **Umbuchungen als Rücktritte mit Neuanmeldungen behandeln.**

OLG Hamburg, Urteil vom 3. 4. 1985 – 5 U 134/84 – nicht rechtskräftig; NJW 1985, 3030.

Sachverhalt:

Die Beklagte ist eine Reiseveranstalterin, die sich auf Sprachreisen, vorwiegend für Schüler und Studenten, spezialisiert hat. Sie hat beim Abschluß ihrer Reiseverträge vorformulierte „Teilnahmebedingungen" verwendet, welche unter anderem folgende Bestimmungen enthielten:

„3. Bezahlung
   Bei der Anmeldung sind DM 150,– pro Person anzuzahlen. Der Restbetrag ist spätestens 30 Kalendertage vor Reisebeginn zu überweisen oder zu zahlen.
   Bei kurzfristigen Anmeldungen (ab 30 Kalendertagen vor Reiseantritt) wird der gesamte Reisepreis sofort fällig.
6. Rücktritt/Umbuchung des Kunden
   Umbuchungen gelten stets als Rücktritt vom Vertrag mit nachfolgender Neuanmeldung."

Die Klägerin hat diese Bestimmungen nach den Vorschriften des AGBG für unwirksam gehalten und nach § 13 AGBG Verurteilung zur Unterlassung verlangt.

Das Landgericht hat der Klage stattgegeben. Die Berufung der Beklagen hatte keinen Erfolg.

Aus den Gründen:

I.

Zutreffend hat das Landgericht die Klagebefugnis der Klägerin zur Geltendmachung des hier erhobenen Unterlassungsanspruchs aus § 13 AGBG bejaht.

Die Klägerin ist selbst beratend und aufklärend im Verbraucherinteresse tätig. Das hat sie unter Vorlage von ihr herausgegebener Informationsschriften vorgetragen. Daraus ergibt sich, daß die Klägerin sowohl in individueller Beratung als auch in allgemein der Öffentlichkeit zugänglichen Broschüren auf Programme für Sprachreisen, Fernunterrichtslehrgänge, Kosmetikausbildung, Heilpraktikerausbildung hinweist, Vergleiche anstellt, Mißstände aufzeigt und über die Inhalte dieser Bildungs- und Ausbildungsmöglichkeiten aufklärt. Sie nimmt damit nicht nur gelegentlich, sondern in erheblichem Umfang Verbraucherschutz wahr.

Die geschilderte Tätigkeit der Klägerin erfüllt zugleich ihre satzungsmäßigen Aufgaben. Die Bestimmung des § 2 der Satzung zeigt außerdem, daß Verbraucherberatung und -aufklärung zwar nicht das einzige, wohl aber eines der wesentlichen Vereinsziele der Klägerin bildet. Das genügt (vgl. MünchKomm-Gerlach, BGB, 2. Aufl., § 13 Rdnr. 66; Staudinger/Schlosser, BGB, 12. Aufl., AGBG § 13 Rdnr. 14; Wolf/Horn/Lindacher, AGBG, § 13 Rdnr. 7; a.A. Löwe/Graf von Westphalen/Trinkner, Großkommentar AGB, 2. Aufl., § 13 Rdnr. 68).

Die Klägerin erfüllt auch die weiteren persönlichen Voraussetzungen des § 13 Abs. 2 Ziff. 1 AGBG, weil zu ihren Mitgliedern zwei Mietervereine gehören, die ebenfalls im Verbraucherinteresse aufklärend und beratend tätig sind. Entgegen der Ansicht der Beklagten ist es nicht erforderlich, daß die Unterverbände in demselben Sachbereich wie der klagende Dachverband tätig sind. Die Bestimmung des § 13 AGBG verlangt nur, daß die Unterverbände generell Verbraucherinteressen wahrnehmen, ohne daß dies auch nur Satzungszweck oder der Unterverband rechtsfähig sein muß (Gerlach a.a.O., § 13 Rdnr. 70; Schlosser a.a.O., § 13 Rdnr. 17). Diese Anforderungen dienen der Sicherung vor mißbräuchlicher Ausnutzung der Klagebefugnis. Das Verbraucherinteresse soll durch ein gewisses Potential von Mitgliedern des klagenden Verbands auch tatsächlich repräsentiert sein (vgl. beispielsweise Löwe/Graf von Westphalen/Trinkner, § 13 Rdnr. 67). Über eine sachliche Beschränkung der Klagebefugnis sagt § 13 Abs. 2 Ziff. 1 AGBG hingegen nichts aus. Diese ergibt sich vielmehr allenfalls aus dem jeweiligen Satzungszweck. Wenn aber wie hier die Unterverbände ihrem Dachverband weitergehende

Aufgaben und Bereiche zuweisen, als sie selbst wahrnehmen, dann wird die Tätigkeit des Dachverbandes von seinen Mitgliedern ausreichend und ausdrücklich getragen, und es begegnet aus der Sicht des § 13 AGBG keinerlei Bedenken, daß die Klägerin den ihr satzungsgemäß zugewiesenen Bereich voll ausschöpft.

II.

Zu Recht hat das Landgericht auch die von der Klägerin angegriffenen Klauseln für unwirksam erklärt. Im einzelnen gilt folgendes:

1. Ziffer 3 „Bezahlung"

a) Die Pflicht, eine Anzahlung oder gar – bei kurzfristiger Anmeldung – den ganzen Reisepreis schon bei der Anmeldung zu leisten (siehe Satz eins und drei), durfte die Beklagte formularmäßig durch AGB schon deshalb nicht begründen, weil im Zeitpunkt der verlangten Zahlung noch kein Vertrag bestand. Ob durch die Zahlung ein vorvertragliches Rechtsverhältnis begründet wurde, ist unerheblich, weil dieses jedenfalls nicht darauf gerichtet war, daß die Beklagte sich verpflichtete, den Reisevertrag auch abzuschließen. Eine derartige Bindung ging sie in ihren Teilnahmebedingungen nicht ein. Daß sie naturgemäß daran interessiert ist, Reiseverträge abzuschließen, macht dies noch nicht zu einer Pflicht. Ebenso unerheblich ist, daß die Beklagte versprochen hat, die Anzahlung zurückzuerstatten, falls die Buchung nicht bestätigt werden sollte. In jedem Fall stellte es ein für den Kunden unangemessenes, einseitig den Interessen des Reiseveranstalters dienendes Verlangen dar, den Kunden zu Zahlungen zu veranlassen, bevor die Beklagte auch nur vertragliche Bindungen einging (ebenso KG NJW 1985, 151; Wolf/Horn/Lindacher, § 9 Rn. R 62; Staudinger-Schwerdtner, BGB, 12. Aufl., § 651 a Rn. 107; Bunte, Handbuch der Allgemeinen Geschäftsbedingungen, S. 333; vgl. auch Löwe, Das neue Pauschalreiserecht, S. 42; Brandner in Ulmer/Brandner/Hensen, AGBG, 4. Aufl., Anh. §§ 9–11 Rn. 586). Wenn die Beklagte – wie von ihr vorgetragen – die Anzahlung als Druckmittel, den Kunden zum Festhalten an seinem Vertragsangebot zu bewegen, benötigte, konnte sie selbst durch entsprechend beschleunigte Bestätigung der Buchung dazu beitragen, den Vertragsschluß umgehend herbeizuführen und damit die Gefahr, daß ein Kunde abspringt, gering zu halten. Außerdem hat sie selbst dargelegt, daß im Regelfall die Verträge schon bei dem ersten Besuch des Kunden in ihrem Büro zustandekommen. Um so geringer war ihr konkretes Interesse an der Verwendung der beanstandeten Klauseln.

Allerdings sind die AGB in dem Zeitpunkt, in welchem die Beklagte die Anzahlung verlangt hat, nämlich schon bei Anmeldung, noch gar nicht bindend gewesen, nämlich mangels Vertragsschluß nicht Vertragsinhalt geworden. Das aber stand dem Unterlassungsbegehren der Klägerin nach § 13 Abs. 1 AGBG nicht entgegen (BGH NJW 1981, 979, 980).

Dem rechtsunkundigen Kunden wurde eine Zahlungspflicht vorgetäuscht, die in Wahrheit nicht bestand. Daher war die Klausel nach § 9 Abs. 1 AGBG unwirksam.

b) Die Klausel, mit der dem Kunden die Zahlung des restlichen Reisepreises ohne jede Einschränkung spätestens 30 Tage vor Reisebeginn abverlangt wird (siehe Satz zwei), ist ebenfalls nach § 9 Abs. 1 AGBG unwirksam und deren Verwendung der Beklagten daher auch in der neuen Fassung ihrer Teilnahmebedingungen zu untersagen.

Indem die Beklagte sich nunmehr verpflichtet hat, Anzahlungen bzw. die Vorauszahlung des vollen Reisepreises nicht schon bei der Anmeldung formularmäßig zu verlangen, ist die Bedeutung des zweiten Satzes ihrer bisherigen Bedingungen nicht etwa entfallen. Die Klausel besitzt vielmehr einen selbständigen Regelungsinhalt. Dadurch, daß die Beklagte eine Anzahlung nicht mehr – wie bisher – bei der Anmeldung fordern darf, wird nicht ausgeschlossen, daß sie die Anzahlung bei Vertragsschluß – wie ihre neuen Teilnahmebedingungen zeigen – oder zu irgendeinem sonstigen Zeitpunkt kraft Individualabrede fordert. Dann verbleibt eine Pflicht zur Zahlung des restlichen Reisepreises, dessen Fälligkeit mit der noch im Streit befindlichen, von der Klägerin ebenfalls beanstandeten Klausel bestimmt wird. Mit dem formulierten Inhalt ist sie zu mißbilligen.

Die Klage scheitert allerdings nicht schon daran, daß das Verlangen nach voller Vorleistung des Reisepreises gegen das AGB-Gesetz verstoße. Der Streit um die Gültigkeit der Vorleistungsklausel ist wieder neu entfacht worden. Das in Frankfurt in Gang gebrachte Unterlassungsverfahren gegen einen Verband von Reiseveranstaltern und Reisebüros ist in erster Instanz erfolglos geblieben (LG Frankfurt NJW 1985, 149). Tonner hält die formularmäßige Verpflichtung zur Vorauszahlung des vollen Reisepreises für unwirksam (NJW 1985, 111).

Die Bestimmung des § 11 Nr. 2 AGBG steht der Vorauszahlungsklausel nicht im Wege. Diese Vorschrift verbietet den Ausschluß oder die Einschränkung des Leistungsverweigerungsrechts nur insoweit, als es besteht. Wer vorleisten muß, wird also nicht von § 11 Nr. 2 AGBG geschützt. Tonners Ansicht (a. a. O.), § 11 Nr. 2 AGBG hebe die Dispositivität des § 320 BGB auf, ist zwar richtig, hilft aber nicht weiter. Dem AGB-Gesetz ist es eigen, daß es die Dispositivität mancher Bestimmungen des BGB aufhebt oder ihr Grenzen setzt. Ein „AGB-fester" § 320 Abs. 1 Satz 1 BGB gibt dem Leistungsverweigerungsrecht Bestand, besagt aber nicht, daß Vorleistungspflichten nicht mehr formularmäßig festgelegt werden dürften. Das ist vom Gesetzgeber nicht gewollt gewesen, und das ist auch nicht wünschenswert.

Für ein generelles Verbot der Vorleistungsklausel im Reisegewerbe läßt sich auch nicht § 9 AGBG heranziehen. Der Reisende wird nicht unangemessen benachteiligt, wenn er den Reisepreis vor Antritt der Reise in voller Höhe bezahlen muß (vgl. LG Frankfurt a. a. O.). Gegen eine allein ernsthaft zu erörternde Regelung, einen bestimmten Teil des Reisepreises erst bei oder nach Ende der Reise fällig werden zu lassen, sprechen die überwiegenden Interessen der Reiseveranstalter. Daß die Reiseunternehmen den Aufwand, den restlichen Reisepreis einzufordern, und das entsprechende Risiko hinzunehmen hätten, könnte nur überzeugen, wenn belegt würde, daß Schlechterfüllungen der Reiseverträge in einer Häufigkeit eintreten, die das Interesse der Reisenden, mit dem restlichen Reisepreis ein Druckmittel in der Hand zu haben, gegenüber dem Interesse der Reiseunternehmen an voller Vorauszahlung als deutlich schützenswerter erscheinen läßt.

Satz 2 der Klausel „Bezahlung" ist aber deshalb unwirksam, weil der volle Reisebetrag 30 Kalendertage vor Reisebeginn fälliggestellt wird, ohne daß sich die Beklagte verpflichtet, die Reiseunterlagen zu übergeben. Ob es überhaupt gestattet sein kann, die Fälligkeit des Reisepreises schon 30 Tage vor Reiseantritt eintreten zu lassen, kann dahinstehen; hierfür mögen bestimmte, in der Art dieser Reisen angesiedelte Gründe sprechen können. Die Beklagte kann indes nicht die volle Zahlung entgegennehmen, ohne zugleich die Reiseunterlagen auszuhändigen, die für den Reisenden immerhin eine gewisse Sicherung seines Anspruchs auf die Reiseleistung darstellen, mithin seine grundsätzliche Vorleistungspflicht erträglich machen. Die Beklagte hat nicht erkennen lassen, daß sie es für selbstverständlich hält, die Reiseunterlagen bei Zahlung des Reisepreises auszuhändigen. Wäre es so, hätte sie jedenfalls die letzte Überarbeitung ihrer AGB zum Anlaß genommen, diese den im Reisegewerbe üblichen Fälligkeitsklauseln anzupassen (siehe z. B. die AGB in der Sache LG Frankfurt a. a. O.). Anders wäre nur zu entscheiden, wenn die Beklagte in unmittelbarem Zusammenhang und diesem Satz 2 – etwa in dem von der Beklagten so bezeichneten „Vordersatz" – den (restlichen) Reisepreis erst nach Erhalt der Reisepapiere fälliggestellt hätte. So ist es aber nicht.

2. Ziffer 6 „Rücktritt/Umbuchung des Kunden"

Die Unterlassungsklage der Klägerin ist aus § 10 Nr. 5 AGBG begründet. Daß die beanstandete Klausel eine unzulässige Erklärungsfiktion enthält, wird von Rechtsprechung und Schrifttum nahezu einhellig bejaht (vgl. z. B. OLG Frankfurt NJW 1982, 2198; LG München I, AGBE II § 10 Nr. 54; Löwe, Das neue Pauschalreiserecht, Seite 29; ders. in MünchKomm. § 651i Rn. 7; Staudinger-Schwerdtner BGB, 12. Aufl., § 651i Rn. 86; a. A. LG Berlin, AGBE IV § 9 Nr. 102).

Die Klausel betraf, wie sich aus dem vorhergehenden Satz der Teilnahmebedingungen ergab, alle nachträglichen Änderungen hinsichtlich des Reisetermins, des Reiseziels, des Ortes des Reiseantritts, der Unterkunft und der Beförderung. Ein Kunde, der nachträglich beispielsweise nur das Hotel wechseln, zwei Wochen später als ursprünglich geplant reisen oder mit der Bahn fahren statt fliegen will, hat gerade nicht die Absicht, von dem gesamten Reisevertrag zurückzutreten, sondern will diesen nur anders ausgestalten. Die von der Klägerin beanstandete Klausel legte dem Verlangen des Kunden also einen anderen Erklärungsinhalt bei, als gewollt und ausgesprochen worden ist. Stimmte die Beklagte der Umbuchung zu, so wurde damit der bisherige Vertrag abgeändert, ohne daß für einen Rücktritt noch Raum blieb. Dies aber sind gerade die Fälle, die von § 10 Nr. 5 AGBG erfaßt werden (vgl. Brandner in Ulmer/Brandner/Hensen, § 10 Nr. 5 Rdnr. 8), ohne daß einer der in § 10 Nr. 5 a) oder b) normierten Ausnahmen hier vorlagen. Daran ändert sich nichts dadurch, daß – worauf die Beklagte hinweist – der Kunde frei ist, ob er eine Umbuchung wünschen soll oder nicht. Die Beklagte durfte nicht aus diesem Änderungswunsch Rechtsfolgen herleiten, die nicht dem erklärten Willen des Kunden entsprachen und diesen benachteiligten, weil automatisch die Entschädigungsansprüche aus Ziffer 6 der Teilnahmebedingungen ausgelöst wurden. Für den Fall des Rücktritts steht der Beklagte nach § 651i Abs. 2 Satz 2 BGB i. V. m. Ziffer 6 ihrer Teilnahmebedingungen ein Entschädigungsanspruch zu. Diesen will der Kunde aber gerade vermeiden, wenn er nur eine Änderung des Vertrages anstrebt. Die Beklagte ihrerseits ist nicht verpflichtet, diesem Wunsch nachzukommen. Verweigert sie die Umbuchung, muß es dem Kunden überlassen bleiben, ob er gleichwohl die ursprünglich gebuchte Reise antritt oder nunmehr seinen Rücktritt erklärt. Stimmt die Beklagte aber der Umbuchung zu, so hat sie sich mit einer Vertragsänderung einverstanden erklärt, ohne daß Entschädigungsansprüche nach Ziffer 6 ihrer AGB begründet wären.

Nr. 117 *Reisevertragsklauseln* § 9

Eine Klausel in Reisevertragsbedingungen, nach der sämtliche Ansprüche aus 117 dem Reisevertrag, die dem Reiseteilnehmer im Zusammenhang mit der Buchung und Durchführung der Reise zustehen können, 6 Monate nach dem vertraglich vereinbarten Rückreisedatum verjähren, enthält keine unangemessene Benachteiligung des Reisenden i. S. d. § 9 AGBG und verstößt auch nicht gegen § 651k BGB. Sie ist daher wirksam.

OLG München, Urteil vom 30. 4. 1985 – 5 U 5056/84 – nicht rechtskräftig;

Sachverhalt:

Am 6. 1. 1982 buchte die Klägerin für sich und ihren Begleiter über das A. Reisebüro in Düsseldorf bei der Beklagten für die Zeit vom 7. 2. bis 15. 2. 1982 zum Gesamtpreis von 4276,- DM eine Pauschalreise von Düsseldorf über München nach Sharjah (Vereinigte Arabische Emirate). Die Buchung erfolgte auf Grund eines Prospektes der Beklagten, der auf seiner letzten Seite einen Auszug aus den Reise- und Zahlungsbedingungen der Beklagten enthält. Unter Ziffer XII b heißt es dort:

> „Sämtliche Ansprüche aus dem Reisevertrag, die dem Reiseteilnehmer im Zusammenhang mit der Buchung und Durchführung der Reise gegen I. zustehen können, verjähren 6 Monate nach dem vertraglich vereinbarten Rückreisedatum."

Die Klägerin zahlte den gesamten Reisepreis und erhielt die Reiseunterlagen mit den Flugtickets übersandt. Als die Klägerin und ihr Begleiter am Morgen des 7. 2. 1982 auf dem Flughafen in Düsseldorf erschienen, wurde ihnen mitgeteilt, daß die vorgesehene Zubringermaschine von Düsseldorf nach München überbucht sei und sie deshalb nicht mitfliegen könnten. Die Klägerin und ihr Begleiter versuchten noch, mit einer späteren Linienmaschine den Anschlußflug in München zu erreichen; dies gelang ihnen jedoch nicht. So kehrten sie mit dem nächsten Flugzeug von München nach Düsseldorf zurück.

Mit Anwaltsschreiben vom 11. 3. 1982 ließ die Klägerin die Beklagte zur Rückzahlung bzw. Erstattung eines Betrages von 5452,- DM auffordern. Die Beklagte lehnte mit Schreiben vom 19. 3. 1982 die verlangte Zahlung ab.

Am 30. 12. 1982 hat die Klägerin einen Mahnbescheid über 5372,- DM gegen die Beklagte beantragt, der am 4. 1. 1983 erlassen und am 12. 1. 1983 zugestellt wurde. Gegen den Mahnbescheid hat die Beklagte Widerspruch eingelegt. In der anschließenden Klagebegründung hat die Klägerin vorgebracht, daß die Beklagte Schadensersatz wegen von ihr zu vertretender nachträglicher Unmöglichkeit zu leisten habe. Der Schaden von 5372,- DM setze sich zusammen aus dem Reisepreis von 4276,- DM und Flugkosten Düsseldorf-München-Düsseldorf in Höhe von 1096,- DM.

Das Landgericht hat die Beklagte zur Zahlung von 4276,- DM verurteilt und die Klage im übrigen abgewiesen.

Die Berufung der Beklagten hatte Erfolg und führte zur Klageabweisung im ganzen.

Aus den Gründen:

Die Beklagte ist berechtigt, die von der Klägerin verlangte Schadensersatzleistung zu verweigern, denn der Anspruch der Klägerin ist jedenfalls auf Grund Ziffer XII b der Reise- und Zahlungsbedingungen der Beklagten verjährt...

b) Ziffer XII b der Reise- und Zahlungsbedingungen der Beklagten ist Vertragsinhalt geworden.

Unstreitig erfolgte die Buchung der Klägerin auf Grund des Prospekts der Beklagten, auf dessen letzter Seite die „Kurzform" der Reise- und Zahlungsbedingungen der Beklagten, darunter auch der Passus über die Verjährung, abgedruckt ist. Bei dem Prospekt handelt es sich nicht um einen umfangreichen, vielseitigen Katalog, der an versteckter Stelle in Kleindruck die Allgemeinen Geschäftsbedingungen enthält; der Prospekt besteht vielmehr nur aus wenigen (vier) Blättern, bietet ausschließlich Sharjah als Reiseziel an und enthält die Reise- und Zahlungsbedingungen in Normaldruck an hervorragender Stelle, nämlich auf dem äußeren Deckblatt (Rückseite des Prospekts). Dem Erfordernis des Hinweises auf die Reise- und Zahlungsbedingungen der Beklagten (§ 2 Abs. 1 Nr. 1 AGBG) ist damit hinreichend Rechnung getragen. Hinzu kommt, daß die Firma A., bei der die Klägerin die Buchung vorgenommen hat, dabei auf die AGB der Beklagten Bezug genommen hat. Darauf, daß die Bezugnahme nicht durch die Beklagte selbst, sondern durch ihre Erfüllungsgehilfin, die Firma A., erfolgt ist, kommt es nicht an. Der Klägerin, die den Propekt bei der Buchung in Händen hatte, war damit auch die Möglichkeit verschafft worden, in zumutbarer Weise von den AGB der Beklagten Kenntnis zu nehmen (§ 2 Abs. 1 Nr. 2 AGBG).

Die Einbeziehung der Reise- und Zahlungsbedingungen – soweit sie in dem Prospekt abgedruckt sind – in den Reisevertrag erfolgte durch schlüssiges Verhalten der Vertragsparteien, nämlich durch die Buchung der Klägerin bei der Erfüllungsgehilfin der Beklagten und der Entgegennahme der Buchung durch die Beklagte (vgl. Palandt/Heinrichs BGB, 44. Aufl., Anm. 4a zu § 2 AGBG).

c) Ziffer XII b der Reise- und Zahlungsbedingungen der Beklagten enthält entgegen der Meinung der Klägerin auch keine gegen die Gebote von Treu und Glauben verstoßende unangemessene Benachteiligung der Vertragspartner der Beklagten (§ 9 AGBG).

Der Senat schließt sich insofern der Auffassung des Landgerichts Frankfurt in seinem Urteil vom 14. 4. 1982 an, das eine ähnliche Verjährungsregelung in den AGB eines Reiseveranstalters für wirksam erachtet hat (NJW 82, 1538 f.). Die Anpassung der Verjährungsfrist für sämtliche vertraglichen Ansprüche an die kurze, für Gewährleistungsansprüche geltende Frist des § 651 g Abs. 2 BGB erscheint nicht nur im Hinblick darauf angemessen, daß der Reiseveranstalter nach Ablauf einer längeren Zeit, möglicherweise nach Jahren, in aller Regel Schwierigkeiten haben wird, die Berechtigung der geltendgemachten Ansprüche festzustellen und selbst Regreßansprüche gegen seine Leistungsträger durchzusetzen. Zu berücksichtigen ist auch, daß die bestehenden Abgrenzungsschwierigkeiten zwischen eigentlichen Gewährleistungsansprüchen (§§ 651 c bis 651 g) einerseits und Ansprüchen wegen (teilweiser) Nichterfüllung andererseits sowie die etwaigen Unterschiede bei den jeweils geltenden Verjährungsfristen sich zum Nachteil beider Vertragsparteien auswirken können. Verzögert ein Reisender beispielsweise wie hier die Geltendmachung eines Anspruchs gegen den Reiseveranstalter länger als sechs Monate in der Meinung, es handele sich um einen Fall der Leistungsstörung, während das Gericht den Anspruch unter das Gewährleistungsrecht subsumiert, muß der Reisende wegen Verjährungseintritt die kostenpflichtige Abweisung seiner Klage hinnehmen. Durch die einheitliche Geltung der kurzen Verjährungsfrist für alle vertraglichen Ansprüche werden die Abgrenzungsschwierigkeiten jedoch von vornherein ausgeräumt.

Die in Ziffer XII b der Reise- und Zahlungsbedingungen der Beklagten getroffene Verjährungsregelung verstößt auch nicht gegen § 651 k BGB. Die AGB-Klausel enthält lediglich eine Anpassung der Verjährungsfrist aller vertraglichen Ansprüche an die bereits für die eigentlichen Gewährleistungsansprüche geltende gesetzliche Verjährungsfrist des § 651g Abs. 2 BGB und bewirkt damit keine Abweichung von den Vorschriften der §§ 651a bis 651j BGB zum Nachteil der Klägerin.

Schließlich ist auch die Ansicht der Klägerin unzutreffend, § XIIb der Reise- und Zahlungsbedingungen sei unwirksam, weil diese Klausel auch die Verjährungsfristen für Schadensersatzansprüche wegen Körperverletzung oder Tötung auf sechs Monate verkürze, was einer Inhaltskontrolle nicht standhalte. Mit der in Ziffer XIIb der Reise- und Zahlungsbedingungen getroffenen Regelung wird vielmehr – wie dem Wortlaut „Ansprüche aus dem Reisevertrag" zu entnehmen ist – die Verjährungsfrist nur für die vertraglichen, nicht aber auch für die Ansprüche aus Delikthaftung auf sechs Monate festgelegt. Die dreijährige Verjährungsfrist des § 852 BGB bleibt durch die AGB-Klausel unberührt.

Die Klausel verstößt auch im übrigen nicht gegen die Bestimmungen des AGBG, sondern hält einer Überprüfung stand. Sie ist somit wirksam und auf das Vertragsverhältnis der Parteien anzuwenden.

Nach der Klausel verjähren sämtliche gegen die Beklagte gerichteten vertraglichen Ansprüche in sechs Monaten, damit auch die von der Klägerin auf nachträgliche Unmöglichkeit der zu erbringenden Reiseleistungen gestützten Schadensersatzansprüche. Da die Klägerin ihre Forderungen unstreitig nicht innerhalb von sechs Monaten nach dem vereinbarten Rückreisedatum gerichtlich geltend gemacht hat, ist die von der Beklagten erhobene Einrede der Verjährung begründet. Das hat zur Folge, daß die Beklagte die verlangte Schadensersatzleistung verweigern kann, § 222 Abs. 1 BGB.

Im Hinblick darauf, daß die Frage der Wirksamkeit einer Verjährungsfristregelung in den AGB eines Reiseveranstalters und die Frage der Reichweite der in § 651g Abs. 2 BGB enthaltenen Verjährungsbestimmung von grundsätzlicher Bedeutung sind, wird die Revision zum Bundesgerichtshof zugelassen (§ 546 Abs. 1 Nr. 1 ZPO).

Ein Reiseveranstalter kann in seinen Allgemeinen Geschäftsbedingungen seine   **118**
Haftung aus fahrlässiger positiver Vertragsverletzung auf den dreifachen Reisepreis beschränken. Dies entspricht § 651h BGB und ist wirksam.

OLG Frankfurt, Urteil vom 5. 6. 1985 – 19 U 257/83 – rechtskräftig;

Aus den Gründen:

Die zulässige Berufung der Beklagten hat auch in der Sache teilweise Erfolg. Zwar ist die Beklagte der Klägerin aus dem Gesichtspunkt der Verletzung einer reisevertraglichen Nebenpflicht schadensersatzpflichtig. Jedoch ist die Höhe des zu leistenden Schadensersatzes durch die Allgemeinen Vertragsbedingungen der Beklagten wirksam auf einen Betrag, der dem dreifachen Reisepreis entspricht, beschränkt.

Es ist unschädlich, daß zwischen den Parteien nicht unmittelbar der Reisevertrag geschlossen worden ist. Ein Reisevertrag zwischen den Parteien ist deshalb nicht zustandegekommen, weil bei Vertragsschluß der Zeuge A. nicht als Vertreter der Klägerin aufgetreten ist. Er war vielmehr nach den gesamten Umständen der alleinige Vertragspartner der Beklagten. Da es sich aber bei dem Reisevertrag um einen Vertrag mit Schutzwirkung zugunsten Dritter handelt, ist die Klägerin im eigenen Namen zur Geltendmachung des ihr nach der Reise entstandenen Schadens berechtigt...

Die Beschränkung des Schadensersatzes auf den Betrag, der der Höhe nach dem dreifachen Reisepreis entspricht, erfolgt deshalb, weil sich der Zeuge A. wirksam den Allgemeinen Geschäftsbedingungen der Beklagten unterworfen hat, die bei einfacher Fahrlässigkeit eine Beschränkung des Schadensersatzes auf die dreifache Höhe des Reisepreises vorsehen. Eine solche Beschränkung läßt das Gesetz in § 651h BGB ausdrücklich zu.

Zwar werden Allgemeine Geschäftsbedingungen gemäß § 2 Abs. 1 Nr. 2 AGBG nur dann Vertragsinhalt, wenn der Reisende, der sich ihnen ausdrücklich unterwirft, die Möglichkeit hat, in zumutbarer Weise von dem Inhalt dieser Bedingungen Kenntnis zu nehmen. Das aber war der Fall. Der Zeuge A. hat sich nicht nur durch die Unterzeichnung einer entsprechenden Klausel in dem Anmeldeformular der Beklagten deren Allgemeinen Geschäftsbedingungen unterworfen. Er hatte auch in für ihn zumutbarer Weise die Möglichkeit, sich von deren Inhalt Kenntnis zu verschaffen, falls er die Bedingungen – die ohnehin im Prospekt der Beklagten abgedruckt waren – nicht bereits durch das Studium des Prospektes kannte. Die Allgemeinen Geschäftsbedingungen der Beklagten lagen nämlich in dem Büro, in dem der Zeuge A. die Reise für sich und die Klägerin buchte, zur Einsicht bereit. Die Beklagte hätte sie dem Zeugen jederzeit zum Studium zur Verfügung gestellt und auch überlassen, falls er danach gefragt hätte.

119 Zur Frage der Wirksamkeit verschiedener Klauseln in der Konditionenempfehlung „Allgemeine Geschäftsbedingungen für Reiseverträge".

OLG Frankfurt, Urteil vom 28. 11. 1985 – 6 U 167/84 – nicht rechtskräftig; BB 1986, 343 = DB 1986, 739 = NJW-RR 1986, 726 = WRP 1986, 397.

Sachverhalt:

Der Kläger ist ein rechtsfähiger Verein, der nach seiner Satzung die Interessen der Verbraucher wahrzunehmen hat. Zu seinen Mitgliedern zählen die Verbraucherzentralen der Bundesländer, die Stiftung Warentest und die Arbeitsgemeinschaft der Verbraucher. Der Beklagte ist der Bundesverband der deutschen Reisebüros und Reiseveranstalter, dem die überwiegende Anzahl der in der Bundesrepublik Deutschland tätigen Reisebüros und fast alle Reiseveranstalter als Mitglieder angehören.

Der Beklagte meldete am 3. 10. 1980 „Allgemeine Geschäftsbedingungen für Reiseverträge" als unverbindliche Konditionenempfehlung beim Bundeskartellamt an. Durch sie wurden die bis dahin vom Beklagten seinen Mitgliedern empfohlenen Allgemeinen Reisebedingungen für Pauschalreisen ersetzt. Die Konditionenempfehlung wurde vom Bundeskartellamt nicht beanstandet und im Bundesanzeiger bekannt gemacht. Der Kläger beanstandete einige Klauseln und einigte sich teilweise mit dem Beklagten auf andere Formulierungen. Die geänderte Konditionenempfehlung ist durch Veröffentlichung im Bundesanzeiger angezeigt worden. Zwischen den Parteien sind weiterhin die folgenden Regelungen in den Allgemeinen Reisebedingungen 1984 umstritten:

1) Ziff. 2 Satz 2: „Weitere Zahlungen werden zu den vereinbarten Terminen, die Restzahlungen spätestens bei Aushändigung oder Zugang der Reiseunterlagen fällig."
2) Ziff. 3: „Der Umfang der vertraglichen Leistungen ergibt sich aus der Leistungsbeschreibung des Veranstalters unter Berücksichtigung der Landesüblichkeit sowie aus den hierauf bezugnehmenden Angaben in der Reisebestätigung."

Nr. 119 *Reisevertragsklauseln* § 9

3) Ziff. 11.1 „Die Haftung des Reiseveranstalters ist auf den dreifachen Reisepreis beschränkt,
1. soweit ein Schaden des Reisenden weder vorsätzlich noch grob fahrlässig herbeigeführt wird oder
2. soweit der Reiseveranstalter für einen dem Reisenden entstehenden Schaden allein wegen eines Verschuldens eines Leistungsträgers verantwortlich ist."

Der Kläger hält diese Klauseln für unwirksam und begehrt, dem Beklagten zu untersagen, künftig diese Bestimmungen gegenüber seinen Mitgliedern zur Verwendung für den rechtsgeschäftlichen Verkehr zu empfehlen.

Das Landgericht hat der Klage nur hinsichtlich der Klausel 3 stattgegeben und die Klage im übrigen abgewiesen.

Dagegen haben beide Parteien Berufung eingelegt. Die Berufung des Beklagten hatte keinen Erfolg; die des Klägers war hinsichtlich der Klausel 11 erfolgreich.

Aus den Gründen:

Die Klagebefugnis des Klägers ergibt sich aus § 13 Abs. 2 Nr. 1 AGBG. Es gehört zu seinen satzungsgemäßen Aufgaben, die Interessen der Verbraucher durch Aufklärung und Beratung wahrzunehmen. Zu seinen Mitgliedern zählen Verbände, die in diesem Aufgabenbereich tätig sind. Der Beklagte ist passiv legitimiert, weil er die angegriffenen Klauseln der Allgemeinen Geschäftsbedingungen seinen Mitgliedern für den rechtsgeschäftlichen Verkehr empfiehlt.

I.

Der Klausel in den empfohlenen Allgemeinen Geschäftsbedingungen, die den Kunden des Reiseveranstalters verpflichtet, Zahlungen zu den vereinbarten Terminen, die Restzahlungen spätestens bei Aushändigung oder Zugang der Reiseunterlagen zu leisten (Ziffer 2 Satz 2 der Allgemeinen Reisebedingungen 1984), verstößt weder gegen § 11 Nr. 2 AGBG noch gegen § 9 AGBG.

1. Ein Verstoß gegen § 11 Nr. 2 AGBG liegt nicht vor, weil diese Vorschrift das Bestehen eines Zug um Zug zu erfüllenden Vertrages voraussetzt. Sie greift nicht ein, wenn vertraglich die Vorleistungspflicht des Kunden des Verwenders vereinbart ist (Wolf/Horn/Lindacher, AGB-Gesetz, § 11 Nr. 2 Rdnr. 7; Ulmer/Brandner/Hensen, AGB-Gesetz, 4. Aufl., § 11 Nr. 2 Rdnr. 11; Staudinger/Schlosser, Komm. z. BGB, 12. Aufl., § 11 Nr. 2 AGBG Rdnr. 1; Palandt/Heinrichs, BGB, 44. Aufl., AGBG § 11 Anm. 2 a) aa); Löwe/Graf v. Westphalen/Trinkner, Großkomm. z. AGB-Gesetz, 2. Aufl., § 11 Nr. 2 Rdnr. 14; Teichmann JZ 1985, 314, 316; a. A. Tonner DB 1980, 1629, 1630; Kötz in MünchKomm., 2. Aufl., § 11 Nr. 2 AGBG Rdnr. 17). Es liegt zwar nahe, die Einrede des nicht erfüllten Vertrags oder die Geltendmachung eines Zurückbehaltungsrechts durch Vereinbarung der Vorleistungspflicht des Vertragspartners des Verwenders auszuschließen. Dennoch hat der Gesetzgeber bewußt davon abgesehen, die Vereinbarung der Vorleistungspflicht des Kunden in Allgemeinen Geschäftsbedingungen zu untersagen, weil er ein praktisches Bedürfnis für diese Vereinbarung erkannt hat und die Bestimmung des § 9 AGBG ausreicht, um ungerechtfertigten Klauseln dieser Art die Anerkennung zu versagen (Wolf/Horn/Lindacher, a.a.O.; Ulmer/Brandner/Hensen, a.a.O., Rdnr. 12; Löwe/Graf v. Westphalen/Trinkner, a.a.O., Rdnr. 13; Heinz, Die Rechtsstellung des Reisenden nach Inkrafttreten der Reisevertragsnormen, S. 25). Auf Grund des unleugbaren Bedürfnisses, vor allem im Massengeschäft, das mit Eintritts- oder Fahrkarten abgewickelt wird, vermag der Senat auch nicht die Auffassung von Koch-Stübing (Komm. z. AGBG, § 11 Nr. 2 Rdnr. 5) zu teilen, wonach die Vereinbarung der Vorlei-

stungspflicht des Kunden des Verwenders durch Allgemeine Geschäftsbedingungen stets eine Umgehung der zwingenden Vorschrift des § 11 Nr. 2 AGBG darstelle, die über das Umgehungsverbot des § 7 AGBG zur Nichtigkeit der Vorleistungsklausel führe. Ob die Vereinbarung der Vorleistung in erster Linie der Durchsetzung der Ansprüche des Verwenders trotz möglicher Gegenansprüche des Kunden dient oder ob diese Vereinbarung sachlich gerechtfertigt ist, kann nur an Hand der Vertragsverhältnisse überprüft werden, in deren Rahmen eine solche Klausel verwendet wird (BGH NJW 1985, 855, 857; NJW 1985, 852). Hält die Vereinbarung der Vorleistung der Überprüfung nach § 9 AGBG stand, bleibt für eine Umgehung des § 11 Nr. 2 AGBG kein Raum.

2. Die angegriffene Klausel benachteiligt nicht unangemessen den Vertragspartner des Verwenders entgegen den Geboten von Treu und Glauben (§ 9 AGBG).

a) Die Klausel widerspricht nicht wesentlichen Grundgedanken der gesetzlichen Regelung, von der abgewichen wird (§ 9 Abs. 2 Nr. 1 AGBG). Das in §§ 651 a – k BGB geregelte Reisevertragsrecht enthält keine ausdrückliche Bestimmung über die Fälligkeit der Vergütung und schließt daher auch eine Vereinbarung über deren Fälligkeit nicht aus (Löwe in MünchKomm., § 651 a Rdnr. 35). Die Klausel verstößt auch nicht gegen das in gesetzlichen Bestimmungen enthaltene Gerechtigkeitsgebot. Dabei erscheint es nicht weiterführend, die Frage nach dem Willen des historischen Gesetzgebers zu stellen, nämlich, ob er durch die fehlende spezialgesetzliche Regelung die bis dahin bereits geübte Praxis der Reiseveranstalter billigen wollte, ob er durch die Anbindung der Regeln des Reisevertrags an die Normen des Werkvertrags deren Vorschriften über die Fälligkeit der Vergütung auf den Reisevertrag angewendet sehen oder ob er sich letztlich einer Stellungnahme enthalten wollte. Die Beantwortung der Frage, ob die angegriffene Klausel mit dem Gerechtigkeitsgehalt der in Betracht kommenden Normen vereinbar ist, hat sich vielmehr an deren Inhalt und der wirtschaftlichen und sozialen Bedeutung der konkreten Ausprägung des Vertragstyps auszurichten, auf den sie angewendet werden soll (Ulmer/Brandner/Hensen, a.a.O., § 9 Rdnr. 74; Palandt/Heinrichs, a.a.O., AGBG § 9 Anm. 3 a; Weick NJW 1978, 11, 15).

Der Kläger stellt mit Recht darauf ab, daß das Gebot, gegenseitige Verträge Zug um Zug abzuwickeln, einen bedeutenden Gerechtigkeitsgehalt besitzt. Die Wahrung des Austauschprinzips bei synallagmatischen Leistungen gehört zum grundlegenden Gebot der vertraglichen Abwicklungsgerechtigkeit (Wolf/Horn/Lindacher, a.a.O., § 11 Nr. 2 Rdnr. 1; Ulmer/Brandner/Hensen, a.a.O., § 11 Nr. 2 Rdnr. 1). Es ist auch nicht zu verkennen, daß bei der Bestimmung des gesetzlichen Leitbilds des Reisevertrags ergänzend auf die Vorschriften des Werkvertrags zurückzugreifen ist (Wolf/Horn/Lindacher, a.a.O., § 9 Rdnr. R 53; Staudinger/Schwerdtner, a.a.O., § 651 a Rdnr. 29; Löwe a.a.O., § 651 a Rdnr. 33; Bidinger, Reisevertragsgesetz, § 651 a Anm. 3; Palandt/Thomas, a.a.O., Einf. v. § 651 a Anm. 1) und daß beim Werkvertrag der Werklohn Zug um Zug gegen Abnahme des Werks fällig wird (Palandt/Thomas, a.a.O., § 641 Anm. 1 b).

Gleichwohl kann das beim individuell abgeschlossenen Werkvertrag gegebene gesetzliche Leitbild der Fälligkeit der Vergütung nicht auf den im Massengeschäft abgeschlossenen Reisevertrag in der Weise übertragen werden, daß diese Bestimmungen des Werkvertrags für den Reisevertrag als wesentliche Grundgedanken der gesetzlichen Regelung heranzuziehen wären. So wird mit Recht hervorgehoben (Larenz VersR 1980, 689 ff.; Teichmann JZ 1985, 314, 317; Heinz, a.a.O., S. 25, 26), daß der Reisevertrag etwas vom

Charakter eines Dauerschuldverhältnisses hat, weil bei ihm nicht erst das Resultat der Bemühungen des Reiseveranstalters dem Besteller den erwarteten und zu vergütenden Nutzen bringt. Der erstrebte Nutzen tritt vielmehr fortlaufend während der gesamten Reise ein. Dementsprechend konnte der Gesetzgeber die Vergütungsgefahr nicht entsprechend den Regeln des Werkvertrags ausgestalten oder es bei ihnen belassen. Der eigenständige Charakter des Reisevertrags zeigt sich auch daran, daß eine eigentliche Nachbesserung des Werks nicht erfolgen kann, weil der mangelhaft erlebte Teil der Reise bereits verbraucht ist. Da unter den gegebenen Umständen ein Austausch der Leistungen nicht Zug um Zug erfolgen kann, ist es angezeigt, auf die gesetzliche Ausgestaltung der Fälligkeitsregelungen bei Dauerschuldverhältnissen zurückzugreifen. Aber auch unter diesem Gesichtspunkt ist kein Abweichen von wesentlichen Grundgedanken der gesetzlichen Regelung zu erkennen. Zwar trifft es zu, daß sowohl der Dienstvertrag als auch der Mietvertrag die Fälligkeit der Vergütung erst nach dem Erbringen der Gegenleistung vorsehen (§§ 614, 551 BGB). Dieser Regelung kann aber kein wesentlicher Gerechtigkeitsgehalt entnommen werden. Sie bewegt sich vielmehr auf eine Ordnungsvorschrift zu, deren Abdingbarkeit durch Allgemeine Geschäftsbedingungen zumindest beim Mietvertrag nicht in Zweifel zu ziehen ist (Palandt/Putzo, a. a. O., § 551 Anm. 1; Ulmer/Brandner/Hensen, a. a. O., § 11 Nr. 2 Rdnr. 11).

Der Übertragung der gesetzlichen Fälligkeitsregelungen auf den Reisevertrag steht ferner entgegen, daß die Bestimmungen des Bürgerlichen Rechts vom Abschluß individuell ausgehandelter Verträge ausgehen, die auf Grund eines vergleichsweise intensiven sozialen Kontakts zustande kommen, bei dem eine gewisse Beurteilung der Kreditwürdigkeit des Vertragspartners stattfinden kann. Dies ist aber bei der massenhaften Eingehung und Abwicklung von Reiseverträgen, die das Bedürfnis nach einer spezialgesetzlichen Regelung hervorgerufen haben, dem Reiseveranstalter nicht möglich. Der soziale Kontakt zwischen den Vertragsparteien bleibt oberflächlich. Denn der Kunde ist darauf angewiesen, das „vorgefertigte Produkt" Reise zu konsumieren, ohne eigene Anpassungen an spezielle Wünsche erreichen zu können. Der Reiseveranstalter, der vielfach nicht einmal selbst in Kontakt mit dem Kunden tritt, vermag nicht zu übersehen, mit welchem Kunden er abschließt und ob dieser kreditwürdig ist. Diese Gegebenheiten werden vom Gesetz zusätzlich gefördert, indem es die Austauschbarkeit des Reisekunden in § 651 b BGB vorsieht. Die fehlende Beurteilungsmöglichkeit der Kreditwürdigkeit des Kunden ist zwar allen Massengeschäften eigen. Jedoch scheidet beim Reisevertrag die bei den sonstigen Massengeschäften mögliche Zug-um-Zug-Leistung aus.

b) Die angegriffene Klausel benachteiligt den Reisekunden auch im übrigen nicht unangemessen in einer gegen Treu und Glauben verstoßenden Weise (Wolf/Horn/Lindacher, a. a. O., § 9 Rdnr. R 60; Kötz, a. a. O., § 11 Nr. 2a Rdnr. 18; Löwe/Graf v. Westphalen/Trinkner, a. a. O., § 11 Nr. 2 Rdnr. 14; Ulmer/Brandner/Hensen, a. a. O., Anh. §§ 9–11 Rdnr. 586; Heinz, a. a. O., S. 28; Löwe in MünchKomm., § 651a Rdnr. 35; Bidinger, Reisevertragsgesetz, § 651a Anm. 3; Teichmann JZ 1985, 314 ff.; Bartl, Reiserecht, 2. Aufl., Rdnr. 188; Staudinger/Schlosser, a. a. O., § 9 AGBG Rdnr. 150).

Der Senat verkennt nicht, daß der Reisekunde durch die Vorleistung unter Umständen spürbar benachteiligt wird. Der vom Kläger angeführten Tatsache, daß dem Kunden der Reisepreis bis zum Ende der Reise nicht zur Verfügung steht, kommt allerdings nur untergeordnete Bedeutung zu. Auch wenn dies bei der langfristigen Vorausbuchung einer teuren Reise ins Gewicht fallen mag, hat sich der Kunde durch diesen Aufwand die Sicherheit erkauft, daß er auf die gewünschte Reise nicht wegen einer zwischenzeitlich erfolgten Ausbuchung verzichten muß. Seine Rechtsstellung wird aber dadurch empfindlich gemindert, daß er durch die Vorleistung jeglichen Druckmittels beraubt wird, den Veranstalter zur ordnungsgemäßen Erfüllung der eingegangenen Verpflichtungen anzuhalten (Löwe, a. a. O., Rdnr. 35; Tonner NJW 1985, 111). Obwohl der Reiseveranstalter bei Beanstandungen während der Reise nur für zukünftige Abhilfe sorgen kann, würde die Gefahr, daß der Kunde gegen den Vergütungsanspruch mit Schadensersatzansprüchen aufrechnet oder den Vergütungsanspruch mindert und der Veranstalter selbst klagen müßte, zweifellos motivierend für eine rasche und sorgfältige Abhilfe sein. Auch die Tatsache, daß der Reisekunde auf Grund der angegriffenen Klausel selbst die Rolle des Klägers zu übernehmen hat, stellt, wie der Kläger mit Recht hervorhebt, einen eigenständigen Nachteil dar (Löwe, a. a. O., Bunte, Handbuch der Allgemeinen Geschäftsbedingungen, S. 336). Abgesehen von dem denkbaren, erhöhten Kostenrisiko durch die Beauftragung eines Verkehrsanwalts, ist der Entschluß, einen Rechtsstreit zu beginnen, oftmals mit der Überwindung von Hemmschwellen verbunden, die den Kunden möglicherweise auch bei berechtigten Beanstandungen davon absehen lassen, seine Rechte durchzusetzen. Aus diesem Grund haben auch die vom Beklagten angeführten Zahlen, wonach 0,01% bis 0,02% der Reisekunden der großen Anbieter eine gerichtliche Auseinandersetzung eingehen, keine zwingende Aussagekraft. Ein erhöhtes Prozeßrisiko ist mit der angegriffenen Klausel allerdings nicht verbunden, weil der Kunde auch im Falle seiner Inanspruchnahme durch den Veranstalter das Vorliegen von Mängeln beweisen muß. Auch ein Verstoß gegen den Sinngehalt des § 38 ZPO ist nicht gegeben. Diese Regelung verfolgt den Zweck, es dem Verwender Allgemeiner Geschäftsbedingungen zu verwehren, als Kläger seinen Kunden – außerhalb des allgemeinen Gerichtsstands des Kunden – in Anspruch zu nehmen. Bei der Abwicklung sonstiger Rechtsgeschäfte ist der Kunde ebenfalls darauf angewiesen, seine Gewährleistungsansprüche am Sitz seines Vertragspartners zu verfolgen. In vielen Fällen ist der Kunde nämlich bei den Zug um Zug abzuwickelnden Geschäften nicht in der Lage, die Mangelfreiheit des erworbenen Gutes festzustellen, so daß er die Gewährleistungsansprüche nach der Zahlung der Vergütung selbständig geltend machen muß.

Der einschneidenste Nachteil besteht darin, daß dem Reisekunden das Risiko der Insolvenz des Veranstalters aufgebürdet wird. Dies führt bei vollständiger Vorleistung des Kunden nach § 17 Abs. 1 KO dazu, daß er seinen Erfüllungs- oder Schadensersatzanspruch nur als Konkursforderung geltend machen kann und damit in der Mehrzahl der Fälle leer ausgehen wird. Auch wenn der Reisekunde während der Reise von der Insolvenz des Veranstalters überrascht wird und damit einen Teil der Leistungen bereits erhalten hat, wird er empfindlich benachteiligt. Zumindest im Falle der Insolvenz wird der Reiseveranstalter in vielen Fälle keine Vorausleistungen an die Leistungsträger erbracht haben und deren Leistungen auf Kredit in Anspruch nehmen, was den Reisenden in ernsthafte Bedrängnis bringen kann, zumal dann, wenn er sich als Sprachunkundiger im Ausland befindet und seine finanziellen Mittel durch die Vorausleistung an den Reiseveranstalter erschöpft sind.

Diesen Unzuträglichkeiten für den Reisekunden stehen jedoch in einem Maße sachliche Gründe für die Berechtigung der in den Reisebedingungen festgelegten Vorleistungspflicht des Kunden entgegen, die es nicht erlauben, seine Vorleistungspflicht als unangemessen treuwidrig einzustufen.

Dem vom Beklagten angeführten Preisargument kann die Bedeutung nicht abgesprochen werden. Daß sich die durch den Wegfall der Vorleistungspflicht für den Veranstalter erhöhten Risiken kostensteigernd auswirken würden, wird auch vom Kläger nicht ernsthaft in Abrede gestellt, wenngleich die Kostensteigerung selbst nur geschätzt werden kann. Der Senat ist davon überzeugt, daß dies im Ergebnis und auf längere Sicht zu einer Preissteigerung führen würde. Falls die vom Beklagten geschilderte Ertragslage der Reisewirtschaft zutrifft, wonach nur ein durchschnittlicher Ertrag von 0,4% vor Steuern erwirtschaftet wird, müssen diese Kosten an den Verbraucher weitergegeben werden. Aber auch falls die Ertragslage sich günstiger gestaltet, was als Anzeichen für eine verstärkte Nachfrage zu werten wäre, würden die erhöhten Kosten abgewälzt, weil die Preissteigerung am Markt durchsetzbar wäre. Ein solches Preisargument ist jedoch nur mit Vorsicht zur Rechtfertigung einer Klausel in Allgemeinen Geschäftsbedingungen heranzuziehen. Es liegt nämlich auf der Hand, daß jede Beschneidung der Rechte des Kunden dem Vertragspartner Risiken und damit Kosten abnimmt, die er sonst bei der Preisgestaltung berücksichtigen müßte. Die Kalkulation hat aber die nach der Rechtsordnung zu wahrenden Belange des Vertragspartners einzuschließen (BGH NJW 1980, 1953, 1954). Dem Preisargument kann daher nur Gewicht beigemessen werden, wenn weitere Umstände hinzutreten (Kötz, a. a. O., § 9 AGBG Rdnr. 7). Solche Umstände liegen hier vor; denn der Reiseveranstalter mußte bei Aushändigung der Reiseunterlagen selbst Vorleistungen erbringen, ohne wegen der Eigenart seiner Leistung über Sicherungsmittel zu verfügen, wie sie dem Leistenden im Rahmen anderer Verträge zu Verfügung stehen. Auch der Kläger vermag nicht in Abrede zu stellen, daß der Reiseveranstalter gewisse Vorleistungen erbracht hat, wobei über deren Umfang gestritten werden kann. Die Vorleistungen sind augenfällig, soweit die Reiseunterlagen Fahrausweise für den Eisenbahn- und Flugverkehr enthalten. Aber auch das Eingehen bindender Verträge mit anderen Leistungsträgern im Rahmen der Buchung der Reise stellt bereits eine Vorleistung dar (Kötz, a. a. O., § 11 Nr. 2 a Rdnr. 18). Es mag zutreffen, daß die marktstarken Anbieter in weiten Bereichen bei den Leistungsträgern günstigere Zahlungsbedingungen für sich durchsetzen können. Angesichts der Großzahl der mittleren und kleineren Unternehmen, sowie der Tatsache, daß auch die größeren Anbieter Vorleistungen erbringen müssen, kann diesem Umstand die Bedeutung nicht abgesprochen werden. Dies verkennen auch die Gegner der Vorleistungsklausel nicht, weil sie vor allem beanstanden, daß der Kunde den gesamten Reisepreis vorauszuzahlen hat (Tonner a. a. O.; Löwe/Zoller BB 1985, 624, 625).

Die effektiven Vorausleistungen des Veranstalters und seine Inanspruchnahme aus Verpflichtungen, die er für die Abwicklung des einzelnen Reisevertrags eingegangen ist, sind einer Absicherung nicht zugänglich. Im Gegensatz zum Werkunternehmer kann er kein Pfandrecht ausüben. Die Vereinbarung eines Eigentumsvorbehalts entfällt. Er findet im Vermögen seines Kunden nicht einmal das gelieferte Gut oder einen durch seine Leistung noch vorhandenen Vermögensvorteil vor, der ihm die zwangsweise Durchsetzung seiner Ansprüche erleichtern würde. Selbst wenn man bei einem individuell geschlossenen Vertrag wie dem Dienstvertrag eine solche Lage des Sachschuldners hinnehmen kann, weil er auf Grund des sozialen Kontakts der Kreditwürdigkeit seines Vertragsparters abschätzen kann, erscheint dies im Zuge der massenhaften und standardisierten Abwicklung von Verträgen dem Sachschuldner nicht zumutbar (Ulmer/Brandner/Hensen, a. a. O., § 11 Nr. 2 Rdnr. 12)....

Des Senat vermag auch in der Tatsache, daß der gesamte Reisepreis vom Kunden bei Erhalt der Reiseunterlagen zu zahlen ist, keine treuwidrig unangemessene Benachteiligung zu sehen. Da angesichts der Vorleistungen des Veranstalters nur ein relativ geringer

Einbehalt des Kunden in Erwägung gezogen werden kann, überwiegen die für den Reiseveranstalter damit verbundenen Nachteile in einer Weise, daß von dieser Alternative abzusehen ist. Das Insolvenzrisiko wird für den Kunden kaum spürbar gemindert. Zwar hat der Konkursverwalter in diesem Falle das Wahlrecht, auf der Erfüllung des Vertrags zu bestehen und wäre damit zur Gegenleistung verpflichtet, wobei es sich dann um einen Masseanspruch gem. § 59 Abs. 1 Nr. 2 KO handeln würde. Hierin liegt jedoch nur eine theoretische Möglichkeit, weil die Insolvenz in der Regel nicht die Erfüllung der gewöhnlichen Rechtsgeschäfte aus den Mitteln der Konkursmasse erlaubt. Damit hätte der Reisekunde im Ergebnis nur den Vorteil, daß ihm der Einbehalt verbleibt. Von größerer Bedeutung wäre der Einbehalt daher für den Reisekunden nur unter dem Gesichtspunkt eines Druckmittels, um eine ordnungsgemäße Erbringung der Leistung des solventen Veranstalters und eine einfachere Realisierung seiner Gewährleistungsrechte zu erreichen. Dem stehen aber die Nachteile entgegen, daß die verwaltungsmäßige Abwicklung der Reiseverträge erheblich verteuert würde, weil die sachlichen und personellen Voraussetzungen geschaffen und unterhalten werden müßten, um den Eingang der noch ausstehenden Summen zu überwachen. Dieser Aufwand erscheint bei der massenhaften Abwicklung und der in vielen Fällen unumgänglichen Einschaltung von Vermittlern, was die Überwachung weiter komplizieren würde, nicht gerechtfertigt. Es kommt hinzu, daß in einer unbestimmten Anzahl von Fällen die zwangsweise Beitreibung der Restzahlung erfolgen müßte, was wegen der ungewissen Vollstreckungsaussichten weitere Kosten verursachen würde. Ferner kann nicht außer Acht gelassen werden, daß der Einbehalt einen Anreiz schafft, die Restzahlung nicht zu leisten. Diesem Anreiz kommt um so größere Bedeutung zu, als die Billigung der vom Reiseveranstalter erbrachten Leistung in hohem Maße von den subjektiven Einschätzungen und Erwartungen des Kunden abhängt. Angesichts dieser Erwägungen ist auch die Einzahlung eines Teilbetrags auf ein Sperrkonto nicht geeignet, die damit für den Veranstalter verbundenen Nachteile, die der massenhaften und standardisierten Leistung entgegenstehen, in einer Weise abzumildern, daß den dadurch geförderten Belangen des Kunden der Vorrang einzuräumen wäre.

Aus diesen Gründen kann der angegriffene Vorleistungsklausel die Billigung nicht versagt werden. Es ist dem Reisenden zumutbar, die mit seiner Vorleistung verbundenen Nachteile einzugehen, wenn er die Vorteile des Massentourismus in Anspruch nimmt.

II.

Die Klausel, wonach sich der Umfang der vertraglichen Leistungen aus der Reisebeschreibung des Veranstalters unter Berücksichtigung der Landesüblichkeit sowie auf den hierauf bezugnehmenden Angaben in der Reisebestätigung ergibt (Ziffer 3 Satz 1 der Allgemeinen Reisebedingungen 1984), ist nach § 9 AGBG unwirksam.

1. Entgegen der Ansicht des Beklagten handelt es sich nicht um eine nach § 8 AGBG der gerichtlichen Nachprüfung entzogene Leistungsbeschreibung. Zu der Leistungsbeschreibung zählen Angaben über den Leistungsgegenstand, bei deren Fehlen der Vertrag mangels Bestimmtheit oder Bestimmbarkeit des Hauptgegenstandes nicht durchgeführt werden kann, mithin unterfallen der Leistungsbeschreibung die essentialia negotii (Wolf/Horn/Lindacher, a. a. O., § 8 Rdnr. 8; Bunte, a. a. O., S. 19; Ulmer/Brandner/Hensen, a. a. O., § 8 Rdnr. 7). Zur Leistungsbeschreibung sind aber nicht Bestimmungen zu rechnen, die das Hauptleistungsversprechen einschränken (Wolf/Horn/Lindacher,

a.a.O., Rdnr. 10; Ulmer/Brandner/Hensen, a.a.O., Rdnr. 8 u. 19; Palandt/Heinrichs, a.a.O., AGBG § 8 Anm. 2a). Dies folgt aus der Wertung in § 9 Abs. 2 Nr. 2 AGBG, wonach Klauseln, die wesentliche Rechte oder Pflichten einschränken, die sich aus der Natur des Vertrags ergeben, vom Gesetz mißbilligt werden. Die angegriffene Klausel enthält eine Einschränkung der vertraglichen Pflichten, weil sich diese, wie die Klausel selbst erkennen läßt, aus der Reisebeschreibung des Reiseveranstalters ergeben. Die Reisebeschreibung enthält die eigentliche Leistungsbeschreibung, ohne die der Inhalt der angebotenen Reise und damit der Hauptgegenstand des Vertrags nicht konkretisiert werden könnte. Ohne weitere Erläuterungen wären die durch die Reisebeschreibung angebotenen Leistungen in mittlerer Art und Güte zu erbringen (§ 243 BGB), weil die Pauschalreise eine Gattungsschuld darstellt (Bartl, a.a.O., Rdnr. 288). Durch die Aufnahme des Begriffs der Landesüblichkeit in die Allgemeinen Geschäftsbedingungen wird der durch die Reisebeschreibung festgelegte Leistungsinhalt damit relativiert, was zur Folge hat, daß die Klausel der gerichtlichen Nachprüfung unterliegt. Eine andere Sicht, mit der zum Beispiel die in Allgemeinen Geschäftsbedingungen enthaltenen Toleranzgrenzen der Nachprüfung entzogen werden (Staudinger/Schlosser a.a.O., § 8 AGBG Rdnr. 3), würde dem Schutzzweck des Gesetzes zuwiderlaufen.

2. Der Senat teilt die Auffassung des Beklagten, daß die Klausel nicht gegen § 11 Nr. 11 AGBG verstößt. Zwar wird vertreten, daß § 11 Nr. 11 AGBG auch auf andere als in dieser Vorschrift genannte Verträge Anwendung findet (Ulmer/Brandner/Hensen, a.a.O., § 11 Nr. 11 Rdnr. 2) und daß auch die Einschränkung der Rechtsverbindlichkeit der Zusicherung dem Klauselverbot ohne Wertungsmöglichkeit unterfällt (Palandt/Heinrichs, a.a.O., AGBG § 11 Anm. 11). Für eine entsprechende Anwendung der Vorschrift auf die Reiseverträge besteht aber bereits deshalb kein Bedürfnis, weil der Gesetzgeber im Reisevertragsrecht die Gewährleistung zwingend geregelt hat, so daß weder für die Abänderung im Rahmen der Individualvereinbarung noch im Rahmen von Allgemeinen Geschäftsbedingungen Raum bleibt.

Danach ist die Klausel nach § 9 AGBG auf ihre Wirksamkeit zu überprüfen. Ihre Empfehlung ist zu untersagen, weil sie den Reisekunden entgegen Treu und Glauben unangemessen benachteiligt. Mit der Verweisung auf die Landesüblichkeit höhlt die Klausel die in den Reisebeschreibungen regelmäßig enthaltenen Angaben und Zusicherungen zum Nachteil des Kunden in einer Weise aus, die geeignet ist, den Vertragszweck zu gefährden (vgl. Löwe/Graf v. Westphalen/Trinkner, a.a.O., § 9 Rdnr. 59; Bartl NJW 1978, 729, 735 f.; LG Frankfurt am Main, AGBE II § 9 Rdnr. 105).

Dem Beklagten ist zuzugeben, daß die Leistungen des Reiseveranstalters an den landesüblichen Gegebenheiten zu messen sind, soweit es um die Feststellung eines Reisemangels geht, bei dem Erwartungen des Kunden enttäuscht werden, die nicht auf Angaben der Leistungsbeschreibung beruhen. Die empfohlene Klausel schreibt aber nicht allein diesen Grundsatz fest, sondern sie ist in ihrer allgemein gehaltenen Fassung und durch die zwischen der Leistungsbeschreibung und der Landesüblichkeit hergestellten Verbindung geeignet, die Angaben der Reisebeschreibung und die in ihr zugesicherten Eigenschaften der Reise in einer für den Kunden abträglichen Weise zu relativieren. Soweit nämlich in der Reisebeschreibung konkrete Angaben enthalten sind und Zusicherungen getroffen werden, kann der Kunde berechtigterweise davon ausgehen, daß sie seinen, durch das Inland geprägten Vorstellungen entsprechen (Bartl, Reiserecht, 2. Aufl., Rdnr. 127; LG Frankfurt am Main a.a.O.). Der Reiseveranstalter muß sich, wie bei sonstigen rechtsgeschäftlichen Erklärungen, am Verständnis des Empfängers festhalten lassen. Dies ist dem Veranstalter um so mehr zuzumuten, als er auf Grund seiner fachlichen Erfahrung die Gegebenheiten des betreffenden Landes kennt, während der Kunde auf Informationen aus dritter Hand angewiesen ist und oftmals das Informationsbedürfnis nicht zu erkennen vermag. Der Beklagte kann sich nicht darauf zurückziehen, die von ihm empfohlenen Bedingungen seien nicht an Aussagen der Reisebeschreibung zu messen, weil die Reisebeschreibung vom jeweiligen Reiseveranstalter erstellt werde; denn die Reisebeschreibungen kommen erfahrungsgemäß ohne konkrete Angaben und Zusicherungen nicht aus.

Die Beschränkung der Leistungspflichten wirkt sich auch auf die Gewährleistung aus. Es kann dem Kunden entgegengehalten werden, die Leistung sei trotz der Angaben in der Reisebeschreibung vertragsgemäß, weil sie den Gegebenheiten des Gastlandes entspreche. Damit greift die Klausel in die Unabdingbarkeit der Gewährleistungsvorschriften des Reisevertragsrechts ein und widerspricht der in § 11 Nr. 11 AGBG niedergelegten gesetzlichen Wertung. Zwar ist dem Beklagten darin beizupflichten, daß die Zusicherungen und speziellen Angaben den allgemeineren Bestimmungen der Geschäftsbedingungen vorgehen. Dies ist aber für den rechtlich nicht vorgebildeten Kunden nicht ersichtlich, weshalb die Klausel geeignet ist, ihn von der Geltendmachung berechtigter Gewährleistungsansprüche abzuhalten.

Der Beklagte verweist ohne Erfolg auf die Rechtsprechung zum Gewährleistungsausschluß bei Gebrauchtwagen (vgl. BGH NJW 1978, 2241; BGHZ 74, 383 ff.). Hierbei handelt es sich um Individualverträge, bei denen der Vorrang der individuellen Vereinbarung vor den Allgemeinen Geschäftsbedingungen für das Rechtsempfinden des Verbrauchers derart klar zu Tage tritt, daß der Gewährleistungsausschluß ohne weiteres in seinen Augen die individuell zugesicherten Eigenschaften nicht erfaßt (vgl. Ulmer/Brandner/Hensen, a.a.O., § 11 Nr. 11 Rdnr. 1). Hier liegt der Fall jedoch anders. Die Zusicherungen treten dem Verbraucher regelmäßig selbst in Gestalt Allgemeiner Geschäftsbedingungen entgegen, weil sie in Katalog- und Prospektangaben ersichtlich für eine Vielzahl von Verträgen vorformuliert sind, ohne daß es darauf ankommt, ob sie als Inhalt der Leistungsbeschreibung zu diesen zu zählen sind (bejahend Ulmer/Brandner/Hensen, a.a.O., § 8 Rdnr. 18; a.A. Wolf/Horn/Lindacher, § 8 Rdnr. 10). Dies und die Formulierung der Klausel wecken im Kunden Zweifel, ob nicht doch nur eine Konkretisierung der Leistungsbeschreibung und deren Zusicherungen vorliegt.

Bei diesen Gegebenheiten läßt die Klausel bei der gebotenen kundenfeindlichsten Auslegung (Senat NJW 1982, 2200) eine Beschränkung der wesentlichen Vertragspflichten zu, die geeignet ist, die Erreichung des Vertragszwecks zu gefährden und die damit den Kunden unangemessen und treuwidrig benachteiligt.

III.

Auch die die Haftungsbeschränkung des Reiseveranstalters regelnde Klausel (Ziffer 11.1 der Allgemeinen Reisebedingungen 1984) benachteiligt den Kunden entgegen Treu und Glauben unangemessen und ist damit unwirksam (§ 9 AGBG).

1. Die angegriffene Klausel unterliegt der gerichtlichen Nachprüfung. Der Senat vermag der Ansicht nicht zu folgen, wonach diese Klausel lediglich deklaratorischen Charakter habe oder zumindest infolge der in § 651 h BGB getroffenen gesetzgeberischen Entscheidung der richterlichen Inhaltskontrolle entzogen sei (Bunte, a.a.O., S. 338; Bartl, a.a.O., Rdnr. 129; Staudinger/Schwerdtner, a.a.O., § 651 h Rdnr. 23). Das Gesetz eröff-

net nämlich dem Reiseveranstalter nur die Möglichkeit, seine Haftung in den Grenzen des § 651 h BGB zu beschränken. Ohne die Vereinbarung einer solchen Haftungsbeschränkung tritt die Haftung des Veranstalters nach den allgemeinen Vorschriften des Schuldrechts ein. Überdies setzt § 651 h BGB nur eine äußerste Grenze, bis zu der die Haftung eingeschränkt werden kann, so daß auch im Hinblick auf die Berechtigung der vollen Ausschöpfung der Höhe der Haftungsbegrenzung ein Bedürfnis für die Nachprüfung besteht (Ulmer/Brandner/Hensen, a. a. O., Anh. §§ 9–11 Rdnr. 591, 593; Wolf/Horn/Lindacher, a. a. O., § 9 Rdnr. R 60; Löwe in MünchKomm., § 651 h Rdnr. 4; Heinz, a. a. O., S. 158).

2. a) Obwohl die haftungsbeschränkende Klausel § 11 Nr. 7 u. 8 AGBG widerspricht, läßt sich daraus ihre Unwirksamkeit nicht herleiten. Denn es ist davon auszugehen, daß § 651 h BGB insoweit eine Spezialvorschrift darstellt (Wolf/Horn/Lindacher, a. a. O., § 9 Rdnr. R 90; Palandt/Heinrichs, a. a. O., AGBG § 11 Anm. 7 b; a. A. Tonner, Der Reisevertrag, § 651 h Rdnr. 9). Der Gesetzgeber wollte die Haftung gerade im Hinblick auf die massenhafte Abwicklung der Reiseverträge gestalten und beschränkte einerseits den Veranstalter in der Möglichkeit, seine Haftung für das Verschulden des Leistungsträgers im Falle einfacher Fahrlässigkeit völlig auszuschließen und gestattete ihm andererseits, diese auch im Falle groben Verschuldens des Leistungsträgers der Höhe nach zu beschränken.

Die Unwirksamkeit der Klausel kann ferner nicht daraus hergeleitet werden, daß durch ihre Verwendung in Allgemeinen Geschäftsbedingungen die Haftung für sämtliche vertraglichen Schadensersatzansprüche beschränkt wird. Der Senat vermag der Ansicht von Löwe (MünchKomm., § 651 h Rdnr. 4 u. 8) nicht zuzustimmen, wonach die Haftungsbegrenzung sich nur auf den Schadensersatzanspruch des § 651 f BGB beziehe und, falls man dies nicht bejahe, die Haftungsbeschränkung für sämtliche vertraglichen Schadensersatzansprüche als Aushöhlung der Kardinalpflichten des Vertrags die Unwirksamkeit der Klausel gemäß § 9 Abs. 2 AGBG zur Folge habe. Der Wortlaut des § 651 h BGB, der lediglich den Begriff „Schaden" nennt, sowie die im Gegensatz zu § 651 g BGB fehlende Bezugnahme auf § 651 f BGB und das gesetzgeberische Anliegen, die vertraglichen Pflichten und Risiken kalkulierbar zu machen, stehen dem entgegen, zumal alle vertraglichen Schadensersatzansprüche auf den Besonderheiten des Reisevertrags beruhen können (Ulmer/Brandner/Hensen, a. a. O., Anh. §§ 9–11 Rdnr. 592; Wolf/Horn/Lindacher, a. a. O., § 9 Rdnr. R 89).

Mit Recht hat es das Landgericht auch abgelehnt, die Unwirksamkeit in einer vom Kläger hervorgehobenen Unklarheit zu sehen. Sie soll darin bestehen, daß der Kunde annehme, die Haftung sei auch dann begrenzt, wenn der Veranstalter als Leistungsträger oder auf Grund spezieller Normen für seine Transporttätigkeit weitergehend hafte. Eine solche Auslegung der Klausel verbietet sich angesichts der klaren Ausnahmeregelung in Ziffer 11.4 der Allgemeinen Reisebedingungen 1984, die auch für den juristisch nicht vorgebildeten Reisekunden nicht zweifelhaft ist.

b) Die Unwirksamkeit der Klausel ergibt sich jedoch daraus, daß durch ihre Verwendung in Allgemeinen Geschäftsbedingungen auch Deliktsansprüche gegen den Verwender beschränkt werden, wodurch auch im Falle schwerster Körperverletzungen oder der Tötung des Kunden die Ersatzansprüche gegen den Verwender – mit Ausnahme seiner Tätigkeit als Leistungsträger und im Falle seines Vorsatzes oder grober Fahrlässigkeit – auf den dreifachen Reisepreis beschränkt werden.

Die systematische Stellung des § 651 h BGB gebietet die Auslegung, daß die Haftungsbeschränkung nur vertragliche Schadensersatzansprüche erfassen soll (Ulmer/Brandner/Hensen, a. a. O., Anh. §§ 9–11 Rdnr. 592; Wolf/Horn/Lindacher, a. a. O., § 9 Rdnr. R 89 f.). Soweit unter Berufung auf den historischen Willen des Gesetzgebers vertreten wird, die Haftungsbegrenzung erfasse auch Deliktsansprüche, wird das Ergebnis selbst als unbefriedigend empfunden (Staudinger/Schwerdtner, a. a. O., § 651 h Rdnr. 12; Erman/Seiler, BGB, 7. Aufl., § 651 h Rdnr. 5; Heinz, a. a. O., S. 163). Mit der Hereinnahme der Klausel in die Allgemeinen Geschäftsbedingungen sind nach der im Verbandsprozeß gebotenen kundenfeindlichsten Auslegung in Umkehr des § 5 AGBG auch die Deliktsansprüche der Haftungsbegrenzung unterworfen, was dem Leitbild des Reisevertrags zuwiderläuft.

Die Unbilligkeit der Überschreitung des durch § 651 h BGB gesetzten Rahmens zeigt sich auch daran, daß die vom Gesetzgeber gezogene Grenze, die die Risiken des Veranstalters vom gefährlichen „Abenteuerurlaub" bis zur Reise ohne erhöhte Risiken abdecken soll, unterschiedslos für alle Arten von Reisen ausgeschöpft wird. Zudem ist der Schadensumfang bei Fällen, die eine schwere Körperverletzung des Kunden oder seinen Tod herbeiführen, voraussehbar höher als der dreifache Reisepreis. Der Reisepreis ist in diesen Fällen keine geeignete Bezugsgröße, weil die Risiken bei einer aufwendigen Reise kleiner sein können als bei einer Reise mit geringem Reisepreis.

Die Risikoverteilung wird auch nicht dadurch erträglicher, daß dem Kunden regelmäßig Schadensersatzansprüche gegen den Leistungsträger verbleiben. Ihr Wert erscheint besonders dann, wenn die Reise in exotische Länder führt, nur von eingeschränkter wirtschaftlicher Bedeutung.

Angesichts dieser Erwägung verdienen die Interessen der Veranstalter an der rationellen Durchführung des Massentourismus durch unbedingte Kalkulierbarkeit der eingegangenen Risiken nicht den Vorzug, so daß der angegriffenen Klausel in Allgemeinen Geschäftsbedingungen die Anerkennung zu versagen ist (Ulmer/Brandner/Hensen, a. a. O., Anh. §§ 9–11 Rdnr. 591, 593; Wolf/Horn/Lindacher, a. a. O., § 9 Rdnr. R 95; Löwe in MünchKomm., § 651 h Rdnr. 91 im Ergebnis auch Tonner, Der Reisevertrag, § 651 h Rdnr. 9; Heinz, a. a. O., S. 164).

IV.

Der Beklagte war antragsgemäß zum Widerruf im Umfang des Urteilsausspruchs durch Veröffentlichung in der verbandseigenen Zeitschrift DRV-Nachrichten zu verurteilen, weil er in diesem Organ die Empfehlung verbreitet hatte (§§ 13 Abs. 1, 17 Nr. 4 AGBG). Da der Kläger neben dem Widerruf die Bekanntmachung der Urteilsformel im Bundesanzeiger beantragt hat, liegt darin ein nach § 18 AGBG zu bescheidendes Begehren. Ihm war stattzugeben, wobei jedoch gemäß § 18 AGBG auszusprechen war, daß dem Kläger diese Befugnis zukommt und der Beklagte die Veröffentlichungskosten zu tragen hat.

Anmerkung:

Das vorinstanzliche Urteil des LG Frankfurt vom 9. 10. 1984 – 2/13 O 75/84 – ist abgedruckt in AGBE V § 9 Nr. 123 = NJW 1985, 149.

Die Revision ist beim BGH unter dem Aktenzeichen VII ZR 37/86 anhängig.

Die Klausel in den Bedingungen eines Reiseveranstalters **120**

„Der Reisende ist verpflichtet, bei eventuell auftretenden Leistungsstörungen alles ihm Zumutbare zu tun, um zu einer Behebung der Störung beizutragen und eventuell entstehenden Schaden geringzuhalten."

verstößt nicht gegen die Regelungen des Reisevertragsrechts und gegen § 9 AGBG, denn sie wiederholt lediglich die allgemeine Schadensminderungspflicht eines jeden Vertragspartners, wie sie sich aus §§ 254, 242 BGB ergibt.

LG Frankfurt, Urteil vom 26. 2. 1985 – 2/13 O 351/84 – rechtskräftig;

Auf den Abdruck von **Sachverhalt** und **Gründen** wird verzichtet.

1. Von einem Reiseveranstalter in Reisebedingungen genannte Entschädigungs- **121** pauschalen bei Rücktritt des Reisenden sind als solche nicht geeignet, aus sich heraus den Anspruch nach § 651i Abs. 3 BGB schlüssig zu machen.

2. Jedenfalls solange Pauschalen eines einzelnen Reiseveranstalters keiner einheitlichen Überprüfung unterliegen, ist § 11 Nr. 5b AGBG auf diese Reisebedingungen anzuwenden.

LG Braunschweig, Urteil vom 19. 9. 1985 – 7 S 60/85 – rechtskräftig; NJW-RR 1986, 144.

Sachverhalt:

Die Klägerin begehrt eine Stornogebühr in Höhe von 45% des Reisepreises für eine dreiwöchige Ferienflugreise mit Unterkunft.

Am 13. 2. 1984 meldete sich der Beklagte mit einer weiteren Person zu einer von der Klägerin veranstalteten und am 13. 5. 1984 beginnenden „Vertrauensreise" für den Preis von 1144 DM je Person an. Die Rückseite der Reiseanmeldung enthielt einen Auszug der Reisebedingungen, auf der Vorderseite wurde darauf hingewiesen, daß die vollständigen Reisebedingungen in der Buchungsstelle auslägen und dort oder beim Veranstalter erhältlich wären. Der als wesentlich bezeichnete Auszug lautete unter Nr. 6.1.:

„Rücktritt seitens des Reiseteilnehmers: Im Falle des Rücktritts von einer bestätigten Reise aus Gründen, die nicht vom Veranstalter zu vertreten sind, ist je nach dem Zeitpunkt des Eingangs der Rücktrittserklärung unter Beifügung evtl. schon ausgehändigter Reiseunterlagen bei dem Veranstalter für jeden Reiseteilnehmer folgende pauschalierte Rücktrittsgebühr in Prozent des Gesamtreisepreises zu zahlen: bis zum 30. Tag vor Reisebeginn 4%, mindestens 40 DM, bis zum 22. Tag vor Reisebeginn 15%, bis zum 15. Tag vor Reisebeginn 25%, bis zum 7. Tag vor Reisebeginn 45%, ab dem 6. Tag vor Reisebeginn 50%."

Der Beklagte erklärte den Rücktritt. Die Reise-Rücktrittskosten-Versicherung lehnte eine Entschädigung ab. Das AG hat den Beklagten zur Zahlung der Klagesumme von 848 DM verurteilt. Die Berufung hatte Erfolg.

Aus den Gründen:

Die Klägerin vermag die geforderte Rücktrittsgebühr nicht durchzusetzen.

Die Stornoklausel ist nach § 651 i Abs. 3 BGB i. V. mit § 651 k BGB oder jedenfalls nach § 11 Nr. 5 b AGB-Gesetz unwirksam (für die Bedingungen der Klägerin a. A. LG Frankenthal, Urt. v. 10. 10. 1984 – 2 S 48/84, AG Hamburg, Urt. v. 20. 9. 1984 – 22 b C 251/84).

Rechtlich und wirtschaftlich ist ohne wesentliche Bedeutung, ob der geltend gemachte Anspruch als Ausgleichsanspruch, als Schadensersatzanspruch oder Rücktrittsentschädigung aufzufassen ist und/oder § 10 Nr. 7 AGB-Gesetz sowie § 11 Nr. 5 a AGB-Gesetz anwendbar sind (vgl. nur OLG Hamburg, NJW 1981, 2420 = WM 1982, 139). Es kommt auch nicht darauf an, ob § 651 i BGB selbständige Bewertungskriterien für die Kontrolle von Allgemeinen Geschäftsbedingungen enthalten kann oder ob nicht insoweit § 651 i BGB nur Individualverträge anspricht. Jedenfalls das strikte Verbot des § 11 Nr. 6 AGB-Gesetz ist nicht heranzuziehen (siehe OLG Hamburg, NJW 1981, 2420). Im übrigen ist nach allen genannten Vorschriften allein die Höhe des Anspruchs des Reiseveranstalters relevant. Dazu läßt § 651 k BGB eine Abweichung von der Vorschrift des § 651 i BGB zum Nachteil des Reisenden nicht zu. Die Angemessenheit des Ersatzes wird in § 651 i Abs. 2, Abs. 3 BGB zumindest dem Rahmen nach (allerdings ohne bestimmte Unter- sowie Obergrenze) eingegrenzt. Die pauschalierte Berechnung folgt den gleichen Grundsätzen wie die konkrete Berechnung (siehe dazu Palandt/Thomas, 44. Aufl., § 651 i Anm. 3; Staudinger/Schwerdtner, BGB, 12. Aufl., § 651 i Rdnr. 45), bei der Pauschalierung wird nur von den Umständen des Einzelfalls und insoweit auch von den im Einzelfall ersparten Aufwendungen abgesehen und auf Durchschnittsansätze abgestellt. Weder mit der Anwendung des § 11 Nr. 7 AGB-Gesetz noch mit der Anwendung des § 11 Nr. 5 a AGB-Gesetz kann bei dieser gesetzlichen Wertentscheidung in § 651 i BGB der Höhe nach ein anderer Rahmen für den pauschalierten Anspruch gesteckt werden. Der gewöhnliche Verlauf i. S. des § 11 Nr. 5 a AGB-Gesetz müßte ggfs. i. S. jeden objektiv möglichen anderen Erwerbs und der gewöhnlich ersparten Aufwendungen verstanden werden (zum Vorrang der Pauschalierungsrichtlinien des § 651 i Abs. 3 BGB s. Brandner, in: Ulmer/Brandner/Hensen, AGB-Gesetz, 4. Aufl., Anh. §§ 9–11 Rdnr. 588).

Ob das Verlangen der Klägerin pauschaliert angemessen ist, steht nicht fest. Dies geht zu ihren Lasten als darlegungspflichtiger Partei. Abstrakte Prozentsätze enthält das Gesetz nicht und sind in dem Gesetz auch nicht angelegt, die Rechtsprechung hat bisher keine solchen abstrakten Prozentsätze gebilligt, in Rechtsprechung und Schrifttum sind vielmehr ganz unterschiedliche Höchstgrenzen und Ansätze zu finden. Die von der Klägerin in ihren Allgemeinen Reisebedingungen aufgenommenen Pauschalen können als solche auch nicht ohne weiteres bestätigt werden (vgl. dazu Derleder, AK BGB, § 651 i Rdnr. 4). Daß die Pauschale mit der Vereinbarung der allgemeinen Vertragsbedingungen Vertragsinhalt geworden ist, hat darauf keinen Einfluß. Anderenfalls würde § 651 k BGB außer acht gelassen. Hier ist nicht zu erkennen, wie die Klägerin wirklich ihre Pauschsätze kalkuliert hat. Das Gesetz erfordert zwar auch nicht von dem Reiseveranstalter, die Berechnung des Pauschsatzes in den Reisebedingungen im einzelnen nachvollziehbar darzulegen (so mit LG Berlin, AGBE IV § 9 Nr. 102, S. 452), der Wortlaut der Klausel muß nicht den Gesetzeswortlaut wiedergeben. Solche Wiedergabe wäre sinnentleert. Nicht die Mitteilung der Berechnungsgrundlage ist wesentlich, sondern der

Schutz des Reiseteilnehmers wird i. S. des § 651i BGB nur verwirklicht, wenn sich die verlangte Entschädigung in dem von § 651i Abs. 3 BGB gezogenen Rahmen hält (vgl. Wolf, in: Wolf/Horn/Lindacher, AGB-Gesetz, § 9 Reisevertrag Rdnr. R 70). Dies mag naheliegen, wenn festzustellen ist, daß die Berechnung auf dem Gedanken der Vorschrift aufbaut, sie zum Inhalt hat (so verstanden, ist OLG Frankfurt, NJW 1982, 2198, 2199, zust. Bartl, NJW 1983, 1093 Fußn. 111, zu folgen). So liegt es daneben aber auch dann, wenn auf einem anderen Berechnungsweg der Rahmen eingehalten wird. Dies erfordert nur, daß zumindest bei der gerichtlichen Auseinandersetzung der Reiseveranstalter seine Kalkulationsgrundlage ansatzweise vorträgt, damit die von ihm behaupteten Sätze plausibel und nachprüfbar sind. Die Klägerin hat jedoch überhaupt keine Ausführungen zu der von ihr zugrunde gelegten Berechnung gemacht.

Der Hinweis in den vollständigen Reisebedingungen, daß die Rücktrittsgebühr als „Ersatz für die getroffenen Reisevorkehrungen und für die Aufwendungen" anfällt, ergibt zu Gunsten der Klägerin nichts. Aus den im folgenden weiter dargestellten Gründen kann diese Langfassung den Vertragsbeziehungen der Parteien nicht zugrunde gelegt werden. Selbst wenn aber diese Langfassung Vertragsbestandteil geworden wäre, ergibt sich auch aus dem Hinweis auf die Berechnung über die getroffenen Vorkehrungen und Aufwendungen nicht, daß die Ersparnis – wie es § 651i Abs. 3 BGB fordert – tatsächlich Einfluß gehabt hat. Dies hätte der Darlegung bedurft.

Die praktische Abwicklung aller Fälle i. S. des § 651i BGB wäre vereinfacht, wenn feste Pauschalen für die verschiedenen Reisearten ohne Möglichkeit des Gegenbeweises für den einzelnen Reisenden zugrunde zu legen wären. Diese praktische Erwägung kann aber derzeit nicht dazu führen, die Anwendung des § 11 Nr. 5b AGB-Gesetz auszuschließen. Der Sache nach wird ein Gegenbeweis des Reisenden keinen Erfolg haben können, wenn sich der Reiseveranstalter an den Entschädigungsrahmen des § 651i Abs. 3 BGB hält. Zumindest solange aber nicht ausreichende Erfahrungssätze im Sinne des § 651i Abs. 3 BGB bestimmt sind, trifft der Grundgedanke des § 11 Nr. 5b AGB-Gesetz unabhängig davon zu, ob in § 651i Abs. 3 BGB eigene Bewertungskriterien für die Bemessung des Pauschsatzes eines einzelnen Reiseveranstalters enthalten sind. Wird allein auf die Bestimmung durch den einzelnen Reiseveranstalter abgestellt, darf es nach Sinn und Zeck des § 11 Nr. 5b AGB-Gesetz dem Reisenden gegenüber nicht in der Form geschehen, daß dieser den Eindruck gewinnen muß, er könne gegen die Bestimmung durch den Reiseveranstalter nichts einwenden. Tatsächlich würde dann § 651i Abs. 3 BGB dahin lauten, daß die Festsetzung der Pauschalen im Belieben des Reiseveranstalters steht. Tatsächlich anders wäre es nur, wenn die Pauschsätze behördlich oder auf andere Weise genehmigt würden. Zwar entlastet eine solche Genehmigung den Klauselverwender nicht, die Wirksamkeit der AGB ist unabhängig von der Genehmigung zu erörtern. Ein solches Genehmigungsverfahren würde aber sicherstellen können, daß die Pauschsätze nach den gesetzlichen Maßstäben geprüft werden. Dann mag kein Anlaß mehr dazu bestehen, § 11 Nr. 5b AGB-Gesetz anzuwenden. Bei der bisherigen Sach- und Rechtslage kann dies jedenfalls (noch) nicht geschehen.

Bei formularmäßigen Abwicklungsregelungen ist bisher § 11 Nr. 5b AGB-Gesetz anzuwenden (vgl. BGH, NJW 1985, 633 = WM 1985, 57 = ZIP 1985, 230; s. auch BGH, NJW 1985, 632). Den Anforderungen des § 11 Nr. 5b AGB-Gesetz genügen die Reisebedingungen der Klägerin nicht. Es ist allerdings kein ausdrücklicher Hinweis auf die Möglichkeit des Gegenbeweises erforderlich. Der Auszug der Reisebedingungen, der Vertragsbestandteil geworden ist, spricht jedoch allein davon, daß die anschließend aufgeführte pauschalierte Rücktrittsgebühr zu zahlen ist. Dies enthält lediglich eine lapidare Mitteilung über die Zahlungspflicht als zwingende Folge des Rücktritts (vgl. BGH, NJW 1985, 633, 634). Der Rechtsunkundige wird damit von dem Gegenbeweis entgegen § 11 Nr. 5b AGB-Gesetz abgehalten. Eine geltungserhaltende Reduktion ist nicht möglich. Damit ist nicht nur der Gegenbeweis für den Kunden eröffnet, sondern die Pauschale in der von der Klägerin vorgesehenen Form unbeachtlich.

Die vollständige Fassung der Reisebedingungen unterscheidet sich von dem Auszug dadurch, daß zusätzlich hinter dem Wort „folgende" die Worte „in der Regel" eingefügt sind. Schon die Formulierung „in der Regel" wird entgegen LG Frankenthal den Anforderungen des § 11 Nr. 5b AGB-Gesetz nicht gerecht. Das OLG Frankfurt hat bei der Verwendung des Wortes „könne" (OLG Frankfurt, NJW 1982, 2198, 2199) darauf hingewiesen, daraus sei zwar zu folgern, daß das Verlangen der Gebühr möglich sei, für den Kunden werde aber nicht erkennbar, daß er den Anspruch bestreiten könne, vielmehr werde ihm ein geschlossenes System dargestellt. Für den Durchschnittskunden gilt bei der Formulierung „in der Regel" nichts anderes. Regel und Ausnahme mögen für den Juristen klar und deutlich voneinander zu unterscheiden sein, für den juristischen Laien ist aber ebenso wie bei dem „Grundsatz" mit der „Regel" eine Ausnahme allenfalls in Ausnahmefällen verbunden.

Im übrigen kann sich die Klägerin auf die vollständigen Reisebedingungen im Verhältnis zu dem Beklagten nicht berufen, da diese vollständigen Reisebedingungen maßgebend von dem Auszug auf der Rückseite des Reiseantrages abweichen. Die Klägerin verwendet damit letztlich mehrere unterschiedliche Fassungen von Allgemeinen Geschäftsbedingungen, durch den Hinweis auf der Vorderseite wird aber bei dem Widerspruch der Fassungen allein die individualisierte Fassung auf der Rückseite Vertragsinhalt (vgl. dazu Ulmer in: Ulmer/Brandner/Hensen, § 2 Rdnr. 26). Dies übersieht das angefochtene Urteil. Nach den Maßstäben des § 2 AGB-Gesetz hat der Kunde, dem ein „wesentlicher" Auszug aus den Allgemeinen Geschäftsbedingungen vorgelegt wird, sich nicht nach dem konkreten Inhalt der vollständigen Geschäftsbedingungen zu erkundigen.

Nach alledem kann die Klägerin einen Entschädigungsanspruch nur über die konkrete Berechnung nach § 651i Abs. 3 BGB verlangen. Dazu trägt sie jedoch nichts vor. Die Klausel ist für eine konkrete Abrechnung ungeeignet.

§ 9 – Schriftformklauseln

122 Die in Allgemeinen Geschäftsbedingungen enthaltene Klausel

„Mündliche Nebenabreden sind nicht getroffen."

ist auch bei Verwendung im nichtkaufmännischen Verkehr wirksam.

BGH, Urteil vom 19. 6. 1985 – VIII ZR 238/84; BB 1985, 1418 = MDR 1985, 930 = NJW 1985, 2329 = WM 1985, 945 = ZIP 1985, 1402.

Sachverhalt und **Gründe** sind abgedruckt unter Nr. 145 zu § 9 AGBG.

Nrn. 123–125   *Schriftformklauseln*   § 9

In einem Kaufvertrag über Luftbilder ist die Klausel   **123**

„Mündliche Abmachungen haben ohne schriftliche Bestätigung der Firma keine Gültigkeit."

nach § 9 Abs. 1 AGBG unwirksam, denn sie erfaßt auch solche Abmachungen, die ein mit Abschlußvollmacht ausgestatteter Mitarbeiter des Verwenders mit dem Käufer getroffen hat, und nimmt dem Käufer die Möglichkeit, sich auf Rechtsscheinsgrundsätze zu berufen, wenn ein derartiger Vertreter seine Vertretungsmacht überschreitet.

OLG Koblenz, Urteil vom 15. 2. 1985 – 2 U 1338/83 – nicht rechtskräftig;

Sachverhalt und **Gründe** sind abgedruckt unter Nr. 1 zu § 10 Nr. 1 AGBG.

Anmerkung:
Der BGH hat durch Urteil vom 26. 3. 1986 – VIII ZR 85/85 – die Revision des Beklagten hinsichtlich dieser Klausel als unbegründet zurückgewiesen. Er hält die Klausel für unwirksam, weil nach ihr auch nach Vertragsschluß getroffene mündliche Abmachungen zwischen dem Käufer und zur Vertretung des Verwenders berechtigten Personen ohne schriftliche Bestätigung keine Gültigkeit haben (ZIP 1986, 714).

Der Leasinggeber kann sich nicht mit Erfolg auf eine Schriftformklausel in seinen AGB berufen, wonach nur solche mündlichen Erklärungen verbindlich sind, die der Leasinggeber schriftlich bestätigt hat, wenn mit seiner Zustimmung eine mündliche Abrede zwischen Leasingnehmer und Lieferant des Leasinggutes getroffen wurde und der Leasingnehmer dies beweisen kann.   **124**

OLG Köln, Urteil vom 18. 9. 1985 – 24 U 220/84 – rechtskräftig;

Die **Gründe** sind abgedruckt unter Nr. 101 zu § 9 AGBG.

In Verträgen über die Lieferung von Luftbildern verstößt die Klausel   **125**

„Unsere Abschlußvertreter sind nur zu schriftlichen Zusagen befugt. Mündliche Nebenabreden bedürfen zur Gültigkeit daher der schriftlichen Bestätigung."

gegen § 9 AGBG und ist unwirksam.

LG Köln, Urteil vom 13. 3. 1985 – 26 O 342/84 – rechtskräftig;

§ 9 Generalklausel Nr. 125

Sachverhalt:

Die Beklagte produziert und vertreibt Luftbilder.

Sie verwendet in ihren Vertragsformularen folgenden Text: „Unsere Abschlußvertreter sind nur zu schriftlichen Zusagen befugt. Mündliche Nebenabreden bedürfen zur Gültigkeit daher der schriftlichen Bestätigung".

Der Kläger, ein Verbraucherschutzverein, hält diese Klausel gemäß § 9 AGBG für unwirksam.

Das Landgericht hat der Klage stattgegeben.

Aus den Gründen:

Der gemäß § 13 Abs. 2 Nr. 1 AGBG klagebefugte Kläger kann von der Beklagten verlangen, daß diese die Verwendung der beanstandeten Klausel nach Maßgabe des Urteilstenors unterläßt, weil die Klausel nach § 9 Abs. 1 AGBG unwirksam ist.

Die Klausel unterliegt der Überprüfung nach den Bestimmungen des AGBG. Indem sie festlegt, daß bloße mündliche Zusagen der Abschlußvertreter der Beklagten und mündliche Nebenabreden keine Gültigkeit haben sollen, stellt sie eine Schriftformklausel dar, was insbesondere durch die zweimalige Benutzung des Adjektivs „schriftlich" deutlich zum Ausdruck kommt. Unter Zugrundelegung der bei der Prüfung der Wirksamkeit gebotenen kundenfeindlichsten Auslegung ist davon auszugehen, daß nach dieser Klausel Zusagen der Abschlußvertreter der Beklagten und Nebenabreden nur dann rechtsverbindlich sein sollen, wenn sie schriftlich erteilt bzw. schriftlich bestätigt werden. Damit ist ein Schriftlichkeitserfordernis aufgestellt. ...

Die beanstandete Klausel ist unwirksam, weil damit auch eine nach Vertragsschluß einvernehmlich getroffene Außerkraftsetzung der Schriftform ausgeschlossen wird. Die Kammer hält die Grundsätze, die der Bundesgerichtshof in seinem Urteil vom 31. 10. 1984 – VIII ZR 226/83 – (vgl. NJW 1985, 320) für die dort überprüfte Schriftformklausel aufgestellt hat, auch im vorliegenden Fall für anwendbar. Eine Schriftlichkeitsklausel kann dadurch außer Kraft gesetzt werden, daß die Vertragsschließenden deutlich den Willen zum Ausdruck bringen, die mündlich getroffene Abrede solle ungeachtet dieser Klausel gelten. Daß im vorliegenden Fall die Klausel auf die Abschlußvertreter abstellt und damit Erklärungen der Geschäftsführer der Beklagten nicht einbezogen sind, ist nicht entscheidend. Denn es ist nicht ausgeschlossen, daß Abschlußvertreter der Beklagten mit deren Kunden in der genannten Weise abweichend vom ursprünglichen Vertragsinhalt Vereinbarungen nachträglich – etwa über Lieferzeit und Zahlungsmodalitäten – treffen. Solche mündlichen Vereinbarungen zwischen den Kunden und einem Abschlußvertreter der Beklagten können zumindest nach den Grundsätzen der Duldungs- oder Anscheinsvollmacht wirksam sein. Ist aber eine nachträgliche Vereinbarung von vertretungsberechtigten Personen in mündlicher Form wirksam getroffen worden, so könnte demnach ein Kunde, dem die Beklagte nunmehr die beanstandete Klausel vorhält, von der Durchsetzung seiner ihm zustehenden Rechte abgehalten werden.

Dabei kann sich die Beklagte auch nicht mit Erfolg darauf berufen, mit der beanstandeten Klausel solle lediglich auf eine Einschränkung der Vollmacht ihrer Abschlußvertreter hingewiesen werden. Gemäß §§ 55, 54 Abs. 3 HGB braucht ein Dritter Beschränkungen der Vollmacht von Abschlußvertretern nur dann gegen sich gelten zu lassen, wenn er sie kannte oder kennen mußte. Ob hierunter nur Vollmachts-Beschränkungen gegenständlicher Art zu verstehen sind oder auch der von der Beklagten erstrebte Schriftformvorbehalt, kann offen bleiben. Mit der Aufnahme der beanstandeten Klausel in den Vertragstext zielt die Beklagte darauf ab, die Kenntnis oder das Kennenmüssen ihrer Kunden von dem Schriftformerfordernis herbeizuführen. Die Klausel ist zwar — gegenüber der früher verwendeten Klausel — mit etwas größeren Buchstaben geschrieben. Sie ist jedoch — insofern gilt auch für sie das, was das OLG Köln in dem Urteil vom 1. 6. 1983 — 6 U 67/83 — zu der früheren Klausel ausgeführt hat — nach ihrer drucktechnischen Gestaltung nicht besonders hervorgehoben und kann trotz ihrer räumlichen Nähe zur Unterschrift des Kunden leicht übersehen werden, zumal die beiden fraglichen Sätze eingebettet sind in einen vorausgehenden und einen nachfolgenden Satz jeweils anderen Inhalts. Kunden, die die Klausel übersehen oder überlesen, fehlt die positive Kenntnis im Sinne des § 54 Abs. 3 HGB. Gegen sie läßt sich auch nicht ausnahmslos der Vorwurf des Kennenmüssens erheben, etwa wenn der Vertrag in Eile abgeschlossen wird und/oder der Kunde einfach unterschreibt und sich darauf verläßt, daß der Vertragstext in Ordnung ist und keine ihn spezifisch benachteiligenden Bedingungen enthält, insbesondere nachdem ihm etwa seitens des Abschlußvertreters versichert worden ist, daß er ohne Bedenken unterschreiben könne. Kann somit nicht in jedem Fall ein Kennenmüssen im Sinne des § 54 Abs. 3 HGB bejaht werden, könnte auch in dieser Hinsicht ein Kunde, dem die Beklagte die Klausel vorhält, von der Durchsetzung seiner Rechte abgehalten werden. Eine Klauselgestaltung, die dem Verwender die Gelegenheit eröffnet, begründete Ansprüche unter Hinweis auf eine in der Sache nicht — stets — zutreffende Darstellung der Rechtslage in seinen AGB abzuwenden, benachteiligt den Vertragspartner entgegen den Geboten von Treu und Glauben unangemessen. Beweisschwierigkeiten des Verwenders, die für sein berechtigtes Interesse an dieser Klauselgestaltung sprechen könnten, sind nicht erkennbar; denn die Beweislast für — nachträglich — getroffene mündliche Vereinbarungen trägt der Kunde. Ein Interesse des Verwenders, sich vor unkontrollierbaren Erklärungen seiner vertretungsberechtigten Personen zu schützen, muß gegenüber den Belangen des Kunden, dem die Durchsetzung bestehender Ansprüche nicht unzumutbar erschwert werden darf, zurücktreten (vgl. BGH a. a. O.).

Die beanstandete Klausel ist insgesamt unwirksam. Eine beschränkte Aufrechterhaltung des möglicherweise wirksamen Teils kommt hier nicht in Betracht, da der Ausnahmefall einer inhaltlich und ihrer sprachlichen Fassung nach teilbaren Klausel (vgl. BGH NJW 1982, 178, 1984, 2816 u. 1985, 53) nicht vorliegt.

Eine Schriftformklausel, die deutlich auf der Vorderseite des Kaufantrages dicht über der für die Unterschrift des Käufers vorgesehenen Spalte steht und den Käufer deutlich darauf hinweist, daß mündliche Erklärungen der für den Verkäufer auftretenden Handelsvertreter unverbindlich sind, dient auch dem Interesse des Käufers und ist nicht nach § 9 AGBG unwirksam. 126

LG Düsseldorf, Urteil vom 27. 3. 1985 — 12 O 706/84 — nicht rechtskräftig;

Auf den Abdruck von **Sachverhalt** und **Gründen** wird verzichtet.

Anmerkung:
Die Revision ist beim BGH unter dem Aktenzeichen VIII ZR 46/86 anhängig.

127 Eine Schriftformklausel, die mündlichen und schriftlichen Nebenabreden die Gültigkeit versagt, sofern sie nicht durch den Verwender bestätigt werden, verstößt gegen §§ 9, 4 AGBG und ist unwirksam.

LG Frankfurt, Urteil vom 20. 8. 1985 – 2/13 O 275/85 – rechtskräftig;

Auf den Abdruck von **Sachverhalt** und **Gründen** wird verzichtet.

128 Die Klausel in einem Kaufvertrag

„Mündliche Nebenabreden und Zusicherungen unserer Mitarbeiter bedürfen, um wirksam zu sein, unserer schriftlichen Bestätigung."

ist nach § 9 AGBG unwirksam, denn der Käufer wird dadurch, daß er sich auf eine Zusage eines Verkäufers als „Mitarbeiter" niemals verlassen kann, unangemessen benachteiligt.

Im übrigen verstößt die Klausel auch gegen das gesetzliche Leitbild der Rechtsstellung eines Angestellten in einem Ladengeschäft (§ 56 HGB).

LG Stuttgart, Urteil vom 31. 12. 1985 – 20 O 345/85 – rechtskräftig;

Auf den Abdruck von **Sachverhalt** und **Gründen** wird verzichtet.

§ 9 – Unangemessenheiten in einzelnen Vertragsverhältnissen

129 Die formularmäßige Klausel in einem Bierlieferungsvertrag, nach der die Brauerei bei Vertragsverletzungen der Gegenseite berechtigt ist, Rückgabe des leihweise überlassenen Gaststätteninventars – bei fortbestehender Bezugsverpflichtung des Gastwirts – zu verlangen, benachteiligt den Gastwirt in unangemessener Weise und ist unwirksam.

BGH, Urteil vom 27. 2. 1985 – VIII ZR 85/84; DB 1985, 1684 = MDR 1986, 48 = NJW 1985, 2693 = WM 1985, 608.

Sachverhalt:

Der Beklagte betrieb auf einem im Eigentum seiner Mutter stehenden Grundstück eine Gaststätte. Am 24. November 1975 schlossen er und die Klägerin, eine Brauerei, eine – überwiegend formularmäßig gestaltete, teilweise maschinenschriftlich ergänzte – „Vereinbarung", in der er sich verpflichtete, für die „in seinem Eigentum" stehende Gaststätte den gesamten Bedarf an Bieren jeder Art und alkoholfreien Getränken auf die Dauer von 20 Jahren, „mindestens jedoch bis zur Abnahme von 5 000 hl Bier ... vorausgesetzt jährlich 250 hl Bier", ausschließlich bei der Klägerin zu beziehen. Die Klägerin überließ dem Beklagten vereinbarungsgemäß leihweise Inventargegenstände... „Nach regulärem Ablauf" des Vertrages sollten diese Gegenstände in das Eigentum des Beklagten übergehen; bis dahin hatte er für Instandhaltung und Ersatzbeschaffung zu sorgen. Nach Nr. 3 des Vertrages war die Klägerin bei vorübergehender Unmöglichkeit der Belieferung berechtigt, „andere Firmen zur Lieferung möglichst gleichwertiger Erzeugnisse heranzuziehen"; in diesem Fall sollte sich das Vertragsverhältnis um den entsprechenden Zeitraum verlängern. In Nr. 4 wurde vereinbart, daß beide Vertragsteile bei einer „Besitz- oder Rechtsnachfolge irgendwelcher Art" ihre Verpflichtungen aus dem Vertrag ihren Rechtsnachfolgern auferlegen werden. Die Klägerin sollte darüber hinaus berechtigt sein, „aus gegebener Veranlassung" ihre Rechte und Pflichten auch bezüglich einzelner Bier- und Getränkesorten auf Dritte zu übertragen. In Nr. 5 des Vertrages heißt es:

„Unbeschadet der übrigen Vereinbarungen kann die Brauerei die ganze oder teilweise Rückzahlung von zur Verfügung gestellten Beträgen, soweit diese noch nicht ausgeglichen sind, sowie die sofortige Rückgabe von Inventar oder eine Ablösung des Leihinventars zu dem Betrag, der durch eine brauereiinterne Absetzung vom Anschaffungspreis mit DM 8,–/hl Bier noch nicht ausgeglichen ist, verlangen, wenn der Vertragspartner gegen diesen Vertrag verstößt, das Geschäft verkauft oder in sonstiger Weise auf einen Dritten überträgt, insbesondere jedoch, wenn der Bezug von Bier und alkoholfreien Getränken von der Brauerei bzw. der zuständigen Brauerei-Vertretung aus irgendwelchen Gründen eingestellt, unterbrochen oder nicht im vorausgesetzten und angemessenen Umfang vorgenommen werden sollte.

Für jeden Hektoliter an Getränken, den der Vertragspartner nicht entsprechend diesem Vertrag von der Brauerei bzw. der zuständigen Brauerei-Vertretung bezieht, kann die Brauerei einen Betrag von DM 20,– verlangen..."

Der Beklagte stellte den Betrieb der Gaststätte im Dezember 1980 ein und teilte dies der Klägerin mit Schreiben vom 7. April 1981 mit. Er hatte bis dahin insgesamt 563 hl Bier von der Klägerin bezogen. Mit Anwaltsschreiben vom 15. April 1981 widersprach die Mutter des Beklagten der Fortsetzung des Nutzungsverhältnisses und forderte ihn bei Klagevermeidung „nochmals" auf, die Gaststätte unverzüglich zu räumen. Davon setzte der Beklagte die Klägerin unter dem 28. Juli 1981 in Kenntnis. Die Mutter des Beklagten teilte der Klägerin mit Schreiben vom 19. April 1982 mit, daß sie von ihrem Sohn die Räumung der Gaststätte verlangt habe, und forderte sie auf, das Inventar aus den Räumen zu entfernen.

Mit der Klage macht die Klägerin die Ablösung des Leihinventars gemäß Nr. 5 Abs. 1 des Vertrages in Höhe des Anschaffungspreises abzüglich eines Betrages von 8 DM je bezogenem hl (50 901,47 DM einschließlich Mehrwertsteuer) geltend. Sie ist weiter der Auffassung, der Beklagte schulde ihr 20 DM für jeden zu wenig bezogenen hl Bier und verlangt insoweit – ausgehend von einer rechnerisch zugrunde gelegten Mindestabnahmemenge von jährlich 125 hl Bier und einer angenommenen Vertragsdauer von 15 Jahren – einen Teilbetrag von 26 240 DM. Der Beklagte hält den Bierlieferungsvertrag wegen der 20-jährigen Bezugsverpflichtung für sittenwidrig und meint, er sei zur Kündigung der Vereinbarung berechtigt gewesen, weil es ihm ohne Verschulden unmöglich geworden sei, die Gaststätte weiter zu betreiben.

Das Landgericht hat die Klage abgewiesen, das Oberlandesgericht hat die Berufung der Klägerin zurückgewiesen. Die Revision der Klägerin führte zur Aufhebung des Berufungsurteils insoweit, als die Klage in Höhe von mehr als 50 901,47 DM nebst Zinsen abgewiesen worden war, und zur Zurückverweisung der Sache.

Aus den Gründen:

I. Das Berufungsgericht hat ausgeführt:

Es sei zweifelhaft, könne aber dahinstehen, ob der Beklagte sein nachträgliches Unvermögen zur Abnahme weiterer Bierlieferungen zu vertreten habe, obwohl seine Mutter unstreitig das Mietverhältnis gekündigt und die Klägerin zu den Gründen der Kündigung hinreichend substantiiert nichts vorgetragen habe. Denn mit der Beendigung des Mietvertrages sei die Geschäftsgrundlage des Bierlieferungsvertrages weggefallen, die in der gemeinsamen Vorstellung der Parteien, der Beklagte könne in den ihm überlassenen Räumen über den ganzen Zeitraum hinweg eine Gaststätte betreiben, bestanden habe. Zwar trage der Beklagte als Käufer der von der Klägerin zu liefernden Getränke das Risiko der Verwertbarkeit der Kaufsache; könne aber eine Gaststätte wegen Kündigung des Mietvertrages nicht weitergeführt werden, so sei dem Gastwirt eine Verwertung der Bierlieferungen in zumutbarer Weise nicht mehr möglich. Die Kündigung falle nicht in den Risikobereich des Beklagten; denn von ihm als Rechtsunkundigem habe ein Widerspruch gegen die von der Klägerin formulierte Vereinbarung, nach der die Gaststätte in seinem Eigentum stehe, nicht erwartet werden dürfen, weil die Vertreter der Klägerin nach dem Ergebnis der Beweisaufnahme die wahren Eigentumsverhältnisse gekannt hätten. Diese Kenntnis sei für die Beurteilung der gesamten Vereinbarung bedeutsam, weil sich eine Brauerei, die den mutmaßlichen künftigen Erben einer Gaststätte auf 20 Jahre an sich binde, an der Grenze dessen bewege, was mit dem Anstandsgefühl aller billig und gerecht Denkenden zu vereinbaren sei. Als Folge des Wegfalls der Geschäftsgrundlage sei der Beklagte berechtigt gewesen, den Bierlieferungsvertrag für die Zukunft zu kündigen; das habe er getan.

Aber auch für die Zeit vor dieser Kündigung stehe der Klägerin kein Anspruch nach Nr. 5 der Vereinbarung zu. Sie enthalte weitgehend vorformulierte Vertragsbedingungen und könne allenfalls bezüglich des in Nr. 5 Abs. 1 maschinenschriftlich eingefügten Satzteiles („...oder eine Ablösung des Leihinventars ... verlangen") als „ausgehandelt" angesehen werden. Unklarheiten bei der Auslegung gingen daher zu Lasten der Klägerin. Deshalb müsse ein Recht der Klägerin, Ablösung des Leihinventars auch dann verlangen zu können, wenn der Beklagte es gar nicht behalten wolle, verneint werden. Denn unter „Ablösung" sei regelmäßig nicht die Pflicht, sondern nur das Recht des Besitzers zum Eigentumserwerb gegen Ablösungszahlung zu verstehen. Auch wenn die Unklarheitenregel nicht anwendbar sei, führe eine „normale" Vertragsauslegung ebenfalls zu dem Ergebnis, daß ein ohne Rücksicht auf den Erwerbswillen des Beklagten bestehendes Wahlrecht der Klägerin zwischen Rückgabe und Ablösung des Inventars aus der Vertragsformulierung nicht herausgelesen werden könne. Darüber hinaus sei zumindest unklar, ob unter den Fall einer Einstellung des Bierbezugs „aus irgendwelchen Gründen" (Nr. 5 Abs. 1 a. E.) auch der Sachverhalt einzuordnen sei, daß sich die Einstellung als Folge eines Wegfalls der Geschäftsgrundlage darstelle; auch dies gehe zu Lasten der Klägerin, so daß die Klage in Höhe des Betrages von 50 901,47 DM unbegründet sei.

Auch ein Schadensersatzanspruch der Klägerin wegen Minderbezuges durch den Beklagten bestehe nicht. Die Regelung über die Bezugsmengen in Nr. 2 des Bierlieferungsvertrages lasse verschiedene Auslegungen zu: Als Verpflichtung zu einer jährlichen Mindestabnahme von 250 hl könne sie nicht verstanden werden; die Klägerin habe nämlich selbst in den Jahren 1975 bis 1979 niemals auf der Abnahme dieser Menge bestanden und auch die Klageforderung nicht auf der Grundlage einer 20-jährigen Bezugsdauer berechnet. Eine Auslegung des Inhalts, daß die Bezugsverpflichtung gegebenenfalls über 20 Jahre hinaus bis zur Abnahme von 5000 hl Bier habe laufen sollen, verbiete sich, weil über einen Zeitraum von 20 Jahren hinausreichende Bierlieferungsverträge nach der Rechtsprechung in der Regel unwirksam seien und der Klägerin ein damit in Widerspruch stehender Vertragswille nicht unterstellt werden könne. Auch müsse eine Auslegung ausscheiden, nach der der Beklagte – bei wechselnder jährlicher Bezugsmenge – während der Vertragsdauer von 20 Jahren insgesamt 5000 hl Bier zu beziehen habe; denn die in den Jahren 1975 bis 1980 bezogenen Mengen ließen einen Rückschluß auf den pro Jahr möglichen Bezug zu, eine erhebliche Änderung in späteren Jahren sei nicht zu erwarten gewesen. Es verbleibe somit nur die Auslegung, daß der Beklagte während der Vertragsdauer von 20 Jahren 5000 hl Bier nur unter der Voraussetzung zu beziehen verpflichtet sei, daß er jährlich 250 hl abnehmen und verkaufen könne. Danach stehe der Klägerin ein Anspruch nicht zu: Ihre Behauptung, der Beklagte habe jährlich 250 hl Bier abnehmen können, sei unsubstantiiert und beruhe zudem auf der unzutreffenden Annahme, sie könne dem Beklagten Vorschriften über die Öffnungszeiten der Gaststätte, die Zusammensetzung seines Getränkesortiments und seine Preispolitik machen. An einem näheren Sachvortrag der Klägerin über einen – von dem Beklagten nur wegen nicht ordnungsgemäßer Serviceleistungen der Klägerin eingeräumten – Fremdbezug von Bieren fehle es.

Ob der Bierlieferungsvertrag, wie das Landgericht angenommen habe, seinem „Gesamtcharakter" nach sittenwidrig sei, könne ebenso dahinstehen wie die Frage, ob die für eine zu starke Einengung der wirtschaftlichen Bewegungsfreiheit des Beklagten sprechenden Umstände sogar eine Aufrechterhaltung des Vertrages mit kürzerer Laufzeit ausschlössen.

II. Diese Ausführungen des Berufungsgerichts greift die Revision teilweise mit Erfolg an.

1. Zu Unrecht ist das Berufungsgericht von einem Kündigungsrecht des Beklagten ausgegangen. Nach ständiger Rechtsprechung geben Umstände, die in den Risikobereich des einen der Vertragschließenden fallen, diesem nicht das Recht, sich auf einen Wegfall der Geschäftsgrundlage zu berufen (Senatsurteile vom 11. Juli 1979 – VIII ZR 183/78 = WM 1979, 1104, 1105 und vom 8. Februar 1984 – VIII ZR 254/82 = WM 1984, 432, 434; BGH Urteil vom 26. Oktober 1984 – V ZR 140/83 = WM 1985, 32, 34, jeweils m. w. Nachw.). So liegt es hier:

a) Welche der Vertragsparteien das Risiko zu tragen hat, daß das Nutzungsverhältnis hinsichtlich der Gaststätte bestehen blieb, muß eine Auslegung der Vereinbarung vom 24. November 1975 ergeben.

aa) In ihr ist die Dauer der Bezugsverpflichtung nicht von dem Bestand des Nutzungsverhältnisses abhängig gemacht. Vielmehr ergibt der einschränkungslose Wortlaut des Bierlieferungsvertrages, daß seine Laufzeit 20 Jahre betragen sollte. Die Nachfolgeklausel in Nr. 4 des Vertrages zeigt zudem, daß der Beklagte den Vertrag nicht während der ganzen Dauer in Person erfüllen mußte, sondern auch nach Auflösung des mit ihm bestehenden Nutzungsverhältnisses die Bezugsverpflichtung von einem neuen Pächter übernommen werden konnte (zum Automatenaufstellvertrag vgl. Senatsurteil vom 9. Dezember 1970 – VIII ZR 9/69 = WM 1971, 243, 244; Wolf/Eckert, Handbuch des gewerblichen Miet- und Pachtrechts, 4. Aufl., Rdn. 499). Dem vom Berufungsgericht herangezogenen Umstand, daß die Gaststätte im Vertrag als „im Eigentum" des Beklagten stehend bezeichnet worden ist, vom Beklagten ein Widerspruch gegen diese Formulierung nicht zu erwarten war und die Vertreter der Klägerin die wahren Eigentumsverhältnisse kannten, kommt keine Bedeutung zu. Daß ein Bierlieferungsvertrag mit einem Gastwirt geschlossen wird, der die Gaststätte als Mieter oder Pächter der Räume betreibt, ist – wenn nicht der Regelfall, so doch – weithin üblich. Daraus folgt nicht, daß die Brauerei das Risiko des Bestandes des Nutzungsverhältnisses zu tragen hat. Die Kenntnis der Klägerin von den Eigentumsverhältnissen bedeutet noch nicht, daß sie auch mit einer Kündigung des Pachtverhältnisses vor Ablauf des Bierlieferungsvertrages rechnen mußte. Im übrigen könnte dieser Kenntnis allein eine Beschränkung der Laufzeit des Bierlieferungsvertrages auf die Dauer des Nutzungsverhältnisses nicht entnommen werden (zum Automatenaufstellvertrag vgl. Senatsurteil vom 9. Dezmber 1970 a. a. O. unter III).

bb) Weder aus der vom Berufungsgericht angeführten Senatsentscheidung vom 20. März 1967 (VIII ZR 237/64 = LM BGB § 242 (Bb) Nr. 51 = WM 1967, 561) noch aus der weiteren Rechtsprechung des Senats ergibt sich etwas anderes: Das Urteil vom 20. März 1967, in dem der Senat die von der Vorinstanz vorgenommene und von der Revision nicht angegriffene Würdigung, die Geschäftsgrundlage sei weggefallen, gebilligt hat, betraf den Fall eines Kaufs von Automaten, die in dem von einem Dritten gepachteten Gastraum aufgestellt waren und von diesem Dritten schon bald nach Abschluß des Kaufvertrages entfernt wurden, und berücksichtigte den besonderen Umstand, daß in dem Kaufpreis ein „Platzwert" der Automaten enthalten war, der entgegen der Erwartung der Vertragsparteien mit der Entfernung aus dem Gastraum verloringing. In seiner Entscheidung vom 23. Juni 1960 (VIII ZR 115/59 = LM BGB § 242 (Bc) Nr. 10) hat der Senat zwar eine Auslegung für denkbar gehalten, nach der die Vertragspflicht des Gastwirts aus einem langfristigen Bierbezugsvertrag ihr Ende finde, wenn er die Gaststätte weder verpachten noch selbst weiterführen könne, diese Frage aber nicht abschließend beantwortet; daß der Senat dem Verpflichteten das Recht zur fristlosen Kündigung des Bezugsvertrages eingeräumt hat, beruhte auf der – mit dem vorliegenden Sachverhalt nicht vergleichbaren – Besonderheit des Falles, die darin bestand, daß der verpflichtete Grundstückseigentümer die Gaststätte nach dem Vertrag nicht selbst zu führen, sondern nur durch Verpachtung zu nutzen hatte und auf unabsehbare Zeit keine Aussicht für eine Verpachtung der Gastwirtschaft bestand. In dem Senatsurteil vom 2. Juli 1962 (VIII ZR 92/61 = LM BGB § 157 (A) Nr. 14) wird die Vertragsauslegung der Vorinstanz gebilligt, nach der die Fortdauer des Pachtvertrages über die Gaststätte nicht Geschäftsgrundlage eines von dem Gastwirt geschlossenen Automatenaufstellvertrages war. Auch die bereits angeführte Senatsentscheidung vom 9. Dezember 1970 (a. a. O.) verneint die Beschränkung eines Automatenaufstellvertrages auf die Dauer der Pachtzeit.

cc) Ergibt der Bierlieferungsvertrag – wie hier – keinen Anhaltspunkt für das Gegenteil, so fällt der Bestand des über die Gaststätte geschlossenen Nutzungsverhältnisses in den Risikobereich des Gastwirts. Das rechtfertigt sich zum einen daraus, daß nach der gesetzlichen Interessenbewertung beim Kaufvertrag das Weiterverwendungsrisiko – hier: der bezogenen Getränke – in der Regel der Sphäre des Käufers zuzurechnen ist (BGHZ 74, 370, 374; Senatsurteil vom 8. Februar 1984 a. a. O., jeweils m. w. Nachw.). Zum anderen folgt dies daraus, daß nicht nur beim Abschluß des Bierlieferungsvertrages der Gastwirt die Dauer und Durchführbarkeit des Gaststättennutzungsvertrages, den er selbst geschlossen hat, ungleich zuverlässiger als der Bierlieferant beurteilen kann, sondern daß darüber hinaus während der Laufzeit des Bierlieferungsvertrages die den Bestand des Nutzungsverhältnisses gefährdenden Umstände aus dem in der Regel allein von dem Gastwirt zu beeinflussenden Gefahrenkreis kommen.

b) Es kann offenbleiben, ob in dem Wegfall des Gaststättennutzungsvertrages ausnahmsweise ein außergewöhnlicher, außerhalb des Verantwortungsbereichs des Gastwirts liegender Umstand gesehen werden kann und ob unter diesem Gesichtspunkt gegen die formularmäßige Festlegung einer langfristigen Vertragsdauer ohne Rücksicht auf die Dauer des Nutzungsverhältnisses Bedenken bestehen können (dazu Senatsurteil vom 10. November 1976 –VIII ZR 84/75 = WM 1977, 112, 113 unter 2b). In der Vereinbarung vom 24. November 1975 wird die bei Dauerschuldverhältnissen ohnehin stets zulässige Kündigungsmöglichkeit aus wichtigem Grund nicht ausgeschlossen. Der Beklagte hat jedoch nichts dazu vorgetragen, aus welchem Grund seine Mutter das Nutzungsverhältnis gekündigt hat. Seinem Vorbringen ist weder zu entnehmen, auf welche Zeit dieser Vertrag geschlossen war, noch ergibt sich aus ihm, ob seine Mutter eine ordentliche oder fristlose Kündigung ausgesprochen hat, ob er die Kündigung zu vertreten hatte oder gegen sie hätte vorgehen können. Den Beklagten traf die Darlegungspflicht hinsichtlich der Tatsachen, aus denen ein Wegfall der Geschäftsgrundlage oder ein Recht zur Kündigung aus wichtigem Grund abzuleiten ist. Entgegen der zu den §§ 275, 282 BGB angestellten Erwägung des Berufungsgerichts ist der Beklagte dieser Darlegungslast nicht schon dadurch nachgekommen, daß er auf die Kündigung des Nutzungsverhältnisses hingewiesen hat. Denn dessen Bestand gehört – wie dargelegt – regelmäßig zum Risikobereich des Gastwirts.

2. a) Gleichwohl bleibt die Revision erfolglos, soweit die auf Zahlung eines Ablösungsbetrages für das Gaststätteninventar gerichtete Klage abgewiesen worden ist.

aa) Ein derartiger Anspruch kann nicht auf Nr. 5 Abs. 1 des Vertrages gestützt werden. Dabei kommt es auf die Auslegung, die das Berufungsgericht dieser Regelung gegeben hat, nicht an. Denn die Formularbestimmung des Absatzes 1 in Nr. 5 hält der Inhaltskontrolle gemäß § 9 AGBG, der nach § 28 Abs. 2 AGBG auf den vor Inkrafttreten des AGB-Gesetzes geschlossenen, aber noch nicht abgewickelten Vertrag anzuwenden ist, nicht stand. Nr. 5 Abs. 1 benachteiligt den Beklagten dadurch in unangemessener Weise, daß der Klägerin bei verschiedenen Vertragsverstößen des Beklagten das Recht eingeräumt wird, das leihweise überlassene Inventar zurückzuverlangen und ihren Vertragspartner dennoch an seiner langfristigen Bezugsverpflichtung festzuhalten. Zu Unrecht weist die Revision darauf hin, daß die Klägerin bei fristloser Kündigung des Vertrages – deren Voraussetzungen im übrigen bei den in Nr. 5 Abs. 1 genannten Vertragsverletzungen keinesfalls immer gegeben sein müssen – ohnehin das Recht hätte, die Herausgabe des in ihrem Eigentum stehenden Inventars geltend zu machen. Die Klausel enthält keinerlei Anhaltspunkt dafür, daß die Klägerin von dem Rückforderungsrecht nur im Falle der Auflösung des Vertrages Gebrauch machen darf. Sie ermöglicht es ihr vielmehr, auch ohne Kündigung wegen einer Vertragsverletzung des Beklagten die von ihr erbrachte Gegenleistung für dessen langjährige Bezugsbindung zurückzuverlangen und ihn weiterhin auf Erfüllung der Bezugsverpflichtung in Anspruch zu nehmen. Ein anerkennenswertes Interesse der Klägerin an einer solchen Rechtsfolge ist nicht ersichtlich. Für den Beklagten führt sie andererseits dazu, daß er nicht nur die Vorteile des mit der Klägerin geschlossenen Geschäfts verliert, ohne von dessen Nachteilen befreit zu werden, sondern daß ihm auch die Grundlage für den weiteren Betrieb der Gaststätte sowie die Abnahme und den Weiterverkauf der Getränke entzogen sein kann. Das weicht von dem Ziel eines auch nur annähernd angemessenen Interessenausgleichs der Vertragsparteien in einer den Geboten von Treu und Glauben widersprechenden Weise ab und hat die Unwirksamkeit der Klausel zur Folge ...

bb) Eine gesetzliche Grundlage für einen Anspruch auf Zahlung eines Ablösungsbetrages besteht nicht ...

b) Der Schadensersatzanspruch wegen Minderbezuges folgt dagegen dem Grunde nach aus Nr. 5 Abs. 2 Satz 1 des Bierlieferungsvertrages. Sein Umfang hängt davon ab, welche Biermengen der Beklagte nach Nr. 2 Abs. 1 des Vertrages abzunehmen verpflichtet war.

aa) Im Ergebnis zutreffend geht das Berufungsgericht davon aus, daß dem Vertrag eine Verpflichtung des Beklagten zur Abnahme einer jährlichen Mindestabnahmemenge nicht zu entnehmen ist. Es mag dahinstehen, ob dies allein aus dem Verhalten der Parteien in den ersten Jahren nach Vertragsschluß gefolgert werden kann. Die Formulierung „vorausgesetzt jährlich 250 hl Bier" ist nämlich mehrdeutig und kann beispielsweise auch so verstanden werden, daß nur die rechnerische Grundlage für die Ermittlung der Gesamtabnahmemenge angegeben werden soll. Jedenfalls kommt in ihr eine bindende Verpflichtung des Beklagten nicht hinreichend deutlich zum Ausdruck.

bb) Daraus folgt jedoch nicht, daß die Klägerin Schadensersatz wegen des vom Beklagten zu wenig bezogenen Bieres überhaupt nicht verlangen kann. Nach der Rechtsprechung des Senats (Urteile vom 17. Januar 1979 – VIII ZR 262/77 = WM 1979, 493, 494 f. und vom 23. November 1983 – VIII ZR 333/82 = WM 1984, 88, 90 f.) errechnet sich der Schadensersatz jedenfalls dann, wenn eine jährliche Mindestabnahme nicht vorgesehen war, allerdings auch nicht nach der Gesamtabnahmemenge von – hier – 5 000 hl, sondern nach derjenigen Biermenge, die der Beklagte bei reibungsloser Vertragsdurchführung zur Deckung seines Bedarfs abgenommen hätte; sie ist in der Regel auf der Grundlage der bisherigen tatsächlichen durchschnittlichen Jahresabnahme für die noch offene Dauer des Vertrages (dazu unten III 4) vom Tatrichter zu schätzen.

III. Die vom Berufungsgericht dargelegten Gründe gegen den Schadensersatzanspruch wegen Minderbezuges greifen somit nicht durch. Indessen ist der Senat an einer eigenen Sachentscheidung aus folgendem Grund gehindert: Das Berufungsgericht hat eine abschließende Beurteilung des Bierlieferungsvertrages dahin, ob mit ihm die wirtschaftliche Bewegungsfreiheit des Gastwirts in einer mit den Anschauungen eines redlichen rechtsgeschäftlichen Verkehrs nicht zu vereinbarenden Weise eingeschränkt wird (dazu z. B. BGHZ 54, 145; Senatsurteil vom 14. Juni 1972 – VIII ZR 14/71 = WM 1972, 1224), bisher nicht vorgenommen. Sie erfordert eine Würdigung des Einzelfalles unter Berücksichtigung von Inhalt, Motiv und Zweck des Vertrages sowie der Umstände seines Zustandekommens und ist grundsätzlich Aufgabe des Tatrichters (BGH Urteil vom 13. Juli 1979 – V ZR 122/77 = WM 1979, 1153, 1154 m. w. Nachw.).

1. Bei der nachzuholenden Beurteilung wird das Berufungsgericht zu beachten haben, daß ein Bezugszeitraum von 20 Jahren nach der ständigen Rechtsprechung des Senats (seit dem Urteil vom 7. Oktober 1970 – VIII ZR 202/68 = WM 1970, 1402; zuletzt Senatsurteil vom 23. November 1983 a. a. O. 89) an die äußerste Grenze des in einem Ausnahmefall gerade noch Zulässigen reicht. Neben dem Umfang der Bezugsbindung (hier: sämtliche Biersorten und alkoholfreien Getränke, nicht aber andere alkoholische Getränke) wird es das Gewicht der Gegenleistungen der Klägerin berücksichtigen müssen (Senatsurteile vom 17. Oktober 1973 – VIII ZR 91/72 = WM 1973, 1360 und vom 23. November 1983 a. a. O., m. Nachw.), die hier – abgesehen von der auch der Klägerin zugute kommenden Außenreklame (dazu Senatsurteil vom 22. Januar 1975 – VIII ZR 243/73 = WM 1975, 307, 309) – allein in der leihweisen Inventargestellung im Wert von 55 000 DM ohne Verpflichtung zur Instandhaltung oder Erneuerung bestanden (vgl. Senatsurteil vom 17. Januar 1979 – VIII ZR 262/77 = WM 1979, 493, 494). Dabei dürfte dem von der Revision hervorgehobenen Gesichtspunkt, daß das Inventar „nach regulärem Ablauf" der Vereinbarung in das Eigentum des Beklagten übergehen sollte

(Abs. 4 von Nr. 2 des Vertrages), kaum Bedeutung zukommen, weil die dem Beklagten überlassenen Gegenstände nach 20 Jahren, soweit sie nicht ohnehin auf seine Kosten instandzuhalten oder zu ersetzen waren, weitgehend wertlos sein mußten.

2. Kommt das Berufungsgericht bei dieser Prüfung zu dem Ergebnis, daß ein eine 20-jährige Laufzeit rechtfertigender Ausnahmefall nicht gegeben ist, so stehen die von dem Landgericht und dem Beklagten in der mündlichen Verhandlung vor dem Senat erhobenen Bedenken einer Aufrechterhaltung des Vertrages mit eingeschränkter Laufzeit nicht entgegen. In seinem Urteil vom 14. Juni 1972 (VIII ZR 14/74 = WM 1972, 1224) und seitdem ständig (zuletzt Senatsurteil vom 23. November 1983 a. a. O., 90) vertritt der erkennende Senat unter rechtsähnlicher Heranziehung der Vorschrift des § 139 BGB die Auffassung, daß eine derartige Aufrechterhaltung des Vertrages mit kürzerer Laufzeit dem Gastwirt das gewährt, was er redlicherweise verlangen kann, den schutzwürdigen Interessen der Brauereien Rechnung trägt und eine unbefriedigende und nur schwer durchzuführende Rückabwicklung nach Bereicherungsrecht vermeidet. Auch das Verbot der sog. geltungserhaltenden Reduktion (dazu Senatsurteil vom 19. September 1983 – VIII ZR 84/82 = WM 1983, 1153, 1154 unter II 1 a bb m. Nachw.) hindert eine zeitlich beschränkte Aufrechterhaltung des zwischen den Parteien geschlossenen Vertrages selbst dann nicht, wenn es sich bei der – maschinenschriftlich in das Vertragsformular eingesetzten – Regelung der Laufzeit um eine Formularklausel handelt. Hat nämlich die vor Inkrafttreten des AGB-Gesetzes bestehende materielle Rechtslage durch dieses Gesetz im Ergebnis keine Änderung erfahren, so bedeutet die Aufrechterhaltung des früheren Rechtszustandes für ein Dauerschuldverhältnis, das vor dem 1. April 1977 vereinbart worden ist, keinen unerträglichen Widerspruch zu den grundlegenden Wertungsmaßstäben des AGB-Gesetzes (Senatsurteil vom 20. Juni 1984 – VIII ZR 337/82 = BGHZ 91, 375 = WM 1984, 1100, 1103 unter II 4 b ee). So liegt es hier: Der Beklagte war bei Vertragsschluß jedenfalls Minderkaufmann. Das Betreiben einer Gaststätte ist ein Grundhandelsgewerbe im Sinne des § 1 Abs. 2 Nr. 1 HGB (BGHZ 70, 132, 134). Dafür, daß die Führung der Gastwirtschaft einen in kaufmännischer Weise eingerichteten Geschäftsbetrieb nicht erfordert hätte (§ 4 HGB), besteht kein Anhaltspunkt. Wie schon vor Inkrafttreten des AGB-Gesetzes konnten zeitlich begrenzte Bierlieferungsverträge zwischen Kaufleuten auch nach dem 1. April 1977 abgeschlossen werden. Für die hier zu entscheidende Frage ist ohne Bedeutung, ob der zulässigen Dauer eines nach Inkrafttreten des AGB-Gesetzes geschlossenen Vertrages engere Grenzen als zuvor gesetzt waren (so Hensen in: Ulmer/Brandner/Hensen, AGB-Kommentar, 4. Aufl., Anh. §§ 9–11, Rdn. 251; Wolf in: Wolf/Horn/Lindacher, AGB-Gesetz, § 9 Rdn. B 3). Der Bestimmung des § 11 Nr. 12a AGBG kommt hier keine Bedeutung zu. Dabei kann dahinstehen, ob die Erfüllung einer der Verbotsnormen des § 11 AGBG stets ein Indiz für die Unangemessenheit der Klausel im Falle ihrer Verwendung unter Kaufleuten sein muß (dazu BGHZ 90, 273, 278) und ob dies auch für die Vorschrift des § 11 Nr. 12a AGBG zu gelten hat (verneinend wohl Hensen a.a.O., § 11 Nr. 12 Rdn. 18; MünchKomm-Kötz, BGB, 2. Aufl., § 11 Nr. 12 AGBG Rdn. 140; Graf von Westphalen in: Löwe/Graf von Westphalen/Trinkner, Großkommentar zum AGB-Gesetz, Bd. II, 2. Aufl., § 11 Nr. 12 Rdn. 38 f). Aufgrund der im Handelsverkehr geltenden Gewohnheiten und Gebräuche, auf die bei der Anwendung des § 9 AGBG angemessen Rücksicht zu nehmen ist (§ 24 Satz 2 2. Halbsatz AGBG), können Bezugsbindungen in Bierlieferungsverträgen von jedenfalls mehr als zweijähriger Dauer wegen der besonderen Interessen und Bedürfnisse der Vertragsparteien (BGHZ 90 a.a.O.) ohne weiteres als angemessen angesehen werden. Denn die an einer vorausschauenden Produktions- und Inve-

stitionsplanung ausgerichteten Interessen der Brauereien und die Belange der Gastwirte, für die das Eingehen einer Bezugsverpflichtung oft die einzige Möglichkeit für Kreditaufnahmen und die Gegenleistung für sonstige Zuwendungen zum Aufbau und zur Führung ihrer Betriebe darstellt, lassen sich in Verträgen mit einer Laufzeit, wie sie § 11 Nr. 12a AGBG noch erlaubt, nicht in Übereinstimmung bringen.

3. Die Rückführung eines übermäßig langen Bierlieferungsvertrages auf eine angemessene Laufzeit setzt allerdings voraus, daß der Vertrag nicht auch im übrigen – unabhängig von der Dauer der Bezugsbindung – zu beanstanden ist (Senatsurteile vom 17. Oktober 1973 – VIII ZR 91/72 = WM 1973, 1360, 1362 und vom 21. Mai 1975 – VIII ZR 215/72 = WM 1975, 850, 851). Diese Einschränkung ist indessen nicht dahin zu verstehen, daß bei einem übermäßig langen Bierlieferungsvertrag die Nichtigkeitsfolge schon dann zwingend ist, wenn sich in dem Vertrag auch noch andere – möglicherweise ganz wenige und ihrerseits einer Einschränkung zugängliche – anstößige Klauseln finden lassen. Die Nichtigkeit tritt vielmehr nur dann ein, wenn der Bierlieferungsvertrag – abgesehen von seiner Laufzeit – aufgrund zahlreicher zu beanstandender Klauseln insgesamt überzogen ist (zur Gesamtnichtigkeit eines Automatenaufstellvertrages vgl. BGHZ 51, 55 und Senatsurteil vom 6. Oktober 1982 – VIII ZR 201/81 = WM 1982, 1354). Davon kann im vorliegenden Fall keine Rede sein. Denn die Prüfung der einzelnen Vertragsklauseln gemäß §§ 28 Abs. 2, 9 AGBG, die der Senat teilweise schon früher nach dem Maßstab der §§ 138, 242 BGB beurteilt hat, führt zu dem Ergebnis, daß nur wenige Formularbestimmungen zu beanstanden sind:

a) Entgegen der Ansicht des Berufungsgerichts kommt bei der Beurteilung des „Gesamtcharakters" des Vertrages keine besondere Bedeutung dem Umstand zu, daß der Beklagte sich langfristig gebunden hat, obwohl er nicht Eigentümer des Gaststättengrundstücks war und „bestenfalls" Aussicht hatte, Erbe zu werden. Der Abschluß von Bierlieferungsverträgen mit Pächtern der Gastwirtschaft ist allgemein üblich. Daß der Beklagte das Grundstück erben konnte, mußte ihm die Durchführung und Einhaltung des Bierlieferungsvertrages eher erleichtern als erschweren.

b) Die Schadensersatzpauschalierung in Nr. 5 Abs. 2 des Vertrages ist hinsichtlich des entgangenen Gewinns in Formularverträgen dann nicht zu beanstanden, wenn dem Schädiger der Gegenbeweis eines nicht oder jedenfalls nicht in dieser Höhe entstandenen Schadens offen bleibt (vgl. jetzt § 11 Nr. 5b AGBG).

c) Die Nachfolgeklausel hinsichtlich des Gastwirts in Nr. 4 des Vertrages belastet den Beklagten zwar nicht unerheblich. Sie ist aber für die Brauerei unverzichtbar und nach der Rechtsprechung des Senats letztlich hinzunehmen, soweit die sonstige Vertragsgestaltung dem Gastwirt einen ausreichenden Freiheitsraum beläßt (Senatsurteile vom 31. Januar 1973 – VIII ZR 131/71 = WM 1973, 357 und vom 23. November 1983 a.a.O. 90, jeweils m.w. Nachw.) und ihm eine Kündigungsbefugnis aus wichtigem Grund nicht abschneidet (zum Automatenaufstellvertrag vgl. Senatsurteil vom 29. Februar 1984 – VIII ZR 350/82 = WM 1984, 663, 665). Dies ist hier der Fall.

d) Unwirksam ist die Regelung des Rückgabe- oder Ablösungsrechts in Nr. 5 Abs. 1 (oben II 2a aa). Dies hat aber nicht die Unwirksamkeit des gesamten Vertrages zur Folge, weil die wesentlichen Rechte und Pflichten der Parteien hiervon nicht berührt werden. Wenn die Bestimmung für die Klägerin auch von nicht unerheblicher Bedeutung sein mag, so kann doch nicht angenommen werden, daß sie das Vertragsverhältnis ohne sie nicht eingegangen wäre; ihr bleibt der Schadensersatzanspruch nach Nr. 5

Abs. 2 des Vertrages und die Möglichkeit, bei schwerwiegenden Vertragsverstößen der Gegenseite die Vereinbarung aus wichtigem Grund zu kündigen und sodann das Inventar aufgrund ihres fortbestehenden Eigentums zurückzuverlangen.

e) Bedenken bestehen allerdings auch gegen die der Klägerin in Nr. 4 Satz 3 des Vertrages eingeräumte Befugnis, ihre Rechte und Pflichten auf Dritte zu übertragen, weil dieses Recht nicht auf den Fall einer Übertragung des Geschäftsbetriebes der Brauerei beschränkt ist und für einen mit der Übertragung verbundenen Wechsel der Biersorten keine Ausnahme macht (dazu Senatsurteil vom 10. März 1976 – VIII ZR 268/74 = WM 1976, 508, 509; zum Automatenaufstellvertrag vgl. Senatsurteil vom 29. Februar 1984 a. a. O. und vom 11. Juli 1984 – VIII ZR 35/83 = WM 1984, 1228, 1229). Zweifeln begegnet auch die Wirksamkeit der Regelung in Nr. 3 Abs. 1 Satz 5 in Verbindung mit Satz 2 des Vertrages, nach der sich die Vertragsdauer um denjenigen Zeitraum verlängern soll, innerhalb dessen die Klägerin Erzeugnisse anderer Firmen zu liefern berechtigt ist, wenn sie selbst zur Belieferung vorübergehend nicht imstande ist. Beide Fragen bedürfen jedoch keiner abschließenden Entscheidung. Denn auch der ersatzlose Wegfall dieser Klauseln ließe eine – zeitlich begrenzte – Aufrechterhaltung des Vertrages im übrigen noch zu.

4. Hält die 20-jährige Bezugsbindung der erneuten Prüfung durch das Berufungsgericht nicht stand, so wird es mithin in Anwendung tatrichterlichen Ermessens die angemessene Laufzeit des Vertrages zu bestimmen haben. Von ihr hängt die Höhe der Entschädigung wegen eines Minderbezuges durch den Beklagten ab.

IV. Nach alledem war – unter Zurückweisung der Revision im übrigen – das angefochtene Urteil aufzuheben, soweit die Klage wegen des Minderbezuges des Beklagten abgewiesen worden ist, und der Rechtsstreit insoweit zur erneuten Verhandlung und Entscheidung an das Berufungsgericht zurückzuverweisen.

Eine Klausel, nach der der Verkäufer bei unberechtigtem Rücktritt des Käufers Schadensersatz gem. § 326 BGB verlangen kann, ohne daß er dem Käufer die nach § 326 BGB erforderliche Nachfrist gesetzt hat, ist auch im kaufmännischen Geschäftsverkehr nach § 9 AGBG unwirksam. 130

BGH, Urteil vom 18. 12. 1985 – VIII ZR 47/85; DB 1986, 685 = MDR 1986, 580 = NJW 1986, 842 = WM 1986, 325 = ZIP 1986, 371.

Sachverhalt:

Der Kläger verlangt vom Beklagten Rückgewähr einer restlichen Kaufpreisanzahlung für einen Motorsegler, den er mit Vertrag vom 2. Oktober 1981 zum Preis von 169 010,– DM zuzüglich Mehrwertsteuer vom Beklagten gekauft hat. Als Polsterfarbe war vereinbart: „original Beneteau Orange". Auf den Kaufpreis sollten 50% sofort überwiesen, der Rest bei Übernahme bezahlt werden. Dem Vertrag lagen die Allgemeinen Geschäfts- und Lieferbedingungen des Beklagten zugrunde.

Mit Schreiben vom 5. Oktober 1981 bat der in Österreich ansässige Kläger den Beklagten um einen Abschlag vom Kaufpreis, weil die Deutsche Mark inzwischen aufgewertet worden sei. Nachdem der Beklagte dies abgelehnt hatte, erklärte der Kläger, er trete vom Kaufvertrag zurück. Nach einer Unterredung mit dem Beklagten stimmte er sodann zu, daß der Beklagte ihm „notgedrungen das gegenständliche Boot" liefere. Der Beklagte schaltete daraufhin seinen Prozeßbevollmächtigten ein. Dieser verlangte mit Schreiben vom 4. November 1981 Schadensersatz vom Kläger in Höhe von 25% des Kaufpreises. Mit Schreiben vom 9. November und 2. Dezember 1981 erklärte der Kläger sich sodann bereit, das Boot ordnungsgemäß zu übernehmen, verlangte aber vor Überweisung der Anzahlung die Stellung einer Bankgarantie. Dies lehnte der Beklagte ab, ließ aber mit Schreiben seines Prozeßbevollmächtigten vom 7. Dezember 1981 seinerseits die Bereitschaft, den Kaufvertrag zu erfüllen, erklären und mahnte die Anzahlung von 84 500,- DM an, die der Kläger sodann entrichtete.

Das Schiff wurde auf der Messe in Düsseldorf ausgestellt und anschließend zum Betrieb des Beklagten in Bönningstedt transportiert.

Mit Schreiben vom 8. Februar 1982 bestätigte der Kläger eine angebliche telefonische Vereinbarung, wonach sich der Beklagte verpflichtet haben sollte, das Boot zurückzunehmen und die geleistete Anzahlung in voller Höhe zu erstatten. Der Beklagte wies eine solche Vereinbarung sofort zurück.

Mitte Februar 1982 teilte der Beklagte dem Kläger telefonisch mit, daß das Boot irrtümlich mit grünen statt orangefarbenen Polstern angeliefert worden sei.

Mit Schreiben vom 22. Februar 1982 setzte der Kläger dem Beklagten sodann eine „letzte Nachfrist" von 14 Tagen, innerhalb derer das gekaufte Boot in der bestellten Ausstattung, insbesondere auch der Tapezierung, abholbereit sein müsse, andernfalls er vom Kaufvertrag zurücktreten werde, und wies darauf hin, daß er auf der vertraglich vereinbarten Polsterfarbe bestehe. Er bat ferner um rechtzeitige Bekanntgabe des Zeitpunkts der Übergabe. Mit Schreiben vom 4. März 1982 teilte der Prozeßbevollmächtigte des Beklagten dem Kläger mit, daß das Boot in vertragsgemäßem Zustand Mitte des Monats übergeben werden könne und bat um rechtzeitige Mitteilung, wann der Kläger zur Übernahme in Hamburg erscheinen werde.

Die Parteien einigten sich sodann auf den 7. April 1982. An diesem Tag erschien der Kläger mit seinem österreichischen anwaltlichen Berater beim Beklagten. Er besichtigte das Schiff und stellte fest, daß es eine grüne Polsterung hatte. Außerdem war an dem Boot ein Schild angebracht, auf dem es beschrieben und zum Preis von 206 000,- DM angeboten wurde.

Der Kläger erklärte im Anschluß an die Besichtigung und eine Unterredung mit dem Beklagten, daß er vom Kaufvertrag zurücktrete. Der Beklagte wies den Rücktritt zurück und behielt sich Schadensersatzansprüche vor. Da der Kläger mit anwaltlichem Schreiben vom 29. April 1982 die Rücktrittserklärung aufrecht erhielt, hat der Beklagte in der Folgezeit das Boot anderweitig verkauft. Er behielt von der Anzahlung 43 549,50 DM ein (davon 42 250,- DM als pauschalierten Schadensersatz und 1299,50 DM für Anwaltskosten) und überwies den Restbetrag an den Kläger.

Der Kläger verlangt Rückgewähr auch des vom Beklagten einbehaltenen Teils der Anzahlung in Höhe von 43 550,- DM. In dieser Höhe (nebst Zinsen) hat das Landgericht der Klage stattgegeben. Auf die Berufung des Beklagten hat das Oberlandesgericht die Klage abgewiesen.

Auf die Revision des Klägers wurde das Berufungsurteil insoweit aufgehoben, als die Klage bezüglich des 1299,50 DM übersteigenden Betrags abgewiesen worden ist, und die Sache im Umfang der Aufhebung zurückverwiesen.

Aus den Gründen:

I. Nach Ansicht des Berufungsgerichts brauchte der Beklagte die Kaufpreisanzahlung nur zurückzugewähren, soweit sie einen Betrag von 43 549,50 DM überstieg, denn in dieser Höhe hätten ihm Ansprüche gegen den Kläger wegen Nichterfüllung in entsprechender Anwendung von § 326 BGB und aus positiver Vertragsverletzung zugestanden.

1. Das Berufungsgericht nimmt eine auf § 326 BGB beruhende Schadensersatzpflicht des Klägers mit der Begründung an, daß er nach der Besichtigung des Schiffes am 7. April 1982 ohne Grund den Rücktritt vom Kaufvertrag ausgesprochen habe. Das läßt im Ausgangspunkt keinen Rechtsfehler erkennen, denn im „beharrlichen" Rücktritt des

Klägers durfte das Berufungsgericht eine Erfüllungsverweigerung sehen (vgl. Senatsurteil vom 1. Dezember 1976 – VIII ZR 266/75, LM BGB § 326 C Nr. 5 = WM 1977, 222). Sie führt nach ständiger Rechtsprechung (s. BGHZ 49, 56, 59 f.; Senatsurteil vom 16. Juni 1982 – VIII ZR 89/81, LM § 11 Ziff. 5 AGBG Nr. 2 = WM 1982, 907 unter II. 1 b; s. i. ü. MünchKomm-Emmerich, BGB, 2. Aufl., § 275 Rdnr. 120 m. w. N.) auch ohne Nachfristsetzung und Ablehnungsandrohung zur Anwendung von § 326 BGB. Um einen Zahlungsverzug des Klägers geht es hierbei nicht.

a) Von einer Erfüllungsverweigerung des Klägers könnte allerdings keine Rede sein, wenn er berechtigt vom Vertrag zurückgetreten ist. Das hat das Berufungsgericht rechtlich zutreffend mit der Begründung verneint, daß sich der Beklagte mit der ihm obliegenden Leistung jedenfalls nicht vor dem 7. April 1982 in Verzug befunden und der Kläger ihm – wie es aber erforderlich gewesen wäre – nach Eintritt des Verzugs (RGZ 93, 180) keine wirksame Nachfrist gesetzt habe. ...

b) Einem Schadensersatzanspruch des Beklagten wegen Erfüllungsverweigerung des Klägers steht nicht – wie die Revision meint – mangelndes Verschulden des Klägers oder der Grundsatz von Treu und Glauben entgegen. Richtig ist, daß die Haftung wegen Erfüllungsverweigerung entsprechend § 326 BGB jedenfalls bei Weigerung vor Verzugseintritt (vgl. Palandt/Heinrichs, BGB, 44. Aufl., § 326 Anm. 6 d; s. auch Senatsurteil vom 16. Juni 1982 – VIII ZR 89/81 a. a. O. unter II. 1) auf der Annahme einer positiven Vertragsverletzung beruht und damit Verschulden voraussetzt. Gegen ein Verschulden könnte der Kläger indessen nur vorbringen, daß er sich über die Rechtslage geirrt habe, als er ohne Nachfristsetzung vom Vertrag zurücktrat und auf diesem Rücktritt beharrte. Dieses Risiko hat jedoch er zu tragen, da keine Gründe für die Annahme ersichtlich sind, daß sein Rechtsirrtum entschuldbar gewesen ist (vgl. BGHZ 89, 296, 302 f.).

Der Schadensersatzanspruch könnte allerdings auch an eigener Vertragsuntreue des Beklagten scheitern (vgl. Senatsurteil vom 1. Dezember 1976 a. a. O. unter III. 2 b). Hier steht jedoch der Abkehrwille des Klägers so eindeutig im Vordergrund, daß er sich nicht auf mögliche Verstöße des Beklagten im Hinblick auf die vertragsgemäße Ausstattung des Schiffes berufen kann. Auch die Tatsache, daß der Beklagte das Schiff verkauft hatte, bevor er am 25. August 1982 Schadensersatz gemäß § 326 BGB verlangte, führt zu keiner abweichenden Beurteilung. Der anderweite Verkauf liegt nach dem Zeitpunkt, zu dem der Beklagte sich wegen der Erfüllungsverweigerung des Klägers vom Kaufvertrag lösen konnte. Dann aber entsprach es einer wirtschaftlich vernünftigen Konsequenz, einen anderen Käufer zu suchen; die Grundlage für den Schadensersatzanspruch des Beklagten wurde hiervon nicht mehr berührt (vgl. Senatsurteil vom 1. Dezember 1976 a. a. O. unter III. 2 b bb).

2. Das Berufungsgericht nimmt zur Höhe des Schadensersatzes an, daß der Beklagte gemäß Nr. 6 Abs. 3 seiner Allgemeinen Geschäftsbedingungen, die nach der nicht angegriffenen Feststellung im Berufungsurteil Vertragsinhalt geworden sind, 25% der Auftragssumme von 169010,– DM verlangen könne. Die Klausel lautet:

„Bei Nichteinhaltung eines Zahlungstermins – ganz oder teilweise – durch den Käufer ist die Fa. G. berechtigt, dem Käufer eine Zahlungsfrist von zwei Wochen zu setzen und zu erklären, bei Nichteinhaltung dieser Frist von der Lieferpflicht frei zu sein. In diesem Fall ist die Fa. G. berechtigt, ohne besonderen Schadensnachweis 25% der gesamten Auftragssumme als Schadensersatz zu verlangen. Weitergehende Ansprüche bleiben unberührt. Dasselbe gilt, wenn der Käufer ohne rechtlichen Grund vom Kaufvertrag zurücktritt."

§ 9   *Generalklausel*   Nr. 130

Gegen ihre Anwendung zur Berechnung des Schadensersatzanspruchs wendet sich die Revision mit Erfolg. Der Nachprüfung, ob das Berufungsgericht für die Höhe des Anspruchs von zutreffenden rechtlichen Grundlagen ausgegangen ist, steht nicht die Begründung im Berufungsurteil entgegen: „Nach Nr. 6 Abs. 3 AGB des Beklagten war dieser berechtigt, 25% der Auftragssumme als Schadensersatz zu verlangen. Diesen Betrag hat der Beklagte berechnet, ohne daß der Kläger dagegen Einwendungen erhoben hat." Der Beklagte hatte in der Klagerwiderung vorgetragen, ihm sei ein Gewinn in Höhe von mindestens 25% des Nettokaufpreises entgangen. Außerdem machte er geltend, seine Berechtigung, 25% der Kaufpreissumme als Schadensersatz zu verlangen, ergebe sich aus Nr. 6 seiner Allgemeinen Geschäftsbedingungen. Im landgerichtlichen Urteil, auf das das Berufungsgericht Bezug nimmt, finden sich die Behauptungen des Beklagten zur Schadenshöhe unter der Wiedergabe des streitigen Vortrags. Demgemäß muß das Berufungsurteil so verstanden werden, daß der Kläger gegen die bei Zugrundelegung von Nr. 6 AGB des Beklagten angewendete Berechnungsweise keine Einwendungen erhoben hat. Ein Geständnis des Klägers (§ 138 Abs. 3 ZPO), daß der Beklagte konkret einen Nichterfüllungsschaden von mindestens 25% des Kaufpreises erlitten habe, liegt danach nicht vor. Ersichtlich hat auch das Berufungsgericht den Prozeßstoff nicht anders gewürdigt, denn sonst hätte es nicht Nr. 6 Abs. 3 AGB als Grundlage für die Berechnung des Schadens heranzuziehen brauchen.

a) Die Klausel ist als Teil der Allgemeinen Geschäftsbedingungen des Beklagten in den Vertrag einbezogen worden und unterliegt daher der Inhaltskontrolle nach dem AGB-Gesetz. An der Anwendbarkeit des Gesetzes besteht kein Zweifel, obwohl der Kläger in Österreich ansässig ist, denn unstreitig gilt für die Beurteilung der Rechte und Pflichten der Parteien deutsches Recht, damit also auch das AGB-Gesetz (vgl. Brandner in: Ulmer/Brandner/Hensen, AGB-Kommentar, 4. Aufl., Rdnr. 3 vor § 12). Allerdings gilt das Gesetz mit der Einschränkung nach § 24. Der Kläger wird schon in der Klagschrift als Kaufmann bezeichnet. Danach spricht die Vermutung (§ 344 Abs. 1 HGB) für die Zugehörigkeit des Kaufgeschäfts zum Betrieb des Handelsgewerbes des Klägers (vgl. Brandner a. a. O. § 24 Rdnr. 16).

b) Als Grundlage für die Berechnung eines pauschalierten Schadensersatzanspruchs kommt hier nur der letzte Satz der Klausel in Betracht. Er trifft auch den vorliegenden Fall insoweit, als der Kläger ohne rechtlichen Grund vom Kaufvertrag zurückgetreten ist. Die Regelung ist aber nach § 9 AGBG unwirksam.

Nach dem Wortlaut der Klausel ist der Verkäufer berechtigt, bei unberechtigtem Rücktritt des Käufers immer Schadensersatz zu verlangen, ohne daß er den Käufer unter Nachfristsetzung zur Leistung aufgefordert hat. Der unberechtigte Rücktritt ist indessen nicht stets, unabhängig von den Umständen des Einzelfalls, als ernsthafte und endgültige Erfüllungsverweigerung anzusehen, die von der Nachfristsetzung befreit, wenn der Verkäufer gemäß § 326 BGB vorgehen will. Vielmehr kann es auch hier noch rechtlich geboten sein, dem Käufer die Folgen der Vertragsverletzung deutlich vor Augen zu führen (vgl. BGH, Urteil vom 11./12. Mai 1971 – V ZR 185/67, LM BGB § 325 Nr. 15 = WM 1971, 892, 894 unter III. 2 b; Senatsurteil vom 16. Juni 1982 a. a. O. unter II 1 b). Der in der Klausel liegende Ausschluß der Obliegenheit zur Nachfristsetzung (vgl. dazu Senatsurteil vom 26. Januar 1983 – VIII ZR 342/81, LM § 9 Ba AGBG Nr. 4 = WM 1983, 308, 310 unter II. 6) macht sie auch im kaufmännischen Geschäftsverkehr unwirksam. Zwar kommt gemäß § 24 AGBG § 11 Nr. 4 AGBG nicht zum Zug, wonach eine Bestimmung unwirksam ist, durch die der Verwender von der gesetzlichen Obliegenheit freigestellt wird, den anderen Vertragsteil zu mahnen oder ihm eine Nachfrist zu setzen. Im Schrifttum nimmt jedoch die überwiegende Meinung zu Recht an, daß die nach § 326 BGB erforderliche Nachfristsetzung eine auch für den kaufmännischen Verkehr gebotene wesentliche Warnfunktion hat und daher in Allgemeinen Geschäftsbedingungen nicht ohne unangemessene, den Geboten von Treu und Glauben zuwiderlaufende Benachteiligung des Vertragspartners ausgeschlossen werden kann (vgl. Hensen in: Ulmer/Brandner/Hensen, AGB-Kommentar, 4. Aufl., § 11 Nr. 4 Rdnr. 9; Koch/Stübing, Allgemeine Geschäftsbedingungen, § 11 Nr. 5 Rdnr. 10; Palandt/Heinrichs, BGB, 44. Aufl., § 11 AGBG Anm. 4c; Stein, AGB-Gesetz, § 11 Anm. 28; Graf von Westphalen in: Löwe/Graf von Westphalen/Trinkner, AGBG, 2. Aufl., § 11 Nr. 4 Anm. 25; derselbe in DB 1982, 1655, 1657; ebenso, wenn auch mit gewissen Differenzierungen, Coester-Waltjen in: Schlosser/Coester-Waltjen/Graba, AGBG, § 11 Nr. 4 Rdnr. 24; Wolf in: Wolf/Horn/Lindacher, AGBG, § 11 Nr. 4 Rdnr. 19, 20; zurückhaltend Staudinger/Schlosser, 12., neu bearbeitete Auflage, § 11 Nr. 4 Rdnr. 10; anderer Ansicht MünchKomm-Kötz a. a. O. § 11 Nr. 4 AGBG Rdnr. 32). Da die Klausel mithin – ohne Möglichkeit der Abgrenzung – auch Fälle umfaßt, für die sie eine unangemessene Regelung enthält, ist sie nach § 9 AGBG unwirksam (vgl. jüngst zum Begriff der Unangemessenheit Senatsurteil vom 13. Februar 1985 – VIII ZR 154/84, WM 1985, 542, 543 unter II. 1 c bb und zum Fall der zu weit gefaßten Klausel das Senatsurteil vom 30. Oktober 1985 – VIII ZR 251/84, BGHZ 96, 182 = AGBE VI § 9 Nr. 149, unter A. 2 d bb und cc). Deshalb scheidet sie als Grundlage für den vom Beklagten geltend gemachten pauschalierten Schadensersatz aus, und zwar ungeachtet des Umstands, daß zur Begründung des Schadensersatzanspruchs im vorliegenden Fall eine Nachfristsetzung aufgrund des Zusammenhangs der gesetzlichen Regelungen nicht erforderlich war. Darauf, ob die Klausel mit der Höhe von 25% der gesamten Auftragssumme (s. dazu für den nichtkaufmännischen Geschäftsverkehr § 11 Nr. 5a AGBG) der Inhaltskontrolle genügen würde, kommt es gegenüber dem zuvor Ausgeführten nicht an.

Mit der vom Berufungsgericht gegebenen Begründung läßt sich daher das angefochtene Urteil nicht aufrechterhalten. Der Beklage hat jedoch vorgetragen, daß ihm konkret ein Gewinn in Höhe von mindestens 25% des Nettokaufpreises entgangen sei. Ihm muß Gelegenheit gegeben werden, vor dem Berufungsgericht auf diesen Vortrag zurückzukommen und ihn erforderlichenfalls unter Beweis zu stellen.

II. Das Berufungsgericht hat den Beklagten für berechtigt angesehen, die außergerichtlich entstandenen Kosten seines Prozeßbevollmächtigten (1299,50 DM) als Schuld aus positiver Vertragsverletzung in Ansatz zu bringen. Der Kläger sei mit Schreiben vom 12. Oktober 1981 vom Vertrag zurückgetreten, ohne dazu einen Grund gehabt zu haben, weil er eine Herabsetzung des Kaufpreises nicht habe beanspruchen können. Aufgrund dieser Vertragsverletzung, die der Beklagte nach der nur widerwillig im Schreiben vom 27. Oktober 1981 erklärten Bereitschaft des Klägers, das Boot doch noch abzunehmen, nicht als endgültig ausgeräumt zu betrachten brauchte, sei er berechtigt gewesen, sich zur Wahrnehmung seiner weiteren Interessen eines Rechtsanwalts zu bedienen. Die hierdurch entstandenen, der Höhe nach nicht bestrittenen Kosten von 1299,50 DM gingen nach § 286 BGB zu Lasten des Klägers.

Diese Ausführungen werden in der Revisionsbegründung nicht angegriffen und lassen auch keinen Rechtsfehler erkennen. Ein mögliches Bedenken könnte allenfalls dagegen bestehen, neben dem Anspruch aus § 326 BGB einen Anspruch aus positiver Vertragsverletzung anzunehmen. Aber die Ansprüche betreffen zwar dasselbe Vertragsverhältnis, beruhen jedoch auf unterschiedlichen, einander weder bedingenden noch ausschließenden Grundlagen (für den vergleichbaren Fall der Konkurrenz von Ansprüchen wegen Verzugs und wegen Nichterfüllung s. BGHZ 88, 46, 49).

Nach alledem war das Berufungsurteil aufzuheben, soweit die Klage mit einem 1299,50 DM nebst Zinsen übersteigenden Betrag abgewiesen worden ist. Im Umfang der Aufhebung war die Sache an das Berufungsgericht zurückzuverweisen.

131 **Ein eingeschränktes Abtretungsverbot in den AGB eines Auftraggebers, das bei Einhaltung bestimmter Erfordernisse Abtretungen ohne Zustimmung des Auftraggebers zuläßt, hält der Inhaltskontrolle nach § 9 AGBG stand, wenn diese Erfordernisse dazu dienen, den Abrechnungsverkehr klar und übersichtlich zu gestalten und zu vermeiden, daß später Unklarheiten darüber entstehen, wer Gläubiger der abgetretenen Forderung ist.**

OLG Hamm, Urteil vom 9. 1. 1985 – 11 U 144/84 – rechtskräftig; WM 1985, 897.

Sachverhalt:

Die klagende Sparkasse verlangt von dem beklagten Konkursverwalter Auszahlung einer zur Konkursmasse eingezogenen Werklohnforderung in Höhe eines Teilbetrages von 6000,– DM.

Die Kreissparkasse, deren Rechtsnachfolgerin die Klägerin ist, stand mit der Firma W. R.-KG in Geschäftsverbindung und gewährte ihr Kredite. Rechtsnachfolgerin der Firma W. R.-KG ist die Firma W. R.-GmbH & Co. KG, über deren Vermögen im Jahre 1981 der Konkurs eröffnet wurde. Zum Konkursverwalter wurde der Beklagte bestellt.

Die Firma W. R.-KG trat mit schriftlicher Erklärung vom 27. März 1968 „die ihr zustehenden gegenwärtigen und künftigen Forderungen aus Lieferungen und Leistungen einschließlich noch nicht abgerechneter Aufträge gegen alle Kunden mit den Anfangsbuchstaben A bis Z" an die Kreissparkasse sicherungshalber ab. Unter dem 29. Oktober 1979 erhielt die Firma W. R.-GmbH & Co. KG von dem Krankenhaus M. den Auftrag zur Ausführung der sanitären Installation für das Bauvorhaben M. Dem Auftrag lagen unter anderem die Zusätzlichen Vertragsbedingungen zugrunde. Darin ist in Nr. 23 bestimmt:

„23. Abtretung

23. 1 Forderungen des Auftragnehmers gegen den Auftraggeber können ohne Zustimmung des Auftraggebers nur unter folgenden Bedingungen abgetreten werden:

a) Die Abtretung erstreckt sich auf alle Forderungen – ausschließlich des darin enthaltenen Umsatzsteuerbetrages – aus einem genau zu bezeichnenden Auftrag.

Abgetreten ist der noch ausstehende Betrag in voller Höhe ...

c) Die Abtretung wirkt gegenüber dem Auftraggeber erst, wenn sie dem Auftraggeber vom alten Gläubiger (Auftragnehmer) und vom neuen Gläubiger unter genauer Bezeichnung der auftraggebenden Stelle und des Auftrags schriftlich angezeigt worden ist."

Eine schriftliche Abtretungsanzeige gemäß Nr. 23. 1 Buchstabe c wurde dem Krankenhaus M. nie zugeleitet. Im Zeitpunkt der Konkurseröffnung über das Vermögen der Firma W. R.-GmbH & Co. KG belief sich die Restforderung aus der Ausführung des Auftrages auf 106 415,31 DM. Davon verblieben nach Verrechnung verschiedener Gegenforderungen des Auftraggebers und nach Abzug weiterer Posten 48 585,81 DM, die das Krankenhaus an den Beklagten zahlte.

Die Klägerin beansprucht als Rechtsnachfolgerin der Kreissparkasse aufgrund der Globalabtretung der Firma W. R.-KG aus dem Jahre 1968 vom Beklagten den vom Krankenhaus M. gezahlten

Betrag von 48 585,81 DM. Mit der Klage begehrt sie einen erstrangigen Teilbetrag dieser Summe in Höhe von 6000,- DM nebst Zinsen.

Das Landgericht hat die Klage abgewiesen.

Die Berufung der Klägerin hatte keinen Erfolg.

Aus den Gründen:

Das Landgericht hat im Ergebnis zutreffend angenommen, daß die Forderung der Gemeinschuldnerin gegen das Krankenhaus M. von der Globalzession nicht erfaßt war, so daß der Klägerin auch kein Bereicherungsanspruch gegen den Beklagten zusteht.

1. Es kann auf sich beruhen, ob die Globalabtretung wegen Verstoßes gegen die guten Sitten (§ 138 Abs. 1 BGB) oder mangels Bestimmtheit oder Bestimmbarkeit ihres Inhalts rechtsunwirksam ist. Denn auch wenn die Globalabtretung grundsätzlich rechtswirksam sein sollte, steht der Klägerin der geltend gemachte Anspruch nicht zu.

a) Die Klägerin hat erstinstanzlich zugestanden, daß die Zusätzlichen Vertragsbedingungen – im folgenden ZVB – Inhalt des zwischen der Gemeinschuldnerin und dem Krankenhaus M. geschlossenen Werkvertrages geworden sind ...

b) Nr. 23 der ZVB enthält ein eingeschränktes Abtretungsverbot. Entgegen der Ansicht der Klägerin hält dieses eingeschränkte Abtretungsverbot der Inhaltskontrolle nach § 9 AGB-Gesetz stand. Der Bundesgerichtshof hat in der Vergangenheit Abtretungsausschlußklauseln wiederholt gebilligt (BGHZ 51, 113, 117; 56, 173, 175; vgl. auch BGHZ 77, 274, 275). Auch in dem vom Bundesgerichtshof im WM 1977, 819 entschiedenen Fall, der dem vorliegenden weitgehend vergleichbar ist, hat er das eingeschränkte Abtretungsverbot nicht beanstandet. Der Auftraggeber hat ein berechtigtes Interesse daran, den Abrechnungsverkehr klar und übersichtlich zu gestalten und zu verhindern, daß ihm eine im voraus nicht übersehbare Zahl von Gläubigern gegenübertritt. Die in Nr. 23 der ZVG enthaltene Regelung verbietet Abtretungen nicht generell. Sie läßt Abtretungen bei Einhaltung bestimmter Erfordernisse ohne Zustimmung des Auftraggebers zu. Diese Erfordernisse dienen dazu, den Abrechnungsverkehr klar und übersichtlich zu gestalten, und vermeiden, daß später Unklarheiten darüber entstehen, wer Gläubiger der abgetretenen Forderung ist. Hiernach kann in der Klausel Nr. 23 der ZVB keine Bestimmung gesehen werden, die den Vertragspartner des Verwenders entgegen den Geboten von Treu und Glauben unangemessen benachteiligt. Auch eine überraschende Klausel kann darin nicht gesehen werden, zumal es weitgehend üblich ist, daß die Abtretung von Forderungen im Interesse der Klarheit und Übersichtlichkeit des Abrechnungsverkehrs an bestimmte Voraussetzungen geknüpft oder von der Zustimmung des Schuldners abhängig gemacht wird.

c) Da dem Vortrag der Klägerin nicht entnommen werden kann, daß das Krankenhaus zu irgendeinem Zeitpunkt der Abtretung der Forderung an die Klägerin oder deren Rechtsvorgängerin zugestimmt hat, kommt es darauf an, ob die in Nr. 23.1 Buchstabe a und c der ZVB genannten Erfordernisse eingehalten worden sind. Nach dem eigenen Vortrag der Klägerin ist dies nicht der Fall.

Die Globalzession läßt nicht erkennen, daß von ihr auch die Forderungen der Gemeinschuldnerin erfaßt wurden. Nr. 23.1 Buchstabe a der ZVB stellt bestimmte Anforderungen an den Inhalt der Abtretung. Der Auftrag, aus dem die Forderungen resultieren, muß genau bezeichnet werden. Daran fehlt es vorliegend. Nach dem Wortlaut der

Abtretungserklärung erstreckt sich die Abtretung auf alle gegenwärtigen und zukünftigen Forderungen aus Lieferungen und Leistungen gegen alle Kunden mit den Anfangsbuchstaben A bis Z. Die Abtretung läßt nicht erkennen, daß damit auch die Forderung der Gemeinschuldnerin aus dem Auftrag vom 29. Oktober 1979 erfaßt sein sollte. Eine Globalzession genügt nicht den Anforderungen der Nr. 23.1 Buchstabe a der ZVB.

Ferner haben die Kläger und die Gemeinschuldnerin die Abtretung der Forderungen dem Krankenhaus nicht gemäß Nr. 23.1 Buchstabe c der ZVB förmlich angezeigt. Die Formulierung, daß die Abtretung „gegenüber dem Auftraggeber" erst wirke, wenn sie nach näherer Bestimmung dem Auftraggeber schriftlich angezeigt worden sei, bedeutet nicht bloß eine relative Unwirksamkeit, wenn die Anzeige unterblieben ist. Das macht der Eingangssatz der Nr. 23.1 der ZVB deutlich, in dem es heißt, daß Forderungen „nur unter folgenden Bedingungen" ohne Zustimmung des Auftraggebers abgetreten werden könnten. Das Erfordernis der schriftlichen Abtretungsanzeige unter Verwendung eines bestimmten Formblattmusters bestimmt – wie in den vom BGH entschiedenen Fällen BGHZ 40, 156 und BGH WM 1977, 819 – den Inhalt der Forderung als solcher. Die Klausel fügt der Forderung nicht etwa ein nur ihrem Wesen fremdes Veräußerungsverbot hinzu, wie es § 137 BGB voraussetzt.

2. Da die restliche Werklohnforderung der Gemeinschuldnerin von der Globalabtretung nicht erfaßt wurde, hat der Konkursverwalter die Forderung als Berechtigter eingezogen, so daß das Landgericht die Klage mit Recht abgewiesen hat. Deshalb muß auch die Berufung zurückgewiesen werden.

132 Die in Allgemeinen Geschäftsbedingungen eines Adressenverlages enthaltene Bestimmung, daß der Besteller nur zur einmaligen Verwendung des Adressenmaterials berechtigt ist und die unbefugte Wiederverwendung auch nur einer Adresse zur Zahlung einer Vertragsstrafe in Höhe des 20fachen Betrages der vereinbarten Vergütung verpflichtet, ist im Geschäftsverkehr unter Kaufleuten nicht nach § 9 Abs. 2 Nr. 1 AGBG zu beanstanden.

OLG Frankfurt, Urteil vom 21. 5. 1985 – 5 U 206/84 – rechtskräftig; BB 1985, 1560 = MDR 1985, 934.

Aus den Gründen:

Der Senat folgt dem Landgericht dahin, daß im Rechtsverkehr unter Kaufleuten AGB auch dann gelten, wenn der Vertragspartner sie nicht erhalten hat oder nicht kennt. Verzichtet ein Kaufmann auf die mit zumutbaren Mitteln mögliche Kenntnisnahme, so muß er die AGB gegen sich gelten lassen.

Der Senat geht ferner mit dem Landgericht davon aus, daß es zulässig ist, verschuldensunabhängige Vertragsstrafen zu vereinbaren, wie auch die von der Klägerin verwandte Klausel nicht nach § 3 AGBG unwirksam ist. Es fehlt am „Überrumpelungseffekt", weil für Adressenverlage Vertragsstrafen zur Absicherung ihrer Rechte praktisch das einzig brauchbare Mittel sind.

Der Senat ist aber im Gegensatz zum Landgericht der Meinung, daß die unbefugte Wiederverwendung auch nur einer Adresse eine Vertragsstrafe in Höhe des zwanzigfachen

Betrages der insgesamt vereinbarten Vergütung auslöst. In Ziffer 5 der AGB der Klägerin heißt es unter anderem:

„Im Falle einer Zuwiderhandlung ist der Auftragnehmer berechtigt, Schadensersatz vom Auftraggeber in dem Umfang zu verlangen, wie wenn der Auftraggeber das gesamte Adressenmaterial unbefugt benutzt hätte. Dies gilt auch dann, wenn bei einer aus mehreren Adressengruppen bestehenden Gesamtlieferung eine Adressengruppe ganz oder auszugsweise vertragswidrig benutzt worden ist. Jede einzelne vertragswidrige Benutzung bzw. die Übernahme auf andere Datenträger, ob verschuldet oder nicht, verpflichtet zur Zahlung einer Vertragsstrafe in Höhe des 20fachen Mietpreises zuzüglich Mehrwertsteuer".

Die Regelung ist sowohl für den Schadensersatz wie die Vertragsstrafe eindeutig. Maßgeblich ist der Zusammenhang, wie er sich für den unbefangenen Leser darstellt: es wird zunächst gesagt, daß die Klägerin Schadensersatz verlangen kann und sich der Vertragsgegner so behandeln lassen muß, als hätte er das gesamte Adressenmaterial unbefugt benutzt. Danach wird festgelegt, „jede einzelne vertragswidrige Benutzung" verpflichte zur Zahlung einer Vertragsstrafe „in Höhe des 20fachen Mietpreises". Damit wird eindeutig bestimmt – nachdem unmittelbar zuvor verdeutlicht und herausgehoben wurde, die doppelte Verwendung auch nur eines Teils einer aus mehreren Adressengruppen bestehenden Gesamtlieferung sei wie die (unbefugte) Verwendung der gesamten Lieferung anzusehen –, daß auch für die Vertragsstrafe dieser Grundsatz gelten sollte.

In diesem Zusammenhang ist darauf hinzuweisen, daß sich der Senat insoweit in Übereinstimmung mit der Rechtsprechung des Bundesgerichtshofs befindet. Auch in dem durch den BGH mit Urteil vom 30. Juni 1976 (WM 1976, 1161 ff. = NJW 1976, 1886 f.) entschiedenen Fall war es so, daß zunächst für den Schadensersatz festgelegt war, Ersatz sei in dem Umfange zu leisten, „wie wenn der Besteller das gesamte Adressenmaterial unbefugt genutzt hätte". Es ist nachfolgend – ähnlich wie hier – bestimmt, „jede einzelne widerrechtliche Benutzung" verpflichte mindestens zur Zahlung des 10fachen Adressenpreises (ohne Nachweis eines konkreten Schadens). Trotzdem hatte der BGH keine Bedenken zu erkennen, die in Allgemeinen Geschäftsbedingungen eines Adressenverlags enthaltene Bestimmung, daß der Besteller nur zur einmaligen Verwendung des Adressenmaterials berechtigt sei und die unbefugte Wiederverwendung auch nur einer Adresse eine Vertragsstrafe in Höhe des zehnfachen Betrages „der insgesamt vereinbarten Vergütung" auslöse, sei – jedenfalls unter Kaufleuten – regelmäßig nicht zu beanstanden.

Bezüglich der Höhe der Vertragsstrafe ist der Senat mit dem Landgericht der Meinung, daß sie nicht zu bemängeln ist, da nur so der nötige „Druck" zur Verhinderung vertragswidriger Handlungen ausgeübt werden kann. Der BGH hat zu Recht ausgeführt, eine derartige Vertragsstrafe müsse den Verletzer „fühlbar" treffen (a. a. O., WM 1976, 1163). Zwar hatte der BGH nur eine Vertragsstrafe mit dem zehnfachen Betrag zu beurteilen. Doch findet sich in dem Urteil kein Hinweis, daß es sich insoweit um die Obergrenze handele. Der Senat ist mit dem OLG Hamm (Urteil vom 18. 12. 1979, 4 U 231/79) der Meinung, daß eine Vertragsstrafe in 20facher Höhe des Mietpreises festgelegt werden kann, um fühlbar Mißbräuche zu verhindern (vgl. auch Landgericht München I, Urteil vom 21. 11. 1980, 29 O 3408/80).

Dadurch, daß die Adressen der praktischen Ärzte möglicherweise überhaupt nicht verwendet wurden, tritt keine Kompensation ein. Das Landgericht hat zu Recht darauf hingewiesen, daß der Wortlaut der AGB der Klägerin insoweit eindeutig ist.

§ 9   *Generalklausel*   Nr. 133

133 Zur Wirksamkeit von Allgemeinen Geschäftsbedingungen, die im Möbelhandel verwendet werden.

OLG Celle, Urteil vom 17. 7. 1985 – 3 U 157/84 – rechtskräftig;

Sachverhalt:

Die Beklagte zu 2) handelt mit neuen Möbeln. Sie hat die Rechtsform einer Kommanditgesellschaft, deren persönlich haftender Gesellschafter innerhalb dieser KG die Beklagte zu 1) ist. Der Kläger, ein Verbraucherschutzverein, beanstandet die von der Beklagten zu 2) verwendeten Allgemeinen Geschäftsbedingungen:

„1. Kaufsicherheit: DM ... = mindestens 20% des Kaufpreises sind als Kaufsicherheit sofort, spätestens jedoch 6 Wochen vor dem Liefertermin zu zahlen.

2. Aufträge ohne festen Liefertermin bzw. nach Abruf 6 Wochen Lieferfrist.

3. Selbstauskunft der Käufer, die durch ihre Unterschriften unter dem Kaufvertrag bescheinigen, daß ... sie die umseitig abgedruckten Verkaufs- und Lieferungsbedingungen, auch bezüglich Vertragsstrafen und Abtretungen, ausdrücklich anerkennen.

4. Der Rücktritt muß per Einschreiben erfolgen.

5. Ich/wir bestätige/n die Richtigkeit der oben stehenden Angaben und bin/sind damit einverstanden, daß die im Rahmen der Kontoeröffnung und -führung in Kreditgewerbe und Handel üblichen Informationen mit der SCHUFA Schutzgemeinschaft für allgemeine Kreditsicherung GmbH sowie Büroauskunfteien ausgetauscht werden.

6. Abschrift der Urkunde habe(n) ich/wir erhalten.

7. An umseitigen Kaufvertrag ist der Käufer, gerechnet vom Bestelldatum an, einen Monat gebunden, es sei denn, daß er keine kürzere Annahme oder Lieferfrist fordert und diese von der Verkäuferin angenommen wird.

8. Mündliche Abreden, Zusagen und Zusicherungen, auch soweit sie die Eigenschaften der verkauften Ware betreffen, sind ungültig; maßgeblich ist nur der Inhalt der Vertragsurkunde. Dies gilt nicht für mündliche Abreden, Zusagen oder Zusicherungen, die nachträglich von der Geschäftsleitung der Verkäuferin schriftlich bestätigt werden.

9. Vertragsänderungen und Umschreibungen haben nur Gültigkeit, wenn die schriftliche Genehmigung der Verkäuferin vorliegt und die Vertragsänderung schriftlich bestätigt wird.

10. Stellt sich nach Annahme des Kaufantrags durch die Verkäuferin heraus, daß der Käufer in umseitiger Selbstauskunft zu wesentlichen Umständen, insbesondere zur Person, zur Anschrift, zum Personenstand und anderen für die Beurteilung seiner Kreditwürdigkeit bedeutsamen Einzelheiten unrichtige Angaben gemacht hat, kann die Verkäuferin die Ausführung des Vertrages ablehnen und Schadensersatz in Höhe von 25% des Kaufpreises fordern, es dei denn, daß der Käufer einen geringeren Schaden nachweist.

11. Die verkauften Waren bleiben bis zur restlichen Bezahlung aller durch diesen Vertrag und andere Verträge gekauften Sachen Eigentum der Verkäuferin.

12. Die Kosten einer Einlagerung gehen ebenfalls zu Lasten des Käufers; sie betragen 1% der Kaufsumme pro Monat.

13. Stellt der Käufer gemeinsam mit dem Auslieferungspersonal rügefähige Mängel fest, ist er befugt, 10% des Kaufpreises der mangelhaften Ware bis zur Erledigung der Reklamation einzubehalten.

14. Wahrt der Käufer die Abruf- und Abnahmefrist nicht, ist er verpflichtet, auf Verlangen der Verkäuferin 25% des Kaufpreises als Kaufsicherheit zu zahlen.

15. Der Käufer hat die Ware bei Auslieferung sofort zu überprüfen.

16. Offen zutage liegende Mängel sind entweder schriftlich gegenüber dem Auslieferungslager oder schriftlich innerhalb einer Woche, gerechnet vom Lieferungstage an, gegenüber der Verkäuferin zu rügen.

17. Die Mängelrüge hat unter genauer Bezeichnung der Ware und des Mangels gegenüber der Geschäftsleitung der Verkäuferin zu erfolgen.

18. Die Verkäuferin ist berechtigt, gerügte Mängel durch ihren Kundendienstfachmann überprüfen und abstellen zu lassen. Ist eine Mängelbeseitigung an Ort und Stelle nicht möglich, hat die Verkäuferin die gelieferte gegen mangelfreie Ware gleicher Art und Güte auszutauschen.

19. Nachbesserung oder Ersatzlieferung hat innerhalb von 3 Monaten, gerechnet vom Tage des Eingangs der Mängelrüge an, zu erfolgen.

20. Erfolgt Nachbesserung oder Ersatzlieferung nicht innerhalb der genannten Frist, kann der Käufer Änderung oder Wandlung verlangen.

21. Geringfügige Mängel berechtigen nur zur Minderung.

22. Als offen zu Tage liegender Mangel gilt auch die Lieferung einer anderen als der bestellten Ware.

23. Über vorstehende Gewährleistungsansprüche hinausgehende Ersatzansprüche des Käufers sind ausgeschlossen.

24. Die Verkäuferin ist bei Abnahmeverzug des Käufers befugt, ohne daß es einer Fristsetzung bedarf, unter Ablehnung der Ausführung des Kaufvertrages Schadensersatz wegen Nichterfüllung zu verlangen, es sei denn, daß der Käufer für die von ihm zu tragenden Kosten der vergeblichen Anlieferung und des Rücktransports sowie einer Einlagerungsgebühr von 1% des Kaufpreises pro Monat Sicherheit in Höhe von 25% des Kaufpreises leistet, unbeschadet seiner Verpflichtung, diesen sofort zu zahlen.

25. Die Verkäuferin kann unter gleichzeitiger Verweigerung der Ausführung des Vertrages vom Käufer Schadensersatz wegen Nichterfüllung in Höhe von 25% der Kaufsumme verlangen, unbeschadet des Rechts des Käufers, einen geringeren Schaden nachzuweisen, wenn

a) der Käufer innerhalb der Annahmefrist, ohne hierzu berechtigt zu sein, seine Bestellung widerruft.

26. Die Verkäuferin kann unter gleichzeitiger Verweigerung der Ausführung des Vertrages vom Käufer Schadensersatz wegen Nichterfüllung in Höhe von 25% der Kaufsumme verlangen, unbeschadet des Rechts des Käufers, einen geringeren Schaden nachzuweisen, wenn

c) der rechtzeitig vorher benachrichtigte Käufer eine vergebliche Auslieferung zum vereinbarten Liefertermin zu vertreten hat.

27. Die Verkäuferin kann unter gleichzeitiger Verweigerung der Ausführung des Vertrags vom Käufer Schadensersatz wegen Nichterfüllung in Höhe von 25% der Kaufsumme verlangen, unbeschadet des Rechts des Käufers, einen geringeren Schaden nachzuweisen, wenn

e) der Käufer trotz Mahnung mit Fristsetzung von mindestens 2 Wochen eine von ihm zu erbringende Kaufsicherheit nicht leistet.

28. Die Verkäuferin kann unter gleichzeitiger Verweigerung der Ausführung des Vertrages vom Käufer Schadensersatz wegen Nichterfüllung in Höhe von 25% der Kaufsumme verlangen, unbeschadet des Rechts des Käufers, einen geringeren Schaden nachzuweisen, wenn

f) der Käufer den bei Lieferung fälligen restlichen Kaufpreis nicht zahlt.

29. Die Verkäuferin kann unter gleichzeitiger Verweigerung der Ausführung des Vertrages vom Käufer Schadensersatz wegen Nichterfüllung in Höhe von 25% der Kaufsumme verlangen, unbeschadet des Rechts des Käufers, einen geringeren Schaden nachzuweisen, wenn

h) er eine sonstige ihn treffende wesentliche Vertragspflicht schuldhaft verletzt.

30. Gerät die Verkäuferin in Lieferverzug, ist dieser schriftlich unter Ankündigung der Geltendmachung der dem Käufer für den Fall des Fristablaufs zustehenden Rechte eine Nachfrist von mindestens 6 Wochen zu setzen.

31. Im Falle höherer Gewalt verlängert sich die Nachfrist entsprechend.

32. Im Falle des Zahlungsverzugs ist die Verkäuferin berechtigt, Sicherheiten für den Kaufpreis einschließlich Kreditgebühr zu evtl. Schadensersatzansprüchen und Ansprüchen gem. § 2 Abzahlungsgesetz sowie evtl. Zinsen und Kosten zu fordern.

33. Für den Fall eines gerichtlichen Mahnverfahrens folgt die Zuständigkeit des Amtsgerichts Hameln aus § 689 Abs. 2 ZPO. Für den Fall des § 38 Abs. 3 Nr. 2 ZPO gilt die Zuständigkeit des gleichen Gerichts als vereinbart.

34. (Falls einzelne Bestimmungen dieses Vertrages ungültig sind, bleiben die übrigen gültig). Anstelle einer ungültigen Bestimmung treten dann Regelungen, die dem wirtschaftlichen Zweck der ungültigen Bestimmung möglichst nahe kommen.

35. Die Kaufgegenstände sind dem Käufer zu übergeben, wenn die vereinbarte Zahlung erfolgt.

36. Bei Zahlungsverweigerung im ganzen oder teilweise sind die Fahrer der Verkäuferin befugt, evtl. schon in die Räume des Käufers gebrachte Ware wieder mitzunehmen bzw. wieder herauszuschaffen.

37. Die Lohn- bzw. Gehaltsabtretung erfaßt den abtretbaren Teil sämtlicher Ansprüche auf rückständige, laufende und künftig fällig werdende Gehaltsansprüche, auf Geldleistungen nach dem Sozialgesetzbuch und alle sonstigen Ansprüche auf Vergütung oder Ersatz von Aufwendungen gegen den jeweiligen Schuldner dieser Leistungen."

Der Aufforderung des Klägers, wegen dieser Klauseln eine Unterwerfungserklärung abzugeben, kam die Beklagte nicht nach, und ihr Anwalt wies darauf hin, daß diese Allgemeinen Geschäftsbedingungen überhaupt nicht mehr verwendet würden, sondern neu gefaßt sind. Am 27. 6. 1983 übersandte die Beklagte zu 2) eine eingeschränkte Unterlassungserklärung.

Die Klage, mit der der Kläger begehrt, den Beklagten die Verwendung dieser Klauseln zu untersagen, hatte nur hinsichtlich der Klauseln 1, 5, 6, 8, 9 und 17 Erfolg. Im übrigen hat das Landgericht die Klage abgewiesen.

Dagegen haben beide Parteien Berufung eingelegt.

Die Berufung des Klägers hatte nur insoweit Erfolg, als über das landgerichtliche Urteil hinaus auch die beanstandeten Klauseln Nr. 19, 20, 21, 27, 30, 32, 33 und 34 von den Beklagten nicht verwendet werden dürfen.

Die Berufung der Beklagten war lediglich zur Klausel Nr. 5 erfolgreich, weil der Kläger zu diesem Punkt nicht gemäß § 13 Abs. 2 Nr. 1 AGBG antragsberechtigt war.

Aus den Gründen:

Zu Nr. 1:

Diese Klausel verstößt gegen § 9 Abs. 1 und 2 AGBG. Hier wird vor Abschluß des Kaufvertrages von dem Käufer eine Sicherheitsanzahlung von 20% verlangt. Das Risiko der Zahlungsunfähigkeit des Verkäufers vor Vertragsschluß wird dem Käufer auferlegt. Diese ungewöhnliche Benachteiligung wird durch keine Gegenleistung aufgewogen. Die Beklagten können sich zur Rechtfertigung weder auf eine angebliche Übung im Möbelhandel noch auf vorvertraglichen Verwaltungsaufwand berufen. Auf die diesbezüglichen, zutreffenden Ausführungen im angefochtenen Urteil nimmt der Senat Bezug.

Im übrigen ist diese Bestimmung nicht damit in Einklang zu bringen, daß der Vertreter „unter Vorlage seines gültigen Raumgestalterausweises" bei Vertragsabschluß „bis zu" 20% des Kaufpreises kassieren darf. Nur an ihn kann der Besteller ja „sofort" zahlen. Diese Unklarheit geht zu Lasten der Beklagten als Verwender der AGB (§ 5 AGBG).

Nr. 133   *Unangemessenheiten in einzelnen Vertragsverhältnissen*   § 9

Zu Nr. 2:
Diese Klausel ist nicht nach § 9 oder § 10 Nr. 1 AGBG zu beanstanden. Nach der Organisation und der Verkaufsform der Beklagten zu 2) wird der Kunde durch die sechswöchige Lieferfrist nach Abruf nicht unangemessen benachteiligt. Sein Vorteil besteht darin, daß er hier nicht auf Möbel, die sich im Verkaufsraum befinden oder am Lager sind, angewiesen ist, sondern unter einem größeren Sortiment wählen kann. Für den Neuwagenkauf hat der Bundesgerichtshof sogar eine unverbindliche Lieferfrist mit einer sechswöchigen Nachfrist als mit dem AGBG vereinbar angesehen (BGH NJW 82, 331, 333). Bei einer bestimmten Automarke gab es mitunter Lieferfristen von mehr als einem Jahr.

Zu Nr. 3:
Zu Unrecht hält der Kläger diese Klausel für nach § 11 Nr. 15 AGBG unwirksam. Hierdurch wird die Beweislast nicht zum Nachteil der Kunden verlagert. Die von dem Kläger zitierte Rechtsprechung und Lehre betrifft andere Fallgestaltungen. Vielmehr hat das Oberlandesgericht Frankfurt mit Urteil vom 26. 5. 1983 unter Hinweis auf weitere Rechtsprechung (so BGH NJW 82, 1388 ff.) eine entsprechende Klausel auf der Vorseite des Antragsformulars für zulässig erklärt. Dem ist zuzustimmen; denn diese Klausel enthält nicht einen Verzicht, die Unwirksamkeit der AGB nach dem AGBG zu rügen; eine solche Auslegung liegt fern von einem vernünftigen Verständnis. Sie bedeutet lediglich eine Bestätigung der Einbeziehung im Sinne von § 2 Nr. 1 AGBG.

Zu Nr. 4:
Diese Klausel wird seit März 1983 von der Beklagten zu 2) nicht mehr verwandt. Eine erneute Verwendung durch die Beklagte zu 2) hat der Kläger nicht dargelegt. Anhaltspunkte für eine Wiederholungsgefahr sind nicht gegeben. Zum einen weisen die Beklagten zu Recht darauf hin, daß es kaum vorstellbar und wirtschaftlich unsinnig wäre, nach Einführung der neuen Vertragstexte erneut Texte mit Klauseln in den Verkehr zu bringen, die auch die Beklagten für unwirksam halten. Diesbezüglich hat die Beklagte zu 1) am 24. 6. 1983 eine Unterlassungserklärung mit Unterwerfungsklausel abgegeben. Einen Verstoß dagegen trägt der Kläger nicht vor. Sogar ohne strafbewehrte Unterlassungserklärung hat der Bundesgerichtshof die Wiederholungsgefahr dann verneint, wenn die alten Vordrucke vernichtet und neue Formulare entwickelt wurden (BGH NJW 81, 2412). Die Wiederholungsgefahr könnte nur dann begründet sein, wenn die Beklagten diese Klausel – auch ohne gegenwärtige Verwendung – weiterhin als rechtmäßig verteidigten (BGH, Urteil vom 5. 4. 1984, III ZR 2/83). So liegt der Fall hier aber nicht.

Zu Nr. 5:
Unabhängig davon, ob diese Klausel mit dem AGBG vereinbar ist, hat die Berufung der Beklagten schon deshalb Erfolg, weil dem Kläger insoweit kein Anspruch nach § 13 Abs. 1 und Abs. 2 i. V. m. §§ 9 bis 11 AGBG zusteht, auf Unterlassung zu klagen. Nur Bestimmungen, die nach §§ 9 bis 11 AGBG unwirksam sind, können Gegenstand einer Unterlassungsklage nach § 13 AGBG sein (BGH, Urteil vom 31. 10. 1984, VIII ZR 226/83, dort Entscheidungsgründe II 2 b).

Ein allgemeines Verbraucherinteresse ist zudem nicht erkennbar. Ob und welche Daten von seiner Person gespeichert und weitergegeben werden dürfen, entscheidet jeder Verbraucher für sich allein. Hier handelt es sich um das geschützte Recht auf „informationelle Selbstbestimmung" (BVerfG NJW 84, 419 ff.), das auf der grundgesetzlichen Ordnung von Wert und Würde der Person in freier Selbstbestimmung fußt. Für dieses reine Persönlichkeitsrecht sind irgendwelche wirtschaftlichen Maßstäbe zu seiner Ausübung nicht erkennbar. Die Entscheidung des einzelnen ist nicht einmal zwingend vernunftbezogen. Erst recht ist keine einhellige Grundauffassung oder ein bestimmtes Grundinteresse aller Verbraucher (als Verbraucher) feststellbar. Allein die Belange aller Verbraucher sollen aber durch die §§ 9 bis 11 AGBG geschützt werden.

Der Senat nimmt deshalb inhaltlich zu der beanstandeten Klausel unter datenschutzrechtlichen Gesichtspunkten nicht Stellung.

Zu Nr. 6:
Gleichgültig, ob die Bestätigung rechtsgeschäftlichen Charakter hat oder nicht, ist eine formularmäßige Tatsachenbestätigung unwirksam. Daraus folgt hier der Verstoß gegen § 11 Nr. 15b AGBG, denn um die Ausnahme eines gesondert unterschriebenen Empfangsbekenntnisses geht es hier nicht. Für eine diesbezügliche Reduktion, wie sie die Beklagten für möglich halten, besteht in der jetzigen Fassung der Klausel keine ausreichende Grundlage.

Zu Nr. 7:
Diese Klausel ist nicht gemäß § 9 Abs. 1 und 2 AGBG i. V. m. § 148 BGB unwirksam. Angesichts der bereits erwähnten Organisation der Beklagten zu 2) ist die Frist von einem Monat nicht unangemessen lang.

Diese Klausel ist bereits im Beschluß des 13. Zivilsenats des Oberlandesgerichts Celle vom 12. 12. 1979 (13 U 220/78) mit ausführlicher Begründung für wirksam gehalten worden. Dem schließt sich der Senat an.

Zu Nr. 8:
Der erste Satz dieser Klausel könnte Gültigkeit erlangen, wenn er dahin ergänzt würde, daß sich die Ungültigkeit von mündlichen Abreden, Zusagen und Zusicherungen nur auf solche beziehen, die bis zur Vertragsannahme erklärt worden sein sollen. Denn bei einer derartigen Regelung der vertraglichen Beziehungen mag für den Kunden die Einsicht nicht fernliegen, daß der Klauselverwender in die erst vorzunehmende Prüfung, ob er den Antrag des Käufers annehmen soll, nur schriftlich niedergelegte „Vereinbarungen" einbeziehen kann und will (siehe BGH, Urteil vom 31. 10. 1984, dort Entscheidungsgründe II. 2. c).

Diese Klausel ist aber schon deshalb insgesamt unwirksam, weil nach ihr auch nachträgliche, mündliche Vereinbarungen nur bei schriftlicher Bestätigung durch die Verkäuferin gültig sein sollen. Der Ausschluß mündlicher Vereinbarungen nach Vertragsabschluß benachteiligt jedoch den Kunden unangemessen. Aus der Formulierung läßt sich hier nicht entnehmen, daß nachträgliche, mündlich gesondert getroffene Vereinbarungen auch nach Meinung des Verwenders wirksam sein könnten. Aber selbst wenn es so wäre, bestünde die Gefahr, daß die Verkäuferin einem Kunden, der zu Recht auf die Gültigkeit einer nachträglichen mündlichen Vereinbarung vertraut hat, – zu Unrecht – diese Klausel entgegenhält. Allein schon diese Gelegenheit, begründete Ansprüche abzuweisen, benachteiligt den Kunden unangemessen.

Da somit beide Sätze in der jetzigen Form nicht wirksam Vertragsbestandteil werden können, kommt eine beschränkte Auslegung durch gerichtliche Korrektur – wie regelmäßig (vgl. BGH, Urteil vom 31. 10. 1984) – nicht in Betracht.

Zu Nr. 9:
Auch wenn die Auslegung dieser Klausel, wie sie der Kläger in der Klagschrift vornimmt, daß nämlich schriftlich bestätigte Änderungen nochmals schriftlich genehmigt werden müßten, schwer nachvollziehbar ist und nach dem Inhalt der Bestimmungen sehr fern liegt, ist diese Klausel gleichwohl nach § 9 AGBG unwirksam.

Dies folgt daraus, daß diese Bestimmung nicht nur die Schriftform verlangt, sondern als unumstößliche Rechtsfolge mangelnder Schriftlichkeit die Ungültigkeit der Vertragsänderung ausspricht. Im übrigen wird auf die Begründung zu Nr. 8 Bezug genommen.

Zu Nr. 10:
Ob diese Bestimmung mit §§ 9 und 10 Nr. 3 AGBG vereinbar ist, mag dahinstehen. Immerhin hat der Bundesgerichtshof im Urteil vom 31. 10. 1984 die sachliche Rechtfertigung für ein Rücktrittsrecht bejaht, wenn der Kunde falsche Angaben über seine Kreditwürdigkeit macht.

Im vorliegenden Fall wird die Klausel von der Beklagten zu 2) ab März 1983 nicht mehr verwendet. Die Beklagten verteidigen die Klausel in der beanstandeten Form nicht als rechtmäßig. Dann aber ist der Unterlassungsanspruch unbegründet. Auf die Ausführungen zu Nr. 4 wird verwiesen.

Zu Nr. 11:
Auch hier ist für den Anspruch des Klägers die Wiederholungsgefahr nicht dargelegt. Die Beklagten benutzen inzwischen zum Eigentumsvorbehalt eine neue Klausel. Auf die Ausführungen zu den Nrn. 4 und 10 wird verwiesen.

Zu Nr. 12:
Ein Verstoß dieser Regelung gegen § 10 Nr. 7 oder § 11 Nr. 5 AGBG ist nicht gegeben. Die Kosten einer Einlagerung von der Kaufsumme abhängig zu machen, ist im Möbelversandhandel nicht willkürlich; es ist zumindest ein sachgerechter Maßstab. Einen anderen praktikablen und allgemein verbindlichen Anknüpfungspunkt nennt auch der Kläger nicht. Dabei ist im Möbelversandhandel der Beklagten davon auszugehen, daß es sich eben nicht um kostbare, von der Größe unabhängige Einzelstücke handelt, sondern daß der Preis entweder von einer Mehrzahl von Stücken (mit entsprechend größerer Lagerfläche) oder von den Ausmaßen des Möbels zumindest mitbestimmt wird. Ein Wohnzimmerschrank kostet hier regelmäßig mehr als ein Schuhschrank.

Zu Nr. 13:
In der beanstandeten Weise wird die Klausel nicht mehr verwendet. Die Beklagte zu 1) hat auch eine entsprechende Unterlassungserklärung abgegeben. Mangels Wiederholungsgefahr ist der Unterlassungsanspruch nicht begründet.

Zu Nr. 14:
Diese Bestimmung ist für den Kunden zumutbar und aus der Sicht der Beklagten angemessen; sie verstößt nicht gegen § 11 Nr. 5 oder 6 AGBG. Es geht weder um einen pauschalierten Schadensersatz noch um eine Vertragsstrafe. Vielmehr begehrt die Verkäuferin, die ihre Aufwendungen zum Zweck der Erfüllung erbracht hat, lediglich als Sicherheit eine teilweise Vorleistung vom Kunden, der sich nach seinem Vertragsverstoß in Annahmeverzug befindet. Die Sicherheitszahlung entspricht der möglichen Höhe eines Schadensersatzanspruchs (siehe dazu Nr. 25).

Zu Nr. 15:
Die Verpflichtung zur Überprüfung der Ware bei Auslieferung ist nicht mit einer Sanktion verbunden. Weder ein Gewährleistungsausschluß noch eine andere Rechtsfolge sind

§ 9   *Generalklausel*   Nr. 133

an ein Unterlassen geknüpft. Nach dem Aufbau der AGB der Beklagten zu 2) kann ein verständiger Kunde auch nicht den Gedanken an einen Gewährleistungsausschluß damit in Zusammenhang bringen. Denn die Bestimmungen zur Ausgestaltung der Mängelrüge folgen in ummittelbarem Anschluß. Es geht allein um die Prüfung offen zutage liegender Mängel (siehe dazu Nr. 16).

Zu Nr. 16:
Insofern ist nämlich bestimmt, daß diese auch schriftlich sogleich beim Auslieferungsfahrer gerügt werden können. Das Interesse der Beklagten, durch ihr Auslieferungspersonal Mängel an Ort und Stelle zu beseitigen, die Möbel gegebenenfalls gleich auszutauschen oder zum Austausch gleich wieder mitzunehmen (siehe Nr. 18), liegt auf der Hand und benachteiligt die Rechte des Kunden nicht unangemessen. Auch die Verpflichtung, offen zutage liegende Mängel andernfalls schriftlich innerhalb einer Woche bei der Verkäuferin zu rügen, verstößt nicht gegen § 9 Abs. 1 AGBG.

Zu Nr. 17:
Diese Klausel kann unschwer so verstanden werden, daß die Beklagten schriftliche Mängelrügen nur dann als ordnungsgemäß entgegennehmen wollen, wenn sie allein an die Geschäftsleitung gerichtet sind. Das verstößt gegen § 11 Nr. 16 AGBG. Die Möglichkeit der Anzeige wird dadurch über Gebühr erschwert. Eine einschränkende Auslegung, wie sie die Berufung der Beklagten vornimmt, ist mit dem Wortlaut der Klausel nicht zu vereinbaren; es sind eben nicht nur Anzeigen an „Handelsvertreter oder irgendwelche Außenstellen" als Empfänger ausgeschlossen, sondern die Geschäftsleitung ist als einziger Adressat herausgestellt.

Zu Nr. 18:
Diese Klausel ist allgemein verständlich; sie entspricht der geltenden Rechtslage (i. V. m. Nr. 19 und 20; siehe Palandt-Heinrichs, BGB 44. Aufl., § 11 Anm. 10b AGBG). Der Zusammenhang der Bestimmungen ist nicht verwirrend. Eine synoptische Gegenüberstellung aller Nachbesserungs- oder Gewährleistungsmöglichkeiten ist zur Belehrung weder vorgeschrieben noch erforderlich.

Zu Nr. 19:
Auch unter Berücksichtigung der besonderen Vertriebsform der Beklagten benachteiligt eine Frist von drei Monaten zur Nachbesserung oder Ersatzlieferung die Rechte des Käufers unangemessen. Zwar muß den Beklagten die Mängelbeseitigung durch Ersatzlieferung auch nach Fehlschlagen der Nachbesserung möglich bleiben. Aber es ist zu fordern, daß sich die Verkäuferin über die Möglichkeit zur Nachbesserung innerhalb von zwei Wochen Gewißheit verschafft und dann die eventuelle Ersatzlieferung innerhalb der nächsten 6 Wochen erfolgt. Im Rahmen der Gewährleistung wird von der Verkäuferin zu Recht ein besonderes Bemühen erwartet.

Zu Nr. 20:
Diese Klausel verwendet Begriffe, mit denen der Gesetzgeber des BGB eine bestimmte Form der Gewährleistung beschrieb, die aber zumindest bezüglich des Begriffs „Wandelung" in der heutigen Umgangssprache für den kaufmännisch oder juristisch nicht geschulten, normalen Bürger mißverständlich sind. Unter dem Begriff „Wandelung" wird heute eher der Austausch der mangelhaften Ware gegen eine mangelfreie, also die Ersatzlieferung verstanden und nicht die Rückgängigmachung des Kaufvertrages. Allein die vom Gesetzgeber des AGBG in § 11 Nr. 10b verwendeten Begriffe genügen dem

Zweck des Gesetzes, nämlich die Käufer über die ihnen formularmäßig nicht zu entziehenden Rechte sachgemäß und verständlich aufzuklären (BGH NJW 1982, 331, 333).

Zu Nr. 21:
Der Kern dieser Klausel ist an sich nicht zu beanstanden. Er findet sich auch im dispositiven Recht (§ 634 Abs. 3 BGB).

Allein die Verwendung des heute ungebräuchlichen Wortes „Minderung" macht sie unwirksam. Auf die Begründung zu Nr. 20 wird Bezug genommen.

Zu Nr. 22:
Diese Klausel erscheint nicht unbedenklich. Sie wird aber seit März 1983 von den Beklagten nicht mehr verwendet. Die neue Fassung wird nicht angegriffen. Somit fehlt es zumindest an der Wiederholungsgefahr. Auf oben stehende Ausführungen wird verwiesen.

Zu Nr. 23:
Hier gilt das zu Nr. 22 Gesagte.
Die Klausel in ihrer nunmehr verwendeten Fassung ist ebenfalls nicht Streitgegenstand.

Zu Nr. 24:
Auch hier wird eine „alte" Klausel angegriffen. Wegen der fehlenden Wiederholungsgefahr wird zusätzlich auf die strafbewehrte Unterlassungserklärung vom 24. 6. 1983 Bezug genommen.

Zu Nr. 25:
Nach der Fassung dieser Klausel besteht auch für einen Laien nicht die Gefahr eines Mißverständnisses bezüglich seiner Widerrufsmöglichkeit nach § 1 b AbzG. Abgestellt ist ausdrücklich auf einen Widerruf „ohne hierzu berechtigt zu sein". Schon im Beschluß des 13. Zivilsenats vom 12. 12. 1979 (13 U 220/79) wird unter Hinweis auf die stark umrandete Belehrung zu § 1 b AbzG auf der Vorseite des Vertragsformulars die Gefahr einer Verwechslung verneint. Dem stimmt der Senat zu.

Auf die Möglichkeit des Nachweises einer geringeren Schadenshöhe als 25% der Kaufsumme wird ausdrücklich hingewiesen. Der Pauschalsatz von 25% beim Verkauf von fabrikneuen Möbeln ist von der Rechtsprechung wiederholt nicht beanstandet worden (siehe OLG Frankfurt ZIP 83, 1213, 1216; BGH, Urteil vom 31. 10. 1984, dort Entscheidungsgründe III. 2. a). Dem ist zuzustimmen.

Zu Nr. 26:
Auch diese Klausel ist „alt"; sie wird nicht mehr verwendet. Wegen der fehlenden Wiederholungsgefahr wird zusätzlich auf die Unterlassungserklärung verwiesen. Mit dem neuen, ergänzenden Zusatz ist die Klausel nicht mehr zu beanstanden.

Zu Nr. 27:
Diese Klausel ist deshalb nach § 9 AGBG unwirksam, weil sie sich nicht nur auf die mögliche Kaufsicherheit der Klausel Nr. 14 bezieht, sondern auch die zu Nr. 1 beanstandete Möglichkeit einer Kaufsicherheit mit einschließt. Ihrem Wortlaut nach ist sie nicht teilbar.

Zu Nr. 28:
Diese Klausel wird nicht mehr verwendet.

Eine Wiederholungsgefahr besteht nicht; zusätzlich wird auf die Unterlassungserklärung verwiesen.

Zu Nr. 29:
Ein Verstoß gegen § 11 Nr. 4 AGBG ist aus dieser Klausel nicht herzuleiten. Sie bezieht sich auf die Verletzung vertraglicher Nebenpflichten. Dazu gehören die Pflichten des Käufers, das Vorbehaltseigentum des Verkäufers zu wahren und die Waren sorgsam zu behandeln, bei Pfändungen Mitteilung zu machen und eine Vernichtung und Beschädigung der Sache sowie einen Besitz- und Wohnungswechsel anzuzeigen. Diese Verpflichtungen können auch formularmäßig dem Vorbehaltskäufer auferlegt werden. Ihre Nichteinhaltung stellt nicht nur eine positive Vertragsverletzung des Käufers, sondern auch einen sachlichen gerechtfertigten Grund für einen Rücktritt dar (siehe BGH-Urteil vom 31. 10. 1984, dort Entscheidungsgründe XII. 2.).

Zu Nr. 30:
Die Nachfrist, die sich die Beklagten mit dieser Klausel einräumen lassen, ist unangemessen lang (§ 10 Nr. 2 AGBG). Die Nachfrist muß so bemessen sein, daß sie der Verkäuferin Gelegenheit gibt, ihre Leistung zu vollenden, nicht aber die zur Erfüllung nötigen Maßnahmen erst in die Wege zu leiten. Im Möbelversandhandel ist die Frist jedenfalls höchstens auf 4 Wochen zu begrenzen (OLG Frankfurt ZIP 83, 1213, 1217; BGH Urteil vom 31. 10. 1984), auch wenn der Verkäufer — wie hier — von Fremdfabrikanten beliefert wird.

Zu Nr. 31:
Diese Klausel weicht nicht in unangemessener, den Käufer benachteiligender Weise vom dispositiven Recht ab. Nur im Falle der Unmöglichkeit der Leistung hat der Schuldner gemäß § 287 Satz 2 BGB im Verzug auch für Zufall einzustehen. Um den Fall der Unmöglichkeit geht es hier nicht, sondern ausschließlich um den Fall des Ablaufs einer Nachfrist bei einer nachholbaren Leistung. Da höhere Gewalt nur dann vorliegt, wenn die Verhinderung auf Ereignissen beruht, die auch durch die äußerste, billigerweise zu erwartende Sorgfalt nicht vorausgesehen und verhütet werden konnte, und schon das geringste Verschulden die Berufung auf höhere Gewalt ausschließt, steht diese Klausel im Einklang mit dem dispositiven Recht und benachteiligt nicht den Käufer.

Zu Nr. 32:
Nach dem Wortlaut findet diese Klausel auch auf Ansprüche nach § 2 AbzG Anwendung. Danach hat der Käufer aber nur für solche Beschädigungen Ersatz zu leisten, die durch sein Verschulden oder sonstige von ihm zu vertretende Umstände verursacht sind. Diese gesetzliche Regelung ist zwingend. Weil aber mit Beginn des Zahlungsverzuges weder feststeht, ob überhaupt eine Beschädigung eintritt und ein Ersatzanspruch vom „Vertretenmüssen" des Verkäufers abhängt, bedeutet die Pflicht zur Sicherheitsleistung für einen Anspruch, dessen Entstehen keineswegs mit Wahrscheinlichkeit zu erwarten ist, eine unangemessene Benachteiligung (vgl. BGH, Urteil vom 31. 10. 1984, dort Entscheidungsgründe XIII. 2.). Darüber hinaus ist die Klausel geeignet, dem Verkäufer den Rücktritt nach Erhalt der Sicherheit nahezulegen. Er hat sich in einer Höhe gesichert, die über den möglichen vertraglichen Ansprüchen liegen kann, jedenfalls nicht darunter. Im Gegensatz zum Käufer bestünde für den Verkäufer an der Vertragsdurchführung kaum noch ein wirtschaftliches Interesse.

Zu Nr. 33:
Diese Klausel verstößt gegen § 9 Abs. 2 AGBG i. V. m. § 689 Abs. 2 ZPO, denn nach ihrem Wortlaut erfaßt diese Bestimmung auch Mahnverfahren gegen die Beklagten (vgl. BGH, Urteil vom 31. 10. 1984, dort Entscheidungsgründe IV.). Nach ständiger Recht-

sprechung kann bei diesem Verstoß gegen allgemeines zwingendes Recht das Unterlassungsverfahren nach § 13 AGBG beschritten werden (siehe BGH a. a. O.).

Zu Nr. 34:
Der Kläger ist bezüglich dieser Klausel ebenfalls aktiv legitimiert; der Anspruch ist auch gemäß § 9 AGBG begründet. Denn es geht hier nicht um die ergänzende Auslegung eines bestimmten Vertrages unter Anwendung der Regelung des § 6 AGBG, sondern es geht um den Inhalt einer Klausel, die die gesetzliche Regelung nach § 6 AGBG verdrängen oder aufheben will. Das ist ein Fall des § 9 AGBG. Für den Fall der Unwirksamkeit einer Klausel soll durch die beanstandete Bestimmung verhindert werden, daß die vorherige Benachteiligung des Käufers nunmehr durch eine „dem wirtschaftlichen Zweck der ungültigen Bestimmung möglichst nahekommende", für sich selbst an sich noch nicht unwirksame Regelung so weit wie möglich aufrechterhalten bleibt. Solche Sanktionen will die gesetzliche Regel des § 6 AGBG verhindern.

Zu Nr. 35:
Diese Klausel wird von der Berufung des Klägers nicht mehr angegriffen.

Zu Nr. 36:
Bei verständiger, wortgetreuer Auslegung ist diese Klausel nicht unwirksam. Auch der Kläger trägt nicht vor, daß diese Bestimmung die Anwendung von Gewalt erlaube. Ein Selbsthilferecht im Sinne vom § 229 BGB soll damit nicht begründet werden. Ein solches Verständnis wäre auch „spitzfindig" und hätte deshalb außer Betracht zu bleiben. Es geht den Beklagten vielmehr um eine Klarstellung dahin, daß das Hineintragen und Aufstellen der Möbel in die Wohnung des Käufers als eine Leistung des Verkäufers noch nicht die Besitzübertragung darstellt (§ 854 BGB). Infolgedessen läßt sich aus der beanstandeten Klausel lediglich die obligatorische Verpflichtung des Käufers herleiten, bei Zahlungsverweigerung das Wiederherausschaffen der Möbel zu dulden. Das steht mit der allgemeinen gesetzlichen Regelung in Einklang. Die unrechtmäßige Besitzverschaffung wird vom Gesetz nicht geschützt.

Zu Nr. 37:
Diese Klausel war auch nach Meinung der Beklagten unzulässig; sie wird seit März 1983 nicht mehr benutzt; eine entsprechende Unterlassungserklärung ist abgegeben. Damit entfällt wiederum die Wiederholungsgefahr.

Anmerkung:

Das vorinstanzliche Urteil des LG Hannover vom 21. 2. 1984 – 18 O 334/83 – ist abgedruckt in AGBE V § 9 Nr. 160.

**1. Die in einem formularmäßigen Treuhandvertrag enthaltene Haftungsbeschränkung des Treuhänders auf grob fahrlässige oder vorsätzliche Pflichtverletzungen ist nach § 9 Abs. 1 AGBG unwirksam, weil sie mit dem besonderen Vertrauensverhältnis, wie es zwischen Treuhänder und Bauherrn beim Bauherren-Modell besteht, nicht zu vereinbaren ist und den Treugeber entgegen den Geboten von Treu und Glauben unangemessen benachteiligt.
2. Auch die im Treuhandvertrag enthaltene Regelung, daß Ansprüche des Treugebers innerhalb von 6 Monaten nach Beendigung des Treuhandverhältnisses** 134

verjähren, ist wegen der besonderen Vertrauensstellung des Treuhänders gem. § 9 AGBG unwirksam.

OLG Celle, Urteil vom 25. 7. 1985 – 14 U 223/84 – rechtskräftig; NJW 1986, 260.

Sachverhalt:

Der Kläger war Mitglied einer Bauherrengemeinschaft, die mittels eines sogenannten „Bauherren-Modells" eine Wohnanlage mit 12 Eigentumswohnungen errichtet hat. Ihm war ebenso wie den anderen Interessenten ein Prospekt zugeleitet worden, in dem das Objekt beschrieben war. Anschließend hatten der Kläger und die übrigen Bauherren der Beklagten (einer Steuerberatungsgesellschaft) durch gleichlautende notariell beurkundete Erklärungen einen Treuhandauftrag erteilt und sie zur Vornahme der im einzelnen genannten Rechtsgeschäfte bevollmächtigt. Die Beklagte schloß dann aufgrund der ihr erteilten Vollmacht für die Bauherren, also auch für den Kläger, u. a. folgende Verträge: einen Mietgarantievertrag mit der Firma K., wonach die Firma K eine monatliche Nettomiete von 10 DM pro m² Wohnfläche auf die Dauer von 5 Jahren ab Beginn des ersten auf die Bezugsfertigkeit der gesamten Bauanlage folgenden Kalendermonats garantierte und zugleich erklärte, daß sie der Treuhänderin eine selbstschuldnerische Bankbürgschaft von 20000 DM als Sicherheit übergeben werde; einen Mietvertrag mit der Firma M als gewerblicher Zwischenmieterin, wonach während der Mietdauer von 5 Jahren ab 1. 10. 1982 ein Mietzins von 7 DM pro m² Wohnfläche an den Kläger zu zahlen war.

Der Kläger begehrt mit der Klage die Feststellung, daß die Beklagte ihm den Schaden zu ersetzen habe, der ihm daraus entstehe, daß er für die von ihm erworbene Eigentumswohnung für den Zeitraum von 5 Jahren, beginnend einen Monat nach Bezugsfertigstellung der Wohnanlage, einen niedrigeren monatlichen Mietzins als 10 DM pro m² Wohnfläche erhält. Das LG hat die Klage abgewiesen. Die Berufung des Kläger hatte teilweise Erfolg.

Aus den Gründen:

... 2. Die Beklagte ist zum Ersatz des Schadens verpflichtet, der dem Kläger dadurch entsteht, daß ihm und den anderen Bauherren statt der im Prospekt zur Absicherung eines Mietausfalls in Aussicht gestellten Bankbürgschaft, die er in Höhe von mindestens 91 000 DM erwarten durfte, nur eine Bankbürgschaft von 20 000 DM zur Verfügung gestellt worden ist. Die Haftung der Beklagten ergibt sich sowohl nach den Grundsätzen der sogenannten bürgerlichrechtlichen Prospekthaftung als auch allgemein aus Verschulden bei Vertragsschluß (sog. „culpa in contrahendo"), wobei dahingestellt bleiben kann, in welchem Verhältnis diese beiden Haftungsgrundlagen stehen, ob insbesondere die sogenannte Prospekthaftung zurücktritt, weil sie ohnehin einen Unterfall des Verschuldens bei Vertragsschluß bildet (vgl. BGH, NJW 1984, 865, 866 unter II.).

a) Ob die Beklagte zu den Initiatoren, Gründern oder Gestaltern des Bauherren-Modells gehörte, die das Management gebildet und den Prospekt herausgegeben haben, ist unerheblich und bedarf daher keiner Entscheidung. Denn die Prospektwerbung begründet eine Vertragshaftung auch für solche Personen, die in anderer Weise in die Gestaltung des Prospekts oder in das Vertriebssystem einbezogen sind und durch ihr nach außen in Erscheinung tretendes Mitwirken einen besonderen Vertrauenstatbestand schaffen und Erklärungen abgeben....

b) Darüber hinaus hat die Beklagte aber auch deshalb für Angaben in dem Prospekt, dessen Unvollständigkeit oder Unrichtigkeit ihr bekannt war oder jedenfalls hätte bekannt sein müssen, einzustehen, weil sie den Treuhandvertrag mit dem Kläger abgeschlossen hat und verpflichtet war, dem Kläger unvollständige und unrichtige Angaben in dem Prospekt zu offenbaren. Dies galt bereits, wenn sie nur Zweifel haben konnte, ob einzelne Angaben im Prospekt für den Kläger von Interesse waren oder nicht.

c) Die in dem Prospekt genannte „Mietgarantie", es liege eine „Mietzusage mit Zusage der Bankbürgschaft" vor, konnte der Kläger bei verständiger Würdigung zwar nicht so verstehen, daß eine Bankbürgschaft in Höhe der gesamten Mieteinnahmen für alle Bauherren auf die Dauer von 5 Jahren, also in Höhe von 456 000 DM, gestellt werde. Abgesehen davon, daß die Stellung einer solchen Sicherheit durch den Mieter oder Mietgarantiegeber wohl gar nicht hätte durchgesetzt werden können, wäre sie auch nicht erforderlich gewesen, sondern hätte im Zeitpunkt der Herausgabe des Prospekts und des Abschlusses des Treuhandvertrages, der entscheidend ist, eine Übersicherung dargestellt, da damals nicht anzunehmen war, daß die Wohnungseigentümer während der Dauer von 5 Jahren keinerlei Mieteinnahmen erzielen würden, sondern nur das mögliche Risiko eines teilweisen Mietausfalls abzusichern war. Die Prospektangaben waren aber mangels gegenteiliger Erklärung so aufzufassen, daß die vorliegende Bankbürgschaft das Teilrisiko, einen Teil der Mieteinnahmen nicht zu erhalten, ausreichend abdeckte....

Im Hinblick auf die Gesamtumstände sieht der Senat in Fortführung seiner bisherigen Rechtsprechung als ausreichende Sicherheit entsprechend der Inaussichtstellung in dem Prospekt eine Bürgschaft an, die der in dem Prospekt genannten gesamten Jahresmieteinnahme aller Bauherren entsprach, so daß sich ein Sicherheitsbetrag von rund 91 000 DM ergab. Dieser Betrag war als Sicherheit ausreichend, weil allenfalls zu erwarten war, daß die Wohnungseigentümer von ihrer gewerblichen Zwischenmieterin einen Teil der Mieteinnahmen nicht erhalten würden und andererseits davon auszugehen war, daß die Mietgarantiegeberin wenigstens einen Teil der Mietverluste ersetzen werde. Eine Bankbürgschaft im Sinne der genannten Höhe oder die Zusage zur Stellung einer solchen Bürgschaft lag unstreitig nie vor.

d) Die Stellung der Bürgschaft ist auch in dem Treuhandvertrag nicht abbedungen worden. Zwar ist in § 3 unter 1 g nur noch vom Abschluß eines Mietgarantievertrages die Rede. Diese vorgefertigte Formularerklärung konnte der Kläger aber mangels gegenteiliger Erklärung nicht so auffassen, daß er und die anderen Bauherren nunmehr entgegen der Prospektangabe keine Bankbürgschaft mehr erhalten sollten, zumal die Sicherheit von der Mietgarantiegeberin zu stellen war.

e) Daß der Kläger bei Abschluß des Treuhandvertrages gewußt habe, daß die vorgesehene Bankbürgschaft nur 20 000 DM betrage, hat die Beklagte nicht beweisen können.

f) Die Beklagte hat die Tatsache, daß der Prospekt hinsichtlich der vorhandenen Mietsicherheit eine falsche Angabe enthielt, auch zu vertreten. Sofern der Geschäftsführer der Beklagten nicht sogar wußte, daß die Angabe falsch war, hätte er sich bei gebotenem Nachdenken jedenfalls sagen müssen, daß die Prospektangabe von einem Interessenten so verstanden werden mußte, eine das Vermietungsrisiko ausreichend abdeckende Bankbürgschaft liege vor.

Die Beklagte hätte daher darauf hinwirken müssen, daß der Prospekt dahingehend klargestellt wurde, daß nur die Zusage der Beibringung einer Bankbürgschaft über 20 000 DM vorliege. Indem sie dies unterließ und Herausgabe des Prospekts unter Hinweis auf ihre Mitwirkung zuließ, handelte die Beklagte somit mindestens fahrlässig. Darüber hinaus war die Beklagte auch später bei Abschluß des Treuhandvertrags verpflichtet, den Kläger vollständig über die bestehenden oder in Aussicht genommenen Sicherheiten zu informieren. Sie kannte auch die Umstände, aus denen sich aus den bereits genannten Gründen die Aufklärungspflicht ergab.

Ob die Beklagte der gesteigerte Vorwurf grober Fahrlässigkeit trifft, bedarf keiner Entscheidung. Denn ihre Haftung für einfache Fahrlässigkeit entfällt nicht wegen der in § 3 Nr. 5 des Treuhandvertrags enthaltenen Haftungsbeschränkung. Danach soll die Beklagte wegen grob fahrlässiger oder vorsätzlicher Verletzung der übernommenen Sorgfaltspflichten haften. Eine darin liegende Haftungsbegrenzung auf die genannten Schuldformen betrifft also nur erst durch den Treuhandvertrag begründete Verpflichtungen, nicht jedoch die Haftung aus culpa in contrahendo wegen unvollständiger oder unrichtiger Angaben im Prospekt oder mangelnder Aufklärung bei Abschluß des Treuhandvertrags. Jedenfalls gehen entsprechende Zweifel bei der Auslegung des Formularvertrags gem. § 5 AGB-Gesetz zu Lasten der Beklagten als Verwenderin. Unstreitig ist der formularmäßig abgefaßte Treuhandvertrag inhaltsgleich mit allen Bauherren abgeschlossen worden. Daß Verhandlungen vorausgingen und die Beklagte wenigstens Bereitschaft zu einer Verhandlung, insbesondere über die Haftungsbeschränkungsklausel, signalisiert hatte, hat sie jedenfalls nicht substantiiert behauptet. Ob der Notar den Kläger bei der Beurkundung des Treuhandvertrags auf die sich aus dem Bauherren-Modell ergebenden Risiken hingewiesen hat, ist unerheblich; ebenfalls ohne Bedeutung ist, ob der Notar den Kläger über die Bedeutung der Haftungsbeschränkungsklausel besonders belehrt hat. Auch die Tatsache, daß der Treuhandvertrag notariell beurkundet worden ist, ändert gem. § 1 Abs. 1 Satz 2 AGB-Gesetz nichts daran, daß er als Formularvertrag anzusehen und auf ihn das AGB-Gesetz anzuwenden ist.

Außerdem ist eine Haftungsbefreiung für einfache Fahrlässigkeit in § 3 Nr. 5 des Treuhandvertrages auch unwirksam, weil der Kläger dadurch entgegen den Geboten von Treu und Glauben unangemessen benachteiligt würde (§ 9 Abs. 1 AGB-Gesetz). Der Anwendung von § 9 AGB-Gesetz steht nicht entgegen, daß nach § 11 Nr. 7 AGB-Gesetz eine Haftungsbegrenzung auf grob fahrlässige oder vorsätzliche Vertragsverletzung in AGB oder Formularverträgen möglich ist (vgl. BGH, NJW 1982, 331). In dem Treuhandvertrag hat der Kläger der Beklagten eine umfassende Vollmacht zu den in den §§ 2 und 3 Nrn. 1 bis 3 genannten Rechtsgeschäften erteilt, insbesondere ihr den gesamten Zahlungsverkehr übertragen, um sich einerseits zu entlasten, andererseits aber auch eine einheitliche Handhabung durch die Treuhänderin für alle Bauherren zu erreichen. Der Beklagten als Treuhänderin wurde dabei eine ganz außergewöhnlich große Rechtsmacht und damit eine besondere Vertrauensstellung eingeräumt. Die Regelung, daß die Beklagte als Treuhänderin für leichte Fahrlässigkeit nicht haften solle, ist mit dem besonderen Vertrauensverhältnis, wie es zwischen dem Treuhänder und den Bauherren im Bauherren-Modell besteht, und den sich daraus ergebenden Pflichten der Beklagten nicht zu vereinbaren (vgl. Vollhardt, BB 1982, 2144). Angesichts des Umfangs der der Beklagten gewährten Rechtsmacht muß der Kläger ein Äquivalent dergestalt erhalten, daß die Beklagte dem Gesetz entsprechend uneingeschränkt haftet....

i) Der Schadensersatzanspruch des Klägers ist nicht verjährt. Die ansonsten für die Prospekthaftung geltende Verjährungsfrist von 6 Monaten gilt dann nicht, wenn persönliches Vertrauen in Anspruch genommen worden ist (BGH, NJW 1982, 1514, 1515). Das ist hier hinsichtlich der Beklagten als Steuerberatungsgesellschaft aus den bereits genannten Gründen zu bejahen. Für die Haftung aus Verschulden bei Vertragsschluß gilt ohnehin eine Verjährungsfrist von 30 Jahren. Die Regelung in § 3 Nr. 5 des Treuhandvertrags, daß Ansprüche gegen die Beklagte innerhalb von 6 Monaten nach Beendigigung des Treuhandverhältnisses verjähren, ist ebenfalls wegen Verstoßes gegen § 9 AGB-Gesetz unwirksam, so daß dahingestellt bleiben kann, wann das Treuhandverhältnis tatsächlich geendet hat und ob die genannte Regelung auch für Ansprüche aus Verschulden bei Abschluß des Treuhandvertrags gilt. Auch insoweit würde der Kläger als Bauherr entgegen dem Gebot von Treu und Glauben unangemessen benachteiligt.

Dies folgt ebenfalls aus der besonderen Vertrauensstellung, die der Beklagten eingeräumt worden ist. Mit Recht verweist Vollhardt (BB 1982, 2145) darauf, daß bei Geschäftsbesorgungsverträgen mit Steuerberatern (vgl. § 68 StBerG) und Rechtsanwälten (vgl. § 51 BRAO) eine Verjährungsfrist von 3 Jahren und mit Wirtschaftsprüfern (§ 51 a WPO) sogar eine Verjährungsfrist von 5 Jahren gilt. Die Interessenlage von Treuhändern und Bauherren ist derjenigen der genannten Berufsgruppen und ihrer Mandanten vergleichbar. Eine Verjährungsfrist, die nicht wenigstens der Regelung bei Rechtsanwälten und Steuerberatern entspricht, ist daher als unangemessene Benachteiligung der Bauherren anzusehen, wobei auch zu berücksichtigen ist, daß die Beklagte eine Steuerberatungsgesellschaft ist, Ansprüche gegen sie aus Steuerberatungstätigkeit also der dreijährigen Verjährungsfrist unterliegen. Hinzu kommt, daß die in dem Treuhandvertrag geregelte Verjährungsfrist von 6 Monaten hier den Kläger besonders deshalb benachteiligen würde, weil erst nach Ablauf von 5 Jahren endgültig beurteilt werden kann, welchen Mietverlust der Kläger erlitten hat.

In den AGB eines Einrichtungshauses ist die Klausel   **135**

„Die bei Barkaufverträgen vereinbarten Preise sind Nettopreise."

nicht nach § 9 AGBG zu beanstanden, wenn sich aus den folgenden Bedingungen klar ergibt, daß der ausgewiesene Preis nicht noch einmal um die Mehrwertsteuer erhöht werden darf.

LG Dortmund, Urteil vom 21. 3. 1985 — 8 O 574/84 (Kart.) — rechtskräftig;

Auf den Abdruck von **Sachverhalt** und **Gründen** wird verzichtet.

Eine Klausel über die Verpflichtung des Käufers zur sofortigen Reklamation   **136**
beim Transportunternehmen für solche Schäden, die während der Beförderung eingetreten sind, ist nicht nach § 9 AGBG unwirksam, denn sie entspricht der gesetzlichen Regelung des § 447 BGB.

LG Düsseldorf, Urteil vom 27. 3. 1985 — 12 O 706/84 — nicht rechtskräftig;

Auf den Abdruck von **Sachverhalt** und **Gründen** wird verzichtet.

Anmerkung:
Die Revision ist beim BGH unter dem Aktenzeichen VIII ZR 46/86 anhängig.

§ 9　　　　　　　　　　Generalklausel　　　　　　　　Nrn. 137–138

137 Eine Klausel, nach der bei höherer Gewalt die Leistungspflicht des Verwenders ersatzlos entfällt, ist mit § 323 BGB, wonach bei einer von keinem Vertragspartner zu vertretenden Leistungsstörung beide Vertragspartner von ihrer Leistungspflicht frei sind, nicht in Einklang zu bringen. Sie ist daher nach § 9 Abs. 1 und Abs. 2 Nr. 1 AGBG unwirksam.

LG Frankfurt, Urteil vom 21. 5. 1985 – 2/13 O 21/85 – rechtskräftig;

Auf den Abdruck von **Sachverhalt** und **Gründen** wird verzichtet.

138 Zu unwirksamen Klauseln in den Kfz-Reparaturbedingungen 1982, die gegenüber Nichtkaufleuten verwendet werden.

LG Köln, Urteil vom 19. 6. 1985 – 26 O 409/84 – nicht rechtskräftig; NJW 1986, 67 (mit Anm. Bunte, NJW 1986, 70) = NJW-RR 1986, 152.

Sachverhalt:

Der Beklagte hat – zuletzt 1982 – Bedingungen für die Ausführung von Arbeiten an Kraftfahrzeugen zur Verwendung auch gegenüber Nichtkaufleuten empfohlen. Diese Bedingungen enthalten u. a. folgende Klauseln:

„a) Die Durchführung nicht vereinbarter Arbeiten bedarf der vorherigen Zustimmung des Auftraggebers, es sei denn, der Auftraggeber ist nicht kurzfristig erreichbar, die Arbeiten sind notwendig und der Auftragspreis erhöht sich hierdurch bei Aufträgen bis zu 500,– DM um nicht mehr als 20% und bei Aufträgen über 500,– DM um nicht mehr als 15%.

b) Das vertragliche Pfandrecht kann auch wegen Forderungen aus früher durchgeführten Arbeiten, Ersatzteillieferungen und sonstigen Leistungen geltend gemacht werden, soweit sie mit dem Auftragsgegenstand in Zusammenhang stehen.

c) Bestreitet der Auftragnehmer das Vorliegen eines gewährleistungspflichtigen Mangels, entscheidet die für den Sitz des Auftragnehmers zuständige Schiedsstelle des Kraftfahrzeughandwerks.

d) Wenn der Auftragnehmer grob fahrlässig die Instandsetzung oder schuldhaft die Nachbesserung mangelhaft ausführt, hat der Auftraggeber im Umfang von Abschnitt III Ziff. 2 Anspruch auf ein Ersatzfahrzeug oder Erstattung der Kosten für eine tatsächliche Inanspruchnahme eines Mietfahrzeuges.

e) Ansprüche bestehen nicht wegen eines Schadens, der dadurch entstanden ist, daß
– der Auftraggeber den Mangel dem Auftragnehmer nicht unverzüglich nach Feststellung schriftlich angezeigt und genau bezeichnet hat oder
– der Auftragsgegenstand dem Auftragnehmer nicht unverzüglich nach Feststellung eines Mangels zugestellt worden ist oder
– die von dem Mangel betroffenen Teile des Auftragsgegenstandes inzwischen auf Veranlassung des Auftraggebers von einer anderen Werkstatt, ohne daß der Ausnahmefall der Ziff. 4 gegeben ist, oder in eigener Regie des Auftraggebers verändert oder instandgesetzt worden sind.

f) Der Auftragnehmer haftet für Schäden und Verluste am Auftragsgegenstand und für den ausdrücklich in Verwahrung genommenen zusätzlichen Wageninhalt, soweit ihn, seine gesetzlichen Vertreter oder seine Erfüllungsgehilfen ein Verschulden trifft."

Der Kläger, ein Verbraucherschutzverein, hält die vorgenannten Klauseln für unwirksam, soweit sie im nichtkaufmännischen Verkehr verwendet werden.

Das Landgericht hat den Beklagten zum Widerruf verurteilt sowie ihm untersagt, eine der Klauseln für Geschäfte mit einem Nicht-Kaufmann zu empfehlen.

Aus den Gründen:

Die Klauseln zu a) bis zu f) sind sämtlich unwirksam.

1. Die Klausel zu a) ist wegen Verstoßes gegen § 10 Nr. 4 AGBG unwirksam.

Sie enthält einen unzumutbaren Leistungsänderungsvorbehalt im Sinne dieser Bestimmung.

Ein Leistungsänderungsvorbehalt als solcher liegt vor, wenn eine Leistung von anderem Umfang als vereinbart, aber nach Art und Charakter gleich, vorbehalten wird. Das ist bei der Durchführung weiterer, notwendig gewordener Reparaturarbeiten in Ergänzung des ursprünglichen Auftrages der Fall.

Durch einen derartigen Leistungsänderungsvorbehalt wird dem Verwender ein Leistungsbestimmungsrecht i. S. des § 315 BGB eingeräumt, das er nach billigem Ermessen auszuüben hat. Diese einseitige Berechtigung des Auftragnehmers hat für den Kunden eine Reihe von Nachteilen.

Der Auftraggeber wird zu höheren Aufwendungen verpflichtet, als sie vereinbart waren. Er muß abgeänderte Leistung abnehmen und bezahlen, ohne Rücksicht darauf, ob sie seinen Interessen entspricht (vgl. Wolf/Horn/Lindacher, AGB-Gesetz, 1984, zu § 10 Nr. 4 Rdnr. 2). In Bezug auf die ursprünglich vereinbarte Leistung verliert er durch die Änderung sämtliche Rechte wie Schadensersatz- und Gewährleistungsansprüche (Ulmer/Brandner/Hensen, AGB-Gesetz, 1982, zu § 10 Nr. 4 Rdn. 3).

Ein solcher Leistungsänderungsvorbehalt ist dem Kunden erwäglich nicht zumutbar. Daran ändern auch die in der Klausel vorgesehenen Einschränkungen nichts. Durch die Miterledigung der von der Werkstatt für notwendig gehaltenen weiteren Arbeiten wird zwar eine zügige Abwicklung des Reparaturauftrages erreicht, sie muß aber nicht unbedingt im Interesse des Auftraggebers liegen. Von einer grundsätzlichen Bereitschaft eines Kunden, über die vereinbarten Reparaturen hinaus weitere, vom Auftragnehmer als notwendig angesehene Arbeiten durchführen zu lassen, kann nämlich nicht ohne weiteres ausgegangen werden. Der Auftraggeber wird auch nicht durch die der Änderung des Auftragsumfangs durch den Verwender vorgeschalteten Voraussetzungen ausreichend geschützt. Über das Merkmal der „nicht kurzfristigen Erreichbarkeit" wird eine Zustimmung des Auftraggebers zur Durchführung weiterer Arbeiten in unzulässiger Weise fingiert.

Diese Voraussetzung ist zu undifferenziert, um eine entsprechende Willenserklärung des Kunden zu ersetzen. Die Entscheidung über die Durchführung von über den Auftragsumfang hinausgehenden Reparaturen muß vielmehr generell dem Auftraggeber überlassen bleiben. Hinzu kommt, daß sich die „Notwendigkeit" der über den ursprünglichen Auftrag hinaus vorgenommenen Arbeiten vom Kunden regelmäßig nicht ohne weiteres überblicken läßt. Hierin liegt eine unangemessene Benachteiligung des Auftraggebers. Denn der Verwender kann alle Arbeiten vornehmen, die er für „notwendig" erachtet, solange der vorgesehene Preisrahmen nicht gesprengt wird und der Kunde „kurzfristig nicht erreichbar" ist.

Der Leistungsänderungsvorbehalt wird nicht deshalb zumutbar, weil dem Auftragnehmer aufgegeben wird, daß der Preisrahmen für die fest vereinbarten Arbeiten durch die weiteren Reparaturen nur bis maximal 20% bzw. 15% bei Reparaturen über 500,- DM überschritten werden darf. Denn bei Durchführung von Arbeiten, die eine Preiserhöhung bis zu 20% bzw. 15% mit sich bringen können, liegt keine geringe Abweichung von der ursprünglich vereinbarten Leistung mehr vor, die nach § 242 BGB vom Kunden hinzunehmen wäre. Bei größeren Aufträgen können sich hier beachtliche Summen ergeben.

Ein besonderes schützenswertes Interesse des Verwenders, das das des Kunden an der eigenen Entscheidung über die Durchführung weiterer Arbeiten überwäge, besteht nicht.

Der vorgesehene Leistungsänderungsvorbehalt ist auch nicht unter wirtschaftlichen Gesichtspunkten gerechtfertigt. Dem Auftragnehmer ist zuzumuten, die Entscheidung des Auftraggebers abzuwarten. Das Interesse des Kunden an ordnungsgemäßer Erfüllung der versprochenen, ursprünglich vereinbarten Leistung ist vorrangig.

Daß die Klausel seit 1974 verwendet wird, sagt nichts über ihre Zumutbarkeit für den Kunden aus. Die Üblichkeit einer Klausel kann deren Unangemessenheit grundsätzlich nicht beseitigen (vgl. BGH NJW 1973, 991 sowie Dittmann/Stahl, AGB-Kommentar 1977, zu § 9 Rdn. 279). Die Einrede der Verjährung ist ausdrücklich nicht erhoben worden.

Die Klausel verstößt allerdings nicht gegen § 11 Nr. 1 AGBG. Eine Entgelterhöhung i.S.v. Nr. 1 liegt nämlich dann nicht vor, wenn das Entgelt einer Leistungsänderung angepaßt wird (vgl. Wolf/Horn/Lindacher, AGB-Gesetz 1977, zu § 11 Nr. 1 Rdn. 8; Löwe/v. Westphalen/Trinkner, AGB-Gesetz Bd. II, 2. Auflage 1983, zu § 10 Nr. 4 Rdn. 16).

2. Die Klausel zu b) ist unwirksam. Sie verstößt gegen § 9 Abs. 1 i.V.m. § 9 Abs. 2 Nr. 1 AGBG, § 1253 BGB.

Die Klausel betrifft das vertragliche Pfandrecht, dessen Bestellung durch AGB grundsätzlich zulässig ist (vgl. BGH WM 1977, 710; Palandt-Bassenge, 44. Aufl. 1985, zu § 1205 Anm. 2). Nicht zulässig ist indes die Bestimmung, das Pfandrecht bestehe auch für frühere Forderungen des Verwenders gegen den Auftraggeber (vgl. BGH NJW 1983, 2140; BGHZ 51, 254).

Dieses Ergebnis steht nicht im Widerspruch zur Entscheidung des Bundesgerichtshofes vom 4. 5. 1977. Dort hatte der Bundesgerichtshof über eine Vertragsklausel entschieden, deren Satz 1 die Vereinbarung eines vertraglichen Pfandrechts des Auftragnehmers und deren Satz 2 dessen Geltendmachung auch wegen Forderungen aus früher durchgeführten Leistungen regelte. Daß diese Klausel weder überraschend noch unangemessen sei, hat der Bundesgerichtshof ausdrücklich nur für Satz 1 dieser Klausel entschieden, die die Vereinbarung des vertraglichen Pfandrechts durch AGB zuläßt (vgl. BGH WM 1977, 710 unten II 2c), nicht hingegen für die Ausdehnung auf früher durchgeführte Reparaturarbeiten. § 1253 BGB bestimmt, daß das Pfandrecht erlischt, wenn der Gläubiger das Pfand dem Verpfänder oder Eigentümer zurückgibt. Ein Vorbehalt der Fortdauer des Pfandrechts ist danach unwirksam. Vielmehr ist in jedem Fall eine Neubestellung des Pfandrechts nötig, soll der Gegenstand wieder verpfändet werden. Dies ist auch erforderlich bei der Wiederrückgabe an den Pfandgläubiger (vgl. Palandt-Bassenge, 44. Aufl. 1985, § 1253 Anm. 1).

Die vorliegende Klausel bedingt § 1253 BGB ab und bestimmt ein Wiederaufleben des Pfandrechts des Verwenders bei erneuter Besitzerlangung am Pfandgegenstand. Sie verstößt somit gegen das gesetzliche Leitbild des Unternehmerpfandrechts. Für eine derartige Bevorzugung der Interessen des Auftragnehmers besteht kein Bedürfnis. Die Regelung des § 1253 BGB überläßt es dem Pfandgläubiger, ob er dem Verpfänder den Pfandgegenstand bei Einlösung zurückgibt oder nicht. Gibt er seine Sicherung freiwillig heraus, hat er dem Verpfänder sozusagen auf eigene Gefahr Kredit gegeben (vgl. BGHZ 51, 254; OLG Celle NJW 1953, 1472). Das Pfandrecht erlischt damit.

Für eine entgegenstehende Regelung besteht auch im Verhältnis zwischen Reparaturwerkstatt und Kunden kein billigenswerter Grund. Der Auftragnehmer braucht den Auftragsgegenstand nicht ohne Zahlung der Reparaturrechnung herauszugeben. Tut er es dennoch, ist nicht einzusehen, weshalb er vom Risiko des Erlöschens der Sicherung befreit werden sollte.

Hinzu kommt, daß eine derartige Privilegierung des Verwenders eine ungewisse Rechtslage enthalten würde. Denn der Auftraggeber müßte stets befürchten, der Auftragnehmer werde sich anläßlich eines späteren Reparaturauftrages auf sein Pfandrecht für Forderungen aus einem früheren Auftrag berufen, die er u. U. damals nicht geltend gemacht hat.

3. Die Klausel zu c) ist wegen Verstoßes gegen § 9 Abs. 1 AGBG unwirksam. Durch sie wird der Kunde unangemessen benachteiligt. Bei dieser Bestimmung handelt es sich um eine Schiedsgutachterabrede, auf die die §§ 317 ff. BGB anwendbar sind.

Ein Schiedsgutachtervertrag liegt vor, wenn die Parteien vereinbaren, daß ein Schiedsgutachter Tatsachen festzustellen hat (vgl. Thomas-Putzo, 13. Aufl. 1985, Vorbem. 2 zu § 1025 ZPO). Das ist hier der Fall. Es geht hier um das Feststellen eines Mangels, einer Tatsache, und der Rechtsweg ist nicht ausgeschlossen.

Die unangemessene Benachteiligung des Vertragspartners des Verwenders liegt darin, daß er nach der Klausel zunächst die Schiedsstelle anrufen und deren Entscheidung abwarten muß. Denn die Tatsachenfeststellung der Schiedsstelle ist nach § 319 Abs. 1 S. 1 BGB von den staatlichen Gerichten nur auf offenbare Unrichtigkeit hin überprüfbar. Im Verfahren vor dem ordentlichen Gericht obliegt es indes dem Kunden, den dem Auftragnehmer vorgeworfenen Mangel zu beweisen. Hierfür stehen ihm die von der Zivilprozeßordnung angebotenen Beweismittel zur Verfügung. Dadurch, daß die Schiedsstelle bzw. der Sachverständige die Feststellung des Mangels übernimmt, die nachher nur noch auf offenkundige Unrichtigkeit überprüfbar ist, wird der Auftraggeber in seinen Rechten beschnitten.

Diese für den Kunden nachteiligen Rechtsfolgen sind aus der Klausel nicht erkennbar. Es wird nicht einmal auf die beschränkte gerichtliche Nachprüfbarkeit der Feststellung der Schiedsstelle hingewiesen. Im Gegenteil besteht sogar die Gefahr, daß der Kunde nach Entscheidung der Schiedsstelle von einer nach seiner Meinung notwendigen Anrufung des ordentlichen Gerichts abgehalten wird. Zudem ist mit der Anrufung der Schiedsstelle eine zeitliche Verzögerung bei der Anrufung der staatlichen Gerichte verbunden.

Die Feststellung des Mangels kann langfristig sein. Hierdurch können dem Kunden Kosten entstehen. Denn selbst wenn durch das Schiedsgutachterverfahren an sich keine Kosten entstehen, ist doch damit zu rechnen, daß er sein Fahrzeug während dieser Zeit nicht benutzen kann.

Die Entscheidung der Schiedsstelle ist dem Verfahren vor dem ordentlichen Gericht zwingend, nicht etwa nur fakultativ, vorgelagert. Auch hieraus kann sich eine unangemessene Benachteiligung des Vertragspartners des Verwenders ergeben. Aufgrund der Feststellung des Schiedsgutachtens kann sich die faktische Erschwerung ergeben, daß der Auftraggeber seine Rechtslage zu Unrecht als aussichtslos beurteilt (vgl. Wolf/Horn/Lindacher AGB-Gesetz, 1984, zu § 9 Rdn. 15).

Die Bildung der Schiedsstelle begegnet ebenfalls Bedenken. Auf ihre Besetzung hat der Kunde keinen Einfluß. Mit einem ADAC-Vertreter ist die Verbraucherseite unzureichend vertreten. Wenngleich bei der restlichen derzeitigen Besetzung der Stelle ein Zusammenwirken mit dem Zentralverband des Kfz-Handwerks nicht ersichtlich ist, ist nicht zu verkennen, daß die Mitglieder aus mit dieser Branche in Verbindung stehenden Personen in der Schiedsstelle übergewichtig vertreten sind.

Dem Ergebnis der Unwirksamkeit der Klausel widersprechen auch nicht die Entscheidungen des Amtsgerichts Erlangen vom 10. 6. 1975 (= BB 1976, 252 f.) und des Landgerichts Nürnberg-Fürth vom 30. 1. 1976 (= NJW 1976, 972), in denen eine ebensolche Klausel von Bedeutung war. In diesen Entscheidungen ging es vielmehr um den Fall, daß die Kfz-Reparaturwerkstatt trotz gegenteiliger Feststellungen der Schiedsstelle behauptet hatte, das Fahrzeug des Kunden ordnungsgemäß repariert zu haben, und ihre Unterwerfung unter das Schiedsverfahren bestritt. Die inhaltliche Gültigkeit der Klausel in bezug auf ihre Angemessenheit gegenüber dem Kunden war nicht Gegenstand der Entscheidungen.

4. Die Klausel zu d) ist wegen Verstoßes gegen § 11 Nr. 7 AGBG unwirksam.

Nach dieser Vorschrift ist ein Ausschluß oder eine Begrenzung der Haftung für einen Schaden, der auf einer grob fahrlässigen Vertragsverletzung das Verwenders beruht, in AGB unwirksam. Die Haftung des Auftragnehmers wird hier dadurch in unzulässiger Weise eingeschränkt, daß der Auftraggeber bei grob fahrlässiger mangelhafter Instandsetzung bzw. bei schuldhaft mangelhafter Nachbesserung nur die Stellung eines Ersatzfahrzeugs oder die Erstattung der Kosten für eine tatsächliche Inanspruchnahme eines Mietfahrzeugs verlangen kann.

Derartige Bestimmungen enthalten Haftungsbeschränkungen der Höhe nach sowie den Ausschluß der Ersatzfähigkeit einzelner Schadensposten, die nach § 11 Nr. 7 AGBG unwirksam sind (vgl. Wolf/Horn/Lindacher, AGB-Gesetz, 1984, zu § 11 Nr. 7 Rdn. 24).

Regelmäßig stehen dem Kunden bei grob fahrlässiger Vertragsverletzung umfangreiche Schadensersatzansprüche zu, die über den Ersatz des unmittelbaren Schadens hinausgehen. Hinzu kommt, daß dem Geschädigten auch bei bloßem Entzug seines Wagens ein Nutzungsentschädigungsanspruch zusteht, der abstrakt berechnet wird. Danach stünde dem Kunden ein täglicher Nutzungsentschädigungsbetrag zu, unabhängig davon, ob er tatsächlich ein Mietfahrzeug benutzt hat oder nicht. Solche Ansprüche werden durch die Klausel zu d) ausgeschlossen.

Aus dem Zusatz zu dieser Klausel „Abschnitt IX Ziff. 3 bleibt unberührt" ergibt sich nichts Gegenteiliges. Unter dieser Ziffer findet sich lediglich die Bestimmung, daß „darüber hinaus" (gemeint ist die vorstehend geregelte Haftung des Auftragnehmers bei Beschädigung des Auftragsgegenstandes durch kostenfreie Instandsetzung bzw. Ersatz des Wiederbeschaffungswertes sowie die Stellung eines Ersatzfahrzeugs) der Ersatz eines unmittelbaren oder mittelbaren Schadens nicht gewährt werde, es sei denn, der Auftragnehmer handele vorsätzlich oder grob fahrlässig.

Die Auslegung dieser Verweisung zusammen mit der Klausel ist mehrdeutig. Sie kann bei der kundenfeindlichsten Auslegung bedeuten, daß bei anderen als den in der Klausel geregelten Schadensersatzansprüchen im Falle von Vorsatz oder grober Fahrlässigkeit eine weitergehende Haftung vorgesehen sei, nicht aber bei bloßem Ausfall des Fahrzeugs infolge Instandsetzung oder Nachbesserung. Denn bei der Verwendung mehrdeutiger Klauseln ist über die kundenfeindlichste Auslegung zu prüfen, ob sich die Klausel in den Grenzen der §§ 9–11 AGBG hält (vgl. Ulmer/Brandner/Hensen, AGB-Gesetz, 1982, zu § 13 Rdn. 8).

Die hier im Streit stehende Klausel ist jedenfalls hinsichtlich der Verweisung unklar, so daß durch die Verweisung ihre Unzulässigkeit gemäß § 11 Nr. 7 AGBG nicht beseitigt werden kann. Insbesondere ihr Verhältnis zu der Bestimmung unter IX Ziffer 3 der Bedingungen ist unverständlich.

Die Ansicht des Verwenders, die Klausel regele keine Haftungsbegrenzung, sondern präzisiere lediglich die Ansprüche des Kunden in bestimmten Fällen, ist nicht entscheidend für ihre Bewertung im Verfahren nach § 13 AGBG. Hier ist auf die Sicht des durchschnittlichen Kunden abzustellen (vgl. BB 1981, 1164 Nr. 8). Denn Kunden lassen sich häufig durch Klauseln, die derart formuliert sind, daß ihnen Rechte nicht zustehen sollen, allein schon durch den Wortlaut von der Geltendmachung an sich begründeter Ansprüche abhalten, obwohl bei anderer, sinnvoller Auslegung diese Ansprüche gar nicht erfaßt werden (vgl. BGH BB 1980, 389).

Ein besonderes schutzwürdiges Interesse an der Aufrechterhaltung dieser Klausel besteht für den Beklagten nicht, zumal er selbst vorträgt, sie solle keine Haftungsbegrenzung beinhalten.

5. Die Klausel zu e) ist unwirksam.

Die ersten beiden Unterpunkte dieser Klausel, die die unverzügliche Mängelrügepflicht und die unverzügliche Zustellung des Auftragsgegenstandes an den Auftragnehmer regeln, verstoßen gegen § 11 Nr. 10e AGBG. Danach ist eine Bestimmung in Allgemeinen Geschäftsbedingungen unwirksam, durch die bei Verträgen über Lieferungen neu hergestellter Sachen und Leistungen dem Kunden für die Anzeige nicht offensichtlicher Mängel eine Ausschlußfrist gesetzt wird, die kürzer ist als die Verjährungsfrist für den gesetzlichen Gewährleistungsanspruch.

Hier handelt es sich hauptsächlich um Verträge über Leistungen, nämlich um Werkverträge, auf die sich das Wort „neu" in § 11 Nr. 10 AGBG nicht bezieht, was auch keinen Sinn gäbe (vgl. Ulmer/Brandner/Hensen, AGB-Kommentar, 3. Aufl., § 11 Nr. 10 Rdn. 8). Mit diesen Klauselunterpunkten werden Gewährleistungsansprüche verkürzt. Sie zielen nicht lediglich darauf ab, sich bei vom Kunden selbst verursachten Schäden von Schadensersatzansprüchen freizuhalten.

Es ist auch der Umfang des Gewährleistungsanspruchs betroffen, dem der Auftragnehmer ausgesetzt ist. Dem verständigen Kunden bleibt bei Auslegung dieser Bestimmung unklar, ob er bei verspäteter Anzeige bzw. Zustellung des Auftragsgegenstandes noch Gewährleistungsansprüche – und wenn ja in welchem Umfang – hat. Die Bestimmung ist so formuliert, daß bei Verletzung der unverzüglichen Mängelanzeige bzw. der Zustellungspflicht ein hierdurch entstandener Schaden nicht ersetzt wird. Mit einem „hierdurch entstandenen Schaden" kann indes nur ein dem durch die mangelhafte Auftragsdurchführung folgender Schaden gemeint sein. Für die mangelhafte Auftragserfüllung und alle hierdurch bewirkten Folgeschäden aber hat der Auftragnehmer einzustehen. Eine entsprechende Trennung ist für den Kunden kaum möglich.

Die Klausel betrifft auch nicht ausschließlich offensichtliche Mängel. Denn sie selbst trifft keine Unterscheidung zwischen offensichtlichen und verdeckten Mängeln.

Die Auslegung des Verwenders, der sie nur auf offensichtliche Mängel für anwendbar hält, ist nicht entscheidend. Die kundenfeindlichste Auslegung ergibt, daß auch von einer unverzüglichen Anzeigepflicht für nicht erkennbare Mängel ausgegangen werden kann.

Hierfür ist eine „unverzügliche" Anzeigepflicht unzulässig (vgl. LG Ravensburg, OLG Stuttgart, LG Heilbronn zitiert in BB 1981, 1171; Wolf/Horn/Lindacher, AGB-Gesetz, 1984, zu § 11 Nr. 10e AGBG Rdn. 13). Selbst bei offensichtlichen Mängeln wäre die Vorschrift einer „unverzüglichen" Rügepflicht gemäß § 9 AGBG unangemessen. Es sind nämlich mindestens mehr als drei Tage erforderlich (vgl. Palandt-Heinrichs, 44. Aufl. 1985, zu § 11 AGB Anm. 10e) aa)). Auch die Festlegung der Mängelrüge auf Schriftform verstößt gegen § 9 AGBG, da sie eine unangemessene Beeinträchtigung des Kunden darstellt.

Der letzte Unterpunkt der Klausel, der den Fall regelt, daß der Kunde die von dem Mangel betroffenen Teile, ohne daß ein Ausnahmefall der Ziffer 4 der Bedingungen gegeben ist, in einer anderen Werkstatt oder in eigener Regie verändern oder instandsetzen läßt, verstößt gegen § 9 Abs. 1 i. V. m. § 9 Abs. 2 Nr. 1 AGBG, § 254 BGB.

Denn es stellt eine unangemessene Benachteiligung des Kunden dar, ihm bei durch eigene Eingriffe verursachten Schäden keinerlei Ansprüche mehr zuzugestehen, obgleich ein gewährleistungspflichtiger Mangel vorlag (vgl. BGH BB 1980, 389). Denn eine derartige Bestimmung ist mit dem Grundgedanken des § 254 BGB, nach dem der Geschädigte lediglich für einen seinem Verursachungsbeitrag entsprechenden Anteil einstehen muß, nicht vereinbar. Hinzu kommt, daß die Ausnahmefälle der Ziffer 4 der hier betroffenen Bedingungen viel zu vage gefaßt sind. Der Kunde hat in vielen Fällen ein berechtigtes Interesse daran, bei während der Gewährleistungszeit auftretenden Störungen durch sachkundige Untersuchung der Sache den Mangel feststellen zu lassen. Ein besonders schutzwürdiges Interesse des Verwenders an einer solchen Regelung, die das des Kunden an der Beibehaltung der gesetzlichen Regelung überwöge, ist nicht gegeben. Denn der Auftraggeber trägt nach Eingriffen ohnehin die Beweislast dafür, daß Mängel nicht hierauf beruhen.

6. Die Klausel zu f) ist wegen Verstoßes gegen § 9 Abs. 1 i. V. m. § 9 Abs. 2 Nr. 1 AGBG, § 631 BGB unwirksam.

Denn durch die Beschränkung der Haftung auf den ausdrücklich in Verwahrung genommenen Wageninhalt, geknüpft an ein Verschulden des Auftragnehmers, seines gesetzlichen Vertreters oder Erfüllungsgehilfen, werden dem Kunden nahezu alle Ansprüche wegen Verlustes oder Beschädigung hinsichtlich des Wageninhalts versagt. Es ist nicht üblich, beim Verbringen eines Fahrzeugs in eine Reparaturwerkstatt den Wageninhalt ausdrücklich in Verwahrung zu geben. Dadurch, daß dem Auftraggeber ein derartiges Verhalten durch diese Klausel abverlangt wird, um sich Ansprüche zu erhalten, wird die Haftung des Verwenders in einer Weise beschränkt, die mit dem Grundgedanken des § 631 BGB nicht vereinbar ist. Die ordnungsgemäße Sicherung des angenommenen Kraftfahrzeugs und die grundsätzliche Obhut für Sachen des Vertragspartners stellen Nebenpflichten aus dem Werkvertrag dar nach § 631 BGB (vgl. Palandt-Thomas, 44. Aufl. 1985, zu § 631 Anm. 2 b); Münchner Kommentar-Soergel, Bd. II, 1980, zu § 631 Rdn. 11a). Zwar ist es grundsätzlich möglich, die Haftung für Nebenpflichten zu beschränken.

Hier ist eine Haftung – bis auf den durch die Klausel geregelten Ausnahmefall – aber gänzlich ausgeschlossen. Denn die Formulierung der Klausel läßt bei kundenfeindlichster Auslegung den Umkehrschluß zu, daß der Auftragnehmer selbst bei eigenem Verschulden oder dem seiner Erfüllungsgehilfen für Beschädigung oder Verlust von Wageninhalt nicht haftet. Eine derart weitgehende Haftungsfreizeichnung ist unzulässig. Für Vorsatz und grobe Fahrlässigkeit bei der Vertragsdurchführung muß stets gehaftet werden.

Nach Ansicht des Beklagten werden die gesetzlichen Nebenpflichten das Werkvertrages durch die Klausel nicht berührt. Es ist aber aus der Klausel nicht ersichtlich, daß sich der Haftungsausschluß auf die Verletzung von Nebenpflichten nicht beziehen soll. Bei dem Kunden wird vielmehr der Eindruck erweckt, für Wageninhalt werde nur bei ausdrücklicher Inverwahrungnahme gehaftet und auch dann nur bei Verschulden der Auftragnehmerseite. Hierdurch besteht jedenfalls die Gefahr, daß der Auftraggeber von dem Versuch der Geltendmachung von Ansprüchen für Beschädigungen oder Verluste am Wageninhalt wegen des „eindeutigen" Wortlauts der Bestimmung abgehalten wird.

Ein schutzwürdiges Interesse des Auftragnehmers an einer Haftungsbeschränkung hinsichtlich der Obhut für im Wagen liegengelassene wertvolle Gegenstände wird dabei nicht verkannt. Die Fassung dieser Klausel ist indes zu weitgehend.

Zur Frage der Wirksamkeit von Klauseln, die im Anmeldeformular einer Tanzschule enthalten sind. 139

LG Kiel, Urteil vom 23. 7. 1985 – 6 O 177/85 – nicht rechtskräftig;

Sachverhalt:

Die Beklagte betreibt eine Tanzschule. Die von ihr verwendeten Teilnahmebedingungen und Klauseln des Anmeldeformulars lauten u. a. wie folgt:

„Das Honorar ist in der ersten Kursusstunde in voller Höhe zu entrichten." (Vorleistungsabrede)

„Falls durch dringende Gründe (Krankheit, berufliche Verhinderung usw.) die Teilnahme am Kursus nicht mehr möglich ist, kann eine Gutschrift für einen später laufenden Kursus erfolgen. Sie entbinden nicht von der termingerechten Begleichung des Honorars." (Gutschriftsklausel)

„Die Anmeldung ist auch dann rechtlich gültig, wenn sie bei Teilnehmern unter 18 Jahren nicht von den Eltern unterschrieben wird." (Wirksamkeitsklausel)

„Jugendliche unter 18 Jahren bestätigen mit ihrer Unterschrift das Einverständnis der Eltern." (Bestätigungsklausel)

Der Kläger, ein rechtsfähiger Verein, der Verbraucherinteressen wahrnimmt, macht gegen die Beklagte einen Unterlassungsanspruch gem. § 13 Abs. 1 AGBG geltend.

Das Landgericht hat der Klage hinsichtlich der Wirksamkeitsklausel und der Bestätigungsklausel stattgegeben. Im übrigen hat es die Klage abgewiesen.

Aus den Gründen:

Ein Unterlassungsanspruch gemäß § 13 Abs. 1 AGBG hinsichtlich der Vorleistungsabrede ist nicht gegeben. Diese Klausel verstößt nicht gegen § 9 Abs. 1, Abs. 2 Nr. 1 AGBG. Bei dem Tanzunterrichtsvertrag handelt es sich um einen Direktunterrichtsvertrag, der als Dienstvertrag zu qualifizieren ist. Von dem gesetzlich normierten Ordnungs- und Leitbild dieses Vertragstypus weicht die Vorleistungsabrede nicht ab. Allerdings steht sie in Widerspruch zu § 614 BGB, der grundsätzlich eine Vorleistungspflicht des Dienstpflichtigen vorschreibt. Doch die vielfältigen Ausnahmen von dieser Norm im BGB (§§ 615, 616 BGB) und in weiteren zivilrechtlichen, insbesondere arbeitsrechtlichen Nebengesetzen (§§ 64, 87c HGB, 1 BUrlG, 1 LFZG, 87 I Nr. 4 BetrVG) zeigen, daß es sich hierbei um einen zentralen und leitenden Grundsatz des Dienstvertragsrechts handelt. Hinzu kommt, daß die Beklagte sachlich berechtigte Gründe hat, die Kursteilnehmer vorleisten zu lassen. Ihr obliegt es nämlich, Räumlichkeiten und sächliche Mittel vorzuhalten und zur Verfügung zu stellen, um den Unterricht durchzuführen.

Die Kursteilnehmer werden auch nicht unangemessen benachteiligt, denn der relativ kurze und überschaubare Zeitraum eines Tanzkursus verhindert, daß ihnen Konkursrisiken aufgebürdet werden.

Schließlich wird selbst bei längerdauernden Vertragsbeziehungen von einigem finanziellen Gewicht die Vorauszahlung des Entgelts für drei Monate als tolerierbar und mit dem FernUSG vereinbar angesehen, daß in seinen Anforderungen über das AGBG wesentlich hinausgeht.

Es besteht auch kein Unterlassungsanspruch hinsichtlich der Gutschriftsklausel. Diese Klausel verstößt ebenfalls nicht gegen § 9 Abs. 1, Abs. 2 Nr. 1 AGBG. Sie benachteiligt die Kursteilnehmer nicht unangemessen, sondern stellt sie sogar besser als die gesetzliche Regelung. Die Klausel regelt den Annahmeverzug des Dienstberechtigten. § 615 BGB sieht für diesen Fall vor, daß der Gläubiger seinen Vergütungsanspruch behält, ohne zur Nachleistung verpflichtet zu sein. Demgegenüber begründet die angegriffene Klausel einen Anspruch des Kursteilnehmers auf Teilnahme an einem späteren Kurs, sofern der Annahmeverzug auf bestimmten dringenden Gründen beruht. Dem entspricht eine Nachleistungspflicht der Beklagten, die im Gegensatz zur für die Beklagte günstigeren gesetzlichen Regelung steht.

Das Recht zur fristlosen Kündigung aus wichtigem Grund gemäß § 626 BGB wird durch die Gutschriftsklausel nicht berührt.

Der Kläger hat aber einen Unterlassungsanspruch gemäß § 13 Abs. 1 AGBG in bezug auf die Wirksamkeitsklausel. Diese Klausel ist wegen Verstoßes gegen zwingendes Recht nichtig, denn sie widerspricht § 107 BGB. Im Wege des „Erst-recht-Schlusses" besteht ein Unterlassungsanspruch gemäß § 13 Abs. 1 AGBG auch bei solchen Verstößen gegen zwingendes Recht.

Ein Unterlassungsanspruch besteht auch im Hinblick auf die Bestätigungsklausel. Sie verstößt gegen § 11 Nr. 15b AGBG. Sie verändert die gesetzlich festgelegte Beweislast bei Geschäften mit Minderjährigen, derzufolge derjenige das Einverständnis der Eltern nachzuweisen hat, der sich auf die Gültigkeit des Vertrages beruft. Die Bestätigung des Einverständnisses durch die Unterschrift minderjähriger Kursteilnehmer enthebt die Beklagte solch eines Nachweises. Vielmehr hat im Streitfall nun der Minderjährige nachzuweisen, daß ein solches Einverständnis seiner Eltern nicht vorlag, denn er muß die durch seine Unterschrift vorgenommene Bestätigung entkräften.

Anmerkung:
Die Berufung ist beim OLG Schleswig unter dem Aktenzeichen 4 U 217/85 anhängig.

Die Klausel in den Teilnahmebedingungen für ein Gewinnspiel   **140**

„Gewinner eines Preises geben der Firma die ausdrückliche Zustimmung zur Veröffentlichung ihres Namens, ihrer Adresse und ihres Lichtbildes für Werbezwecke."

verstößt gegen § 9 AGBG und ist unwirksam.

LG Offenburg, Urteil vom 24. 9. 1985 – 3 O 388/85 – nicht rechtskräftig;

Sachverhalt:

Die Beklagte ist ein Warenversandunternehmen. Sie veranstaltete ein Gewinnspiel. Ohne jegliche vorangegangene Tätigkeit der jeweiligen Empfänger und potentiellen Kunden wurde diesen ein Gewinn angekündigt.

Auf einem weiteren Blatt wird darauf hingewiesen, daß der Gewinner seine Preise am schnellsten zusammen mit bestellten Waren erhalte. Im Folgesatz wird erklärt, daß der Gewinn auch ohne jede Kaufverpflichtung angefordert werden könne, jedoch wird um einen „freiwilligen Kostenanteil in Höhe von 5,– DM" gebeten. Weiter sind hier abgedruckt die Teilnahmebedingungen, deren Nr. 3 lautet:

„Gewinner eines Preises geben der Firma die ausdrückliche Zustimmung zur Veröffentlichung ihres Namens, ihrer Adresse und ihres Lichtbildes für Werbezwecke."

Der Kläger begehrt von der Beklagten, die Verwendung dieser Klausel zu unterlassen.

Das Landgericht hat der Klage stattgegeben.

Aus den Gründen:

Die Klage ist begründet, weil die Klausel in Nr. 3 der Teilnahmebedingungen nach § 9 AGBG unwirksam ist und deshalb dem Kläger ein eigener Anspruch (Ulmer-Brandner-Hensen, AGB, 4. Aufl., 1982, § 13 Rdn. 23) auf Unterlassung des Gebrauchs dieser Klausel zusteht, § 13 AGBG.

Nr. 3 der Teilnahmebedingungen der Beklagten ist unwirksam, weil sie den jeweiligen Teilnehmer entgegen den Geboten von Treu und Glauben unangemessen benachteiligt, § 9 Abs. 1 AGBG.

a) Durch diese Klausel erteilt der jeweilige Teilnehmer die nach § 3 Abs. 1 Nr. 2 BDSG erforderliche Einwilligung zur Datenspeicherung und Datenverarbeitung. Diese Klausel ist unangemessen und benachteiligt den Teilnehmer treuwidrig.

Durch diese Einwilligung gestattet der Teilnehmer der Beklagten, seine Daten zu speichern und zu verwenden. Damit verzichtet jeder Teilnehmer insoweit auf den Schutz seiner Daten als Ausfluß des allgemeinen Persönlichkeitsrechts. Da der Datenschutz im Zeitalter des Computers eines besonderen Schutzes bedarf, wie er auch im BDSG seinen Ausdruck findet, ist die Einwilligung nach § 3 BDSG wegen seiner weitreichenden Folgen zumindest als rechtsgeschäftsähnliche Erklärung anzusehen, so daß das AGBG Anwendung finden muß (vgl. Ulmer-Brandner-Hensen, a.a.O., Anhang §§ 9–11, Rdn. 286 m.w.N.).

b) Da jeder Teilnehmer sich in den Teilnahmebedingungen auch damit einverstanden erklären muß, sein Lichtbild für Werbezwecke herzugeben, ist auch § 22 KunstUrhG einschlägig. Für die zur Veröffentlichung von Bildnissen erforderliche Einwilligung des Abgebildeten nach § 22 KunstUrhG kann nichts anderes gelten als für die Einwilligung nach § 3 BDSG, weil auch insoweit der Teilnehmer auf den Schutz seines Persönlichkeitsrechts verzichtet.

Auch insoweit kommt der Einwilligung rechtsgeschäftlicher Charakter zu, so daß das AGBG Anwendung findet.

c) Durch das Aufstellen einer Allgemeinen Geschäftsbedingung, in der sich die Beklagte die Einwilligung zur Veröffentlichung von Daten und von Lichtbildern geben läßt, verstößt sie bei den vorliegenden Verträgen gegen Treu und Glauben und benachteiligt die Teilnehmer unangemessen.

Dem Persönlichkeitsschutz in Form des Datenschutzes als auch in Form des Schutzes am eigenen Bildnis kommt durch die genannten Vorschriften des Bundesdatenschutzgesetzes und des Kunsturhebergesetzes hohe Bedeutung zu. Zweck der gesetzlichen Vorschriften ist es, den Eingriff in das Persönlichkeitsrecht der Betroffenen nur mit ausdrücklicher Einwilligung zu billigen und so die Entscheidungsfreiheit des Betroffenen zu gewährleisten. Jeder, der einen solchen Eingriff duldet, muß sich im Einzelfall über die Tragweite der Einwilligung im klaren sein.

Beim vorliegenden Gewinnspiel ist auf dem Gewinnzertifikat nicht einmal Bezug auf die Teilnahmebedingungen genommen.

Unabhängig davon, ob der Beklagten ein durchsetzbarer Anspruch aufgrund der Klausel zusteht, können sich die Teilnehmer genötigt sehen, neben der Billigung der Veröffentlichung ihrer Daten auch noch ein Lichtbild einzuschicken. Als Gegenleistung für die weitreichende Einwilligung in den Eingriff in das Persönlichkeitsrecht erhalten die Teilnehmer einen Ring als „Gewinn", der nach Auffassung der Kammer nicht einmal einen Verkehrswert aufweist. Aus dem Gewinnspiel ist für die Teilnehmer nicht ersichtlich, daß der „3. Preis" praktisch jedem Teilnehmer zusteht und als solcher gar kein echter Gewinn ist. Hinzu kommt, daß der Teilnehmer in der Klausel die Einwilligung zur Verwertung der Daten und des Lichtbildes „für Werbezwecke" dulden muß. Dieser Begriff ist vollkommen unabgegrenzt, die Beklagte könnte nach dieser Klausel die geschützten Daten für die Produktwerbung jeglicher – möglicherweise auch anrüchiger – Art verwenden.

Gemessen an dem, was jeder Teilnehmer „gewinnen kann", steht der durch die Klausel mögliche Eingriff in das Persönlichkeitsrecht eines jeden Teilnehmers vollkommen außer Verhältnis. Dabei spielt es keine Rolle, was die Beklagte im Einzelfall an Daten bekannt gibt und ob danach die Identifikation von Gewinnern möglich ist; denn jedenfalls genügt es, daß nach der Klausel die Beklagte die vollständigen Daten veröffentlichen könnte, so daß nach Abwägung aller Umstände die Teilnehmer unangemessen benachteiligt sind.

Die Klausel verstößt somit gegen § 9 AGBG....

Anmerkung:

Die Berufung ist beim OLG Karlsruhe – ZS. Freiburg – unter dem Aktenzeichen 14 U 234/85 anhängig.

In einem Direktunterrichtsvertrag mit einer bestimmungsgemäßen Laufzeit **141** **von mehr als 3 Monaten ist eine Klausel, nach der das Honorar im voraus zahlbar ist, nach § 9 Abs. 1 und Abs. 2 Nr. 1 AGBG unwirksam, denn eine Vorleistungspflicht der Dienstberechtigten für mehr als 3 Monate ist mit wesentlichen Grundgedanken der gesetzlichen Regelung (§ 614 BGB) unvereinbar.**

LG Berlin, Urteil vom 30. 10. 1985 – 26 O 187/85 – rechtskräftig;

Sachverhalt und **Gründe** sind abgedruckt unter Nr. 78 zu § 9 AGBG.

Die Klausel in den AGB einer Fahrschule, daß Ereignisse höherer Gewalt die **142** **Fahrschule von jeglicher Vertragspflicht entbinden, ist nicht nach § 9 Abs. 2 Nr. 1 AGBG in Verbindung mit § 323 BGB unwirksam.**

LG Flensburg, Urteil vom 5. 12. 1985 – 2 O 316/85 – nicht rechtskräftig;

Auf den Abdruck von **Sachverhalt** und **Gründen** wird verzichtet.

Anmerkung:

Die Berufung ist beim OLG Schleswig unter dem Aktenzeichen 14 U 39/86 anhängig.

Die in einem Kaufvertrag enthaltene Klausel **143**

„Lieferfristen und -termine gelten nur annähernd, es sei denn, wir haben eine schriftliche Zusage ausdrücklich als verbindlich gegeben."

verstößt gegen § 9 AGBG, denn zum einen kann sich der Käufer auf gegebene mündliche Zusagen nicht mehr verlassen, und zum anderen wird durch die Klausel in unzulässiger Weise der Eintritt eines möglichen Lieferverzuges mit allen Rechtsfolgen für den Käufer vereitelt.

LG Stuttgart, Urteil vom 31. 12. 1985 – 20 O 345/85 – rechtskräftig;

Auf den Abdruck von **Sachverhalt** und **Gründen** wird verzichtet.

§ 9 – Verfall-, Verzugs- und Vorfälligkeitsklauseln

144 Eine Klausel, die auch bei unverschuldetem Rückstand mit zwei Ratenzahlungen einer Unterrichtsvergütung die Restschuld fällig stellt, ist nach § 9 Abs. 1 AGBG unwirksam.

BGH, Urteil vom 21. 2. 1985 – IX ZR 129/84; NJW 1985, 1705 = WM 1985, 604.

Sachverhalt:

Der Kläger ist ein rechtsfähiger Verein, zu dessen satzungsgemäßen Aufgaben es gehört, die Interessen der Verbraucher durch Aufklärung und Beratung wahrzunehmen, und dessen Mitglieder in diesem Aufgabenbereich tätige Verbände sind. Der Beklagte ist Inhaber eines Trainings-Centers, in dem bestimmte Kampfsportarten unterrichtet werden.

Der Beklagte wurde vom Kläger auf Unterlassung der Verwendung bestimmter Klauseln seiner Allgemeinen Geschäftsbedingungen in Anspruch genommen. In der Revisionsinstanz geht es allein noch um die Verwendung des Satzes 2, 2. Alt. der folgenden Klausel:

„4. Schädigt ein Teilnehmer durch sein Verhalten sich oder die Einrichtung des Trainings-Centers oder verstößt er gegen die Anweisungen der Lehrgangsleitung oder deren Hilfskräfte, so kann er fristlos vom Lehrgang ausgeschlossen werden, ohne daß dem Trainings-Center irgendwelche Verpflichtungen daraus entstehen. In diesem Fall oder wenn ein Teilnehmer mit zwei Raten in Rückstand gerät, wird der gesamte Restbetrag bis zum nächstmöglichen Kündigungstermin sofort fällig."

Satz 1 wurde vom Kläger nicht beanstandet, Satz 2, 1. Alt. vom Berufungsgericht rechtskräftig für unwirksam erklärt.

LG und Berufungsgericht haben Nr. 4 Satz 2 Alt. 2 der AGB für wirksam und die Klage insoweit für unbegründet gehalten. Die Revision des Klägers hatte Erfolg.

Aus den Gründen:

I.

Das Berufungsgericht sieht in der Vereinbarung monatlicher Ratenzahlungen hinsichtlich der Vergütung für die gesamte Lehrgangsdauer entgegen der Meinung des Landgerichts keine Stundungsabrede bei grundsätzlicher Vorleistungspflicht für die gesamte Vergütung, sondern eine Ratenzahlungsabrede, so daß es nicht um den Widerruf einer Stundungsabrede, sondern um die Vorfälligstellung von restlichen Raten bei Verstoß gegen Nr. 4 Satz 2, 2. Alt. der AGB Beklagten gehe.

Gegen die Würdigung der Klausel als Ratenzahlungsvereinbarung durch das Berufungsgericht ist aus Rechtsgründen nichts einzuwenden; sie liegt nahe.

II.

1. Das Berufungsgericht hält die Klausel Nr. 4 Satz 2, 2. Alt. für wirksam. Sie scheitere nicht an § 11 Nr. 6 AGBG, weil keine Vertragsstrafe vorliege. Nur dann, wenn eine Verfallklausel neben der Fälligstellung restlicher Raten noch eine gesonderte Zahlung des Kunden vorsehe, komme dem die Qualität einer Vertragsstrafe zu. Im Streitfalle habe sich der Beklagte indessen keine Sonderzahlung ausbedungen, die über die Summe der noch offenen Raten hinausgehe.

Die Klausel verstoße auch nicht gegen § 9 AGBG. Sie stelle keine unangemessene Benachteiligung dar, stehe vielmehr im Einklang mit der gesetzlichen Regelung eines wirtschaftlich vergleichbaren Tatbestandes. Beim Abzahlungskauf sehe § 4 Abs. 2 AbzG ausdrücklich vor, daß die Vereinbarung einer Ratenverfallklausel an den Verzug des Käufers mit zwei aufeinanderfolgenden Raten geknüpft werden könne, sofern die rückständigen Raten mindestens 10 v. H. des Wertes der Kaufsache ausmachten. Allerdings bleibe dem Abzahlungskäufer der wirtschaftliche Gegenwert seiner Leistung, der Kaufgegenstand, ohne weiteres erhalten, während hier der Gegenwert in Dienstleistungen bestehe, die der Kunde, wolle er ihn behalten, von Mal zu Mal von sich aus in Anspruch nehmen müsse. Gleichwohl bleibe seine Lage jener beim Abzahlungskauf wirtschaftlich vergleichbar mit der Folge, daß die angegriffene Klausel Bestand behalte. Habe nämlich der Teilnehmer den Zahlungsrückstand etwa in der Absicht herbeigeführt, auf diese Weise aus dem Vertragsverhältnis herauszukommen, so sei er als vertragsuntreue Partei ohnehin nicht schutzwürdig. Sei er dagegen aus anderen Gründen in Rückstand geraten, so habe er zwar dafür einzustehen (§ 279 BGB), könne aber weiterhin die Gegenleistung beanspruchen.

2. Das Berufungsurteil hält revisionsrechtlicher Nachprüfung nicht stand.

a) Die Klausel Nr. 4 Satz 2, 2. Alt. der AGB des Beklagten kann Gegenstand gesonderter Wirksamkeitsprüfung und -feststellung nach §§ 13 ff. AGBG sein. Sie ist eine inhaltlich von anderen Bestimmungen trennbare, aus sich heraus verständliche Geschäftsbedingung. Dem steht nicht entgegen, daß sie in einem Satz mit einer anderen, unwirksamen Regelung zusammengefaßt ist (vgl. BGH, Urt. v. 7. Oktober 1981 – VIII ZR 214/80, LM AGBG § 9 (D) Nr. 4 = NJW 1982, 178).

b) Das Berufungsgericht hat den genauen Inhalt der Klausel Nr. 4 Satz 2, 2. Alt. nicht festgelegt. Das Revisionsgericht kann die unterlassene Auslegung selbst vornehmen (BGHZ 65, 107, 112).

Dem Wortlaut der Klausel läßt sich nicht eindeutig entnehmen, ob unter „Rückstand" allein Verzug im Sinne der §§ 284, 285 BGB zu verstehen ist. Die Auslegung, die sich im Rahmen des Verfahrens nach §§ 13 ff. AGBG an der „kundenfeindlichsten" Möglichkeit, gemessen an der Verständnismöglichkeit der Durchschnittskunden, orientieren muß, ergibt, daß auch bei unverschuldeter Nichtzahlung von Raten die Vorfälligkeit der Restschuld eintritt. Die Unterscheidung zwischen Rückstand und Verzug wird üblicherweise gebraucht, um eine genaue Abgrenzung der Rechtsfolgen bei verschuldeter und nicht verschuldeter Nichtzahlung zu bestimmen. Demgegenüber ist der Ausgangspunkt des Berufungsgerichts insoweit von einem Rechtsfehler beeinflußt, als der Kunde zwar für seine Leistungsfähigkeit einzustehen hat (§ 279 BGB), nicht aber in jedem Falle ein Verschulden, wie es § 285 BGB erfordert, vorliegen muß. Da somit die Auslegung der Klausel auch die Vorfälligstellung der Restschuld bei unverschuldeter Nichtzahlung von Raten ergibt, kommt es darauf an, ob die Klausel mit diesem Inhalt wirksam ist.

c) Offen bleibt, ob die Vorfälligstellung einer Restschuld bei Nichtzahlung von Raten eine Verfallklausel ist, die einer Vertragsstrafe im Sinne der §§ 339, 342 BGB gleichgesetzt werden kann und damit gegen § 11 Nr. 6 AGBG verstößt. Auf jeden Fall ist die beanstandete Klausel unwirksam, weil die Vorfälligstellung bei unverschuldeter Nichtzahlung die Kunden des Beklagten entgegen den Geboten von Treu und Glauben unangemessen benachteiligt (§ 9 Abs. 1 AGBG). Die Vorfälligstellung der Restschuld auch bei schuldlosem Zahlungsrückstand berücksichtigt einseitig die Interessen des Verwenders, ohne daß auf seiner Seite Gründe für eine solche erhebliche Ausgestaltung der Vertragsbedingungen auch bei unverschuldeter Nichtzahlung erkennbar sind. Sie steht mit vergleichbaren gesetzlichen Vorschriften nicht im Einklang, die bei gleichgewichtigen Rechtsnachteilen Verzug und damit Verschulden voraussetzen (vgl. § 4 Abs. 2 AbzG, § 554 Abs. 1 BGB). Auch wenn die Vorfälligstellung der Restschuld bei verschuldeter Nichtzahlung von Raten keine Vertragsstrafe ist, so kommt sie jedenfalls bei fehlendem Verzug einer Vertragsstrafe, die ihrerseits Verzug (§ 339 BGB) und damit Verschulden (§ 285 BGB) voraussetzt, sehr nahe. Eine unangemessene Benachteiligung nach § 9 Abs. 1 AGBG ist dann anzunehmen, wenn ein Verschulden des Kunden nicht vorliegt. Denn dieser wird wirtschaftlich von dem Verlust des Vorteils der Zahlung in Raten betroffen, ohne daß dies wegen des unverschuldeten Ratenrückstandes gerechtfertigt wäre.

Anmerkung:

Das vorinstanzliche Urteil des OLG Hamburg vom 11. 7. 1984 – 5 U 64/84 – ist abgedruckt in AGBE V § 9 Nr. 140 = DB 1984, 2504.

145 Die Klausel in einem formularmäßigen Vertrag über die Inanspruchnahme der Leistungen eines Fitness-Centers

„Kommt der Anmeldende mit einer Monatsrate in Rückstand, ist er verpflichtet, die gesamten für die Restlaufzeit des Vertrages geschuldeten Monatsbeträge vorzuleisten, die sofort fällig sind."

ist nach § 9 AGBG unwirksam, denn sie erfaßt auch die Fälle unverschuldeter Nichteinhaltung der Ratenzahlung.

BGH, Urteil vom 19. 6. 1985 – VIII ZR 238/84; BB 1985, 1418 = MDR 1985, 930 = NJW 1985, 2329 = WM 1985, 945 = ZIP 1985, 1402.

Sachverhalt:

Der Kläger ist ein eingetragener Verein, zu dessen satzungsmäßigen Aufgaben es gehört, Verbraucherinteressen wahrzunehmen.

Die Beklage betreibt ein sogenanntes „Fitness-Center". Dessen Einrichtungen stellt sie ihren Vertragspartnern gegen Entgelt zur Verfügung. Die entsprechenden Verträge sind formularmäßig gestaltet. Sie werden jeweils für einen längeren, nach Monaten bemessenen Zeitraum, im allgemeinen auf 24 Monate fest abgeschlossen. Für die Vertragsdauer wird zunächst ein Gesamtentgelt festgelegt und im voraus fälliggestellt. Die sich hieran in einem gesonderten Absatz anschließende Regelung räumt dem Vertragspartner jedoch das Recht ein, „eine monatlich jeweils am 1. eines Monats zahlbare Vergütung von ... DM zu bezahlen".

Ferner enthalten die Verträge folgende Formularklauseln:

„1. Kommt der Anmeldende mit einer Monatsrate in Rückstand, ist er verpflichtet, die gesamten für die Restlaufzeit des Vertrages geschuldeten Monatsbeträge vorzuleisten, die sofort fällig sind.
2. Mündliche Nebenabreden sind nicht getroffen.
3. Zweitausfertigung erhalten."

Nach erfolgloser Abmahnung hat der Kläger von der Beklagten gemäß § 13 AGBG klageweise beansprucht, die Verwendung dieser drei Klauseln im Rechtsverkehr gegenüber Privatkunden zu unterlassen.

Das Landgericht hat die Klage abgewiesen. Die auf die Klauseln Nr. 1 und 2 beschränkte Berufung hat das Oberlandesgericht zurückgewiesen. In diesem Umfang verfolgt der Kläger mit der Revision sein Klagebegehren weiter.

Die Revision hatte nur hinsichtlich der Klausel Nr. 1 Erfolg.

Aus den Gründen:

Die Revision hat hinsichtlich der Klausel Nr. 1 Erfolg. Hinsichtlich der Klausel Nr. 2 ist sie dagegen unbegründet.

I. 1. Nach Ansicht des Berufungsgerichts verstößt die Klausel Nr. 1 weder gegen § 11 Nr. 6 AGBG noch gegen § 9 AGBG.

An § 11 Nr. 6 AGBG scheitere sie deshalb nicht, weil sie als Verfalls- bzw. Vorfälligkeitsregelung nicht den Tatbestand einer Vertragsstrafe im Sinne des § 339 BGB erfülle. Der Vertragspartner der Beklagten verpflichte sich nicht, eine zusätzliche Zahlung als Strafe zu entrichten. Er verzichte vielmehr für den Fall des Zahlungsverzuges mit einer Rate auf die ihm eingeräumte Vergünstigung, das bei Vertragsschluß für die gesamte Vertragsdauer vereinbarte Gesamtentgelt in Einzelraten entrichten zu dürfen. Auch komme eine entsprechende Anwendung des § 11 Nr. 6 AGBG nicht in Betracht.

Ein Verstoß gegen § 9 AGBG scheide aus, weil die von §§ 551, 614 BGB abweichende Fälligkeitsregelung nicht mit wesentlichen Grundgedanken der gesetzlichen Bestimmungen des Miet- und Dienstvertragsrechts unvereinbar sei. Den zitierten Vorschriften komme keine Leitbildfunktion zu; sie hätten angesichts des Bestehens zahlreicher Sonderbestimmungen nur geringe Bedeutung und würden zudem in der Praxis häufig abbedungen. Ebensowenig lasse sich feststellen, daß durch die beanstandete Regelung wesentliche Rechte der Benutzer des Fitness-Centers so ausgehöhlt würden, daß der Vertragszweck gefährdet erscheine. Schließlich sei auch nicht ersichtlich, inwiefern die Vorfälligkeitsklausel die Vertragspartner der Beklagten entgegen den Geboten von Treu und Glauben unangemessen benachteiligen könne. Eine erhebliche Störung des Äquivalenzverhältnisses von Leistung und Gegenleistung liege nicht vor. Dem Vertragspartner bleibe das Recht zur Benutzung der Einrichtungen des Fitness-Centers erhalten. Daß der Zinsvorteil hinsichtlich der vorzeitig fällig werdenden Raten vom Kunden auf die Beklagte übergehe, rechtfertige eine andere Beurteilung nicht. Der in Zahlungsverzug geratene Vertragspartner müsse nach den Grundsätzen des Allgemeinen Schuldrechts Nachteile in Kauf nehmen. Das Zinsrückrechnungsgebot, das die Rechtsprechung insbesondere für Kredit- und Leasingverträge entwickelt habe, lasse sich auf Verträge der vorliegenden Art nicht übertragen.

2. Hiergegen wendet sich die Revision mit Erfolg.

Als vorformulierte Vertragsbedingung unterliegt die beanstandete Klausel der Inhaltskontrolle nach den §§ 9 bis 11 AGBG. Dieser hält sie nicht stand.

a) Ob die Klausel Nr. 1 einen dem Vertragsstrafenversprechen im Sinne der §§ 339, 342 BGB vergleichbaren Regelungsinhalt hat und daher gegen § 11 Nr. 6 AGBG verstößt, wird in der Literatur unterschiedlich beantwortet (bejahend z.B.: Wolf in: Wolf/Horn/Lindacher, AGB-Gesetz, § 11 Nr. 6 Rdn. 5; Palandt/Heinrichs, BGB, 44. Aufl., vor § 339 Anm. 2b; Graf von Westphalen in: Löwe/Graf von Westphalen/Trinkner, Großkommentar zum AGB-Gesetz, 2. Aufl., § 11 Nr. 6 Rdn. 7; MünchKomm-Söllner, BGB, 2. Aufl., vor § 339 Rdn. 10; Erman/Westermann, BGB, 7. Aufl., vor § 339 Rdn. 7; verneinend z. B.: MünchKomm-Janßen a. a. O., § 360 Rdn. 3; RGRK-Ballhaus, 12. Aufl., § 360 Rdn. 15; Canaris ZIP 1980, 709, 717; Hensen in: Ulmer/Brandner/Hensen, AGB-Kommentar, 4. Aufl., § 11 Nr. 6 Rdn. 7; Staudinger/Schlosser, BGB, 12. Aufl., § 11 Nr. 6 AGBG Rdn. 8). Höchstrichterlich ist die Frage noch nicht geklärt. Der Bundesgerichtshof hat sie bisher ausdrücklich offengelassen (Urteile vom 21. Februar 1985 – IX ZR 129/84 = AGBE VI § 9 Nr. 144 = WM 1985, 604 und 24. April 1985 – VIII ZR 65/84 = AGBE VI § 9 Nr. 93 = WM 1985, 638, 641). Sie braucht auch in dem hier zu beurteilenden Falle nicht entschieden zu werden, weil die Klausel Nr. 1 jedenfalls gemäß § 9 Abs. 1 AGBG unwirksam ist.

b) aa) Das Berufungsgericht hat es versäumt, den an § 9 AGBG zu messenden genauen Inhalt der Klausel zu ermitteln. Es ist – ebenso wie das Landgericht – ohne weiteres davon ausgegangen, daß der Eintritt der Vorfälligkeit an einen Zahlungsverzug des Klauselgegners anknüpfe. Damit hat es die Bedeutung der Klausel nicht vollständig erfaßt. Die darin verwendete Formulierung „kommt der Anmeldende mit einer Monatsrate in Rückstand" ist mehrdeutig. Sie erfaßt nicht nur den Verzug im Sinne der §§ 284, 285 BGB, also eine vom Schuldner zu vertretende Nichtzahlung. Vielmehr kann ihr nach der maßgeblichen Verständnismöglichkeit des Durchschnittskunden gleichfalls entnommen werden, daß die durch sie geregelte Bedingung für die Vorfälligkeit der Restschuld auch bei unverschuldeter nicht rechtzeitiger Zahlung eintreten soll (vgl. BGH Urteil vom 21. Februar 1985 a. a. O.). Läßt indessen eine AGB-Bestimmung mehrere ernsthaft in Betracht kommende Deutungsalternativen zu, so ist nach der ständigen Rechtsprechung des Bundesgerichtshofes, insbesondere auch des erkennenden Senates, im Verbandsprozeß nach § 13 AGBG von der dem Kunden ungünstigsten Auslegung auszugehen (vgl. Urteil vom 31. Oktober 1984 – VIII ZR 226/83 = WM 1985, 24, 25 m. w. N.). Da dies hier die Deutungsalternative ist, nach der die Vorfälligkeit bei unverschuldetem Zahlungsrückstand eintreten soll, kommt es somit allein darauf an, ob die Klausel mit diesem Inhalt der Wirksamkeitskontrolle nach § 9 AGBG standhält.

bb) Dies ist nicht der Fall.

Hierbei kann offenbleiben, ob – wie das Landgericht und offensichtlich auch das Berufungsgericht gemeint haben – in der Regelung über die monatlichen Zahlungen eine Stundung zu erblicken ist und die Verfallklausel daher „lediglich" den Verlust des Stundungsvorteils zum Inhalt hat oder ob die Regelung – was der IX. Zivilsenat des Bundesgerichtshofes in dem oben zitierten Urteil vom 21. Februar 1985, dem ein vergleichbarer Sachverhalt zugrundelag, für naheliegend bezeichnet hat – eine Ratenzahlungsvereinbarung ohne grundsätzliche Vorleistungspflicht hinsichtlich des Gesamtentgelts darstellt.

In jedem Falle benachteiligt die beanstandete Klausel, weil sie die sofortige Fälligkeit der Restschuld an einen unverschuldeten Zahlungsrückstand mit einer Mietzinsrate knüpft, den Kunden des Klauselverwenders entgegen den Geboten von Treu und Glauben in unangemessener Weise (§ 9 Abs. 1 AGBG). Sie berücksichtigt nämlich einseitig die Interessen des Verwenders, ohne daß auf seiner Seite beachtliche Gründe für eine solche verschuldensunabhängige Sanktion erkennbar sind. Anderseits wird der Kunde durch den Verlust seines Rechtes, das geschuldete Entgelt in Raten zahlen zu dürfen, wirtschaftlich nicht unerheblich betroffen. Dies ist bei einer entsprechenden, nicht frei ausgehandelten Vertragsbestimmung jedenfalls dann nicht mehr angemessen, wenn den Kunden an dem den Rechtsverlust auslösenden Zahlungsrückstand kein Verschulden trifft und damit ein Verzug nicht vorliegt (§ 285 BGB). Das Gesetz selbst läßt ähnliche oder gleichgewichtige Rechtsnachteile bei einem Zahlungsrückstand nur dann eintreten, wenn dieser von dem Zahlungspflichtigen verschuldet ist (vgl. §§ 4 Abs. 2 AbzG, 554 Abs. 1 BGB). Der darin zum Ausdruck kommenden Gerechtigkeitsvorstellung entspricht es auch, daß in der Rechtsprechung schon vor Inkrafttreten des AGB-Gesetzes (vgl. RG JW 1919, 570, 571; BGH Urteil vom 19. September 1957 – VII ZR 423/56 = NJW 1957, 1759, 1760) Verfallklauseln, die – wie hier – bei nicht rechtzeitiger Zahlung von einzelnen Raten die Restforderung sofort fälligstellen, grundsätzlich dahin ausgelegt wurden, daß die Fälligkeit nicht eintreten soll, wenn die Nichteinhaltung der Ratenzahlung unverschuldet ist (zustimmend: MünchKomm-Keller, a. a. O., § 271 Rdn. 17; Palandt/Heinrichs a. a. O., § 271 Anm. 2b – jeweils mit weiteren Nachweisen).

Ebenso wie in dem vom IX. Zivilsenat durch Urteil vom 21. Februar 1985 (a. a. O.) entschiedenen Fall, in dem es um die ähnlich geregelte Vorfälligkeit einer Unterrichtsvergütung ging, ist somit auch die hier beanstandete Vorfälligkeitsklausel gemäß § 9 Abs. 1 AGBG unwirksam.

Bei dieser Sachlage kann offenbleiben, ob den unter dem Blickpunkt des Zahlungsverzuges angestellten Erwägungen des Berufungsgerichts in allen Punkten gefolgt werden könnte.

II. 1. Die Klausel Nr. 2 hält das Berufungsgericht für wirksam, weil sie nicht gegen § 11 Nr. 15 b AGBG verstoße. Diese Vorschrift erfasse nach ihrem Sinn und Zweck nur solche Tatbestände, die zum Nachteil des AGB-Kunden Einfluß auf die Beweislastverteilung nähmen, die Beweislast also umkehrten oder erschwerten. Dies sei hier nicht der Fall. Insbesondere könne eine Beweislasterschwernis zum Nachteil des AGB-Kunden nicht daraus hergeleitet werden, daß dieser gezwungen sein könnte, mit sonstigen Beweismitteln den Urkundenbeweis für das Nichtbestehen mündlicher Nebenabreden zu widerlegen.

2. Diese Ausführungen beanstandet die Revision ohne Erfolg.

a) Gemäß § 11 Nr. 15 b AGBG ist eine in Allgemeinen Geschäftsbedingungen enthaltene Bestimmung unwirksam, durch die der Verwender die Beweislast zum Nachteil des anderen Vertragsteils insbesondere dadurch ändert, daß er diesen bestimmte Tatsachen bestätigen läßt.

aa) Nach ihrem klaren Wortlaut greift die Vorschrift nur dann ein, wenn die formularmäßige Bestätigung von Tatsachen durch den Kunden zur Folge hat, daß die Beweislast in bezug auf diese Tatsachen, die nach den gesetzlichen Beweislastregeln oder den von der Rechtsprechung entwickelten Beweislastgrundsätzen den Verwender trifft, auf den AGB-Kunden überbürdet wird (vgl. Wolf a. a. O., § 11 Nr. 15 Rdn. 18; MünchKomm-Kötz a. a. O., § 11 AGBG Rdn. 159; Brandner a. a. O., § 11 Nr. 15 Rdn. 13; Graf von Westphalen a. a. O., § 11 Nr. 15 Rdn. 4 und 27).

Darüber hinaus wird in der Literatur mehrheitlich befürwortet (vgl. Graf von Westphalen a. a. O., § 11 Nr. 15 Rdn. 12 m. N.), die Vorschrift auch auf solche Klauseln anzuwenden, in denen zwar keine Verschiebung der Beweislast auf den Kunden vorgenommen wird, die sich aber erschwerend auf die den AGB-Kunden treffende Beweislast auswirken, z. B. durch Beweismittelbeschränkung — etwa auf Urkunden unter Ausschluß des Zeugenbeweises — oder durch die Begründung eines Anscheinsbeweises zu Lasten des Kunden. Ob dieser Auffassung, mit der in Wahrheit nicht die Beweislast, sondern die Beweisführung angesprochen wird, gefolgt werden könnte, kann offenbleiben.

bb) Denn jedenfalls werden von § 11 Nr. 15 b AGBG keine Tatsachenbestätigungen erfaßt, die nur die ohnehin bestehende Beweislastverteilung wiederholen. So liegt der Fall hier. Die Bestimmung, daß mündliche Nebenabreden nicht getroffen seien, gibt lediglich die ohnehin eingreifende Vermutung der Vollständigkeit der Vertragsurkunde wieder und läßt dem AGB-Kunden den Gegenbeweis offen (vgl. Senatsurteil vom 28. Januar 1981 — VIII ZR 88/80 = BGHZ 79, 281, 287 = ZIP 1981, 278, 279). Sie berührt somit die Beweislastverteilung nicht. Die Klausel Nr. 2 hält daher der Kontrolle nach § 11 Nr. 15 b AGBG stand (so auch Kötz a. a. O. § 11 Rdn. 159; Brandner a. a. O., § 11 Nr. 15 Rdn. 14; Staudinger/Schlosser a. a. O., § 11 Nr. 15 Rdn. 6; Wolf a. a. O., § 9 Rdn. S 40).

Ob — wie die Revision meint — der lediglich in den Allgemeinen Geschäftsbedingungen des Verwenders enthaltenen Bestätigung des Kunden, mündliche Nebenabreden seien nicht getroffen worden, wirklich der Wert eines Beweisanzeichens zukommen und in einem Rechtsstreit zum Nachteil des Kunden gewürdigt werden könnte, kann dahinstehen. Dieser Umstand könnte allenfalls die Beweisführung, nicht aber — worauf § 11 Nr. 15 abstellt — die Beweislast beeinflussen. Dies verkennen offensichtlich auch diejenigen im juristischen Schrifttum, welche die beanstandete Klausel als gegen § 11 Nr. 15 b AGBG verstoßend behandeln wollen (so Graf von Westphalen a. a. O. § 11 Nr. 15 Rdn. 31; Wolf a. a. O., § 11 Nr. 15 Rdn. 20 entgegen § 9 Rdn. S 40; Palandt/Heinrichs a. a. O. § 11 AGBG Anm. 15 b).

cc) Ein durch die beanstandete Klausel eventuell bewirkter Beweisführungsnachteil könnte daher allenfalls im Rahmen des § 9 AGBG relevant sein. Eine mit Treu und Glauben nicht zu vereinbarende unangemessene Benachteiligung des Klauselgegners liegt insoweit aber nicht vor. Dies hat der erkennende Senat im Urteil vom 26. November 1984 (VIII ZR 214/83 = BGHZ 93, 29 ff. = WM 1985, 127, 134 unter X 2) für den kaufmännischen Verkehr bereits entschieden. Für den Privatkundenbereich gilt nichts anderes. Die von der Revision für möglich gehaltene Indizwirkung ist nicht von so erheblichem Gewicht, daß sie bereits als treuwidrige Benachteiligung erscheint. Formularmäßig geschaffenen Beweisanzeichen wird in der Praxis bei der Beweiswürdigung regelmäßig keine entscheidende Bedeutung zugemessen.

Anmerkung:

Das vorinstanzliche Urteil des OLG Karlsruhe vom 25. 7. 1984 — 1 U 284/83 — ist abgedruckt in AGBE V § 9 Nr. 141.

146 Eine Klausel in einem Leasingvertrag, die wegen Zahlungsverzuges des Leasingnehmers die gesamten künftigen Raten fällig stellt, benachteiligt den Leasingnehmer unangemessen und ist unwirksam, denn die vorzeitige Inanspruchnahme der nach dem Vertrag auf längere Zeit verteilten Einzelleistungen ohne jede Abzinsung ist mit dem Äquivalenzgedanken unvereinbar.

Nrn. 146–149 *Verfall-, Verzugs- und Vorfälligkeitsklauseln* § 9

BGH, Urteil vom 3. 7. 1985 – VIII ZR 102/84; BGHZ 95, 170 = BB 1985, 1624 = DB 1985, 2092 = MDR 1985, 929 = NJW 1985, 2258 = WM 1985, 906 = ZIP 1985, 935.

Sachverhalt und **Gründe** sind abgedruckt unter Nr. 95 zu § 9 AGBG.

1. Vorfälligkeitsklauseln fallen nicht unter das strikte Verbot des § 11 Nr. 6 AGBG, sondern sind am Maßstab des § 9 AGBG zu messen. **147**

2. Eine AGB-Bestimmung über die sofortige Fälligkeit eines Ratenkredits, der nicht Teil eines finanzierten Abzahlungskaufs ist, ist nur wirksam, wenn sie als Voraussetzung einen Zahlungsverzug des Kreditnehmers mit mindestens 2 vollen aufeinanderfolgenden Raten verlangt.

BGH, Urteil 19. 9. 1985 – III ZR 213/83; BGHZ 95, 362 = BB 1985, 1998 = DB 1985, 2443 = MDR 1986, 128 = NJW 1986, 46 = WM 1985, 1305 = ZIP 1985, 1253.

Sachverhalt und **Gründe** sind abgedruckt unter Nr. 8 zu § 9 AGBG.

Die in einem auf jährliche Teilleistungen gegen jeweils entsprechende Vergütung gerichteten formularmäßigen Werklieferungsvertrag enthaltene Klausel, wonach schon der Verzug des Bestellers mit einer Nebenverpflichtung zur sofortigen Fälligkeit der gesamten Vergütung führt, ist als Verstoß gegen die Gebote von Treu und Glauben unangemessen und deshalb unwirksam. **148**

BGH, Urteil 29. 10. 1985 – X ZR 12/85; NJW-RR 1986, 211 = WM 1986, 73.

Sachverhalt und **Gründe** sind abgedruckt unter Nr. 113 zu § 9 AGBG.

Eine Klausel in einem Händlervertrag, die eine Vorfälligkeit der Forderungen des Verkäufers auch bei einem unverschuldeten Zahlungsrückstand des Käufers eintreten läßt, stellt eine unangemessene Benachteiligung des Käufers dar und ist nach § 9 Abs. 1 AGBG unwirksam. **149**

BGH, Urteil 30. 10. 1985 – VIII 251/84; BGHZ 96, 182 = DB 1986, 263 = MDR 1986, 402 = NJW 1986, 424 = WM 1986, 20 = ZIP 1986, 95.

Sachverhalt:

Der Kläger ist Konkursverwalter über das Vermögen der Firma M. Die Gemeinschuldnerin stellte Wohnwagen her, welche die Beklagte auf der Grundlage des vorformulierten Vertragshändlervertrages vom 28. August 1980 und darin in Bezug genommener Geschäftsbedingungen der Gemeinschuldnerin vertrieb. In Nr. V des Händlervertrages ist bestimmt:

§ 9 *Generalklausel* Nr. 149

„Eigentumsvorbehalt

Alle gelieferten Waren bleiben bis zur vollständigen Bezahlung sämtlicher aus unserer Geschäftsverbindung herrührenden, auch künftig erst entstehenden Forderungen ..., bei Bezahlung durch Scheck oder Wechsel bis zu deren Einlösung unser Eigentum...

Die Geltendmachung des Eigentumsvorbehalts gilt nicht als Rücktritt vom Vertrag."

Die Geschäftsabwicklung erfolgte in der Weise, daß die Beklagte der Gemeinschuldnerin für jeden der gelieferten Wohnwagen einen auf den Kaufpreis lautenden Dreimonatswechsel gab. Die Gemeinschuldnerin diskontierte die Wechsel bei ihren Finanzierungsbanken, denen sie das ihr verbliebene Vorbehaltseigentum an den Wohnwagen zur Sicherheit übertrug. Die Akzepte löste die Beklagte jeweils aus den von ihr erzielten Verkaufserlösen ein.

Mit der vorliegenden Klage hat der Kläger die Herausgabe von ursprünglich acht, zuletzt nur noch fünf der gelieferten Wohnwagen an sich beansprucht, nachdem die entsprechenden Wechsel mangels Zahlung der Beklagten zu Protest gegangen waren. Zur Rechtfertigung seines Herausgabeverlangens hat er sich auf Nr. V des Vertrages vom 28. August 1980 und Nr. 2 Abs. 7 der Allgemeinen Geschäftsbedingungen der Gemeinschuldnerin berufen. Die zuletzt genannte Bestimmung lautet:

„Kommt der Käufer seinen Zahlungsverpflichtungen oder den sich aus dem Eigentumsvorbehalt ergebenden Verpflichtungen nicht nach, stellt er seine Zahlungen ein oder wird über sein Vermögen das gerichtliche Vergleichsverfahren oder der Konkurs eröffnet, so wird die gesamte Restschuld fällig, auch soweit Wechsel mit späterer Fälligkeit laufen.

Wird die gesamte Restschuld nicht sofort bezahlt, so erlischt das Gebrauchsrecht des Käufers an dem Kaufgegenstand und die Firma M. ist berechtigt, sofort seine Herausgabe unter Ausschluß jeglichen Zurückhaltungsrechtes zu verlangen".

Noch im Verlauf des ersten Rechtszuges hat der Kläger die Klage hinsichtlich eines der herausverlangten Wohnwagen zurückgenommen, weil die Beklagte den Kaufpreis dafür zwischen Einreichung und Zustellung der Klage gezahlt hatte. Stattdessen hat er Ersatz der durch die Teilklagerücknahme entstandenen Kosten verlangt, die er mit 165,48 DM beziffert hat. Nachdem die Parteien die Herausgabeklage hinsichtlich eines weiteren Wohnwagens übereinstimmend für erledigt erklärt hatten, hat das Landgericht die Beklagte Zug um Zug gegen Rückgabe des jeweils zugehörigen Wechsels zur Herausgabe der verbleibenden sechs Wohnwagen und antragsgemäß zur Zahlung der Teilklagerücknahmekosten verurteilt. Das Berufungsgericht hat die Berufung der Beklagten mit der Maßgabe zurückgewiesen, daß – wegen der im Berufungsrechtszug auf einen weiteren Wohnwagen erstreckten Klagerücknahme – die Verurteilung zur Herausgabe dieses Wohnwagens entfalle. Die Revision hatte nur hinsichtlich der Zahlungsklage Erfolg.

Aus den Gründen:

A. Die Herausgabeklage

Die Begründetheit des Herausgabeanspruchs nach § 985 BGB hängt allein davon ab, ob der vereinbarte Eigentumsvorbehalt noch besteht und – bejahendenfalls – die Beklagte sich nicht mehr auf ein Besitzrecht (§ 986 BGB) berufen kann.

1. Beide Vorinstanzen sind davon ausgegangen, daß der nach Nr. V des Vertragshändlervertrages vereinbarte Eigentumsvorbehalt nicht durch Bedingungseintritt, nämlich Zahlung des Kaufpreises, erloschen ist. Das ist im Ergebnis nicht zu beanstanden. Allein die Hingabe der Wechsel durch die Beklagte führte – was auch dem Wortlaut der genannten AGB-Klausel entspricht – noch nicht zum Erlöschen der Kaufpreisforderung. Die Begebung von Wechseln bedeutet im kaufmännischen Verkehr im Zweifel nur eine Leistung erfüllungshalber, nicht an Erfüllungs Statt (§ 364 Abs. 2 BGB; BGH, Urteil vom 20. Oktober 1975 = WM 1975, 1255, 1256 unter II). Erfüllt ist die ursprüngliche Schuld durch die zahlungshalber erbrachte Leistung erst, wenn der Gläubiger aus dieser Lei-

stung Befriedigung erlangt. Endgültige Befriedigung aus einem Wechsel tritt aber erst ein, wenn ihn der Annehmer eingelöst hat, was hier unstreitig nicht der Fall ist ...

2. Im Ergebnis ebenfalls zutreffend haben beide Vorinstanzen angenommen, daß die Beklagte dem auf § 985 BGB gestützten Herausgabeverlangen ein Besitzrecht (§ 986 BGB) nicht entgegenhalten könne.

a) Mit der Frage, ob das Besitzrecht der Beklagten etwa schon infolge einer Erklärung des Klägers als Konkursverwalter nach § 17 KO entfallen sein könnte (vgl. dazu Baumbach/Hefermehl, a. a. O., Einl. WG Rdn. 39 m. w. N.), haben die Vorinstanzen sich mit Recht nicht auseinandergesetzt, weil der Kläger selbst den Standpunkt vertreten hat, er habe die vollständige Erfüllung der Kaufverträge der Beklagten gegenüber nicht verweigert und sei von ihr zu einer diesbezüglichen Erklärung bislang auch nicht aufgefordert worden.

b) Ein Besitzrecht des Vorbehaltskäufers besteht nicht mehr, wenn der Verkäufer bei Zahlungsverzug des Käufers gemäß § 455 BGB vom Vertrag zurückgetreten oder eine nach § 326 BGB gesetzte Nachfrist abgelaufen ist (Senatsurteil vom 1. Juli 1970 = BGHZ 54, 214, 216 = WM 1970, 956). Außerdem kann es – wie der Senat in dieser Entscheidung (a. a. O. S. 222) und in den Urteilen vom 24. Januar 1961 = BGHZ 34, 191, 197 = WM 1961, 443) und vom 7. Dezember 1977 (= BGHZ 70, 96, 98 = WM 1978, 122, 123) ausgeführt hat – fehlen, wenn die Vertragsparteien ein Recht des Verkäufers zur einstweiligen Rücknahme der Vorbehaltsware vereinbart haben und die Voraussetzungen für die Ausübung des Rücknahmerechts eingetreten sind.

c) Auf ein solches Rücknahmerecht hat der Kläger offensichtlich die mit Schreiben vom 6. Dezember 1982 geforderte Rückgabe der Wohnwagen „zur Verwahrung" und in erster Linie auch die Herausgabeklage gestützt. Beide Vorinstanzen haben das Herausgabeverlangen allerdings nicht unter diesem Gesichtspunkt geprüft, sondern allein auf den erst in zweiter Linie geltend gemachten Rücktritt nach § 455 BGB abgehoben.

aa) Dies greift die Revision mit dem Hinweis an, das Berufungsgericht habe zu Unrecht in der Herausgabeklage einen stillschweigenden Rücktritt des Klägers von den Kaufverträgen gesehen. Der Kläger habe – gestützt auf die Allgemeinen Geschäftsbedingungen der Gemeinschuldnerin – die streitigen Wohnwagen lediglich aufgrund des vorbehaltenen Eigentums herausverlangt, ohne zugleich von den Kaufverträgen zurückzutreten. Damit verkennt die Revision indessen, daß das Berufungsgericht die Rücktrittserklärung – insoweit anders als das Landgericht – nicht schon in der Herausgabeklage selbst gesehen hat. Vielmehr hat es das im Schriftsatz vom 26. April 1983 enthaltene Vorbringen des Klägers, jedenfalls sei in der Herausgabeklage der Rücktritt von den Kaufverträgen zu sehen, als Ausdruck dessen rechtsgeschäftlichen Rücktrittswillens und damit als Rücktrittserklärung gewertet. Diese tatrichterliche Auslegung des Berufungsgerichts ist aus Rechtsgründen nicht zu beanstanden.

bb) Gleichwohl war es fehlerhaft, daß die Vorinstanzen das Klagebegehren nicht in erster Linie an der vertraglich vereinbarten Rücknahmeklausel, die auch für den geltend gemachten Zahlungsanspruch von Bedeutung ist (s. unten B), gemessen haben. Denn nach dem Inhalt seines Vorbringens hat der Kläger den Rücktritt an die Rechtsbedingung geknüpft, daß ein vorläufiges Rücknahmerecht nicht wirksam vereinbart sei, und demnach – was das Landgericht im Grunde nicht verkannt hat – die Rücktrittsfolge prozessual nur hilfsweise in das Verfahren einführen wollen. Wegen der unterschiedlichen Rechtsfolgen der bloßen Rücknahme (Fortbestand der Kaufverträge und der beiderseitigen Verpflichtung hieraus) und des Rücktritts (Auflösung der Kaufverträge) waren die Vorinstanzen an die ihnen vom Kläger aufgegebene Prüfungsreihenfolge gebunden.

cc) Das Abweichen hiervon erweist sich indessen – jedenfalls im Hinblick auf den Herausgabeanspruch – im Ergebnis als unschädlich, weil der Kläger sich nicht mit Erfolg auf die Rücknahmeklausel in den Allgemeinen Geschäftsbedingungen der Gemeinschuldnerin berufen konnte. Es ist schon zweifelhaft, ob die Rücknahmeklausel überhaupt Vertragsinhalt geworden ist. Die Parteien haben textlich unterschiedliche AGB-Formulare vorgelegt, die jeweils ihren Rechtsbeziehungen zugrunde liegen sollen. Lediglich das vom Kläger vorgelegte Formular enthält die zitierte Rücknahmeklausel, nicht aber das von der Beklagten zu den Akten gereichte, mit „Geschäftsbedingungen (Bestandteil des bestehenden Händlervertrages) der Firma M." überschriebene Exemplar. Das Berufungsgericht hat keine Feststellung dazu getroffen, welches der beiden Klauselwerke Vertragsinhalt geworden ist. Die Frage kann indessen offenbleiben, weil die Rücknahmeklausel jedenfalls im Hinblick auf §§ 9, 24 Satz 2 AGBG das Herausgabeverlangen des Klägers nicht zu stützen vermöchte.

d) Inwieweit Klauseln in den Geschäftsbedingungen eines Vorbehaltsverkäufers, die ihm einen Anspruch auf einstweilige Rücknahme der Vorbehaltsware bei grundsätzlichem Fortbestand des Kaufvertrages einräumen, überhaupt der Inhaltskontrolle nach § 9 AGBG standzuhalten vermögen, wird in der Literatur unterschiedlich beantwortet. Teils werden sie mit jedem Inhalt für unzulässig gehalten (Brandner in: Ulmer/Brandner/Hensen, AGB-Gesetz, 4. Aufl., Anh. §§ 9–11 Rdn. 654; Reich AK-BGB, § 455 Rdn. 18; Reinicke/Tiedke, Kaufrecht, 2. Aufl., S. 255), teils grundsätzlich als zulässig angesehen (Graf Lambsdorff, Handbuch des Eigentumsvorbehalts, Rdn. 97; Reinking/Eggert, Der Autokauf, 2. Aufl., Rdn. 78; Thamm BB 1980, 1191, 1192; derselbe in: Der Eigentumsvorbehalt im Deutschen Recht, 4. Aufl., S. 52; Wolf/Horn/Lindacher, AGB-Gesetz, § 9 Rdn. E 27; Palandt/Putzo, BGB, 44. Aufl., § 455 Anm. 5a; wohl auch Bunte, Handbuch der Allgemeinen Geschäftsbedingungen, S. 143). Eine dritte Meinung unterscheidet nach den klauselmäßig verankerten Gründen für das Rücknahmerecht und dem Inhalt der Klausel im übrigen (Graf Lambsdorff/Hübner, Eigentumsvorbehalt und AGB-Gesetz, Rdn. 176–182; vgl. auch Graf von Westphalen ZIP 1980, 726, 730). Höchstrichterlich ist die Frage – soweit ersichtlich – bisher nicht entschieden. Der erkennende Senat ist zwar in den unter A 2 b) erwähnten Entscheidungen von der Möglichkeit der vertraglichen Vereinbarung von Rücknahmeklauseln ausgegangen. Er hat sich indessen noch nicht damit befaßt, mit welchem Inhalt solche Klauseln vor dem AGB-Gesetz bestehen können. Diese Frage bedarf auch hier keiner generellen Entscheidung.

aa) Da das Berufungsgericht die Auslegung von Nr. 2 Abs. 7 der für die Prüfung zugrunde zu legenden Geschäftsbedingungen der Gemeinschuldnerin unterlassen hat, kann der Senat sie selbst vornehmen. Die Klausel macht das Erlöschen des Besitzrechts des Käufers und demgemäß das Recht des Verkäufers, Herausgabe verlangen zu können, davon abhängig, daß „die gesamte Restschuld nicht sofort bezahlt (wird)" (Satz 2). Nach Satz 1 soll die Fälligkeit dieser gesamten Restschuld „auch soweit Wechsel mit späterer Fälligkeit laufen", und damit die Verpflichtung zur sofortigen Zahlung ohne weiteres eintreten, wenn der Käufer „seinen Zahlungsverpflichtungen nicht (nachkommt)". Wollte man, wofür nach Wortlaut und systematischem Zusammenhang der Klausel manches spricht, unter dem Begriff „Restschuld" die restlichen Schulden aus allen der

Geschäftsverbindung zugrundeliegenden Geschäften verstehen, so bedeute dies, daß der Vorbehaltskäufer sein Besitzrecht an der Vorbehaltsware selbst dann verlöre, wenn er zwar die Tilgung des Kaufpreises aus dem betreffenden Vorbehaltskauf nachholte, nicht jedoch zugleich alle sonstigen, bei normalem Verlauf unter Umständen nicht einmal fälligen Forderungen erfüllte. Bei einem solchen Verständnis der Klausel spräche einiges dafür, sie schon wegen einer die Interessen des Verwenders eindeutig in den Vordergrund stellenden Übersicherung als unangemessen anzusehen (vgl. dazu Senatsurteil vom 26. November 1984 = WM 1985, 167, 168 f.).

Ob die Klausel (nur) in diesem Sinne beurteilt werden kann, bedarf jedoch keiner Entscheidung. Denn jedenfalls ist die darin getroffene Fälligkeitsregelung unwirksam, so daß es an dem in der Klausel formulierten Anknüpfungspunkt für den Wegfall des Besitzrechts des Käufers fehlt. Sie erfaßt nach ihrem objektiven Bedeutungsinhalt in erster Linie Fälle, in denen der Käufer seine Zahlungsverpflichtung zu verschiedenen Fälligkeitszeitpunkten zu erfüllen hat und mit dem zunächst fälligen Teil in Rückstand gerät. Ob auch ein Sachverhalt wie der vorliegende, in dem der Kaufpreis nicht in Teilen, sondern in einem Betrag zu einem bestimmten Termin zu entrichten war, unter die Regelung fällt und ob eine Formularbestimmung, die das Erlöschen des Besitzrechts nur an einen solchen Sachverhalt knüpft, der Inhaltskontrolle nach dem AGB-Gesetz standhielte, kann dahinstehen. Denn eine Klausel, die – wie hier – einschränkungslos und textlich unteilbar auch Fälle erfaßt, auf die das AGB-Gesetz die Anwendung der Klausel versagt, ist insgesamt unwirksam. So liegt der Fall hier. Die in der Rücknahmeklausel im Vordergrund stehende Regelung, daß die bei normalem Verlauf erst später zu erfüllende Restschuld sofort fällig sein soll, wenn der Käufer mit einer bereits fälligen Zahlungsverpflichtung in Rückstand gerät, ist unwirksam. Sie verstößt gegen § 9 AGBG, weil sie die Vorfälligkeit der Restschuld an eine auch unverschuldete Zahlungssäumnis knüpft.

bb) Diesen Regelungsgehalt der Klausel ergibt die bei Allgemeinen Geschäftsbedingungen ganz allgemein gebotene objektive Auslegung. Gemessen an der danach maßgeblichen Verständnismöglichkeit des Durchschnittskunden erfaßt die Formulierung „Kommt der Käufer seinen Zahlungsverpflichtungen nicht nach" nicht nur den Zahlungsverzug im Sinne von §§ 284, 285 BGB, also eine vom Schuldner zu vertretende Nichtzahlung, sondern auch den unverschuldeten Zahlungsrückstand. Dieses Verständnis entspricht der Rechtsprechung des Bundesgerichtshofs zu Verfallklauseln, in denen die Fälligkeit von Restforderungen an den bloßen „Zahlungsrückstand" geknüpft war (BGH, Urteil vom 21. Februar 1985 = WM 1985, 604, 605 und Senatsurteil vom 19. Juni 1985 = WM 1985, 945 unter I). Zwar handelte es sich in beiden Fällen um Verbandsklagen nach § 13 AGBG, bei denen das Ergebnis in Anwendung des Prinzips der sogenannten „kundenfeindlichsten" Auslegung gewonnen worden war. Das steht dem im vorliegenden Individualprozeß gewonnenen Auslegungsergebnis jedoch nicht entgegen, weil die hier zu beurteilende Klausel jeden Anhalt dafür vermissen läßt, sie wolle sich Wirksamkeit tatsächlich nur für den verschuldeten Zahlungsrückstand beilegen. Daß sie im Gegenteil eine möglichst vollständige Sicherung des Verwenders zum Gegenstand haben soll, ergibt sich vielmehr aus dem umfassenden Katalog der Gründe, die der Verletzung der Zahlungspflicht gleichgestellt sind, nämlich die Zahlungseinstellung, die Eröffnung des Vergleichs- oder Konkursverfahrens sowie im übrigen jegliche Verletzung der „sich aus dem Eigentumsvorbehalt ergebenden Verpflichtungen", ohne daß auch hier etwa nach Art, Schwere oder Verschulden des Vertragsverstoßes unterschieden wird. Angesichts dieser Eindeutigkeit des Klauselinhalts bedarf es keiner Auseinandersetzung mit der in der Rechtsprechung vor Inkrafttreten des AGB-Gesetzes vertretenen Auffassung, wonach grundsätzlich Verfallklauseln, die bei nicht rechtzeitiger Zahlung einzelner Raten die Forderung sofort fällig stellten, dahin ausgelegt wurden, daß die Fälligkeit nicht eintreten sollte, wenn die Zahlungsversäumnis unverschuldet war (RG JW 1919, 570, 571; BGH, Urteil vom 19. September 1957 = WM 1957, 1363). Daher kann auch dahinstehen, ob eine solche restriktive Auslegung nach Inkrafttreten des AGB-Gesetzes noch zulässig wäre (vgl. Senatsurteil vom 13. Februar 1985 = WM 1985, 542, 544 unter II 3a, bb).

cc) Läßt die Klausel eine Vorfälligkeit der Forderungen des Verkäufers somit schon bei einem unverschuldeten Zahlungsrückstand des Vorbehaltskäufers eintreten, so stellt sie sich als unangemessene Benachteiligung des letzteren im Sinne von § 9 Abs. 1 AGB-Gesetz dar. Unangemessen ist nach der ständigen Rechtsprechung des Bundesgerichtshofs eine Bestimmung in Allgemeinen Geschäftsbedingungen, in welcher der die Vertragsgestaltung für sich beanspruchende Verwender entgegen den Geboten von Treu und Glauben einseitig eigene Interessen auf Kosten des Vertragspartners durchzusetzen sucht, ohne von vornherein auch dessen Belange hinreichend zu berücksichtigen. Daß eine Formularbestimmung, die – wie hier – die sofortige Fälligkeit auch an einen unverschuldeten Zahlungsrückstand knüpft, unangemessen in diesem Sinne ist, hat der Senat im Urteil vom 19. Juni 1985 (a. a. O.) für den nicht kaufmännischen Bereich bereits entschieden. Für den kaufmännischen Verkehr kann nichts anderes gelten. Auch dort sind keine beachtlichen Gründe ersichtlich, die eine verschuldensunabhängige Sanktion der in Rede stehenden Art noch als hinnehmbar erscheinen ließen.

3. Läßt sich demnach der Verlust des Besitzrechts der Beklagten nicht aus der Rücknahmeklausel ableiten, so kommt es darauf an, ob das Berufungsgericht mit Recht angenommen hat, das Besitzrecht der Beklagten sei erloschen, weil der Kläger nach § 455 BGB wirksam vom Kaufvertrag zurückgetreten sei. Das ist der Fall ...

4. Erweist sich der Herausgabeanspruch daher jedenfalls infolge des wirksamen Rücktritts sowohl nach § 985 BGB als auch nach § 346 BGB als begründet, so war die Revision insoweit zurückzuweisen.

B. Die Zahlungsklage

Die Zahlungsklage ist entgegen der Auffassung der Vorinstanzen unbegründet. Mit ihr begehrt der Kläger Ersatz der anteiligen Prozeßkosten, die dadurch entstanden sind, daß er die Herausgabeklage hinsichtlich des ursprünglich ebenfalls herausverlangten Wohnwagens zurückgenommen hat, nachdem die Beklagte den Kaufpreis zwischen Einreichung und Zustellung der Klage bezahlt hatte.

1. Das Landgericht hat dem Zahlungsbegehren mit der Begründung stattgegeben, die Beklagte habe sich im Zeitpunkt der Zahlung am 4. Februar 1983, also nach Anhängigkeit der Klage, durch Mahnungen des Klägers vom 6. und 20. Dezember 1982 in Verzug befunden, so daß sie die durch die insoweit erforderlich gewordene Klagrücknahme entstandenen Kosten erstatten müsse. Das Berufungsgericht hat die Berufung der Beklagten mit dem Hinweis zurückgewiesen, die Berufung enthalte keine Angriffe gegen die Verurteilung zur Zahlung.

2. Weder die Begründung des Berufungsgerichts noch die des Landgerichts bilden eine tragfähige Entscheidungsgrundlage. Das Berufungsgericht hätte, da die Berufung der

Beklagten insgesamt zulässig war, das Zahlungsbegehren des Klägers sachlich-rechtlich prüfen müssen, weil die vom Landgericht gegebene Begründung von dessen und des Berufungsgerichts Standpunkt aus unzutreffend ist. Ersatz der anteiligen Prozeßkosten kann der Kläger nach § 286 Abs. 1 BGB nur beanspruchen, wenn sich die Beklagte schon zur Zeit der Klageeinreichung (28. Januar 1983) mit der Herausgabe des streitigen Wohnwagens in Verzug befand. In Verzug geraten konnte sie jedoch frühestens in dem Zeitpunkt, in dem sie das Besitzrecht an dem Wohnwagen verlor. Nach der insoweit zutreffenden Auffassung der Vorinstanzen trat dieser Rechtsverlust aber erst mit dem Rücktritt des Klägers vom Kaufvertrag ein, nach der Meinung des Landgerichts mit Zustellung der Klage und nach der des Berufungsgerichts mit Zugang des Schriftsatzes des Klägers vom 26. April 1983. Danach konnte sich also die Beklagte vom Standpunkt der Vorinstanzen aus bei Klageeinreichung noch nicht in Verzug mit der Herausgabe des Wohnwagens befunden haben.

3. Die Entscheidung der Vorinstanzen hätte sich daher im Ergebnis nur dann halten lassen können, wenn die Beklagte aufgrund der Allgemeinen Geschäftsbedingungen der Gemeinschuldnerin ihr Besitzrecht zu einem früheren Zeitpunkt verloren hätte, weil die Mahnungen des Klägers vom 6. und 20. Dezember 1982 sie dann tatsächlich in Verzug gesetzt hätten. Dies war wegen der Unwirksamkeit der Fälligkeitsregelung – wie bereits ausgeführt – jedoch nicht der Fall. Das angefochtene Urteil war daher abzuändern, soweit es die Berufung der Beklagten auch gegen ihre Verurteilung zur Zahlung zurückgewiesen hat. Insoweit war die Klage abzuweisen.

150

Die Klausel in einem Unterrichtsvertrag

„Wenn bei Ratenzahlungen eine Rate nicht pünktlich gezahlt wird, so ist das gesamte Honorar sofort fällig."

ist wegen Verstoßes gegen § 9 Abs. 1 AGBG unwirksam, denn sie erfaßt nicht nur den Verzug im Sinne der §§ 284 ff. BGB, sondern läßt die Vorfälligkeit auch bei unverschuldetem Zahlungsrückstand eintreten.

LG Berlin, Urteil vom 30. 10. 1985 – 26 O 187/85 – rechtskräftig;

Sachverhalt und **Gründe** sind abgedruckt unter Nr. 78 zu § 9 AGBG.

§ 9 – Vollmachtsklauseln

151

Die Klausel in Verkaufs- und Lieferungsbedingungen für Fenster und Rolläden

„Vertreter, Monteure sowie sonstige Mitarbeiter sind nicht inkassoberechtigt."

verstößt nicht gegen § 9 Abs. 1, Abs. 2 Nrn. 1 und 2 AGBG und ist wirksam.

OLG Zweibrücken, Urteil vom 6. 2. 1985 – 4 U 68/84 – rechtskräftig;

§ 9 *Generalklausel* Nr. 151

Aus den Gründen:

1. Soweit das Landgericht den Beklagten verurteilt hat, die Verwendung der Klausel „Wir werden uns bemühen, die in der Auftragsbestätigung zugesagten Liefertermine nach Möglichkeit einzuhalten" in seinen Allgemeinen Geschäftsbedingungen zu unterlassen, ist die Klage unbegründet und deshalb unter Abänderung der angefochtenen Entscheidung abzuweisen.

Bei der Beurteilung dieser Klausel (Ziffer 2 Satz 1 der Verkaufs-, Lieferungs- und Zahlungsbedingungen des Beklagten) ist zu berücksichtigen, daß der Beklagte sie zu keiner Zeit isoliert verwendet hat. Vielmehr hat er in dem daran anschließenden Satz (Ziffer 2 Satz 2 der Bedingungen) die Rechte des Kunden im Falle einer Überschreitung des Liefertermins geregelt; insoweit hat sich der Beklagte mit einer strafbewehrten Unterlassungserklärung dem Begehren des Klägers unterworfen. Die mit der Klage noch beanstandete Klausel verstößt weder gegen § 11 Nr. 8 noch gegen § 10 Nr. 1 AGBG. Sie stellt für sich allein eine bloße Absichtserklärung dar, die die Rechte des jeweiligen Vertragspartners des Beklagten in keiner Hinsicht beeinträchtigt und auch nicht einen entsprechenden Anschein erweckt.

2. a) Die Klausel „Erforderliche Stemmarbeiten und Mauerdurchbrüche werden gesondert berechnet" in den Allgemeinen Geschäftsbedingungen des Beklagten verstößt entgegen der Ansicht des Klägers nicht gegen eine der Bestimmungen unter §§ 9 bis 11 AGBG. Insbesondere liegt kein Verstoß gegen das Verbot kurzfristiger Preiserhöhungen in Allgemeinen Geschäftsbedingungen, § 11 Nr. 1 AGBG, vor. Wie in dem angefochtenen Urteil zutreffend ausgeführt, sieht die Klausel nicht die Möglichkeit einer späteren Preiserhöhung für dieselbe vereinbarte Leistung, sondern ein besonderes Entgelt für nach Sachlage erforderliche besondere (Zusatz-)Leistungen vor. Dies ist auch nach Auffassung des Senats nicht zu beanstanden; eine gegen Treu und Glauben verstoßende unangemessene Benachteiligung des Vertragspartners, § 9 Abs. 1, Abs. 2 Nrn. 1 und 2 AGBG, kann darin nicht gesehen werden. Soweit der Kläger rügt, eine unangemessene Benachteiligung des Kunden ergebe sich bereits daraus, daß die Klausel unter dem Abschnitt „Gewährleistung" in den Allgemeinen Geschäftsbedingungen des Klägers enthalten gewesen sei, geht dieser Angriff schon deshalb fehl, weil der Beklagte sich insoweit dem Begehren des Klägers mit einer strafbewehrten Unterlassungserklärung unterworfen hat.

b) Die Klausel „Vertreter, Monteure sowie sonstige Mitarbeiter sind nicht inkassoberechtigt, es sei denn, sie besitzen eine gesonderte schriftliche Vollmacht. Zahlt der Käufer gleichwohl an einen Nichtberechtigten, so befreit ihn dies nicht von seiner Zahlungsverpflichtung uns gegenüber" ist ebenfalls nicht zu beanstanden.

Insbesondere liegt insoweit kein Verstoß gegen § 9 Abs. 1, Abs. 2 Nrn. 1 und 2 AGBG, der vorliegend allein in Betracht kommt, vor, weil die Klausel den jeweiligen Vertragspartner des Beklagten nicht entgegen den Geboten von Treu und Glauben unangemessen benachteiligt. Sie entspricht in der Regel der tatsächlichen Rechtslage, wie das Landgericht unter Hinweis auf § 55 Abs. 3 HGB sowie die Bestimmungen des BGB über die durch Rechtsgeschäft erteilte Vollmacht (§§ 164 f. BGB) richtig ausgeführt hat; dies trifft auch auf die in der Klausel genannten Monteure und sonstigen Mitarbeiter zu, die in aller Regel nicht inkassoberechtigt sind. Für diese Fälle dient die Klausel, die eindringlich vor Zahlung an einen nicht durch schriftliche Inkassovollmacht ausgewiesenen Mitarbeiter warnt, gerade auch dem Interesse des Kunden. Für eine mögliche Irreführung des Vertragspartners kommen demnach nur solche Fälle überhaupt in Betracht, in denen an einen Handlungsbevollmächtigten, der kraft Gesetzes (§ 54 HGB) inkassoberechtigt ist, oder an jemanden, der kraft eines von dem Beklagten geschaffenen Rechtsscheins als inkassoberechtigt gilt, mit befreiender Wirkung gezahlt wird. Dies kann jedoch nicht dazu führen, eine Unwirksamkeit der Klausel anzunehmen. Auch bei der – wie hier – im Rahmen des § 13 AGBG vorzunehmenden Überprüfung dürfen der Beurteilung nicht Ausnahmefälle zugrunde gelegt werden, von denen angenommen werden muß, daß der Klauselverwender an sie nicht gedacht hat und auch der Kunde auf sie die Klausel nicht beziehen wird; vielmehr können auch hier Auslegungsmöglichkeiten, die durch den Wortlaut der Klausel zwar nicht ausgeschlossen, gleichwohl aber nicht ernsthaft in Erwägung zu ziehen sind, vernachlässigt werden (vgl. BGH WM 1984, 696, 697; BGH EBE 1985, 2, 3). Dies trifft hier zu. Es sind keinerlei Anhaltspunkte dafür gegeben und kann nicht angenommen werden, daß der Beklagte auch Zahlungen an einen in seinem Betrieb kraft Gesetzes inkassoberechtigten Handlungsbevollmächtigten, der an sich auch dem Begriff „sonstige Mitarbeiter" unterfällt, aufgrund der Klausel nicht gegen sich gelten lassen wollte; auch der jeweilige Vertragspartner des Beklagten wird die Klausel hierauf nicht beziehen. Entsprechendes gilt für Zahlungen an einen kraft Rechtsscheins Inkassoberechtigten, zumal gerade derartige Fälle insbesondere im Hinblick auf die von dem Beklagten verwandte Klausel äußerst selten sein dürften. Die hierdurch nur in Ausnahmefällen gegebenen, fernliegenden Möglichkeiten der Irreführung eines Vertragspartners treten auch nach Auffassung des Senats gegenüber der für den Kunden vorteilhaften Warnfunktion der Klausel eindeutig zurück mit der Folge, daß eine unangemessene Benachteiligung des Vertragspartners entgegen den Geboten von Treu und Glauben nicht angenommen werden kann.

Anmerkung:

Das vorinstanzliche Urteil des LG Landau i. d. Pfalz vom 2. 2. 1984 – 2 O 305/83 – ist abgedruckt in AGBE V § 9 Nr. 128.

§ 10
Klauselverbote mit Wertungsmöglichkeit

§ 10 Nr. 1 – Annahme- und Leistungsfrist

1 Die Klausel in einem Kaufvertrag über Luftbilder

„Der Auftrag ist unwiderruflich."

verstößt gegen § 10 Nr. 1 AGBG und ist unwirksam.

OLG Koblenz, Urteil vom 15. 2. 1985 – 2 U 1338/83 – nicht rechtskräftig;

Sachverhalt:

Die Beklagte erstellt Luftbilder und bietet sie durch Handelsvertreter (Außendienstmitarbeiter) potentiellen Abnehmern zum Kauf an. Ihre Außendienstmitarbeiter haben jedenfalls bis Oktober 1981 für die Aufnahme der Bestellungen ein Formular verwandt, das auf der Vorderseite über den für die Unterschriften von „Mitarbeiter" und „Käufer" vorgesehenen Rubriken folgende Allgemeine Geschäftsbedingungen (AGB) enthält:

„1. Dieser Auftrag ist unwiderruflich.

2. Mündliche Abmachungen haben ohne schriftliche Bestätigung der Firma keine Gültigkeit.

3. Erfüllungsort und Gerichtsstand ist Bonn."

Der klagende Verbraucherschutzverein verlangt von der Beklagten gemäß § 13 AGBG nach erfolgloser Abmahnung, im Verkehr mit Nichtkaufleuten die Verwendung dieser Klauseln zu unterlassen.

Das Landgericht hat der Klage stattgegeben.

Mit ihrer Berufung greift die Beklagte das Urteil des Landgerichts insoweit an, als ihr die Verwendung der Klauseln 1 und 2 und der Klausel 3 hinsichtlich des Erfüllungsorts untersagt worden ist, während sie sich gegen das Verbot der Gerichtsstandsklausel in Nr. 3 nicht mehr wehrt.

Die Berufung der Beklagten hatte nur einen geringen Teilerfolg, nämlich soweit das Landgericht der Beklagten auch verboten hat, die Klausel „Erfüllungsort ist Bonn" nicht mehr zu verwenden. Insoweit war die Klage abzuweisen. Im übrigen ist die Berufung der Beklagten unbegründet.

Aus den Gründen:

I.

1. Die von der Beklagten im Berufungsrechtszug nicht mehr angezweifelte, nach herrschender (vgl. Wolf/Horn/Lindacher, AGBG – Kommentar, 1984, Rdn. 19 zu § 13) und auch vom Senat geteilter Meinung von Amts wegen zu prüfende Klagebefugnis des klagenden Vereins nach § 13 Abs. 2 Nr. 1, Abs. 3 AGBG ist gegeben. Der Kläger ist –

wie dem Senat aus mehreren Verfahren bekannt ist − eine Gründung der Verbraucherzentralen der einzelnen Bundesländer, der Stiftung Warentest und anderer auf dem Verbrauchersektor tätiger juristischer Personen und verfolgt satzungsmäßig das Ziel, unter Ausschluß eines wirtschaftlichen Geschäftsbetriebes die Interessen der Verbraucher wahrzunehmen, unter anderem durch Einleitung gerichtlicher Maßnahmen gegen unzulässige Allgemeine Geschäftsbedingungen (AGB), die gegenüber Nichtkaufleuten verwendet werden.

2. Das Landgericht hat auch das von der Beklagten im ersten Rechtszug ebenfalls angezweifelte Rechtsschutzbedürfnis für die Klage zu Recht bejaht. Dieses liegt für eine Kontrollklage nach § 13 AGBG regelmäßig ohne weiteres vor und setzt nicht einmal eine Abmahnung des Verwenders der AGB − hier der Beklagten − voraus. Es würde nur nach Abgabe einer strafbewehrten Unterlassungsverpflichtung der Beklagten oder etwa dann fehlen, wenn der Kläger gegen die Beklagte wegen derselben Klauseln schon ein rechtskräftiges Urteil erstritten hätte (vgl. Ulmer/Brandner/Hensen, AGB-Kommentar, 4. Aufl. 1982, Rdn. 49 zu § 13). Hier hat die Beklagte weder eine solche Unterlassungserklärung abgegeben, noch hat der Kläger gegen die Beklagte wegen der beanstandeten Klausel bereits ein Urteil erwirkt.

3. Ein Unterlassungsanspruch nach § 13 AGBG setzt − neben dem allgemeinen Rechtsschutzbedürfnis für eine Kontrollklage − wie der wettbewerbsrechtliche Unterlassungsanspruch nach § 13 UWG eine Wiederholungsgefahr voraus, deren Vorhandensein in der Regel aufgrund der Verwendung der beanstandeten Klausel in einer Vielzahl von Fällen angenommen werden kann. Die Beklagte bestreitet nicht, daß ihre Außendienstmitarbeiter das Formular mit den beanstandeten Klauseln in einer Vielzahl von Fällen zum Abschluß von Kaufverträgen über Luftbilder verwandt haben. Bei Verwendung von AGB, die unzulässige Klauseln enthalten, besteht eine tatsächliche Vermutung für das Vorliegen einer Wiederholungsgefahr (vgl. BGHZ 81, 222 = WM 1981, 1105; BGH WM 1982, 869, 870; BGH WM 1983, 595, 596). Diese Vermutung hat die Beklagte auch hinsichtlich der beanstandeten Klauseln zu 2) und 3), die sie seit Rechtshängigkeit der Klage nicht mehr verwenden will, nicht ausgeräumt. Ihre unter Beweis gestellte Behauptung, seit diesem Zeitpunkt ein abgeändertes Formular ohne die Klauseln zu 2) und 3) zu verwenden, und die Vorlage dieses abgeänderten Formulars genügen nicht, die genannte Vermutung auszuräumen. An die Beseitigung der einmal entstandenen Wiederholungsgefahr sind strenge Anforderungen zu stellen (vgl. BGH a. a. O.). Einer strafbewehrten Unterlassungserklärung bedarf es nur dann nicht, wenn besondere Umstände vorliegen, bei deren Vorliegen nach allgemeiner Erfahrung nicht mit einer Wiederholung gerechnet werden kann. Solche Umstände sind hier nicht ersichtlich und werden von der Beklagten auch nicht behauptet. Abgesehen davon, daß sich die Beklagte weiter gegen das Verbot der Verwendung der Klausel zu 2) wehrt, trägt sie nicht vor, was sie im einzelnen veranlaßt hat, um eine weitere Verwendung des Formulars mit den beanstandeten Klauseln durch ihre Außendienstmitarbeiter zu unterbinden, wobei ihr nach ebenfalls gefestigter Rechtsprechung (vgl. BGH a. a. O.) allenfalls eine kurze Aufbrauchfrist hätte eingeräumt werden können. So hätte die Beklagte im einzelnen angeben und unter Beweis stellen müssen, welche Anweisungen sie ihren Außendienstmitarbeitern hinsichtlich der weiteren Verwendung des beanstandeten Formulars − das heißt hinsichtlich der Unterlassung der weiteren Verwendung − erteilt hat und ob sie die Unterlassung der weiteren Verwendung genügend sichergestellt hat, zum Beispiel durch Wiedereinziehung der den Außendienstmitarbeitern ausgegebenen Formulare

und deren Vernichtung. Da die Beklagte nicht vorträgt, daß sie derartige Maßnahmen ergriffen hat, um die Nichtmehrverwendung des Formulars sicherzustellen, liegen besondere Umstände, die hier eine strafbewehrte Unterlassungserklärung entbehrlich machen könnten, nicht vor. Eine solche hat sie unstreitig nicht abgegeben.

Nach alledem ist die Gefahr einer wiederholten Verwendung der beanstandeten Klauseln hier nicht ausgeräumt.

II.

1. Das Landgericht hat zu Recht die Klausel „Dieser Auftrag ist unwiderruflich" nach § 10 Nr. 1 AGBG für unwirksam angesehen.

Die Vorschrift verbietet Bestimmungen in AGB, durch die sich der Verwender unangemessen lange oder nicht hinreichend bestimmte Fristen für die Annahme oder Ablehnung eines Angebotes oder die Erbringung einer Leistung vorbehält. Ob eine in AGB verwandte Klausel unter dieses Verbot fällt, hängt davon ab, wie der durchschnittliche, nicht juristisch geschulte Vertragspartner der Beklagten die betreffende Klausel verstehen kann (vgl. BGH, WM 1985, 199, 200). Er kann weder der fraglichen Klausel selbst noch dem übrigen Inhalt des Formulars entnehmen, daß die Außendienstmitarbeiter der Beklagten mit Abschlußvollmacht ausgestattet sind, der Kaufvertrag über ein Luftbild also mit Leistung beider Unterschriften zustande kommt (§ 147 Abs. 1 Satz 1 BGB) und die Klausel daher lediglich besagt, daß der abgeschlossene Vertrag einzuhalten ist. Denn die Klausel ohne klarstellenden Zusatz, daß der Vertrag mit der Leistung der Unterschrift des Käufers und der Unterschrift des Außendienstmitarbeiters zustande kommt, bringt nicht zum Ausdruck, daß es sich um einen Vertragsabschluß unter Anwesenden handelt. Das ergibt sich für den durchschnittlichen Vertragspartner der Beklagten auch nicht aus dem übrigen Inhalt des Formulars. Dieses kann in ihm vielmehr die gegenteilige Vorstellung erzeugen. Denn die Beklagte läßt ihre Vertragspartner einen „Auftrag" unterschreiben, der aus der Sicht des Vertragspartners als „Bestellung" aufgefaßt werden kann, und zwar als Bestellung bei der Beklagten selbst, nicht bei ihrem Mitarbeiter. Das bedeutet, daß der Vertragspartner der Beklagten die fragliche Klausel dahin verstehen kann, daß er der Beklagten den Abschluß eines Kaufvertrages über ein Luftbild anträgt und er an diesen Antrag auf unbestimmte Dauer gebunden ist. Dann handelt es sich aber um eine Bestimmung in AGB, mit der sich die Beklagte entgegen der Regel des § 147 Abs. 2 BGB eine nicht hinreichend bestimmte Frist, nämlich eine Frist von unbestimmter Dauer, für die Annahme eines Angebotes vorbehält (so auch Wolf/Horn/Lindacher, a.a.O., Rdn. 20 zu § 10 Nr. 1). Für eine derartige Regelung besteht auf Seiten der Beklagten, wie das Landgericht mit Recht ausgeführt hat, kein berechtigtes Interesse. Deshalb ist die fragliche Klausel unwirksam, ohne daß es darauf ankäme, ob die Außendienstmitarbeiter der Beklagten tatsächlich Abschlußvollmacht haben oder nicht und welchen Umfang diese Vollmacht tatsächlich hat.

2. Zu Recht hat das Landgericht auch festgestellt, daß die von der Beklagten verwandte Klausel „Mündliche Abmachungen haben ohne schriftliche Bestätigung der Firma keine Gültigkeit" den Vertragspartner der Beklagten entgegen den Geboten von Treu und Glauben unangemessen benachteiligt und daher nach § 9 Abs. 1 AGBG unwirksam ist.

Entgegen der Auffassung des Landgerichts kann die Frage, ob eine derartige Schriftformklausel mit Bestätigungsvorbehalt im Hinblick auf den Vorrang der Individualabrede (§ 4 AGBG) unwirksam ist, grundsätzlich nicht im Verfahren nach den §§ 13 ff.

AGBG nachgeprüft werden, da Schutzobjekt dieses Verfahrens nicht der einzelne, von einer möglicherweise unzulässigen Klausel betroffene Verbraucher, sondern der Rechtsverkehr ist, der allgemein von der Verwendung unzulässiger Klauseln freigehalten werden soll (vgl. BGH NJW 1983, 1853 = BB 1983, 1876 = WM 1983, 759). Ob unter bestimmten Voraussetzungen, wenn die verwandte Klausel auf eine völlige und gezielte Verdrängung des Vorrangprinzips hinausläuft (vgl. BGH a. a. O.; BGH WM 1985, 24, 26), im Verbandsprozeß die Vorschrift des § 4 AGBG doch berücksichtigt werden kann, bedarf im vorliegenden Fall keiner Entscheidung. Maßgebend ist somit, ob die hier in Rede stehende Klausel den Vertragspartner des Verwenders entgegen von Treu und Glauben benachteiligen würde (§ 9 Abs. 1 AGBG). Das ist der Fall.

Richtig ist die Auffassung der Beklagten, daß derartige Schriftformklauseln mit Bestätigungsvorbehalt nicht generell unwirksam sind. Es kommt vielmehr auf die Ausgestaltung der Klausel im konkreten Fall an (vgl. BGH NJW 1982, 331, 333; BGH WM 1985, 24, 26). Hier sind die Klausel und das von der Beklagten verwandte Formular so ausgestaltet, daß sie unterschiedslos die Gültigkeit jeder mündlichen Vereinbarung eines Außendienstmitarbeiters der Beklagten mit dem Käufer des Luftbildes von einer schriftlichen Bestätigung der Beklagten abhängig machen, also auch die Gültigkeit einer Abmachung, die ein mit Abschlußvollmacht ausgestatteter Mitarbeiter der Beklagten mit dem Käufer getroffen hat. Überschreitet ein derartiger Vertreter der Beklagten seine Vollmacht, so haftet die Beklagte dem Käufer unter Umständen nach Rechtsscheinsgrundsätzen, nämlich nach den Grundsätzen, die in der Rechtslehre für die Duldungs- und Anscheinsvollmacht gelten. Die Berufung auf diese Grundsätze darf dem Käufer eines Luftbildes aber nicht genommen werden. Eine Klausel- und Formulargestaltung, die dem Verwender die Möglichkeit eröffnet, dem Vertragspartner die Berufung auf diese Grundsätze abzuschneiden, benachteiligt diesen entgegen den Geboten von Treu und Glauben unangemessen und ist unwirksam. Dies gilt nach Auffassung des Senats auch dann, wenn es sich bei den betreffenden Vertragsabschlüssen um ein Massengeschäft handelt, das über zahlreiche Außendienstmitarbeiter abgewickelt wird. Auch in diesem Fall muß das Interesse des Verwenders, sich vor vollmachtsüberschreitenden Abmachungen seiner Außendienstmitarbeiter zu schützen, hinter dem Interesse des Vertragspartners zurückstehen, sich in derartigen Fällen unter Umständen auf Rechtsscheinsgrundsätze berufen zu können. Indem die hier verwandte Klausel den Vertragspartnern der Beklagten diese Möglichkeit nimmt, benachteiligt sie sie daher unangemessen. Sie ist daher auch im Falle des von der Beklagten behaupteten Massengeschäftes unwirksam, so daß es hier einer Beweiserhebung darüber, ob die Beklagte tatsächlich Geschäfte in dem behaupteten Umfang abschließt, ebenfalls nicht bedarf.

3. Indem das Landgericht die Klausel „Erfüllungsort und Gerichtsstand ist Bonn" im ganzen für unwirksam erklärt hat, hat es außer acht gelassen, daß inhaltlich voneinander trennbare, einzeln aus sich heraus verständliche Bestimmungen in AGB auch dann nur Gegenstand gesonderter Wirksamkeitsprüfung und Wirksamkeitsfeststellung nach § 13 AGBG sein können, wenn sie sprachlich in einem Satz mit einer anderen, ihrerseits unwirksamen Regelung zusammengefaßt ist (vgl. BGH WM 1981, 1354). Die Klausel „Erfüllungsort ist Bonn" ist inhaltlich selbständig und aus sich heraus verständlich. Gegen ihre Wirksamkeit bestehen auch im nichtkaufmännischen Verkehr keine Bedenken. Auch dem Nichtkaufmann wird durch die bloße Erfüllungsortklausel entgegen der Meinung des Klägers nicht suggeriert, er könne sich nur am vereinbarten Erfüllungsort gegen Ansprüche aus dem von ihm unterschriebenen Auftrag gerichtlich zur Wehr set-

§ 10 Nr. 1   *Klauselverbote mit Wertungsmöglichkeit*   Nrn. 1–2

zen. Die Unterscheidung zwischen einer bloßen Erfüllungsortklausel und einer Gerichtsstandsklausel kann auch dem Nichtkaufmann zugemutet werden. Das Landgericht hätte daher insoweit die Klage abweisen müssen. In diesem Umfang hat die Berufung der Beklagten daher Erfolg.

III.

Der Senat läßt die Revision zu, da ihm die Frage der Unwirksamkeit der Klausel zu 2) bei Massengeschäften, die über Außendienstmitarbeiter zustande kommen, von grundsätzlicher Bedeutung zu sein scheint (§ 546 Abs. 1 Nr. 1 ZPO).

Den Streitwert für die Berufungsinstanz setzt der Senat auf 10000,– DM fest (§ 22 AGBG), wobei er unter Berücksichtigung des Interesses der Allgemeinheit an der Ausschaltung der beanstandeten Klausel (vgl. Wolf/Horn/Lindacher a.a.O., Rdn. 5 zu § 22) für die Klauseln zu 1) und 2) (Unwiderruflichkeit und Bestätigungsvorbehalt) einen Gegenstandswert von je 4000,– DM, für die Klausel zu 3) und 4) (Erfüllungsort und Gerichtsstand) einen Gegenstandswert von je 2000,– DM ansetzt.

Anmerkung:

Das vorinstanzliche Urteil des LG Koblenz vom 1. 8. 1983 – 11 O 871/82 – ist abgedruckt in AGBE IV § 10 Nr. 10.

Der BGH hat durch Urteil vom 26. 3. 1986 – VIII ZR 85/85 – die Revision der Beklagten hinsichtlich der Klausel 1 als unzulässig, hinsichtlich der Klausel 2 als unbegründet zurückgewiesen (ZIP 1986, 714).

2   **Eine Klausel in einem Lebensversicherungsantrag, wonach der Versicherungsnehmer an seinen Antrag sechs Wochen lang, beginnend mit dem Tag der ärztlichen Untersuchung, gebunden ist, ist nicht unangemessen lang (§ 10 Nr. 1 AGBG).**

OLG Hamm, Urteil vom 12. 7. 1985 – 20 U 205/85 – rechtskräftig; VersR 1986, 82.

Sachverhalt:

Die beklagte GmbH beantragte unter dem 8. 3. 1983 bei der Klägerin den Abschluß einer Lebensversicherung auf das Leben der damals 15 Jahre alten Schwester C. ihres Geschäftsführers. Voraussetzung für den Abschluß der Versicherung sollte eine ärztliche Untersuchung des zu versichernden Mädchens sein. In dem für die Antragstellung benutzten Antragsformular der Klägerin hieß es:

„An meinen Lebensversicherungsantrag halte ich mich sechs Wochen gebunden. Die Frist beginnt am Tag der Antragstellung, bei einer Versicherung mit ärztlicher Untersuchung jedoch erst mit dem Tag der Untersuchung. Ich werde die ärztliche Untersuchung binnen 14 Tagen vornehmen lassen."

C. ließ sich am 15. 3. 1983 von ihrem Hausarzt untersuchen, der darüber am 7. 4. 1983 einen Befundbericht erstellte. Darin war vermerkt, daß eine Harnuntersuchung nicht möglich gewesen und C. zu einer späteren Untersuchung nicht mehr erschienen sei. C. ließ sich jedoch von einem Urologen untersuchen. Unter dem 13. 7. 1983 erstellte der Urologe eine Harnanalyse, die bei der Hauptverwaltung der Klägerin am 15. 7. 1983 einging.

Mit Schreiben vom 6. 7. 1983 hatte die Beklagte jedoch bereits erklärt, sie ziehe den Lebensversicherungsantrag zurück. Dieses Schreiben war am 12. 7. 1983 bei der Geschäftsstelle und am 13. 7. 1983 bei der Hauptverwaltung der Klägerin eingegangen.

Die Klägerin vertrat die Auffassung, die Beklagte habe den Versicherungsantrag nicht wirksam zurücknehmen können, weil die Bindungsfrist noch nicht abgelaufen gewesen sei, und verlangte Zahlung der noch ausstehenden Versicherungsprämie für das erste Versicherungsjahr.

Das LG hat der Klage stattgegeben und zur Begründung ausgeführt, die sechswöchige Bindung an den Versicherungsantrag sei rechtlich nicht zu beanstanden und dahin auszulegen, daß die Bindungsfrist mit dem Tag der letzten ärztlichen Untersuchung beginne.

Die Berufung der Beklagten führte zur Abweisung der Klage.

Aus den Gründen:

Die Klägerin hat keinen Anspruch auf Zahlung der Versicherungsprämie, weil ein Versicherungsvertrag nicht zustande gekommen ist.

1. Es ist bereits zweifelhaft, ob das Zustandekommen eines wirksamen Versicherungsvertrags nicht schon daran scheitert, daß keine schriftliche Einwilligung der Eltern des bei Antragstellung noch minderjährigen Mädchens vorliegt ...

2. Die vorstehend aufgeworfenen Fragen bedürfen im Ergebnis jedoch keiner Entscheidung, weil ein den Prämienanspruch begründender Versicherungsvertrag selbst dann nicht zustande gekommen ist, wenn man die Voraussetzungen des § 159 Abs. 2 S. 1 VVG als erfüllt unterstellt. Denn die Beklagte war im Juli 1983, als die Klägerin den Versicherungsantrag annahm, an ihren Antrag vom 8. 3. 1983 nicht mehr gebunden. Sie hatte der Klägerin darüber hinaus mit dem Schreiben vom 6. 7. 1983 auch bereits deutlich zum Ausdruck gebracht, daß sie sich an ihren Antrag nicht mehr gebunden fühle.

a) Die im Antragsformular der Klägerin vorgesehene sechswöchige Bindungsfrist entspricht in ihrer Formulierung dem Text, zu dessen Verwendung die Versicherer sich in einer geschäftsplanmäßigen Erklärung verpflichtet haben (Winter in: Bruck/Möller/Sieg/Johannsen, VVG, 8. Aufl. 1985 Bd. V Teil 2, Anm. C 53). Antragsvordrucke und geschäftsplanmäßige Erklärungen unterliegen der Inhaltskontrolle durch das AGBG (Winter a.a.O. Anm. C 64; Prölss/Martin, VVG, 23. Aufl. 1984, Vorbem. I Anm. 6 A a).

aa) Die zeitliche Bindung an den Antrag wird allgemein als Annahmefrist i. S. von § 148 BGB verstanden (Winter a.a.O. Anm. C 51; Prölss/Martin a.a.O. § 3 Anm. 3; jeweils m. w. Nachw.). Das bedeutet, daß der Versicherer den Antrag grundsätzlich nur innerhalb dieser Frist annehmen und damit den Abschluß eines Versicherungsvertrags herbeiführen kann. Nimmt er den Antrag erst nach Ablauf der Frist an, gilt dies als neuer Antrag, den der VN annehmen kann – z.B. auch stillschweigend, indem er die angeforderte Versicherungsprämie bezahlt –, aber nicht annehmen muß (§ 150 Abs. 1 BGB).

Nach § 10 Nr. 1 AGBG sind Bedingungen in AGB unwirksam, die eine unangemessen lange Bindungsfrist für die Annahme oder Ablehnung eines Angebots (gemeint ist: eines Antrags, § 145 BGB) vorsehen.

Unmittelbar ist § 10 Nr. 1 AGBG hier allerdings nicht anwendbar, denn die Beklagte ist Vollkaufmann, so daß im Verhältnis zu ihr nach § 24 AGBG die §§ 10, 11 AGBG nicht gelten. Der Einwand der Beklagten, § 24 AGBG sei nicht anwendbar, weil der Abschluß einer Lebensversicherung nicht zum Betrieb ihres Handelsgewerbes gehöre, greift nicht durch. Alle Geschäfte einer Handelsgesellschaft haben handelsgewerblichen Charakter, weil Handelsgesellschaften keine private Rechtssphäre haben. Die Vermutung des § 344 Abs. 1 HGB ist insoweit nicht zu widerlegen (BGH NJW 1960, 1852; Baumbach/ Duden/Hopt, HGB 25. Aufl. 1983, § 344 Anm. 1 A).

Im Ergebnis kann es darauf aber ebensowenig ankommen wie auf die weitere Frage, ob im kaufmännischen Verkehr der Rechtsgedanke des § 10 Nr. 1 AGBG im Rahmen der Inhaltskontrolle nach §§ 9, 24 AGBG jedenfalls entsprechend heranzuziehen ist (hierzu: Palandt/Heinrichs, BGB 44. Aufl. 1985 § 10 AGBG Anm. 1 d). Denn die sechswöchige Bindung des Antragstellers an den Versicherungsantrag erscheint noch nicht unangemessen lang.

Es ist nämlich zu berücksichtigen, daß der Versicherer während dieser Frist das zu übernehmende Risiko prüfen muß. In der Lebensversicherung sind dazu in der Regel auch medizinische Fragen zu prüfen und zu bewerten. Hinzu kommt die Prüfung des subjektiven Risikos, der bei Lebensversicherungen mit häufig erheblichen Versicherungssummen besonderes Gewicht zukommt. Eine eingehende und daher zeitaufwendige Risikoprüfung ist in der Lebensversicherung zudem auch deshalb geboten, weil der Abschluß eines Lebensversicherungsvertrags in der Regel eine langjährige vertragliche Bindung bewirkt, aus der der Versicherer sich einseitig nicht mehr ohne weiteres lösen kann. Eine eingehende Risikoprüfung macht zudem häufig Rückfragen erforderlich, so daß der reinen Bearbeitungszeit wiederholte Postlaufzeiten hinzugerechnet werden müssen.

Auch nach der Interessenlage des VN ist die Sechswochenfrist nicht als unangemessen lang anzusehen, denn die Lebensversicherung ist auf langfristigen Versicherungsschutz angelegt. Der VN wird sich daher in aller Regel den Abschluß einer solchen Versicherung hinreichend gründlich überlegt haben, so daß es nicht unbillig ist, ihn an seiner Erklärung sechs Wochen lang festzuhalten (im Ergebnis ebenso – kein Verstoß gegen das AGBG – Winter a.a.O. Anm. C 64; Prölss/Martin a.a.O. Anm. 1 zu § 1 ALB a. F.).

bb) Problematisch ist hingegen, wann die Sechswochenfrist beginnt.

Grundsätzlich beginnt die Frist, wenn der Antrag dem Versicherer zugeht und damit wirksam wird (§ 130 Abs. 1 BGB). Hiervon weicht die in den Anträgen auf Abschluß einer Lebensversicherung verwendete Klausel insoweit ab, als sie für den Fall der ärztlichen Untersuchung die Frist erst „mit dem Tag der Untersuchung" beginnen lassen will. Diese Formulierung bedeutet zunächst einmal, daß vor der ärztlichen Untersuchung keine Bindungswirkung besteht. Der VN ist bis zur Untersuchung frei und an seinen Antrag noch nicht gebunden (vgl. Winter a.a.O. Anm. C 63; ferner Anm. C 45, wonach noch kein annahmefähiger Antrag vorliegt, wenn die ärztliche Untersuchung vom VN verweigert wird).

Danach begann die Annahmefrist im vorliegenden Fall mit der Untersuchung durch den Hausarzt am 15. 3. 1983, so daß die Sechswochenfrist frühestens Ende April 1983 abgelaufen sein kann. Die Besonderheit ist aber hier die, daß mehrere ärztliche Untersuchungen stattgefunden haben.

Für diesen Fall vertreten Prölss/Martin (a.a.O. Anm. 1 zu § 1 ALB a. F.) und Winter (a.a.O. Anm. C 63) die Auffassung, daß mit jeder Untersuchung eine neue Frist beginne. Aus dem Wortlaut der verwendeten Klausel ergibt sich das jedoch nicht mit der erforderlichen Klarheit. Für eine zwingende Auslegung in diesem Sinne fehlt es an gesicherten Anhaltspunkten.

Diese Auslegung wäre dann möglich, wenn die Annahme gerechtfertigt wäre, daß dem Versicherer in jedem Fall die volle Sechswochenfrist zur Prüfung des medizinischen Risikos zur Verfügung stehen solle. Denn dann wäre es sachgerecht, die Frist erst beginnen zu lassen, wenn alle ärztlichen Untersuchungen abgeschlossen sind. Dem steht jedoch entgegen, daß die Frist schon mit dem Tag der ärztlichen Untersuchung beginnen soll und nicht etwa erst mit dem Eingang des ärztlichen Befundzeugnisses beim Versicherer. Daraus folgt nämlich, daß Verzögerungen, die sich daraus ergeben, daß beispielsweise der Arzt das Befundzeugnis erst verspätet abschickt, auf den Fristablauf keinen Einfluß haben sollen, obwohl dadurch die dem Versicherer zur Verfügung stehende Zeit zur Prüfung des medizinischen Risikos verkürzt wird. Es mag sein, daß die Versicherer bei der Formulierung der Antragsklausel die Fälle möglicher Verzögerungen durch Verschulden des Arztes oder durch Fehler bei der Postbeförderung gar nicht bedacht haben. Es kann aber auch sein, daß bewußt auf eine auch solche Fälle erfassende präzisere Formulierung verzichtet worden ist, weil man für den Regelfall eine sechswöchige Bindungsfrist ab dem Tag der ärztlichen Untersuchung als ausreichend angesehen hat und die Ausnahmefälle möglicher Verzögerungen bewußt ungeregelt lassen wollte. Dafür spricht, daß sich auf diese Weise eine einfache und vom VN jederzeit ohne weiteres nachvollziehbare Fristberechnung ergibt. Denn der VN kann nicht wissen, wann der ärztliche Befundbericht dem Versicherer zugeht; er weiß aber genau, wann er bei seinem Arzt gewesen ist, und kann danach den Fristablauf selbst ermessen. Die Fälle, in denen sich überdurchschnittliche Verzögerungen ergeben, die dem Versicherer die Risikoprüfung innerhalb der so bestimmten Sechswochenfrist unmöglich machen, lassen sich im Einzelfall zudem dadurch sinnvoll regeln, daß der Versicherer den VN erforderlichenfalls um eine Verlängerung der Frist bittet (vgl. Winter a. a. O. Anm. C 64).

Ebensowenig wie der Fall der verzögerten Übersendung des Befundberichts ist der Fall geregelt, daß eine einzige ärztliche Untersuchung nicht ausreicht, sondern nachträgliche oder zusätzliche Untersuchungen durch Fachärzte nötig werden. Anknüpfungspunkt für die Berechnung der Frist kann hier sowohl die erste ärztliche Untersuchung als auch die letzte ärztliche Untersuchung sein, wobei sich die weitere Frage stellt, ob auch eine Nachuntersuchung, die lediglich der Kontrolle bereits erhobener Befunde dient, die Frist neu in Lauf setzen soll oder nicht.

Warum diese naheliegenden Fallgestaltungen nicht klar geregelt worden sind, ist auch hier nicht erkennbar. Es kann sich um eine nachlässige Formulierung handeln. Möglicherweise hat man aber auch insoweit bewußt davon absehen wollen, eine auch diese Fallgestaltungen eindeutig erfassende Formulierung zu wählen, weil man diese Fälle als nicht typisch und damit als nicht regelungsbedürftig angesehen hat. Dafür spricht, daß die Annahmefrist von sechs Wochen vergleichsweise lang ist und geeignet erscheint, auch möglichen Verzögerungen durch zusätzliche ärztliche Untersuchungen nach dem regelmäßigen Lauf der Dinge noch hinreichend Rechnung zu tragen. Dann spricht aber nichts dagegen, die Frist ausschließlich mit dem Tag der ersten Untersuchung beginnen zu lassen.

Danach fehlt es an gesicherten Anhaltspunkten für die Annahme, jede weitere ärztliche Untersuchung solle die Antragsfrist neu in Gang setzen. Ob eine entsprechende ausdrückliche Regelung, daß jede Untersuchung die Frist neu beginnen lasse, im Licht der Vorschrift des § 10 Nr. 1 AGBG zulässig wäre oder ob sich daraus nicht eine unangemessen lange Bindungsfrist ergeben würde, ist zudem nicht unzweifelhaft.

Eine eindeutige Auslegung der die Antragsannahmefrist betreffenden Klausel in dem Sinne, daß jede ärztliche Untersuchung die Frist neu in Lauf setze, ist jedenfalls nicht möglich.

Nach der gesetzlichen Regelung des § 5 AGBG gehen Unklarheiten bei der Auslegung Allgemeiner Geschäftsbedingungen zu Lasten des Verwenders. Das bedeutet, daß die dem Vertragspartner, hier also dem VN, günstigere Auslegungsmöglichkeit gilt. Diese dem VN günstigere Auslegung geht dahin, daß die Frist mit dem Tag der ersten ärztlichen Untersuchung beginnt und sich durch weitere Untersuchungen nicht verlängert. Das bedeutet hier, daß die Antragsfrist mit der Untersuchung durch den Hausarzt am 15. 3. 1983 begann und Ende April 1983 ablief, ohne daß es auf die weiteren Untersuchungen durch den Urologen ankäme. Im Juli 1983 war die Frist daher abgelaufen, so daß die unter dem 13. 7. 1983 erklärte Annahme der Klägerin keinen Versicherungsvertrag mehr zur Entstehung gelangen lassen konnte.

3 Die von einem Baubetreuungsunternehmen in Verträgen über die Herstellung von Bauleistungen verwendete Klausel

„Der Auftragnehmer für die Bauhauptarbeiten hat die Gerüste auf seine Kosten zu erstellen und so lange vorzuhalten, daß sie durch andere Unternehmer mitbenutzt werden können."

ist wegen Verstoßes gegen § 10 Nr. 1 AGBG unwirksam, denn bei kundenfeindlichster Auslegung räumt sie dem Auftraggeber die Möglichkeit ein, die Schlußrechnung und demgemäß auch die Schlußzahlung hinauszuzögern.

LG München I, Urteil vom 14. 5. 1985 – 7 O 3940/85 – rechtskräftig;

Sachverhalt und **Gründe** sind abgedruckt unter Nr. 44 zu § 9 AGBG.

4 Die beim Abschluß von Bauverträgen verwendeten Klauseln

„Teilgewerke werden nicht einzeln abgenommen."

und

„Die Gewährleistung beginnt mit der Abnahme der Leistungen insgesamt, d. h. nach Übergabe des schlüsselfertigen Objekts an den Bauherrn durch den Generalunternehmer."

verstoßen gegen § 10 Nr. 1 AGBG, da hierdurch die Vergütungspflicht, der Gefahrübergang und der Beginn der Gewährleistungsfrist unangemessen lange und auf unbestimmte Zeit hinausgezögert werden.

LG Frankfurt, Urteil vom 8. 10. 1985 – 2/13 O 177/85 – rechtskräftig;

Sachverhalt und **Gründe** sind abgedruckt unter Nr. 45 zu § 9 AGBG.

§ 10 Nr. 2 – Nachfrist

Eine Klausel in Möbelverkaufsbedingungen, nach der der Käufer bei Lieferverzug des Verkäufers eine Nachfrist von mindestens 6 Wochen setzen muß, ist unangemessen lang und deshalb nach § 10 Nr. 2 AGBG unwirksam. 5

OLG Celle, Urteil vom 17. 7. 1985 – 3 U 157/84 – rechtskräftig;

Sachverhalt und **Gründe** sind abgedruckt unter Nr. 133 zu § 9 AGBG.

Die Klausel in den AGB des Möbelfachhandels, wonach der Kunde bei Leistungsverzug des Händlers infolge höherer Gewalt erst nach einer Nachfrist von sechs Wochen nach Ablauf der vereinbarten Lieferfrist vom Vertrag zurücktreten kann, enthält eine unangemessen lange Nachfrist und verstößt gegen § 10 Nr. 2 AGBG. 6

LG Stuttgart, Urteil vom 28. 2. 1985 – 20 O 394/84 – rechtskräftig;

Sachverhalt:

Der Beklagte, Fachverband für den Möbelhandel, empfiehlt seinen Mitgliedern zur Verwendung in Allgemeinen Geschäftsbedingungen im Zusammenhang mit Kaufverträgen über neue Waren u. a. folgende Klauseln:

„1. Falls der Verkäufer die vereinbarte Lieferfrist nicht einhalten kann, hat der Käufer eine angemessene Nachlieferfrist – beginnend vom Tage des Eingangs der schriftlichen Inverzugsetzung durch den Käufer oder im Fall kalendermäßig bestimmter Lieferfrist mit deren Ablauf – zu gewähren.

2. Vom Verkäufer nicht zu vertretende Störungen im Geschäftsbetrieb, insbesondere Arbeitsausstände und Aussperrungen sowie Fälle höherer Gewalt, die auf einem unvorhersehbaren und unverschuldeten Ereignis beruhen und zu schwerwiegenden Betriebsstörungen sowohl beim Verkäufer als auch bei dessen Vorlieferanten führen, verlängern die Lieferzeit entsprechend.

Zum Rücktritt ist der Käufer nur berechtigt, wenn er in diesen Fällen nach Ablauf der vereinbarten Lieferfrist die Lieferung schriftlich anmahnt und diese dann innerhalb von 6 Wochen nach Eingang des Mahnschreibens des Käufers beim Verkäufer nicht an den Käufer erfolgt. Im Falle kalendermäßig bestimmter Lieferfristen beginnt mit deren Ablauf die 6-Wochen-Frist."

Der Kläger, ein Verbraucherschutzverein, beanstandet Satz 2 der Nr. 2 in diesen Bestimmungen.

Das LG hat der Klage stattgegeben.

Aus den Gründen:

1. Die Regelung in Nr. 2 Satz 2 der Bedingungen, nach der der Kunde in den vom Text unter Nr. 2 Satz 1 aufgeführten Fällen höherer Gewalt erst nach einer Nachfrist von 6 Wochen nach Ablauf der vereinbarten Lieferfrist vom Vertrag zurücktreten kann, enthält eine unangemessen lange Nachfrist. Sie verstößt damit gegen § 10 Nr. 2 AGBG.

Durch die in § 326 Abs. 1 S. 1 BGB vorgesehene angemessene Nachfrist soll der Schuldner Gelegenheit erhalten, seine im wesentlichen vorbereitete Leistung nunmehr zu erbringen. Eine formularmäßig vereinbarte Nachfrist darf zwar länger als die angemessene Nachfrist des § 326 Abs. 1 S. 1 BGB sein, sie darf aber weder eine erhebliche Verlängerung der Lieferfrist beinhalten noch zu einer „Ersatzlieferungsfrist" werden, innerhalb derer der Schuldner die Leistung überhaupt erst vorbereiten kann (BGH NJW 1982, 1279 f.).

Dies ist jedoch in allen von der Klausel erfaßten Fällen höherer Gewalt der Fall, in denen eine Störung im Geschäftsbetrieb des Verwenders nur von kürzerer Dauer ist. So würde beispielsweise ein Streik von einer Woche nach der Klausel in Nr. 2 Satz 2 eine Nachfrist von 6 Wochen auslösen, gerechnet vom ursprünglich vereinbarten Lieferzeitpunkt.

Die Differenz zwischen Störungsdauer und Gesamtfristverlängerung (z. B. 6 − 1 = 5 Wochen) erreicht in solchen Fällen ein Ausmaß, das in keinem Verhältnis mehr zum eigentlichen Anlaß der Fristgewährung steht. Diese „Differenzfrist" läßt sich deshalb unter dem Gesichtspunkt der höheren Gewalt nicht mehr rechtfertigen, sondern muß sich vielmehr an den Merkmalen messen lassen, die allgemein für den Normalfall einer formularmäßig vereinbarten Nachfrist entscheidend sind.

Eine Zeitspanne von bis zu vier oder über fünf Wochen als Nachfrist ist auch im Möbelfachhandel als unangemessen lang anzusehen. Sie ermöglicht dem Verwender, erst nach Ablauf der ursprünglich vereinbarten Lieferfrist mit der eigentlichen Leistung zu beginnen (vgl. für den Möbelfachhandel: KG WM 1979, 136) ...

Diese dargelegten Umstände gelten erst recht, wenn ein rechtlich nicht vorgebildeter Durchschnittskunde die beanstandete Klausel in der Weise versteht oder zumindest verstehen kann (vgl. BGH NJW 1983, 1671), daß die sechswöchige Nachfrist erst mit Ablauf der in Nr. 2 Satz 1 geregelten verlängerten Lieferfrist zu laufen beginnt.

2. Die von dem Kläger beanstandete, in den von dem Beklagten empfohlenen Verkaufs- und Lieferungsbedingungen enthaltene Bedingung kann außerdem bei einem rechtsunkundigen Durchschnittskunden durch die mißverständliche Formulierung und in der Gesamtschau mit der Regelung in Nr. 1 der Bestimmung auch so verstanden werden, daß in den Fällen der Nr. 1 überhaupt kein Rücktritt vom Vertrag möglich ist. Damit verstößt die Regelung in Nr. 2 Satz 2 auch gegen § 11 Nr. 8a AGBG. Dies ergibt sich aus folgender Überlegung:

Nr. 2 Satz 2 lautet „Zum Rücktritt ist der Käufer nur berechtigt, wenn er in diesen Fällen .....". Wenn Nr. 1 trotz ähnlichen Regelungsaufbaus vom Rücktrittsrecht nichts erwähnt, so kann der Laie dies dahingehend verstehen, daß er nur in den Fällen der Nr. 2 rücktrittsberechtigt ist, nicht aber, wenn die Voraussetzungen der Nr. 1 der Regelung gegeben sind.

3. Schließlich verstößt die beanstandete Klausel auch gegen § 11 Nr. 8b AGBG. Von einem rechtsunkundigen Durchschnittskunden muß die hier getroffene Regelung auch so verstanden werden, daß in allen Fällen der Nr. 2 neben der Möglichkeit eines Rücktritts Schadensersatzansprüche gegen den Verwender ausgeschlossen sind. Es ist nur das Recht zum Rücktritt als einzige Folge „in diesen Fällen" gewährt. Das schließt nach richtigem Verständnis die andere gesetzliche Folge, Schadensersatz wegen Nichterfüllung verlangen zu können, aus (so z. B. auch die Rechtsprechung zur Notwendigkeit bei Fehlschlagen einer vereinbarten Nachbesserung: Das „Wiederaufleben" des gesetzlichen Wandelungs- und Minderungsrechts muß ausdrücklich und in allgemein verständlicher Weise in Allgemeinen Geschäftsbedingungen erwähnt werden).

§ 10 Nr. 3 – Rücktrittsvorbehalt

Die im Geschäftsverkehr mit privaten Käufern von einem Einzelhandelsunternehmen in seinen Allgemeinen Geschäftsbedingungen verwendete Klausel

> „Der Verkäufer ist zum Rücktritt vom Vertrage berechtigt, wenn der Käufer falsche Angaben über seine Person oder über seine Vermögensverhältnisse gemacht hat."

ist unwirksam, weil bedeutungslose Falschangaben nicht ausgegrenzt sind.

BGH, Urteil vom 3. 6. 1985 – VIII ZR 150/84; BB 1985, 1353 = DB 1985, 2039 = JZ 1985, 805 = MDR 1985, 929 = NJW 1985, 2271 = WM 1985, 999 = ZIP 1985, 1203.

Sachverhalt:

Der Kläger ist ein rechtsfähiger Verein, der nach seiner Satzung Verbraucherinteressen wahrnimmt. Die verklagte GmbH betreibt ein Einzelhandelsunternehmen, das elektrische Maschinen für Haushalt und Gewerbe, insbesondere auch Komplett-Küchen, verkauft. Der Kläger hat sie nach insoweit erfolgloser Abmahnung gemäß § 13 AGBG in Anspruch genommen, die Verwendung einiger Bestimmungen in ihren Verkaufs-, Liefer- und Garantiebedingungen zu unterlassen, sofern die AGB nicht gegenüber einem Kaufmann im Rahmen seines Handelsgewerbes, gegenüber einer juristischen Person des öffentlichen Rechts oder gegenüber einem öffentlich-rechtlichen Sondervermögen verwendet werden. Das Landgericht (sein Urteil ist abgedruckt in AGBE IV § 10 Nr. 3 Rdn. 21) hat der Klage nur zum Teil stattgegeben. Die dagegen gerichtete Berufung des Klägers hatte im wesentlichen Erfolg. Allerdings hat das Berufungsgericht hinsichtlich der Klausel:

> „Der Verkäufer ist zum Rücktritt vom Vertrage berechtigt, wenn der Käufer falsche Angaben über seine Person oder über seine Vermögensverhältnisse gemacht hat oder wenn sich seine Vermögensverhältnisse erheblich verschlechtert haben."

lediglich in bezug auf die letzte Alternative (Verschlechterung der Vermögensverhältnisse des Käufers) zur Unterlassung verurteilt und die weitergehende Klage abgewiesen.

Die Revision des Klägers hatte Erfolg.

Aus den Gründen:

I. Die Klausel, daß der Verkäufer „zum Rücktritt vom Vertrage berechtigt (ist), wenn der Käufer falsche Angaben über seine Person oder über seine Vermögensverhältnisse gemacht hat oder wenn sich seine Vermögensverhältnisse erheblich verschlechtert haben", hält nach Ansicht des Berufungsgerichts nur in ihrem letzten Teil nicht der Inhaltskontrolle nach dem AGB-Gesetz stand. Hingegen sei es unbedenklich, daß der Verkäufer sich ein Rücktrittsrecht für den Fall vorbehalte, daß der Käufer falsche Angaben gemacht hat. Diese Vereinbarung der AGB sei im Sinne der §§ 321, 610 BGB dahin auszulegen, daß lediglich schuldhaft falsche Angaben, die den Anspruch der Beklagten auf die Gegenleistung gefährden, das Rücktrittsrecht auslösten. Bei vorsätzlich falschen Angaben ersetze das Rücktrittsrecht nur das gesetzliche Anfechtungsrecht gemäß § 123 BGB und bei fahrlässig falschen Angaben das Anfechtungsrecht gemäß § 119 Abs. 2 BGB. Auch der Schadensersatzanspruch des Anfechtungsgegners nach § 122 Abs. 1

§ 10 Nr. 3   *Klauselverbote mit Wertungsmöglichkeit*   Nr. 7

BGB werde durch die AGB nicht ausgeschlossen, da ein solcher Anspruch bei fahrlässig falschen Angaben schon nach dem Gesetz (§ 122 Abs. 2 BGB) entfalle.

II. Dagegen wendet sich die Revision mit Erfolg.

1. Soweit es um das Rücktrittsrecht bei falschen Angaben des Käufers über seine Person geht, hat der Senat zwischenzeitlich schon im Sinn des vom Kläger vertretenen Standpunkts entschieden (Urteil vom 31. Oktober 1984 – VIII ZR 226/83, WM 1985, 24, 29 unter XI. 2a). Es kann dahingestellt bleiben, ob die Klausel in der Auslegung, die ihr das Berufungsgericht gibt, bedenkenfrei wäre. Die Revision beanstandet mit Recht, daß für diese gegenüber dem Wortlaut einschränkende Auslegung (Rücktrittsrecht des Verkäufers nur bei schuldhaft falschen Angaben des Käufers, die den Kaufpreisanspruch gefährden) jedenfalls im Unterlassungsverfahren nach § 13 AGBG kein Raum ist. Vielmehr muß geprüft werden, ob die Klausel auch bei der dem Kunden ungünstigsten Auslegungsmöglichkeit der Kontrolle nach den §§ 9 bis 11 AGBG standhält (Senatsurteil vom 31. Oktober 1984 a. a. O. unter I. 2b m. w. N.; BGH, Urteil vom 6. Dezember 1984 – VII ZR 227/83, WM 1985, 199, 200 unter I. 2). Das ist nicht der Fall. Denn die nach der Klausel bestehende Möglichkeit, daß die Beklagte wegen jeder falschen Angabe des Käufers über seine Person zum Rücktritt berechtigt ist, verstößt gegen § 10 Nr. 3 AGBG. So würde etwa die falsche Angabe des Geburtsdatums, die regelmäßig (anders nur bei Minderjährigen, um deren Schutz es hier aber nicht geht) ohne Belang für den Bestand und die Abwicklung des Vertrags ist, keinen sachlich gerechtfertigten Grund darstellen, sich von der einmal übernommenen vertraglichen Pflicht zu lösen. Dasselbe kann z. B. für eine falsche Berufsangabe bei im übrigen zutreffender Darstellung der wirtschaftlichen Verhältnisse gelten.

Die Beklagte hat ausgeführt, es verstehe sich von selbst, daß die falschen Angaben lediglich dann als von der Klausel erfaßt anzusehen seien, wenn es sich um solche handle, die für das Vertragsverhältnis von Bedeutung sind. Auch soweit sie hiermit eine gegenüber der für den Käufer ungünstigsten Auslegungsmöglichkeit zurückbleibende Anwendung der Klausel geltend machen will, kann sie daraus nichts für ihren Standpunkt herleiten. Denn für das Unterlassungsverfahren nach § 13 AGBG kommt es nicht auf die tatsächliche Handhabung der Klausel durch den Verwender an.

Da die Bestimmung schon nach ihrem materiellen Gehalt dem Klauselverbot des § 10 Nr. 3 AGBG unterliegt, spielt es keine Rolle, ob sie dem Erfordernis genügen würde, daß der Rücktrittsgrund „im Vertrage angegeben" ist. Ebenso kann offenbleiben, ob die Klausel auch nach § 9 Abs. 1, Abs. 2 Nr. 1 AGBG unwirksam ist, wie das Oberlandesgericht Hamm für ein zu weit gefaßtes Rücktrittsrecht unter Hinweis auf die gesetzgeberische Wertung in § 321 BGB angenommen hat (BB 1983, 1304, 1306 unter II. 3).

2. Die Klausel ist auch insoweit unwirksam, als sie ein Rücktrittsrecht des Verkäufers daran knüpft, daß der Käufer falsche Angaben über seine Vermögensverhältnisse gemacht hat. Diese Rechtsfolge ergibt sich allerdings nicht schon aus der Unwirksamkeit der anderen in der Klausel enthaltenen Regelungen, denn die einzelnen Teile der Klausel sind inhaltlich voneinander trennbar und aus sich heraus verständlich. Bei der gebotenen, dem Käufer ungünstigsten Auslegung kann aber auch die falsche Angabe der Vermögensverhältnisse zu einer Rücktrittsmöglichkeit des Verkäufers ohne sachlich gerechtfertigten Grund führen (§ 10 Nr. 3 AGBG). Zwar wird mangelnde Genauigkeit bei der Angabe der Vermögensverhältnisse in der Regel eher als eine falsche Angabe über die Person dazu geeignet sein, Zweifel an der künftigen Vertragstreue des Käufers

zu wecken, so daß ein Rücktrittsvorbehalt unabhängig davon noch angemessen sein könnte, ob die falsche Angabe als schuldhaft zu werten ist (LG Köln, AGBE II § 10 Nr. 3 Rdn. 41 a hält fehlendes oder nur leichtes Verschulden für ausschlaggebend. Die Angemessenheit ist jedoch nicht mehr gewahrt, wenn die falschen Angaben — sei es wegen der Geringfügigkeit der Abweichung oder im Hinblick auf den konkreten Vertrag — als bedeutungslos angesehen werden müssen, so etwa ein mit 3000 statt 2900 DM angegebener Monatsverdienst des Kunden bei einem Einkauf im Betrag von 1000 DM. Nach der Klausel wäre die Beklagte auch in einem solchen Fall zum Rücktritt berechtigt. Die Sache liegt hier anders als in dem Senatsurteil vom 31. Oktober 1984 (a. a. O. unter XI. 2 b). Dort war das Rücktrittsrecht für den Fall eingeräumt, daß der Käufer „unrichtige oder unvollständige Angaben über seine Person oder über die seine Kreditwürdigkeit bedingenden Tatsachen gemacht hat". Darin lag die erforderliche Einschränkung; denn weniger bedeutungsvolle Angaben „bedingen" nicht die Kreditwürdigkeit.

Aus alledem folgt, daß die streitige Klausel in vollem Umfang unwirksam ist.

Anmerkung:
Das vorinstanzliche Urteil des OLG Düsseldorf vom 12. 4. 1984 — 6 U 144/83 — ist abgedruckt in AGBE V § 10 Nr. 13 = WM 1984, 1134 = ZIP 1984, 719.

Die Bauvertragsklausel 8
„Minderleistungen, bedingt durch Planänderungen, oder vom Generalunternehmer angeordnete Ausführungsänderungen werden besonders ermittelt und dem Pauschalpreis abgesetzt."
ist nach § 10 Nrn. 3 und 4 AGBG unwirksam, da der Auftraggeber willkürlich nach Auftragserteilung einzelne Leistungen aus dem Auftrag herausnehmen kann, ohne daß der Auftragnehmer einen Anspruch auf entgangenen Gewinn hat.

LG Frankfurt, Urteil vom 8. 10. 1985 — 2/13 O 177/85 — rechtskräftig;

Sachverhalt und **Gründe** sind abgedruckt unter Nr. 45 zu § 9 AGBG.

§ 10 Nr. 4 — Änderungsvorbehalt

Die in einem Kaufvertrag über Wein enthaltene Klausel 9
„Sollte ein Jahrgang ausverkauft sein, wird ein der Qualität gleichwertiger Wein geliefert."
verstößt gegen § 10 Nr. 4 AGBG, denn die Klausel enthält einen Leistungsänderungsvorbehalt, der für den Käufer von Wein schlechthin unzumutbar ist.

OLG Koblenz, Urteil vom 8. 3. 1985 — 2 U 1418/83 — rechtskräftig;

Die **Gründe** sind abgedruckt unter Nr. 2 zu § 13 AGBG.

§ 10 Nr. 5   *Klauselverbote mit Wertungsmöglichkeit*   Nrn. 10–13

10 In Kfz-Reparaturbedingungen ist eine Klausel, nach der ohne Zustimmung des Auftraggebers Reparaturarbeiten dann durchgeführt werden dürfen, wenn der Auftraggeber nicht kurzfristig erreichbar ist, die Arbeiten notwendig sind und der Auftragspreis sich hierdurch bei Aufträgen bis zu DM 500,– um nicht mehr als 20% und bei Aufträgen über DM 500,– um nicht mehr als 15% erhöht, wegen Verstoßes gegen § 10 Nr. 4 AGBG unwirksam, denn ein solcher Leistungsänderungsvorbehalt ist dem Auftraggeber nicht zumutbar.

LG Köln, Urteil vom 19. 6. 1985 – 26 O 409/84 – nicht rechtskräftig; NJW 1986, 67 (mit Anm. Bunte, NJW 1986, 70) = NJW-RR 1986, 152.

Sachverhalt und **Gründe** sind abgedruckt unter Nr. 138 zu § 9 AGBG.

11 In den Vertragsbedingungen einer Maschinenschreibschule verstößt die Klausel
„Ich ermächtige den Schulungsleiter, den Termin des Beginns der Schulung sowie den Schulungsort nach den gegebenen Umständen abzuändern."
gegen § 10 Nr. 4 AGBG, denn eine derartige pauschale Ermächtigung zu Leistungsänderungen ist für den Vertragspartner unzumutbar.

LG Frankfurt, Urteil vom 20. 8. 1985 – 2/13 O 275/85 – rechtskräftig;

Auf den Abdruck von **Sachverhalt** und **Gründen** wird verzichtet.

12 Eine Klausel in den Allgemeinen Geschäftsbedingungen eines Sportstudios, nach der eine Verlegung der Räume innerhalb des Stadtgebietes nicht zur vorzeitigen Kündigung berechtigt, ist nach § 10 Nr. 4 AGBG unwirksam, denn für den Kunden ist es unzumutbar, wenn ihm bei Verlegung des Studios ein weiterer Fahrweg auferlegt wird, ohne ihm die Möglichkeit zu geben, sich vom Vertrag zu lösen.

LG Düsseldorf, Urteil vom 27. 11. 1985 – 12 O 271/85 – rechtskräftig;

Auf den Abdruck von **Sachverhalt** und **Gründen** wird verzichtet.

§ 10 Nr. 5 – Fingierte Erklärungen

13 Die Klausel in Reisebedingungen
„Umbuchungen gelten als Rücktritt vom Vertrag mit nachfolgender Neuanmeldung."
enthält eine unzulässige Erklärungsfiktion und ist nach § 10 Nr. 5 AGBG unwirksam.

OLG Hamburg, Urteil vom 3. 4. 1985 – 5 U 134/84 – nicht rechtskräftig; NJW 1985, 3030.

Sachverhalt und **Gründe** sind abgedruckt unter Nr. 116 zu § 9 AGBG.

§ 10 Nr. 6 — Fiktion des Zugangs

Zur Frage, ob Rechnungsabschlüsse im Kontokorrentverhältnis als Erklärungen von besonderer Bedeutung im Sinne des § 10 Nr. 6 AGBG anzusehen sind. 14

BGH, Urteil vom 4. 7. 1985 — III ZR 144/84; WM 1985, 1098 = ZIP 1985, 1315.

Sachverhalt und **Gründe** sind abgedruckt unter Nr. 7 zu § 9 AGBG.

§ 10 Nr. 7 — Abwicklung von Verträgen

Werden in einem Partnerschaftsservicevertrag, der nach Vertragstext und Allgemeinen Geschäftsbedingungen die Erarbeitung und Auswahlprüfung einer festen Anzahl von Partnerschaftsvorschlägen aus einem Datenbank-Partnerbestand zum Gegenstand hat und der als Dienstvertrag zu qualifizieren ist, die §§ 627, 628 BGB formularmäßig abbedungen, so ist dies nach § 10 Nr. 7a AGBG unwirksam. 15

OLG Karlsruhe, Urteil vom 21. 2. 1985 — 4 U 207/83 — nicht rechtskräftig; NJW 1985, 2035 = VersR 1985, 1196.

Sachverhalt und **Gründe** sind abgedruckt unter Nr. 70 zu § 9 AGBG.

Die Klausel in den AGB eines Sportstudios 16
  „Nicht besuchte Trainingstage können nicht angerechnet werden."
verstößt gegen § 10 Nr. 7 AGBG, denn in der für den Kunden negativsten Auslegung hat die Klausel die Bedeutung, daß der Kunde auch im Fall der berechtigten außerordentlichen Kündigung den vollen Monatsbeitrag für die Laufzeit des Vertrages zahlen muß.

LG Frankfurt, Urteil vom 5. 2. 1985 — 2/13 O 303/84 — rechtskräftig;

Sachverhalt und **Gründe** sind abgedruckt unter Nr. 104 zu § 9 AGBG.

§ 10 Nr. 7   *Klauselverbote mit Wertungsmöglichkeit*   Nr. 17

17 **Ein in eine Ratenzahlungsvereinbarung eingearbeitetes abstraktes Schuldversprechen führt im Fall des Rücktritts oder der Kündigung durch eine Vertragspartei dazu, daß dem Verwender unabhängig vom Umfang der bisher von ihm erbrachten Leistung die volle Gegenleistung erhalten bleibt.**

Dies kann zu einer unangemessen hohen Vergütung für die erbrachte Leistung führen und ist nach § 10 Nr. 7 AGBG unwirksam.

LG Hamburg, Urteil vom 9. 8. 1985 – 74 O 140/85 – rechtskräftig;

Sachverhalt:

Der Kläger nimmt die Beklagte, eine Partnerschaftsvermittlung, im Rahmen der von ihm wahrgenommenen Verbandsklagebefugnis auf Unterlassung wegen des folgenden selbständigen Schuldversprechens in Anspruch:

„Der Kunde anerkennt hiermit, durch selbständiges Schuldversprechen der V. den Betrag von DM ... zu schulden."

Er ist der Auffassung, das in der Ratenzahlungsvereinbarung enthaltene abstrakte Schuldanerkenntnis sei mit dem AGB-Gesetz nicht vereinbar.

Das Landgericht hat der Klage stattgegeben.

Aus den Gründen:

Die vom Kläger beanstandete Klausel verstößt gegen das AGB-Gesetz (§§ 13, 9 i. V. m. § 3, § 10 Nr. 7a AGBG).

a) Ein Verstoß gegen § 10 Nr. 7a AGBG ergibt sich dadurch, daß das in die Ratenzahlungsvereinbarung eingearbeitete abstrakte Schuldversprechen im Fall des Rücktritts des Kunden (oder des Verwenders) vom Vertrag oder bei Kündigung durch eine Vertragspartei dazu führt, daß unabhängig vom Umfang der durch die Beklagte erbrachten Leistung dieser im Ergebnis die volle Gegenleistung erhalten bleibt. Bei geringfügigen Vorleistungen der Beklagten in dem Zeitpunkt, in dem der Vertrag gelöst wird, wäre dies eine unangemessen hohe Vergütung für die erbrachte Leistung.

Der Beklagten kann nicht gefolgt werden, wenn sie ausführt, durch die Vertragsgestaltung stelle sie lediglich Bar- und Ratenzahler gleich. Der Ratenzahler wird hier zweifelsfrei schlechter gestellt als der Barzahler, ihm werden nämlich sämtliche Einwendungen aus dem Grundgeschäft durch das abstrakte Schuldversprechen abgeschnitten. Der Barzahler hingegen kann sämtliche ihm günstige Rechtsfolgen aus dem konkreten Vertragsverhältnis im Rechtsstreit gegen die Beklagte geltend machen, er ist lediglich genötigt, seinerseits auf Leistung zu klagen.

b) Die Klausel enthält auch einen Verstoß gegen § 9 i. V. m. § 3 AGBG. Der in geschäftlichen Dingen ungeübte Kunde, dem von der Beklagten die Zahlungserleichterung in Form der Ratenvereinbarung offeriert wird, rechnet mit Sicherheit nicht damit, daß ihm in diesem Zusammenhang zunächst einmal ein – rechtlich folgenschweres – abstraktes Schuldanerkenntnis abverlangt wird. Die leichte drucktechnische Hervorhebung der Klausel durch die Beklagte reicht keineswegs aus, dem Kunden hinreichend deutlich zu signalisieren, daß er eine im Rahmen einer Ratenzahlungsvereinbarung ungewöhnliche Rechtspflicht zur unbedingten Zahlung eingeht.

§ 11
Klauselverbote ohne Wertungsmöglichkeit

§ 11 Nr. 1 – Kurzfristige Preiserhöhungen

Eine Preisanpassungsklausel in einem langfristigen Bezugsvertrag eines Kfz-Vertragshändlers verstößt nicht gegen § 9 AGBG, wenn es sich bei den langfristigen Bezugsverträgen um Dauerschuldverhältnisse handelt, die Interessen der Vertragsparteien weitgehend gleichgerichtet sind (nämlich Absatz der Produkte an den Endverbraucher) und der Verwender erhebliche Vorleistungen in Form von Darlehen und Geräteausrüstungen erbringt.

BGH, Urteil vom 16. 1. 1985 – VIII ZR 153/83; BGHZ 93, 252 = BB 1985, 1223 = DAR 1985, 118 = DB 1985, 541 = MDR 1985, 489 = NJW 1985, 853 = ZIP 1985, 284.

Sachverhalt und **Gründe** sind abgedruckt unter Nr. 110 zu § 9 AGBG.

Die Klausel in Verkaufs- und Lieferungsbedingungen für Fenster und Rolläden

„Erforderliche Stemm- und Mauerdurchbrüche werden gesondert berechnet."

verstößt nicht gegen § 11 Nr. 1 AGBG, denn sie ermöglicht nicht eine spätere Preiserhöhung für dieselbe vereinbarte Leistung, sondern sieht ein besonderes Entgelt für eventuell erforderliche besondere (Zusatz-)Leistungen vor.

OLG Zweibrücken, Urteil vom 6. 2. 1985 – 4 U 68/84 – rechtskräftig;

Die **Gründe** sind abgedruckt unter Nr. 151 zu § 9 AGBG.

1. Die Klausel in den Allgemeinen Geschäftsbedingungen eines Einrichtungshauses

„Für die Dauer der Gültigkeit des jeweiligen Kataloges gewährt die Firma volle Preisgarantie bis zum Auslaufen des Kataloges, höchstens jedoch bis zum vereinbarten Abruftermin."

ist wegen Verstoßes gegen § 11 Nr. 1 AGBG unwirksam, denn sie läßt nach dem Verständnis des durchschnittlichen Kunden eine Preiserhöhung auch vor Ablauf von 4 Monaten nach Vertragsschluß zu, wenn die Geltungsdauer des Kataloges vor Ablauf der 4-Monatsfrist abläuft oder die Ware erst nach dem vereinbarten Abruftermin geliefert wird.

2. Ebenso ist die Klausel

„Voraussetzung für die Preisgarantie ist, daß die Käufer die volle Anzahlung innerhalb der vereinbarten Frist geleistet haben."

nach § 11 Nr. 1 AGBG unwirksam.

LG Dortmund, Urteil vom 21. 3. 1985 – 8 O 574/84 (Kart.) – rechtskräftig;

Auf den Abdruck von **Sachverhalt** und **Gründen** wird verzichtet.

§ 11 Nr. 2 – Leistungsverweigerungsrechte

4 Der formularmäßige Verzicht des Kreditbürgen auf die Einrede der Aufrechenbarkeit ist weder an § 11 Nr. 2a AGBG noch an § 11 Nr. 2b AGBG zu messen.

BGH, Urteil vom 19. 9. 1985 – III ZR 214/83; BGHZ 95, 350 = BB 1985, 2004 = DB 1986, 320 = MDR 1986, 126 = NJW 1986, 43 = NJW-RR 1986, 55 = WM 1985, 1307 = ZIP 1985, 1257.

Sachverhalt und **Gründe** sind abgedruckt unter Nr. 9 zu § 9 AGBG.

5 Eine Klausel in Reisevertragsbedingungen, nach der der Kunde den restlichen Reisepreis spätestens 30 Kalendertage vor Reisebeginn zahlen muß, ist nicht nach § 11 Nr. 2 AGBG unwirksam, denn Vorleistungsklauseln werden von der Bestimmung des § 11 Nr. 2 AGBG nicht erfaßt.

OLG Hamburg, Urteil vom 3. 4. 1985 – 5 U 134/84 – nicht rechtskräftig; NJW 1985, 3030.

Sachverhalt und **Gründe** sind abgedruckt unter Nr. 116 zu § 9 AGBG.

6 Die Klausel in Allgemeinen Reisebedingungen, die den Kunden verpflichtet, Zahlungen zu den vereinbarten Terminen, die Restzahlungen spätestens bei Zugang der Reiseunterlagen zu leisten, verstößt nicht gegen § 11 Nr. 2 AGBG, denn diese Vorschrift greift nicht ein, wenn vertraglich die Vorleistungspflicht des Kunden vereinbart ist. Die Klausel ist auch nach § 9 AGBG nicht unwirksam.

OLG Frankfurt, Urteil vom 28. 11. 1985 – 6 U 167/84 – nicht rechtskräftig; BB 1986, 343 = DB 1986, 739 = NJW-RR 1986, 726 = WRP 1986, 397.

Sachverhalt und **Gründe** sind abgedruckt unter Nr. 119 zu § 9 AGBG.

§ 11 Nr. 3 – Aufrechnungsverbot

Die in einem formularmäßig geschlossenen Anwaltsvertrag enthaltene Klausel, wonach jede Aufrechnung gegenüber der Honorarforderung ausgeschlossen ist, ist nach § 11 Nr. 3 AGBG unwirksam, weil dadurch auch die Aufrechnung mit unstreitigen oder rechtskräftig festgestellten Forderungen ausgeschlossen ist.

7

BGH, Urteil vom 31. 10. 1985 – IX ZR 175/84; WM 1986, 199.

Sachverhalt:

Der Kläger nimmt den Beklagten, für den er als Rechtsanwalt tätig war, auf Zahlung restlicher Vergütung in Anspruch. Der Beklagte verweigert die Zahlung und macht geltend, daß der Kläger ihm wegen positiver Verletzung eines Anwaltsvertrages zum Schadensersatz verpflichtet sei.
Mit der Klage verlangt der Kläger seine Gebühren in Höhe von 60 694,60 DM. Gegen die Gebührenforderungen des Klägers hat der Beklagte mit von ihm behaupteten Schadensersatzforderungen die Aufrechnung erklärt und im Wege der Widerklage die Verurteilung des Klägers zur Zahlung eines Teilbetrages von 5000,- DM beantragt.
Das Landgericht hat der Klage unter Abweisung eines Teilbetrages von 273,70 DM und eines Teils der Zinsforderung stattgegeben und die Widerklage abgewiesen. Auf die Berufung des Klägers hat das Oberlandesgericht diesem einen weitergehenden Zinsanspruch zuerkannt; die Berufung des Beklagten hat es zurückgewiesen. Die Revision führte zur Klagabweisung in Höhe weiterer 2215,08 DM, im übrigen zur Aufhebung und Zurückverweisung.

Aus den Gründen ...

III.

1. Der Rechtsanwalt, der seinem Auftraggeber wegen positiver Vertragsverletzung zum Schadensersatz verpflichtet ist, hat diesen bei der Schadensersatzleistung so zu stellen, wie er bei pflichtgemäßem Verhalten des Anwalts stände (Senatsurteil vom 20. November 1984, WM 1985, 203; Steffen in RGRK-BGB 12. Aufl., § 675 Rdn. 78). Soweit der Kläger seine Pflichten aus dem Anwaltsvertrag schuldhaft verletzt hat, kann der Beklagte, der den Einwand der unzulässigen Rechtsausübung erhoben hat, die Erfüllung der Vergütungsforderung verweigern.

2. Der Kläger beruft sich gegenüber der von dem Beklagten gegen die restliche Gebührenforderung erklärten Aufrechnung auf das in Nr. 8 des Anwaltsvertrages enthaltene Aufrechnungsverbot:
„8. Die Aufrechnung gegen Honorarforderungen einschließlich Auslagen und Mehrwertsteuer ist ausgeschlossen."

Die von dem Kläger verwendeten Anwaltsverträge enthalten für eine Vielzahl von Verträgen vorformulierte Vertragsbedingungen. Es handelt sich also bei ihnen um Allgemeine Geschäftsbedingungen (§ 1 Abs. 1 Satz 1 AGBG). Die das Aufrechnungsverbot enthaltende Klausel schließt nach ihrer Formulierung jede Aufrechnung gegenüber Honorarforderungen des Klägers aus, d. h. auch die Aufrechnung mit unstreitigen oder rechtskräftig festgestellten Forderungen. Entsprechende Klauseln haben der VIII. (Urteil vom 20. Juni 1984 = WM 1984, 1100) und der X. Zivilsenat des Bundesgerichtshofs (Urteil vom 16. Oktober 1984 = WM 1985, 31) für unwirksam erachtet, im nichtkaufmännischen Bereich wegen Verstoßes gegen § 11 Nr. 3 AGBG, wenn beide Parteien Kaufleute waren, wegen Verstoßes gegen § 9 AGBG. Der erkennende Senat schließt sich dieser Rechtsprechung an. Daß im vorliegenden Falle die das uneingeschränkte Aufrechnungsverbot enthaltende Klausel in einem vorformulierten Anwaltsvertrag enthalten ist und der Rechtsanwalt nach § 17 BRAGO von seinem Auftraggeber angemessenen Vorschuß fordern kann, rechtfertigt entgegen der Ansicht des Klägers eine andere Beurteilung nicht. Auch unter Berücksichtigung des Vorschußrechtes würde der Auftraggeber eines Rechtsanwalts durch ein in dessen Allgemeinen Geschäftsbedingungen enthaltenes Verbot, sogar mit unbestrittenen oder rechtskräftig festgestellten Forderungen aufzurechnen, entgegen den Geboten von Treu und Glauben unangemessen benachteiligt werden. Die Klausel in Nr. 8 des von dem Kläger verwendeten Anwaltsvertrages ist deshalb unwirksam. ...

§ 11 Nr. 4 – Mahnung, Fristsetzung

8 Die von einem Bauträger in einem Vertrag über die Erbringung von Bauleistungen verwendete Klausel

„Sollte der Auftragnehmer seiner Verpflichtung zur täglichen Beseitigung aller durch ihn verursachten Verunreinigungen und des Bauschuttes nicht nachkommen, kann der Auftraggeber diese Arbeiten auf Kosten des Auftragnehmers durchführen lassen."

verstößt gegen § 11 Nr. 4 AGBG und § 9 Abs. 2 Nr. 1 AGBG, weil sie dem Auftraggeber das Recht einräumt, auch ohne vorherige Mahnung auf Kosten des Auftragnehmers eine Baustellenreinigung vorzunehmen, und damit den Auftragnehmer unangemessen benachteiligt.

LG München I, Urteil vom 8. 1. 1985 – 7 O 16131/84 – rechtskräftig;

Auf den Abdruck von **Sachverhalt** und **Gründen** wird verzichtet.

§ 11 Nr. 5a – Pauschalierung von Schadensersatzansprüchen

Eine Klausel in einem Mietvertrag über eine Fernsprechnebenstellenanlage, nach der der Mieter bei vorzeitiger Vertragsauflösung pauschalierten Schadensersatz in Höhe von 50% der Restmieten, höchstens jedoch von drei Jahresmieten zu leisten hat, verstößt wegen der Begrenzung auf drei Jahresmieten nicht gegen § 11 Nr. 5a AGBG.

BGH, Urteil vom 13. 2. 1985 – VIII ZR 154/84; BB 1985, 956 = DB 1985, 1389 = MDR 1986, 49 = NJW 1985, 2328 = WM 1985, 542.

Sachverhalt und **Gründe** sind abgedruckt unter Nr. 91 zu § 9 AGBG.

Eine Klausel in den Darlehensbedingungen einer Hypothekenbank, die als Nichtabnahmeentschädigung 3% des Darlehensnennbetrages vorsieht, verstößt nicht gegen § 11 Nr. 5a AGBG und ist wirksam.

BGH, Urteil vom 21. 2. 1985 – III ZR 207/83; BB 1985, 1493 = ZIP 1985, 673.

Sachverhalt und **Gründe** sind abgedruckt unter Nr. 2 zu § 9 AGBG.

Eine Klausel in einem Darlehensvertrag, nach der bei Nichtabnahme des Darlehens eine Schadensersatzpauschale in Höhe von 4,5% der Darlehenssumme zu zahlen ist, verstößt, wenn das Darlehen mit einem Disagio von 5% ausgezahlt werden sollte, nicht gegen § 11 Nr. 5a AGBG und ist wirksam.

BGH, Urteil vom 12. 12. 1985 – III ZR 184/84; WM 1986, 156.

Sachverhalt und **Gründe** sind abgedruckt unter Nr. 14 zu § 9 AGBG.

Die Verzugszinspauschalierungsklausel einer Teilzahlungsbank, nach der im Falle des Verzuges die Bank Anspruch auf Zahlung von Verzugszinsen in Höhe von 1,8% des jeweils fälligen Betrages für jeden angefangenen Monat des Verzuges hat, verstößt gegen § 11 Nr. 5a AGBG.

OLG Düsseldorf, Urteil vom 7. 2. 1985 – 6 U 161/84 – nicht rechtskräftig; DB 1985, 1837 = NJW 1986, 385 = VersR 1986, 43 = WM 1985, 769 = ZIP 1985, 472.

§ 11 Nr. 5a   Klauselverbote ohne Wertungsmöglichkeit   Nr. 12

Sachverhalt:

Der Kläger, ein rechtsfähiger Verein, zu dessen Mitgliedern sämtliche Verbraucherverbände der Bundesrepublik gehören, verlangt von der Beklagten, einer Teilzahlungsbank, die im wesentlichen Konsumentenkredite gewährt, die Unterlassung folgender, in ihren auf der Rückseite des Kreditantragsformulars abgedruckten Darlehensbedingungen enthaltenen Klausel:

"Im Falle des Verzuges hat die Bank Anspruch auf Zahlung von Verzugszinsen in Höhe von 1,8% des jeweils fälligen Betrages für jeden angefangenen Monat des Verzuges."

Der Kläger hat die Auffassung vertreten, diese Regelung verstoße gegen § 11 Nr. 5a AGBG.

Das Landgericht hat der Unterlassungsklage stattgegeben. Die Berufung der Beklagten hatte keinen Erfolg.

Aus den Gründen:

1. Die streitige Klausel ist schon allein deshalb gemäß § 11 Nr. 5a AGBG unwirksam, weil sie zuläßt, daß die Beklagte „für jeden angefangenen Monat" 1,8% Monatszinsen verlangt. Wie das Landgericht in dem angefochtenen Urteil zutreffend ausgeführt hat, kann dieser Zinssatz umgerechnet zu einem Jahreszins von 648% führen. Es bedarf keiner Begründung, daß ein solcher Prozentsatz den nach dem gewöhnlichen Lauf der Dinge zu erwartenden Schaden der Beklagten übersteigt. Dabei handelt es sich auch nicht um eine praktisch nicht vorkommende theoretische Möglichkeit. Ein solcher Anspruch der Beklagten wird vielmehr Realität, wenn ein Darlehensschuldner eine jeweils am ersten Tage eines Monats fällige Rate regelmäßig erst am zweiten Tage zahlt. Unerheblich ist auch die Behauptung der Beklagten, beim Verzug eines Kunden mit einer Ratenzahlung würden Verzugszinsen aufgrund der Organisation der elektronischen Datenverarbeitung erst vom ersten Tage des folgenden Monats an berechnet. Denn für die Unwirksamkeit genügt es, daß die AGB-Bestimmung nach ihrem Wortlaut dem Verwender die scheinbare Möglichkeit eröffnet, das von ihm formulierte Recht durchzusetzen.

2. Die beanstandete Klausel verstößt ferner gegen § 11 Nr. 5a AGBG, weil sie für alle denkbaren Fälle des Schuldnerverzuges den zu ersetzenden Schaden ohne Unterschied auf 1,8% monatlich festsetzt. Eine solche Pauschalierung entspricht nicht dem nach dem gewöhnlichen Lauf der Dinge zu erwartenden Schaden. Eine unterschiedliche Schadensberechnung ist z. B. erforderlich einmal für den Fall, daß die Beklagte lediglich den reinen Verzögerungsschaden gemäß § 286 Abs. 1 BGB erlitten hat, und zum anderen für den Fall, daß sie wegen wiederholten Verzuges den Vertrag gemäß Nr. 4 der Darlehensbedingungen kündigt und die gesamte Darlehensschuld unter Rückvergütung der nicht verbrauchten Kreditkosten vorzeitig zurückverlangt. Nur in dem letztgenannten Fall entgehen der Bank die nicht verbrauchten Kreditkosten, so daß ein höherer Schaden in Betracht kommen kann. Demgegenüber spricht nichts dafür, daß der Beklagten ein gleich hoher Schaden entsteht, wenn der Darlehensnehmer eine Ratenzahlung hin und wieder mit kurzfristiger Verzögerung leistet...

Anmerkung:

Das erstinstanzliche Urteil des LG Düsseldorf vom 8. 8. 1984 – 12 O 242/84 ist abgedruckt in AGBE V § 11 Nr. 25.

Nr. 13   *Pauschalierung von Schadensersatzansprüchen*   § 11 Nr. 5a

1. In Kreditbedingungen ist eine Bestimmung, nach der der Kreditgeber bei Verzug mit einzelnen Raten als Verzugsschaden den Effektivzinssatz aus dem jeweiligen Rückstand des Gesamtkreditbetrages berechnen kann, als pauschalierter Schadensersatz nach § 11 Nr. 5a AGBG unwirksam.

2. Dagegen begegnet bei einem fälliggestellten Ratenkredit die Berechnung von Verzugszinsen aus dem Restbetrag in Höhe des Effektivzinssatzes zuzüglich 4% keinen Bedenken.

OLG Karlsruhe, Urteil vom 13. 2. 1985 – 6 U 90/84 – rechtskräftig; ZIP 1985, 603.

Sachverhalt:

Die Klägerin, ein Bankinstitut, macht mit der vorliegenden Klage Ansprüche aus zwei mit den beklagten Eheleuten geschlossenen Ratenkreditverträgen geltend.

Am 23. 7. 1981 kam zwischen den Parteien durch einen Kreditvermittler ein erster Darlehensvertrag über einen Gesamtkreditbetrag von DM 25 576,90 zustande.

Aufgrund eines zweiten, am 27. 1. 1982 geschlossenen Darlehensvertrags gewährte die Klägerin den Beklagten einen weiteren Kredit über insgesamt DM 7371,50.

Auf den verwendeten Vertragsformularen sind die Kreditbedingungen (KB) der Klägerin abgedruckt.

Im Dezember 1982 kündigten die Beklagten beide Darlehensverträge gem. § 247 BGB. Danach leisteten die Beklagten nach mehrfachen Mahnungen und verschiedenen Stundungen weitere Zahlungen bis März 1983. Mit Schreiben vom 22. 7. 1983 stellte die Klägerin nach Nr. 3a der Vertragsbedingungen unter Hinweis darauf, daß die Beklagten mit mehr als 2 Raten in Verzug waren, beide Darlehen zur sofortigen Rückzahlung fällig und setzte eine Zahlungsfrist von 8 Tagen.

Nach Rückvergütung nicht verbrauchter Kreditgebühren und Addition mehrfacher Mahn-, Verzugs- und Stundungsgebühren sowie einer Bearbeitungsgebühr hat die Klägerin die noch offenstehenden Forderungen aus den Darlehensverträgen nebst Zinsen eingeklagt.

Das Landgericht hat die Beklagten zur Zahlung von DM 12 756,08 nebst Zinsen verurteilt und die Klage im übrigen abgewiesen. Nach Gesamtwürdigung der Vereinbarungen hat es wucherähnliche Tatbestände verwirklicht gesehen und deshalb die zuerkannten Zahlungsansprüche lediglich unter bereicherungsrechtlichen Gesichtspunkten für begründet erachtet. Die Berufung der Klägerin, mit der sie die Restforderung nebst Zinsen geltend macht, hatte im wesentlichen Erfolg.

Aus den Gründen:

I. Der Klägerin stehen Restansprüche aus Darlehen zu (§§ 607 ff. BGB). Die Ratenkreditverträge vom 23. 7. 1981 und vom 27. 1. 1982 sind nicht als wucherähnliche Rechtsgeschäfte i. S. d. § 138 Abs. 1 BGB zu beurteilen ...

II. Die Berechnung der rückständigen Forderung der Klägerin begegnet nur hinsichtlich der geltend gemachten Zinsen bei verspäteten Zahlungen gem. Nr. 1a KB sowie der pauschalierten Mahngebühr in Höhe von DM 5,– und der Bearbeitungsgebühren rechtlichen Bedenken.

Die Vereinbarung von zusätzlichen Kreditgebühren gem. Nr. 1a KB der Klägerin für den Zeitraum des Verzugs wegen verspäteter Zahlung der einzelnen Raten in Höhe des Effektivzinssatzes aus dem jeweiligen Rückstand verstößt als pauschalierter Schadensersatz gegen § 11 Nr. 5a AGBG (vgl. auch KG WM 1980, 73, 75). Nr. 1a KB sieht vor, daß die Klägerin als Verzugsschaden den Effektivzinssatz aus dem jeweiligen Rückstand des Gesamtkreditbetrags berechnen kann. Diese Schadenspauschalierung ist unangemessen. Es sind keine Anhaltspunkte dafür ersichtlich, daß der Klägerin bei einem Zahlungsverzug der Darlehensschulder mit einer monatlichen Rate in Höhe von DM 427,- oder DM 157,- ein Schaden in Höhe des Effektivzinssatzes aus dem Restkreditbetrag entstehen könnte. Die Zahlungsverzögerung führt allenfalls zu dem Entgang einer zinsträchtigen Anlage der einzelnen Rate, nicht aber hinsichtlich des Gesamtkreditbetrags. Ob auch eine pauschalierte Schadensberechnung, wie sie die Klägerin - in Abweichung ihrer Kreditbedingungen - bei der der Klage zugrunde liegenden Forderungsberechnung vornimmt, indem sie nicht den Restkreditbetrag, sondern den Nettokreditbetrag zugrunde legt, der Kontrolle des § 11 Nr. 5a AGBG stand hält, steht nicht zur Entscheidung, da eine geltungserhaltende Reduktion der Allgemeinen Geschäftsbedingungen der Klägerin nicht zulässig ist.

An der gleichen Norm des AGB-Gesetzes scheitert die Pauschalvereinbarung von DM 5,- Kosten pro Mahnung (Nr. 4b KB) und die Berechnung einer Bearbeitungsgebühr für die Übertragung der Kreditsache an die Rechtsabteilung in Höhe von 2% des Restsaldos, höchstens DM 200,- (Nr. 4d KB). Die Kosten von DM 5,- für ein Mahnschreiben überschreiten den üblichen Rahmen. Für das einzelne Mahnschreiben kann als nachgewiesen ein Verzugsschaden von DM 2,50 angesetzt werden. Die pauschalierte Bearbeitungsgebühr für die Einschaltung der Rechtsabteilung findet im Gesetz keine Grundlage. Vorhaltekosten zur Verfolgung von Ansprüchen sind nicht als Schaden zu ersetzen (vgl. OLG Hamm, NJW 1974, 1951).

Der geltend gemachte Verzugszinssatz gem. Nr. 1b i. V. m. Nr. 3b KB der Klägerin aus dem Restbetrag abzüglich der Gebührenrückvergütung in Höhe des Effektivzinssatzes zuzüglich 4% begegnet keinen Bedenken. Nach den Kreditbedingungen der Klägerin scheiden die nicht verbrauchten Kreditgebühren aus der Verzinsungspflicht im Falle des Verzugs aus.

14 Eine Klausel in Ratenkreditbedingungen, nach der bei Verzug mit einzelnen Raten die rückständigen Beträge mit 21% zu verzinsen sind, verstößt gegen § 11 Nr. 5a AGBG und ist unwirksam.

OLG Hamburg, Urteil vom 15. 3. 1985 - 11 U 4/85 - rechtskräftig;

Die **Gründe** sind abgedruckt unter Nr. 17 zu § 9 AGBG.

15 1. Eine Bestimmung in den Bedingungen einer Ratenkreditbank, wonach im Verzugsfalle als Schadensersatz der vereinbarte Effektivzins verlangt werden kann, verstößt gegen § 11 Nr. 5a AGBG und ist deshalb unwirksam.

2. Das gilt auch für eine Regelung, nach der im Verzugsfalle neben Verzugszinsen für die erste Mahnung 5 DM, für die zweite 7,50 DM und für die dritte Mahnung 10 DM zusätzlich zu zahlen sind.

OLG Frankfurt, Urteil vom 7. 5. 1985 - 22 U 266/84 - rechtskräftig; BB 1985, 2202 = MDR 1985, 765 = WM 1985, 938.

Nr. 15 *Pauschalierung von Schadensersatzansprüchen* **§ 11 Nr. 5a**

Aus den Gründen: ...

II.

Die Berufung hat jedoch insoweit Erfolg, als neben den bereits vom LG aberkannten Posten des Kontoauszuges weitere Posten in Abzug zu bringen sind.

1. Die Regelung in Nr. 4 Satz 2 der Kreditbedingungen, wonach im Verzugsfalle neben Verzugszinsen in Höhe des vereinbarten Effektivzinses für die erste Mahnung 5,- DM, für die zweite 7,50 DM und für die dritte Mahnung 10,- DM zusätzlich zu zahlen sind, verstößt gegen § 11 Nr. 5a AGBG, so daß diese Posten des Kontoauszuges, insgesamt 80,- DM, ersatzlos wegfallen. Nach der genannten Vorschrift ist in AGB die Vereinbarung eines pauschalierten Anspruches des Verwenders auf Schadensersatz unwirksam, wenn die Pauschale den in den geregelten Fällen nach dem gewöhnlichen Lauf der Dinge zu erwartenden Schaden übersteigt. Dies ist hier ganz offensichtlich der Fall. Schon die Staffelung von 5,- DM über 7,50 DM zu 10,- DM erscheint unsachgemäß und willkürlich und kommt einer nach § 11 Nr. 6 AGBG unzulässigen Vertragsstrafe nahe. Diese Frage bedarf jedoch keiner abschließenden Entscheidung, weil bereits ein Betrag von 5,- DM den nach dem gewöhnlichen Lauf der Dinge zu erwartenden Schaden erheblich übersteigt. Die Klägerin kann regelmäßig nur Material- und Portokosten in Ansatz bringen (vgl. KG, ZIP 1982, 555, 556), so daß Mahnkosten allenfalls in Höhe von 1,- bis 3,- DM pauschalierbar sind (vgl. Reifner, BB 1985, 87, 91 m. w. N.; Palandt/Heinrichs, BGB 44. Aufl., § 11 AGBG Anm. 5 a aa; KG, a. a. O.; a. A.: OLG Düsseldorf, WM 1985, 18, das ohne nähere Begründung 5,- DM zubilligt) ...

III.

Die Klägerin verlangt nach Kündigung des Darlehens seit 1. Oktober 1983 Verzugszinsen in Höhe von 1,5% pro Monat. Hierauf hat sie jedoch keinen Anspruch. Sie kann diesen Zinsanspruch nur auf die bereits erwähnte Nr. 4 Satz 1 der Kreditbedingungen stützen. Danach ist im Verzugsfalle der vereinbarte Effektivzins – hier also 28,2% – zu zahlen. Auch wenn die Klägerin tatsächlich nur 1,5% pro Monat, mithin 18% Zinsen jährlich, fordert, ist die als Anspruchsgrundlage allein in Frage kommende Norm, nämlich Nr. 4 Satz 1 der Kreditbedingungen, die auf den vereinbarten Effektivzins abstellt und daher 28,2% Zinsen zulassen würde, an § 11 Nr. 5a AGBG zu messen. § 11 Nr. 5b AGBG greift hier (anders als in der Entscheidung BGH, WM 1985, 473) nicht ein, weil nach Nr. 4 Satz 3 der Kreditbedingungen es dem Darlehensnehmer vorbehalten bleibt nachzuweisen, daß ein niedrigerer Verzugsschaden als die berechneten Zinsen entstanden ist. Eine Verzugszinsschadensbemessung nach dem vereinbarten Effektivzins ist, wie allgemein anerkannt ist (vgl. die umfangreichen Literaturhinweise bei Reifner, BB 1985, 88, Fußn. 35), als Schadenspauschalierung im Sinne von § 11 Nr. 5a AGBG anzusehen. Die Klägerin verlangt, weil sie den Kredit gemäß Nr. 6a ihrer Kreditbedingungen wegen Verzuges mit zwei aufeinanderfolgenden Raten vertragsgerecht kündigte, einen pauschalierten Zinssatz als Verzugsschaden. Ein Schaden in Höhe des vereinbarten Effektivzinses entspricht jedoch nicht dem nach dem gewöhnlichen Lauf der Dinge zu erwartenden Schaden. Der einer Teilzahlungsbank durch den Verzug entstehende Schaden ist vielmehr weit niedriger und regelmäßig auf die Refinanzierungskosten beschränkt (vgl. KG, ZIP 1982, 555, 557; KG, WM 1980, 72, 75, vom BGH, WM 1985, 474 offengelassen). Denn diese Banken lassen sich durch den Zahlungsverzug säumiger Kreditnehmer kein neues Kreditgeschäft entgehen. Sie beschränken sich nämlich nicht

§ 11 Nr. 5a   *Klauselverbote ohne Wertungsmöglichkeit*   Nrn. 15—17

auf die Ausleihe des bei ihnen vorhandenen Kapitals, sondern beschaffen sich das für Kreditzwecke jeweils benötigte Kapital auf dem Kapitalmarkt (vgl. hierzu auch Reifner, BB 1985, insb. S. 91 f.). Die Klägerin hat daher lediglich Anspruch auf Ersatz ihrer Refinanzierungskosten. Diese hat sie jedoch trotz Hinweises des Senats nicht näher dargetan. Sie kann deshalb nur 4% Verzugszinsen beanspruchen (§ 286 Abs. 1 BGB).

16 **In Zeitschriften-Abonnement-Verträgen ist eine Klausel, die bei Erfüllungsverweigerung des Kunden eine Schadensersatzpauschale von DM 64,90 ohne Unterscheidung nach dem Preis der Zeitschrift und der Dauer der restlichen Vertragszeit fällig stellt, nach § 11 Nr. 5a AGBG unwirksam, denn der gleiche Pauschbetrag für unterschiedlich teure Produkte und unterschiedlich lange Schadenszeiträume entspricht nicht dem nach dem gewöhnlichen Lauf der Dinge zu erwartenden Schaden.**

OLG Hamburg, Urteil vom 8. 5. 1985 — 5 U 183/83 — nicht rechtskräftig;

Sachverhalt und **Gründe** sind abgedruckt unter Nr. 114 zu § 9 AGBG.

17 **Eine Klausel in Kreditbedingungen, daß der Darlehensnehmer im Falle des Verzuges den vereinbarten Effektivzins ohne zeitliche Begrenzung zu zahlen hat, hält nur teilweise der Inhaltskontrolle nach § 11 Nr. 5 AGBG stand. Sie ist wirksam, soweit sich der Darlehensgeber damit Zinsen in Höhe des vereinbarten Effektivzinses bis zum Ablauf der festgelegten Laufzeit des Darlehens ausbedungen hat, ist jedoch nach § 11 Nr. 5a AGBG unwirksam, soweit sie diesen Zinssatz dem Darlehensgeber auch über die vereinbarte Laufzeit hinaus zubilligt.**

OLG Hamm, Urteil vom 28. 6. 1985 — 11 U 129/84 — rechtskräftig; BB 1985, 1933 = MDR 1986, 55 = WM 1985, 1461 = WM 1986, 64.

Sachverhalt:

Die Klägerin verlangt von den beklagten Eheleuten Rückzahlung eines Darlehens nebst Zinsen und Kosten.

Die Beklagten beantragten am 18. März 1982 bei der Klägerin ein am 30. April 1985 rückzahlbares Darlehen im Nennbetrag von 45 000,- DM zum Auszahlungskurs von 97%. Der Zinssatz sollte 15,5% p. a. betragen und für drei Jahre fest sein. Der Antrag sah des weiteren eine Bearbeitungsgebühr von 1350,- DM vor. Der effektive Jahreszins wurde mit 18,46% angegeben. Die Zinsen sollten monatlich jeweils am 30. eines Monats, erstmals am 30. April 1982, gezahlt und per Lastschrift von einem bei einer anderen Bank geführten Girokonto der Beklagten eingezogen werden. Die Klägerin nahm den Darlehensantrag an. Ab Februar 1983 konnte die Klägerin die vereinbarten Beträge von den Beklagten nicht mehr erlangen. Es stellte sich nunmehr heraus, daß die Beklagten anderweitig noch Schuldverpflichtungen eingegangen waren. Nachdem die Beklagten der Klägerin einen Ratenzahlungsvorschlag gemacht und dabei auf ihre Verschuldung hingewiesen hatten, kündigte die Klägerin mit Schreiben vom 2. Mai 1983 das Darlehen und lehnte den Ratenzahlungsvorschlag ab.

Nr. 17   *Pauschalierung von Schadensersatzansprüchen*   § 11 Nr. 5a

Die Klägerin hat ihre Forderung anhand des Kontoauszuges auf 49 106,07 DM ermittelt und begehrt mit der Klage diesen Betrag nebst 18,46% Zinsen ab 3. Mai 1986 aus 43 650,- DM.

Das Landgericht hat der Klage stattgegeben. Die Berufung der Beklagten hatte nur zu einem geringen Teil Erfolg.

Aus den Gründen:

I.

Die Beklagten sind gemäß § 607 Abs. 1 BGB verpflichtet, die nach wirksamer Kündigung (und nach Zeitablauf) fällig gewordene Darlehenssumme von 45 000,- DM an die Klägerin zurückzuzahlen. Zwischen den Parteien ist auf der Grundlage des Darlehensantrages der Beklagten vom 18. März 1982 und der Kreditbedingungen der Klägerin durch übereinstimmende Willenserklärungen ein rechtswirksamer Darlehensvertrag zustande gekommen. Nach der vertraglichen Vereinbarung umfaßt die Rückzahlungspflicht der Beklagten auch den auf das Disagio entfallenden Teilbetrag von 1350,- DM. Ferner schulden die Beklagten die Zahlung der von der Klägerin ausbedungenen Bearbeitungsgebühr von ebenfalls 1350,- DM. ...

II.

Zinsen von dem Betrag von 43 650,- DM kann die Klägerin in Höhe des effektiven Jahreszinses von 18,46% lediglich bis 30. April 1985, also bis zum Ende der ursprünglich vereinbarten Laufzeit des Darlehens verlangen; danach stehen ihr Zinsen lediglich in Höhe von 9% zu.

1. Allerdings hat die Klägerin sich nach Nr. 4 Abs. 1 ihrer Kreditbedingungen ausbedungen, daß die Darlehensnehmer im Falle des Verzugs den vereinbarten Effektivzins ohne zeitliche Begrenzung zu zahlen haben. Diese Klausel hält nur teilweise der Inhaltskontrolle nach § 11 Nr. 5 AGB-Gesetz stand. Nach dieser Vorschrift ist in Allgemeinen Geschäftsbedingungen die Vereinbarung eines pauschalierten Anspruchs des Verwenders auf Schadensersatz oder Ersatz einer Wertminderung unwirksam, wenn die Pauschale den in den geregelten Fällen nach dem gewöhnlichen Lauf der Dinge zu erwartenden Schaden oder die gewöhnlich eintretende Wertminderung übersteigt (Nr. 5a) oder dem anderen Vertragsteil der Nachweis abgeschnitten wird, ein Schaden oder eine Wertminderung sei überhaupt nicht entstanden oder wesentlich niedriger als die Pauschale (Nr. 5b). Im vorliegenden Fall ist den Darlehensnehmern ausdrücklich der Nachweis eines geringeren Verzugsschadens offengehalten worden, so daß eine Unwirksamkeit der Nr. 4 Abs. 1 der Kreditbedingungen nach § 11 Nr. 5b AGB-Gesetz ausscheidet. Die Klausel ist aber teilweise nach § 11 Nr. 5a AGB-Gesetz unwirksam.

a) Die genannte AGB-Bestimmung legt nicht fest, welcher Art die Beträge sind, die der Zinspflicht unterworfen werden. Bei einer verständigen und redlichen Auslegung ist die Klausel dahin zu verstehen, daß Zinsen nicht von rückständigen Zinsbeträgen, sondern nur von rückständigen Darlehensbeträgen und Kosten gefordert werden können. Da nach der Entscheidung des Gesetzgebers grundsätzlich Zinseszinsen nicht verlangt werden können (§§ 248 Abs. 1, 289 Satz 1 BGB) und AGB nach objektiven Maßstäben auszulegen sind, kann nicht davon ausgegangen werden, daß die Klägerin sich entgegen der gesetzgeberischen Wertung auch Zinsen von rückständigen Zinsbeträgen ausbedingen wollte. Zumindest muß der Inhalt der Klausel nach § 5 AGB-Gesetz, wonach Zweifel

§ 11 Nr. 5a *Klauselverbote ohne Wertungsmöglichkeit* Nr. 17

bei der Auslegung von AGB zu Lasten des Verwenders gehen, dahin eingeschränkt werden, daß die Klägerin im Falle des Verzuges keine Zinsen von rückständigen Zinsen soll beanspruchen können. Zutreffend macht deshalb die Klägerin auch keine Zinsen von den in der Klageforderung enthaltenen Zinsen geltend.

b) Die genannte Klausel in den Kreditbedingungen der Klägerin beinhaltet die Vereinbarung eines pauschalierten Anspruchs des Verwenders auf Schadensersatz im Falle des Verzuges des Darlehensnehmers mit der Rückzahlung des Darlehens oder anderer nach dem Darlehensvertrag geschuldeter Beträge (soweit es sich nicht um Zinsen im Rechtssinne handelt). Die Klausel betrifft sowohl die Zeit bis zum Ende der ursprünglich vereinbarten Laufzeit als auch die Zeit nach dem vorgesehenen Vertragsende. Es handelt sich dabei um zwei verschiedene Regelungsgegenstände, die zwar in einer Klausel zusammengefaßt und dort sprachlich nicht unterschieden sind, sachlich aber doch voneinander getrennt werden können. Der Senat hält es für zulässig und geboten, die Klausel nach den beiden Regelungsgegenständen getrennt einer Inhaltskontrolle nach dem AGB-Gesetz zu unterziehen. Es handelt sich dabei nicht um eine (unzulässige) sog. geltungserhaltende Reduktion, sondern um eine differenzierende Beurteilung einer teilbaren Klausel.

c) Die Klausel ist unbedenklich, soweit sich die Klägerin damit Zinsen in Höhe des vereinbarten Effektivzinses bis zum Ablauf der ursprünglich festgelegten Laufzeit des Darlehens ausbedungen hat. Denn für diesen Zeitraum entspricht der vereinbarte Effektivzins im Rahmen einer zulässigen generalisierenden Betrachtungsweise dem Schaden, der nach dem gewöhnlichen Lauf der Dinge im Verzugsfall zu erwarten ist.

aa) Mit der wirksamen Kündigung des Darlehens wird das Schuldverhältnis beendet. Es erlöschen dann auch die beiderseitigen Verpflichtungen zur Erfüllung des Darlehens. Der Darlehensnehmer hat zwar jetzt das empfangene Darlehen zurückzuerstatten (§ 607 Abs. 1 BGB). Er schuldet aber, da das Schuldverhältnis in das Abwicklungsstadium getreten ist, keine Vertragszinsen mehr für die Nutzung des Kapitals.

bb) Durch eine vom Darlehensnehmer zu vertretende Kündigung und durch den Verzug mit der Rückzahlung des Darlehens entstehen dem Darlehensgeber Vermögensnachteile, deren Ausgleich dieser beanspruchen kann. Für die ursprünglich vereinbarte Laufzeit entsteht dem Darlehensgeber ein Schaden insoweit, als er wegen der Vorenthaltung des Darlehenskapitals weiterhin mit den Refinanzierungskosten belastet bleibt; diese fallen bei wirtschaftlicher Betrachtung während der gesamten Laufzeit des Darlehens an, auch wenn die Bank die Refinanzierungskosten im Einzelfall nicht laufend, sondern durch Einmalzahlung oder durch Teilzahlungen in bestimmten Zeitabschnitten aufbringen sollte. Dem Darlehensgeber entgeht darüber hinaus wegen der vom Darlehensnehmer zu vertretenden Kündigung und des dadurch bedingten Wegfalls des Anspruchs auf Vertragszinsen der Gewinnanteil, der in den Vertragszinsen typischerweise enthalten ist. Es trifft nicht zu, daß sich der Schaden des Darlehensgebers lediglich in den Refinanzierungskosten ausdrückt (so allerdings Reifner, BB 1985, 87, 91); neben diesem Verzögerungsschaden entsteht vielmehr bei einer hier gebotenen generalisierenden Betrachtungsweise ein Nichterfüllungsschaden. Dieser liegt im wesentlichen in dem Gewinn, den sich der Darlehensgeber von der Durchführung des Vertrages versprochen hat und der jetzt ausbleibt. Bei vertragsgemäßer Abwicklung wäre dieser Gewinn nach dem gewöhnlichen Lauf der Dinge mit der Zahlung der vereinbarten Zinsen dem Darlehensgeber zugeflossen. Das gilt für die gesamte Dauer der vereinbarten Laufzeit und nicht nur bis zu dem Termin, zu dem der Darlehensnehmer den Darlehensvertrag frühestens hätte kündigen können. Für den Ersatz entgangenen Gewinns kommt es auf den gewöhnlichen Lauf der Dinge an (§ 252 BGB). Nach dem gewöhnlichen Verlauf kann davon ausgegangen werden, daß der Darlehensnehmer den Vertrag nicht vorzeitig kündigt, sondern über die volle Laufzeit bestehen läßt (so auch Löwisch, BB 1985, 959, 960).

Gegen den Ansatz des zu erwartenden Gewinns als Schadensposten kann nicht eingewandt werden, mit der Erstattung der Refinanzierungskosten im Rahmen des Schadensersatzes werde die Bank in die Lage versetzt, Kompensationsgeschäfte abzuschließen und sich den entgangenen Gewinn auf diese Weise zu verschaffen (so offenbar Reifner, a. a. O., S. 91). Dabei wird übersehen, daß die Bank ohnehin so viele Kreditgeschäfte abschließt, wie sie meint vertreten zu können. Trotzdem entgeht ihr bei dem konkreten, notleidend gewordenen Kreditgeschäft der Gewinn, den sie nach dem gewöhnlichen Lauf der Dinge erwarten durfte. Der Bank kann daher nach Auffassung des Senats der Gewinn nicht mit der Begründung vorenthalten werden, sie könne den Gewinnausgleich mit Hilfe der zugebilligten Refinanzierungskosten bei einem anderen Kreditgeschäft suchen (wobei ohnehin nicht sicher ist, daß der anderweitig erzielbare Gewinn dem Gewinn entspricht, der aus dem notleidend gewordenen Kreditgeschäft zu erwarten war). Der hier vertretenen Auffassung entspricht auch die Rechtsprechung des BGH zu AGB-Klauseln, mit denen sich die Bank insbesondere für den Fall, daß ein Darlehen nicht abgenommen wird, die Zahlung einer sogenannten Nichtabnahmeentschädigung ausbedingt (vgl. dazu BGH WM 1985, 686 = ZIP 1985, 673, 675 m. w. N.). Vielfach dient eine solche Nichtabnahmeentschädigung nicht nur der Abgeltung entstandener Aufwendungen der Bank, sondern auch dem Ausgleich des entgangenen Gewinns. Auch insoweit kann die Bank nicht darauf verwiesen werden, sich den ausgebliebenen Gewinn aus der Ausleihung des freigewordenen Darlehensbetrages zu verschaffen. Die gleichen Überlegungen gelten, soweit mit den Vertragszinsen die allgemeinen Geschäftsunkosten ausgeglichen werden sollten.

Zusammenfassend ist mithin davon auszugehen, daß der Schaden der Bank bei Verzug des Kunden mit der Rückzahlung des Darlehens während der Dauer der vereinbarten Laufzeit typischerweise zum einen in den auf das Darlehenskapital entfallenden Refinanzierungskosten und zum anderen in dem entgangenen Gewinn aus dem gekündigten Vertrag besteht. Nach Auffassung des Senats ist im Rahmen einer zulässigen Schadenspauschalierung der ursprünglich vereinbarte Effektivzins geeignet, diesen Schaden auszudrücken, den der Darlehensgeber nach dem gewöhnlichen Lauf der Dinge erleidet, wenn er das Darlehen wegen vertragswidrigen Verhaltens des Darlehensnehmers – vorzeitig – kündigt und der Darlehensnehmer die Darlehenssumme dann nicht sofort zurückzahlt.

d) Soweit die Klausel in Nr. 4 Abs. 1 der Kreditbedingungen der Klägerin im Verzugsfall auch über die vereinbarte Laufzeit hinaus Zinsen in Höhe des vereinbarten Effektivzinses zubilligt, hält sie der Inhaltskontrolle nach § 11 Nr. 5a AGB-Gesetz nicht stand. In diesem Falle übersteigt die Schadensersatzpauschale den Schaden, der nach dem gewöhnlichen Lauf der Dinge zu erwarten ist. Denn nach Beendigung der ursprünglich vereinbarten Laufzeit des Darlehens besteht der Schaden wegen der Vorenthaltung der Darlehenssumme (und etwaiger anderer Beträge) typischerweise nur noch in den Refinanzierungskosten, die erheblich unter dem vereinbarten effektiven Jahreszins liegen können. Als Schaden kommt ein entgangener Gewinn nach Ende der vereinbarten Laufzeit nicht in Betracht. Denn es ist davon auszugehen, daß die darlehensgewährende Bank sich bei Verzug des Kunden mit der Darlehensrückzahlung anderweitig refinanziert und auf diese Weise die Möglichkeit kompensiert, mit dem von dem Kunden geschuldeten Betrag gewinnbringend zu arbeiten.

2. Der Wegfall der Klausel Nr. 4 Abs. 1 der Kreditbedingungen führt indes nicht dazu, daß die Klägerin lediglich Verzugszinsen in Höhe von 4% beanspruchen könnte (§ 288 Abs. 1 BGB). Vielmehr kann die Klägerin grundsätzlich für die Zeit nach der ursprünglich vereinbarten Laufzeit des Darlehens – also ab 1. Mai 1985 – nach § 288 Abs. 2 BGB Verzugszinsen in Höhe eines marktüblichen und tragbaren Wiederanlagezinses verlangen. Der Senat schätzt diesen Zins in ständiger Rechtsprechung anhand der in den Monatsberichten der Deutschen Bundesbank ausgewiesenen durchschnittlichen Sollzinssätzen für Kontokorrentkredite unter 1 Million DM. Er beträgt hier 9%.

18 **Die Vereinbarung einer Entschädigung für die Nichtabnahme eines vereinbarten Darlehens in AGB ist als Schadenspauschalierung i. S. v. § 11 Nr. 5 AGBG zu beurteilen. Eine solche Nichtabnahmeentschädigung in Höhe von 2% der Darlehenssumme ist unbedenklich.**

OLG Hamm, Urteil vom 1. 7. 1985 – 13 U 143/85 – rechtskräftig; NJW-RR 1986, 273 = WM 1985, 1493 = ZIP 1985, 1385.

Sachverhalt:

Auf ihren schriftlichen Antrag erhielten der frühere Beklagte zu 1 und der Beklagte zu 2 eine Hypothekenzusage der Klägerin für zwei Darlehen in Höhe von insgesamt 560 000,- DM. Mit formularmäßigen Annahmeerklärungen nahmen die Beklagten die Hypothekenzusage der Klägerin an. Am 31. August 1982 wurden die Darlehen beurkundet.

In der folgenden Zeit wandten sich die Beklagten an die Klägerin mit der Bitte zu prüfen, inwieweit die Hypothekenkonditionen aufgrund der zwischenzeitlich am Kapitalmarkt fühlbaren Entspannungstendenz verbessert werden könnten. Auf das hierauf eingehende Schreiben der Klägerin vom 16. November 1982, in dem letztere an den getroffenen Abmachungen festhielt, jedoch ihre Bereitschaft zu einer Modifizierung in Aussicht stellte und hierzu ein Angebot machte, und auch auf spätere Schreiben der Klägerin antworteten die Beklagten nicht mehr.

Die Klägerin hat unter Berufung auf Ziffer 9.4 ihrer Darlehenszusage von den Beklagten Schadensersatz in Höhe von 2% der bewilligten 560 000,- DM, also in Höhe von 11 200,- DM verlangt. Ziff. 9.4 lautet:

„Soweit das Darlehen nicht in Anspruch genommen wird oder wir das Kündigungsrecht ausüben oder den Verfall der Darlehenszusage geltend machen, ist eine einmalige Entschädigung von 2% der Darlehenssumme zu entrichten."

Das LG hat den Beklagten zu 1 durch Versäumnisurteil und den Beklagten zu 2 durch streitiges Urteil antragsgemäß verurteilt.

Die dagegen eingelegte Berufung des Beklagten zu 2 hatte keinen Erfolg.

Aus den Gründen:

Das Landgericht hat zutreffend ausgeführt, daß die Klägerin mit ihrem Schreiben vom 16. 11. 1982 die Beklagten nicht aus dem bereits abgeschlossenen Darlehensvertrag entlassen hat. ...

Die Voraussetzungen, unter denen die Klägerin nach Ziffer 9.4 des Vertrages von den Beklagten eine einmalige Entschädigung in Höhe von 2% der Darlehenssumme (die Klageforderung) verlangen kann, sind hier erfüllt.

Die Beklagten haben das Darlehen nicht in Anspruch genommen. ...

Entgegen der Ansicht des Beklagten zu 2 verstößt die Schadensersatzklausel in Ziffer 9.4 auch nicht gegen § 11 Nr. 5 AGBG. Bei dieser Klausel handelt es sich nicht um eine Vertragsstrafe, sondern um eine pauschalierte Schadensersatzregelung, gegen deren Zulässigkeit sich keine Bedenken ergeben. Es ist nicht notwendig, daß diese Klausel ausdrücklich und positiv den Beklagten die Möglichkeit offenläßt nachzuweisen, daß der Klägerin kein oder nur ein geringerer Schaden entstanden ist. Es genügt, daß – wie hier – diese Möglichkeit nicht ganz ausgeschlossen ist (BGH NJW 1982, 2316, 2317). Die Klausel ist auch nicht dahin zu verstehen, daß mit ihr nur eine pauschalierte Bearbeitungsgebühr verlangt werden kann (so der Fall in OLG Hamm, NJW 1983, 1503). Durch Ziffer 9.4 sollte vielmehr auch ein etwaiger Schaden durch entgangenen Gewinn abgedeckt werden. Eine 2%ige Schadenspauschale für entgangenen Gewinn ist unbedenklich (OLG Hamm a. a. O.; OLG Nürnberg, WM 1968, 346 und BGH, Betrieb 1978, 1732 zum alten Recht). Daß hier als Schaden entgangener Gewinn in Frage kommt, hat das Landgericht bereits zutreffend dargelegt. Der Senat hat insoweit auch keine Bedenken. Denn unter Berücksichtigung der Höhe des Darlehens, seiner langen Laufzeit und der nach dem eigenen Vortrag des Beklagten für die Klägerin sehr günstigen Konditionen, – die Beklagten wollten aufgrund der zwischenzeitlich am Kapitalmarkt eintretenden Entspannungstendenzen günstigere Hypothekenkonditionen mit der Klägerin vereinbaren – kann nach dem gewöhnlichen Lauf der Dinge und nach den besonderen Umständen des vorliegenden Falles, worauf hier gem. § 252 BGB abzustellen ist, erwartet werden, daß die Klägerin durch die Vergabe des Darlehens auch einen Gewinn erzielt hätte. Des weiteren Vortrages hierzu bedurfte es seitens der Klägerin nicht. Dabei ist auch zu bedenken, daß die Klägerin aufgrund der langen Laufzeit des Darlehens ohnehin im einzelnen jetzt nicht schon darlegen könnte, welcher konkrete Gewinn mit dem Darlehensgeschäft letztlich hätte erzielt werden können. Außerdem hätte sich der Beklagte zu 2 auch ohne weiteren Vortrag der Klägerin durch Nachforschungen auf dem allgemein zugänglichen Kapitalmarkt sachkundig machen müssen, wenn er behaupten wollte, daß dieses konkrete Darlehensgeschäft kein Gewinngeschäft für die Klägerin gewesen wäre. Insoweit fehlt es an einem substantiierten Vortrag des Beklagten zu 2. ...

Eine Klausel in Ratenkreditbedingungen, wonach sich die Teilzahlungsbank bei Zahlungsrückständen „Verzugszinsen von 1,75% pro angefangenen Monat" versprechen läßt, ist nach § 11 Nr. 5a AGBG unwirksam, denn der gewöhnlich zu erwartende Schaden einer Teilzahlungsbank beschränkt sich auf ihre zusätzlichen Refinanzierungskosten. 19

OLG Hamburg, Urteil vom 12. 7. 1985 – 14 U 114/84 – nicht rechtskräftig; NJW-RR 1986, 47 = WM 1985, 1522.

Sachverhalt:

Der Kläger verlangt Rückgewähr gezahlter Kreditgebühren wegen Nichtigkeit des zugrunde liegenden Ratenkreditvertrages.
Das Landgericht hat die Klage abgewiesen. Die Berufung des Klägers hatte Erfolg.

§ 11 Nr. 5a *Klauselverbote ohne Wertungsmöglichkeit* Nr. 19

Aus den Gründen: ...

b) Es mag dahinstehen, ob es angesichts der festgestellten eklatanten Zinsdifferenz auf die Frage einer zusätzlichen und einseitigen Belastung des Klägers durch die Allg. Darlehensbedingungen der Beklagten überhaupt noch ankommt. Die Bedingungen der Beklagten unterliegen jedenfalls in mehreren Punkten der Beanstandung. Seine im Urteil vom 16. Oktober 1981 (14 U 108/80) vertretene gegenteilige Auffassung hält der Senat unter dem Eindruck neuerer Entwicklungen in Rechtsprechung und Schrifttum nicht mehr aufrecht.

Die bereits drückende Belastung des Klägers in Gestalt der Primärleistungspflichten wird durch die Kreditbedingungen der Beklagten nochmals erhöht, wenn der Vertrag notleidend wird. So soll der Darlehensnehmer der Beklagten nach Ziff. 6 auch für Rechtsverfolgungskosten gegenüber Mitschuldnern und Bürgen einstehen, obwohl der Darlehensnehmer weder auf die Einleitung noch die Durchführung dieser Verfahren auch nur den geringsten Einfluß hat. Zu beanstanden ist des weiteren Ziff. 9 der Kreditbedingungen, wo sich die Beklagte bei Zahlungsrückständen „Verzugszinsen von 1,75 % pro angefangenen Monat" versprechen läßt. Die Beklagte kann hier nicht einwenden, daß dieser Verzugszins effektiv deutlich unter dem Effektivzins liegt, den die Parteien als Entgelt für die Überlassung des Kapitals ausbedungen haben. Als pauschalierter Schadensersatz ist der berechnete Verzugszins nämlich an § 11 Nr. 5a AGBG zu messen. Dabei ergibt sich, daß der von der Beklagten berechnete Satz von 21 % p. a. den „nach dem gewöhnlichen Lauf der Dinge zu erwartenden Schaden" deutlich übersteigt. Für den Normalfall kann davon ausgegangen werden, daß eine Teilzahlungskreditbank anstelle der vom Schuldner vorenthaltenen Liquidität ohne weiteres auf zusätzliche Refinanzierungskontingente zurückgreifen und auf dieser Basis weitere Ausleihungen tätigen kann. Der gewöhnlich zu erwartende Schaden beschränkt sich daher auf die zusätzlichen Refinanzierungskosten (insoweit übereinstimmend der 10. Zivilsenat des Hanseatischen Oberlandesgerichts, Urt. v. 18. April 1985 – 10 U 108/84). Die Refinanzierungskosten der Teilzahlungskreditbanken, die sich im wesentlichen aus Bankkrediten refinanzieren, lagen nach Kenntnis des Senats auch während der Hochzinsphase stets deutlich unter der von der Beklagten berechneten Verzugszinspauschale von 21 % p. a.

Unangemessen ist es ferner, wenn die Beklagte bei Verzug des Schuldners Monatszinsen bereits für jeden angefangenen Monat berechnet. Diese Berechnungsmethode kann bei lediglich kurzfristigem Verzug von wenigen Tagen zu unverhältnismäßig hohen Effektivzinsen führen (so zutr. OLG Düsseldorf, AGBE VI § 11 Nr. 12 = EWiR 1985, 127 mit zustimmender Anm. Bunte); die Beklagte hätte sich deshalb auf die Berechnung von Tageszinsen beschränken müssen.

Ziff. 9 der Kreditbedingungen verstößt schließlich insoweit gegen § 11 Nr. 5a AGBG, als für Rückstände von mehr als einer Rate Mahnspesen bzw. Bearbeitungsgebühren liquidiert werden können, die nach der Höhe der Restforderung gestaffelt sind. Bei einer Restforderung von beispielsweise 20 000,– DM stellen sich allein die Bearbeitungsspesen nach dieser Klausel bereits auf 230,– DM. Es ist jedoch nicht erfindlich, inwiefern der Bearbeitungsaufwand mit der Höhe der Restforderung linear steigen soll. Auch diese Schadenspauschalierung entspricht daher nicht der Höhe des gewöhnlich zu erwartenden Schadens. ...

Nrn. 20—21 *Pauschalierung von Schadensersatzansprüchen* § 11 Nr. 5a

Die in Möbelkaufverträgen enthaltenen Klauseln 20

„Die Kosten einer Einlagerung betragen 1% der Kaufsumme pro Monat."

„Bei Annahmeverzug ist der Käufer verpflichtet, 25% des Kaufpreises als Kaufsicherheit zu zahlen."

„Die Verkäuferin kann Schadensersatz wegen Nichterfüllung in Höhe von 25% der Kaufsumme verlangen, unbeschadet des Rechts des Käufers, einen geringeren Schaden nachzuweisen."

verstoßen nicht gegen § 11 Nr. 5 AGBG und sind wirksam.

OLG Celle, Urteil vom 17. 7. 1985 — 3 U 157/84 — rechtskräftig;

Sachverhalt und **Gründe** sind abgedruckt unter Nr. 133 zu § 9 AGBG.

1. Eine Verzugsschadensklausel für den Fall der Kündigung des Darlehens 21
wegen Zahlungsverzugs des Darlehensnehmers ist unbedenklich, wenn die Bank sich darin Zinsen in Höhe des vereinbarten Effektivzinses bis zum Ablauf der festgelegten Laufzeit des Darlehens ausbedingt. Für diesen Zeitraum entspricht der vereinbarte Effektivzins bei einer generalisierenden Betrachtungsweise dem Schaden, der nach dem gewöhnlichen Lauf der Dinge im Verzugsfall zu erwarten ist.

2. Soweit die Klausel im Verzugsfall auch über die vereinbarte Laufzeit hinaus Zinsen in Höhe des vereinbarten Effektivzinses zubilligt, hält sie der Inhaltskontrolle nach § 11 Nr. 5a AGBG nicht stand.

OLG Hamm, Urteil vom 24. 7. 1985 — 11 U 172/84 — rechtskräftig; WM 1985, 1338.

Sachverhalt:

Die Beklagte und ihr Lebensgefährte H. beantragten bei der Klägerin einen Ratenkredit.

Die Beklagte und H. verpflichteten sich in dem mit „Kreditvertrag" überschriebenen Formular zur Rückzahlung des Gesamtkreditbetrages in 40 Monatsraten, beginnend mit dem 1. Mai 1982. Der effektive Jahreszins wurde in dem Formular mit 22,8% angegeben. Bis November 1982 wurden die vereinbarten Kreditraten gezahlt. Am 25. Oktober 1982 gab H. auf Betreiben eines anderen Gläubigers die eidesstattliche Versicherung ab. Da weitere Ratenzahlungen ausblieben, kündigte die Klägerin den Kredit mit einem an H. gerichteten Schreiben vom 31. Januar 1983 zur sofortigen Rückzahlung. Sie hat im Anschluß daran ihre Restforderung auf 5383,95 DM ermittelt.

Diesen Betrag nebst 21,07% Zinsen begehrt die Klägerin mit ihrer Klage.

Das Landgericht hat der Klage bis auf einen Teil der Zinsen stattgegeben. Die dagegen gerichtete Berufung der Beklagten hatte nur zu einem geringen Teil Erfolg.

§ 11 Nr. 5a *Klauselverbote ohne Wertungsmöglichkeit* Nr. 21

Aus den Gründen:

I.

1. Der Darlehensvertrag ist nicht wegen Verstoßes gegen die guten Sitten nach § 138 Abs. 1 BGB nichtig. Nach der ständigen Rechtsprechung des BGH, der der Senat folgt, ist ein Ratenkreditvertrag als wucherähnliches Ausbeutungsgeschäft nach § 138 Abs. 1 BGB nichtig, wenn zwischen den Leistungen des Kreditgebers und den durch einseitige Vertragsgestaltung festgelegten Gegenleistungen des Kreditnehmers ein auffälliges Mißverhältnis besteht und darüber hinaus besondere Umstände vorliegen, die dem Vertrag ein sittenwidriges Gesamtgepräge geben. Vorliegend fehlt es bereits an einem auffälligen Mißverhältnis, so daß eine Sittenwidrigkeit des Darlehensvertrages nicht in Betracht kommt. Der vereinbarte effektive Jahreszins – berechnet nach der sog. Uniformmethode – beträgt ohne Berücksichtigung der Kosten der Restschuldversicherung 22,83%. Der marktübliche effektive Jahreszins belief sich zur damaligen Zeit – März 1982 – auf 16,62%. Da der Vertragszins den Marktzins lediglich um 37,36% überschreitet, ist die Annahme eines auffälligen Mißverhältnisses zwischen Leistung und Gegenleistung nicht gerechtfertigt.

2. Nicht haltbar ist die Auffassung der Berufung, daß Nr. 4 Abs. 1 der Kreditbedingungen der Klägerin der Inhaltskontrolle nach § 9 AGBG nicht standhalte und deswegen der gesamte Darlehensvertrag unwirksam sei. Wie sich aus § 6 Abs. 1 AGBG ergibt, bleibt ein Vertrag bei Unwirksamkeit Allgemeiner Geschäftsbedingungen im übrigen wirksam. Nur unter ganz besonderen Umständen tritt Unwirksamkeit des ganzen Vertrages ein (vgl. § 6 Abs. 3 AGBG). Die Voraussetzungen dieser Vorschrift sind weder dargetan noch sonst ersichtlich. ...

II.

Da der Darlehensvertrag wirksam zustande gekommen ist, ist auch die Beklagte zur Rückzahlung des Darlehens verpflichtet, wenn das Darlehen gewährt worden ist (§ 607 Abs. 1 BGB). Darüber hinaus liegt ein Vereinbarungsdarlehen vor, soweit der Vorkredit aus der Darlehenssumme abgelöst werden sollte (§ 607 Abs. 2 BGB). Auch insoweit hat sich die Beklagte zur Darlehensrückzahlung verpflichtet. ...

Nach alledem kann die Klägerin von der Beklagten als Gesamtschuldnerin mit H. Zahlung von insgesamt 5325,95 DM verlangen.

III.

Zinsen von diesem Betrag kann die Klägerin in Höhe des (bereinigten) effektiven Jahreszinses von 21,07% lediglich bis 31. August 1985 fordern, also bis zum Ende der ursprünglich vereinbarten Laufzeit des Darlehens; danach stehen ihr Zinsen lediglich in Höhe von 9% zu.

1. Allerdings hat die Klägerin sich nach Nr. 4 Abs. 2 ihrer Kreditbedingungen ausbedungen, daß die nach Rückrechnung verbleibende Restforderung vom Eintritt der Gesamtfälligkeiten mit dem vereinbarten Jahreszins verzinst wird, und zwar ohne jede zeitliche Begrenzung. Wie der Senat zwischenzeitlich für eine ähnliche AGB-Klausel in seinem nicht rechtskräftigen Urteil vom 28. Juni 1985, AGBE VI § 11 Nr. 17, entschieden hat, halten Klauseln der vorliegenden Art nur teilweise der Inhaltskontrolle nach § 11 Nr. 5 AGBG stand. Nach dieser Vorschrift ist in AGB die Vereinbarung eines pauschalierten

Anspruchs des Verwenders auf Schadensersatz oder Ersatz einer Wertminderung unwirksam, wenn die Pauschale den in den geregelten Fällen nach dem gewöhnlichen Lauf der Dinge zu erwartenden Schaden oder die gewöhnlich eintretende Wertminderung übersteigt (Nr. 5 a) oder dem anderen Vertragsteil der Nachweis abgeschnitten wird, ein Schaden oder eine Wertminderung sei überhaupt nicht entstanden oder wesentlich niedriger als die Pauschale (Nr. 5 b). Im vorliegenden Fall ist den Darlehensnehmern der Nachweis eines geringeren Schadens durch Nr. 4 Abs. 2 der Kreditbedingungen nicht abgeschnitten. Nach der Rechtsprechung des BGH, der der Senat folgt, braucht eine Schadenspauschalierungsklausel nicht den ausdrücklichen Vorbehalt des Rechts des Gegenbeweises zu enthalten. Allerdings darf sich auch aus der Formulierung der Klausel nicht konkludent ergeben, daß der Gegenbeweis ausgeschlossen sein soll (BGH WM 1985, 473, 474 m.w.N.).

Durch die hier gegebene Formulierung „berechnet die Bank" will sich der Verwender erkennbar nur die Darlegung der Schadenshöhe erleichtern und seine Beweislage verbessern; dem Kunden soll aber nicht die Möglichkeit des Gegenbeweises genommen werden (BGH a.a.O.). Eine Unwirksamkeit der Klausel nach § 11 Nr. 5 b AGBG scheidet deshalb aus.

2. Die Klausel ist aber teilweise nach § 11 Nr. 5 a AGBG unwirksam.

a) Nr. 4 Abs. 2 der Kreditbedingungen der Klägerin beinhaltet die Vereinbarung eines pauschalierten Anspruchs des Verwenders auf Schadensersatz im Falle des Verzuges des Darlehensnehmers mit der Rückzahlung des Restdarlehens. Die Klausel betrifft sowohl die Zeit bis zum Ende der ursprünglich vereinbarten Laufzeit als auch die Zeit nach dem vorgesehenen Vertragsende. Es handelt sich dabei um zwei verschiedene Regelungsgegenstände, die zwar in einer Klausel zusammengefaßt und dort sprachlich nicht unterschieden sind, sachlich aber doch voneinander getrennt werden können. Der Senat hält es für zulässig und geboten, die Klausel nach den beiden Regelungsgegenständen getrennt einer Inhaltskontrolle nach dem AGB-Gesetz zu unterziehen. Es handelt sich dabei nicht um eine (unzulässige) sog. geltungserhaltende Reduktion, sondern um eine differenzierende Beurteilung einer teilbaren Klausel.

b) Die Klausel ist unbedenklich, soweit sich die Klägerin damit Zinsen in Höhe des vereinbarten Effektivzinses bis zum Ablauf der ursprünglich festgelegten Laufzeit des Darlehens ausbedungen hat. Denn für diesen Zeitraum entspricht der vereinbarte Effektivzins im Rahmen einer zulässigen generalisierenden Betrachtungsweise dem Schaden, der nach dem gewöhnlichen Lauf der Dinge im Verzugsfall zu erwarten ist.

aa) Mit der wirksamen Kündigung des Darlehens wird das Schuldverhältnis beendet. Es erlöschen dann auch die beiderseitigen Verpflichtungen zur Erfüllung des Darlehens. Der Darlehensnehmer hat zwar jetzt das empfangene Darlehen zurückzuerstatten (§ 607 BGB). Er schuldet aber, da das Schuldverhältnis in das Abwicklungsstadium getreten ist, keine Vertragszinsen mehr für die Nutzung des Kapitals.

bb) Durch eine vom Darlehensnehmer zu vertretende Kündigung und durch den Verzug mit der Rückzahlung des Darlehens entstehen dem Darlehensgeber Vermögensnachteile, deren Ausgleich dieser beanspruchen kann. Für die ursprünglich vereinbarte Laufzeit entsteht dem Darlehensgeber ein Schaden insoweit, als er wegen der Vorenthaltung des Darlehenskapitals weiterhin mit den Refinanzierungskosten belastet bleibt; diese fallen bei wirtschaftlicher Betrachtung während der gesamten Laufzeit des Darlehens an, auch wenn die Bank die Refinanzierungskosten im Einzelfall nicht laufend, sondern durch Einmalzahlung oder durch Teilzahlungen in bestimmten Zeitabschnitten aufbringen sollte. Dem Darlehensgeber entgeht darüber hinaus wegen der vom Darlehensnehmer zu vertretenden Kündigung und des dadurch bedingten Wegfalls des Anspruchs auf Vertragszinsen der Gewinnanteil, der in den Vertragszinsen typischerweise enthalten ist. Es trifft nicht zu, daß sich der Schaden des Darlehensgebers lediglich in den Refinanzierungskosten ausdrückt (so allerdings Reifner, BB 1985, 87, 91); neben diesem Verzögerungsschaden entsteht vielmehr bei einer hier gebotenen generalisierenden Betrachtungsweise ein Nichterfüllungsschaden. Dieser liegt im wesentlichen in dem Gewinn, den sich der Darlehensgeber von der Durchführung des Vertrages versprochen hat und der jetzt ausbleibt. Bei vertragsgemäßer Abwicklung wäre dieser Gewinn nach dem gewöhnlichen Lauf der Dinge mit der Zahlung der vereinbarten Zinsen dem Darlehensgeber zugeflossen. Das gilt für die gesamte Dauer der vereinbarten Laufzeit und nicht nur bis zu dem Termin, zu dem der Darlehensnehmer den Darlehensvertrag frühestens hätte kündigen können. Für den Ersatz entgangenen Gewinns kommt es auf den gewöhnlichen Lauf der Dinge an (§ 252 BGB). Nach dem gewöhnlichen Verlauf kann davon ausgegangen werden, daß der Darlehensnehmer den Vertrag nicht vorzeitig kündigt, sondern über die volle Laufzeit bestehen läßt (so auch Löwisch, BB 1985, 959, 960).

Gegen den Ansatz des zu erwartenden Gewinns als Schadensposten kann nicht eingewandt werden, mit der Erstattung der Refinanzierungskosten im Rahmen des Schadensersatzes werde die Bank in die Lage versetzt, Kompensationsgeschäfte abzuschließen und sich den entgangenen Gewinn auf diese Weise zu verschaffen (so offenbar Reifner, a.a.O., S. 91).

Dabei wird übersehen, daß die Bank ohnehin so viele Kreditgeschäfte abschließt, wie sie meint vertreten zu können. Trotzdem entgeht ihr bei dem konkreten, notleidend gewordenen Kreditgeschäft der Gewinn, den sie nach dem gewöhnlichen Lauf der Dinge erwarten durfte. Der Bank kann daher nach Auffassung des Senats der Gewinn nicht mit der Begründung vorenthalten werden, sie könne den Gewinnausgleich mit Hilfe der zugebilligten Refinanzierungskosten bei einem anderen Kreditgeschäft suchen (wobei ohnehin nicht sicher ist, daß der anderweitig erzielbare Gewinn dem Gewinn entspricht, der aus dem notleidend gewordenen Kreditgeschäft zu erwarten war). Der hier vertretenen Auffassung entspricht auch die Rechtsprechung des BGH zu AGB-Klauseln, mit denen sich die Bank insbesondere für den Fall, daß ein Darlehen nicht abgenommen wird, die Zahlung einer sogenannten Nichtabnahmeentschädigung ausbedingt (vgl. dazu BGH WM 1985, 686 = ZIP 1985, 673, 675 m.w.N.). Vielfach dient eine solche Nichtabnahmeentschädigung nicht nur der Abgeltung entstandener Aufwendungen der Bank, sondern auch dem Ausgleich des entgangenen Gewinns. Auch insoweit kann die Bank nicht darauf verwiesen werden, sich den ausgebliebenen Gewinn aus der Ausleihung des freigewordenen Darlehensbetrages zu verschaffen. Die gleichen Überlegungen gelten, soweit mit den Vertragszinsen die allgemeinen Geschäftsunkosten ausgeglichen werden sollten.

Zusammenfassend ist mithin davon auszugehen, daß der Schaden der Bank bei Verzug des Kunden mit der Rückzahlung des Darlehens während der Dauer der vereinbarten Laufzeit typischerweise zum einen in den auf das Darlehenskapital entfallenden Refinanzierungskosten und zum anderen in dem entgangenen Gewinn aus dem gekündigten Vertrag besteht. Nach Auffassung des Senats ist im Rahmen einer zulässigen Schadenspauschalierung der ursprünglich vereinbarte Effektivzins geeignet, diesen Schaden auszudrücken, den der Darlehensgeber nach dem gewöhnlichen Lauf der Dinge erleidet, wenn er das Darlehen wegen vertragswidrigen Verhaltens des Darlehensnehmers – vorzeitig – kündigt und der Darlehensnehmer die Darlehenssumme dann nicht sofort zurückzahlt.

c) Soweit die Klausel in Nr. 4 Abs. 2 der Kreditbedingungen der Klägerin im Verzugsfall auch über die vereinbarte Laufzeit hinaus Zinsen in Höhe des vereinbarten Effektivzinses zubilligt, hält sie der Inhaltskontrolle nach § 11 Nr. 5a AGB-Gesetz nicht stand. In diesem Falle übersteigt die Schadensersatzpauschale den Schaden, der nach dem gewöhnlichen Lauf der Dinge zu erwarten ist. Denn nach Beendigung der ursprünglich vereinbarten Laufzeit des Darlehens besteht der Schaden wegen der Vorenthaltung der Darlehenssumme (und etwaiger anderer Beträge) typischerweise nur noch in den Refinanzierungskosten, die erheblich unter dem vereinbarten effektiven Jahreszins liegen können. Als Schaden kommt ein entgangener Gewinn nach Ende der vereinbarten Laufzeit nicht in Betracht. Denn es ist davon auszugehen, daß die darlehensgewährende Bank sich bei Verzug des Kunden mit der Darlehensrückzahlung anderweitig refinanziert und auf diese Weise die Möglichkeit kompensiert, mit dem von dem Kunden geschuldeten Betrag gewinnbringend zu arbeiten.

3. Der teilweise Wegfall der Klausel Nr. 4 Abs. 2 der Kreditbedingungen führt indes nicht dazu, daß die Klägerin lediglich Verzugszinsen in Höhe von 4% beanspruchen könnte (§ 288 Abs. 1 BGB). Vielmehr kann die Klägerin grundsätzlich für die Zeit nach der ursprünglich vereinbarten Laufzeit des Darlehens – also ab 1. September 1985 – nach § 288 Abs. 2 BGB Verzugszinsen in Höhe eines marktüblichen und tragbaren Wiederanlagezinses verlangen. Der Senat schätzt diesen Zins in ständiger Rechtsprechung anhand der in den Monatsberichten der Deutschen Bundesbank ausgewiesenen durchschnittlichen Sollzinssätze für Kontokorrentkredite unter 1 Million DM. Er beträgt hier 9% ...

Die in den Allgemeinen Darlehensbedingungen eines Kreditinstituts enthaltene Klausel über eine Nichtabnahmeentschädigung von 3% verstößt nicht gegen § 11 Nr. 5a AGBG. 22

OLG Stuttgart, Urteil vom 2. 10. 1985 – 13 U 32/85 – rechtskräftig; NJW 1986, 436 = NJW-RR 1986, 281.

Sachverhalt:

Die Klägerin, eine Hypothekenbank, macht gegen die Beklagten Ansprüche auf Zahlung einer Entschädigung wegen Nichtabnahme eines Darlehens sowie auf Zahlung von Bereitstellungszinsen geltend.

Die Beklagten wollten auf ihrem an erster Rangstelle mit einer Grundschuld der Kreissparkasse in Höhe von 275000,– DM belasteten Grundstück 3 Reihenhäuser bauen und verkaufen. Wegen einer Finanzierung traten sie mit der Klägerin in Verbindung. Mit Schreiben vom 11. 3. 1981 übersandte die Klägerin das vorbereitete Formular für einen Darlehensantrag über 430000,– DM und vermerkte dabei u. a.: „Wie bereits besprochen, ist für uns eine erstrangige Grundschuld erforderlich, so daß die Kreissparkasse mit ihrem Recht von 275000,– DM im Rang zurücktreten muß" Die Allgemeinen Darlehensbedingungen waren beigefügt; sie sehen in Ziff. 13 eine Nichtabnahmeentschädigung von 3% des Darlehensnennbetrages neben den ebenfalls geschuldeten Bereitstellungs-

§ 11 Nr. 5a   *Klauselverbote ohne Wertungsmöglichkeit*   Nrn. 22–23

zinsen vor. Am 27. 4. 1981 unterzeichneten die Beklagten den Darlehensantrag, am 5. 5. 1981 sagte die Klägerin das beantragte Darlehen zu. Später teilten die Beklagten der Klägerin mit, die Kreissparkasse trete im Rang nicht zurück, und baten um Lösung des Darlehensvertrags. Daraufhin erklärte die Klägerin die Kündigung des Vertrages und verlangte für die Zeit vom 5. 5.–30. 8. 1981 0,25% monatliche Bereitstellungszinsen (= 4156,63 DM) sowie anstelle der in den Allgemeinen Bedingungen genannten 3% Nichtabnahmeentschädigung „im Interesse einer schnellen und einvernehmlichen Erledigung" eine Entschädigung von 1% (4300,- DM).
Das Landgericht hat die Beklagten zur Zahlung der Nichtabnahmeentschädigung verurteilt und die Klage im übrigen abgewiesen.
Die Berufung der Klägerin hatte Erfolg; die Berufung der Beklagten wurde zurückgewiesen.

Aus den Gründen: ...
1. Die Vertragsbestimmung über die 3%ige Nichtabnahmeentschädigung ist wirksam. Die dagegen zitierte Entscheidung des OLG Hamm, NJW 1983, 1503, betrifft nur eine 3%ige Bearbeitungsgebühr, nicht eine Nichtabnahmeentschädigung. Den nach dem gewöhnlichen Verlauf der Dinge zu erwartenden Schaden, woran die Klausel gemäß § 11 Nr. 5a AGBG zu messen ist, übersteigt dieser Prozentsatz nicht. Bei einer jährlichen Zinsspanne von 0,5% (so branchenüblich gemäß OLG Koblenz, WM 1983, 802, in einem vergleichbaren Fall) hätte das Darlehen voraussichtlich etwas über 6 Jahre laufen müssen (über 6 Jahre wegen der Abzinsung), um diese Marge zu erreichen. Das ist bei den Tilgungsbedingungen anzunehmen (10% der Darlehenssumme jährlich zu zahlen, davon 9% der Darlehensrestsumme als Zins); die Fälligkeit zum 31. 5. 1983 bedeutet im Schwerpunkt nur die Möglichkeit einer Anpassung der Bedingungen zu diesem Zeitpunkt. Über diese maßgeblichen Umstände des Einzelfalls hinausreichende allgemeine Überlegungen stehen einer Pauschale von 3% als Nichtabnahmeentschädigung ebenfalls nicht entgegen (BGH NJW 1985, 1831).
2. Die Forderung auf Zahlung von Bereitstellungszinsen ist nicht verjährt (BGH WM 1978, 422 = DB 1978, 1732). Bereitstellungszinsen haben die „Funktion, der Bank einen Ausgleich für die während der Bereithaltung des Kapitals entgangenen Zinserträge zu bieten" bzw. bilden sie „nur eine Vergütung für die Bereithaltung einer zugesagten Darlehensvaluta". Sie bilden daher eine vertragliche Gegenleistung für die Bereithaltung des Kapitals. Ein Grund, warum sie anders als die Gegenleistung für das Zurverfügungstellen des Kapitals selbst verjähren sollten, besteht nicht. Weder nach sinngemäßer noch nach wortgetreuer Auslegung fallen sie daher unter § 196 Abs. 1 Nr. 1 BGB, denn um eine „Geschäftsbesorgung" im Sinne dieser Bestimmung handelt es sich bei der Darlehensgewährung und Bereithaltung nicht. Auch eine Dienstleistung im Sinne von § 196 Abs. 1 Nr. 7 BGB liegt nicht vor. Da die Bereitstellungszinsen (wie die Darlehenszinsen) regelmäßig wiederkehrend fällig werden, verjährt die Forderung gem. §§ 197, 201 ZPO 4 Jahre nach dem 31. 12. 1981, die hier bei Rechtshängigkeit noch nicht verstrichen waren.

23   Eine Verzugsschadenspauschalierung in Ratenkreditbedingungen von 0,08% pro Tag entspricht nicht dem nach dem gewöhnlichen Lauf der Dinge bei Teilzahlungskrediten zu erwartenden Schaden und ist daher nach § 11 Nr. 5a AGBG unwirksam.

OLG Koblenz, Beschluß vom 7. 10. 1985 – 5 W 366/85;

Die **Gründe** sind abgedruckt unter Nr. 27 zu § 9 AGBG.

Nrn. 24-27 *Pauschalierung von Schadensersatzansprüchen* § 11 Nr. 5a

Bei einer Entschädigungsklausel in einem Darlehensvertrag, nach der bei 24
Nichtzustandekommen einer Zinsanpassung eine pauschale Zusatzgebühr von
1,5% der Darlehenssumme erhoben wird, handelt es sich nicht um einen pauschalierten Schadensersatzanspruch im Sinne des § 11 Nr. 5 AGBG, denn eine Verletzung vertraglicher Pflichten durch den Darlehensnehmer, die Schadensersatzansprüche des Darlehensgebers auslösen würde, liegt nicht vor, da der Darlehensnehmer keine Treuepflicht dem Darlehensgeber gegenüber übernommen hat, einem marktkonformen Verlängerungsangebot des Darlehensgebers den Vorzug zu geben.

LG Dortmund, Urteil vom 24. 1. 1985 – 17 S 380/84 – rechtskräftig; WM 1985, 536.

Auf den Abdruck von **Sachverhalt** und **Gründen** wird verzichtet.

Eine Klausel in den Bedingungen eines Trainings-Centers, nach der für jede 25
Mahnung eine Unkostenpauschale in Höhe von 10,- DM zu zahlen ist, ist
sowohl nach § 11 Nr. 5a AGBG wie auch nach § 11 Nr. 5b AGBG unwirksam.

LG Frankfurt, Urteil vom 21. 5. 1985 – 2/13 O 21/85 – rechtskräftig;

Auf den Abdruck von **Sachverhalt** und **Gründen** wird verzichtet.

Die Klausel in einem Wartungsvertrag für Blitzschutzanlagen 26
„Wird der Vertrag seitens des Auftraggebers nicht eingehalten oder übernimmt im Falle der Veräußerung des Gebäudes der Käufer nicht den bestehenden Vertrag, ist der Auftragnehmer berechtigt, den entstehenden Schaden in seiner Höhe, mindestens jedoch 50% der restlichen Gesamtprüfungskosten sofort als Abfindung zu fordern."
verstößt sowohl gegen § 11 Nr. 5a AGBG wie auch gegen § 11 Nr. 5b AGBG und ist unwirksam.

LG München I, Urteil vom 11. 6. 1985 – 7 O 6800/85 – rechtskräftig;

Auf den Abdruck von **Sachverhalt** und **Gründen** wird verzichtet.

Eine in einem Bauvertrag festgelegte Vertragsstrafe von 1% des Rechnungsbe- 27
trages für jeden Tag der Überschreitung der vereinbarten Ausführungsfristen
ist unangemessen hoch und daher nach § 11 Nr. 5 AGBG unwirksam.

LG Frankfurt, Urteil vom 8. 10. 1985 – 2/13 O 177/85 – rechtskräftig;

Sachverhalt und **Gründe** sind abgedruckt unter Nr. 45 zu § 9 AGBG.

§ 11 Nr. 5a   *Klauselverbote ohne Wertungsmöglichkeit*   Nr. 28

28 1. Die Darlehensbedingung einer Teilzahlungsbank, nach der pro Mahnung eine pauschale Gebühr von 8,- DM berechnet wird, ist nach § 11 Nr. 5a AGBG unwirksam.

2. Unwirksam ist nach § 11 Nr. 5a AGBG auch die Klausel einer Teilzahlungsbank, nach der bei Verzug Zinsen in Höhe von 1,8% pro Monat fällig werden.

AG Fürth, Urteil vom 31. 5. 1985 – 6 C 630/85 – rechtskräftig; NJW-RR 1986, 154.

Sachverhalt:

Die Beklagte hatte 1982 mit der Klägerin einen Teilzahlungsvertrag über einen Gesamtkredit von 759,24 DM geschlossen. Sie verpflichtete sich, den Kredit nach einem bestimmten Zahlungsplan in 18 Monatsraten an die Klägerin zurückzuerstatten. Die Beklagte geriet mit der Zahlung einiger Monatsraten in Verzug, so daß die letzte Rate nicht wie vorgesehen am 1. 7. 1984, sondern erst am 2. 10. 1984 bei der Klägerin einging. Die Klägerin mahnte die Beklagte an, sobald sich diese mehr als 10 Tage mit der Zahlung einer Rate in Verzug befand. Bis zur Zahlung der letzten Rate verschickte die Klägerin 15 Mahnungen an die Beklagte. Sie berechnete für eine Mahnung zunächst 8,- DM, später 10,- DM. Insgesamt verlangte sie von der Beklagten 134,- DM Mahngebühren, 6,83 DM Verzugsgebühren, 16,30 DM Stundungsgebühren, 25,- DM Verwaltungsgebühren und 1,8% Verzugszinsen pro Monat.

Das AG hat die Klage abgewiesen.

Aus den Gründen:

1. Soweit die Klägerin Mahngebühren geltend macht, beruft sie sich auf Nr. 4 ihrer Darlehensbedingungen, wonach pro Mahnung eine Gebühr von 8,- DM zu zahlen ist. Diese Klausel ist gem. § 11 Nr. 5a AGBG unwirksam. Eine Pauschale von 8,- DM für die Mahnung einer Teilzahlungsbank ist ungewöhnlich hoch (vgl. Nachweis bei Palandt-Heinrichs, BGB, 44. Aufl., § 11 AGBG Anm. 5). Dies zeigt sich im vorliegenden Fall besonders deutlich: Die Beklagte wurde routinemäßig durchschnittlich einmal im Monat wegen rückständiger Forderungen gemahnt, so daß nach ca. 15 Monaten Mahngebühren von 134,- DM entstanden sind, was hier ca. 20% der Kreditsumme ausmacht. Seit Januar 1984 wurden sogar 10,- DM Mahngebühren für eine Mahnung berechnet, was nicht einmal von Nr. 4 der Darlehensbedingungen gedeckt ist.

2. Verzugs- und Stundungsgebühren – hier 23,13 DM – sind in den Darlehensbedingungen nicht erwähnt. Es wurde auch nicht substantiiert vorgetragen, daß diese Gebühren einen Verzugsschaden im Sinne des § 286 BGB darstellen sollen.

3. Sonstige Kosten in Höhe von 25,- DM wurden ebenfalls nicht ausreichend substantiiert. In den Darlehensbedingungen findet sich darüber nichts.

4. Verzugszinsen: Soweit in den Darlehensbedingungen für Verzugszinsen ein Zinssatz von 1,8% pro Monat festgelegt wurde, ist die Klausel gem. § 11 Nr. 5a AGBG ebenfalls unwirksam (vgl. Palandt-Heinrichs, § 11 AGBG Anm. 5). Grundsätzlich kann die Klägerin daher nur 4% Verzugszinsen verlangen (§ 288 Abs. 1 BGB). Auch insoweit besteht jedoch kein Anspruch gegen die Beklagte. Die Beklagte war zwar am 31. 7. 1984 mit der Zahlung von 87,24 DM in Verzug ... Die Beklagte zahlte erst am 2. 8. 1984, 4. 9. 1984 und 2. 10. 1984 je 42,- DM. Allerdings hat die Beklagte bisher an die Klägerin 672,- DM und 3 × 42,- DM = 798,- DM gezahlt. Diese Summe übersteigt die berechtigte Forderung von 759,24 DM um 38,76 DM. Die keinesfalls höheren Verzugszinsen

von 4% könnte die Beklagte daher sofort wieder von der Klägerin nach § 812 BGB zurückfordern. In einem solchen Fall würde eine Verurteilung der Beklagten gegen Treu und Glauben verstoßen (§ 242 BGB); denn es ist anerkannt, daß eine Rechtsausübung dann unzulässig ist, wenn eine Leistung gefordert wird, die alsbald zurückzuerstatten wäre.

Eine Klausel in den Allgemeinen Geschäftsbedingungen einer Bank, die den Kunden verpflichtet, bei Beendigung der Geschäftsverbindung verbliebene Verbindlichkeiten mit dem für ungenehmigte Kontokorrentkredite geltenden Zinssatz zu verzinsen, ist unwirksam. 29

AG Baden-Baden, Urteil vom 12. 7. 1985 – 1 C 51/85 – rechtskräftig; MDR 1986, 148.

Aus den Gründen:

Wenn die Klägerin einen Kontokorrentkredit kündigt, sind die danach verlangten Zinsen der Sache nach Verzugsschadensersatz. Dementsprechend ist die Zinsklausel der AGB der Klägerin an § 11 Nr. 5a AGBG zu messen. Es bestehen keine Bedenken dagegen, den Verzugsschadensersatz einer Bank abstrakt zu bestimmen. Der Klägerin kann auch dahin gefolgt werden, daß insoweit nicht etwa Refinanzierungskosten maßgeblich sind, sondern der entgangene Gewinn. Dieser kann nach den banküblichen Sollzinsen berechnet werden. Jedoch ist bei einer Bank, die mit ihrem Geld auf verschiedene Art arbeitet, davon auszugehen, daß der Schaden nur nach einem Durchschnittsgewinn berechnet werden kann, der sich nach der Geschäftsstruktur richtet (vgl. BGHZ 62, 103, 107 ff. = MDR 1974, 567; anders OLG Hamm, WM 83, 222; OLG Oldenburg, WM 77, 235; OLG München, WM 84, 229; BGH, WM 84, 131 sowie Canaris, Bankvertragsrecht 2. Aufl. Rdn. 2646 zu AGB der Banken). Weder eine pauschale Bemessung des Verzugsschadens an den Zinsen für ungenehmigte Kontokorrentkredite (z. B. OLG Oldenburg a. a. O.) noch eine Pauschalierung „12,25% über Bundesbankdiskontsatz" (so OLG München, WM 84, 229, und BGH, WM 84, 131) werden diesen Anforderungen bei einer Bank gerecht, deren Geschäfte von Wechseldiskont- und Hypothekarkrediten bis zu ungenehmigten Kontokorrentkrediten reichen.

Aus der von der Klägerin vorgelegten Tabelle über ihre Sollzinsen ergibt sich, daß bei ungenehmigten Kontokorrentkrediten die höchsten Zinsen erzielt werden. Dies entspricht auch dem Üblichen bei Geschäftsbanken und Sparkassen, was sich u. a. den Monatsberichten der Deutschen Bundesbank entnehmen läßt. Es ist daher davon auszugehen, daß der Zinssatz für nicht genehmigte Kontokorrentkredite deutlich über dem durchschnittlich zu erzielenden Zinssatz einer Bank liegt, wenn nicht ausnahmsweise eine ungewöhnliche Geschäftsstruktur vorliegen sollte.

Gegen das Ergebnis, daß mithin die Zinsklausel der AGB unwirksam ist, läßt sich nicht einwenden, daß damit der Beklagte nach Fälligstellung des Kontokorrents weniger Zinsen zahlen muß als vorher. Die Höhe der Zinsen für einen ungenehmigten Kontokorrentkredit bemißt sich bis zur Kündigung nach den vertraglichen Vereinbarungen, wobei sich die Klägerin für die Duldung der Kontoüberziehung ein besonderes Entgelt versprechen läßt; bei der Bemessung dieses Entgelts ist die Klägerin relativ frei. Sie kann insbesondere bei der Festsetzung der Überziehungsprovision eine gewisse Warnfunktion gegenüber dem Kunden berücksichtigen (vgl. OLG Hamm a. a. O.). Diese Gesichtspunkte entfallen jedoch nach einer Kündigung des Kontokorrents. Nunmehr geht es nur noch darum, daß die Klägerin so gestellt wird, wie wenn der Schuldner den fälligen Sollsaldo sofort bei Fälligkeit entrichtet hätte. Dieses Interesse der Klägerin ist nicht vergleichbar mit dem früheren Interesse – während der Duldung der Kontoüberziehung –, das auf Gewinnerzielung ausgerichtet war. Es ist Sache der Klägerin zu entscheiden, wie lange sie eine Geschäftsbeziehung fortsetzen will, um Gewinne zu erzielen, und wann sie eine Geschäftsbeziehung beendet, mit der Maßgabe, daß die Klägerin nunmehr bei der Forderung weiterer Zinsen auf das sich aus § 286 BGB ergebende Interesse beschränkt ist.

§ 11 Nr. 5b – Pauschalierung von Schadensersatzansprüchen

30 Eine AGB-Bestimmung, nach der der Restsaldo eines Ratenkredits nach Verzugseintritt und vorzeitiger Fälligstellung mit dem vereinbarten effektiven Zinssatz zu verzinsen ist, verstößt gegen § 11 Nr. 5b AGBG und ist daher unwirksam. Dahingestellt bleibt, ob auch ein Verstoß gegen § 11 Nr. 5a AGBG vorliegt.

BGH, Urteil vom 31. 1. 1985 – III ZR 105/83; MDR 1986, 35 = NJW 1986, 376 = WM 1985, 473 = ZIP 1985, 466 (mit Anm. Bunte, ZIP 1985, 469).

Sachverhalt:

Die Klägerin gewährte der Beklagten im Juli 1980 einen Ratenkredit mit einer Laufzeit von 47 Monaten. In den Kreditbedingungen der Klägerin heißt es u. a.:

„3. Kreditgebührenvergütung
Wird der Kredit gemäß Ziffer 2 der Kreditbedingungen vorzeitig zurückgezahlt, so vergütet die C Kreditgebühren für die nicht in Anspruch genommene Laufzeit nach der Formel:

$$\frac{\text{Nettokredit} \times \text{Restlaufzeit} \times \text{Monatssatz}}{\text{Ursprungslaufzeit} \times 100}$$

Laufzeitunabhängige Gebühren werden nicht vergütet.

4. Kreditkündigung
Der nach Ziffer 3 Abs. 1 zu errechnende Restsaldo ist zur sofortigen Rückzahlung fällig, wenn der Kreditnehmer mit einer Rate länger als 20 Tage in Verzug gerät. Der Restsaldo ist vom Fälligkeitszeitpunkt ab mit dem vereinbarten effektiven Zinssatz zu verzinsen. Die Geltendmachung eines weiteren Verzugsschadens bleibt vorbehalten."

Als die Beklagte mit ihren Ratenzahlungen wiederholt in Verzug geriet, kündigte die Klägerin den Kredit mit Schreiben vom 27. November 1981. Unter Berufung auf die Nummern 3 und 4 der Kreditbedingungen hat sie mit der Klage Zahlung von 5032,40 DM nebst 22,33% Zinsen ab 1. Dezember 1981 verlangt. In Höhe von 2450,70 DM nebst 4% Zinsen ist die Beklagte gemäß ihrem Anerkenntnis verurteilt worden. Im übrigen hat das Landgericht die Klage abgewiesen. Das Kammergericht hat die Beklagte zur Zahlung weiterer 2542,14 DM nebst 4% Zinsen seit dem 4. Dezember

Nr. 30   *Pauschalierung von Schadensersatzansprüchen*   § 11 Nr. 5 b

1981 verurteilt und die weitergehende Berufung der Klägerin zurückgewiesen. Mit der Revision verfolgt die Klägerin ihren Anspruch auf Zahlung von zusätzlichen 18,33% Zinsen aus 2542,14 DM ab 4. Dezember 1981 weiter.

Die Revision hatte keinen Erfolg.

Aus den Gründen:

I.

Das Berufungsgericht hat ausgeführt: Die Beklagte brauche für die Restforderung von 2542,14 DM nur die gesetzlichen Verzugszinsen von 4% zu zahlen. Der Anspruch der Klägerin auf Weiterzahlung des im Kreditvertrag vereinbarten effektiven Zinssatzes von 22,33% gemäß Nr. 4 der Kreditbedingungen sei unbegründet, weil diese AGB-Klausel der Inhaltsprüfung nach § 11 Nr. 5 AGBG nicht standhalte und deshalb unwirksam sei. Der als Verzugsschadenspauschale geforderte effektive Zinssatz übersteige den nach dem gewöhnlichen Lauf der Dinge zu erwartenden Schaden, weil dieser regelmäßig nur in den Zinsen bestehe, die von der Klägerin selbst zur Refinanzierung gezahlt werden müßten. Ein Anspruch auf entgangenen Gewinn stehe der Klägerin nicht zu. ...

III.

Die Revision erweist sich im Ergebnis als unbegründet. ...

2. Mit Recht hat das Berufungsgericht jedenfalls die AGB-Bestimmung, auf die sich der Zinsanspruch der Klägerin stützt, gemäß § 11 Nr. 5 AGBG als unwirksam angesehen.

a) Nach Nr. 4 der Kreditbedingungen ist der vorzeitig fällig werdende Restsaldo mit dem vereinbarten effektiven Zinssatz zu verzinsen. Die Klausel enthält nach Wortlaut und Sinn keinerlei differenzierende Einschränkungen:

aa) Die Verzinsungspflicht ergreift den gesamten Restsaldo ohne Rücksicht darauf, daß darin neben dem restlichen Darlehenskapital auch Zinsanteile für die Zeit vor der Fälligstellung enthalten sind. Die Kreditgebührenvergütung, die nach der in Nr. 3 der Kreditbedingungen enthaltenen Formel berechnet wird, bewirkt nur, daß bei einer vorzeitigen Rückzahlung keine Zinsen für die nicht in Anspruch genommene Laufzeit verlangt werden. Der Kreditnehmer bleibt aber zur Zahlung der Zinsen verpflichtet, die er bereits für den abgelaufenen Zeitraum schuldete, die aber bei normalem Vertragsablauf erst mit den späteren Raten fällig geworden wären (vgl. Senatsurteil vom 5. April 1984 — III ZR 2/83 = BGHZ 91, 55, 58/59 = ZIP 1984, 676), nunmehr aber vorzeitig fällig geworden und im Restsaldo enthalten sind.

bb) Der Vertragszinssatz ist unverändert weiterzuzahlen, auch wenn der Marktzins oder sogar der bei der Klägerin für Aktivgeschäfte übliche Zinssatz inzwischen gesunken sein sollte, die Klägerin also bei einer erneuten Kreditgewährung den früheren Vertragszinssatz nicht mehr verlangen und erhalten würde.

cc) Schließlich enthält die AGB-Klausel aber auch keinerlei zeitliche Beschränkung: Der Vertragszinssatz soll nicht nur während des ursprünglich vereinbarten Vertragszeitraums, sondern auch in der Zeit danach, bis zur völligen Rückzahlung, gelten.

b) Eine so weitgehende Klausel kann der Inhaltskontrolle nach den §§ 9—11 AGBG nicht gemäß § 8 AGBG mit der Begründung entzogen werden, ihr Inhalt sei rein deklaratorisch, auch ohne entsprechende Vereinbarung ergebe sich der gleiche Zinsanspruch

§ 11 Nr. 5b *Klauselverbote ohne Wertungsmöglichkeit* Nr. 30

bereits aus einer analogen Anwendung gesetzlicher Bestimmungen, nämlich der §§ 301, 557 Abs. 1, 628 Abs. 2 BGB (vgl. Canaris, ZIP 1980, 709, 718; Bankvertragsrecht 2. Bearbeitung Rdnr. 1327, 1338, 1347).

aa) Der Vorschrift des § 301 BGB wird, obwohl sie dem Wortlaut nach nur einen Beendigungsgrund, nicht aber Entstehung und Höhe eines Zinsanspruches behandelt, vielfach der allgemeine Grundsatz entnommen, bei Geldschulden sei bis zum Eintritt des Gläubigerverzugs der Vertragszins weiter zu entrichten (RG, JW 1936, 2858, 2859; OLG München, OLGZ 1978, 452, 453; RGRK/Alff, 12. Aufl. § 301 BGB Rdnr. 3; MünchKomm/Walchshöfer, § 301 BGB Rdnr. 1; Staudinger/Löwisch, 12. Aufl. § 301 BGB Rdnr. 1).

Wieweit dieser Auffassung zu folgen ist, braucht hier nicht abschließend entschieden zu werden. Auf keinen Fall kann eine aus § 301 BGB zu entnehmende Zinspflicht unterschiedslos den gesamten Restsaldo, also einschließlich der darin enthaltenen Zinsen, erfassen; das würde gegen das gesetzliche Zinseszinsverbot gemäß § 289 BGB verstoßen (Canaris, NJW 1978, 1897; ZIP 1980, 719).

bb) Gegen eine analoge Anwendung der mietrechtlichen Sondervorschrift des § 557 Abs. 1 BGB auf das Darlehensverhältnis bestehen durchgreifende Bedenken. Selbst wenn man den Unterschied, daß die vermietete Sache – anders als die Darlehensvaluta – immer im Eigentum des Vermieters bleibt, für nicht so erheblich halten wollte, so fällt doch folgende Überlegung entscheidend ins Gewicht: § 557 BGB will Streitigkeiten über die Höhe eines etwaigen Schadensersatz- oder Bereicherungsanspruchs abschneiden und den Gläubiger von der Notwendigkeit befreien, seinen Schaden und den Wert der vom Schuldner gezogenen Nutzungen darlegen und beweisen zu müssen (Staudinger/Sonnenschein, 12. Aufl. § 557 BGB Rndr. 5, 2. Bearbeitung 1981; MünchKomm/ Voelskow, § 557 BGB Rdnr. 2; vgl. auch BGH, Urteil vom 7. Dezember 1960 – VIII ZR 16/60 = LM § 557 BGB Nr. 3 a). Ein Bedürfnis für eine derartige Sonderregelung zugunsten des Gläubigers besteht beim Darlehen nicht im gleichen Maße wie bei der Miete. Während die Feststellung, zu welchem Zinssatz ein Kredit in einem bestimmten Zeitraum anderweitig aufgenommen oder ausgegeben werden konnte, in der Regel keine besonderen Schwierigkeiten bereitet, kann ein Vermieter den ihm durch die Vorenthaltung einer bestimmten Mietsache entstandenen Schaden oder den objektiven Nutzungswert häufig nur schwer beziffern und beweisen, weil Vergleichsobjekte nicht unbegrenzt zur Verfügung stehen.

cc) Auch die Frage, ob und wieweit eine analoge Anwendung des § 628 Abs. 2 BGB dem Darlehensgeber nach einer Kündigung wegen Zahlungsverzugs einen Anspruch auf Weiterzahlung des Vertragszinssatzes gibt, braucht nicht abschließend entschieden zu werden. Auf jeden Fall läßt sich aus § 628 Abs. 2 BGB keine gesetzliche Verpflichtung des Darlehensnehmers begründen, ohne zeitliche Beschränkung den vereinbarten Zinssatz für den gesamten Restsaldo zu zahlen. Auf Grund des Schadensersatzanspruchs nach § 628 Abs. 2 BGB ist der Kündigende nämlich nach § 249 BGB so zu stellen, wie er bei Fortbestand des Vertragsverhältnisses gestanden hätte (MünchKomm/Schwerdtner, § 628 Rdnr. 15). Bei analoger Anwendung der Vorschrift auf das Darlehen steht dem Darlehensgeber danach der vertragliche Zinsanspruch für das Darlehenskapital längstens bis zum Ende der vertraglich vereinbarten Darlehenslaufzeit zu (Staudinger/Neumann, 12. Aufl. § 628 BGB Rdnr. 42), nicht aber ohne jede zeitliche Beschränkung bis zur Rückzahlung (so im Ansatz auch Canaris, Bankvertragsrecht 2. Bearbeitung

Rdnr. 1338, noch einschränkender – bis zur nächsten Kündigungsmöglichkeit des Darlehensnehmers – NJW 1978, 1897; für die spätere Zeit will Canaris den Anspruch auf den Vertragszins nur aus §§ 301, 557 BGB herleiten; vgl. Bankvertragsrecht Rdnr. 1338, 1327) und nicht für im Restsaldo enthaltene Zinsbestandteile; wegen der Zinsen hätte dem Darlehensgeber auch bei Fortdauer des Vertrags allenfalls ein Verzugsschadensersatzanspruch nach §§ 289 Satz 2, 288 Abs. 2, 286 BGB zugestanden.

c) Die Inhaltskontrolle der in Nr. 4 der Kreditbedingungen enthaltenen Zinsklausel führt zu ihrer Unwirksamkeit.

aa) Mit Recht hat das Berufungsgericht in der AGB-Klausel die Vereinbarung eines pauschalierten Anspruchs auf Schadensersatz wegen Verzuges gesehen und daher die Gültigkeit nach § 11 Nr. 5 AGBG geprüft. Dagegen erhebt auch die Revision keine Einwendungen.

bb) Das Berufungsgericht hat die Unwirksamkeit der Klausel aus § 11 Nr. 5a AGBG hergeleitet, weil der nach dem gewöhnlichen Lauf der Dinge zu erwartende Schaden der Klägerin regelmäßig nur in ihren Refinanzierungskosten bestehe, die naturgemäß unter den Kreditzinsen lägen, welche die Klägerin selbst erhebe (so auch schon KG, ZIP 1982, 555, 556/557). Ob – wie die Revision meint – ein höherer Schaden als entgangener Gewinn gemäß § 252 BGB geltend gemacht werden kann, insbesondere auch für die im Restsaldo enthaltenen Zinsanteile, ist in Rechtsprechung und Schrifttum umstritten (vgl. OLG Köln, DB 1981, 688; OLG Düsseldorf, WM 1985, 17, 19; Hadding, 53. DJT Seite 276; Emmerich, WM 1984, 949, 952/953, 955/956 m. w. Nachw., insbesondere Fußnote 50–52; Reifner, BB 1985, 87, 91 m. w. Nachw.). Der IV. Zivilsenat des Bundesgerichtshofs billigt in seinem Urteil BGHZ 62, 103 einer Bank die Möglichkeit zu, der abstrakten Schadensberechnung nach § 252 BGB die bei ihr im fraglichen Zeitraum üblichen Sollzinsen zu Grunde zu legen; allerdings beschäftigte sich die zitierte Entscheidung nicht mit einer entsprechenden AGB-Klausel. Der erkennende Senat hat in seiner Entscheidung vom 9. November 1978 – III ZR 21/77 = NJW 1979, 805, 807 ausgeführt, der Kreditgeber könne „den Ersatz des Verzugsschadens (bei einer Teilzahlungsbank insbesondere ihrer Refinanzierungskosten) durchaus in pauschaler Form regeln". Der Senat hat ferner eine AGB-Klausel gebilligt, nach der als Verzugsschaden ein Zinssatz zu zahlen war, der 1% über dem Darlehenszinssatz lag (Urteil vom 25. November 1982 – III ZR 92/81 = NJW 1983, 1542). In beiden Fällen hatte der Senat aber über Verzugsschadenspauschalierungen zu entscheiden, die vor dem Inkrafttreten des AGBG vereinbart und daher noch nicht nach dessen § 11 Nr. 5 zu beurteilen waren.

Die Frage des Verstoßes gegen § 11 Nr. 5a AGBG braucht auch im vorliegenden Fall nicht abschließend entschieden zu werden.

cc) Die hier streitige Klausel ist nämlich jedenfalls gemäß § 11 Nr. 5b AGBG unwirksam, weil sie dem Darlehensnehmer den Nachweis abschneidet, daß der Schaden der Klägerin wesentlich niedriger ist als die Pauschale, z. B. wenn der von ihr im Aktivgeschäft üblicherweise berechnete effektive Zins bis zum Verzugseintritt erheblich unter den früher vereinbarten Satz gesunken ist (zum Ausmaß der möglichen Schwankungen des Ratenkreditzinses vgl. Schaubild bei Bunte, ZIP 1985, 4).

Zwar braucht eine Schadenspauschalierungsklausel nicht den ausdrücklichen Vorbehalt des Rechts zum Gegenbeweis zu enthalten; jedoch darf sich aus der gewählten Formulierung auch nicht konkludent ergeben, daß der Gegenbeweis ausgeschlossen sein soll (BGH, Urteile vom 31. Oktober 1984 – VIII ZR 226/83 = ZIP 1984, 1485 = WM

1985, 24 und vom 8. November 1984 – VII ZR 256/83 = WM 1985, 93, 94/95, jeweils mit weiteren Nachweisen). Maßgebend ist, wie der Vertragsgegner die AGB-Formulierung verstehen kann (BGH, Urteil vom 25. Oktober 1984 – VII ZR 11/84 = WM 1985, 57, 59). In der bisherigen Rechtsprechung des Bundesgerichtshofs ist ein Verstoß gegen § 11 Nr. 5 b AGBG bejaht worden bei AGB-Klauseln, die den Kunden darauf festlegen, „mindestens" oder „auf jeden Fall" den pauschalierten Betrag zu zahlen (vgl. Urteile vom 16. Juni 1982 – VIII ZR 89/81 = NJW 1982, 2316 = WM 1982, 907, 909; vom 26. Januar 1983 – VIII ZR 342/81 = WM 1983, 308, 310; vom 8. November 1984 a. a. O.). Gebilligt worden sind dagegen Klauseln, in denen es nur heißt, ein bestimmter Pauschalbetrag „wird erhoben" oder „wird berechnet" (BGH, Urteil vom 31. Oktober 1984 a. a. O. zu I. und IX.) oder „der Verwender ist berechtigt, ohne weiteren Nachweis bis zu ... zu verlangen" (BGH, Urteil vom 10. März 1983 – VII ZR 301/82 = NJW 1983, 1491, 1492) oder „kann fordern" (BGH, Urteil vom 16. Juni 1982 a. a. O.; kritisch Wolf in: Wolf/Horn/Lindacher, § 11 Nr. 5 AGBG Rdnr. 28 a. E.; zustimmend v. Westphalen in: Löwe/v. Westphalen/Trinkner, § 11 Nr. 5 AGBG Rdnr. 35, 36). Durch solche Formulierungen will sich der Verwender erkennbar nur die Darlegung der Schadenshöhe erleichtern und seine Beweislage verbessern; dem Kunden soll aber nicht die Möglichkeit des Gegenbeweises abgeschnitten werden.

Die hier benutzte lapidare Formulierung „ist zu verzinsen" (vgl. zu einer ähnlichen Klauselfassung BGH, Urteil vom 25. Oktober 1984 – VII ZR 11/84 = WM 1985, 57, 59) muß – insbesondere auch, weil im nächsten Satz die Geltendmachung eines höheren Schadens vorbehalten wird – vom Kunden dahin verstanden werden, daß er – ohne die Möglichkeit eines Gegenbeweises – den vereinbarten Zinssatz als Mindestschaden weiterzahlen muß. In diesem Sinne hat auch die Klägerin selbst die Klausel noch im jetzigen Rechtsstreit ausgelegt.

dd) Der Verstoß gegen § 11 Nr. 5 b AGBG führt zur Unwirksamkeit der gesamten Schadenspauschalierungsklausel (v. Westphalen in: Löwe/v. Westphalen/Trinkner, 2. Aufl. § 11 Nr. 5 AGBG Rdnr. 40; Staudinger/Schlosser, 12. Aufl. § 11 Nr. 5 AGBG Rdnr. 22; Wolf in: Wolf/Horn/Lindacher, § 11 Nr. 5 AGBG Rdnr. 30; vgl. BGH, Urteile vom 8. November 1984 – VII ZR 256/83 = WM 1985, 93 und vom 26. Januar 1983 – VIII ZR 342/81 – a. a. O.). Die gegenteilige Auffassung, nach der die Rechtsfolge des Verstoßes gegen § 11 Nr. 5 b AGBG sich in der Zulässigkeit des Gegenbeweises erschöpft, während im übrigen aber die Pauschalierungsabrede wirksam bleibt (MünchKomm/Kötz, 2. Aufl. § 11 AGBG Rdnr. 46; wohl auch Hensen in: Ulmer/Brandner/Hensen 4. Aufl. § 11 Nr. 5 AGBG Rdnr. 23 a. E.), ist abzulehnen. Sie steht nicht im Einklang mit dem Wortlaut der Vorschrift; danach ist die Pauschalierungsvereinbarung unwirksam, „wenn" – nicht „soweit" – die Voraussetzungen des § 11 Nr. 5 b AGBG vorliegen. Die Gegenauffassung würde in der Sache auf eine geltungserhaltende Reduktion der AGB-Klausel hinauslaufen, die in der höchstrichterlichen Rechtsprechung allgemein abgelehnt wird (vgl. Senatsurteil vom 28. Mai 1984 – III ZR 63/83 = NJW 1984, 2816 zu II 3 b m. w. Nachw.).

3. Auch bei Unwirksamkeit einer Schadenspauschalierungsklausel verbleibt dem Verwender die Möglichkeit, seinen Schaden im konkreten Fall anderweitig zu begründen (v. Westphalen in: Löwe/v. Westphalen/Trinkner, § 11 AGBG Rdnr. 40). Von dieser Möglichkeit hat die Klägerin keinen Gebrauch gemacht. Sie hat ihren Zinsanspruch nur auf die AGB-Klausel gestützt und in den Vorinstanzen keine Tatsachen vorgetragen, die zur Begründung eines weitergehenden Zinsanspruchs ausreichten (vgl. Senatsurteil vom 2. Dezember 1982 – III ZR 90/81 = NJW 1983, 1420 zu V 2).

Nr. 31   *Pauschalierung von Schadensersatzansprüchen*   § 11 Nr. 5 b

In Allgemeinen Geschäftsbedingungen für Verträge über Finanzberatung, -ver- 31
mittlung und -verwaltung verstößt die Klausel

> „Für den Fall des Vertragsrücktritts oder Nichterfüllung verpflichten sich
> die Auftraggeber, an die Treuhand-Finanz-GmbH einen pauschalierten
> Schadens- und Aufwendungsersatz von 25% zu zahlen."

gegen § 11 Nr. 5 AGBG.

OLG Stuttgart, Urteil vom 3. 5. 1985 – 2 U 230/84 – rechtskräftig; BB 1985, 1420.

Sachverhalt:

Die Beklagte betreibt Finanzberatung und -vermittlung sowie Treuhandverwaltung. In den Formularen der von ihr abgeschlossenen „Betreuungsverträge", mit der Schuldner der Beklagten „zur weiteren Erfassung, Verwaltung und Tilgung ihre Zahlungsverpflichtungen in Treuhandform übergeben", verwendet sie folgende vorformulierte Klausel:

> „Für den Fall des Vertragsrücktritts oder Nichterfüllung verpflichten sich die Auftraggeber, an die Treuhand-Finanz GmbH einen pauschalierten Schadens- und Aufwendungsersatz von 25% zu zahlen."

Der Kläger, ein Verbraucherschutzverein, hat diese Klausel als Verstoß gegen § 11 Nr. 5 b AGBG beanstandet und deren Untersagung beantragt.

Das Landgericht hat die Klage abgewiesen. Die Berufung des Klägers hatte Erfolg.

Aus den Gründen:

Die beanstandete Klausel verstößt gegen § 11 Nr. 5 b AGBG und ist daher in vollem Umfang unwirksam.

1. Im Rahmen der hier gegebenen Unterlassungsklage gemäß §§ 13 ff. AGBG ist die beanstandete Klausel, wie alle Allgemeinen Geschäftsbedingungen, nach einem objektiven Maßstab auszulegen, und zwar so, wie die an Geschäften mit der Beklagten typischerweise beteiligten Verkehrskreise sie verstehen können und müssen. Unklarheiten und Zweifel gehen zu Lasten des Verwenders, dem es allein obliegt, die von ihm verwendeten Allgemeinen Geschäftsbedingungen eindeutig und klar zu fassen. Da die Beklagte sich mit ihren Antragsformularen nicht an einen bestimmten, besonders sachkundigen Kundenkreis wendet, sondern die verschiedenartigsten Bevölkerungskreise als Kunden betreut, ist Maßstab für die Auslegung die Verständnismöglichkeit eines rechtsunkundigen Durchschnittskunden (BGHZ 79, 117, 119; BGH, NJW 1983, 1320; WM 1978, 10, 11; ständige Rechtsprechung des Senats, WRP 1981, 167; zuletzt Urteil vom 19. Oktober 1984, 2 U 39/84, AGBE V § 9 Nr. 156 = BB 1984, 2218).

Ein solcher versteht die Klausel ihrem Inhalt nach als Schadenspauschalierung, welche ihm den Nachweis abschneidet, daß der Beklagten ein Schaden überhaupt nicht oder ein geringerer Schaden als 25% entstanden ist. Ein mit der Klausel konfrontierter rechtsunkundiger Durchschnittskunde wird im Hinblick auf die apodiktische Aussage, daß die Kunden sich zur Zahlung eines pauschalierten Schadensersatzes von 25% – definitiv – verpflichten, nicht auf die Idee kommen, er könne der Beklagten demgegenüber einwenden, daß deren Schaden geringer sei oder daß sie einen Schaden überhaupt nicht erlitten habe. Vielmehr wird er annehmen, daß er eben im Falle des Rücktritts vom Vertrag oder der Nichterfüllung einen Schadensersatz in der festgelegten Höhe von 25%

zu zahlen hat. Damit verstößt die beanstandete Klausel gegen § 11 Nr. 5 b AGBG (BGH, NJW 1983, 1320, 1322; 1984, 2093, 2094; ständige Rechtsprechung des Senats, WM 1983, 855; NJW 1981, 1106; BB 1979, 1468; OLG Hamm, BB 1983, 1306; OLG Frankfurt, NJW 1982, 2199; OLG Hamburg, DB 1981, 1781). Zwar braucht auch eine Schadenspauschalierungsklausel nicht den ausdrücklichen Vorbehalt des Rechts zum Gegenbeweis zu enthalten (BGH, NJW 1982, 2316). § 11 Nr. 5 b AGBG ist aber verletzt, wenn sich aus der Formulierung der Klausel für die angesprochenen Verkehrskreise ergibt, daß der Gegenbeweis ausgeschlossen sein soll. So liegt der Fall hier. Auf die Entscheidung BGH, NJW 1982, 2316 vermag sich demgegenüber die Beklagte nicht mit Erfolg zu berufen, weil es in jenem Urteil um eine Klausel ging, die im Hinblick auf Eindeutigkeit und Stringenz der Wortwahl mit der hier beanstandeten Klausel nicht vergleichbar ist (Senats-Urteil, WM 1983, 855).

2. Verstößt der Inhalt einer AGB-Klausel teilweise gegen die in den §§ 9 ff. AGBG geregelten Verbote, so ist die Klausel grundsätzlich im Ganzen unwirksam (BGHZ 84, 114; BGH, NJW 1983, 1320, 1321; Palandt, 43. Aufl., Vorbem. vor § 8 AGBG Anm. 3 b; § 13 Anm. 2 b m.w.N.). Deshalb kann es dahinstehen, ob die in der beanstandeten Klausel zusätzlich geregelte Aufwendungsersatzpauschalierung gegen Vorschriften des AGBG verstößt.

Anmerkung:

Das vorinstanzliche Urteil des LG Heilbronn vom 18. 9. 1984 – 3 O 1438/84 – ist abgedruckt in AGBE V § 11 Nr. 42.

32 Eine Klausel in Reisevertragsbedingungen, nach der bei Rücktritt des Reisenden eine pauschalierte Entschädigung zu zahlen ist, ist nach § 11 Nr. 5 b AGBG unwirksam, denn durch die lapidare Mitteilung über die Zahlungspflicht als zwingende Folge des Rücktritts wird der rechtsunkundige Reisende von dem Gegenbeweis abgehalten.

LG Braunschweig, Urteil vom 19. 9. 1985 – 7 S 60/85 – rechtskräftig; NJW-RR 1986, 144.

Sachverhalt und **Gründe** sind abgedruckt unter Nr. 121 zu § 9 AGBG.

33 Die Klausel in den Bedingungen einer Ferienfahrschule

„Wird die Unterkunft vorzeitig aufgegeben oder nicht in Anspruch genommen, so ist der Unterrichtspreis für 10 Tage und der Grundbetrag für die gewünschte Führerscheinklasse zu zahlen."

ist nach § 11 Nr. 5 b AGBG unwirksam, denn durch die strenge und entschiedene Formulierung „so ist ... zu zahlen" muß der rechtsunkundige Vertragspartner davon ausgehen, daß er sich auf einen im Einzelfall wesentlich niedrigeren Schaden nicht mehr berufen kann.

LG Flensburg, Urteil vom 5. 12. 1985 – 2 O 316/85 – nicht rechtskräftig;

Auf den Abdruck von **Sachverhalt** und **Gründen** wird verzichtet.

Anmerkung:
Die Berufung ist beim OLG Schleswig unter dem Aktenzeichen 14 U 39/86 anhängig.

Sieht eine Klausel in einem Kaufvertrag Verzugszinsen von mindestens 3% über dem Diskontsatz der Deutschen Bundesbank vor, so ist dies eine nach § 11 Nr. 5b AGBG unzulässige Pauschalierung des Verzugsschadens, denn durch den Wortlaut („mindestens") wird dem Kunden der Nachweis abgeschnitten, daß ein Schaden überhaupt nicht oder nur in geringerer Höhe entstanden ist. 34

LG Stuttgart, Urteil vom 31. 12. 1985 – 20 O 345/85 – rechtskräftig;

Auf den Abdruck von **Sachverhalt** und **Gründen** wird verzichtet.

§ 11 Nr. 6 – Vertragsstrafe

Vorfälligkeitsklauseln in Darlehensverträgen sind nicht an § 11 Nr. 6 AGBG zu messen, denn derartige Klauseln enthalten nur die besondere Ausformung einer Vertragsbeendigungsregelung, nicht die Vereinbarung einer Vertragsstrafe. 35

BGH, Urteil vom 19. 9. 1985 – III ZR 213/83; BGHZ 95, 362 = BB 1985, 1998 = DB 1985, 2443 = MDR 1986, 128 = NJW 1986, 46 = WM 1985, 1305 = ZIP 1985, 1253.

Sachverhalt und **Gründe** sind abgedruckt unter Nr. 8 zu § 9 AGBG.

Eine Klausel in den AGB eines Weinhändlers 36
„Lehnt der Käufer die Annahme der Lieferung ab oder wünscht er, vor der Lieferung aus dem Kaufvertrag entlassen zu werden, so ist der Verkäufer berechtigt, einen Reuegeldbetrag in Höhe von 40% von der Gesamtauftragssumme zu fordern."
ist wegen Verstoßes gegen § 11 Nr. 6 AGBG unwirksam.

OLG Koblenz, Urteil vom 8. 3. 1985 – 2 U 1418/83 – rechtskräftig;

Die **Gründe** sind abgedruckt unter Nr. 2 zu § 13 AGBG.

§ 11 Nr. 7   Klauselverbote ohne Wertungsmöglichkeit   Nrn. 37–39

37 Die Klausel in den Vertragsbedingungen eines Trainings-Centers

„Gerät der Teilnehmer mit mehr als einem Monatsbeitrag in Rückstand, so wird der gesamte noch ausstehende Betrag sofort fällig."

stellt im Ergebnis eine Vertragsstrafenvereinbarung dar und ist gemäß § 11 Nr. 6 AGBG unwirksam. Denn nach dieser Regelung muß ein Teilnehmer, der mit der ersten und zweiten Rate in Verzug gekommen ist, sofort die Kursgebühr für die gesamte restliche Laufzeit des Vertrages zahlen, ohne daß eine entsprechende Abzinsung vorgesehen ist.

Darüber hinaus verstößt die Klausel auch gegen § 9 Abs. 2 Nr. 1 AGBG i. V. mit § 614 BGB, da dem Teilnehmer eine Vorleistungspflicht für den gesamten, sich über 1 Jahr hin erstreckenden Kurs auferlegt wird.

LG Frankfurt, Urteil vom 21. 5. 1985 – 2/13 O 21/85 – rechtskräftig;

Auf den Abdruck von **Sachverhalt** und **Gründen** wird verzichtet.

38 Eine Klausel in den AGB einer Maschinenschreibschule, wonach ein Zahlungsrückstand von mehr als einem Monat oder mindestens 2 Teilbeträgen die sofortige Fälligkeit der vollen Schulgebühr bewirkt, stellt eine Vertragsstrafe dar, weil eine Abzinsung des vorab zu zahlenden Betrages nicht vorgesehen ist. Die Vereinbarung einer solchen Vertragsstrafe ist nach § 11 Nr. 6 AGBG unwirksam.

LG Frankfurt, Urteil vom 20. 8. 1985 – 2/13 O 275/85 – rechtskräftig;

Auf den Abdruck von **Sachverhalt** und **Gründen** wird verzichtet.

§ 11 Nr. 7 – Haftung bei grobem Verschulden

39 Eine Klausel in Reisevertragsbedingungen, mit der sich der Reiseveranstalter von seiner Aufklärungspflicht über Einreisebestimmungen gegenüber dem Reisenden freizeichnet, verstößt gegen § 11 Nr. 7 AGBG und ist unwirksam.

BGH, Urteil vom 17. 1. 1985 – VII ZR 375/83; BB 1985, 616 = DB 1985, 1074 = MDR 1985, 568 = WM 1985, 459 = ZIP 1985, 466.

Sachverhalt und **Gründe** sind abgedruckt unter Nr. 115 zu § 9 AGBG.

Nr. 40   *Haftung bei grobem Verschulden*   § 11 Nr. 7

**Der AGB-Verwender kann sich in AGB innerhalb der von § 11 Nr. 7 AGBG 40
gezogenen Grenzen grundsätzlich auch von der Haftung wegen unerlaubter
Handlung wirksam freizeichnen.**

BGH, Urteil vom 12. 3. 1985 – VI ZR 182/83; BB 1985, 2008 = VersR 1985, 595 =
ZIP 1985, 687.

Sachverhalt:

Die Klägerin, eine Versicherungsgesellschaft, verlangt von den Beklagten aus übergegangenem
Recht (§ 67 VVG) Ersatz des restlichen Schadens, der ihrer Versicherungsnehmerin, der W. GmbH,
durch einen Brand entstanden ist.

Die W. GmbH hatte die Firma S. beauftragt, an ihrer Wellpappenmaschine eine Schallschutzhaube
anzubringen. Als die Beklagten, Arbeitnehmer der Firma S., mit einer Handschleifmaschine ein
nicht passendes Montageteil der Schutzhaube bearbeiteten, entzündete sich durch Funkenflug auf
dem nahe gelegenen Entlüftungsrohr der Umluftanlage ein Gemisch aus Maschinenöl und Wellpappenstaub. Es entstand ein Brand, der nach der Behauptung der Klägerin einen von ihr der W.
GmbH ersetzten Schaden von insgesamt DM 219 423,– verursachte. Die Hälfte dieses Betrages ist
der Klägerin von dem Haftpflichtversicherer der Firma S. erstattet worden; auf Ersatz des restlichen Schadens nimmt sie die Beklagten in Anspruch.

Beide Vorinstanzen haben die Klage abgewiesen.

Die Revision der Klägerin führte zur Zurückverweisung zu weiterer Sachaufklärung.

Aus den Gründen:

a) Die Klage ist auf der Grundlage der bisherigen Feststellungen des Berufungsgerichts
nicht etwa deshalb abzuweisen, weil dem Vertrag zwischen der W. GmbH und der Firma
S. „Allgemeine Lieferbedingungen für Erzeugnisse und Leistungen der Elektroindustrie" zugrunde lagen, gemäß deren Nr. XI Schadensersatzansprüche ausgeschlossen
sind. Die Klausel lautet:

„XI. Sonstige Schadensersatzansprüche

Schadensersatzansprüche des Bestellers aus positiver Forderungsverletzung, aus der
Verletzung von Pflichten bei den Vertragsverhandlungen und aus unerlaubter Handlung
werden ausgeschlossen. Dies gilt nicht, soweit in Fällen des Vorsatzes oder der groben
Fahrlässigkeit des Lieferers, seines gesetzlichen Vertreters oder seiner Erfüllungsgehilfen
zwingend gehaftet wird. Diese Haftungsbegrenzung gilt für den Besteller entsprechend."

aa) Der vereinbarte Haftungsausschluß erstreckt sich allerdings in zulässiger Weise auch
auf – von der Klägerin hier geltend gemachte – Ansprüche aus unerlaubter Handlung,
die die Klausel ausdrücklich erwähnt. Zwar befaßt sich § 11 Nr. 7 AGBG allein mit der
Wirksamkeit einer Freizeichnung von der Haftung für Vertragsverletzungen. Das Gesetz
geht jedoch ersichtlich davon aus, daß selbst im Rechtsverkehr mit Nichtkaufleuten
auch eine Haftungsfreizeichnung gegenüber Ansprüchen aus unerlaubter Handlung
innerhalb der durch § 11 Nr. 7 AGBG gezogenen Grenzen grundsätzlich nicht unzulässig ist (BGH, Urt. v. 7. 2. 1979 – VIII ZR 305/77, NJW 1979, 2148; Ulmer/Brandner/Hensen, AGBG, 4. Aufl., § 11 Nr. 7 Rz. 11). Erst recht begegnet es deshalb keinen
Bedenken, wenn ein Unternehmer sich, wie hier, im kaufmännischen Rechtsverkehr
durch Allgemeine Geschäftsbedingungen im vorgenannten Umfang von seiner Haftung
zur Schadensersatzleistung auch insoweit freizeichnet, als die Ansprüche seines Vertragspartners aus unerlaubter Handlung hergeleitet werden (BGH, a. a. O.).

bb) Entgegen dem Vorbringen der Revision steht der Wirksamkeit des vereinbarten Haftungsausschlusses auch nicht der Umstand entgegen, daß die Fassung der Freizeichnungsklausel in Nr. XI, ausgehend zunächst von einem umfassenden Haftungsausschluß, die Haftungsfreizeichnung durch die Formulierung begrenzt: „Dies gilt nicht, soweit in Fällen des Vorsatzes oder der groben Fahrlässigkeit des Lieferers, seines gesetzlichen Vertreters oder seiner Erfüllungsgehilfen zwingend gehaftet wird." Zwar ist der Revision zuzugeben, daß diese Fassung der Nr. XI dann bedenklich erscheinen könnte, wenn ihr eine Beweislastregelung i. S. v. § 11 Nr. 15 a AGBG mit dem Inhalt zu entnehmen wäre, daß die W. GmbH als Vertragspartnerin der Firma S. die Beweislast für ein vorsätzliches oder grob fahrlässiges Handeln der Beklagten träfe (BGH, Urt. v. 23. 2. 1984 – VII ZR 274/82, ZIP 1984, 971, 974 f. = WM 1984, 1224, 1226). In diesem Sinne ist die vereinbarte Regelung, die der erkennende Senat als typische Klausel selbst auslegen kann (BGHZ 65, 107, 112 m. w. N.; BGH, Urt. v. 7. 2. 1979, a. a. O., S. 2149), jedoch bei der gebotenen objektiven Würdigung (Ulmer/Brandner/Hensen, a. a. O., § 5 Rz. 13 ff.) nicht zu verstehen. Zwar mögen auch bei der Vereinbarung einer solchen Beweislastumkehr die Vertragspartner der Firma S. angesichts der Vorschrift des § 61 VVG nicht nach dem Grundgedanken des § 67 Abs. 1 Satz 3 VVG eine Gefährdung ihrer Ansprüche aus einer Sachversicherung zu befürchten gehabt haben (vgl. BGH, Urt. v. 13. 1. 1975 – VII ZR 56/72, VersR 1975, 317 f. m. w. N.; anderer Ansicht Sieg, VersR 1976, 105 f.) Von einer gewollten Beweislastverschiebung kann aber hier deshalb nicht ausgegangen werden, weil Nr. XI der Geschäftsbedingungen ersichtlich an der Vorschrift des § 11 Nr. 7 AGBG ausgerichtet worden ist, ohne daß ihr durch die gewählte Fassung sachlich ein davon abweichender Inhalt gegeben werden sollte. Von diesem Verständnis der Klausel sind auch die Parteien übereinstimmend in beiden Tatsacheninstanzen ausgegangen. Der gewählten Formulierung kann deshalb bei interessengerechter Auslegung nicht wegen der zwar theoretisch denkbaren, nach der Sachlage aber fernliegenden Auslegungsmöglichkeit die Bedeutung einer die Beweislast verschiebenden Regelung i. S. v. § 11 Nr. 15 a AGBG beigemessen werden (vgl. auch BGH, Urt. v. 31. 10. 1984 – VIII ZR 226/83, ZIP 1984, 1485, 1486 = WM 1985, 24, 25 m. w. N.).

cc) Auf die somit in den durch § 11 Nr. 7 AGBG gezogenen Grenzen wirksame Freizeichnung können sich auch die als Erfüllungs- und Verrichtungsgehilfen der Firma S. tätig gewordenen Beklagten gegenüber ihrer persönlichen Inanspruchnahme berufen. Das ist zwar in Nr. XI nicht ausdrücklich gesagt; es ergibt sich aber ebenfalls aus der gebotenen interessengerechten Auslegung. Die Klausel beschränkt schon nach ihrem Wortlaut die Freizeichnung nicht auf die Haftung der Firma S., sondern spricht generell von „Schadensersatzansprüchen des Bestellers". Sowohl die Fürsorgepflicht der Firma S. gegenüber den für sie tätigen Beklagten, die bei der ausgeführten gefahrengeneigten Arbeit jedenfalls hinsichtlich einer Haftung für leichte Fahrlässigkeit die Freistellung von ihrer Ersatzpflicht gegenüber der W. GmbH verlangen können, als auch der Vertragszweck (vgl. § 328 Abs. 2 BGB) lassen es nicht nur naheliegend, sondern auch vernünftig und sachgerecht erscheinen, daß die Freizeichnungsklausel auch den Beklagten zugute kommen sollte (BGH, Urt. v. 7. 12. 1961 – VII ZR 134/60, NJW 1962, 388, 389; BGH, Urt. v. 28. 4. 1977 – II ZR 26/76, WM 1977, 785, 786; BGH, Urt. v. 26. 11. 1979 – II ZR 191/78, LM BGB § 328 Nr. 66).

Jedoch kann der Freizeichnung der Beklagten kein weitergehender Umfang beigemessen werden als derjenigen der Firma S. selbst. Dabei kann es im Ergebnis dahinstehen, ob es der Firma S., die sich von der eigenen Haftung für grob fahrlässiges Handeln ihrer

Erfüllungsgehilfen auch im kaufmännischen Rechtsverkehr durch Allgemeine Geschäftsbedingungen grundsätzlich nicht wirksam freizeichnen konnte (BGHZ 86, 284, 297, 299 = ZIP 1983, 317, 321 m. Anm. Bunte, NJW 1983, 1326; BGH, Urt. v. 19. 1. 1984 – VII ZR 220/82, ZIP 1984, 457 = NJW 1984, 1350; BGH, Urt. v. 20. 6. 1984 – VIII ZR 137/83, ZIP 1984, 1098, 1100 = WM 1984, 1053, 1055), rechtlich möglich gewesen wäre, in Allgemeinen Geschäftsbedingungen die Haftung ihrer Gehilfen für grobe Fahrlässigkeit auszuschließen (so u. a. MünchKomm-Kötz, BGB, 2. Aufl., § 11 Nr. 7 AGBG Rdnr. 61; anderer Ansicht Ulmer/Brandner/Hensen, a. a. O., § 11 Nr. 7 Rdnr. 12). Da eine ausdrückliche Freizeichnung der Beklagten im Streitfall nicht erfolgt ist, deren Einbeziehung in den Schutzbereich des von der Firma S. vereinbarten Haftungsausschlusses vielmehr, wie dargelegt, allein auf der interessengerechten Auslegung der Nr. XI der vereinbarten Geschäftsbedingungen beruht, muß sich die Erstreckung der Klausel auf die Beklagten in denjenigen Grenzen halten, die von der Freizeichnungsklausel abgesteckt worden sind (vgl. Löwe/Graf v. Westphalen/Trinkner, AGBG, 2. Aufl., § 11 Nr. 7 Rdnr. 47). Ein gewollter weitergehender Inhalt würde auch schon an der Unklarheitenregelung des § 5 AGBG scheitern.

dd) Damit hängt die Frage, ob die Beklagten sich auf den von der Firma S. mit der W. GmbH vereinbarten Haftungsausschluß berufen können, davon ab, ob die Beklagten der Vorwurf einfacher oder grober Fahrlässigkeit trifft. Hierzu fehlt es bisher an ausreichenden tatsächlichen Feststellungen des Berufungsgerichts, die es dem Revisionsgericht ermöglichen würden, die Frage selbst zu beantworten.

Eine formularmäßige Haftungsfreizeichnung für jedes Verschulden zugunsten des Veranstalters eines Fahrerlehrganges verstößt gegen § 11 Nr. 7 AGBG und ist unwirksam. 41

BGH, Urteil vom 24. 9. 1985 – VI ZR 4/84; BGHZ 96, 18 = MDR 1986, 135 = VersR 1986, 153 = WM 1986, 229 = ZIP 1986, 32.

Sachverhalt:

Der Kläger fordert Schadensersatz wegen der Verletzungen, die er am 19. 6. 1980 als Teilnehmer an einem Fahrerlehrgang erlitten hat.

Zu diesem von dem Internationalen Verband der B.-Clubs e. V. mit Unterstützung der B. AG – der früheren Erstbeklagten – veranstalteten 18. Internationalen Lehrgang für Wagen und Motorräder konnten sich Kraftfahrer mit einem ordnungsgemäß zugelassenen B.-Fahrzeug anmelden. Begleiter (Beifahrer) waren zugelassen. Die Teilnahmegebühr umfaßte eine Unfallversicherung.

Zur Haftung und zum Haftungsausschluß heißt es in Nr. 5 Abs. 2 der Ausschreibungsbedingungen:

„Jeder Teilnehmer trägt die zivil- und strafrechtliche Verantwortung für die von ihm oder einem Beifahrer und seinem Fahrzeug verursachten Personen-, Sach- und Vermögensschäden. Der Veranstalter sowie alle mit der Veranstaltung in Verbindung stehenden Organisationen und Einzelpersonen lehnen für sich den Fahrern und Beifahrern gegenüber jede Haftung für Personen-, Sach- und Vermögensschäden, die vor, während oder nach der Veranstaltung eintreten, ab. Die Teilnehmer fahren in jeder Hinsicht auf eigene Gefahr und verzichten mit Abgabe ihrer Nennung auf jedes Recht des Vorgehens oder Rückgriffes gegen den Veranstalter oder dessen Beauftragte."

§ 11 Nr. 7   Klauselverbote ohne Wertungsmöglichkeit   Nr. 41

Ferner war noch folgender Satz angefügt:
„Mit Abgabe der Nennung verzichtet jeder Teilnehmer auf die Anrufung der ordentlichen Gerichte."
Für den mehrtägigen Lehrgang waren eine Antischleuderschule und ein Gefahrentraining vorgesehen; unter anderem sollte den Teilnehmern vermittelt werden, ihr Fahrzeug auf der Ideallinie zu beherrschen.
Der Kläger nahm an dieser Veranstaltung teil, nachdem er zuvor bereits mehrere Lehrgänge gleicher Art besucht hatte. Am Vormittag des ersten Lehrgangstages sollte der Rennfahrer R. der Teilnehmergruppe des Klägers innerhalb eines abgesperrten Streckenabschnittes des Ringes die Ideallinie demonstrieren. R. verlor bei der Fahrvorführung die Kontrolle über den von ihm benutzten, bei der Beklagten haftpflichtversicherten Pkw der B. AG. Der Wagen erfaßte den Kläger am Rand der Strecke vor der Leitplanke. Der Kläger erlitt schwere Verletzungen; ihm mußte das rechte Bein ab Mitte des Unterschenkels amputiert werden.
Der Kläger hat sich darauf berufen, daß R. den Unfall überwiegend verschuldet habe, da er entgegen der ausdrücklichen Weisung mit stark überhöhter Geschwindigkeit herangekommen sei, ehe die Teilnehmer der Gruppe ihre Plätze hätten einnehmen können. Unter Einräumung eines Mitverschuldens von 30% hat er im ersten Rechtszug gegenüber der B. AG einen Feststellungsanspruch hinsichtlich des materiellen Zukunftsschadens geltend gemacht. Daneben hat er von der Beklagten Zahlung eines Schmerzensgeldes sowie Feststellung ihrer Ersatzpflicht für alle (materiellen und immateriellen) Zukunftsschäden verlangt.
Das Landgericht hat die Klage abgewiesen. Hiergegen hat der Kläger Berufung nur bezüglich der beklagten Haftpflichtversicherung eingelegt. Das Oberlandesgericht hat das Rechtsmittel als unzulässig verworfen, soweit materielle Schäden in Frage stehen. Im übrigen hat es die Berufung als unbegründet zurückgewiesen. Die Revision des Klägers führte zur Aufhebung des Berufungsurteils und zur Zurückverweisung der Sache.

Aus den Gründen:

I. Nach Auffassung des Berufungsgerichts steht dem Feststellungsbegehren des Klägers für die materiellen Zukunftsschäden die Bindungswirkung des § 3 Nr. 8 PflVG entgegen. Die rechtskräftig gewordene Abweisung der Klage gegen den Halter als Versicherungsnehmer wirke nach dieser Vorschrift zugunsten des Versicherers.

Dem Klageanspruch auf Ersatz immaterieller Schäden stehe ein vereinbarter Haftungsausschluß entgegen. Zwar sei ein genereller Haftungsausschluß für jedes Verschulden nach § 11 Nr. 7 AGBG unwirksam. Bei dem Fahrerlehrgang sei aber der Ausschluß der Haftung für leichte Fahrlässigkeit zulässig. Die Teilnahme an einem solchen Lehrgang unterliege eigenen Regeln, sie fordere von den Fahrern ein Höchstmaß an Vorsicht und Aufmerksamkeit. Die Teilnehmer gingen bewußt das Risiko gewisser Gefahren ein. In diesem einschränkenden Sinn sei der formularmäßige Haftungsausschluß aufrechtzuerhalten, da das Festhalten am Vertrag in diesem Umfang für den Kläger auch nicht eine unzumutbare Härte i. S. v. § 6 Abs. 3 AGBG darstelle. Anders als bei Allgemeinen Geschäftsbedingungen im Geschäftsverkehr zwischen Kaufleuten und Nichtkaufleuten schlage hier das Verbot der geltungserhaltenden Reduktion angesichts der Besonderheiten des Falles nicht durch.
Da R. allenfalls leichte Fahrlässigkeit anzulasten sei, müsse der Kläger sich diesen Haftungsausschluß entgegenhalten lassen.

II. Diese Erwägungen halten den Angriffen der Revision nicht stand.

1. Außer Frage steht im Streitfall die Unwirksamkeit der Klausel in den Ausschreibungsbedingungen, die ihrem Wortlaut nach (Nr. 5 Abs. 2 Satz 4) einen Verzicht auf die Anrufung der ordentlichen Gerichte enthält. Das zieht auch die Revision nicht in Zweifel.

2. Nicht gefolgt werden kann dem Berufungsgericht darin, daß dem Erlaß eines Feststellungsurteils gegen die beklagte Versicherung hinsichtlich der materiellen Zukunftsschäden des Klägers schon die Bindungswirkung des § 3 Nr. 8 PflVG entgegenstehe.

Schadensersatzansprüche des Klägers sind nur gegen den Kraftfahrzeughalter als Versicherungsnehmer rechtskräftig abgewiesen worden, dagegen nicht gegen den noch vor der Klageerhebung tödlich verunglückten Fahrer R. Die Bindungswirkung der genannten Vorschrift betrifft aber nur das Verhältnis des Versicherungsnehmers (Halter) zum Versicherer und umgekehrt sowie – über den Wortlaut des Gesetzes hinaus (einhellige Meinung s. Ausgangslage im Senatsurt. v. 29. 5. 1979 – VI ZR 128/77, VersR 1979, 841; für viele: Johannsen, in: Bruck/Möller/Sieg, VVG, 8. Aufl., B 38, S. 60) – das Verhältnis des (Mit-)Versicherten (Fahrer) zum Versicherer und umgekehrt. Dagegen ist der Geschädigte durch § 3 Nr. 8 PflVG nicht gehindert, nach rechtskräftiger Abweisung seiner Klage gegen den Halter des schädigenden Fahrzeugs den Fahrer bzw. wegen dessen Haftung den Versicherer nach § 3 Nr. 1 PflVG in Anspruch zu nehmen (s. amtliche Begründung Drucks. IV/2252, S. 18; Johannsen, a.a.O., S. 61, 62; Prölss/Martin, VVG, 23. Aufl., § 3 Nr. 8 PflVG Anm. 1, S. 943; Keilbar, Zeitschrift für die gesamte Versicherungswissenschaft 1970, 444; Bauer, Die Kraftfahrtversicherung, 2. Aufl., Rdnr. 554).

Um derartige Ansprüche geht es hier. Der Kläger hat neben dem Kraftfahrzeughalter, gegen den die Klage rechtskräftig abgewiesen worden ist, die Beklagte nicht nur als dessen Haftpflichtversicherer, sondern auch als Haftpflichtversicherer des mitversicherten Fahrers R. wegen dessen schuldhaftem Verhalten aus §§ 823, 847 BGB in Anspruch genommen. Soweit die Direktklage gegen die Beklagte auf einer Einstandspflicht des Halters basiert, ist mit der Rechtskraft der Klageabweisung zugunsten des Halters gem. § 3 Nr. 8 PflVG auch die Haftungsfrage zugunsten der Beklagten negativ entschieden. Soweit dagegen der Kläger mit dem Direktanspruch die Einstandspflicht der Beklagten aus der Haftungsverantwortlichkeit des mitversicherten Fahrers R. verfolgt, wird er durch die rechtskräftige Abweisung der Klage gegen den Halter des Fahrzeugs nicht beschränkt. Auf diese Ansprüche, die auch den materiellen Zukunftsschaden des Klägers betreffen, erstreckt sich die Bindungswirkung des nur gegen den Halter in Rechtskraft erwachsenen Urteils nach § 3 Nr. 8 PflVG nicht. Schon deshalb kann das Berufungsurteil insoweit keinen Bestand haben, ohne daß der Frage nachgegangen zu werden braucht, ob bei Bejahung der Bindungswirkung des § 3 Nr. 8 PflVG, die nur die Haftungsfrage betrifft (Senatsurt. v. 14. 7. 1981 – VI ZR 304/79, VersR 1981, 1158), das Rechtsmittel nicht richtiger als unbegründet statt als unzulässig abzuweisen gewesen wäre.

3. Auch soweit das Berufungsgericht eine Einstandspflicht der Beklagten wegen des formularmäßigen Haftungsausschlusses in Nr. 5 Abs. 2 der Ausschreibungsbedingungen des Veranstalters verneint hat, kann sein Urteil nicht bestehen bleiben. Zwar ist dem Berufungsgericht darin zu folgen, daß diese Haftungsfreizeichnung auch eine Ersatzpflicht des Fahrers R. umfassen sollte (a). Indes ist die Freizeichnungsklausel wegen Verstoßes gegen § 11 Nr. 7 AGBG unwirksam, so daß sich die Beklagte auf sie nicht berufen kann (b).

a) Nach Wortlaut und Sinn sollte Nr. 5 Abs. 2 der Ausschreibungsbedingungen auch die Haftung des Fahrers R., wie sie hier dem Direktanspruch gegen die Beklagte zugrunde gelegt ist, ausschließen. Vergeblich versucht die Revision aufzuzeigen, die Ausschreibungsbedingungen sprächen ausschließlich die Haftung für solche Schäden an, die auf das Fahren eines Teilnehmers zurückzuführen seien. Auf einen solchen Vorgang ist die Anwendung der Klausel zum Haftungsausschluß aber nicht beschränkt. Vielmehr verdeutlicht der dritte Satz dieses Absatzes nur den in dem vorausgegangenen Satz klar zum Ausdruck gekommenen Ausschluß jeglicher Haftung des Veranstalters. Er sollte nach dem Wortlaut der Klausel für alle schadensstiftenden Vorfälle in der Zeit vor, während und nach der Veranstaltung gelten, also auch für Verletzungen, wie der Kläger sie hier beim Beobachten einer Fahrdemonstration erlitten hat.

Dies kann das Revisionsgericht nachprüfen, da der Anwendungsbereich der vorformulierten Ausschreibungsbedingungen über den Bezirk eines Oberlandesgerichts hinauswirkt (s. BGHZ 86, 284, 288 = ZIP 1983, 317, 318; BGHZ 8, 55, 56; BGH, Urt. v. 22. 10. 1973 – KZR 22/72, MDR 1974, 293, 294; BGH, Urt. v. 25. 10. 1984 – VII ZR 95/83, ZIP 1985, 421, 423 = VersR 1985, 165 = WM 1985, 59, 60); das schon deshalb, weil der Veranstalter seinen Sitz in U. und die ihn unterstützende B. AG – die Kraftfahrzeughalterin des von R. gefahrenen Wagens – ihren Sitz in M. haben. Im übrigen sind dem Wortlaut der Ausschreibungsbedingungen zumindest ähnliche Fassungen in der Rahmenausschreibung für Rundstreckenrennen der O. enthalten (abgedruckt bei Fritzweiler, Die Haftung des Sportlers bei Sportunfällen, S. 124, Anhang S. 34).

Weiter hat das Berufungsgericht davon ausgehen können, daß auch dem R. als Beauftragtem des Veranstalters der Haftungsausschluß des Satzes 2 der Bedingungen gegenüber dem Kläger als Lehrgangsteilnehmer zugute kommen sollte. Dazu bedurfte es keiner genaueren Abgrenzung des begünstigten Personenkreises, als er in den Bedingungen beschrieben worden ist. Jedenfalls nennt die Klausel alle mit der Veranstaltung in Verbindung stehenden Einzelpersonen. Bereits das Landgericht hat den Rennfahrer R. als eine solche Person verstanden. Das ist nicht zu beanstanden. R. ist mit Willen und im Auftrag des Veranstalters und seiner Mitarbeiter zum Zwecke des Unterrichts tätig geworden.

b) Einer derartig umfassenden formularmäßigen Freizeichnung steht § 11 Nr. 7 AGBG entgegen. Danach ist ein Ausschluß oder eine Begrenzung der Haftung für einen Schaden, der auf einer grob fahrlässigen Vertragsverletzung des Verwenders oder auf einer vorsätzlichen oder grob fahrlässigen Vertragsverletzung eines gesetzlichen Vertreters oder Erfüllungsgehilfen des Verwenders beruht, in Allgemeinen Geschäftsbedingungen unwirksam. Um eine danach verbotene formularmäßige Haftungsfreistellung geht es hier: Nach Nr. 5 Abs. 2 der Ausschreibungsbedingungen wollte der Veranstalter für sich und seine Helfer die Haftung umfassend, also für jedes Verschulden, formularmäßig abbedingen; das war ihm nach § 11 Nr. 7 AGBG verwehrt. Dieses Verbot ist auch für die hier geltend gemachten Ansprüche aus unerlaubter Handlung schon deshalb zu beachten, weil Vertragsbedingungen bestehen und die schadensstiftenden Vorgänge in gleicher Weise als Verletzung von Deliktspflichten und als Vertragsverletzungen in Betracht kommen. Auch das Berufungsgericht übersieht das Klauselverbot in § 11 Nr. 7 AGBG nicht; nach seiner Auffassung kann die Freizeichnungsklausel jedoch dem Kläger insoweit entgegengehalten werden, als durch sie eine Haftung für leichte Fahrlässigkeit ausgeschlossen sei; insoweit sei die Klausel teilweise wirksam.

Dem kann sich der erkennende Senat nicht anschließen.

aa) Es ist inzwischen gefestigte Rechtsprechung des Bundesgerichtshofes, Klauseln in Allgemeinen Geschäftsbedingungen, die gegen §§ 9–11 AGBG verstoßen, grundsätzlich als insgesamt unwirksam zu behandeln und sie nicht auf dem Wege einer sog. „geltungserhaltenden Reduktion" auf den Restbestand zurückzuführen, mit dem sie nicht im Widerspruch zu §§ 9–11 AGBG stehen (s. BGHZ 84, 109, 115 ff.; BGHZ 86, 284, 297; BGHZ 87, 309, 321; BGHZ 90, 69, 73 ff.; BGHZ 91, 375, 384; BGHZ 92, 312, 315 = EWiR § 24 AGBG 1/85, 19 (Bunte) – alle mit weiteren Nachweisen; sowie BGH, Urt. v. 7. 10. 1981 – VIII ZR 214/80, NJW 1982, 178, 179; BGH, Urt. v. 28. 4. 1983 – VII ZR 267/82, WM 1983, 916, 917; BGH, Urt. v. 19. 9. 1983 – VIII ZR 84/82, NJW 1984, 48, 49; BGH, Urt. v. 14. 11. 1984 – IV a ZR 60/83, VersR 1985, 129, 130). Auch der erkennende Senat folgt diesem Grundsatz, der sich aus dem gesetzgeberischen Anliegen ergibt: Zweck des AGB-Gesetzes ist es, den Vertragspartner vor der Verwendung ungültiger Klauseln zu schützen und auf einen den Interessen beider Seiten gerecht werdenden Inhalt derartiger Formularbedingungen hinzuwirken. Dieses Ziel würde unterlaufen, wenn es dem Verwender möglich bliebe, seine Allgemeinen Geschäftsbedingungen einseitig in seinem Interesse auszugestalten, um es dann der Initiative seines Vertragspartners und den Gerichten zu überlassen, daß derartige Klauseln auf das gerade noch zulässige Maß zurückgeführt werden. Dem Prinzip, daß die Benutzung von Formularbedingungen stets auf das Risiko des Verwenders geht, entspricht es vielmehr in aller Regel, eine das Interesse des Verwenders im Übermaß herausstellende und deshalb nach §§ 9–11 AGBG verbotene Klausel nach Maßgabe von § 6 Abs. 2 AGBG insgesamt als ungeschrieben zu behandeln und an ihrer Stelle diejenige gesetzliche Regelung maßgebend sein zu lassen, die durch die in Frage stehende Klausel abbedungen werden sollte; dies grundsätzlich auch dann, wenn eine für den Verwender günstigere Gestaltungsmöglichkeit durch sich von vornherein in den Grenzen des Zulässigen haltende Absprachen bestanden hätte. Lediglich in den Fällen, in denen die Unwirksamkeit der beanstandeten Klausel eine Lücke in der gesetzlichen Regelung offenbart, die die beteiligten Interessen beider Seiten unangemessen geregelt sein läßt, erscheint nach dem dargelegten Sinn des AGB-Gesetzes der Versuch des Richters zulässig, eine angemessene Interessenlösung auf dem Wege der ergänzenden Vertragsauslegung anzustreben (s. BGHZ 84, 109, 115 ff.; BGHZ 88, 78, 85; BGHZ 90, 69, 83 ff.; BGHZ 92, 312 = EWiR § 24 AGBG 1/85, 19 (Bunte); BGH, Urt. v. 31. 10. 1984 – VIII ZR 220/83, WM 1984, 1644, 1645).

bb) Um eine derartige „gesetzesergänzende" Klausel handelt es sich indes im Streitfall nicht. Davon kann gesprochen werden, wenn die betroffenen Interessen in ihrer typischen Verknüpfung Sonderlösungen erheischen, für die die gesetzliche Regelung nicht konzipiert ist. Es kann dahinstehen, für welche Regelungssachverhalte die gesetzlich vorgesehene Haftung für Fahrlässigkeit schlechthin – wie sie hier durch Nr. 5 Abs. 2 der Ausschreibungsbedingungen u. a. abbedungen werden sollte – eine unangemessene Interessenlösung in diesem Sinn darstellt und deshalb die besondere Typik der Interessenverknüpfung nach einer anderen, sachrichtigeren Haftungsregelung verlangt. Selbst wenn hierfür die bereits für die gesetzliche Regelung bestehenden bzw. von der Rechtsprechung zu ihr entwickelten Haftungsbegrenzungen keine Rolle spielen dürften, würde die Bejahung einer derartigen Sonderlage zumindest besondere Gründe voraussetzen, die die gesetzliche Risikoverteilung für den Verwender und seine Leute selbst bei voller Berücksichtigung der Interessen seines Vertragspartners in der Typik der betroffenen Fälle unangemessen erscheinen ließen. Für eine solche zu einer Einschränkung der Haftung des Veranstalters und seiner Beauftragten zwingenden Sonderlage ist im Streitfall nichts ersichtlich, und zwar weder für einen Ausschluß der Haftung für leichte Fahrlässigkeit noch für einen Ausschluß der Haftung nach §§ 7 ff., 18 StVG, worauf das

Berufungsgericht, obwohl der Kläger auch Ansprüche für materiellen Zukunftsschaden geltend macht, überhaupt nicht eingeht.

Allein der Umstand, daß die Teilnehmer an dem Fahrerlehrgang mit Antischleuderschule und Gefahrentraining ein gewisses, dem Training typischerweise innewohnendes erhöhtes Risiko eingegangen sind, rechtfertigt es nicht, die Haftung des Veranstalters und seiner Beauftragten für die Gefahr, wie sie sich im Streitfall verwirklicht hat, im Wege der vertragsergänzenden Auslegung auf grobe Fahrlässigkeit und Vorsatz zu beschränken. Die Demonstration der „Ideallinie" barg nicht typischerweise die Gefahr in sich, daß der Demonstrant die Herrschaft über sein Fahrzeug verlieren konnte, wie dies beispielsweise bei Autorennen, in dem Bestreben der Fahrer, das Äußerste an Geschwindigkeit aus dem Fahrzeug herauszuholen, als voraussehbare Möglichkeit einkalkuliert werden mag. Bei dem Fahrerlehrgang entsprach es dagegen, wie sich aus der Präambel und dem erklärten Zweck der Ausschreibungsbedingungen: „Besser fahren mit B." ergibt, dem Lernziel, „das Fahrzeug so zu beherrschen, daß es jederzeit der Verkehrssituation angepaßt mit dem geringsten Aufwand an Energie sicher bewegt wird". Für die Wertung der Teilnehmer war der Fahrstil (nicht die Fahrzeit) maßgebend. Jede Gruppe sollte unter Anleitung des Instrukteurs Gelegenheit bekommen, die Ideallinie zu studieren und Fehler in der Fahrweise zu korrigieren. Es bestand ein striktes Überholverbot. Diese Teilnahmebedingungen machen deutlich, daß der Lehrgang geradezu auf eine mögliche Verringerung durch bessere Beherrschung der Fahrrisiken ausgerichtet, keineswegs aber von vornherein durch Risiken geprägt war, wie sie sich hier verwirklicht haben. Der vorliegende Sachverhalt unterscheidet sich grundlegend von den Sachverhalten bei Teilnahme etwa an einem Sportwettkampfspiel, für die die Rechtsprechung (s. BGHZ 63, 140, 142; BGH, Urt. v. 10. 2. 1976 – VI ZR 32/74, VersR 1976, 591, 592; BGH, Urt. v. 16. 3. 1976 – VI ZR 199/74, VersR 1976, 775) die „Inkaufnahme" eines erhöhten Risikos spieltypischer Gefahren unter dem Gesichtspunkt der Reziprozität entwickelt hat. Ob eine ausdrücklich getroffene Vereinbarung eines unmißverständlich auf leichte Fahrlässigkeit und Gefährdungshaftung nach dem Straßenverkehrsgesetz beschränkten Haftungsausschlusses für Risiken wie das hier betroffene nach dem Zweck und Ziel des Lehrgangs zulässig gewesen wäre, bedarf keiner Entscheidung. Denn jedenfalls kann eine solche Haftungsbeschränkung aus den dargelegten Gründen nicht im Wege ergänzender Auslegung des wegen der Verwendung verbotener Klauseln lückenhaften Vertrages als typischerweise gebotener Interessenausgleich vorgenommen werden, zumal der Veranstalter dieses Risiko versichern konnte; jedenfalls ist anderes von der Beklagten nicht behauptet worden.

Auch das Reichsgericht (JW 1926, 2534) hat keinen Anlaß gesehen, die Haftung des Teilnehmers an einer Dauerprüfungsfahrt gegenüber dem mitfahrenden Beobachter trotz des damit verbundenen erhöhten Risikos durch stillschweigenden Haftungsverzicht für leichte Fahrlässigkeit auszuschließen. Ebensowenig hat der Bundesgerichtshof (BGHZ 39, 156) bei einer von A. veranstalteten überwachten Zuverlässigkeitsfahrt den Fahrer gegenüber seinem Mitfahrer von der Haftung für leichte Fahrlässigkeit freigestellt. Auch der Fahrerlehrgang weist hinsichtlich seiner typischen Risiken keine Sonderlage aus, die eine Einschränkung der gesetzlichen Haftungsregeln zur Erzielung eines angemessenen Interessenausgleichs zwischen den Beteiligten notwendig machen müßte.

4. Dem erhöhten Risiko, das sich im Streitfall dadurch verwirklicht hat, daß der Kläger in dem Augenblick, als der Rennfahrer R. die Herrschaft über sein Fahrzeug verlor, noch nicht den Beobachtungsstand hinter den Leitplanken eingenommen hatte, kann

somit nur bei Prüfung seines Mitverschuldens Rechnung getragen werden. Der Kläger hat ein solches von 30% eingeräumt. Ob diese Quote angemessen ist, obliegt der tatrichterlichen Entscheidung.

In Allgemeinen Waschbedingungen für Pkw ist eine Haftungsfreizeichnung für leichte Fahrlässigkeit gemäß § 11 Nr. 7 AGBG zulässig. 42

OLG Karlsruhe, Urteil vom 4. 10. 1985 – 15 U 201/84 – rechtskräftig; NJW-RR 1986, 153.

Sachverhalt und **Gründe** sind abgedruckt unter Nr. 53 zu § 9 AGBG.

In einem Vertrag über die Herstellung von Bauleistungen ist die Klausel 43

„Der Auftragnehmer ist verpflichtet, sich vor Angebotsabgabe über alle preisbildenden Umstände selbst zu informieren und über alle Einzelheiten der Leistungen und Lieferungen restlos Klarheit zu verschaffen. Nachforderungen infolge Unkenntnis der tatsächlich vorhandenen Umstände sind ausgeschlossen."

nach § 11 Nr. 7 AGBG und § 9 Abs. 2 Nr. 2 AGBG unwirksam, denn das Risiko unvollständiger oder unrichtiger Vertragsunterlagen wird in vollem Umfang auf den Auftragnehmer abgewälzt.

LG München I, Urteil vom 8. 1. 1985 – 7 O 16131/84 – rechtskräftig;

Auf den Abdruck von **Sachverhalt** und **Gründen** wird verzichtet.

Die in Kfz-Reparaturbedingungen enthaltene Klausel, nach der der Auftraggeber Anspruch auf ein Ersatzfahrzeug oder Erstattung der Kosten für eine tatsächliche Inanspruchnahme eines Kraftfahrzeuges hat, wenn der Auftragnehmer grob fahrlässig die Instandsetzung oder schuldhaft die Nachbesserung mangelhaft ausführt, ist wegen Verstoßes gegen § 11 Nr. 7 AGBG unwirksam, denn sie enthält eine Haftungsbeschränkung der Höhe nach sowie den Ausschluß der Schadensersatzansprüche, die dem Kunden regelmäßig bei grob fahrlässiger Vertragsverletzung zustehen und die über den Ersatz des unmittelbaren Schadens hinausgehen. 44

LG Köln, Urteil vom 19. 6. 1985 – 26 O 409/84 – nicht rechtskräftig; NJW 1986, 67 (mit Anm. Bunte, NJW 1986, 70) = NJW-RR 1986, 152.

Sachverhalt und **Gründe** sind abgedruckt unter Nr. 138 zu § 9 AGBG.

§ 11 Nr. 7   Klauselverbote ohne Wertungsmöglichkeit   Nrn. 45–47

45   1. Aufgrund einer Bauvertragsklausel, die dem Auftragnehmer jegliche Einwendungen bezüglich auftretender Schäden und Mängel nach Beginn der Ausführung der Arbeiten abschneidet, müßte der Auftragnehmer auch für alle Schäden haften, die durch Vorarbeiten anderer Unternehmer verursacht worden sind. Damit führt die Klausel zu einer unzulässigen Haftungsfreistellung des Auftraggebers, der vorangegangene Arbeiten prüfen und abnehmen muß, und ist nach § 11 Nr. 7 AGBG unwirksam.
2. Auch die Klausel
> „Vor Abgabe des Angebots hat sich der Auftragnehmer über die örtlichen Verhältnisse der Baustelle ausreichend informiert."

verstößt gegen § 11 Nr. 7 AGBG, denn dem Auftragnehmer wird das gesamte Risiko auch außergewöhnlicher Arbeitserschwernisse auf der Baustelle auferlegt, und zwar selbst dann, wenn der Auftraggeber diese Erschwernisse zu vertreten hat.

LG Frankfurt, Urteil vom 8. 10. 1985 – 2/13 O 177/85 – rechtskräftig;

Sachverhalt und **Gründe** sind abgedruckt unter Nr. 45 zu § 9 AGBG.

46   In den Allgemeinen Geschäftsbedingungen für Sportlehrgänge verstößt die Klausel
> „Eine Haftung für mitgebrachte Kleidung, Wertgegenstände und Geld ist ausgeschlossen."

gegen § 11 Nr. 7 AGBG, denn sie erfaßt auch die Fälle, in denen mitgebrachte Gegenstände durch eine grob fahrlässige Sorgfaltspflichtverletzung des Verwenders oder seiner Erfüllungsgehilfen beschädigt werden oder abhanden kommen. Sie ist daher unwirksam.

LG Düsseldorf, Urteil vom 27. 11. 1985 – 12 O 271/85 – rechtskräftig;

Auf den Abdruck von **Sachverhalt** und **Gründen** wird verzichtet.

47   In den Bedingungen einer Ferienfahrschule ist die Klausel
> „Bei eventuellem Nichtbestehen der Prüfung können irgendwelche Ansprüche, die mit der Ausbildung oder Prüfung im Zusammenhang stehen, nicht geltend gemacht werden."

nach § 11 Nr. 7 AGBG unwirksam, denn durch die Formulierung „irgendwelche Ansprüche" wird auch die Haftung für grobes Verschulden ausgeschlossen.

LG Flensburg, Urteil vom 5. 12. 1985 – 2 O 316/85 – nicht rechtskräftig;

Auf den Abdruck von **Sachverhalt** und **Gründen** wird verzichtet.

Anmerkung:
Die Berufung ist beim OLG Schleswig unter dem Aktenzeichen 14 U 39/86 anhängig.

§ 11 Nr. 8 – Verzug, Unmöglichkeit

48 In Allgemeinen Verkaufs- und Lieferungsbedingungen für Fenster und Rolläden verstößt die Klausel

> „Wir werden uns bemühen, zugesagte Liefertermine nach Möglichkeit einzuhalten."

weder gegen § 11 Nr. 8 noch gegen § 10 Nr. 1 AGBG, denn sie stellt eine bloße Absichtserklärung dar, die die Rechte des Kunden nicht beeinträchtigt.

OLG Zweibrücken, Urteil vom 6. 2. 1985 – 4 U 68/84 – rechtskräftig;

Die **Gründe** sind abgedruckt unter Nr. 151 zu § 9 AGBG.

49 1. Wird dem Käufer in einem vorformulierten Möbelkaufvertrag für den Fall des Verzuges des Händlers infolge höherer Gewalt ein Rücktrittsrecht eingeräumt, gilt diese Klausel nicht auch für Fälle sonstigen Verzuges und verstößt gegen § 11 Nr. 8a AGBG.

2. Die Klausel in den AGB des Möbelfachhandels, wonach dem Kunden bei Verzug des Händlers infolge höherer Gewalt ausdrücklich nur ein Rücktrittsrecht gewährt wird, schließt damit Schadensersatzansprüche des Kunden aus und ist deshalb nach § 11 Nr. 8b AGBG unwirksam.

LG Stuttgart, Urteil vom 28. 2. 1985 – 20 O 394/84 – rechtskräftig;

Sachverhalt und **Gründe** sind abgedruckt unter Nr. 6 zu § 10 Nr. 2 AGBG.

50 In einem Kaufvertrag über elektronische Musikgeräte ist eine Klausel, nach der der Verkäufer für auf Verschulden des Lieferanten beruhende verspätete oder nicht erfolgte Lieferungen nicht einsteht, nach § 11 Nr. 8a AGBG unwirksam, denn nach ihrem Wortlaut erfaßt die Klausel auch die Sachverhalte, die bei verspäteter Lieferung dem Käufer das Recht geben können, sich vom Vertrag zu lösen (§§ 325, 326 BGB).

LG Stuttgart, Urteil vom 31. 12. 1985 – 20 O 345/85 – rechtskräftig;

Auf den Abdruck von **Sachverhalt** und **Gründen** wird verzichtet.

§ 11 Nr. 10b   *Klauselverbote ohne Wertungsmöglichkeit*   Nrn. 51–54

§ 11 Nr. 10a – Gewährleistung – Ausschluß und Verweisung auf Dritte

51   § 11 Nr. 10a AGBG ist auf einen Finanzierungsleasingvertrag nicht anwendbar.

BGH, Urteil vom 24. 4. 1985 – VIII ZR 65/84; BGHZ 94, 180 = BB 1985, 1087 = DB 1985, 1125 = MDR 1985, 757 = NJW 1985, 1547 = WM 1985, 638 = ZIP 1985, 682.

Sachverhalt und **Gründe** sind abgedruckt unter Nr. 93 zu § 9 AGBG.

52   Eine Klausel in den AGB eines Weinhändlers, wonach im Fall von Mängeln die Transporteure allein verantwortlich sein sollen und etwaige Abnahmeverweigerungen daraus nicht geltend gemacht werden können, verstößt gegen § 11 Nr. 10a AGBG und ist unwirksam.

OLG Koblenz, Urteil vom 8. 3. 1985 – 2 U 1418/83 – rechtskräftig;

Die **Gründe** sind abgedruckt unter Nr. 2 zu § 13 AGBG.

53   Eine Klausel in einem Kaufvertrag über elektronische Musikgeräte, nach der die Gewährleistung des Verkäufers entfällt, wenn der Käufer selbst oder durch Dritte Eingriffe an dem gelieferten Gegenstand vornimmt, ist nicht mit § 11 Nr. 10a AGBG zu vereinbaren und unwirksam.

LG Stuttgart, Urteil vom 31. 12. 1985 – 20 O 345/85 – rechtskräftig;

Auf den Abdruck von **Sachverhalt** und **Gründen** wird verzichtet.

§ 11 Nr. 10b – Gewährleistung – Beschränkung auf Nachbesserung

54   Die AGB für den Kauf neuer Kraftfahrzeuge müssen, wenn vorrangig ein Anspruch auf Nachbesserung bestehen soll, ausdrücklich vorsehen, daß beim „Fehlschlagen" der Nachbesserung Wandelung verlangt werden kann, oder sie müssen die einzelnen Fälle des Fehlschlagens ausdrücklich erwähnen, u. a. auch

Nr. 54 *Gewährleistung* § 11 Nr. 10b

den Fall des Verweigerns der Nachbesserung. Ansonsten sind sie nach § 11 Nr. 10b AGBG unwirksam.

OLG Köln, Urteil vom 2. 4. 1985 – 15 U 231/84 – rechtskräftig; NJW-RR 1986, 151.

Sachverhalt:

Der Kläger hat bei der Beklagten einen neuen Pkw gekauft, bei dem sich alsbald erhebliche Mängel zeigten. Der Kläger rügte die Mängel schriftlich und brachte den Pkw am 2. 12. 1983 zur Beklagten. Er weigerte sich, einen Reparaturauftrag zu unterschreiben. Mit Schreiben vom gleichen Tag forderte die Beklagte den Kläger auf, das Fahrzeug wieder abzuholen, da sie ohne Reparaturauftrag keine Arbeiten an dem Fahrzeug vornehmen könne. Der Kläger holte den Wagen wieder ab. Er forderte die Beklagte durch einen Anwalt erneut auf, die gerügten Mängel nachzubessern. Die Beklagte machte das erneut von der Erteilung eines Reparaturauftrages abhängig.

Der Kläger hat Wandelung erklärt und begehrt Rückzahlung des Kaufpreises. Die Beklagte meint, nach ihren AGB sei der Kläger auf Nachbesserung beschränkt; er habe, um den Nachbesserungsanspruch geltend zu machen, einen Reparaturauftrag unterschreiben müssen. Das LG hat die Klage abgewiesen. Die Berufung des Klägers hatte Erfolg.

Aus den Gründen:

Der Kläger kann von der Beklagten die Wandelung des Kaufvertrages verlangen (§ 462 BGB).

1. Das Fahrzeug war bei der Übergabe mit wesentlichen Mängeln i. S. von § 459 BGB behaftet. ...

2. Der Wandelungsanspruch des Klägers ist nicht durch die AGB der Beklagten ausgeschlossen, wonach der Kraftfahrzeugkäufer einen Nachbesserungsanspruch hat. Der Kläger kann jedenfalls deshalb Wandelung verlangen, weil die Beklagte sich endgültig geweigert hat, den Nachbesserungsanspruch zu erfüllen und die Nachbesserung deshalb fehlgeschlagen ist.

a) Nach § 11 Nr. 10b AGB-Gesetz muß dem Käufer „ausdrücklich" das Recht vorbehalten werden, bei „Fehlschlagen" der Nachbesserung nach seiner Wahl Rückgängigmachung des Vertrages zu verlangen. Die Nachbesserung schlägt fehl, wenn sie sich aus irgendeinem Grunde nicht realisieren läßt; auch dann wenn sie vom Verkäufer verweigert oder unzumutbar verzögert wird (so im Anschluß an BGHZ 22, 90 = NJW 1957, 17). Die AGB der Beklagten sehen vor: „Wenn der Fehler nicht beseitigt werden kann oder für den Käufer weitere Nachbesserungsversuche unzumutbar sind, kann der Käufer an Stelle der Nachbesserung Wandelung ... verlangen." Viel spricht dafür, daß diese Klausel schon deshalb unwirksam ist, weil sie den Fall des Verweigerns der Nachbesserung nicht ausdrücklich vorsieht (Ulmer/Brandner/Hensen, AGB-Gesetz, § 11 Nr. 10 Rdnrn. 35, 36). In diesem Fall brauchte der Kläger Nachbesserung überhaupt nicht zu verlangen, weil die gesetzliche Regelung einen Nachbesserungsanspruch nicht kennt. Wäre aber auch nach den AGB der Beklagten davon auszugehen, daß ein Wandelungsanspruch besteht, wenn sie die Nachbesserung verweigert, so ergäbe sich Folgendes:

b) Der Kläger hat einen Nachbesserungsanspruch geltend gemacht ...

c) Die Beklagte war nicht bereit, den Nachbesserungsanspruch zu erfüllen, weil sie den Wagen zum Zwecke einer Nachbesserung nur entgegennehmen wollte, wenn der Kläger einen Reparaturauftrag unterschrieb. Um in den Genuß der Nachbesserung zu kommen, brauchte der Kläger keinen neuen Vertrag abzuschließen, sondern nur die Rechte aus dem alten Vertrag geltend zu machen ...

Im übrigen war es das ausgesprochene Ziel der Beklagten, daß für die Nachbesserungsarbeiten die „Geschäftsbedingungen für die Ausführung von Instandsetzungsarbeiten an Kraftfahrzeugen" vereinbart wurden ... Diese AGB sehen oder sahen damals jedenfalls erhebliche Einschränkungen für die Geltendmachung von Gewährleistungsansprüchen vor ...

Nach alledem hat die Beklagte die Erfüllung des Nachbesserungsanspruchs, so wie er bestand, endgültig verweigert. Denn seit dem Zugang des Schreibens vom 2. 12. 1983 beim Kläger waren die Voraussetzungen des Wandelungsanspruchs gegeben. Die Beklagte ist im übrigen bis heute nicht bereit, eine Nachbesserung unter dem Kläger zumutbaren Bedingungen durchzuführen, da sie bis zuletzt geltend gemacht hat, der Kläger müsse einen Reparaturauftrag erteilen.

55 **Der in einem vorformulierten Bauträgervertrag enthaltene Ausschluß des Wandelungsrechts ist auch dann wegen Verstoßes gegen § 11 Nr. 10b AGBG unwirksam, wenn für Bauausführung und Mängelhaftung die Geltung der VOB vereinbart wurde.**

OLG Köln, Urteil vom 9. 7. 1985 — 9 U 191/84 — rechtskräftig; BauR 1986, 219 = NJW 1986, 330 = NJW-RR 1986, 186.

Sachverhalt:

Die Parteien schlossen am 9. 12. 1981 einen notariellen Vertrag über den Erwerb einer von der Beklagten noch zu erstellenden Eigentumswohnung durch die Kläger. Dieser Vertrag sieht für die Bauausführung und die Mängelhaftung die Geltung der VOB vor. Die Wohnung wurde von den Klägern, zu deren Gunsten eine Auflassungsvormerkung im Grundbuch eingetragen worden war, im Januar 1983 bezogen. Auf den vereinbarten Erwerbspreis in Höhe von 260 000 DM haben sie 240 000 DM gezahlt. Wegen Mängeln erklärten sie am 6. 4. 1984 Wandelung des mit der Beklagten geschlossenen Vertrages.

Die Kläger haben die Feststellung der Unzulässigkeit der Zwangsvollstreckung aus der notariellen Urkunde begehrt sowie die Verurteilung der Beklagten zur Rückzahlung des bereits von ihnen für die Eigentumswohnung gezahlten Entgelts. Die Beklagte ist der Auffassung, eine Wandelung sei ausgeschlossen, weil die Geltung der VOB wirksam vereinbart worden sei.

Das LG hat der Klage stattgegeben. Die Berufung der Beklagten wurde zurückgewiesen.

Aus den Gründen: ...

Sind die Kläger wegen Mängeln an der von ihnen erworbenen Eigentumswohnung grundsätzlich gem. § 634 BGB zur Wandelung berechtigt gewesen, so ist die Wandelung hier entgegen der Meinung der Beklagten nicht deshalb ausgeschlossen, weil die Parteien vertraglich die Geltung der VOB vereinbart haben; denn der auch hierin liegende Ausschluß der Wandelung jedenfalls ist gem. § 11 Nr. 10b AGB-Gesetz nicht wirksam vereinbart worden. Es kommt deshalb hier nicht darauf an, worauf das LG zunächst abgestellt hat, ob die VOB schon nicht Vertragsbestandteil geworden ist, weil die Beklagte den Klägern nicht die Möglichkeit verschafft habe, in zumutbarer Weise von den Bestimmungen der VOB Kenntnis zu nehmen, indem sie es unterlassen habe, den Klägern ihre Bereitschaft zu erklären, diesen kostenlos einen Text der VOB zur Verfügung zu stellen.

Gem. § 11 Nr. 10b AGB-Gesetz ist in AGB unwirksam eine Gewährleistungsbestimmung, durch die in Verträgen über die Lieferung neu hergestellter Sachen und Leistungen die Rückgängigmachung des Vertrages ausgeschlossen wird, wenn nicht eine Bauleistung Gegenstand des Vertrages ist. Für Leistungen, für die die VOB Vertragsgrundlage ist, läßt § 23 Abs. 2 Nr. 5 AGB-Gesetz weitere Ausnahmen von den sonst geltenden Bestimmungen dieses Gesetzes zu. Hieran hat sich ein Meinungsstreit entzündet, ob für Bauträgerverträge – wie hier – die VOB überhaupt wirksam vereinbart werden könne. Einer Entscheidung dieser Frage bedarf es hier jedoch nicht, weil auch dann, wenn die Geltung der VOB generell wirksam vereinbart worden ist, der incidenter darin enthaltene Ausschluß der Wandelung jedenfalls nicht wirksam geworden ist, weil speziell dieser gegen die Bestimmung des § 11 Nr. 10b AGB-Gesetz verstößt.

Bei einer wirksamen vertraglichen Vereinbarung der VOB wäre es zwar verfehlt, einzelne Vorschriften hieraus einer Kontrolle gem. der Generalklausel (§ 9 AGB-Gesetz) zu unterziehen (BGH, NJW 1983, 816, 818); dies schließt aber eine Überprüfung nach den Vorschriften §§ 10 und 11 AGB-Gesetz nicht aus (BGH, NJW 1983, 816, 818). Es kommt deshalb hier darauf an, ob eine Bauleistung i. S. des § 11 Nr. 10b AGB-Gesetz Gegenstand der Gewährleistung ist; dann nämlich ist ein Ausschluß der Wandelung in AGB zulässig. Diese Frage ist jedoch zu verneinen; Gegenstand des zwischen den Parteien geschlossenen Vertrages ist der Erwerb einer schlüsselfertigen Eigentumswohnung durch die Kläger gewesen, die die Beklagte hat errichten lassen, und die hieran anknüpfenden Gewährleistungsansprüche der Kläger betreffen nicht etwa eine Bauleistung der Beklagten.

Sinn und Zweck der gesetzlichen Regelung hinsichtlich eines möglichen Ausschlusses der Wandelung bei Bauleistungen in § 11 Nr. 10b AGB-Gesetz ist es, die Zerstörung wirtschaftlicher Werte zu vermeiden; denn eine Bauleistung kann vielfach ohne ihre Zerstörung nicht zurückgewährt werden. Bei einem Vertrag mit einem Bauträger kommt es aber nicht auf die einzelne Bauleistung eines Bauhandwerkers an, sondern Gegenstand des Vertrages ist die Verschaffung des Eigentums an einem schlüsselfertigen Haus bzw. an einer Eigentumswohnung. Der Erwerber hat hier keinerlei Interesse an der einzelnen Bauleistung, sondern er will das fertige Eigentum erwerben. Das gilt auch für den hier zu entscheidenden Fall: Die Beklagte hat nicht selbst gebaut, sondern bauen lassen.

Die Beklagte hat den Klägern hiernach gem. dem abgeschlossenen notariellen Vertrag eine komplett fertige Wohnung geschuldet, die sie von anderen Unternehmern hat erstellen lassen müssen. Verträge über Bauleistungen sind deshalb hier zwischen der Beklagten und den einzelnen Bauhandwerkern abgeschlossen worden, nicht jedoch zwischen den Parteien dieses Rechtsstreits. Die Tätigkeit der Beklagten als Bauträger hat aber keine Bauleistung dargestellt. ...

Es ist zwar nicht zu verkennen, daß auf Verträge wie den hier zwischen den Parteien geschlossenen nicht Kauf-, sondern Werkvertragsrecht anzuwenden ist; dies wird in erster Linie aus der Interessenlage abgeleitet, die es gebietet, den Erwerber wegen Mängeln am Bauwerk nicht auf die kaufrechtlichen Gewährleistungsansprüche zu verweisen, sondern dem Veräußerer – insbesondere wegen der dort vorgesehenen Möglichkeit der Nachbesserung, aber auch wegen der längeren Verjährungsfrist – für Sachmängel eine

§ 11 Nr. 10d *Klauselverbote ohne Wertungsmöglichkeit* Nrn. 55–58

Haftung nach Werkvertragsrecht aufzuerlegen (vgl. BGH, NJW 1973, 1235, 1236). Hieraus kann jedoch nicht eine Einordnung der Leistung des Bauträgers als Bauleistung abgeleitet werden. Der tragende Gesichtspunkt für die Möglichkeit des Wandelungsausschlusses in AGB bei Bauleistungen, die in vielen Fällen eintretende Zerstörung des Werkes bei einer Rückgängigmachung des Vertrages, greift hier nicht. Der auf die Errichtung eines schlüsselfertigen Hauses bzw. einer schlüsselfertigen Eigentumswohnung auf einem zu übereignenden Grundstück gerichtete Vertrag kann ebenso rückabgewickelt werden wie der Kauf eines schon fertigen Bauwerkes; eine Zerstörung irgendwelcher Bausubstanz ist hierbei nicht zu befürchten. ...

56 Eine Gewährleistungsklausel in einem Möbelkaufvertrag, die die Begriffe „Wandelung" und „Minderung" enthält, ist wegen Verstoßes gegen § 11 Nr. 10b AGBG unwirksam.

OLG Celle, Urteil von 17. 7. 1985 – 3 U 157/84 – rechtskräftig;

Sachverhalt und **Gründe** sind abgedruckt unter Nr. 133 zu § 9 AGBG.

§ 11 Nr. 10c – Gewährleistung – Aufwendungen bei Nachbesserung

57 Die Klausel in einem Garantie-Vertrag eines Herstellers von HiFi-Geräten

„Falls das Gerät zum Zwecke der Garantiereparatur transportiert wird, geschieht dies auf Kosten und Gefahr des Endverbrauchers."

verstößt gegen § 11 Nr. 10c AGBG und ist unwirksam.

LG München I, Urteil vom 14. 5. 1985 – 7 O 3705/85 – rechtskräftig;

Sachverhalt und **Gründe** sind abgedruckt unter Nr. 65 zu § 9 AGBG.

§ 11 Nr. 10d – Gewährleistung – Vorenthalten der Mängelbeseitigung

58 In dem Garantie-Vertrag eines Herstellers von HiFi-Geräten verstößt die Klausel

„Unsere Garantieleistung besteht ausschließlich darin, daß nach unserer Wahl defekte Teile ausgetauscht oder repariert werden."

gegen § 11 Nr. 10d AGBG und ist unwirksam.

LG München I, Urteil vom 14. 5. 1985 – 7 O 3705/85 – rechtskräftig;

Sachverhalt und **Gründe** sind abgedruckt unter Nr. 65 zu § 9 AGBG.

§ 11 Nr. 10e – Gewährleistung – Ausschlußfrist für Mängelanzeige

Als „neu hergestellte Sachen" im Sinne des § 11 Nr. 10 AGBG sind auch lebend gelieferte Forellen anzusehen, denn diese sind nicht mit dem typischerweise durch Gebrauch entstehenden Risiko behaftet.   59

BGH, Urteil vom 3. 7. 1985 – VIII ZR 152/84; BB 1985, 2071 = DB 1985, 2556 = MDR 1986, 50 = NJW-RR 1986, 52 = WM 1985, 1145.

Sachverhalt und **Gründe** sind abgedruckt unter Nr. 63 zu § 9 AGBG.

In einem Kaufvertrag über Elektrogeräte ist die Bestimmung   60

„Beanstandungen können nur berücksichtigt werden, wenn sie sofort gemeldet werden."

nach § 11 Nr. 10e AGBG unwirksam, weil sie dem Käufer zumindest die Möglichkeit nahelegt, er könne auch andere Mängel als Transportschäden und insbesondere nicht offensichtliche Mängel nur sofort rügen.

LG Düsseldorf, Urteil vom 27. 3. 1985 – 12 O 706/84 – nicht rechtskräftig;

Auf den Abdruck von **Sachverhalt** und **Gründen** wird verzichtet.

Anmerkung:
Die Revision ist beim BGH unter dem Aktenzeichen VIII ZR 46/86 anhängig.

Die in Kfz-Reparaturbedingungen enthaltene Klausel   61

„Ansprüche bestehen nicht wegen eines Schadens, der dadurch entstanden ist, daß der Auftraggeber den Mangel dem Auftragnehmer nicht unverzüglich nach Feststellung schriftlich angezeigt und genau bezeichnet hat oder der Auftragsgegenstand dem Auftragnehmer nicht unverzüglich nach Feststellung eines Mangels zugestellt worden ist."

verstößt gegen § 11 Nr. 10e AGBG und ist unwirksam, denn sie erfaßt auch verdeckte Mängel und verkürzt die Gewährleistungsansprüche des Kunden.

LG Köln, Urteil vom 19. 6. 1985 – 26 O 409/84 – nicht rechtskräftig; NJW 1986, 67 (mit Anm. Bunte, NJW 1986, 70) = NJW-RR 1986, 152.

Sachverhalt und **Gründe** sind abgedruckt unter Nr. 138 zu § 9 AGBG.

§ 11 Nr. 10f – Gewährleistung – Verkürzung von Gewährleistungsfristen

62 Die Gewährleistungsregelung der VOB/B kann in einem Bau- oder Bauträgervertrag formularmäßig „isoliert" zumindest insoweit nicht vereinbart werden, als damit die Gewährleistungsfrist des § 638 BGB verkürzt wird.

BGH, Urteil vom 10. 10. 1985 – VII ZR 325/84; BGHZ 96, 129 = BauR 1986, 89 = BB 1986, 24 = DB 1986, 428 = DNotZ 1986, 17 = JR 1986, 200 = MDR 1986, 224 = NJW 1986, 315 = WM 1985, 1478 = ZIP 1985, 1493.

Sachverhalt und **Gründe** sind abgedruckt unter Nr. 2 zu § 23 AGBG.

63 Eine Klausel in einem formularmäßigen Werkvertrag, die hinsichtlich der Gewährleistung lediglich auf § 13 VOB/B verweist, verkürzt die gesetzlichen Gewährleistungsfristen in unzulässiger Weise und ist gemäß § 11 Nr. 10f AGBG unwirksam.

BGH, Urteil vom 24. 10. 1985 – VII ZR 31/85; BGHZ 96, 146 = BauR 1986, 98 = BB 1986, 840 = JR 1986, 283 = NJW 1986, 713 = ZIP 1986, 234.

Sachverhalt:

Mit „Grundstückskaufvertrag" vom 16. September 1980 veräußerte die Klägerin an die Eheleute S. (Sohn und Schwiegertochter des Beklagten) ein Grundstück mit einem darauf zu errichtenden Zweifamilien-Wohnhaus. In § 4 des Vertrags, den die Klägerin auch bei der Veräußerung anderer Grundstücke verwendete, wurde u. a. vereinbart, daß dem „Käufer" Gewährleistungsansprüche gegenüber der „Verkäuferin" nur gemäß § 13 VOB/B zustehen sollen.

Nach Fertigstellung des Hauses – im Sommer 1982 – einigte sich die Klägerin mit den Eheleuten S. dahin, daß ihr noch eine Restforderung in Höhe von 50 000 DM zustehe, ein Betrag von 20 000 DM sofort bezahlt und für den nach Mängelbeseitigung zu zahlenden Restbetrag von 30 000 DM eine Bankbürgschaft gestellt werden sollte. Da die Eheleute S. die Bürgschaft nicht beibringen konnten, unterzeichnete der Beklagte am 28. Juli 1982 eine als „Schuldversprechen" überschriebene Urkunde, in der er erklärte, der Klägerin einen Betrag von 30 000 DM zu schulden.

Mit Schreiben vom 19. August 1982 forderte der Sohn des Beklagten die Klägerin unter Setzung einer „letzten" Frist bis 23. August 1982 zur Mängelbeseitigung auf und erteilte der Klägerin nach Ablauf der Frist „Haus- und Grundstücksverbot". Am 20. April 1983 traten die Eheleute S. ihre „Forderung auf Zahlung des Nachbesserungsaufwandes" und ihre „Forderungen auf Schadensersatz" gegen die Klägerin an den Beklagten ab. In einer als „Klarstellung und Neuabtretung" bezeichneten Urkunde vom 24. Oktober 1984 „erneuerten" sie diese Abtretung und erklärten, die Abtretung erstrecke sich auf „alle Ansprüche auf Erfüllung, Nachbesserung, Mängelbeseitigung, Gewährleistung oder Schadensersatz", die ihnen gegen die Klägerin zustünden.

Der Beklagte zahlte an die Klägerin lediglich 20 000 DM. Mit der Klage fordert die Klägerin daher Zahlung von 10 000 DM nebst Zinsen. Das Landgericht hat den Beklagten, der mit ihm von den Eheleuten S. abgetretenen Ansprüchen auf Ersatz des Nachbesserungsaufwands und Schadensersatz aufgerechnet hat, zur Zahlung von 3400 DM nebst Zinsen verurteilt. Das Oberlandesgericht hat der Klage in vollem Umfang stattgegeben.

Die Revision des Beklagten führte zur Aufhebung des Berufungsurteils und zur Zurückverweisung der Sache.

Aus den Gründen:

Dem Beklagten wurden von den Eheleuten S. wirksam ihnen gegen die Klägerin zustehende Nachbesserungsansprüche abgetreten. Er kann gegenüber dem Klageanspruch somit ein Zurückbehaltungsrecht geltend machen und auch mit an ihn abgetretenen Ansprüchen auf Ersatz von Mängelbeseitigungskosten und auf Kostenvorschuß aufrechnen.

1. Das Berufungsgericht nimmt mit Recht an, daß etwaige Gewährleistungsansprüche der Eheleute S. gegen die Klägerin nicht verjährt sind. Die in § 4 des zwischen den Eheleuten S. und der Klägerin abgeschlossenen „Grundstückkaufvertrags" enthaltene Verweisung lediglich auf § 13 VOB/B stellt eine unzulässige Verkürzung der gesetzlichen Gewährleistungsfristen durch Allgemeine Geschäftsbedingungen dar. Eine solche Klausel ist gemäß § 11 Nr. 10 f AGBG unwirksam (vgl. Senatsurteil vom 10. Oktober 1985 – VII ZR 325/84, AGBE VI § 23 Nr. 2 = BGHZ 96, 129).

2. Entgegen der Auffassung des Berufungsgerichts hat der Beklagte durch die von den Eheleuten S. am 20. April 1983 erklärte Abtretung Nachbesserungsansprüche gegen die Klägerin erworben.

a) Das Schrifttum hält den Nachbesserungsanspruch des Bestellers eines Werkvertrags allgemein für abtretbar (vgl. Brych, NJW 1973, 1583, 1588; Daub/Piel/Soergel/Steffani, Kom. zur VOB/B, ErlZB 13.378; Deckert, Baumängel am Gemeinschaftseigentum der Eigentumswohnung, 2. Aufl., S. 227; Derleder in AK BGB, vor §§ 633 ff. Rdnr. 4; Fritz, Haftungsfreizeichnung im Bauträger- und Architektenvertrag nach dem AGBG, S. 80; Glanzmann in BGB-RGRK, 12. Aufl., § 633 Rdnr. 24; Gross, NJW 1971, 648; ders. BauR 1972, 325, 328; ders. BauR 1975, 12; Heiermann/Riedl/Schwaab, VOB, 3. Aufl., Einführung zu B § 13 Rdnr. 10; Ingenstau/Korbion, VOB, 10. Aufl., B § 13 Rdnr. 24; Korbion/Hochstein, Der VOB-Vertrag, 3. Aufl., Rdnr. 188; Locher, Das private Baurecht, 3. Aufl., Rdnr. 46; Locher/Koeble, Baubetreuungs- und Bauträgerrecht, 4. Aufl., Rdnr. 313; Ohmen, MittRhNot 1973, 401, 418; ders. DNotZ 1975, 344, 347; Reithmann/Brych/Manhart, Kauf vom Bauträger und Bauherrenmodelle, 5. Aufl., Rdnr. 96, 99, 108; Riedler, Betrieb 1976, 853, 855; F. Schmidt, MittBayNot 1977, 155, 167; Soergel in MünchKomm, BGB, § 633 Rdnr. 90; Soergel/Mühl, BGB, 11. Aufl., § 633 Rdnr. 28; Werner/Pastor, Der Bauprozeß, 4. Aufl., Rdnr. 1548; vgl. auch Schwenzer, AcP 182, 214, 221; Seetzen, AcP 169, 352, 370/371).

Der Bundesgerichtshof geht ebenfalls davon aus, daß der Nachbesserungsanspruch gemäß § 633 Abs. 2 BGB abgetreten werden kann (vgl. Senatsurteile, BGHZ 55, 354, 357/358; 70, 389, 391; NJW 1982, 169, 170; 1982, 1808, 1809; Senatsurteile vom 17. April 1969 – VII ZR 31/67 = Schäfer/Finnern, Rspr. Bau Z 4.10, Bl. 16; vom 18. Mai 1978 – VII ZR 138/77 = BauR 1978, 398, 399; vom 8. Dezember 1983 – VII ZR 152/82 = ZfBR 1984, 69 = BauR 1984, 172; vgl. a. Urteil vom 11. Juli 1985 – VII ZR 52/83 = ZIP 1985, 1141, 1142, zum Abdruck in BGHZ bestimmt). Allerdings hat er bisher nicht ausdrücklich entschieden, ob dieser Anspruch auch an einen Dritten abgetreten werden kann, der das erstellte Werk nicht erworben hat.

§ 11 Nr. 10f   Klauselverbote ohne Wertungsmöglichkeit   Nr. 63

b) Der Senat ist der Auffassung, daß der Besteller eines Werks den ihm zustehenden Nachbesserungsanspruch auch dann wirksam an einen neuen Gläubiger abtreten kann, wenn er das von dem Unternehmer zu erstellende oder bereits erstellte Werk nicht zugleich an den neuen Gläubiger veräußert.

aa) Nach § 399 BGB kann eine Forderung nicht abgetreten werden, wenn die Leistung an einen anderen als den ursprünglichen Gläubiger nicht ohne Veränderung ihres Inhalts erbracht werden kann. Eines solche Inhaltsänderung ist stets dann anzunehmen, wenn – anders als bei höchstpersönlichen oder unselbständigen akzessorischen Ansprüchen – ein Gläubigerwechsel zwar rechtlich vorstellbar, das Interesse des Schuldners an der Beibehaltung einer bestimmten Gläubigerperson aber besonders schutzwürdig ist (Roth in MünchKomm, BGB, 2. Aufl., § 399 Rdnr. 7; vgl. auch Larenz, Lehrbuch des Schuldrechts, AT, 13. Aufl., § 34 II 2). Der Inhalt des Schuldverhältnisses wird deshalb immer dann verändert, wenn durch die Abtretung die Leistungshandlung des Schuldners geändert wird, der Schuldner aufgrund der Abtretung also etwas anderes als ursprünglich geschuldet zu leisten hat (vgl. BGH, NJW 1972, 2036). Ebenso bedeutet es eine Inhaltsänderung, wenn die Leistungshandlung als solche im Hinblick auf den Empfänger einen besonderen Charakter annimmt, obwohl die geforderte Handlung des Schuldners sich nicht verändert (Nörr/Scheyhing, Sukzessionen, § 3 II 1)....

bb) Mit der Abtretung eines Nachbesserungsanspruchs ist – entgegen der Ansicht des Berufungsgerichts – eine Veränderung des Anspruchsinhalts nicht verbunden. Zwar hat der Gläubiger als Erwerber des Werks ein besonderes Interesse an der mangelfreien Erstellung des Werks. Dieses Interesse besteht auch nach Abtretung des Nachbesserungsanspruchs fort. Der Leistungsinhalt des Nachbesserungsanspruchs wird durch die Abtretung jedoch nicht geändert; denn er wird nicht durch das Gläubigerinteresse, sondern durch die Leistungshandlung des Schuldners bestimmt. Diese Leistungshandlung erfährt durch die Abtretung aber keine Änderung, weil der Unternehmer nach wie vor das ursprünglich Geschuldete leisten muß, nämlich Nachbesserung seines Werks. Auch nimmt seine Leistungshandlung im Hinblick auf den Empfänger keinen besonderen Charakter an; sie besteht weiterhin in der Nachbesserung des ursprünglichen Werks.

Daß mit der Abtretung der Inhalt des Nachbesserungsanspruchs nicht verändert wird, zeigt gerade der vorliegende Fall. Der Erfolg der von der Klägerin geschuldeten Leistung, Mängel am Haus der Eheleute S. zu beseitigen, bleibt auch dann gleich, wenn Gläubiger des Anspruchs nunmehr der Beklagte ist.

Es ist daher gerechtfertigt, den Nachbesserungsanspruch gemäß § 633 Abs. 2 BGB ohne Einschränkung als abtretbar anzusehen.

cc) Dies ist auch sach- und interessengerecht. Die Rechtsstellung des abtretenden Bestellers wird durch die Abtretbarkeit des Nachbesserungsanspruchs nicht beeinträchtigt. Schutzwürdige Interessen des Unternehmers stehen der Abtretbarkeit ebenfalls nicht entgegen. Insbesondere ist ihm eine Nachbesserung auf Verlangen des neuen Gläubigers zumutbar.

Ein Ausschluß der Abtretung gemäß § 399 BGB würde vor allem im Streitfall zu unsachgemäßen und unbilligen Ergebnissen führen. Der Nachbesserungsanspruch wurde hier nicht – wie das Berufungsgericht meint – „isoliert an einen (etwa beliebigen) Dritten" abgetreten. Neuer Gläubiger wurde vielmehr der Beklagte, der bereits vorher im Hinblick auf den von den Eheleuten S. geschuldeten Werklohn gegenüber der Klägerin ein Schuldversprechen abgegeben hat. Als neuer Schuldner der Restwerklohnforderung der Klägerin hat er daher ein besonderes Interesse an der Durchführung der Nachbesserungsarbeiten, vor allem auch deshalb, weil das mangelhafte Haus im Eigentum seines Sohnes und seiner Schwiegertochter steht. Ein etwaiges Interesse der Klägerin, sich dem Zurückbehaltungsrecht des Beklagten zu entziehen, ist demgegenüber nicht schutzwürdig. Die Klägerin könnte auf diese Weise – ohne rechtliche Nachteile befürchten zu müssen – Nachbesserung verweigern, obwohl sie nunmehr ihren Anspruch auf Zahlung des Restwerklohns aufgrund des Schuldversprechens des Beklagten leichter durchzusetzen vermag.

c) Mit der am 20. April 1983 erklärten Abtretung haben die Eheleute S. daher ihnen noch zustehende Nachbesserungsansprüche gegen die Klägerin an den Beklagten abgetreten. Der Beklagte kann deshalb wegen der Mängel am Haus der Eheleute S. auch ein Zurückbehaltungsrecht geltend machen....

3. Darüber hinaus kann der Beklagte – entgegen der Ansicht des Berufungsgerichts – mit der Abtretung auch einen Anspruch auf Zahlung eines Kostenvorschusses und auf Ersatz von Mängelbeseitigungskosten gegen die Klägerin erworben haben, mit dem er aufrechnen konnte.

a) Schon aufgrund der Ausführungen des Berufungsgerichts kann nicht davon ausgegangen werden, daß den Eheleuten S. zur Zeit der Abtretung solche Ansprüche von vornherein nicht zustanden.

Nach § 633 Abs. 3 BGB hat der Besteller einen Anspruch auf Aufwendungsersatz und Kostenvorschuß, wenn der Unternehmer mit der Beseitigung des Mangels im Verzug ist; Fristsetzung ist insofern nicht erforderlich. Ein solcher an den Beklagten abgetretener Anspruch der Eheleute S. kann nach den Feststellungen des Berufungsgerichts keineswegs ausgeschlossen werden. In dem Schreiben vom 19. August 1982 hat der Sohn des Beklagten der Klägerin eine „letzte Frist" für die Beseitigung der damals aufgetretenen weiteren Mängel eingeräumt. Auch sollte – wie das Berufungsgericht festgestellt hat – die Auszahlung des Restwerklohns in Höhe von 30 000 DM an die Klägerin daran geknüpft werden, daß von den Eheleuten S. als mangelhaft beanstandete Kellerlichtschächte nachgebessert worden waren. Es ist deshalb durchaus möglich, daß die Klägerin bereits vor dem 19. August 1982 erfolglos zur Beseitigung ihr bekannter Mängel aufgefordert wurde, sich mit der Mängelbeseitigung also in Verzug befand.

b) Im übrigen hat die Klägerin zu keinem Zeitpunkt erklärt oder auch nur zu erkennen gegeben, daß sie tatsächlich nachbesserungsbereit sei. Sie hat im Gegenteil das Vorhandensein von Mängeln überhaupt und ihre Pflicht zur Beseitigung aller ihr inzwischen bekannt gewordenen Mängel noch während des Prozesses ohne jede Einschränkung nachhaltig geleugnet. In einem solchen Fall wäre eine weitere Aufforderung zur Mängelbeseitigung eine nutzlose Förmelei und ist deshalb entbehrlich (st. Rsp. des Senats, zuletzt Urteil vom 22. November 1984 – VII ZR 287/82 = BauR 1985, 198 m. w. N.)....

In einem Garantie-Vertrag eines Herstellers von HiFi-Geräten ist die Klausel   **64**
    „Durch die Erbringung von Garantieleistungen tritt keine Verlängerung der Garantiezeit ein."
wegen Verstoßes gegen § 11 Nr. 10f AGBG unwirksam.

LG München I, Urteil vom 14. 5. 1985 – 7 O 3705/85 rechtskräftig;

Sachverhalt und **Gründe** sind abgedruckt unter Nr. 65 zu § 9 AGBG.

§ 11 Nr. 12   *Klauselverbote ohne Wertungsmöglichkeit*   Nrn. 65–67

§ 11 Nr. 11 – Haftung für zugesicherte Eigenschaften

65 **Die in Reisebedingungen enthaltene Klausel**

„Der Umfang der vertraglichen Leistungen ergibt sich aus der Leistungsbeschreibung des Reiseveranstalters unter Berücksichtigung der Landesüblichkeit sowie aus den hierauf bezugnehmenden Angaben in der Reisebestätigung."

verstößt nicht gegen § 11 Nr. 11 AGBG, denn diese Vorschrift findet auf Reiseverträge keine Anwendung, weil der Gesetzgeber im Reisevertragsrecht die Gewährleistung zwingend geregelt hat. Die Klausel ist aber nach § 9 AGBG unwirksam.

OLG Frankfurt, Urteil vom 28. 11. 1985 – 6 U 167/84 – nicht rechtskräftig; BB 1986, 343 = DB 1986, 739 = NJW-RR 1986, 726 = WRP 1986, 397.

Sachverhalt und **Gründe** sind abgedruckt unter Nr. 119 zu § 9 AGBG.

§ 11 Nr. 12 – Laufzeit bei Dauerschuldverhältnissen

66 **§ 23 Abs. 2 Nr. 6 AGBG, wonach § 11 Nr. 12 AGBG für Versicherungsverträge nicht anwendbar ist, ist mit dem Grundgesetz vereinbar, so daß Versicherungsverträge eine formularmäßige Laufzeit von mehr als 2 Jahren vorsehen können.**

BVerfG, Beschluß vom 4. 6. 1985 – 1 BvL 12/84; DB 1985, 2447 = NJW 1986, 243 = WM 1985, 1067 = ZIP 1985, 1079.

Die **Gründe** sind abgedruckt unter Nr. 1 zu § 23 AGBG.

67 **§ 11 Nr. 12 a AGBG findet auf einen zwischen Kaufleuten geschlossenen Mietvertrag über eine Fernsprechnebenstellenanlage keine Anwendung.**

BGH, Urteil vom 13. 2. 1985 – VIII ZR 154/84; BB 1985, 956 = DB 1985, 1389 = MDR 1986, 49 = NJW 1985, 2328 = WM 1985, 542.

Sachverhalt und **Gründe** sind abgedruckt unter Nr. 91 zu § 9 AGBG.

§ 11 Nr. 15 – Beweislast

Eine am Wortlaut des § 11 Nr. 7 AGBG ausgerichtete Freizeichnungs- und Haftungsklausel enthält grundsätzlich keine nach § 11 Nr. 15a AGBG zu beanstandende Beweislastverschiebung. 68

BGH, Urteil vom 12. 3. 1985 – VI ZR 182/83; BB 1985, 2008 = VersR 1985, 595 = ZIP 1985, 687.

Sachverhalt und **Gründe** sind abgedruckt unter Nr. 40 zu § 11 Nr. 7 AGBG.

Die Klausel in den Allgemeinen Geschäftsbedingungen eines Fitness-Centers 69
  „Mündliche Nebenabreden sind nicht getroffen."
verstößt nicht gegen § 11 Nr. 15b AGBG, denn sie gibt lediglich die Vermutung der Vollständigkeit der Vertragsurkunde wieder und berührt die Beweislastverteilung nicht.

BGH, Urteil vom 19. 6. 1985 – VIII ZR 238/84; BB 1985, 1418 = MDR 1985, 930 = NJW 1985, 2329 = WM 1985, 945 = ZIP 1985, 1402.

Sachverhalt und **Gründe** sind abgedruckt unter Nr. 145 zu § 9 AGBG.

Durch die Bestätigungsklausel im Möbelhandel 70
  „Mit der Unterschrift bestätigt der Kunde die Richtigkeit der Skizze sowie alle Maßangaben."
wird die Beweislast zum Nachteil des Kunden geändert. Sie ist daher nach § 11 Nr. 15b AGBG unwirksam.

OLG Frankfurt, Urteil vom 9. 5. 1985 – 6 U 93/84 – nicht rechtskräftig; BB 1985, 2270 = NJW-RR 1986, 274 = WM 1986, 570.

Sachverhalt:

Der Kläger ist ein Verbraucherschutzverein. Die beklagte Möbelfirma läßt durch ihre Kundenberater in den Wohnungen ihrer Käufer nach deren Einrichtungswünschen Skizzen anfertigen. Die Kundenberater nehmen dabei auch Maßangaben aufgrund eigener Längenmessungen auf. Auf den hierzu verwendeten Skizzier-Rasterformularen, das die Käufer nach Durchführung der Messungen zu unterschreiben haben, findet sich die Klausel:

„Mit der unten stehenden Unterschrift bestätigt der Kunde die Richtigkeit der Skizze sowie alle Maßangaben."

Der Kläger verlangt von der Beklagten Unterlassung der Verwendung der Klausel.

Das LG hat der Klage stattgegeben. Die Berufung der Beklagten hatte keinen Erfolg.

§ 11 Nr. 15   Klauselverbote ohne Wertungsmöglichkeit   Nr. 70

Aus den Gründen:

Das Landgericht hat mit Recht der Beklagten die Verwendung der beanstandeten Bestätigungsklausel untersagt; denn die Klausel verstößt als Allgemeine Geschäftsbedingung gegen § 11 Nr. 15 b AGBG und ist deshalb unwirksam.

Die Bestätigungsklausel ist Allgemeine Geschäftsbedingung im Sinne von § 1 AGBG. Sie ist eine für eine Vielzahl von Verträgen vorformulierte Vertragsbedingung, welche die Beklagte im Rechtsverkehr mit Kunden verwendet und dem jeweiligen Vertragspartner beim Kauf von Einbau- und Anbaumöbeln stellt. Zwar wird das sogenannte Skizzierraster-Formular mit der Klausel in der Regel dem Kunden erst beim Ausmessen am Montageort zur Unterschrift vorgelegt. Eine Bedingung ist aber auch dann beim Abschluß des Vertrages im Sinne von § 1 Abs. 1 AGBG gestellt, wenn die vorformulierte Bedingung nach dem erklärten Willen der Parteien nachträglich im Wege der Vertragsänderung oder der Vertragsergänzung in das Vertragswerk einbezogen wird. Dies ist hier der Fall; denn die Beklagte bietet die Vor-Ort-Beratung als besonderen Service und damit als vertragliche Leistung an. Die von einem Mitarbeiter der Beklagten am Montageort aufgenommenen Maße und die Eintragung im Skizzierraster konkretisieren die vertragliche Leistungspflicht der Beklagten.

Die streitige Klausel ist entgegen der Auffassung der Beklagten auch nicht mangels eigenen Regelungsinhaltes unmaßgeblicher Bestandteil der individuellen Festlegung des Vertragsgegenstandes. Eine Individualabrede liegt nur vor, wenn die Vertragsbedingungen zwischen den Vertragspartnern im einzelnen ausgehandelt sind. Dies setzt voraus, daß beide Seiten in ein wirkliches Aushandeln, eine Einzelerörterung des etwa vorformulierten Textes und der denkbaren Alternativen, eintreten. Daran fehlt es, wenn für den Kunden überhaupt keine reale Möglichkeit besteht, auf den Inhalt der Klausel Einfluß zu nehmen, oder wenn der Kunde sich aus Gründen der Zeitersparnis oder wegen fehlender akzeptabler Gegenvorschläge mit den vom Verwender vorgeschlagenen Vertragsbedingungen einverstanden erklärt (Ulmer/Brandner/Hensen, AGB-Kommentar, 4. Aufl., § 1 Rdn. 48).

Bestehen bei dieser Sachlage bereits Bedenken, ob die Skizze und die Maßangaben des Mitarbeiters der Beklagten an sich eine Individualabrede darstellen, weil der Kunde mangels Sachkunde in der Regel keine Einflußmöglichkeit hat oder nicht nimmt, so gewinnt jedenfalls die vorformulierte Bestätigungsklausel durch die Unterzeichnung des Kunden für den Vertragsgegenstand und die Abwicklung des Kaufes eine eigenständige und rechtlich entscheidende Bedeutung. Durch sie wird nämlich die in dem Skizzierraster niedergelegte Leistungsbeschreibung zum Inhalt des Vertrages. Die Bestätigungsklausel schreibt den Inhalt des Vertrages fest und hat letztlich unabhängig vom konkreten Gegenstand der Skizze und von den Maßangaben, deren Richtigkeit der Kunde bestätigt, ein eigenes Gewicht. Die streitige Klausel wird damit Vertragsinhalt, ohne mit dem Kunden ausgehandelt zu sein.

Gegen den Klauselcharakter spricht schließlich auch nicht, daß der Kunde mit der Bestätigung eine einseitige Erklärung unterzeichnet. Abgesehen davon, daß die Klausel als Teil des gesamten Kaufvertrages zu sehen ist, bezieht sich das AGBG nach seinem Schutzzweck auch auf einseitige, vom Verwender vorformulierte Erklärungen, soweit diese der inhaltlichen Ausgestaltung des Vertragsverhältnisses dienen (Heinrichs, NJW 1977, 1506; Palandt, BGB, 44. Aufl., AGBG § 1 Anm. 2; vgl. auch OLG Frankfurt BB 1976, 1245).

Die streitige Klausel verstößt gegen § 11 Nr. 15 b AGBG und ist daher unwirksam. Sie enthält eine Bestimmung, durch welche die Beklagte die Beweislast zum Nachteil des anderen Vertragsteils ändert, insbesondere durch welche sie den anderen Vertragsteil bestimmte Tatsachen bestätigen läßt. Formularmäßige Tatsachenbestätigungen sind unwirksam, gleichgültig, ob die Bestätigung rechtsgeschäftlichen Charakter hat oder nicht (Ulmer/Brandner/Hensen, § 11 Nr. 15, Rdn. 13, 14).

Die Bestätigungsklausel hat beweislaständernde Folgen. Bei den Verträgen, welche die Beklagte mit den Kunden über Einbau- und Anbaumöbel schließt, handelt es sich um Kaufverträge mit Montageabrede oder um Werklieferungsverträge über vertretbare oder nicht vertretbare Gegenstände. Nach den gesetzlichen Regeln (§§ 459, 633, 640 BGB) hat die Beklagte bis zur Abnahme die Beweislast für die vertragsgemäße mangelfreie Leistung zu tragen. Da die Leistung auch dann fehlerhaft ist, wenn die von der Beklagten und ihren Mitarbeitern angefertigte Skizze und die Maße unrichtig sind, hat die Beklagte in jedem Fall den Beweis zu erbringen, daß das Aufmaß richtig aufgenommen und/oder die Skizze korrekt angefertigt worden ist. Diese Beweislastverteilung wird durch die Bestätigungsklausel zum Nachteil des Kunden verändert.

Mit der Unterzeichnung der Klausel bestätigt der Kunde die Richtigkeit der Skizze und der eingetragenen Maßangaben, also Tatsachen, die in der Regel von der Beklagten stammen und deren Richtigkeit der Kunde meist mangels Sachkunde nicht einmal beurteilen kann. Will er Ansprüche gegen die Beklagte geltend machen, muß er zunächst die Beweiskraft der von ihm unterzeichneten Urkunde (§ 416 ZPO) entkräften, deren Inhalt für die Beklagte spricht.

Im Ergebnis kommt es auch gar nicht darauf an, ob die Klausel zu einer Umkehrung der Beweislast führt. Entscheidend ist vielmehr, ob der durchschnittliche Vertragspartner der Beklagten die Klausel dahingehend verstehen wird, er müsse nun die Fehlerhaftigkeit des von der Beklagten genommenen Aufmaßes oder der von ihr gefertigten Skizze beweisen. Zweck des § 13 Abs. 1 AGBG ist nämlich auch, wie das Landgericht mit Recht ausgeführt hat, die Verwendung solcher Klauseln zu verhindern, die zwar bei richtiger Auslegung die Rechte des Vertragspartners nicht schmälern, die bei einem rechtsunkundigen Vertragspartner jedoch den Eindruck erwecken, seine Rechtsposition sei davon betroffen, und die deshalb geeignet sind, den Vertragspartner von vornherein von der Geltendmachung seiner Rechte abzuhalten (BGH in NJW 1980, 831; NJW 1981, 867).

Aber auch dann, wenn den Kunden nach den allgemeinen Regeln des Kauf- und Werkvertragsrechts die Beweislast trifft, ist die streitige Klausel unwirksam. Sie erschwert dem Kunden die Beweisführung und verschlechtert damit seine Beweissituation. Die von ihm abgegebene Bestätigung stellt nämlich zumindest ein gegen seine Darstellung sprechendes Indiz dar, das er ausräumen muß, wenn er obsiegen will. Auch hierin liegt eine Veränderung der Beweislast (Koch/Stübing, AGB, § 11 Nr. 15 Rz. 5; Löwe/Graf von Westphalen/Trinkner, AGBG, § 11 Nr. 15 Rz. 14, 27, 31).

Daher war der Beklagten die Verwendung der Bestätigungsklausel und die Berufung auf diese zu untersagen.

Anmerkung:

Das vorinstanzliche Urteil des LG Frankfurt vom 22. 5. 1984 – 2/13 O 15/84 – ist abgedruckt in AGBE V § 11 Nr. 87.

Die Revision ist beim BGH unter dem Aktenzeichen VII ZR 229/85 anhängig.

§ 11 Nr. 15   Klauselverbote ohne Wertungsmöglichkeit   Nrn. 71–74

71 Die Klausel in einem Bauvertrag, wonach der Bauunternehmer erklärt, daß ihm die örtlichen Verhältnisse bekannt sind, verstößt gegen § 11 Nr. 15b AGBG und ist unwirksam, denn diese Tatsachenbestätigung bewirkt für den Unternehmer eine nachteilige Verschiebung der Beweislast.

OLG Frankfurt, Urteil vom 7. 6. 1985 – 6 U 148/84 – nicht rechtskräftig; BB 1985, 2009 = NJW-RR 1986, 245.

Sachverhalt und **Gründe** sind abgedruckt unter Nr. 40 zu § 9 AGBG.

72 Die in AGB eines alleinbeauftragten Immobilienmaklers enthaltene „Bestätigung" des Auftraggebers

„Ausführlich wurde ausgehandelt das Verbot von Eigen-/Direktabschlüssen."

ist wegen Verstoßes gegen § 11 Nr. 15b AGBG unwirksam.

OLG Stuttgart, Urteil vom 28. 6. 1985 – 2 U 264/84 – nicht rechtskräftig; NJW-RR 1986, 275.

Sachverhalt und **Gründe** sind abgedruckt unter Nr. 86 zu § 9 AGBG.

73 1. Die Klausel in einem Möbelkaufvertrag

„Der Käufer bescheinigt durch seine Unterschrift unter den Kaufvertrag, daß er die umseitig abgedruckten Verkaufs- und Lieferungsbedingungen ausdrücklich anerkennt."

ist nicht nach § 11 Nr. 15 AGBG unwirksam, denn sie bedeutet lediglich eine Bestätigung zur Einbeziehung im Sinne von § 2 Nr. 1 AGBG.

2. Die Klausel

„Abschrift der Urkunde habe ich erhalten."

verstößt dagegen gegen § 11 Nr. 15b AGBG und ist unwirksam.

OLG Celle, Urteil vom 17. 7. 1985 – 3 U 157/84 – rechtskräftig;

Sachverhalt und **Gründe** sind abgedruckt unter Nr. 133 zu § 9 AGBG.

74 In einem Wartungsvertrag für Blitzschutzanlagen ist die Klausel

„Mündliche Abmachungen sind nicht getroffen worden."

wegen Verstoßes gegen § 11 Nr. 15b AGBG unwirksam.

LG München I, Urteil vom 11. 6. 1985 – 7 O 6800/85 – rechtskräftig;

Auf den Abdruck von **Sachverhalt** und **Gründen** wird verzichtet.

Die im Anmeldeformular einer Tanzschule enthaltene Klausel 75

„Jugendliche unter 18 Jahren bestätigen mit ihrer Unterschrift das Einverständnis der Eltern."

verstößt gegen § 11 Nr. 15b AGBG, denn sie verändert die gesetzlich festgelegte Beweislast bei Geschäften mit Minderjährigen, derzufolge derjenige das Einverständnis der Eltern nachzuweisen hat, der sich auf die Gültigkeit des Vertrages beruft.

LG Kiel, Urteil vom 23. 7. 1985 – 6 O 177/85 – nicht rechtskräftig;

Sachverhalt und **Gründe** sind abgedruckt unter Nr. 139 zu § 9 AGBG.

Eine Klausel in den AGB einer Maschinenschreibschule, mit der der Teilnehmer 76
bestätigt, daß der Schulungsberater als Beauftragter aufgetreten sei, ist wegen Verstoßes gegen § 11 Nr. 15b AGBG unwirksam.

LG Frankfurt, Urteil vom 20. 8. 1985 – 2/13 O 275/85 – rechtskräftig;

Auf den Abdruck von **Sachverhalt** und **Gründen** wird verzichtet.

Die in Direkt-Unterrichtsverträgen enthaltenen Klauseln 77

„Der minderjährige Teilnehmer erklärt, daß sein gesetzlicher Vertreter mit der Teilnahme einverstanden ist."

und

„Im übrigen gelten die öffentlich aushängenden Bestimmungen der Studio-Ordnung, die den Teilnehmern bekannt sind."

sind nach § 11 Nr. 15b AGBG unwirksam.

LG Berlin, Urteil vom 30. 10. 1985 – 26 O 187/85 – rechtskräftig;

Sachverhalt und **Gründe** sind abgedruckt unter Nr. 78 zu § 9 AGBG.

§ 11 Nr. 16 – Form von Anzeigen und Erklärungen

In einem Möbelkaufvertrag verstößt eine Klausel, nach der Mängelrügen allein 78
an die Geschäftsleitung zu richten sind, gegen § 11 Nr. 16 AGBG und ist unwirksam.

OLG Celle, Urteil vom 17. 7. 1985 – 3 U 157/84 – rechtskräftig;

Sachverhalt und **Gründe** sind abgedruckt unter Nr. 133 zu § 9 AGBG.

§ 11 Nr. 16   *Klauselverbote ohne Wertungsmöglichkeit*   Nrn. 79–80

79 Eine Klausel in einem Wartungsvertrag für Blitzschutzanlagen, nach der eine Kündigung durch Einschreibebrief erfolgen muß, ist nach § 11 Nr. 16 AGBG unwirksam.

LG München I, Urteil vom 11. 6. 1985 – 7 O 6800/85 – rechtskräftig;

Auf den Abdruck von **Sachverhalt** und **Gründen** wird verzichtet.

80 Die Klausel in einem Unterrichtsvertrag, daß die Kündigung nur durch Einschreiben zulässig ist, verstößt gegen § 11 Nr. 16 AGBG und ist unwirksam.

LG Hamburg, Urteil vom 16. 10. 1985 – 17 S 277/84 – rechtskräftig; NJW 1986, 262.

Sachverhalt und **Gründe** sind abgedruckt unter Nr. 77 zu § 9 AGBG.

Dritter Abschnitt
Verfahren

§ 13
Unterlassungs- und Widerrufsanspruch

1. Im Verfahren nach §§ 13 ff. AGBG kann nicht geprüft werden, ob eine **1**
Schriftformklausel mit Bestätigungsvorbehalt im Hinblick auf den Vorrang der
Individualabrede unwirksam ist, denn Schutzobjekt dieses Verfahrens ist nicht
der einzelne, von einer unzulässigen Klausel betroffene Verbraucher, sondern
der Rechtsverkehr.

2. Für die Beseitigung der Wiederholungsgefahr reicht es nicht aus, wenn der
Verwender lediglich ein neues Formular ohne die beanstandete Klausel verwendet, sich aber weiterhin gegen das Verwendungsverbot der beanstandeten Klausel wehrt und keine Maßnahmen ergriffen hat, die Nichtmehrverwendung des
alten Formulars sicherzustellen.

OLG Koblenz, Urteil vom 15. 2. 1985 – 2 U 1338/83 – nicht rechtskräftig;

Sachverhalt und **Gründe** sind abgedruckt unter Nr. 1 zu § 10 Nr. 1 AGBG.

1. Verwender im Sinne von § 13 AGBG ist auch derjenige, der als Handelsvertreter **2**
einer Firma tätig wird und den vermittelten Verträgen die beanstandeten
AGB der Firma zugrunde legt, sofern er gegenüber den Endabnehmern als Vertragspartner auftritt und die AGB der Firma in seinem eigenen Interesse verwendet.

2. Eine Beseitigung der Wiederholungsgefahr kann ohne Abgabe einer strafbewehrten Unterlassungserklärung nur dann angenommen werden, wenn der Verwender nach seinem gesamten Verhalten selbst hinreichend Gewähr dafür bietet
und auch genügend dafür getan hat, daß es zu weiterer Verwendung der beanstandeten unzulässigen AGB nicht mehr kommt.

OLG Koblenz, Urteil vom 8. 3. 1985 – 2 U 1418/83 – rechtskräftig;

Aus den Gründen:
Die Berufung führt, nachdem der Kläger im Hinblick auf die von der Beklagten im
Berufungsverfahren abgegebene strafbewehrte Unterlassungserklärung den Rechtsstreit

in der Hauptsache für erledigt erklärt, die Beklagte aber der Erledigungserklärung widersprochen hat, auf Antrag des Klägers in Abänderung des erstinstanzlichen Urteils zur Feststellung der Erledigung.

I. Der auf Feststellung der Erledigung gerichtete Antrag des Klägers ist begründet. Da lediglich der Kläger die Hauptsache für erledigt erklärt hat, während die Beklagte in erster Linie beantragt hat, die Berufung gegen das die Klage abweisende landgerichtliche Urteil zurückzuweisen, war zu prüfen, ob der Rechtsstreit sich in der Hauptsache tatsächlich erledigt hat, ob also eine zunächst zulässige und begründete Klage gegenstandslos geworden ist durch ein nach Rechtshängigkeit eingetretenes Ereignis. Denn die Beklagte hat ein berechtigtes Interesse daran, eine Rechtskraft entfaltende Entscheidung zu bekommen, nachdem sie mit der Klage überzogen worden ist.

1. Die auf Unterlassung der Verwendung von 5 AGB-Klauseln gerichtete Unterlassungsklage nach § 13 Abs. 1 AGBG war zulässig und begründet. Der Kläger war gemäß § 13 Abs. 2 AGBG klagebefugt. Darüber bestand zwischen den Parteien kein Streit. Die streitigen Klauseln sind nach § 9 Abs. 1 AGBG i. V. m. § 242 BGB, § 9 Abs. 2 Nr. 1 AGBG i. V. m. § 38 ZPO und §§ 10 Nr. 4, 11 Nr. 5 und 11 Nr. 10a AGBG unwirksam.

a) Nach ständiger Rechtsprechung des Bundesgerichtshofs ist im Unterlassungsverfahren nach § 13 AGBG davon auszugehen, wie ein rechtlich nicht vorgebildeter Durchschnittskunde die beanstandete Klausel verstehen muß oder zumindest verstehen kann (BGH, NJW 1983, 1671 m. N.). Anders als im Individualprozeß, in dem bei Mehrdeutigkeit eine „kundengünstige" Auslegung geboten sein kann, ist im Verbandsprozeß deshalb die dem Kunden ungünstigste Auslegung zugrundezulegen. Ebenso können im Verfahren nach §§ 13ff. AGBG beanstandete Klauseln nicht mit eingeschränktem Inhalt aufrechterhalten werden (BGHZ 86, 284, 297; 90, 69, 80; BGH, NJW 1983, 1320, 1321; 1984, 48, 49; 1984, 2404, 2406).

b) Danach verstoßen die vom Kläger beanstandeten 5 Klauseln der von der Beklagten bislang verwendeten Lieferungs- und Zahlungsbedingungen der Firma Jules M. GmbH gegen das AGB-Gesetz und sind deshalb unwirksam.

aa) Die Klausel, wonach „im Falle von ... Mängeln ... die Transporteure allein verantwortlich" sein sollen und „etwaige Abnahmeverweigerungen daraus nicht geltend gemacht werden" können, vielmehr „Annahmeverweigerungen nicht von der Abnahmeverpflichtung" entbinden, verstößt gegen § 11 Nr. 10a AGBG. Diese Klausel ergreift wegen ihrer weiten Fassung auch die Fälle, in denen ein Mangel bei Absendung der Ware schon bestanden hat oder in denen eine Verschlechterung der Ware während der Beförderung infolge eines schon im Zeitpunkt der Absendung bestehenden Mangels eingetreten ist. Schon deshalb kann die Klausel keinen Bestand haben. Im Falle der Mangelhaftigkeit der Ware steht dem Käufer – neben der Minderung – das Recht zur Wandelung zu mit der Folge, daß er die Leistung als nicht vertragsgemäße Erfüllung ablehnen und insoweit auch die Annahme verweigern kann. Die Klausel schließt nicht nur diese Möglichkeit, sondern Gewährleistungsansprüche insgesamt aus. Dies ist unzulässig.

bb) Die damit in Zusammenhang stehende Klausel: „Hierdurch entstehende Kosten sind zusätzlich zu zahlen", verstößt gegen § 9 Abs. 1 AGBG i. V. m. § 242 BGB. Ist der Käufer zur Verweigerung der Annahme berechtigt, sind die hierdurch entstehenden Kosten nach dem Bürgerlichen Recht nicht von ihm zu zahlen. Die anders lautende Klausel belastet den Vertragspartner des Verwenders einseitig und ist deshalb mit den Geboten von Treu und Glauben nicht zu vereinbaren.

cc) Die Klausel

„Lehnt ein Käufer die Annahme der Lieferung ab oder wünscht er vor der Lieferung aus dem Kaufvertrag aus besonderem Grund entlassen zu werden, so ist die Firma Jules M. GmbH berechtigt, in jedem Fall einen Reuegeldbetrag in Höhe von 40% von der Gesamtauftragssumme zuzüglich aller entstandenen Kosten zu fordern."

verstößt gegen § 11 Nr. 6 AGBG. Die Vereinbarung einer Vertragsstrafe oder eines Reuegeldes für den Fall einer Lösung vom Vertrage oder der nicht rechtzeitigen Annahme der Ware ist in Allgemeinen Geschäftsbedingungen nicht zulässig und daher unwirksam.

dd) Die Klausel: „Sollte ein Jahrgang ausverkauft sein, wird ein der Qualität gleichwertiger Wein geliefert", verstößt gegen § 10 Nr. 4 AGBG. Die Klausel enthält einen Leistungsänderungsvorbehalt, der für den Käufer von Wein schlechthin unzumutbar ist. Eine Änderung der Leistungspflicht des Verwenders kann hier für den anderen Vertragspartner noch ungünstiger sein als die völlige Lösung von der Leistungspflicht gemäß § 10 Nr. 3 AGBG, da er dann die abgeänderte Leistung annehmen und bezahlen muß ohne Rücksicht darauf, ob sie seinen Interessen entspricht (MünchKomm-Kötz § 10 Rdn. 18).

ee) Die Klausel „Gerichtsstand für beide Teile Saarbrücken" verstößt gegen § 9 Abs. 2 Nr. 1 AGBG i. V. m. § 38 ZPO. Gerichtsstandsklauseln sind seit der Neufassung der §§ 38, 39 ZPO durch Gesetz vom 21. März 1974 nur noch in beschränktem Maße möglich. Unwirksam nach § 9 AGBG ist auf jeden Fall eine Klausel, die – wie hier – gegen §§ 29, 38 ZPO verstößt, indem der Gerichtsstand auch gegenüber einem Nichtkaufmann generell an einem bestimmten Ort ohne Rücksicht auf den Wohnsitz des Vertragspartners vorgesehen wird (BGH, BB 1983, 524, 527).

c) Zutreffend hat das Landgericht die Beklagte als Verwender der inkriminierten AGB angesehen, obwohl es sich bei diesen Bedingungen um die der Firma Jules M. GmbH handelt. Denn die Beklagte persönlich ist ausweislich des Bestellscheins Nr. 16 gegenüber den Endabnehmern als Vertragspartner aufgetreten. Sie hat die AGB der Firma M. GmbH in ihrem eigenen Interesse verwendet.

d) Wie bei jedem materiell-rechtlichen Unterlassungsanspruch mußte eine Wiederholungsgefahr gegeben sein, um den Anspruch entstehen zu lassen (BGH, NJW 1981, 2412 und NJW 1982, 179; Hensen in: Ulmer/Brandner/Hensen, AGB-Gesetz, 4. Aufl., § 13 Rdn. 27). Aus der Person des Verwenders ist zu schließen, ob die Gefahr wiederholter Verwendung der AGB zu vermuten ist. Dies ist in der Regel der Fall (Hensen a. a. O.). Vorliegend war die Wiederholungsgefahr insbesondere deshalb zu bejahen, weil der Kläger die Beklagte vorprozessual abgemahnt und ihr eine vorformulierte, strafbewehrte Unterlassungserklärung übersandt hatte, die Beklagte aber darauf zunächst nicht reagierte. Deshalb mußte davon ausgegangen werden, daß die unzulässigen AGB-Klauseln weiter verwendet würden. Es liegt im Wesen von AGB, daß sie in einer Vielzahl von Fällen – also wiederholt – verwendet werden (vgl. § 1 AGBG; BGH, NJW 1981, 2412).

e) Die Wiederholungsgefahr ist auch nicht später entfallen. An die Beseitigung der Wiederholungsgefahr sind – wie im Wettbewerbsrecht (BGH, NJW 1980, 1793, 1794) – strenge Anforderungen zu stellen (BGH, NJW 1981, 2412). Es kommt auf die Beurteilung der Lage an, wie sie sich nach dem gesamten Verhalten des Verwenders der AGB auf deren Beanstandung durch den klagenden Verband hin darstellt. Maßgeblich ist, ob der Verwender nach diesem seinem im Zusammenhang gewürdigten Verhalten selbst hinreichende Gewähr dafür bietet und auch genügend dafür getan hat, daß es zu weiterer Verwendung der beanstandeten unzulässigen AGB nicht mehr kommt (BGH, NJW 1981, 2412). Dies ist hier zu verneinen. Die Beklagte hat die Gültigkeit des überwiegenden Teils der vom Kläger beanstandeten Klauseln noch während des Rechtsstreits verteidigt. Sie hat nichts getan, was zu der Überzeugung führen konnte, daß es zu einer weiteren Verwendung der beanstandeten unzulässigen AGB-Klauseln von ihrer Seite nicht mehr kommen könne. In der Klageerwiderung hat sie den verfehlten Standpunkt vertreten, sie sei aufgrund ihres Vertragsverhältnisses mit der Firma Jules M. GmbH gehalten, die beanstandeten AGB zu verwenden. Nach der Aussage des Zeugen E. ist die Beklagte inzwischen zwar nicht mehr für diese Firma tätig. Damit wurde aber die Gefahr, daß die Beklagte die beanstandeten Bedingungen oder diesen inhaltsgleiche Klauseln gegenüber Endverbrauchern weiter verwendet, nicht endgültig gebannt. Dies gilt umsomehr, als die Bestellscheine, auf deren Rückseite die Geschäftsbedingungen abgedruckt sind, den Briefkopf der Beklagten tragen, es sich somit um deren Bestellscheine handelt. Um die Gefahr einer Verwendung für die Zukunft auszuschließen, wäre jedenfalls erforderlich gewesen, daß die Beklagte sämtliche noch vorhandenen Vordrucke, die unzulässige Klausel enthalten, vernichtete (vgl. BGH, NJW 1981, 2412, 2413). Daß dies geschehen wäre, hat die Beklagte nicht vorgetragen.

2. Die Beklagte hat aber im Berufungsrechtszug die vom Kläger vorformulierte strafbewehrte Unterlassungserklärung abgegeben. Allerdings bestand keine Obliegenheit des Klägers zur Annahme dieser Unterwerfungserklärung, da sie auf Beendigung eines anhängigen Verfahrens gerichtet ist. Anders wäre dies nur, wenn der Kläger die Beklagte ohne (gebotene) Abmahnung mit einem Prozeß überzogen und die Beklagte sich daraufhin sofort unterworfen hätte (Lindacher in: Wolf/Horn/Lindacher, AGB-Gesetz, § 13 Rdn. 76, 77; Lindacher, GRUR 1975, 418). Wer – wie hier die Beklagte – nach erfolgloser Abmahnung zur Unterlassungsklage Anlaß gegeben hat, kann nicht erwarten, später gleichwohl durch Nachholung der Unterwerfungserklärung eine billige Verfahrensbeendigung erzwingen zu können (Lindacher, GRUR 1975, 418). Es lag daher ausschließlich im Ermessen des Klägers, ob er die späte strafbewehrte Unterlassungserklärung der Beklagten annahm. Dies hat der Kläger getan.

War und blieb die Unterlassungsklage somit zulässig und begründet, ist sie durch die nach Rechtshängigkeit abgegebene strafbewehrte Unterlassungserklärung der Beklagten und deren Annahme durch den Kläger gegenstandslos geworden. Nach dem Widerspruch der Beklagten gegen eine Erledigung der Hauptsache war deshalb auf den Antrag des Klägers durch Urteilsspruch festzustellen, daß der Rechtsstreit in der Hauptsache erledigt ist.

Anmerkung:

Das vorinstanzliche Urteil des LG Mainz vom 5. 8. 1983 – 7 O 300/82 – ist abgedruckt in AGBE IV § 13 Nr. 30.

Nr. 3 *Unterlassungs- und Widerrufsanspruch* **§ 13**

1. Eine Verwendung im Sinne von § 13 AGBG liegt nicht erst vor, wenn die 3
Klausel in den Vertrag einbezogen wurde, sondern bereits dann, wenn die Klausel bei bestehender Wiederholungsgefahr im rechtsgeschäftlichen Verkehr benutzt wird. Dies ist beim Abdruck der AGB auf Auftragsformularen und Lieferscheinen der Fall.

2. Eine bestehende Wiederholungsgefahr kann nicht durch die Erklärung des Verwenders beseitigt werden, seine AGB in Zukunft nur mit dem Stempel „Gilt nicht für Endverbraucher" zu verwenden.

Denn zum einen ist die Beschränkung auf Endverbraucher nicht ausreichend, und zum anderen ist mangels Vertragsstrafeversprechens keine Gewähr dafür gegeben, daß der Verwender seine Zusage einhält.

OLG Stuttgart, Urteil vom 29. 3. 1985 – 2 U 165/84 – rechtskräftig;

Sachverhalt:

Die Beklagte ist Möbelgroßhändler. Sie benutzt im Geschäftsverkehr mit ihren Kunden Auftragsformulare und Lieferscheine, auf deren Rückseite unter anderem die von der Klägerin beanstandeten Klauseln als Teil ihrer Allgemeinen Geschäftsbedingungen abgedruckt sind. Im Juli 1983 bezog F. von der Beklagten über deren Angestellten W. Möbel. Im schriftlichen Auftrag und in der Auftragsbestätigung ist F. als Auftraggeber aufgeführt. Auf dem Auftrag ist vermerkt: Eigenbedarf W. Die Auftragsbestätigung ist an F. zu Händen des Herrn W. im Hause der Beklagten gerichtet.

Auf der Rückseite des von F. als Käufer und von W. für die Beklagte unterschriebenen Auftrages waren die Allgemeinen Geschäftsbedingungen der Beklagten abgedruckt, aber nach ihrem Vortrag durchgestrichen. Auf dem drei Blätter umfassenden Lieferschein wird auf der Vorderseite jeden Blattes auf die auf der Rückseite abgedruckten Allgemeinen Geschäftsbedingungen der Beklagten verwiesen. Nach der Darstellung der Beklagten waren diese Bedingungen auf dem ersten der drei Blätter durchgestrichen.

Die Klägerin sieht in der Benutzung dieser Lieferscheine gegenüber F. eine Verwendung der Allgemeinen Geschäftsbedingungen gegenüber Endverbrauchern und nimmt deshalb die Beklagte auf Unterlassung in Anspruch.

Das Landgericht hat der Klage stattgegeben. Die Berufung der Beklagten blieb erfolglos.

Aus den Gründen:

Die Beklagte hat die beanstandeten und nach §§ 9–11 AGBG unwirksamen Klauseln gegenüber F. und damit gegenüber einer Privatperson verwendet, die nicht Kaufmann ist.

Das Klagerecht nach § 13 AGBG hängt nicht davon ab, daß die Beklagte mit F. einen Vertrag abgeschlossen und dabei die Klauseln in diesen Vertrag einbezogen hat. Verwendet im Sinne dieser Vorschrift wird eine Klausel schon dann, wenn sie bei bestehender Wiederholungsgefahr im rechtsgeschäftlichen Verkehr benutzt wird (BGH, NJW 1981, 979f.). Denn Schutzobjekt im Verfahren nach den §§ 13 ff. AGBG ist nicht der einzelne, von einer möglicherweise unzulässigen Klausel betroffene Verbraucher, sondern der Rechtsverkehr, der allgemein von der Verwendung unzulässiger Klauseln freigehalten werden soll (BGH a.a.O.). Deshalb wurde als genügend angesehen, daß die im Rahmen eines Vertrages vereinbarten AGB eine unwirksame Klausel enthalten, selbst wenn sie für die Vertragsbeziehung keine Bedeutung hat, weil sie durch eine Individualvereinbarung überlagert wird (BGH a. a. O.). Begründet wird das damit, daß das Verfahren nach den §§ 13 ff. AGBG verhindern soll, daß die allgemein am Rechtsverkehr Beteiligten, denen die Einzelheiten des Vertrages und die Reichweite einer etwa getroffenen Individualvereinbarung unbekannt sind, zu der irrigen Annahme gelangen, die verwendete Klausel sei generell nicht zu beanstanden (BGH a. a. O.). Bei diesem Gesetzeszweck muß es für die Klagebefugnis auch genügen, daß eine Klausel unter Umständen verwendet wird, die nicht nur bei den allgemein am Rechtsverkehr Beteiligten, die die Einzelheiten der Vertragsverhandlungen nicht kennen, sondern auch bei Personen, an die sich der Verhandlungspartner des Verwenders um Rat wendet, zunächst den Eindruck entstehen lassen kann, die beanstandete Klausel sei Bestandteil eines zwischen dem Verwender und seinem Verhandlungspartner abgeschlossenen Vertrages geworden.

So liegen die Dinge aber hier. Nach Auftrag, Auftragsbestätigung und Lieferschein entsteht der Eindruck, daß F. als Käufer der Möbel Vertragspartner der Beklagten ist. Der Vermerk „Eigenbedarf W." auf dem Auftrag schließt diesen Eindruck nicht aus, zumal da W. auf dem Formular bei dem Namen der Beklagten und damit offensichtlich als deren Vertreter unterschrieben hat.

In diesem geschäftlichen Verkehr hat die Beklagte ihre die beanstandeten Klauseln enthaltenden Geschäftsbedingungen benutzt, weil sie sowohl im Text der Auftragsbestätigung als auch im Text ihrer Lieferscheine auf diese Bedingungen Bezug genommen hat. Schon dadurch kann bei den allgemein am Rechtsverkehr Beteiligten der Eindruck entstehen, die Klauseln seien Bestandteil des Vertrages. Außerdem kann schon dieser Umstand die Rechtsposition des Verhandlungspartners gefährden, weil die Beklagte versucht sein kann, sich bei einer Auseinandersetzung ihm gegenüber auf diese Klauseln zu berufen. Dazu kommt, daß die Allgemeinen Geschäftsbedingungen auf der Rückseite der Lieferscheine abgedruckt waren. Daß sie auf einem Exemplar durchgestrichen waren, besagt schon deshalb nichts, weil im Streitfall wegen des nicht durchgestrichenen Hinweises auf die Bedingungen im Text auf der Vorderseite dem Verhandlungspartner der Beklagten die Beweislast dafür auferlegt werden könnte, daß die Beklagte selbst die Streichung auf der Rückseite vorgenommen hat.

Aus diesem Grund ist es für die Frage der Wiederholungsgefahr ohne Bedeutung, ob es nur auf einem Versehen beruht, daß die Allgemeinen Geschäftsbedingungen der Beklagten auf der Rückseite der beiden anderen Lieferscheine nicht durchgestrichen waren.

Die durch die Verwendung von Auftragsbestätigung und Lieferschein mit Hinweisen auf die Allgemeinen Geschäftsbedingungen der Beklagten im Text auf der Vorderseite im Fall F. begründete Wiederholungsgefahr ist nicht durch die Erklärung der Beklagten beseitigt worden, ihre Allgemeinen Geschäftsbedingungen in Zukunft nur mit dem Stempel zu verwenden „Gilt nicht für Endverbraucher". Mangels Vertragsstrafenversprechens ist keine Gewähr dafür gegeben, daß sich die Beklagte ausnahmslos an diese Zusage hält. Im übrigen ist die Beschränkung auf Endverbraucher auch nicht ausreichend.

Das Klagerecht der Klägerin besteht auch für die Verwendung gegenüber Wiederverkäufern, die nicht Kaufleute sind, etwa bei nicht ins Handelsregister eingetragenen Lohnhandwerkern wie z. B. Bauschreinern oder Bauglasern, die sich nur gelegentlich als Wiederverkäufer betätigen und allein dadurch nicht zu Kaufleuten werden.

Anmerkung:

Das vorinstanzliche Urteil des LG Stuttgart vom 30. 5. 1984 – 20 O 414/83 – ist abgedruckt in AGBE V § 13 Nr. 14.

Nach § 13 Abs. 2 Nr. 1 AGBG ist ein Verband klagebefugt, wenn Verbraucherberatung und -aufklärung zwar nicht das einzige, aber eines der wesentlichen Verbandsziele bilden. Sein Unterverband braucht nicht in demselben Sachbereich tätig zu sein. 4

OLG Hamburg, Urteil vom 3. 4. 1985 – 5 U 134/84 – nicht rechtskräftig; NJW 1985, 3030.

Sachverhalt und **Gründe** sind abgedruckt unter Nr. 116 zu § 9 AGBG.

Verwender von AGB ist auch derjenige, der zwar nicht selbst Vertragspartei der Verträge wird, in dessen Interesse aber die AGB Vertragsinhalt werden. Dies ist bei einem Architekten, der für die von ihm vertretenen Bauherren Verträge abschließt und diesen AGB zugrundelegt, der Fall. 5

OLG Frankfurt, Urteil vom 7. 6. 1985 – 6 U 148/84 – nicht rechtskräftig; BB 1985, 2009 = NJW-RR 1986, 245.

Sachverhalt und **Gründe** sind abgedruckt unter Nr. 40 zu § 9 AGBG.

Ein Vertreter kann ausnahmsweise selbst Verwender im Sinne des § 13 Abs. 1 AGBG sein, wenn die von ihm dem Vertrag zugrunde gelegten AGB seinen Interessen in erheblicher Weise dienlich sind. 6

OLG Karlsruhe, Urteil vom 29. 10. 1985 – 17 U 66/85 – rechtskräftig;

Sachverhalt:

Die Klägerin verlangt von der Beklagten, es zu unterlassen, einige in ihren Allgemeinen Geschäftsbedingungen enthaltene Klauseln zu verwenden. Die Parteien streiten im wesentlichen darüber, ob die Beklagte die von der Klägerin beanstandeten Allgemeinen Geschäftsbedingungen verwendet hat. Die Beklagte – die Firma Dieter Z. Möbelgroßhandel GmbH – behauptet, nicht sie, sondern die Firma Z. GmbH habe die beanstandeten Geschäftsbedingungen verwendet.

Unstreitig hat der Zeuge K. in den Geschäftsräumen der Beklagten einen Kaufvertrag über Möbel abgeschlossen. Auf dem dabei verwendeten Formular waren oben rechts Firma und Anschrift der Beklagten aufgedruckt. In der darunter links befindlichen freien Fläche „an: Firma (als Verkäufer)" war eingestempelt „Z. GmbH Heidelberg", daneben rechts in der dortigen freien Fläche „von: Herrn/Frau (als Käufer)" Name und Anschrift des Zeugen eingetragen. Beigefügt war ein weiteres Blatt mit der Überschrift „Geschäftsbedingungen der Z. GmbH, nachstehend Verkäufer genannt".

Die Klägerin meint, die Beklagte sei Verwenderin der beanstandeten Geschäftsbedingungen, sie begehrt, ihr die Verwendung zu untersagen.

Das Landgericht hat die Klage abgewiesen mit der Begründung, die Beklagte sei nicht Verwenderin der Allgemeinen Geschäftsbedingungen.

Die Berufung der Klägerin hatte Erfolg.

Aus den Gründen:

I.

Der Annahme des Landgerichts, es sei nicht nachgewiesen, daß die Beklagte die beanstandeten Allgemeinen Geschäftsbedingungen verwendet habe, vermag der Senat nicht zu folgen. Zwar steht nunmehr aufgrund der vorgelegten Handelsregisterauszüge fest, daß neben der Beklagten noch eine Firma „Z., Gesellschaft mit beschränkter Haftung" besteht, die nach außen nicht in Erscheinung tritt. Damit entfällt jedoch nicht die Passivlegitimation der Beklagten für die vorliegende Unterlassungsklage. Denn auch wenn man ihren gesamten Sachvortrag unterstellt, ist sie Verwenderin der beanstandeten Klauseln im Sinne des § 13 Abs. 1 AGBG. Danach hat die Angestellte der Beklagten den Käufer K. ausdrücklich darauf hingewiesen, daß der Vertrag lediglich mit der Fa. „Z., Gesellschaft mit beschränkter Haftung" zustande komme. Diese Erklärung der Angestellten ist rechtlich der Beklagten zuzurechnen (vgl. § 56 HGB). Damit ist die Beklagte bei Abschluß des Kaufvertrages und Aushändigung der beanstandeten Allgemeinen Geschäftsbedingungen als Vertreterin der Fa. „Z., Gesellschaft mit beschränkter Haftung" aufgetreten. In der Literatur ist anerkannt, daß ausnahmsweise auch ein Vertreter selbst Verwender sein kann (vgl. Ulmer/Brandner/Hensen, 4. Aufl., § 13, Rdnr. 12; Palandt/Heinrichs, 43. Aufl., § 13 AGBG, Anm. 2c jeweils m.w.Nachw.). Dies ist insbesondere dann der Fall, wenn die von dem Vertreter dem Vertrag zugrunde gelegten Allgemeinen Geschäftsbedingungen seinen Interessen in erheblicher Weise dienlich sind. Diese Voraussetzungen sind im vorliegenden Fall gegeben.

Die Beklagte ist am Zustandekommen der Kaufverträge, die sie aus wettbewerbsrechtlichen Gründen in eigener Person nicht abschließen kann, in besonders starkem Maße interessiert. Die gesamte Werbung ist allein auf ihre Person abgestellt. Die Fa. „Z., Gesellschaft mit beschränkter Haftung" wird zu einem späteren Zeitpunkt lediglich zu dem Zweck eingeschaltet, um wettbewerbsrechtliche Komplikationen zu vermeiden. Die Beklagte ist damit wirtschaftlich gesehen selbst Verkäuferin. Dies zeigt sich insbesondere auch darin, daß die Bestellung auf ihrem eigenen Formular aufgenommen und der Hinweis auf die Fa. „Z., Gesellschaft mit beschränkter Haftung" lediglich aufgestempelt wurde. Die Beklagte ist daher – was die beanstandeten Allgemeinen Geschäftsbedingungen anbetrifft – als Verwenderin im Sinne des § 13 Abs. 1 AGBG anzusehen.

II.

Die von der Beklagten verwendeten Bestimmungen verstoßen gegen §§ 9–11 AGBG und sind daher unwirksam....

Allein die Zusage, eine beanstandete Klausel nicht mehr weiter zu verwenden, 7
und der Druck neuer Formulare können eine bestehende Wiederholungsgefahr
nicht ausräumen. Dies gilt um so mehr, wenn die alten Formulare noch nicht
vernichtet worden sind und der Verwender sich weigert, eine strafbewehrte
Unterlassungserklärung abzugeben.

LG Frankfurt, Urteil vom 19. 2. 1985 − 2/13 O 319/84 − rechtskräftig; BB 1985, 954.

Sachverhalt und **Gründe** sind abgedruckt unter Nr. 29 zu § 9 AGBG.

Die „Fachliche Weisung" einer Baubehörde ist keine Empfehlung im Sinne des 8
§ 13 AGBG, denn hinsichtlich der Weitergabe an die anderen Fachbehörden
stellt sie lediglich eine nachrichtliche Mitteilung dar, hinsichtlich der eigenen
Ämter der Baubehörde fehlt es an jeder Außenwirkung, und hinsichtlich der
Bezirksämter liegt die Ausübung eines Weisungsrechts innerhalb des Behördenaufbaus vor.

LG Hamburg, Urteil vom 9. 8. 1985 − 74 O 562/84 − nicht rechtskräftig;

Sachverhalt und **Gründe** sind abgedruckt unter Nr. 6 zu § 1 AGBG.

§ 15
Verfahren

1 Im Verbandsklageverfahren nach § 13 AGBG sind einstweilige Verfügungen zur Durchsetzung von Unterlassungsansprüchen grundsätzlich zulässig. Die Dringlichkeit kann, wenn es nicht zu Beanstandungen der Geschäftsbedingungen gekommen ist, nicht mit der Behauptung ausgeräumt werden, dem antragstellenden Verband seien die Formulare seit Jahren bekannt.

LG Düsseldorf, Urteil vom 8. 5. 1985 – 12 O 163/85 – rechtskräftig;

Sachverhalt und **Gründe** sind abgedruckt unter Nr. 31 zu § 9 AGBG.

2 1. Der Verfügungsgrund für eine einstweilige Verfügung ergibt sich nicht schon daraus, daß der Verfügungskläger einen Unterlassungsanspruch nach § 13 Abs. 1 AGBG geltend macht. Denn einem solchen Anspruch ist es nicht wesenseigen, daß stets ein dringendes Bedürfnis an der endgültigen Regelung eines Rechtsverhältnisses durch eine einstweilige Verfügung vorliegt.
2. Auch bei der Geltendmachung eines Unterlassungsanspruchs im einstweiligen Verfügungsverfahren kann nur eine vorläufige Regelung getroffen werden.

LG Dortmund, Urteil vom 18. 7. 1985 – 8 O 345/85 – rechtskräftig;

Auf den Abdruck von **Sachverhalt** und **Gründen** wird verzichtet.

3 Ein Unterlassungsanspruch nach § 13 AGBG kann auch im Wege der einstweiligen Verfügung geltend gemacht werden, wenn davon auszugehen ist, daß der Verfügungsbeklagte die angegriffenen Allgemeinen Geschäftsbedingungen weiter verwendet und durch die Verwendung ständig neue Rechtsverstöße begeht.

LG Frankfurt, Urteil vom 20. 8. 1985 – 2/13 O 275/85 – rechtskräftig;

Auf den Abdruck von **Sachverhalt** und **Gründen** wird verzichtet.

Vierter Abschnitt
Anwendungsbereich

§ 23
Sachlicher Anwendungsbereich

§ 23 Abs. 2 Nr. 6 AGBG ist mit dem Grundgesetz vereinbar, soweit hiernach Allgemeine Geschäftsbedingungen bei Versicherungsverträgen eine Laufzeit von mehr als zwei Jahren vorsehen können.

BVerfG, Beschluß vom 4. 6. 1985 – 1 BvL 12/84; DB 1985, 2447 = NJW 1986, 243 = WM 1985, 1067 = ZIP 1985, 1079.

Aus den Gründen:

I. Die Vorlage betrifft die Frage, ob § 23 Abs. 2 Nr. 6 AGBG, soweit sich diese Vorschrift auf Versicherungsverträge bezieht und § 11 Nr. 12a AGBG für nicht anwendbar erklärt, mit dem Grundgesetz vereinbar ist.

Allgemeine Geschäftsbedingungen haben sich als eine Erscheinungsform des modernen Massenverkehrs allmählich herausgebildet und werden heute in weiten Bereichen der Wirtschaft verwendet...

1. Die Klägerin des Ausgangsverfahrens, ein Versicherungsunternehmen, schloß mit der Beklagten einen Unfallversicherungsvertrag für die Dauer von zehn Jahren mit Verlängerungsklausel; Versicherungsbeginn war der 1. 2. 1981. Mit dem Antragsformular der Klägerin können Versicherungsnehmer nur zwischen einer Vertragsdauer von fünf oder zehn Jahren wählen; Beginn und Ende des jeweiligen Versicherungsvertrages werden handschriftlich in das Formular eingetragen.

Mit Schreiben vom 30. 10. 1982 kündigte die Beklagte das Versicherungsverhältnis zum 1. 2. 1983, also zum Ablauf des zweiten Versicherungsjahres. In einem weiteren Schreiben vom 19. 3. 1983 erklärte sie einseitig die „Aufhebung" des Vertrages. Eine Zahlung der Folgeprämie verweigerte sie. Beiden Schreiben widersprach die Klägerin. Im Ausgangsverfahren hat sie die Folgeprämie für die Zeit vom 1. 2. 1983 bis 1. 2. 1984 sowie vorgerichtliche Kosten zuzüglich Zinsen beansprucht...

Das Amtsgericht hat den Rechtsstreit ausgesetzt und dem Bundesverfassungsgericht die Frage vorgelegt, ob § 23 Abs. 2 Nr. 6 AGBG mit Art. 2 und 14 GG vereinbar ist.

Das Gericht hält die zur Prüfung gestellte Vorschrift für entscheidungserheblich. Die vereinbarte Versicherungsvertragsdauer von zehn Jahren beruhe auf einer vorformulierten Vertragsbedingung i.S.d. § 1 Abs. 1 AGBG, denn die Klägerin habe in ihrem Antragsformular nur eine Vertragsdauer von fünf oder zehn Jahren vorgesehen. In Allgemeinen Geschäftsbedingungen sei indessen nach § 11 Nr. 12a AGBG für die dort genannten Dauerschuldverhältnisse eine den anderen Vertragsteil länger als zwei Jahre bindende Laufzeit unwirksam. § 23 Abs. 2 Nr. 6 AGBG habe von dieser Regelung Versicherungsverträge ausgenommen. Dabei handele es sich – entgegen der herrschenden Meinung – nicht um eine gesetzgeberische Klarstellung oder um ein Redaktionsversehen. Vielmehr müsse gefolgert werden, daß § 23 Abs. 2 Nr. 6 AGBG mit dem Ziel eingefügt worden sei, die in § 11 Nr. 12 AGBG genannten zeitlichen Einschränkungen für Versicherungsverträge gerade auszuschließen; als speziellere Regelung verdränge § 23 Abs. 2 Nr. 6 AGBG auch die Generalklausel des § 9 AGBG, so daß eine inhaltliche Kontrolle der Laufzeit des Versicherungsvertrages nach der allgemeinen Vorschrift nicht erfolgen könne. Im Ausgangsverfahren sei die vereinbarte Versicherungsvertragsdauer daher dann unwirksam und für die Beklagte nicht bindend, wenn die in § 23 Abs. 2 Nr. 6 AGBG normierte Ausnahme für Versicherungsverträge verfassungswidrig sei.

Nach Ansicht des Amtsgerichts ist diese Bestimmung mit Art. 2 und 14 GG unvereinbar: Die in § 23 Abs. 2 Nr. 6 AGBG für zulässig erklärten Allgemeinen Geschäftsbedingungen von Versicherungsunternehmen, in denen abweichend von § 11 Nr. 12a AGBG eine Vertragsdauer von mehr als zwei Jahren wirksam vereinbart werden könne, benachteiligten „einseitig ohne sachliche Begründung den Versicherungsnehmer unangemessen". Die individuelle Vertragsfreiheit und Eigentumsdisposition des Versicherungsnehmers werde erheblich eingeschränkt; die langfristige Vertragsbindung nehme ihm die Möglichkeit, innerhalb angemessener Frist nach Vertragsschluß seine Überlegungen, die ihn zum Vertragsschluß veranlaßt hätten, zu revidieren.

2. Der IVa-Zivilsenat des Bundesgerichtshofs hat mitgeteilt, er habe § 23 Abs. 2 Nr. 6 AGBG, soweit diese Rechtsnorm Versicherungsverträge betreffe, bisher noch nicht angewandt; damit zusammenhängende Rechtsfragen stünden auch nicht zur Entscheidung an.

Der Senat ist der Auffassung, die in § 23 Abs. 2 Nr. 6 AGBG genannte „Ausnahme" für Versicherungsverträge, die nach einhelliger Ansicht im Schrifttum ohnehin nicht unter § 11 Nr. 12 AGBG fielen, sei mit der ganz herrschenden Meinung wenn nicht als Redaktionsversehen, so doch als bloße Klarstellung anzusehen. Unabhängig davon entfalte § 23 Abs. 2 Nr. 6 AGBG, soweit ihm ein echter Regelungsgehalt zukomme, schon deshalb keine verfassungswidrigen Wirkungen, weil in ihm lediglich § 11 Nr. 12 AGBG, nicht aber § 9 AGBG für unanwendbar erklärt werde und § 23 Abs. 2 Nr. 6 AGBG sich wohl nicht als eine den § 9 AGBG verdrängende Spezialregelung verstehen lasse. Weder der Gesetzeswortlaut noch der Regelungszusammenhang gäben hierfür einen Anhalt.

Im übrigen lasse sich im Versicherungsvertragsrecht ohnehin eine einheitliche, für alle bestehenden und denkbaren Versicherungsarten interessengerechte Vertragsdauer kaum feststellen: Bei Versicherungsarten, die der sozialen Sicherung des Versicherungsnehmers dienten (zum Beispiel Kranken- und Krankentagegeldversicherung), sei dessen Interesse an alsbaldiger Unkündbarkeit des Vertrages durch den Versicherer vorrangig und die eigene kurzfristig ausübbare Kündigungsmöglichkeit nicht von besonderer Wichtigkeit. Eine solche Möglichkeit sei dagegen bedeutsam, wenn das versicherte Risiko wesensnotwendig an Eigentum und/oder Besitz bestimmter Gegenstände oder an die Ausübung bestimmter Tätigkeiten anknüpfe (zum Beispiel Fahrzeugversicherung, Maschinenschaden-, Gebäudeschaden- und Hausratsversicherung) oder wenn sich der Versicherungsfall überhaupt nur einmal verwirklichen könne (zum Beispiel Invaliditätsversicherung und Lebensversicherung auf den Todesfall). Hier könnten die Belange des Versicherungsnehmers dann nicht mehr sachgerecht gewahrt sein, wenn er nennenswerte Zeiträume über den Wegfall des versicherten Interesses oder den Eintritt des Versicherungsfalles hinaus mit weiterlaufenden Prämienzahlungspflichten an den Versicherungsvertrag gebunden bliebe. Dagegen könne bis zum Wegfall des versicherten Interesses oder bis zum Eintritt des Versicherungsfalles durchaus ein berechtigtes Interesse an jahre- oder jahrzentelanger Vertragsdauer bestehen, nicht zuletzt, wenn dies mit Schadensfreiheitsrabatten der Versicherungen honoriert werde.

Die an den einzelnen Vertragstypen zu orientierende Fallgerechtigkeit lasse sich im Bereich des Versicherungsvertragsrechts, soweit es um die klauselmäßige Festlegung von Vertragsdauer und Vertragsauflösungsmöglichkeiten gehe, wohl lückenlos über § 9 AGBG verwirklichen.

Die Klägerin des Ausgangsverfahrens hält die Vorlage für unzulässig und im übrigen für unbegründet...

Das BVerfG erklärte die Auffassung des vorlegenden Gerichts, die zur Prüfung gestellte Vorschrift sei verfassungswidrig, für offensichtlich unbegründet (§ 24 BVerfGG).
II. § 23 Abs. 2 Nr. 6 AGBG ist, soweit er sich auf Versicherungsverträge bezieht, mit dem Grundgesetz vereinbar.

1. Die Bestimmung verstößt nicht gegen die Garantie des Eigentums (Art. 14 Abs. 1 GG). Es fehlt bereits an einer vermögenswerten Rechtsposition, welche § 23 Abs. 2 Nr. 6 AGBG beschränken könnte. Eine solche Rechtsposition würde zunächst voraussetzen, daß die zur Prüfung gestellte Vorschrift einen zuvor schon bestehenden Anspruch des Versicherungsnehmers auf eine begrenzte Laufzeit von Versicherungsverträgen ausschließt oder verkürzt. Das ist nicht der Fall. Das AGB-Gesetz selbst begründet einen derartigen Anspruch nicht; es nimmt vielmehr Versicherungsverträge aus der Regelung des § 11 Nr. 12 AGBG aus, so daß insoweit ein Anspruch des Versicherungsnehmers auf eine begrenzte Laufzeit von vornherein nicht entstanden sein kann (vgl. BVerfGE 58, 300, 336). Davon abgesehen wäre ein solcher Anspruch nicht auf eine vermögenswerte Leistung gerichtet und darum nicht als Eigentum durch Art. 14 Abs. 1 GG geschützt.

2. Ebensowenig verletzt die zur Prüfung gestellte Vorschrift Art. 2 Abs. 1 GG.

Als Gewährleistung der allgemeinen Handlungsfreiheit schützt dieses Grundrecht auch die Freiheit im wirtschaftlichen Verkehr und die Vertragsfreiheit, soweit sie nicht durch besondere Grundrechtsbestimmungen garantiert sind (vgl. BVerfGE 8, 274, 328; BVerfGE 10, 89, 99; BVerfGE 12, 341, 347; BVerfGE 29, 260, 267; BVerfGE 50, 290, 366; BVerfGE 60, 329, 339); diese Freiheiten sind allerdings nur in den Schranken des zweiten Halbsatzes gewährleistet, vor allem denen der „verfassungsmäßigen Ordnung" (vgl. BVerfGE 25, 371, 407; BVerfGE 50, 290, 366).

Innerhalb ihres sachlichen und persönlichen Anwendungsbereichs schränken die §§ 9 ff. AGBG zwar die Vertragsfreiheit ein. Der zur Prüfung gestellte § 23 Abs. 2 Nr. 6 AGBG enthält aber gerade keinen Eingriff in die Vertragsfreiheit und damit in den Schutzbereich des Art. 2 Abs. 1 GG. Die Regelung berührt nicht das Recht der Beteiligten, die Laufzeit eines Versicherungsvertrages entsprechend ihrem Willen festzulegen. Wenn das vorlegende Gericht meint, ein Gesetz, das die vertragliche Begründung einer längerfristigen Bindung zulasse, verstoße gegen die grundrechtlich gesicherte individuelle Vertragsfreiheit, so kann dem nicht gefolgt werden.

3. Ob es verfassungsrechtlich zu beanstanden ist, daß das AGB-Gesetz eine die Vertragsfreiheit beschränkende Regelung im Unterschied zu der Regelung sonstiger Vertragsverhältnisse für Versicherungsverträge nicht getroffen hat, beurteilt sich nach Art. 3 Abs. 1 GG. Auch dieses Grundrecht ist nicht verletzt.

a) Grund für die Nichteinbeziehung der Versicherungsverträge in den – ohnedies begrenzten – sachlichen Anwendungsbereich des § 11 Nr. 12 AGBG ist eine unterschiedliche gesetzgeberische Wertung der Interessenlage für die einzelnen Vertragstypen: Bei den in § 11 Nr. 12 AGBG erfaßten Vertragsverhältnissen ist der Gesetzgeber davon ausgegangen, die übermäßig lange Bindung des Kunden diene in der Regel allein den geschäftlichen Interessen des Anbieters und lasse schutzwürdige Belange des Kunden außer acht; der Kunde könne zumeist nur auf eine begrenzte Zeit überblicken, ob und inwieweit sein Bedarf und Interesse an den in Anspruch genommenen Leistungen erhalten bleibe oder infolge veränderter Umstände entfalle (BT-Drucks. 7/3919, 37).

Dagegen hat der Gesetzgeber bei den in § 23 Abs. 2 Nr. 6 AGBG normierten Ausnahmen für die „Lieferung als zusammengehörig verkaufter Sachen" und für „Versicherungsverträge" angenommen, eine längerfristige Bindung könne in diesen Fällen auch im Interesse beider Vertragsteile liegen; Versicherungsverträge seien vielfach ihrer Natur nach auf eine mehrjährige Laufzeit hin angelegt (vgl. BT-Drucks. 7/3919, 42; BT-Drucks. 7/5422, 14).

Auch die Rechtslehre sieht die unterschiedliche Wertung der Interessenlage als Grund dafür, Versicherungsverträge nicht in das starre Klauselverbot des § 11 Nr. 12a AGBG aufzunehmen (Dietlein/Rebmann, AGB aktuell, § 23 Anm. 12; Jauernig, BGB, 3. Aufl., § 23 AGBG Anm. 2b ff.; MünchKomm-Kötz, BGB, 2. Aufl., § 23 Rz. 13; Löwe/Graf v. Westphalen/Trinkner, AGBG, 2. Aufl., § 23 Abs. 2 Nr. 6 Rz. 1; Schlosser/Coester-Waltjen/Graba, AGBG, 1977, § 23 Rz. 14; Staudinger/Schlosser, BGB, 12. Aufl., § 23 AGBG Anm. 32; Ulmer/Brandner/Hensen, AGBG, 4. Aufl., § 23 Rz. 47; Wolf/Horn/Lindacher, AGBG, 1984, § 23 Rz. 341). Wie sich ferner aus der Stellungnahme des IVa-Zivilsenats des Bundesgerichtshofs ergibt, ließe sich im Versicherungsvertragsrecht ohnehin eine einheitliche, für alle bestehenden und denkbaren Versicherungsarten interessengerechte Vertragsdauer kaum feststellen.

Wenn das Gesetz also davon ausgeht, bei den Versicherungsverträgen könne – abweichend von den in § 11 Nr. 12 AGBG erfaßten Vertragsverhältnissen – ein Interesse beider Parteien an einer längerfristigen Bindung bestehen, so ist dies ein sachlicher Grund dafür, von einer typisierenden Regelung insoweit abzusehen und Versicherungsverträge nicht in das starre Klauselverbot des § 11 Nr. 12a AGBG aufzunehmen.

b) Schließlich kann auch kein Verstoß gegen den Gleichheitssatz aus der Auffassung des vorlegenden Gerichts folgen, die Laufzeit von Versicherungsverträgen sei nach § 23 Abs. 2 Nr. 6 AGBG im Vergleich zu sonstigen Vertragsverhältnissen, die in den sachlichen und persönlichen Anwendungsbereich des AGB-Gesetzes fallen, schlechthin von einer inhaltlichen Kontrolle nach § 9 AGBG ausgenommen. Gesetzeswortlaut, Regelungszusammenhang und Entstehungsgeschichte des § 23 Abs. 2 Nr. 6 AGBG zwingen nicht zu der vom Amtsgericht vertretenen Auslegung, aus der es seine verfassungsgerichtlichen Zweifel herleitet. Die Rechtslehre, der sich der IVa-Zivilsenat des Bundesgerichtshofs im vorliegenden Verfahren angeschlossen hat, hält demzufolge eine inhaltliche Kontrolle der Laufzeit für die in § 23 Abs. 2 Nr. 6 AGBG genannten Vertragsverhältnisse aufgrund der Generalklausel des § 9 AGBG für zulässig (MünchKomm-Kötz, a.a.O., § 23 AGBG Rz. 13; Staudinger/Schlosser, a.a.O., § 9 AGBG Anm. 4; Wolf/Horn/Lindacher, a.a.O., § 11 Nr. 12 Rz. 8; Ulmer/Brandner/Hensen, a.a.O., § 23 Rz. 49). In dieser Auslegung ist die zur Prüfung gestellte Bestimmung mit Art. 3 Abs. 1 GG ohne weiteres vereinbar und nach dem Grundsatz verfassungskonformer Auslegung geboten.

Anmerkung:

Der Beschluß beruht auf einer Vorlage des AG Bremen vom 4. 4. 1984 – 20 C 225/1983 –, abgedruckt in AGBE V § 23 Nr. 4.

In einem formularmäßigen Bauvertrag ist eine isolierte Vereinbarung der Gewährleistungsregelung der VOB/B und die damit verbundene Verkürzung der Gewährleistungsfrist des § 638 BGB unwirksam.   2

BGH, Urteil vom 10. 10. 1985 – VII ZR 325/84; BGHZ 96, 129 = BauR 1986, 89 = BB 1986, 24 = DB 1986, 428 = DNotZ 1986, 17 = JR 1986, 200 = MDR 1986, 224 = NJW 1986, 315 = WM 1985, 1478 = ZIP 1985, 1493.

Sachverhalt:

Die Beklagte hat am Hause des Klägers Fassadenarbeiten ausgeführt. Den Auftrag dazu hatte der Kläger am 10. August 1978 auf einem von der Beklagten verwendeten Formular erteilt, das die Klausel „Gewährleistung gemäß Verdingungsordnung für Bauleistungen (VOB)" enthielt.
In der folgenden Zeit aufgetretene Mängel ließ die Beklagte im Jahre 1980 beheben. Im Frühjahr 1983 traten erneut Schäden an der Fassade auf. Als der Kläger die Beklagte unter Fristsetzung wieder zur Mängelbeseitigung aufforderte, berief sie sich auf Verjährung.
Mit der am 9. August 1983 eingereichten und demnächst zugestellten Klage hat der Kläger 17556 DM nebst Zinsen als Schadensersatz verlangt. Auf die Einrede der Beklagten, daß die Forderung verjährt sei, hat er behauptet, daß die Klausel, derzufolge die Beklagte nur gemäß VOB/B Gewähr zu leisten habe, bei Auftragserteilung gestrichen worden sei. Das hat die Beklagte bestritten.
Das Landgericht hat die Klage wegen Verjährung abgewiesen. Das Oberlandesgericht hat sie dem Grunde nach für gerechtfertigt erklärt und die Sache zur Entscheidung über die Höhe der Klageforderung und über die Kosten der Berufung an das Landgericht zurückverwiesen.
Die Revision der Beklagten hatte keinen Erfolg.

Aus den Gründen:

Das Berufungsgericht läßt offen, ob die Parteien die Klausel „Gewährleistung gemäß Verdingungsordnung für Bauleistungen (VOB)" bei Erteilung des Auftrags durchgestrichen haben. Da sie nicht die Geltung der VOB/B „als Ganzes" vereinbart hätten, sei die Klausel gemäß § 11 Nr. 10 f AGBG insoweit unwirksam, wie sie die nach § 638 Abs. 1 BGB für Arbeiten bei Bauwerken maßgebliche gesetzliche Gewährleistungsfrist von fünf Jahren verkürze. Damit sei der entweder nach § 635 BGB oder nach § 13 Nr. 7 Abs. 1 VOB/B zu beurteilende Anspruch auf Schadensersatz nicht verjährt.
Dagegen wendet sich die Revision ohne Erfolg. Dem Berufungsgericht ist darin zuzustimmen, daß die „isolierte" Vereinbarung der Gewährleistungsregelung der VOB/B in einem Formularvertrag zumindest insoweit unwirksam ist, wie dadurch die gesetzliche Gewährleistungsfrist verkürzt wird.

1. Die Frage, ob die Gewährleistungsregelung der VOB/B in einem Bau- oder Bauträgervertrag formularmäßig „isoliert" vereinbart werden kann, ist im Schrifttum lebhaft umstritten. Im wesentlichen geht es dabei darum, ob in einem solchen Falle § 23 Abs. 2 Nr. 5 AGBG eingreift. Nach dieser Vorschrift findet § 11 Nr. 10f AGBG – demzufolge in Allgemeinen Geschäftsbedingungen eine Bestimmung unwirksam ist, durch die bei Verträgen „über Lieferung neu hergestellter Sachen und Leistungen" die gesetzlichen Gewährleistungsfristen verkürzt werden – keine Anwendung auf Leistungen, für die die VOB Vertragsgrundlage ist.

a) Ein Teil des Schrifttums bejaht diese Frage, und zwar vor allem mit Blick auf den Bauträgervertrag (vgl. die Hinweise in Ingenstau/Korbion, VOB, 10. Aufl., Teil A § 10 Rdn. 60a). Hierfür spreche zunächst der Wortlaut des § 23 Abs. 2 Nr. 5 AGBG, der auf „Leistungen", nicht etwa auf „Verträge" abstelle. Demgemäß sei die Vorschrift für das hier interessierende Verbot in § 11 Nr. 10f AGBG so zu lesen, daß es keine Anwendung findet „für die Gewährleistung, für die die VOB Vertragsgrundlage ist" (so z. B. Brambring, NJW 1978, 777, 780). Außerdem sei der Gesetzgeber davon ausgegangen, daß die Gewährleistungsregelung der VOB/B einen in sich ausgewogenen und angemessenen Ausgleich der beiderseitigen Interessen enthalte (so zuletzt Schmidt, BauR 1981, 119, 127). Selbst wenn die Gewährleistungsregelung nicht voll ausgewogen sei, so fehle es doch an der unangemessenen Benachteiligung des Vertragspartners im Sinne des § 9 AGBG (vgl. Hensen in: Ulmer/Brandner/Hensen, AGB-Gesetz, 4. Aufl., Anh. §§ 9 – 11 Rdn. 905).

Daß es genüge, „wenn die in sich geschlossenen Gewährleistungsbestimmungen der VOB/B allein zum Gegenstand eines Bauvertrages gemacht worden sind, um die Verkürzung der Verjährung ... von fünf auf zwei Jahre zu ermöglichen", meint denn auch die Revision.

b) Der überwiegende Teil des Schrifttums verneint dies jedoch (eingehend: Korbion, a. a. O. mit Nachw.; ferner Bunte, BB 1983, 732, 735; von Craushaar, BauR Heft 6/79, „baurecht aktuell"; Dittmann/Stahl, AGB, Rdn. 528; Horn in: Wolf/Horn/Lindacher, AGB-Gesetz, § 23 Rdn. 246; Kaiser, ZfBR 1984, 15, 17; Keilholz, Gutachten und Vorschläge zur Überarbeitung des Schuldrechts, Bd. 3, S. 241, 324; Riedl in: Heiermann/Riedl/Schwaab, a. a. O., Einf. zu B § 13 Rdn. 7 f.; Schwender in: Fischer-Dieskau/Pergande/Schwender, Wohnungsbaurecht, II. WoBauG § 54, S. 47; Usinger, NJW 1984, 153; Vygen, Bauvertragsrecht nach VOB und BGB, Rdn. 140). Nach dieser Ansicht kann die Gewährleistungsregelung der VOB formularmäßig wirksam nur vereinbart werden, wenn die VOB „als Ganzes" Vertragsgrundlage geworden ist. Das ergebe sich aus dem Wortlaut des Gesetzes, wie er aus dem Verlauf des Gesetzgebungsverfahrens zu verstehen sei, und sei auch allein sachgerecht. Die durch § 13 Nr. 5 Abs. 1 Satz 2 VOB/B ermöglichte Verlängerung der Gewährleistungsfrist durch schriftliches Verlangen des Auftraggebers nütze nichts, wenn – was gerade bei schweren Baumängeln vorkomme – diese Mängel erst nach Ablauf von zwei Jahren seit der Abnahme erkennbar würden.

2. Höchstrichterlich ist die Frage noch nicht entschieden. Die Oberlandesgerichte Saarbrücken (Urt. vom 28. März 1984 – 1 U 112/82), Nürnberg (Urt. vom 8. November 1984 – 2 U 2923/81 = BauR 1985, 320), Hamm (Urt. vom 13. Dezember 1984 – 6 U 159/84) und wohl auch Stuttgart (Beschl. vom 4. März 1985 – 12 W 13/85 = BauR 1985, 321) sowie das Landgericht Düsseldorf (NJW 1985, 500 mit Anm. Bunte in EWiR

§ 23 Abs. 2 Nr. 5 AGBG 1/85) haben die „isolierte" Vereinbarung der Gewährleistungsregelung der VOB/B und die damit verbundene Verkürzung der gesetzlichen Gewährleistungsfrist in Formularverträgen allerdings schon als unwirksam behandelt (anders dagegen Oberlandesgericht Nürnberg, Urt. vom 28. Oktober 1983 – 6 U 910/83).

3. Dem ist auch zuzustimmen.

a) Dabei kann offen bleiben, ob der in § 23 Abs. 2 Nr. 5 AGBG verwendete Begriff „Leistungen" unklar und deshalb hinsichtlich der Gewährleistung so zu verstehen ist, wie das die vorerwähnten Vertreter der Gegenmeinung für richtig halten. Denn daraus folgt noch nicht, daß die Verkürzung der gesetzlichen Gewährleistungsfrist schon dann zulässig ist, wenn allein die Gewährleistungsregelung der VOB/B formularmäßig vereinbart ist. „Vertragsgrundlage" ist die Verdingungsordnung für Bauleistungen nur, wenn sie ohne ins Gewicht fallende Einschränkungen übernommen worden ist (Senatsurteil BGHZ 86, 135, 142). Die bloße Übernahme der Gewährleistungsregelung reicht dafür nicht aus. Die VOB/B enthält nur im ganzen einen auf die Besonderheiten des Bauvertragsrechts einigermaßen ausgewogenen Ausgleich der beteiligten Interessen (Senat a. a. O., S. 141). Für die Gewährleistungsregelung – „isoliert" betrachtet – gilt das keineswegs.

b) Etwas anderes ergibt sich auch nicht aus dem Verlauf des Gesetzgebungsverfahrens; dieser Verlauf bestätigt vielmehr die Ansicht des Senats.

Schon in der Begründung des dem Bundesrat zugeleiteten Gesetzentwurfs der Bundesregierung vom 30. Mai 1975 (BR-Drucks. 360/75) wird zwar die Verkürzung der Gewährleistungsfrist „für Leistungen, für die die Verdingungsordnung für Bauleistungen (VOB) Vertragsgrundlage ist", damit gerechtfertigt, daß „die rechtliche Stellung des Bestellers durch die VOB/B gegenüber dem Werkvertragsrecht des BGB in einigen Punkten verstärkt" wird. Außer auf die Möglichkeit, die Verjährung durch einfache schriftliche Rüge zu unterbrechen, und auf die Festlegung einer selbständigen weiteren Verjährungsfrist von zwei Jahren für die Mängelbeseitigung (§ 13 Nr. 5 VOB/B) wird dort aber auch und an erster Stelle auf die Einwirkungsmöglichkeiten verwiesen, die dem Auftraggeber bereits vor der Abnahme des Werks zustehen (a. a. O., S. 42). Diese sich vor allem aus § 4 VOB/B ergebenden Einwirkungsmöglichkeiten gehören nicht zum eigentlichen Gewährleistungsrecht. Sie können im Einzelfall immerhin bewirken, daß schwere und erst nach mehr als zwei Jahren auftretende Baumängel vermieden werden (vgl. auch das im Auftrag des Innenministers von Nordrhein-Westfalen im Mai 1973 von Prof. Dr.-Ing. Schild sowie seinen Mitarbeitern Oswald und Rogier fertiggestellte Gutachten „Bauschäden im Wohnungsbau, Teil I", S. 68, wonach erst eine 5jährige Gewährleistungsfrist als ausreichend zu betrachten ist, Schäden aber noch innerhalb von 7 Jahren zu erwarten sind). Zwar war, wie es in der amtlichen Begründung ferner heißt, die Verjährungsregelung der VOB von den im Deutschen Verdingungsausschuß für Bauleistungen vertretenen Fachkreisen „insgesamt... als ausgewogen und den heutigen Gegebenheiten im Bauwesen angemessen betrachtet" worden. Es war aber durchaus folgerichtig, daß der Regierungsentwurf sich nicht hiermit begnügte, vielmehr die Ausnahme von der gesetzlichen Gewährleistungsfrist „zum Schutze des Bestellers ... nur dann (zulassen wollte), wenn die VOB als Ganzes dem Vertrag zugrunde gelegt wird" (a. a. O., S. 42).

Daran hat sich auch später nichts geändert.

Die Stellungnahme des Bundesrats vom 11. Juli 1975 geht auf den hier erörterten Fragenkreis nicht ein. Die dem Bundestag am 6. August 1975 vorgelegte Begründung des

Regierungsentwurfs (BT-Drucks. 7/3919) stimmt mit der bisherigen Begründung wörtlich überein (a. a. O., S. 42). Auf Vorschlag des Rechtsausschusses ist später auch die fingierte Abnahme von Bauleistungen (§ 12 Nr. 5 Abs. 2 VOB/B) privilegiert worden. Im übrigen hat der Ausschuß betont, daß das Verbot der Verkürzung von gesetzlichen Gewährleistungsfristen durch AGB dann nicht gerechtfertigt ist, „wenn die VOB als Ganzes einem Vertrag zugrunde gelegt wird, da die VOB zum Teil die Stellung des Kunden stärkt" (BT-Drucks. 7/5422, S. 14). Damit hat der Rechtsausschuß, der den Wortlaut des Gesetzentwurfs zur Privilegierung der VOB hinsichtlich der Gewährleistungsfrist nicht geändert hat, nur verdeutlicht, daß die VOB als Ganzes dem Vertrag zugrunde gelegt werden müsse, wenn die Verkürzung der Gewährleistungsfrist wirksam werden solle.

4. Auf die Frage, ob die „isoliert" vereinbarte Gewährleistungsregelung der VOB in Formularverträgen zu einer unangemessenen Benachteiligung des Vertragspartners im Sinne des § 9 AGBG führt, kommt es angesichts der in § 11 Nr. 10f AGBG getroffenen Entscheidung des Gesetzgebers nicht mehr an. Im übrigen hat der Senat schon in seinem Urteil NJW 1982, 169, 170 ausgesprochen, daß die Gewährleistungsregelung nach der VOB/B keinen angemessenen Ausgleich für die gesetzliche Gewährleistungsfrist bietet (vgl. allgemein zum Verbot der Abkürzung von Verjährungsfristen in AGB für Arbeiten bei Bauwerken auch im kaufmännischen Verkehr BGHZ 90, 273). Mit Recht ist daher Reithmann (MittBayNot 1981, 225 ff.) entgegengehalten worden, daß eine formularmäßige Abkürzung der Gewährleistungsfrist nicht die Zustimmung des Bundesgerichtshofs finden werde (Stumpp, MittBayNot 1982, 114).

§ 24
Persönlicher Anwendungsbereich

In einem langfristigen Bezugsvertrag eines Kfz-Vertragshändlers ist eine formularmäßige Preisanpassungsklausel, nach der die Lieferungen „zu den Preisen der jeweils gültigen Liste" erfolgen, wirksam. **1**

BGH, Urteil vom 16. 1. 1985 – VIII ZR 153/83; BGHZ 93, 252 = BB 1985, 1223 = DAR 1985, 118 = DB 1985, 541 = MDR 1985, 489 = NJW 1985, 853 = ZIP 1985, 284.

Sachverhalt und **Gründe** sind abgedruckt unter Nr. 110 zu § 9 AGBG.

Aufgrund der im Handelsverkehr geltenden Gewohnheiten und Gebräuche können Bezugsbindungen in Bierlieferungsverträgen von mehr als zweijähriger Dauer wegen der besonderen Interessen und Bedürfnisse der Vertragsparteien als angemessen angesehen werden. **2**

BGH, Urteil vom 27. 2. 1985 – VIII ZR 85/84; DB 1985, 1684 = MDR 1986, 48 = NJW 1985, 2693 = WM 1985, 608.

Sachverhalt und **Gründe** sind abgedruckt unter Nr. 129 zu § 9 AGBG.

1. Auch im kaufmännischen Geschäftsverkehr setzt die Einbeziehung Allgemeiner Geschäftsbedingungen in den Einzelvertrag voraus, daß die Vertragspartner ihre Anwendung ausdrücklich oder stillschweigend vereinbaren. **3**

2. Gibt ein Käufer mit einer in seinen Einkaufsbedingungen enthaltenen Abwehrklausel klar und eindeutig zu erkennen, daß er nur unter Zugrundelegung seiner Einkaufsbedingungen bestelle und andere Bedingungen ohne ausdrückliches schriftliches Anerkenntnis auch dann nicht Vertragsinhalt würden, wenn ihnen nicht widersprochen werde, so werden durch die Abwehrklausel nicht nur widersprechende, sondern auch zusätzliche Bestimmungen in den Verkaufsbedingungen des Verkäufers ausgeschlossen, die in den Einkaufsbedingungen keine Entsprechung finden.

BGH, Urteil vom 20. 3. 1985 – VIII ZR 327/83; BB 1985, 1150 = MDR 1985, 751 = NJW 1985, 1838 = ZIP 1985, 544.

Sachverhalt und **Gründe** sind abgedruckt unter Nr. 1 zu § 2 AGBG.

4 Der im kaufmännischen Geschäftsverkehr vereinbarte verlängerte Eigentumsvorbehalt in Form des erweiterten Eigentumsvorbehalts begegnet weder unter dem Gesichtspunkt der Erweiterung noch der Verlängerung grundsätzlichen Bedenken und entspricht den im Handelsverkehr geltenden Gewohnheiten und Gebräuchen.

BGH, Urteil vom 20. 3. 1985 – VIII ZR 342/83; BGHZ 94, 105 = BB 1985, 1085 = DB 1985, 1526 = MDR 1985, 757 = NJW 1985, 1836 = WM 1985, 605 = ZIP 1985, 749.

Sachverhalt und **Gründe** sind abgedruckt unter Nr. 48 zu § 9 AGBG.

5 Eine AGB-Klausel, die die Rüge auf verborgene Sachmängel nur für den Zeitpunkt der Ablieferung zuläßt und jede Haftung für nach der Ablieferung erkennbar werdende Mängel ausschließt, ist auch im kaufmännischen Verkehr unwirksam.

BGH, Urteil vom 3. 7. 1985 – VIII ZR 152/84; BB 1985, 2071 = DB 1985, 2556 = MDR 1986, 50 = NJW-RR 1986, 52 = WM 1985, 1145.

Sachverhalt und **Gründe** sind abgedruckt unter Nr. 63 zu § 9 AGBG.

6 Eine Klausel in Allgemeinen Geschäftsbedingungen eines Leasinggebers, durch die seine Haftung für Dritte, insbesondere für den Lieferanten, ohne jede Einschränkung ausgeschlossen werden soll, ist auch im kaufmännischen Verkehr unwirksam.

BGH, Urteil vom 3. 7. 1985 – VIII ZR 102/84; BGHZ 95, 170 = BB 1985, 1624 = DB 1985, 2092 = MDR 1985, 929 = NJW 1985, 2258 = WM 1985, 906 = ZIP 1985, 935.

Sachverhalt und **Gründe** sind abgedruckt unter Nr. 95 zu § 9 AGBG.

7 Eine in Allgemeinen Geschäftsbedingungen enthaltene Klausel, die bei unverschuldetem Zahlungsrückstand die Restschuld sofort fällig stellt, ist auch im kaufmännischen Verkehr nach § 9 Abs. 1 AGBG unwirksam.

BGH, Urteil vom 30. 10. 1985 – VIII ZR 251/84; DB 1986, 263 = MDR 1986, 402 = NJW 1986, 424 = WM 1986, 20 = ZIP 1986, 95.

Sachverhalt und **Gründe** sind abgedruckt unter Nr. 149 zu § 9 AGBG.

Auch im kaufmännischen Geschäftsverkehr ist eine in Allgemeinen Geschäfts- **8**
bedingungen enthaltene Klausel unwirksam, wonach der Verwender von der
Obliegenheit freigestellt wird, dem anderen Vertragsteil, dem gegenüber er
Rechte aus § 326 BGB geltend machen will, eine Nachfrist zu setzen.

BGH, Urteil vom 18. 12. 1985 – VIII ZR 47/85; DB 1986, 685 = MDR 1986, 580 =
  NJW 1986, 842 = WM 1986, 325 = ZIP 1986, 371.

Sachverhalt und **Gründe** sind abgedruckt unter Nr. 130 zu § 9 AGBG.

Die in AGB eines Adressenverlages vorgesehene Bestimmung, daß der Besteller **9**
zur Zahlung einer Vertragsstrafe in Höhe des 20fachen Betrages der insgesamt
vereinbarten Vergütung verpflichtet ist, wenn er bei einer aus mehreren Adressengruppen bestehenden Gesamtlieferung eine Adressengruppe ganz oder auszugsweise vertragswidrig benutzt, ist im Rechtsverkehr unter Kaufleuten nicht
nach § 9 Abs. 2 Nr. 1 AGBG zu beanstanden.

OLG Frankfurt, Urteil vom 21. 5. 1985 – 5 U 206/84 – rechtskräftig; BB 1985, 1560
  = MDR 1985, 934.

Die **Gründe** sind abgedruckt unter Nr. 132 zu § 9 AGBG.

Die in einem Bauvertrag enthaltenen Klauseln **10**
  „Der Bauherr behält sich vor, einzelne Teile der ausgeschriebenen Arbeiten zu ändern oder gänzlich auszuschalten. Der Unternehmer kann hieraus keinen Entschädigungsanspruch ableiten, wenn sich aus diesem
  Umstand keine Änderung des Gesamt-Leistungsumfangs über ± 10%
  ergibt."
und
  „Der Unternehmer erklärt, daß ihm die örtlichen Verhältnisse bekannt
  sind."
verstoßen auch im Verkehr mit Kaufleuten gegen § 9 AGBG und sind unwirksam.

OLG Frankfurt, Urteil vom 7. 6. 1985 – 6 U 148/84 – nicht rechtskräftig; BB 1985,
  2009 = NJW-RR 1986, 245.

Sachverhalt und **Gründe** sind abgedruckt unter Nr. 40 zu § 9 AGBG.

§ 24   *Persönlicher Anwendungsbereich*   Nrn. 11–13

11 Die Abwälzung des Insolvenzrisikos für den Lieferanten auf den Leasingnehmer im Fall vollzogener Wandelung ist dann zulässig, wenn es sich um Finanzierungsleasing handelt, der Leasingnehmer Kaufmann ist und er den Lieferanten selbst ausgesucht hat, denn eine solche Regelung entspricht der Art der Beteiligung der Parteien an dem Zustandekommen der Dreiecksbeziehung, der Berücksichtigung von Finanzierungs-, Gebrauchsüberlassungs- und Sachinteresse sowie der bei den beteiligten kaufmännischen Verkehrskreisen hinlänglich bekannten Typizität des Leasingvertrages.

OLG Frankfurt, Urteil vom 17. 9. 1985 – 5 U 171/83 – rechtskräftig; DB 1985, 2500 = MDR 1986, 406 = NJW-RR 1986, 278 = WM 1986, 274.

Sachverhalt und **Gründe** sind abgedruckt unter Nr. 100 zu § 9 AGBG.

12 1. Eine Klausel in Bewerbungsbedingungen für die Vergabe von Bauleistungen, mit der der Bieter eine Strafe in Höhe von 3% seiner Angebotsendsumme zu zahlen verspricht, wenn er sich an Preisabreden aus Anlaß der Vergabe beteiligt, ist auch im kaufmännischen Verkehr nach § 9 AGBG unwirksam, denn sie enthält keine betragsmäßige Beschränkung der Vertragsstrafe, die der Verwender von den Bietern insgesamt fordern kann, und führt zu einer unangemessenen Bereicherung des Verwenders.

2. Bei der Inhaltskontrolle einer Strafklausel nach § 9 AGBG ist die Nachfragemacht des Verwenders zu berücksichtigen. Danach muß der Verwender in besonderem Maße auf die Interessen der Bieter Rücksicht nehmen und die eigenen Belange maßvoll verfolgen, wenn er mit der Aufstellung und Verwendung der Bedingungen die Vertragsfreiheit einseitig für sich in Anspruch nimmt und diese Bedingungen gegenüber den Bietern mit Hilfe seiner marktbeherrschenden Stellung durchsetzt.

OLG Frankfurt, Urteil vom 21. 11. 1985 – 6 U 20/85 – nicht rechtskräftig; ZIP 1986, 374.

Sachverhalt und **Gründe** sind abgedruckt unter Nr. 42 zu § 9 AGBG.

13 Folgende Klauseln in Allgemeinen Geschäftsbedingungen, die eine Bank den für sie tätigen Kreditvermittlern für Kreditvermittlungsverträge stellt, verstoßen auch im kaufmännischen Verkehr gegen § 9 AGBG:

„1. Sollte der Bank durch ein schuldhaftes Mißachten der vom Einreicher durch diesen Vertrag übernommenen Pflichten oder durch sonstige Handlungen oder Unterlassungen des Einreichers, die ganz oder teilweise zur Nichterfüllung der Verpflichtungen aus dem Darlehensvertrag führen, ein Schaden entstehen, so ist der Einreicher verpflichtet, diesen Schaden durch Bareinzahlung auf Anforderung zu ersetzen.

2. Die Bank ist berechtigt, mit solchen Schadensersatzforderungen jederzeit gegen Forderungen des Einreichers aufzurechnen.

3. Für zum Schaden der Bank gereichende Handlungen und/oder Unterlassungen von Personen, derer sich der Einreicher im Rahmen der Vermittlungstätigkeit bedient, haftet er wie für eigenes Verschulden.

4. Bei Personen- und/oder Kapitalgesellschaften haften Geschäftsführer mit ihrer Unterschrift für diese Verpflichtungen immer auch persönlich. Die Bank ist berechtigt, nach eigenem Ermessen weitere Sicherheiten zu verlangen."

LG Frankfurt, Urteil vom 19. 2. 1985 – 2/13 O 319/84 – rechtskräftig; BB 1985, 954.

Sachverhalt und Gründe sind abgedruckt unter Nr. 29 zu § 9 AGBG.

Zu Klauseln, die beim Abschluß von Bauverträgen mit Bauhandwerkern verwendet werden und auch im kaufmännischen Rechtsverkehr unwirksam sind. **14**

LG Frankfurt, Urteil vom 8. 10. 1985 – 2/13 O 177/85 – rechtskräftig;

Sachverhalt und Gründe sind abgedruckt unter Nr. 45 zu § 9 AGBG.

Fünfter Abschnitt
Schluß- und Übergangsvorschriften

§ 28
Übergangsvorschrift

1 Zur Möglichkeit der zeitlich begrenzten Aufrechterhaltung eines übermäßig langen formularmäßigen Bierlieferungsvertrages, der vor dem 1. April 1977 abgeschlossen, aber noch nicht abgewickelt ist (Bestätigung des BGH-Urteils vom 20. Juni 1984 – VIII ZR 337/82 = BGHZ 91, 375).

BGH, Urteil vom 27. 2. 1985 – VIII ZR 85/84; DB 1985, 1684 = MDR 1986, 48 = NJW 1985, 2693 = WM 1985, 608.

Sachverhalt und **Gründe** sind abgedruckt unter Nr. 129 zu § 9 AGBG.

2 Ein vor Inkrafttreten des AGBG abgeschlossener Maklervertrag, bei dem der Makler abweichend vom gesetzlichen Regelfall eine Verpflichtung zu regelmäßiger Nachweis- oder Vermittlungstätigkeit übernommen hat, fällt unter § 28 Abs. 2 AGBG, soweit er noch nicht abgewickelt ist.

BGH, Urteil vom 6. 11. 1985 – IV a ZR 96/84; BB 1986, 837 = DB 1986, 640 = MDR 1986, 294 = NJW 1986, 1173 = WM 1986, 72.

Sachverhalt und **Gründe** sind abgedruckt unter Nr. 85 zu § 9 AGBG.

Fundstellenregister

Entscheidungen des Bundesgerichtshofs in Zivilsachen (BGHZ)			AGBE VI
93, 252	BGH 16. 1. 85	VIII ZR 153/83	§ 9 Nr. 110
358	BGH 6. 2. 85	VIII ZR 61/84	§ 9 Nr. 111
391	BGH 12. 2. 85	X ZR 31/84	§ 9 Nr. 90
94, 44	BGH 27. 2. 85	VIII ZR 328/83	§ 9 Nr. 92
105	BGH 20. 3. 85	VIII ZR 342/83	§ 9 Nr. 48
180	BGH 24. 4. 85	VIII ZR 65/84	§ 9 Nr. 93
335	BGH 20. 5. 85	VII ZR 198/84	§ 9 Nr. 34
95, 170	BGH 3. 7. 85	VIII ZR 102/84	§ 9 Nr. 95
350	BGH 19. 9. 85	III ZR 214/83	§ 9 Nr. 9
362	BGH 19. 9. 85	III ZR 213/83	§ 9 Nr. 8
375	BGH 19. 9. 85	IX ZR 16/85	§ 9 Nr. 10
96, 18	BGH 24. 9. 85	VI ZR 4/84	§ 11 Nr. 41
34	BGH 26. 9. 85	VII ZR 19/85	§ 9 Nr. 36
103	BGH 9. 10. 85	VIII ZR 217/84	§ 9 Nr. 96
129	BGH 10. 10. 85	VII ZR 325/84	§ 23 Nr. 2
136	BGH 10. 10. 85	I ZR 124/83	§ 9 Nr. 51
146	BGH 24. 10. 85	VII ZR 31/85	§ 11 Nr. 63
182	BGH 30. 10. 85	VIII ZR 251/84	§ 9 Nr. 149

Baurecht (BauR)			AGBE VI
1985, 361	OLG Düsseldorf 26. 2. 85	23 U 128/84	§ 9 Nr. 39
462	BGH 14. 2. 85	IX ZR 76/84	§ 9 Nr. 1
573	BGH 20. 5. 85	VII ZR 198/84	§ 9 Nr. 34
1986, 22	BGH 21. 11. 85	VII ZR 22/85	§ 9 Nr. 37
89	BGH 10. 10. 85	VII ZR 325/84	§ 23 Nr. 2
98	BGH 24. 10. 85	VII ZR 31/85	§ 11 Nr. 63
202	BGH 19. 12. 85	VII ZR 267/84	§ 5 Nr. 6
219	OLG Köln 9. 7. 85	9 U 191/84	§ 11 Nr. 55

Betriebs-Berater (BB)			AGBE VI
1985, 616	BGH 17. 1. 85	VII ZR 375/83	§ 9 Nr. 115
757	LG Frankfurt 28. 1. 85	2/24 S 103/84	§ 9 Nr. 103
829	OLG Hamm 24. 1. 85	4 U 384/83	§ 9 Nr. 97
829	OLG Hamm 21. 2. 85	4 U 157/84	§ 9 Nr. 98
954	LG Frankfurt 19. 2. 85	2/13 O 319/84	§ 9 Nr. 29
956	BGH 13. 2. 85	VIII ZR 154/84	§ 9 Nr. 91

Betriebs-Berater (BB)

1085	BGH 20. 3. 85	VIII ZR 342/83	§ 9 Nr. 48
1087	BGH 24. 4. 85	VIII ZR 65/84	§ 9 Nr. 93
1150	BGH 20. 3. 85	VIII ZR 327/83	§ 2 Nr. 1
1151	BGH 20. 3. 85	IVa ZR 223/83	§ 1 Nr. 1
1153	BGH 6. 2. 85	VIII ZR 61/84	§ 9 Nr. 111
1223	BGH 16. 1. 85	VIII ZR 153/83	§ 9 Nr. 110
1226	BGH 15. 5. 85	VIII ZR 105/84	§ 9 Nr. 62
1351	BGH 20. 5. 85	VII ZR 198/84	§ 9 Nr. 34
1353	BGH 3. 6. 85	VIII ZR 150/84	§ 10 Nr. 7
1418	BGH 19. 6. 85	VIII ZR 238/84	§ 9 Nr. 145
1420	OLG Stuttgart 3. 5. 85	2 U 230/84	§ 11 Nr. 31
1493	BGH 21. 2. 85	III ZR 207/83	§ 9 Nr. 2
1560	OLG Frankfurt 21. 5. 85	5 U 206/84	§ 9 Nr. 132
1624	BGH 3. 7. 85	VIII ZR 102/84	§ 9 Nr. 95
1627	BGH 19. 6. 85	VIII ZR 250/84	§ 9 Nr. 50
1933	OLG Hamm 28. 6. 85	11 U 129/84	§ 11 Nr. 17
1998	BGH 19. 9. 85	III ZR 213/83	§ 9 Nr. 8
2004	BGH 19. 9. 85	III ZR 214/83	§ 9 Nr. 9
2008	BGH 12. 3. 85	VI ZR 182/83	§ 11 Nr. 40
2009	OLG Frankfurt 7. 6. 85	6 U 148/84	§ 9 Nr. 40
2069	BGH 3. 7. 85	IVa ZR 246/83	§ 1 Nr. 3
2071	BGH 3. 7. 85	VIII ZR 152/84	§ 9 Nr. 63
2071	OLG Hamm 26. 4. 85	20 U 361/84	§ 9 Nr. 20
2072	LG Frankfurt 6. 5. 85	2/24 S 319/84	§ 9 Nr. 107
2197	BGH 14. 2. 85	IX ZR 76/84	§ 9 Nr. 1
2199	LG Köln 29. 3. 85	12 S 322/85	§ 9 Nr. 30
2200	OLG Düsseldorf 13. 6. 85	6 U 208/84	§ 9 Nr. 23
2202	OLG Frankfurt 7. 5. 85	22 U 266/84	§ 11 Nr. 15
2270	OLG Frankfurt 9. 5. 85	6 U 93/84	§ 11 Nr. 70
1986, 19	BGH 9. 10. 85	VIII ZR 217/84	§ 9 Nr. 96
21	BGH 12. 6. 85	IVa ZR 261/83	§ 1 Nr. 2
23	BGH 26. 9. 85	VII ZR 19/85	§ 9 Nr. 36
24	BGH 10. 10. 85	VII ZR 325/84	§ 23 Nr. 2
215	BGH 19. 9. 85	IX ZR 16/85	§ 9 Nr. 10
220	BGH 7. 11. 85	III ZR 128/84	§ 9 Nr. 13
222	BGH 21. 11. 85	VII ZR 22/85	§ 9 Nr. 37
284	BGH 4. 12. 85	IVa ZR 75/84	§ 8 Nr. 6
343	OLG Frankfurt 28. 11. 85	6 U 167/84	§ 9 Nr. 119
349	BGH 7. 11. 85	IX ZR 40/85	§ 9 Nr. 12
423	BGH 19. 12. 85	VII ZR 267/84	§ 5 Nr. 6
833	OLG Frankfurt 24. 9. 85	5 U 240/83	§ 9 Nr. 26
837	BGH 6. 11. 85	IVa ZR 96/84	§ 9 Nr. 85
840	BGH 24. 10. 85	VII ZR 31/85	§ 11 Nr. 63

Deutsches Autorecht (DAR) AGBE VI

1985,	118	BGH	16.	1. 85	VIII ZR 153/83	§ 9 Nr. 110
	223	BGH	12.	2. 85	X ZR 31/84	§ 9 Nr. 90
	286	BGH	15.	5. 85	VIII ZR 105/84	§ 9 Nr. 62
	321	BGH	19.	6. 85	VIII ZR 250/84	§ 9 Nr. 50
	379	BGH	12.	6. 85	IVa ZR 261/83	§ 1 Nr. 2
	384	OLG Köln	2.	4. 85	15 U 231/84	§ 11 Nr. 54
1986,	17	BGH	10.	10. 85	VII ZR 325/84	§ 23 Nr. 2
	269	BGH	24.	10. 85	VII ZR 31/85	§ 11 Nr. 63

Der Betrieb (DB) AGBE VI

1985,	541	BGH	16.	1. 85	VII ZR 153/83	§ 9 Nr. 110
	1073	BGH	14.	2. 85	IX ZR 76/84	§ 9 Nr. 1
	1074	BGH	17.	1. 85	VII ZR 375/83	§ 9 Nr. 115
	1125	BGH	24.	4. 85	VIII ZR 65/84	§ 9 Nr. 93
	1338	BGH	6.	2. 85	VIII ZR 61/84	§ 9 Nr. 111
	1389	BGH	13.	2. 85	VIII ZR 154/84	§ 9 Nr. 91
	1392	BGH	12.	2. 85	X ZR 31/84	§ 9 Nr. 90
	1526	BGH	20.	3. 85	VIII ZR 342/83	§ 9 Nr. 48
	1583	BGH	14.	3. 85	III ZR 186/83	§ 9 Nr. 4
	1684	BGH	27.	2. 85	VIII ZR 85/84	§ 9 Nr. 129
	1837	OLG Düsseldorf	7.	2. 85	6 U 161/84	§ 11 Nr. 12
	1885	BGH	20.	5. 85	VII ZR 198/84	§ 9 Nr. 34
	2039	BGH	3.	6. 85	VIII ZR 150/84	§ 10 Nr. 7
	2092	BGH	3.	7. 85	VIII ZR 102/84	§ 9 Nr. 95
	2096	BGH	1.	7. 85	II ZR 155/84	§ 9 Nr. 6
	2192	OLG Düsseldorf	13.	6. 85	6 U 208/84	§ 9 Nr. 23
	2193	BGH	19.	6. 85	VIII ZR 250/84	§ 9 Nr. 50
	2443	BGH	19.	9. 85	III ZR 213/83	§ 9 Nr. 8
	2447	BVerfG	4.	6. 85	1 BvL 12/84	§ 23 Nr. 1
	2500	OLG Frankfurt	17.	9. 85	5 U 171/83	§ 9 Nr. 100
	2553	BGH	9.	10. 85	VIII ZR 217/84	§ 9 Nr. 96
	2556	BGH	3.	7. 85	VIII ZR 152/84	§ 9 Nr. 63
1986,	112	OLG Hamburg	31.	7. 85	5 U 133/84	§ 1 Nr. 5
	166	BGH	3.	7. 85	IVa ZR 246/83	§ 1 Nr. 3
	222	BGH	21.	11. 85	VII ZR 22/85	§ 9 Nr. 37
	263	BGH	30.	10. 85	VIII ZR 251/84	§ 9 Nr. 149
	320	BGH	19.	9. 85	III ZR 214/83	§ 9 Nr. 9
	375	BGH	7.	11. 85	IX ZR 40/85	§ 9 Nr. 12
	424	BGH	7.	11. 85	III ZR 128/84	§ 9 Nr. 13
	428	BGH	10.	10. 85	VII ZR 325/84	§ 23 Nr. 2
	586	BGH	19.	12. 85	VII ZR 267/84	§ 5 Nr. 6
	640	BGH	6.	11. 85	IVa ZR 96/84	§ 9 Nr. 85
	685	BGH	18.	12. 85	VIII ZR 47/85	§ 9 Nr. 130
	739	OLG Frankfurt	28.	11. 85	6 U 167/84	§ 9 Nr. 119
	908	OLG Frankfurt	14.	5. 85	5 U 210/84	§ 9 Nr. 99

Fundstellenregister

Deutsche Notar-Zeitschrift (DNotZ) — AGBE VI

1985, 637	BGH 21. 2. 85	III ZR 207/83	§ 9 Nr. 2
1986, 17	BGH 10. 10. 85	VII ZR 325/84	§ 23 Nr. 2
269	BGH 24. 10. 85	VII ZR 31/85	§ 11 Nr. 63

Juristische Rundschau (JR) — AGBE VI

1985, 500	BGH 27. 2. 85	VIII ZR 328/83	§ 9 Nr. 92
1986, 190	BGH 9. 10. 85	VIII ZR 217/84	§ 9 Nr. 96
197	BGH 24. 6. 85	II ZR 277/84	§ 9 Nr. 5
200	BGH 10. 10. 85	VII ZR 325/84	§ 23 Nr. 2
279	BGH 7. 11. 85	IX ZR 40/85	§ 9 Nr. 13
283	BGH 24. 10. 85	VII ZR 31/85	§ 11 Nr. 63

Juristenzeitung (JZ) — AGBE VI

1985, 500	BGH 17. 1. 85	VII ZR 375/83	§ 9 Nr. 115
589	BGH 21. 2. 85	IX ZR 129/84	§ 9 Nr. 144
798	BGH 12. 2. 85	X ZR 31/84	§ 9 Nr. 90
805	BGH 3. 6. 85	VIII ZR 150/84	§ 10 Nr. 7
893	BGH 27. 2. 85	VIII ZR 328/83	§ 9 Nr. 92
1986, 106	BGH 9. 10. 85	VIII ZR 217/84	§ 9 Nr. 96
148	BGH 10. 10. 85	VII ZR 325/84	§ 23 Nr. 2
185	BGH 19. 9. 85	III ZR 213/83	§ 9 Nr. 8
336	BGH 24. 10. 85	VII ZR 31/85	§ 11 Nr. 63
342	BGH 24. 9. 85	VI ZR 4/84	§ 11 Nr. 41
355	BGH 21. 11. 85	VII ZR 22/85	§ 9 Nr. 37
448	BGH 7. 11. 85	IX ZR 40/85	§ 9 Nr. 12
506	BGH 18. 12. 85	VIII ZR 47/85	§ 9 Nr. 130

Monatsschrift für Deutsches Recht (MDR) — AGBE VI

1985, 410	LG Frankfurt 28. 1. 85	2/24 S 103/84	§ 9 Nr. 103
489	BGH 16. 1. 85	VIII ZR 153/83	§ 9 Nr. 110
568	BGH 17. 1. 85	VII ZR 375/83	§ 9 Nr. 115
653	BGH 20. 3. 85	IVa ZR 223/83	§ 9 Nr. 83
668	BGH 28. 2. 85	IX ZR 92/84	§ 9 Nr. 68
670	BGH 12. 2. 85	X ZR 31/84	§ 9 Nr. 90
739	BGH 14. 3. 85	III ZR 186/83	§ 9 Nr. 4
751	BGH 20. 3. 85	VIII ZR 327/83	§ 2 Nr. 1
757	BGH 20. 3. 85	VIII ZR 342/83	§ 9 Nr. 48
757	BGH 24. 4. 85	VIII ZR 65/84	§ 9 Nr. 93
762	LG Frankfurt 6. 5. 85	2/24 S 319/84	§ 9 Nr. 107

Monatsschrift für Deutsches Recht (MDR)

765	OLG Frankfurt	7. 5. 85	22 U 266/84	§ 11 Nr. 15
929	BGH	3. 7. 85	VIII ZR 102/84	§ 9 Nr. 95
929	BGH	3. 6. 85	VIII ZR 150/84	§ 10 Nr. 7
930	BGH	19. 6. 85	VIII ZR 238/84	§ 9 Nr. 145
934	OLG Frankfurt	21. 5. 85	5 U 206/84	§ 9 Nr. 132
935	OLG Hamm	26. 4. 85	20 U 361/84	§ 9 Nr. 20
998	BGH	24. 6. 85	II ZR 277/84	§ 9 Nr. 5
999	BGH	1. 7. 85	II ZR 155/84	§ 9 Nr. 6
1003	BGH	12. 6. 85	IVa ZR 261/83	§ 1 Nr. 2
1005	BGH	3. 7. 85	IVa ZR 246/83	§ 1 Nr. 3
1986, 35	BGH	31. 1. 85	III ZR 105/83	§ 11 Nr. 30
47	BGH	6. 2. 85	VIII ZR 61/84	§ 9 Nr. 111
48	BGH	27. 2. 85	VIII ZR 85/84	§ 9 Nr. 129
49	BGH	13. 2. 85	VIII ZR 154/84	§ 9 Nr. 91
49	BGH	19. 6. 85	VIII ZR 238/84	§ 9 Nr. 145
50	BGH	3. 7. 85	VIII ZR 152/84	§ 9 Nr. 63
55	OLG Hamm	28. 6. 85	11 U 129/84	§ 11 Nr. 17
126	BGH	19. 9. 85	III ZR 214/83	§ 9 Nr. 9
128	BGH	19. 9. 85	III ZR 213/83	§ 9 Nr. 8
135	BGH	24. 9. 85	VI ZR 4/84	§ 11 Nr. 41
148	AG Baden-Baden	12. 7. 85	1 C 51/85	§ 11 Nr. 29
212	BGH	2. 10. 85	IVa ZR 184/83	§ 5 Nr. 4
224	BGH	10. 10. 85	VII ZR 325/84	§ 23 Nr. 2
235	AG Düsseldorf	26. 9. 85	47 C 86/85	§ 9 Nr. 89
293	BGH	7. 11. 85	III ZR 128/84	§ 9 Nr. 13
294	BGH	6. 11. 85	IVa ZR 96/84	§ 9 Nr. 85
314	BGH	7. 11. 85	IX ZR 40/85	§ 9 Nr. 12
386	BGH	4. 12. 85	IVa ZR 75/84	§ 8 Nr. 6
401	BGH	21. 11. 85	VII ZR 22/85	§ 9 Nr. 37
402	BGH	30. 10. 85	VIII ZR 251/84	§ 9 Nr. 149
406	OLG Frankfurt	17. 9. 85	5 U 171/83	§ 9 Nr. 100
478	BGH	18. 12. 85	IVa ZR 81/84	§ 9 Nr. 69
490	BGH	19. 12. 85	VII ZR 267/84	§ 5 Nr. 6
495	OLG Frankfurt	14. 5. 85	5 U 210/84	§ 9 Nr. 99
580	BGH	18. 12. 85	VIII ZR 47/85	§ 9 Nr. 130

Neue Juristische Wochenschrift (NJW)

1985, 853	BGH	16. 1. 85	VIII ZR 153/83	§ 9 Nr. 110
1535	BGH	27. 2. 85	VIII ZR 328/83	§ 9 Nr. 92
1537	BGH	12. 2. 85	X ZR 31/84	§ 9 Nr. 90
1547	BGH	24. 4. 85	VIII ZR 65/84	§ 9 Nr. 93
1705	BGH	21. 2. 85	IX ZR 129/84	§ 9 Nr. 144
1717	LG Frankfurt	15. 4. 85	2/24 S 262/84	§ 9 Nr. 75
1718	AG Dülmen	6. 2. 85	3 C 485/84	§ 9 Nr. 80

Neue Juristische Wochenschrift (NJW)

1836	BGH	20. 3. 85	VIII ZR 342/83	§ 9 Nr. 48
1838	BGH	20. 3. 85	VIII ZR 327/83	§ 2 Nr. 1
1954	BGH	14. 3. 85	III ZR 186/83	§ 9 Nr. 4
2035	OLG Karlsruhe	21. 2. 85	4 U 207/83	§ 9 Nr. 70
2258	BGH	3. 7. 85	VIII ZR 102/84	§ 9 Nr. 95
2270	BGH	20. 5. 85	VII ZR 198/84	§ 9 Nr. 34
2271	BGH	3. 6. 85	VIII ZR 150/84	§ 10 Nr. 7
2278	LG Frankfurt	28. 1. 85	2/24 S 103/84	§ 9 Nr. 103
2326	BGH	24. 6. 85	II ZR 277/84	§ 9 Nr. 5
2328	BGH	13. 2. 85	VIII ZR 154/84	§ 9 Nr. 91
2329	BGH	19. 6. 85	VIII ZR 238/84	§ 9 Nr. 145
2477	BGH	20. 3. 85	IV a ZR 223/83	§ 9 Nr. 83
2585	BGH	28. 2. 85	IX ZR 92/84	§ 9 Nr. 68
2693	BGH	27. 2. 85	VIII ZR 85/84	§ 9 Nr. 129
2722	OLG Köln	20. 5. 85	8 U 10/84	§ 9 Nr. 21
2723	OLG Düsseldorf	18. 4. 85	6 U 7/85	§ 9 Nr. 19
2958	LG Lübeck	19. 3. 85	14 S 307/84	§ 3 Nr. 9
3013	BGH	6. 2. 85	VIII ZR 61/84	§ 9 Nr. 111
3030	OLG Hamburg	3. 4. 85	5 U 134/84	§ 9 Nr. 116
1986, 43	BGH	19. 9. 85	III ZR 214/83	§ 9 Nr. 9
46	BGH	19. 9. 85	III ZR 213/83	§ 9 Nr. 8
67	LG Köln	19. 6. 85	26 O 409/84	§ 9 Nr. 138
179	BGH	9. 10. 85	VIII ZR 217/84	§ 9 Nr. 96
243	BVerfG	4. 6. 85	1 BvL 12/84	§ 23 Nr. 1
260	OLG Celle	25. 7. 85	14 U 223/84	§ 9 Nr. 134
262	LG Hamburg	16. 10. 85	17 S 277/84	§ 9 Nr. 77
310	BGH	19. 9. 85	IX ZR 16/85	§ 9 Nr. 10
315	BGH	10. 10. 85	VII ZR 325/84	§ 23 Nr. 2
325	OLG Hamburg	28. 8. 85	5 U 135/84	§ 9 Nr. 87
330	OLG Köln	9. 7. 85	9 U 191/84	§ 11 Nr. 55
376	BGH	31. 1. 85	III ZR 105/83	§ 11 Nr. 30
385	OLG Düsseldorf	7. 2. 85	6 U 161/84	§ 11 Nr. 12
424	BGH	30. 10. 85	VIII ZR 251/84	§ 9 Nr. 149
431	BGH	2. 10. 85	IV a ZR 184/83	§ 5 Nr. 4
436	OLG Stuttgart	2. 10. 85	13 U 32/85	§ 11 Nr. 22
581	BGH	19. 6. 85	VIII ZR 250/84	§ 9 Nr. 50
713	BGH	24. 10. 85	VII ZR 31/85	§ 11 Nr. 63
842	BGH	18. 12. 85	VIII ZR 47/85	§ 9 Nr. 130
924	BGH	21. 11. 85	VII ZR 22/85	§ 9 Nr. 37
927	BGH	4. 12. 85	IV a ZR 75/84	§ 8 Nr. 6
928	BGH	7. 11. 85	IX ZR 40/85	§ 9 Nr. 12
1038	BGH	14. 2. 85	IX ZR 76/84	§ 9 Nr. 1
1173	BGH	6. 11. 85	IV a ZR 96/84	§ 9 Nr. 85

Neue Juristische Wochenschrift – Rechtsprechungsreport (NJW-RR)   AGBE VI

1986,	40	OLG Hamm	26. 4. 85	20 U 361/84	§ 9 Nr. 20
	47	OLG Hamburg	12. 7. 85	14 U 114/84	§ 11 Nr. 19
	51	BGH	19. 6. 85	VIII ZR 250/84	§ 9 Nr. 50
	52	BGH	3. 7. 85	VIII ZR 152/84	§ 9 Nr. 63
	54	BGH	3. 7. 85	IV a ZR 246/83	§ 1 Nr. 3
	55	BGH	19. 9. 85	III ZR 214/83	§ 9 Nr. 9
	58	AG Nordhorn	29. 5. 85	3 C 368/85	§ 9 Nr. 58
	91	OLG Karlsruhe	18. 10. 85	3 ReMiet 1/85	§ 2 Nr. 4
	99	BGH	10. 10. 85	VII ZR 325/84	§ 23 Nr. 2
	103	OLG Celle	25. 7. 85	14 U 223/84	§ 9 Nr. 134
	136	OLG Frankfurt	24. 9. 85	5 U 240/83	§ 9 Nr. 26
	137	OLG Düsseldorf	13. 6. 85	6 U 208/84	§ 9 Nr. 23
	139	LG Essen	23. 7. 85	45 O 45/85	§ 9 Nr. 32
	144	LG Braunschweig	19. 9. 85	7 S 60/85	§ 9 Nr. 121
	148	LG Frankfurt	6. 5. 85	2/24 S 319/84	§ 9 Nr. 107
	151	OLG Köln	2. 4. 85	15 U 231/84	§ 11 Nr. 54
	152	LG Köln	19. 6. 85	26 O 409/84	§ 9 Nr. 138
	152	LG Karlsruhe	8. 11. 85	3 O 277/85	§ 2 Nr. 6
	153	OLG Karlsruhe	4. 10. 85	15 U 201/84	§ 9 Nr. 53
	154	AG Fürth	31. 5. 85	6 C 630/85	§ 11 Nr. 28
	154	OLG Hamburg	28. 8. 85	5 U 135/84	§ 9 Nr. 87
	175	AG Berlin-Charlottenburg	2. 5. 85	11 C 84/85	§ 9 Nr. 109
	175	LG Düsseldorf	8. 10. 85	24 S 56/85	§ 9 Nr. 108
	176	LG Limburg	20. 2. 85	3 S 321/84	§ 9 Nr. 105
	205	BGH	7. 11. 85	III ZR 128/84	§ 9 Nr. 13
	208	OLG Hamm	21. 6. 85	11 U 111/84	§ 9 Nr. 24
	211	BGH	19. 9. 85	IX ZR 16/85	§ 9 Nr. 10
	211	BGH	29. 10. 85	X ZR 12/85	§ 9 Nr. 113
	245	OLG Frankfurt	7. 6. 85	6 U 148/84	§ 9 Nr. 40
	251	BGH	17. 10. 85	I ZR 232/83	§ 9 Nr. 52
	255	BGH	2. 10. 85	IV a ZR 184/83	§ 5 Nr. 4
	273	OLG Hamm	1. 7. 85	13 U 143/85	§ 11 Nr. 28
	274	OLG Frankfurt	9. 5. 85	6 U 93/84	§ 11 Nr. 70
	274	AG Helmstedt	22. 10. 85	3 C 437/85	§ 9 Nr. 82
	275	OLG Stuttgart	28. 6. 85	2 U 264/85	§ 9 Nr. 86
	277	AG Leonberg	2. 8. 85	5 C 466/85	§ 9 Nr. 81
	278	OLG Frankfurt	17. 9. 85	5 U 171/83	§ 9 Nr. 100
	281	OLG Stuttgart	2. 10. 85	13 U 32/85	§ 11 Nr. 22
	470	BGH	7. 11. 85	IX ZR 40/85	§ 9 Nr. 12
	726	OLG Frankfurt	28. 11. 85	6 U 167/84	§ 9 Nr. 119

Versicherungsrecht (VersR) — AGBE VI

1985, 595	BGH	12. 3. 85	VI ZR 182/83	§ 11 Nr. 40
679	BGH	12. 2. 85	X ZR 31/84	§ 9 Nr. 90
874	BGH	15. 5. 85	IV a ZR 258/83	§ 5 Nr. 2
979	BGH	12. 6. 85	IV a ZR 261/83	§ 1 Nr. 2
1066	BGH	19. 6. 85	VIII ZR 250/84	§ 9 Nr. 50
1196	OLG Karlsruhe	21. 2. 85	4 U 207/83	§ 9 Nr. 70
1986, 37	BGH	26. 9. 85	VII ZR 50/84	§ 9 Nr. 35
43	OLG Düsseldorf	7. 2. 85	6 U 161/84	§ 11 Nr. 12
55	OLG Hamm	4. 10. 85	20 W 20/85	§ 3 Nr. 8
82	OLG Hamm	12. 7. 85	20 U 205/85	§ 10 Nr. 2
153	BGH	24. 9. 85	VI ZR 4/84	§ 11 Nr. 41
177	BGH	2. 10. 85	IV a ZR 184/83	§ 5 Nr. 4
257	BGH	18. 12. 85	IV a ZR 81/84	§ 9 Nr. 69
462	OLG Hamburg	31. 7. 85	5 U 133/84	§ 1 Nr. 5

Wertpapier-Mitteilungen Teil IV, Zeitschrift für Wirtschafts- und Bankrecht (WM) — AGBE VI

1985, 459	BGH	17. 1. 85	VII ZR 375/83	§ 9 Nr. 115
473	BGH	31. 1. 85	III ZR 105/83	§ 11 Nr. 30
475	BGH	14. 2. 85	IX ZR 76/84	§ 9 Nr. 1
512	OLG Frankfurt	22. 1. 85	5 U 77/84	§ 9 Nr. 15
535	LG Dortmund	24. 1. 85	17 S 380/84	§ 9 Nr. 28
542	BGH	13. 2. 85	VIII ZR 154/84	§ 9 Nr. 91
573	BGH	27. 2. 85	VIII ZR 328/83	§ 9 Nr. 92
576	BGH	6. 2. 85	VIII ZR 61/84	§ 9 Nr. 111
602	BGH	12. 2. 85	X ZR 31/84	§ 9 Nr. 90
604	BGH	21. 2. 85	IX ZR 129/84	§ 9 Nr. 144
605	BGH	20. 3. 85	VIII ZR 342/83	§ 9 Nr. 48
608	BGH	27. 2. 85	VIII ZR 85/84	§ 9 Nr. 129
638	BGH	24. 4. 85	VIII ZR 65/84	§ 9 Nr. 93
688	BGH	14. 3. 85	III ZR 186/83	§ 9 Nr. 4
690	OLG Düsseldorf	18. 4. 85	6 U 7/85	§ 9 Nr. 19
751	BGH	20. 3. 85	IV a ZR 223/83	§ 1 Nr. 1
769	BGH	28. 2. 85	III ZR 223/83	§ 9 Nr. 3
769	OLG Düsseldorf	7. 2. 85	6 U 161/84	§ 11 Nr. 12
780	BGH	28. 2. 85	IX ZR 92/84	§ 9 Nr. 68
785	OLG Hamm	4. 2. 85	5 U 65/84	§ 2 Nr. 2
897	OLG Hamm	9. 1. 85	11 U 144/84	§ 9 Nr. 131
905	BGH	24. 6. 85	II ZR 277/84	§ 9 Nr. 5
906	BGH	3. 7. 85	VIII ZR 102/84	§ 9 Nr. 95
938	OLG Frankfurt	7. 5. 85	22 U 266/84	§ 11 Nr. 15

**Wertpapier-Mitteilungen Teil IV,
Zeitschrift für Wirtschafts- und Bankrecht (WM)**

	945	BGH 19. 6. 85	VIII ZR 238/84	§ 9 Nr. 145
	999	BGH 3. 6. 85	VIII ZR 150/84	§ 10 Nr. 7
	1030	OLG Düsseldorf 13. 6. 85	6 U 208/84	§ 9 Nr. 23
	1032	OLG Hamm 26. 4. 85	20 U 361/84	§ 9 Nr. 20
	1057	BGH 1. 7. 85	II ZR 155/84	§ 9 Nr. 6
	1065	OLG Hamm 27. 3. 85	20 U 315/84	§ 9 Nr. 18
	1067	BVerfG 4. 6. 85	1 BvL 12/84	§ 23 Nr. 1
	1075	BGH 20. 5. 85	VII ZR 198/84	§ 9 Nr. 34
	1098	BGH 4. 7. 85	III ZR 144/84	§ 9 Nr. 7
	1145	BGH 3. 7. 85	VIII ZR 152/84	§ 9 Nr. 63
	1168	BGH 19. 6. 85	VIII ZR 250/84	§ 9 Nr. 50
	1208	BGH 3. 7. 85	IV a ZR 246/83	§ 1 Nr. 3
	1305	BGH 19. 9. 85	III ZR 213/83	§ 9 Nr. 8
	1307	BGH 19. 9. 85	III ZR 214/83	§ 9 Nr. 9
	1338	OLG Hamm 24. 7. 85	11 U 172/84	§ 11 Nr. 21
	1387	BGH 19. 9. 85	IX ZR 16/85	§ 9 Nr. 10
	1391	OLG Düsseldorf 29. 5. 85	9 U 16/85	§ 9 Nr. 22
	1411	OLG Hamm 21. 6. 85	11 U 111/84	§ 9 Nr. 24
	1437	BGH 26. 9. 85	III ZR 229/84	§ 9 Nr. 11
	1447	BGH 9. 10. 85	VIII ZR 217/84	§ 9 Nr. 96
	1478	BGH 10. 10. 85	VII ZR 325/84	§ 23 Nr. 2
	1493	OLG Hamm 1. 7. 85	13 U 143/85	§ 11 Nr. 18
	1522	OLG Hamburg 12. 7. 85	14 U 114/84	§ 11 Nr. 19
	1535	BGH 26. 9. 85	VII ZR 50/84	§ 9 Nr. 35
1986,	8	BGH 7. 11. 85	III ZR 128/84	§ 9 Nr. 13
	14	OLG Köln 20. 5. 85	8 U 10/84	§ 9 Nr. 21
	20	BGH 30. 10. 85	VIII ZR 251/84	§ 9 Nr. 149
	64	OLG Hamm 28. 6. 85	11 U 129/84	§ 11 Nr. 17
	72	BGH 6. 11. 85	IV a ZR 96/84	§ 9 Nr. 85
	73	BGH 29. 10. 85	X ZR 12/85	§ 9 Nr. 113
	95	BGH 7. 11. 85	IX ZR 40/85	§ 9 Nr. 12
	156	BGH 12. 12. 85	III ZR 184/84	§ 9 Nr. 14
	199	BGH 31. 10. 85	IX ZR 175/84	§ 11 Nr. 7
	229	BGH 24. 9. 85	VI ZR 4/84	§ 11 Nr. 41
	274	OLG Frankfurt 17. 9. 85	5 U 171/83	§ 9 Nr. 100
	325	BGH 18. 12. 85	VIII ZR 47/85	§ 9 Nr. 130
	328	BGH 21. 11. 85	VII ZR 22/85	§ 9 Nr. 37
	387	BGH 19. 12. 85	VII ZR 267/84	§ 5 Nr. 6
	463	AG Düsseldorf 26. 9. 85	47 C 86/85	§ 1 Nr. 7
	570	OLG Frankfurt 9. 5. 85	6 U 93/84	§ 11 Nr. 70

Fundstellenregister

Wohnungswirtschaft und Mietrecht (WuM) — AGBE VI

1986,	9	OLG Karlsruhe	18. 10. 85	3 ReMiet 1/85	§ 2 Nr. 4
	14	LG Lübeck	19. 3. 85	14 S 307/84	§ 3 Nr. 9
	53	BGH	3. 7. 85	IV a ZR 246/83	§ 1 Nr. 3
	58	BGH	13. 2. 85	VIII ZR 154/84	§ 9 Nr. 91

Zeitschrift für deutsches und internationales Baurecht (ZfBR) — AGBE VI

1985,	220	BGH	20. 5. 85	VII ZR 198/84	§ 9 Nr. 34
1986,	17	BGH	26. 9. 85	VII ZR 50/84	§ 9 Nr. 35
	21	BGH	24. 10. 85	VII ZR 31/85	§ 11 Nr. 63
	28	BGH	19. 9. 85	IX ZR 16/85	§ 9 Nr. 10
	32	BGH	26. 9. 85	VII ZR 19/85	§ 9 Nr. 36
	33	BGH	10. 10. 85	VII ZR 325/84	§ 23 Nr. 2
	78	BGH	19. 12. 85	VII ZR 267/84	§ 5 Nr. 6
	79	BGH	21. 11. 85	VII ZR 22/85	§ 9 Nr. 37

Zeitschrift für Wirtschaftsrecht (ZIP) — AGBE VI

1985,	284	BGH	16. 1. 85	VIII ZR 153/83	§ 9 Nr. 110
	466	BGH	17. 1. 85	VII ZR 375/83	§ 9 Nr. 115
	466	BGH	31. 1. 85	III ZR 105/83	§ 11 Nr. 30
	478	BGH	6. 2. 85	VIII ZR 61/84	§ 9 Nr. 111
	523	BGH	14. 3. 85	III ZR 186/83	§ 9 Nr. 4
	525	BGH	14. 2. 85	IX ZR 76/84	§ 9 Nr. 1
	544	BGH	20. 3. 85	VIII ZR 327/83	§ 2 Nr. 1
	546	BGH	27. 2. 85	VIII ZR 328/83	§ 9 Nr. 92
	603	OLG Karlsruhe	13. 2. 85	6 U 90/84	§ 11 Nr. 13
	673	BGH	21. 2. 85	III ZR 207/83	§ 9 Nr. 2
	682	BGH	24. 4. 85	VIII ZR 65/84	§ 9 Nr. 93
	687	BGH	12. 3. 85	VI ZR 182/83	§ 11 Nr. 40
	749	BGH	20. 3. 85	VIII ZR 342/83	§ 9 Nr. 48
	919	BGH	24. 6. 85	II ZR 277/84	§ 9 Nr. 5
	935	BGH	3. 7. 85	VIII ZR 102/84	§ 9 Nr. 95
	940	BGH	15. 5. 85	VIII ZR 105/84	§ 9 Nr. 62
	1004	BGH	12. 2. 85	X ZR 31/84	§ 9 Nr. 90
	1079	BVerfG	4. 6. 85	1 BvL 12/84	§ 23 Nr. 1
	1081	BGH	20. 5. 85	VII ZR 198/84	§ 9 Nr. 34
	1126	BGH	1. 7. 85	II ZR 155/84	§ 9 Nr. 6
	1203	BGH	3. 6. 85	VIII ZR 150/84	§ 10 Nr. 7
	1253	BGH	19. 9. 85	III ZR 213/83	§ 9 Nr. 8
	1257	BGH	19. 9. 85	III ZR 214/83	§ 9 Nr. 9
	1272	BGH	3. 7. 85	IV a ZR 246/83	§ 1 Nr. 3
	1315	BGH	4. 7. 85	III ZR 144/84	§ 9 Nr. 7
	1380	BGH	19. 9. 85	IX ZR 16/85	§ 9 Nr. 10

Zeitschrift für Wirtschaftsrecht (ZIP) AGBE VI

1385	OLG Hamm	1. 7. 85	13 U 143/85	§ 11 Nr. 18
1387	OLG Hamm	21. 6. 85	11 U 111/84	§ 9 Nr. 24
1398	BGH	9. 10. 85	VIII ZR 217/84	§ 9 Nr. 96
1402	BGH	19. 6. 85	VIII ZR 238/84	§ 9 Nr. 145
1493	BGH	10. 10. 85	VII ZR 325/84	§ 23 Nr. 2
1986, 21	BGH	7. 11. 85	III ZR 128/84	§ 9 Nr. 13
32	BGH	24. 9. 85	VI ZR 4/84	§ 11 Nr. 41
85	BGH	7. 11. 85	IX ZR 40/85	§ 9 Nr. 12
95	BGH	30. 10. 85	VIII ZR 251/84	§ 9 Nr. 149
234	BGH	24. 10. 85	VII ZR 31/85	§ 11 Nr. 63
371	BGH	18. 12. 85	VIII ZR 47/85	§ 9 Nr. 130
374	OLG Frankfurt	21. 11. 85	6 U 20/85	§ 9 Nr. 42

Gesamt-Sachregister für die Bände I–VI

Die römischen Zahlen bezeichnen die Bände,
die arabischen Zahlen bezeichnen die Seitenzahlen

Abbestellung **IV** 619, 620, 657
ABB-Flugpassage **IV** 675
ABC-Flugreisen **V** 656
Abdrucken der AGB auf Rechnungen **III** 586, 626
Abfindungserklärungen von Haftpflichtversicherungen **V** 52, 73, 547
Abgeltungsklausel **IV** 106
Abhängigkeit von Leistung und Gegenleistung **V** 240
Ablehnungsandrohung **III** 310, 553
Abmahnung **I** 796, 804, 805, 827, 830, 836, 838, 854, 855, 858, 859, 861; **II** 691, 693, 707; **III** 283, 586; **IV** 291, 414, 733, 737–739; **V** 765, 769
– Entbehrlichkeit **I** 861; **II** 693, 707
– Kosten der **I** 828, 854, 857; **IV** 324, 722; **V** 760
Abmahnverein **IV** 566, 726
Abnahme **I** 468, 469, 484, 522; **II** 165, 170, 216, 430, 446; **III** 184, 201, 206, 212, 229, 232, 458, 462, 507; **IV** 107, 261, 275, 276, 539, 564, 636; **VI** 216
Abnahmefiktion **III** 458, 462, 535; **IV** 261, 263; **V** 492
Abnahmeklauseln **I** 226–230; **II** 138–139
Abnahmepflicht **III** 212; **IV** 642
Abnahmeverzug **I** 228, 229, 635, 639, 640, 648, 652; **II** 536–538, 551, 555; **IV** 494, 497, 541, 658
Abonnementvertrag s. Zeitschriftenabonnement
Abrufrecht **I** 530
Abschlagszahlung **IV** 264, 396, 402; **V** 244
Abschlußvertreter, Haftung **I** 775; **II** 646–648; **III** 608; **V** 752–754
Abschlußzahlung **II** 273; **III** 537; **IV** 396–398, 400, 402; **VI** 72, 337
Abschneiden des Nachweises **IV** 558; **V** 624, 647, 658, 665, 688, 707, 708, 712, 714, 716, 719

Abstandssumme **I** 209, 589; **II** 105, 235, 484, 534, 554, 558; **IV** 642, 665; **V** 701, 714, 719
Abtretung
– der Gewährleistungsansprüche **I** 340, 459, 730; **II** 190, 258, 261, 300, 311, 602; **IV** 264, 390, 392, 394; **V** 260, 262, 274, 362, 418, 423, 439, 446, 459, 729; **VI** 311, 317
– der Kundenforderung **II** 643; **IV** 87, 125, 126
– der Lohn- und Gehaltsansprüche **I** 152, 446, 456, 457; **IV** 100, 104, 460, 520, 522, 579, 586, 640; **V** 87, 475, 712
– des Nachbesserungsanspruchs **VI** 543
– von Rückübertragungsansprüchen **V** 160
– bei verlängertem Eigentumsvorbehalt **V** 292; **VI** 62
– des Wandelungsrechts **V** 405
– zum Zwecke der Freizeichnung **I** 349
Abtretungsverbot **I** 230–238; **II** 65, 643, 645; **III** 407; **V** 295; **VI** 301, 428
Abwehrklauseln **III** 58, 65, 73, 206; **V** 90, 95; **VI** 57
Abweichungen
– fabrikationsbedingte **IV** 598, 600
– handelsübliche **IV** 602, 604, 605; **V** 639, 642, 644
Abwendungsbefugnis **IV** 638, 639
Abwicklung von Verträgen **I** 582–590; **II** 485–491; **III** 537–540; **IV** 611–622, 725; **V** 656–669, 760, 762; **VI** 489–490
Abzahlungskauf **I** 449, 456–458, 723; **II** 413; **III** 49, 115, 317, 469, 478, 610; **IV** 61, 73, 225, 460, 498, 501, 612, 614, 668; **V** 564, 663, 772; **VI** 74, 121, 489
ADAC **IV** 154
Adressen-Abrufdepot **IV** 530; **VI** 269
Adressenmaterial, unbefugte Wiederverwendung **VI** 430, 573

Änderung
- der Form **IV** 534, 535, 603; **V** 639, 642, 644
- der Formulare **IV** 716, 723, 734; **V** 52, 53
- der Gerichtsstandsvereinbarung **IV** 751
- der Geschäftsbedingungen **IV** 83, 751
- der Gewährleistungsbestimmungen **IV** 509
- der Konstruktion **IV** 532, 534–536, 603; **V** 639, 642, 644, 712
- des Kreditrahmens **VI** 181
- technische **IV** 598, 599
- der Vertragsverhältnisse **IV** 587, 588, 592
- der Weltmarktpreise **IV** 623, 624
- Zumutbarkeit **IV** 599; **V** 641, 643, 645, 648, 711

Änderungserklärung **IV** 80, 142, 157
Änderungskündigung **IV** 331, 479, 514
Änderungsrecht, einseitiges **III** 493; **IV** 478, 747; **V** 578, 583, 817
Änderungsvorbehalte s. a. Leistungsänderung **I** 565–570; **II** 473–482; **III** 526–534; **IV** 597–608; **V** 639–649; **VI** 487–488
Äquivalenzprinzip **IV** 431, 478; **V** 61, 82, 526
Äquivalenzstörung **V** 109
Äquivalenzverhältnis **V** 135
AGB
- auf der Rückseite abgedruckt **V** 64
- kollidierende **IV** 90, 93, 96
- widersprechende **IV** 85, 89, 90

AGB für Anzeigen in Zeitungen und Zeitschriften **I** 609
AGB eines Automatenaufstellers s. Automatenaufstellvertrag
AGB der Autowaschanlagenbetreiber s. Waschbedingungen für Kfz
AGB der Banken s. a. Bankvertrag
- Nr. 4 Abs. 1 **IV** 154
- Nr. 4 Abs. 3 **IV** 155, 157–159, 751; **VI** 183
- Nr. 13 **VI** 129
- Nr. 14 Abs. 3 **IV** 154; **VI** 141
- Nr. 14 Abs. 4 **V** 193
- Nr. 15 **IV** 203
- Nr. 17 **I** 367; **IV** 200, 201, 204; **VI** 100, 132
- Nr. 19 Abs. 1 **V** 214
- Nr. 19 Abs. 2 **IV** 100, 193–195, 221, 230, 231; **V** 174, 211; **VI** 101, 149, 168
- Nr. 19 Abs. 3 **IV** 211, 213
- Nr. 19 Abs. 4 **IV** 222
- Nr. 19 Abs. 6 **IV** 240, 241
- Nr. 21 Abs. 5 **IV** 218
- Nr. 23 **IV** 236, 237
- Nr. 41 **VI** 170
- Nr. 44 **VI** 107

AGB für den Bau von Rolläden, Markisen, Kunststoffenstern und -türen **II** 357, 435, 450, 469, 570, 583, 590, 616, 636, 656
AGB eines Baubetreuers **V** 251
AGB des Druckereigewerbes **III** 121; **IV** 120, 528
AGB für Eurocheque-Karten **IV** 244, 245
AGB für Fassadenbau **IV** 278; **V** 268, 365, 670
AGB für Geräte der Unterhaltungselektronik **II** 186, 330, 473, 513, 581, 628
AGB für gewerbliche Anschaffungskredite **IV** 194, 195
AGB für Kaminrenovierung **IV** 322, 696
AGB für Kaufverträge über Elektrogeräte **IV** 594, 692
AGB für Kaufverträge über schlüsselfertige chemische Reinigungsanlagen **II** 359, 412, 413, 450, 459, 470, 486, 574, 593, 603, 637, 656, 661
AGB für den Kraftfahrzeugverkauf s. Gebrauchtwagenhandel, Neuwagen-Verkaufsbedingungen
AGB der Kreditgenossenschaften
- Nr. 4 Abs. 3 **IV** 189
- Nr. 18 Abs. 2 **IV** 192

AGB eines Küchenherstellers **IV** 62, 439, 694, 699, 704
AGB eines Leasingunternehmers s. Leasingvertrag
AGB für die Lieferung und Montage von Zäunen, Toren, Hoftoren, Markisen und sonstigen Bauteilen **II** 221, 446, 454, 518, 520, 524, 560, 575, 594, 618, 626, 645, 661

589

Sachregister

AGB für die Lieferung von Werkzeugmaschinen **II** 97, 209
AGB des Möbelhandels s. Möbelhandel
AGB für den Radio-Fernseh-Einzelhandel **II** 470
AGB eines Reiseveranstalters s. Reisevertrag
AGB für den Scheckverkehr
– Nr. 10 Satz 3 **IV** 244
– Nr. 11 **IV** 244, 245
AGB für Schornsteintechnik und Kaminisolierungen **IV** 692, 696
AGB der Sparkassen s. a. Sparkassen
– Nr. 1 Abs. 4 **VI** 153
– Nr. 3 Abs. 1 **V** 206
– Nr. 3 Abs. 2 **IV** 238, 239
– Nr. 6 Abs. 2 **III** 536
– Nr. 12 Abs. 1 **VI** 104
– Nr. 13 Abs. 1 **VI** 166
– Nr. 20 **VI** 129
– Nr. 21 Abs. 5 **IV** 222
AGB für den Verkauf von Radio- und Stereoanlagen **IV** 724
AGB der Versteigerer s. Versteigerungsvertrag
AGB eines Wartungsunternehmens s. Wartungsbedingungen
Agenturvertrag **III** 287; **IV** 310
AHB **II** 76
Aktivlegitimation **IV** 64; **V** 767
Akzessorietät der Bürgschaft **IV** 141; **V** 229
Alleinauftrag **V** 349, 365
Allgefahrenversicherung **IV** 253
Allgemeine Ausschreibungs- und Vertragsbedingungen für Bauleistungen **III** 103, 216; **V** 264
Allgemeine Bedingungen
– für die Bauwesenversicherung **IV** 251
– für die Elektrizitätsversorgung von Tarifkunden (AVBEltV) **IV** 757; **V** 825
– für den gewerblichen Güternahverkehr mit Kraftfahrzeugen (AGNB) **I** 125, 267, 308, 843; **II** 70; **IV** 67, 69, 70
– von Hypothekenbanken **IV** 650
– für die Kaltlagerung (ABK) **V** 296, 780

– für die Kasko-Versicherung von Wassersportfahrzeugen (AVB Wassersportfahrzeuge 1976) **II** 66
– für die Kraftfahrtversicherung (AKB) **V** 648
– für langfristige Darlehen s. Banken, Darlehen
– für die Rechtsschutzversicherung (ARB) **II** 115
– für die Versicherung von Reisegepäck s. Reisegepäckversicherung
– für die Versorgung mit elektrischer Energie **I** 887
– für die Versorgung mit Fernwärme **V** 805, 809, 812, 816
– für die Versorgung mit Wasser **V** 819
Allgemeine Beförderungsbedingungen
– für Fluggäste und Gepäck **I** 69, 496, 537, 562, 570, 697, 788; **II** 81; **IV** 570, 597, 674, 675, 691, 712, 732, 746
– öffentlicher Nahverkehrsträger **I** 679
Allgemeine Darlehensbedingungen (ADB) s. a. Banken und Darlehen **IV** 645, 650; **VI** 98
Allgemeine Deutsche Gebührenordnung (Privat-ADGO) **II** 95; **IV** 107–109
Allgemeine Deutsche Seeversicherungs-Bedingungen (ADS) **IV** 292
Allgemeine Deutsche Spediteursbedingungen (ADSp) **I** 97, 272, 287, 690, 793, 890; **II** 60; **V** 339; **VI** 233, 237
Allgemeine Feuerversicherungsbedingungen (AFB) **IV** 293
Allgemeine Geschäftsbedingungen s. AGB
Allgemeine Kraftfahrzeug-Bedingungen (AKB) **VI** 79
Allgemeine Lagerbedingungen des deutschen Möbeltransports (ALB) **I** 300; **II** 71, 199, 587, 654
Allgemeine Liefer- und Verkaufsbedingungen für den Glas- und Fensterbau **II** 219, 444, 473, 515, 574, 594, 603
Allgemeine Lieferbedingungen
– für die Herstellung und den Einbau von Rolläden **III** 457
– für den Verkauf fabrikneuer Fahrzeuge **III** 598

- des Deutschen Textilreinigungsgewerbes **II** 200, 219, 444, 473, 515, 574, 594, 603
Allgemeine Maschinenversicherungs-Bedingungen (AMB) **IV** 253
Allgemeine Reisebedingungen, s. Reisevertrag
Allgemeine Reparaturbedingungen **II** 392; **III** 542
Allgemeine Unfallversicherungsbedingungen (AUB) **I** 147; **V** 87, 628
Allgemeine Verkaufsbedingungen, s. a. Kaufvertrag
- für Neuwagen s. Neuwagen-Verkaufsbedingungen
Allgemeine Versicherungsbedingungen (AVB) **I** 203; **II** 117, 714; **III** 125, 499; **IV** 186, 326, 328, 550; **V** 87, 105, 308, 380
- für Gütertransporte im Werkverkehr **VI** 72
- für die Haftpflichtversicherung (AHB) **II** 76
- für Transporte im grenzüberschreitenden Straßengüterverkehr **V** 99, 307
- Wassersportfahrzeuge 1976 **II** 66
Allgemeine Vertragsbedingungen für Bauleistungen, s. a. Bauvertrag
- für Bauleistungen, s. a. Bauvertrag **IV** 98, 246, 271, 281, 626, 689, 692, 739, 756; **V** 278, 286, 742
Allgemeine Werkvertragsbedingungen **IV** 360, 453
Altvertrag **II** 263, 736, 738; **V** 828
Analoge Anwendung des AGBG **IV** 746
Anerkennungsklausel **III** 224, 226, 230, 467
Anfängliche Ladungsuntüchtigkeit **IV** 296, 299
Anfängliches Unvermögen **IV** 312, 313, 755
Anfechtung **IV** 225, 228, 469; **V** 128
- wegen Irrtums **III** 210; **IV** 65, 250
Angebot **IV** 566, 567, 717, 719
Angebotsänderungsrecht **V** 283
Angebotskosten **III** 451
Angemessenheitskontrolle **IV** 428, 561, 572
Anhörungsverfahren **IV** 511

Anlagevermittlung **V** 321
Anlieferung **IV** 545
Annahme
- modifizierte **III** 378
- Rechtzeitigkeit **IV** 611
- Verweigerung **I** 227, 652; **II** 423
- Verzicht auf Erklärung **II** 439; **III** 457, 507
- vorbehaltlose **III** 175
Annahme- und Leistungsfrist **I** 521–539; **II** 435; **IV** 555–568; **V** 630–631; **VI** 474–482
Anpassungsklausel **IV** 331
Anschaffungshilfe **IV** 122, 547, 548; **V** 600, 602
Anschaffungswert **IV** 292
Anscheinsbeweis **IV** 372
Anscheinsvollmacht **III** 505; **IV** 457; **V** 606
Anschlußkonkurs **I** 434
Anschlußnehmer **IV** 758, 761
Anschluß- und Versorgungspflicht **IV** 758
Anschlußsicherungsübereignung **V** 140
Anwaltsvertrag **IV** 686; **VI** 493
Anwartschaftsrecht **V** 138, 140
Anweisung **IV** 191
Anwendungsbereich
- persönlicher **I** 890–910; **II** 718–735; **III** 647–649; **IV** 747–756; **V** 780–803
- sachlicher **I** 883–889; **II** 714–717; **III** 644–646; **IV** 746; **V** 774–779
Anzeigenauftrag **I** 530
Anzeigepflicht **IV** 500, 593
Apotheker **IV** 101, 103
Arbeitnehmer **IV** 79
Arbeitnehmerähnliche Personen **I** 885; **III** 410, 644; **IV** 80, 746
Arbeitnehmerüberlassung **I** 167
Arbeitsunfähigkeit **I** 147, 464
Arbeitsvertrag s. Dienstvertrag
Arbeitszeiten **IV** 484, 488; **V** 134
Architekten
- Haftung **I** 477; **II** 156; **VI** 189, 192
- Honorar **I** 224; **II** 127
- Planungs- und Belehrungspflicht **II** 142

Sachregister

—Prüfungs- und Untersuchungspflicht VI 190
Architektenkammer, Klagebefugnis I 224, 822; II 673
Architektenvertrag I 224, 476; II 127, 142, 146, 156, 196; III 168; V 267, 278, 737, 762; VI 189
Arglistige Täuschung des Leasingnehmers durch den Lieferanten VI 353
Arrest V 244
Arztvertrag s. Honorarvertrag, ärztlicher
Aufbrauchfrist I 864, 865; II 678, 683, 710; III 470, 617, 620; IV 66, 517, 578, 589, 684, 716, 732, 734; V 766
Auferlegen von AGB IV 52, 55
Auffangklauseln s. salvatorische Klauseln
Auflösungspauschale IV 543, 544; V 378, 598, 666
Aufrechnungseinrede I 433; IV 225, 229, 230
Aufrechnungserklärung IV 628, 630, 631
Aufrechnungsverbot I 616—619, 887—889; II 519, 520, 725; III 74, 76, 445, 528, 543, 648; IV 628—631; V 120, 425, 431, 678—681, 790, 827; VI 493, 494
Aufschließungskosten IV 150, 255—258
Auftragsbestätigung III 61, 66, 85, 378; IV 91, 94, 169, 308, 611; V 64
Auftragsentziehung ohne Nachfristsetzung V 278
Auftragsformular IV 64, 71, 724
Auftragskopie IV 748
Auftragsvolumen III 206; IV 665
Aufwandspauschale V 402, 686
Aufwendungen, ersparte IV 538; V 658, 668
Aufwendungsersatz I 346; IV 351, 557, 578, 616, 655, 656; V 260, 458, 658, 661, 668, 715, 721
Auktionshaus I 352; V 56
Ausbildungs- und Förderungslehrgang s. a. Unterrichtsvertrag I 676
Ausführungsunterlagen VI 222
Ausführungszeit IV 627, 692, 693
Ausgleichsanspruch des Vertragshändlers IV 513; V 586

Aushandeln, s. a. Individualvereinbarungen II 51, 56, 58; III 45, 48, 50, 54, 282, 329, 603; IV 62; V 51, 740, 774; VI 49
Aushang der AGB V 59
Aushöhlung vertragswesentlicher Rechte und Pflichten V 298, 319, 329
Auskunftsvertrag V 349, 796; VI 243
Auslegung s. Vertragsauslegung
Auslegung von AGB
—Auslegungsgrundsätze I 193, 195, 201, 202, 226; II 702, 704, 714; III 90, 117, 120, 124, 188, 303, 342, 379, 438, 445, 577, 597, 608; IV 54, 66, 80, 280, 291, 326, 377, 450, 475, 570, 615, 715, 721, 723; V 605, 680, 759; VI 48
—einschränkende I 187, 201, 202; IV 284, 688; V 187
—interessengerechte IV 127, 468; V 553
—kundenfeindlichste II 687, 689, 704; III 625; IV 229, 248, 273, 436, 492, 494, 497, 499, 501, 581, 607, 624, 636, 637, 639, 693, 701, 716, 717, 720, 721; V 145, 282, 468, 475, 535, 553, 590, 759
Ausnahmeregelung IV 617, 746
Ausschließlichkeitsklausel I 503
Ausschließlichkeitsvertrag IV 515
Ausschlußfrist für Mängelanzeigen I 749—756; II 622—625; III 593; IV 704—707; V 736
Ausschreibungsbedingungen für Fahrerlehrgang VI 529
Ausschreibungsverfahren IV 56, 717, 718, 720; V 287; VI 55
Außendienstmitarbeiter III 506, 589
Aussperrung II 445; IV 578
Auswahlverschulden III 386
Auswechselungskosten II 618
Autohändler s. Gebrauchtwagenhandel, Vertragshändlervertrag
Automatenaufstellvertrag
—Abräumungsrecht des Aufstellers V 533
—Anfechtung IV 469
—Ausschließlichkeitsbindung I 503; V 535
—Austauschrecht des Aufstellers V 533

– Einspielergebnis **IV** 482, 483
– Erweiterungsklausel **III** 440; **IV** 482
– Gesamtrichtigkeit **III** 439; **V** 119, 530
– gesamtschuldnerische Haftung **V** 531
– im kaufmännischen Verkehr **V** 531, 536
– Kündigungsklausel **IV** 468; **V** 531
– Laufzeit **III** 242; **V** 533
– Mindestgarantie **IV** 185, 482
– Nachfolgeklausel **I** 506; **III** 239, 245, 436, 439; **IV** 127, 468, 513; **V** 119, 530, 544
– Provisionsstaffel **IV** 467
– Rentabilitätsklausel **IV** 469, 482
– überraschende Klauseln **V** 72, 534
– Vertragsstrafe **IV** 466
– Widerspruchsrecht **V** 543
Automobilvertragshändlervertrag s. Vertragshändlervertrag
Automobilverwertungsgesellschaft **III** 96
Autovermietung **I** 150, 383, 386; **II** 107, 113, 230, 655, 660; **III** 294, 306; **IV** 368, 373, 404; **V** 724, 725; **VI** 68
Autowaschanlage, Haftungsfreizeichnung **I** 317, 687; **III** 257, 262, 265, 267; **IV** 314, 318; **V** 335, 342, 353, 725; **VI** 239

Bankvertrag
– Absonderungsrecht **IV** 187
– Allgemeine Darlehensbedingungen **III** 137, 146, 149, 156, 549, 563
– Bankleitzahl **IV** 207
– Bearbeitungsgebühr **IV** 644, 645, 647–650
– Beendigung der Geschäftsverbindung **IV** 198
– Bereitstellungszinsen **IV** 644–646, 666
– Bürgschaftssumme **IV** 100, 101, 112, 186, 199, 200
– Bürgschaftsvertrag **IV** 100, 187, 199, 211, 240; **V** 73, 83, 125, 156, 204, 218
– Datenträgeraustausch **IV** 209
– Dispositionskredit **IV** 224
– Einbeziehung der AGB **II** 84
– Euroscheckkarte **III** 135; **IV** 244
– Fälligkeit der Saldobeträge **IV** 200, 201
– Fehlbuchung **IV** 208; **VI** 183
– Festgeldguthaben **IV** 199
– Freigabe von Sicherheiten **IV** 196
– Genehmigungsfiktion **IV** 200, 203
– Geschäftsverbindung **IV** 111, 113, 114, 125, 193
– Geschäftsverkehr **III** 140; **IV** 240
– Girovertrag **III** 565; **IV** 206; **V** 193; **VI** 111
– Globalabtretung **IV** 187
– Haftung **III** 564, 567, 568, 572; **IV** 208, 236; **V** 193
– Hypothekendarlehen **IV** 211; **VI** 175
– Kapital- und Kostenanteil **V** 142
– Kontoauszüge **IV** 203
– Kontoeröffnung **V** 671
– Kontokorrentvorbehalt **V** 137
– Kontonummer **IV** 205
– Kontoschlußmitteilung **IV** 203
– Kreditvertrag **V** 77, 136, 228, 685, 702, 721
– Kündigung **I** 361, 367
– langfristige Darlehen **V** 152, 153
– Namenskonto **IV** 209
– Nichtabnahmeentschädigung **IV** 644, 646, 647, 650
– Nummernkonto **IV** 209
– pauschalierter Schadensersatz **IV** 644, 651; **V** 155
– Pfandrecht **II** 90, 483; **III** 105, 140, 159; **IV** 193, 195, 196, 198, 211, 214; **V** 174, 211
– Prüfungspflicht **V** 150
– Ratenkreditvertrag **V** 142, 144, 216
– Rechtsverfolgungskosten **V** 608
– Rechnungsabschluß **IV** 200
– Risikoabwälzung auf den Kunden **IV** 209
– Saldoanerkenntnis **IV** 203
– Scheckfälschungsrisiko **IV** 246; **V** 150; **VI** 156, 163
– Scheckverkehr **IV** 238; **V** 151, 152
– Schufa-Klausel **III** 150
– Sicherungsgrundschuld **III** 404, 407; **IV** 111, 219; **V** 160, 513; **VI** 161
– Sicherungsübereignung **IV** 197; **V** 90, 136, 513
– Sparguthaben **IV** 199
– Stornorecht **IV** 189
– Treuhandgebühr **II** 84

593

Sachregister

- überraschende Klauseln **II** 98, 159, 161; **IV** 100, 104, 111, 196, 200; **V** 154, 156, 159, 183
- Übersicherung **IV** 241, 242
- Überweisung **IV** 191, 205, 207
- Überziehungskredit **IV** 202
- Überziehungsprovision **III** 463
- Verrechnung von Zahlungen nach § 367 BGB **V** 142
- Verzugsgebühr **V** 142
- Verzugszinsen **V** 155
- Vollmachtsklausel **II** 401
- Wechsel der Sicherheiten **IV** 198
- Zinseszinsverbot **V** 145
- Zurückbehaltungsrecht **IV** 222
- Zweckbestimmungserklärung **I** 439; **IV** 111, 125, 211, 218, 223; **V** 225; **VI** 161

Bankvertragsklauseln **III** 135–161; **IV** 187–246; **V** 136–233; **VI** 92–184
Baubetreuungsvertrag **I** 476, 477; **II** 169, 730; **IV** 269, 353, 551, 553, 719; **V** 236, 238, 240, 251, 361; **VI** 216
Baufortschritt **IV** 217
Bauhandwerkersicherungshypothek **III** 221, 228; **V** 241, 244, 785
Bauherrenmodell **II** 161, 485, 534; **III** 279; **IV** 52, 247, 553; **V** 77, 237; **VI** 184, 442
Bauinnung **III** 638; **IV** 282, 723
Baukostenzuschuß **IV** 757–759
Bauleistungen **III** 229; **IV** 692, 717
Baumaschinenleasing **V** 439
Bauspardarlehen **II** 137; **III** 546
Bausparkassen-Vertretervertrag **I** 470; **II** 136
Bausparvertrag **II** 381; **IV** 240
Baustelleneinrichtung **II** 169, 173, 525, 658; **III** 221, 226; **VI** 221
Baustellenreinigung **I** 623; **VI** 494
Baustoffhandel **IV** 90
Bauträger-Erwerber-Vertrag **V** 54, 285, 742, 744
Bauträgervertrag **I** 467, 484, 491, 522, 525, 533, 555, 896; **II** 190; **III** 182, 205, 506; **IV** 246, 247, 262, 553, 619, 652; **V** 260, 361; **VI** 216, 222, 538
Bauvertrag, s. a. Bauträgervertrag

- Abnahme **I** 226; **II** 138, 139, 165, 170, 216, 430, 436, 446; **IV** 261, 263, 275, 276, 564, 718, 756; **V** 259
- Abschlagszahlung **IV** 264; **V** 244
- Änderungsvorbehalt **IV** 689; **VI** 201
- Allgefahrenversicherung **IV** 253
- Angebotsunterlagen **IV** 717, 719; **V** 287
- Aufschließungskosten **IV** 100, 255–258
- Auftragsentziehung **II** 524; **V** 277, 683, 797
- Ausführungszeitpunkt **IV** 627, 692, 693
- Ausschreibungsverfahren **IV** 717, 720; **V** 287; **VI** 55
- Besondere Vertragsbedingungen **IV** 56, 717, 718; **V** 286; **VI** 198
- Baustelleneinrichtung **II** 169, 173, 525, 658; **III** 221, 226; **VI** 221
- Baustellenreinigung **I** 623; **VI** 494
- Beweislast **II** 658; **III** 190, 192
- Bindungsfrist **II** 173
- Festpreisvereinbarung **II** 170; **IV** 269, 551; **V** 324; **VI** 184
- Finanzierungsvermittlung **II** 476; **III** 279; **IV** 52, 269, 271, 347, 353; **VI** 54, 184
- Garantie **V** 365
- Gefahrübergang **II** 159
- Gerüstvorhaltung **VI** 482
- Gewährleistung **II** 146, 157; **IV** 276; **V** 273, 737, 742; **VI** 81, 196, 199, 482, 567
- Haftung **II** 142, 146, 190, 569, 570, 574, 575, 636; **V** 260, 275, 724; **VI** 199, 534
- Hinterlegungsklausel **V** 133, 671, 675
- Individualabrede **II** 167
- Kalkulationsirrtum **III** 210
- im kaufmännischen Verkehr **II** 146, 725, 730, 731; **IV** 752, 756; **V** 281, 283, 780, 785, 797, 803
- Kündigung **I** 380; **II** 485, 534; **III** 198; **IV** 274, 689, 692; **V** 277; **VI** 193, 271
- Leistungsänderung **I** 465; **III** 195, 208, 227; **IV** 281; **V** 639; **VI** 201
- Leistungsbeschreibung **IV** 253
- Leistungsverweigerungsrecht **V** 675

- Leistungsverzeichnis IV 755; V 278
- Leistungsverzug IV 275, 693
- Nachfrist II 524; IV 275; V 683, 797
- Nebenkosten IV 258; V 270
- pauschalierter Schadensersatz IV 665
- Planungs- und Belehrungspflicht des Architekten II 142
- Preis- und Kalkulationsirrtum II 167; IV 246-248, 272, 718
- Preisänderungsvorbehalt VI 185, 376
- Prüfungs- und Hinweispflicht des Auftragnehmers II 157; VI 533
- Rechnungstellung IV 279
- Reinigung der Baustelle I 623; VI 494
- Risikoausschluß IV 253
- Rücktritt I 553, 652; IV 274, 275, 483, 689; V 285, 639
- Rückverlagerung des Gewährleistungsrisikos VI 255
- Schadensersatz II 156, 540; III 193, 194
- Schlußzahlung IV 277, 283; V 260
- Schutz der Nachbargrundstücke IV 718
- Sicherheitseinbehalt IV 264
- Sicherungshypothek I 458; III 221, 228; V 72, 241, 242, 785
- Subunternehmer IV 271
- Tatsachenbestätigung VI 205, 550
- Teilkündigung III 518, 526
- Teilleistung IV 593
- überraschende Klauseln IV 100; V 242
- Überschreitung der Ausführungszeit II 139; IV 568
- Überschreitung des Festpreistermins VI 184, 376
- Übertragung des Hausrechts I 494
- Vergütungsanspruch II 150, 151; III 227; IV 593; V 267; VI 220
- Verjährung IV 276, 283
- Vertragsstrafe I 662, 666, 668, 892; II 139, 148, 161, 412; VI 221, 513
- Verwender-Begriff V 762
- Verzinsung des überzahlten Betrages VI 222
- Vorleistungspflicht I 502; V 243, 676
- „Zirka"Vorbehalt IV 281
- Zurückbehaltungsrecht V 672
- Zuschlagsfrist II 166, 446; V 631

Bauvertragsklauseln II 139-176; III 161-233; IV 246-284; V 233-292; VI 184-224
Bauwesenversicherung III 216; IV 251, 252
Bauzubehör IV 598
Bearbeitungsgebühr III 149, 155, 482, 505, 557; IV 461, 499, 598, 601, 615, 618, 644, 645, 647-651, 660, 661; V 703
Bedingungen für Überbringer- oder Orderschecks VI 156
Beendigung der Geschäftsbeziehungen IV 104, 728
Beförderungsentgelt, erhöhtes I 679
Beförderungstarif II 505, 509; IV 451, 627
Beförderungsvertrag, s. a. Flugbeförderungsvertrag I 679; II 418, 576; IV 674, 678, 679
Befrachter I 659; IV 51, 296
Begehungsgefahr V 269, 759
Begriffsbestimmung I 51, 54, 55, 60-62, 64, 65, 68, 69, 71, 91; IV 51
Behandlungsvertrag s. Honorarvertrag, ärztlicher
Bekanntmachung im Bundesanzeiger II 431, 471, 491, 711
Belehrung durch den Notar III 271; IV 258, 259; V 54, 674
Belehrungspflicht des Architekten II 142
Belieferungsvertrag, langfristiger III 233, 245; IV 429, 751
Benutzungsordnung, öffentlich-rechtliche I 64, 315
Berechnung der Laufzeit des Vertrages V 747
Berechtigter Fahrer IV 125, 368, 369, 373
Bereitstellungszinsen IV 644-646
Berufsbildungsgesetz III 276, 277; V 374
Beschränkung auf Nachbesserung I 735-745; II 604-617; III 580-592; IV 702-703; V 735
Beschränkung der Vertretungsmacht III 504, 506, 589; V 242
Besondere Beförderungsbedingungen IV 675

595

Sachregister

Bestätigungsklauseln III 189–191, 226, 612, 613; VI 291, 547
Bestätigungsvorbehalt, s. a. Schriftformklauseln III 62, 395; IV 62, 83, 124, 457–459; V 272, 508; VI 414, 476
Bestandsschutz IV 725
Bestattungsvorsorgevertrag I 501, 650; III 607
Bestellformular III 259, 353, 504; IV 51
Bestellschein IV 727
Bestimmtheit, hinreichende IV 556; V 101
Beteiligungsvertrag V 322
Betriebsgegenstände IV 471
Betriebsgeheimnis IV 474
Betriebshaftpflichtversicherung VI 76
Betriebskosten V 62, 449, 451; VI 66
Betriebsstörungen II 437, 445, 458–460, 462, 473, 590, 593, 594; III 508, 509; IV 570, 574, 580, 587, 588, 591
Betriebstüchtigkeit IV 292, 294
Bevollmächtigung s. Anscheins-, Duldungs-, Handlungs-, Rechtsscheinsvollmacht, Vollmachtsklauseln
Bewachungsvertrag I 317
Beweislastklauseln I 776–789; II 74, 648, 649, 652, 655, 658, 659; III 190, 192, 224, 227, 303, 484, 589, 609; IV 59, 340, 455, 541, 671, 683, 686, 712; V 55, 271, 303, 335, 395, 468, 505, 754–758; VI 547
Beweissicherung IV 718, 752
Bewerbungsbedingungen für die Vergabe von Bauleistungen V 288; VI 209, 574
Bezahlung IV 545, 546
Bezugsberechtigung bei Lebensversicherung III 499
Bezugsfertigkeit II 138, 446; IV 282, 756
Bezugsverpflichtung I 509; III 245; IV 474; V 806; VI 414, 571
Bierlieferungsvertrag I 130, 509, 911; III 245; VI 84, 414, 571, 575
Billigkeitskontrolle III 176, 375; IV 111, 138, 146, 148, 436, 484, 486, 487; V 111, 113, 114, 116
Bindungsdauer V 131, 387, 748, 751
Bindungsfrist II 174; III 214, 234, 355; VI 83, 479

Bindungsklauseln I 239–240; III 233–246
Blitzschutzanlage VI 282, 513, 550, 552
Body-Building-Kurs, s. a. Unterrichtsvertrag VI 281
Body-Shaping-Kurs, s. a. Unterrichtsvertrag VI 271
Börsenverein des Deutschen Buchhandels IV 473
Branchenüblichkeit IV 100; V 780
Brauereidarlehen I 130, 509, 911
Brauereipachtvertrag III 245, 649
Briefmarkenauktion V 72, 540, 671
Bürgschaftsvertrag
– Akzessorietät IV 229
– Anhörungspflicht des Bürgen VI 129
– Ausschluß von § 768 BGB III 98
– betragsmäßige Beschränkung IV 112, 114, 115; V 76, 181
– Bürgschaftserklärung III 98, 140, 157; IV 115, 117, 200; V 73, 156, 169, 184, 218, 223; VI 136
– Hinterlegungsrecht des Bürgen VI 92
– Inhaltskontrolle V 134, 218, 828
– Pfandrecht der Banken IV 211
– Refinanzierungskredit VI 134
– selbstschuldnerische Bürgschaft IV 225, 226; V 186, 223; VI 121
– Sicherheitsleistung V 73, 156
– Sicherungsumfang IV 112, 186, 199; V 195, 223, 514
– Verwertung von Sicherheiten IV 187
– Verzicht auf Anfechtbarkeitseinrede VI 126
– Verzicht auf Aufrechnungseinrede I 433; VI 127, 492
– Verzicht auf Einwendungen aus unterlassener Anzeige VI 158
– Wirksamkeit V 125
– Zinsanspruch V 200
Bundesaufsichtsamt
– für das Kreditwesen I 616
– für das Versicherungs- und Bausparwesen I 149
Bundesbankdiskontsatz I 633, 645; IV 204, 205, 400, 585, 618, 647, 651, 661, 665; V 153, 154, 698, 785
Bundesdatenschutzgesetz I 869; IV 232

Bundeskartellamt **I** 806, 813, 824, 869; **II** 710; **IV** 471; **V** 810, 812, 816
Bundesminister für Verkehr **IV** 746
Bundesverband des Deutschen Möbelhandels, Konditionenempfehlung **I** 813
Bundesverband Deutscher Reisebüros und Reiseveranstalter, Konditionenempfehlung **V** 497

Charterflug-Vermittlungsgesellschaft **IV** 682
Chartervertrag **IV** 51, 296; **V** 537
Chefarzt s. Honorarvertrag, ärztlicher
CMR **IV** 300, 301, 303, 305; **V** 307, 339
Computerleasing **I** 365, 410, 441; **II** 267, 273, 283; **III** 289; **IV** 382, 400; **V** 727; **VI** 311, 325, 345
Containerlagerung **V** 340
Culpa in contrahendo s. Verschulden bei Vertragsschluß

Damenbekleidung, Werklieferungsvertrag **III** 529, 588
Darlegungs- und Beweislast **I** 431; **IV** 59, 442, 558
Darlehensvertrag
– abstraktes Schuldversprechen **I** 61
– Änderung des Kreditrahmens **VI** 181
– Anschaffungskredit **II** 90
– Antrag **IV** 242, 666
– Aufrechnungsbeschränkung **I** 616
– Bearbeitungsgebühr **I** 152, 892; **II** 98, 406; **VI** 506
– Bereitstellungszinsen **VI** 146
– Effektivzinsklausel **VI** 83, 497, 498, 500, 507
– Einwilligung des Darlehensnehmers in die Datenerfassung und -übermittlung **IV** 61, 232; **VI** 113, 116
– Entschädigungsklausel **VI** 175, 179
– Fälligkeit **IV** 200
– Fürsorgepflicht des Darlehensgebers **IV** 202
– Hypothekendarlehen **VI** 175
– Individualabrede **I** 77
– Jahreszins **II** 362; **VI** 113
– Kreditprolongation **VI** 179
– Kündigung **I** 370, 374, 377, 378; **II** 531, 561; **VI** 100, 166
– langfristiger **V** 52, 152, 153
– Mahngebühren **VI** 498, 514
– Nichtabnahmeentschädigung **II** 398, 536; **IV** 644, 646, 647, 650, 666; **VI** 71, 96, 145, 180, 495, 504, 511
– pauschale Bearbeitungsgebühr **IV** 618
– Refinanzierungskosten **V** 230; **VI** 499, 502, 505, 509, 519
– Rückzahlung **I** 629; **IV** 667
– Schadensersatz **III** 139, 147
– Schufa-Klausel **III** 149; **IV** 231, 232; **VI** 113
– Schweigen auf Konditionenanpassungsangebot **V** 156, 649, 653
– selbstschuldnerische Bürgschaft **VI** 121, 126
– Sicherungsabrede **V** 213
– Sittenwidrigkeit **V** 694; **VI** 173
– Stundungsklausel **IV** 235
– Stundungszinsen **III** 149; **VI** 113, 118
– Tilgungsklausel **IV** 120, 186, 225, 228; **VI** 125
– Trennungsklausel **IV** 61, 225; **VI** 121
– überraschende Klauseln **III** 88; **VI** 125
– Überweisung auf Treuhandkonto **VI** 98
– Überziehungsprovision **III** 463; **VI** 144
– Vermittlung **II** 476; **III** 283; **VI** 176
– Vermittlungskosten **V** 694
– Verrechnungsklausel **III** 137, 145, 156
– Vertragsstrafe **V** 721
– Verzugsschadenspauschalierung **II** 531, 561; **III** 546; **VI** 172, 497, 498, 507, 512, 515, 519
– Verzugszinsen **I** 629, 633; **III** 486; **V** 682, 686, 689, 695, 702; **VI** 142, 495, 497, 498, 500, 505, 514, 516
– Vollmachtsklausel **II** 401
– Vorfälligkeitsklausel **IV** 235; **V** 77; **VI** 119, 523
– Wertermittlungsgebühr **IV** 242, 666
– Widerrufsklausel **V** 651
– Zinsanpassungsklausel **II** 526, 561; **V** 132, 221, 228; **VI** 513
– Zwischenfinanzierung **IV** 356
DAT-Schätzpreis **IV** 185, 462, 463, 465

Sachregister

Datenerfassung und -übermittlung, Einwilligung des Darlehensnehmers **IV** 61, 232; **VI** 113, 116
Datenträgeraustausch **IV** 209
Datenverarbeitungsanlage **IV** 400, 484, 747; **V** 418, 540
Dauerschuldverhältnisse **I** 772; **II** 66, 638–643, 714; **III** 601–607; **IV** 431, 441, 451, 545, 550, 641, 708–711; **V** 120, 385, 418, 432, 531, 599, 682, 744–751
Deckungsgeschäft, kongruentes **IV** 575; **V** 594, 791, 793, 795
Deckungszusage **II** 66
deklaratorische Klauseln **V** 134, 135, 144
Delkredere-Übernahme **III** 252
Detektivvertrag **I** 135; **V** 623, 669, 678; **VI** 270
Dienstvertrag s. Ehemaklervertrag, Internatsvertrag, Partnerschaftsvermittlungsvertrag, Unterrichtsvertrag
Diebstahls- und Fälschungsrisiko **VI** 157
Differenzgeschäft **V** 100
Direktunterrichtsvertrag s. Unterrichtsvertrag
Diskontsatz der Deutschen Bundesbank **IV** 204, 205, 400, 585, 618, 647, 651, 661; **V** 153, 154, 698, 785
Dispositionsfreiheit **IV** 573
Dispositionsrecht des Grossisten **I** 512
Dispositives Recht
– Gerechtigkeitsgebot **IV** 477
– Schließung von Lücken **III** 128; **IV** 135, 182
Dokumenteninkasso **VI** 107
Drittwirkung von Freizeichnungsklauseln **I** 270, 299
Druckerei **IV** 120, 471, 472, 528
Druckindustrie **III** 448
Drucktechnische Gestaltung von AGB **IV** 75, 78
Drucksachen **IV** 120, 528
Duldungsvollmacht **III** 505; **IV** 457; **V** 606
Durchschnittskunde **II** 429, 434, 546, 547, 568, 596, 597, 607; **IV** 459, 715, 721, 722; **V** 523, 733

Durchschnittsschaden, branchenüblicher **IV** 442, 618; **V** 370
Durchschrift **IV** 713

EBTV **V** 299, 754, 780
Ec-Karte **III** 135; **IV** 244; **V** 179
Effektivklausel **I** 190
Ehemaklervertrag
– Bearbeitungsgebühr **IV** 364; **VI** 89
– Beweislast **II** 654
– erfolgsunabhängige Vergütung **I** 463, 484, 492, 582; **II** 249, 487; **III** 538; **IV** 341, 352, 353, 617, 619; **VI** 294
– Kostentragung **III** 287
– Kündigung **II** 244; **IV** 352; **V** 394; **VI** 266, 273, 295, 489
– Lohn **IV** 343; **V** 398; **VI** 89
– Ratenzahlungsvereinbarung **VI** 490
– Sittenwidrigkeit **IV** 343, 345, 346
– Vorauskasse **II** 249; **IV** 346, 628
– Vorlaufkosten **IV** 347
– Vorleistungspflicht **V** 398, 677
Eigenhändler **IV** 508
Eigentumsvorbehalt
– bei Abwehrklausel **III** 58, 65
– erweiterter **I** 198, 241, 890; **VI** 572
– bei kollidierenden AGB **I** 112, 257, 261, 891
– Kontokorrent-Eigentumsvorbehalt **I** 241, 262, 264, 890
– nachträglicher **I** 115, 243
– Rücknahmeklausel **VI** 467
– Rückübertragung **IV** 284
– stillschweigend vereinbarter **I** 114, 261; **VI** 61
– Teilabtretung **V** 292
– Übersicherung **IV** 284, 287
– verlängerter **I** 193, 250; **II** 176; **IV** 125, 284, 286; **V** 292; **VI** 62, 224
– Vorausabtretung **III** 246; **IV** 284–286
– Weiterveräußerungsbefugnis **III** 246
Eigentumsvorbehaltsklauseln **I** 241–264; **II** 176–186; **IV** 284–292, 635; **V** 292–295; **VI** 224–230
Eigentumswohnung **I** 340, 359; **V** 273, 735, 741
Einbeziehung von AGB **I** 93–129; **II** 60–85; **III** 58–85; **IV** 67–99; **V** 56–71; **VI** 57–70

Sachregister

- Beweislast **II** 634, 635, 648, 649
- gegenüber ausländischen Vertragspartnern **I** 97, 101, 102; **II** 60; **III** 73, 75; **IV** 70
- im kaufmännischen Geschäftsverkehr **I** 93, 101, 106, 113; **II** 76, 435
- nachträgliche **I** 117, 125; **II** 186; **III** 73; **IV** 61, 62, 70, 78, 80
- stillschweigende **II** 60; **V** 65, 328

Einbeziehungsklauseln **I** 265, 266; **II** 186–190
Einbruchdiebstahl **V** 73, 90
Einheitliches Gesetz über den Internationalen Kauf beweglicher Sachen (EKG) **IV** 85, 87
Einheitsarchitektenvertrag **III** 168
Einheitsbedingungen für Textilveredelungsaufträge (EBTV) **V** 299, 780
Einheitspreisvertrag **IV** 280, 281
Einigungsmangel **IV** 90, 97
Einkaufsbedingungen **I** 246, 669, 891; **II** 722; **III** 58, 65
Einlagerung **I** 272; **II** 76, 112, 202
Einlösung von eurocheques **V** 175
Einmannbetrieb **IV** 453; **V** 503
Einrede
- der Anfechtbarkeit **IV** 225, 228
- der Aufrechenbarkeit **IV** 225, 229, 230; **VI** 492
- der Verjährung **V** 734

Einschaltung eines Rechtsanwalts **IV** 722
Einschränkung der Bewegungsfreiheit **III** 233, 238, 435, 438
Einschreibebrief **I** 790, 791; **IV** 713
Einstellbedingungen für eine Tiefgarage **III** 79, 321
Einstweilige Verfügung **I** 797, 801, 804, 821, 827, 850, 869; **VI** 562
Einwendungsdurchgriff **III** 429, 445; **IV** 225, 227; **V** 250; **VI** 123
Einzelhandel **IV** 57; **V** 710
Einzugsermächtigungsverfahren **II** 176; **VI** 104
Eisenbahnspedition **VI** 237
EKG **IV** 85, 87
Elektrizitätsversorgungsunternehmen **IV** 757–759
Elektrizitätsversorgungsvertrag **V** 825, 826

Elektrohandel **I** 167, 359, 478, 696, 700, 769; **V** 710, 714
Elektromotoren **II** 221
Empfängerhorizont **IV** 291
Empfangsbestätigung **III** 598, 609
Empfangsvollmacht **III** 499; **IV** 387, 388, 410, 609
Empfehler von AGB **I** 833; **III** 185, 626; **V** 280
Empfehlung von AGB **I** 69, 824, 825, 829, 878, 880; **IV** 471, 472, 717, 720
Energiewirtschaft **IV** 759
Entgangener Gewinn **IV** 557, 618, 646, 666
Entgegennahme, widerspruchslose **IV** 95, 96
Entgelt s. Vergütung
Erbbaurechtsvertrag **I** 51, 53, 141
Erfüllungsbürgschaft **IV** 718
Erfüllungsgehilfe, Haftung **IV** 683, 718, 734, 740; **V** 284, 297, 306, 316, 334, 469, 826
Erfüllungsortklausel **I** 329, 330, 332; **II** 216, 218, 220; **IV** 89, 90, 121, 322, 495, 566, 623, 706; **V** 356, 357; **VI** 477
Erfüllungsverweigerung **II** 463, 541, 549; **IV** 131
Ergänzende Vertragsauslegung s. Vertragsauslegung
Erhalten der Durchschrift **IV** 668, 671, 713
Erkrankung **IV** 580
Ermächtigungsgrundlage **IV** 758; **V** 821
Ermessen, billiges **IV** 133, 475, 479, 481
Errichtungsverpflichtung im Fertighausvertrag **IV** 74
Ersatzanspruch wegen Einlösung von eurocheques **V** 175
Ersatzbeschaffung **V** 601
Ersatzklauseln **II** 678, 690
Ersatzlieferung **II** 605, 608, 617, 618, 688, 719, 722
Ersatzvornahme **II** 173, 525, 722; **V** 282
Ersparte Aufwendungen **IV** 538
Ersteigerung von Briefmarken **V** 56
Erweiterungsklausel **IV** 482
Erwerb
- banküblicher, von Forderungen **IV** 189

599

Sachregister

—eines noch zu errichtenden Hauses
IV 52, 255
Erwerbsrecht des Leasingnehmers VI 75
Etappenort, Änderung des IV 449, 450,
604
Euroscheckkarte III 135; IV 244; V 179
Exportbedingungen V 617

Fachliche Weisung einer Behörde VI 55,
561
Factoring II 176
Fahrerlehrgang VI 527
Fahrschulbedingungen VI 457
Fahrtkosten V 541
Fahrzeiten IV 484, 488; V 540
Fahruntüchtigkeit eines Schiffes I 294
Fahrverbot IV 125, 368, 369
Fahrzeugteilversicherung V 648
Fakultativklausel IV 190
Fälligkeit
—der Restforderung bei Ratenzahlung
III 154; IV 460, 461
—der Saldobeträge IV 200, 201
Falschangabe bei Selbstauskunft III 477,
519, 523
Fälschungs- und Mißbrauchsrisiko
IV 244, 246; V 150; VI 156, 163
Fassadenbau II 104, 218, 362, 453, 518,
523, 554, 591, 630; III 626, 630;
IV 278, 279; V 268, 365, 670
Fehlbuchung IV 208; VI 183
Fehlschlagen der Nachbesserung s.
Nachbesserung
Fensterhersteller III 261, 458, 526;
V 504, 507, 589, 620, 630, 632,
633, 670, 677, 727, 736; VI 471, 491,
535
Fensterreinigungsvertrag IV 737
Ferienfahrschule VI 522, 534
Ferienhausvermietung VI 288
Fernsehgerät IV 122, 548, 733; V 600
Fernsehsendeanstalt, Honorarbedingungen IV 518
Fernsprechnebenstellenanlage VI 306,
495, 546
Fernunterricht V 373, 385
Fernwärme IV 804, 806, 809, 817, 818,
823

Fertighausvertrag II 159, 628; III 512,
578; IV 73, 74, 181, 461, 562, 563,
611, 612, 617, 661; V 89, 245, 254,
630, 661, 689
Fertigstellungsgarantie III 86, 203;
V 323
Fertigstellungsverpflichtung I 459
Festpreisvereinbarung II 170, 323;
IV 269, 551; V 324; VI 184
Fiktion des Zugangs I 577–581; III 536;
IV 634; VI 489
Filme IV 471
Finanzierungsberatungsvertrag V 715;
VI 521
Finanzierungsbestätigung III 72
Finanzierungsleasing I 701, 720; II 262,
269, 279, 284, 297, 300, 315; IV 382,
393, 396, 403; V 408, 412, 418, 439,
459; VI 301, 311, 317, 325, 332, 345,
536
Finanzierungsmakler, s. a. Makler
II 476; III 279; IV 52, 269, 271, 347,
353; VI 54, 184
Finanzierungsrisiko IV 73
Finanzierungsvermittlungsvertrag II 476;
III 279; IV 52, 269, 271, 347, 353;
VI 54, 184, 283, 521
Fingierte Erklärungen I 571–576;
II 482–485; III 534, 535; IV 608;
V 649–655; VI 488
Fitness-Studio, s. a. Unterrichtsvertrag
IV 410, 668, 690; V 524; VI 275, 280,
460, 547
Fixgeschäft IV 638, 681
Flugreisevertrag, s. a. Reisevertrag I 69,
206, 496, 537, 562, 570, 697, 788;
II 81, 630; V 570, 597, 674, 675, 691,
712, 732, 746
Flugzeugleasing V 405
Folgeschäden III 257; IV 315, 317;
V 335, 338
Forellenzucht VI 249, 541
Form von Anzeigen und Erklärungen
I 790–792; II 661–662; III 615–616;
IV 713; V 758; VI 551–552
Formularmietvertrag
s. Mietvertrag
Formularpachtvertrag s. Brauereipachtvertrag, Pachtvertrag

Formularvertrag
- Abgrenzung zur Individualabrede I 72, 84, 87; II 51, 52, 58, 184
- Auferlegen von Bedingungen IV 52, 55
- ausfüllungsbedürftiger IV 51
- vor Inkrafttreten des AGBG abgeschlossener III 45, 405, 424, 438, 650; IV 762
- Vielzahl von Verträgen IV 52, 257, 534; V 363

Foto- und Radiohandel I 156
Fotokopiergeräteleasing VI 317
Fotolabor IV 684
Fotoversandhandel I 456
Frachtbrief-Übergabeschein I 125, 843; II 38, 115, 186; IV 67, 70, 712
Frachtvertrag I 270, 276, 292, 294, 309, 496, 659; II 87, 382; IV 51, 69, 300, 712; V 345
Freibleibend-Klausel V 537, 590
Freigabe von Sicherungsgut IV 196; VI 224
Freizeichnung s. Haftung
Freizeichnungsklauseln I 267–328; II 190–211; III 254–268; IV 292–319; V 296–355; VI 230–245
Freizeit-Club-Vertrag, s. a. Unterrichtsvertrag V 619, 666
Fristen s. Annahme- und Leistungsfrist, Gewährleistungsfristen, Nachfrist, Nachfristsetzung
Fristsetzung s. Mahnung

Garantieanspruch II 229, 597, 602, 603, 608, 612, 621, 636, 687, 691
Garantiebedingungen I 195, 203, 351, 712, 719, 735, 737, 739, 757, 760; II 691, 707; III 593, 595, 633; IV 62, 63, 104, 105, 509, 540, 704; VI 256, 540, 545
Garantieerklärung III 158
Garantiereparatur VI 540
Garantieurkunde I 195, 712, 716, 735; II 229, 602, 691, 707; IV 105
Gartenhaus IV 124, 546
Gaslieferungsvertrag II 490; V 751
Gastwirt I 130, 503, 575; IV 460
Gebot, telefonisches IV 57

Gebrauchsüberlassung s. Leasingvertrag, Mietvertrag
Gebrauchtwagenhandel I 193, 206, 282, 340, 357, 372; II 58; IV 462, 699; V 357
Gebühren
- Ausbildungsvertrag V 393
- für Finanzierungsvermittlung IV 269
- für Wertschätzung IV 192, 666
Gefahr, versicherte IV 329
Gefahrengemeinschaft IV 329
Gefahrerhöhung IV 329
Gefahrtragung des Käufers IV 312, 496
Gefahrübergang II 159
Gegenbeweis
- Ausschluß des IV 492, 622, 651, 663, 665; V 712, 714, 719
- Möglichkeit zum IV 576, 584, 611, 617, 621, 642, 644, 661, 662, 702; V 661, 665, 689, 701, 704, 705, 713–715
Gehaltsabtretungsklausel s. Lohn- und Gehaltsabtretungsklausel
geltungserhaltende Reduktion I 211, 214, 690, 699, 901; II 117, 120, 205, 297, 497, 638; III 127, 129, 188, 347, 356, 604, 621, 622; IV 125, 128, 133, 135, 152, 154, 287, 339, 436, 438, 509, 529, 574, 688, 714, 721; V 74, 113, 119, 120, 131, 248, 310, 326, 334, 338, 404, 409, 462, 530, 532, 549, 566, 635, 679, 748, 790
Gemeinschaftsordnung nach Wohnungseigentumsgesetz I 54
Genehmingung, behördliche IV 483, 600; V 308, 775
Genehmigungsfiktion IV 125, 200, 203
Genehmigungsverfahren IV 679
Gerichtsstandsklausel
- Geschäftssitz des Verwenders III 269; VI 245
- im kaufmännischen Verkehr IV 77, 84, 89, 121, 756; V 472
- Kaufvertrag V 622; VI 477
- für das Mahnverfahren III 270, 468, 472, 591; IV 320, 321, 495, 596, 623, 734, 735; V 355–357, 511, 557, 625, 710
- Streitwert IV 744

601

Sachregister

Gerichtsstandsklauseln I 329–333;
  II 211–221; III 268–271; IV
  319–322; V 355–357; VI 245–246
Gerichtswahlklausel IV 76, 77, 747
Gerüstvorhaltung VI 482
Geschäftsbedingungen für die Ausgabe
  von Kreditkarten V 146
Geschäftsbesorgungsvertrag V 147
Geschäftsbeziehung IV 111, 113, 114,
  125, 193
Geschäftsführung IV 508
Geschäftsunfähigkeit IV 236, 237, 239
Geschäftsverkehr
 – der Banken III 105; IV 240
 – kaufmännischer III 254, 256; IV 168,
  272, 273, 275, 747–756
 – regelmäßiger III 246, 249
Gesellschaftsrecht
 – Einlage IV 101
 – formularmäßiger Gesellschaftsvertrag
  IV 101, 746
 – stille Gesellschaft III 97, 644, 646;
  IV 101, 102, 746
Gesetzesergänzende Klausel VI 531
Gewährleistung
 – Aufwendungen bei Nachbesserung
  I 746; II 618–621; VI 540
 – Ausschluß und Verweisung auf Dritte
  I 709–734; II 597–603; III 580;
  IV 694–703; V 730–734; VI 536
 – Ausschlußfrist für Mängelanzeige
  I 749–756; II 622–625; III 593;
  IV 704–707; V 736; VI 541
 – Beschränkung auf Nachbesserung
  I 346, 355, 709, 712, 735–745, 893;
  II 221, 229, 603, 604–619, 621, 628,
  687, 718, 722; III 469, 475, 532,
  580–592, 636; IV 702–703;
  V 735–736
 – Erlöschen bei Fremdeingriff III 595;
  IV 322, 323, 696–698
 – Verkürzung von Gewährleistungs-
  fristen I 757–762; II 626–629;
  III 593–598; V 737–742; VI 542–545
 – Vorenthalten der Mängelbeseitigung
  I 747–748; II 621; VI 540
Gewährleistungsausschluß, s. a. Haftung
 – Gebrauchtwagenhandel I 340, 357;
  V 357, 358

 – Kaufvertrag I 84, 334, 351, 730–732,
  735, 737–739, 748; V 86, 365, 730,
  734, 735
 – Leasingvertrag I 485, 720; III 315,
  325, 580; IV 390, 394; V 119, 408,
  418, 423, 446
 – Mietvertrag I 383; V 454, 472, 724,
  725
 – Notarvertrag I 66; V 54, 276
 – bei Sachmängeln V 358, 361
 – Veredelungsvertrag V 299
 – Versteigerungsvertrag I 352, 763
 – Vertragshändler-Vertrag V 588
 – Werkvertrag I 338
Gewährleistungsfristen
 – Ausschlußfrist für Mängelanzeige
  I 749–757, 759, 894
 – Verkürzung der I 760, 762; II 146,
  198, 224, 602, 626–628, 715, 718;
  III 593, 595; V 234, 277, 486,
  737–743, 774, 780; VI 82, 567
Gewährleistungsklauseln I 334–360;
  II 221–231; III 271–272; IV
  322–325; V 357–368; VI 246–258
Gewinnspielbedingungen VI 455
Girovertrag III 565; IV 206; V 193;
  VI 111
Globalabtretung IV 187; V 292
GOÄ V 70
Grabdenkmal IV 619, 620, 657
Großmarkt IV 587
Grundbedingungen für die Krankheits-
  kostenversicherung (GB/KK) IV 329
Grundbuchamt I 55, 61, 68, 220, 222,
  225, 378, 379, 577, 647, 784, 785
Grundgedanken der gesetzlichen Rege-
  lung V 236, 240, 243, 282
Grundpflichten s. Kardinalpflichten
Grundschuld IV 111, 218, 219, 223;
  V 208, 211, 213, 225; VI 161
Grundstücksgröße V 730
Güternahverkehr II 61, 70
Güterversicherung IV 295
Gutschrift IV 704; V 193

Hafenfrachtschiffahrtsbedingungen
  V 345, 347, 796
Haftpflichtversicherung
 – Abfindungserklärung V 52, 73, 547

602

- Abschlußpflicht **III** 295; **IV** 550
- Betriebshaftpflicht **VI** 76
- Leistungsausschluß bei Gewässerschäden **VI** 78
- überraschende Klauseln **IV** 547

Haftung
- des Abschlußvertreters **I** 775; **II** 646, 647; **III** 608; **V** 752–754
- für anfängliches Unvermögen **IV** 312, 313, 755
- des Architekten **I** 477; **II** 156; **VI** 189, 192
- des Automobilhändlers **III** 573; **V** 580, 795
- des Automobilherstellers **IV** 509
- des Autowaschanlagenbetreibers **I** 317, 687; **III** 257, 259, 262, 265, 267; **IV** 314, 318; **V** 335, 336, 342, 353, 725; **VI** 239, 533
- der Bank **III** 564, 567, 568, 572; **IV** 208, 236; **V** 193
- des Bauträgers **V** 284; **VI** 222
- Bauvertrag **II** 142, 146, 190, 569, 570, 574, 575, 636; **V** 260, 275, 724; **VI** 199, 534
- Bewachungsvertrag **I** 317
- des Elektrizitätsversorgungsunternehmens **V** 825
- des Erfüllungsgehilfen **IV** 683, 718, 734, 740; **V** 284, 297, 306, 316, 334, 469, 826
- Ersetzung nach § 41 Buchst. a ADSp **VI** 233
- für Fehlbuchungen **IV** 208; **VI** 183
- für Folgeschäden **III** 257; **IV** 315, 317; **V** 335, 338
- des Frachtführers **I** 270, 276, 294, 659; **IV** 300; **V** 345
- Freizeichnung für unerlaubte Handlungen **VI** 525
- des Gebrauchtwagenhändlers **I** 206, 282, 340, 357; **IV** 699; **V** 357, 358, 360
- bei grobem Verschulden **I** 687–698; **II** 564–575; **III** 563–572; **IV** 674–690; **V** 723–726; **VI** 524–534
- des Kapitalanlagenvermittlers **V** 321
- im kaufmännischen Verkehr **II** 202, 210, 568; **IV** 208, 273, 314, 509, 755; **V** 282, 297, 306, 317, 321, 328, 346, 351, 780, 785, 796, 800, 803
- des Kraftfahrzeugvermieters **VI** 230, 325
- des Kreditvermittlers **VI** 176
- des Lagerhalters **I** 272, 300; **II** 71, 73, 192, 199; **III** 254, 647; **V** 296, 331, 340, 796
- Leasingvertrag **II** 315; **V** 354, 727, 803; **VI** 311, 319, 325, 572
- des Luftfrachtführers **II** 564, 566
- des Mieters **II** 107
- des Möbelhändlers **II** 569, 587; **III** 475; **IV** 312, 496, 689; **V** 558
- des Notars **V** 55
- des Pfandleihers **I** 320
- des Rechtsanwalts **IV** 686, 688
- des Reeders **IV** 299
- des Reinigungsunternehmens **I** 302, 314, 320, 322, 324, 326–328, 891; **II** 199, 206, 207, 430, 567, 570; **IV** 306, 307; **VI** 244
- des Reiseveranstalters **II** 83, 209, 346, 568, 572; **III** 384, 387, 564, 571; **IV** 445, 446; **V** 70, 500, 501; **VI** 242, 385, 395, 404
- des Reparaturunternehmers **I** 695, 696; **III** 595; **VI** 244, 452
- des Spediteurs **I** 272, 307; **II** 60; **V** 339; **VI** 237
- des Steuerberaters **I** 284
- für telefonische Auskünfte **VI** 243
- Tierkauf **VI** 253
- des Treuhänders **VI** 441
- für Unfallschäden **VI** 230
- Unterrichtsvertrag **IV** 339, 690; **V** 610, 724; **VI** 242, 534
- des Veranstalters **VI** 527
- des Verkäufers **III** 598; **V** 366
- des Vermieters **I** 383; **V** 454, 472, 724, 725
- wegen Verschuldens bei Vertragsschluß **IV** 118; **V** 323
- des Versicherers **IV** 294
- des Vertragshändlers **III** 573; **V** 580, 795
- Werkvertrag **VI** 244
- für zugesicherte Eigenschaften **I** 763–771; **II** 630–637; **III** 598–600; **V** 743; **VI** 546

Haftungsrisiko **IV** 114, 119

Sachregister

Haftungsübernahme bei Grundschuldbestellung **V** 208, 514
Hamburger Lagerungsbedingungen (HLB) **III** 254; **V** 331, 340, 796
Handelsbrauch **I** 93; **II** 65; **IV** 283, 430, 607, 751; **V** 789, 797
Handelsüblichkeit **IV** 322, 602–605; **V** 560, 639, 642, 644, 790, 792
Handelsvertreter **I** 470; **III** 504; **IV** 667, 739, 740; **V** 772
Händler-Vertrag s. Vertragshändler-Vertrag
Handlungsvollmacht **III** 498; **IV** 552
Handwerksbetrieb **IV** 744
Handwerksinnung **I** 825, 842; **II** 166; **IV** 247, 717
Handwerksordnung **IV** 284
Hardware **IV** 403, 486
Hardwarevertrag **VI** 325
Hauptleistungspflicht **IV** 113, 114, 186
Hauptleistungsversprechen **IV** 485
Haushaltsgeräte **I** 359, 446
Hausratversicherung **I** 166; **V** 73, 74, 87, 90, 105, 629, 779
Hausrecht, Übertragung auf Bauunternehmer **I** 494
Haustechnik **IV** 717
Heilpraktikerausbildung **II** 240, 242, 244; **III** 272; **V** 131, 385, 744
Heizkosten **V** 823
Heizölvertrieb **I** 221
Heizungsabrechnung **V** 823, 824
Heizungs- und Lüftungsanlage **IV** 718, 744; **V** 261
Herabsetzung des Kaufpreises s. Minderung
Herausgabepflicht **III** 253, 292; **IV** 292
Hersteller-Garantie **IV** 105, 549
Hersteller-Leasing **IV** 403
Herstellungstermin **V** 256
Hinterlegungsklausel **V** 133, 671, 675; **VI** 92
Hinweisschild als AGB **IV** 57
Hinzuziehungsklausel **III** 284; **IV** 348, 349; **VI** 287
Höchstbetragsbürgschaft **V** 195, 223
„Höhere Gewalt"-Klausel **I** 559, 560; **II** 422, 445, 465, 467, 473, 590, 593, 594; **III** 568, 570; **IV** 562, 565, 578, 588, 591; **V** 283; **VI** 269, 382, 446, 457, 483, 535

Holzhandel **I** 119
Holzimprägnierung **IV** 735; **V** 286, 368, 705, 735
Honorarbedingungen
 – für freie Mitarbeiter **I** 885; **III** 409
 – Urheber/Fernsehen **IV** 518, 522
Honorarberechnung **II** 128, 131, 145
Honorarordnung für Architekten und Ingenieure (HOAI) **I** 224, 401, 476; **II** 127, 145
Honorarvertrag
 – ärztlicher **II** 95; **III** 103, 480, 553, 608; **IV** 57, 107; **V** 70
 – Ausschluß des Honoraranspruchs **IV** 527
 – Höhe des Honorars **II** 95; **IV** 107; **V** 70
 – Wiederholungshonorar **IV** 527
Hotelier **III** 100
Hypothekenbank **IV** 211, 644, 666; **V** 649
Hypothekenbestellungsurkunde **I** 222, 377, 379, 783
Hypothekendarlehen **IV** 211; **VI** 175

IATA-Empfehlung **I** 69; **II** 576, 714; **IV** 677, 746
Identity of Carrier-Klausel **II** 87
Immobilien-Fonds **IV** 212
Immobilien-Makler s. a. Maklervertrag **II** 251, 254–257, 550; **VI** 291, 550
Index
 – Lebenshaltungskosten **IV** 139, 148
 – Pkw-Anschaffungskosten **IV** 153, 155
Indisches Recht **IV** 77, 78, 747
Individualabrede s. a. Individualvereinbarung **II** 51, 52, 57, 58; **IV** 63, 124, 270, 546, 567; **V** 255, 272
Individualprozeß **IV** 127, 128, 147, 427, 475, 479, 720; **V** 107, 108, 118
Individualvereinbarung
 – Begriff **III** 46, 50, 163, 283, 313, 328, 405, 603
 – konkretes Aushandeln im Einzelfall **II** 52; **III** 54, 281, 313; **IV** 62, 425; **V** 51, 741, 775
 – stillschweigende **IV** 326
 – Verhandlungsbereitschaft **II** 51; **V** 741

Sachregister

- Verlesen und Belehrung durch Notar **III** 48, 405; **V** 54, 366
- Vorrang der **I** 171–179; **II** 98, 102–104, 106, 396; **III** 106, 140, 397; **IV** 123, 124, 455, 457, 720; **V** 503, 510, 554, 643, 667, 710; **VI** 75

Industrie- und Handelskammer **IV** 501
Ingenieur **IV** 717
Inhaltsgleiche Bestimmungen **IV** 597, 734, 735, 737, 738, 740; **V** 285, 288
Inhaltskontrolle
- vor Inkrafttreten des AGBG abgeschlossener Verträge **II** 730, 736; **III** 405; **IV** 762; **V** 431, 435, 653, 678, 827, 828
- im kaufmännischen Verkehr **II** 718, 719, 722, 725, 730, 731
- Schranken **I** 219–225; **II** 127–137; **III** 133–134; **IV** 185–186; **V** 134–135; **VI** 87–91

Inkassovollmacht **I** 178; **II** 353, 358, 359; **III** 246, 504; **VI** 471
Insolvenzrisiko **VI** 574
Instandhaltungspflicht **V** 469
Internationaler Geschäftsverkehr **I** 101, 690, 793, 890, 891
Internationales Privatrecht **IV** 77
Internatsvertrag s. a. Unterrichtsvertrag
- Kündigung **V** 368, 370, 375, 378; **VI** 259
- Schadensersatz **V** 370, 688

Irrtum **IV** 64, 65, 547, 718
Irrtumsanfechtung **IV** 65, 250, 462
IÜK-Recht **V** 67

Kalkulationsgrundlage **IV** 150, 558
Kalkulationsirrtum **II** 166, 167; **III** 210; **IV** 246–248, 271, 272
Kaltlagerung **V** 296, 780
Kamin **IV** 692, 696
Kanal- oder Leitungsverstopfung **III** 299
Kapitalanlagenvermittlung **V** 321
Kapitalanteil **V** 142
Kardinalpflichten **II** 204; **III** 256, 258, 263, 267, 289, 473, 571, 574, 647; **IV** 275, 300, 310, 314, 316; **V** 317, 329, 336, 456, 469, 795; **VI** 239
Karenzzeit **IV** 544
Kartellvertrag **V** 290

Kaskoversicherung **II** 66, 76, 280, 714; **IV** 295
Kassenzettel **IV** 707
Katalogbeschreibung **I** 763; **II** 636
Kauf nach Muster **IV** 606
Kaufleute
- Abwälzung des Insolvenzrisikos **VI** 574
- Änderungsvorbehalt **IV** 83, 747, 751; **VI** 573
- Aufrechnungsausschluß **V** 679, 790
- Bestätigungsschreiben **I** 95, 258; **IV** 94, 168; **V** 64
- Bindungsgrundsatz **IV** 478
- Darlehensvertrag **V** 785
- Einbeziehung von AGB in den Vertrag **IV** 77, 78, 84; **V** 62, 328, 796, 797; **VI** 571
- erweiterter Eigentumsvorbehalt **VI** 572
- geltungserhaltende Reduktion **V** 790
- Gerichtsstandsklausel **IV** 77, 84, 89, 121, 751, 756; **V** 63
- Gewährleistungsfrist **IV** 747, 753; **V** 780
- Haftung **II** 202, 210, 568; **IV** 208, 273, 314, 509, 755; **V** 282, 297, 306, 317, 321, 328, 346, 351, 780, 785, 796, 800, 803; **VI** 574
- Leasingvertrag **IV** 381; **V** 407, 423, 781, 803; **VI** 574
- Listenpreisklauseln **IV** 751
- Mängelrüge **VI** 572
- Mietvertrag **IV** 385, 386; **V** 427, 678, 785
- Minderkaufmann **IV** 668
- Nachfristsetzung **VI** 573
- Pachtvertrag **V** 781
- Preisabreden **VI** 574
- Preiserhöhungsklausel **IV** 168; **V** 786
- Rücktritt **IV** 752, 754; **V** 790, 792
- Rügepflicht **IV** 749, 754; **V** 302
- Schweigen auf kaufmännische Bestätigung **IV** 94, 95, 750
- Selbstbelieferungsvorbehalt **V** 790
- Tagespreisklausel **IV** 755
- Tatsachenbestätigung **VI** 573
- Untersuchungspflicht **IV** 749
- Vertragshändlervertrag **IV** 432, 474, 502, 747, 752; **V** 502, 568, 795

Sachregister

- Vertragsstrafe **V** 781, 783; **VI** 573, 574
- Verzugszinsen **V** 785
- Vollkaufmann **IV** 668
- Vorfälligkeitsklausel **VI** 572
- Werklieferungsvertrag **V** 786
- Widerspruch gegen AGB **IV** 83, 748, 750, 751
- Zurückbehaltungsausschluß **V** 679, 790

Kaufmännischer Geschäftsverkehr s. Kaufleute

Kaufvertrag s. a. Möbelhandel
- Änderungsvorbehalt **VI** 487
- Annahmeverweigerung **V** 621, 714, 722
- Beschränkung auf Nachbesserung **V** 713; **VI** 246
- Falschangaben des Käufers **VI** 485
- Gerichtsstandsklausel **V** 622; **VI** 477
- Gewährleistungsausschluß **I** 84, 334, 351, 730–732, 735, 737–739, 748; **V** 86, 365, 730, 734–736; **VI** 536, 541
- Haftung **III** 598; **V** 366
- Inkassoberechtigung **VI** 471
- Lagerkosten **V** 684, 709
- Liefertermin **II** 124; **VI** 457, 535
- Lösungsrecht **V** 482; **VI** 535
- Mängelrüge **I** 358, 611; **III** 531, 593, 627, 636; **IV** 704, 705, 707, 708; **V** 302, 486, 489, 595, 615, 736, 738; **VI** 249
- mündliche Nebenabrede **VI** 411
- Preiserhöhung **V** 482, 634, 637
- Reklamationspflicht des Käufers **VI** 445
- Rücktritt s. Wandelung
- Sachmangel **V** 732, 736
- Schadensersatz **II** 405, 522, 525–527; **V** 518, 698; **VI** 523
- Schriftformklausel **VI** 413, 414, 476
- Sicherheitsleistung **V** 515
- Tierlieferung **V** 683, 701, 718; **VI** 249, 541
- Transportkosten **V** 622
- überraschende Klauseln **V** 367
- Unwiderruflichkeit **VI** 474
- Verschlechterung der Vermögensverhältnisse des Käufers **VI** 485
- Verzugszinsen **VI** 523
- Vorleistungspflicht **V** 514
- Wandelung **I** 203, 214, 675, 719, 732, 735, 738, 739, 742–745, 749, 763, 796; **II** 521, 604, 605, 608, 612, 615, 617, 618; **III** 519, 523; **IV** 437, 439, 587, 591, 659, 694, 702; **V** 682, 713; **VI** 423
- wesentliche Pflichten **V** 319
- Zinszahlung bei Zahlungsverzug **V** 698
- zugesicherte Eigenschaft **V** 445, 730

Kausalitätsgegenbeweis **V** 314
Kaution **IV** 416
Kautionsversicherer **III** 88
Kenntnisnahme **IV** 70, 85
Kfz s. Kraftfahrzeug
Klageantrag gem. § 15 AGBG **IV** 309
Klagebefugnis **II** 166, 187, 674, 695, 698; **IV** 571, 714, 726; **V** 473, 504, 613, 618, 767
Klauselwerk, schwer entzifferbares **IV** 78
Klimaanlage **V** 327
Klinik s. a. Krankenhaus **IV** 64
Knebelung **IV** 197, 199
Know-how-Vertrag **IV** 199
Kollidierende AGB **I** 101, 104, 105, 112, 121, 892, 901; **III** 59, 60, 65, 206; **IV** 90, 93, 96
Kommissionsvertrag **V** 626, 655
Konditionenanpassungsangebot **V** 156, 649, 653

Konditionenempfehlung
- des Bundesverbandes des Deutschen Möbelhandels e. V. **IV** 501
- des Bundesverbandes Deutscher Reisebüros und Reiseveranstalter **V** 497; **VI** 396
- des Bundesverbandes Druck e. V. **III** 448
- des Deutschen Textilreinigungsgewerbes **II** 710

Konkurrenzklausel **IV** 736
Konkurrenzverbot **IV** 667
Konkurs **I** 97, 198, 244, 250, 427, 439, 459, 485, 616; **II** 719; **IV** 190, 391, 392, 628–630
Konnexität von Forderungen **IV** 222
Konnossementsbedingungen **I** 276, 292, 295, 659; **II** 87; **IV** 75, 747; **V** 66

Konstruktionsänderung **IV** 532,
  534–536; **V** 639, 642, 644, 712
Kontoabschlußrechnung **I** 575, 901
Kontoauszug **IV** 203
Kontoeröffnungsvertrag **II** 84; **III** 85;
  V 245, 671
Kontokorrentkredit **IV** 111; **V** 182, 196;
  VI 132, 161, 515
Kontokorrentvertrag **VI** 110
Kontokorrentvorbehalt **I** 122, 198, 241,
  260, 262, 264; **II** 184, 186; **V** 137
Kontoschlußmitteilung der Bank **IV** 203
Kontrollverfahren, abstraktes **IV** 572,
  607
Konventionalstrafe s. Vertragsstrafe
Konzernverrechnungsklausel **II** 719
Kostenrückerstattung **II** 487
Kostensteigerung **IV** 153, 167, 174, 438,
  442, 544; **V** 482, 483, 599, 637
Kostenvoranschlag **I** 478; **II** 86, 392;
  III 455
Kraftfahrzeugabstellplatz **III** 321
Kraftfahrzeughändlervertrag s. Vertrags-
  händlervertrag
Kraftfahrzeugleasing **IV** 378; **VI** 301,
  351, 356
Kraftfahrzeugreparaturbedingungen
  VI 244, 258, 446, 488, 533, 541
Kraftfahrzeugverkauf s. Neuwagen-
  Verkaufsbedingungen, Gebraucht-
  wagenhandel
Kraftfahrzeugvermietung **I** 150, 383,
  386; **II** 107, 113, 230, 655, 660;
  III 294, 306; **IV** 125, 368, 373, 404;
  V 467, 470, 724, 725, 752, 755;
  VI 230, 325
Kraftfahrzeugvermittlung **I** 193, 194;
  II 58, 98; **III** 287; **IV** 309, 310
Kraftstoffverbrauch **IV** 703
Krankenhausrechnung **IV** 64, 644
Krankenhaustagegeldversicherung **V** 95,
  98
Krankenhausvertrag **I** 62, 137, 161, 223,
  393, 398; **III** 103; **V** 95, 98
Krankentagegeldversicherung **I** 158;
  IV 327, 328, 330; **V** 380; **VI** 264
Krankenversicherung **IV** 326, 327, 329
Kredit s. Darlehensvertrag
Kreditauftrag **III** 645; **IV** 101

Kreditbedingungen s. Darlehensvertrag
Kreditbürgschaft **I** 426; **IV** 111, 114,
  200, 230; **V** 130, 181
Kreditkarte **V** 102, 146, 149, 799
Kreditkartenunternehmen **V** 102, 146,
  148, 797
Kreditrisiko **IV** 115
Kreditschutzvereinigung **IV** 232
Kreditvermittlung **II** 476; **III** 283;
  VI 176, 574
Kreditvertrag s. Darlehensvertrag
Kreditwesengesetz **IV** 203
Kreditwürdigkeit **II** 456, 457, 461, 463,
  467, 587; **IV** 482, 499, 581, 582, 593;
  V 514, 563, 635
Küchenhersteller s. AGB eines Küchen-
  herstellers
Kündigung
– Abbedingung des Kündigungsrechts
  III 324, 601, 607; **IV** 336, 537
– Änderungskündigung **IV** 331, 479,
  514
– Ausbildungsvertrag **V** 385, 392
– außerordentliche **I** 60, 158, 361, 367,
  374, 407, 426, 441, 577; **V** 376, 668
– Bauvertrag **I** 380; **II** 485, 534; **III** 198;
  IV 274, 689, 692; **V** 277; **VI** 193, 271
– Darlehensvertrag **I** 370, 374, 377, 378;
  II 531, 561; **VI** 100, 166
– Detektivvertrag **VI** 270
– Dienstvertrag **V** 371, 375, 391, 392,
  395, 666, 746, 750
– Ehemaklervertrag **II** 244; **IV** 352;
  V 394; **VI** 266, 273
– durch Einschreibebrief **IV** 713
– Fertighausvertrag **V** 661, 664, 689
– fristlose **V** 372, 375
– Händlervertrag **V** 382
– Internatsvertrag **V** 368, 370, 375, 378;
  VI 259
– Kontokorrentkredit **VI** 133
– Krankentagegeldversicherung **V** 380
– Leasingvertrag **I** 365, 426; **II** 87, 267,
  273, 283; **III** 289; **IV** 378, 379, 381,
  396, 400; **V** 407, 411, 412, 439, 457,
  729; **VI** 74
– Lehrgangsvertrag **IV** 337, 713
– Mietvertrag **III** 324; **IV** 388, 408, 412,
  413; **V** 466; **VI** 355

Sachregister

– ordentliche **II** 235, 240, 242, 244, 246, 247
– Partnerschaftsvermittlungsvertrag **IV** 333, 622; **V** 387; **VI** 266, 269
– Schulvertrag **V** 370, 375, 387, 750
– Unterrichtsvertrag **I** 380, 676; **II** 235, 240, 242, 642; **III** 272; **IV** 337, 713; **V** 385, 744, 750; **VI** 271, 275, 276, 280, 281, 552
– Versicherungsvertrag **IV** 325, 327, 329; **V** 381, 648, 776, 778; **VI** 264
– Vertragshändlervertrag **II** 731; **III** 279, 486, 495, 648; **IV** 512, 513; **V** 572, 584
– Wärmemeßdienstvertrag **IV** 709, 710
– Wartungsvertrag **IV** 332, 438, 545, 641; **V** 379, 386, 482, 666
– Werklieferungsvertrag **III** 527; **IV** 537; **V** 787; **VI** 282
– Werkvertrag **III** 601; **IV** 557, 620; **V** 265, 387
Kündigungsfrist **II** 117, 642; **IV** 711; **V** 382, 387
Kündigungsgrund **IV** 512, 513, 517
Kündigungsklauseln **I** 361–382; **II** 231–249; **III** 272–279; **IV** 325–340; **V** 368–397; **VI** 259–283
Kumulative Bürgenhaftung **V** 199
Kumulierung von Rechten beim Leasingvertrag **III** 292, 537; **IV** 384, 385; **V** 525
Kundendienstrichtlinien **IV** 514; **V** 568, 578, 588
Kundenfeindlichste Auslegung s. Auslegung
Kunstauktion **I** 352, 763
Kurkostenversicherung **IV** 325, 326, 330

Lackschäden, Haftungsbeschränkung bei **III** 257
Ladungstüchtigkeit **IV** 297, 299; **V** 346
Lager- und Versicherungskosten **I** 624, 639, 640, 648; **IV** 636, 657, 658; **V** 684
Lagerung von Möbeln **II** 71; **IV** 312, 496, 657, 689; **V** 558, 615
Lagervertrag **I** 272, 300; **II** 71, 73, 192, 199; **III** 254, 647; **V** 296, 331, 340, 723

Landesinnungsverband **I** 896; **IV** 717
Landesnotarkammer **IV** 656
Landschaftsschutz **IV** 757, 760
Lastschriftverfahren **V** 194; **VI** 104
Laufzeit bei Dauerschuldverhältnissen **I** 772; **II** 638–642; **III** 601–607; **IV** 708–712; **V** 744–752; **VI** 546
Leasingvertrag
– Abrechnungsklausel **VI** 356
– Abschlußzahlung **II** 273; **III** 537; **IV** 396–398, 400, 402; **VI** 72, 337
– Abtretung der Gewährleistungsansprüche **II** 261, 300, 311; **IV** 392, 394; **V** 405, 439, 442, 446; **VI** 311, 317
– Abtretungsverbot **VI** 301
– Abwälzung des Insolvenzrisikos **VI** 574
– Abzinsung **II** 274, 288; **V** 439, 441
– arglistige Täuschung durch den Lieferanten **VI** 353
– Aufwendungsersatz **V** 458
– Auszahlung der Versicherungsleistung durch den Leasinggeber **VI** 301
– Baumaschine **V** 439
– Computer **I** 365, 410, 441; **II** 267, 273, 283; **III** 289; **IV** 382, 400; **V** 727; **VI** 311, 325, 345
– Einwendungsdurchgriff **II** 267
– Erwerbsrecht des Leasingnehmers **VI** 75
– Finanzierungsleasing **I** 701, 720; **II** 262, 269, 279, 284, 297, 300, 315; **IV** 382, 393, 396, 403; **V** 408, 412, 418, 439, 459; **VI** 301, 311, 317, 325, 332, 345, 536
– Flugzeug **V** 405
– Fotokopiergerät **VI** 317
– Gefahrtragung **I** 485; **III** 325
– Gewährleistungsausschluß **I** 485, 720; **III** 315, 325, 580; **IV** 390, 394; **V** 119, 408, 418, 423, 446
– Grundmietzeit **II** 267, 273
– Haftung **II** 315; **V** 354, 727, 803; **VI** 311, 319, 325, 572
– Hersteller-Leasing **IV** 403
– Hinweispflicht des Leasinggebers **VI** 327
– im kaufmännischen Verkehr **IV** 381; **V** 407, 423, 781, 803; **VI** 574

Sachregister

- Konkurs des Leasingnehmers **V** 416
- Kraftfahrzeug **IV** 378; **VI** 301, 351, 356
- Kündigung **I** 365, 426; **II** 87, 267, 273, 283; **III** 289; **IV** 378, 379, 381, 396, 400; **V** 407, 411, 412, 439, 457, 729; **VI** 74
- Kumulierung von Rechten **I** 445; **IV** 384, 385; **V** 439, 441, 781
- Leitbild **I** 367, 485; **II** 260, 272, 277, 302; **IV** 385, 398; **V** 608
- Mietpreisanpassungsrecht **VI** 342
- mündliche Nebenabrede **VI** 349, 411
- Nichtlieferung des Leasinggegenstandes **VI** 332
- non-full-pay-out-Leasing **IV** 398
- Operating-Leasing **I** 720
- Sach- und Preisgefahr **IV** 392, 393
- Schadensersatz **II** 267; **V** 416, 442
- Teilamortisation **VI** 337, 356
- Überwälzung des Insolvenzrisikos **VI** 345
- Überwälzung der Sach- und Preisgefahr **VI** 350
- Verfallklausel **I** 441; **IV** 382; **V** 407, 414, 781
- Vorfälligkeitsklausel **V** 781; **VI** 464
- Wandelung des Kaufvertrages **II** 261, 267; **V** 418, 424, 439, 443, 448, 457; **VI** 311
- Werkzeugmaschinen **VI** 332
- Zahlungsverzug des Leasingnehmers **I** 365, 426, 444; **II** 87, 267, 273, 288, 297, 561; **VI** 340

Leasingvertragsklauseln **II** 259–320; **III** 289–334; **IV** 368–422; **V** 405–481; **VI** 301–360

Lebenshaltungskosten **IV** 139, 148, 163; **V** 106, 111, 112, 116, 121, 124, 786

Lebensversicherung **III** 499; **VI** 478

Lehrgangsvertrag s. Unterrichtsvertrag

Leistungsänderung s. a. Änderungsvorbehalt **I** 562; **III** 469, 474, 526; **IV** 137, 430, 507, 509, 510, 534, 555, 570, 681, 682; **V** 579, 599, 711; **VI** 201, 447

Leistungsbeschreibung **I** 91, 223, 224; **II** 106, 470; **III** 133, 303, 412; **IV** 113, 186, 253; **V** 380, 388, 597, 743; **VI** 87

Leistungsbestimmungsrecht **III** 464; **IV** 167, 182, 185, 424, 436, 464, 484, 486, 507, 509, 515; **V** 112, 113, 124, 571

Leistungserwartung des Kunden **IV** 316

Leistungsfreiheit **IV** 544; **V** 314, 597

Leistungsfrist **I** 521–539; **II** 418–448; **III** 507–517; **IV** 555–569; **V** 630–632; **VI** 474–482

Leistungshindernis s. a. Betriebsstörungen **IV** 574

Leistungsort **V** 108, 646

Leistungspflicht **V** 135

Leistungsträger s. Reisevertrag

Leistungsverweigerungsrecht s. a. Zurückbehaltungsrecht **I** 611–615; **II** 418–448; **III** 507–517; **IV** 555–569; **V** 671–678; **VI** 492–493

Leistungsverzug **II** 421, 583, 589–591, 593, 594, 722; **III** 197; **IV** 275, 595, 693

Leitbild
- des Automatenaufstellvertrages **III** 439; **IV** 83
- des Bürgschaftsvertrages **I** 156; **IV** 114; **V** 73, 156, 172
- des Dienstvertrages **V** 369, 525
- des Geschäftsbesorgungsvertrages **V** 627
- der GOÄ **IV** 109
- der HOAI **II** 134, 146
- des Kaufvertrages **IV** 60, 314
- des Leasingvertrages **I** 367, 485; **II** 260, 272, 277, 302; **IV** 385, 398; **V** 408
- des Maklervertrages **I** 463, 484, 493, 582, 781; **II** 252, 737; **III** 280, 284, 288; **IV** 270, 348, 353, 360, 366, 368, 531; **V** 78, 239, 397, 402; **VI** 286, 288, 291, 298, 299
- des Mietvertrages **II** 262, 295, 304, 329; **III** 300, 318; **IV** 398, 407, 413; **V** 435, 465, 475, 525
- des Reisevertrages **V** 490, 491
- des Sicherungsvertrages **V** 141
- des Urheberrechts **III** 412, 421; **IV** 522, 528, 529
- des Versicherungsvertrages **III** 425; **V** 312

609

Sachregister

—der Vertragsstrafenregelung **IV** 272;
  V 259, 783
—des Werkvertrages **III** 212, 453;
  IV 484, 487, 488, 547; **V** 274, 543,
  658, 707; **VI** 206
Lieferfrist **II** 102; **III** 340, 508, 516, 528,
  535, 590, 627, 636; **IV** 134, 137, 160,
  559, 572, 588, 590, 623, 691; **V** 257,
  557, 592, 630
Lieferpflicht des Kfz-Herstellers **IV** 510,
  515
Lieferschein **I** 93, 97, 115, 243;
  V 764
Lieferschwierigkeiten **III** 458, 462, 509,
  510, 512, 515, 535, 576, 579, 590;
  IV 560, 561, 569
Liefertermin **I** 177, 417, 421, 426;
  II 102, 420, 426, 438, 443, 444, 446,
  448, 453, 458, 524, 688; **III** 261, 508,
  514, 524, 573, 576, 579; **IV** 555, 559,
  564, 569, 571, 638, 692; **V** 254, 630,
  727
Lieferverzug **IV** 562, 569, 639; **V** 505,
  630, 632, 727
Lieferzeit **II** 103, 124; **III** 515, 516,
  528; **IV** 141, 532, 536, 555, 560, 562,
  565
Listenpreis **II** 517; **III** 335, 336, 338,
  348, 649; **IV** 136, 139, 145, 149, 158,
  162, 165, 167, 174, 422, 425, 429,
  443, 751; **V** 106, 108, 115, 116, 120,
  670, 789
Lithographien **IV** 472
Lizenzvertrag **IV** 199
Lohn- und Gehaltsabtretungsklausel
  I 152, 446, 456, 457; **IV** 100, 104,
  460, 520, 522, 579, 586, 640; **V** 87,
  475, 712; **VI** 74, 356
Lohn- und Materialpreiserhöhungen
  IV 284, 535, 625, 627, 628; **V** 670
Lohngleitklausel **V** 323
Lösungsrecht s. Rücktritt, Rücktrittsvor-
  behalt
Lottoveranstalter **II** 52
Luftbildvertrieb **IV** 456, 565; **V** 510,
  631; **VI** 282, 411, 474
Luftfrachtführer **I** 496, 538, 562, 570,
  697, 788; **II** 419, 455, 473, 564, 576,
  649; **IV** 570, 597

Mahn- und Einhebezuschlag **IV** 64, 65
Mahngebühren **III** 467, 469, 477, 545,
  546, 553, 559, 636; **IV** 338, 339, 498,
  502, 585, 598, 644, 651, 660, 662;
  V 621, 682, 686, 701, 702, 705, 713;
  VI 498, 514
Mahnung, Fristsetzung **I** 620–624;
  II 521–526; **III** 544–546; **IV**
  632–644; **V** 682–685; **VI** 494
Maklervertrag s. a. Ehemaklervertrag
—Alleinauftrag **I** 72, 166, 497; **II** 56,
  249, 251, 254, 736; **IV** 349, 365;
  VI 288
—Aufwendungsersatz **IV** 350, 351, 363,
  366, 369; **V** 402, 686
—Aushandeln **VI** 49, 550
—Auslagenpauschale **VI** 291
—Bearbeitungsgebühr **VI** 299
—Beratungshonorar **VI** 298
—Bestätigungsklausel **VI** 291
—Doppelabschluß **IV** 350
—Endfinanzierungsgebühr **V** 78, 397
—erfolgsunabhängige Vergütung **IV** 350;
  V 402, 769, 770; **VI** 184, 283
—Finanzierungsvermittlungsgebühr
  II 476; **III** 279; **IV** 52, 269, 271, 347,
  353; **VI** 54, 184, 283
—handschriftliche Vereinbarung **VI** 56
—Hinzuziehungsklausel **III** 284; **IV** 348,
  349; **VI** 287
—Immobilien-Makler **II** 251, 254–257,
  550; **VI** 291, 550
—Kündigungsmöglichkeit **VI** 289
—Leitbild **I** 463, 484, 493, 582, 781;
  II 252, 737; **III** 280, 284, 288; **IV** 270,
  348, 353, 360, 366, 368, 531; **V** 78,
  239, 397, 402; **VI** 286, 288, 291, 298,
  299
—Maklerdienstvertrag **IV** 53, 342
—Maklerwerkvertrag **IV** 53, 360, 531
—Mitteilungspflicht **I** 489
—Provision **II** 251, 254, 257, 491, 562,
  736; **IV** 366; **V** 239, 401
—Reservierungsvereinbarung **I** 487;
  IV 362, 363; **V** 401
—Treuepflicht **II** 256
—überraschende Klauseln **V** 80
—Vergütungsanspruch **III** 286, 484
—Vertragsstrafe **II** 56, 255, 257

– Verweisungsklausel IV 349, 365, 366
– Vorbereitungsgebühr II 257, 491
– Vorkenntnisklausel I 781
Maklervertragsklauseln II 249–259;
  III 279–289; IV 341–368;
  V 397–405; VI 283–300
Mandatsbedingungen des Rechtsanwalts
  IV 686
Mangel
– offensichtlicher Mangel IV 63, 325,
  637, 638, 704, 705, 707, 708; V 595, 822
– versteckter Mangel IV 62, 63, 708;
  V 509, 595, 736
Mängelbeseitigung V 274, 493–495, 713
Mangelfolgeschäden, Haftung V 327
Mängelrüge I 358, 611; III 531, 593,
  627, 636; IV 704, 705, 707, 708;
  V 302, 486, 489, 595, 615, 736, 738;
  VI 249, 451, 551
Marktpreis IV 139, 150, 165; V 108
Marktverantwortungsgebiet
  IV 474–476, 747; V 582
Maschinenschreibschule VI 488, 524, 551
Maßabweichungen III 529, 534; VI 547
Materialwert IV 684
Mehrkostenpauschalierung I 654
Mehrwertsteuergleitklausel V 270
Meistbegünstigungsklausel III 235
Mehrwertsteuerklausel s. Umsatzsteuerklausel
Miet- und Leasingvertragsklauseln
  I 383–392; II 259–320; III 289–334;
  IV 368–422; V 405–481; VI 301–360
Mieterhöhungsverlangen IV 389,
  406–408
Mietgarantie V 77, 236, 454
Mietvertrag
– Abbedingung von § 568 BGB III 317
– Abtretungsklausel V 476
– Aufrechnungsverbot V 679, 827
– Automietvertrag VI 68
– Betriebskosten V 62, 449, 451; VI 66
– Beweislast III 299, 609
– Erklärung des Vermieters IV 387, 406,
  610; V 466
– Fernsprechnebenstellenanlage VI 306,
  546
– Fitness-Studio IV 410
– Fotokopiergerät I 133, 171

– Freistellungsklausel III 294
– Gehaltsabtretung des Mieters VI 74
– Gewährleistungsausschluß V 429
– Haftung I 383; II 107; V 454, 472,
  724, 725; VI 230
– Individualabrede II 52
– vor Inkrafttreten des AGBG geschlossener V 828
– Instandhaltungspflicht V 469; VI 359
– Kalkulation IV 418
– Kardinalpflichten V 456, 469
– im kaufmännischen Verkehr II 76;
  IV 385, 386; V 427, 678, 753, 785
– Kaution IV 416
– Kostenmiete IV 418
– Kraftfahrzeug I 150, 383, 386; II 107,
  113, 230, 655, 660; III 294, 306;
  IV 125, 368, 373, 404; V 467, 470,
  724, 725, 752, 755; VI 230
– Kündigung III 324; IV 388, 408, 412,
  413; V 466; VI 355
– Laufzeit VI 71, 306
– Leitbild II 262, 295, 304, 329; III 300,
  318; IV 398, 407, 413; V 435, 465,
  475, 525
– Lohnabtretungsklausel V 87; VI 74,
  356
– Mangel der Mietsache V 455
– Mieterhöhungsverlangen IV 389,
  406–408
– Mietzins I 133, 264, 426, 444; IV 385,
  422; V 451
– Mitmieter IV 409; V 466
– Nebenkosten, s. a. Betriebskosten
  II 80; III 124; V 451
– Pauschalabgeltung V 479, 716
– Quotenregelung IV 419–421
– Räum- und Reinigungspflicht V 477
– Renovierungskosten s. Schönheitsreparaturen
– Rohrverstopfung I 387, 391
– Schadensersatz V 455, 471, 473, 687,
  688, 716; VI 306, 495
– Schönheitsreparaturen I 387, 388, 392;
  II 90, 259, 292, 300, 302, 309, 312,
  318; III 87, 297, 308, 312, 323, 328,
  332; IV 414–417, 419; V 120, 432,
  463; VI 356
– Teppichboden IV 422

611

– Tierhaltung VI 359
– Tilgungsklausel V 425
– überraschende Klauseln V 476
– Untergang der Mietsache IV 395
– Untervermietung IV 413
– Verlängerung der Verjährungsfrist IV 373, 374, 404, 405
– Vertragsbeendigung V 479, 716
– Vertragsdauer IV 412
– Vollmachtsklausel IV 387, 388, 410
– Wohngemeinschaft IV 408, 410
– Zahlungsverzug I 133, 364, 365, 441, 444
Minderbezug, Schadensersatzpflicht des Gastwirts VI 416, 419
Minderung s. a. Gewährleistung I 718, 719, 731, 732, 738, 739, 742–745, 749, 796; VI 246
Minderwert IV 104
Mindestgarantie IV 185, 482
Mindestlieferzeit I 528; IV 555, 556
Mindestschaden IV 576, 657, 661, 663
Mindestteilnehmerzahl II 97, 467, 470, 503, 513
Mindestvertragsdauer II 240, 242; V 385, 744; VI 275
Mißbrauch
– einer marktbeherrschenden Stellung V 810, 814, 816
– der Vertretungsmacht IV 56
Mißbräuchliche Konditionengestaltung V 809, 813
Mißverhältnis von Leistung und Gegenleistung IV 199
Mitgliedsbeitrag IV 412
Möbelhandel
– Abmahnung I 859
– Abnahmeverzug II 538; IV 494, 497, 541, 632, 638, 652; V 689
– Abtretung der Lohn- und Gehaltsansprüche IV 104, 460, 579, 586, 634, 640
– Änderungsvorbehalt IV 602, 604, 605; V 639, 642, 645, 646
– Annahmefrist V 614, 631
– Annahmeverzug V 559; VI 507
– Anzeigepflicht II 622, 624, 625; IV 593
– Auftragsbestätigung IV 611

– Ausschluß von Schadensersatzansprüchen I 202
– Ausschlußfrist für Mängelanzeige IV 704
– Außendienstmitarbeiter III 506
– Bearbeitungskosten IV 499
– Bestätigungsklausel VI 547
– Betriebsstörungen IV 570, 571, 574, 580
– Beweislast II 655
– Bindungsfrist V 631, 644
– Eigentumsvorbehalt I 262; III 473; IV 292, 577, 579, 583, 586, 635
– Einbeziehungsklausel I 265, 834; IV 85, 493; VI 550
– Einlagerungskosten VI 507
– Erfüllungsort IV 495, 705, 706
– Gerichtsstandsklausel IV 319, 495, 571, 577, 579, 587, 640, 705, 706; V 557
– Gewährleistung IV 322, 637, 699; VI 539
– Haftung II 569, 587; III 475; IV 312, 496, 689; V 558
– Handelsüblichkeit V 560, 639, 642, 644
– Herausgabepflicht IV 292
– höhere Gewalt-Klausel VI 483, 535
– Kaufpreissicherung IV 460
– Kreditwürdigkeit IV 482, 499, 581, 582, 593, 632; V 632
– Lagerung IV 312, 496, 636, 657, 689; V 558, 615
– Leistungsverweigerungsrecht IV 628
– Lieferfrist II 432, 593; IV 555, 559, 569, 571, 572, 638; V 557, 632; VI 435
– Lieferschein V 764
– Lieferschwierigkeiten III 512, 535, 576; IV 560, 569
– Lieferverzug IV 569
– Mahnkosten IV 498, 499; V 561, 682
– Mahnung II 522; IV 576, 585, 633, 651
– Mangel IV 704, 705; V 615
– Mängelrüge V 615, 758; VI 551
– Nachfristsetzung II 449; IV 569, 573, 576, 583, 633, 691; V 616
– Nachlieferfrist IV 129, 495, 569, 639; V 557, 632; VI 483

—Nettopreis **VI** 445
—pauschalierter Schadensersatz **III** 472, 551, 558, 561; **IV** 491, 492, 494, 576, 585, 636, 652, 661, 663; **V** 552, 689, 708
—Preiserhöhung **II** 511; **VI** 491
—Ratenzahlung **IV** 460, 498; **V** 565, 614
—Schadensersatz **IV** 633, 639, 661; **VI** 507
—Schriftformklausel **II** 353; **III** 471; **IV** 456, 493; **V** 502, 554, 617; **VI** 436
—Schufa-Klausel **VI** 435
—Selbstauskunft **IV** 482, 578, 583, 584, 593, 632; **V** 615, 755; **VI** 435
—Selbstbelieferungsvorbehalt **II** 595; **IV** 570, 571, 575, 694; **V** 633
—Sicherheitsanzahlung **VI** 434
—Tatsachenbestätigung **V** 615
—Teilzahlungsvereinbarung **V** 560
—überraschende Klauseln **IV** 121, 636
—unangemessene Vertragspflichten **II** 405
—Verfallklausel **IV** 498
—Vergütung von Gebrauchsüberlassung **IV** 500; **V** 567
—Verletzung der Anzeigepflicht **IV** 500
—Versicherungspflicht **I** 263
—Verzugszinsen **IV** 661
—Wandelung des Kaufvertrages **I** 448, 701, 707; **II** 461–463, 595; **IV** 482, 574, 578, 581, 582, 593, 594; **V** 563, 567, 632, 792; **VI** 435, 483
—Zahlungsverzug **II** 551; **III** 470; **IV** 491, 579, 581, 632, 651, 662; **V** 561, 689
—Zurückbehaltungsrecht **IV** 636
Modelländerungsklausel **IV** 145, 433
Modellpolitik **IV** 510
Montage **IV** 61, 98
Motivirrtum **IV** 65, 247, 250
Motorradrennen **V** 342
Mündliche Nebenabrede s. a. Schriftformklauseln **I** 171, 177, 178, 410, 411, 415, 416, 418, 421, 423; **II** 103, 104; **III** 627, 636; **IV** 56, 290, 413, 453, 456, 493, 514, 555, 668, 712; **V** 507, 510, 512, 526, 667, 709, 754; **VI** 349, 411
Mustermietvertrag **III** 312
Musterprozeßvereinbarung **V** 251

Nachbesserung **I** 346, 349, 459, 613, 709, 712, 716, 719, 731, 734, 737–739, 742–747, 796, 890, 893; **II** 605, 608, 615, 617, 618; **III** 458, 462, 529, 532, 580, 582, 584, 585, 588, 590; **IV** 694, 702, 704; **V** 707, 735, 736; **VI** 246, 543
Nachfolgeklausel **I** 506; **III** 239, 245, 436, 439; **IV** 127, 468, 513; **V** 119, 530, 544
Nachfrist **I** 540–550, 699, 703, 705, 707; **II** 448–454; **III** 310, 458, 461, 468, 473, 513, 517, 576, 578, 627; **IV** 129, 275, 495, 545, 561, 564, 569, 573, 576, 583, 628, 632, 639, 641; **V** 557, 592, 598, 632; **VI** 483, 484
Nachfristsetzung
—im kaufmännischen Verkehr **V** 278
—im Kaufvertrag **III** 512; **V** 683, 720
—im Mietvertrag **III** 310, 461
—im Möbelhandel **III** 473, 517, 576, 578, 579; **V** 616
—im Wartungsvertrag **V** 682
—im Werklieferungsvertrag **III** 458, 461
Nachnahmesendung **III** 531, 576
Nachschieben von Kündigungsgründen **IV** 517
Nachtzeitklausel **IV** 542; **V** 87, 629
Nachweis eines geringeren Schadens **II** 540–542, 546, 547, 549, 550, 551, 553–555, 557–560, 562, 563, 565
Nachzahlung **I** 206
Namenskonto **IV** 209
Naturalobligation **IV** 344, 365
Nebenabreden
—mündliche **II** 103, 104; **III** 627, 636; **IV** 56, 290, 413, 453, 456, 493, 514, 555, 668, 712; **V** 507, 510, 512, 526, 667, 709, 754
—schriftliche **IV** 83, 558
Nebenkostenregelung **II** 80; **III** 124
Nettopreis **IV** 623, 627
Neuwagen-Verkaufsbedingungen
—Abnahmeverzug **II** 522
—Abtretungsverbot **I** 141; **II** 454
—Aufwendungsersatz **II** 619
—Beschränkung auf Nachbesserung **VI** 246, 536

Sachregister

- Gewährleistungsausschluß II 604, 610; IV 699, 700
- Lieferfristüberschreitung II 404
- Nichtabnahme II 510, 511, 536, 537
- Pauschalierung von Verzugszinsen II 525
- Preisänderungsrecht II 492, 663; III 335, 351
- Rücktrittsrecht I 236; II 454; IV 154, 159, 164, 165
- Schadenspauschale bei Rücktritt II 546; IV 657, 701
- Tagespreisklausel II 118, 332, 515; III 340, 344, 346, 354, 359, 360, 365, 367, 369, 371, 373–375, 377, 379; IV 132, 135, 141, 151, 159, 162, 163, 165, 172, 423, 431, 433; V 106, 118, 120
- Weiterverkaufsverbot I 236; II 374

Nichtabnahmeentschädigung s. a. Verzugsschaden II 398, 536; IV 644, 646, 650, 666, 672; VI 71, 96, 145, 180, 495, 504, 511

Nichterfüllungseinrede V 61

Niederlassung I 847, 848; IV 121, 730, 741, 756

Notaranderkonto V 699

Notariell beurkundeter Vertrag I 51, 65, 76, 84, 141, 225, 349, 370, 575, 730; II 527; III 45, 46, 48; V 55, 275, 361, 362, 774

Nummernkonto IV 209

Nutzungsdauer IV 104

Nutzungsentschädigung III 289; IV 318

Nutzungsrecht III 412; IV 523, 526, 529

Nutzungsvertrag IV 81

Obhutspflicht V 342

Obliegenheitsklausel IV 542; V 309; VI 46

Obliegenheitsverletzung V 310, 313, 352

Offenbarungspflicht gegenüber der Sparkasse V 206

Omnibus iSv § 13 Abs. 2 AKB VI 79

Operating-Leasing I 720

Ordnungsgemäßer Geschäftsverkehr s. Geschäftsverkehr

Ordnungshaft IV 664, 732

Organisationsverschulden IV 742

Pachtvertrag III 245, 649; V 781

Parkhaus-Einstellplatz I 317, 790; III 321

Parteiwille, hypothetischer s. a. geltungserhaltende Reduktion III 219; IV 135, 165, 170, 176; V 68, 110, 111, 439

Partnerschaftsvermittlungsvertrag s. a Ehemaklervertrag III 483; IV 333, 530, 622; V 387, 620; VI 266, 269, 294, 489, 490

Pauschalierung von Schadensersatzansprüchen I 625–658; II 267, 335, 405, 423, 485, 487, 488, 522, 525–561, 563, 565; III 139, 148, 149, 193, 194, 468, 472, 482, 521, 528, 546–562; IV 358, 442, 452, 494, 545, 576, 585, 601, 615, 644–666, 673, 701, 737; V 155, 370, 376, 474, 479, 515, 552, 598, 647, 656, 659, 685–717, 719, 782; VI 384, 495–523

Pauschalpreis IV 255

Pauschalreise s. a. Reisevertrag I 127, 461, 571, 657; II 327, 342, 470, 484, 497, 498, 505, 620

Personen- und Sachschaden IV 690, 712

Pfandrecht
- der Banken II 90, 476, 483; III 140, 159; IV 100, 193, 195, 198, 211, 214, 230, 231; V 174, 211; VI 101, 149, 168
- wegen früherer Forderungen VI 448

Pflegesatz I 62, 137, 159, 161, 163, 223, 393, 398; IV 65

Planungs- und Belehrungspflicht des Architekten II 142

Planungsfehler III 222, 225

Planungsrisiko I 468

Porzellan IV 707

Positive Vertragsverletzung IV 203, 639, 686; V 317, 353, 705

Prämienangleichung IV 550

Preisabrede IV 258; V 288; VI 209, 574

Preisänderungsvorbehalt s. a. Leistungsänderung, Preiserhöhung, Tagespreisklausel IV 62, 160, 171, 174, 178, 425, 426; V 115, 117; VI 186

Preisangaben-VO III 354

Preisbestimmungsrecht IV 133, 140, 146, 165, 174; V 571, 786, 790

Preisbindung **IV** 441
Preiserhöhung s. a. Tagespreisklauseln
 – Bauvertrag **VI** 185, 376
 – Kaufvertrag **V** 482, 634, 637
 – kurzfristige **I** 591–610; **II** 492–518; **III** 541–569; **IV** 623–628; **V** 670; **VI** 491–492
 – Möbelkaufvertrag **II** 511; **VI** 491
 – Vertragshändler-Vertrag **VI** 361, 491, 571
 – Wartungsvertrag **III** 354; **IV** 438, 439; **V** 482, 599
 – Werklieferungsvertrag **VI** 376
 – Werkvertrag **V** 482
 – Zeitschriftenabonnement **I** 396, 407, 408, 596; **II** 331; **III** 353; **IV** 431, 439, 440, 565; **VI** 381
Preiserhöhungsklauseln **I** 393–409; **II** 320–335; **III** 334–380; **IV** 149, 422–443, 574; **V** 108, 271, 288, 481–485, 599, 637, 670, 788; **VI** 361–385
Preisgarantie **IV** 554; **VI** 491
Preisgestaltung **IV** 186, 488
Preisirrtum **II** 165; **III** 206, 210; **IV** 246–248, 271, 272
Preiskalkulation **IV** 150
Preiskontrolle **I** 223, 224; **V** 114
Preisliste **IV** 467
Preisnebenabreden **IV** 185, 258, 484, 489; **V** 134, 135
Preisvereinbarung **IV** 142, 152
Private Krankenversicherung **IV** 329
Prokura-Einschränkung **III** 589
Prolongationsverpflichtung **VI** 180
Prorogation **IV** 121
Prospekthaftung **II** 106, 336, 347, 352, 497, 552, 608, 627; **V** 323; **VI** 442
Provisionsanspruch
 – Bausparkassen-Vertreter **I** 470; **II** 136
 – Makler **III** 279, 287; **IV** 366; **V** 239, 402
Provisionsstaffel **IV** 467
Prüfungspflicht
 – des Architekten **VI** 190
 – des Auftragnehmers **VI** 217
 – der Banken **V** 150; **VI** 163
Publikumsgesellschaft **V** 125, 323

Qualität **IV** 497, 498
Quittung **III** 390; **IV** 81
Quotenregelung **IV** 419–421

Rabattverfallklausel **I** 452, 671
Radio-, Fernseh-Einzelhandel **II** 470
Ratenkredit s. Darlehensvertrag
Ratenzahlung s. Abzahlungskauf
Räum- und Reinigungspflicht **V** 447
Rechnungsabschluß der Bank **IV** 200
Rechnungsformular **IV** 64, 65
Rechtsanwalt **IV** 686, 722; **VI** 493
Rechtsausübung, unzulässige **IV** 56
Rechtsfolgen
 – bei Nichteinbeziehung und Unwirksamkeit **I** 210–215; **II** 117–121; **III** 127–131; **IV** 127–183; **V** 106–132; **VI** 84–86
 – bei Unwirksamkeit der Tagespreisklausel **II** 118; **III** 128–131; **IV** 132–135, 137, 141, 143, 146, 149, 150, 159, 162, 163, 165, 172, 182; **V** 106, 115
Rechtsmißbrauch **IV** 188, 223
Rechtsscheinsvollmacht **V** 506
Rechtsschutzbedürfnis **III** 384; **IV** 588, 671, 716; **V** 762
Rechtsschutzversicherung **II** 115; **V** 100
Rechtsübertragung **IV** 523
Rechtsverfolgungskosten **IV** 499; **V** 608, 704
Rechtsverordnung **IV** 757; **V** 804
Rechtswahl **IV** 747
Reduktion s. geltungserhaltende Reduktion
Reeder **IV** 299
Refinanzierungskosten **V** 230; **VI** 499, 502, 505, 509, 519
Regelungslücke s. Vertragsauslegung, ergänzende
Reinigungsvertrag **I** 302, 314, 320, 322, 324, 326–328, 891; **II** 199, 206, 207, 430, 567, 570; **IV** 306, 307; **VI** 244
Reisebedingungen s. Reisevertrag
Reisegepäckversicherung **III** 87; **IV** 541, 542; **V** 84, 86, 352, 775
Reiseveranstalter **I** 127, 461, 571, 657; **IV** 443, 444, 446, 448; **V** 69, 498

615

Sachregister

Reisevertrag
- Ablehnung der Abhilfeleistung **II** 19, 118, 346
- Änderungsvorbehalt **I** 571; **II** 580
- Anmeldung **IV** 448; **V** 490, 495
- Anzahlung **II** 344; **IV** 448, 449; **V** 490, 495; **VI** 388
- Einbeziehung von AGB **I** 127; **II** 83; **V** 69, 485, 496
- Einreisebestimmungen **VI** 386, 524
- Flugverspätungen **II** 209
- Garantie **IV** 449
- Haftung **II** 83, 209, 346, 568, 572; **III** 384, 387, 564, 571; **IV** 445, 446; **V** 70, 500, 501; **VI** 242, 385, 395, 404, 524
- Informationspflicht des Reiseveranstalters **II** 326, 336, 491, 558, 562, 699; **VI** 386
- Kündigung **II** 345, 346; **IV** 453
- Landesüblichkeit **V** 499, 743; **VI** 402, 546
- Leistungsänderung **II** 658; **III** 391; **IV** 449, 450, 604
- Leistungsbeschreibung durch Prospekt **II** 106; **VI** 65
- Leistungsträger **III** 384, 571; **IV** 446
- Leitbild **V** 490, 491
- Mängelanzeige **V** 69, 486, 487, 493, 494
- Minderung **II** 339, 346; **III** 391
- Mindestteilnehmerzahl **II** 97, 469; **IV** 453
- Preisänderung **II** 329, 335, 497, 503, 505, 508, 513, 514; **III** 541; **IV** 451, 627
- Reisepreis **II** 488, 497, 503, 505, 508, 513, 514, 547, 549
- Rücktritt **II** 345, 482, 484, 485, 487, 503, 549; **III** 383, 386; **IV** 450, 451, 453, 597, 664; **V** 489, 492, 656, 688; **VI** 407, 522
- Schadensersatz **II** 335, 487, 488, 542, 547, 549, 558; **IV** 443; **V** 489, 656, 688; **VI** 522
- Schadensminderungspflicht des Reisenden **VI** 407
- Schriftformklausel **II** 339, 346
- Stornierungspauschale **I** 657
- überraschende Klausel **II** 97
- Umbuchung **II** 484, 658; **IV** 452, 608; **V** 492, 655; **VI** 388
- Unterrichtung über Einreisebestimmungen **VI** 385
- Verjährung **III** 387; **VI** 393
- Vermittlerklausel **I** 461
- Vorauszahlungsklausel **VI** 390, 397, 492
- Vorleistungen des Reiseveranstalters **IV** 448, 449; **V** 498

Reisevertragsklauseln **II** 335–350; **III** 381–393; **IV** 443–453; **V** 485–502; **VI** 385–410

Reklamation **IV** 707, 744

Remissionsrecht des Einzelhändlers **I** 512; **IV** 480

Renovierungskosten **III** 87, 297, 308, 312, 323, 328, 332; **IV** 414, 415–417, 419; **V** 120, 432, 463

Rentabilitätsklausel **III** 440; **IV** 469, 482

Reparaturbedingungen der Elektrogerätebranche **II** 86

Reparaturen **II** 229, 230, 392, 688; **III** 319; **IV** 548; **VI** 488

Reparaturversicherung **IV** 122, 548; **V** 84, 600

Reparaturvertrag s. a. Werkvertrag **I** 478, 565, 695, 696; **III** 455, 595; **VI** 244, 258, 446, 488, 533, 540

Reparaturzeiten **I** 421, 534

Reservierungsgebühr **I** 487

Reservierungsvereinbarung **IV** 362, 363

Restschuldanerkenntnis **V** 620

Reuegeld **I** 78, 87

Risiko
- Beherrschbarkeit **V** 336
- Versicherbarkeit **III** 422; **V** 337

Risikoausschluß **IV** 186, 253, 294, 542, 543

Risikosphäre **IV** 311, 316

Rolladenhersteller **V** 504, 603, 620, 630, 727, 735, 736; **VI** 471, 491, 535

Rückbürgschaftsklausel **III** 88

Rückgaberecht **IV** 625

Rückgängigmachung des Vertrages s. Wandelung

Rücknahmeklausel **I** 448

Rücktritt s. a. Wandelung
- Bauträgervertrag **IV** 652, 654; **V** 361

Sachregister

- Bauvertrag I 553, 652; IV 274, 275, 483, 689; V 285, 639
- bei Betriebsstörungen III 514, 518, 519; IV 578, 581, 587, 591
- Fertighausvertrag III 512; IV 461, 562, 612, 615, 661
- Fiktion der Rücktrittserklärung II 482, 484
- Flugreisevertrag V 658
- im kaufmännischen Verkehr IV 752, 754; V 790, 792
- Leasingvertrag II 261, 267; V 418, 424, 439, 443, 457
- bei Preiserhöhung IV 154, 159, 164, 165; V 115, 120
- Reisevertrag II 345, 482, 484, 485, 487, 503, 549; III 383, 386; IV 450, 451, 453, 597, 664; V 489, 492, 656, 688; VI 407, 522
- Rücktrittsgebühren II 487; IV 451, 660, 673; VI 408
- bei Selbstbelieferungsvorbehalt III 510; IV 575, 587, 591; V 593, 633, 792
- bei unrichtiger Selbstauskunft III 469, 477, 519, 523; IV 482, 578, 583, 584, 593, 594
- Werklieferungsvertrag II 446; IV 332, 537; V 593
- Werkvertrag V 593, 658

Rücktrittsvorbehalt I 551–564; II 454–473; III 518–526; IV 570–597; V 632–639; VI 485–487

Rückübertragung von Sicherungsgrundschulden V 160

Rückverlagerung des Haftungsrisikos VI 200

Rügefrist IV 637, 704; V 736

Rügepflicht IV 125, 749, 754; V 303

Rundfunk- und Fernsehanstalten, Honorarbedingungen I 885; III 409; IV 518

Rundfunk- und Fernsehgerätehändler II 239, 508

Sach- und Preisgefahr im Leasingvertrag IV 392, 393

Sachverständigenverfahren, Kostentragung III 423

Saldoanerkenntnis IV 203; VI 154

Saldotheorie IV 635

Salvatorische Klauseln I 116, 213, 214, 330, 703; III 129, 132, 591; IV 181, 640

Sammelladungsverkehr VI 237

Schadensbegutachtung V 313

Schadensberechnung, abstrakte V 218

Schadensersatz
- Architektenvertrag III 168
- Autowaschvertrag V 726
- Bauvertrag II 156, 540; III 193, 194
- Darlehensvertrag III 139, 147
- Dienstvertrag V 369
- Flugreisevertrag II 82
- Internatsvertrag V 370, 688
- Kaufvertrag II 405, 522, 525–527; V 516, 698
- Kraftfahrzeugmietvertrag III 294
- Leasingvertrag II 267; V 416, 442
- Mietvertrag V 455, 471, 473, 687, 688, 716; VI 306, 495
- Möbelkaufvertrag IV 633, 639, 661
- Pauschalierung s. Pauschalierung von Schadensersatzansprüchen
- Reisevertrag II 335, 487, 488, 542, 547, 549, 558; IV 443; V 489, 656, 688; VI 522
- Unterrichtsvertrag V 647
- Werkvertrag II 82; V 705

Schallplatten-Industrie IV 79, 471

Scheck
- Bedingungen V 151; VI 163
- Einlösung VI 170
- Fälschungsrisiko IV 244, 246; V 150; VI 156, 163
- Protest I 442
- Sperre IV 191
- Stornorecht VI 171
- Verlustrisiko IV 245; V 151
- Widerruf IV 244

Schiedsgerichtsklausel II 108

Schiedsgutachterabrede IV 405, 463, 464; VI 449

Schiffskasko IV 292, 295

Schlechterfüllung IV 325

Schlechtwettertage, Anrechnung III 220

Schlußzahlung II 140, 145, 170, 196; III 176; IV 277, 283, 397, 400

Schmerzensgeld V 343

617

Sachregister

Schönheitsreparaturen I 387, 388, 392;
II 90, 259, 292, 300, 302, 309, 312,
318; III 87, 297, 308, 312, 323, 328,
332; IV 414–417, 419; V120, 432,
463; VI 356
Schriftformerfordernis des § 34 GWB
IV 92, 93, 97, 467
Schriftformklausel I 171, 175–179,
410–423; II 102, 103, 337, 351–360;
III 110, 195, 208, 393–404, 473, 527,
631; IV 289, 290, 339, 453–459, 493,
514, 517, 671; V 272, 502–513, 554,
587, 606, 629, 667, 710; VI 410–414,
476
Schufa-Klausel III 149; IV 231, 232;
VI 113, 435
Schuldanerkenntnis V 620; VI 52, 74
Schuldbeitritt II 401; V 753
Schuldschein III 107, 140
Schuldurkunde I 378, 379
Schuldversprechen, abstraktes I 61, 216,
776, 783; III 485; VI 52
Schulvertrag s. a. Internatsvertrag,
Unterrichtsvertrag I 676; V 368, 375,
387, 750
Schutzbedürftigkeit des Kaufmanns
V 312
Schutzgemeinschaft für allgemeine Kreditsicherung s. Schufa
Schutzobjekt im Verfahren nach
§§ 13 ff. AGBG IV 714, 715, 723,
725; V 255
Schutzrechte IV 474
Schutzzweck
– des AGBG IV 60, 130, 181; V 59
– des Unterlassungsverfahrens IV 458,
707, 714, 715, 720, 723–725, 729,
741; V 619, 637, 707, 757
Schweigen
– auf AGB I 65, 96, 101, 103, 106, 113,
258, 316, 575, 793, 901; III 85, 378
– auf kaufmännische Bestätigung IV 94,
95, 750
– auf Konditionenanpassungsangebot
V 156
Seefrachtvertrag IV 76
Seetüchtigkeit IV 292, 294
Selbstauskunft III 477, 519, 523;
IV 482, 578, 583, 584, 593–595

Selbstbelieferungsvorbehalt I 552, 554,
559, 564; II 445, 454, 464, 595;
IV 570, 571, 575, 587, 588, 591, 694;
V 593, 633, 790, 793, 795
Selbstbeteiligung V 648
Selbsthilfe IV 193, 748
Selbstinterpretation IV 748
Selbstschuldnerische Bürgschaft IV 225,
226; V 186, 223; VI 121
Senderecht IV 525
Sicherheitseinbehalt IV 264
Sicherheitsleistung I 198, 201, 374, 441,
443; IV 582; V 173; VI 206
Sicherungseigentum IV 194, 292
Sicherungsgrundschuld III 404, 407;
IV 111, 219; V 160, 513; VI 161
Sicherungshypothek I 458; V 72,
240–242
Sicherungsklauseln I 190, 424–458;
II 360–362, 562; III 404–409;
IV 460; V 712
Sicherungsübereignung IV 197; V 90,
136, 513
Sicherungsverträge V 513, 514
Sicherungszweck von Grundschulden
IV 111, 218, 219, 223; V 213
Sittenwidrigkeit II 362; IV 83; V 216,
694, 702
Skontoabrede II 86, 99
Softwarevertrag VI 325
Sonderanfertigung IV 755
Sonderbedingungen
– Haftpflicht- und Fahrzeugversicherung
IV 311
– Lastschriftverkehr V 202
Sonderverkauf IV 724
Sozialstaatsklausel IV 202
Sozialversicherung IV 329
Sparkassen s. a. AGB der Sparkassen
– Bürgschaft V 76, 168, 181, 258;
VI 92
– Offenbarungspflicht V 206
– Saldenmitteilung III 536
– Zurückbehaltungsrecht V 187
Speditionsvertrag I 272, 307; II 60;
V 339; VI 233, 237
Speditionsversicherer VI 233
Sportlehrgangsvertrag s. a. Unterrichtsvertrag VI 608

Sachregister

Sportstudio s. a. Unterrichtsvertrag
  V 395, 483, 520, 524, 527, 608, 646;
  VI 355, 488, 489
Sprachschule II 235; V 483
Standesrichtlinien der Rechtsanwälte
  IV 689
Stellen von AGB I 71; IV 58, 64; V 53, 548
Steuerberater I 284, 772
Stille Gesellschaft III 97, 644, 646;
  IV 101, 102, 746
Stornierungspauschale I 657
Stornoklauseln II 486, 543, 562; IV 189, 192; VI 154, 170
Strafbewehrte Unterlassungserklärung s. Unterlassungserklärung
Streik IV 578, 588, 591; V 633
Streitwert I 878–882; II 713; III 642, 643; IV 744, 745
Stromlieferungsvertrag I 888
Strompreis IV 760
Stückgutvertrag II 88; V 67
Studentischer Austausch- und Reisedienst III 381
Studienbedingungen III 507, 607
Stundung IV 231, 235, 340, 461
Stundungszinsen III 149; VI 113, 118
Submissionskartell V 289
Subunternehmer III 215, 229, 649;
  IV 271, 274
Supermarkt I 246, 537, 891; IV 57
Synchronisationsfirma IV 79, 471

Tagespreisklauseln I 406, 608; II 118, 121, 320, 332, 515; III 129, 130, 133, 340, 344, 346, 354, 359, 360, 365, 367, 369, 371, 373–375, 377, 379; IV 123, 132, 133, 135, 137, 140–142, 146, 150, 151, 155, 157, 159, 160, 162, 163, 165, 172, 182, 423, 427, 429, 431, 433, 486, 755, 762; V 106, 107, 111, 117, 120
Tankscheck V 316, 785
Tankstellen-Stationärvertrag III 233
Tanzschulbedingungen s. a. Unterrichtsvertrag VI 453, 551
Tarifwahl II 201, 208
Tatsachenbestätigung II 652, 654, 657–659; III 183, 191, 613; IV 271, 395, 615, 756; VI 205

„Tegernseer Gebräuche" I 119
Teilamortisationsvertrag VI 337
Teilbarkeit s. geltungserhaltende Reduktion
Teilleistungen III 458, 460, 531, 579
Teilnahmebedingungen VI 455, 527
Teilnahmegebühren II 235, 240, 244, 246, 247
Teilunwirksamkeit s. a. geltungserhaltende Reduktion I 212; II 117, 120, 202, 687, 701, 702; III 618; V 247
Teilzahlung s. Abzahlungskauf
Teilzahlungsbank II 401; IV 670; VI 172
Telefonische Auskünfte VI 243
Teppichhändler
– Beschränkung auf Nachbesserung IV 704
– Gerichtsstandsklausel IV 321, 660
– Lager- und Versicherungskosten IV 658, 659
– Nachfristsetzung IV 641
Teppichreinigung I 302
Terminüberschreitung III 203
Textilhandel III 529, 588; V 516
Textilreinigung II 200, 216, 426, 443, 516, 567, 570, 625; IV 306, 307
Theorie des letzten Wortes I 101, 104, 112, 121; IV 85, 95
Tierhaltungsverbot VI 359
Tierkauf IV 642, 665; V 683, 701, 708; VI 249
Tilgungsklausel IV 120, 186, 225, 228; V 425, 785
Trainingscenter s. a. Sportstudio, Unterrichtsvertrag VI 242, 513, 524
Transparenz IV 430, 474, 478, 480, 499; V 462
Transportbedingungen IV 509; V 66
Transportversicherung I 307; II 382; V 348
Trennungsklausel IV 61, 225; VI 121
Treu und Glauben I 96, 104, 136, 152, 175, 201, 224, 315, 321, 332, 356, 376, 452, 463, 480, 491, 499, 577, 614, 661, 663, 668, 670, 671, 690, 764, 768, 773, 777, 806, 888
Treuepflicht IV 506
Treuhandauftrag V 700, 715
Treuhänder IV 52, 55, 211

Sachregister

Treuhandgebühr **II** 84
Treuhand- und Geschäftsbesorgungsvertrag **III** 279
Treuhandkonto **V** 245, 249
Treuhandvertrag **VI** 441

Überbuchung **IV** 680
Übereinkommen über den Beförderungsvertrag im internationalen Straßenverkehr (CMR) **IV** 300, 301; **V** 307, 339
Überführungskosten **IV** 155
Übergangsvorschrift **II** 736, 738; **III** 360; **IV** 433, 435, 762; **V** 827
Überraschende Klauseln s. a. einzelne Vertragsarten **I** 130–170; **II** 86–98; **III** 86–105; **IV** 100–122; **V** 72–88; **VI** 71–74
Überrumpelungseffekt **II** 95; **IV** 110; **V** 191, 242, 712
Überschreitung der Lieferfrist **II** 102, 396, 404, 418; **IV** 562, 569, 639; **V** 505, 630, 632, 727
Überseeverkehr **IV** 747
Übersetzung der AGB **IV** 70, 71
Übersicherung **II** 184, 186, 557; **IV** 241, 284, 287, 460, 640; **VI** 228
Überstapelung **V** 332
Überstellungskosten **V** 116
Übertragung von Urheberrechten **IV** 79, 80, 82, 529
Überweisungsauftrag **IV** 191, 205, 207; **V** 193, 245; **VI** 183
Überziehungskredit **IV** 202
Überziehungsprovision **III** 463; **VI** 144
Umbuchung **II** 484, 485, 658; **IV** 452, 608; **V** 492, 655; **VI** 388
Umfang
– des Versicherungsschutzes **V** 105
– der Werkleistung **IV** 484
Umgehungsverbot **I** 216; **II** 122; **III** 132, 220, 592; **IV** 60, 184, 735; **V** 133
Umsatzsteuerklausel **I** 193, 408, 409, 591, 596, 597, 600, 601, 610, 627, 645, 652, 878, 880; **III** 354, 631; **IV** 598, 600, 623; **V** 550, 670
Umtausch **V** 605, 735
Umzugsvertrag **I** 172; **II** 86, 99

Unangemessene Vertragspflichten **I** 459–499; **II** 362–418; **III** 409–498; **IV** 461–551
Unangemessenheiten in einzelnen Vertragsverhältnissen **V** 528–629; **VI** 414–458
Unerlaubte Handlung, Haftungsfreizeichnung **VI** 525
Unfalltagegeldversicherung **I** 147
Unfallversicherung **V** 87, 628, 776, 778; **VI** 563
Unklarheitenregel **I** 180–209; **II** 107–116, 687, 690; **III** 90, 111–126; **IV** 125, 220, 260, 289, 463, 492, 501, 558, 596, 624, 671, 717; **V** 90–105, 605, 730, 800; **VI** 76–83
Unmöglichkeit **I** 699–707; **II** 575–595; **III** 573–579; **IV** 691–694; **V** 727–730
Unterfrachtführer **I** 270
Unterhaltungselektronik **II** 186, 330, 473, 513, 581, 628
Unterlassung rechtzeitiger Einwendung **VI** 104
Unterlassungs- und Widerrufsanspruch **I** 795–846; **II** 663–704; **III** 617–638; **IV** 714–729; **V** 759–771; **VI** 553–561
Unterlassungserklärung
– Aufbrauchfrist **II** 678, 710; **III** 470, 617, 620; **IV** 66, 517, 578, 589, 684, 716, 732, 734; **V** 766
– strafbewehrte **I** 829, 831, 832, 838, 839, 841, 842, 848, 855, 859; **II** 678, 687, 695, 698, 699; **III** 586, 596, 618, 623, 626, 628; **IV** 68, 180, 540, 566, 580, 588, 716, 726, 733, 735, 739; **V** 395, 509, 760, 768
Unterlassungsklage
– Prüfungsmaßstab **I** 795, 796, 813, 815, 817, 821, 826, 843, 850, 854; **III** 617, 625, 635; **IV** 723, 731
– Rechtsschutzbedürfnis **III** 617, 635; **IV** 761; **V** 762
– Schutzzweck **III** 605, 625, 629, 633; **IV** 458, 707, 714, 720, 725, 729, 741; **V** 619, 637, 707, 757
– Streitgegenstand **IV** 98, 309

Sachregister

Unterlassungsverfahren I 795–846;
  II 663–705; III 617–638; IV
  714–730; V 759–772
Unternehmerrisiko IV 488
Unternehmerische Gestaltungsfreiheit
  IV 506
Unterrichtsvertrag s. a. Internatsvertrag
- Bestätigungsklausel VI 453, 551
- Gebührenerhöhung V 483, 610
- Gutschriftklausel VI 453
- Haftung IV 339, 690; V 610, 724;
  VI 242, 527, 534
- Kündigung I 380, 676; II 235, 240,
  242, 642; III 272; IV 337, 713; V 385,
  744, 750; VI 271, 275, 276, 280, 281,
  552
- Laufzeit V 370
- Leistungsänderung V 646; VI 488
- Mahngebühren IV 338; V 523, 647;
  VI 513
- mündliche Nebenabrede VI 547, 667
- Schadensersatz V 647; VI 522
- Schriftformklausel IV 339; VI 463
- Stundungsvereinbarung IV 340; V 521
- Tatsachenbestätigung VI 279
- Verfallklausel V 520, 522, 524
- Vorfälligkeitsklausel IV 461; V 520,
  524, 527, 668; VI 278, 458, 460, 471,
  524
- Vorleistungspflicht V 521, 525, 527,
  610, 721; VI 278, 453, 457
- Wirksamkeitsklausel VI 453
- Zahlungspflicht trotz Abwesenheit
  V 608, 666
Unterwerfungserklärung I 104, 109;
  IV 95, 450, 724, 733, 737, 739; V 708
Unwiderruflichkeit
- des Auftrags V 631; VI 474
- des Überweisungsauftrags V 245, 247
Unwirksamkeit einzelner AGB s. geltungserhaltende Reduktion
Urheberrecht III 410, 412; IV 79, 81,
  522, 528
Urteilsformel I 864–866; II 710;
  III 641; IV 732–742; V 772–773

Valutaverhältnis IV 191
Veranlassung zur Klageerhebung III 639
Verarbeitungsklausel I 250

Verbandsempfehlung s. Konditionenempfehlung
Verbandsprozeß IV 427, 721, 723, 745;
  V 390, 394, 566, 759, 792
Verbraucherschutzverein I 406, 716, 796,
  799, 801, 804, 805, 813, 814, 818,
  833, 839, 844, 848, 850, 855, 859,
  869; II 159, 184, 187, 207, 212, 123,
  228, 249, 352, 354, 358, 392, 406,
  426, 433, 447, 451, 493, 505, 556,
  578, 591, 643, 649, 666, 670; III 361,
  394, 397, 610, 626, 629, 631; IV 57,
  225, 443, 566, 733, 735, 737; V 254,
  268, 293, 395, 473, 483, 490, 496,
  504, 510, 524, 603, 608, 613, 618,
  622, 644, 708, 710, 714, 718
Verdingungsordnung
- für Bauleistungen (VOB) s. VOB
- für Computerleistungen (VOC)
  IV 485
Veredelungsvertrag V 299
Verein Deutscher Maschinenbauanstalten
  e. V. (VDMA) IV 752
Verein zum Schutz der Konsumenten vor
  gesetzwidrigen Geschäftspraktiken
  I 827
Verfall-, Verzugs- und Vorfälligkeitsklauseln V 514–527; VI 458–473
Verfallklauseln I 441, 444, 447, 452,
  457; II 360–361; III 100, 404–409,
  469, 476; IV 382, 460, 461, 498, 669
Verfrachter I 659; IV 51, 296
Vergütung s. einzelne Vertragsarten
Verhandlungs- und Vertragssprache
  I 101; IV 70, 72
Verjährung I 98, 99, 292, 309, 339, 355,
  668, 735, 757, 765; III 170, 201, 233,
  387; IV 374, 404, 697, 706; V 607,
  667, 738, 742, 763; VI 393
Verkaufs- und Lieferungsbedingungen s.
  Kaufvertrag
Verkehrssicherungspflicht V 281
Verkehrssitte III 100; IV 754
Verkehrsüblichkeit IV 607
Verkehrszeiten I 537
Verkürzung von Gewährleistungsfristen
  s. Gewährleistung, Beschränkung
Vermietungsgarantie V 239
Vermittlerklausel im Reisevertrag I 461

621

Sachregister

Vermittlungsauftrag für Kraftfahrzeugverkauf **I** 193, 372; **II** 58, 413; **IV** 309
Vermittlungsprovision **II** 58, 413, 477; **IV** 356
Vermögensverhältnisse, Verschlechterung der **V** 633, 682; **VI** 485
Veröffentlichungsbefugnis **I** 867, 868; **II** 711; **IV** 743
Verrechnungsgarantie **III** 464, 466
Verrechnungsklausel **III** 137, 145, 156
Versandhandel **I** 195, 524, 716; **IV** 623
Verschlechterung der Vermögensverhältnisse **V** 633, 682; **VI** 485
Verschulden bei Vertragsschluß **III** 99; **IV** 118; **V** 129, 249, 323
Verschuldensprinzip, Abweichung **II** 98, 405
Verschuldensunabhängige Haftung **V** 284, 470
Versicherbarkeit des Risikos **III** 422; **V** 337
Versicherung
– Betriebshaftpflichtversicherung **VI** 76
– Fahrzeugteilversicherung **V** 648
– Güterversicherung **IV** 295
– Haftpflichtversicherung **III** 295; **IV** 550; **V** 52, 73, 547
– Haftungsausschluß **IV** 294
– Hausratversicherung **III** 422; **V** 73, 74, 87, 90, 105, 629, 779
– Kaskoversicherung **II** 66, 76, 280, 714; **IV** 295
– Kraftfahrzeugklausel **VI** 46
– Krankenhaustagegeldversicherung **V** 95, 98
– Krankentagegeldversicherung **I** 158; **IV** 327, 328, 330; **V** 380; **VI** 264
– Krankenversicherung **IV** 326, 329
– Kurkostenversicherung **IV** 325, 330
– Lebensversicherung **III** 499; **VI** 478
– Rechtsschutzversicherung **II** 115; **V** 100
– Reise- und Warenlagerversicherung **VI** 46
– Reisegepäckversicherung **IV** 541, 542; **V** 84, 86, 352, 775
– Reparaturversicherung **IV** 548; **V** 84, 600
– Speditionsversicherung **VI** 233

– Transportversicherung **V** 66, 348; **VI** 233, 237
– Unfalltagegeldversicherung **I** 147
– Unfallversicherung **V** 87, 628, 776, 778; **VI** 563
– Vollkaskoversicherung **IV** 311, 369, 370
Versicherungs- und Finanzierungsagentur **II** 254, 476
Versicherungsantrag, Bindungsfrist **VI** 83, 478
Versicherungsmöglichkeit für Verwender von AGB **III** 258
Versicherungspflicht **I** 263
Versicherungsschutz
– Beaufsichtigungsklausel **VI** 46
– Einschränkung **V** 353
– Umfang **V** 105
Versicherungsvertrag
– Auslegung **III** 125; **V** 310
– Haftung **IV** 294
– vor Inkrafttreten des AGBG geschlossener **V** 828
– Kündigung **V** 381, 648, 776, 778; **VI** 264
– Laufzeit **V** 752, 776, 777; **VI** 546, 563
– Obliegenheitsverletzung **V** 310
– Risikobegrenzung **IV** 186, 542, 543
– Sachverständigenverfahren **III** 423
– Selbstbeteiligung **V** 648
– Vertragsdauer **V** 776, 778
Versicherungsvertreter **III** 464
Versorgungsleitungen, unsachgemäße Verlegung **I** 279
Versorgungsunternehmen **IV** 757; **V** 825
Verspätungsschaden **IV** 680, 691
Verständlichkeitsgebot **I** 116, 203, 213; **IV** 99, 497, 723
Verständnismöglichkeit **IV** 117; **V** 60, 733
Versteigerungsvertrag **I** 352, 763; **II** 333; **V** 57, 72, 133, 540
Vertrag
– Abwicklung noch nicht abgeschlossener Verträge **V** 638, 707, 760, 762
– Abwicklung von Altverträgen **IV** 722, 725
Vertragsabschluß
– fernmündlicher **IV** 80
– mündlicher **IV** 83, 748

Vertragsabschlußklauseln **II** 53
Vertragsänderung s. Änderungsvorbehalt
Vertragsauslegung, ergänzende **II** 107;
 III 128, 130, 171, 349, 356, 369, 379,
 606; **IV** 54, 128, 132, 139, 150, 152,
 159, 162, 165, 170, 172, 177, 179,
 181, 318, 322, 347, 397, 400, 402,
 429, 436, 438, 487; **V** 106, 108, 109,
 111, 112, 117, 131, 132, 386, 432,
 436, 799; **VI** 84, 85
Vertragshändler-Vertrag
 – Ausgleichsanspruch **V** 586
 – Betreuungsbezirk **II** 731
 – Gewährleistungsänderungsrecht
  IV 509; **V** 578
 – Haftung **III** 573; **V** 580, 795
 – Inhaltskontrolle **III** 277, 278, 279, 486
 – Kündigung **II** 731; **III** 279, 486, 495,
  648; **IV** 512, 513; **V** 572, 584
 – Listenpreis **IV** 429
 – Marktverantwortungsgebiet
  IV 474–476, 747; **V** 582
 – Mitteilungspflicht **V** 575
 – pauschalierter Schadensersatz **I** 633,
  645
 – Preiserhöhungsrecht **VI** 361, 491, 571
 – Produktionseinstellung oder -änderung **V** 580
 – Rücktrittsrecht **I** 236
 – Schriftformklausel **I** 417, 526; **IV** 517;
  V 502
 – Umsatzsteuer **I** 597
 – Vorfälligkeitsklausel **VI** 465
 – Wandelung **I** 203
 – Zahlungsverzug **VI** 465
 – Zustimmungsrecht **V** 573
Vertragskündigung s. Kündigung
Vertragsstrafe **I** 79, 209, 452, 468, 469,
 476, 484, 489, 510, 560, 659–686,
 829, 831, 859, 892, 893; **II** 56, 129,
 148, 151, 161, 253, 255, 259, 413,
 513, 526, 561, 563, 678, 690, 717,
 718; **III** 86, 122, 128, 161, 162, 165,
 168, 178, 216, 218, 229, 230, 231,
 244, 546, 562, 563; **IV** 179, 363, 466,
 557, 601, 645, 660, 667, 673, 733,
 737; **V** 156, 258, 480, 485, 522, 625,
 668, 718, 719, 759, 772, 781; **VI** 72,
 211, 430, 513, 523, 524

Vertragsübertragung **V** 531, 543
Vertragsverlängerung **III** 607; **IV** 737;
 V 650
Vertragswerkstatt, autorisierte **I** 712,
 719, 744
Vertragswidrige Benutzung **V** 318
Vertragswidriges Verhalten **IV** 453
Vertrauensschaden **V** 326
Verwaltervertrag **VI** 288
Verwenden von AGB
 – Abdrucken auf Auftragsformularen
  IV 724
 – Abdrucken auf Kassenzetteln **IV** 707
 – Abdrucken auf Lieferscheinen **V** 764
 – Abdrucken auf Rechnungen **III** 626,
  630; **IV** 729, 741; **V** 64, 762, 767, 797
Verwender
 – Begriff **I** 51, 62, 65, 811, 822, 833,
  834; **II** 663, 673, 686, 687; **III** 46, 56,
  57, 165, 525, 596, 630, 633, 637;
  IV 51, 61, 280, 300, 348, 580, 715,
  722, 727, 733, 736; **V** 281, 367, 762;
  VI 54, 553, 557
 – Einstehen für Verschulden seiner
  Erfüllungsgehilfen **III** 259; **IV** 734,
  739; **V** 772
 – Handelsvertreter als **VI** 553
 – Vermittler als **IV** 726
 – Vertreter als **VI** 557
Verwertungsrecht **IV** 79
Verzugsgebühren **I** 629; **III** 145, 467,
 486; **V** 142
Verzugsklauseln **I** 699–707; **II** 575–595;
 III 573–579; **IV** 691–694;
 V 727–730
Verzugsschaden s. a. Nichtabnahmeentschädigung **I** 625, 633, 636, 637, 641,
 648, 655, 699, 702; **II** 97, 209,
 523–525, 534, 535, 537, 538, 540,
 551, 561, 731; **III** 139, 464; **IV** 204,
 492, 585, 618, 636, 665; **V** 156, 685,
 687, 702, 704, 715, 716; **VI** 143, 172,
 507, 512, 515, 519
Verzugszinsen **I** 633, 636, 645, 647, 648,
 652, 654; **II** 522, 524, 541, 546, 551, 553,
 555, 560; **III** 458, 461, 548, 553, 558, 636;
 IV 290, 502, 632, 661; **V** 155, 682, 685,
 689, 702, 715, 785; **VI** 142, 495, 497, 498,
 500, 505, 514, 516; **VI** 523

Sachregister

VHB **III** 423
Video-Cassetten **V** 473, 722
Video-Recorder **IV** 332, 543, 565, 641; **V** 379, 482, 596, 666, 682
Vielzahl von Verträgen **IV** 52, 57, 62; **V** 51, 280, 362, 401, 674, 740, 756, 774
VISA-Karten **V** 102, 228
VOB/B
- Auftragsentziehung **V** 277
- Einbeziehung **III** 174; **IV** 75, 98, 277, 540, 613, 626; **V** 267, 268, 273, 743
- Gewährleistung **II** 628; **III** 84; **V** 271, 273, 285, 286, 368, 708, 744; **VI** 196, 217, 258, 567
- Gewährleistungsfrist **V** 267, 742; **VI** 198, 258, 542, 567
- Inhaltskontrolle **III** 172
- Kündigung **V** 264, 287; **VI** 193
- Schlußzahlung **II** 140; **III** 176; **IV** 278
- Vereinbarung als Ganzes **III** 174; **V** 774, 776
- Vertragsstrafe **V** 258
- § 6 Nr. 5 **V** 264
- § 8 Nr. 1 **V** 264, 287
- § 8 Nr. 2 **VI** 193
- § 8 Nr. 3 **V** 277
- § 11 Nr. 4 **V** 259
- § 13 **V** 271
- § 13 Nr. 3 **VI** 199
- § 13 Nr. 4 **V** 267, 742; **VI** 198
- § 16 Nr. 3 **II** 140; **III** 175; **IV** 278
Volldeckung **IV** 368, 370
Vollkaskoversicherung **IV** 311, 369, 370
Vollmachtsklauseln **II** 401; **III** 498–506; **IV** 261, 268, 269, 387, 388, 551–555; **V** 629; **VI** 471–473
Vollmachtsmißbrauch **IV** 56
Vollstreckungsverfahren **IV** 732
Vorabnahme **IV** 718
Vorausabtretung **I** 160, 193; **IV** 104, 125, 285–286, 586; **V** 160, 514; **VI** 224
Vorauszahlungsklausel **VI** 390, 397, 492
Vorbehaltskauf s. Eigentumsvorbehalt
Vorfälligkeitsklauseln **IV** 235, 668–670; **V** 520, 524, 527, 668; **VI** 119, 278, 458, 471, 523, 572
Vorhaltekosten **IV** 616

Vorläufiger Deckungsschutz **II** 67
Vorlaufkosten **IV** 347
Vorlegungsfrist **IV** 244
Vorleistungsklauseln **I** 500–502
Vorleistungspflicht **IV** 448, 449, 539, 547, 581; **V** 56, 60, 133, 243, 398, 499, 516, 525, 527, 594, 610, 671, 677, 678, 721; **VI** 278, 453, 457
Vorrang der Individualabrede s. a. Individualvereinbarung **I** 171–179; **II** 99–106; **III** 106–110; **IV** 123–124; **V** 89; **VI** 75
Vorschußklausel **II** 99, 107

Wahlmöglichkeit zwischen mehreren Vertragsgestaltungen **IV** 485; **VI** 49
Wandelung
- Bauträgervertrag **VI** 538
- Kaufvertrag **I** 203, 214, 675, 719, 732, 735, 738, 739, 742, 743–745, 749, 763, 796; **II** 521, 604, 605, 608, 612, 615, 617, 618; **III** 519, 523; **IV** 437, 439, 587, 591, 659, 694, 702; **V** 682, 713; **VI** 423
- Kraftfahrzeugkaufvertrag **VI** 537
- Leasingvertrag **II** 261, 267; **V** 418, 424, 439, 443, 448, 457; **VI** 311
- Möbelkaufvertrag **I** 448, 701, 707; **II** 461–463, 595; **IV** 482, 574, 578, 581, 582, 593, 594; **V** 563, 567, 632, 792; **VI** 435, 483
Warenhaus **IV** 57, 518
Warenterminoptionsgeschäft **V** 100
Wärmemeßdienstvertrag **IV** 443, 708, 710
Wärmeversorgungsvertrag **V** 805, 807, 808, 810, 812, 816, 818
Wartezeit **IV** 543, 544, 565
Wartungskosten **II** 490
Wartungsvertrag **I** 690, 818; **II** 670; **III** 80, 271, 354, 542, 613; **IV** 332, 438, 439, 484, 485, 543, 545, 565, 641, 747; **V** 134, 379, 386, 482, 540, 596, 666, 682; **VI** 513, 550, 552
Waschbedingungen für Kfz **I** 317, 687; **III** 257, 262, 265, 267; **IV** 314, 318; **V** 65, 335, 342, 353, 726; **VI** 239, 533
Waschmaschinenreparaturvertrag **III** 595, 612

Wasserlieferungsvertrag I 279; V 819, 820; VI 368
Wechsel I 190, 198, 442, 452
Wechsel des Vertragspartners I 773; II 643–645; III 607
Wegfall der Geschäftsgrundlage IV 72, 135, 173, 592; V 109
Weinkauf VI 487, 523, 536
Weisungsrecht des Auftraggebers V 265
Weisungswidrige Gutschrift V 193
Weiterveräußerungsbefugnis III 246
Weiterveräußerungsverbot I 141, 236; II 374
Werklieferungsvertrag
– Änderungsvorbehalt III 526; IV 534
– Beweislast V 755
– Gewährleistung III 588; V 595
– Kündigung III 527; IV 537; V 787; VI 282
– Lieferumfang V 827
– Lieferzeit III 527; IV 535, 556
– Maßabweichungen III 529
– Nachfristsetzung III 458, 461
– pauschalierter Aufwendungsersatz V 661
– pauschalierte Vergütung V 664
– Preiserhöhungsklausel VI 376
– Rücktritt II 446; IV 332, 537; V 593
– Vorfälligkeitsklausel VI 465
– Vorleistungspflicht V 594
Werkunternehmerpfandrecht I 425; III 479
Werkvertrag
– Aufwendungsersatz V 658
– Ausschluß des Umtauschrechts V 604
– Fahrtkosten V 541
– Fehlschlagen der Nachbesserung V 735
– geltungserhaltende Reduktion III 216
– Gewährleistung V 274, 286, 368, 742; VI 542
– Gewährleistungsausschluß I 338
– Haftung VI 244
– Kündigung III 601; IV 557, 620; V 265, 387
– Leitbild III 212, 453; IV 484, 487, 488, 547; V 274, 543, 648, 707
– Nachbesserung V 707; VI 543
– Nebenabreden II 104

– pauschalierter Schadensersatz V 659, 705
– Preiserhöhung V 482
– Preisnebenabrede V 542
– Rücktritt V 593, 658
– Schadensersatz II 82; V 705
– Schriftformklausel V 606
– überraschende Klauseln III 603
– Vergütung III 219; V 387
– Vertragsstrafe III 216
– Werklohn IV 557; V 271
Wertermittlungsgebühr IV 242, 666
Wertminderung IV 501
Wertsteigerung IV 535
Wettbedingungen I 104
Wettbewerbsbeschränkende Klauseln I 503–520
Wettbewerbsbeschränkung IV 472, 474
Wettbewerbsverbot III 636
Widerrufsrecht im Abzahlungsgesetz III 49, 114; IV 73, 74
Widersprechende AGB I 101, 104, 105, 112, 121, 892, 901; IV 85, 89, 90, 148; VI 57
Widerspruch im kaufmännischen Rechtsverkehr IV 83, 95, 748, 750, 751
Wiederholungsgefahr I 793, 804, 808, 818, 820, 823, 829, 830–832, 838, 839, 841–844, 846; II 552, 669, 678, 686, 694, 698, 699, 703; III 187, 260, 512, 538, 586, 596, 617, 623, 625, 626, 628, 629, 636; IV 68, 180, 436, 540, 547, 580, 589, 599, 674, 707, 714, 716, 721, 725, 728; V 281, 287, 395, 496, 504, 509, 510, 761, 762, 763, 766–769; VI 475, 553
Witterungseinflüsse III 220
Wohngeldabrechnung I 54
Wohngemeinschaft IV 410
Wohnraummietvertrag s. Mietvertrag
Wohnungsbauunternehmen II 122, 407, 490, 539, 553
Wohnungseigentümer I 54, 349, 352
Wohnungsvermittlung s. Maklervertrag

Zahlungsfreigabe IV 552
Zahlungsunfähigkeit IV 87, 581, 583

Sachregister

Zahlungsverzug II 405, 446, 461, 521–523, 534, 537, 551, 552, 559, 585, 621; III 187, 468, 470, 542, 559, 561, 562; IV 120, 502, 528, 581, 601, 662; V 516, 519, 524, 527
Zahlungsziel IV 290, 632
Zeit-, Wege- und Transportgeld II 555
Zeitarbeitsvertrag I 167
Zeitschriftenabonnement
– Bestellformular III 259, 353, 504
– Beweislaständerung II 658; III 609
– „höhere Gewalt"-Klausel VI 269, 382
– pauschalierter Schadensersatz IV 657; VI 384, 500
– Preiserhöhung I 396, 407, 408, 596; II 331; III 353; IV 431, 439, 440, 565; VI 381
– Schriftformklausel II 358
– Vorleistungspflicht I 500, 612
Zement IV 90
Zigarettenautomaten s. a. Automatenaufstellvertrag IV 469, 470
Zinsanpassungsklausel II 526, 561; V 132, 221, 228; VI 513
Zinsbestimmung V 218
Zinseszinsverbot III 148; V 145, 217; VI 152
Zinssatz, banküblicher IV 651
Zinsschaden IV 585; V 701
Zinsstaffelmethode V 188
Zinsvergütung bei Ratenkreditvertrag V 188
Zufallshaftung IV 252, 636

Zugangsfiktion I 577–581; III 536; IV 634; VI 489
Zugesicherte Eigenschaften I 763–771; II 518, 630–638, 719; III 598–601; IV 310, 749, 754; V 499, 643, 730, 743
Zug-um-Zug-Leistung IV 595
Zumutbarkeit der Änderung III 209; IV 599; V 641, 643, 645, 648, 711
Zündholzvertrieb V 786; VI 377
Zurückbehaltungsrecht I 424, 612, 718, 888, 893; II 518, 689; III 188, 627; IV 222, 346, 386, 636; V 120, 187, 516, 672, 790
Zusagen s. Schriftformklauseln, Nebenabreden
Zusatzvereinbarung, handschriftliche III 363
Zuschlagsfrist III 206, 213, 507
Zustimmungsvorbehalt IV 516; V 573
Zuziehungsklausel III 283; IV 348, 349; VI 287
Zwangsvollstreckung IV 225, 378, 379, 381
Zweckbestimmungserklärung I 439; IV 111, 125, 211, 218, 223; V 225; VI 161
Zweitfertigung IV 668, 671, 713
Zwischenfinanzierung V 245, 247
Zwischenrechnung für Teilleistungen s. Teilleistungen
Zwischenstaatlicher Geltungsbereich I 101, 690, 793, 890, 891

Löwe/Graf von Westphalen/Trinkner

Großkommentar zum AGB-Gesetz

Gesetz zur Regelung des Rechts
der Allgemeinen Geschäftsbedingungen

Von **Prof. Dr. Walter Löwe,**
Rechtsanwalt **Dr. Friedrich Graf von Westphalen**
und **Reinhold Trinkner.**

2., neubearbeitete und wesentlich erweiterte Auflage.
Bücher des Betriebs-Beraters

Band I: §§ 1–9
Erscheint 1988. ISBN 3-8005-6988-4

Band II: §§ 10–30
1983, 687 Seiten, Leinen. ISBN 3-8005-6989-2

Band III: Einzelklauseln und Klauselwerke
1985, 733 Seiten, Broschüren im Sammelordner. ISBN 3-8005-6993-0

Der außergewöhnliche Anfall an Rechtsprechung und Literatur seit Erlaß des AGB-Gesetzes hat es notwendig gemacht, den in Wissenschaft und Praxis bewährten Kommentar in der 2. Auflage in Form eines Großkommentars in drei Bänden herauszugeben. Der Kommentar zeichnet sich auch in seiner neuen Form dadurch aus, daß er stets die Bedürfnisse der Praxis im Auge behält, ohne dabei auf wissenschaftliche Vertiefung zu verzichten. Dies zeigt sich vor allem darin, daß bei der Kommentierung – wie schon bei der 1. Auflage – in besonderem Maße auf den in der Praxis so wichtigen kaufmännischen Geschäftsverkehr abgestellt wurde.

Verlag Recht und Wirtschaft
Heidelberg

Produkthaftung

Von Rechtsanwalt **Dr. Joachim Schmidt-Salzer**
2., neubearbeitete und wesentlich erweiterte Auflage in vier Bänden
ISBN 3-8005-6103-4 (Gesamtwerk) · Bücher des Betriebs-Beraters

Band 1: **Einleitung – Strafrechtliche Produktverantwortung**
Ca. 260 Seiten, Erscheint 1987. ISBN 3-8005-6743-1

Band 2: **Freizeichnungsklauseln**
1985, 391 Seiten, Leinen. ISBN 3-8005-6745-8

Band 3: **Deliktsrecht**
In Vorbereitung. ISBN 3-8005-6746-6

Band 4: **Vertragsrecht, Produkthaftpflichtversicherung, Risikomanagement**
In Vorbereitung. ISBN 3-8005-6747-4

Kommentar EG-Richtlinie Produkthaftung

Band 1: **Deutschland**

Von Rechtsanwalt **Dr. Joachim Schmidt-Salzer**
1986, 849 Seiten, Leinen. ISBN 3-8005-6770-9

Band 2: **Ausland**
Von **Dr. Hermann H. Hollmann**
Broschüren im Sammelordner. In Vorbereitung. ISBN 3-8005-6771-7
ISBN 3-8005-6769-5 (Gesamtwerk) · Bücher des Betriebs-Beraters

Verlag Recht und Wirtschaft
Heidelberg